KB051871

열하일기

일러두기

1. 이 책은 1932년 박영철朴榮喆본 『연암집燕巖集』 권 11~15(別集)를 대본臺本으로 삼았다.
2. 대본에 없지만 필요하다고 판단된 경우, 이본異本을 참조하여 보충했다.
3. 다시 풀어 읽는 과정에서 이미 출간된 국역서인 연민 이가원본 『열하일기』 (1966)의 전례를 많이 따르고, 가독성에 초점을 두었다. 또한 김혈조 완역본 『열하일기』(2009)를 위시한 기존 국역본들을 참조했다.
4. 한자의 음이 2개 이상인 경우, 기존의 번역 용례가 더 많은 것으로 택했다. [鵠: 곡→혹]
5. 한 대상에 대해서 여러 표현을 쓴 경우, 원문에 따라서 여러 표현을 썼다. [청인淸人, 호인胡人, 만인滿人, 되놈 등]
6. 주석은 복잡하게 구성하지 않고 되도록 본문에 풀어 반영하고자 했다.

열하일기

박지원 지음 | 김영죽·김현미 번역·해설

한반도가 비좁았던 천재가 본
더 큰 세상의 풍속사

arte

차례

열하일기

해설

열하일기

열하일기 서熱河日記序[1]

열하일기 서熱河日記序

글로써 후대에 교훈을 남기려 할때 신명神明의 경지를 통하고 사물事物의 자연법칙을 관통하는 방법으로는 『역경易經』과 『춘추春秋』보다 더 훌륭한 것은 없다. 『역경』은 은미함이요, 『춘추』는 드러냄이다. 은미함이란 주로 이치를 논하는 것이니 흘러서는 우언寓言이 되고, 드러냄이란 주로 사건을 기록하는 것으로, 그것이 변해서 외전外傳이 되니, 글을 짓는 데는 이러한 두 방법이 있을 뿐이다. 내 시험 삼아 한번 논하여 보았다. 『역경』의 육십사괘六十四卦에서 언급한 존재들로서 용이며, 말, 사슴, 돼지, 소, 양, 범, 여우, 그리고 쥐,

---

[1] 「연암산방본」에만 수록되어 있고 다른 이본에는 없다.

꿩, 독수리, 거북이, 붕어 등이 있는데, 이들 모두가 실제로 존재했다고 할 수 있을까? 그렇지는 않을 것이다. 또 사람에 있어서는 어떠한가. 저 웃는 자며 우는 자, 부르짖는 자, 노래 부르는 자, 그리고 맹인, 절름발이, 엉덩이에 살이 없는 자, 척추의 근육이 벌어진 이들까지 언급하였다. 그런 류의 사람이 실제로 존재한다고 할 수 있을까? 아마 없었으리라 본다. 그러나 시초蓍草를 뽑아서 괘卦를 늘어 놓으면 그 참된 상象이 바로 드러나, '길흉吉凶(길하고 흉함)'과 '회린悔吝(후회하고 부끄러움)'이 그 안에서 메아리로 울려 퍼지는 까닭은 무엇이란 말인가?

은미한 곳으로부터 드러내는 경지에 이르게 하려는 이유일 터이다. 우언寓言을 남기고자 하는 이는 이 방법을 사용한다. 『춘추』에 기록된 2백 42년 간의 사건 중에는, 다양한 제사와 수렵狩獵, 조회와 회합, 정벌征伐과 침략이 있다. 그러한 일이 실제로 일어났음에도, 좌구명左丘明·공양고公羊高·곡량적穀梁赤·추덕보鄒德溥·협씨夾氏 등이 해설은 제각각이다. 이 뿐만이 아니다. 논자들은 남들의 반론에 자신의 의견을 고수하기를 지금까지 끊임없이 한다. 과연 무슨 까닭일까. 이는 드러난 데에서부터 은미한 곳으로 들어가기 때문이니, 이것은 외전外傳을 쓰는 이가 사용했던 방법이다. 때문에, 옛 기록에 "장자는 글 짓는데 뛰어나다."라고 말했던 것이리라. 장자의 글에 드러난 제왕帝王이며 성현聖賢, 군주와 재상, 처사處士와 변객辯客들에 대한 일도 혹 정사正史에 누락된 부분을 보충할 수도 있을 것이다. 옛날의 장인이었던 석石이나 수레바퀴를 잘 만들었던 편扁

이란 사람은 실제로 존재했을 것이다. 또 부묵자副墨子니 낙송손洛誦孫이니 하는 이들은 어떤 사람들이었는가? 망량罔兩이니 하백河伯(물귀신)같은 물귀신들은 과연 말을 할 수 있는 존재였는가? 외전이라면 진실과 거짓이 섞여 있을 게고, 비록 우언이라해도 은미함과 드러남이 계속 변화하여 사람의 힘으로는 그 원인을 헤아릴 수 없기에 그저 궤변이라 칭할 따름이다. 그러나 그의 학설을 끝내 폐기하지 못하는 데는 이유가 있으니, 진리에 대한 논의와 평가가 잘 펼쳐졌기 때문이다. 상황이 그러한 즉, 그를 저서가著書家로서 으뜸이라고 말하지 않을 수 없다.

지금, 저 연암씨燕巖氏의 『열하일기熱河日記』는 잘 모르겠다. 과연 어떠한 글이었는가. 요동遼東 벌판을 지나 유관渝關으로 들어가서 황금대黃金臺 옛터에 거닐다가 밀운성密雲城(하북성에 있다)에서 고북구古北口를 나와 난수灤水 가[邊]와 백단白檀(밀운성의 현縣)의 북쪽을 내키는대로 구경하였다. 그런 땅은 실제로 존재했고 또 그 나라의 대학자며 시인묵객들과 사귀기도 하였으니, 그들은 모두 실제로 존재하는 사람들이다. 사방에서 온 이민족들이 모두 낯선 모습에 기괴한 옷을 입고서 칼을 입에 머금고 불을 삼키는 경우도 있었다. 황교黃敎(라마교의 한 파) 반선班禪(라마교의 교주)의 난쟁이는 이상해 보이긴 하지만 그가 꼭 망량이나 하백 같은 물귀신은 아니었으리라. 진귀한 새, 기이한 짐승, 아름답고 특이한 꽃과 나무의 정태情態를 모두 빠짐없이 묘사하였다. 하지만 이 글 가운데 그 '등마루의 길이가 천 리'라는 둥, '나이가 8천 세'라는 둥의 과장이 있었겠는가? 나는 바로 이

지점에서 장자의 외전에는 참과 거짓이 섞여 있지만, 연암씨의 외전에는 참됨은 있으나 거짓됨이 없음을 비로소 알게 되었다. 이에, 실로 우언을 겸하여 이치를 논하게 되었는 바, 이를 패자覇者에 비유하여 말하자면, 진 문공晉文公은 허황하고 제 환공齊桓公은 올바르다는 말과 다름 없다. 더구나 그 이치를 논함에 있어서도, 어찌 황당하게 부질없는 이야기만 늘어놓는데 그쳤으랴! 아울러, 풍속이나 관습은 나라의 치란治亂과 관계있고 성곽城郭이나 건물, 농사며 목축, 그릇을 만드는 일까지 일체 이용利用·후생厚生의 방법이 모두 그 가운데 들어 있어야 한다. 그래야만 비로소 글을 써서 교훈을 주려는 본래의 이치에 어긋나지 않을 수 있을 것이다.

도강록渡江錄

6월 24일 신미辛未에 시작하여 7월 9일 을유乙酉에 그쳤다. 압록강鴨綠江으로부터 요양遼陽에 이르기까지 15일이 걸렸다.

도강록 서渡江錄序 : 압록강을 건너면서 쓰다

어떤 이유로 이 글의 서두에 '후삼경자後三庚子'라고 썼을까. 여행의 일정, 날씨가 흐린지 맑은지를 기록함에 연도를 표준 삼아 몇월 며칠인지를 따지기 위해서이다.

'후'라고 쓴 이유는 무엇일까. 숭정崇禎(명나라 의종 때 연호)을 연호로 쓰기 시작한 1628년 이후의 일이라서 그렇다.

여기서 '삼경자'란 명나라가 망한 뒤로부터 세번째 경자년인

1780년을 말한다.

그러면, 왜 '숭정' 연호를 바로 쓰지 않았을까? 이제 압록강을 건너려니 명나라의 연호를 잠시 피한 것이다.

명나라의 연호를 피한 이유는 무엇일까? 압록강을 건너면 곧 청나라 사람들이 살고 있기 때문이다. 천하가 모두 청나라 연호를 쓰고 있으니, 우리만 감히 '숭정'이라는 명나라 연호를 사용할 수는 없는 일이다.

우리는 어째서 청나라 연호를 쓰지 않고 여태 '숭정'을 고수하고 있을까? 우리나라가 중화의 상징인 명나라로부터 처음 인정 받았기 때문일 것이다.

숭정 17년에 의종 열황제毅宗烈皇帝가 종묘사직을 위한다는 명분으로 순국하여 명나라가 망한 지 벌써 130여 년이나 지났는데도 어째서 우리는 여태 숭정을 쓰는가? 청나라 사람들이 중원을 차지한 뒤로는 선왕先王의 훌륭한 제도가 온통 오랑캐처럼 변해버렸다. 그러나 저 수천 리 동쪽의 우리나라는 압록강을 경계로 하여 나라를 다스리고 유일하게 선왕의 제도를 지키고 있으니, 이야말로 명나라 황실이 여전히 압록강 동쪽에 존재함이 분명하다는 증거이기 때문이다. 우리의 힘이 모자라 저 오랑캐를 쳐내고 중원을 깨끗이 하여 선왕의 옛 문물 제도를 빛내고 회복할 수는 없지만, 우리 모두 '숭정'이라는 연호를 높여 중화를 보존하려는 까닭이리라.

숭정 156년 계묘년(1783)에 열상외사洌上外史 박지원이 쓰다.

1780년 6월 24일 신미辛未 (정조 4, 청 건륭 45)

아침에 보슬비가 내리더니 종일토록 오락가락하였다.

오후에 압록강을 건너 30리를 갔다. 구련성九連城에서 노숙했는데 밤에 소나기가 퍼붓다가 곧 그쳤다.

앞서 용만龍灣 의주관義州館에서 묵은 지 열흘 만에 방물方物(선물용 지방 특산품)도 모두 도착해서 떠날 일정이 매우 촉박해졌다. 비가 쏟아붓더니 장마가 져서 두 강물이 불어나 버렸다. 그 사이에 맑게 갠 날이 나흘이나 되었지만 물살은 더욱 거세졌다. 나무와 돌이 뒤섞여 휩쓸려 내려오고 탁한 물결은 하늘과 마주 닿은 듯했다. 아마도 압록강의 발원지가 멀리 있기 때문일 것이다.

『당서唐書』를 살펴보면 이런 내용이 있다.

"고려高麗의 마자수馬水는 말갈靺鞨의 백산白山에서 나오는데, 그 물빛이 마치 오리의 머리처럼 푸르기 때문에 '압록강'이라 불렀다."

여기서 말한 '백산'은 곧 장백산長白山이다. 『산해경山海經』에는 이 산을 '불함산不咸山'이라 하였고, 우리나라에서는 '백두산白頭山'이라고 부른다. 백두산은 모든 강이 시작되는 곳인데, 그 서남쪽으로 흐르는 것이 바로 압록강이다.

또 『황여고皇輿考』(명나라 장천복 지음)를 보면 이런 말이 있다.

"천하에 큰물 셋이 있으니, 황하黃河와 장강長江과 압록강이다."

명나라 진정陳霆이 지은 『양산묵담兩山墨談』에는 이렇게 나와 있다.

"회수淮水 이북은 북쪽 줄기[北條]라 칭한다. 모든 물은 황하로 모여들기 때문에 이곳에는 '강'이라 이름 지을 만한 물이 없는데, 북쪽의 고려에 있는 물만은 '압록강'이라 부른다."

이 모두가 압록강이 천하의 큰물이라는 것을 말해주고 있다.

강의 발원지가 지금 가물었는지 장마가 졌는지를 천 리 밖에서 예측하기란 어려웠다. 그러나 강물이 이렇게 불어난 것을 보면 저 백두산에 장마가 들었음을 짐작할 수 있다. 더구나 이곳은 그저 평범한 나루터가 아니지 않은가. 때마침 한창 장마철이어서 나루터의 배 댈 곳은 찾을 수도 없었고, 강 중류의 모래톱마저 흔적 없이 사라진 터라 뱃사공이 조금 실수라도 한다면 사람의 힘으로는 도저히 걷잡을 수 없을 정도였다.

이 지경이 되자 일행 중 역관[譯員]들은 너도나도 옛날에 겪었던 일들을 말하면서 강을 건너는 날짜를 늦추자고 청했다. 의주 부윤[灣尹] 이재학李在學 역시 비장裨將(사신을 보좌하는 하급 무관)을 보내어 며칠만 더 묵다가 떠나기를 권했다. 그러나 정사正使(박명원)는 기어코 이날 강을 건너기로 정한 뒤, 장계狀啓에도 이미 날짜를 써넣어버렸다.

아침에 일어나 창을 열고 보니, 짙은 구름이 꽉 덮였고 빗기운[雨意]은 산에 가득했다. 머리 빗고 세수를 끝내자 행장을 정돈했다. 집으로 보낼 편지며 모든 곳의 답장을 손수 봉하여 파발把撥 편에 부쳤다. 그러고는 아침 죽을 조금 마시고, 천천히 관소에 이르렀다. 모든 비장들은 벌써 군복과 전립戰笠을 제대로 차려입고 있었다. 머리에는 은박 꽃[銀花]과 구름달 모양[雲月]의 장식을 달고 공작孔雀 깃을 꽂았으며, 허리에는 남빛 비단으로 만든 전대纏帶를 두르고 환도環刀(옛 군복에 차던 군용 칼)를 찼으며, 손에는 짧은 채찍을 잡고 있었다. 그들은 서로 마주 보고 웃으면서 이렇게 말했다.

"모양이 어떻소."

그중에는 노참봉이 있었다. 그의 이름은 이점以漸으로 정사를 따라온 비장이었는데, 철릭[1]을 입었을 때보다 훨씬 늠름해 보였다.

함께 있던 정진사 또한 웃으면서 말한다. 그의 이름은 각珏으로, 역시 정사의 비장이었다.

"오늘은 정말 강을 건너게 되겠죠."

옆에 있던 노참봉이 거든다.

"이제 곧 강을 건너갈 것입니다."

나는 그 두 사람에게 대답해 주었다.

"그래, 알았네."

거의 열흘 동안이나 이곳에 묵었기에 다들 지루해서 훌쩍 날아가고 싶은 기분이 들었다. 가뜩이나 장마에 강이 불어서 더욱 조급하던 차에 떠날 날짜까지 닥쳐오니 이제는 비록 건너지 않으려

---

1) 철릭은 '첩리帖裏'의 방언이다. 비장은 국경 안에서는 철릭을 입는데, 강을 건너면 소매가 좁__ 갈아입는다.

해도 어쩔 수 없는 노릇이다.

멀리 앞을 바라보는데, 무더위는 사람을 찔듯한 기세다. 고향을 떠올리니 운산雲山이 저 멀리 아득하다. 사람의 정이란 게 여기에 이르자 서글퍼서 돌아가고 싶은 생각이 움텄다. 이른바 평생의 장유壯遊(호쾌한 유람)를 한답시고 늘 "꼭 한번 구경하고 말 테다."라 했었다. 하지만 이런 호언장담도 지금에 와서는 실로 두 번째로 밀릴 뿐이다.

"오늘에야 강을 건넌다." 하면서 노참봉과 정진사가 떠드는 것도 결코 좋아서 하는 말이 아닌, 어쩔 수 없는 사정에서일 뿐이다.

(일행 중의) 역관 김진하金震夏(2품 당상관)가 늙고 병이 깊어 여기서 떨어져 되돌아가게 되었다. 그가 정중하게 하직 인사를 하는데, 나도 모르게 서글퍼졌다.

아침밥을 먹은 뒤에, 나는 혼자서 먼저 말을 타고 떠났다. 말은 자줏빛에 흰 정수리, 날씬한 정강이에 높은 발굽을 지녔다. 머리는 뾰족이 솟았고 허리는 잘록했으며 두 귀가 쭝긋 솟은 모습은 참으로 만 리를 달릴 것만 같았다.

마부 창대昌大는 앞에서 견마를 잡고 하인 장복張福이는 뒤에 따른다. 말안장에는 주머니 한 쌍을 달았는데 왼쪽에는 벼루를 넣고 오른쪽에는 거울, 붓 두 자루, 먹 하나와 작은 공책 4권, 이정록里程錄 한 축을 넣었다. 행장이 이렇듯 가벼우니 짐 수색이 비록 엄해도 근심할 것 없었다.

성문城門에 못 미쳤는데 소나기 한 줄기가 동쪽에서부터 몰려든다. 말을 급히 달려 성 문턱에서 내렸다. 혼자 걸어서 성문의 누각에 올라 아래를 굽어보니, 창대가 혼자 말을 잡고 섰고, 장복이는 보이지 않았다. 조금 있다가 장복이가 길 옆 한 작은 일각문一角門(양쪽에 기둥만 하나씩 세우고 문짝을 단 문)에 기대서 위아래로 두리번거렸다. 둘은 삿갓으로 비를 가리고 손에는 조그만 병을 들고 바람처럼 걸어왔다.

둘이서 주머니를 뒤져보니 뒤져보니 겨우 26푼이 있었다. 게다가 조선 돈을 지니고는 국경을 넘지 못하는 터라 길에 버리자니 아깝고 해서 술을 샀다는 것이다.

내가 물었다.

"그래, 너희들 술을 얼마나 마실 줄 아느냐?"

"입에다 대지도 못합니다요."

두 사람이 대답하자, 나는 꾸지람을 했다.

"네 녀석들이 술이나 할 줄 알겠느냐?"

그러다가도 한편으론 스스로 위안하며 말했다.

"이것도 먼 길 나그네에겐 도움이 되겠구나."

혼자서 조용히 잔에 부어 마시는데, 동쪽으로 바라보니 용만龍灣·철산鐵山의 온 산이 만 겹의 구름 속에 들어 있었다. 이에 술 한 잔을 가득 부어 성문 누각 첫 기둥에 뿌려서 스스로 이번 길에 아무 탈 없기를 빌고, 한 잔을 더 부어 다음 기둥에 뿌리며 장복이와 창대를 위하여 빌었다. 병을 흔들어 보니 그러고도 몇 잔 더 남았기에 창대를 시켜 술을 땅에 뿌려서 말을 위하여 빌었다.

담장에 기대어 동쪽을 바라보는데 찌는 듯한 구름이 잠깐 피어오르더니 백마산성白馬山城 서쪽 봉우리 하나가 홀연 그 반쪽을 드러냈다. 그 빛은 짙푸르러 흡사 우리 연암서당燕巖書堂에서 바라보는 불일산佛日山 뒤편 봉우리 모습인 듯했다.

> 홍분루에서 막수 아씨와 이별하고 紅粉樓中別莫愁
> 가을 바람에 말을 달려 변방을 나왔네 秋風數騎出邊頭
> 화려한 배에 피리와 북소리 소식 없으니 畵船簫鼓無消息
> 단장의 청남 제일주여 腸斷淸南第一州

이 시는 유득공柳得恭(1748~1807, 자 惠風, 호 齋)이 예전에 심양瀋陽 봉천奉天으로 들어갈 때 지은 것이다. 나는 몇 번씩 소리 내어 읊은 뒤 홀로 크게 웃으며 말했다.

"이건 국경을 넘는 이가 부질없이 무료해서 읊은 것이로구나. 화려한 배며 피리 북 따위가 어찌 있었겠는가."

옛날에 형가荊軻가 바야흐로 역수易水를 건너려는데 머뭇거리며 떠나지 못했더랬다. 그러자 연나라 태자 단丹은 그의 마음이 변하지 않았나 의심하고 진무양秦舞陽을 먼저 떠나보내려 했다. 형가는 성을 내며 태자를 꾸짖었다.

"내가 지금 머뭇거리는 까닭은 나의 객(동지)을 기다려 함께 떠나기 위해서이다."

그러나 이것은 형가가 그저 어쩔 수 없이 한 말일 뿐이다. 태자가 만일 형가가 마음이 바뀌어서 후회하고 있는 것은 아닌지 의심하였다면, 이는 그를 깊이 알지 못했다고 말할 수 있다.

그러나 형가가 기다린다는 객(동지) 또한 결코 이름이 존재하는 사람은 아닐 것이다. 비수匕首 하나를 끼고 예측할 수 없는 진秦으로 들어가려면 저 진무양 한 사람이면 충분할 텐데 어찌 다른 객(동지)이 또 필요하단 말인가. 다만 차디찬 바람에 노래와 축筑으로 그저 오늘의 즐거움을 다했을 뿐이다.

하지만 이 글의 작자는司馬遷 '그 사람은 길이 멀어 오지 못할 것이다'라고 말했으니 그 '멀리[居遠]'라는 표현은 참으로 솜씨가 좋다. '그 사람'이란 천하에 지극한 벗일 것이요, '그 약속'이란 천하에 다시 변하지 못할 일이리라. 천하에 지극한 벗으로서 한 번 떠나면 돌아오지 못할 약속을 앞두고 어찌 날이 저물었다고 오지 않겠는가? 그러니 그 사람이 살고 있는 곳은 반드시 초楚·오吳·삼진三晉 (전국시대 한나라, 위나라, 조나라)처럼 먼 곳은 아닐 것이다. 또 이날 진으로 들어가기를 약속하며 손잡고 맹세했으리라고는 단정할 수 없다. 다만 형가의 마음에 문득 생각나는 어떤 벗이 있어 기다린다 하였을 뿐인데, 이 글을 적은 이는 또한 형가가 생각한 벗을 끌어다가 그 사람이라고 부연 설명한 것이다.

'그 사람'이란 어떠한 사람인지 알지 못한다는 의미기도 하다. 그럼에도 저 모르는 사람을 두고 막연히 먼 곳에 살고 있는 이라 한 것은 형가를 위로하려 해서이다. 또한 그 사람이 혹시 오지나 않을까 하고 기다리는 게 걱정되어 '그는 아직 오지 않았다'라 했으니 형가가 다행으로 여기게끔 하려 해서이다.

정말 천하에 그 사람이 있다면 나 또한 그를 보았을 것이다. 분명 그 사람의 키는 일곱 자 두 치(161 정도)의 다부진 체격, 짙은 눈썹에 검은 수염, 볼이 처지고 이마가 날카로웠을 것이다[下豊上銳, 아래가 풍만하고 위가 갸름한 사람]. 내가 어떻게 그러한 줄 알 수 있었을까? 지금 유득공의 이 시를 읽고 나서 안 것이다.

정사正使의 행렬은 깃발을 펄럭이고 곤봉棍棒을 앞세우며 성을 나섰다. 정사의 비장인 나의 팔촌 동생 박내원朴來源과 주부主簿 주명신은 나란히 갔다. 채찍을 옆에 끼고 몸을 꼿꼿이 세워 말안장에 올라앉으니 어깨는 높고 목은 기다란 폼이 날쌔고 용맹한 듯 보였지만, 깔고 앉은 이불 짐은 너무 너털거렸고 하인들의 짚신은 안장 뒤에 주렁주렁 매달려 있었다. 박내원의 군복은 푸른 모시로 만든 것인데 헌 옷을 자주 빨아 입었는지 몹시 풍덩[騰]하고 버석거려 지나치게 검소함을 숭상한다고 할 만했다.

조금 뒤, 우리는 부사副使의 행차가 성을 나가길 기다렸다가, 말고삐를 잡고 맨 뒤에 붙어 천천히 가며 구룡정九龍亭에 도착했다. 여기가 곧 배가 떠나는 곳이었다. 이때, 용만 부윤은 벌써 장막을 치고 기다리고 있었다.

서장관書狀官은 언제나 맑은 새벽에 먼저 나가서 용만 부윤과 함께 합동으로 수색하는 것이 관례였다. 그가 마침 사람과 말을 검열하였는데 사람을 검열할 때는 성명·거주지·나이 또는 수염이나 흉터가 있는지 없는지, 키가 작은지 큰지를 기록했다. 말을 검열할 때는 그 털빛이 어떠한지를 적었다. 깃대 셋을 세워서 문처럼 만들고 금지한 물건이 있는지를 수색하는데, 주요 금지 품목으로 금金·진주·인삼·수달가죽과 관원 한사람이 가져갈 수 있는 양을 초과한 은銀 등이며, 새 물건이며 헌물건 등 자잘한 것들이 수십 종이어서 모두 헤아려 기록할 수는 없었다.

하인들을 수색할 때는 웃옷을 풀어 헤치거나 바짓가랑이를 훑어보았고, 비장이나 역관들은 행장을 끌러 본다. 이불이나 옷 꾸러미가 강 언덕에 흩어져 펄럭이고 가죽 상자와 종이 상자가 풀밭에 널린채 뒹굴고 있었다. 사람들은 저마다 물건을 주워담으며 서로 흘금흘금 눈치를 본다. 검열을 하지 않으면 나쁜 짓을 막을 도리가 없고, 수색하자니 이렇게 모양이 빠진다. 그러나 사실 이 검열은 형식에 불과하다. 의주 상인들이 이러한 검열과 수색에 앞서 몰래 강을 건너면 그 누구도 막을 길이 없는 것이다. 혹시 첫 번째 문에서 금지된 물품을 지녔다가 발각되는 경우에는 곤장을 맞고 물건은 몰수된다. 중간 문에서 발각되면 귀양 가고, 세 번째 문에서 발각되면 효수하여 조리돌림을 당하니, 그 법이 이처럼 엄격하다. 그러나 이번 사행길에는 규정되어 있는 짐의 수에 반도 차지 못하고, 심지어 빈 포대도 많았으니 몰래 반출할 은이 있기야 했겠는가?

다담상茶啖床(교자상)은 초라했는데 그마저 들어오자마자 물렸다. 강 건너기에 마음이 조급해 아무도 젓가락 드는 이가 없었기 때문이다. 배는 다섯 척 밖에 없었다. 한강의 나룻배 비슷했지만 조금 클 뿐이었다. 먼저 방물方物과 사람, 말을 건너게 하고 정사가 탄 배에는 국서인 표자문表咨文을 싣고 역관의 수석인 수역首譯, 정사의 하인들이 함께 탔다. 부사와 서장관, 그 하인들은 또 다른 배에 함께 탔다.

이 즈음, 용만의 아전·방기房妓·통인通引(지방 관아의 심부름꾼)과 평양에서부터 수행차 온 각 감영의 아전들이며 문서수발하는 계서啓書들이 모두 뱃전에서 차례로 하직 인사를 한다. 정사의 마두馬頭는 순안順安 출신으로 이름은 시대時大다. 그가 외치는 신호가 채 끝나기 전에 사공은 삿대를 들어 훅 물에 넣는다.

물살은 매우 빨랐다. 일제히 뱃노래를 부르자 배는 살처럼 내달린다. 사공이 노력한 보람이 있었다. 배를 타고 가자니 통군정統軍亭의 기둥과 난간들은 빙빙 도는 듯했고, 모래 톱에 서 있는 전송객들은 아득하여 콩알처럼 작아 보인다.

내가 수역首譯 홍명복洪命福²⁾에게 물었다.

"자네는 길[道]을 잘 아는가?"

"무슨 말씀이신지요?"

"길[道]이란 알기 어려운 것이 아닐세. 바로 저 강 언덕에 있지."

---

2)   역관으로, 1765년 홍대용, 1778년 심염조沈念祖, 1780년 박지원, 1785년 박명원朴明源, 1790년 서호수徐浩修, 1792년 김정중金正中과 함께 연행을 했다. 1778년 연행에는 이덕무와 박제가도 동행했다.

"'먼저 저 언덕에 오른다'는 걸 말씀하시는 겁니까?"

"그게 아닐세. 이 강은 바로 저들과 우리의 경계에 있지. 언덕이 아니면 곧 물일게야. 세상 사람의 윤리와 만물의 법칙은 저 물가기슭이나 마찬가지라네. 길[道]이란 다른 데서 구할게 아니라, 저 물가와 언덕 가에 있다는 뜻이라네."

홍명복이 다시 물었다.

"외람되지만 그 말씀이 무슨 뜻인지 여쭈어도 될런지요."

"옛 글에 '인심人心은 오직 위태해지고 도심道心은 오직 희미해진다'라 하였지. 저 서양인들은 기하학幾何學에 있어 획 하나를 변증할 때도 '선線'이라고만 해서는 세밀한 부분까지 표시할 수 없었기에 곧 빛이 있고 없음을 가늠하는 표현까지 이르렀다네. 불가에서는 그저 '붙지도 않고 떨어지지도 않는다'는 말로 설명하였지. 때문에 오직 길[道]을 아는 사람만이 그 경우에 잘 처할 수 있을 것이네. 옛날 정鄭나라 자산子產[3] 같은 이라야 그렇게 할 수 있지 않을까 싶으이."

대화를 주고 받는 사이, 배는 벌써 건너편 기슭에 닿았다. 갈대가 빽빽하여 좀처럼 땅바닥이 보이지 않는다. 하인들은 앞 다투어 언덕을 내려가서 갈대를 꺾어버리고 급히 배 위에 깔았던 자리를 걷어서 펴려 하였다. 그러나 갈대가 그루마다 창날처럼 날카롭고 진흙 또한 검어서 어쩔 수 없었다. 정사 이하 모두가 우두커니 갈대

---

3)   춘추시대 정 나라의 대부 공손교公孫僑.

밭 가운데 서 있을 뿐이었다.

"먼저 건너간 사람과 말은 어디 있는가?"

그러자 모두 한결같이 "모르겠다"라고 답한다. 방물이 어디 있는지 물어보아도 역시 모른다고 할 뿐이었다.

그때 한 사람이 저 멀리 구룡정 모래톱을 가리키면서 말한다.

"사람들과 말이 태반이 건너지 못하고 저기 웅성거리고 있습니다."

멀리 용만 쪽을 바라보니 성 하나가 마치 한 폭의 빛바랜 베를 펼쳐 놓은 듯하고 성문은 바늘구멍처럼 뚫려 있어 그 사이로 새어 나오는 햇살이 마치 샛별 하나가 반짝이는 것처럼 보인다.

이때 커다란 뗏목이 불어난 물살에 떠내려온다. 시대時大가 멀리서, "웨이." 하고 외쳤다. '웨이[位]'란 남을 존대하여 부르는 말이다. 한 사람이 일어서서 대꾸했다.

"당신들은 철도 아닌데 무슨 일로 중국에 조공朝貢을 가십니까? 이 더위에 먼 길 가느라 고생이 많겠소." 시대는 다시 물었다.

"당신들은 어디에 사는 사람이며, 어디에서 나무를 베어 오는 겁니까?"

"우리는 모두 봉황성鳳凰城에 사는데, 지금 막 장백산에서 나무를 베어 오는 길이오."

말이 끝나기도 전에 뗏목은 어느새 까마득히 멀어져갔다.

마침 이곳은 강물이 두 갈래로 나뉘어 가운데 섬 하나를 이루고 있었는데, 먼저 건너간 사람과 말들이 이 섬에 잘못 내렸던 것이다. 거리는 비록 5리밖에 안 되었지만, 배가 없어서 다시 건너지 못하던 차였다. 이에 배 두 척을 불러 빨리 사람과 말을 건너게 하라며 사공에게 엄명했지만 그는 저 거센 물살을 배로 거슬러 가려면 아마 하루 이틀에는 어렵겠다며, 명을 들으려 하지 않았다.

그러자 사신들이 모두 화가 나서 배 일을 담당하는 용만의 군교軍校를 벌하려 하였지만 아쉽게도 군뢰軍牢(군대에서 죄인을 다루는 병졸)가 없었다. 알고보니 군뢰 역시 먼저 건너다 섬에 잘못 내린 상황이었다. 부사의 비장 이서구李瑞龜가 분을 못참고 마두馬頭를 심하게 질책하며 용만 군교를 잡아들였으나 정작 그를 엎드리게 할 자리가 없어 볼기를 반쯤 까고 말 채찍으로 네댓 대 때리며 끌어내었다. 그러고는 빨리 거행하라고 호통을 쳤다. 용만 군교가 한 손으로는 전립을 쓰면서 또 한 손으론 바지 춤을 추켜 올리며 "예이, 예이" 하고, 대답한다.이에 배 두 척을 내어 사공을 재촉해 물에 들어가서 배를 끌었으나, 워낙 물살이 세어서 한 치를 전진하면 한 자 가량 후퇴를 하였다. 아무리 호통쳐도 어쩔 도리가 없는 상황이었다.

얼마 있다 배 한 척이 강기슭을 따라 나는 듯이 내려왔다. 군뢰가 서장관의 가마와 말을 거느리고 온 것이다. 장복이 창대를 보고 기뻐서 말한다.

"너도 오는구나."

이들 둘을 시켜서 행장을 점검해 보니 큰 문제는 없었다. 다만 비장과 역관이 타던 말이 혹은 오고 더러는 오지 않았기에 이에 정사가 먼저 떠나기로 했다. 군뢰 두 사람이 말 타고 나팔을 불며 길

을 인도하고 또 둘은 앞서서 버스럭버스럭 갈대숲을 헤치고 나아
갔다.

내가 말 위에서 칼을 뽑아 갈대 하나를 베어 보니, 껍질이 단단
하고 속이 두꺼웠다. 화살을 만들 수는 없겠으나 붓자루를 만들기
에는 알맞을 것 같았다. 이때 사슴 한 마리가 놀라서 갈대를 펄쩍
뛰어 넘어가 빠르게 달아났다. 그 모습은 흡사 새가 보리밭 머리를
나는듯 하였으니, 일행이 모두 놀랐다.

10리를 가서 삼강三江에 이렀다. 강물이 맑고 비단같이 잔잔하
니, 이름은 애랄하愛剌河이다. 어디서 발원하는지는 알 수 없으나,
압록강과의 거리는 10리에 불과한데도 조금도 범람하지 않으므로
서로 발원지가 다름을 알 수 있다. 배 두 척이 있었는데, 모양이 우
리나라 놀잇배와 비슷했다. 길이나 넓이는 우리 배만 못했지만, 제
법 튼튼하고도 치밀한 편이다. 배를 다루는 이들은 모두 봉황성 사
람들이었다. 사흘간 여기서 우리를 기다리느라 식량이 떨어져 굶
었다고 하였다. 이 강은 피차간에 서로 건너다지 못하는 곳이지만,
우리나라의 역관들과 중국 외교 문서가 불시에 교환할 일이 생기
곤 하여, 봉성 장군鳳城將軍(봉황성에 주둔한 중국 측 장수)이 배를 준비해 둔
것이라 한다. 배를 대는 곳이 몹시 질척질척하였다. 나는,

아까 시대에게 겨우 배운 말로 "웨이." 하며 호인胡人 한 명을
불렀다. 그자는 곧바로 상앗대를 놓고 내게로 왔다. 내가 재빨리 몸
을 솟구쳐 그의 등에 업히자 히히 웃더니 배에 나를 들여다 놓았다.
그러고는 휴 하고 길게 숨을 내쉬며 말했다.

"흑선풍黑旋風4) 어머니가 이렇게 무거웠다면 아마도 기풍령沂風嶺에 오르지 못했을 겁니다." 주부主簿 조명회趙明會가 이 말을 듣고 큰 소리로 웃는다. 내가,

"저 무식한 놈이 강혁江革5)은 모르고 그저 흑선풍 이규李逵만 아는구나!" 조군趙君이 내게 말했다.

"그 말에는 깊은 의미가 있소. 아마 이런 말일 거요. 애초에 이규의 어머니가 이렇게 무거웠다면 이규의 신력神力으로도 등에 업은 고개를 넘지 못했으리라는 뜻이요, 또한 이규의 어머니가 호랑이에게 물려갔으므로 이처럼 살집이 좋은 사람을 저 굶주린 호랑이에게 주었다면 얼마나 좋았겠느냐는 것이오."

"저런 자들이 어찌 그리도 유식한 말을 할 줄 알겠는가?"

"이른바 눈이 있어도 고무래 정丁 자도 모른다는 '목불식정'이란 건 그야말로 저런 자를 두고 하는 말일게야. 허나, 저들은 소설이나 기서奇書 의 문구를 예사로 쓰니, 관화官話(중국의 표준어를 말한다)란 게 바로 이런 것일세." 애랄하의 너비는 우리 임진강臨津江과 비슷하다. 이곳에서 곧바로 구련성九連城으로 향했다. 장막을 두른 것처럼 푸른 숲에 여기저기 호랑이 그물을 쳐 놓았다. 의주의 창군槍軍이 곳곳에서 나무 베는 소리가 온 들판을 뒤흔든다. 나는 혼자서 높은 언덕에 올라가 사방을 둘러 보았다. 산은 곱고 물은 맑았다. 판국이

4)   수호전에 나오는 힘센 장사.
5)   후한後漢 때 효자. 전란에 홀어머니를 업어서 구하였다.

평평하니 넓게 트여서 나무가 하늘에 닿을 듯 하였다. 그 가운데 마을이 보일듯 말듯하고 개와 닭 소리가 들리는 듯도 했다. 땅은 비옥해 농사 짓기 알맞을 것도 같았다. 패강浿江(대동강의 옛 이름)서쪽과 압록강 동쪽에는 이와 맞먹는 곳이 없으니 분명 이곳에 거진巨鎭이나 큰 도시를 설치할 법도 하건만, 너나없이 방치하여 결국 빈 땅으로 남아 있었다. 어떤 이는 말하기를, 고구려 때에 이곳에 도읍하였다고 하니 이른바 국내성國內城이다. 명나라 때는 진강부鎭江府 리 하였는데 청나라가 요동遼東을 함락시키자 진강부 사람들이 머리 깎기를 싫어하여 모문룡毛文龍에게 가는 이가 있는가 하면 우리나라에 귀화하는 이도 있었다. 그 후에 우리나라로 들어온 이들은 모두 청의 요구에 의해 돌려보냈고, 모문룡에게 간 이들은 유해劉海[6]의 난에 대부분 죽었다. 이에, 빈 땅이 된 지도 벌써 1백여 년이 되었으니, 그저 높은 산 맑은 물만이 보일 뿐이다.

여럿이 노숙하고 있는 곳을 둘러 보았는데, 역관은 혹 세 사람, 혹은 다섯 사람씩 한 장막에 있었으며 역졸과 마부들은 다섯씩 또는 열씩 어울려 시냇가에 나무를 얽어 그 안에 들어가 있었다. 밥 짓는 연기는 자욱하고 사람들 떠드는 소리며 웃음소리에 마치 한 마을을 이룬듯 했다. 용만에서 온 장사꾼들 한 무리가 저희들끼리 한 곳에 모여서 둔을 치고, 시냇가에서 닭 수십 마리를 잡아 씻고,

---

6) 유흥조劉興祚(?~1630)를 가리킨다. 중국 후금後金의 부장副將이다. 본래 명明나라 요동遼東 사람
    으로, 후금의 추장에게 투항하여 신임을 받고 권세를 부렸으므로 명나라 조정에서 형주 자
    사荊州刺史의 직책과 은銀 1만 냥을 걸고 수배하였다.

한편에서는 그물을 던져서 물고기를 잡아 국을 끓이며 나물을 볶았다. 밥알은 윤기가 자르르 한 것이, 일행 가운데 그들의 살림이 가장 풍성하다.

이윽고 부사와 서장관이 연달아 도착함에, 이미 황혼이 깃들고 있었다. 모두 톱을 가지고 나가 큰 나무를 베어 30여 군데 모닥불을 놓고 먼동이 틀 때까지 환히 밝혔다. 군뢰가 나팔을 한번 불면 일행 3백여 명은 일제히 함성을 지르는데 이는 호랑이를 경계하기 위함이다. 이 소리가 밤새도록 계속 되었다.

군뢰는 만부灣府에서 가장 기운 센 자로 뽑힌 이들이다. 일행 하인들 중에서 유난히 하는 일도 많고 먹성도 가장 좋다고 한다. 그들의 차림새란 몹시 우스꽝스러웠다. 남색 운문단雲紋緞을 받쳐 댄 전립氈笠에 맨 위에는 운월雲月이나 다홍빛 상모를 달았고 전립의 이마 부분에 날랠 용勇 자를 금으로 박아 붙였다. 아청鴉靑빛 삼베로 만든 소매 좁은 군복에 다홍빛 무명 배자褙子를 입고, 허리엔 남색 비단 전대를 둘렀다. 어깨에는 주홍빛 무명실로 짠 걸옷을 걸치고, 발에는 미투리를 신었으니 그 모습이 어엿한 건아가 아니고 무엇이랴! 그러나 말 탄 꼴이란 이른바 반부담半駙擔이어서 말을 탄 것이 아닌 그저 말 등에 걸터 앉은 셈이었다. 등에는 군령을 전하는 남빛의 조그마한 깃발을 꽂고, 한 손엔 군령을 적은 작은 널빤지를 들었으며 다른 한 손에는 붓·벼루·파리채, 그리고 팔뚝만 한 마가목馬家木 짧은 채찍을 잡고 있었다. 앉은 자리 밑엔 붉게 칠한 10여 개의 곤장棍杖을 비스듬히 꽂았다. 삼사신의 각방各房에서 무언가 명령할 일이 있어 군뢰을 부르면, 군뢰는 부러 못 들은 체하다가 10여 차례 계속 불러야만 무어라 중얼거리며 혀를 차고는, 그제서야 처음 들은 듯 '예이' 하고 크게 대답한다. 그러고는 바로 말에서 뛰어내려, 돼지처럼 뒤뚱대고 소처럼 씩씩대며 나팔·군령판·붓·벼루 등을 모두 한 쪽 어깨에 메고 막대 하나를 끌며 나가는 것이다.

한밤중이 되기 전에 소낙비가 퍼부어 위로는 장막이 새고 밑에선 물이 스며 피할 길이 없더니만, 어느덧 비가 멈추고 하늘에는 별들이 총총히 드리워 손으로 만질 수 있을것만 같았다.

25일 임신壬申

아침에 가랑비가 내리다가 낮에 개었다.

각방各房과 역관들이 노숙한 곳에서 나와 저마다 여기저기서 옷과 이불들을 내어 말린다. 간밤 비에 모두 젖었기 때문이다. 마부 중에 술을 갖고 온 자가 있어서 마두 대종戴宗이 한 병을 사서 바쳤다. 대종은 선천宣川 출신 종으로, 어의御醫 변 주부卞主簿의 마두였다. 술을 받아서는 시냇가에서 함께 마셨다. 압록강을 건넌 뒤로 우리 술은 생각지도 못하다가 갑자기 이 술을 얻어 마시게 되니 술맛이 유난히 좋을 뿐만 아니라, 한가히 시냇가에 앉아 마시는 그 흥취란 이루 말할 수 없었다.

마두들이 앞 다투어 낚시질 하기에, 나도 얼큰하게 취한 김에 낚싯대 하나를 **빼앗아** 던졌는데, 곧바로 작은 물고기 두 마리가 걸려 나왔다. 아마 물고기가 우리식 시냇물 낚시에 익숙지 않았기 때문이 아닌가 한다. 방물이 아직 도착하지 않았기에, 다시 구련성에서 노숙하였다.

26일 계유癸酉

아침에는 안개가 끼었다가 늦게 개었다.

구련성을 떠나 30리를 가서 금석산金石山 밑에 이르러 점심을 먹고, 다시 30리를 가서 총수秀에서 노숙하였다.

새벽에 안개를 헤치고 출발했다. 상판사上判事 마두 득룡得龍이 쇄마의 마부들에게 안개 속 희미하게 보이는 금석산을 가리키며 강세작康世爵[7]의 고사를 이야기한다. "저곳이 바로 형주 사람 강세작이 숨어 살던 곳이라네." 그 이야기가 퍽 재미있어 들어줄 만 하였다.

대략 그들의 이야기에 의하면 이러하다.

"세작의 조부 강림康霖은 임진왜란 당시 양호楊鎬를 따라 우리나라를 도우러 왔다가 평산平山 전투에서 죽었고, 부친 강국태國泰는

---

7) 강세작은 명나라 사람으로, 나라가 멸망하기 전에 우리나라로 피란을 와 정착하였다.

청주 통판淸州通判을 지내다가 만력萬曆 정사년丁巳年에 죄를 지어 요양遼陽으로 귀양 오게 되었소. 그때 세작의 나이는 열여덟이었는데 아버지를 따라 요양에 와 있었다오. 다음 해에 청이 무순撫順을 함락하자 명나라 유격장군游擊將軍 이영방李永芳[8]이 항복하고 말았지. 그러자 경략經略 양호가 장수들 나눠서 여러 곳으로 파견하였는데, 총병兵 두송杜松은 개원開原으로, 왕상건王尙乾은 무순으로, 이여백李如栢[9]은 청하淸河로 내보내고, 도독都督 유정劉綎은 모령毛嶺으로 보냈소. 강국태 부자는 이때 유정을 따라 군진에 있었는데, 청의 복병이 갑자기 산골짜기로부터 공격해 나오자, 명의 군사들은 앞뒤로 단절되고, 서로 구하지도 못하는 상태였다네. 유정은 결국 스스로 불에 타 죽고 국태도 날아오는 화살에 맞아 쓰러졌다오.

세작이 해진 뒤에서야 아버지 시신을 찾아 골짜기에 묻고 돌을 모아 표를 했지. 이때(1619) 조선의 도원수都元帥 강홍립姜弘立[10]과 부원수副元帥 김경서金景瑞[11]는 산 위에 진을 쳤고, 조선의 좌·우 영장

---

8) 명나라 유격遊擊으로서 무순撫順을 지키다가 후금에 투항한 자이다.

9) 이여백李如栢으로 자는 자정子貞, 호는 배성背城, 이여송李如松의 동생이다. 임진년에 흠차정왜 좌영부총병관 서도독첨사欽差征倭左營副摠兵官署都僉事로 이여송을 따라 나와 군사 1천 5백을 거느리고 평양의 왜적을 격파하였다.

10) 1560~1627. 본관은 진주, 자는 군신君信, 호는 내촌耐村이다. 오도 도원수五道都元帥로 부원수 김경서金景瑞와 함께 1만 3,000여 군사를 이끌고 명나라로 출정出征하여 1619년 명나라 제독 提督 유정劉綎의 군과 합류하였으나 대패하자, 광해군의 비밀 지시에 따라 남은 군사를 이끌고 후금군에 투항하였다.

11) 1564~1624. 본관은 김해, 자는 성보聖甫, 초명은 응서應瑞, 시호는 양의襄毅이다. 김득진의 아버지이다. 임진왜란 때 대동강을 건너려는 적을 막고 명나라 이여송의 군대와 함께 평양성을 탈환했다. 명나라가 후금을 치기 위하여 원병 요청을 하자 출전했고 후금 군대에 항복하

營將은 산 밑에 진을 쳤는데, 이에 세작이 원수元帥의 진영으로 몸을 피했소. 다음날 청나라 군사가 조선의 좌영을 쳐서 단 한명도 벗어나지 못하자, 산 위에 진 치고 있던 군사들이 이를 바라보고 다들 벌벌 떨며 허둥댔다네. 그러자 홍립은 싸우지도 않고 항복했지. 청나라 군사가 홍립의 군사를 겹겹이 포위하고 도망쳐 온 명나라 병사들을 샅샅이 뒤져내어 모조리 참수하였소. 세작 역시 청나라 군사에게 잡혀 결박 당한채 바위 아래 앉아 있었는데, 그를 감시하던 자가 잊어버리고 가버렸지 뭔가. 세작이 조선 군사에게 결박을 풀어 달라고 애걸했지만, 조선 군사들은 서로 눈치만 볼 뿐 감히 나서는 이가 없었다네. 세작이 어쩔 수 없이 스스로 등을 바위에 비벼 줄을 끊고 일어나 죽은 조선 군사의 옷을 벗겨 걸치고 조선 군사들 속으로 들어가 죽음을 면했다오. 이에 세작이 달아나 요양으로 돌아갔는데, 웅정필熊廷弼[12]이 요양을 지키면서, 세작을 불러서 아버지 원수를 갚게 했지. 같은 해에 청나라 군사는 개원과 철령鐵嶺을 함락했는데, 웅정필은 파면되고 설국용薛國用이 대신 요양을 지키게 되었다네. 세작이 여전히 설국용의 군대에 있었는데, 심양마저 함락되자 낮에는 숨고 밤에는 걸어서 봉황성에 이르렀지. 봉황성에 가서는 광녕廣寧 사람 유광한劉光漢과 함께 요양의 패잔병을 모아 그

여 포로가 되었다가 적정을 기록하여 고국에 보내려다 처형되었다.

12) 1569~1625. 명나라 말기의 장수이다. 자는 비백飛百, 호는 지강芝岡으로 강하江夏 사람이다. 요동의 감찰어사로서 요동을 지켰으나 왕화정王化貞과 불화하여 패전하게 되자 사형에 처해졌다.

곳을 지키고 있었다오. 그러나 얼마 안되어 광한은 전사하고 세작
도 십여 군데 부상을 입자, '중원으로 가는 길이 이미 끊어졌으니
차라리 동쪽 나라 조선으로 나가서 저 치발·좌임(치발좌임: 머리를 깎고
옷깃을 왼쪽으로 여미는 청나라 사람들의 복식)의 오랑캐 신세를 면하는 것이
낫겠다'라 생각하고, 드디어 진영을 탈출하여 금석산 속에 숨었소.
그런데, 먹을 것이 없어서 양 가죽 옷을 불에 구워 나뭇잎에 싸 먹
으며 몇 달 동안 목숨을 부지했다고 하오. 이윽고, 압록강을 건너
관서關西의 곳곳을 전전하다가 회령會寧까지 들어가서, 우리나라 여
인에게 장가들고 아들 둘을 낳더니 팔십이 넘어서 죽었지. 그 자손
이 번성하여 백여 명이나 되지만, 여전히 같은 집에서 살고 있다 하
더이다."

　득룡得龍은 가산嘉山 사람인데, 열네 살부터 북경北京에 드나들
었다. 이번에 들어가면 무려 30여 차례에 이른다. 중국어 실력이 얼
마나 뛰어난지, 여정 중에 모든 일들은 득룡이 아니면 감당할 자가
없을 정도이다. 그는 이미 가산과 용천龍川, 철산鐵山 등 부府의 중군
中軍을 지냈으며 품계가 가선대부에까지 올랐다. 사행때 마다 가산
에 미리 통지한 다음 그 가족들을 감금하여 그가 도망가는 것을 막
았으니 그의 사람됨과 재능을 충분히 짐작할 수 있다. 세작이 처음
우리나라에 왔을 때 득룡의 집에 묵고 있었기 때문에 득룡의 조부
와 친하여 서로 중국 말과 조선 말을 배웠고, 득룡이 중국어에 그처
럼 능한 이유 또한 집안 대대로 배워왔기 때문이라고 한다.

　날이 저물 무렵 총수에 이르렀다. 이곳은 우리나라 평산平山의

총수와 비슷하다. 분명 평산 총수가 이곳과 비슷하다고 해서, 우리나라 사람이 이름을 지은 것이 아닐까 한다.

27일 갑술甲戌

아침에 안개가 끼었다가 뒤늦게 걷혔다.

아침 일찍 출발했다. 길에서 호인 5~6명 만났는데, 모두 작은 당나귀를 타고 있었고 모자와 옷은 남루하였으며 얼굴은 초췌했다. 이들은 모두 봉황성의 갑군甲軍으로 애랄하愛剌河에 수자리 살러 가는 중이었다. 대부분 품 팔러 가는 자들이라 한다. 이를 보니 우리나라는 국경의 경비는 아무 걱정이 없으나, 중국의 변방 수비는 너무나 허술하다고 느껴졌다.

마두와 쇄마 마부들이 그들에게 나귀에서 내리라고 호통쳤다. 그러자 앞서가던 둘은 곧 내려서 한쪽으로 비켜 가고, 뒤 따르던 셋은 내리려 하지 않았다.

마두들이 하나 같이 큰소리로 '내리라!'며 책망해도 그들은 성난 눈으로 말한다.

"당신들 상전이 우리와 무슨 상관이오?"

우리 마두가 바짝 다가가 채찍을 빼앗더니 그의 맨다리를 후려치며 질책했다.

"우리 상전께서 받들고온 것이 어떤 물건이며 가지고 온 것이 어떤 문서인 줄 아는가? 저 노란 깃발에 만세야萬歲爺(청의 황제)께 드리는 물건이라고 버젓이 쓰여 있지 않더냐? 네놈들 눈깔이 온전하다면 어째서 황제께서 친히 쓰실 방물인 줄 모른단 말이냐."

그제서야 그들은 황급히 나귀에서 내려 땅에 엎드린채 애걸하며 말했다.

"그저 죽을 죄를 지었습니다."

그중 한 놈은 일어나더니 자문咨文을 지닌 마두의 허리를 꽉 껴안고 만면에 웃음을 띤 채 말했다.

"나으리, 부디 노여움을 거두십시오. 소인들은 죽어 마땅합니다" 한다.

마두들은 크게 웃더니, 다시 꾸짖었다.

"이놈들! 머리를 조아려 사죄하거라."

그러자 모두 진흙 바닥에 꿇어 엎드려 머리를 조아리니 이마는 온통 진흙투성이가 되었다. 일행이 박장대소하고는 '썩 물러가라!'라며 호통쳤다.

나는 마두들에게 말했다.

"너희들이 중국에 들어갈 때마다 여러모로 소란을 일으킨다더니 사실이구나! 내가 눈 앞에서 보니, 과연 들었던 그대로다. 아까 한 일은 하나마나한 짓이니 앞으로는 장난으로 소란 피우지 말거라."

이에, 그들은 이구동성으로 말한다.

"이렇게라도 하지 않으면 그 먼 길, 그 많은 날을 어찌 견딘단 말입니까?"

멀리 봉황산鳳凰山을 바라보니, 마치 돌로 깎아 세운 듯 평지에 우뚝 솟아 있었다. 꼭 손바닥 위에 손가락을 세운 듯도 하고 반쯤 피어난 연꽃 봉오리 같기도 하며 하늘가의 여름 구름 같기도 해서 그 기막히고 빼어난 자태를 무엇으로도 형용할 길이 없었다. 다만 맑고 윤택한 기운이 모자란게 흠이라면 흠이다.

내가 전에 우리 서울의 도봉산과 삼각산이 금강산보다 낮다고 말한 적이 있었다. 금강산은 1만 2천 봉 동부洞府 모두가 기이하고 웅장하며 짐승이 기어가고 새가 날아가는 듯하며 신선이 하늘로 오르는 듯, 부처가 도사리고 앉은 듯도 하지만, 깊고 음산한 것이 마치 귀신의 굴속에 가는 듯도 하기 때문이다.

예전에 나와 신원발申元發[13]이 함께 단발령斷髮嶺에 올라 금강산을 바라본 적이 있었다.

마침 가을 파란 가을 하늘에 석양이 비꼈으나, 하늘에 닿을 듯한 아름다운 산빛과 윤기있는 자태가 없어서, 없음을 금강산을 위해서 장탄식을 하지 않을 수 없었던 것이다. 훗날, 배를 타고 두미강頭尾江 상류에서 내려와 서쪽으로 한양漢陽 삼각산의 모든 봉우리를 바라보노라니, 하늘에 닿을 듯 푸르게 솟아 있는데, 아지랑이마저 엷게 피어 정말 아름다웠다. 또 한번은, 남한산성南漢山城의 남문

---

13) 신광온申光蘊(1735~1785)의 자이다. 1762년(영조 38) 진사시 급제 후 벼슬은 사복시 첨정司僕寺僉正을 지냈다. 연암과 젊은 시절부터 절친하여 1765년(영조 41) 금강산 유람을 함께 다녀오기도 했다.

에 앉아서 북으로 한양을 바라본 적이 있는데, 마치 물 위에 피어 있는 연꽃 혹은 거울에 비친 달과 같았다. 혹자는 '빛과 기운이 공중에 어리는 것은 왕기旺氣이다.'라고 하였는데, 왕기旺氣는 곧 왕기王氣이다. 서울의 형세가 억만 년을 누릴 용이 서리고 범이 걸터앉은 것이라, 그 신령스럽고 밝은 기운은 뭇 산세와는 다를 수밖에 없다. 이제 이 봉황산 형세의 기이하고 뾰족하고 높고 빼어남이 비록 도봉·삼각보다 지나침이 있건마는, 어린 빛깔은 한양의 모든 산에 미치지 못할 것이다.

넓은 들판이 질펀한데 비록 개간은 안 되었지마는, 가는 곳마다 나무 찍어 낸 조각들이 흩어져 있고, 소 발자국과 수레바퀴 자리가 풀숲에 섞여 있는 것으로 보아서 이미 책문柵門이 여기서 가깝고, 또 살고 있는 백성들이 무시로 이곳에 드나들고 있음을 알 수 있겠다.

말을 빨리 몰아 7~8리를 가서 책문 밖에 닿았다. 양과 돼지가 산에 질펀하고 아침 연기는 푸른 빛으로 둘러 있다. 나무 쪽으로 목책木柵을 세워서 겨우 경계經界를 밝혔으니, 이른바 버들을 꺾어서 채마밭 울타리를 만든다는 '절류번포折柳樊圃'가 이말인 듯싶다. 책문에는 이엉으로 덮여있고, 널빤지 문은 굳게 잠겨 있었다.

목책에서 수십 보 떨어진 곳에 삼사三使가 장막을 치고 좀 쉬려하는데, 방물이 모두 도착했기에 책문 밖에 쌓아 두었다. 호인들이 목책 안에 줄지어 구경을 하고 있는데, 거의 민머리에 담뱃대를 물고 부채질을 하고 있다. 어떤 사람은 검은 공단貢緞 옷을 입고, 또 어

떤 사람은 수화주秀花紬, 생포生布, 생저生苧, 석새삼베[三升布], 야견사野
繭絲 옷을 입었으며 바지도 마찬가지였다.

수놓은 주머니 서너 개를 허리에 찼으며 작은 패도에 쌍아저雙
牙箸를 꽂고 있었다. 담배쌈지는 호로병胡盧甁 모양인데 거기에 꽃,
풀, 새 또는 옛사람의 명구名句를 수놓았다. 역관과 마두들 모두 목
책에 가까이 가서 그들과 손을 잡고 반가이 인사를 나누었다.

"당신은 언제 한성을 떠났으며, 길에서 비는 맞지 않았나요?
댁에선 모두 안녕하신가요? 포은包銀 돈도 넉넉히 가져오셨습
니까?"

호인들은 저마다 거의 같은 말을 했다. 다투어 물었다.

"한 상공韓相公과 안 상공安相公도 동행하셨습니까?"

라고 했다. 이들은 모두 의주에 사는 사람들로, 해마다 북경으
로 장사를 다녀서 능란하고 저쪽 사정을 잘 아는 자들이라고 했다.
그리고 '상공'은 상인들끼리 서로 존대하는 칭호다. 사행이 갈 때는
정관正官에게 팔포八包를 내리는 법이 있다. 정관은 비장, 역관까지
모두 30명이고, 나라에서 정관에게 인삼 몇 근씩을 주던 것을 팔포
라 불렀다. 지금은 나라에서 주지 않고 각자 은을 마련하여 갖고 가
게 하되, 단지 그 포 수를 제한한다. 당상관堂上官은 3천 냥, 당하관堂
下官은 2천 냥인데, 이것을 지니고 북경에서 여러 물건 교역을 통해
이득을 취하게 하는 것이다. 가난하여 본인이 마련하지 못하면, 그
포의 권리를 팔고, 송도·평양·안주安州 등의 연상燕商(북경에서 무역하는
상인)들이 이를 산 뒤 대신 은을 채워서 간다. 그러나 다른 지방의 연

상은 직접 북경에 들어가지 못하므로, 이 포의 권리를 의주 상인들에게 넘겨 다른 물건으로 교환해 오는 것이다. 한韓씨 임林씨 같은 상인들은 매년 북경을 제집 드나들듯 하여 저쪽 상인들과 뜻이 맞기에 물건을 사고팔거나 값을 올리고 내리는 등의 일은 모두 그들에게 달려 있다. 우리나라에서 중국 물건 값이 날로 오르는 것은 이들 때문인데, 온 나라는 이를 이해하지 못하고 그저 역관만 탓한다. 하지만 역관도 이들 상인에게 포를 팔아 권리를 빼앗기면 다른 방도가 없다. 타 지역 상인들도 이것이 의주 상인들의 농간임을 알면서도 직접 본 것이 아니므로 화는 내어도 감히 말하지는 못하는 것이다. 이렇게 된 지는 이미 오래되었다. 요즘 의주 상인들이 잠시 모습을 감추고 나타나지 않는 것도 농간을 위한 술책의 하나다.

책문 밖에서 아침 식사를 마치고 행장을 정돈하던 중, 왼편 주머니에서 열쇠가 없어진 것을 알았다. 풀밭을 다 뒤졌지만 끝내 찾지 못했다. 내가 장복에게 말했다.

"너는 행장에 신경 쓰지 않고 계속 한눈만 팔더니, 책문에 이르자마자 벌써 이런 사달을 내는구나. 속담에 사흘 길을 하루도 못 가서 늘어진다고 하던데, 앞으로 2천 리를 가서 황성(북경)에 도착할 즘이면 네 오장인들 남아 있겠느냐? 듣자하니, 구요동舊遼東과 동악묘東岳廟는 본래 좀도둑이 출몰하는 곳이라 하니, 네가 또 한눈을 팔다가는 또 무엇을 잃어버릴지 모르겠다."

장복은 민망한지 머리를 긁적이며 말했다.

"소인은 이제야 알겠습니다. 그 두 곳을 구경할 때엔 제 두 손으로 눈을 꽉 붙들고 있으면, 어느 놈이 빼갈 수 있겠습니까."

그 말을 듣자니, 한심하기도 하여 "오냐. 내 알겠다"라고 대답했다. 장복은 아직 어리고 초행인데다, 타고나길 맹한 구석이 있어서 동행하는 마두들이 장난으로 놀리면 정말인 줄 안다. 모든 일이 이러하니 앞으로 먼 길을 데리고 갈 일을 생각하면 착잡하기 그지없다.

다시 책문 안을 바라보니, 수많은 민가民家들이 대체로 들보 다섯이 높이 가량 솟아 있고 지붕은 이엉으로 엮었는데, 용마루가 높고 문이며 창이 가지런하였다. 네거리는 먹줄 친 것처럼 반듯했으며, 담은 모두 벽돌로 쌓았고, 사람 탄 수레와 화물 실은 차들이 길에 널려 있고 진열되어 있는 그릇들은 모두 그림 그려 넣은 자기瓷器들이다. 그 제도에 초티라고는 조금도 없었다. 앞서 나의 벗 홍덕보洪德保[14]가 "그 규모는 크되, 그 심법心法은 세밀하다."고 충고한 바가 있다. 이곳 책문이 중국의 동쪽 변두리임에도 이렇게 번성했는데, 앞으로 더 번화할 것을 생각하니 갑자기 기가 죽어 여기서 발길을 돌려야 하나 싶은 마음에 온몸이 화끈거린다. 그러다 나는 깊이 반성하며 생각했다. '이건 질투심이다. 내 본래 성격이 담박淡泊하여 남을 부러워하거나 시기하는 마음이 조금도 없었는데, 지금 다른 나라에 들어와 만분의 일도 보지 못한 처지에서 벌써 이런 망령된 마음이 드는 건 어째서일까? 이는 내 견문이 좁기 때문이다.

14)   홍대용洪大容(1731~1783)으로, 본관은 남양南陽, 자는 덕보, 호는 홍지弘之·담헌湛軒이다.

만일 석가여래의 혜안으로 시방세계를 두루 살핀다면, 평등하지 않은 것이 없으리라. 모든 것이 평등하면 시기심과 부러움은 자연스레 사라질 것이다.' 그리고 장복을 돌아보며 물었다.

"만일 네가 중국에서 태어난다면 어떻겠느냐?"

"중국은 되놈의 나라라 소인은 싫습니다요."

이때 한 소경이 어깨에 비단 주머니를 메고 손으로 비파처럼 생긴 월금月琴을 뜯으면서 지나갔다. 나는 홀연 깨달았다.

"저 사람야말로 평등의 눈을 가진 이가 아니겠느냐."

잠시 후에 책문이 활짝 열리더니 봉성장군과 책문어사柵門御史가 방금 와서 점방店房에 앉아 있다 하였다. 여러 호인들이 책문을 가득 메우며, 다투어 방물과 사복私卜(개인 짐)의 무게를 재고 있었다.

대체로 이곳에 도착하면 보통 호인의 수레를 빌려 짐을 운반하곤 한다. 그들은 사신이 앉은 곳에 다가와 담뱃대를 물고 힐끗거리면서 손가락으로 가리키며 저들끼리 중얼거린다. "저 사람이 왕자王子인가?" 여기서 '왕자'란 종반宗班, 즉 임금의 가까운 집안 출신으로 정사가 된 사람을 말한다. 그중 한 사람이 잘 안다는 듯이 "아닐걸. 저 머리가 희끗희끗한 분이 부마駙馬인데, 지난해에도 왔던 분이야." 하며 부사를 가리켰다.

"저 수염 나고 쌍학雙鶴 문양 관복을 입은 분이 얼대인乙大人이지."

그러더니 서장관을 가리키며 말했다.

"산대인山大人인데, 모두 한림翰林 출신이지."

여기서 '얼乙'은 둘째를, '산山'은 셋째를, 한림 출신은 문관文官을 의미한다.

그때 마침 시냇가에서 시끄럽게 다투는 소리가 들렸는데, 말소리가 새 지저귀는 듯하여 한 마디도 알아들을 수 없었다. 급히 가 보니, 득룡이 여러 호인과 예물禮物의 많네, 적네 하며 다투고 있었다. 예단禮單을 나눠 줄 때는 반드시 전례를 따르는 것이 원칙임에도 불구하고, 봉황성의 교활한 호인들은 명목名目을 덧붙여 그 수를 채워달라 강요하기도 한다. 이러한 일처리의 잘잘못은 온전히 상판사上判事의 마두에게 달려 있다. 혹여 그가 일에 서툴다던지 중국말이 능숙치 못하면 그자들과 시비를 따지지 못하고 달라는 대로 줄 수밖에 없는 것이다.

금년에 이런 식이라면, 내년에는 그것이 전례가 되어 반드시 다툼이 벌어지고 만다. 사신들은 이 미묘한 사정을 모르고 오로지 책문에 들어가는데만 급급해, 역관을 재촉하고 역관은 다시 마두를 재촉한다. 이 폐단은 오래 지속되어 왔다.

상판사 마두 상삼象三이 막 예단을 나누려 함에, 호인 백여 명이 그를 에워쌌다. 그 중 하나가 갑자기 큰 소리로 상삼을 욕하기 시작했다. 득룡이 수염을 훑더니 눈을 부라리며 달려들어 그 멱살을 잡고 주먹을 휘두르는 척 하고는 주위의 호인들에게 으름짱을 놓는 꼴이란 실로 가관이었다.

"이 뻔뻔하고 무례한 놈 보게. 이전엔 겁도 없이 어르신 족제비 목도리를 훔쳐 가고, 작년에는 어르신 주무시는 틈을 타 내 패도를 뽑아 어르신 칼집에 달린 술[綬]을 끊어 훔쳐가고, 그도 모자라 내가 차고 있는 주머니를 훔치려다가 들켜서는 주먹 한 대를 먹지 않았느냐. 그때는 목숨을 살려달라 애걸하기에 봐주니까, 생명의 은인이라더니만 이번에 오랜만에 와서는 되레 네 놈을 몰라 볼 줄 알고 어르신 속이며 함부로 크게 지껄이는구나. 이런 쥐새끼 같은 놈은 봉성장군에게 끌고 가야겠다."

득룡이 그를 잡아 끌자, 여러 호인들이 모두 용서를 권했다. 그 중 수염이 아름답고 옷을 깔끔하게 입은 한 노인이 앞으로 나서서, 득룡의 허리를 감싸며 사정했다.

"형님, 제발 좀 참으시오."

득룡이 그제야 노여움을 풀고 빙그레 웃으며 말했다.

"내가 만일 아우님 체면을 고려하지 않았다면, 이놈의 콧등을 갈겨서 저 봉황산 밖에 던져버렸을 것이다."

판사判事 조달동趙達東이 마침 내 곁에 와 있었기에 아까 그 광경을 말해주고 혼자 보기 아깝다고 했더니 조군이 웃으며 말했다.

"이게 바로 도둑의 덜미를 먼저 잡는다는 그 '살위봉법殺威棒法'이군요."

조군이 득룡에게 "상사께서 이제 곧 책문으로 들어가실 테니, 예단禮單을 지체하지 말고 나누어 주게"라며 재촉했다. 득룡은 "예이 예이" 대답하며, 일부러 바쁜 척한다. 나는 일부러 거기에 머물러 나누어 주는 물건의 명목名目을 자세히 보았다. 그런데 매우 괴이하고 잡스런 것들이었다.

▶ 예단물목禮單物目

책문수직보고柵門守直甫古 2명과 갑군甲軍 8명에겐 각각 백지白紙 10권, 소연죽小煙竹 10개, 화도火刀 10개, 봉초封草 10봉씩이고, 봉성장군 2원, 주객사主客司 1원, 세관稅官 1원, 어사御史 1원, 만주장경滿洲章京 8명, 가출장경加出章京 2명, 몽고장경蒙古章京 2명, 영송관迎送官 3명, 대자帶子 8명, 박씨博氏 8명, 가출박씨加出博氏 1명, 세관박씨稅官博氏 1명, 외랑外郞 1명, 아역衙譯 2명, 필첩식筆帖式 2명, 보고甫古 17명, 가출보고加出甫古 7명, 세관보고稅官甫古 2명, 분두보고分頭甫古 9명, 갑군 50명, 가출갑군加出甲軍 36명, 세관갑군稅官甲軍 16명 등 도합 1백 2명에게는 장지壯紙 1백 56권, 백지 4백 69권, 청서피靑黍皮 1백 20장, 소갑초小匣草 5백 80갑, 봉초 8백 봉, 세연죽細煙竹 74개, 팔면은항연죽八面銀項煙竹 74개, 석장도錫粧刀 37자루, 초도刀 2백 84자루, 선자扇子 2백 88자루, 대구어大口魚 74마리, 다래[月乃] 가죽 장니障泥 7부部다. 환도環刀 7파把, 은장도銀粧刀 7자루, 은연죽銀煙竹 7개, 석장연죽錫長煙竹 42개, 필筆 40지枝, 묵墨 40정丁, 화도 2백 62개, 청청다래[靑靑月乃] 2부, 별연죽別煙竹 45개, 유둔油芚 2부씩이다.

호인들은 군소리 하나 없이 조용히 물건을 받아 가버린다. 조군이 말했다.

"득룡의 수완이 참 능수능란하구려. 그는 이전에 목도리, 칼, 주머니를 잃어버린 적이 없다고 하더이다. 공연히 트집을 잡아 그중 한 놈 기세를 꺾어 놓은 게요. 그러면 나머지는 저절로 수그러져 서로 눈치만 보다 물러서곤 하지. 만약 그렇게 하지 않았다면, 사흘

이 지난들 일이 끝나지 않아 책문 안으로 들어가지 못했을 것이오."

얼마 있다가 군뢰가 와 꿇어 앉아서 말했다.

"문상어사門上御史와 봉성장군이 수세청收稅廳에 나와 좌정하셨습니다."

그러자 삼사三使가 차례로 책문으로 들어간다. 장계狀啓는 전례대로 의주의 창군들이 돌아가는 편에 부치고 왔다.

이 책문에 한 발짝만 들어서면 중국 땅이다. 여기서부터 고국의 소식은 끊어질 것이다. 서글픈 마음에 동쪽을 향해 내내 서 있다가 곧 몸을 돌려 천천히 책문 안으로 들어갔다. 길 오른편에 초청草廳 세 칸이 있어서 어사, 장군부터 아역衙譯에 이르기까지 반열대로 의자에 걸터 앉아 있고, 수역首譯 이하의 사람들은 그 앞에 팔짱을 끼고 서 있었다.

사신이 도착하면 마두가 하인에게 외쳐 가마를 멈추게 한다. 잠시 말을 쉬어 행차를 중지하려는 듯하다가 급히 그곳을 지나가 버린다. 부사와 서장관도 이와 같이 행동하여 마치 서로를 흉내내니, 모두 요절복통이다. 비장과 역관들은 모두 말에서 내려 걸어가는데, 오직 변계함卞季涵만이 말 탄 채 그대로 지나갔다. 말석에 앉은 한 청인 하나가 갑자기 우리 말로 크게 소리 질렀다.

"무례하오! 여기 어른들 몇 분이 앉아 계신데, 외국의 수행원이 어찌 감히 당돌하게 구는가? 사신께 고하여 볼기를 맞아야겠소."

목소리가 크기는 했으나 혀가 잘 돌아가지 않아 마치 어린아이가 어리광을 부리듯 하고 술주정을 하는 듯도 했다. 그는 사신을 호행護行하는 통관인通官 쌍림雙林[15]이라는 자였다. 수역首譯이 지체 없이 대답했다.

"이자는 우리나라 어의인데 초행길이라 실정을 몰라서 그랬을 것입니다. 또 어의는 국명國命을 받들고 정사를 수행하는 사람이므로 정사께서도 함부로 대하진 못하오. 여러 어른께서 부디 위로는 황제께서 우리나라를 사랑하시는 뜻을 본받고 깊이 따지지 않으신다면 더욱 대국의 너그러운 도량을 잘 알것입니다."

수역의 말을 듣고는 모두 고개를 끄덕이며 "그래, 맞소"라고 하였다.

그러나 쌍림이 눈을 부라리고 소리 지르는 걸 보니 화가 아직 덜 풀린 모양이다. 수역이 나를 보고 눈짓하며 그만 가자고 하였다. 가던 도중에 변군卞君을 만났는데, 우리에게 한 마디 건넨다.

"큰 욕을 보았네."

"볼기 둔臀자가 아마 신경 쓰일걸세."

내가 이렇게 말하니 모두 한바탕 웃었다. 이에 그와 나란히 가면서 구경하는데 가끔 감탄의 소리가 저절로 나왔다.

책문 안의 인가는 불과 20~30호였지만 모두 웅장하고 높고도

---

15) 1786년(정조10) 칙사가 조선에 왔을 때 일대통관一大通官으로 나왔던 사람인데, 통관通官 오림포烏林佈의 아들이자 보덕寶德의 아버지이다. 『日省錄 正祖 10年 8月 18日』, 『정조실록』에 해당 기사가 보인다.

깊다. 버드나무 녹음 속에 푸른색 술집 깃발이 솟은 채 나부끼고 있었다. 변군과 함께 안으로 들어가니, 뜻밖에도 조선 사람들이 그 안에 가득하다. 맨다리, 듬성듬성한 구레나룻의 사람들이 의자에 걸터앉아 떠들다가 우리를 보더니 모두 피하여 밖으로 나가버렸다. 주인은 화를 내면서 변군을 가리키며 투덜댔다.

"저 관인官人이 눈치도 없이 남의 장사를 방해하는군."

대종戴宗이 주인의 등을 두드리며 말했다.

"형님, 잔소리 마시오. 저 두 어른은 한두 잔만 마시면 곧 나가실 테니, 그 망나니들이 어찌 감히 의자에 걸터 앉아 떠들수 있겠소. 잠시 피한 것이니 곧 돌아와서, 이미 먹었으면 술값을 낼 것이고, 덜 먹었으면 맘놓고 즐겁게 마실 것이니 형님은 걱정 마시고 우선 넉 냥어치 술만 부어주시오." 그러자 주인은 그제야 웃으며 말한다.

"아우님은 지난해에도 보지 않았소? 이 망나니들이 소란을 떨며 그저 마시기만 하고는 그대로 달아나 버리니, 술값을 어디서 받겠소?"

"형님, 염려 마시오. 두 어른들이 마시고 곧 일어나시면, 내가 그자들을 모두 여기로 몰고 와서 술값을 지불하게 하리다."

"그러시구려. 두 분이 함께 넉 냥을 드신다는 것이오, 아니면 각기 넉 냥을 드신다는 것이오?"

대종이 "각각 넉 냥씩 부으시오."라고 하니, 변군이 나무라며 말했다.

"넉 냥어치 술을 한 사람이 어찌 다 마신단 말이냐?"

대종이 웃으며 말했다.

"넉 냥이란 돈이 아닙니다. 술의 무게를 말하는 것이지요."

탁자 위에 벌인 술잔은 한 냥에서 열 냥까지 크기가 달랐다. 모두 놋쇠와 주석으로 만들어서 은처럼 반짝이며 광택이 났다. 넉 냥 술을 달라하면 넉 냥들이 잔에 무어주는 식이다. 그러니 술을 사는 이는 그 양을 따질 필요가 없는 것이다. 그 간편함이 이와 같다. 술은 모두 백소로白燒露인데, 술맛은 그닥 좋지 않지만 취하자마자 금방 깬다.

주변의 배치를 둘러보니, 모든 것이 정돈되어 있고 단정하여, 한 가지 일이라도 대충 처리한 흔적이 없고, 어떤 물건도 어지럽게 놓인 것이 없었다. 소 외양간이나 돼지우리까지도 모두 법도 있게 제자리에 놓여 있었으며 나무더미나 거름더미까지도 매우 깨끗하고 정연하여 그림처럼 정갈하고 단정하게 배치된 것 같았다. 아아, 이러한 연후에야 비로소 모든 물건을 이롭게 쓰는 '이용利用'이라 이를 수 있겠구나! 이용이 있은 연후에야 백성들의 생활을 윤택하게 하는 '후생厚生'이 될 것이고, 후생이 된 연후에야 덕을 바르게 하는 '정덕正德'이 이루어질 것이다. 대체 이용이 되지 않고서는 후생할 수 있는 이는 드물다. 생활이 윤택하지 못하다면 어찌 그 덕을 바로 잡을 수 있겠는가.

정사의 행차가 벌써 악鄂씨의 집에 들었다. 주인은 키가 7척에 달하고 기개가 있고 성격이 매서운 분인듯 했다. 그의 어머니는 나이가 칠순에 가까웠으나 머리에 꽃을 가득 꽂고, 눈매가 여전히 아름다워 젊었을 때의 모습을 짐작할 수 있었다.

점심 후에, 나는 박내원 및 정 진사와 함께 구경을 나섰다. 봉황산은 여기서 6~7리쯤 떨어져 있는데, 그 전면을 보니 더욱 기묘하고 가팔라 보였다. 산에 안시성安市城의 옛터가 있어 성첩城堞이 지금까지 남아 있다고 하지만 이는 사실이 아니다. 삼면이 모두 깎아지른 듯하여, 나는 새라도 오를 수 없을것처럼 보였고 오직 정남쪽 한 면만이 다소 편평하지만, 주위가 수백 보에 불과했다. 이처럼 작디 작은 성에 당시의 큰 군사가 오랫동안 머물 수는 없었을 터이니, 아마 고구려 때의 작은 보루堡壘가 있었던 곳이 아닌가 한다.

우리 셋은 큰 버드나무 아래에서 땀을 식히고 있었다. 옆에 벽돌로 쌓은 우물이 있었는데, 위는 돌을 다듬어 뚜껑을 덮어 놓았다. 양쪽에는 작은 구멍이 뚫려 있어 두레박만 겨우 출입할 수 있으니, 이는 사람이 빠지거나 먼지가 들어가는 것을 방지하기 위함이다. 또한 물은 음陰한 본성을 지니고 있으므로 태양을 차단해 활수活水를 유지하기 위한 것이었다. 우물 뚜껑 위에는 녹로(활차滑車)가 설치되어 양쪽으로 두 줄을 드리웠으며 버들가지로 둥근 그릇을 만들어 물을 길어 올릴 수 있게끔 했다. 그 모양은 바가지 같지만 꽤나 깊어서 한쪽이 올라가면 다른 쪽이 내려가 종일 물을 길어도 별로 힘이 들지 않는다.

물통은 모두 쇠로 테를 두르고 작은 못을 촘촘히 박아 견고하게 만들었다. 대나무로 만든 물통은 오래되면 썩거나 끊어지기 쉬우며, 통이 마르면 대나무 테가 헐거워져 벗겨지므로 쇠 테로 메우는 것이 훨씬 유용하다. 물을 길어 어깨에 메고 다니는 것을 편담扁擔이라 한다. 이 방법은 팔뚝만큼 굵은 나무를 한 길쯤 되게 다듬어 양쪽 끝에 물통을 걸되, 물통이 땅에서 한 자 정도 떨어지게 하는 것이다. 이렇게 하면 물이 출렁거리긴 해도 넘치지 않는다. 우리나라에서는 오직 평양에서만 이 방법을 사용하지만, 그곳에서는 어깨에 메지 않고 등에 지고 다니기 때문에 좁은 골목에서는 상당히 불편하다. 이러한 편담법이 더 편할것 같긴 하다. 옛날에 포선鮑宣[16]의 아내가 물동이를 들고 물을 길었다 하는 대목을 읽었을 때는 '왜 머리에 이지 않고 손에 들었을까' 의아했더랬다. 그러나 이제 보니 이 나라 부인들은 머리를 모두 높이 쪽지어 물건을 일 수 없기 때문이라는 걸 알겠다.

서남쪽으로 탁 트인 풍경 속에 먼 산이 평평하게 펼쳐져 있고, 수많은 물줄기가 잔잔하게 흐르고 있었다. 무성한 버드나무 그늘이 짙게 드리우고, 띠 지붕과 성긴 울타리가 숲 사이로 희미하게 보였다. 끝없이 푸른 방죽 위에는 소와 양이 흩어져 한가롭게 풀을 뜯고 있었다. 멀리 있는 다리에 행인들이 짐을 지고 가거나 이끌고 가

---

16)　발해渤海 사람 포선鮑宣의 처. 환씨桓氏의 딸로 자字는 소군少君이다. 포선이 일찍이 소군의 아버지에게서 공부를 하였는데, 소군의 아버지가 포선의 청렴함을 훌륭히 여겨 소군을 그에게 시집보내면서 많은 재물을 주었다. 이에 포선이 처인 소군에게 이런 예물을 감당할 수 없다고 하자, 소군이 기꺼이 남편의 뜻을 따라 재물을 모두 돌려보내고 짧은 베치마를 입고 녹거鹿車를 끌고 시댁으로 가서, 물동이를 이고 물을 길어 나르며 부도婦道를 수행하니, 온 나라 사람들이 칭송하였다. 『後漢書 卷84 烈女傳』

는 모습을 바라보고 있자니, 문득 요사이 고단한 행역行役을 잊을
것만 같았다.

　두 사람은 새로 지은 불당佛堂을 구경하려 나를 두고 가버렸다.
마침 10여 명의 말 탄 사람들이 채찍을 휘두르며 달려오는데, 모두
수놓은 안장을 얹은 빠른 말들이어서 그 모습이 매우 당당해보였
다. 그들은 내가 혼자 서 있는 것을 보고는 고삐를 돌려 말에서 내
려 서로 다투어 내 손을 잡고 다정하게 인사를 건넸다. 그중 한 사
람은 특히 아름다운 청년이었다. 나는 땅에 글자를 써서 필담筆談을
시작했으나 그들은 모두 고개 숙여 조용히 들여다보고는 끄덕거릴
뿐이었다.

　비석 두 개가 서 있는데, 모두 푸른 돌로 만들어져 있었다. 하
나는 문상어사門上御史의 선정비善政碑이고, 다른 하나는 세관稅官의
선정비였으니, 두 사람 모두 만주인이며, 이름은 넉 자이다. 비문을
저자 역시 만주인이라 글씨가 서툴렀으나 그비의 모습은 매우 아
름다우면서도 공력과 경비가 절약되어 본받을 만하다. 비석의 양
쪽은 갈아서 다듬지 않았고, 벽돌로 담을 쌓았으며 그 위에 기와를
얹어 지붕을 만들었다. 비석은 그 속에서 비바람을 피할 수 있으니,
일부러 비각을 세우는 것보다 훨씬 낫다.

　비부碑趺에 새긴 거북이나 비문의 양쪽 가에 새긴 비희는 가느
다란 털까지 셀 수 있을 정도로 세밀했다. 이는 그저 궁벽한 촌사람
들이 세운 것에 불과하지만, 그 고아한 품격은 이루 말할 수 없다.

　저녁이 되자 더위가 더 기승을 부렸다. 급히 숙소로 돌아와 북

쪽 들창을 높이 열고는 옷을 벗고 누웠다. 뒤뜰이 평편하니 넓어서 파 밭의 이랑과 마늘 밭의 두둑이 금을 반듯하게 뻗어 있었다. 오이와 호박 시렁이 뜰에 그늘을 드리우고 울타리 가에는 붉고 흰 촉규화蜀葵花며 옥잠화玉簪花가 한창 피어 있었다. 처마 끝에는 석류石榴 화분 몇 개와, 수구繡毬(팔선화八仙花) 화분 하나, 추해당秋海棠 화분 두 개가 놓여 있었다. 주인 악군鄂君의 아내가 손에 대바구니를 들고 나와 차례로 꽃을 따는데, 아마 저녁에 장식에 쓰려는 모양이다.

창대가 술 한 그릇, 달걀 부침 한 쟁반을 가지고 와서 권한다.

"어딜 가셨습니까? 저는 기다리느라 죽을 뻔했습니다." 일부러 어리광 부리는 말투는 충성을 나타내려는 것 같아 얄밉기도 우습기도 했다. 하지만 술은 본래 즐기는 바이고, 달걀 지진 것도 먹고 싶던 것이었으니 반가웠다.

이날 30리를 걸었다. 압록강에서 이곳까지 120리다. 이곳을 우리나라 사람들은 '책문'이라 하고, 사람들은 '가자문架子門'이라 하며, 중국 사람들은 '변문邊門'이라고 한다.

28일 을해乙亥

아침에는 안개가 자욱하다가 늦게서야 걷혔다.

이른 아침에 변군과 함께 먼저 길을 나섰다. 대종이 멀리 보이는 큰 장원을 가리키며 말했다.

"저곳은 통관通官 서종맹徐宗孟의 집입니다. 황성皇城에는 이보다 더 웅장한 건물이 있었다고 합니다. 서종맹은 본래 탐관오리로, 부정한 행위를 많이 하고 조선 사람들의 고혈을 빨아 부자가 되었지요. 나중에 예부禮部에서 이 사실을 알고 황성에 있던 집은 몰수당하고 이 집만 남았다고 합니다."

이어서 다른 한 곳을 가리키며 말했다.

"저곳은 쌍림雙林의 집이고, 그 맞은편은 문통관文通官의 집입니다." 대종의 말솜씨는 매우 능란하고 숙련되어, 마치 예전부터 익혀 놓은 글인양 술술 잘도 외웠다. 그는 선천宣川에 살던 사람인데, 벌써 6, 7차례나 북경에 다녀왔다고 한다.

봉황성까지는 30리쯤 되는 거리였다. 옷이 완전히 젖었고 길 가는 사람들의 수염에는 이슬이 맺혀, 마치 볏모[秧針]에 구슬을 꿰어 놓은 듯했다.

서쪽 하늘 가로 짙은 안개가 갑자기 환하게 걷히며 한 조각 파란 하늘이 살며시 드러난다. 영롱하게 구멍으로 비치는 하늘은 마치 작은 창에 낀 유리알 같다. 잠시 후 울 안의 안개는 모두 아롱진 구름으로 변하여, 그 광대한 풍경은 이루 말할 수 없었다. 동쪽을 돌아보니, 이글거리는 붉은 해가 벌써 세 발이나 떠올랐다.

강영태康永太의 집에서 점심을 먹었다. 영태는 23세로, 그의 말에 따르면 민가民家라 하였는데, 청나라에서는 한인漢人을 '민가'라 하고 만주족을 '기하旗下'라고 한다. 희고 아름다운 얼굴에 서양금西洋琴을 잘 연주했다.

"글은 좀 배웠소?"

내가 묻자 그가 대답했다.

"사서四書를 외우긴 했지만 아직 강의講義는 못했습니다."

그들에게는 이른바 '글 외우기'와 '강의하기' 두 가지 방법이 있는데, 우리나라에서처럼 처음부터 음과 뜻을 겸하여 통달하는 법과는 다르다. 청나라의 초학자들은 그저 사서의 장구章句를 입으로 외우기만 할 뿐이며, 외우는 것이 능숙해진 후에야 스승께 그 뜻을 배우는데, 이를 '강의'라 한다. 설령 죽을 때까지 강의를 못 받더라도 입으로 익힌 장구가 그대로 관화官話가 되므로, 세계 여러 나라 말 중에서도 중국어가 가장 쉽다는 건 일리가 있다.

강영태의 집은 정결하고 화려했다. 조화를 이룬 여러 기물들은 모두 처음 보는 것들이었다. 구들 위에 깔아 놓은 것은 모두 용과 봉황을 그린 융단이요, 의자며 평상에도 펴 놓은 것 역시 비단으로 만들어져 있다. 뜰 가운데 시렁을 걸고 고운 삿자리로 햇볕을 가렸으며, 그 사면에는 옅은 황색 발을 드리웠다. 앞에는 석류나무 화분 대여섯이 놓여 있었는데, 그중에서 흰 석류꽃이 활짝 피어 있었다. 또 기이한 나무 한 그루가 있었으니, 잎은 동백나무 같고 열매는 탱자와 비슷했다. 그 이름을 묻자 '무화과無花果'라 하였다. 열매가 모쌍으로 나란히 꼭지가 한데 붙어 있고, 꽃이 없이 열매가 맺히기 때문에 이렇게 이름 지은 것이라 했다.

서장관書狀官 조정진趙鼎鎭[17]이 찾아와서 서로 나이를 비교해 보니, 그가 나보다 다섯 살 많았다. 이어서 부사 정원시鄭元始도 찾아와 먼 길에 함께 고생할 일에 대해 흉금을 터 놓았다. 이에, 김문순金文淳[18]이 미안해하며 말했다.

"형과 동행인 줄 알면서도 우리나라 국경에 일이 너무 분주해서 미처 찾아 뵙지 못했습니다."

"타국에서 이리 알게 되니 이역異域의 친구라 할 만하군요."

내가 이렇게 말하니 부사와 서장관이 모두 크게 웃으며 말했다.

"어디가 이역인지 알 수 없구려."

부사는 나보다 두 살이 많은데 나의 조부와 부사의 조부는 일찍이 공령문功令文(과거 시험에서 사용하는 문체)을 공부하였으므로, 지금도 동연록同硏錄(동창생들의 기록)이 있다. 조부께서 경조당상京兆堂上으로 계실 때에, 부사의 조부님께서는 경조랑京兆郞자격으로 오셔서 통성명 하고 예전에 함께 공부한 추억을 이야기하신 적이 있다. 나는 당시 여덟 살 혹은 아홉살 쯤 되었는데, 옆에서 들었기에 두 분의 친분을 익히 알고 있다.

서장관이 흰 석류를 가리키며, 내게 물었다.

17) 조정진趙鼎鎭(1732~1792)의 본관은 풍양豊壤, 자는 사수士受이다. 1753년(영조29) 식년 생원시에 합격하여 명릉 참봉이 되었고, 1777년(정조 1) 증광 문과에 합격하였다.
18) 1744~1811. 본관은 안동, 자는 재인在人이다. 병자호란 때 척화斥和를 주장했던 김상헌金尙憲의 후손으로, 1767년(영조 43) 정시 문과에 장원급제하여 정언正言이 되고, 승지, 이조 판서, 우참찬 등을 역임하였다.

"전에 이런 꽃을 본 적이 있소?"

"아직 본 일이 없소."

"어릴 때 우리 집에 이런 석류가 있었는데, 우리나라 어디에서도 본 적이 없었소. 그런데 이 석류는 꽃만 피고 열매는 맺지 않는다더군요."

이들은 이러한 소소한 담화를 마치고 일어섰다. 압록강을 건널 때 갈대가 무성한 속에서 면식은 있었으나 대화할 틈이 없었고, 이틀 동안 책문 밖에서 나란히 천막을 치고 묵었지만 만날 기회가 없었기 때문에 이역異域 이거니 서로 농담을 주고 받았던 것이다.

점심때까지 시간이 많이 남아 그냥 기다릴 수 없어서 허기를 참고 구경을 나섰다. 처음에 오른쪽 작은 문으로 들어왔기 때문에 이 집이 얼마나 웅장하고 화려한지 몰랐는데, 지금 앞문으로 나가보니 바깥뜰이 수백 칸이나 되었다. 삼사三使와 그 일행들이 모두 이 집에 머물렀지만, 어디에 있는지 알 수 없을 정도였다. 우리 일행이 거처하고도 남을 만큼 넓을 뿐만 아니라, 오가는 상인이며 나그네들의 출입이 끊임 없었고, 수레는 20여 대나 문을 가득 채우고 있었다. 그 수레마다 말과 노새가 대여섯 마리씩 메워져 있었지만 떠드는 드는 소리조차 없이 깊숙하여 텅 빈 것처럼 조용했다.

배치된 것들은 각기 규모가 있어서 위화감이 없다. 밖에서 보기에도 그러하니, 내부의 세세한 것들은 말할 것도 없으리라.

우리는 천천히 문밖으로 나섰다. 번화하고 부유한 저 풍경을 보니, 비록 북경에 들었다 한들 이보다 더할 수 있을까 싶다. 중국이 이처럼 번영할 줄이야! 상상도 못했던 일이다. 길 좌우에 즐비하게 늘어선 상점들은 모두 섬세하게 조각한 들창과 비단으로 장식된 문이 달려 있고 기둥에는 그림을 그려 놓았으며 붉게 칠한 난간, 푸른 주련柱聯, 황금빛 현판들은 현란했다.

상점 안에 진열된 물건들은 모두 그 지역의 진귀한 물품들이었다. 변문邊門의 하찮은 외진 땅에 이처럼 정교하고 우아한 감식안이 있을 줄은 몰랐다.

다른 집에 들어가니, 그 화려함이 아까 강씨康氏의 집보다도 더 나았지만, 그 형태는 거의 비슷했다. 집을 지을 때에는 반드시 수백 보의 자리를 마련하여 길이와 너비를 알맞게 가늠한 뒤 평편하게 해 그림자를 재는 토규土圭로 방위를 정한 뒤 대를 쌓는다. 대 바닥에는 돌을 깔고 그 위에 한 층 또는 두세 층의 벽돌을 놓으며, 다시 다듬은 돌로 마무리한다. 그 다음 위에 집을 세우되, 모두 일一 자로 하여 꾸부러지게 하거나 잇달아 붙여 짓지 않는다. 첫째가 내실內室이고, 다음이 중당中堂, 셋째는 전당前堂, 넷째는 외실外室이다. 외실 밖은 한길이라 점방으로나 또는 시전市廛으로도 쓴다. 각 당엔 좌우에 곁채가 있었으니 바로 행랑과 재방齋房이다. 대부분 집 한 채의 길이는 6기둥, 8기둥, 10기둥, 12기둥으로 되어 있으며, 기둥과 기둥 사이는 매우 넓어 거의 우리나라의 보통 집 두 칸짜리만 하다. 또한 재목에 따라 길고 짧음을 정하지 않고, 임의로 폭을 넓히거나 좁히지 않으며 반드시 자로 잰 뒤 칸살을 정한다. 집은 들보를 다섯 혹은 일곱으로 한다. 땅바닥에서 용마루까지의 높이를 따지면, 처마는 한가운데쯤 오게 되니 기왓골의 경사가 매우 급해져 마치 암키와를 거꾸로 세운 것처럼 가파르다. 집 좌우및 후면에는 쓸데없는 처마를 달지 않고 벽돌로 담을 쌓아 올려 집 높이와 맞추니, 서까래가 거의 보이지 않는다. 동서 양쪽 담에는 각각 둥근 창구멍을 내고, 남쪽에는 문을 내되, 한가운데 한 칸을 드나드는 문으로 삼고 앞뒤의 문을 마주하도록 하였다. 집이 서너 겹이면 문은 여섯 겹이나 여덟 겹이 되어도, 활짝 열면 안채에서 바깥채까지 문이 일직선으로 곧게 보인다. 그들이 이른바, "저 겹문을 활짝 여니, 내 마음 통하게 하는구나." 라는 통개중문洞開重門은 그 곧고 바름을 비유한 말이다.

길에서 역관인 동지同知 이혜적李惠迪을 만났다. 이군이 웃으며 말했다.

"이런 외진 촌구석에 뭐 볼 만한 것이 있겠습니까."

"북경이라도 이보다 더 나을 수 있겠소."

"그렇군요. 비록 크고 작음, 화려하거나 소박한 차이는 있겠지만, 그 규모는 거의 비슷합니다."

집을 짓는 데는 전부 벽돌만을 사용한다. 벽돌의 길이는 1자, 넓이는 5치로 두 개를 나란히 놓으면 꼭 맞물리며 두께는 2치이다. 벽돌은 네모난 틀에서 찍어내지만, 귀퉁이가 떨어지거나 모서리가 이지러지거나 바탕이 뒤틀린 것은 사용할 수 없다. 벽돌 하나라도 이러한 기준에 어긋나면, 그 집 전체가 틀어지게 된다. 그래서 동일한 기계로 찍어낸 벽돌이라도 어긋남이 있을까 염려하여, 반드시 곡척曲尺으로 재고 자귀로 깎고 돌로 갈아, 정성껏 맞추는 것이다. 벽돌 개수가 아무리 많더라도 한 줄로 쌓아 올린듯 일정한데, 쌓는 방법은 한 개는 세로, 한 개는 가로로 놓아 자연스럽게 감괘坎卦와 이괘离卦 모양을 이룬다. 틈새에는 석회를 종잇장처럼 얇게 발라서 그 흔적이 실오라기 처럼 가늘게 보인다. 석회를 이기는 방법은 굵은 모래를 섞지 않고, 진흙도 사용하지 않는다. 모래가 굵으면 잘 어울리지 않고, 진흙으로 하면 터지기 쉬우므로 반드시 검고 부드러운 흙을 석회와 섞어 이겨서 그 빛깔이 거무스름해 마치 갓 구워낸 기와와 같다. 이 방식은 그 성질이 끈끈하지도 버석하지도 않게 하며, 빛깔의 순수함을 유지하기 위해 택한다. 여기에 삼 따위를 가늘게 썰어 섞는다. 이는 우리나라에서 애벌로 벽을 바를 때 흙에 말똥을 섞는 것과 같아 질겨서 터지지 않도록 하며, 오동나무 기름을 섞어 젖처럼 매끄럽고 윤기나게 하여 떨어지거나 갈라지는 것을 방지 하려는 것이다.

기와를 이는 법은 훨씬 본받을 만하니, 기와 모양은 둥근 통 대나무를 네 쪽으로 쪼개 놓은 것과 같고 그 크기는 두 손바닥만하다. 하다. 일반적으로 민가에서는 짝을 이루는 기와인 원앙와鴛鴦瓦를 사용하지 않으며, 서까래 위에는 산자19)를 엮지 않고 삿자리를 몇 겹 펼쳐놓을 뿐이다. 진흙 없이 바로 기와를 얹으며, 한 장은 엎고 한 장은 젖혀 자웅으로 맞춰 틈새를 비늘처럼 생긴 곳까지 모두 회

---

19) 서까래 위의 흙을 받아내기 위해, 나무토막 혹은 수수깡 따위를 엮어 펴 놓는 것.

를 발라 메운다. 이렇게 하면 쥐나 새가 뚫거나 위가 무겁고 아래가 허한 문제를 자연스럽게 해결할 수 있다.

우리나라의 기와 이는 방식은 이와 크게 다르다. 지붕에는 진흙을 많이 올려 위가 무겁고, 담벽은 벽돌로 쌓아 회로 메우지 않으니 네 기둥이 의지할 데가 없어 아래가 힘이 없다. 기와는 너무 크고 지나치게 굽어 빈 곳이 많으니 진흙으로 메우지 않을 수 없는데, 이때 진흙이 무게를 더해 들보가 휘는 문제가 생기고, 젖은 진흙이 마르면 기와 밑이 떠서 비늘처럼 벌어지며 틈새가 생겨 버린다. 이러면 바람이 스미고 비가 새며, 새가 뚫고, 쥐가 구멍을 뚫고 뱀이 서리고, 고양이가 뒤적여 놓는 폐단을 막지 못하게 된다.

결국 집을 짓는 데 있어 벽돌의 역할이 가장 중요한 셈이다. 높은 담을 쌓는 데에만 국한되지 않고, 집 안팎 어디서나 벽돌을 사용한다. 넓은 뜰에도 반듯하게 벽돌을 깔아 마치 바둑판을 그려 놓은 듯하다.

집이 벽을 의지하여 위는 가볍고 아래는 튼튼하여 기둥은 벽 속에 들어가므로 비바람을 맞지 않는다. 따라서 불이 번질 염려^밺이나 도둑이 불시에 들어올 염려가 없고, 새나 쥐, 고양이 등에 의한 피해 걱정도 전혀 없다. 가운데 문 하나만 닫으면 굳센 성벽처럼 되어 집 안의 모든 물건을 마치 궤 속에 간직한 듯 안전하게 보관할 수 있다. 이로써 보건대 많은 흙과 나무를 사용하지 않고도 못질과 흙손질 없이 벽돌만 구워내면 집이 완성된 것과 같다.

집을 짓는 데 있어 벽돌의 역할은 이처럼 중요하다. 벽돌을 구워 놓기만 하면 집이 거의 완성된 것이나 다름없는 것이다.

마침 봉황성을 신축하고 있는 중이었다. 어떤 이가 "이 성이 바로 안시성安市城이다. 고구려의 방언에 큰 새를 '안시安市'라 불렀는데, 지금도 우리 시골에서는 봉황鳳凰을 '황새'라 하고 뱀을 '배암白巖'이라 부른다. 수隋·당唐 시대에 이 나라의 말을 따라 봉황성을 안시성으로, 사성蛇城을 백암성白巖城으로 고쳤다."라 말한다. 전설이 제법 그럴듯하다. 또한 전해 내려오는 이야기에, 안시성주安市城主 양만춘楊萬春[20]이 당 태종唐太宗의 눈을 화살로 쏘아 맞히자, 태종이 성 아래서 군사를 집합시켜 위세를 과시하고, 양만춘에게 비단 백 필을 하사하여, 그가 임금을 위해 성을 굳게 지킨 것을 가상히 여겨 회군했다고 한다. 그러므로 삼연三淵 김창흡金昌翕[21]이 연경에 가는 그 아우 노가재老稼齋 김창업昌業에게 시詩를 보내 다음과 같이 읊었다.

---

[20] 고구려 보장왕 때 안시성의 성주이다. 642년(영류왕25) 연개소문淵蓋蘇文이 정변을 일으켰을 때 복종하지 않고 맞섰다. 645년 당 태종이 군대를 거느리고 고구려를 침공하여 10여 개 성을 함락시키고 말갈의 군사 15만 명을 물리쳤으나, 양만춘이 안시성을 굳건히 지키며 이를 막아내었다. 퇴각하던 당 태종이 비단 백 필을 선물로 주어 칭송하였고 양만춘은 성 위에 올라 예를 갖추어 송별했다는 이야기가 전한다.

[21] 1653~1722. 본관은 안동安東, 자는 자익子益, 호는 삼연三淵, 시호는 문강文康이다. 김수항金壽恒의 셋째 아들로, 15세에 정관재의 문하에서 수학하였다. 과거에 관심이 없었으나 친명親命으로 응시하여 1673년(현종14)에 진사시에 합격한 뒤 과장科場에 발을 끊었다. 백악白岳 기슭에 낙송루洛誦樓를 짓고 동지들과 글을 읽으며 산수를 즐겼다. 1681년(숙종7)에 김석주金錫胄의 천거로 장악원 주부에 임명되었으나 나가지 않았다. 1689년 기사환국 때 부친이 사사되자 영평永平에 은거하며 학문에 전념하였다. 저서에 『삼연집』이 있다.

천추에 대담했던 양만춘 장군 千秋大膽楊萬春

꼬불한 수염의 눈을 쏘았구나 箭射虬髥落眸子

목은牧隱 이색李穡22)의 정관음貞觀吟에는 다음과 같이 읊었다.

주머니 속 미물이라 하찮게 여겼더니 爲是囊中一物爾

검은 꽃 흰 화살에 떨어질 줄이야 那知玄花落白羽

'검은 꽃'은 당태종의 눈을, 그리고 '흰 날개'는 화살을 비유한
다. 노가재 김창업과 목은 이색이 읊은 시는 분명 우리나라에서 예
로부터 전해져 온 이야기에서 나온 것이리라. 저 당 태종이 천하의
군사를 징발하여 이 하찮은 작은 성 하나 함락시키지 못하고 황급
히 회군했다는 사실이 의심스럽긴 하지만 김부식金富軾23)은 삼국사
기에서 그의 성명을 빠뜨렸으니 이는 참 애석하다. 김부식이『삼국
사기三國史記』를 편찬할 때, 중국의 역사서만을 참조하여 내용을 발
췌하고 기정사실화 하였으며 또 유공권柳公權24)의 소설을 인용해 당
태종 사건이 사실이 아님을 증명하려고 하였다. 그러나『당서唐書』

---

22) 이색李穡(1328~1396)의 호이다. 자는 영숙潁叔, 본관은 한산韓山, 시호는 문정文靖이다. 1341년
   (충혜왕 복위2) 성균시에 합격하여 대제학, 판삼사사判三司事 등을 역임하였다.
23) 1075~1151. 고려 중기의 문신·학자·문인. 인종의 명령으로『삼국사기三國史記』를 편찬하
   였다.
24) 유공권(778~865)은 목종穆宗·경종敬宗·문종文宗 3대에 걸쳐 봉직한 명신이며 왕희지체를 습득
   하고, 이를 능가하는 필법을 세웠다.

와 사마광司馬光의 『자치통감資治通鑑』에는 이러한 기록이 보이지 않는다. 아마 그들이 중국의 수치를 꺼려한 것이 아닌가 싶고, 김부식은 우리나라에서 오래전부터 우리나라에 전해져 내려오는 사실이 믿을만 하건, 그렇지 않건 간에 모두 쓰지 않았다.

이에, 나는 이렇게 생각한다.

당 태종이 안시성에서 눈을 잃었는지는 확인할 방법이 없으나, 이 성을 '안시'라 부르는 것은 잘못이라고 본다. 『당서』를 살펴보면 안시성은 평양에서 5백 리 떨어져 있고, 봉황성은 왕검성王儉城이라 한다. 또한 『지지地志』에는 봉황성을 평양이라 하기도 한다고 했으니, 왜 그렇게 일컬어 졌는지 알 길이 없다. 또 지지에 옛 안시성은 개평현蓋平縣(현재의 봉천부奉天府)에서 동북쪽으로 70리에 있다고 하였는데, 개평현에서 동쪽으로 수암하秀巖河까지 3백 리, 수암하에서 다시 동쪽으로 2백 리를 가면 봉황성이 나온다. 이 성을 옛 평양이라 가정 한다면, 『당서』에서 언급한 5백 리라는 거리가 서로 부합된다.

그런데 우리나라의 선비들은 오로지 지금의 평양만을 알기 때문에, 기자箕子가 평양에 도읍했다고 하면 이를 그대로 믿고, 평양에 정전井田이 있다고 하면 이 역시 믿으며, 평양에 기자묘箕子墓가 있다고 하면 의심하지 않는다. 만약 봉황성이 곧 평양이라고 하면 크게 놀랄 것이며, 더구나 요동에도 또 다른 평양이 있었다고 하면 이 무슨 기괴한 말이냐며 비난할 것이다. 그들은 요동이 본래 조선 땅이며, 숙신肅愼, 예穢, 맥貊 등 동이의 여러 나라가 모두 위만衛滿 조선에 예속되었던 것을 모른다. 아울러, 오라烏剌, 영고탑寧古塔, 후춘後春 등의 땅이 본래 고구려의 옛 땅임을 모르는 것이다.

아! 안타깝다. 후세의 선비들이 지역의 경계를 밝히지 않고 함부로 한사군漢四郡을 모두 압록강 남쪽으로 몰아넣어서, 억지로 사실을 끌어다 구차하게 나누어 배치한 뒤, 다시 패수浿水를 그 안에서 찾으려 한다. 이에, 압록강을 '패수'라 하는가 하면, 청천강清川江을 '패수'라 하고 혹은 대동강大同江을 '패수'라 하기도 한다. 그 결과 조선은 싸우지도 않고 강역이 저절로 줄어들었다. 왜 그러한가? 평양을 한 곳에 정해 놓고 패수의 위치를 상황에 따라 앞뒤로 이동시키기 때문이다. 나는 일찍이 한사군의 땅이 요동에만 있는 것이 아니고 여진女眞 지역까지 포함된다고 주장했다. 무엇을 근거로 드는가?『한서漢書』지리지에 현도와 낙랑樂浪은 있으나, 진번眞蕃과 임둔臨屯은 보이지 않기 때문이다.

한나라 소제漢昭帝의 시원始元 5년(B.C. 82)에 사군을 합하여 2부府로 하고, 원봉元鳳 원년(B.C. 76)에 다시 2부를 2군郡으로 하였다. 현도 3현 중에 고구려현高句麗縣이 있고, 낙랑 25현 중에 조선현朝鮮縣이 있으며, 요동 28현 중에 안시현安市縣이 있다. 다만 진번은 장안長安에서 7천 리, 임둔은 장안에서 6천 1백 리라 하였는데, 김윤金崙(조선 세조 때의 학자)이 "우리나라 경계 안에서는 이 현들을 찾을 수 없으니 틀림없이 지금의 영고탑寧古塔 등지에 있었을 것이다."라고 한 말은 옳다. 이를 감안하면 진번과 임둔은 한나라 말엽 부여扶餘, 읍루婁, 옥저沃沮에 포함된 것이다. 부여는 다섯, 옥저는 넷으로 갈려 물길勿

丗이 되기도 하고, 말갈靺鞨이 되기도 하며, 발해渤海가 되기도 하고, 여진女眞으로 변하기도 했다. 발해의 무왕武王 대무예大武藝가 일본의 성무왕聖武王에게 보낸 글에서 "고구려의 옛 지역을 회복하고, 부여의 옛풍속을 계승하였다."라고 하였으니, 한사군의 절반은 요동에, 절반은 여진에 걸쳐 있었고, 본래 우리 강역을 가로 질러 존재했던 것이 분명하다. 그러나 한대 이후로, 중국에서 말하는 패수의 위치는 일정하지 않는데도 우리나라 선비들은 지금의 평양을 기준으로만 패수의 자리를 찾으려 하였다. 이는 옛 중국 사람들이 요동 이쪽의 강을 모두 '패수'라 하였기 때문에, 그 위치가 일치하지 않아 사실에 위배된다. 따라서 옛 조선과 고구려의 경계를 알기 위해서는, 우선 여진을 우리 경내에 넣고 그 다음에 패수를 요동에서 찾아야 할 것이다. 패수의 위치가 일정해져야 강역이 명확해지고, 강역이 명확해져야 고금의 사실이 일치할 수 있다. 그렇다면 봉황성 과연 평양이라 할 수 있을까? 만약 이곳이 기씨箕氏, 위씨衛氏, 고씨高氏 등이 도읍한 곳이라면, 이것도 하나의 평양으로 간주 할 수 있다.『당서唐書』배구전裴矩傳을 살펴보면 "고려는 본래 고죽국孤竹國으로 주周나라가 기자를 봉하였고, 한나라에 이르러서는 사군으로 나뉘었다."라 되어 있다. 고죽국은 현재의 영평부永平府에 있으며, 광녕현廣寧縣에는 기자묘箕子墓가 있어서 은나라 관모를 소상이 앉아 있었으나 명나라 가정 연간에 전쟁으로 불에 타버렸다고 한다. 광일부 사람들은 광녕현을 '평양'이라 부르기도 한다.『금사金史』와『문헌통고文獻通考』에는, "광녕과 함평咸平은 모두 기자의 봉지封地였다."라고 기록되어 있다. 이로써 추측컨대 영평현과 광녕현 사이 일대가 하나의 평양일 가능성이 크다. 또한 『요사遼史』에는, "발해의 현덕부顯德府는 본래 조선의 땅으로, 기자를 봉한 평양성이었으나, 요나라가 발해를 쳐부수고 '동경東京'으로 개칭하였으니, 이는 현재의 요양현이다."라고 하였다. 따라서 요양현 역시 또 다른 평양일 것이다.

내 생각은 이렇다. 기자는 처음에 영평과 광녕 사이에 있다가, 나중에 연나라 장수 진개秦開에게 쫓겨 땅 2천 리를 잃고 점차 동쪽으로 이동했으니, 이는 중국의 진晉나라와 송나라가 남으로 황하를 건너 옮긴 일과 유사하다. 그들은 머무는 곳마다 평양이라 칭했을 것이다. 지금의 대동강 기슭에 있는 평양도 그중 하나라고 생각한다.

저 패수 역시 마찬가지이다. 고구려의 경계가 혹 늘기도 하고 줄기도 하였으리니 '패수'란 이름 역시 중국의 남북조 시기 주州·군郡의 명칭이 서로 바뀐 것처럼 위치가 변했으리라. 그런데 오늘날의 평양을 평양이라 칭하는 사람은 대동강을 가리켜, "이 강이 바로 '패수'다."라고 하며, 평양과 함경의 경계에 위치한 산을 가리켜, "이 산은 '개마대산蓋馬大山'이다."라고 한다. 한편, 요양을 평양이라 주장하는 사람들은 헌우수芋水를 가리켜, "이 물이 '패수'다."라고 하며, 개평현에 있는 산을 가리켜, "이 산이 '개마대산'이다."라고 한다. 어느 쪽이 옳은지는 모르겠으나 현재의 대동강을 '패수'라 부르는 것은 국토를 스스로 줄인 셈이 된다.

당나라 의봉儀鳳 2년(677년)에, 고구려의 항복한 임금 고장高藏,

즉 보장왕寶藏王을 요동주 도독으로 삼고 조선왕朝鮮王에 봉하여 요동으로 돌려보내며, 안동도호부安東都護府를 신성新城으로 옮겨 이를 통치하게 하였다. 이를 보면 당나라가 요동에 있는 고구려 땅을 정복하긴 했으되, 유지하지 못하고 다시 고씨에게 돌려준 것이다. 따라서 평양은 본래 요동에 있었거나, 이곳을 잠시 차지하여 사용함으로써 패수와 함께 위치가 수시로 바뀌었을 뿐이었다. 한나라의 낙랑군 관아가 평양에 있었다고 하는데, 이는 지금의 평양이 아니고 요동의 평양을 말한다.

그 뒤 고려 시대에 이르러서는 요동과 발해 전 지역이 거란에 넘어갔으나, 겨우 자비령慈悲嶺과 철령鐵嶺의 경계를 지키며, 선춘령先春嶺과 압록강마저 버리고도 돌보지 않았으니, 하물며 다른 땅인들 어떠했겠는가? 고려는 비록 삼국을 통일했으나, 그의 강토와 군사력은 결코 고씨의 강성한 때에 미치지 못했다. 후세의 편협한 선비들이 쓸데없이 평양의 옛 이름을 그리워하며, 중국의 역사서만 전적으로 의지하여 호사가처럼 수나라, 당당나라의 유적을 이야기하면서, "이곳은 패수이고, 이곳은 평양이다."라고 주장한다. 그러나 이는 이미 사실과 크게 어긋난 것이니, 무슨 수로 이 성이 안시성인지 봉황성인지를 구별하겠는가?

성의 둘레는 3리 정도에 불과하나 벽돌을 수십 겹으로 쌓았다. 그 구조는 웅장하고 화려하며, 네 귀퉁이는 반듯하여 마치 네모난 말斗을 놓은 듯했다. 지금 겨우 반쯤만 쌓여 있어 그 높이는 예측할 수 없으나, 성문 위에 세울 누각에 구름다리를 놓아 기중기를 높이

달았다. 그 공사는 거창해보이지만, 다양한 기계가 편리하게 벽돌과 흙을 실어 나르고 있었다. 모두 기계가 움직이고 수레바퀴가 굴러가며 혹 위로 끌어올리기도 하고 저절로 가기도 하여, 그 방법이 각기 달랐다. 매우 효율적이니 일은 간단하지만 성과는 배가 되는 기술이다. 어느 하나 본받지 않을 것이 없으나, 일정이 촉박해 구경할 시간이 없었고, 설사 종일 자세히 들여다 본들, 한번에 배울 수도 없는 터라 너무 아쉬웠다.

식사를 마치고 변계함과 정 진사와 함께 먼저 떠났다. 강영태가 문밖에까지 나와서 읍揖하며 전송하는데 상당히 이별을 아쉬워하는 듯했다. 그러면서 돌아올 때는 겨울이 될 터이니 시헌력 한 권을 사다 달라고 부탁하였다. 나는 청심환한 개를 꺼내 그에게 주었다.

점포 하나를 지나는데, 금으로 '당當' 자가 쓰인 패牌가 걸려 있었고, 그 옆에는 '유군기부당惟軍器不當(병기는 전당 잡지 않는다)'이라는 글자가 적혀 있었다. 여기는 '전당포'라는 의미였다. 해사한 청년 두어명이 가게에서 뛰어나와 말 앞을 가로 막고는 잠시 쉬어가라고 권했다. 이에 우리는 모두 말에서 내려 따라 들어갔다. 아까 들렀던 강씨의 집보다 규모가 더 훌륭했다. 뜰 가운데 큰 항아리 두 개가 놓였는데 그 속에 연꽃 서너 포기가 심겨 있으며, 오색 붕어가 헤엄치고 있었다. 한 청년이 손바닥만 한 작은 비단 그물을 가져와 작은 항아리 옆으로 다가가더니만 빨간 벌레 몇 마리를 떠다가 큰 항아리에 띄웠다. 그 벌레는 게알처럼 작으며, 모두 꼬물꼬물 움직였다.

청년이 다시 부채로 분의 가장자리를 두드리며 고기를 부르니, 고기들이 모두 물 위로 나와 뻐끔대며 거품을 뿜었다.

이 때는 한낮이라 태양이 강렬하게 내리쬐어 숨이 막혀왔다. 더이상 지체할 수 없기에 다시 길을 떠났다. 정 진사와 앞서거니 뒤서거니 하다가, 나는 정 진사에게 물었다.

"성 쌓는 방식이 어떻던가?"

"벽돌이 돌만 못한 것 같소." 나는 또 이렇게 덧붙였다.

"자네가 모르는 부분이 있네. 우리나라의 성곽 제도에서 벽돌 대신 돌을 쓰는 것은 잘못된 것이네. 벽돌은 한 개의 네모난 틀에서 찍어내면 만 개가 똑같을 테니, 더는 깎고 다듬는 공을 들이지 않아도 되지 않나. 가마 하나에서 구워내면 만 개의 벽돌을 그자리에서 얻을 수 있으니, 사람을 모아서 나르고 옮기는 수고도 덜 수 있을 걸세. 벽돌은 고르고 반듯하여 힘을 덜 들이고도 공이 배가 되어 나르기 가볍고 쌓기 쉬운 것으로는 벽돌만한 것이 없다네.

이제 돌에 대해 말해보세. 산에서 돌을 쪼개려면 몇 명의 석수가 필요하고, 수레로 운반할 때에도 많은 인부가 필요하네. 이미 돌을 나른 후에도 깎고 다듬는 데에 석수 몇 명의 손이 필요하고, 그 작업에 며칠을 허비해야 할 것이네. 쌓을 때도 돌 하나하나를 놓기 위해 많은 인부가 필요하고, 이리하여 언덕을 깎아내고 돌을 쌓아올리니, 이는 마치 흙의 살에 돌옷을 입힌 셈이나 다름 없으니 속을 보면 고르지가 않네. 돌은 본래 들쭉날쭉하여 고르지 못하니, 조약돌로 그 사이를 괴고, 언덕과 성 사이에는 자갈에 진흙을 섞어 채우니, 장마라도 한 번 지나가면 속이 텅 비고 배가 불러져서, 돌 하나가 튀어나오면 나머지 돌들도 무너지는 것은 너무나 당연지사야. 또한 석회는 벽돌에는 잘 붙지만 돌에는 잘 붙지 않는 성질을 가지고 있네.

예전에 내가 차수次修[25]와 성벽의 제도에 대해 논하고 있는데 어떤 이가 '벽돌이 단단하다 해도 어찌 돌을 당해낼 수 있나' 라고 하자 차수가 크게 소리 지르며 '벽돌이 돌보다 낫다는 말이 어찌 벽돌 하나와 돌 하나를 비교하며 한 말이겠소이까' 라고 대꾸하더군. 이는 확고부동한 이치일세. 석회는 돌에 잘 붙지 않기 때문에 석회를 많이 쓰면 쓸수록 더 갈라지고 터져버리네. 석회가 돌에서 들뜨면 돌은 각기 따로 놀며 흙에만 의지해 있을 뿐이야. 반면에 벽돌은 석회로 이어 놓으면, 마치 접착력 강한 어교魚膠로 나무를 붙여 놓은 것 같고, 붕사鵬砂로 쇠를 강하게 붙여 놓은 것 같아서 아무리 많은 벽돌이라도 하나의 단단한 덩어리로 엉긴채 성을 이룬다네. 벽돌 한 장의 강도가 돌에 미치지는 못하겠으나, 돌 한 개의 강도는 벽돌 만 개의 강도에 비할 수 없다네. 이로써 보면, 벽돌과 돌 중 어느 것이 더 이롭고 해로우며, 편리하고 불편한지를 쉽게 알 수 있지 않겠나?"

정 진사는 말 위에서 거의 떨어질 듯 졸고 있었다. 그는 이미

---

25) 박제가朴齊家(1750~1805)로, 본관은 밀양密陽, 자는 차수次修·재선在先·수기修其, 호는 초정·정유貞蕤·위항도인葦杭道人이다. 조선 후기 북학파의 일인이다. 서얼 출신으로 규장각 검서관을 지냈다. 저서로는 『북학의北學議』, 『정유집貞蕤集』 등이 있다.

아까부터 잠이 들어 있었나 보다. 나는 부채로 그의 옆구리를 쿡쿡
찌르며 핀잔을 주었다.

"어른이 말씀하시는데 잠을 자고 있다니!"

정 진사가 웃으며 대답했다.

"벌써 다 들었어. 벽돌은 돌만 못하고, 돌은 잠만 못하구려."
나는 화가 나서 때리는 시늉을 하다가 서로 한바탕 크게 웃었다.

시냇가에 이르러 버드나무 그늘에서 잠시 땀을 식혔다. 오도
하五渡河까지 5리마다 돈대가 하나씩 있었다. 두대자頭臺子니 이대자
二臺子니 삼대자三臺子라 칭하는 것들은 모두 봉화대를 뜻한다. 벽돌
로 성처럼 쌓아 높이가 대여섯 길이나 되며, 마치 붓통처럼 둥글었
다. 대 위에는 성첩이 있었으나 허물어질대로 허물어진 채 방치되
어 있었다. 도대체 수리를 하지 않는 까닭은 무엇이란 말인가? 길
가에는 간혹 관을 돌무더기로 눌러 둔 것이 보였다. 오랫동안 내버
려 두어 나무 모서리가 썩어 버린 것도 있었다. 대체로 뼈가 마르기
를 기다려서 태우는 것이라고 했다.

길가에는 무덤이 흔하게 보였는데, 봉분은 뾰족하고 잔디를
입히지 않았으며 백양白楊나무를 줄지어 심어 놓았다.

걸어다니는 이들은 매우 적었다. 걷는 이는 반드시 어깨에 이
불 보퉁이를 짊어졌다. 이불 보퉁이가 없으면 여관에서 재워주지
않는다고 하니, 아마도 도둑이 아닐까 의심하는 것일 수도 있다. 안
경을 쓰고 다니는 사람은 눈이 온전치 못해서일 것이다. 말을 타고
다니는 사람은 모두 검은 비단 신을 신고, 도보로 가는 자들은 주로

푸른 무명 신을 신었는데, 신 바닥에는 베를 수십 겹 포개어 밑창을 만들었다. 미투리나 짚신은 전혀 보지 못했다.

송참松站에서 묵었다. 이곳은 설리참雪裏站이라고도 하고, 또 설유참雪劉站이라고도 한다. 어떤 이는 이곳이 옛날 진동보鎭東堡라고 하였다. 이날 70리를 갔다.

29일 병자丙子

날이 맑았다. 우리는 배를 타고 삼가하三家河를 건넜다. 배는 통나무를 파서 만든 것이 마치 말구유처럼 생겼는데, 노도 없고 상앗대도 없었다. 양쪽 강 언덕에 끝이 갈라진 말뚝을 박아 놓고 굵은 밧줄을 여기에 가로 질러 매어 놓았다. 그 줄을 잡아 당기면 배가 저절로 오가게 되어 있다. 말들은 물에 둥둥 떠서 건넜다.

다시 배로 유가하劉家河를 건너 황하장黃河庄에서 점심을 먹었다. 한낮의 더위가 기승이었다. 말을 탄 채 금가하金家河를 건너니, 여기가 이른바 팔도하八渡河였다. 임가대林家臺, 범가대范家臺, 대방신大方身, 소방신小方身 등의 마을이 5리나 10리마다 즐비했다. 뽕나무와 삼밭이 무성했으며 올기장이 때마침 누렇게 익어가고 있었다. 옥수수 이삭이 한창 패이고 있는데, 그 잎을 모조리 베어 말과 노새의 먹이로 사용하거나 옥수수 자루로 하여금 땅의 자양분을 온전히 받도록 하기 위해서였다.

어느 곳을 가도 관제묘關帝廟가 있고, 몇 집만 모여 사는 곳에도 벽돌을 굽는 큰 가마가 있어 벽돌을 만들었다. 벽돌을 틀에 찍어내어 말리고 있는 것과, 이미 구워 놓은 것, 새로 구울 벽돌들이 여기저기 산더미다. 이 벽돌이란게 일상에서 정말 중요하기 때문이리라.

전당포에서 잠시 쉬어가려는데, 주인이 우리를 중당中堂으로 안내하여 따뜻한 차 한 잔을 권했다. 집안에는 진귀한 기물이 벌여 있었다. 시렁은 들보에 닿을 정도로 높고, 그 위에는 전당 잡은 물건들이 차례로 놓여 있었다. 대부분 옷가지 였는데, 보자기에 싸인 채 종이쪽지를 붙여 물건 주인의 성명, 별호別號, 얼굴의 특징, 거주지 등을 적어 놓고, "모년 모월 모일에 어떤 물건을 어느 전당포에 직접 맡겼다."라고 표시해 두었다. 이자는 10분의 2를 넘지 않으며, 기한에서 한 달이 지나면 임의로 그 물건을 팔 수 있다. 주련柱聯에는 다음과 같은 글귀가 적혀 있었다.

홍범 구주에는 먼저 부를 말하였고 洪範九疇先言富
대학 십장에도 반은 재화 논하였지 大學十章半論財

옥수숫대를 이용하여 솜씨 좋게 누각 모양을 만든 뒤 그 속에 풀벌레 한 마리를 넣어 두고 우는 소리를 들었다. 처마 끝에는 새장을 달아 특이하게 생긴 새 한 마리를 기르고 있었다.

이날 50리를 가서 통원보通遠堡에서 묵었다. 통원보는 곧 진이보鎭夷堡이다.

7월 1일 정축丁丑

새벽에 큰비가 내려 머물다.

정 진사·주 주부·변군·내원·주부主簿 조학동趙學東(상방의 건량판사
乾粮判事와 함께 투전판(도박판)을 열었다. 소일도 하고 술값도 벌어 보고
자 해서였다.

그들은 나에게 투전 솜씨가 서투르니 판에 끼지 말고, 그저 가
만히 앉아 술이나 마시라고 하였다. 속담에 이른바 '굿이나 보고 떡
이나 먹으라'는 셈이다. 나는 슬그머니 분한 생각이 들었지만, 이
역시 어찌할 수 없는 일이었다. 옆에 앉아서 이기고 지는 구경을 하
며 술은 남보다 먼저 먹게 되었으니, 어찌 되었든 해로운 일은 아니
었다.

이쯤, 벽 사이로 가끔씩 여인의 말소리가 들려 왔다. 너무나 가
녀린 목소리요, 애교 섞인 말이어서 마치 제비와 꾀꼬리가 지저귀
는 듯했다. 나는 속으로, "반드시 절세의 가인絕世佳人일게야."라 생
각하고 짐짓 담뱃불을 붙인다는 핑계로 부엌으로 들어갔다. 그러
자 나이 50 남짓 되는 부인이 문 앞 평상에 기대앉았는데, 그 생김
새가 몹시 사납고 추했다. 그녀는 나를 보며 말했다.

"손님, 안녕하세요." 내가 대답했다.

"덕분에 무사합니다." 나는 짐짓 담뱃재를 파헤치는 척하면서
곁눈질로 그 여인을 보았다. 머리에는 온통 꽃을 꽂고, 금비녀며 옥
귀고리에 분연지를 옅게 발랐다. 몸에는 검은 옷(웃옷, 긴 바지)을 걸쳤

는데 촘촘하게 은 단추를 달았으며, 발에는 화초·벌·나비를 수놓은 신발을 신고 있었다. 아마도 만주 여자인 듯, 전족纏足(중국에서, 여자아이가 4~5세 될 무렵 발을 긴 가죽으로 칭칭 감아서 발을 크지 못하게 하던 풍습)도 하지 않고 발에는 궁혜弓鞋26)도 신지 않고 있다.

잠시 뒤 주렴 속에서 한 처녀가 나온다. 이와 용모가 20여 세 되어 보였는데, 머리를 양 갈래로 땋아서 위로 틀어 올린 것으로 보아, 처녀임을 분별할 수 있다. 생김새는 역시 억세고 사나웠으나 살결이 희고 깨끗했다. 쇠그릇을 갖고 와서 녹색 질그릇을 기울여 수수밥 한 국자를 가득 퍼서 사발에 담고, 쇠그릇에 물을 부어서 서쪽 벽 아래 놓여 있는 의자에 걸터앉아 젓가락으로 밥을 훌훌 들이켰다. 또 두어 자 되는 파 뿌리를 잎사귀째 장에 찍어서 밥과 같이 먹었다. 목에는 혹이 달려 있었는데 크기가 달걀만 했다. 여인은 밥을 먹고 차를 마시면서 조금도 수줍어하는 기색이 없었으니, 아마 해마다 조선 사람들을 본 터라 친숙했기 때문일 것이다.

뜰은 넓이가 수백 칸이었는데, 오랜 비에 진창이 되어 있었다. 강가의 물에 마모된 조약돌은 마치 바둑돌이나 참새알처럼 본래 쓸데없는 물건이었겠지만, 그중에 모양과 빛깔이 비슷한 것을 골라서 문간에 아홉 빛깔 봉鳳새 모양으로 깔아 수렁을 막아 두었다. 그들에게는 버리는 물건이란 없음을 이로써 짐작할 수 있다.

닭은 모두 꼬리와 깃이 빠져있었는데, 꼭 일부러 뽑은 것처럼

---

26) 앞뒤가 뾰족하고 활처럼 휘어진 신발로, 주로 전족한 한족 여인들이 신던 것이다.

보였다. 이는 닭을 빨리 키우는 한 방법이요, 또 이가 이는 것을 예방함이다. 여름이 되면 닭에 검은 이가 일어서, 꼬리와 날개에 붙어 오르면 반드시 콧병이 생기며, 입으로는 누른 물을 토하고 목에는 가래 소리가 난다. 이것을 계역疫이라 한다. 그러므로 미리 그 꼬리와 깃을 뽑아서 시원한 기운을 통해 준다 한다. 이따금 맨몸만 남은 닭이 절룩거리며 다녔는데, 추악하여 차마 똑바로 볼 수 없는 지경이었다.

7월 2일 무인戊寅

새벽에 내린 큰비가 이내 그쳤다.

앞 시냇물이 불어 건너기 어렵게 되었기에, 우리는 결국 머물기로 하였다. 정사는 박내원과 주 주부를 시켜 앞 시냇물 상태를 확인하게 하였고 나도 그들을 따라나섰다. 몇 리 가지도 않았는데, 끝이 보이지 않는 큰물이 길을 막았다. 헤엄 잘 치는 사람을 보내 물의 깊이를 측정하게 했는데, 열 걸음도 채 못 가 어깨까지 물에 잠겼다. 돌아와 물의 형세를 전하자, 정사는 염려하며 역관과 각 방의 비장들을 불러 각자 건널 방법을 제안하도록 했다. 부사와 서장관도 자리에 함께했다. 부사가 물었다.

"문짝과 수레 바닥을 많이 모아 뗏목을 만들어 건너는 건 어떻겠습니까?" 그러자 주 주부가 호응한다.

"거 참 좋은 생각입니다." 수역도 거들었다.

"필요한 문짝이나 수레를 그렇게 충분히 구하기는 어려울 겁니다. 그러나 이 근처에 집 짓기 위해 준비한 재목이 십여 칸 분량이 있습니다. 그걸 사용할 수는 있겠으나, 이를 묶을 칡덩굴을 구하기란 쉽지 않을 겁니다." 이처럼 의견이 분분히 오갔다. 내가 말했다.

"뭐 뗏목을 얽을 것까지야 있겠소. 내게 배 한두 척이 있고 노와 상앗대도 준비되었소만, 다만 한 가지가 없습니다." 주 주부가 물었다.

"그렇다면, 없다는 게 무엇입니까?" "바로 유능한 사공이지요." 내가 이렇게 대답하자, 모두들 허리를 잡고 웃는다.

주인은 워낙 거칠고 단순해서 글자 하나를 제대로 알지 못하는 사람이었지만(낫 놓고 'ㄱ'자도 모르는 사람)이었지만, 책상 위에는 오히려 『양승암집楊升庵集』[27]과 『사성원四聲猿』[28] 같은 책들이 있었다. 또한, 짙은 남색 도자기 병에는 조남성趙南星[29]의 철여의鐵如意(쇠로 만든 여의如意. 여의는 효자손처럼 생긴 불구佛具)가 꽂혀 있고, 운간雲間(강소성江蘇省 송강현松江縣의 옛 이름) 호문명胡文明이 만든 작은 소라 빛 향로며 교의, 탁자, 병풍, 가리개[障子] 등 고아한 정취가 있어 궁벽한 시골티

---

27) 양명나라 양신楊愼의 문집으로, 승암은 그의 호

28) 명나라 후기 문인 서위徐渭(1521~1593)가 지은 희곡

29) 1550~1627. 중국 명明나라의 정치가로, 자는 몽백夢白이며 호는 제학儕鶴 또는 청도산객淸都散客이다. 1574년(만력2)에 진사가 된 후 호부 주사·이부 고공·문선원외랑 등을 지냈다.

가 조금도 나지 않았다. 내가 물었다.

"주인 양반 살림이 꽤 여유로운 편이신가 보오.""1년 내내 부지런히 일해도 굶주림과 추위를 면치 못합니다. 만약 귀국하는 사신 행차가 없다면, 입에 풀칠하기도 막막한 상황이 될 겁니다.""자녀는 몇이나 두셨소이까?""도둑놈 하나뿐인데, 아직 시집을 못 보냈습니다." 그가 이렇게 대답하자, 나는 놀라서 다시 물었다.

"아니, 어찌 도둑놈 하나라는 게요?""예, 도둑도 다섯 딸이 있는 집에는 들지 않는다고 합니다. 이 어찌 집안의 좀도둑이 아니겠습니까." 오후에 집을 나서 바람을 쐬었다. 갑자기 수수밭에서 새총 소리가 들려왔다. 주인이 급히 나와 확인해 보니, 밭에서 어떤 이가 한 손에 총을 들고 돼지 뒷다리를 끌고 나와 주인을 흘겨보며 화난 목소리로 물었다.

"왜 이 짐승을 풀어서 밭에 들여보냈소."

주인은 그저 송구스러운 기색으로 공손히 사과할 뿐이었다. 그 사람이 피가 뚝뚝 떨어지는 돼지를 끌고 가버리자, 주인은 매우 서운한 표정으로 우두커니 서서 계속 한탄만 했다. 내가 주인에게 물었다.

"그자가 잡아간 돼지는 누구 집에서 키우던 것이오?""우리 집에서 키우던 놈입니다.""그렇다면, 남의 밭에 잘못 들어갔다 해도, 수숫대 하나 다치지 않았는데 무슨 이유로 그자가 마음대로 돼지를 잡아 죽입니까? 주인이라면 그 사람에게 돼짓값을 물게 해야 하는 게 아니요?" 그러자 주인이 다음과 같이 대답하는 것이었다.

"값을 물리다니요, 돼지우리를 제대로 관리하지 못했으니 이쪽 잘못입니다." 대개 강희제康熙帝(청나라의 제4대 황제)는 농업을 극히 중시하였다. 그 법에 따르면 말이나 소가 남의 곡식을 밟았을 경우 배상액을 두 배로 해야 하고, 무분별하게 가축을 방목하는 이에게는 곤장 60대의 처벌을 내렸다. 또한, 양이나 돼지가 밭에 들어갔을 때 밭 주인이 그것을 목격하면 바로 그 짐승을 잡아갈 수 있으며, 주인은 자신이 주인입네 할 수 없다. 그러나 수레가 다니는 것만은 제한할 수 없었다. 길이 진창이 되면 밭이랑 사이로 수레를 끌고 들어갈 수 있기에, 밭 주인은 길을 잘 관리하여 밭을 보호하는 데 힘쓴다고 한다.

마을 주변에는 벽돌을 굽는 가마가 두 개 있었다. 하나는 거의 구워진 상태였다. 흙을 아궁이에 이겨 붙인 후 물을 수십 통 길어 계속 가마 위로 부어 넣는데, 가마 윗부분이 약간 움푹 들어가 있어 물을 부어도 넘치지 않았다. 가마가 한창 뜨거워질 때 물을 부으면 바로 마르기 때문에, 가마가 과열되어 터지지 않도록 물을 붓는 듯했다. 다른 하나는 이미 구워져 식은 상태로, 한창 벽돌을 가마에서 꺼내는 중이었다. 대체로 이 벽돌가마의 제도는 우리나라의 기와 가마와는 매우 다르다. 우선 우리나라의 가마 제도의 잘못된 점을 지적해야 이를 더 잘 이해할 수 있을 것이다.

우리나라의 기와 가마는 곧 길게 뉘어 놓은 아궁이에 불과하여 진정한 가마라고 할 수 없다. 이는 애초에 가마를 만드는 데 필요한 벽돌이 없으므로 나무를 세워 흙으로 바른 후 큰 소나무를 연료 삼아 말리는데, 그 비용이 만만치 않다. 또 아궁이가 길기만 하고 높지 않기 때문에, 불길에 힘이 없으며, 불길이 힘이 없으므로 반드시 소나무를 때어 불꽃을 강하게 해야 한다. 소나무를 때어 불꽃을 강하게 하면 불길이 고르지 않게 되고, 불길이 고르지 않기에 불 가까이 있는 기와는 이지러지기 십상이요, 멀리 있는 기와는 제대로 구워지지 않는다. 자기를 굽든 옹기를 굽든 간에 모든 요업窯業의 제도가 이 지경이다. 소나무 때는 방식도 마찬가지이니, 송진의 열기가 다른 나무보다 훨씬 세다. 그러나 소나무는 한 번 베면 새로 움이 트지 않는 나무이므로, 한 번 옹기장을 잘못 만나면 사방의 산이 모두 벌거숭이가 된다. 수백 년 동안 기른 숲을 하루아침에 다 없애 버리고 다시 새처럼 소나무를 찾아 사방으로 흩어져 버린다. 이는 오로지 기와 굽는 잘못된 방법 하나로 인해 나라의 좋은 재목이 날로 줄어들고, 도자기 점포 역시 점점 곤궁해지는 꼴이다.

이곳의 벽돌가마를 보니, 벽돌을 쌓고 석회로 봉해 처음부터 말리고 굳히는 비용이 들지 않으며, 또 마음대로 높고 크게 할 수 있어 그 모양이 마치 큰 종을 엎어놓은 것 같다. 가마 위는 못처럼 움푹 패게 하여 물을 몇 섬이라도 부을 수 있고, 옆구리에 연기 구멍 4~5개 정도를 뚫어 불길이 잘 타오르게 하였으며, 그 속에 벽돌을 놓되 서로 기대어서 불꽃이 잘 통하게끔 하였다. 대체로 요약하자면, 그 비법은 벽돌을 쌓는 데에 있다고 할 것이다. 이제 나에게 직접 만들게 한다면 아주 쉬울 것 같으나, 말로 설명하기는 매우 힘들다.

정사가 말했다.

"그 쌓은 것이 '품品 자'와 같던가?"내가 대답했다.

"그런 것 같기도 하지만, 꼭 그런 건 아닙니다." 변 주부가 물었다.

"그러면 책갑을 포개 놓은 것 같더이까?" 나는 또 말했다.

"그런 듯도 하지만, 꼭 그렇다고도 할 수 없을게요." 대략 그 쌓는 방법은, 벽돌을 눕히지 않고 세워 여러 줄을 만들어 방고래처럼 배열하고, 그 위에 벽돌을 비스듬히 놓아 가마의 천장에 닿을 때까지 차례로 쌓아 올린다. 이 과정에서 구멍이 저절로 생겨 마치 고라니의 눈 모양이 된다. 불기운이 그 구멍으로 몰려들면, 그것이 각기 불목이 되어 불꽃을 빨아들이며, 수없이 많은 불목으로 인해 불기운이 강해져, 수수깡이나 기장대를 때도 고루 굽혀 잘 익는다. 따라서 터지거나 뒤틀리는 걱정은 없다. 지금 우리나라의 옹기장이들은 이 방법을 연구하지 않고, 큰 소나무밭이 없으면 가마를 설치할 수 없다고만 한다. 요업은 필수적인 일이며, 소나무 또한 중요한 재목이기에, 가마의 구조를 개선하는 것만 못하니, 이렇게 되면 양쪽 모두에게 이롭게 되리라. 옛날 오성鰲城(이항복의 봉호)과 노가재老稼齋(김창업의 호)는 벽돌의 이점에 대해 논했으나, 가마의 구조에 대해서는 자세히 언급하지 않아 안타까운 일이다. 어떤 이는 말하기를, "수수깡 300줌이면 가마 하나를 굽고, 벽돌 8천 개를 얻는다."라고 한다. 수수깡 길이가 길고, 굵기가 엄지손가락만큼 되니, 한 줌에 겨우 너덧 개에 지나지 않는다. 그렇게 되면 불과 수수깡 천 개 정도를 때어 거의 만 개의 벽돌을 얻을 수 있는 것이다.

하루가 몹시 지루해 한 해 같고, 저녁이 될수록 더위는 더욱 심해져 졸음을 견딜 수 없는 와중에, 곁방에서 투전판이 벌어져 야단법석이었다. 나도 달려가 그 자리에 끼어 연이어 다섯 번을 이겨 백여 닢을 얻었으므로, 실컷 술을 사 마시며 어제의 수치를 씻을 수 있었다. 내가 말했다.

"그래도 불복인가?" 조 주부와 변 주부가 대답했다.

"운 좋게 이긴 것뿐입죠." 우리는 서로 크게 웃었다. 변군과 내원은 직성이 풀리지 않아 다시 판을 벌이자고 졸랐지만 나는 "이미 뜻을 얻은 곳에는 다시 가지 말아야 하니, 만족을 알면 위태롭지 않을 걸세." 하고 그만두었다.

3일 기묘己卯

새벽에 큰비가 쏟아지다가 아침과 낮에는 화창하게 걷혔다. 밤사이 다시금 많은 비가 내려 이튿날 새벽까지 그치지 않기에 하루를 더 머물렀다.

아침에 일어나 들창을 여니, 지루하게 내린 비가 말끔히 그쳐 맑은 바람이 가끔 불어오고, 하늘이 청명하였으므로 낮에는 더워질 듯했다. 석류꽃이 땅에 가득 떨어져 붉은 진흙으로 변하였고, 수구화繡毬花(수국)는 이슬에 흠뻑 젖었으며, 옥잠화는 눈덩이처럼 고개를 들고 있었다.

　문밖에서 퉁소, 피리, 징 따위의 소리가 들려 오길래 급히 나가 보니 신행을 나서는 행차였다. 채색 문양의 사초롱[紗燈籠]이 여섯 쌍이요, 푸른 일산과 붉은 일산이 한 쌍, 퉁소 한 쌍, 날라리 한 쌍, 피리 한 쌍, 징경 한 쌍이 있었다. 가운데는 네 명의 가마꾼이 메고 가는 푸른 가마가 있었는데, 가마 사면에는 유리를 끼어 창을 내고, 네 귀퉁이에는 색실로 만든 술을 달았으며, 가마 한 가운데 통나무를 받혀 푸른 밧줄을 가로로 묶고, 통나무 앞뒤로는 짧은 막대를 가로질러 얽어서 그 양쪽 앞부분을 네 사람이 메었는데, 여덟 발자국씩 맞추어 일렬로 가기에 요동치거나 출렁이지 않고 마치 공중을 떠다니는 듯했다. 그 방식이란 참으로 기묘했다. 가마 뒤에 두 채의 수레가 있었는데, 모두 검은 베로 둘러씌우고는 나귀가 한 마리가 끌고 갔다. 수레 한 채에는 두 노파가 타고 있었는데, 비록 얼굴은 추악했으나 여전히 얼굴에 분과 연지를 찍어 발랐다. 앞머리는 다 벗겨져 마치 바가지를 엎어 놓은 듯 빤들빤들 광이 났는데, 모양만 흉내 낸 쪽이 뒤에 달렸고 갖가지 꽃을 빈틈없이 꽂아 놓았다. 양쪽 귀에는 귀고리를 달고, 몸에는 검은 웃옷에 누런 치마를 입고 있었다.

　다른 수레 한 채에는 세 명의 젊은 여인들을 태우고 있었는데, 주홍색 혹은 푸른색 바지를 입고 있었으며, 치마를 입고 있지는 않았다. 그중 한 소녀가 자못 아름다웠는데, 이 노파들은 할머니와 유모이며 젊은 여인들은 몸종이라고 한다.

    30명 여명의 말을 탄 군사들이 빙 둘러싸고 옹호하는 가운데, 한 살찐 사내가 앉아 있었다. 그의 입가와 턱 밑에는 거칠게 자란 검은 수염이 있었고, 청나라 관리들이 입는 구조망포九爪袍를 걸치고 있었다. 그는 금 안장을 얹은 흰 말에 탄 채 은 등자를 지그시 딛고 앉아 있었는데, 만면에 웃음을 가득 띠고 있었다. 그 뒤로는 세 채의 수레가 따라가고 있었는데, 각각의 의롱衣籠(버들이나 싸리채 따위로 만든 옷함)이 가득 실려 있었다.

    내가 주인에게 물었다.

    "이 마을에도 수재秀才나 훈장이 있겠지요?" 주인이 대답했다.

    "이런 시골 구석진 곳에는 어떤 왕래도 없어 학구 선생이 계실 리가 없겠지만, 지난해 가을 우연히 한 수재가 세관稅官을 따라 서울에서 오셨지요. 그러다 도중에 이질에 걸려 이곳에 머무르게 되었습니다요. 이곳 사람들의 구원과 치료에 힘입어 겨울을 지나고 봄이 오기까지 완전히 회복되었습죠. 그 선생은 문장이 뛰어나고 만주 글도 쓸 줄 알더군요. 계속 여기 머물며 한두 해 동안 서당을 내고 정성껏 시골 아이들을 가르치며 병을 치료해 준 은혜를 갚고 있다고 합니다. 지금도 관제묘에 계십죠." 나는 말했다.

    "그렇다면, 잠시 주인께서 내게 그곳을 안내해 주시겠소?" 주인이 답했다.

    "뭐, 길잡이까지 필요하겠습니까?" 그러더니 손을 들어 가리키며 말했다.

"저기 높은 사당집이 바로 그곳이외다." 나는 다시 물었다.

"그 선생 성함은 무엇이오?" "이 마을 사람들은 모두 그분을 부 선생富先生이라 부릅니다." "부 선생 나이는 얼마나 되었소?" "직접 가서 물어보시지요." 주인은 대답하고 나서 방 안으로 들어가 붉은 종이 수십 장을 가지고 나와 펼쳐 보였다.

"이것이 부 선생께서 직접 써주신 글씨입니다요." 붉은 종이에는 오른쪽에서 왼쪽으로 내려쓴 작은 글씨가 있었다.

"모 어르신께 올립니다. 모년, 모월, 모일에 귀하께서 저희 집으로 왕림해 주시길 바랍니다." 주인은 이어서 말했다.

"이것은 제 동생이 지난봄 사위를 맞이할 때 청첩을 위해 그에게 빌린 것입니다." 대개 글씨는 겨우 글자의 형태를 갖추었을 뿐이었다. 단지 수십 장에 적힌 글자 모양이 크지도 않고 작지도 않아 마치 실에 구슬을 꿰어 놓은 듯, 책판에 글씨를 밝은 듯이 한결같았다.

나는 혼자서 생각했다.

"혹시 그 수재가 부정공富鄭公[30]의 후손이 아닐까?"

그러고는 곧바로 시대를 불러 함께 관제묘를 방문했다. 그곳은 조용하고 인기척이 없었다. 돌아다니며 둘러보는 동안, 오른쪽

---

30) 북송 인종仁宗 때의 명신인 정국공鄭國公 부필富弼(1004~1083)로 언국은 그의 자이다. 젊어서부터 범중엄范仲淹·안수晏殊 등에게 뛰어난 자질을 인정받고 안수의 사위가 되었다. 특히 고을을 잘 다스려 유명하였으며, 외교에 뛰어나 거란契丹과의 협상에서 공을 세웠다. 문언박文彦博과 함께 재상에 올랐으나, 왕안석王安石의 신법에 반대하다가 관직에서 물러났다. 시호는 문충文忠이다.

곁방에서 아이가 글을 읽는 소리가 들렸다. 얼마 있다가 아이가 문을 열고 목을 빼어 한 번 살펴보더니, 곧 달려 나와서 우리를 돌아보지도 않고 어디론가 가버렸다. 나는 그 아이를 따라가며 물었다.

"너의 스승은 어디 계시느냐?"

아이는 대답했다.

"무슨 말씀이신지요?"

내가 다시 말했다.

"부 선생을 찾고 있다네."

하지만 아이는 듣는 척도 하지 않고 중얼거리다가 그냥 가버렸다. 나는 시대에게 말했다.

"선생이 아마 이 안에 계실 게다."

이에 곧장 오른쪽 곁방으로 가서 문을 열어 보니, 교의만 네 개 놓여 있을 뿐 아무도 없었다. 문을 닫고 돌아서려는 찰나, 아까 보았던 그 아이가 노인 한 분을 모시고 왔다. 그가 바로 부 선생인 듯했다. 노인이 잠시 이웃에 나갔다가 아이가 달려가 손님이 오셨다고 하니 돌아온 모양이었다. 그 모습에는 단아한 기색이 전혀 없었다. 나아가 공손히 읍揖하자, 노인은 갑자기 달려들어 허리를 껴안고, 힘껏 들었다 놓으며 또 손을 잡고 흔들며 만면에 웃음을 띠었다.

처음에는 놀랍더니 다음에는 불쾌했다. 내가 물었다.

"당신이 부공富公이십니까?"

그 노인이 매우 기뻐하며 대답했다.

"영감께서 어찌 제 성姓을 아십니까?"

"저는 오랫동안 선생의 명성을 들어왔기에 마치 우레 소리가 귀에 들리는 것 같았습니다."

부공이 물었다.

"당신의 성함은 무엇입니까?"

내가 성명을 적어 보이자, 그도 자신의 이름을 적어 보였다. 이름은 부도삼격富圖三格이요, 호는 송재松齋, 자는 덕재德齋라 하였다. 나는 물었다.

"삼격이란 무슨 뜻입니까?"

"그것은 제 성명입니다."

나는 다시 물었다.

"살고 계신 고을과 관향貫鄕은 어디입니까?"

그는 대답했다.

"저는 만주 양람기藍旗[31]에 살고 있는 사람이외다."

그가 다시 물었다.

"영감께서는 이번에 응당 황제를 직접 알현하시겠지요?"

---

[31] 팔기 중 하나. 청 태조淸太祖 때 정한 병제兵制로 청조淸朝가 창업할 때에 공로가 있는 자의 자손으로 조직한 군대이다. 만주인으로 편성한 것을 만군 팔기滿軍八旗, 몽고인으로 편성한 것을 몽군 팔기, 한인漢人으로 편성한 것을 한군 팔기라 칭하여 합계 24기旗이다. 팔기는 방위方位를 정하고 군기軍旗의 색깔로 구별하였는데, 양황기鑲黃旗는 북쪽의 동쪽에, 정황기正黃旗는 북쪽의 서쪽에, 정홍기正紅旗는 서쪽의 북쪽에, 양홍기鑲紅旗는 서쪽의 남쪽에, 정홍기正紅旗는 동쪽의 남쪽에, 정람기正藍旗는 남쪽의 동쪽에, 양람기鑲藍旗는 남쪽의 서쪽에, 양백기鑲白旗는 정람기와 양람기의 사이에 자리하였다.

나는 물었다.

"그게 무슨 말씀이신가요?"

"황제께서 응당 영감을 친히 만나 주시겠지요?"

"만일 황제께서 접견을 허하신다면 노인의 말씀을 올려 작은 벼슬이라도 붙이려고 하는데, 어떠신지요?"

"그렇게만 해주신다면, 박공朴公의 깊은 은혜는 결초보은結草報恩으로도 갚아도 모자랄 것입니다."

나는 또 물었다.

"물에 막혀 이곳에 머문 지 이미 며칠이나 되었습니다. 이처럼 기나긴 여름을 보내기란 어렵소이다. 읽을 만한 책을 갖고 있다면, 며칠간 빌려주실 수 있는지요?"

"볼만한 책이 별로 없습니다. 이전에 북경에 있을 때, 가친 절공이 유리창琉璃廠에 명성당鳴盛堂이라는 판각板刻 점포를 열었는데, 그때 책 목록이 마침 제 행장 속에 있습니다. 만일 읽고 싶다면 빌려 드리기야 어렵지 않습니다만, 한 가지 청이 있습니다. 영감께서는 바로 돌아가셔서 진짜 청심환과 잘 만들어진 조선 부채를 골라 제게 초면의 정표 삼아 선물로 주시면, 영감의 진정한 우정의 뜻을 알 수 있을 것입니다. 그때 서목을 빌려 드려도 늦지 않을 것입니다."

그의 모양새와 말투를 보아하니, 매우 천박하고 뻔뻔스러워 더 이상 함께 대화하기 어렵거니와, 오래 앉아 있을 수도 없어 그 자리에서 하직하고 바로 일어났다. 부공이 문까지 나와 읍을 하며 배웅하며 물었다.

"귀국의 명주를 살 수 있습니까?"

그러나 나는 대답하지 않고 돌아섰다. 정사가 말했다.

"뭐 볼만한 것이 있던가? 더위 먹지 않게 조심하시게."

"좀 전에 한 늙은 훈장을 만났습니다. 한데, 만주 사람일 뿐만 아니라 너무나 천박하여 대화할 인물이 못 되었습니다."

정사가 말했다.

"그가 기왕 요구했다면야 환약 하나, 부채 한 자루쯤 어찌 아끼겠는가? 들어주고 나서 책 목록을 빌려보는 것도 해롭지 않을 걸세."

결국 시대를 시켜 청심환 한 개와 어두선魚頭扇 한 자루를 보냈다. 시대가 곧 손바닥만 한 몇 장 되지 않는 작은 책을 들고 돌아왔다. 그마저 모두 빈 종이인 데다 기록된 서목이라곤 청인의 소품 70여 종이었다. 몇 장밖에 안 되는 것으로서 많은 값을 요구하니, 그의 뻔뻔함에 할 말을 잃을 지경이었다. 그러나 이미 빌려온 만큼, 눈을 새롭게 하기 위해서라도 베껴 놓고 돌려보내기로 하였다.

▲ 명성당서목鳴盛堂書目

* 척독신어尺牘新語 6책六: 왕기汪淇(청대 학자) 첨의瞻(왕기의 자) 전箋.

* 분서焚書 6책, 장서藏書 18책, 속장서續藏書 9책: 이지李贄(명의 사상가요 문인, 이름을 재지載贄라고도 함) 탁오卓吾(이지의 자) 저著.

* 궁규소명록宮闈小名錄, 장주잡설長洲雜說, 서당잡조西堂雜俎: 우동

尤侗(명의 문학가) 전성展成(우동의 자) 저.

  * 균랑우필筠廊偶筆: 송락宋犖(청의 문인) 목중牧仲(송락의 자) 저.

  * 동서자同書字, 촉민소기蜀小記, 인수옥서영因樹屋書影: 주량공周亮
工(명말 청조 문학가) 원량元亮(주량공의 자) 저.

  * 사례촬요四禮撮要, 감경甘京(청의 학자, 자는 건재健齋) 저.

  * 설림說林, 서하시화西河詩話: 모기령毛奇齡(청대의 학자, 자는 대가大可) 저.

  * 운백광림韻白匡林, 운학통지韻學通指, 손서書: 모선서毛先舒(청대의
시인) 치황稚黃(모선서의 자) 저.

  * 서산기유西山紀游: 주금연周金然(청대의 시인, 자는 광거廣居) 저.

  * 일지록日知錄, 북평고금기北平古今記: 고염무顧炎武(청대의 학자, 자는
영인寧人) 저.

  * 부지성명록不知姓名錄: 이청李清(청의 학자) 영벽映碧(이청의 호, 자는 심
수心水) 저.

  * 장설蔣說: 장호신蔣虎臣 저.

  * 영매암억어影梅菴憶語: 모양冒襄(명말 학자) 벽강辟疆(모양의 자) 저.

  * 고금서자변와古今書字辨訛, 동산담원東山談苑, 추설총담秋雪叢談:
여회余懷(명말 학자) 담심淡心(여회의 자) 저.

  * 동야전기冬夜箋記: 왕숭간王崇簡(청대 학자, 자는 경재敬載) 저.

  * 황화기문皇華記聞, 지북우담池北偶談, 향조필기香祖筆記: 왕사진王
士禛(청대의 문인, 사정士禎이라고도 함.) 이상貽上(왕사진의 자) 저.

  * 모각양추毛角陽秋, 군서두설書頭屑, 규합어림閨閤語林, 주조일사朱
鳥逸史: 왕사록王士祿(왕사진의 형으로 문인, 자는 자저子底) 저.

* 입옹통보笠翁通譜, 무성희無聲, 소설귀수전고사小說鬼輸錢故事: 이어李漁(청대의 극작가) 입옹笠翁(이어의 자) 저.

* 천외담天外談: 석방石龐(청대 문인, 자는 천외天外) 저.

* 주대기연奏對機緣: 홍각弘覺 저.

* 십구종十九種: 시호신柴虎臣 저.

* 귤보橘譜: 저호남諸虎男 저.

* 일하구문日下舊聞 20책, 분묵춘추粉墨春秋: 주이준朱彝尊(청대 학자) 석창錫鬯(주이준의 자) 저.

* 우초신지虞初新志: 장조張潮(청대 학자) 산래山來(장조의 자) 저.

* 기원기소기寄園寄所寄 8책: 조길사趙吉士(청대 학자, 자는 천우天羽) 저.

* 설령說齡: 왕완汪 저.

* 설부說: 오진방吳震方(청대 학자) 청단靑壇(오진방의 자) 저.

* 단궤총서檀叢書: 왕탁王晫(청대 학자) 저.

* 삼어당일기三魚堂日記: 육롱기陸隴其(청대 성리학자, 자는 가서稼書) 저.

* 역선록亦禪錄, 유몽영幽夢影: 장조張潮 저.

* 양경구구록兩京求舊錄: 주무서朱茂曙 저.

* 연주객화燕舟客話: 주재준周在浚(주양공의 아들, 자는 설객雪客) 저.

* 숭정유록崇禎遺錄: 왕세덕王世德(명말 절사節士, 자는 극승克承) 저.

* 입해기入海記: 사사련査嗣璉(청대 학자, 다른 이름은 신행愼行, 자는 하중夏重 또는 회여悔餘) 저.

* 유구잡록琉球雜錄: 왕즙汪楫(청대 학자, 자는 주차舟次) 저.

* 박물전휘博物典彙: 황도주黃道周(명말 절사, 자는 유현幼玄 또는 이약若) 저.

* 관해기행觀海紀行: 시윤장施閏章(청대 문인, 자는 상백尙白) 저.
* 석진일기析津日記: 주운周篔(청대 학자, 자는 청사靑士, 또는 당곡谷) 저.

정 진사와 나는 책을 나누어 베껴서 앞으로 책사에서 참고할
수 있도록 하였다. 나는 곧 시대를 시켜 책을 돌려보내며 부씨에게
전하라고 일렀다.

"이런 책들은 우리나라에도 있는 것이니, 우리 영감께서는 이
서목을 보지 않으셨습니다."

시대가 돌아와 말했다.

"부씨가 제가 전하는 말을 듣고는 상당히 계면쩍은 듯한 표정
을 지으며 저에게 수건 한 개를 주었습니다요."

그 수건은 두 자 남짓한 길이로 올이 말려들게 짠 천인데, 새
감으로 만들어진 것이었다.

4일 경진庚辰

어젯밤부터 밤새도록 비가 세차게 내려 길을 떠나지 못했다.

『양승암집』을 읽고 바둑32)도 두며 소일했다. 부사와 서장관이
상사의 처소에 모였고, 물을 건널 방법을 찾기 위해 다른 이들도 불

32)   수택본에는 '투전'으로 되어 있다.

렀다. 오랜 시간이 지난 뒤에야 모두 돌아갔는데, 아마도 별다른 좋은 계책이 없는 것 같았다.

5일 신사辛巳

날이 맑게 개었다. 물에 막혀 또 하루를 머물렀다.

주인이 방고래를 열고 긴 가래로 재를 긁어냈다. 내가 그 캉의 구조를 대략 살펴보았다. 먼저, 높이 한 자 정도로 캉의 바닥을 쌓아 평평하게 한 다음, 깨진 벽돌로 바둑알을 놓듯이 굄돌을 배열하고 그 위에는 벽돌을 깔아 놓았을 뿐이다. 벽돌이 본래 같은 두께이므로 깨서 굄돌로 사용해도 기울어질 리 없고, 벽돌 몸체가 본래 가지런하여 나란히 놓으면 틈이 생길 수가 없다. 고래의 높이는 겨우 손이 드나들 만큼이요, 굄돌은 서로 잘 맞물리며 불목이 되어 있다. 불이 불목에 닿으면 그 넘는 힘이 빨려 들어가듯 하여 불꽃이 재를 휘몰아치며 세차게 들어간다. 여러 불목이 서로 당겨 다시 새 나올 사이도 없이 굴뚝으로 쏜살같이 빠져나간다.

굴뚝의 깊이는 한 길이 넘었는데, 이것이 바로 우리나라 개자리[犬座] 구조다. 불꽃이 항상 재를 몰아 고래 속에 가득 남기므로 3년에 한 번씩은 고래목을 열어 재를 청소해야 한다.

부뚜막은 땅을 한길 파고 그 위에 아궁이를 내며 땔나무는 거꾸로 넣는다. 부뚜막 옆에는 큰 항아리만큼 땅을 파고 그 위에 돌

덮개를 덮어 봉당 바닥과 평평하게 맞춘다. 그 공간에서 바람이 생겨 불길을 불목으로 밀어 넣기 때문에 연기가 새지 않는 것이다. 또 굴뚝을 만드는 방법은, 큰 항아리만큼 땅을 파고 벽돌로 탑을 쌓아 지붕과 높이를 맞춘다. 그렇게 하여 연기가 그 속으로 들어가 서로 잡아당기고 빨아들이도록 하는데, 이 방법이 매우 절묘하다. 대개 굴뚝에 틈이 생기면 조금의 바람에도 아궁이의 불이 꺼질 수 있다. 그래서 우리나라 온돌은 항상 불을 피워도 방을 고르게 데우지 못한다. 이 모든 문제는 굴뚝에서 비롯된다. 때로는 싸리로 엮은 바구니에 종이를 붙이거나 나무 판자로 통을 만들어 사용하기도 한다. 처음 설치한 곳에 흙이 틈나거나, 종이가 떨어지거나, 나무통이 벌어지기라도 하면 연기가 새는 것을 막을 방법이 없고, 바람이 크게 한 번 불면 연통조차 소용없게 된다.

나는 '우리나라에서는 가난한 집일지라도 독서를 사랑하는 풍습이 있어, 겨울이 되면 많은 형제들이 코끝에 고드름이 맺히기 일쑤다. 이 법을 배워 삼동에 겪는 그런 고생을 줄일 수 있다면 얼마나 좋을까'라고 생각하던 차였다. 그때 변계함이 말했다.

"이곳의 캉은 정말 이상합니다. 우리나라 온돌에 비해 못한 것 같습니다."

나는 물었다.

"온돌보다 못하다고 까닭이 무엇인가?"

변군이 답했다.

"어찌 저 기름 넉 장을 반듯하게 깔아 그 빛이 운모처럼 붉고 빛나며, 수골과 같이 반들거릴 수 있겠습니까요."

나는 이렇게 말했다.

"이곳의 벽돌 장판이 우리나라의 종이 장판보다 못하다는 것은 일리 있는 말일세. 그러나 여기의 캉을 만드는 방법을 본받아 우리나라 온돌에 써보고, 그 위에 기름칠한 장판지를 깔아보면 어떻겠는가? 누가 그것을 금할 수 있겠는가? 대개 우리나라 온돌 제도에는 여섯 가지 문제가 있건만, 아무도 이를 지적하지 않으니, 내가 한번 논해보려 하네. 그러니 떠들지 말고 조용히 들어 보게나. 진흙을 개어 온돌을 쌓고 그 위에 돌을 얹어 만드는데, 돌의 크기와 두께가 처음부터 고르지 않아 조약돌을 모로 괴어서 기울어지지 않게 하려 해도 돌이 타버리고 흙이 마르면 쉽게 무너지는 것이 첫 번째 문제일세. 돌이 울퉁불퉁해 움푹한 곳을 흙으로 메워 평평하게 하지만 불을 때도 고르게 덥히지 못함이 두 번째 문제라네. 불 고래가 웅장하게 높아 불길이 제대로 맞물리지 않는 것이 세 번째 문제요, 벽이 성글고 얇아 쉽게 틈이 생겨 바람이 새고 불길이 드나들며 연기가 방 안에 차는 것이 네 번째 문제일세. 불목이 목구멍처럼 되어 있지 않아 불길이 안으로 신속히 들지 않고 땔나무 너울대는 것이 다섯 번째 문제, 방을 말리려 하면 백단의 나무가 족히 쓰이고 열흘 안에 입주할 수 없는 것이 여섯 번째 문제일세. 자, 이제 그대와 함께 벽돌 수십 개만 깔고, 담소를 나누는 사이에 몇 칸의 온돌이 완성되어 그 위에 누워 잘 수 있을 터이니, 어떠한가?"

저녁에 제군들과 술을 몇 잔 나누고, 밤이 깊어 취해 돌아와 누웠다. 내가 머무는 방은 정사의 맞은편이었는데, 단지 베 휘장이 중간을 가렸다. 정사는 이미 깊은 잠에 빠져 있었고, 나 홀로 담배를 태우며 정신이 몽롱할 때, 갑자기 머리맡에서 발소리가 나기에 깜짝 놀라며 소리쳤다.

"거기 누구냐?"

대답이 들려왔다.

"도이노음입니다[伊盧音爾]."

그 말소리가 매우 수상해서, 나는 다시 소리쳤다.

"너는 누구냐?"

그러자 큰 소리로 대답하는 것이었다.

"소인 도이노음이옵니다."

시대와 상방上房 하인들이 모두 놀라 일어났다. 뺨을 치는 소리가 들리는데 덜미를 잡아 문밖으로 끌고 가는 모양이었다. 이는 저 갑군甲軍이 밤마다 우리 일행의 숙소를 순찰하며 사신 이하 모든 사람의 수를 확인하는 것이었으니, 우리는 깊이 잠든 탓에 그동안 그런 줄 몰랐던 것이다. 갑군이 스스로 '도이노음'이라 칭하는 것은 절도 있는 일이다. 우리나라 말로 호인胡人(만주족)을 '되놈'이라 하니, 이는 대개 '도이島夷'의 준말이고, '노음老音'은 낮고 천한 사람을 가리키는 말이요, '이오伊吾'는 지체 높은 어른에게 아뢰는 말이다. 갑군이 오랫동안 사행을 겪으며 조선 사람들과 지내면서 말을 배움에, 그저 '되'란 말이 귀에 익었기 때문이다. 한바탕 소란 끝에 잠이 달아났고, 연이어 벼룩에 시달렸다. 정사 역시 잠에서 깨어 촛불을 켠 채로 밤을 지새웠다.

6일 임오壬午

날이 개었다. 시냇물이 조금 줄자 길을 떠났다. 나는 정사의 가
마를 함께 타고 강을 건넜다. 하인 30여 명이 맨몸으로 가마를 메고
가다가, 강 중간의 물살 센 곳에 이르자 갑자기 왼쪽으로 기울어져
거의 떨어질 뻔했다. 그 순간의 위급함이란 이루 말할 수 없었다.
정사와 나는 서로 꼭 껴안고서야 겨우 물에 빠지지 않았다. 강 건너
편 언덕에 올라서 물을 건너는 사람들을 바라보았다. 어떤 이들은
사람의 목을 타고 건너고, 어떤 이들은 서로를 부축하며 건너는가
하면, 또 다른 이들은 나무로 뗏목을 엮어 탄 후 네 사람이 어깨로
메고 건너기도 했다. 말을 탄 채 건너는 사람들은 모두 머리를 들어
하늘만 바라보거나, 눈을 꼭 감거나, 혹 억지로 웃음을 짓기도 했
다. 하인들은 젖을까 봐 모두 안장을 풀어 어깨에 메고 건너갔다.
이미 건넌 사람들이 다시 건너려 할 때, 무언가를 어깨에 지고 물에
들어서는 모습이 이상했다. 이유를 물으니, "빈손으로 물에 들어가
면 몸이 가벼워 떠내려가기 십상이라 필시 무거운 것으로 어깨를
눌러야 한다."고 했다. 여러 번 갔다 온 이들은 추위에 벌벌 떨지 않
는 이가 없었는데, 산속의 물이 매우 차가웠기 때문이다.

초하구草河口에서 점심을 먹었다. 이곳을 답동沓洞이라 부르는

데, 항상 진창이 되는 까닭에 우리나라 사람이 이름을 붙였다고 한다. '畓' 자는 원래 없는 글자인데 우리나라 아전들이 '수水'와 '전田' 두 글자를 합쳐 '논'이라는 뜻을 더하고 '답' 자의 음을 빌린 것이다. 분수령分水嶺, 고가령高家嶺, 유가령劉家嶺을 넘어 연산관連山關에서 묵었다. 이날 60리를 갔다.

밤에 약간 취해 깜박 졸았는데, 몸이 별안간 심양성 안에 있는 듯했다. 궁궐과 성지, 여염이며 시정들이 매우 번화하고 웅장하며 아름다웠다. 나는 속으로 '여기가 이렇게 장관일 줄은 몰랐네. 집에 돌아가서 이를 자랑해야겠다.'라 생각하면서 곧 훨훨 날아가는데 산과 물이 모두 내 발아래 있었다. 그러고는 꼭 소리개처럼 날쌔게, 눈 깜짝할 사이에 야곡冶谷의 옛집에 도착해 안방 남창 밑에 앉아 있는 것이었다.

형님(박희원朴喜源)께서 물으셨다.

"심양은 어떠하더냐?"

"듣던 것보다 훨씬 낫습니다."

그리고 그 아름다움을 누차 자랑했다. 때마침 남쪽 담장 밖을 내다보니, 옆집 회나무 가지가 우거져 있고, 그 위에 큰 별 하나가 밝게 빛나고 있었다. 나는 형님께 말씀드렸다.

"저 별을 아십니까?"

"글쎄다. 이름을 모르겠네."

"저것은 노인성老人星입니다."

나는 일어나 형님께 절하며 말씀드렸다.

"제가 잠시 집에 돌아온 이유는 심양 이야기를 자세히 드리고자 해서입니다. 지금은 갈 길이 바빠 하직 인사 올립니다."

그러고는 문을 나와 마당을 지나서 사랑방 대문을 열고 나섰다. 고개 돌려 북쪽을 바라보니, 길마재[鞍峴] 여러 봉우리가 역력히 모습을 드러내고 있었다. 그때 비로소 홀연 깨달았다.

"아, 내가 어찌 이리 어리석었던가. 혼자서 어떻게 책문을 들어갈 수 있단 말인가. 여기서 책문까지 천 리가 넘는데, 누가 나를 기다리며 머물고 있으리오."

나는 커다란 소리로 외쳤다. 안타까움에 문을 열고 밖으로 나가려 했으나, 문짝이 너무 빡빡해 열리지 않았다. 큰 소리로 장복이를 부르고 싶었지만 소리가 목구멍에서 막혀 나오지 않았다. 힘껏 문을 밀치며 잠에서 깨어났다. 그때 마침 정사가 나를 부른다.

"연암燕巖."

나는 되레 어리둥절해하며 물었다.

"여기는 어디입니까?"

정사는 말씀하셨다.

"자네는 아까부터 한참이나 가위에 눌려 있었다네."

일어나 앉아 이를 부딪치며 머리를 털고 정신을 차리니, 비로소 조금 상쾌해졌다. 한편으로는 서글프고 다른 한편으로는 기뻐서 오랫동안 마음이 설레었다. 다시 잠 못 들고 이리저리 뒤척이다 상상하며 날이 새는 줄도 몰랐다.

연산관은 아골관鴉關이라고도 한다.

7일 계미癸未

날이 개었다.

2리를 가서 말을 타고 물을 건넜다. 강은 넓지 않았으나 물살이 전날 건넌 곳보다 훨씬 세찼다. 무릎을 오므리고 발을 모아 안장 위에 웅크리고 앉았다.

창대는 말머리를 꼭 끌어안고 장복이는 힘껏 내 엉덩이를 지탱해 주었다. 우리는 서로 목숨을 의지하며, 짧은 순간이나마 마음속으로 행운을 빌었다. 말을 다루는 소리조차 '오호嗚呼'로 들렸다. 원래 '호호好護'라는 말은 말에게 조심하라는 의미인데, 우리나라 발음으로는 '오호嗚呼'와 비슷하게 들려 처량하게 느껴졌다. 말이 강 한가운데에 이르렀을 때, 갑자기 몸이 왼쪽으로 기울어졌다.

대개 물이 말의 배에 닿으면 네 발굽이 저절로 뜨기 때문에, 누워서 건너는 것과 다름없다. 나도 모르는 사이, 몸이 오른쪽으로 쏠리면서 물에 빠질 뻔했다. 다행히 앞에 말 꼬리가 떠 있는 것을 보고, 급히 그것을 붙잡고 몸을 바로 하고 안장에 다시 올라앉았다. 이토록 민첩할 줄은 나 역시 몰랐다. 창대도 말 다리에 채여 하마터면 사고를 당할 뻔했지만 순식간에 머리를 들고 몸을 바로잡으니 물이 얕아져 발이 땅에 닿음을 알 수 있었다.

마운령摩雲嶺을 넘은 뒤 천수참千水站에서 점심을 먹었다. 오후에는 날씨가 몹시 더웠다. 청석령青石嶺을 넘으면서 고갯마루에 있는 관제묘를 보았는데, 그곳이 영험하다고 하여 역부와 마두들이 앞다투어 탁자 앞에 가서 머리를 조아렸다. 혹은 참외를 사서 바치기도 하고, 어떤 역관은 향을 사르며 제비를 뽑아 평생의 운수를 점치기도 했다. 이때 도사道士 하나가 바리때를 두드리며 돈을 구걸했다. 그는 머리를 깎지 않고 상투를 틀어 올렸는데, 마치 우리나라 환속한 중처럼 보이기도 하고, 등립藤笠을 쓰고 야견사野繭紗로 만든 도포를 두른 모습이 우리나라 선비의 차림새와 비슷했으나, 검은색 방령方領만이 좀 달랐다. 또 다른 도사는 참외와 달걀을 팔았는데, 참외는 매우 달고 물기가 많았으며, 달걀은 맛이 고소했다.

밤에는 낭자산狼字山에서 묵었다. 이날 큰 고개를 두 개나 넘어 총 80리를 갔다. 마운령은 회령령會寧嶺이라고도 하는데, 그 높이와 가파름은 우리나라 관북關北의 마천령摩天嶺과 견줄 만하다고 한다.

8일 갑신甲申

날이 개었다.

정사와 가마에 함께 타고 삼류하三流河를 건너 냉정冷井에서 아침밥을 먹었다. 10여 리를 가 산모퉁이 하나를 돌아서자, 태복泰卜이가 별안간 몸을 굽혀 앞으로 뛰쳐나와 땅에 엎드려 큰 소리로 외쳤다.

"백탑白塔이 보입니다."

태복은 정 진사의 마두였다. 백탑은 여전히 산모퉁이에 가려진 채 보이지 않았다. 우리는 말을 서둘러 몰아 수십 보 못가 겨우 모퉁이를 벗어났다. 갑자기 눈앞이 번쩍이며 검은 덩어리 하나가 오르락내리락했다. 난생처음으로 인생이란 본래 어디에도 의지할 곳 없이 하늘을 이고 땅을 밟은 채 떠도는 존재라는 걸 깨달았다. 말을 멈추고 주위를 둘러보다가, 어느새 나는 손을 들어 이마에 얹으며 탄식했다.

"아, 참으로 울기 좋은 곳이로다! 한 번 울어볼 만도 하다."

정 진사가 물었다.

"천지 사이에 이 넓은 안계眼界를 만나 갑자기 울고 싶다니, 무슨 말씀이오?"

나는 대답했다.

"그렇지, 그렇지. 아니오, 아닐세! 천고의 영웅들은 잘 울었고, 미인은 눈물이 많았다고 하지. 그러나 소리 없는 눈물만 몇 줄기 흘렸기에, 금金과 석石에서 우러나오는 듯 천지 가득한 울음이란 건 듣지 못했소. 사람들은 그저 슬플 때만 울 것으로 알지만, 희喜·노怒·애哀·구懼·애愛·오惡·욕欲 즉 칠정七情 모두가 울 수 있음을 모르나 보오. 기쁨, 노여움, 즐거움, 사랑, 욕심, 이들이 극에 달하면 울게 되는 것일세. 불평과 억울함을 풀어 버리는 데는 소리만큼 빠른 것이 없되 울음은 천지 간에 우레와 같은 것이오. 지극한 정이 우러나오는 곳에서, 자연스럽게 이치에 맞는다면 울음과 웃음이 무엇이 다르겠소. 대부분의 인생 감정은 이러한 극치를 경험하지 못하고, 교묘하게 칠정을 늘어놓은 뒤 슬픔에만 울음을 배치했으니, 이 때문에 상喪이나 당해야 억지로 "애고 애고" 하며 울부짖게 되었지. 그러나 진정한 칠정에서 우러나오는 지극하고 진실한 소리는 참고 억눌러 저 천지간에 엉겨 감히 드러내지 못한다오. 그래서 한나라 가의賈誼[33]는 울 곳을 찾지 못하고, 참다못해 별안간 선실宣室을 향해 길게 울부짖었으니, 이를 듣는 이들이 어찌 놀라고 이상하게 여기지 않겠는가?

정 진사가 말했다.

"이제 이 넓은 울음 터를 만났으니, 나도 응당 그대와 함께 한번 슬프게 울어야 할 것 같소. 하지만 우는 이유를 칠정 중에서 선택한다면 어디에 해당할까요?"

나는 대답했다.

"저 갓난아기에게 물어보시오. 그 아이가 처음 태어났을 때 느낀 감정이 무엇일지 말이오. 먼저 해와 달을 보고, 그다음 부모와 친지들을 만나니 분명 기쁠 것입니다. 그 기쁨이 평생 변함없이 지속된다면, 본래 슬프거나 화낼 이유도 없겠지요. 하지만 되레 분노와 한에 사로잡혀 툭하면 울부짖기만 하더이다. 이는 사람이 태어나면 신성하든 어리석든, 결국 모두가 죽음을 맞이해야만 하고 그 사이에 온갖 근심 걱정을 두루 겪어야 하니, 이 아기가 태어나자마자 후회하여 스스로 울음을 터뜨려 조문하는 것일 테지요. 그러나

---

33) 한 문제漢文帝 때 사람 가의賈誼, 좌천左遷되어 장사왕長沙王의 태부太傅가 되어 가면서 상수湘水에 빠져 죽은 굴원屈原을 조상하는 글을 지어 자신의 불우不遇한 것을 슬퍼하였다.

갓난아기의 본정이란 그게 아닐 겁니다. 어둡고 꽉 막힌 어머니의 태중에서 갑갑하게 지내다가 별안간 넓고 밝은 곳으로 나와 손발을 자유롭게 펼칠 때 마음이 탁 트이리니, 어찌 참된 소리를 다 쏟아내지 않을 수 있겠소? 그러니 우리도 저 갓난아기의 거짓 없는 소리를 본받아 비로봉毗盧峯 정상에 올라 동해를 바라보며 한바탕 울어볼 만하겠고, 장연長淵 바닷가 금모래 해변을 거닐며 한바탕 울어볼 만할 것이오. 지금 요동 벌판에 서서 여기서부터 산해관山海關까지 1,200리에 걸친 사방 한 점 산도 없고 하늘 가와 땅끝이 맞닿아 아교로 붙인 듯, 실로 꿰맨 듯, 고금의 비구름 오가는 곳이라 한바탕 울어볼 만하지 않겠소이까?"

한낮은 유난히 더웠다. 우리는 말을 몰아 고려총高麗叢, 아미장阿彌庄을 지나 길을 나누어 갔다. 나는 주부 조달동, 변군, 내원, 정진사와 하인 이학령李鶴齡과 함께 구요양舊遼陽으로 들어갔다. 구요양은 봉황성보다 10배나 더 번화하고 부유했다. 나는 따로 '요동기遼東記'를 지었다. 서문西門을 나와 백탑白塔을 보았는데, 그 제작 솜씨와 규모의 웅장함이란 요동 벌판과 잘 어울렸다. 별도로 '백탑기白塔記'를 지었다.

구요동기舊遼東記

요동의 구성舊城은 한나라 때의 양평襄平과 요양遼陽 두 현縣 지역에 위치했다. 진秦 시대에 요동으로 일컬어졌다. 이후 위만조선衛滿朝鮮에 편입되었고 한나라 말기 공손도公孫度(공손탁)가 이곳에서 웅거했다. 수隋, 당唐 시기에는 고구려 속지였고, 거란契丹은 이곳을 남경南京이라 불렀으며, 금金은 동경東京이라 칭했다. 원元은 여기에 지방 행정구역인 행성行省을 설치했고, 명明은 정료위定遼衛를 설치했다가 지금은 요양주遼陽州로 승격되었다. 20리 떨어진 곳으로 성을 옮겨 신요양新遼陽이라 명명했으므로, 원래의 성은 구요동舊遼東으로 불리게 되었다.

성의 둘레는 20리에 달하는데, 일각에서는 다음과 같이 전한다. "이 성이 웅정필熊廷弼이 쌓은 것이다. 과거에는 성이 낮고 좁았으나, 정필이 적의 기마병이 침입한다는 소식을 듣고 성을 허물게 했다. 청인들이 이를 이상하다고 여겨 가까이하지 못했으나, 성을 개축한다는 첩보를 알고서 군사를 이끌고 성 아래에 도착해 보니 하룻밤 사이에 새롭게 쌓아진 성이 이미 완성되어 있었다. 정필이 떠난 후 요양이 함락되었는데, 청인들이 그 성이 견고해 함락하는 데 어려움을 겪은 것이 분하여 성을 무너뜨릴 때 승전한 병사들을 북돋아 열흘 동안 헐었지만 다 하지 못했다."

명나라 천계天啓 원년(1621년) 3월, 청인들이 이미 심양을 점령하고 병사를 이끌고 요양으로 향했다. 경략 원응태袁應泰[34]가 마침 세

---

34) ?~1621. 명나라 말의 관료로 자는 대래大來다. 1595년에 진사가 되었다. 웅정필을 대신하여 요동 방어의 책임을 맡았지만 1621년 후금에게 패하여 심양瀋陽과 요양遼陽을 빼앗기고 자살하였다.

길로 군사를 내어 무순撫順을 회복하려 했으나, 청인들이 이미 심양을 점령하고 요양으로 향하고 있음을 알고는, 태자하太子河의 물을 끌어 해자를 채우고 성위에 군사를 둘러 배치했다.

청인들이 심양을 함락시킨 후 닷새 만에 요양성 아래에 도착했다. 누르하치[奴兒哈赤]는 이른바 청 태조이다. 그는 친히 좌익左翼 군사를 이끌고 먼저 이르렀는데, 명나라의 이회신李懷信 등이 군사 5만 명을 거느리고 성에서 5리 떨어진 곳에 진을 쳤다. 누르하치는 좌익의 사기四旗로 왼편을 공격했다. 청 태종은 우리나라에서 한汗이라 부르며 이름은 홍타시[洪台時]라고 한다.[35] 그가 정예부대를 이끌고 싸우기를 청했지만 누르하치가 홍기紅旗 두 개를 세워 성 주변에 매복시켜 엿보게 하였다. 누루하치는 정황기正黃旗와 양황기黃旗를 파견하여 홍타시를 도와 명나라 군영軍營의 왼쪽을 공격하도록 했다.

또한 사기四旗 군사가 이어 도착하자 명나라 병사들이 크게 혼란에 빠졌고, 홍타시는 승리를 거두어 60리를 추격하여 안산鞍山에 도달했다. 막 싸우려 할 때에 명나라 병사들이 요양의 서문으로 나와 청인이 성 옆에 남겨 둔 두 홍기紅旗를 뽑으려 했으나, 복병이 갑자기 나타나 이들을 공격했다. 명나라 병사들은 다시 성으로 도망치며 서로를 밟고 들어갔다. 총병 하세현賀世賢과 부장副將 척금戚金

---

35) 우리나라 병정록丙丁錄에 여기저기 실린 '홍타시紅打時', 혹은 '홍타시紅他詩'는 유사한 발음을 따라 저마다 적어 놓은 것이다. 이는 마치 영알대[英阿兒臺]를 용골대龍骨大라고 하고 마부타이[馬伏塔]를 마부대馬夫大로 쓴 경우와 같다.

등은 모두 전사했다.

다음 날 아침 누루하치는 패륵貝勒(만주군의 벼슬 이름)의 왼쪽 사기四旗 군사를 이끌고 성 서쪽의 수문水門을 파서 호수의 물을 빼내고, 오른쪽 사기 군사로 하여금 성 동쪽의 진수구進水口를 막게 하고는 자신은 우익右翼 군대를 성 밑에 배치하여 흙과 돌로 물을 막았다.

명나라 병사들은 보병과 기병 삼만 명을 이끌고 동문東門을 나와 청병과 맞섰으며, 양측은 서로 대치했다. 청나라 병사들이 다리를 점령하려 할 무렵, 수구水口가 막혀 물이 거의 마르자, 사기四旗의 선봉대가 해자를 건너며 고함을 지르며 동문 밖으로 돌격했다. 명나라 병사도 맞서 싸웠으나, 청나라의 홍갑紅甲 이백 명과 백기白旗 천 명의 돌진으로 해자는 시체로 가득 찼다. 청나라 병사들은 무정문武靖門의 다리를 점령하고 양쪽에서 명나라 병사를 공격했으며, 명나라 병사들은 성 위에서 계속 화포火砲를 발사했다. 청병은 용맹하게 맞서 서성西城의 일부를 점령하고 성안의 사람들을 베었으며 성안은 혼란스러웠다. 그날 밤, 성안의 명나라 병사들이 횃불을 들고 싸울 때, 우유요牛維曜 등은 성을 넘어 도망쳤다.

다음 날 아침 명나라 병사들이 방패를 들고 강하게 저항했으나, 청 사기四旗 군대가 성벽을 타 넘었다. 경략經略 원응태袁應泰는 성 북쪽 진원루鎭遠樓에 올라 싸움을 감독하다 성이 무너지는 것을 보고 누樓에 불을 지르고 죽었다. 분수도分守道 하정괴何廷魁는 처자를 거느리고 우물에 투신하였고 감군도監軍道 최유수崔儒秀는 목을 매달아 죽었다. 총병摠兵 주만량朱萬良, 부장 양중선梁仲善, 참장將 왕치王·

방승훈房承勳과 유격遊擊 이상의李尙義·장승무張繩武와 도사都司 서국전徐國全·왕종성王宗盛과 수비守備 이정간李廷幹 등 모두 전사했다.

어사 장전張銓은 청나라 병사들에게 포로로 잡혔지만 굴복하지 않았기에, 누르하치는 그에게 죽음을 명하여 순국의 뜻을 이루어 주었다. 홍타시는 장전을 아껴 살리려고 여러 차례 설득했으나, 끝내 그의 결심을 바꿀 수 없어 어쩔 수 없이 목을 매달아 죽게 한 후 장례를 치렀다.

청나라 황제 고종高宗은 지난해 전운시全韻詩를 지어 이 성이 함락된 사실을 자세히 기록하며 말하기를, "명나라의 신하들이 항복하지 않았을 때, 우리 선황제께서는 오히려 그들에게 은혜를 베풀었다. 그러나 그 당시 연경에 있던 명나라의 군신들은 전혀 신경 쓰지 않았다. 공과 죄를 분명히 하지 않았으니, 그러고 나서 어떻게 망하지 않을 수 있겠는가."라고 했다.

『명사明史』를 살펴보면 이러한 내용이 있다. 웅정필이 광녕廣寧을 구출하지 않았을 때 삼사三司 왕기王紀, 추원표鄒元標, 주응추周應秋 등이 정필을 탄핵하며 말했다. "정필의 재식과 기백이 세상을 비웃을 만하니, 지난해 요양을 지킬 때 요양은 보존되었고, 그가 요양을 떠난 후 요양은 망했습니다. 하지만 그의 교만하고 괴팍한 성격은 고칠 수 없어, 오늘은 소疏 하나를 올리고 내일은 방榜 하나를 걸었습니다. 그는 양호楊鎬[36]에 비하면 도주한 죄가 하나 더 추가되고 원

---

36)   명나라의 장수로, 이름은 양호楊鎬이다. 1597년(선조30) 정유재란丁酉再亂 때 경리조선군무經理

응태처럼 죽지도 못하였습니다. 만약 왕화정王化貞[37]을 죽이고 정필을 살려둔다면, 죄는 같으나 처벌은 다를 것입니다."

지금 당시의 토벽土壁이 여전히 둘러 있는데 벽돌 흔적이 오히려 새롭다. 그때 삼사가 탄핵한 내용을 되뇌어 보자니 그의 인품을 어렴풋이 짐작할 수 있다. 안타깝도다! 명나라 말엽의 운기에 인재를 올바르게 사용하지 못하고 버림으로써, 공과 죄를 분명히 하지 못했다. 웅정필과 원숭환의 죽음을 보니 그들 스스로 장성長城을 허물어뜨렸다고 할 수 있을 것이다. 어찌 후세에 비웃음을 받지 않을까.

태자하太子河를 끌어다가 해자를 조성했다. 해자 위에는 어선 몇 척이 떠 있으며, 성 아래에서는 낚시하는 사람들이 수십 명이나 되는데, 모두 고운 옷을 입고 있어 마치 유한 공자 같다. 이들은 모두 성안의 상인들이다. 내가 해자를 한 바퀴 돌며 수문의 개폐 방식을 살펴보려 했을 때, 낚시꾼들이 크게 웃으며 낚싯대를 들고 다가와 나에게 말을 걸었다. 나는 땅에 글자를 써서 보여주었지만, 그들은 흘깃 보더니 웃으며 떠났다.

朝鮮軍務의 직책을 띠고서 구원병을 거느리고 우리나라에 참전하였다. 『宣祖實錄 30年 5月 25日』

37) 자는 초건肖乾. 요동순무遼東巡撫가 되어 청병淸兵을 막으려 하였으나 끝내 실패했음.

관제묘기關帝廟記

구요동성 문밖을 나서면 돌다리가 있다. 다리 난간은 매우 정교하게 제작되었는데, 강희康熙 57년(1718)에 지어진 것이다. 다리를 맞은 편 백여 보쯤 되는 곳에 패루牌樓가 서 있다. 구름 속의 용과 수선水仙을 돋을새김한 것이다. 패루에 올라 동쪽을 바라보니 큰 다락이 보이는데, 현판에 '적금루摘錦樓'라 적혀 있다. 그 왼쪽의 종루는 '용음루龍吟樓', 오른쪽의 고루는 '호소루虎嘯樓'라 불린다.

묘당廟堂은 웅장하고 화려하여, 복전複殿과 중각重閣에서 금색과 푸른색이 휘황찬란했다. 정전正殿에는 삼국시대 촉한의 무장 관우關羽의 소상塑像이 모셔져 있고, 동무東에는 장비張飛, 서무西에는 조운趙雲이 배향되어 있다. 또 촉蜀의 장군 엄안嚴의 굴복하지 않는 모습도 설치되어 있다. 뜰 가운데에는 이 사당의 창건과 중수의 역사를 기록한 크고 높은 비석이 여러 개 서 있다. 그중 하나는 산서山西의 상인이 사당을 중수한 내용을 새긴 것이다.

사당 안은 수천 명의 건달들이 시끌벅적하게 떠들며 놀아, 마치 놀이터 같았다. 어떤 이들은 총이며 곤봉을 연습하고, 다른 이들은 주먹질과 씨름을 시험해 보며, 또 다른 이들은 눈먼 말과 애꾸눈 말 타기 같은 장난을 즐겼다. 한쪽에서는 『수호전水滸傳』을 낭독하는 사람이 있었고, 많은 사람들이 둘러앉아 경청했다. 낭독자는 머리를 흔들고 코를 킁킁대며, 마치 주변 사람이 없는 듯한 태도였다. 그가 읽고 있는 부분은 '화소와관사火燒瓦官寺'의 장면이었는데, 의외

로 그가 낭독하고 있던 것은 『서상기西廂記』였다. 글을 모르는 사람
이지만 익숙하게 외운 터라 유창했다. 이는 마치 우리나라 장터에
서 『임장군전林將軍傳』을 낭독하는 것과 같았다. 낭독이 잠시 멈추면
두 사람이 비파를 타고 다른 한 사람이 징을 울렸다.

요동백탑기遼東白塔記

관제묘를 나서자마자 5마장38)도 채 되지 않아 하얀색 탑이 눈
에 들어온다. 이 탑은 8각 13층으로, 높이가 70길[] 이라고 한다. 세
상 사람들이 전하기를 "당나라의 울지경덕蔚遲敬德39)이 군사를 이끌
고 고구려를 공격하기 위해 왔을 때 이 탑을 세웠다고 한다."고 한
다. 또 다른 이야기에는 "신선 정영위丁令威40)가 학을 타고 요동으로

---

38) 전통적인 거리 단위로 대략 5~10리 이내의 거리를 가늠할 때 사용한다. 1마장이 대략 1리로
      약 390미터에 해당한다.
39) 당나라 태종 때의 명장인 울지공(蔚遲恭, 585~658)으로, 자字인 경덕으로 행세하였으며, 시호는
      충무忠武이다. 수隋나라 말기 유무주劉武周 휘하의 장수로 있다가 당나라에 귀순하여 우부 참
      군右府參軍이 되고, 이세민李世民을 따라 여러 차례의 정벌에 공을 세우고 악국공鄂國公에 봉해
      졌으며, 태종의 고구려 원정에도 종군하였다. 『舊唐書 卷68』『新唐書 卷68』
40) 정령위는 한대漢代의 요동遼東 사람으로 영허산靈虛山에서 신선술을 배워 신선이 되어 갔다.
      후에 학이 되어 요로 돌아와 성문의 화표주華表柱에 앉았는데, 한 소년이 활로 쏘려 하자 날
      아올라 공중을 배회하며 이런 노래를 하고 높이 하늘로 치솟아 올라가 버렸다 한다. "새가
      날아왔으니 이는 정령위라, 집을 떠난 지 천년 만에 지금에야 돌아왔다. 성곽은 전과 같으나
      사람들은 예전 사람이 아니구나. 왜 신선을 배우지 않고서 무덤만 늘여 있는가?[有鳥有鳥丁令
      威 古家千年今始歸 城郭如故人民非 何不學仙冢纍纍]"『搜神後記』

돌아왔는데, 성곽과 사람들이 이미 바뀌어 있어서 슬피 울며 노래를 불렀다. 이 탑이 바로 그가 머물렀던 화표주華表柱이다."라고 한다.

하지만 이는 잘못된 사실이다. 요양성 밖에 위치한 이 탑은 성에서 10리도 채 되지 않는 거리에 있으며, 높거나 크지도 않다. '백탑'이라는 명칭은 우리나라 하인배들이 부르기 편한 대로 붙인 이름일 뿐이다.

요동은 왼쪽으로 창해滄海를 끼고 있으며 앞으로는 탁 트인 벌판이 천 리에 걸쳐 펼쳐져 있다. 이제 백탑은 그 벌판의 3분의 1을 차지한다고 할 수 있다. 탑 꼭대기에는 구리 북 세 개가 있고, 각 층의 처마 끝마다 큰 풍경을 달아놓았는데, 크기는 물 긷는 통만 했다. 바람이 불 때마다 풍경 소리가 요동 벌판에 울려 퍼진다.

탑 아래에서 두 사람을 만났는데, 모두 만주 사람이었으며, 마침 약을 사러 영고탑寧古塔으로 가는 길이었다. 땅에 글자를 써서 서로 문답을 주고받았는데, 한 사람은 고본古本『상서尙書』를 가지고 있는지 물었고, 다른 한 사람은 "안부자顏夫子(공자의 제자 안회)가 지은 책과 자하子夏(공자의 제자 복상卜商의 자)가 지은『악경樂經』이 있습니까?"라고 물었다.『악경』은 내가 처음 듣는 것이라서 없다고 답했다. 두 사람 모두 아직 젊은 청년이었고, 이곳을 처음 지나는데 이 탑을 구경하기 위해 온 것이다. 갈 길이 바빠서 그들의 이름을 묻지 못했지만, 아마도 수재秀才41)인 듯 싶었다.

광우사기廣祐寺記

　　백탑 남쪽에 위치한 광우사廣祐寺라는 옛 절이 있는데, 아까 만
난 만주 수재들이 전한 바에 의하면 이 절은 한나라 때 지어진 것이
다. 당 태종唐太宗이 요遼를 정벌할 때, 수산首山에 머물면서 악공鄂公,
즉 울지경덕을 시켜 이 절을 중수하게 했다고 한다.

　　또 다른 이야기는 다음과 같다. 한 시골 사람이 광녕으로 가던
중 길에서 한 동자를 만났다. 이 동자는 "나를 업고 광우사까지 가
면, 절 오른쪽으로 10보 되는 곳의 고목나무 밑에 묻혀 있는 돈
10만 냥을 주겠다."고 하였다. 그 사람은 동자를 업고 수백 리를 갔
는데 한나절도 안되어 광우사에 도착하였다. 도착한 후에 동자를
보니, 그는 금부처였다. 절의 중이 이를 이상하게 여겨, 동자가 말
한 위치에서 실제로 돈 10만 냥을 발견했으며, 그 돈으로 절을 중수
했다고 한다.

　　지금 절의 비문을 살펴보니 다음의 내용이 있다.

　　"강희 27년(1688)에 태황 태후太皇太后(태종 홍타시의 비妃)가 내탕고內
帑庫의 돈으로 이 절을 세웠으며, 강희제 역시 이 절에 들러 중들에

---

41)　미혼의 남자를 높여 부르는 말

게 비단 가사를 하사 한 적이 있다."

절은 현재 황폐해져서 승려도 없었다.

요양성으로 돌아오니, 수레와 말이 울리는 소리가 , 어디를 가든 구경꾼들이 몰려든다. 주루의 붉은 난간은 한길 가에 높게 솟아 있으며, 금 글씨로 쓴 주기가 바람에 나부끼고 있다. 그 옆에는 다음과 같은 문구가 있었다.

"이름을 듣고서는 말을 곧장 세우고, 향내를 찾아서 수레를 잠깐 멈추리라."

이를 보고서야 술을 마실 기분이 되었다.

빙 둘러선 구경꾼들은 점점 더 많아져 서로 어깨를 비비며 서 있었다. 전해 들은 바에 따르면, "이곳엔 좀도둑이 많아, 낯선 사람이 구경에만 정신이 팔려 자신을 제대로 챙기지 못하면 반드시 무언가를 잃어버리게 된다. 지난해 어떤 사신 행차에 많은 무뢰한들이 반당伴儅으로 끼어 상하 모두 초행길에 의장衣裝이나 안구鞍具가 상당히 호화로웠는데, 이곳을 둘러보는 사이에 안장이나 등자子를 잃어버린 사람이 적지 않았다."고 한다. 장복은 갑자기 안장을 머리에 이고, 등자를 쌍으로 허리에 차고서 앞에 서 있었는데, 조금도 민망해하는 기색이 없었다. 이에 내가 웃으며, "너의 두 눈은 왜 가리지 않느냐?" 하며 타박했다. 이에 주위 사람들이 모두 크게 웃었다.

다시 태자하太子河에 도달했을 때, 강물은 한창 불어나 있었고, 건널 수 있는 배가 없어 건널 길이 막막했다. 강기슭을 따라 위아래로 걷다 보니, 갈대가 우거진 곳에서 작은 고기잡이 배 하나가 물살을 가르며 저어 나왔고, 또 하나의 작은 배가 강기슭에 희미하게 보였다. 장복과 태복 등을 시켜 큰 소리로 배를 불러 세웠다. 어부들은 낚시를 하며 배 두 머리에 마주 앉아 있었다. 버드나무 짙은 그늘 아래 석양이 금빛으로 물들었고, 잠자리들은 물 위를 날며 놀고, 제비들은 물결을 가르며 나는 모습이 평화로웠다. 아무리 크게 불러도 어부들은 돌아보지 않았다. 오랫동안 물가 모래 위에 서 있자니, 뜨거운 여름 더위에 입술은 타들어 가고 이마에는 땀이 흐르며, 배고픔과 지친 몸을 이기지 못했다. 평생 구경을 좋아했던 나로서는, 오늘 그 대가를 톡톡히 치르는 것 같았다.

정군鄭君을 비롯한 여러 사람이 농담을 주고받으며 말했다. "해가 지고 길은 멀며, 모두가 배고프고 지쳤으니, 우는 것 말고는 달리 할 수 있는 일이 없군요. 선생님은 어찌 그냥 울지 않으시나요?" 나는 대답했다, "저 어부들이 남을 구원하지 않는 것을 보니, 그들의 마음씨를 짐작할 수 있습니다. 비록 육노망陸魯望 선생처럼 예의 바른 분이 아니더라도, 나라면 한 주먹으로 때려눕히고 싶군요." 태복이 더욱 초조해하며 말했다, "이제 곧 해가 지니, 다른 산기슭에는 벌써 어둠이 내려앉을 것입니다."

대체로 태복은, 나이는 어리지만, 일곱 번이나 연경을 드나들었기에 모든 일에 익숙했다. 얼마 안 되어 사공이 낚시를 마치고 배 밑에 있던 고기 종다래끼를 거둔 뒤, 짧은 노로 버드나무 그늘을 향해 저어 나오자, 그 순간 갑자기 여섯 척의 작은 배가 경쟁적으로 나타났다. 그들은 저 고기잡이 배가 오는 것을 보고는, 마치 경쟁하듯 서로 먼저 오려고 애썼다. 남의 급함을 악용해 마지막에 와서 비싼 값을 요구하는 그들의 행동이 불쾌했다. 배 한 척에 세 사람씩 태우고, 삯은 사람당 일 초一(은으로는 서 돈쭝)였다. 배는 모두 통나무를 파서 만들었다. 이른바, 들배는 넉넉히 두세 사람을 태울 수 있다고 하는데, 이는 정말 그 이름 그대로였다. 일행 전체가 열일곱 명이고 말이 열여섯 필이었다. 모두 함께 강을 건넜다. 뱃머리에서 말의 고삐를 잡고 순류를 따라 7~8리를 내려가는 동안, 그 위험함이 전날 통원보通遠堡의 여러 강을 건널 때보다 더했다. 신요양新遼陽의 영수사映水寺에서 하룻밤을 보냈다. 그날은 총 70리를 이동했다. 밤에는 유난히 더워 잠을 자는 동안 절로 이불이 벗겨졌고, 그 결과 약간 감기 기운이 있었다.

9일 을유乙酉

날이 맑고 몹시 더웠다.

새벽의 서늘한 기운을 타고 일찍 길을 나섰다. 장가대張家臺, 삼도파三道巴를 지나 난니보爛泥堡에서 점심을 먹었다. 요동으로 들어서자 마을이 끊임없이 이어졌고 길이 수백 보나 넓었으며 길 양편으로는 수양버들이 심겨 있었다. 집들이 줄지어 서 있는 곳마다 마주 보며 서 있는 문과 문 사이로 장마로 인한 물이 고여 큰 못을 이룬 상태였다. 집마다 기른 거위와 오리가 그 못에서 무수히 헤엄치며 놀고 있었다. 양편의 촌가들은 물가의 누각처럼 붉고 푸른 난간이 좌우로 빛나며, 마치 강호의 풍경을 연상시켰다.

군뢰가 세 번 나팔을 분 후에 반드시 몇 리를 앞서 나아가는데, 전배前排 군관도 군뢰의 소리를 따라 먼저 출발한다. 나는 움직임이 자유로워 변군卞君과 함께 새벽의 서늘함을 이용해 미리 떠났지만 10리도 못 가서 전배가 우리를 따라잡는다. 그들과 함께 고삐를 나란히 하고, 이런저런 농담을 주고받았다. 이런 식으로 매일을 보냈다.

마을에 가까워질 때면 군뢰에게 나팔을 불게 하고, 마두 넷은 권마성42)을 외친다. 그러면 집집마다 여인들이 문밖으로 달려 나와 구경한다. 나이가 많든 적든 그들의 복장은 대체로 비슷하다. 머리에는 꽃을 꽂고 귀고리를 달았으며 옅은 화장을 했다. 입에는 죄다 담뱃대를 물고 있고, 손에는 신발의 깔창과 사용하는 실을 꿴 바늘을 들고 어깨를 들썩이며 손가락질을 하면서 깔깔댄다. 한족 여인

---

42) 높은 관리의 행차에 앞서, 하인이 위엄을 돋우고 일반 행인을 물러서게 하기 위하여 길게 부르는 소리.

은 여기서 처음 보는데, 모두 발을 감고 활처럼 굽어 있는 '궁혜弓鞋'를 신었다. 그들의 자태는 만주족 여인에 비해 덜하다. 만주족 여인들은 얼굴이 예쁘고 자태가 고운 이가 많았다.

만보교萬寶橋·연대하烟臺河·산요포山腰鋪를 거쳐 십리하十里河에서 머물렀다. 이날 50리를 갔다.

비장과 역관들은 말 위에 앉아 길 건너편에서 마주 보며 오는 만주족 여인이나 한 한족 여인 중에서 각각 첩 하나씩을 고르는데, 만약 다른 이가 먼저 선택한 여인이라면 겹쳐서 선택할 수 없으며, 규칙이 매우 엄하다. 이를 구첩口妾이라 하는데 가끔 서로 시샘하고, 경쟁하며, 욕하고, 떠들면서, 긴 여정에서의 지루함을 달래는 한 방법으로 삼는다. 내일은 바로 심양瀋陽에 도착할 예정이다.

성경잡지盛京雜識

성경잡지盛京雜識는 7월 10일 병술丙戌에 시작하여 14일 경인庚寅에 마쳤다. 총 5일간의 기간이다. 십리하十里河에서 소흑산小黑山에 이르는 전체 거리는 327리다.

4년 경자庚子 가을 7월 10일 병술丙戌

비가 오다가 곧 개었다.

십리하十里河에서 일찍 출발하여 판교보板橋堡 5리, 장성점長盛店 5리, 사하보沙河堡 10리, 폭교와자暴交蛙子 5리, 전장보氈匠堡 5리, 화소교火燒橋 3리, 백탑보白塔堡 7리를 지나 총 40리를 갔다. 백탑보에서 점심을 먹고, 다시 일소대一所臺 5리, 홍화포紅火舖 5리, 혼하渾河 1리를 거쳐, 배로 혼하를 건너 심양瀋陽까지 9리를 가 합하여 20리이니 이날 총 60리를 갔다. 심양에서 숙박했다.

이날은 몹시 더웠다. 멀리 요양성遼陽省 밖을 바라보니, 수풀이 울창하게 퍼져 있었다. 새벽 까마귀 떼가 들판 위로 흩어져 날고, 한 줄기 아침 연기가 하늘가를 짙게 덮었다. 붉은 해가 떠오르며, 아롱진 안개가 서서히 피어올랐다.

사방을 둘러보니, 넓은 들판에는 아무런 장애물도 없었다. 아, 이곳은 옛 영웅들이 수없이 싸워온 전장이었구나! 범이 달리고 용이 날아오르는 것[1]이 내 마음에 달렸다는 옛말이 있지만, 실제로 천하의 안위는 항상 이 요양의 넓은 벌판에 달려 있다. 이곳이 평안하면 천하의 풍진 세상 잠잠해지고, 이곳에서 한 번 소란이 일어나면 천하의 전쟁 북소리가 요란해진다. 이는 어찌된 일일까. 대체로 평탄한 벌판과 광활한 들판이 한눈에 천 리를 내다볼 수 있는 이곳을 지키는 것은 어렵고, 포기하려 해도 외적이 침입할 때 방어할 계책이 없으므로, 이곳은 중국에 있어 반드시 수호해야 할 곳이어서, 비록 천하의 병력을 모두 동원해야 한다 해도 이곳을 지킨 후에야 천하가 평안해질 수 있으리라.

지금껏 천하가 백 년 동안 평화를 누린 것이 그들의 덕과 정치가 전대보다 월등하기 때문이라고 할 수 있을까. 단지 이 심양은 본래 청이 일어난 기점으로, 동쪽으로는 영고탑과 연결되고, 북쪽으

---

1) 『후한서』「하진전」. 큰 권세를 홀로 잡았다는 말이다.

로는 열하를 끌어당기는 형세다. 남쪽으로는 조선을 어루만지고, 서쪽으로는 어디를 향하든 감히 움직일 수 없게 만들어, 그 기반을 단단히 다진 것이 역대와 비교해 훨씬 낫기 때문일 것이다. 요양에 들어서면서부터 뽕나무와 삼밭이 우거져 있고, 개와 닭 소리가 끊임없이 들린다. 이렇게 백 년 동안 평화롭긴 하지만, 청나라 황제 입장에서는 결코 걱정이 없을 수 없을 것이다.

몽고蒙古에서 수천 대의 수레가 벽돌을 싣고 심양으로 들어오는 모습을 볼 수 있다. 각 수레마다 세 마리의 소가 매달려 있는데, 그중 대부분은 희고 간혹 푸른색 소도 보인다. 찜통 같은 더위 속에서 무거운 짐을 끌고 오는 탓에, 소들은 코에서 피를 뿜어내었다. 몽고인들은 코가 높고 눈이 깊숙이 박혀 있어 험악하고 날카로우며 거친 기세가 마치 인간이 아닌 듯했다. 옷차림이며 벙거지까지 초라하고 얼굴엔 땀과 때가 흘러내리지만, 발에는 반드시 버선을 신고 있었다.

우리 하인들이 몽고 사람들과의 교류를 보며 이상하게 여기는 듯하다. 우리 말몰이꾼들[刷馬驅人]은 해마다 몽고인들을 만나며 그들의 성격을 잘 알기에, 길을 가며 서로 농담을 주고받는다. 채찍 끝으로 그들의 모자를 튕겨 길가에 떨어뜨리거나 때로는 공처럼 차기도 한다. 그럼에도 불구하고 몽고인들은 웃으며 화를 내지 않고, 손을 벌려 부드러운 말투로 다시 돌려달라고 청한다.

또한, 하인들이 뒤로 가 그들의 모자를 벗겨 가져가 밭 가운데로 뛰어들어가며 그들에게 쫓기는 척한다. 그러다가 갑자기 몸을 돌려 그들의 허리를 껴안고 다리를 걸어 넘어뜨리고 만다. 그런 다음 그들의 가슴 위에 앉아 입에 흙먼지를 넣자, 주변의 몽고 사람들이 수레를 멈추고 서서 모두 함께 웃는다. 밑에 깔렸던 사람도 웃으며 일어나 입을 닦고 모자를 털어 쓴 뒤 다시는 덤벼들지 않는다.

　　길에서 한 수레를 만났다. 그 수레에는 사람 일곱이 타고 있었다. 모두 붉은 옷을 입고 있었으며, 쇠사슬로 어깨와 등을 얽어매어 목덜미에 채우고, 한쪽 끝은 손을, 다른 한쪽 끝은 다리를 묶었다. 이들은 금주위錦州衛의 도둑들로, 사형을 받아 멀리 흑룡강黑龍江 수자리 지역으로 귀양 보내진다고 한다. 그들의 입과 눈 모양이 무서워 보였다. 그럼에도 불구하고 그들은 수레 위에서 서로 웃고 떠들며, 조금도 괴로워하는 기색이 없었다.

　　말 수백 필이 길을 휩쓸며 지나갔다. 마지막 한 사람이 상당히 좋은 말을 타고 손에 수숫대 한 가지를 쥐고 뒤에서 말 떼를 따라간다. 말들은 굴레도 없고 고삐도 없이, 다만 가끔 뒤를 돌아보며 걸어간다.

　　탑포塔舖에 도착했다. 탑은 마을 한가운데 자리잡고 있으며, 8각 13층으로, 높이가 약 20여 길에 달한다. 각 층에 둥근 문이 네 개씩 나 있어서 그 안으로 말을 타고 들어갔다가 홀연히 현기증이 나서 고삐를 잡고 밖으로 나왔다. 일행은 이미 사관舍館으로 들어갔다. 뒤따라 후당으로 들어가자 주인의 수염 밑에서 갑자기 강아지 소리가 들렸다. 나는 깜짝 놀라서 멈춰 섰고, 주인은 얼굴에 미소를 지으며 나에게 앉으라 청했다. 주인은 긴 수염이 희끗희끗한 노인으로, 방 안 낮은 걸상에 바로 앉아 있었고, 방 밖에는 교의를 마주 보고 한 노파가 앉아 있었다. 머리 위에는 희붉은 촉규화蜀葵花 한 송이를 꽂았으며, 옷은 야청색에 복숭아꽃 무늬가 있는 치마를 입고 있었다.

노파의 품에서도 강아지의 짖는 소리가 더욱 사나워졌다. 그때야 비로소 주인은 천천히 품 안에서 삽살개 한 마리를 꺼냈다. 크기가 토끼만 하고, 눈처럼 하얀 털은 길이가 한 치나 되며, 등은 담청색이고 눈은 노랗고 입술 주변은 붉었다. 노파도 옷자락을 들추고 강아지 한 마리를 꺼내 보였는데, 털 색깔은 같았다.

노파가 웃으며 말했다.

"손님, 이상하게 여기지 마시오. 우리 늙은 내외가 집에 앉아 있으니, 긴 해를 보내는 게 지루해서 이 녀석들과 놀다 보니 도리어 남의 웃음거리가 되는구려."

나는 물었다.

"주인 댁에는 자식이 없으신가요?"

"아들 셋과 손주 하나가 있어요. 맏아들은 올해 서른하나 되었고, 방금 성경盛京 장군을 모시는 장경章京으로 있다오. 둘째는 열아홉, 막내는 열여섯 살인데, 둘 다 서당에서 글을 읽고 있소. 아홉 살된 손주는 저 버드나무에서 매미를 잡으러 나갔다가 날이 저물도록 코빼기도 안 뵌다오."

얼마 안 되어 주인의 어린 손자가 숨을 헐떡이며 손에 나팔을 들고 후당으로 달려 들어와 노인의 목을 끌어안고는 나팔을 사달라고 졸랐다. 노인은 얼굴 가득 사랑스러운 빛을 띠며, "이런 건 쓸모없는 것이야." 하고 타이르는 투로 말한다. 그 아이는 미목이 맑았으며 살구색 무늬의 비단 저고리를 입고 있었다. 온갖 재롱과 어리광을 부리며 이리저리 뛰어다녔다. 노인은 손자에게 손님 앞에 나가 인사하라고 지시했다. 군뇌가 눈을 크게 뜨고 후당으로 내쳐 와서는 그 나팔을 빼앗아 크게 꾸짖었다.

노인이 일어나며 사과했다.

"미안합니다. 그 아이가 놀잇감으로 가져온 것이외다. 물건은 아무런 손상이 없습니다."

나는 군뇌를 나무라며 말했다.

"찾았다면 그만이지, 왜 이렇게 큰 소리로 남을 불편하게 만드는 게요?"

그러고는 다시 주인에게 물었다.

"이 개는 어디서 온 것이오?"

"운남雲南에서 왔습니다. 촉중蜀中(지금의 四川) 지방에서도 이런 종류의 강아지가 있어요. 이 녀석의 이름은 옥토아玉兎兒이고, 저 녀석은 설사자雪獅子라고 불러요. 둘 다 운남에서 나는 것들입니다."

이에 주인이 옥토아에게 인사하라고 시키자, 강아지란 놈은 똑바르게 서서 앞발을 나란히 들어 올리며 절하는 시늉을 하고, 다시 땅에 머리가 닿도록 조아렸다.

장복이 와서 식사를 여쭙기에, 나는 곧 몸을 일으켰다. 주인이 말했다.

"영감, 이미 이 미물을 귀여워하셨으니 이것을 드리고자 합니다. 방물을 바치고 돌아올 적에 영감께서 가져가셔도 좋습니다."

"감사합니다만, 어찌 함부로 받겠습니까."

나는 이렇게 대답하고는 급히 돌아서 나왔다. 급히 일행은 이미 나팔을 불고 떠날 준비를 했으나, 내가 어디 있는지 몰라 장복을 보내어 찾게 한 것이다. 밥이 이미 오래전에 지어져 굳어졌고, 마음이 바빠 목으로 넘어가지 않아 장복과 창대에게 나눠 먹으라고 하고는, 혼자서 음식점에 들어가 국수 한 그릇, 소주 한 잔, 삶은 달걀 세 개, 참외 한 개를 사 먹었다. 마흔두 닢을 내고 나왔을 때, 상사의 행차가 문 앞을 막 지나가고 있었다. 이어 변군과 함께 고삐를 나란히 하고 길을 떠났다. 배가 가득 차 20리 길을 잘 갈 수 있었다.

해가 벌써 사시巳時(오전 9~11시)에 가까워져서 햇볕이 매우 강렬하게 내리쬔다. 요양에서부터 길가에 심은 버드나무가 우거져 그늘에서 더위를 잊을 정도다. 때때로 버드나무 아래 물이 고여 웅덩이가 생기는데, 이를 피해 길가로 돌아서 가면 강렬한 햇볕에 후끈거리는 땅의 열기가 치솟아 순식간에 가슴이 답답해진다. 멀리 버드나무 그늘 아래를 바라보니, 수레와 말들이 마치 구름처럼 모여 있다.

말을 재촉해 그곳에 도착해 잠시 쉬기로 했다. 수백 명의 장사꾼들이 짐을 내려놓고 땀을 닦고 있다. 어떤 이들은 버드나무 아래 걸터앉아 옷을 벗어 놓고 부채질을 하고 차를 마시거나 술잔을 기울이는가 하면 또 어떤 이들은 머리를 감거나 깎으며, 일부는 골패를 치거나 팔씨름을 하는 모습이다.

짐 속엔 그림이 그려진 도자기가 가득하고, 껍질을 벗긴 수숫대로 작은 누각 모양을 만들어 그 안에 우는 벌레나 매미를 넣은 것이 여러 개 있으며, 어떤 것은 항아리에 빨간 벌레와 파란 마름을 넣었는데, 빨간 벌레는 물 위에 떠 있어 새우알처럼 작다. 이들은 고기 먹이로 사용된다. 30여 대의 수레에는 석탄이 가득 실려 있다.

술과 차, 떡과 과일 등 다양한 음식을 파는 사람들이 버들 그늘 아래 의자를 벌여 놓고 앉아 있다. 나는 여섯 푼을 내고 양매차楊梅茶 반 사발을 사서 목을 축였다. 달콤하고 상큼한 맛이 제호탕醍醐湯과 유사하다.

태평거太平車[2] 한 대에 두 여인이 타고 있으며, 한 마리의 나귀가 그것을 끌고 있다. 나귀가 물통을 보자마자, 수레를 끌고 그쪽으로 달려들었다. 그 두 여인 중 한 명은 나이가 들었고, 다른 한 명은 젊었다. 그들은 드리웠던 발[簾]을 걷고 서늘하게 식히고 있었다. 두 사람 모두 꾀꼬리 무늬가 들어간 파란 웃옷과 주황색 치마를 입고 있었으며, 머리에는 옥잠화, 패랭이꽃, 석류꽃으로 화려하게 꾸며져 있었다. 아마도 한한족 여인인 듯싶다.

변군과 함께 술 한 잔을 기울이고 곧 출발했다. 몇 리를 가지 않아, 멀리 불탑들이 흩어져 보이기 시작했다. 분명 심양이 점점 가까워지고 있는 것 같다.

---

[2]   청나라 때 가장 보편화된 교통 수단이다.

그러자 옛 시가 문득 떠올랐다.

어부가 가리키는 곳 강성이 가까우니 漁人爲指江城近
뱃머리에 솟은 탑 볼수록 더 높아지네 一塔船頭看漸長

대체로 그림을 이해하지 못하는 사람 중에 시를 아는 사람이
없다는 것이 일반적이다. 그림에는 진하고 연한 부분이 있고, 멀고
가까운 형세가 있다. 이제 이 탑의 모양을 바라보니, 옛사람들이 시
를 지을 때 분명 그림 그리는 방법을 깊이 체득하였음을 깨닫게 된
다. 주로 성의 멀고 가까움을 탑의 높고 낮음으로 가늠할 수 있는
이유에서다.

혼하渾河는 아리강阿利江이라고도 하며, 소요수小遼水라고도 불린
다. 장백산에서 발원하여 사하沙河와 합류하고, 성경성盛京城 동남을
지나며 굽이쳐 흐른 뒤 태자하와 합류한다. 또한, 요하遼河와 만나
삼차하三叉河를 이루며 바다로 흘러간다.

혼하를 건너 몇 리를 가니 토성이 나타났다. 그리 높지 않은 이
성 밖에는 검은 소 수백 마리가 있는데, 그 색깔이 마치 깊숙이 옷
칠한 것처럼 까맣다. 또한 100경頃(3,000평 정도, 9,917.4㎡)이나 되는 큰
못이 있는데, 붉은 연꽃이 만발해 있고 그 속에는 거위와 오리 떼가
끝없이 떠다닌다. 못가에는 백양白羊 천여 마리가 물을 마시다가 사
람을 보고 모두 머리를 들고 섰다. 외곽의 문을 통해 들어가니 성안
의 사람이며 물화의 번화함, 점포의 호화로움이 요양보다 10배는

더하다.

관묘에 들어가 잠시 쉬었다. 삼사三使는 관복을 모두 갖추었다. 한 노인이 있어 수화주秀花紬로 만든 홑적삼을 입고 깨끗이 밀린 이마에, 땋은 뒷머리가 드리웠다. 그는 내게 길게 읍하며 말했다.

"고생 많으십니다." 라고 말한다. 나도 읍을 하며 답했다.

노인이 내가 신고 있는 가죽신을 유심히 바라보는 듯하여, 마치 그 만드는 법을 자세히 알고 싶어하는 것 같았다. 그래서 나는 곧 한 짝을 벗어서 보여주었다. 사당 안에서 갑자기 도사道士 한 명이 뛰어나왔는데, 몸에는 야견사野繭絲 도포를 걸치고, 머리에는 등 갓을 쓰고, 발에는 검은 공단 신을 신고 있었다.

그는 갓을 벗고 상투를 어루만지며 말했다,

"이건 영감의 것과 똑같구려."

노인은 자기 신을 벗고 내 신을 바꿔 신어 보며 물었다,

"이 신은 무슨 가죽으로 만들었소?"

내가 답했다,

"나귀 가죽이오."

그는 다시 물었다,

"밑창은 무슨 가죽입니까."

나는 답했다,

"쇠가죽에 들기름을 먹여서 만든 것이라 흙탕을 밟아도 젖지 않소이다."

노인과 도사가 일제히 훌륭하다고 칭찬하더니만, 다시 물었다.

"이 신은 진 땅에는 편리하지만 마른 땅엔 발이 부르트지나 않을는지요?"

"정말 그렇소."

그 후, 노인이 나를 사당 안의 한 곳으로 이끌었다. 도사가 직접 차를 두 잔 따라 각자에게 권하며 말했다,

"이 차를 마셔 보세요."

노인이 제 성명을 복녕福寧이라 써 보였다. 그는 만주 사람으로 현재 성경 병부낭중兵部郞中의 벼슬에 있으며 나이는 63세였다. 성밖으로 피서를 와서 큰 못에 연꽃이 한창 핀 것을 조용히 한 바퀴 둘러 보고 방금 돌아가는 길이라고 한다.

그는 이어 물었다,

"영감의 벼슬은 몇 품이며, 나이는 얼마나 되었소?"

나는 대답했다,

"나의 성명은 아무개요, 선비의 몸으로 중국에 관광觀光하러 온 것이고 나이는 정사생丁巳生입니다."

"그러면 몇 월 며칠 몇 시에 태어났소?"

"2월 5일 축시丑時요."

"그렇다면 하마경蝦蟆更[3]이오?"

"아니오."

---

[3]   오경五更을 말한다. 오전 3시에서 5시까지이다.

그러자 복녕이 다시 물었다,

"저 상석에 계신 분은 지난해에도 오셨습니다. 내가 북경에서 돌아오던 길이었는데, 옥전玉田에서 며칠 동안 한 객사에서 묵은 일이 있습니다. 아마 한림翰林 출신이었을테지요?"

"한림이 아니라 부마도위駙馬都尉요. 나하고는 삼종형제 사입니다."

복녕이 나에게 부사와 서장관에 대해 물었을 때, 나는 각자의 성명과 관직을 설명해 주었다. 사행단이 옷을 갈아입고 출발할 준비를 할 때쯤, 나는 하직 인사를 하고 일어섰다. 복녕이 나가서 손을 잡으며 말했다,

"사행길이 안전하기를 바랍니다. 더위가 조금씩 심해지고 있으니, 찬 음료나 얼음물은 가급적 피하십시오. 우리 집은 서문 안 마장거리 남쪽에 있으며, 문 위에는 '병부낭중'이라는 표지가 있고, 금자로 '계유문과癸酉文科'라고 적혀 있어 쉽게 찾을 수 있을 겁니다. 영감께서는 언제쯤 오실 예정이신지요?"

나는 말했다,

"9월 중에 성경으로 돌아올 예정입니다."

복녕은 다시 말했다,

"그때 급한 일이 없다면 기쁘게 맞이하겠습니다. 이미 귀하의 사주를 알게 되었으니, 조용히 점쳐둔 후 귀하의 귀환을 기다리겠습니다."

그의 말투는 정중했고, 이별이 아쉬운 듯 보였다. 도사는 코가

뾰족하고 눈동자가 똑바로 박힌 채로, 경박한 행동을 보여 전혀 은근함이 없었다. 복녕은 기품 있고 원만한 인품을 가졌다.

삼사三使가 차례로 말을 타고 가는데, 대개 문무관이 반班을 짜서 성 안으로 들어가는 광경이었다. 성의 둘레는 10리에 달하고, 벽돌로 여덟 문루를 견고하게 쌓아 올렸다. 모든 누대는 3층 건축으로, 옹성甕城을 추가하여 성을 보호하는 구조였다. 좌우에는 동·서 방향으로 두 개의 대문을 설치하여 네거리가 돈대로 연결되고, 그 위에는 3층 높이의 문루를 세워 두었다. 문루 아래는 자연스레 십자로 열려 있어, 수레바퀴가 서로 부딪치고 사람들의 어깨가 맞닿을 정도로 붐볐다. 그 번화함은 마치 바다와 같았다. 점방들은 길 하나를 사이에 두고 서로 마주 보며, 그림이 그려진 충충의 건물과 아로새긴 들창, 그리고 붉은 간판과 푸른 방榜을 내걸었다. 그 안에는 각양각색의 보화가 가득 차 있었다. 점방을 둘러보는 사람들은 모두 밝고 맑은 얼굴에 옷과 모자帽 차림이 깨끗하고 단정한 모습이었다.

심양은 본래 우리나라 땅이었다. 어떤 이들은 이렇게 말한다, "한漢이 4군을 설치했을 때, 이곳은 낙랑군의 행정 중심지였으며, 원위元魏, 수隋, 당唐 시기에는 고구려의 영토였다." 지금은 성경이라고 불린다. 봉천 부윤奉天府尹이 백성을 관리하고 봉천 장군奉天將軍 부도통副都統이 팔기八旗를 총괄한다. 또한 승덕지현承德知縣이 있으며, 여러 부서를 설치하고 좌이아문佐貳衙門을 운영한다.

문 맞은편에는 조장照墻이 있으며, 문 앞마다 옻칠한 나무를 어긋나게 세워 난간을 만들었다. 장군부將軍府 앞에는 큰 패루牌樓 한 채가 솟아 있다. 길에서 그 지붕 위의 알록달록한 유리 기와를 바라보았다.

내원, 계함과 더불어 행궁行宮 앞을 지나가다 한 관인官人을 만났다. 그는 손에 짧은 채찍을 쥐고 바삐 걷고 있었다. 내원과 마두馬頭 광록光祿이 관화官話를 잘해, 관인을 따라가 한 무릎을 꿇고 고개를 숙였다. 그 관인은 급히 광록을 일으키며 말했다,

"형님, 왜 이러시오. 편히 하시오."

나는 그를 따라가 인사하려 했으나, 그의 걸음은 마치 날아가듯 빨라 따라잡을 수 없었다. 길이 막힌 곳에 이르러 보니, 붉은 목책木柵이 주위를 둘러싸고 있었다. 관인이 그 안으로 들어가며 뒤돌아보고 채찍으로 한 곳을 가리키며 말했다.

"여기 좀 서서 기다리시오."

그러고는 곧 몸을 돌려 어딘가로 사라졌다.

내원은 말했다,

"이왕 들어가 보지 못할 바에야 여기 우두커니 서 있는 게 싱거운 노릇이야. 또 이렇게 겉으로 한 번 바라보았으면 그만이지."

하고 곧 계함과 함께 술집으로 가버린다. 나는 다만 광록과 함께 목책 속으로 들어가기로 했다. 정문의 이름은 태청문太淸門이라 하였다. 마침내 그 문을 들어섰다.

광록이 말했다,

"아까 만났던 관인은 필시 수직장경守直章京일 겁니다. 지난해

하은군河恩君[4]을 모시고 왔을 때도 두루 행궁을 구경했으나 아무도 막는 사람이 없었사오니 아주 마음 놓고 구경하시지요. 설사 사람을 만나더라도 쫓겨나기밖에 더하겠습니까."

나는 말했다,

"네 말이 옳다."

그리고 곧 걸어서 전전前殿에 이르렀다. 현판에는 숭정전崇政殿이라 쓰여 있고, 또 정대광명전正大光明殿이라는 현판도 붙어 있다. 왼쪽은 비룡각飛龍閣, 오른쪽은 상봉각翔鳳閣이라 하였고, 그 뒤에는 3층 높은 다락이 있는데, 그 이름은 봉황루鳳凰樓이다. 양쪽에 익문翼門이 있고 문 안에는 갑군甲軍 수십 명이 서 있어 길을 막고 있었다.

문밖에서 멀리 바라보니, 높은 누각과 겹겹이 둘린 회랑들이 모두 오색 찬란한 유리 기와로 지붕을 이루고 있었다. 이층 8각 집은 대정전大政殿이라 하였고, 태청문太淸門 동쪽에는 신우궁神祐宮이라는 건물이 있어서 삼청三淸의 소상塑像을 모셨는데, 강희康熙 황제의 어필御筆로 소격昭格, 옹정雍正 황제의 어필로 옥허진제玉虛眞帝라 써 붙였다.

길을 나서 내원을 찾아 한 술집으로 들어섰다. 기旗에는 금색 글씨로,

---

4)   이광李㫗의 봉호. 정조 원년에 진하사은진주겸동지행정사進賀謝恩陳奏兼冬至行正使가 되었다.

하늘 위에는 술별酒星이 하나 반짝이는데 天上已多星一顆

인간 세상엔 헛되이 술 샘酒泉만큼 빛난다 人間空聞郡雙名

라고 적혀 있다. 술집은 붉은 난간, 파란 문, 하얀 벽에 그림이 그려진 기둥을 갖추고 있으며, 시렁 위에는 층층이 동일한 모양의 놋 술통을 나란히 배치하고, 붉은 종이에 술 이름을 적어 붙여 놓았다. 술통이 이루 말할 수 없이 많았다.

조 주부趙主簿 학동學東이 마침 그 집에서 사람들과 술을 마시다가 일어나 웃으며 나를 맞이한다. 방 안에는 50~60개의 멋진 걸상과 20~30개의 탁자가 배치되어 있으며, 수십 개의 화분이 있어 그때 저녁 물을 주고 있었다. 추해당秋海棠과 수구화水仙花는 이제 만개하여 화려하고, 다른 꽃들은 전부 처음 보는 종류들이었다.

조군이 불수로佛手露 석 잔을 내게 권한다. 계함 등이 어디로 갔는지 물었으나 나는 모른다고 답했다. 내가 먼저 자리에서 일어났다.

길에서 주부 조명회趙明會를 만나니, 그는 매우 반가워하며 어디 가서 함께 실컷 마시자고 제안한다. 나는 몸을 돌려 방금 나온 술집을 가리키며, 다시 저기로 가서 마시자는 뜻을 나타냈다.

조는 손을 흔들며 말했다, "반드시 저 집만이 아니라 어디든 마찬가지예요." 우리는 서로 손을 잡고 다른 술집으로 들어갔다. 그곳의 웅장함과 화려함은 아까운 집을 훨씬 능가했다. 달걀부침 한 접시와 사괴공史蒯公 한 병을 주문해 실컷 즐기고 나왔다.

어떤 골동품 가게에 들렀다. 그 가게의 이름은 예속재藝粟齋였다. 수재秀才 다섯 명이 함께 운영하는 가게로, 모두 젊고 얼굴이 아름다운 청년들이었다. 밤에 다시 이 가게를 찾아 이야기하기로 약속했다. 그 자세한 이야기는 별도로「속재필담粟齋筆談」에 기록하였다.

또 다른 가게에 들렀다. 이곳은 멀리서 온 선비들이 최근에 연 비단 가게였다. 가게의 이름은 가상루歌商樓였다. 총 여섯 사람이었는데, 그들의 의상과 태도가 모두 깔끔하고 우아했다. 이들도 밤이 되면 예속재藝粟齋에서 만나 이야기하기로 약속했다.

형부刑部 앞을 지나가다가 문이 활짝 열려 있는 것을 보았다. 문 앞에는 나무를 교차로 설치하여 아무나 함부로 들어갈 수 없게 막아 놓았다. 나는 자신이 외국인이라는 사실을 믿고, 꺼릴 것 없다고 생각했다. 여러 관문 중 이곳만 열려 있어, 관부官府의 운영을 자세히 살펴볼 생각으로 안으로 들어갔다. 아무도 막지 않았다.

대 위에서 한 관인이 걸상에 걸터앉아 있었고, 그 뒤에는 손에 지필을 든 사람이 서 있었다. 뜰 아래에는 한 죄인이 꿇어앉아 있었고, 그 좌우에는 사령이 대곤장을 짚고 서 있었다. 하지만 분부나 호통 같은 것 없이, 관인은 죄인을 마주보며 차분히 말을 나누고 있었다.

한참 만에 큰 소리로 '치라'고 호통치니, 그 사령이 손에 들었던 곤장을 던져버리고 죄인 앞으로 달려가 손바닥으로 따귀를 네다섯 번 때린 다음, 다시 제자리로 돌아가 막대기를 들고 서 있었다. 이처럼 간단한 처벌 방식은 옛날에도 본 적이 없는 것이다.

저녁이 되어 달빛 아래 가상루歌商樓에 들러 여러 사람을 모아 예속재藝粟齋로 갔다. 밤이 깊도록 이야기를 나누고 나서야 각자 집으로 돌아갔다.

11일 정해丁亥

개었다. 몹시 덥다. 심양에서 묵다.

아침 일찍 성 안에 우레 같은 대포소리가 들린다. 상점들이 아침에 일어나 문을 열 때 으레 종이 딱총을 터뜨리는 풍습 때문이라 한다.

급히 일어나 가상루로 갔더니 여러 사람이 또 모여 있었다. 조용히 이야기를 나누다가 사관으로 가서 아침을 먹고, 다시 여러 사람들과 함께 거리 구경을 나섰다. 길에서 두 사람을 만났는데, 서로 팔짱을 끼고 걷고 있었다. 보니 그들의 생김새가 모두 수려하여, 혹 글을 하는 사람들인가 싶어 그들 앞에서 절을 하자, 그들은 팔짱을 풀고 아주 공손하게 답례한 뒤 곧장 약방으로 들어갔다.

나도 그들을 따라 약방으로 들어갔다. 그들은 빈랑檳榔 두 개를 사서 칼로 네 조각으로 쪼개, 나에게 한 조각을 먹어보라 권하며 자신도 씹기 시작했다. 나는 그들의 성명과 거주지를 글로 적어 물었는데, 그들이 들여다보고 멍하니 하며 글을 모르는 듯 보였다. 그저

절을 하고는 가버렸다.

해마다 연경에서 심양의 여러 아문과 팔기八旗의 봉급을 지급하면, 심양에서는 다시 흥경興京·선창船廠·영고탑寧古塔 등지로 나누어 보내는데, 그 돈이 1백 25만 냥이라고 한다.

저녁에는 달빛이 더욱 밝아진다. 변계함에게 함께 가상루歌商樓에 가자고 했더니, 변군이 부질없이 수역首譯에게 가도 좋냐고 물었다. 그러자 수역의 눈이 휘둥그레져서 말했다. "성경盛京은 연경燕京이나 다름없는데, 어찌 함부로 밤에 나다닐 수 있단 말이오?"

이 탓에 변군이 기세가 꺾였다.

수역은 어젯밤 우리의 일을 몰랐던 것 같다. 만약 알게 된다면 나도 붙잡힐까 봐 두려워 일부러 알리지 않고 혼자 몰래 나가며 장복에게 만약 누가 나를 찾으면 화장실에 간 척 대답하라고 지시했다.

속재필담粟齋筆談

전사가田仕可는 자가 대경代耕 혹은 보정輔廷이요, 호는 포관抱關이라 하였으며, 무종無終의 사람이다. 그는 자신을 전주田疇[5]의 후손

---

5) 169~214. 후한 말기 우북평右北平 무종無終 사람으로 자는 자태子泰이다. 전주가 종족을 거느리고 서무산徐無山에 들어가 은거해 살면서 잘 다스리니 일대가 그의 위세에 신복하였다. 후에 조조曹操가 오환烏丸을 칠 때 길을 향도하여 큰 공을 세웠다. 『三國志 卷11 魏書 田疇傳』

이라 칭하고, 그의 집은 산해관山海關에 위치해 있다고 했다. 태원太原 출신의 양등楊登과 함께 그곳에 점포를 설립했다고 한다. 나이는 스물아홉에 키는 일곱 자로, 넓은 이마와 갸름한 코를 지니고 있어 풍채가 날렵하다. 고기古器에 대한 깊은 지식을 가지고 있으며, 남에게 매우 다정한 성품을 가졌다.

이귀몽李龜蒙은 자를 동야東野라 하고 호는 인재麟齋이며, 촉蜀의 면죽綿竹 출신이다. 그의 나이는 서른아홉이고, 키는 일곱 자이다. 입은 도드라지고 턱은 넓으며, 얼굴은 마치 분을 바른 듯 희다. 그의 읽는 소리는 낭랑하여 금석을 울리는 듯한 울림을 지녔다.

목춘穆春의 자는 수환繡寰이고 호는 소정韶亭으로, 역시 촉의 사람이다. 나이는 스물넷이며, 눈매는 마치 그린 듯 섬세하나 글을 모르는 것이 단점이다.

온백고溫伯高의 자는 목헌으로, 촉의 성도成都 출신이다. 나이는 서른한 살로, 글을 읽지 못하는 것이 단점이다. 오복吳復의 자는 천근天根이며, 항주杭州 출신으로 호는 일재一齋다. 나이는 마흔이 채 되지 않았으며, 학식은 얕지만 성품은 온화하다. 비치費穉의 자는 하탑下榻이고, 호는 포월루抱月樓, 지주芝洲, 혹은 가재稼齋로 다양하며, 대량大梁 출신이다. 나이는 서른다섯이며, 여덟 명의 아들을 두었다. 그림과 조각에 능숙하며 경의經義에 대한 논의도 잘한다. 가난한 집안이지만 남을 잘 도와주며, 이는 자신의 여러 아들을 위해 복을 쌓는 것으로 여긴다. 목수환穆繡寰과 온목헌을 위해 회계 업무를 도맡아 촉 땅에서 막 돌아온 상태라고 한다.

배관裴寬의 자는 갈부葛夫로, 노룡현盧龍縣 출신이다. 그의 나이
는 마흔일곱이며, 키는 일곱 자 조금 넘는다. 아름다운 수염을 지니
고 있으며 술을 잘 마시고 문장 솜씨에 능하여 그의 글은 마치 날아
가듯 빠르다. 너그러운 그의 품격은 장자의 풍도를 연상시킨다. 그
는 스스로 『과정집蘿亭集』 두 권을 간행했으며, 또한 『청매시화青梅詩
話』 두 권을 저술했다. 그의 아내 두씨杜氏는 열아홉의 나이에 요절
했다고 한다. 또한 『임상헌집臨湘軒集』 한 권을 가지고 있으며, 그는
이 책의 서문을 내게 부탁하여 내가 작성해 주었다.

그 후로 몇몇 사람들과 함께 시간을 보냈지만, 그들 중 누구도
녹록지 않은 인물들이었다. 그러나 그들에게는 목소정이나 온목헌
같은 독특한 풍모가 없었고, 단지 장사꾼에 불과했기에, 이틀 밤 동
안 함께 놀았음에도 그들의 이름은 기억에서 사라졌다. 나는 목소
정을 보며 물었다.

"저처럼 미목이 수려한 분이 젊은 나이에 고향을 멀리 떠나 이
곳에 계시는 건 어째서 입니까? 인재와 온공溫公도 모두 촉에서 오
신 분들이니, 혹시 어떤 친척 관계라도 있는지요?"

인재가 대답했다.

"그분에게는 묻지 마십시오. 그의 얼굴은 비록 아름답지만, 마
치 겉만 번지르르한 관옥冠玉처럼 그 안에는 별다른 것이 없습니다."

나는 반박하며 말했다.

"이건 비평이 너무 지나치지 않습니까?"

그러자 인재는 다시 말했다. "온형과 수환은 종모從母 형제이지

만, 나와는 아무런 관계가 없습니다. 우리 세 사람은 배에 서촉西蜀의 비단을 싣고, 청의 건륭 41년丙申年 2월에 촉을 떠나 삼협三峽을 지나 오중吳中 강소성江蘇省의 오현吳縣으로 비단을 운반했습니다. 그 후 장삿길을 따라 구외로 나와 여기에 점포를 낸 지 벌써 3년이 되었습니다."

내가 목춘과의 교류를 깊이 그리워하며 그와 필담筆談을 나누고 싶어 했을 때, 이생(이귀몽)이 손을 저으며 말했다.

"온·목 두 사람은 입으로는 봉황새처럼 아름다운 말을 할 수 있지만, 눈으로는 돼지 시豕와 돼지 해亥를 구분하지 못할 겁니다."

나는 의아하게 여기며 반문했다.

"그럴 리가 있소?"

그러자 배관이 대답했다.

"빈말이 아닙니다. 그들은 귀에는 많은 서적의 지식을 간직하고 있으나, 눈으로는 단 하나의 '정丁' 자도 볼 수 없다는 거지요. 하늘에는 글 모르는 신선이 없을지 몰라도, 인간 세상에는 말만 잘하는 앵무새가 분명 있지요."

나는 말했다.

"정말 그렇다면, 진림陳琳[6]에게 격문檄文을 써달라 해도 골칫거

---

[6] 삼국시대 위魏나라 사람으로, 건안칠자建安七子 중의 하나이다. 그가 원소袁紹의 밑에 있을 적에 격문檄文을 지어 조조曹操의 죄상을 나열하며 신랄하게 꾸짖었는데, 원소가 패망하여 조조에게 귀순하였을 때에, 조조가 그의 문재文才를 아껴 처벌하지 않고 기실記室로 삼았던 고사가 전한다.『三國志 卷21 魏書 陳琳傳 註』

리가 해결되지 않을 것 같구려."

그러자 배관이 대답했다.

"이것이 바로 요즘의 유행이지요. 서한西漢이 육국六國을 통일한 후, 문득 이러한 학습 방법이 잘못되었음을 깨달았다고 하더군요. 이른바 '귀로 들어와 입으로 나가는 학문'이라는 것인데, 현재 향교鄕校나 서당書堂에서도 주로 글 읽기에만 집중하고 강의는 하지 않기 때문에, 귀로는 잘 듣지만 눈으로는 내용을 잘 파악하지 못해, 입으로는 제자백가諸子百家의 이론을 술술 말할 수 있지만, 실제로 글을 쓰려고 하면 한 글자도 쓰기 어려운 상황이라는 겁니다."

이생이 물었다.

"귀국에서는 어떻습니까?"

"책을 펴놓고 읽는 법을 가르치되 소리와 뜻을 함께 익힌답니다."

내가 이와 같이 대답하니, 배생(배관裵寬)이 거기에 관주貫珠를 치면서 말했다.

"그 법이 참으로 옳습니다."

나는 다시 물었다.

"비공費公(비치費穉)은 언제 촉을 떠나셨습니까."

비생費生은 "이른 봄이었습니다."라고 하였다.

"촉에서 여기까지는 몇 리나 됩니까?"

"한 5천여 리나 됩니다."

그러자 나는 다시 물었다.

"비씨費氏의 여덟 용(아들들을 지칭)은 모두 한 어머니가 낳으셨는 지요?"

그는 대답 대신 빙그레 웃기만 했고, 배생이 말을 이었다.

"아닙니다. 두 분의 소실이 좌우에서 도움을 주셨다오. 저는 저 사람의 여덟 아들이 부럽기보다는 작은 마누라를 하룻밤 빌릴 수 있다면 그것으로 족하겠소."

온 방안의 사람들이 이 말에 모두 한바탕 크게 웃었다. 나는 곧 이어 물었다.

"오실 때 검각劒閣의 잔도棧道를 지나셨소?"

이에 비생은 대답했다.

"그렇습니다. 참으로 좁은 조도鳥道, 일천 리一千里나 되는 길을 하루에 열두 시간 동안 걸으며 들리는 건 오로지 원숭이 소리뿐이 었습니다."

배생은 말을 이어갔다.

"정말, 촉蜀의 길은 배로 가나 뭍으로 가나 마찬가지로 어렵습 니다. 이건 마치 하늘로 오르는 것보다도 더 어렵다는 말이 딱 들어 맞지요. 저는 지난 신묘년辛卯年(청의 건륭 36년)에 강을 거슬러 촉으로 들어갈 때 74일 만에 겨우 백제성白帝城에 도착했습니다. 배를 탔을 때는 늦은 봄이었으며, 양쪽 언덕에는 다양한 꽃들이 만발하여 피 어 있었습니다. 쓸쓸한 다북 창 속에서 나그네의 외로운 밤이 길기 도 길었거니와 소쩍새는 마치 피를 뿜는 듯 울고, 원숭이는 우짖으 며, 학은 울음을 터뜨리고, 매는 웃음을 지었습니다. 이는 고요한 강물 위로 달이 밝게 빛나는 경치였습니다. 낭떠러지 위의 큰 바위가 무너져 강물로 떨어질 때, 두 돌이 서로 부딪치며 번갯불처럼 번쩍이는 모습은 여름 장마철의 특별한 경치로 남았습니다. 이 길을 걸어서 비록 황금덩이와 비단이 바리로 많이 생긴다고 하더라도, 머리칼이 세고 가슴이 타는 이 고생을 어찌 견딜 수 있겠습니까?"

나는 또 말했다.

"비록 고생하신 것은 그러하였지만, 저 육방옹陸放翁[7]의 입촉기入蜀記를 읽을 때면 미상불 흥겨워 춤이라도 너풀너풀 추고 싶던걸요."

그러자 배생은 말했다.

"무어, 꼭 그런 것도 아니에요."

이날 밤에는 달이 낮처럼 밝았다. 전사가가 주식을 차리느라고 이경二更(밤 9시~11시)에야 겨우 돌아왔다. '불불'이라 불리는 호떡 두 소반, 양 곱창 곰국 한동이, 익힌 오리고기 한 소반, 닭찜 세 마리, 돼지 삶은 것 한 마리, 신선한 과실 두 쟁반, 임안주臨安酒(중국 남방산 명주) 세 병, 계주주薊州酒(중국 북방산 명주) 두 병, 잉어 한 마리, 백반白飯 두 냄비, 잡채雜菜 두 그릇이니, 돈으로 친다면 열두 냥어치나 된다.

전생田生(전사)이 앞으로 나와 공손하게 말했다.

---

7)   육유陸游(1125~1210)로, 자는 무관務觀, 호는 방옹이다. 산음山陰 사람으로, 당시풍唐詩風의 서정을 부흥시켰다는 평가를 받고 있다.

"이 변변치 못한 걸 장만하느라고 오늘밤 선생님의 좋은 말씀을 듣지 못하였습니다."

나는 교의에서 내려서며 대답했다.

"이다지 수고하셨으니 꼿꼿이 앉아 받긴 황송합니다."

그러자 여럿이 일어서며 말했다.

"귀하신 손님이 오셨는데 도리어 부끄럽습니다."

이에 모두 일어나 다른 좌석으로 자리를 옮기고 곧 점포의 문을 닫았다. 들보 위에는 부채 모양의 사초롱[紗燈] 한 쌍이 걸려 있었는데, 겉면에는 꽃과 새 그림이 그려져 있었고, 유명한 사람의 시구도 적혀 있었다. 또한 네모난 유리등 한 쌍이 마치 낮과 같이 밝게 빛났다. 여러 사람들이 서로에게 한두 잔씩 술을 권하였지만, 닭이나 오리는 아직도 주둥이와 발이 그대로 달려 있었고, 양고기 국은 너무 비려 비위에 맞지 않아, 결국 떡과 과일만을 먹었다.

전생이 필담한 종이쪽을 두루두루 열람하며 연신 감탄한다.

"좋구려, 아주 좋구려."

그리고 그는 또 물었다.

"선생께서 아까 저녁 전에 골동을 구하길 원하시더니, 어떤 진품을 구하시렵니까?"

나는 대답했다.

"골동뿐만 아니라 문방의 사우까지도 사고 싶소. 정말로 희귀하고 고아한 것이라면 값은 따지지 않으리다."

전생은 말했다.

"선생께서 곧 있으면 북경에 들어가 유리창琉璃廠 같은 곳도 들르실 테니 얻기는 어렵지 않으실 겁니다. 그러나 진품과 가품을 분간하기 어렵습니다. 잘 모르겠습니다만, 선생님의 감식안이 어느 정도 이실지요?"

나는 대답했다.

"궁벽한 바다 구석에 사는 사람인지라 감식이 고루합니다. 어찌 진위를 잘 분간할 수 있겠소?"

전생은 또 말했다.

"이곳은 그저 말로만 도회지일 뿐, 중국에서는 한 구석에 불과합니다. 해서, 거래의 대부분이 주로 몽고나 영고탑, 혹은 선창 등지에 의존하고 있습지요. 변방의 풍습이 무디어서 섬세한 취미를 갖추지 못한 터라, 여러 가지 신비로운 색상이나 고아한 그릇도 이곳에서는 드뭅니다. 그러니 더더욱 은殷의 그릇이나 주周의 솥 같은 것은 어디에서 볼 수 있겠습니까? 귀국에서 골동을 취급하는 법은 이곳과는 달라, 전에 그 장사하는 사람들을 보니, 차나 약재 같은 것이라도 상품의 질을 가리지 않고 값싼 것만을 선호하더군요. 그런 상황에서 어떻게 진위를 논할 수 있겠습니까."

전생이 이어서 말했다.

"차나 약재뿐만 아니라, 모든 기물이 무거우면 싣기 어렵기 때문에, 대부분 변문邊門에서 구입하여 돌아가곤 합니다. 그래서 북경의 장사치들은 내지內地에서 사용하지 못할 물건들을 미리 변문으로 운반하여 서로 속이며 이익을 취하는 경우가 많습니다. 지금 선

생께서 구하시는 것은 속류俗流를 크게 벗어난 것이며, 또 우연히
이 타향에서 만나 몇 마디 말을 나눈 끝에 벗이 되었으니, 비록 정
성을 다해 물건을 드리지는 못할지라도 어찌 잠시라도 서운하게
할 수 있겠습니까?"

나는 다음과 같이 대답했다.

"선생의 이 말씀은 참으로 진정에서 나오는 것이니 가히 '이미
술로 취하게 하고 또 덕으로써 배부르게 했다'고 할 만합니다."

"너무 지나치게 아끼는 말씀입니다. 내일 아침 다시 오셔서 점
포에 있는 물건들을 죄다 구경하시죠."

그러자 배생은 말했다.

"내일 아침 일을 미리 이야기할 것 없습니다. 다만 선생을 모
시고 이 밤의 즐거움을 다하면 그만이죠."

이에 여러 사람이 모두 동의하며,

"옳소."

라고 말했다.

전생이 다시 말했다.

"옛날 공자께서도 '구이九夷의 땅에 살고 싶다' 하셨고, 또 '군
자가 그곳에 살면서 무슨 누추함이 있겠느냐' 하셨습니다.[8] 상공께

---

8) 공자가 일찍이 구이九夷에 가서 살려고 하자, 혹자가 말하기를, "누추한 곳인데, 어떻게 살겠
    습니까?[陋如之何]" 하니, 공자가 이르기를, "군자가 살면 무슨 누추함이 있겠는가.[君子居之 何
    陋之有]"라고 했던 데서 온 말인데, 여기서는 군자거지君子居之를 '군자가 살던 곳'이란 뜻으로
    쓴 것이다. 『論語 子罕』 구이는 아홉 종족宗族이 살고 있는 동이東夷를 가리킨다.

서 비록 먼 나라에 계시지만, 기품이 넓고 고고하시며, 글에 있어서는 공자와 맹자의 깊은 뜻을 통하시고, 예법에 있어서는 주공의 도를 닦으셨습니다. 그렇다면 군자라 할 수 있는데, 그저 아쉬운 바는 우리들이 먼 땅 다른 하늘 아래 살고 있어서 서로 회포를 다 못푼 채 만나자마자 곧 헤어지게 되는 것이니, 이를 어찌하겠습니까."

이귀몽이 그 대목에 동그라미를 수없이 쳐대며 감탄했다.

"절실하고 애처로운 마음이 나와 똑같구려."

술이 다시 두어 번 돌 때, 이생이 물었다.

"이 술 맛이 귀국의 술과 비교하여 어떠합니까?"

"이 임안주는 너무 밍밍하고 계주주는 향이 너무 짙어 둘 다 술 본연의 맑은 향기는 아니라 생각됩니다. 우리나라에는 법주가 더러 있습니다."

그러자 전생은 물었다.

"그러면 소주도 있습니까?"

나는 대답했다.

"예, 있습니다."

전생이 곧 몸을 일으켜 벽장에서 비파를 꺼내어 두어 곡조를 연주했다. 나는 말했다.

"옛날에도 연燕나라와 조趙나라에는 구슬피 노래하는 이들이 많다고 하였으니, 여러분도 분명 노래를 잘하리라 봅니다. 한 곡조 듣기를 원하옵니다."

그러자 배생은 대답했다.

"잘 부르는 이가 없소이다."

이생은 말했다.

"옛날에 이른바 연·조의 슬픈 노래는 곧 궁벽하고도 작은 나라의 선비들로서 뜻을 잃은 이들로부터 나왔지요. 그러나 이제는 사해일가四海一家요, 성스러운 천자가 위에 계시니, 사농공상은 각자의 업을 즐기며, 현능한 이들은 밝은 조정의 길한 인물이 되어 군신이 노래로서 서로 화답하고, 어리석은 백성들은 강구의 연월 속에서 밭을 갈고 우물을 파며 노래를 부르니, 아무런 불평이 있을 리 없습니다. 어찌 슬픈 노래가 있을 수 있겠습니까."

나는 말했다.

"성스러운 천자가 위에 계시니 섬김이 당연히 마땅할 것입니다. 여러분을 보니 모두 당대의 영웅이라 할 수 있을 만큼 재주가 높고 학식이 풍부한데, 어찌 세상에 나가 일하지 않고 이렇게 녹록한 시골에서만 시간을 보내시나요?"

이에 배생은 대답했다.

"이런 자격은 다만 전공田公께서나 담당하실 수 있겠지요."

그러자 한 자리에 앉은 모든 이들의 웃음보가 터졌다.

이생은 말했다.

"이야말로 시기와 운명이 있는 것이니, 함부로 요구할 수는 없겠지요."

그러고는 서가 위에서 문장을 뽑아 놓은 책 한 권을 꺼내 나에게 읽어보라 청했다.

나는 곧 「후출사표後出師表」를 우리나라 방식의 언토와 구두를
사용하지 않고 높은 소리로 읽었다.

함께 모여 앉아 듣는데, 무릎을 치며 좋아하지 않는 이가 없었
다. 이생은 내가 다 읽을 때까지 기다렸다가 유량庾亮[9]의 「사중서감
표辭中書監表」를 골라 읽기 시작했다. 그의 음절의 높낮이가 분명하
여, 비록 글자를 일일이 따라 알 수는 없었지만, 지금 어느 구절을
읽고 있는지를 충분히 알 수 있었다. 그의 목소리가 맑아서 마치 관
현악을 듣는 듯했다.

달은 이미 져 밤은 깊었지만, 문밖에는 여전히 인기척이 끊이
지 않았다. 나는 물었다.

"성경에는 야경꾼이 없습니까?"

전생은 대답했다.

"예, 있지요."

"그런데 행인이 끊이지 않는 것은 어떤 이유에서인지요?"

"다들 급한 볼일이 있는가 봅니다."

"아무리 급한 볼 일이 있다 해도, 어찌 한밤중에 저리 다닐 수
있단 말이오?"

그러자 전생은 말했다.

---

9)   289~340. 동진東晉 초기의 문신으로, 자는 원규元規이다. 황실의 외척으로, 조카인 성제成帝
      가 즉위하자 중서령中書令이 되어 정권을 장악했다. 성제 함화咸和 2년(327), 소준蘇峻이 반란
      을 일으키자 이를 토벌하였으나, 패하여 심양尋陽으로 달아났다가 온첨 등과 함께 도간陶侃
      을 맹주로 추대하여 반란을 평정하였다. 함화 9년(334) 도간이 죽자 정서장군征西將軍이 되어
      병권을 장악하고 나라를 보위하였다.

"아니, 못 다닐 이유가 무어란 말입니까? 초롱 없이는 어렵겠지만, 거리마다 파수를 보는 곳에서 갑군이 지키고, 창과 곤봉으로 나쁜 놈들을 적발해 낮이나 밤이나 구별 없으니 밤이라 해서 다니지 못할 이유가 어디 있겠소이까?"

"밤이 깊었고 잠도 오기 시작했으니 초롱을 들고 사관으로 돌아가는 게 낫겠소이다."

내 말을 듣고 배생과 전생과 전생이 말했다.

"아닙니다, 그러면 안 됩니다. 필시 파수꾼이 검문을 할 것입니다. 이 야밤에 무슨 연유로 홀로 돌아다니냐면서 거쳐온 장소를 낱낱이 고하라 밝히라 할게 뻔합니다. 아마 선생께선 몹시 번거로우실 겁니다. 기왕 졸립다 하셨으니 이 누추한 곳에서나마 잠시 눈을 붙이시죠."

그들이 말을 마치자 목춘穆春이 곧 일어나서 평상 위의 털방석을 털어 내고 나를 위해서 누울 자리를 마련해 주었다.

내가 말했다.

"지금 졸음이 오려다 갑자기 깼습니다. 그저 나로 인해 여러분께서 하룻밤 잠을 잃으실까 두려울 뿐이오."

"졸립다니요, 조금도 그렇지 않습니다. 이처럼 고귀한 손님을 모시고 하룻밤 아름다운 이야기로 지샌다니 참으로 한 평생 얻기 어려운 좋은 인연이 아닐까 합니다. 세월을 이같이만 보낸다면야 하룻밤은커녕 석 달이 넘도록 촛불을 돋우어 밤을 새워도 무슨 싫증이 나겠습니까."

그들은 일제히 이렇게 말한 후, 흥이 흘러 넘쳐 술을 다시 덥히고 안주를 가져오게 하였다.

내가 그들에게 말했다.

"술을 다시 데워 올 필요는 없소."

"찬술은 폐를 해칠 우려가 있고, 그 뿐 아니라 독이 이[齒]에 스며들지요."

이들 가운데 오복吳復은 밤새도록 단정히 앉았는데 눈매가 예사롭지 않았다. 나는 그에게 물었다.

"일재선생一齋先生께선 오중을 떠나신 지 몇 해나 되시는지요."

"11년 되었습니다."

"무슨 일로 고향을 떠나 이다지 분주히 다니십니까?"

"장사를 업으로 삼아 살고 있지요."

"가족들도 이곳으로 함께 왔습니까?"

"제 나이 벌써 40세입니다만, 여태 장가들지 못했습니다."

"오서림선생吳西林先生[10]의 휘諱는 영방穎芳이고, 항주杭州의 고사高士이신데 혹시 노형의 일가가 아닌지요?"

"아닙니다."

"해원解元 육비陸飛와 철교鐵橋 엄성嚴誠과 향조香祖 반정균潘庭筠[11]은 모두 서호西湖의 고명한 선비들인데, 노형과 잘 아는 사이입

---

10) 청 고종淸高宗 때의 학자. 서림은 그의 자.
11) 이들을 삼오三吳의 재자才子라 한다. 절강浙江에서 살던 육비陸飛·엄성嚴誠·반정균潘庭筠이며, 삼오三吳는 여러 설이 있으나 대체로 오군吳郡·오흥吳興·회계會稽를 말한다.

니까?"

"제가 고향을 떠나온 지 오래라 이들 모두 저와 통성명한 바가 없습니다. 다만 육비가 그린 모란을 보았던 기억은 있습니다. 그는 호주湖州 사람이더군요."

조금 뒤에 닭이 우니 이웃 사람들이 일어나 움직인다. 나는 고단한데 또 술까지 취하여, 교의 위에 걸터앉은 채 꾸벅꾸벅하다가 곧장 코를 골고 잠이 들었다. 그리하여 훤하게 밝을 무렵에야 놀라 깨니, 모두 서로 걸상에 의지하여, 베기도 하고, 눕기도 하며, 혹은 의자에 앉은 채로 잠이 들었다.

나는 홀로 두어 잔 술을 기울이고 배생을 흔들어 깨워서, '가자' 하고는 곧 사관에 돌아오니 해는 벌써 떠 있었다.

장복은 잠이 깊이 들었으며 일행 상하도 모두 일어나지 않았다. 장복을 발로 툭툭 건드려 깨운 뒤 물었다.

"누가 날 찾는 이가 있었느냐?"

장복이 대답했다.

"아무도 없었습니다요."

이내 세숫물을 빨리 가져오라 하고 망건을 두르고 서둘러 상방上房으로 갔다. 비장들과 역관들이 때마침 아침 문안을 아뢰고 있었다. 그 누구도 지난 밤에 있었던 일을 알아 채지 못한 듯하여 내심 기뻐하며 재차 장복에게 당부하였다.

"입 밖에 내지 말거라."

아침 죽을 약간 마시고 곧 예속재에 이르니 모두들 일어나 가

고, 전생과 이인재가 골동을 벌여 놓고 있다가 나를 보더니 놀란 듯
반기며 말했다.

"밤새 힘들지 않으셨습니까."

"밤낮 헤아릴 것 없이 게을러지지는 않소이다."

전생이 말했다.

"그렇다면 차 한 잔 드시지요."

얼마간 앉아 있는데, 미려한 청년 하나가 밖에서 들어와 찻잔
을 받들어 내게 권한다.

내가 그의 성명을 묻자 대답했다.

"저는 부우재傅友梓입니다. 집은 산해관에 있사옵고, 나이는 열
아홉 살입니다."

전생이 골동품들을 모두 펼쳐놓고 나에게 감상하라 청했다.
호壺, 고觚, 정鼎, 이彝 등 모두 열하나로, 크기와 모양이 각기 다르며
새김질과 빛깔이 각각 고아했다. 관지款識를 살펴보니, 모두 주周,
한漢 시대의 물건이었다.

전생은 말했다.

"그 글자는 고증할 것 없습니다. 이들은 모두 요새 금릉金陵·하
남河南 등지에서 새로 꽃 무늬를 새긴 것이라, 관지는 비록 옛 식을
본떴다 해도 꼴이 벌써 질박하진 못하며, 빛깔도 순하지 않아서, 만
약 이것들을 진품 골동품 사이에 두면 야비함이 곧바로 드러날 것
입니다. 내 비록 몸은 시전市廛에 잠겨 있지만, 마음은 늘 배움의 장
소에 머물렀는데, 선생을 만나니 마치 여러 쌍의 보배를 얻은 듯합

니다. 어찌 조금이라도 서로 속여 평생을 마음에 걸리게 하겠습니까."

나는 여러 그릇 중에서 창 같은 귀가 달리고 석류 모양의 발을 단 통화로 하나를 들고 자세히 살펴보았다. 그릇은 납다색臘茶色 빛깔에 상당히 정교하게 제작되었다. 화로의 밑바닥을 들어보니 '대명선덕년제大明宣德年製(선덕은 명 선종明宣宗의 연호)'라고 양각으로 선명하게 새겨져 있었다.

나는 말했다.

"이것은 제법 좋은 듯싶은데요."

전생은 대답했다.

"실상을 말씀드리자면, 이것은 선로宣爐가 아닙니다. 선로는 일반적으로 납다색의 수은으로 잘 문질러서 속속들이 스미게 한 뒤, 다시 금가루를 이겨 칠하여, 불을 오래 담게 되면 저절로 붉은 빛이 나타나게 됩니다. 이것은 민간에서 함부로 흉내낼 수 있는 것이 아닙니다."

나는 또 물었다.

"그렇다면, 골동품에 청록색 얼룩이 생기는 것은 흙 속에 오랫동안 묻혀 있어야만 가능한 일이므로, 그래서 무덤 속에 묻혔던 것이 좋다고 하지 않습니까? 이 그릇들이 만약 갓 구운 것이라면 어떻게 이런 빛깔을 낼 수 있겠습니까?"

"이건 참 알아두어야 할 사항입니다. 일반적으로 골동품은 흙에 담그면 청색이 나타나고, 물에 담그면 녹색이 나타나는 경향이 있습니다. 무덤에서 발굴된 그릇들은 종종 수은빛을 띠는데, 일부 사람들은 이것이 시체의 기운이 스며들어 그렇다고 하지만, 그것은 사실이 아닙니다. 매우 오래전부터 사람들은 보존 처리를 위해 수은을 사용했기 때문에, 혹시나 제왕의 능묘에서 나온 그릇들은 시간이 지날수록 수은이 스며들어 더욱 그 특징이 두드러지게 됩니다. 따라서 대부분 갓 구운 것인지, 오래된 것인지, 진품인지, 가품인지를 구별하는 것이 비교적 용이합니다."

고기古器는 그 살이 두껍고 질이 좋을 뿐만 아니라, 본래 몸에서 나는 빛이 자연스럽게 맑고 윤기 있습니다. 수은 빛도 그릇 전체에 고루 퍼져 있는 것이 아니라, 때로는 한쪽에서, 때로는 귀나 다리에서만 나타나며, 가끔은 그 빛이 퍼져나간 것도 있습니다. 청록색 얼룩 역시 전체에 나타나는 것이 아니라 부분적으로 짙게든가, 연하게든가, 맑게든가, 흐리게 들기도 합니다.

흐릿함이라 하더라도 더러움에 이르지 않아, 머리카락 같은 무늬가 투명하게 보이며, 맑다 하여도 마르지 않아 물오른 듯한 느낌이 있습니다. 가끔 주사의 알록점이 깊숙이 스며든 것이 있는데, 그중에서도 갈색이 진한 것이 가장 귀하다고 여겨집니다. 흙 속에 오랫동안 묻혀 있으면 청색, 녹색, 취색, 주색의 점들이 알록달록하게 나타나며, 때로는 버섯 무늬 같기도 하고, 구름 사이의 햇무리 같기도 하며, 또 함박눈 조각 같은 모습을 띠기도 합니다.

이렇게 되려면 흙 속에서 천 년쯤 묻혀 있어야 할 테니, 이건 정말 상품으로 치는 것입니다. 옛날 명 선종明宣宗이 무척 갈색을 좋아하여 선로에 갈색이 많았던 것입니다. 근년에 섬서陝西에서 갓 지은 것도 문득 선덕의 것을 본뜨려 하였으나, 선로는 본래 꽃 무늬가 없는 것을 알지 못한 채 꽃 무늬를 일부러 새겼으니, 이것은 모두 요즘의 가짜입니다.

그들이 빛깔을 이토록 잘 위조하는 것은, 대체로 그릇을 구운 뒤에 칼로 무늬를 새기고 관지를 파서 넣은 다음 땅속에 구덩이를 파서 거기에 소금물 두어 동이를 들이 붓고 마르기를 기다려 그릇을 그 속에 묻어두었다가 몇 해 만에 꺼내 보면 겉보기에는 자못 고의古意가 있어 보이나, 이는 가장 하품이며 서투른 솜씨입니다.

이보다 더 미묘한 방법으로는 붕사鵬砂, 한수석寒水石, 망사硇砂, 담반膽礬, 금사반金砂礬을 가루로 만들어 그것을 소금물에 풀어, 그릇에 붓으로 고루 바른 후 말려냅니다. 그다음 씻고 또 씻어서 다시 붓질을 하며, 이 과정을 하루에 서너 번 반복한 뒤, 땅을 깊게 파고 그 안에 숯불을 지펴 구덩이를 화로처럼 달군 다음 진한 초를 뿌리면, 구덩이가 끓으면서 곧 마르게 됩니다.

그다음 그릇을 그 속에 넣고 초의 찌꺼기로 두껍게 덮은 후, 흙으로 단단히 덮어 빈틈이 없도록 하여 4~5일이 지나면 꺼내 보면, 여러 가지 알록점이 나타나 있습니다. 이후 댓잎을 태워 그 연기로 푸른빛을 더 짙게 하고, 납으로 문질러 수은빛을 내려고 한다면, 바늘로 가루를 만들어 문질러서 그 위에 백랍으로 닦으면 그럴듯한 고색이 나타납니다.

그러나 일부러 한쪽 귀를 떼거나 몸에 흠집을 내어 상, 주, 진,

한 시대의 유물이라고 속이는 것은 더욱 야비한 행위랍니다. 뒷날 창 중에 가시게 되면, 대부분 먼 곳에서 온 장사치들일 것이니, 물건을 구매할 때 진짜와 가짜를 분간하지 못해 망설이다가 결국 웃음거리가 되지 않도록 주의하십시오."

내가 말했다.

"감사합니다. 선생이 이렇게 진심을 보여주시니, 저는 정말 감동받았습니다. 내일 아침 일찍 북경으로 떠날 예정이오니, 바라건대 선생께서는 문방, 서화, 정이鼎彝 등 여러 가지에 대해 고금의 동일성과 차이, 그리고 명칭과 진위를 기록하여 어두운 길에 지침이 되어 주시면 어떨까 싶습니다."

전생은 대답했다.

"선생님이 만약 이것이 도움이 된다고 생각하신다면, 그것은 어렵지 않사옵니다. 곧 『서청고감西淸古鑑』과 『박고도博古圖』에서 제가 가진 소견을 추가하여 깨끗하게 적어 드리겠습니다."

달이 뜨기로 한 약속을 지키고 사관으로 돌아왔다. 이미 아침 밥상이 차려져 있었기에 잠시 상방에 들렀다가 신속히 아침을 마치고 밖으로 나왔다. 그때 정 진사가 계함과 내원과 함께 유람을 떠나려 하면서 나에게 말했다.

"혼자 어디를 다니시며 재미있는 것들을 보셨습니까?"

그는 나무라듯 말했고, 이어서 내원이 말했다.

"사실 별다른 것을 구경한 것은 없습니다. 옛날 광주에서 온 골 생원님이 처음 서울에 와서 주위를 두리번거리며 제대로 인사한 마디도 못해 서울 사람들에게 웃음거리가 되었다는데, 이제 우리도 똑같은 상황이 되었네요. 저는 이것이 두 번째라 더욱이 재미를 느끼지 못했습니다."

길에서 비치費穉를 만나자 그는 나를 이끌고 담자리전으로 들어가 오늘 밤 가상루에서 모이자고 부탁했다. 나는 이미 전포관田抱關과 예속재에서 만나기로 한 약속이 있으며, 어제 저녁에 모였던 이들이 다시 모이기로 했다고 말했다. 그러자 비생은 말했다.

"아까 포관과도 잘 이야기가 되었습니다. 이제 선생께서 외국의 손님으로서 녹명鹿鳴을 노래하며 북경으로 가시는 길이시니, 우리들이 선생을 위해 백구白駒의 옛 시를 읊는 마음은 모두 같을 것입니다. 배공이 이미 촉중의 온공溫公과 함께 주식을 준비했으니, 이 약속을 어기시면 안 될 것입니다."

루에서 모이자고 부탁했다. 나는 이미 전포관田抱關과 예속재에서 만나기로 한 약속이 있다고, 그리고 어제 저녁에 모였던 모든 이들이 다시 모일 예정이라고 말했다. 이에 비생은 말했다.

"방금 포관과의 대화도 순조롭게 진행되었습니다. 선생께서 이국의 손님으로 녹명의 노래를 부르며 북경으로 가시는 길이시니, 우리 모두가 선생을 위해 백구의 옛 시를 읊는 마음은 하나일 것입니다. 배공이 이미 촉중의 온공溫公과 함께 주식을 준비했으니, 이 약속을 어기시면 안 됩니다."

나는 "어제 저녁에 제가 너무 많은 폐를 끼쳐 드린 것 같아 오늘 밤은 그러지 않으셨으면 합니다."라고 하자, 비생은 대답했다.

"산에 아름다운 나무가 있다면, 그것을 측량하는 것은 목수의 일이지요. 저는 멀리서 온 백로처럼, 서로에게 불쾌함이 없을 겁니다. 열두 행와에는 처음부터 정해진 약속이 없습니다. 네 바다가 모두 형제라면, 누구에게 불만이 있겠습니까?"

마침 내원 등이 거리를 서성이다 나를 찾아 가게로 들어왔다. 나는 서둘러 필담하던 종이를 접어두고 고개를 끄덕여 응답했다. 비생도 내 마음을 알아차리고 빙그레 웃으며 고개를 끄덕인다. 계함이 종이를 찾으며 무언가 말하고자 했으나, 내가 먼저 일어나며 말했다.

"그와 함께 이야기할 수 없네."

계함도 웃으며 일어났다. 비생이 문까지 나와 내 손을 가볍게 잡으며 은근한 의미를 나타냈다. 나는 간단히 고개를 끄덕이고 자리를 떠났다.

상루필담商樓筆談

저녁 무렵 오히려 더위가 기승인데 하늘 가에는 붉은 햇무리가 끼어 있었다.

나는 밥을 재촉해 먹고 잠깐 상방에 가서 조금 앉았다가 곧 일어나면서 속으로 '고단하고 더위가 특히 심하니 일찍 자야겠군.'이라고 생각했다.

뜰로 내려와서 서성거리다가 기회가 되면 외출할 심산이었는데, 마침 내원과 주 주부·노 참봉 등이 식후에 뜰을 거닐면서 배를 문지르며 트림하고 있었다. 바야흐로 달빛이 차츰 밝아오고 소음도 잠시 끊긴 상태다. 주군周君 달그림자를 따라 두루 거닐면서 부사가 요양에서 지은 칠률七律을 외우고 또 자기가 차운次韻한 것을 읊고 있었다. 나는 잰걸음으로 마루에 올라갔다가 도로 나오면서 노군에게 말했다.

"형님이 무척이나 무료해하시오."

"상사[12]께서 몹시 적적하실 겁니다."

그러고는 마루 위로 향했다. 주군도 근심스러운 얼굴로 말했다.

"요즘 병환이 나실까 두렵소이다."

그가 이내 마루 쪽으로 향해 가니 내원도 그의 뒤를 따라 들어갔다. 나는 그제야 빨리 문을 나가면서, 장복에게 "어제처럼 잘 둘러대어라."라고 타일렀다.

그때 계함이 밖에서 들어오다가 나를 보며 물었다.

"어디 가시오."

"달을 좇아 좋은 곳으로 가서 이야기나 하세 그려."

"어딜 가자는 것이오?"

"어디든 가세."

---

12) 원문은 '使道. '사도'는 우리말로 '사또'이나, 여기서는 '상사'로 번역해야 할 듯.

계함이 걸음을 멈추고 망설이는 차에 수역이 마침 들어왔다.
계함은 수역에게 물었다.

"달빛이 좋으니 조금 거닐다 와도 좋지 않겠나?"

수역이 화들짝 놀라며 뭐라고 하자, 계함이 웃으면서 말했다.

"응당 그래야 하지."

나도 빈말이나마 "그럴 만도 하군." 하고서 곧 앞서거니 뒤서
거니 하며 들어갔다. 때마침 수역과 계함이 마루에 올라서 돌아보
지 않는 틈을 타 나는 가만히 빠져나왔다. 이미 한길에 나오니, 그
제야 속이 후련했다. 더위도 조금 누그러지고 달빛이 땅에 가득하
다. 먼저 예속재에 이르니 벌써 문이 닫혀 있었다. 전생은 어딘지
나가고 이인재만 홀로 있었다. 그가 말했다.

"잠깐 앉으셔서 차 한 잔 드십시다. 전공이 곧 돌아올 겁니다."

"가상루의 여러분께서 벌써 모여서 몹시 기다릴 걸요."

"가상루의 아름다운 약속은 벌써 알고 있습니다. 제가 모시고
가지요."

이때 전생이 손에 붉은 양각등羊角燈을 들고 들어와서 곧 가기
를 재촉하기에 이생과 함께 담뱃대를 입에 문 채 문을 나섰다. 한길
이 하늘처럼 넓고 달빛은 물 흐르는 듯하다. 전생이 손에 들었던 초
롱을 문 위에 걸어 두는 것을 보고 내가 물었다.

"초롱을 들지 않아도 괜찮을까요?"

"아직 밤이 되지 않았습니다."

드디어 천천히 네거리를 거닐었다. 양편 상점商店들은 벌써 문

이 닫혔고, 문밖엔 모두 양각등을 걸었는데 푸르고 붉은빛이 드문 드문 섞여 있다.

가상루 여러 사람이 마침 난간 밑에 죽 늘어서 있다가 나를 보고 모두 웃음이 가득한 얼굴로 상점 안으로 이끌었다. 이 중에는 배관·갈부·이귀몽·동야·비치·하탑·전사가·포관·온백고·목재(목헌)·목춘·수환·오복·천근 등이 모두 모여 있었다. 배생은 "박공朴公은 믿음 있는 선비라 이를 만합니다."라 한다.

마루 가운데에 부채처럼 생긴 사초롱 한 쌍이 걸려 있고 탁상에는 촛불 두 자루가 켜졌는데, 어魚·육肉·소蔬·과果 들을 이미 차려 놓았으며, 북쪽 벽 밑에도 따로이 한 식탁을 벌여 놓았다. 여러 사람들이 나에게 먹기를 청하기에 나는, "저녁밥이 아직 소화도 덜 되었습니다."라 하니, 비생이 손수 더운 차 한 잔을 따라서 권한다. 모두 모인 자리에 처음 보는 손님이 있기에 나는 그들에게 그의 성명을 물었다.

"저 사람은 마영馬鑅이라 합니다. 자는 요여耀如이고, 산해관에 살고 있는 분인데 장사하러 이곳에 왔으며, 나이는 스물셋, 글도 꽤 읽을 줄 압니다."

그러자 비생이 물었다.

"『논어』에 '오십독역五十讀易(오십에 주역을 읽는다)'13)라는 구절을

---

13) 주석 형태 논의 『논어』 술이述而에 "공자가 '내가 몇 해만 더 살아서 50에 『주역周易』을 다 배우게 된다면 큰 허물은 없으리라' 했다[加我數年 五十而學易 可以無大過矣]."

어떤 이는 정복독역正卜讀易이라 하여 복卜 자에다 획 하나 더 붙은 것이라 하더이다. 선생은 어떻게 생각하십니까?"

나는 다음과 같이 대답했다.

"오십독역의 오십五十은 비록 졸卒 자가 아닌가 의심해볼 수도 있으나, 이제 '정복正卜'의 오류라 함은 너무 천착한 게 아닐런지요. 『역경易經』은 비록 복서卜筮에 쓰는 책이지만 계사繫辭[14]에도 점占과 서筮를 말했으나 복卜 자는 보이지 않고 게다가 '복卜' 자를 보면 곤丨 자에다 한 점丶을 더한 것이지, 본래부터 일一 자의 획을 건너 그은 건 아닙니다."

비생이 다시 말했다.

"어떤 이는 무약단주오無若丹朱傲[15]의 오傲 자를 오奡 자의 오기誤記라 하고, 그 아래 망수행주罔水行舟[16]라는 글을 감안하면 두 사람으로 간주해야 한다고 하더이다."

"오奡가 능히 뭍에서 배를 저었다 하니, 망수행주와 뜻은 그럴듯해 보이지만 오傲와 오奡는 비록 음은 같을지라도 글자의 모양은 아주 다릅니다. 그뿐 아니라 오奡와 착浞은 모두 하 태강夏太康[17] 때의 사람이니 위로 우순虞舜 시대와는 매우 요원하지 않겠습니까."

---

14) 『역경』의 편명篇名.
15) 『서경』「익직益稷」에 나오는데, 원문을 축약하여 인용하였다. 원문은 "단주처럼 오만하게 하지 마소서. 태만하게 노는 것을 좋아하며 오만함과 포악함을 행하며……[無若丹朱傲 惟慢遊 是好 傲虐 是作……]"이다.
16) 『書經 益稷』 우가 순 임금에게 "단주丹朱처럼 오만하지 마십시오[無若丹朱傲 惟慢遊是好]…"
17) 하태강은 계啓의 아들이자 우禹의 손자. 태강은 시호.

나의 대답을 듣고 이동야가 말했다.

"선생의 변증이 참 옳습니다."

나는 전포관에게 물었다.

"부탁드린 골동의 목록 작성은 거의 다 되어가는지요?"

전생이 대답했다.

"낮에 마침 사소한 일이 생겨서 아직 반도 베끼지 못한 채 그대로 접어 두었습니다. 내일 아침 떠나시는 길에 잠시 점포 앞에서 행차를 멈추시면, 제 손수 아랫사람을 통해 전해 드리겠으니, 이번엔 결단코 전 약속을 어기지 않겠습니다."

"선생께 이렇듯 수고를 끼쳐서 죄송합니다."

"이건 친구 간의 예삿일입죠. 다만 진작 못해 드려 부끄러울 뿐입니다."

나는 다시 물었다.

"여러분은 일찍이 천산千山을 구경하신 적이 있소이까?"

"이곳에서 백여 리나 떨어진 터라 아무도 가본 일이 없습니다."

"병부 낭중兵部郎中 복녕福寧이란 이를 잘 아십니까."

전생이 말했다.

"아직 모릅니다. 우리 벗들 중에도 아는 이가 없을 것입니다. 그는 조정에서 벼슬하는 사람이고, 우리는 장사치인데 어찌 서로 만날 수 있겠습니까?"

동야가 나에게 물었다.

"선생은 이번 길에 황제를 직접 뵙는 겁니까?"

"사신은 때로 뵐 수 있겠지만, 나는 한갓 수원隨員이라 그 반열에 참가할 것 같지 않소이다."

"지난해에 어가御駕가 능陵에 거둥하셨을 때 귀국의 종관從官들은 모두 천자의 존안을 가까이 뵙곤 하던데 우리는 도리어 그가 부럽더군요."

"여러분은 어째서 우러러 뵙지 못합니까?"

이에 배갈부가 대답한다.

"어찌 감히 돌한 짓을 할 수 있겠습니까. 그저 문 닫은 채 잠자코 있을 뿐입죠."

"황상께서 거둥하실 때면 애어른 할것 없이 들판에 모여들어 다투어 그 행차를 우러러보려고 할 것 아닙니까."

"어찌 감히 그럴 수 있단 말이오?"

"지금 조정 각로閣老들 중에 누가 가장 인망이 높습니까?"

동야가 대답했다.

"그들 이름은 모두 만한진신영안滿漢搢紳榮案에 실렸으니 한번 들춰보면 알 수 있을 것입니다."

"비록 영안榮案을 본다 해도 그들의 하는 일을 알 수 있겠소?"

"우리는 모두 일개 초야草野에 묻힌 몸이어서 지금 조정에 누가 주공周公인지 소공召公인지, 또 누가 꿈에서, 또는 점쳐서 등장되었는지[18]를 모르지요."

---

18) 은殷나라 고종高宗이 꿈에 현능한 부열傅說을 얻은 일을 말한 것이다.

"심양성 중에 경술經術과 문장이 능통한 이가 몇이나 있을런지요?"

배생이 대답했다.

"저는 변변치 않아 들은 바가 없습니다."

그러자 전생이 말했다.

"심양 서원書院에 서너너덧 사람 거인擧人이 있었는데 마침 과거 보러 북경에 가고 없답니다."

"여기서 북경까지 1천 5백 리 사이 연로에 이름난 사람과 높은 선비들이 응당 많겠죠. 그들 성명姓名을 알았으면 찾아보기에 편리할 것 같습니다."

"산해관山海關 밖은 아직도 변방이라 지기地氣가 거칠고 사람이 사나워서, 연로엔 모두 우리와 같은 장사꾼들뿐이니, 이름을 들 만한 이도 없거니와 역시 사람을 천거하기란 가장 어려운 노릇이어서, 기껏해야 제가 아는 사람을 들춤에 지나지 못하며, 제가 좋아하는 사람에게 아첨함을 면치 못할 것입니다. 그랬다가 한번 높으신 눈으로 보시어 꼭 마음에 들지 않는다면 저에겐 부질없는 말이 되고, 남들에겐 실망을 줄 뿐이오. 이 무슨 행운인지, 선생을 뵙고, 덕망을 우러러 촛불을 밝히고 마음껏 토론하는 것을 어찌 꿈에나 생각했겠습니까? 이는 실로 하늘이 맺어 준 연분이라 아니할 수 없습니다. 이 세상에 나서 한 사람 지기의 벗을 얻는다면 족히 한이 없을 것이니, 선생께서는 가시는 길에 스스로 좋은 사람을 만날 것이니, 어찌 다른 사람을 미리 소개할 일이겠습니까."

술잔이 몇 순배 돌자, 비생이 먹을 갈고 종이를 펴고 말했다.

"목수환이 선생의 필적을 얻어서 간직하고자 합니다."

나는 곧 향조 반정균이 양허養虛 김재행金在行[19]을 전송하며 준 칠언 절구 중에서 한 수首를 써서 주었다. 동야는 말했다.

"반향조란 귀국의 고명한 선비입니까."

"우리나라 사람이 아닙니다. 이는 전당錢塘 출신으로, 이름은 정균廷筠인데, 지금 중서사인中書舍人으로 있고 향조는 그의 자입 니다."

배생은 또 한 공첩空帖을 내어서 글씨를 청했다. 짙은 먹 부드 러운 붓끝에 자획이 썩 잘 되었다. 내 스스로도 이렇게 잘 쓰일 줄 은 몰랐고, 다른 사람들도 크게 감탄하여 마지않는다. 한 잔 기울이 고 한 장 써 내치고 하매 필태筆態가 마음대로 호방해진다. 밑에 몇 쪽은 진한 먹으로 고송古松과 괴석怪石을 그렸더니, 여러 사람들이 더욱 좋아하여 서로 다투어 가면서 종이와 붓을 내놓고 삥 둘러 서 서 써 달라고 조른다. 또 검은 용龍 한 마리를 그리고 붓을 놀려 짙 은 구름과 소낙비를 그렸는데, 지느러미는 꼿꼿이 세워지고, 등비 늘은 순서 없이 붙었으며, 발톱이 얼굴보다 더 크고, 코는 뿔보다 더 길게 그렸다. 이를 보고 모두들 크게 웃으며 기이하다 한다. 전 생과 마영馬鑅이 초롱을 들고 먼저 돌아가려 하기에 내가 말했다.

"이야기가 한창 재미있는데 선생은 왜 먼저 가시렵니까."

---

19) 김상헌金尙憲의 오대손. 영조英祖 41년에 홍대용洪大容과 함께 연행燕行을 하였다.

그러자 전생이 답했다.

"벌써 돌아가고 싶진 않으나 다만 약속을 지키려니 하는 수 없습니다. 내일 아침 문에서 송별 인사를 드리지요."

나는 아까 그린 검은 용을 들고 촛불을 끌어 와 불사르려 했다. 온목헌이 급히 일어나서 앗아다가 고이 접어서 품속에 넣었다. 배생은 크게 웃으며 말했따.

"관동關東 천 리에 큰 가뭄이 들까 두렵군."

"어째서 가문단 말씀이오."

"만일 이게 화룡火龍이 되어 간다면 누구든지 괴로움을 부르짖지 않을 수 없을 걸요."

모두 한바탕 웃고 난 뒤 배생은 다시 말했다.

"용 중에도 선한 놈, 악한 놈이 있는데 화룡이 가장 흉악하오. 건륭乾隆 8년 계해癸亥(1743) 3월에 산해관 밖 여양閭陽 벌판에 용 한 마리가 떨어져서 구름도 없이 우레며, 비도 내리지 않으면서 번갯불이 번쩍이고, 해서관 밖 늦은 봄 일기가 별안간 6월 더위로 변하였답니다. 용이 있는 곳으로부터 백 리 안은 모두 펄펄 끓는 도가니 속같이 되어서 사람과 짐승이 목말라 죽은 게 수없이 많았고, 장사치와 나그네도 다니지 못했고 살아 있는 사람들은 밤낮 없이 발가숭이로 앉아도 부채를 손에서 놓지 못했답니다. 황제께서 분부를 내리시어 관내의 냉장고에서 얼음 수천 차를 내어 관 밖에 고루 나눠서 더위를 가시게 하였답니다. 용 가까이 있던 나무와 흙과 돌은 모두 콩 볶듯 되고 우물과 샘이 들끓었습니다. 용이 열흘 동안 누워 있더니 갑자기 바람이 불어치고 천둥이 일며 콩알만 한 비가 쏟아졌소. 대릉하大陵河의 집들이 빗속에서 저절로 불이 나곤 하였으나, 다만 사람과 짐승에겐 어떤 해도 없었지요. 용이 떠날 때 사람들이 나가 보니, 마침 몸을 일으켜서 하늘로 오르려 할 때 처음엔 무척 굼뜨게 머리를 쳐들고 꼬리를 끌되, 마치 낙타가 일어선 모양인데 길이는 겨우 서너 길밖에 되지 않더랍니다. 그러다가 입으론 불을 뿜고 꼬리만 땅에 붙이고는 한 번 몸을 굼틀하매 비늘마다 번개가 번쩍 일면서 우레 소리가 나고 공중에서 빗발이 쏟아지더니, 이윽고 몸을 묶은 버드나무 위에 걸치자, 머리로부터 꼬리에 이르기까지 여남은 길이나 되며, 소낙비가 강물을 뒤엎는 듯 퍼붓더니 이내 멎었답니다. 그제야 하늘을 쳐다본즉, 그 날랜 품이 동쪽 구름 사이에 뿔이 나타나고 서쪽 구름 사이엔 발톱이 드러나는데, 뿔과 발톱 사이가 몇 리나 되더랍니다. 용이 오른 뒤엔 날씨가 청명하여 도로 삼월의 천기가 되고, 용이 누웠던 자리엔 몇 길이나 되는 맑은 못이 파이고, 못 가에 있던 나무와 돌은 모두 타버리고 반쯤만 남았으며, 마소들은 털과 뼈가 모두 타서 녹아버렸고, 크고 작은 물고기 죽은 것이 산더미처럼 쌓여 그 냄새에 사람이 가까이 갈 수도 없었답니다. 특히 이상한 것은 용이 걸렸던 버드나무는 잎 하나도 떨어지지 않았다 합니다. 그 해에 관동의 일대에 큰 가뭄이 들어서 9월이 되도록 비가 내리지 않았답니다. 그러므로 나는 이 용이 간다면 또 재난이 생길까 몹시 우려됩니다."

좌중이 모두 한바탕 크게 웃었다. 나는 잔에 술을 부어 죽 들이

키고 나서 말했다.

"이 이야기에 아주 술맛이 도는군요."

이에 자리한 사람 모두가 말했다.

"옳소. 이번엔 우리 각기 한 잔씩 돌려서 박공의 기쁨을 도웁시다."

내가 그들에게 용의 이름을 아는지 물으니, 어떤 이는 응룡應龍이라 하고, 어떤 이는 한발旱魃이라고도 한다. 이에 내가 다음과 같이 말했다.

"아니요. 그 이름은 강철罡鐵이라 합니다. 우리나라 속담에 강철이 지난 곳엔 가을도 봄이 된다 하였소. 강철이 가물게 하여 흉년이 들게 하므로, 가난한 이들이 일하다 잘 안되면 '강철의 가을'이라 합디다."

그러자 배생이 말했다.

"그 용 이름이 참 기이하구려. 내가 난 때가 바로 그 해이니, 이는 곧 강철의 가을이라 어찌 가난치 않고야 견디겠소."

그는 다시 목청을 길게 빼어 "강처罡處"라고 외친다. 내가 "강철"이라고 다시 외치자, 배생은 또, "강천罡賤"이라며 틀리게 발음했다.

나는 웃으며 말했다.

"천賤이 아니요, 도철饕餮이란 철饕과 음이 같은 철鐵이요."

이에 동야가 크게 웃으며 곧바로 크게 외쳤다.

"강청罡靑."

모두 허리를 잡고 웃었다. 이는 대개 중국 사람들의 발음엔 갈

閏·월月 등의 리을 받침이 잘 굴려지지 않기 때문이다. 나는 화제를
전환해 물었다.

"여러분은 모두 오吳·촉蜀에 살고 계시면서 이렇게 멀리 장사
와서 해를 거듭 바꾸시면 고향 생각이 간절치 않습니까."

오복이 대답했다.

"간절하다 뿐입니까?"

동야가 말했다.

"고향 생각이 날 때마다 심신이 산란해집니다. 천애天涯·지각地
角과 같은 먼 곳에 와서 사소한 이문을 다투다 보니, 연만하신 어머
니께서는 부질없이 해 저문 여문閭門에 기대어 나를 기다리시고, 젊
은 아내는 침방을 홀로 지키게 됩니다. 그리하여 오랫동안 편지마
저 끊어지고, 꾀꼬리 소리엔 꿈 역시 이르지 않으니, 어찌 사람으로
서 머리가 세지 않겠습니까. 더욱이 달 밝고 바람 맑으며, 잎 지고
꽃 피는 때면 하염없이 간장만 타니 이를 그 어이하오리까."

"그렇다면 진작 고향에 돌아가서 몸소 밭을 갈아 우러러 어버
이를 섬기고, 아래로는 처자를 거느릴 계획을 세우시지 않고, 오로
지 이렇게 하찮은 이문을 좇아서 멀리 고장을 떠나셨나요. 설사 이
리하여 재산이 의돈猗頓[20]과 겨루고 이름이 도주陶朱[21]와 같이 된단

20) 중국 춘추 시대에 노魯 나라의 부자富者. 월越 나라 구천句踐의 신하인 범려范蠡(도주공陶朱公)에
     견줄 큰 부자였다.『史記 卷129 貨殖列傳』
21) 도주공은 춘추 시대 초楚나라 사람 범려范蠡를 가리킨다. 범려는 월왕越王 구천句踐의 신하로
     구천이 패권을 잡은 뒤 권세를 버리고 도陶 땅에 은거하여 도주공이라 칭했으며, 화식貨殖을
     하여 큰 부자가 되었다.『史記 卷129 貨殖列傳』

들 무슨 즐거움이 있겠소?"

"꼭 그렇지도 않습니다. 우리 고향 사람들도 더러는 반딧불을 주머니에 넣기도 하고 송곳으로 정강이를 찌르면서 글공부하며, 아침에 나물 밥, 저녁엔 소금 찬으로 가난을 견디는 이가 많습니다. 그러한 정성을 하늘이 가엾이 여기셨음인지 때로 비록 하찮은 벼슬을 얻어 하는 일이 있사오나, 만 리 타향에 일터를 찾으려니 고향을 떠나 사는 건 마찬가지지요. 혹시 친상을 당하든지 파면을 당하든지 한다면 고생은 말할 것도 없거니와 또 관직을 가진 자는 마땅히 그 일터에서 죽어야 할 것이며, 혹시 잘못이 있을 때엔 장물贓物을 도로 토해내야 할뿐더러 세업世業마저 기울이게 될 것이니, 그때에야 비록 황견黃犬의 탄식[22]을 지은들 무슨 소용이 있겠습니까. 저희들은 배운 것이 어설프니 벼슬길도 가망 없고, 그렇다고 해서 피땀 흘리며 공장이 노릇으로 일생을 보낼 기술도 없거니와, 쌀 한 알 얻기 위해 갖은 고생을 다하는 농업으로 한평생을 지낸댔자, 이는 나서 늙고 병들어 죽을 때까지 불과 좁은 고장을 한 걸음도 떠나지 못한 채, 마치 여름 벌레가 겨울엔 나오지 못하듯이 이 세상을 마칠 터이니, 그렇다면 차라리 하루빨리 죽는 것만 못할 것입니다. 이제 가게를 내고 물건을 사고팔아서 생활을 삼는 건 남들은 비록 하류로 치지만, 생각하기에 따라서는 나를 위하여 이에 하늘이 한 개의

---

22) 진나라 재상 이사가 죄를 지어 그의 아들과 형장에 끌려갈 때 아들을 돌아보며 "다시는 너와 함께 황견을 몰아 사냥을 나가지 못하게 되었구나"라고 후회한 일화.

극락계極樂界를 열고 땅이 이러한 쾌활림快活林[23]을 점지하여, 도주공陶朱公范蠡의 편주扁舟를 띄우고, 단목씨端木氏(공자 제자 자공)의 수레를 잇달아서 유유히 사방을 다니어도 아무런 거리낌이 없고, 어떤 넓은 대도시라도 뜻에 맞는 대로 그칠 것이니, 드높은 처마와 화려한 방안에 몸과 마음이 한가롭고, 모진 추위나 가혹한 더위에도 방편을 따라 자유롭게 살 수도 있습니다. 그러므로 어버이께 위안되시고 처자들도 원망치 아니하여, 나아가나 물러서나 피차간 여유 있고 영화롭거나 욕되거나를 모두들 잊게 된즉, 저 농사와 사환의 두 길에 비하여 그 괴롭고 즐거움이 어떻다 하리이까. 또 저희들은 특히 사귐에 있어서 모두 지성至性을 지녔답니다. 옛글에도 '세 사람이 같이 가면 그중에 반드시 나의 스승될 이가 있다' 하였고, 또 이르기를, 두 사람의 마음이 합한다면 굳은 쇠라도 끊을 수 있다 하였으니, 이 누리의 지락至樂이 이보다 더 지나칠 것이 있겠습니까. 사람의 한평생에 만일 동무가 없다면 아무런 재미도 없을 것입니다. 저 입고 먹는 것밖에 모르는 위인들은 모두 이런 취미를 모른답니다. 세상에는 과연 그 면목이 얄밉고 말씨가 멋없는 자가 얼마나 많겠습니까. 그들의 눈엔 옷가지 밥사발만 눈에 뜨일 뿐 동무를 사귀는 즐거움이라곤 조금도 지니지 않았답니다."

내가 대답했다.

"중국의 백성들은 제각기 네 갈래의 분업적인 생활을 하고 있

---

23)　송나라 수도 교외에 있는 동산 이름.

는 만큼 거기엔 귀천의 차별이 없을 터이며, 따라서 혼인이라든지 또는 사환에 있어서도 아무런 구애가 없겠지요."

"우리나라에선 벼슬아치들은 장사치나 장인바치와는 혼인함을 금하여 관기官紀를 깨끗이 하고, 아울러 도道를 높이고 이利를 낮게 보며, 근본을 숭상하고 지엽을 누르려 하는 것입니다. 우리네는 모두 대대로 장사하는 집이므로 사대부의 집과는 혼인이 없고, 돈과 쌀을 바쳐서 생원生員이나 얻어 할 수 있다 하더라도, 그 역시 향공鄕貢을 거쳐서 거인擧人이 되지는 못한답니다."

그러자 비생이 거들었다.

"그러나 그건 다만 고향에서만이지 타관에 나서면 반드시 그렇지도 않습니다."

"한 번 제생諸生(생원)이 되기만 하면 사류士類로 행세함은 용허됩니까."

내가 묻자, 동야가 대답했다.

"그렇습니다. 제생 중에서도 늠생廩生(국가 급비생給費生)·감생監生·공생貢生 등의 여러 가지 명목이 있어서 이들은 모두 생원 중에서, 뽑혀 오르기 때문에 한 번만 생원에 통과되면 구족九族에게 빛이 나나, 그 대신 이웃들이 해를 입습니다. 왜냐하면 관권官權을 잡고 시골에서 무단武斷을 감행하는 게 곧 생원님네의 전문적인 기술이고, 소위 사류士類 중에도 대체로 세 층이 있으니, 상등은 벼슬아치가 되어 관록을 먹는 것이요, 중등은 학관學館을 열어서 생도를 모집하는 것이요, 하등은 남에게 창피를 무릅쓰고 빌붙고 꾸러 다니는 축들입니다. 이는 속담에 이른바 남에게 빌붙어 사니 체면이 서지 않는다는 것이건만, 당장 살길이 막연하니 남에게 빌붙지 않을 수 없지요. 추위와 더위를 헤아리지 않고 줄곧 쏘다니면서 사람을 만나면 말을 할까 말까 주저하다가 그 야비한 정상이 먼저 나타납니다. 한때엔 고담준론만 하던 선비가 뜻밖에 세상이 미워하는 대상이 되고 마는 것입니다. 속담에 '남에게 구하는 것은 나에게 스스로 구함만 같지 못하다'고 했듯이, 장사를 하면 저절로 이런 지경에 이르지는 않습니다."

나는 이야기를 다른 곳으로 돌려 다시 물었다.

"중국의 상정觴政엔 반드시 묘한 방법이 있을 터인데, 어제 오늘 이틀 밤을 여럿이 모여 마셔도 주령酒令을 내지 않음은 무슨 까닭입니까?"

배갈부가 대답했다.

"이는 옛날의 상정을 말씀함이죠. 지금은 하찮은 운전수運轉手나 금고직金庫直이 따위도 다 아는 일이어서 그리 운치韻致 있는 일로 치질 않습니다."

비생이 말한다.

"『입옹소사笠翁笑史』에 용자유龍子猶[24]의 고려 중의 주령에 관한

---

24) 명明나라 의종毅宗 때 사람 풍몽룡馮夢龍이다. 자가 유룡猶龍, 호는 고소사노姑蘇詞奴·묵감재墨憨齋·용자유龍子猶, 시호는 장무壯武이다. 벼슬은 수령지현壽寧知縣을 지냈다. 시문詩文을 잘하고 경학經學에 특히 깊었다. 저서에는 『춘추형고春秋衡庫』·『별본춘추대전別本春秋大全』·『지낭知囊』 등이 있다.

이야기를 실려 있습니다. 내용인 즉, 어떤 사신이 고려에 갔을 때 고려에서는 한 중으로 하여금 그를 초대하여 잔치를 벌였더니 중이 영令을 내되, 항우項羽와 장량張良이 서로 산傘 하나를 놓고 다투는데, 항우는 우산雨傘이라 하고 장은 양산凉傘이라 했다 하니, 사신이 창졸간에 대답하기를, '허유許由와 조조鼂錯가 호로胡盧 하나를 두고 다투는데, 허유는 유호로油胡盧라 하고 조조는 초호로醋胡盧라 하였다.' 라고 합니다. 그때 고려 중의 성명은 무엇입니까?"

"이 영은 전혀 이치에 닿지 않을뿐더러 중의 이름도 전하지 않습니다."

닭이 우는 소리를 듣고 조금 눈을 붙였다가 문밖에 사람 소리가 중얼거리기에 곧 일어나 사관에 돌아오니 아직 날이 채 밝지 않았다. 옷 벗고 다시 잠들어서 조반을 알릴 때 겨우 깨었다.

12일 무자戊子

보슬비가 오다가 이내 그쳤다.

심양에서 원당願堂까지 3리, 탑원塔院 10리, 방사촌方士邨 2리, 장원교壯元橋 1리, 영안교永安橋 14리였고, 길 쌓은 것이 영안교에서 비롯하여 쌍가자雙家子까지 5리, 대방신大方身 10리, 총 45리였다. 이곳에서 점심 먹고, 대방신에서 다시 마도교磨刀橋까지 5리, 변성邊城 10리, 흥륭점興隆店 12리, 고가자孤家子 13리, 모두 40리다. 이날 85리를 갔다. 고가자에서 묵었다.

이날 아침 일찍 심양을 떠날 제 가상루에 들르니, 배관이 홀로 나와 맞고 온백고는 마침 잠이 깊이 들었다. 나는 손을 들어 배를 작별하고 예속재에 이르니, 전사가와 비치가 나와 맞는다. 전생이 두 봉封 글을 내어서 한 봉은 떼어 내게 뵈는데 곧 내게 주는 고동古董의 명목을 기록한 것이었고, 또 한 봉은 겉에 붉은 쪽지로 '허태사 태촌선생 수계許太史台邨先生手啓'라 적었다. 전생이 내게 다시 설명해 주었다.

"이는 저의 성심에서 나온 것이요, 아무런 객기客氣 없는 말씀 이옵니다. 조선관朝鮮館(조선 사신 객관)과 서길사관庶吉士館[25]은 바로 문이 나란히 있사오니, 선생이 북경에 도착하시거든 이 편지를 전하시오. 허태사는 그 의표儀表가 속되지 않고 게다가 문장이 아름다운 즉 반드시 선생을 잘 대우하리다. 편지 중에도 선생의 존함尊啣과 자함字啣을 함께 적었으니 결코 헛걸음이 되지 않으리다."

"여러분 한분 한분 직접 만나서 하직하지 못하니 매우 서운합니다. 선생이 이 뜻을 잘 전해 주시오."

전생이 머리를 끄덕인다. 내가 곧 몸을 일으키려 함에 전생이 말했다.

"목수환이 옵니다."

목춘이 한 청년을 데리고 왔는데, 청년은 손에 포도 한 광주리

25)   한림원에 속한 문인들을 모아 둔 곳. 서길사는 한림의 후보라 할 수 있다.

를 들었다. 대체 청년은 나를 만나기 위하여 예물로 포도를 가지고 온 모양이다. 그는 나를 향하여 공손히 읍한 뒤에 앞으로 다가와서 내 손을 잡는데 구면이나 다름없이 익숙해한다. 그러나 길이 바빠서 이내 손을 들어 작별하고 점방을 떠나 말을 타는데, 그는 말 머리에 이르러 두 손으로 포도 광주리를 받쳐 들었다. 나는 말 위에서 그 한 송이를 집고 다시 손을 들어 치사하고 떠났다. 얼마 가다 돌아본즉 여러 사람이 아직도 점방 앞에서 내 가는 양을 바라보고 섰다. 길이 바빠서 미처 그 청년의 성명을 묻지 못한 것이 한스럽다.

연이어 이틀 밤을 잠을 설쳤기에 해 뜬 뒤에 고단함이 더욱 심하였다. 창대를 시켜 굴레를 놓고 장복과 함께 이쪽저쪽에서 부축하게 하고 가면서 한참을 잤다. 그러고 나니 정신이 비로소 맑아지고 주위의 물색이 한층 더 새롭다. 장복이 말했다.

"아까 몽고 사람이 낙타 두 마리를 끌고 지나가더이다."

"왜, 내게 알리지 않았어."

내가 꾸짖었더니, 창대는 말한다.

"그때 코 고는 소리가 천둥치듯 하와 불렀사오나 아니 깨시는 걸 어찌하오리까. 쇤네들도 생전 처음 보는 것이라 무언지는 똑똑히 모르오나 생각에 낙타인가 싶습니다."

"그 꼴이 어떻게 생겼더냐?"

"참으로 형언하기 어려웠습죠. 말인가 하면 굽이 두 쪽일뿐더러 꼬리가 소처럼 생겼고, 소인가 하면 머리에 뿔이 없을뿐더러 얼굴이 양같이 생겼고, 양인가 하면 털이 꼬불꼬불하지 않을뿐더러

등엔 두 산봉우리가 솟았으며, 게다가 머리를 쳐들면 거위 같기도 하려니와, 눈을 떴다는 것이 청맹과니와 같았습니다.”

“그게 과연 낙탄가보다. 그 크기가 얼마만 하더냐?”

그는 한 길이나 되는 허물어진 담을 가리키며 말했다.

“높이가 저 담장만 했습니다요.”

“다음부터는 처음 보는 물건이 있거든 비록 졸 때거나 식사할 때거나 반드시 알려야 하느니라.”

나는 창대에게 단단히 타일러 놓았다.

지는 해가 뉘엿뉘엿 말 머리에 어른댄다. 강가에 나귀 떼가 수백 마리 물을 먹고 있다. 한 노파가 손에 수숫대를 들고 나귀를 모는데, 일고여덟 살 된 어린아이가 노파를 따라 다닌다. 그는 시골 마나님으로 몸에는 푸른색 짧은 치마를 입고 발엔 검은 신을 신었는데, 머리가 모두 벗어져서 뺀질뺀질한 게 마치 바가지처럼 빛난다. 게다가 또 정수리 밑에 조그마하게 낭자를 틀고 겨우 한 치길이밖에 안 되는 곳에 온갖 꽃을 수두룩이 꽂았다. 장복을 보고 조선 담배를 달라 하였다.

내가 물었다.

“저 나귀가 모두 너의 한 집에서 기르는 것이냐?”

노파는 머리를 끄덕이고 가버린다. 내 말을 제대로 알아들었는지 모르겠다.

고동록古董錄

■ 문왕정文王鼎/소보정召父鼎/아호부정亞虎父鼎

이는 모두 상商·주周 시대의 유물로서 상상上賞에 해당합니다.

■ 주왕백정周王伯鼎/단도정單徒鼎/주풍정周豐鼎

이는 모두 당唐의 천보天寶(당 현종唐玄宗의 연호) 연간年間에 국국局에서 만든 것인데, 몸집이 작아서 서재書齋의 향불 피우기에 가장 알맞습니다.

■ 상부을정商父乙鼎/부이정父巳鼎/부계정父癸鼎/상자정商子鼎/병중정秉仲鼎/도철정饕餮鼎/이부정李婦鼎/상어정商魚鼎/주익정周益鼎/상을모정商乙毛鼎/부갑정父甲鼎

이는 모두 원나라 때 강낭자姜娘子의 옛것을 모방해서 만든 것입니다.

■ 주대숙정周大叔鼎/주련정周繈鼎

이는 모두 서실書室의 청공淸供에 들 만합니다. 대개 솥이나 화로의 귀가 고리로 된 것, 아가리가 헤벌어진 것, 배가 민숭하게 내민 것, 밑이 뾰족한 것 등은 다 하품이어서 볼 것이 못 되오니 절대 사지 마시기 바랍니다.

■ 주사망대周師望敦/시대兕敦/익대翼敦/상모을력商母乙鬲/주멸오력周蔑敖鬲/상호수이商虎首彝/주신이周辛彝

이는 모두 『박고도博古圖』 중에 실려 있습니다. 그리고 근일에 새로 나온 『서청고감西淸古監』엔 도식圖式이 더욱 정밀하니, 먼저 서사書肆 중에서 『서청고감』을 찾아서 그릇 이름을 보고 그림을 살피신 후, 그 모양이 단아한 것을 속으로만 택해 놓으시고, 창중廠中 혹은 융복사隆福寺, 보국사報國寺 장날에 가서 구한다면 틀림없을 것입니다.

■ 고觚/준尊/지觶

이 세 가지는 모두 술 그릇이지만 역시 꽃을 꽂아서 평상시의 맑은 감상에 도움이 될 것입니다.

대체로 관요官窯는 그 법식이나 품격이 가요哥窯와 다름없으나, 빛깔은 분청粉靑 혹은 난백卵白을 취하였으되 맑고도 기름기가 번지르르한 것이 상품이고, 그다음은 담백색澹白色입니다. 다만 유회색油灰色은 구입하지 마십시오. 무늬는 얼음장이 깨진 것처럼 된 것, 또는 뱀장어 피무늬같이 된 것이 상품이고, 자디잔 무늬는 그 중 하품이니 취하지 마십시오. 그 만드는 법식 역시 『박고도博古圖』 중에서 본받은 것이 많습니다. 다만 정鼎·이彝·병瓶·호壺·고觚·준尊 등의 어느 것을 막론하고, 특히 키 작고 배부른 것은 속되고 추악하여 볼품없으니 결코 구입하지 말기를 바랍니다.

전사가여연암서田仕可與燕巖書

제가 지난해 첫 겨울에 북경까지 갔다가 2월에 돌아왔습니다. 북경에 있을 때 날마다 창중廠中에 가보았는데, 눈에 띄는 게 모두 보배롭고 기이하여 이루 다 형용할 수 없었습니다. 저의 그때 심경은 마치 하백河伯(물귀신)이 자기 얼굴의 누추함을 앎과 같이, 싸움을 시작도 않고서 벌써 항복했답니다. 다만 저 금창金閶(소주蘇州의 별명) 지방에 살고 있는 경박한 무리들이 마치 이와 벼룩처럼 기고 뛰어서, 창중廠中에 들끓으면서 값을 함부로 올려 불러서 비단 열 곱이 넘게 만들뿐더러, 온갖 감언 이설로써 사람의 굳은 간장을 녹일 듯 덤빕디다.

저는 그 길이 처음인지라 하도 놀랍고 미혹하여, 삼관三官(눈·입·귀)이 아찔하고 오장五臟이 뒤집히는 것 같았습니다. 그리하여 조금도 얻은 바 없이 그저 어리둥절하다 돌아오고 말았습니다. 가만히 이 일을 생각하면 문득 머리카락이 솟는 듯하니 이는 어인 까닭일까요. 제가 시골에서 생장하여 어리석고 겸허함이 지방성을 그대로 지닌지라, 연석燕石을 보배로 여기고 어목魚目을 진주로 그릇 앎은 하는 수 없는 일이지만, 다만 분한 것은 그들의 웃음감이 될 만큼 많은 값을 치렀으니, 이는 이른바 도척盜跖[26]의 배를 불린다는 셈이 되었습니다.

---

26) 춘추春秋 시대의 큰 도적. 척跖은 척蹠으로도 쓴다. 『장자莊子』 「도척盜跖」에 "도척을 따르는 사졸 9천 인이 천하를 횡행하며 제후諸侯를 침해하고 폭행을 가하였다."라고 하였음.

이제 선생이 북경으로 가시는 마당에 제가 잊지 못하고 이런 말씀을 간곡히 드리는 것은, 실로 선생과 같은 외국의 손님으로 후일 본국에 돌아가시어 중국에 전혀 옳은 사람이 없더라고 하실까 두려워함입니다. 아울러 충심껏 말씀드릴 것은 제가 옛 서화에 대해서는 감상한 것도 아직 넓지 못할뿐더러 사랑하는 버릇도 깊지 못한 것이 함부로 말씀드리긴 어렵사오나, 이들은 대체로 전현前賢들의 수적은 아닐지라도 역시 후세의 명필들이 잘 본뜬 것입니다. 비록 노련하고 원숙한 티가 없다 하더라도 그들의 전형典刑을 엿볼 수 있으며, 미米(미불米芾)[27]·채蔡(채경蔡京)[28]·소蘇(소식蘇軾)·황黃(황정견黃庭堅)은 모두 그 이름을 상고할 수 있습니다.

그리고 선생이 전날에 저의 보잘것없음을 헤아리지 아니하시고 아름다운 사람을 구하시는 뜻을 말씀하셨으나, 연로 중에서 누구와 이야기를 붙이는 일도 너무 창졸간이어서 마음을 다 드러내지 못할 것이요, 또한 일부러 길을 돌아가면서 일일이 찾아봄도 쉬운 일은 아닐 겁니다. 제가 북경에 있을 때에 태사 허조당許兆黨과 며칠 동안 사귀어 지기의 벗으로 맹세하였는데, 그의 자는 태촌台邨이며 호북湖北 사람입니다.

여기 그에게 부치는 편지 한 통이 있으니, 선생이 북경에 닿으

---

27) 송宋나라 때 미불米芾(1051~1107)을 말한다. 자는 원장元章, 호는 녹문거사鹿門居士·해악외사海嶽外史·양양만사襄陽漫士이다. 별칭은 미양양米襄陽·미남궁米南宮이다.

28) 송 철종宋哲宗 때의 간신으로, 왕안석의 신법을 복구하고 동문관옥同文館獄을 조작하여 유현儒賢인 사마광司馬光, 유지劉摯, 양도梁燾, 여대방呂大防 등을 축출하였다. 『宋史 刑法2』

시는 날 곧 한림원翰林院에 가서서 이 허태촌을 찾아서 제 이름을 대시고 이 글을 전하십시오.

그가 만일 선생과 저의 사이가 이처럼 친밀함을 알게 되면 반드시 푸대접하지 아니하오리다. 그리고 그의 사람됨이 헌걸하오니 한번만 보시면 문득 뜻이 맞으실 것이오며, 결코 제가 그릇 추천함이 아님을 아시리다. 아울러 박공朴公 어르신께서 양해하여 잘 살펴주시길 바라옵니다.

전사가는 머리를 조아리면서 아룁니다.

13일 기축己丑

날씨는 맑았으나 바람이 심하게 불었다.

고가자孤家子에서 새벽에 떠나 거류하巨流河까지 8리였으니, 거류하는 주류하周流河라고도 한다. 거기서 거류하보巨流河堡가 7리, 필점자泌店子 3리, 오도하五渡河 2리, 사방대四方臺 5리, 곽가둔郭家屯 3리, 신민둔新民屯 3리, 소황기보小黃旗堡 4리를 와서 이곳에서 점심 먹었다. 모두 35리를 갔다. 소황기보에서 대황기보大黃旗堡까지 8리, 유하구柳河溝 12리, 석사자石獅子 12리, 영방營房 10리, 백기보白旗堡 5리, 모두 47리다. 이날에는 총 82리를 가서 백기보에서 묵었다.

이날 새벽에 일어나 아침 소세를 마치니 매우 피곤했다. 달이 지자 온 하늘에 총총한 별들이 모두 깜박이고 마을 닭이 여기저기

해를 친다. 몇 리를 못 가서 안개가 뽀얗게 끼어 큰 별이 삽시에 수은 바다를 이루었다. 한 떼의 의주義州 장사꾼들이 서로 지껄이며 지나는데, 그 소리가 몽롱하여 마치 꿈속에 기이한 글을 읽는 것처럼 분명하지는 않으나 그 영검스러운 경지는 이루 말할 수 없다. 조금 뒤에 하늘빛이 훤해지며 길에 늘어선 수많은 버드나무에서 매미가 한꺼번에 울기 시작한다. 저들이 그처럼 알리지 아니한들 이미 낮 더위가 몹시 뜨거운 줄을 모르랴. 점차 들에 가득했던 안개가 걷히고 먼 마을 사당 앞에 세운 깃발이 마치 돛대처럼 보인다. 동쪽 하늘을 돌아보니 불빛 구름이 용솟음치며 붉은 불덩이가 옥수수밭 저편에 솟을 듯 말 듯 천천히 온 요동벌에 꽉 차게 떠오른다. 땅 위의 오가는 말이며, 수레며, 나무며, 집이며, 털끝같이 보이는 것이 불덩이 속에 잠기기 시작했다.

신민둔의 시가나 점포가 요동보다 못지 않게 번화하다. 한 전당포典當舖에 들어가니 뜰 가득히 시렁 위에 포도 덩굴의 그늘이 영롱한데, 뜰 가운데엔 여러 가지 이상스러운 돌을 포개어 한 개의 가산假山이 이룩되었고, 그 산 앞에 높이 한 길이나 되는 항아리를 놓아서 연꽃 너덧 포기가 피어 있고, 땅을 파서 한 칸 나무통을 묻고 그 속에 뜸부기 한 쌍을 기른다. 산에는 종려·추해당·안석류安石榴 등 화분 여러 개가 놓여 있고, 휘장 밑엔 의자를 나란히 놓고 우람한 사나이 대여섯이 앉아 있다가 나를 보고 일어나 읍하며, 앉기를 청하고 시원한 냉차 한 잔을 권한다. 점포 주인이 유금색乳金色으로 이룡螭龍 두 마리를 곱게 그린 붉은 종이 두 장을 꺼내며 주련柱聯을 써달라 한다.

목욕 한쌍의 원앙은 나부끼는 비단이오 鴛鴦對浴能飛繡

갓 피어난 연꽃 송이 말 없는 신선이라 菡萏初開不語仙

내가 이렇게 써주자 이들이 모두 필법이 아름답다고 칭찬이
다. 주인은 나더러 잠시만 더 앉아 있으라며, 다시 좋은 종이를 찾
아오겠노라고 몸을 일으켰다.

그러더니 얼마 후 왼손에 종이를 들고 오른손엔 진한 먹 한 종
지를 받쳐 들고 오더니, 칼로 백로지白鷺紙 한 장을 끊어서 석 자 길
이로 만들어 문 위에 붙일 만한 좋은 액자額字를 써 달라 한다. 내가
길을 오며 보니, 점포 문설주에 기상새설欺霜賽雪이란 네 글자가 써
붙여 있는 것이 가끔 눈에 띄었다. 나는 속으로 '장사치들이 자기네
가 본래 지닌 심지心地가 가을 서릿발처럼 깨끗하고 희디흰 눈빛보
다도 더 밝음을 스스로 드러내려 한 게 아닐까?'라 생각했다.

또 문득 며칠 전에 난리보를 지날 때 어떤 점포 문설주에 붙인
이 네 글자의 필법이 심히 기묘하여 내 한참 말을 멈추고 감상했던
기억이 났다. 그때 '상설霜雪'이란 두 글자는 틀림없이 송나라 미불
의 글씨려니 생각했다. 이제 그 체를 본떠 나도 한번 써볼까 해서
먼저 붓끝을 먹물에 담가 붓을 낮추었다 높였다 하니 먹빛은 붉은
기운이 돌 듯, 짙고 연함이 골고루 퍼진 다음 종이를 펴고 왼쪽에서
오른편으로 쓰기 시작하여 '설雪' 자가 완성되었다. 이는 비록 미불

의 글씨와 비길 수 없겠지만 어찌 명나라의 동기창董其昌[29]만이야 못하랴! 구경하는 사람들의 수가 점점 많아지더니 그들은 일제히 '글씨를 정말 잘썼다'고 야단을 떤다. 그다음 '새賽' 자를 쓰니 어떤 이는 잘썼다며 칭찬하는 이도 있었다. 하지만 유독 주인의 기색이 완전히 달라져 아까 '설雪' 자 쓸 때처럼 감탄하지는 않았다. 나는 내심 '사실 새賽자는 평소에 써본 적이 없어서 손에 익지 못하여 위색塞 자는 너무 빽빽하게 썼고 아래 패貝자는 지나치게 길어서, 그 마음에 들지 않을뿐더러 붓끝에서 짙은 먹물이 새賽 자의 왼편 점 옆에 떨어져서 점차 번져 마치 얼룩진 표범처럼 되었으니, 이 때문에 아마 그자가 언짢게 생각하는 것이리라.' 짐작했다.

나는 짐짓 단숨에 이어서 '상霜'·'기欺'의 두 자를 쓰고 붓을 던지고 한번 주욱 읽어보니, '기상새설欺霜賽雪' 네 글자가 틀림없다. 그런데 주인은 '당치도 않다'는 식으로 머리를 저을 뿐이었다.

나는 몸을 일으켜 나오며 말했다.

"그냥 두고 보시오."

그러고는 속으로 탓하며 '이런 궁벽한 곳의 장사치가 어찌 전날 심양 사람들만 할까. 저런 사람이 글씨가 잘되고 못된 것을 어찌 안단 말인가?'라 하였다.

이날 해가 뜬 뒤에 바람이 온 누리를 뒤덮을 듯이 불어치더니,

---

29)   1555~1636. 명나라 만력萬曆 연간의 유명한 서화가로, 자는 현재玄宰, 호는 사백思白 또는 향광거사香光居士, 시호는 문민文敏이다.

오후에는 멎고 공중에 한 점 바람기도 없어 더위가 더욱 기승이다.

영안교永安橋에서부터 아름드리 통나무를 엮어서 다리를 놓았는데, 다리의 높이가 두세 길이가 되고, 넓이가 다섯 길은 되며, 양쪽의 나무 끝이 가지런하여 마치 한 칼로 밀어 놓은 듯싶다. 다리밑 도랑엔 푸른 물이 끝없이 흐르고 진흙 벌이 윤기난다. 만일 이를 개간해서 논을 만든다면 해마다 몇만 섬의 벼를 거둘 수 있을 것이다. 혹자는 이렇게 말하기도 한다.

"강희황제가 일찍이 경직도耕織圖와 농정農政에 대한 모든 글[30]을 지었으니, 지금 황제도 역시 농가農家의 자제이니 이 산해관 밖의 푸른 듯 검은 기름진 땅이 상상전上上田이 될 줄 어찌 모르겠는가. 그러나 저 관 밖의 땅은 청나라 황실의 기반이 된 고장으로서, 백성들이 여기서 나는 기름지고 향기로운 쌀밥을 먹는데 길들여진다면 끝내 근육이 풀리고 뼈는 연해져서 힘을 쓸 수 없게 될 것이 뻔하다. 그러니 기장이나 수수, 산벼로 밥을 지어 늘 먹게 하여 굶주림을 잘 참게 하고 혈기를 길러 구복口腹의 사치를 잊게 하는 게 좋을 것이라고 생각했으리라. 차라리 천 리의 기름진 땅을 메마르게 내버려 둘지라도 충의를 위해 사는 백성이 되게 함이 낫다는 셈이니, 이것이 그의 깊고 원대한 생각일 것이다."

길에서 보니 2리나 3리마다 시골집들이 끊어졌다 또 이어지고, 수레와 말이 수없이 쏘다니고, 좌우의 점포들도 모두 볼 만하여

---

30)　농정전서農政全書.

봉성에서 여기까지 비록 사치하고 검박한 것은 혹 다른 점도 없지 않겠지만, 그 규모는 모두 한결같을 뿐이다. 때로 휘딱휘딱 눈에 띄는 것이 실로 놀랄 만한 것, 기뻐할 만한 것들이 적지 않건만 이루 다 적을 수 없었다.

날이 저물어 먼 곳에 자욱이 번지는 연기를 바라보고 말을 채찍질하여 참站으로 달리는데 오이밭에서 한 늙은이가 나와 말 앞에 엎드려서 서너댓 칸 되는 초가집을 가리키면서 하소연했다.

"이 늙은이 혼자 길가에서 참외를 팔아서 하루하루 지내는데, 아까 당신네 조선 사람 40~50명이 이곳을 지나다가 잠시 쉬면서 처음엔 값을 내고 참외를 사 자시더니, 떠날 때 참외를 한 개씩 손에 쥐고 소리를 지르면서 달아나 버렸습니다."

"그럼, 왜 그 우두머리 어른에게 하소연하지 않았는가."

내가 그에게 물으니 늙은이는 눈물을 흘리면서 말했다.

"그렇지 않아도 그리하였더니 그 어른이 귀먹고 벙어리인 척하시는데 나 혼자 어찌 그 40~50명 힘센 장정을 당하오리까. 이제도 쫓아가니까 한 사람이 가는 길을 막으며 참외로 냅다 저의 면상을 갈기니, 눈에선 별안간 번갯불이 일고 아직도 참외 물이 마르지 않았습니다."

결국 청심환을 달라고 조르기에 없다고 했더니, 그는 창대의 허리를 꼭 껴안고 참외를 팔아달라고 떼를 쓰고는 참외 다섯 개를 앞에 갖다 놓는다. 나는 마침 목이 마르던 참이라 한 개를 벗겨서 먹어본즉, 향기와 단맛이 비상하므로 장복더러 남은 네 개를 마저 사가지고 가서 밤에 먹기로 하고, 그들에게도 각기 두 개씩을 먹였다. 모두 아홉 개인데, 늙은이가 80문文을 달라고 떼를 쓴다. 장복이 50문을 주니 골을 내며 받지 않는다. 창대와 둘이 주머니를 털어 세어본즉 모두 71문이라, 주기로 하고, 나는 먼저 말에 오르고 장복을 시켜 주게 하였더니, 장복이 주머니를 털어 보여주자 그제야 가만히 있다. 그는 애초에 눈물을 흘려서 가련한 빛을 보인 다음에, 억지로 참외 아홉 개를 팔고서 1백 문에 가까운 비싼 값을 내라고 떼를 쓰니 심히 통탄할 만한 일이며, 그보다도 우리나라 하정배들이 길에서 못되게 구는 것이 더욱 한스러운 노릇이다.

날이 어둑해지고 나서야 참에 도착했다. 참외를 내어 청여淸如 (내원의 자)·계함 들에게 주어 저녁 뒤 입가심으로 먹게 하고, 길에서 하인들이 참외를 빼앗았다는 이야기를 하였다. 이에 마두들은 일제히 말한다.

"결코 그런 일이 없었습니다요. 그 외딴집 오이 파는 늙은 것이 본시 간교하기 짝이 없어, 서방님이 홀로 떨어져 오시니까 거짓말을 꾸며 가지고 짐짓 가엾은 꼴상을 지어서 청심환을 얻으려던 것이죠."

나는 그제서야 비로소 속은 것을 깨닫고, 그 참외 사던 일을 생각하니 분하기 짝이 없다. 대체 그 갑작스러운 눈물은 어디서 솟았을까. 시대時大의 말인 즉슨 이러하다.

"그놈은 바로 한인漢人일 겝니다. 만인滿人은 실로 그다지 요악한 짓은 아니합니다."

14일 경인庚寅

　　백기보白旗堡에서 소백기보小白旗堡까지는 12리를 걸으며, 평방平
房까지는 6리, 일반랍문一半拉門, 일판문一板門이라고도 불리는 곳까지
는 12리가 더 있다. 이곳에서 곡산둔靠山屯까지 8리, 이도정二道井까
지는 12리를 더 가면 총 50리의 거리가 된다. 이 지점에서 점심을
먹었다. 이도정에서 은적사隱寂寺까지는 8리를 더 가고, 고가포古家舖
까지는 22리가 된다.

　　여기서 다리[梁路]를 지나고 나니, 고정자古井子까지 1리, 십강자
十扛子까지 9리, 연대煙臺까지 6리, 소흑산小黑山까지는 4리를 더 가게
되어, 모두 5리를 더 걸었다. 이날은 총 100리를 가고 소흑산에서
묵었다.

　　이날은 말복末伏으로 늦더위가 더욱 심해질 것이며, 또 참站이
멀어 일행은 새벽에 출발했다. 나와 정 비장, 변 주부가 가장 먼저
출발했다.

　　길을 가다가 어제 해돋이 광경에 대해 이야기하니, 두 사람 모
두 꼭 한번 그 모습을 보고 싶어 했다. 그러나 막상 해가 뜰 무렵에
는 동쪽 하늘에 구름과 안개가 걷히지 않아, 어제보다 광경이 훨씬
못했다. 해가 이미 한 길이나 땅 위로 솟아올랐을 때, 그 아래의 구
름은 여러 가지 금빛 용으로 변해, 뛰고 솟고 꾸불거리며, 뒤눕는
듯 신출귀몰하게 움직였지만, 해는 단지 천천히 높은 곳으로 올라
갔다.

요양에서 시작해 조그마한 성과 못을 많이 지나쳤지만, 모두 기록하기는 불가능하다. '3리마다 성이요, 5리마다 곽이라'는 말이 있지만, 이는 모든 곳에 군이나 읍의 청사가 있는 것은 아니며, 단지 시골 마을들에 불과한 곳들이지만, 그 구조는 큰 성과 다름없다.

일판문과 이도정은 땅이 움푹 파여 있어 비가 조금만 와도 시궁창이 되며, 봄에 얼음이 풀릴 무렵에는 잘못하면 사람이나 말이 순식간에 보이지 않게 되어 가까이 있어도 구출하기 어렵다. 작년 봄에는 산서山西에서 온 장사꾼 20여 명이 건장한 나귀를 타고 오다가 일판문에서 한꺼번에 빠져 사고를 당했으며, 우리나라 마부도 두 명이 빠져버렸다고 한다.

『당서』에 따르면, "태종이 고구려를 정벌하려 했으나 뜻을 이루지 못하고 돌아오는 길에 발착수渤錯水에 도달했을 때, 80리에 달하는 진펄로 인해 수레가 통행하기 어려웠다. 이에 장손무기長孫無忌[31]와 양사도楊師道(당 고조唐高祖의 사위) 등이 군정 1만 명을 이끌고 나무를 베어 길을 만들고 수레를 이어 다리를 놓는 작업을 했다. 태종은 말 위에서 직접 나무를 날라 일을 도왔으며, 그때 마침 눈보라가 심해 횃불을 밝히고 강을 건넜다."라고 기록되어 있다.

발착수의 정확한 위치는 알 수 없으나, 요동의 진펄이 천 리에 걸쳐 흙이 떡가루처럼 부드러워 비를 맞으면 반죽처럼 되어, 엿이 녹은 듯 흐물흐물해진다. 사람이 그곳을 걷다 보면 허리나 무릎까

---

31)   당나라 태종 때 이부 상서吏部尚書. 조국공趙國公으로 봉해지고 『당률소의唐律疏義』를 지음.

지 푹 빠져 한 다리를 겨우 빼내면 다른 다리가 더 깊이 빠질 정도이다. 발을 빼려 애쓰지 않으면, 마치 무엇에 빨려 들어가듯 온몸이 땅속으로 사라져 흔적도 없이 사라질 수 있다.

지금은 청淸에서 자주 성경으로 거둥할 때, 영안교에서부터 나무를 엮어 다리를 만들어 진펄을 막는데, 이는 고가포古家舖 밑에서 비로소 마친다. 200여 리에 걸쳐 일관되게 뻗쳐 있는 이 다리는 단순히 물리적 힘이 굉장한 것만이 아니라, 200리에 걸친 나무 끝이 들쭉날쭉하지 않고 마치 한 먹줄로 잰 듯 정교하게 맞춰져 있어, 이를 통해 그 정교한 솜씨를 짐작할 수 있다.

민간에서 흔히 사용하는 물건들조차 이러한 규모를 본받아 대개 비슷한 크기로 만들어진다. 이는 덕보德保(홍대용洪大容의 자)가 언급한 바와 같이, 우리가 중국의 심법心法에 미치지 못한다는 것을 잘 보여주는 예일 것이다. 이 다리는 3년마다 한 번씩 보수한다고 한다. 또한, 『당서』에 나오는 발착수는 아마도 일판문과 이도정 사이를 지칭하는 것으로 보인다.

아골관鴉鶻關에서부터 가끔씩 마을 가운데 높이 솟은 흰 패루牌樓가 보이는데, 이는 초상난 집들을 표시하는 것이다. 이 패루들은 삿자리로 만들어졌으나, 기왓골이나 치문鴟吻은 다른 성조의 건축물과 조금도 다르지 않으며, 높이가 여러 길이나 된다. 이런 패루는 그 집 문앞에서 약 열 걸음 정도 떨어진 곳에 세워지며, 그 아래에는 악공들이 자주 모여 앉아 풍류로 고한다. 바리 한 쌍, 피리 한 쌍, 쇄납嗩吶 한 쌍은 낮과 밤을 구분하지 않고, 조객이 문에 도착하면 요란하게 연주를 시작한다. 상식上食이나 제전이 시작되면, 안에서는 곡성이 울려 퍼지고 밖에서는 음악으로 서로 화답하듯 소란스럽다. 십강자에 도착해 잠시 쉬는 동안, 정鄭, 변卞 두 사람과 함께 거리를 거닐다가 삿자리로 만들어진 패루 앞에 서서 그 구조를 자세히 살펴보려 할 때, 갑자기 요란한 음악이 시작된다.

둘은 갑작스러운 소리에 깜짝 놀라 귀를 막고 달아나고, 나 역시 두 귀가 멍할 것 같아 손을 흔들며 소리를 멈추라 해도, 그들은 아랑곳하지 않고 계속해서 연주하고 두드렸다. 상가의 제도가 궁금해 문 앞까지 다가갔을 때, 문 안에서 한 상주가 뛰어나와 내 앞에 와서 울며 큰 막대를 던지고, 두 번 절했다. 절할 때는 머리가 땅에 닿을 정도로 깊이 조아리고, 일어설 때는 발을 구르며 눈물을 흘리며 말했다.

"갑작스러운 변을 당해 어찌해야 할지 모르겠습니다."

하며 계속해서 울부짖었다.

상주 뒤로 5~6명이 나를 따라 나왔는데, 모두 흰 두건을 쓰고 있었다. 그들은 나를 양쪽에서 부축해 문 안으로 안내했고, 상주도 곡을 멈추고 함께 들어왔다. 그때 건량마두乾糧馬頭 이동二同이 내부에서 나왔기에, 나는 너무나 반가워서 말했다.

"이 일을 어찌하면 좋으냐?"

이에 이동은 답했다.

"저는 고인과 동갑이어서 평소에 절친했습니다. 방금 그의 처를 조문하고 나오는 길입니다."

나는 물었다.

"조문례는 어떻게 하느냐?"

이동은 설명했다.

"상주의 손목을 잡고 '당신의 아버지가 돌아가셨군요'라고 말하면 됩니다."

이어서 이동은 나를 따라 다시 안으로 들어가며 말했다.

"백지 한 권을 주지 않으면 안 됩니다. 제가 준비해 드리겠습니다."

당 앞에는 삿자리로 만든 큰 집이 세워졌는데, 그 구조가 매우 독특하다. 뜰에는 흰 베로 포장을 해 두었고, 그 안에 내외 복인들을 별도로 나누어 배치했다. 이동은 말했다.

"주인께서 주과 대접을 하실 예정이오니, 서둘러 자리를 뜨지 마시고 조금 기다려 주십시오. 만약 이르게 자리를 뜬다면 그것이 큰 수치가 될 겁니다."

나는 말했다.

"이미 여기 들어왔으니 보는 것도 나쁘지 않다만, 상주가 조문을 받기에는 너무 괴로울 것 같네."

이동은 대답했다.

"조문은 이미 끝났습니다. 다시 조문하실 필요가 없습니다."

그리고 삿자리집을 가리키며 말했다.

"이곳이 바로 빈소입니다. 남녀 모두 자신의 집을 비우고 이곳으로 옮겨 왔습니다. 포장된 곳에는 각기 기朞·공功의 복제에 따라 장소가 마련되어 있으며, 장례가 끝난 후에 각자 돌아갑니다."

상주가 빈소에서 나와 걸상에 앉자마자, 흰 두건을 쓴 사람 둘이 탁자 위에 국수 두 그릇, 과실 한 쟁반, 두부 한 소반, 채소 한 쟁반, 차 두 잔, 술 한 주전자를 차려놓았다. 내 앞에는 빈 잔 세 개를 두고, 맞은편에는 빈 의자를 하나 가져다 놓았다. 잔 세 개를 나란히 놓은 뒤, 이동에게 앉으라 청했다. 이동은 사양하며 말했다.

"제 상전께서 계시는데 어찌 감히 마주 앉을 수 있겠습니까."

이동은 바깥으로 나갔다가 곧 백지 한 권과 돈 일초를 들고 돌아와 상주 앞에 두고, 내가 조의를 표하는 뜻을 전했다. 상주는 걸상에서 내려와 머리를 숙이며 공손히 감사의 인사를 했다. 나는 대충 음복하는 척만 하고는 곧 자리에서 일어나 밖으로 나왔고, 상주는 문밖까지 나와 나를 전송했다. 문 앞 양쪽 상랑에서는 방금 종이로 옷을 입힌 대말을 만들고 있었다. 이윽고 사행이 이곳에 도착해 쉬고, 부사도 뒤따라와 길가에 가마를 내렸다. 내가 아까 조문하던 이야기를 하자 모두 허리를 잡고 웃었다.

이도정은 마을이 상당히 번화하다. 은적사는 웅장한 절이지만 많이 헐려있다. 비석에는 조선 사람 시주의 성명들이 새겨져 있는데, 이들은 모두 의주 상인으로 보인다. 이곳에서 처음으로 의무려산醫巫閭山이 눈에 들어온다. 멀리 서북쪽을 가로지르는 모습이 마치 푸른 장막을 드리운 것 같고, 산봉우리는 가물가물 보인다. 혼하를 건넌 후로 총 다섯 번 강을 건넜는데, 모두 배로 건넜다.

연대煙臺는 이곳에서 시작된다. 각 오리마다 대臺가 하나씩 있으며, 원경이 10여 장, 높이는 대여섯 발이고, 쌓은 구조가 성과 다름없다. 그 위에는 총구멍을 뚫고 여장女墻을 둘렀다. 남궁 척계광戚繼光[32])이 만들었다는 팔백망八百望이 바로 이것이다.

소흑산은 들판 한가운데 평평하게 뻗어 있는데, 약간 돌출되고 주먹 모양 같은 작은 산이어서 이런 이름이 붙었다고 한다. 주변에는 집들이 줄지어 있고, 상점들이 활기차서 신민둔보新民屯堡와 비교해도 손색이 없다. 푸른 들판에는 말, 노새, 소, 양이 수천 마리씩 떼를 지어 있는 광경을 볼 수 있는데, 이곳이 대단히 넓다는 것을 알 수 있다. 일행 중 하인들은 소흑산에서 돼지를 삶아 서로 위로하는 것이 일상이어서, 장복과 창대 역시 밤에 가서 그 맛을 보고 싶어 한다.

이날 밤은 달빛이 낮처럼 밝고, 더위도 조금 가신 듯하다. 저녁식사 후 밖으로 나와 멀리 펼쳐진 들판을 바라보니, 푸른 물줄기가 땅위에 펼쳐져 있고 소와 양이 각자의 집으로 돌아간다. 상점들은 아직 문을 닫지 않아, 하나에 들어가 보니 뜰 가운데 시렁이 높이 매달려 있고 삿자리로 덮여 있었다. 밑에서 끈을 당기면 삿자리가 걷히면서 달빛을 받게 되었다. 달빛 아래에서 기이하게 얽혀 있는 화초가 보인다.

---

32) 528~1588. 자는 원경元敬, 호는 남당南塘·맹저孟諸이며, 등주登州 출신이다. 병부 상서兵部尙書, 태자소보太子少保를 역임하였다. 병서 『기효신서紀效新书』 및 문집 『지지당집止止堂集』을 남겼다.

길에서 노는 사람들이 내가 들어가는 걸 보고 따라와서 뜰이 가득 찼다. 일각문을 지나 뜰로 들어서 보니 넓이가 앞뜰만큼이고, 난간 아래에는 몇 그루의 푸른 파초가 심겨 있었다. 네 사람이 탁자 주변에 둘러앉아 있었는데, 그 중 한 사람이 탁자 위에 자리 잡고 '신추경상新秋慶賞'이라는 네 글자를 쓰고 있었다. 자줏빛 먹 불그레한 종이 위로 흰 달빛이 스며들어 글자가 분명하게 보이지는 않으나, 붓놀림은 매우 섬세해 겨우 글자의 형태를 갖추고 있었다.

나는 속으로 생각했다.

'저 필법을 보니 참으로 옹졸하구나, 내가 제대로 한번 뽐낼 참이로구나.'

그 글씨를 둘러싸고 여러 사람이 다투며 구경했고, 곧 당 앞 중앙의 문설주 위에 그 글씨를 붙였다. 이는 대개 달 구경에 축하하는 방문榜文이었다. 그리고 모두 일어나 당 앞으로 가서 뒷짐을 지고 그것을 구경했다. 탁자 위에는 아직 남은 종이가 있었으므로, 나는 걸상에 앉아 남은 먹을 진하게 묻혀 크게 '신추경상新秋慶賞'을 써 내렸다.

그중 한 사람이 내가 쓴 글씨를 보고는 사람들에게 큰소리로 부르짖어 모두 탁자 앞으로 몰려들었다. 서로 웃고 떠들면서 "조선 사람이 글씨를 참 잘 쓰네," 하기도 하고, "동이東夷도 글씨를 우리와 같게 쓰네," 하거나, "글자는 같으나 음은 다르다네,"라고 말했다. 나는 붓을 탁 하고 던져버리고 일어섰다. 여럿이 내 손목을 잡으며 "영감, 잠깐만 앉아 계세요. 존함이 어떻게 되십니까?" 하고 물었을 때, 내가 성명을 써 보이자 그들은 더욱 기뻐했다.

처음 들어올 때는 별다른 반응을 보이지 않고 심지어 무시하는 듯하더니, 내 글씨를 본 후 그들의 태도가 확연히 달라졌다. 너무나도 환대하며 급히 차 한 잔을 내오고 담배도 권하는 것이었다. 그래서 순식간에 사람들 태도가 완전히 바뀐 것이다.

그들은 모두 태원太原 분진汾晉 출신으로, 지난해 이곳에 도착해 막 수식포首飾舖를 열었다. 차釵, 비녀, 잠, 귀걸이, 가락지[彊環] 등을 팔며 가게 이름을 '만취당晩翠堂'이라 지었다. 그중 셋은 성이 최崔이고, 둘은 각각 유柳와 곽霍 성이며, 문필文筆은 모두 짧아 별다른 언급을 하지 않았으나, 곽생霍生이 가장 나은 편이었다. 다섯 사람 모두 나이가 서른 정도로 보이며, 호건한 체구는 마치 노새를 연상시키고, 얼굴은 모두 창백하며 눈매는 서늘하지만 맑은 편이나 아담한 기운은 전혀 없었다. 이들은 전에 만났던 오吳, 촉蜀 사람들과 매우 달랐다. 이를 통해 지방 풍토의 차이를 충분히 알 수 있었으며, 산서에서 장수가 잘 난다는 말이 실제로 허튼 것이 아님을 느꼈다.

나는 곽생에게 물었다.

"당신이 태원 출신이라니, 우리 고향의 귀인 곽태봉郭泰峰, 아호가 금납錦衲인 분을 알고 계신가요?" 곽생은 "모릅니다,"라고 답한 뒤, 곽霍과 곽郭 두 글자에 점을 찍으며 설명했다. "이 글자는 곽태조郭太祖(후주의 태조 곽위)의 '곽郭' 자이고, 저는 곽거병霍去病(한 무제 때의 명장)의 '곽霍' 자입니다."

나는 웃으며 말했다.

"왜 분양汾陽(곽자의)33)이나 박륙博陸(곽광)34)을 언급하지 않고, 굳이 주 태조나 표요驃姚를 들먹여서 증명하려 하시는 거죠?" 곽생은 나를 물끄러미 바라보다가 잠시 침묵했다. 아마도 많은 이들이 곽霍과 곽郭을 혼동하는 것을 보고 이렇게 명확히 해두려는 것 같았다. 그러고는 곽생이 주제를 바꿔 말했다, "등주登州에서 육지에 내리셨다면 어떻게 여기까지 오셨습니까?"

나는 대답했다.

"아니, 거기로 가지 않았습니다. 육로 3천 리를 바로 북경까지 이어지는 길을 택했죠."

곽생이 물었다.

"조선은 곧 일본과 같은지요?" 그때 한 사람이 붉은 종이를 가지고 와서 글씨를 써 달라 부탁했고, 그의 지인들이 모여들어 사람이 점점 늘어갔다. 내가 말했다, "붉은 종이에는 글씨가 잘 안 나오니 계란색 종이를 가져오세요." 그러자 한 사람이 바삐 움직여 분지粉紙 몇 장을 가져왔다.

나는 분지를 잘라 주련柱聯을 만들어 다음과 같이 써 주었다.

이 늙은이 산과 숲을 즐기노니 翁之樂者山林也

33) 당 숙종唐肅宗 때 안녹산安祿山과 사사명史思明의 반란을 평정하고 분양왕汾陽王에 봉해진 곽자의郭子儀를 가리킨다. 덕종德宗 때부터 상보尙父의 호를 하사받았으며, 무려 20년 동안 활약한 명장

34) 곽광霍光. 서한西漢 평양平陽 사람으로, 무제武帝 사후에 유조遺詔를 받들어 소제昭帝를 보필한 공으로 대사마 대장군大司馬大將軍에 임명되고 박륙후博陸侯에 봉해졌다. 『漢書 霍光傳』

손님도 물과 달을 아시는지요 客亦知否水月乎

그제야 사람들은 좋다며 환성을 지른다. 서로 다투어 먹을 갈고 왔다 갔다 분주하니 종이를 찾는 모양이었다.

종이를 펼쳐 놓고는 쉼 없이 붓을 놀려 마치 고소장을 갈겨 쓰듯이 집중했다. 그때 한 사람이 나에게 물었다,

"영감은 술을 좀 드시는 편이신가요?"

"한 잔 정도의 술은 어찌 사양하겠습니까."

그러자 여러 사람이 크게 웃으며 곧 따뜻하게 데운 술 한 주전자를 가져와 연달아 석 잔을 권했다.

나는 연이어 물었다.

"주인분들은 왜 안 드시는 거요?"

"여기 아는 사람 중에 술을 마실 줄 아는 이가 하나도 없습니다." 그러자 모여 있던 사람들이 서로 능금, 사과, 포도 등을 가져다가 내게 권하기 시작했다.

"달빛이 아무리 밝다 해도 글씨 쓰는 데는 방해가 됩니다. 촛불을 켜는 게 나을 것 같습니다."

이에 곽생은 "저 하늘 위에 달린 그 한 조각 거울이 이 세상의 천만 개 등불보다 나을 것이네." 라 하였다.

어떤 이가 물었다.

"영감은 눈이 좋지 않으신지요?"

"그렇습니다." 그러자 곧 네 개의 촛불을 밝혀 주었다.

내가 문득 '어제 전당포에서 '기상새설欺霜賽雪'이라는 네 글자를 썼을 때, 주인이 갑자기 왜 그리 불쾌해하였는지 오늘 꼭 그 치욕을 씻으리라'라 다짐했던 게 떠올라 내친김에 바로 주인에게 제안했다.

"주인댁 가게 앞에 걸 만한 액자는 어떻소?" 그들은 모두 한목소리로 대답했다, "그것 정말 좋겠습니다."

마침내 '기상새설欺霜賽雪'이라는 네 글자를 마침내 써놓자, 여러 사람이 서로 바라보며 어제 전당포 주인의 반응과 똑같이 수상한 눈빛을 나누었다. 나는 속으로 '이건 또 무슨 이상한 일일까.' 생각하고는 물었다.

"이건 이 가게와 아무 상관 없는 글입니까?"

그들은 대답한다.

"네, 그렇습니다."

곽생이 말했다.

"저희 점포는 오직 부인들의 장신구만을 다루는 곳이오, 국숫집이 아닙니다."

나는 그제야 내 실수를 깨닫고, 전에 한 행동이 부끄러울 수밖에 없었다. 이에, "사실 잘 알고 있었지만, 그저 심심풀이로 한 번 써보았을 뿐이오,"라고 얼버무렸다. 그때 요양의 점포에서 본 '계명부가鷄鳴副珈'라 쓴 금 간판이 떠올랐다. 이와 비슷한 의미일 것 같아 '부가당副珈堂'이라고 석 자를 써주었더니, 그들은 소리를 지르며 좋아했다.

곽생이 물었다.

"이게 무슨 뜻이오?" 나는 대답했다, "이제 귀하의 집에서 부인들의 장신구를 전문으로 하신다 하니, 『시경詩經』에서 말하는 '부계육가副笄六珈'35)가 바로 이것이오." 곽생은 말했다, "저희 가게를 빛내주신 그 은혜를 어찌 갚아드릴까요." 하며 사례했다.

다음 날 북진묘北鎭廟를 구경하기로 하였기에, 일찍 돌아와 일행에게 방금 전의 일을 전하니, 웃지 않는 이가 없었다. 그 후로 점포 앞에 '기상새설欺霜賽雪'이란 글자를 볼 때마다, '필시 국수집일 것이다'라 생각했다. 이 글자는 마음이 밝고 깨끗함을 뜻하는 게 아니라, 그 면발이 서리처럼 가늘고 눈보다 하얀 것을 자랑하는 것이다. 여기서 면발[麵]은 우리나라에서 말하는 '진말眞末'을 의미한다. 청여, 계함, 조 주부 달동 등과 함께 다음날 북진묘에 가기로 기약했다.

성경가람기盛京伽藍記

성자사聖慈寺는 숭덕崇德(청 태종의 연호) 2년 무인년에 창건되었다.

---

35) "비녀를 꽂고 온갖 치장을 다한다네."
부가副珈는 여러 가지 화려한 수식을 가리키는데, 『시경』 「군자해로君子偕老」에 "군자와 백년해로를 하는지라, 쪽 짓고 비녀 꽂고 여섯 군데 옥으로 꾸미네.[君子偕老, 副笄六珈.]"라고 하였다. 번영繁纓은 말의 뱃대끈과 굴레인데, 제후의 말장식을 가리킨다.

그 전각은 깊고도 장엄하며, 법당 주변은 돌난간으로 둘러싸여 있고, 높이 한 길의 돈대 위에 부시罘罳로 에워싸여 있다. 또한 세 그루의 늙은 소나무가 가지를 서로 엉키게 하여, 그 푸른 그림자가 뜰 가득히 드리워져 어스름한 빛이 고요함 속에 잠겨 있는 모습이다.

비석 두 개가 있는데, 하나는 태학사 강림剛林이 쓴 글이 담겨 있으며 뒤면은 만주어로 되어 있고, 다른 하나는 앞뒤 모두 몽고 서번西番의 문자로 적혀 있다. 이곳을 지키는 승려들 중 몇몇은 라마喇嘛이며, 절 안에는 8백 나한羅漢상이 있어, 그 키는 겨우 몇 치에 불과하지만 각각이 섬세하게 조각되어 있다.

강희 황제는 손수 작은 탑 수백 개를 제작했는데, 그 크기는 주사위만 하고, 아로새긴 솜씨가 신비로워 마치 신경神境에 들어선 듯하다. 탑의 높이는 10여 길이며, 위는 둥글고 아래는 네모졌는데 사자가 새겨져 있다. 만수사萬壽寺는 강희 55년 병신년에 중건되었다. 절 앞에 있는 패루의 현판에 '만세무강萬歲無彊'이라 쓰여 있고 전각은 웅장하고 화려하여 성자사를 넘어서지만, 뜰을 가득 채운 소나무 그늘이 없다는 점이 다르다.

비석이 두 개 있으며, 정전에는 강희 황제가 직접 쓴 '요해자운遼海慈雲'이란 액자가 걸려 있고, 향정香鼎, 보로寶爐 등 수많은 보물이 있다고 다 기록하기 어렵다. 라마 승려 10여 명이 있는데, 모두 누런 옷과 누런 벙거지를 쓰고 있으며, 그들의 모습은 사납고 드세 보였다. 실승사實勝寺는 현판에 '연화정토蓮花淨土'라 적혀 있으며, 숭덕 3년에 세워졌다. 지붕은 모두 푸르고 누런 유리기와로 되어 있다.

이곳은 청 태종의 원당願堂으로 알려져 있다.

산천기략山川記略

주필산駐驆山: 요양의 서남에 있다. 애초 이름은 수산首山이더니, 당 태종이 고구려를 치러 왔을 때 이 산 위에 며칠 머물면서 돌에 그 공덕을 새기고 '주필산'이라 이름을 고쳤다.

■ 개운산開運山: 봉천부奉天府 서북에 있다. 여러 산봉우리가 둘러 있고 많은 물의 근원이 거기서 나온다. 곧 청淸의 영릉永陵이다.

■ 철배산鐵背山: 봉천부 서북에 있다. 그 위엔 계界·번蕃 두 성이 있다 한다.

■ 천주산天柱山: 승덕현承德縣 동쪽에 있다. 곧 청의 복릉福陵(청 태조의 능)이 있는 곳이다. 『진사晉史』에 이른바 동모산東牟山이 곧 이것이다.

■ 융업산隆業山: 승덕현 서북에 있다. 여기에는 청淸의 소릉昭陵(청 태종의 능)이 있다 한다.

■ 십삼산十三山: 금주부錦州府 동쪽에 있다. 봉우리가 열셋이 있으므로 채규蔡珪의 시에 다음과 같이 쓰여 있다.

여산이 다한 곳에 다시금 열세 봉우리 閭山盡處十三山
갯마을 집집마다 그림 사이 보이누나 溪曲人家畵幅間

■ 발해渤海: 봉천부 남쪽에 있다. 『성경통지盛京統志』에 이르기를, "바다의 옆으로 나간 줄기를 발渤이라 한다." 하였다. 요동 2천리 벌이 뻗쳤는데 그 남쪽이 곧 발해이다.

■ 요하遼河: 승덕현의 서쪽에 있다. 곧 구려하句驪河인데 혹은 구류하枸柳河라고도 한다. 『한서漢書』와 『수경水經』에는 모두 대요수大遼水라 하였다. 요수의 좌우가 곧 요동·요서의 갈리는 경계이다. 당 태종이 고구려를 칠 적에 진펄 2백여 리에 모래를 깔아 다리를 놓아서 건너갔다.

■ 혼하渾河: 승덕현 남쪽에 있다. 일명一名 소요수小遼水요, 혹은 아리강阿利江이라 하고, 또는 헌우록수軒芋濼水라고도 한다. 장백산에서 발원하여 태자하太子河와 합하고, 다시 요수와 합하여 바다로 들어간다.

■ 태자하: 요양 북쪽에 있다. 변문邊門 밖 영길주永吉州에서 발원하여 변문 안으로 흘러들어 혼하·요하와 합쳐 삼차하三叉河가 되었다. 세상에 전하기를,

"연 태자燕太子 단丹이 도망하여 이곳까지 온 것을 마침내 머리를 베어 진秦에 바쳤으므로 후인이 이를 가엾이 여겨 이 물 이름을 태자하라 하였다."

한다.

■ 소심수小瀋水: 승덕현 남쪽에 있다. 동관東關 관음각觀音閣에서 발원하여 혼하로 들어간다. 물 북편을 양陽이라 하므로 심양瀋陽의 이름이 대체로 여기에서 난 것이라 한다.

산천기략후지山川記略後識

    내가 이번에 지나온 산하는 그저 그 지역 사람들의 구전口傳하
는 말과, 또 길가는 이들이 가리켜 일러 주는 말에 의지한 것이요,
사행에 여러 번 참여한 우리 일행 하인들에게 물어본 것이었는데,
대개가 임의로 답한 것이어서 결코 확실치 않다. 화표주는 요동의
고적인데, 어떤 이는 성안에 있다 하고 혹은 성 밖 10리에 있다 하
니, 다른 것도 이로 미루어 짐작할 수 있겠다.

일신수필馹汛隨筆

일신수필馹汛隨筆 7월 15일 신묘辛卯에 시작하여 23일 기해己亥에 그쳤다. 모두 9일간이다. 신광녕新廣寧으로부터 산해관山海關 안에 이르기까지 총 5백 62리다.

일신수필 서馹汛隨筆序

그저 입으로 말하고 귀로 들은 것에만 의지하는 이들과 학문을 논할 수는 없다. 더구나 그의 평생에 생각이 미치지 못한 이들은 어떠하겠는가? 만일 어떤 이가 성인聖人이 태산泰山에 올라서 천하를 작게 여겼다고 한다면, 속으로는 그렇지 않을 것이라고 생각하면서도 입으로는 그렇다고 답할 것이다. 그러나 부처가 시방세계+

方世界를 다 본다고 하면, 그는 곧 환상이자 망령된 일이라고 배격할 것이며, 서양 사람이 큰 배를 타고 지구 밖을 다닌다고 한다면, 그는 괴이하고도 허탄한 이야기라고 꾸짖을 것이다. 그러면 나는 누구와 함께 천지 사이의 크나큰 구경을 이야기할 수 있겠느냐. 아아, 공자께서 2백 40년간의 역사를 다듬어 『춘추春秋』라고 이름하였으나, 이 2백 40년간의 흥망성쇠, 전쟁과 관련한 모든 일은 곧 한 송이 꽃이 피고 나뭇잎 하나 떨어지는 찰나의 광경에 불과할 것이다.

아! 내 이제 글을 빨리 써서 이에 이르러 생각하니, 이 한점의 먹을 찍을 사이는 하나의 순瞬과 식息에 지나지 않는 것이건만, 눈한번 감고 숨 한번 쉬는 사이에 벌써 소고小古·소금小今이 이룩된다. 그러면 하나의 옛날이란 것이나, 지금이란 것 역시 대순大瞬·대식大息이라 할 수 있겠다. 그럼에도 그 사이에서 명예와 사업적을 세우려 함이 어찌 애통하지 않으랴.

내가 일찍이 묘향산妙香山에 올라서 상원암上元庵에 묵을 때 밤이 다하도록 낮과 다름없이 달빛이 밝았다. 창문을 열고 동쪽을 바라보니, 절 앞에는 안개가 자욱하여 그 위에 달빛을 비추자, 수은 바다인 양 반짝였다. 그리고 바다 밑에는 은은히 코고는 소리 같은 것이 들려오자 중들이 말하길, 저 하계下界에는 이제 큰 천둥이 치고 소나기가 쏟아지리라 하였다.

며칠 뒤에 산을 떠나 안주安州에 이른즉, 전날 밤에 과연 갑작스러운 비·천둥·번개로 물이 평지에 한 길이나 괴고, 민가들이 많이 해를 입었다. 이를 보고서 나는 말을 멈추고 감탄했다.

"지난밤 나는 구름과 비 밖에서 밝은 달을 껴안고 잠들었구나!"

저 묘향산이란 태산에 비한다면 겨우 한 개의 둔덕에 지나지 않을 뿐이었으나, 이토록 높낮이가 심한 세계를 이룩했거늘 하물며 성인이 천하를 봄이랴."

부처가 설산雪山에서 고행苦行하며 만일 공씨孔氏(공자 집안) 집안에 대해 그저 세 번이나 출처出妻[1]를 했느니, 백어伯魚(공자의 아들 공리孔鯉의 자)가 일찍 죽었느니, 노魯·위衛에서 봉변을 당했느니 하며 조금 더 넓게 보지 못하고, 실로 땅·물·바람·불 등이 별안간에 모두 공空이 되었다고 한다면 이는 정말 한심한 일일 것이다. 또 그들은 공자와 부처의 관점도 오히려 땅에 떠나지 못했다 하였으니, 그렇다면 이 지구를 어루만지고 공중을 달리며 별을 따서 가지 못하는 곳이 없다는 이들은 스스로 자기의 보는 것이, 유儒·불佛 이씨二氏보다 낫다고 함도 무리가 아닐 듯싶다.

그들이 모두 이국異國에서 말을 배우며, 머리가 희도록 남의 글을 익혀서 불후의 업적을 꾀함은 무슨 까닭일까. 대체로 견문했다는 것은 이미 과거이니, 그 과거가 지나고 또 지나서 쉬지 않는다면 옛사람들 과거에 의지해 학문을 하는 이 역시 고증考證할 만한 무엇도 없을 것이다. 그러므로 짐짓 글을 지어서 사람들이 이를 반드시

---

1) 　공자·백어·자사의 3대가 모두 아내를 내쫓았다 한다.
　　공자의 부친인 숙량흘叔梁紇과 공자의 아들인 백어伯魚와 백어의 아들인 자사子思가 모두 자기 아내를 쫓아낸 이른바 '공씨삼세출처孔氏三世出妻'의 고사가 『공자가어孔子家語』 후서後序에 나온다.

믿도록 하려는 것이다.

가을 7월 15일 신묘

날이 개었다.

내원과 태의太醫 변관해卞觀海 주부 조달동과 새벽에 소흑산을 떠나 중안포中安浦까지 30리를 와서 점심 먹었다. 또 앞서 떠나 구광녕舊廣寧을 지나 북진묘北鎭廟를 구경하고, 달빛을 이고 40리를 가서 신광녕新廣寧에서 묵었다. 북진묘를 구경하느라 20리 돌아갔으니 모두 90리를 갔다. 이정록에 실린 백대자白臺子·망우대蟒牛臺·사하자沙河子·굴가둔屈家屯·삼의묘三義廟·북진보北鎭堡·양장하羊腸河·우가둔于家屯·후가둔侯家屯·이대자二臺子·소고가자小古家子·대고가자大古家子 등의 지명과 이수里數(거리)는 서로 어긋난 것이 많다. 만일 이대로 계산한다면 1백 80리가 될 것이나 지금은 상고할 길이 없다. 이날은 몹시 더웠다.

우리나라 선비들이 북경에서 돌아온 이를 처음 만나면 반드시 묻는 것이 있다.

"그대는 이번 행차에 제일 장관壯觀이 무엇이었소? 제일 장관을 뽑아서 이야기해 보시오"

그러면 그들은 제각기 본 바대로 입에 나오는 대로 말하곤 한다.

"요동 천 리의 넓은 들이 장관입죠."

"구요동 백탑白塔이 장관이더군."

"길가의 시가와 점포가 장관이오."

"계문薊門의 안개 낀 숲이 장관이오."

"노구교蘆溝橋가 장관일세."

"산해관이 장관이오."

"각산사角山寺가 장관이지."

"망해정望海亭이 장관이지."

"조가패루祖家牌樓가 장관이오."

"유리창이 장관이오."

"통주通州의 주집舟楫들이 장관입니다."

"금주위錦州衛의 목축牧畜이 장관이지요."

"서산西山의 누대가 장관일세."

"사천주당四天主堂이 장관이지."

"호권虎圈이 장관이오."

"상방象房이 장관이오."

"남해자南海子가 장관이더군."

"동악묘가 장관이네."

"북진묘가 장관이야."

이처럼 대답이 분분하여 이루 헤아릴 수 없다. 그러나 상사上士
(학문과 지식이 뛰어난 선비)는 씁쓸한 기색으로 말한다.

"도무지 볼 것이 없더군요."

"어째서 아무런 볼 것이 없는가?"

그 까닭을 물으면, 그는 이렇게 대답한다.

"황제가 머리를 깎았고, 장將·상相과 대신 모든 관원들이 머리를 깎았으며, 사士와 서인庶人들까지도 모두 그러하다. 비록 공덕이 은殷·주周와 같고 부강함이 진秦·한漢을 넘어선다 해도 사람이 생겨난 이래로 아직껏 머리 깎은 천자는 없었다오. 또 비록 육롱기陸隴其2)·이광지李光地3)의 학문이 있고, 위희魏禧4)·왕완汪琬5)·왕사징王士澂(왕사진王士禛인 듯함)6)의 문장이 있고, 고염무顧炎武7)·주이준朱彝尊8)의 박

---

2) 육롱기陸隴其(1630~1693)를 말한다. 가서稼書는 그의 자이다. 호는 당호當湖이다. 청나라 강희康熙 때 진사로 가정현嘉定縣을 맡아 다스리고 어사御史에 발탁되었으며, 내각 학사內閣學士에 추증되었다. 정주학程朱學을 숭배하고 양명학陽明學을 극력 반대하였다. 후에 공자묘孔子廟에 배향했다. 저서로는 『삼어당집三魚堂集』이 있다. 시호는 청헌淸獻이다.

3) 1642~1718. 청淸나라 초기의 학자로, 자는 진경晉卿, 호는 용촌榕村·후암厚庵이며, 시호는 문정文貞이다. 경학經學과 악률樂律, 역산曆算, 음운音韻 등에 정통하였으며, 강희제康熙帝의 칙명에 따라 『성리정의性理精義』와 『주자대전朱子大全』 등을 편수하였다.

4) 위희魏禧(1624~1680)로, 자는 빙숙, 호는 유재裕齋 또는 작정勺庭이다. 명나라 영도寧都 사람인데 나라가 망하자 금정金精의 취미봉翠微峯에 집을 짓고 살았다. 고문에 정밀하였으며 강희康熙 연간에 박학굉사과에 합격하였으나 병 때문에 관직을 사양했다. 저서에 『위숙자집魏叔子集』과 『좌전경세서左傳經世書』가 있다.

5) 1624~1691. 명말 청초 때 강남 장주 사람으로 자는 초문苕文·액선液仙, 호는 둔암鈍菴·효봉堯峯·둔옹鈍翁이다. 순치 12년(1655) 진사가 되었다.

6) 1634~1711. 명말 청초의 저명한 문인으로 사진이 원래의 이름인데 옹정제의 이름을 휘하여 사정士祯으로 개명하였다. 자는 자진子真, 호는 완정阮亭·어양산인漁洋山人이다. 시에 뛰어나 동시대의 주이준朱彝尊과 함께 남주북왕으로 병칭되었다. 신운설神韻說을 주창하였으며 당시唐詩를 추종하였다.

7) 1613~1682. 본명은 강絳, 자는 충청忠淸, 호는 정림亭林이다. 명나라가 망한 뒤에 이름을 염무, 자를 영인寧人으로 고쳤다. 명나라 말기에 청나라가 침략하자 곤산昆山에서 의병을 일으켜 저항하였으며, 화북華北 등지를 두루 돌아다니다가 만년에는 섬서陝西 화음華陰에 은거하였다.

8) 주이준朱彝尊(1629~1709)으로, 자는 석창, 호는 죽타竹垞이다. 청나라의 시인, 학자, 장서가로서

식이 있다 한들 한번 머리를 깎는다면 곧 오랑캐요, 오랑캐면 곧 개돼지라, 우리가 그 개돼지에게서 볼 게 무엇이란 말이오."

이것이 곧 제일가는 의리義理라 하니, 이야기하는 이도 할 말이 없고, 듣는 이도 옷깃을 여미며 숙연하게 만든다.

그리고 중사中士는 이렇게 말한다.

"그들의 성곽은 장성長城의 남은 제도를 물려받은 것이요, 건물은 아방궁阿房宮의 법을 본뜬 것이요, 사士·서인庶人은 위魏·진晉의 부화를 숭배함이요, 풍속은 대업大業(수 양제隋煬帝의 연호)·천보天寶(당 현종唐玄宗의 연호) 때의 사치를 본받은 것입니다. 신주神州가 더럽힘을 입어서 그 산천이 비린내 진동하는 고장으로 변했고, 성인들의 자취가 묻히자 언어조차 야만의 것을 따르게 되었으니 무슨 볼 만한 게 있으리오. 진실로 10만의 군사를 얻을 수 있다면 급히 달려 산해관을 쳐 들어가서, 중원中原을 소탕한 다음에야 비로소 장관을 이야기할 수 있겠지요."

이는 『춘추春秋』를 잘 읽은 이라 할 수 있다. 『춘추』라는 책은 중화를 높이고 이민족을 얕보는 사상을 중심으로 만들어진 글이다. 우리나라가 명明을 섬긴 지 2백 년 동안 충성을 한결같이 하여 이름은 속국屬國이라 하나 실상은 한 나라나 다름 없고, 만력萬曆 임진년壬辰年(1592) 왜적의 난에 신종 황제神宗皇帝가 천하의 군사를 이끌고 우리를 구원하니, 우리나라 사람들의 머리끝에서 발끝까지, 터

조선 후기 문인들에게 큰 영향을 끼쳤다.

럭 하나까지 어느 것 하나 그 은혜 아닌 것이 없었고, 인조仁祖 병자
丙子(1636)에 청淸의 군대가 쳐 들어오매, 의열 황제毅烈皇帝가 우리나
라가 난리를 입었다는 말을 듣고, 곧 총병總兵 진홍범陳洪範9)에게 명
하여 시급히 각 진鎭의 수군水軍을 징벌하여 구원병을 파견하였다.
홍범이 관병官兵의 출범出帆을 아뢸 제, 산동순무山東巡撫 안계조顔繼
祖10)가 조선이 이미 무너져서 강화江華마저 떨어졌다 아뢰니, 황제
는 계조가 힘껏 구원하지 않았다 하여 조서를 내려 준절히 꾸짖
었다.

　이때를 당하여 천자는 안으로 복주福州·초주楚州·양주襄州·당주
唐州 등 각지의 난리를 누를 길이 없고, 밖으로 조선의 근심이 더욱
절박하여 그 구출해 줄 뜻이 형제의 나라에 못지 않았더니, 마침내
온 누리가 천붕天崩·지탁地坼의 비운을 만나고 온 인민의 머리를 깎
아서 모두 되놈을 만들었으니, 비록 우리나라만이 이런 수치를 면
했으나 그 중국을 위하여 원수를 갚고 치욕을 씻으려 하는 마음이
야 어찌 하루 사인들 잊을 수 있었으랴. 그리고 우리나라 사대부들
이 『춘추』 존화양이尊華攘夷11)의 이론을 내세우는 곳곳에서 오롯이,

---

9)　명나라 관료로, 도독都督을 지냈다. 숭정 9년(1636)에 남한산성이 포위되었을 때, 명나라 의종
　　毅宗이 그에게 명을 내려 주사舟師를 거느리고 가서 조선을 구원하도록 하였으나, 가지 않고
　　머뭇거리는 사이 남한산성이 함락되었다.

10)　당시 중국 산동山東의 순무 어사巡撫御史였으며, 조선에 군사를 내지 않았다 하여 후일 의종에
　　의해 사형 당하였다. 자세한 내용은 미상이다.

11)　중화를 높이고 오랑캐를 배격하는 『춘추』의 의리인데, 여기서는 명나라를 높이고 청나라를
　　배척하는 존명배청尊明排淸의 의리를 가리킨다.

백 년을 하루 같이 이어졌으니 가히 참으로 장한 일이다.

그러나 존주尊周의 사상은 주를 높이는 데에만 국한될 것이요, 이적夷狄의 문제는 이적에서만 쓸 일일 것이다. 왜냐하면 중국의 성곽과 건물과 인민들이 예와 같이 남아 있고, 정덕正德·이용利用·후생厚生의 도구도 파괴된 것이 없으며, 최崔·노盧·왕王·사謝의 씨족도 없어지지 않았고, 주周·장張·정程·주朱의 학문도 사라지지 않았으며, 삼대(三代 하夏·은殷·주周) 이후로 성스럽고 밝은 임금들과 한漢·당唐·송宋·명明의 아름다운 법률 제도도 변함없이 남아 있다. 저들이 이적일망정 실로 중국이 자기에게 이로워서 길이 누리기에 족함을 알고, 이를 빼앗아 웅거하되 마치 본시부터 지녔던 것같이 한다.

진정으로 천하를 위해 일하는 자는, 인민에게 이롭고 나라에 도움이 되는 일이라면 그 법이 비록 이방인에게서 나왔다 할지라도 그것을 받아들여 본받으려 할 것이다. 삼대 이후의 성제聖帝와 명왕明王, 그리고 한漢, 당唐, 송宋, 명明 등 여러 나라의 고유한 옛것이라면 더욱 그러할 것이다. 성인이 『춘추』를 짓는 과정에서 중화를 높이고 이방인을 격퇴하는 목적을 가졌음에도, 이방인이 중화를 혼란에 빠트린다고 해서 중화가 숭배하는 참된 가치까지 배척한다는 사실은 들어본 적이 없다.

그러므로 이제 사람들이 진실로 이적을 물리치려면 중화의 끼친 법을 모조리 배워서 먼저 우리나라의 유치한 문화를 열어서 밭갈기, 누에치기, 그릇 굽기, 풀무 불기 등으로부터 공업·상업 등에 이르기까지도 배우지 않음이 없으며, 남이 열을 한다면 우리는 백을 하여 먼저 우리 인민들에게 이롭게 한 다음에, 그들로 하여금 회초리를 마련해 두었다가 저들의 굳은 갑옷과 날카로운 무기를 매질할 수 있도록 한 뒤에야 중국에는 아무런 장관이 없더라고 이를 수 있겠다.

나와 같은 이는 하사下士이지만, 말 한마디 하자면 이러할 것이다.

"그들의 아름다움은 기와 조각에도 있고, 똥부스러기에도 있다."

대개 깨진 기와 조각은 세상에서 버려지는 것이지만, 민간에서 담을 쌓을 때, 그 높이가 어깨만큼 될 때, 이를 둘씩 혹은 넷씩 겹쳐서 물결 모양을 만들거나, 둥근 고리 형태로, 혹은 넷을 등지게 해서 옛 노전魯錢의 형태를 만들면, 그 구멍으로 인해 영롱한 빛이 나고, 내외부가 서로 반사되어 스스로 멋진 무늬가 만들어진다. 이는 바로 깨진 기와 한 조각조차도 버리지 않고 천하의 아름다움을 이루는 데 기여할 수 있음을 보여준다.

만약 각 집의 뜰 앞에 벽돌을 깔 수 없다면, 다채로운 유리 기와 조각과 강가에서 모은 매끄러운 돌멩이를 이용해 꽃, 나무, 새, 짐승의 형상으로 뜰 바닥에 깔아 비가 왔을 때 진흙탕이 되는 것을 방지한다. 이는 깨진 자갈을 폐기하지 않고 활용함으로써 세상의 그림이 바로 여기에 존재한다고 볼 수 있다. 똥, 비록 극도로 불결한 물건일지라도, 그것을 밭에 퍼뜨리기 위해 길가에 함부로 버리지 않고 소중히 다루며, 말 똥을 줍는 사람들은 삼태기를 들고 말

뒤를 따라가며 귀중히 모은다.

집마다 뜰 앞에 벽돌을 깔 수 없다면, 다채로운 유리 기와 조각과 시냇가에서 줍는 둥근 조약돌을 모아 꽃, 나무, 새, 짐승의 형상으로 땅에 깔아 비가 와도 물웅덩이가 생기는 것을 방지한다. 이는 깨진 자갈을 낭비하지 않음으로써 세상의 그림을 이곳에 창조한다는 의미일 것이다. 똥이야 지극히 천하고 더러운 것이지만, 이를 밭에 퍼뜨리기 위해 황금처럼 아껴 길가에 함부로 버리지 않고, 말똥을 주우려는 이들이 삼태기를 들고 말 뒤를 따른다.

그리고 그들은 똥을 주워 모아 네모나게 정렬하거나, 여덟 각형이나 여섯 각형으로, 혹은 누각이나 돈대의 형태로 만들어 쌓는다. 이는 똥무더기만 봐도 이미 모든 규모가 갖춰져 있다고 짐작할 수 있게 한다. 따라서 나는 이렇게 말하려 한다. "그 기와 조각이나 똥무더기도 모두 볼거리인 것이다. 왜 오직 성지, 궁실, 누각, 시장, 사찰과 도량, 가축을 기르는 곳, 넓은 들판, 변화무쌍한 나무와 연기만이 경관이라고 할 수 있겠는가?"

구광녕성은 의무려산醫巫閭山 아래 자리 잡고 있어, 앞으로는 넓은 강이 흐르고 강물을 끌어 해자를 조성했다. 하늘을 찌를 듯 높이 솟은 두 탑塔이 있으며, 성에서 조금 떨어진 곳에는 단청을 새로 칠한 찬란한 큰 사당이 눈에 띈다.

광녕성 동문東門 바깥쪽 다리 머리에 새겨진 공하蚣蝮(패하覇夏와 동일)는 그 웅장함과 기묘함으로 이목을 끈다. 겹문을 통과하여 거리를 거닐면, 점포들의 번화함이 요동遼東에 못지않음을 느낄 수 있

다. 영원백寧遠伯 이성량李成梁[12]의 패루牌樓는 성 북쪽에 위치해 있다. 일부는 이렇게 말한다,

"광녕은 본래 기자箕子의 나라였으며, 옛날 기자가 우관堣冠을 쓴 소상이 있었지만, 명明 가정嘉靖(明 世宗의 연호) 연간에 일어난 난리로 인해 타버렸다고 한다."

성의 구조는 겹으로 되어 있어 내성은 여전히 온전하지만 외성은 상당히 훼손되었다. 성 안에서는 남녀노소가 집집마다 나와 구경하고 있으며, 거리에서 노는 사람들이 많아 말머리를 둘러싸고 있어 거리를 빠져나가기가 쉽지 않았다.

성 바깥에 위치한 관제묘는 그 장엄함이 요양의 관제묘와 맞먹는다. 문밖에는 연극을 할 수 있는 희대가 있어, 그 높이와 깊이, 그리고 화려함과 사치스러움이 눈에 띈다. 많은 사람들이 모여 연극을 하고 있었지만, 길이 바빠 구경할 시간이 없었다. 천계天啓 연간에 왕화정王化貞이 이영방李永芳의 계략에 넘어가, 그의 민첩한 장수 손득공孫得功이 적군을 성 안으로 들여보내어 광녕의 몰락을 초래하고, 결국 천하의 대세를 되돌릴 수 없게 만들었다.

---

12) 1526~1615. 중국 명明나라의 장수로, 자는 여계如契이며 호는 인성引城이다. 조선 출신인 이영李英의 후손으로 요동遼東 철령위鐵嶺衛 지휘첨사를 세습하였고, 1570년(융경4)에 요동 총병이 되어 요동 지역의 군권을 장악하고 몽고와 여진에 대한 방위와 교역을 총괄하였다. 이여송李如松을 비롯한 다섯 아들이 모두 장수이며, 일족 가운데 이름난 무장이 많아 당시 사람들에게 '이씨 가문의 아홉 맹장[李家九虎將]'이라고 불렸다.

북진묘기北鎭廟記

　　북진묘는 의무려산 밑에 자리하고 있다. 뒤편으로는 여러 무덤들이 병풍처럼 둘러싸여 있고, 앞으로는 넓은 들판이 펼쳐져 있으며, 오른쪽으로는 바닷물이 출렁이고 있다. 광녕성은 마치 자식들을 앞에 두른 모습처럼 그 앞에 자리 잡고 있다. 집집마다 피어오르는 푸른 연기가 띠를 이루며, 그 속에 묻힌 탑들이 유난히 희게 보이는 풍경이다. 지형을 면밀히 관찰해보니, 평탄한 벌판이 점차로 여러 길이 되는 둥근 언덕으로 변해가며, 어디를 둘러보든 지평선은 넓게 펼쳐져 아무런 장애물도 없이 해와 달이 떠올랐다 사라지고, 바람과 구름이 생겨났다 사라지는 모습이 모두 그곳에 존재한다. 동쪽을 바라보니, 오吳와 제齊 두 나라가 마치 손에 잡힐 듯 가까이 보이지만, 내 눈이 닿지 않아 안타깝기만 하다. 사당은 웅장하고 기이한 모습을 하고 있다. 이곳이 바다, 산, 진사鎭祠가 될 자격이 없다면 그럴 수 없을 것이다. 여기에는 북방을 다스리는 신, 현명제군玄冥帝君과 그의 수행 신들을 모시고 있으며, 그들은 모두 곤룡포를 입고 면류관을 쓰며, 옥을 착용하고 옥홀을 들고 서 있어, 그들의 위엄이 보는 이로 하여금 저절로 공경의 마음을 갖게 만든다.

　　향정香鼎은 높이 여섯 자가 넘고 괴상한 간물姦物과 귀물鬼物들을 새겼는데, 푸른 기운이 속속들이 스며 배었다. 그 앞에는 검은 항아리가 놓여 있어서 열 섬은 듬직하며, 횃불 네 개를 켜서 밤낮없이 밝히고 있다.

순舜은 일찍이 열두 곳의 명산에서 봉선封禪 의식을 진행하였을 때, 이 의무려산을 유주幽州의 진산鎭山으로 지정했다. 이후로 하夏, 상商, 주周, 진秦 등의 왕조들도 이 결정을 그대로 유지했으며, 이 산에 대한 예식은 오악五岳이나 사독四瀆에 준하는 것으로 수행되었다.

이 사당이 어느 시대에 비롯하였는지는 알 수 없으나 당의 개원開元(당 현종唐玄宗의 연호) 때에 의무려산의 신을 봉하여 광녕공廣寧公으로 삼았고, 요遼·금金 때에는 왕호를 붙였으며, 원元의 대덕大德(원 성종元成宗의 연호) 연간에 정덕광녕왕貞德廣寧王을 봉했더니, 명의 홍무洪武(명 태조明太祖의 연호) 초년에는 다만 북진의무려산지신北鎭醫巫閭山之神이라 하고, 설이 되면 향품을 하사하여 제사하고 축문祝文에는 천자의 성명까지 쓴다고 한다. 나라에 큰 식전式典이 있으면 예관禮官을 보내어 제사하였다. 지금은 청이 동북에서 일어났으므로 특히 이 산의 신을 받드는 품이 더욱 융숭하다 한다.

어떤 사람들은 이렇게 전한다. "옹정 황제雍正皇帝가 아직 황제로 즉위하기 전, 명을 받들고 이곳에 제사를 지내러 왔다. 제사를 지낸 밤, 재실에서 잠을 자는 동안 꿈속에서 한 신인이 그에게 커다란 구슬 한 개를 주었는데, 이 구슬이 해로 변하였다. 이후 깨어나 곧장 귀환하여 높은 지위에 오르게 되었고, 이로 인해 그 신인에 대한 은혜를 갚기 위해 이 사당을 크게 보수했다."

사당 앞에 있는 다섯 문의 패루는 오로지 돌로 세워져 있으며, 기둥, 서까래, 기와, 추녀 등 건축에 사용된 모든 부분에 나무를 전혀 사용하지 않았다. 그 높이가 무려 여덟 길에 달하며, 구조의 복잡성과 조각의 섬세함은 거의 인간의 손으로 이루기 어려울 정도로 탁월하다.

패루 양쪽에는 돌로 만든 사자상이 놓여 있으며, 각각 높이가 두 길이다. 묘문으로 이어지는 길에는 흰 돌로 만든 계단이 깔려 있고, 묘문의 왼쪽에는 절이 자리잡고 있다. 이 절의 마당에는 두 개의 비석이 서 있는데, 하나는 '만수선림萬壽禪林'이라고 적혀 있고, 다른 하나는 '만고유방萬古流芳'이라고 적혀 있다. 절 내부에는 큰 금불 다섯이 모셔져 있다.

절 오른편에는 문 하나가 있는데 왼쪽은 고루鼓樓요, 오른쪽은 종루鍾樓였고, 그 두 누의 사이에 또 문 셋이 있고 그 앞에는 비석 셋이 있는데, 모두 누런 기와로 비 위를 덮었다. 그 둘은 강희제康熙帝의 글과 글씨였고, 또 하나는 옹정제의 글과 글씨였다. 정전正殿은 푸른 유리기와를 이었는데, 북쪽 벽에는 '울총가기鬱葱佳氣'라 써 붙였으니 이는 옹정제의 글씨였고, 층계 위에는 동서로 돌화로가 마주 서 있는데 높이는 모두 한 발이 넘었으며, 다시 동서로 낭무 수백 칸이 있고 정전 뒤에는 공전空殿이 있으되, 그 제도는 정전과 다름없이 단청이 휘황찬란하나 텅 비어서 아무 것도 놓인 것이 없었다.

사당 뒤편에는 또 다른 전각이 있는데, 그 구조는 본전과 마찬가지로 정교하다. 소상 둘이 있는데 면류를 쓰고 옥홀을 가진 이는 문창 성군文昌星君이요, 봉관鳳冠(중국 고대 여자용의 관)을 이고 구슬띠를 띤 것은 옥비 낭랑玉妃娘娘이라 한다. 그 좌우에는 두 동자가 모시고 섰다.

현판에는 '건시령구乾始靈區'라 적혀 있으며, 이는 현재 황제의 필체이다. 바깥문에서부터 시작해 각 층계마다 흰 돌로 제작된 난간이 설치되어 있으며, 그 조화로움과 매끈함이 마치 옥과 같다. 난간 위에는 고루 이룡과 도롱뇽을 새겨 넣어, 별채와 층대를 둘러싸 앞쪽의 전당에까지 이어진다. 또한, 전전에서부터 끊임없이 이어져 뒤쪽의 전당까지 흰색의 빛이 눈부시게 펼쳐져 있어, 먼지 한 톨도 보이지 않는다.

정전의 앞뒤에는 역대의 큰 비석이 나란히 서서 마치 파 이랑 같으며, 거기에 새긴 글들은 모두 나라를 위하여 복을 빈 말들이다. 그중에는 송의 연우비延祐碑(연우는 송 인종宋仁宗의 연호)가 가장 오래된 것이다. 서각문西角門을 나서니, 두어 길이나 되는 창벽이 있어 '보천석補天石'이라 새겼는데, 이는 명의 순무巡撫 장학안張學顔(명 신종明神宗 때의 명신)의 글씨였다.

다시 한 칸쯤 떨어져 '취병석翠屛石'이라 새긴 것이 있으며, 동문 밖으로 수백 걸음을 나와서 커다란 둥근 돌이 놓였는데, 마치 거북의 등처럼 금이 갔으며, '여공석呂公石' 또는 '회선정會仙亭'이라 새겼다. 그 위에 오르니 의무려산의 아름다운 기운과 가득 찬 형세가 한눈에 선뜻 들어온다. 문득 조그만 정자 하나가 바위를 의지하여 섰는데 흙 섬돌이 두 층이요, 띠 이엉에 끝을 약간 가지런하게 베었는데 그 깨끗하고 그윽함이 마음에 퍽 든다.

거기서 잠시 앉아 쉬며 변군은 이렇게 말했다.

"비유하자면, 마치 감사監司가 군읍을 돌아다니며 아침저녁으로 산해진미만을 공궤하다가, 속이 불편하고 구역질이 날 지경에 이르러 갑자기 상쾌한 야채 한 접시를 보게 되면, 마치 그것만이 입맛을 돋우는 것처럼 느껴지는 것 같습니다."

나는 웃으며 대답했다.

"정말 의원다운 비유로군."

조군이 말했다.

"항상 화려하게 차려입은 기생들과 어울리다 보면 그들의 예쁨과 그렇지 않음조차 구별하지 못하게 되는데, 갑자기 들판이나 시골 길가에서 수수하게 가시나무 비녀를 꽂고 삼베 치마를 두른 여인을 만나게 되면, 어느새 눈이 환하게 열리지 않겠습니까."

"진정 호색가다운 말이로세. 그대들 말대로라면, 이제 이 흙과 돌, 그리고 이엉으로도 천자의 시선과 마음을 끌 수 있겠네."

돌아와 회랑廻廊 아래에 앉았는데, 사당을 지키는 도사道士 셋이 있었다. 부채 세 자루, 종이 세 권, 청심환 세 개를 선물하니, 모두 무척 기뻐하였다. 도사가 뜰 앞에 잘 익어가는 복숭아를 한 쟁반 따왔다. 하인들이 다투어 나무 아래로 달려가서 가지를 휘어잡고 제멋대로 딴다. 내가 그리 말라고 타일러도 소용없었다.

도사는 말했다.

"애써 금하실 게 없습니다. 배부르면 절로 그치겠지요."

이어서 하인들을 향해 읊조리듯 말한다.

마음대로 따더라도 가지를 해치진 마소 任君摘取莫傷枝

그대로 두었다가 내년에 때맞춰 다시 오게나 留待明年再到時

도사의 성명은 이붕李鵬이요, 호는 소요관逍遙館, 또는 찬하도인
餐霞道人이라 한다. 뜰에는 반이나 썩은 늙은 소나무 한 그루가 서 있
다. 갑술년甲戌年(건륭 19년) 거둥시에 황제가 남겼다는 시詩와 그림은
바위 사이에 새겨져 있다.

거제車制

타는 수레는 태평거太平車라 한다. 바퀴 높이가 팔꿈치에 닿으
며 바퀴마다 바큇살이 30개인데, 대추나무로 둥글게 테를 메우고
쇳조각과 쇠못을 온 바퀴에 입혔다. 그 위에는 둥근 방을 만들어 세
사람이 들 만하다. 방에는 푸른 천이나 공단, 우단으로 휘장을 치고
더러는 주렴을 드리워 은 단추로 여닫게 되었다. 좌우에는 유리를
붙여서 창을 내고, 앞에 널판을 가로 놓아서 마부가 앉게 되었으며,
뒤에도 역시 하인이 앉게 마련이다. 나귀 한 마리가 끌고 갈 수 있
으나 먼 길을 가려면 말이나 노새 수를 더 늘린다.

물건을 싣는 것은 대거大車라 한다. 바퀴 높이가 태평거보다 조
금 덜한 듯하며 바퀴 살은 입卄 자의 모양으로 되었고, 싣는 수량은
800근으로 기준을 삼아 말 두 필을 메우고, 800근을 초과할 때는

물건 무게를 가늠하여 말을 늘린다. 짐 위에는 삿자리로 방을 꾸미되 마치 배 안의 움집처럼 만들고 그 속에서 자고 눕게 되어 있다. 대개 말 여섯 필이 끄는데 수레 밑에 커다란 왕방울을 달고 말 목에도 조그만 방울 수백 개를 둘러서 그 쟁그렁 울리는 소리로 밤길을 경계한다. 태평거는 겉 바퀴로 돌며, 대차는 속 바퀴로 돈다. 그리고 쌍 바퀴가 똑같이 둥글므로 고루 돌아가고 빨리 달릴 수 있다. 멍에 아래 매는 말은 제일 건장한 말이나 실한 나귀를 사용하며, 가로로 되어 있는 수레 멍에를 쓰지 않고 조그만 나무 안장을 만들어 가죽끈이나 튼튼한 바로 멍에 머리에 얽어 말을 달았다. 다른 말들은 모두 쇠가죽끈으로 배띠를 하고 바를 매어서 끌게 되었다. 짐이 무거우면 바퀴테보다도 훨씬 더 밖으로 튀어나오고 때로는 높이가 몇 길이나 되며, 끄는 말도 많으면 십여 필이나 된다. 말 모는 사람을 '칸처더[看車的]'라 부르며, 그는 짐 위에 높이 앉아서 손에는 긴 채찍을 쥐고 길이 두 발이나 되는 끈 두 개를 그 끝에 매어서, 그것을 휘둘러 때리되 그 중에 힘내지 않는 놈은 귀며 옆구리며 헤아리지 않고 때리고, 손에 익으면 더욱 잘 맞는다. 그 채찍질하는 소리가 우레처럼 요란하다.

독륜거獨輪車는 뒤에서 한 사람이 수레 채를 옆에 끼고 수레를 밀도록 되었다. 한 가운데 바퀴를 단 외바퀴 수레이다. 바퀴가 수레바탕 위로 반쯤 솟았으며, 양쪽이 상자처럼 되어 싣는 물건이 치우치면 안 된다. 바퀴 닿는 곳에는 북을 반쯤 자른 것같이 보이며, 바퀴를 가운데로 하고 짐은 사이를 두고 실어서 바퀴와 짐이 서로 닿지 않도록 하였다. 끌채 밑에 짧은 막대가 양쪽으로 드리워서, 갈 때는 가로대와 함께 들리고 멈출 때는 바퀴와 함께 멈추어서, 이것이 버팀목이 되어 수레가 한 쪽으로 기울지 않게 한다. 길가에서 떡·엿·과일·오이 등을 파는 장사들도 모두 이 독륜거를 이용하며, 또 밭에 거름을 주기가 가장 편리하다. 언젠가 한 번은, 시골 여자 둘이 수레 양쪽 상자에 타고 앉아 각기 아이 한명씩 안고 가는 장면을 보았다. 또, 물을 긷는 사람은 한쪽에 대여섯 통씩 싣는다. 짐이 무겁고 많으면 끈을 달아서 한 사람이 끌고, 때로는 두 사람 혹은 세 사람이 마치 배의 닻줄을 끌 듯이 했다.

본디, 수레는 하늘의 '진軫'이라는 별자리에서 나온 말로서, 땅 위로 가는 것이며, 땅 위를 다니는 배요, 움직일 수 있는 방이다. 나라의 쓰임에 수레보다 더한 것이 없으니, 그러므로 『주례周禮』에 '군주의 부富란 무엇인가?'라는 물음에 대해 수레를 얼마나 보유하고 있는지로써 대답했다. 이는 수레가 그저 타는 수단 만은 아님을 말한 것이다. 수레 중에도 전쟁에 사용하는 융거戎車, 공사를 진행하는 역거役車, 불을 끄는 수거水車, 대포를 싣는 포거砲車 등이 있어서 셀수 없이 많은 용도가 있으므로 지금 갑자기 하라면 이루 다 이야기할 수 없다. 그러나 사람이 타는 수레, 짐 싣는 수레는 백성들에게 가장 중요한 것이어서 시급히 연구하지 않을 수 없는 문제이다. 내 일찍이 담헌湛軒 홍덕보洪德保, 참봉叅奉 이성재李聖載와 더불어 거제車制를 이야기할 때 다음과 같이 말했다.

"수레의 제도는 무엇보다도 궤도를 똑같이 하여야 한다. 이 이른바 궤도를 똑같이 하여야 된다는 것은 무엇을 말한 것일까. 두 바퀴 사이에 일정한 규격을 어기지 않음을 이름이다. 그리하면 수레가 천이고 만이고 간에 그 바큇자국은 하나로 통일될 것이니, 이른바 '수레바퀴의 규격을 같이 한다[車同軌]'[13]는 곧 이를 두고 말함이다. 만일 두 바퀴 사이를 마음대로 넓히고 좁힌다면 길 가운데 바퀴 자리가 한 틀에 들 수 있을 것인가."

이번에 천 리 길을 오면서 날마다 수없이 많은 수레를 보았으나, 앞 수레와 뒤 수레가 언제나 같은 바큇자국을 따라 돌고 있었다. 그러므로 일부러 그렇게 하려 해도 저절로 그렇게 되는 것을 일철一轍이라 하고, 뒷사람 앞사람의 자취를 일컬어 전철前轍이라 한다. 성 문턱 수레바퀴 자국이 움푹 패어서 홈통을 이루니 이는 『맹자』에서 말한 '성문지궤城門之軌'라는 것이다. 우리나라에도 전혀 수레가 없음은 아니나 그 바퀴가 온전히 둥글지 못하고 바퀴 자국이 틀에 들지 않으니, 이는 수레 없는 것과 마찬가지이다. 그런데 사람들이 늘 이렇게 말한다.

"우리나라는 길이 험하여 수레를 쓸 수 없다."

아니, 이 무슨 말인가! 나라에서 수레를 쓰지 않으니 길이 닦이지 않을 뿐이다. 만일 수레가 다니게 된다면 길은 저절로 닦이게 될 테니 어찌하여 길거리의 좁음과 산길의 험준함을 걱정하리오. 『중

---

13) 수레의 궤철軌轍이 같고 글에 대한 문자가 같다는 것으로 통일統一을 말한 것이다. 『중용中庸』 28장에, "지금 천하에 수레는 궤철이 같고 글은 문자가 같다[今天下 車同軌書同文]." 하였다.

용中庸』에서 언급한 "배와 수레 이르는 곳은 서리와 이슬이 내리는 곳이다"의 의미는 수레가 어떠한 먼 곳이라도 이를 수 있다는 것이다.

중국에도 검각劍閣 아홉 굽이의 험한 잔도棧道와 태항太行과 양장羊腸처럼 위태한 재가 없는 것은 아니지만 역시 수레가 가지 못하는 곳이 없다. 그리하여 관關·섬陝·천川·촉蜀·강江·절浙·민閩·광廣 등지와 같은 먼 곳에서도 큰 장사치들이나, 또는 온 가족을 이끌고 부임赴任하러 가는 벼슬아치들의 수레바퀴가 서로 잇대어서 저의 집 뜰 앞을 거니는 것이나 다름없이 다니고, 우렁차게 꿍꿍거리는 수레바퀴 소리가 대낮에도 늘 우레 치듯 끊이지 않는다. 이제 마천摩天·청석靑石의 고개와 장항獐項·마전馬轉의 언덕들이 어찌 우리나라의 것보다 덜 위험하다 할 수 있는가? 그 큰 바위에 막혀 험준한 것은 모두 우리나라 사람들도 목격目擊한 것이지만, 그렇다고 수레를 폐하고 다니지 않는 곳이 있던가?

중국의 재화는 풍부하지만 한 곳에 몰려 있지 않고 골고루 유통流通되니 이는 모두 수레를 이용하기 때문이다.

이제 가까운 예를 들어 말하자면 다음과 같다. 우리 사행이 모든 번거로운 폐단을 없애버리고 우리가 만든 수레에 우리가 올라타고 가면 바로 연경에 닿을 것이다. 대체 무엇을 꺼리는 것일까? 영남嶺南 어린이들은 새우젓을 모르고, 관동關東 백성들은 아가위를 절여서 간장 대신 쓰고, 서북西北 사람들은 감과 감자의 맛을 분간하지 못한다. 바닷가 사람들은 새우나 정어리를 거름으로 밭에 내는데, 서울에서는 한 움큼에 한 푼씩 하니 이렇게 귀함은 무슨 까닭일까. 이제 육진六鎮의 마포麻布와 관서關西의 명주明紬, 영남과 호남의 딱종이와 해서海西의 솜·쇠, 내포內浦(충청남도 서해안)의 생선·소금 등은 모두 인민들의 살림살이에서 어느 하나 없지 못할 물건들이다. 충청도 청산靑山·보은報恩의 천 그루 대추와 황주黃州(황해도에 있다)·봉산鳳山의 천 그루 배와 흥양興陽(전남 고흥)·남해南海의 천 그루 귤橘·유자[柚], 임천林川(충청남도에 있다)·한산韓山의 수 천 이랑에서 나는 모시, 관동 지역 수천 통의 벌꿀은 모두 우리 일상에서 교역해 써야 할 것인데도, 이제 이곳에서 천한 물건이 저곳에서는 귀할 뿐만 아니라 그 이름만 알고 실제 보지 못함은 무슨 까닭일까. 그것은 오로지 멀리 운반할 힘이 없기 때문이다. 사방이 겨우 수천 리밖에 안 되는 작은 나라에 백성의 살림살이가 이다지 가난함은, 한 마디로 표현하면 수레가 다니지 못한 까닭이라 하겠다. 어떤 이가 "그러면 수레는 어찌하여 다니지 못하는 겁니까?"라고 묻는다면 이 또한 "이는 사대부士大夫들의 허물입니다."라고 한 마디로 답할 것이다. 사대부들이 평소에 글을 읽을 때, 『주례』는 성인이 지으신 글입네 하고 윤인輪人이니, 여인輿人이니, 거인車人이니, 주인輈人이니 하며 떠들어대나, 결국 그것을 만드는 기술이나 움직이는 방법에 대해서는 도무지 연구하지 않는다. 그저 글만 읽을 뿐이니 학문에 무슨 보탬 있겠는가? 기막히고 한심하다!

　　황제黃帝가 수레를 제작하여 헌원씨軒轅氏라 불린 뒤에 천 백 년 세월을 지나는 동안에 몇 성인의 심사心思·목력目力·수기手技가 마멸

되었고, 또 몇 사람의 수倕처럼 공교한 손을 거쳤으며, 또 상앙商鞅·
이사李斯 같은 이들의 제도 통일을 가져왔으니, 이는 실로 저 현관縣
官들의 학술에 비한다면 몇백 배나 나을 것이다. 그들의 정미精微한
연구와 행하기 간편함이 어찌 우연한 일이겠는가. 이는 진실로 민
생의 살림에 이익되고 나라 경영에 큰 그릇이 되는 것이다. 이제 나
는 날마다 눈에 나타나는 놀랍고 반가운 것들을 이 수레의 제도로
미루어 모든 일을 짐작할 수 있겠으며, 또한 어렴풋이나마 몇천 년
모든 성인의 고심苦心을 알 수 있겠다.

　밭에 물을 대는 도구로는 용미차龍尾車, 용골차龍骨車, 항승차恒升
車, 옥형차玉衡車 등이 있으며, 불을 끄는 방법으로는 홍흡虹吸, 학음鶴
飮 등의 기술이 있다. 전투에 사용되는 수레로는 포차砲車, 충차衝車,
화차火車 등이 있어, 이 모든 것들은 서양의『기기도奇器圖』와 강희제
가 저술한『경직도耕織圖』에 수록되어 있다. 이와 관련된 글은『천공
개물天工開物』과『농정전서農政全書』, 서광계의 저작에 설명되어 있다.
이러한 기술들을 의미 있는 연구와 함께 잘 응용한다면, 우리나라
백성들이 겪고 있는 심각한 빈곤 문제도 다소나마 해결할 수 있을
것이다. 이제 내가 보고 배운 불을 끄는 수레의 제도를 간략히 기록
하여 우리나라로 돌아가 전파하고자 한다.

　북진묘北鎭廟에서 신광녕新廣寧으로 돌아오는 밤길에, 성 밖의
한 집에서 저녁때 불이 난 것을 보았다. 그 불은 이제 겨우 진압된
상태였다. 길 위에는 방금 사용이 끝나 거두려는 세 대의 수차水車
가 있었다. 내가 그들을 잠시 멈춰 세우고 그 수차의 이름을 물어보

니, 그들은 그것을 수총차水銃車라고 불렀다. 그 제도를 살펴보니, 차에는 네 개의 바퀴가 달려 있고 그 위에 큰 나무 구유가 설치되어 있었다. 구유 안에는 큰 구리 그릇이 있으며, 그 구리 그릇 안에는 두 개의 구리 통이 들어 있었다. 구리 통 사이에는 을乙 자 모양의 목으로 된 물총이 세워져 있었다.

물총은 두 발로 이루어져 양쪽의 구리 통과 연결되어 있으며, 각 구리 통은 짧은 다리를 가지고 있어 밑부분에 구멍이 뚫려 있다. 이 구멍에는 얇은 구리로 만든 문짝이 있어 물의 흐름에 따라 열리고 닫히도록 되어 있다. 두 구리 통의 입구에는 구리로 만든 뚜껑이 있으며, 이 뚜껑은 구리 통에 정확히 맞도록 제작되었다. 구리 뚜껑 중앙에는 쇠기둥을 세워 나무를 걸쳐놓고, 이 나무는 구리 뚜껑을 누르거나 들어 올릴 수 있도록 하여, 움직임에 따라 뚜껑이 열리고 닫히게 하였다.

그런 다음 물을 구리 동이 안에 붓고 여러 사람이 나무를 밟게 되면, 구리 반이 위아래로 움직이며 주로 물을 빨아들이는 기능은 구리 반에 의해 이루어진다. 구리 반이 구리 통 목까지 올라갈 때, 구리 통 밑에 뚫린 구멍이 갑자기 열려서 바깥쪽의 물을 빨아들인다. 반대로 구리 반이 구리 통 안으로 내려갈 때, 그 밑구멍이 강하게 닫혀 구리 통 안의 물이 가득 차게 되고, 물이 넘쳐흐를 곳이 없어지므로, 물총의 뿌리를 통해 을乙 자 형태의 물총 목으로 물이 솟아올라 강하게 분출된다. 이렇게 뿜어진 물은 약 여러 길이나 되는 높이까지 솟구치며, 가로로는 30~40보 정도 뻗어나간다.

이 수총차의 작동 원리는 생황笙簧과 유사하며, 물을 긷는 사람은 단지 나무 구유에 물을 계속해서 부어 넣기만 하면 된다. 옆에 있는 다른 두 물차의 구조는 이와 다르며, 더 복잡한 곡절이 있는 것으로 보이지만, 단시간 내에 자세히 살펴보기는 어려웠다. 그러나 물을 빨아들이고 뿜어내는 이치는 거의 비슷했다.

물건을 찧고 빻는 데 사용되는 장치는 큰 아륜牙輪(즉 치륜齒輪)이 두 층으로 구성되어 있으며, 이 아륜은 쇠로 만든 원형 막대에 꿰어져 방 안에 세워져 있다. 이 틀은 움직여서 회전하게 되어 있으며, 아륜의 구조는 자명종自鳴鐘의 내부 기계와 유사하게 이빨이 들쭉날쭉하게 배열되어 있어 서로 맞물린다. 방 안의 네 구석에는 두 층으로 배열된 맷돌짝이 있고, 이 맷돌짝의 가장자리 역시 톱니와 같아 아륜의 이빨과 맞물리도록 설계되었다. 이로 인해 아륜이 한 번 회전할 때마다 여덟 개의 맷돌짝이 동시에 회전하여 순식간에 밀가루가 대량으로 생산된다. 이러한 기계적 원리는 시계의 작동 원리와 유사하다. 거리의 민가는 보통 맷돌과 나귀 한 마리씩이 있으며, 곡식을 찧을 때는 전통적으로 연자방아를 나귀가 끌게 하여 절구방아를 대신하게 한다.

가루를 치는 방법은 다음과 같다. 우선 바퀴가 세 개 달린 요차搖車를 사용하는데, 이 바퀴는 앞에 두 개, 뒤에 한 개가 달려 있으며, 수레 위에는 네 개의 기둥을 세우고 그 위에 큰 체를 두 층으로 배열하여 가볍게 흔들리도록 놓았다. 가루는 위체에 붓고, 아래체는 비워두어 위체에서 걸러진 가루가 더 세밀하게 갈리도록 한다.

요차 앞에는 막대기를 길게 놓았는데, 한쪽 끝은 수레에 연결되어 있고 다른 쪽 끝은 방 밖으로 나와 있다. 방 밖에는 기둥을 세워 막대기의 끝을 고정하고, 기둥 아래에는 큰 널빤지를 놓아 막대기가 널빤지에 닿도록 한다. 널빤지의 중앙에는 받침을 놓고 양쪽을 높여서, 마치 풀무를 작동시키듯이 막대기를 움직여 가루를 친다.

사람이 널빤지 위에 걸터앉아 발을 조금씩 움직이면 널빤지 양쪽 끝이 서로 번갈아 오르내려 널빤지 위의 기둥이 흔들리게 된다. 그러면 기둥 위 끝에 가로댄 막대가 강하게 밀고 당겨져 방안의 흔들 수레가 앞뒤로 움직인다. 방안 네 벽에는 10층으로 시렁을 매고 그 위에 그릇을 올려 놓아 날아오는 가루를 받게 되어 있다. 방 밖에 앉아 있는 사람은 책을 읽거나 글씨를 쓰거나 손님과 이야기를 하거나 못할 일이 없다. 등 뒤에서 철커덕철커덕 요란한 소리가 들려도 누가 소리를 내는지 모를 지경이다. 발 움직이는 노력은 아주 적으면서 거두는 효과는 매우 크다. 우리나라 부녀자들은 몇 말도 안 되는 가루를 한번 치려면 어느덧 머리며 눈썹이 하얗게 되고 손과 팔은 나른해진다. 같은 일임에도 힘들고 쉽고, 얻고 잃는 정도가 이 기계와 비교하여 어떠한가?

명주실을 뽑는 소차繅車는 더욱 묘하니 마땅히 본받아야 한다. 이는 아까 곡식 빻는 것과 같이 커다란 아륜을 쓰되 소차의 양쪽 머리에 톱니바퀴가 달렸는데, 그 역시 톱니가 서로 맞물려서 쉴 새 없이 저절로 돌아간다. 소차는 곧 몇 아름드리가 되는 큰 얼레이다. 수십 보 밖에서 고치를 삶되, 그 사이에는 여러 층 시렁을 매고 높은 곳에서부터 차츰 낮은 데로 기울게 하고, 시렁 머리마다 쇳조각을 세워서 구멍을 바늘귀처럼 가늘게 뚫고 그 구멍에 실을 꿴다. 틀이 움직이면 바퀴가 돌고, 바퀴가 돌면 얼레가 함께 돈다. 그 톱니가 서로 맞물려서 빠르지도 않고 느리지도 않게 천천히 실을 뽑는다. 그 움직임이 거세지도 않고 몰리지도 않게 제대로 법도가 있으므로 실이 고르지 않거나 한데 얽히거나 하는 탈이 없는 것이다. 뽑아낸 실이 솥에서 나와 얼레를 들어가기까지 쇠구멍을 두루 거치며 털과 가시랭이도 제거된다. 또 얼레에 감기 전에 실은 알맞게 말라서 말쑥하고 매끄러우므로, 다시 재에 삭히지 않아도 곧 베틀에 올릴 수 있게 되었다.

우리나라의 명주실을 뽑는 법이란 다만 손으로 훑기만 할 뿐이지 수레를 쓰지 않는다. 그러므로 사람의 손놀림에 의해 고치의 타고난 성질에 잃게 된다. 빠르고 더딘 것이 고르지 않아 실과 고치실이 성내는 듯 놀래는 듯 튕겨 나오기도 하고 실 뽑는 널판 위에 몰려 엉켜버리는가 하면, 말라버려 덩이가 지면 저절로 광택을 잃게 된다. 실밥이 얽히어 붙으면 실이 끊어졌다 이어졌다 하므로, 티를 뽑고 눈을 따서 매끄럽게 하려면 입과 손이 모두 피로하다. 이를 저 고치 뽑는 수레와 비교하면, 그 우열이 또한 어떠한가. 나는 그들에게 고치가 여름을 나도 벌레가 생기지 않는 방법을 물었더니 다음과 같이 말한다. "약간 찌면 나비도 생기지 않고, 또 더운 구들에 말려도 나비가 생기거나 벌레도 먹지 않으므로 겨울철이라도 실을 뽑을 수 있지요!"

오는 길에서 자주 상여喪轝를 만났다. 상여 제도는 일관되지 않고 매우 거칠어 보인다. 거의 두 칸 방만하고 오색 비단으로 휘장을 치고, 거기다 구름·꿩·참새 같은 여러 가지 그림을 그려 넣었다. 상여 꼭대기는 혹은 은실 혹은 오색 실로 땋아 늘이었다. 양쪽 상여 채 길이는 거의 7~8발이나 되는데, 붉은 칠을 하고 도금한 구리를 올려서 장식했다. 횡강목橫杠木(멜대)은 앞뒤에 각기 5개인데, 길이는 역시 3~4발은 된다. 그 위에 짧은 막대기를 걸쳐서 양쪽을 어깨에 메게 되었다.

상여꾼은 적어도 수백 명이고, 명정銘旌은 모두 붉은 비단에 금자金字로 썼다. 명정대는 세 길이나 되는데 검은 칠을 하고 금빛 나는 용을 그렸다. 깃대 밑에는 발을 달고, 거기에 역시 막대기 두 개를 가로 놓아서 반드시 아홉 사람이 멘다. 붉은 일산 한 쌍, 푸른 일산 한 쌍, 검은 일산 한 쌍, 수레 앙장仰帳 대여섯 쌍이 이에 따르고 그 뒤로 생황·퉁소·북·나팔 등 악대가 따른다. 승려와 도사들이 각기 그 구색을 차리고 불경과 주문呪文을 외면서 그 뒤를 따른다. 중국의 모든 일이 간편함을 위주하여 하나도 헛됨이 없는데 이 상여만은 알 수 없는 일이다. 이는 물론 본받을 것이 못 된다.

희대戲臺

절이나 관觀(도사가 깃들이는 건물)이나, 사당의 맞은편 문에는 반드시 희대戱臺가 하나씩 있다. 들보의 수가 모두 일곱 혹은 아홉이므로 드높고 깊숙하고 웅걸하여 보통 점방과는 비교할 수 없다. 이렇게 깊고 넓지 않으면 만 명이나 되는 사람을 들일 수 없는 까닭이다. 걸상, 탁자, 의자며 평상 등 앉을 자리가 적어도 천 개 정도는 되는 듯하며 붉은 칠이 정밀하면서도 호화스럽다.

연로 천 리 길엔 가끔 삿자리로 누樓·각閣·궁宮·전殿의 모양을 본떠서 높은 희대戱臺(놀이 무대)를 만들었는데, 그 만든 솜씨가 기와집보다 더 나아 보였는데, 현판에 '중추경상中秋慶賞'이라 하였고, 또는 '중원가절中元佳節'이라고 써 놓기도 하였다. 작은 시골 동네에 사당이 없는 곳이면 반드시 정월 보름과 8월 보름을 맞이해 이러한 삿자리로 희대를 만들어 여러 가지 광대놀이를 공연한다. 일찍이 고가포古家舖를 지나다가 보니, 길에 수레가 끊이지 않고 수레마다 여인들 일곱여덟 명씩 탔는데 모두 진한 화장에 고운 나들이 차림새였다. 수백 대의 수레를 탄 이는 모두 소흑산小黑山에 가서 광대놀이를 구경하고 해가 저물어서 돌아가는 시골 부인네들이었다.

시사市肆

이번 천여 리 길에 목도한 시포市舖는 봉성·요동·성경·신민둔·소흑산·광녕 등지였다. 그 크고 작고, 사치하고 검소한 구별이야 없지 않겠지만 그중 성경이 가장 화려한 편이다. 채색 창과 장식한 방들은 길가에 연이어 늘어서 있고 술집의 금빛 푸른 빛 단청은 더욱 장관이었다. 다만 의문인 것은 처마 밖에 불쑥 내민 아롱진 난간이 여름 장마를 겪고도 그 단청 빛이 바래지 않은 것이었다.

봉성은 동쪽 변두리이기에 더 나아갈 여지 없는 궁벽한 곳이지만, 그곳의 의자·탁자·주렴·휘장·담요 등의 모든 도구라든가 꽃과 풀까지도 모두 우리로서는 처음 본 것이었다. 게다가 그 문패며 간판들이 서로 사치·화려함을 다투듯 한다. 그 겉치레를 위해 돈을 낭비하기는 하지만 이렇게 하지 않으면 장사가 잘 되지 않을 뿐 아니라 재신財神이 돕지 않는다고 한다.

그들이 모신 재신은 대부분 관공關公(관우)의 소상이었다. 탁상에 향불을 피우고 아침저녁으로 머리를 조아리며 절하는 모양새가 가묘家廟보다 더하다. 이로 미루어 보면 산해관 안의 습속을 짐작할수 있다.

길을 오가면서 물건을 파는 장사치들은 혹은 큰 소리로 호객한다. 그러나 푸른 천을 파는 장수는 손에 든 작은 북을 흔들고, 머리를 깎는 이는 양철판을 두드리고, 기름 장수는 징을 친다. 또 더러는 죽비나 목탁 따위를 갖고 다니는 자도 있다. 그들이 거리를 누비며 끊임없이 치고 두드리면 집 안에서 작은 아이들이 달려나와 이를 부른다. 그들이 큰 소리로 물건 사라 외치지 않아도 두드리는 소리만 들으면 무엇을 파는 것인지 누구나 알게 된다.

점사店舍(여관)

여관은 뜰이 넓어서 적어도 수백 보는 된다. 그렇지 못하면 수레와 말과 사람들을 수용하지 못할 것이다. 그러므로 문에 들어가서도 한 마장을 달리어야 전당前堂에 이르니, 그 넓음을 짐작할 수 있겠다. 행랑 사이에 의자·탁자 40~50개가 놓였고 마구간에는 길이가 두세 칸, 너비가 반 칸쯤 되는 돌 구유가 있었는데 돌이 아니면 벽돌을 쌓아서 돌 구유처럼 만들었다. 뜰 가운데 역시 나무통 수십 개를 나란히 두고는 양쪽 머리에 아귀진 나무로 받쳐 두었다.

그릇들은 오로지 그림을 그려 넣은 도자기를 쓰고, 백통·놋쇠·주석 등의 그릇은 보이지 않는다. 아무리 궁벽한 두메에 다 허물어져 가는 집에서라도 날로 쓰는 밥주발·접시 등속은 모두 울긋불긋 그림을 아로새긴 것들이다. 이는 반드시 사치를 숭상해서 그런 것이 아니라 그릇 굽는 이들의 솜씨가 본시 그러해서 아무리 소박한 것을 쓰려 해도 구할 수 없는 것이다. 그리고 자기가 깨어져도 버리지 않고 밖으로 쇠못을 쳐서 다시 쓴다. 다만 내가 궁금한 건 못이 그릇 안을 뚫고 들어가지 않고도 깨진 조각이 단단히 아물려 절대 물러앉지 않고 감쪽같다는 것이다.

높이 두 자나 되는 여러 가지 빛깔의 모난 술잔과 오지병이며, 꽃과 잎을 꽂은 병과 두루미 같은 것은 어딜 가나 흔히들 있다. 이로써 보건대 우리나라 분원分院에서 구운 것은 저자에 들어올 수도 없을 것들이다. 아아, 그릇 굽는 법 한 가지가 좋지 못하여 온 나라의 모든 일과 모든 물건이 그 그릇과 같아서 마침내 한 나라의 풍속을 이루었으니 어찌 통탄할 일이 아니겠는가?

교량橋梁

다리는 모두 무지개 다리[虹蜺]여서 다리 밑이 성문과 같다. 큰 것은 돛단배가 마음대로 지나갈 수 있고, 작은 것도 거룻배는 지나다닐 수 있다. 돌 난간에는 구름 무늬와 공하蚣蠏·교리蛟螭 등을 새겼고, 나무 난간에도 역시 단청을 입혔다. 그리고 양쪽 다리목에는 모두 팔八 자로 된 담을 쌓아서 이를 보호한다. 건너온 다리 중에서 만보교萬寶橋·화소교火燒橋·장원교壯元橋·마도교磨刀橋가 가장 큰 것들이다.

16일 임진壬辰

날이 개었다.

정 진사·변 주부·내원과 이날도 서늘한 새벽에 먼저 떠나기로 약속했다. 신광녕에서 흥륭점興隆店까지 5리, 쌍하보雙河堡 7리, 장진보壯鎭堡 5리, 상흥점常興店 5리, 삼대자三臺子 3리, 여양역閭陽驛 15리, 모두 40리를 와서 점심을 먹었다. 이곳에서부터 등마루 없는 집이 시작된다. 여양역에서 두대자頭臺子까지 10리, 이대자二臺子 5리, 삼대자 5리, 사대자四臺子 5리, 왕삼포王三舖 7리, 십삼산十三山 8리 이날 80리를 가 십삼산에서 묵었다.

이날 새벽 신광녕을 떠날 때 지는 달이 아직 땅 위에서 가까이 있었다. 서늘하고 둥그런 달에 계수나무 그림자가 드리우고 옥토끼와 은두꺼비는 금방이라도 손으로 만져볼 수 있을 것 같았다. 항아姮娥(달 속에 산다는 선녀)의 하늘거리는 흰 옷자락은 살결이 어룽대며 비치는 듯하다. 나는 정군鄭君을 돌아보면서 말했다.

"참 괴이한 일일세. 오늘은 해가 서쪽에서 돋는구려."

정군 그것이 달인 줄도 모르고 아무렇게나 대답한다.

"아닌 게 아니라, 새벽에 숙소를 떠나다 보니 정말 동서남북을 가리기 어렵소이다."

이 말에 모두들 크게 웃었다. 조금 뒤에 달이 점점 기울어짐을 보고서야 정군도 역시 크게 웃었다.

아침노을이 부드럽게 일어 먼 나무 끝에 가로 뻗치더니, 별안간 천만 가지 이상한 봉우리로 화하여 맑은 기운 탄탄한 형세가 마치 용이 서린 듯 봉이 춤추는 듯 천리 벌에 가없이 뻗쳤다. 나는 정을 돌아보며 말했다.

"장백산이 불쑥 눈에 드는 듯하구만."

이에 정군뿐만 아니라 모두들 기이하다고 외쳐댔다. 그러나 조금 뒤에 구름과 안개가 말끔히 걷히니, 해가 이미 서 발은 솟았는데 하늘에는 한 점 티끌도 없다. 별안간 먼 마을 나무숲 사이로 새어드는 빛이 마치 맑은 물이 하늘에 고여서 어린 듯, 연기도 아니며 안개도 아니요, 높지도 낮지도 않고 늘상 나무 사이를 감돌며 훤하니, 비치는 품이 마치 나무가 물 가운데 선 것 같고, 그 기운이 차츰 퍼지며 먼 하늘에 가로 비낀다. 흰 듯도 하고, 검은 듯도 한 것이 마치 큰 수정 거울과 같아서 오색이 찬란할뿐더러 또 한 가지 빛인 듯 기운인 듯 그 무엇이 있다. 비유 잘하는 이도 흔히들 강물빛 같다 하고 또는 호수湖水빛 같다 하나, 말끔하고도 어리어리한 것이 그 무엇인지는 실로 형언하기 어렵다. 그리고 동네와 집, 수레와 말들이 모두 그림자가 거꾸로 비친다. 태복이 말했다.

"이것이 곧 계문연수薊門煙樹 올시다."

내가 말했다.

"계주薊州라면 여기서 천 리 길인데 연수가 있다니 무슨 말인 게냐."

그러자 의주義州 상인 임경찬林景贊이 말했다.

"계문이 비록 이곳에서 멀지만 이를 통칭 '계문연수薊門煙樹'라 하지요. 날씨가 청명하고 바람이 잔잔한 때면 요동 천 리 벌에 늘상 이 기운이 있사오나, 계주에 들어가더라도 만일 바람이 불고 날씨가 음산하면 볼 수 없습니다. 통상 겨울 날씨가 고요하고 따뜻하면 산해관 안팎에서 날마다 볼 수 있습죠."

마침 이날은 여양閭陽 장이 서는 날이었다. 온갖 물화가 모여들고 수레와 말이 거리에 가득 찼다. 조각한 듯한 초롱 속에 가지가지 새를 넣어서 그 이름이 매화조梅花鳥니, 요봉幺鳳이니, 오동조梧桐鳥

니, 화미조畵眉鳥니 하여 형형색색이다. 새 장수는 수레가 여섯, 우는 벌레를 실은 수레가 둘이어서 그 지저귀는 소리에 온 장판이 마치 깊은 산 속에나 들어온 듯싶다.

국화차[菊茶] 한 잔, '불불[餑餑, 호떡]' 두 덩이를 사 먹고, 거기서 역관譯官 조명회趙明會를 만나서 어떤 술집에 들어가니, 마침 소주를 내린다기에 다른 집으로 옮기려 했더니 술집 아범이 성을 내고 명회에게 달려들어 머리로 앙가슴을 받으며 꼼짝 못 하게 한다. 명회는 할 수 없이 웃으며 자리로 돌아와 돼지고기 볶음 한 쟁반, 달걀지진 것 한 쟁반, 술 두 주발을 사서 배불리 먹은 뒤 떠났다.

멀리 십삼산을 바라보니, 산맥이 뻗어 내린 자취나 끊어진 흔적도 없이 별안간 큰 벌판 가운데에 열세 무더기의 돌 봉우리가 날아와 앉은 듯하여, 그 보일락말락 기이하게 솟은 품이 마치 여름 하늘에 피어오르는 구름 봉우리 같다.

수염이 하얗게 센 늙은이가 손에 조그만 낚싯대를 들고 그 끝에 고리를 달아서 참새 한 마리를 앉히고 색실로 발을 잡아매어 길로 다니고 있다. 그 새 짐승을 놀리는 양이 거의 다 이러하다. 더위에 지쳐서 졸리므로 말에서 내려 걷기로 했다. 7~8세쯤 되는 아이 하나가 머리에는 새빨간 실로 뜬 여름 모자를 쓰고 몸에는 고동색 운문사雲紋紗 두루마기를 입고 공단 까만 신을 신었는데, 걸음걸이가 사뿐사뿐하며 얼굴이 눈빛 같고 눈매가 그린 듯싶다. 내 부러 길을 막아섰는데, 아이는 놀라지도 않고 두려워하는 빛도 없이 앞에 와 공손히 절하고 땅에 엎드려 머리를 조아린다. 나는 황망히 안아 일으켰다. 그 뒤에 한 노인이 멀찌감치 따라오면서 웃음을 머금고 말했다.

"이 애는 이 늙은이의 손주라오. 영감께서 이놈을 귀여워하시니, 이 몸이 무슨 복을 탔는지 모르겠소이다."

하기에, 나는 그 아이에게 물었다.

"나이는 몇 살이냐."

아이는 손가락을 꼽아서 보이며 말했다.

"아홉 살입니다."

"네 이름은 무엇이더냐."

"성은 사謝입니다."

아이는 이내 신발 속에서 작은 쇠빗鐵篦 하나를 꺼내어 땅에다 '효는 백행百行의 근본이요[孝百行之源], 수는 오복五福의 으뜸[壽五福之首]'이라 써 놓고 다시 말했다.

"할아버지께서 제가 사람의 자식이 되어서는 효도해야 하고, 또 오래 살아야 한다 라 하시고 '효'·'수' 두 글자를 합하여 효수孝壽라고 이름을 지어 주셨습니다."

나는 너무나 놀라워 다시 물었다.

"지금 무슨 글을 읽느냐."

효수가 대답한다.

"두 책은 벌써 외고 지금은 『논어』 학이편學而篇을 읽는 중입니다."

나는 다시 물었다.

"두 책이라니 무슨 책이냐?"

"『대학大學』·『중용中庸』입니다."

"그러면 강의講義도 이미 끝났느냐?"

"두 책은 외우기만 하였고, 『논어論語』는 강의講義를 받고 있는 중입니다."

그러고는 효수가 내게 물었다.

"선생께서는 성이 무엇입니까?"

"내 성은 박朴이야."

"『백가원百家源』[14)에도 없는 것이옵니다."

노인은 내가 그 손자를 귀여워함을 보고는, 만면에 웃음을 띠며 말했다.

"고려에서 오신 어르신께서는 부처님 같은 분이군요. 분명 슬하에는 많은 봉새 같은 아드님에 기린 같은 손주님을 두셨을 텐데, 그 마음으로 남의 어린아이까지 귀여워하시는 게죠."

"내 나이는 많으나 아직 손자를 보지 못하였습니다."

나는 이렇게 답하고 연이어 물었다.

"노인께서는 연세가 얼마나 되셨나요."

"헛되이 쉰여덟이나 되었소이다."

나는 손에 들었던 부채를 아이에게 주니, 노인은 허리춤에서 쇠사슬 고리에 달아매어 찼던 비단 수건과 아울러 부시까지 겹쳐

---

14) 중국인들의 성을 모아 놓은 책.

주면서 사례한다. 나는 노인에게 사는 곳이 어디인지 물었더니, 그
가 대답했다.

"여기에서 멀지 않은 왕삼포王三舖에서 살고 있습니다."

"영손令孫(남의 손주를 높이는 말)이 매우 성숙하고 총명하니 옛날 위
진시대 왕王·사가謝家의 풍류에 부끄럽지 않겠소이다."

"조상 때부터 내려오는 계통이 끊인 지 이미 오래이니 어찌 강
좌江左(강소성江蘇省)[15]의 풍류를 다시 바라오리까."

길이 바빠서 서로 작별하니, 아이가 공손히 읍하며 인사했다.

"어르신, 옥체보중 하옵소서."

나는 길을 가면서도 그 아이의 기특한 모습과 거동이 눈에 밟
혔다. 또 사씨謝氏 노인이 땅바닥에 쓴 몇 마디 말로써 서로 더불어
이야기할 만한 사람임을 충분히 짐작했으나 갈 길이 바빠서 그 집
을 찾지 못하였음이 한스럽다.

17일 계사癸巳

날이 개었다.

아침에 십삼산을 떠나 독로포禿老舖까지 12리, 배로 대릉하大陵
河를 건너기까지 14리, 대릉하점大陵河店이 4리, 이곳에서 묵었다. 이

---

15)   양자강 하류의 동쪽 지역으로 오늘날 강소성江蘇省 일대인데 동진東晉의 행정구역임.

날 겨우 30리를 갔다.

대릉하는 그 근원이 장성 밖에서 시작하여, 구관대九官臺와 변문을 뚫고 광녕성을 지나 두산斗山을 나와서, 금주위錦州衛 지경에 들어와 점어당點魚塘에 이르러, 동으로 바다에 든다.

호행통관護行通官 쌍림雙林은 곧 조선수통관朝鮮首通官 오림포烏林哺의 아들이며, 집은 봉성에 있다. 말은 호행이라 하지만 저는 태평차를 타고 뒤를 따를 뿐이며, 그의 행동거지는 우리 사행의 관할할 바가 아니다. 그는 하인 넷을 거느렸는데, 하나는 성이 악鄂이라 하여 연로의 조석 공궤供饋(윗사람에게 음식을 드림)와 말 먹이는 일만을 맡아보고, 또 하나는 이李인데 매를 가지고 그저 길에서 꿩 사냥만 일삼고, 또 하나인 서徐는 제 말로 의주 부윤 서모徐某와는 서로 일가 간이라 하며, 또 하나는 감甘인데 그들은 모두 조선 사람이고 나이도 열아홉 살이며 눈매가 아름다워서 쌍림의 길동무들이라 한다. 그러나 우리나라에는 감甘이란 성은 없으니 의심스럽다.

내 책문에 든 지 10여 일이 되어도 쌍림의 얼굴조차 보지 못했다. 통원보通遠堡의 시냇물을 건널 때 언덕에 오르던 차였다.

"물살이 세구나."

내가 이렇게 말하자, 이때 언덕 위에 깨끗하게 차린 청인 하나가 우리 역관들과 함께 서 있다가 갑자기 우리말을 한다.

"물살이 셉니다. 잘 건너십시오."

쌍림은 연산관에 이르러서 수역에게 물었다.

"아침나절 물 건널 때 얼굴에 위엄이 있던 이가 누구요?"

"정사 어르신과 일가 형제 되시는 분이오. 글을 잘 아셔서 구경하러 오셨답니다."

"그러면 사점四點인 게요?"

"아니오, 정사 어르신의 적친嫡親 삼종형제三從兄弟입죠."

"그럼, 이량위첸[伊兩羽泉]이구먼."

'이량위첸'이란 중국 말로 1냥 5전(한 냥 닷 돈)을 말한다. 1냥 5전을 우리 말로 하면 한 냥 반, 즉 곧 양반兩半이다. 우리나라에서 사족士族을 양반兩班이라 하니, 양반兩半과 양반兩班이 음이 같으므로, 쌍림이 '이량우첸[一兩五錢]'이라 하여 은어隱語를 쓴 것이다. 사점四點이란 서庶 자이니 우리나라 서얼庶孽을 일컫는 은어이다.

사행이 갈 때마다 사무를 맡은 역관이 공비公費로 은 4천 냥四千兩을 가져 가서 5백 냥은 호행장경護行章京에게 주고, 7백 냥은 호행통관에게 주어 찻삯과 여관비에 쓰게 되었으나, 실상은 한 푼도 쓰는 일이 없이 상사와 부사의 주방廚房에서 돌려가면서 두 사람을 먹인다. 쌍림은 그 사람됨이 교활하고 조선말을 잘한다고 한다. 앞서 소황기보小黃旗堡에서 점심을 먹을 때 여러 비장·역관들과 둘러앉아서 한담을 하고 있자니, 쌍림이 밖에서 들어왔다. 여러 사람이 모두 반겨 맞았다. 쌍림이 부사의 비장 이성제李聖濟와 다정하게 이야기하고 또 내원을 향하여 말을 붙였다. 그것은 이 두 사람이 두 번째 길이어서 구면이기 때문이다. 내원이 쌍림에게 말했다.

"내, 영감께 섭섭한 일이 있소."

"무슨 섭섭한 일이오니까."

"정사께서는 비록 작은 나라의 사신이라 할지라도 우리나라에서는 정일품正-品 내대신內大臣이므로 황제께서도 각별히 예법으로 대우합니다. 영감은 대국 사람이지만 조선의 통관이니 우리 사또에게 마땅히 체면을 지켜야 할 것이어늘, 정사, 부사께서 말을 갈아타실 때마다 길가에 가마를 멈추시는 데마다 영감들은 마땅히 수레를 멈춰 기다려야 할 것인데, 그렇지 않고 번번이 수레를 그냥 몰아서 지나면서 조금도 거리낌이 없으니 이 무슨 도리요. 이래서 장경章京도 영감을 본받으니 더욱 한심한 일이외다."

"그것은 당신이 모르는 거요. 대국의 체모가 당신네 나라와는 훨씬 다르오. 대국에서 칙사가 가면 당신네 나라 의정대신議政大臣이 우리들과 평등하게 대접하여 말도 서로 공경하는 것입니다. 그런데 그대는 갑작스레 새 법을 지어내겠다는 말이오?"

그가 화를 내며 말했다. 역관 조학동이 내원에게 눈짓하여 더 다투지 말라 하였으나, 내원은 한층 소리를 높여 말한다.

"그럼, 영감의 종놈은 어느 존전이라고 손에 매를 낀 채 의기가 양양하게 지나간단 말이오. 그건 해괴한 일이 아니오. 이제 다시금 그런 걸 보면 내 곧 곤장을 내릴 테니 영감은 괴이하게 여기지 마시오."

"그것은 아직 못 보았소. 만일 내가 보기만 하면 단매에 처치해 버리겠소."

그는 조선말을 잘한다지만 가장 분명하지 못하고 다급하면 도로 북경말을 쓰곤 한다. 공연히 7백 냥 돈을 허비하니 실로 아까운 일이라 아니할 수 없겠다. 내가 이때 종이를 꼬아서 코를 쑤시는데 쌍림이 제 코담배 용기를 풀면서 내밀었다.

"재채기를 하시렵니까?"

나는 그와 말을 섞기도 싫고 또 코담배 용기 사용법도 알지 못하므로 받지 않았다. 쌍림이 날 보고 몇 번이나 말을 걸고 싶어 했으나 내가 더욱 도사리고 앉으니 그는 곧 일어나서 나가 버렸다. 그 뒤에 역관들의 말을 들으니 쌍림이 내가 저와 수작을 건네지 않으므로 괜스레 일어나 몹시 성을 냈다고 한다. 그리고 그 아비가 항상 관청에 앉아 있으니 만일 쌍림의 화를 사면 구경하러 드나들 때 반드시 말썽이 있을 것이고, 또 속담에 웃는 낯에 침 못 뱉는다고, 저번 쌍림을 냉대한 것은 재미없는 일이라고들 한다. 나 역시 마음에 그러려니 여겼다. 이윽고 사행은 먼저 떠나고, 나는 곤히 잠들었기 때문에 늦게 일어나서 마침 밥상을 물리고 행장을 차리는 차에 쌍림이 들어온다. 나는 웃는 얼굴로 맞이하며 말했다.

"영감, 한참 못 뵈었구려. 근자에 잘 지내셨습니까?"

쌍림이 좋아하며 자리에 앉아 삼등초三瞪草(평안남도 산 좋은 담배)를 달라고 했다. 또 자기 집에 붙일 주련柱聯도 요구하며, 또 내가 먹는 진짜 청심환과 단오端午에 기름 먹인 접부채를 달라고도 한다. 나는 일일이 머리를 끄덕이며 대답했다.

"수레에 실은 짐이 도착되면 다 드리지요."

나는 이어서 "내 먼 길에 말을 타고 왔기에 퍽 고단하니 한 정거장만 당신과 한 수레에 타고 갔으면 좋겠소."라고 하였다.

그는 흔쾌하게 승낙하며 말했다.

"공자公子와 함께 타고 간다면 이 길이 퍽 제게 영광이겠소."

하고, 곧 함께 떠날 즈음에 쌍림이 수레 왼편을 비워서 나를 앉히고 제가 스스로 몰아갔다. 쌍림은 또 장복을 불러서 오른편에 앉히고는 이렇게 말했다.

"내가 조선말로 묻거든 너는 북경말로 대답하여라."

둘이서 수작하는 것을 들으니 우스워서 허리를 잡을 지경이었다. 한편 쌍림의 조선말은 세 살 먹은 아이가 밥 달라는 말이 밤 달라는 듯싶고, 또 한편 장복의 중국 말은 반벙어리가 이름 부르는 듯 언제나 애쫓 하는 소리만 거듭한다. 혼자서 보기는 참 아까운 일이다. 쌍림의 우리말이 장복의 중국말보다 어림없이 못 하여 말끝마다 존비尊卑를 가려 쓸 줄 모르고, 게다가 말 마디를 굴릴 줄 모른다. 그가 장복에게 물었다.

"너, 우리 아버지를 보았니."

"칙사 나왔을 때 보았소이다. 대감大監 수염이 멋집디다. 내가 보행으로 뒤를 따르며 권마성勸馬聲을 거푸 지르니, 대감이 눈에 웃음을 가득 담고 '네 목청이 좋아. 그치지 말고 불러라.' 하시기에 나는 쉬지 않고 외쳤더니 대감이 연방 '좋다, 좋아.' 하시고, 곽산郭山에 이르러선 손수 차담茶啖을 주시었다오."

"우리 아버지 눈이 흉해 보이지 않냐?"

장복은 껄껄 웃더니 답한다.

"마치 꿩 잡는 매 눈과 같더군요."

하니, 쌍림은,

"옳아."

그러더니 다시 묻는다.

"너, 장가들었나."

"집이 가난해서 아직 못 들었습니다."

"하하, 불상不祥하군, 불상해."

한다. '불상'이란 우리말로 '아아, 안 됐군.' 가엾다며 탄식하는 말이다. 쌍림은 다시 물었다.

"의주 기생이 몇 명이나 되느냐?"

"아마 30~50명은 됩죠."

"예쁜 이도 많겠지?"

"많다 뿐이겠소? 양귀비楊貴妃 같은 것도 있고, 서시西施 같은 것도 있소. 이름이 유색柳色이라는 기생은 수줍은 꽃, 밝은 달 같은 자태가 있고, 또 춘운春雲이란 기생은 구름을 멈추고 남의 애를 끊을 만큼 창唱을 잘한다오."

쌍림이 손뼉을 치고 킬킬대며 말한다.

"이런 기생이 있다면 내가 갔을 때에는 왜 나타나지 않았나?"

"말 마시오. 한 번만 보시면 대감님 따위는 혼이 그만 구만리 장천長天 구름 밖으로 날아가 버리고, 갖고 있던 만 냥 돈이 저절로 사라져 저 압록강을 건너지 못하고 의주 귀신이 되었을 것입니다."

하니, 쌍림은 손뼉 치고 깔깔거리면서,

"내 다음번 칙사를 따라 가거든 네가 가만히 데려오렴."

장복은 머리를 절레절레 흔들며 말했다.

"안 될 겁니다. 남에게 들키면 둘 다 목이 달아날 수 있습죠."

그러고는 둘이 모두 한바탕 크게 웃는다. 이렇게 주고받고 하면서 30리를 갔다. 이는 대개 둘이 서로 피차의 말을 시험하려 한 것인데 장복은 겨우 책문에 들어온 뒤 길에서 주워들은 데 불과하나, 쌍림이 평생 두고 배운 것보다 더 잘한다. 이로 보아 우리말보다 중국말이 쉽다는 걸 이제야 알겠다.

우리가 탄 수레는 삼면을 초록빛 천으로 휘장을 두른 뒤 걷어 올리고 좌우로 주렴을 드리우고 앞에는 공단으로 차일을 쳤다. 수레 안에는 이불이 놓였고, 한글로 쓴 『유씨삼대록劉氏三代錄』몇 권이 있다. 언문諺文 글씨가 형편없을 뿐 아니라 책장이 해어진 것이 있다. 내가 쌍림더러 읽으라 하였더니, 쌍림이 몸을 흔들면서 소리를 높여 읽었으나 도무지 말이 이어지지 않고 뒤죽박죽이다. 입 안에 가시가 돋친 듯 입술이 얼어붙은 듯 군소리를 수없이 내었다. 내 역시 한참 들어도 멍하니 무슨 소린지 알 수 없다. 이래서야 늙어 죽도록 조선말을 익힐 수 없을 듯했다. 길에서 사행이 말을 갈아타는데 쌍림이 수레에서 뛰어 내려 점포 속으로 몸을 숨겼다가 사행이 떠난 뒤에 천천히 수레에 올랐다. 전날 내원이 그를 책망했을 때 그 자리에서 버티기는 하였지만 마음속으로는 움츠러들었던 모양이다.

18일 갑오甲午

날이 개었다.

새벽에 대릉하점大凌河店을 떠나 사동비四同碑까지 12리, 쌍양점雙陽店 8리, 소릉하小凌河 10리, 소릉하교小凌河橋 2리, 송산보松山堡 18리, 모두 50리를 가서 점심을 먹었다. 송산보에서 행산보杏山堡까지 18리, 십리하점十里河店 10리, 고교보高橋堡 8리, 모두 36리, 이날은 80리를 가서 고교보에서 묵었다.

사동비 근처에 이르니, 길가에 큰 비석 넷이 있는데 그 제도가 꼭 같으므로 지명을 사동비라 한 것이다. 그중 하나는 만력萬曆 15년(1587) 8월 29일에 왕성종王盛宗(명말에 요동 장수)을 요동전둔유격장군遼東前屯遊擊將軍으로 삼는다는 칙문敕文을 새겼고, 위에는 광운지보廣運之寶를 찍었는데 비문 가운데 노추虜酋라는 두 글자는 모두 지워 버렸다.

두 번째는 만력 15년 11월 4일에 왕성종을 요동도지휘체통행사遼東都指揮體統行事로 삼아서 금주金州 지방을 지킨다는 칙문을 새긴 것이다. 그 세 번째는 만력 20년(1592) 9월 3일에 왕평王枰(명말 요동의 장군)으로 요동유격장군遼東遊擊將軍을 삼는다는 칙문을 새긴 것인데, 위에는 칙명지보敕命之寶를 찍었고, 그 넷째는 만력 22년(1594) 10월 10일에 왕평으로 유격장군금주통할遊擊將軍錦州統轄을 삼는다는 칙문을 새겼고, 위에는 광운지보廣運之寶를 찍었다.

왕평은 왕성종의 아들 혹은 조카인 듯싶다. 그들이 노추를 잘

막았다 하여 신종 황제神宗皇帝가 칙명을 내려 이를 표창하고, 큰 돌을 갈아 칙문과 고신告身(사령장辭令狀)을 새겨서 세상 사람들에게 알리려 했다. 그러나 성종이 만일 요동에서 대대로 장수의 직책에 있었다면, 무슨 연유로 임진년에 왜적을 칠 때 참전하지 않았는지 알지 못하겠다.

사행단의 비장들이 이곳에 이르면 반드시 이 비석에다, '모일 모시에 관關에 나왔고 모일 모시에 이곳을 지난다.'고 써 놓았다고 한다. 놓아서 기르는 말이 곳곳마다 떼를 지어 한 곳에 천여 마리씩 몰리어 다니는데 모두 흰 빛깔이다.

다시 소릉하를 건넜다. 수레에 몇 천 바리의 쌀을 싣고 지나가는데 먼지가 하늘을 덮는다. 이는 해주海州에서 금주錦州로 실어 들이는 것이다. 사나운 바람이 일기에 내가 먼저 말을 달려 사관에 들어가 한숨 자고 나니, 정사가 뒤따라 들어와 말했다.

"낙타 수백 마리가 쇠를 싣고 금주로 가더군."

나는 공교롭게 두 번이나 낙타를 보지 못했다. 강가에 민가 몇백 호가 있던 것이 지난해 몽고의 침략을 입어서 모두 아내들을 잃고 몇 리 밖으로 옮겨갔다 한다. 이제 그 길가에 허물어진 담이 둘렸으나 네 벽만이 쓸쓸하게 서 있을 뿐, 강가 아래위에 흰 장막을 치고 파수를 보고 있다.

대개 이 강에 살던 수백 호의 사람들이 지난해 몽고의 공격을 받아 아내를 잃고 몇 리 떨어진 곳으로 옮겨 간 상태였다. 송산松山에서부터 행산杏山·고교高橋를 거쳐 탑산塔山까지의 백여 리 사이에는 동리나 점포가 있기는 하나 가난하고 쓸쓸하여 그들은 조금도 생업을 영위할 처지가 못 되는 듯했다.

슬프도다! 이곳이 곧 옛날 숭정崇禎 경진庚辰·신사辛巳 연간(1640~1641)에 피 흘리던 마당이다. 이제 벌써 백여 년이 지났건만 아직도 소생하는 기색이 뵈지 않으니, 그 당시 용과 범들의 싸움이 격렬하였음을 짐작할 수 있겠다.

지금 황제가 엮은 전운시全韻詩 주注에 다음과 같이 쓰여 있다.

"숭덕崇德 6년(1633) 8월에 명의 총병 홍승주洪承疇가 구원병 13만 명을 송산에 모으니, 태종太宗이 곧 군사를 거느리고 떠나려 할 때 마침 코피를 쏟았는데, 일이 시급하자 증세가 더욱 심하여 사흘 만에 겨우 그쳤다. 제왕諸王과 패륵貝勒들이 천천히 행군하기를 청했으나 태종은 싸움에 이기려면 행군을 빨리해야 한다 하고는, 빨리 달려서 엿새 만에 송산에 이르러 군사를 송산·행산 사이에 풀어서 한길을 가로막았다. 이에 명의 총병 여덟 명이 전봉을 범하는 것을 모두 쳐 무찌르고 그들이 필가산筆架山에 쌓아 둔 양식을 빼앗고, 해자를 파서 송산·행산의 길을 끊어버렸다.

이날 밤 명의 여러 장수가 칠영七營의 보병을 거두어 와서 송산성松山城 가까이 진을 쳤다. 이에 태종이 여러 장수들에게 오늘 밤 들어 적병이 반드시 도망치리라 하고, 이내 호군護軍 오배鼇拜 등으로 사기四旗의 기병을 거느리고 전봉과 몽고 군사가 함께 나란히 진을 펴고 곧 바닷가에 닿게 하고, 또 몽고 고산액진固山額眞 고로극固魯

克(액진의 이름인 듯하다) 등에게 명하여 행산 길에 매복하였다가 적을 맞아서 치게 하고, 예군왕睿郡王에게 명하여 금주로 가서 탑산 한길 에 이르러 가로질러 적을 치게 하였다.

이날 밤 초경初更(오후 6시 전후)에 명의 총병 오삼계吳三桂[16] 등이 바닷가로 도망치는 것을 서로 잇대어 추격하고, 또 파포해巴布海(청 태조의 열한째 아들) 등을 시켜서 탑산 길을 차단하게 하였다. 무영군왕 武英郡王 아제격阿濟格에게는 명하여 역시 탑산으로 가서 적을 쳐부수 게 하며 패자貝子 박락博洛(청 태조의 손자)에게 군사를 거느리고 상갈이 채桑噶爾寨에 가서 적을 쳐부수게 하였다. 고산액진 담태주譚泰柱[17]에 게는 명하여 소능하에 가서 바닷가까지 이르러 적의 돌아가는 길 을 끊게 하였으며 매륵장경梅勒章京 다제리多濟里에게 명하여 패하여 달아나는 적을 추격하게 하였다. 또 고산액진 이배伊拜[18] 등을 보내 어 행산의 사방에서 명병明兵이 행산으로 도망하여 들어오는 것을 치게 하고, 몽고 고산액진 사격도思格圖 등을 보내어 그들의 도망하 는 군사를 추격追擊하게 하였다. 또 국구國舅 아십달이한阿什達爾漢(청 태종 장인으로 추정) 등에게 명하여 행산의 병영을 살펴 만일 그곳이 적 절치 않거든 다른 곳을 골라서 옮기게 하였다. 그 이튿날 예군왕과 무영군왕을 시켜 탑산의 사대四臺를 에워싸고 홍의포紅衣礮(대포의 일

---

16)   1612~1678. 명나라 장수로, 총병관으로 산해관을 지켰다. 1644년 이자성이 북경을 함락하 자 청병淸兵을 불러들여 이자성을 격파하였다. 뒤에 중국 서남 지역을 근거로 반역하여 스스 로 주제周帝라 칭하였으나 병사하고 그 군대는 청군에 패몰했다. 『淸史稿 吳三桂列傳』

17)   만주인. 명과 싸운 공으로 일등공一等公이 되었으나 나중에는 극형을 당하였다.

18)   만주인. 홍승주를 송산에서 사로잡았다.

종)로 쳐서 이겼다. 명의 총병 오삼계와 왕박王樸(명말의 장수)이 행산으로 달아나 몰려왔다.

이날 태종은 군사를 송산으로 옮기고 해자를 파서 에우려 하였다. 이날 밤 총병 조변교曹變蛟[19]가 진을 버리고 에워싼 것을 뚫고 나가려는 시도를 여러 차례 하므로 다시 내대신內大臣 석한錫翰 등과 사자부락四子部落 도이배都爾拜(사자부락 군대의 장수)에게 명하여 각기 정병 2백 50명을 거느리어 고교보高橋堡와 상갈이보桑噶爾堡에 매복시키고는 태종이 친히 군사를 거느리고 고교보 동쪽에 이르러 패륵 다탁多鐸으로 하여금 군사를 매복시켰다. 오삼계와 왕박이 패하여 고교보에 이르니 복병이 사방에서 일어나 겨우 몸을 빼쳐 도망쳤다.

이 전투에서 명병 5만 3천 7백 명을 죽이고, 말 7천 4백 필, 낙타 60필, 갑옷과 투구 9천 3백 벌을 노획하였다. 행산의 남쪽으로부터 탑산에 이르기까지 바다로 뛰어들어가 죽은 자도 심히 많아서 시체가 마치 물오리와 따오기처럼 물에 둥둥 떴으나 청군은 잘못하여 다친 자가 겨우 여덟일 뿐, 그 나머지는 피 한 방울도 흘린 이가 없었다."

아, 슬프다! 이것이 이른바 송산·행산의 싸움이다. 각라覺羅(청 태조 애친각라愛親覺羅)는 관외關外의 이자성李自成이요, 이자성은 역시 관내關內의 각라였으니, 명나라가 어찌 망하지 않을 수 있었으리오.

---

[19] 명말 장수. 홍승주를 따라 송산에서 싸우다가 붙잡혀서 죽었다.

그 당시 명나라는 13만 군사로 각라의 수천 명에게 에워싸인 바 되어서 잠시 동안에 마치 마른 나무가 꺾이듯이, 썩은 새끼 끊기듯이 되어 버렸다. 홍승주와 오삼계의 지략과 용맹함은 천하에 대적할 자 없는 이들이건만 한번 각라를 만나자 곧 혼비백산하여 그의 거느린 13만의 군사가 마치 지푸라기나 물거품같이 사라지고 말았으니, 이 지경이라면 어쩔 수 없이 운명 탓으로 돌릴 수밖에!

내가 일찍이 인평대군麟坪大君이 지은 『송계집松溪集』을 읽었는데, 거기에 다음과 같은 내용이 있었다.

"청나라 병사가 송산을 에워쌌을 때에 마침 효종 대왕孝宗大王(이호李淏의 묘호)께서 세자의 몸으로 인질人質이 되어 청의 진중陣中에 계시더니 잠깐 다른 곳으로 막차幕次를 옮긴 사이에 영원총병寧遠摠兵 오삼계가 거느린 만 명의 기병이 포위를 뚫고 달려 나오니 애초에 막차이던 곳이 바로 그 길목이었다." 이야말로 천지신명의 영험함이 아니고 무엇이겠는가.

이날 저녁 고교보高橋堡에 묵었다. 이곳은 지난해 사행이 은銀을 잃은 곳이다. 지방관은 이로 말미암아 파직을 당하였고, 근처 점포에 애매하게 죽은 사람이 있었으므로 갑군甲軍이 밤이 새도록 야경을 돌면서 우리나라 사람을 도적과 다름없이 엄하게 방비한다. 임시로 거처하는 곳의 청지기의 말을 들으니 이곳 사람들은 조선 사람을 원수처럼 여긴다고 한다. 가는 곳마다 문을 닫아걸고는 "고려 사람이구나, 고려 사람은 그 주인을 죽였다. 돈 천 냥이 어찌 4~5명의 목숨값이란 말이냐. 우리 가운데도 불량한 이가 많지만 당신네들 일행 중엔들 어찌 좀도둑이 없겠는가? 교묘하게 숨기고 도망치는 수법이 몽고와 다름없구나." 라고 말한다는 것이다.

내가 이 사실을 역관에게 물으니 이렇게 말했다.

"지난 병신년丙申年(1776) 고부차告訃次로 사행이 갔다 돌아오는 길이었습니다. 이곳에 이르러 공비은公費銀 1천 냥을 잃어버린 적이 있습죠. 사신들이 의논하길 '이는 나라의 돈이라 만일 쓴 곳이 없을 때에는 액수를 맞추어서 환납함이 곧 국법이거늘 이렇게 허망하게 잃었으니 장차 돌아가 무슨 말로 아뢴단 말인가. 잃었다 한들 누가 믿으며, 이를 물자 한들 누가 감당하겠는가?'라 하셨습니다. 곧 지방관에게 그 사연을 알렸더니, 곧 중후소 참장中後所叅將에게 알리고, 중후소에서는 금주위錦州衛에, 금주에서는 산해관 수비守備에게 알리게 되어 며칠 사이에 이 일이 예부禮部에 알려져서 황제의 분부가 이내 내렸습니다. 그리하여 이 지방에 관은官銀으로 잃은 돈을 물리고, 또 이 지방관이 도적을 막는 데는 힘쓰지 않고 길손에게 원통한 변을 당하게 하였다며 파직으로 그 책임을 지게 했지요. 사관의 주인과 그 가까운 이웃에 사는 용의자들은 잡아다가 닥달해서 그중 너덧 사람이나 죽였다고 합니다. 사행이 심양에 이르기도 전에 황제의 분부가 벌써 내렸으니, 그 거행의 신속함이 이러합니다. 그 뒤로부터 고교보 사람들이 우리나라 사람을 원수같이 봄이 괴이한 일은 아닐까 하옵니다."

대체로 의주의 말몰이꾼들은 태반이 거의 불량한 이들이다. 오로지 연경에 드나드는 것으로 생계를 삼아서 해마다 연경 다니기를 저희들 뜰 앞처럼 여긴다. 그리고 의주부에서 그들에게 주는 것은 사람마다 백지 60권에 지나지 않으므로, 백여 명 말몰이꾼들이 길가며 훔치지 않으면 다녀올 수 없는 것이다.

그들은 압록강을 건넌 뒤로는 낯도 씻지 않고 벙거지도 쓰지 않아 머리털이 더부룩하여 먼지와 땀이 엉기고 비바람에 시달리어 그 남루한 옷과 벙거지 차림이 귀신도 아니고 인간도 아닌 꼴이 우습기 짝이 없다. 이 무리 중에는 15살짜리 아이가 있는데 벌써 이 길을 세 번이나 드나들었다고 한다. 처음 구련성에 도착했을 땐 제법 말쑥하더니 절반도 못 가서 햇빛에 얼굴이 그을리고 피부엔 시꺼먼 먼지가 덕지덕지 끼어 다만 두 눈만 빠꼼하니 희게 보일 뿐, 홑 고쟁이가 낡아서 엉덩이가 다 드러났다. 이 아이가 이 지경일 땐 다른 것들은 더욱 말할 나위도 없다. 그들은 전혀 부끄러운 줄도 모르고 도둑질하는 것을 보통으로 하고, 밤에 사관에 들면 어떠한 방법으로든 훔치고 만다. 그러므로 이를 막으려는 주인 또한 별짓을 다한다.

지난해 동지冬至 사행 때에 의주 상인 하나가 은화를 가만히 가지고 오다가 말몰이꾼에게 맞아 죽었는데, 빈 말 두 마리만 고삐를 놓아서 도로 강을 건너보냈으므로 말이 각기 그 집에 찾아드는 것을 증거로 삼아서 끝내 법에 걸렸다 한다. 이들의 흉험함이란 대체로 이 정도다. 지난번 은을 잃어버린 일이 어찌 이놈들의 소행이 아니라고 장담할 수 있을까? 그러나 이는 오히려 사소한 축에 속한다. 만일 병자호란, 정묘호란 같은 일이 다시 일어난다면 용천龍川·

철산鐵山의 서쪽은 우리 땅이 아닐 것이다. 변방을 지키는 자 역시 알아두지 않으면 안 될 것이다. 이날 밤 바람이 심하여 날이 새도록 하늘을 뒤흔드는 듯하였다.

19일 을미乙未

날이 개었다.

새벽에 고교보를 떠나 탑산塔山까지 12리, 주사하朱獅河 5리, 조라산점罩羅山店 5리, 이대자二臺子 10리, 연산역連山驛 7리, 모두 32리를 가서 점심 먹었다. 또 연산역에서 오리하자五里河子까지 5리, 노화상대老和尙臺 5리, 쌍수포雙樹舖 5리, 간시령乾柴嶺 5리, 다붕암茶棚菴 5리, 영원위寧遠衛 5리, 모두 30리이다. 이날 62리를 가서 영원성 밖에서 묵었다.

어제 벌써 부사·서장관과 새벽 일찍 탑산에 가서 해돋이를 구경하자고 약속하였으나, 모두 늦게 떠났으므로 탑산에 이르자 해가 세 발이나 높이 올랐다. 동남으로 큰 바다가 하늘에 닿은 즈음에, 만으로 해일 만큼 많은 상선商船이 간밤의 바람에 쫓기어 들어와서 작은 섬에 의지하였다가 마침 일시에 돛을 달고 떠나는 것이 마치 물에 뜬 오리떼 같았다.

영녕사永寧寺는 숭정崇禎 연간에 조대수祖大壽[20]가 처음 지은 절이라 한다. 절이나 관묘關廟는 요동에서 처음 그 웅장 화려함을 보았으므로 대략 기록한 바 있었으나, 그 뒤 길에서 수없이 본 것이 비록 대소의 차이는 있겠지만 그 제도는 대체로 같아서 이루 다 기록할 수도 없을뿐더러 역시 구경하기에도 지쳐서 나중에는 들어가 보지도 않았다. 길가에 수십 길 남짓 되는 산봉우리가 있는데 이름이 구혈대嘔血臺이다. 전하는 말로는 청 태종이 이 봉우리에 올라서 영원성 안을 굽어보다가 명나라 순무巡撫 원숭환袁崇煥[21]에게 패한 뒤 피를 토하고 죽었으므로 그렇게 불렀다고 한다.

영원성 안 한길 가에 조가祖家의 패루牌樓가 마주 섰는데, 그 사이가 수백 보나 되며, 두 패루가 모두 삼문三門으로 되었고 기둥마다 앞에 몇 길 되는 돌사자를 앉혔다. 하나는 조대락祖大樂(조대수의형)[22]의 패루요, 또 하나는 조대수의 패루이다. 높이 모두 6, 7길이

---

20) 청나라 요동遼東 사람이다. 명대에 전봉총병前鋒總兵으로 대릉하大凌河에 성을 쌓고 지키다가 태종太宗에게 포위되어 항복하였다. 뒤에 다시 배반하여 금주錦州에 들어가 지키다가 힘이 다하여 또 항복하여 한군 정황기漢軍正黃旗의 총병이 되어 청의 중원 진출에 공을 세웠다. 『清史稿 卷240 祖大壽列傳』

21) 1584~1630. 중국 명나라 말기의 명장名將이자 시인이다. 자는 원소元素이며 호는 자여自如이다. 1619년(만력47)에 진사가 된 후 병부직방사사 등에 올랐으며, 희종熹宗 때 첨사로 승진해 관외의 군사를 지휘하면서 영원성寧遠城을 쌓고 서양의 대포를 배치하였다. 1626년 영금대첩에서 누르하치의 군사를 무찔렀으나 환관 위충현魏忠賢의 비위를 거슬러 귀향하였다. 의종 때 계료蓟遼의 군대를 지휘하고 금나라 군대가 북경을 위협하자 달려가 구원하였으나, 의종이 반간책反間策에 속고 참언에 넘어가 모반죄로 붙잡혀 투옥되고 책형磔刑을 당해 죽었다. 조국의 산하를 사랑하는 마음을 담은 시를 많이 남겼다. 저서에 『원독사유집袁督師遺集』이 있다.

22) 생몰 미상. 명나라의 장수로 조대수祖大壽의 종형제이다. 조대수는 임진왜란 때 원병을 이끌

나 되는데, 대수의 패루가 조금 낮은 편이다. 둘 다 옥결 같은 흰 돌로 층층이 쌓아 올려, 추녀·도리·들보·서까래며, 기와·처마·들창·기둥에 이르기까지 나무는 한 토막도 쓰지 않다.

조대락 패루는 오색 영롱한 돌로 세웠다. 두 패루를 세운 솜씨와 그 아로새긴 공력은 사람 힘으로는 도저히 미칠 수 없는 경지였다. 조대락의 패루에는 삼대三代의 고증誥贈, 곧 증조 조진祖鎭과 조부 조인祖仁, 부친 조승교祖承敎를 쓰고, 전면에는 원훈초석元勳初錫이요, 후면에는 등단준열登壇峻烈이며, 맨 위층에는 옥음玉音이라 썼고, 주련柱聯에는 다음과 같이 써 있었다.

초상의 첫 경사로 4대를 쌓았으니 松檟如初慶 善培于四世
자손의 영광은 천추에 길이 빛나리라 琳琅有赫賁 永譽于千秋

뒷면에는 이렇게 새겨져 있었다.

늠름하도다, 나라에서 불리고 성을 지킨 기둥이니 恒赳興歌國
倚干城之重
임금이 사랑하여 그 높은 공을 길이 전했도다 絲綸錫寵朝 隆銘
鼎之襃

고 조선에 파견되었던 조승훈祖承訓의 아들이기도 하다. 원숭환袁崇煥의 부장이었고, 무장으로써 명성이 있었다. 12일 기사에 관련된 내용이 보인다.

조대수의 패루에도 사대四代의 고증을 썼는데, 증조와 조부는 대략과 같고, 아버지는 조승훈祖承訓이다.

조승훈은 우리나라에서 만력 임진년(1592)에 왜란이 일어났을 때 승훈이 요동 부총병副摠兵으로 기병 3천 명을 거느리고 맨 먼저 구원하러 왔던 사람이다. 위층에는 확청지열廓淸之烈이요, 아래층에는 사대원융四代元戎이라 썼으며, 그 앞뒤 주련이며 날짐승과 길짐승의 모양이나 싸움하는 그림을 새긴 것은 모두 양각陽刻이다. 주련의 글은 바빠서 기록하지 못했다.

조씨 집안은 요서와 계주에서 대대로 이름난 장수 집안이다. 숭정 2년(1629) 1월에 청병이 북경을 쳐들어오매 이해 12월에 독수督帥 원숭환이 조대수·하가강何可剛[23] 등을 거느리고 들어와서 구원하여 지나는 곳마다 군대를 머물러서 지키게 하였다. 황제는 원숭환이 왔다는 말을 듣고 심히 기뻐하여 그에게 명해 구원군을 모두 통솔하게 하였다. 청나라에서는 이를 이간질 하려는 속셈으로 고홍중高鴻中을 보내 사로잡아 온 명의 태감太監 두 사람 앞에서 일부러 귓속말로 속삭이게 했다.

"오늘 군사를 파함은 아마 원 순무袁巡撫와 비밀 약속이 있어서 한 일인가 보오. 아까 두 사람이 와서 한汗을 뵙고 이야기하다 한참만에야 돌아갔다오."

---

[23] 명의 장수로서 대릉하 싸움에 조대수가 청군에 항복하려는 것을 굳이 말리다가 피살되었다.

양 태감楊太監이 일부러 잠든 척하고 그 말을 엿듣고 있었다. 청이 그를 놓아 보내자 이 일을 황제에게 고하였고, 황제가 이 말을 듣고 마침내 원숭환을 잡아 옥에 가두었다. 조대수는 크게 놀라 하가강과 더불어 군사를 거느리고 동으로 달아나서 산해관을 헐고 나갔다. 그 뒤 금주·송산의 싸움에 조대락·조대성祖大成·조대명祖大明 형제들이 모두 사로잡히고, 대수는 대릉하성大凌河城을 지키던 중 청군에게 에워싸였다가 양식이 다하여 마침내 항복하고 말았다. 이제 그들의 패루만 우뚝 서 있을 뿐, 농서隴西의 가성家聲은 벌써 헐리어서 부질없이 후세 사람의 웃음거리가 되었으니 그 무슨 소용이 있겠는가.

조대수가 성 안에 있던 곳을 문방文坊이라 하고, 성 밖에 있던 곳을 무당武堂이라 하였으나, 지금은 다른 이의 소유가 되었다. 그 서쪽 몇 길 되는 담 안에 조그만 일각문이 서 있고, 그 문과 담의 제도가 패루의 기묘한 솜씨와 비슷하다. 담 안에 오히려 두어 칸 정사精舍가 남아 있어서 이 지방 사람들은 이를 가리켜 대수가 한가할 때 글 읽던 곳이라 한다. 이날 밤에 천둥이 크게 치고 비가 새벽까지 쏟아졌다.

20일 병신丙申

아침에 개었다가 저녁 무렵 비가 내렸다.

이날, 새벽에 영원성을 떠나 청돈대靑墩臺까지 7리, 조장역曹庄驛 6리, 칠리파七里坡 7리, 오리교五里橋 5리, 사하소沙河所 5리, 모두 30리를 가서 점심 먹으니, 사하소는 곧 중우소中右所다. 낮 뒤에 찌는 듯한 더위가 비를 빚더니 겨우 간구대乾溝臺 3리를 와서 큰 비가 왔다. 비를 무릅쓰고 연대하煙臺河 5리, 반랍점半拉店 5리, 망하점望河店 2리, 곡척하曲尺河 5리, 삼리교三里橋 7리, 동관역東關驛 3리, 모두 30리이다. 이날 총 60리를 갔다.

청돈대는 해돋이를 구경하는 곳이다. 부사와 서장관이 닭 울무렵 먼저 떠나서 해돋이를 구경하려고 내게 하인을 보내어 같이가기를 청했지만 나는 사양하며 잠이나 푹 자련다 하고 늦게 떠났다.

대체로 해돋이를 구경함도 역시 운이 따라야 하는 것이다. 내 일찍이 동해를 유람할 때 총석정叢石亭의 해돋이와 옹천甕遷(통천군 남쪽)·석문石門(통천군 바닷가)의 해돋이를 하나도 제대로 보지 못했다. 혹은 늦게 도착해 해가 벌써 바다를 떠났는가 하면, 밤을 지새우고 일찍 나가 보았더니 구름과 안개에 가려서 흐리곤 하였다. 해가 돋을 때 하늘에 구름 한 점 없으면 잘 구경할 수 있을 것 같지만, 이는 가장 흥취가 없는 일이기도 하다. 커다랗고 붉은 구리 쟁반 한 덩이가 바닷속에서 나올 뿐이니, 무슨 볼 것이 있겠는가?

해는 임금의 상像이라고 하는데, 요堯를 찬양하며 다음과 같이 말한다.

바라볼 땐 구름이오 望之如雲

다가서니 해로구나 就之如日

이제 보니, 해가 돋기 전에는 반드시 많은 구름 기운이 그 변두리에 몰려들어, 마치 앞길을 인도하는 듯 뒤를 따르는 듯 의장儀仗을 갖추는 듯 천승千乘·만기萬騎가 임금을 모시고 옹위하여 깃발이 펄럭이고 용이 꿈틀거리는 듯한 연후에야 비로소 장관이라 할 수 있을 것이다. 그러나 만일 구름이 너무 많이 끼면 도리어 가물가물하고 가려져서 또한 볼 것이 없으려니, 대개 새벽 순전한 음의 기운이 햇빛을 받아서, 이로 말미암아 바위 틈에 구름이 서리고 시냇가에 안개가 피어나서 서로 비치어 해가 돋을락 말락할 때에 그 기상이 원망스러운 듯 수심 겨운 듯 해미가 끼어서 빛을 잃게 되는 것이다.

예전에 내가 총석정에서 해돋이를 구경하다 읊은 시詩가 있으니, 다음과 같다.

나그네 밤에 서로 부르고 답하니 行旅夜半相叫譍

멀리 닭 우는 소리 답하는 이 없네 遠雞其鳴鳴未應

멀리서 닭 먼저 우니 어디쯤인가 遠雞先鳴是何處

피리소리처럼 아득해 마음속에 남누나 只在意中微如蠅

마을의 개 짓는 소리 조용하니 村裏一犬吠仍靜

너무 조용해 전전긍긍 떨려온다 靜極寒生心兢兢

이때 귓전 울리는 어인 소리 是時有聲若耳鳴

자세히 들으니 닭 우는 소리라 纔欲審聽籌難仍

여기서 총석정은 겨우 10리 此去叢石只十里

푸른 바닷가로 나가 해돋이 구경하리라 正臨滄溟觀日昇

하늘과 물이 닿아 경계가 없고 天水頮洞無兆眹

큰 파도 언덕에 부딪쳐 벼락이 치는 듯 洪濤打岸霹靂興

매서운 바람 바다를 엎고 常疑黑風倒海來

뿌리째 뽑힌 산 바위들도 무너진다 連根拔山萬石崩

고래와 곤 싸우며 뭍으로 나오음은 괴이치 않으나 無怪鯨鯤鬪出陸

느닷없이 바다가 붕새 몰아오진 않을는지 不虞海運値搏鵬

이 밤이 새지 않을까 걱정인데 但愁此夜久未曙

앞으로 이 혼돈 누가 알리오 從今混沌誰復徵

수신이 위엄을 마구 떨치니 어이하랴 無乃玄冥劇用武

땅속 문 일찍 닫아 해 구멍이 얼었는가 九幽早閉虞淵氷

하늘 축이 돈 지 이미 오래라 恐是乾軸旋斡久

서북으로 기울어버려 묶은 동아줄 떨어졌나 遂傾西北隳環絙

삼족오 빨리도 나는데 三足之烏太迅飛

뉘라서 그 발 하나 붙들어 매리오 誰呪一足繫之繩

해약의 옷과 띠 물이 떨어지듯 海若衣帶玄滴滴

수비의 쪽진 머리 차디차구나 水妃鬂鬉寒凌凌

큰 고기는 제멋대로 말 달리듯 巨魚放蕩行如馬

붉은 지느러미 푸른 갈기 어찌 그리 더북한가 紅鬐翠鬣何鬅鬙

하늘이 만물을 낼 때 뉘라서 참예했나 天造草昧誰叅看

미친 듯 고함치며 등불 켜고 보자꾸나 大叫發狂欲點燈

혜성의 꼬리는 불 막대기 흡사하고 攙搶擁彗火垂角

잎이 진 나무에 우는 부엉이 얄밉다 禿樹啼鵂尤可憎

잠시 물위에 생긴 작은 멍울인 듯 斯須水面若小癭

용의 발톱 잘못 건드려 독 올라 아픈 듯 誤觸龍爪毒可疼

그 빛은 점점 커져 만리 밖에 통하고 其色漸大通萬里

물결 위 햇무리 꿩의 가슴 같도다 波上瀅暈如雉膺

천지가 아득하니 비로소 경계 생겨 天地茫茫始有界

붉은 선 하나로 이층이 되었구나 以朱畵一爲二層

어둠에서 깨어나 온누리 물들어 梅澀新醒大染局

천 필의 채색한 비단일레라 千純濕色縠與綾

누가 산호를 베어 숯을 굽는가 作炭誰伐珊瑚樹

부상까지 태우느라 찌는 듯 덥다 繼以扶桑益熾蒸

염제는 불을 부느라 입 비뚤어졌을 게고 炎帝呵噓口應喎

축융은 부채질로 오른팔이 녹았으리 祝融揮扇疲右肱

새우 수염 길지만 쉽게 불타고 鰕鬚最長最易爇

굴 껍데기 단단해도 절로 익으리 蠣房逾固逾自脀

구름안개 조각 모두 동으로 모여 寸雲片霧盡東輳

저마다 상서로운 모습 뽐내누나 呈祥獻瑞各效能

대궐 조회 전이니 갖옷은 버리고 紫宸未朝方委裘

병풍 두르고 조복 걸어 둔 채 앉았네 陳扆設黼仍虛凭

초승달은 아직 태백성 앞인데　纖月猶賓太白前

설나라 등나라처럼 크고 작음 다투네　頗能爭長薛與滕

붉은 기운 옅어져 오색이 영롱한데　赤氣漸淡方五色

먼 곳 파도 머리 제 먼저 맑아지네　遠處波頭先自澄

바다 위 괴물 모두 달아나 숨고　海上百怪皆遁藏

희화만 홀로 수레를 타려 하네　獨留羲和將驂乘

둥글고 둥글어진 지 6만 4천 년　圓來六萬四千年

오늘 아침에 네모가 되겠는가　今朝改規或四楞

만 길 깊은 바다 감히 누가 퍼올릴까　萬丈海深誰汲引

하늘에도 층계 있어 올라갈 수 있다 했지　始信天有階可陞

등림에 익은 과일 붉게 물들었는데　鄧林秋實丹一顆

동공의 채색한 공 줄어서 반쯤 올라왔네　東公綵毬蹙半登

과보는 뒤따라와 숨을 헐떡이고　夸父殿來喘不定

육룡은 인도하며 자못 뽐낸다　六龍前導頗誇矜

하늘가 캄캄해져 문득 찡그리다　天際黲慘忽顰蹙

해 바퀴 힘껏 미니 기운이 늘어나네　努力推轂氣欲增

수레바퀴 채 못되고 길쭉한 항아리라　團未如輪長如甕

솟았다 잠겼다 물결에 부딪는 소리 들리는 듯　出沒若聞聲砅砅

만물은 어제 보던 그대로인데　萬物咸覩如昨日

뉘라서 두 손으로 받쳐 들고 뛰 올랐나　有誰雙擎一躍騰

대개 해돋는 광경은 천변만화하여 사람마다 보는 바가 같지 않을뿐더러 반드시 바다에서 구경할 것만도 아니다. 내가 요동 벌에서 날마다 해돋이를 보았는데 하늘이 개서 구름 없으면 햇덩이가 그리 크지 않아 보인다. 열흘을 두고 보아도 날마다 같지 않다. 부사와 서장관은 오늘도 역시 구름이 가려서 보지 못하였다 한다.

오후에 더위가 심하더니 소낙비가 억수로 퍼부었다. 비옷이 찌는 듯하고 가슴이 그득한 것이 더위를 먹은 듯싶다. 잠자리에 들 때 큰 마늘을 갈아 소주에 타서 마셨더니, 그제야 배가 편하여 온전히 잘 수 있었다. 밤새 비가 퍼부었다.

21일 정유丁酉

비가 오락가락하였다.

강물에 막혀서 동관역東關驛에 머물렀다. 들으니 옆 사관에는 등주登州에서 온 이 선생李先生이란 자가 있어서 점을 잘 치고, 또 사람을 시켜 우리나라 사람을 보고자 한다 하기에 식후에 찾아갔다. 그의 점치는 법은 태을수太乙數를 본다 한다.

내가 물었다.

"이게 자미두수紫微斗數가 아니오."

이생李生이 대답했다.

"이른바 '자미紫微'란 소수小數에 불과하오나, 이 태을太乙은 곧 태을의 일성一星이 자미궁紫微宮(옥황이 살고 있는 궁전)에 있어서 천일생

수天一生水에 속하므로 '태을'이라 하오. 그리하여 을乙이란 곧 일一이
요, 수水는 조화의 근본이며, 육임六壬은 곧 물이요, 둔갑遁甲 역시 태
을이라, 이는 『오월춘추吳越春秋』 같은 책에 명험明驗이 많이 나타나
있고, 육십사괘六十四卦(『역경易經』에 실린 네 개의 괘)가 이에 미치지 못하
는 거요. 그러므로 장수將帥가 된 자로서 이 육임과 둔갑遁甲의 법을
모르면 기변奇變을 알지 못하는 법이지요."

한다. 내 본시 성미가 관상觀相이나 사주四柱(생년·월·일·시) 같은 걸
좋아하지 않으므로 평생에 그 법을 알지 못하고, 또 그가 말한 육
임·둔갑이라는 것이 몹시 허망한 것이므로 사주를 내어 주지 않았
다. 보아하니 그자 역시 그의 술수를 과장하여 많은 복채를 낚으려
다가 내 기색이 매우 냉담함을 살피고 다시 말하지 않았다. 방 맞은
편에 한 노인이 안경을 쓰고 앉아서 글을 베끼고 있기에, 그 앞으로
다가서서 베끼는 것을 본즉, 모두 근세의 시화詩話이다. 노인이 안
경을 늦추고 붓을 멈추며 말했다.

"손님이 멀리 오셨으니 길에서 시 주머니를 많이 채웠을 겁니
다. 아름다운 글귀 두어 구를 남겨 주시지요."

그 베끼는 글씨는 비록 옹졸하나 시화에는 제법 묘한 것이 더
러 있고, 노인 역시 생김새가 밝고 아담하고 곁에 놓인 물건들도 정
쇄하기에 구들에 들어앉아서 서로 성명을 대니, 노인 역시 등주에
살고 있는 사람이다. 성은 축祝인데 이름은 잊어버렸다. 그가 우리
나라 여자의 비녀를 지르는 법과 의복 제도를 묻기에, 내가 대답
했다.

"모두 중국 상고 시대의 것을 본받았습니다."

"좋아요, 좋소이다."

"그럼, 귀향貴鄕의 여복은 어떠하오니까."

"대략 같습니다. 풍습이, 여자가 시집갈 때면 쪽지만 하고 비녀는 꽂지 않으며, 빈부를 가릴 것 없이 평민平民의 부녀는 관冠을 쓰지 않고, 다만 명부命婦만이 관을 쓰는데, 제각기 남편의 직품職品에 따라서 잠이나 머리꽂이 역시 모자의 제도와 같이 층하가 있으며, 쌍봉차雙鳳釵가 제일 고귀하되, 그중에도 비봉飛鳳·입봉立鳳·좌봉坐鳳·즙봉戢鳳 등의 구별이 있고, 비취잠翡翠簪에도 모두 품직의 차이가 있으며, 처녀는 긴 바지저고리를 입다가 시집가면 적삼에다 큰 소매 달린 긴 치마를 입고 띠를 두릅니다."

"등주가 여기서 얼마나 되며, 무슨 일로 이곳에 와 계시오."

"등주는 옛날 제齊의 지경으로 이른바 바다를 등진 나라라 하는 곳입니다. 육로로는 북경까지 1천 5백 리지만 우리들은 배를 타고 면화綿花를 사러 금주金州에 가다 이곳에 지체하고 있습니다."

그가 베낀 글 중에 다음과 같이 적힌 것이 있다.

'나홍선羅洪先(양명학파陽明學派의 대가): 길수吉水 사람인데, 명明의 가정嘉靖 기축년(1529) 과거에 장원壯元했다.

주연유周延儒: 직례直隸 사람인데 만력萬曆 계축년(1613) 과거에 장원했다.

위조덕魏藻德: 통주通州 사람인데 숭정崇禎 경진년(1640) 과거에 장

원했다.'

그중 연유는 명의 왕실을 크게 무너뜨렸고, 조덕은 적병에게 항복하였으나 죽음을 당했고, 나홍선은 문묘에 종사從祀되었으나 그는 20년 동안 성인의 도道를 배운 힘이 마음속에 겨우 '장원壯元' 두 글자를 잊어버렸을 정도이다.

또 근세의 유림儒林들을 열록列錄하였다.

'육가서陸稼書[24] 선생의 시호는 청헌淸獻이니, 문묘文廟에 종사從 祀하였다.

탕형현湯荊峴 선생의 휘는 빈斌이요, 시호는 문정文正이요, 자는 공백孔伯이며, 호는 잠암潛菴이니, 문묘에 종사하였다. 용촌榕村선생 이광지…위상추魏象樞(청초의 직신直臣, 자는 환극環極)…모두들 큰 선비라 일컫는다. 섬포蟾圃(청초의 학자, 섬포는 호) 서건학徐乾學[25]….'

24) 육농기陸隴其(1630~1692)를 말한다. 자는 가서稼書, 평호平湖 사람이다. 청나라 강희康熙 연간에 진사로 가정현嘉定縣을 맡아 다스리고 어사御史에 발탁되었으며, 내각 학사內閣學士에 추증되고 시호는 청헌淸獻이다. 그 학은 거경居敬과 궁리窮理를 주로 삼아 정주程朱를 추숭推崇하고 힘써 왕수인王守仁을 물리치니 논하는 자들은 정주의 학통이 명明의 설선薛瑄·호거인胡居仁 이후로는 오직 육농기가 그 정종正宗을 얻었다고 일렀다. 저서로는 『삼어당집三魚堂集』이 있다.

25) 1631~1694. 청나라 강희제 때의 문신이자 학자로, 자는 원일原一, 호는 건암健庵, 시호는 문공文恭이다. 강희康熙 9년(1670) 진사進士가 되고 벼슬이 형부 상서刑部尚書에 이르렀다. 박학다식하여 경학은 물론 사학史學, 여지輿地, 예제禮制 등에 정통했으나 욕심이 많아 자주 뇌물을 받고 사익私益을 추구하여 여러 차례 탄핵을 받았다. 학문에 있어서는 정주학程朱學을 존숭하고 육왕학陸王學을 배척하였으며, 『명사明史』, 『청회전淸會典』 등의 편찬에 참여하였다.

축 노인祝老人은 이야기를 멈추고 다시 글 베끼기에 바빴다. 그 옆에 다섯 권 책이 있어 고인의 생년·월·일·시를 적었는데 하우씨夏禹氏·항우項羽·장량張良·영포英布(한의 명장)·관성關聖(관우關羽) 등의 사주가 모두 적혀 있다.

내가 종이 몇 쪽을 빌려서 한 벼루에 대고 대강 초하는데 이때에 점쟁이 이李는 방에 없었다. 겨우 백 명 남짓 베꼈을 때 이를 빼앗아 찢고는 그가 밖에서 들어와서 보고는 크게 노하며 천기天機를 누설하면 안 된다며 야단이다. 나는 크게 한번 웃고 일어나 숙소로 돌아왔다. 손에는 여전히 찢기고 남은 나머지 종이가 쥐어져 있었는데, 이렇게 적혀 있었다.

왕서공王舒公(진 명제晉明帝의 명신)은 신유 11월 1일 진시辰時에 나다.

부정공富鄭公(부필富弼, 정공은 봉호)은 갑진 정월 20일 사시巳時에 나다.

소자용蘇子容은 경신 2월 22일 사시에 나다.

왕정중王正仲(중仲은 중中인 듯, 명말의 절신節臣)은 계해 정월 11일 신시申時에 나다.

한장민韓莊敏은 기미 7월 9일 인시寅時에 나다.

채경蔡京(송宋의 정치가)은 정해년 임인월 임진일 신해시에 나다.

증포曾布(송대 증공曾鞏의 아우 채경에게 밀려났다)는 을해년 정해월 신해일 기해시에 나다.

그중 한장민·왕정중은 어느 때 사람인지 알 수 없으나, 이 모두 귀인임은 짐작할 수 있겠다. 이른바 '천기누설'이란 말은 비루하기 짝이 없다.

　오후에 비가 잠깐 개기에 심심하여 한 상점에 들어갔다. 뜰 안에는 반죽斑竹으로 난간을 두르고, 도미酴醾(장미과에 속한 식물)로 짠 시렁 아래에 한 길 되는 태호석太湖石이 서 있다.

　돌 빛은 파랗고 뒤에는 길 넘는 파초芭蕉가 심겨 있어서 비온 뒤의 빛깔이 더욱 산뜻해 보인다. 난간 가에 다만 사람 하나가 걸터앉아 있고, 책상 위에 놓인 붓과 벼루가 다 품질이 좋은 것들이다. 내가 그 자리에 들어앉아 글을 써서 성명을 물었더니, 그는 손을 흔들며 대답하지 않고 곧 일어나 문밖으로 나가버렸다.

　내 생각에 그는 아마 주인이 아닌가 보다 하였으나 태호석을 구경하느라고 잠깐 지체하였더니, 그 사람이 한 청년을 데리고 웃으며 들어온다.

　청년이 내게 읍하여 앉히고 바삐 종이 한 쪽을 내어 만주 글자를 쓰기에, 나는

　"그건 모르오." 라고 하니 둘이 다 웃는다. 아마 주인이 글을 한 글자도 모르므로 나가서 맞은편 점포 청년을 데리고 온 모양이다. 그 청년은 비록 만주 글은 잘 아는 듯하나 한자漢字는 몰랐다. 마침내 서로 말로 두어 마디 나누어 보았지만 피차에 얼버무려 넘기니, 이야말로 이른바 귀머거리 아닌 귀머거리요, 장님 아닌 장님이요, 벙어리 아닌 벙어리 꼴이다.

세 사람이 모여 앉으니 천하에 더할 나위 없는 바보들이다만 서로 웃음으로 껄껄거리고 지나가는 판이다. 아까 그 청년이 만주 글자를 쓸 때 주인은 옆에서 『논어』 구절을 인용하며 말했다.

"벗이 먼 곳에서 찾아오니 어찌 기쁘지 않겠소."

이에 내가 "나는 만주 글을 모르오."라고 하니 청년이 또 『논어』를 인용해 말한다.

"배운 것을 때로 복습하면 어찌 즐겁지 않겠소."

나는 이렇게 말했다.

"그대들이 논어를 이처럼 잘 외면서 어찌 글자를 모르나."

주인이 재차 『논어』를 인용한다.

"남이 나를 알아주지 않더라도 성내지 않으면 어찌 군자君子가 아니겠소이까."

나는 시험 삼아서 그들이 외운 석 장章을 써 보이니, 그들은 모두 눈이 둥그레지며 들여다볼 뿐, 멍하니 무슨 말인지 도무지 모르는 모양이다. 이윽고 소나기가 퍼부어서 옆에 다른 소리는 들리지 않고 조용히 이야기하기에 좋으나, 둘이 다 글을 모르고 나 역시 북경 말에 서툴러서 어쩌는 수 없다.

지척이라지만 비에 막혀 돌아갈 수도 없었다. 갑갑하고 무료하기 짝이 없었다. 청년이 일어나 나가더니 조금 뒤에 그 비를 무릅쓰고 손에 능금 한 바구니, 달걀 지진 것 한 쟁반, 수란水卵 한 사발을 들고 왔다. 그 사발은 둘레가 칠 위七圍(1위는 5치이다)나 되고, 두께는 한 치, 높이는 서너 치 되는데 푸른 유리를 올리고 두 볼엔 도철

饕餮의 무늬를 새겼으며, 입에는 큰 고리를 물렸는데 세숫대야로 쓰기에 알맞을 것 같으나 무거워서 멀리 가져갈 수는 없게 생겼다.

그 값을 물으니 1초鈔라 한다. 1초는 1백 63푼이니 은銀으로 치면 겨우 서 돈에 지나지 않는다. 상삼象三이 말했다.

"이것은 북경에선 두 돈밖에 주지 않으나 몹시 무거워서 옮겨 가기 어렵습니다. 만일 우리나라에 가져가면 희귀한 물건인 줄 뻔히 알면서도 어찌할 수 없습니다."

저녁에 비가 말끔히 개기에 또 한 점포에 들렀다. 역시나 등주서 온 장사치 세 사람이 있었다. 그들은 솜을 틀고 고치를 켜기 위하여 배로 금주金州를 다니는데, 대개 금주의 우가장牛家庄은 등주에서 수로로 2백여 리의 맞은편이건만 순풍에 돛을 달아 쉽사리 왕래할 수 있다고 한다. 셋이 모두 글줄이나 조금 읽었지만 사납게 생긴 데다 전혀 예의도 없고 버릇없이 굴기에 곧 나와버렸다.

22일 무술戊戌

날이 개었다.

동관역에서 떠나 이대자二臺子까지 5리, 육도하교六渡河橋 11리, 중후소中後所 2리, 모두 18리를 가서 점심 먹다. 중후소에서 일대자一臺子 5리, 이대자 3리, 삼대자三臺子 4리, 사하점沙河店 8리, 엽가분葉家墳 7리, 구어하둔口魚河屯 3리, 어하교魚河橋 1리, 석교하石橋河 9리, 전둔위

前屯衛 6리, 모두 48리이다. 전둔위에서 묵었다. 이날 66리를 갔다.

　　배로 중후소하中後所河를 건넜다. 예전에 성이 있던 자리였다. 중
가에 성이 허물어져서 지금 막 고쳐 쌓는 중이었다. 점포와 여염이
심양 버금갈 듯하다, 관제묘關帝廟가 있는데 그 웅장하고 화려함은
장려함이 요동보다 나았다. 매우 영험이 있다 하여 일행이 모두 참
배하며 예물을 바치고 머리를 제비를 뽑아 길흉을 점쳐본다. 창대가
참외 한 개를 바치고는 몇 번씩이나 절하더니 또 소상 앞에서 그 참
외를 먹어버렸다. 무엇을 빌었는지는 모르겠지만, '가져온 건 작은
데 바라는 것은 너무 사치하다.'는 옛말은 이를 두고 한 것이리라.
　　문 안 조장照牆(가림담)에 그린 파란 사자가 그럴듯하다. 이는 감
로사甘露寺의 것을 본뜬 것 같다.
　　오도자吳道子[26)]가 그리고, 소동파가 찬贊을 지었는데 다음과 같다.

위엄은 이빨에 보이고　威見齒
기쁨은 꼬리에 나타나네　喜見尾

참으로 멋진 표현이다.

26)　오도현은 당대唐代의 유명한 화가로, 특히 산수山水와 불상佛像에 독보적인 경지를 보여 주었
　　는데, 그의 자字인 도자道子로 더 잘 알려졌다. 현종玄宗의 명을 받고 이사훈李思訓과 함께 흥
　　경궁興慶宮 대동전大同殿에 「촉도가릉강삼백여리蜀道嘉陵江三百餘里」의 산수화를 그렸는데, 오
　　도현은 속필로 단숨에 그려 하루 만에 완성했고 세밀하게 그리는 이사훈은 몇 달이 걸렸다
　　고 한다.

우리나라에서 쓰는 털모자는 모두 이곳에서 만드는 것이다. 그 공장은 모두 셋이 있는데, 한 집이 적어도 30~40칸은 되며, 거기서 일하는 공인은 모두 백 명이 넘는다. 의주 상인들이 수없이 많이 와서 모자를 예약해 놓았다가 돌아갈 때 싣고 간다. 모자 만드는 법은 매우 쉽다. 양털만 있다면 나도 만들 것인데, 우리나라에선 양을 치지 않으므로 인민이 1년 내내 고기 맛을 모르고, 전국의 남녀 수는 수백 만이 넘는데 사람마다 털모자 하나씩을 써야만 추위를 막을수 있다. 해마다 동지冬至·황력黃曆·재자賚咨 등의 사행에 가지고 가는 은이 줄잡아도 10만 냥은 될 것이니, 10년을 계산하면 무려 백만 냥이다. 모자는 사람마다 겨울 동안 쓰다가 봄이 되어서 다 해지고 만다. 그런데 천 년을 가도 헐지 않는 은으로 한겨울 쓰면 내버리는 모자와 바꾸다니! 산에서 캐어 내는 한도 있는 은을 한번 가면 다시 돌아오지 못하는 땅에 갖다 버리니, 그 얼마나 생각이 깊지 못한 일인가. 모자를 만드는 기술자들은 모두 웃통을 벗고 그 손놀림이 바람처럼 날쌔다. 우리나라에서 갖고 온 은화銀貨가 이곳에서 반은 사라지는 터이므로 공장 주인이 각기 단골손님을 정하여 의주義州 장사치가 오면 반드시 크게 주식酒食을 베풀어 대접한다는 것이다.

길에서 도사 세 사람을 만났다. 그들은 짝을 지어 시장 골목으로 두루 돌아다니며 구걸하고 있었다. 그중 하나는 머리에 구름무늬를 놓은 검은 사紗로 만든 모난 갓을 쓰고, 몸에는 옥색 추사緣紗로 지은 소매가 넓고 길이가 긴 도포와 푸른 항라 바지를 입고, 허리에는 붉은 비단 띠를 띠고 발엔 붉고 모난 비운리飛雲履를 신고, 등에는 옛 참마검斬魔劒(마귀를 베는 칼)을 지고 손에는 죽간竹簡을 들었는데, 흰 얼굴과 삼각三角 수염에 미목이 헌칠하다.

또 한 사람은 머리에 두 갈래 뿔 상투를 틀고 붉은 비단을 감았으며, 몸에는 소매가 좁은 푸른 비단 저고리를 입고, 어깨에는 벽려薜荔를 걸치고, 두 무릎 위에는 호피虎皮를 대었으며, 허리에는 홍단 넓은 띠를 띠고 발에는 청혜靑鞋를 신고, 등에는 비단으로 꾸민 오악도五嶽圖(오악을 그린 그림)의 족자를 들고 또 허리엔 금 호로병을 찼으며, 손에는 도서道書 한 갑匣을 들었는데 얼굴은 희고 부드러운 인상이었다.

또 하나는 머리카락을 말아서 어깨에 걸치고 금테를 둘렀으며, 몸은 검은 공단으로 지은 소매 넓은 장삼長衫을 입고, 맨발인 채 손엔 붉은 호로병을 들었다. 붉은 얼굴에 고리눈이요, 입 속으로 주문呪文을 외면서 간다. 저자 사람들의 기색을 살펴보니, 모두 그들을 싫어하는 눈치다.

석교하에 다다랐다. 강물이 불어서 물과 언덕의 분간이 없었다. 물은 그렇게 깊지 않으나 물살이 제법 세다. 모두들 지금 곧 건너지 않으면 물이 차츰 더 불어난다고 했다. 이에, 나는 정사의 가마로 들어가 함께 건너서 저쪽 언덕에 닿아서 보니 말을 타고 건너는 이는 모두 하늘만 쳐다보고 낯빛이 파랗게 질렸다. 서장관의 비장 조시학이 물에 떨어져 하마터면 죽을 뻔하여 모두 몹시 놀랐다. 의주 상인 중에 돈주머니를 빠뜨린 자는 강가에 앉아 어머니를 부르며 통곡했다.

전둔위 장터에 임시로 설치한 극장에서 연극이 열렸다가 막 끝났다. 구경 나온 시골 여자 수백 명이 모두 늙은이들이었으나 오히려 화려하게 단장하였다. 연극 하는 자는 망포蟒袍·상홀象笏·피립皮笠·종립椶笠·등립藤笠·종립鬃笠·사립紗笠·사모紗帽·복두幞頭 같은 것이 완연히 우리나라 풍속과 다름없다. 도포는 자줏빛도 있고 방령方領은 검은 선을 둘렀으니, 이는 아마 옛날 당唐의 제도인 듯싶다.

아, 안타깝다. 중원이 망한 지 백여 년에 의관의 제도는 오히려 저 배우 연극의 사이에 남아 있으니 하늘이 이에 무심하지 않아서인가? 무대에는 모두 '여시관如是觀(불가佛家의 말)'이란 석 자를 써 붙였으니 이에서도 역시 그 숨은 뜻이 어디 있는가를 짐작할 수 있겠다.

마침 지현知縣(현縣의 장관) 한 사람이 지나는데, '정당正堂'이라 쓴 큰 부채 한 쌍, 붉은 일산 한 쌍, 검은 일산 한 쌍, 붉은 우산 한 개, 기旗 두 쌍, 대곤장 한 쌍, 가죽 채찍 한 쌍을 가졌으며 지현은 가마를 타고 뒤에 활과 살을 가진 기병 5~6명이 따랐다.

23일 기해己亥

이슬비 내리다 곧 개었다. 이날이 처서處暑이다.

아침에 전둔위를 떠나 왕가대王家臺까지 10리, 왕제구王濟溝 5리,

고령역高嶺驛 5리, 송령구松嶺溝 5리, 소송령小松嶺 4리, 중전소中前所 10리, 모두 39리를 가서 점심을 먹었다. 중전소에서 대석교大石橋까지 7리, 양수호兩水湖 3리, 노군점老君店 2리, 왕가점王家店 3리, 망부석望夫石 10리, 이리점二里店 8리, 산해관 2리, 관에 들어 다시 10리를 가서 심하深河에 이르러 배로 건넜다. 거기에서 홍화포紅花舖 7리, 모두 47리이다. 이날 86리를 갔다. 홍화포에서 묵었다.

길가에 보이는 무덤들은 반드시 담을 둘러 놓았다. 그 둘레가 수백 보이고, 소나무와 버드나무를 나란히 심어서 그 간격이 가지런하다. 묘 앞에는 모두 화표주華表柱가 서 있는데, 석물石物들을 보니 거의 전조前朝 귀인들의 무덤이다. 문은 셋이나 혹은 패루로 하였는데 그 제도는 비록 이전 조가祖家의 패루만은 못하나 웅장하고 사치스러운 것이 많다. 문 앞에는 돌다리를 무지개처럼 놓고 난간을 둘렀다. 그 중 영원 서문 밖의 조대수祖大壽의 선영과 사하점의 섭씨葉氏의 분묘가 가장 웅장하고 화려했다.

여인 셋이 모두 준마를 타고 '마상재馬上才(말 위에서 재주를 부리는 짓)'를 펼치고 있었다. 그중 열세 살난 소녀가 가장 재빠르고 잘 탄다. 모두 머리에 초립草笠을 쓰고, 그 좌우左右·칠보七步·도괘倒掛·시괘尸掛 등 법은 날램이 마치 나부끼는 눈송인 듯 춤추는 나비인 듯하다. 한족 여인들은 살 길이 막히면 대개 구걸하지 않으면 이런 노릇이라 한다.

들판에는 군사들이 진을 하나 벌여 놓았는데, 진陣 네 귀퉁이에 각기 기 하나씩을 꽂았다. 비록 검劒·극戟·과戈·모矛 따위는 없으

나 사람마다 앞에 쳇바퀴만 한 큰 화살통을 놓고 모두 수백 개나 되
는 화살을 꽂았다. 진의 모양은 똑바르고 기병은 모두 말에서 내려
서 진 밖에 흩어져 있다. 내가 말에서 내려 한 바퀴 둘러 보니, 그저
둘씩 늘어서 있을 뿐 중권中權(참모부 같은 중심부)의 깃발이나 북소리도
없으려니와 또 천막을 친 것도 없다. 어떤 이는 성경장군盛京將軍이
내일 순시한다고도 하고, 어떤 이는 성경 병부시랑兵部侍郎이 갈리어
서 점심 참에 당도當到할 예정이므로 중전소中前所 참장叅將이 이곳에
서 맞이하는데, 참장이 아직 도착하지 않아 진을 풀어 방금 신지迅
地에 모이는 중이라고도 한다. 들판 못에는 붉은 연꽃이 한창이라
말을 멈추고 한참 구경했다.

　　왕가점에 이르니 산 위에 장성이 아득히 눈에 들어온다. 부사·
서장관과 변 주부卞主簿·정 진사鄭進士와 수종인 이학령李鶴齡 등과 함
께 강녀묘姜女廟에 갔다가 다시 관 밖의 장대將臺를 거쳐 마침내 산해
관으로 들어갔다. 저녁 무렵에는 홍화포紅花舖에 이르렀다. 밤에 감
기 기운이 다소 있기에 잠을 설쳤다.

강녀묘기姜女廟記

　　강녀姜女의 성은 허씨許氏요, 이름은 맹강孟姜인데, 섬서陝西 동관
同官에 사는 사람이다. 범칠랑范七郎에게 시집갔더니 진秦의 장군將軍

몽염蒙恬[27)]이 장성을 쌓을 때, 범랑范郞이 그 일에 역사하다가 육라산六螺山 밑에서 죽었다고 한다. 맹강은 꿈에서 남편을 본 후, 손수옷을 지어 혼자서 천 리를 가서 남편의 생사를 물으며 돌아다니다가 이곳에서 쉬게 되었다. 장성을 바라보며 내내 울더니 맹강은 끝내 돌로 변해 버렸다고 한다.

또 어떤 이는 말하길, 맹강이 남편의 죽음을 듣고 홀로 가서 그 유골을 지고 바다에 들어간 지 며칠 만에 돌 하나가 바다 가운데 솟았는데, 조수가 밀려들어도 잠기지 않았다고 한다. 뜰 가운데 비석 셋이 있는데 기록된 것이 제각각이며 또 허황한 말이 많다.

묘廟에는 소상을 세우고 좌우에 동남童男·동녀童女를 늘어세웠다. 황제가 여기다 행궁行宮을 두었는데, 지난해 심양에 거둥할 때, 지나는 행궁마다 죄다 중수하였으므로 단청이 아직도 휘황찬란하다. 묘에 문문산文山이 쓴 주련柱聯이 있고, 망부석望夫石에는 황제가 지은 시詩를 새겼으며, 돌 곁에는 진의정振衣亭이 있다. 당唐 왕건王建의 망부석시望夫石詩는 이 돌을 읊은 것이 아니다. 그러나 『지지地志』에 "망부석이 둘인데 하나는 무창武昌에 있고, 또 하나는 태평太平에 있다."라고 하였으니, 왕건의 읊은 것이 그 어느 것인지 분명하지 않다.

---

27) 기원전 259~기원전 210. 진秦나라의 명장이다. 진 시황의 총애를 얻어 동생 몽의蒙毅와 함께 '충신忠信'으로 일컬어졌다. 천하를 통일한 뒤에도 대군을 이끌고 흉노를 공격하여 하남河南 지역을 수복하고 만리장성과 구주九州의 도로를 건설하였다. 진 시황이 죽은 뒤 환관 조고와 승상 이사의 계략으로 감옥에 갇혔다가 약을 먹고 자결하였다.

또 진秦 나라 때엔 아직 섬陜이란 명칭이 없었고, 강姜도 제나라 여인을 일컬은 것이니, 허씨를 섬서 동관 사람이라고 하는 것은 더욱 터무니 없는 말이다. 행궁 섬돌에서 강녀묘에 이르기까지 돌난간이 둘러 있고 '방류요해芳流遼海'라고 쓴 현판이 있으니, 지금 황제의 글씨이다.

장대기將臺記

만리장성을 보지 않고서는 중국의 큼을 모를 것이요, 산해관을 보지 못하고는 중국의 제도를 알지 못할 것이요, 관 밖의 장대를 보지 않고는 장수의 위엄을 알기 어려울 것이다.

산해관을 1리쯤 못 가서 동향으로 모난 성 하나가 있다. 높이가 여남은 길, 둘레는 수백 보이고, 한 편이 모두 칠첩七堞으로 되었으며, 첩 밑에는 큰 구멍이 뚫려서 사람 수십 명을 감출 수 있게 하였다. 이러한 구멍이 스물네 개이고, 성 아래로 역시 구멍 네 개를 뚫어서 병장기를 간직하고, 그 밑으로 굴을 파서 장성과 서로 통하게 하였다.

역관들은 모두 칸汗이 쌓은 것이라 했지만 이는 틀린 말이다. 또는 이를 '오왕대吳王臺'라고도 한다. 오삼계吳三桂가 산해관을 방어할 때 이 굴속으로 행군하여 갑자기 이 대에 올라 포성을 내었다. 그러자 관 안에 있던 수만 병이 일시에 고함을 질러서 그 소리가 천지를 진동하고 관 밖의 여러 곳 돈대에 주둔했던 군대도 모두 이에 호응하여 삽시간에 호령이 천 리에 퍼졌다.

일행의 여러 사람과 함께 첩 위에 올라서서 눈을 사방으로 달려보니, 장성은 북으로 뻗고 창해滄海는 남에 흐르고, 동으로는 큰 벌판을 다다르고 서로는 관 속을 엿보게 되었으니, 이 대만큼 조망眺望이 좋은 곳은 다시 없을 것이다. 관 속 수만 호의 거리와 누대樓臺가 역력히 마치 손금을 보는 듯하여 조금도 가리어진 곳이 없고, 바다 위 한 봉우리가 하늘을 찌를듯 뾰족하게 솟아 있는 것은 곧 창려현昌黎縣 문필봉文筆峯이다.

한참을 서서 바라보다가 내려오려 하니, 아무도 감히 먼저 내려가려는 사람이 없다. 벽돌 쌓은 층계가 높고 험해서 내려보기만 해도 다리가 떨렸다. 하인들이 부축하려 하나 몸을 돌릴 공간이 없어서 일이 매우 급하게 되었다. 나는 서쪽 층계로 먼저 간신히 내려와서 대 위에 있는 사람들을 쳐다보았다. 모두 부들부들 떨며 어쩔 줄 모르고 있었다. 대개 오를 때엔 앞만 보고 층계 하나하나를 밟고 올라갔기 때문에 그 위험함을 몰랐는데, 되돌아가려고 내려보니 뜻밖에 너무 높고 위험하여 현기증이 일어나는 것이다. 그 탓은 눈에 있다. 벼슬살이도 이와 같아서 위로 자꾸만 올라갈 때엔 한 계단이라도 남에게 뒤떨어질세라 혹은 남을 제치며 앞을 다툰다. 그러다가 마침내 몸이 높은 곳에 이르면 그제야 두려운 마음이 생긴다. 외롭고 위태로워서 앞으로는 한 발자국도 나아갈 길이 없고, 뒤로는 천 길이나 되는 절벽이어서 다시 올라갈 의욕이 사라진다. 이뿐

만이 아니다. 내려오려고 해도 잘되지 않는 것이다. 이는 고금을 막
론하고 모두 그러하다.

산해관기山海關記

산해관은 옛날의 유관楡關인데, 왕응린王應麟의 『지리통석地理通
釋』에 이러한 내용이 있다.

"우虞의 하양下陽, 조趙의 상당上黨, 위魏의 안읍安邑, 연燕의 유관,
오吳의 서릉西陵, 촉蜀의 한락漢樂은 모두 그 땅의 형세를 보아서도 꼭
웅거해야 하고, 그 성 역시 꼭 지켜야 한다."

명明의 홍무洪武 17년(1384)에 대장군 서달徐達28)이 유관을 이곳
에 옮겨 다섯 겹의 성을 쌓고 이름을 '산해관'이라 하였다. 태항산太
行山이 북으로 달려가 의무려산醫巫閭山이 되었는데, 순舜이 열두 산
을 봉封할 때 유주幽州의 진산鎭山으로 삼았다. 그 산이 중국의 동북
을 가로막아 중국과 외국의 경계가 되었으며, 관에 이르러서는 크
게 잘리어서 평지가 되어 앞으로 요동 벌을 바라보고, 오른편으로
는 창해를 낀 듯하니, 이는 우공禹貢의 "오른편으로 갈석碣石을 끼었

---

28)　1332~1385. 명나라의 개국공신으로 자는 천덕天德이고 시호는 무녕武寧이며, 호주濠州 사람
　　이다. 정로대장군征虜大將軍으로 명나라 군대를 이끌고 천하를 평정하여 명나라 건국의 일등
　　공신이 되었다. 벼슬이 중서 우승상中書右丞相에 이르렀고 위국공魏國公에 봉해졌으며, 죽은
　　뒤에 중산왕中山王으로 추봉되었다. 『明史 卷125 徐達列傳』

다.” 는 말은 곧 이를 두고 한 것이다.

만리장성이 의무려산을 따라 굽이쳐 내려와 각산사角山寺에 이르기까지 봉우리마다 돈대가 있고 평지에 들어와서 관을 둔 것이다. 장성을 따라 다시 15리를 가서 남으로 바다에 들어서 쇠를 녹여 터를 닦아 성을 쌓고는 그 위에 삼층 처마의 큰 누각을 세워서 ‘망해정望海亭’이라 하는데 이는 모두 서중산徐中山이 쌓은 것이다.

첫째 관문은 옹성甕城이어서 누각이 없다. 옹성의 남·북·동을 뚫어서 문을 내고 쇠로 만든 문 위의 홍예虹霓 끝에는 ‘위진화이威振華夷’라 새겼다. 둘째 관문에는 4층의 적루敵樓로 되었는데 홍예 끝에 ‘산해관’이라 새겼다. 셋째 관은 삼층 처마의 높은 누각에다 ‘천하제일관天下第一關’이라는 편액을 걸었다.

삼사三使가 모두 문무로 반班을 나누어 심양에 들어왔을 때처럼 하였다. 세관稅官과 수비守備들이 관청 익랑翼廊에 앉아서 사람과 말을 봉성의 청단淸單(조사서調査書)과 대조하여 검열하였다. 본래 중국에서는 장사치나 나그네의 성명, 지니고 있는 물품의 이름과 수량을 등록하여 간사하고 속이는 짓들을 엄하게 단속한다. 수비들은 모두 만주 사람인데 붉은 일산과 파초선芭蕉扇을 가지고 앞에 병정 백여 명이 칼을 차고 있다.

십자가十字街에 성을 둘러쌓고 사면에 무지개 모양의 문을 내고 그 위에 삼 층 처마의 높은 누각을 세워 ‘상애부상祥靄榑桑’이라 현판을 붙였다. 이는 옹정 황제雍正皇帝의 글씨다. 원수부元帥府의 문밖에 돌사자 둘을 앉혔는데, 높이가 각기 두어 길이나 될듯하다.

여염과 저자의 번화함이 성경보다 낫고 수레와 말이 가장 많은데, 청춘 남녀들이 더욱 화려한 화장을 꾸몄으니 그 번화롭고 풍요로운 모습이 지금껏 본 가운데 제일이었다. 이곳이 천하의 웅관雄關이며 또는 서쪽으로 북경이 멀지 않은 까닭이다. 봉황성으로부터 천여 리 사이에 보堡니, 둔屯이니, 소所니, 역驛이니 하는 성을 하루에도 몇 곳씩은 보아 왔으나, 이제 장성을 보고 나니, 그들의 시설이나 솜씨가 모두 이 관에서 본뜬 것임을 알겠다. 하지만 이 관에 비하면 어린 손자뻘밖에 되지 않는다.

아, 몽염蒙恬이 장성을 쌓아서 되놈을 막으려 하였건만 진秦을 망칠 '호胡(오랑캐와 호해胡亥 이중적 의미)'는 오히려 집안에서 자란 셈이다. 서중산이 이 관문을 쌓아 '호'를 막고자 하였으나 오삼계는 관문을 열고서 적을 맞아들이기에 급급했다. 천하가 무사태평한 지금, 이곳을 지나는 장사치와 나그네들의 비웃음만 사게 되었으니, 내가 이 관에 대하여 다시 무슨 할 말이 있겠는가?

관내정사關內程史

관내정사關內程史 7월 24일 경자에 시작하여 8월 4일 경술에 그쳤다. 모두 11일 동안이다. 산해관山海關으로부터 연경까지 이르기가 모두 6백 40리다.

가을 7월 24일 경자庚子

날이 개었다.

홍화포에서 떠나 범가장范家庄까지 20리를 가서 점심을 먹었다. 범가장에서 양하제楊河堤까지 3리, 대리영大理營 7리, 왕가령王家嶺 3리, 봉황점鳳凰店 2리, 망해점望海店 8리, 심하역深河驛 5리, 고포대高舖臺 8리, 왕가포王家舖 2리, 마붕포馬棚舖 7리, 유관楡關 3리, 모두 48리

이다. 이날에는 68리를 걸었다. 유관楡關에서 묵다. 유관은 혹은 유
관渝關이라고도 하며 지금의 임유현臨渝縣이다.

관내關內의 풍경은 관동에 비하여 많이 다르다. 산천이 밝고 아
름다우며 굽이굽이 그림 같다. 홍화포로부터 비로소 돈대가 보이
는데, 5리에 하나, 10리에 하나씩이다. 그 제도는 네모지고 바르며,
높이는 다섯 길 그 위에 집 3칸을 짓고, 곁에는 세 길 되는 깃대를
세웠으며, 돈대 밑에 다시 집 5칸을 지었다. 담 위에는 활집·살통과
표창熛鎗·화포火砲 등을 그려 붙였고, 집 앞에는 도刀·창鎗·검劍·극戟
을 늘어 꽂았으며, 무릇 봉화를 올리거나 망보는 일들에 관한 여러
가지 조목을 써서 벽에 둘러 붙였다.

25일 신축辛丑

날이 개었다.

유관에서 떠나 영가장營家庄까지 3리, 상백석포上白石舖 2리, 하
백석포下白石舖 3리, 오가장吳家庄 3리, 무령현撫寧縣 9리, 양장하羊腸河
2리, 오리포午哩舖 3리, 노가장蘆家庄 2리, 시리포時哩舖 3리, 노봉구蘆峯
口 5리, 다붕암茶棚菴 5리, 음마하飮馬河 3리, 배음보背陰堡 3리, 모두
46리를 가서 점심을 먹었다. 배음보에서 쌍망점雙望店까지 8리, 요
참要站 5리, 달자영㺚子營 3리, 부락령部落嶺 6리, 노룡새盧龍塞 3리, 여
조驢槽 13리, 누택원漏澤園 3리, 영평부永平府 2리, 모두 43리이다. 이

날 89리를 걸었다. 영평부에서 묵었다.

무령현을 지나자 산천이 더욱 명랑明朗한 기운을 띠고, 성안 거리에는 집집마다 금편金篇·옥음玉音이요, 패루가 곳곳이 휘황찬란하다. 길 오른편 한 문 앞에 부사와 서장관의 하인들이 가마를 멍고 있다. 이는 곧 진사 서학년徐鶴年[1]의 집이다. 부사와 서장관이 지금 이 집에서 구경을 하고 있다 하기에 나도 말에서 내려 들어가니, 그집이 사치스럽고 그릇들의 진기함이 과연 전날 듣던 바와 다름 없다.

학년은 십여 년 전에 죽고, 두 아들이 있는데, 맏이는 초분菩芬이요, 둘째는 초신菩信이다. 초신은 문필文筆에 뛰어나『사고전서四庫全書』서사원書寫員으로 뽑혀서 방금 북경에 가 있고 초분만이 집에 있었다. 그러나 그는 문필이 매우 짧았다.

집에는 가득히 과친왕果親王(청 세종의 일곱째 아들)·아극돈阿克敦(청 고종 때의 명신, 문장가)[2]·우민중于敏中(청 고종 때의 학자, 정치가)[3]·악이태鄂爾泰(청

1) 서학년 관련 기록은 이 외에 황재黃梓의『경오연행록庚午燕行錄』, 이덕무의『입연기入燕記』등에도 보인다.
    『기유록奇遊錄』1792년 2월 6일 기사에 김정중金正中이 서학년을 찾아 갔지만 이미 죽고 없어 만나지 못하고 온 기록이 남아 전한다. 그리고 그 글에서 "서학년의 손자가 지난해에 거인擧人으로 산동의 등주 지현鄧州知縣이 되어 온 집안사람을 데리고 가서, 이제 그 빈 집에 있는 사람은 종 몇 사람뿐이었다.[去年以擧人, 爲山東鄧州知縣, 盡家携去, 今有其空室者, 惟奴隷數人.]"라고 하여, 서씨의 집안사람들이 일찍이 타지역으로 이주했음을 말하였다.
2) 1717년(숙종43), 1718년, 1722년(경종2), 1725년(영조1)에 칙사로 왔던 청淸나라의 한림학사이다. 1726년에는『명사明史』를 편수編修하는 일을 맡아 하였다.『承政院日記 肅宗 43年 12月 27日』『承政院日記 英祖 1年 3月 21日, 2年 1月 9日·17日』
3) 1714~1779. 자는 숙자叔子 또는 중당重棠, 호는 내포耐圃이다. 강소성江蘇省 금단현金壇縣 사람

태종 때의 명신)[4]·황삼자皇三子(이름은 홍시弘時)·황오자皇五子(이름은 홍서弘書[5],

화석공친왕和碩恭親王) 등의 시詩를 새겨 걸었다. 그들은 모두 흥경 제관

祭官으로 가는 길에 이곳에 들러 묵고 시를 남기고 간 것이다. 우민

중과 아극돈은 다 해내海內의 명필이라 일컫건만 과친왕果親王에 비

해 솜씨가 훨씬 못하다.

　그 침실 문설주 위에는 백하白下 판서 윤순尹淳[6]의 칠언 절구 한

수를 새겨 걸었고, 문 밖 설주 위에는 참판叅判 조명채曹命采[7]가 윤순

의 시를 차운次韻한 것을 새겨 걸었다.

　윤공尹公은 우리나라의 명필이다. 한 점 한 획이 옛법 아닌 것

으로, 건륭 2년(1737)에 장원 급제하여 관직이 문화전 대학사文華殿大學士와 호부 상서戶部尙書
에 올랐으며 평생토록 황제의 신임을 받았다. 이 시를 읊을 때에는 65세의 원로 학자요 고
관이었다. 1776년 건륭 황제의 심양 행차에 우민중이 수행했는데, 그때 성절사를 따라 심양
으로 간 박지원이 그를 만났다. 이후 이덕무 등 조선 지식인들에게 널리 알려졌고, 남공철南
公轍은 그의 글씨를 묵각한 묵각첩墨刻帖을 소장하기도 했다.

4)　1680~1745. 만주인, 양남기鑲藍旗 소속, 호는 서림西林. 만주 귀족 가문의 일원으로 무공을
　　세운 만주인 영웅의 직계후손이다. 한어漢語에 능통하고 거인擧人 자격도 있었으며 옹정제의
　　심중을 잘 헤아려 많은 신임을 받았다. 운남, 귀주, 광서 총독이 되어 묘족苗族의 반란을 진
　　압하고 일종의 내지화 정책인 개토귀류改土歸流 정책을 추진하였다. 조너선 스펜스, 『반역의
　　책』, 이산, 2004, 138면.

5)　옹정제는 10명의 아들을 두었는데, 첫째 홍휘弘暉(1697~1704)는 7살에 죽었고, 둘째 홍윤弘昀
　　(1700~1710)은 10살에 죽었으며, 셋째 홍시弘時(1704~1727)는 23살에 죽었다. 따라서 옹정제가
　　사망한 이해에는 넷째 홍력弘曆(1711~1799)이 남아 있는 아들 중 가장 나이가 많았다. 홍력은
　　청나라 제6대 황제인 건륭제乾隆帝이다. 『淸史稿 卷220』

6)　1680~1741. 본관은 해평海平, 자는 중화仲和, 호는 백하白下·학음鶴陰이다. 1712년(숙종 38) 진
　　사시에 장원 급제하고, 1729년 공조 판서가 되고 예조 판서를 역임하였다. 시문은 물론 산
　　수, 인물, 화조 등의 그림도 잘 그렸고 특히 조선 후기를 대표하는 글씨의 대가로 한국적 서
　　풍을 일으켰다.

7)　1700~1764. 본관은 창녕昌寧, 자는 주경疇卿, 호는 난재蘭齋이다. 1762년 사도세자思悼世子 사
　　건 때 옥사와 관련하여 국문을 당하였다가 풀려나 2년 뒤에 죽었다.

이 없어, 그 천부적 재질의 아름다움이 마치 구름 가듯 물 흐르듯 하고, 먹의 농도, 획의 굵기가 잘 어우러졌다. 이제 그들의 글씨에 비해서는 손색이 없지 않음은 어인 까닭일까. 대개 우리나라에서 글씨를 익힘에는 옛날 사람의 진적을 보지 못하고 한평생 본뜬 것이 기껏해야 금석문자金石文字에 불과하다.

'금석'이란 다만 고인의 글씨에 대하여 그 모습을 상상할 수 있을 뿐, 그지없이 오묘奧妙한 그 붓 놀림의 신운神韻은 벌써 선천先天에 속하는 것이다. 그러므로 아무리 본 글씨의 체세體勢에는 방불하게 되었다 하더라도 그 뼈대가 뻣뻣해져서 전혀 필의筆意가 엿보이지 않으며, 그 먹빛이 짙을 때에는 묵저墨猪처럼 되고, 마를 때는 고등枯藤처럼 되니, 이는 다름 아니라 금석에 새긴 획이 습성에 젖어 있고 또 종이와 붓이 그들과 다르기 때문이다. 중국서 옛날부터 고려의 백추지白硾紙(백지를 다듬질한 것)·낭모필狼毛筆을 일컬었다 하나, 이는 특히 외국의 진기한 물건이라 해서 그런 것이지 실지로 쓰고 그리기에 좋아서 그런 것은 아니다. 종이도 먹빛을 잘 받고 붓길이 순순히 풀려남을 귀히 여기는 것이요, 반드시 단단하고 질겨서 찢어지지 않은 것만이 좋은 것은 아니다. 서위徐渭가 말하길, 고려(조선) 종이는 그림에는 맞지 않고 다만 돈[錢]처럼 두꺼운 게 좀 낫다며 별로 좋지 않게 여겼다. 왜냐하면 우리나라 종이는 애초에 다듬지 않으면 결이 거칠어서 쓰기 힘들고, 다듬이질을 지나치게 하면 지면이 너무 뻣뻣해지므로 미끄러워서 붓이 머무르지 않고 딱딱하여서 먹을 받지 않는다. 그러므로 우리 종이가 중국만 못하다 함이요, 붓은 부드럽고 날쎈하고 고르고 순하여 팔과 함께 잘 돌아가는 것이 좋은 것이요, 뻣뻣하고 강하고 뾰족하고 날카로운 것은 좋지 못한 것이다. 그러므로 중국에서 좋은 붓이라면 반드시 호주湖州 것을 말하는데, 이는 오로지 양호羊毫를 써서 다른 털을 섞지 아니한다. 양털은 다른 털에 비하여 가장 부드러우므로 부서지지 않고, 종이에 닿으면 먹을 마음대로 놀리는 것이 마치 효자孝子가 어버이의 뜻을 말하기 전에 벌써 알아차리는 것과 같다.

이리의 꼬리털로 만들었다는 '낭모필狼毛筆'은 더욱 틀린 말이다. 이리가 무슨 짐승인지도 알지 못하고 어찌 그 꼬리를 얻을 수 있을 것인가. 이는 곧 '족제비 광獷'에서 나온 것이다. 그리하여 광獷 자에서 녹犭 변을 떼고 또 광廣 자에서 엄广을 떼 버리면 황黃 자가 남으니 이를 '황필黃筆'이라 한다. 황모필은 족제비 꼬리털로 만든 낭모필을 말한 것이다. 이 붓은 늘 억세고 거칠어 마치 동서를 가리지 않고 제멋대로 내닫는 철없는 아이 같다. 그러므로 우리 붓이 중국 것만 못하다 함이다. 종이와 붓이 이러한 데다가 안동安東의 마간석馬肝石 벼루에 해주海州의 후칠厚漆먹을 갈아서 왕희지王羲之[8]의 『필진도서筆陣圖序』를 체첩體帖으로 본받으니, 이 아무리 삼절법三折法

8)   307~365. 중국의 서예가로 서성書聖으로 일컬어진다. 자는 일소逸少이며, 낭야琅邪 사람으로 왕우군王右軍으로도 불린다. 그는 한대에 싹이 튼 해서楷書·행서行書·초서草書의 실용적 서체를 예술적인 차원으로 승화시켰다. 수대隋代를 거쳐 당대唐代에 이르러서는 서예에 뛰어났던 황제 태종이 왕희지를 존중하여 그의 글씨를 널리 수집했기 때문에 왕희지의 서법이 크게 성행했다. 오늘날 그의 진적眞跡은 전해지지 않으나 「난정서蘭亭序」 「십칠첩十七帖」 「집왕성교서集王聖敎序」 등의 탁본이 전한다.

(세 번 붓을 꺾는 서법)을 쓰더라도 획이 여위고 울퉁불퉁하다. 아이들의 습자에 쓰는 분판粉版과 무엇이 다르던가?

후당後堂이 매우 조용하고 깨끗하여 세간의 잡된 소리가 들리지 않고 강진향降眞香(열대산 향나무로 만든 향)으로 만든 와탑臥榻이 있는데, 탑 위에 진열해 놓은 것들은 여러 사람이 지닐 수 없는 진기珍奇한 물건들이었고, 시렁 위에 놓인 서화書畫는 그야말로 금권錦卷·옥축玉軸으로 질서 있게 진열되었다.

정사·부사의 비장들이 함부로 어지러이 뽑아서 무어라 떠들면서 빙 둘러서 펼쳐 보는 품이 마치 조보朝報9)를 펴보듯, 피륙을 말라 재는 듯이 접었다 꺾었다 하고, 함부로 날뛰는 양은 성을 무너뜨리고 전진을 떨어뜨리며, 적장을 베고 적기敵旗를 꺾어뜨리는 듯한 기세이다. 더구나 마음만 조급해 긴 것을 다 펴 보기 어려운 터라 공연히 보기 시작했다며 되레 만든 사람을 탓하고는 투덜댄다.

"이렇게 긴 축軸을 무엇에 쓴단 말이야. 병풍도 안 되겠고 족자도 못 만들 것을."

어떤 이는 이렇게 말한다.

"나는 그림을 모르네만, 그림이야 울긋불긋해야 맛이 아닌가."

그러니 환현桓玄(진晉의 서화 애호가) 같은 사람은 자기 집에 손님이 와도 혹시나 붙여둔 서화를 더럽힐까 하여 기름과자를 대접하지

---

9) 승정원에서 재결 사항을 기록하고 서사하여 반포하는 관보를 말한다. 다른 말로는 조칙, 장주章奏라 하며, 조정의 결정 사항이나 관리 임명, 지방관의 장계를 비롯하여 사회의 돌발 사건을 기록한다.

않았으니, 이야말로 진정 명사名士라 할 수 있다.

그때 서편 벽 밑에서 별안간 군대가 행진하는 듯이 요란한 소리가 나기에 깜짝 놀라서 돌아다 보니 여러 사람이 정鼎·이彝·준尊·호壺 등의 고동古董을 제멋대로 들추는 것이다. 나는 너무 민망하여 바삐 문을 나섰다.

아래 윗집이 모두 금자金字로 현판을 달았기에, 장복만 데리고 이집저집을 들렀으나 모두 주인이 없었다. 한 집에 이르니, 담 밑에 자죽紫竹 수십 대가 자라고 축대 아래에 벽오동碧梧桐 한 그루가 서 있으며, 그 서쪽에는 두어 이랑 되는 모난 못이 있되, 흰 돌로 난간을 만들어 못 가를 둘렀다. 못 가운데는 대여섯 자루 연밥이 떠 있고, 난간 가까이 거위 새끼 세 마리가 노닌다.

당 가운데는 누런 주렴을 바닥 가까이 드리웠고, 그 속에서 여러 사람의 웃으며 떠들어대는 소리가 들린다. 나는 곧 못 가에 이르러 잠깐 난간에 기대어 섰다. 온 당 안이 잠잠하여 쥐죽은 듯하고 주렴 너머로 엿보는 것이 어른거린다. 나는 못 가를 배회하면서 당 안을 향하여 연거푸 기침을 보냈더니, 이윽고 한 아이가 당 뒤를 둘러 나오며 멀찌감치 서서 읍을 하고 소리를 높여 말했다.

"노장老丈께서는 무엇하러 여기를 오셨습니까?"

장복이 물었다.

"너희 집주인은 어디 계시는데 멀리서 오신 손님을 맞이하지 않느냐?"

그러자 아이가 말했다.

"아버지는 아까 일가 어른 이공李公과 함께 고려에서 온 양반들의 사관을 찾아 그들의 태의관太醫官을 만나러 가셔서 아직껏 돌아오시지 않았습니다."

나는 아이에게 말했다.

"너희 집에서 의원을 찾을 때는 필시 집안에 우환이 있는 게로구나. 내가 곧 태의관이고 이미 이곳까지 온 김이니 진찰해 보아도 좋고, 또 진짜 청심환도 있으니 네 곧 가서 너의 아버지를 모셔 오너라."

하지만 아이는 들은 체도 않고 옷을 빌려서 거위 새끼를 몰아 새 초롱에 넣고, 난간에 세워 둔 낚싯대를 집어서 못 가운데 꺾어진 연잎을 끌어내어 우산처럼 들고 우쭐우쭐 가버린다. 주렴 안에는 7, 8명 정도 있는 듯한데, 무어라고 소곤소곤하고는 또 입을 막고 가만히 웃는 소리가 들린다. 한참 서성거리다가 몸을 돌이켜 나오는데 장복을 돌아보니 그 귀밑의 사마귀가 요즘 더 커진 듯싶다. 주부主簿 조명회와 함께 말을 나란히 타고 가면서 무령의 풍속이 좋지 못하다 푸념하니, 명회가 말했다.

"무령 사람들은 조선 사람을 귀찮은 손님으로 친답니다. 서학년은 성품이 본래 손님을 좋아하는 편이어서 처음으로 백하白下 윤공尹公을 만나 흉금을 터놓고 정성을 다해 대접하며, 그가 간직했던 서화를 내어 보였던 것이, 그 뒤로부터 무령현 서 진사徐進士의 이름이 우리나라에 회자하여 해마다 사행使行이 반드시 찾아 들른 것이 마침내 관례가 되었습니다. 그러나 사실, 그 고을에 서씨 집보다 형편이 더 나은 집들이 많고 또 손님을 좋아하는 주인도 다 학년만 못지 않으나, 공교로이 윤공이 먼저 학년을 만나게 되었고, 그의 가진 것이 우리나라 재상도 당할 수 없음을 보고는 입에 침이 마르도록 칭찬했지요. 그 뒤로부터 역관들이 으레 서씨 집으로 찾아갈 뿐이고, 다시 다른 집을 귀찮게 하지 않으려는 것입니다. 우리 사행은 반드시 하인 수십 명을 거느리는 까닭에 비록 두어 길 되는 문호門戶를 드나들 때에도 반드시 소리를 갖추어 알리고, 또 한 군데 몰리어 당에 오르면 물러나 기다릴 줄 모르는 것은 대청이 없기 때문입니다. 학년의 집에서도 그 접대가 차츰 전과 같지 못하던 것이 그가 죽은 뒤에는 아들들이 조선 손님을 아주 귀찮게 여기어서, 우리 사행이 올 무렵이면 좋은 그릇은 갈무리고 너저분한 것들만 늘어놓아서 겨우 이때까지의 준례를 지킬 뿐이랍니다. 이제 그 옆집에서 피하고 숨은 것도 학년의 집처럼 될까 두려워하기 때문일 것입니다."

말을 마치고는 서로 한바탕 크게 웃었다. 윤공이 돌아온 뒤에 오랑캐에게 재주를 팔았다 하여 지탄받은 이유는 대개 그가 써준 시 때문이었다. 말의 지나침이 어찌 이 경지에 이르렀단 말인가.

유주幽州와 기주冀州의 산세는 맑은 기운이 서리었다. 태항산太行山이 서쪽으로 쫓아와서 연경燕京을 껴안은 듯하고, 의무려산이 동으로 달려서 후진後鎭이 되어 용이 나는 듯 봉이 춤추듯이 각산角山에 이르러 뭉툭 잘리어 산해관이 되었다. 관에 들어서자 뭇 산들은 더욱 대막大漠의 억세고 거친 기세를 벗어나서 남으로 탁 트인 국면

이 맑고 **빼**어나며 밝고 부드럽다. 창려昌黎에 이르자 바닷가 마을들의 산기는 더욱 아름다웠다.

우공禹貢의 갈석碣石이 창려현昌黎縣 서쪽 20리 되는 가까운 곳에 있으니, 조조曹操(위 무제魏武帝) 시詩에

동으로 갈석에 이르러 東臨碣石
창해를 바라보누나 以觀滄海

라 함은 곧 이를 말함이다. 이 고을에는 한 문공韓文公과 한상韓湘[10]의 사당이 있다. 『당서唐書』「한유전韓愈傳」에는 문공을 등주鄧州 남양인南陽人이라 하였고, 『광여기』[11]에는 곧 창려인昌黎人이라 하였으며, 송宋의 원풍元豐(송 신종宋神宗의 연호) 연간에 문공을 창려백昌黎伯으로 봉하였고, 원 지원至元(원 세조元世祖의 연호) 때에 이르러서 비로소 이곳에다 사당을 세워서 지금도 문공의 소상塑像이 있다 한다.

나는 평생 문공을 꿈에도 그리워했으므로 여러 사람더러 함께 가 보자고 하였으나 응하는 이가 없으니, 이는 20리나 길을 돌아야 하기 때문이다. 혼자서 가기도 어려우니 몹시 안타깝다.

지나는 길에 동악묘東嶽廟에 들렀다. 뜰에 비석 다섯이 있고 전

10) 한상은 당唐나라 문장가 한유韓愈의 조카로 신선이 되었다고 한다. 하루는 한유가 한상에게 시를 지으라고 했더니, 그는 "준순주를 빚을 줄 알고, 경각화를 피울 수 있다.[解造逡巡酒 能開 頃刻花]"라고 하고 이어 흙을 모아서 분盆으로 덮어 두었다. 얼마 안 되어 다시 그 분을 들어 올리자, 어린 모란 두 송이가 피어 있었다고 한다.『詩人玉屑 卷20 方外 韓湘』
11) 명明 육응양陸應陽의 저.

각 위에는 금자金字로 '동악대제東嶽大帝'라 써 붙였고, 그 가운데에는 금신金神 둘을 앉혔는데, 모두 단정히 손을 모으고 홀笏을 잡았다. 후전後殿 제도도 전전과 같은데, 여상女像 셋을 앉혔고 이름을 '낭랑묘娘娘廟'라 한다. 머리에는 모두 면류관을 썼다.

영평부永平府에 도착했다. 성 밖으로 굽이쳐 흐르는 강물이 성을 둘러싸서 그 지형이 평양과 흡사하나 시원하게 툭 트인 것은 평양보다 더 낫다. 다만 대동강과 같이 맑은 물이 없을 뿐이다. 세간에 학사學士 김황원金黃元이 부벽루浮碧樓에 올라가서 시를 짓고 나서 아무리 끙끙대도 시상詩想이 메말라서 다음을 잇지 못한 채 통곡痛哭하고 누를 내려오고 말았다는 이야기가 전한다. 시는 다음과 같다.

장성 한편에 강물 끝없이 흐르는데 長城一面溶溶水
넓은 들판 저편에 점점이 찍힌 산이로다 大野東頭點點山

사람들은 이 시를 평하기를 '평양의 아름다운 경치가 이 두 글귀에 다 표현되었으므로 그 뒤 천 년이나 되는 오랜 시간을 지냈건만 다시 한 구라도 덧붙이는 이가 없다.'라고 하였다. 그러나 나는 늘 이것이 좋은 시구가 아니라 생각한다. '용용溶溶'은 대강大江의 형세를 표현함에는 부족하고, '동두東頭'·'점점點點'의 산이란 그 거리가 40리에 불과한데 어찌 대야大野라 일컬을 수 있겠는가? 이제 이 글귀를 연광정練光亭의 주련柱聯으로 붙였으나, 만일 중국의 사신이 이 정자에 올라가서 읽어 본다면 반드시 '대야'라는 글자를 비웃을 것이다.

그런데 이곳 영평성루永平城樓는 그야말로 '넓은 들판 저편에 점점이 찍힌 산이로다'라고 할 만하다. 어떤 이는 영평도 역시 기자箕子가 봉해 받은 땅이라고 하던데, 이는 잘못된 것이다. 영평은 곧 한漢의 우북평右北平이요, 당唐의 노룡새盧龍塞이다. 옛날에는 아주 궁벽한 땅이었던 것이 요遼·금金 때로부터 북경에 가까이 있어서 거리와 점포의 번영함이 다른 곳보다 더하고, 진사進士의 패액牌額이 무령에 비기어 훨씬 많다. 영평부 앞 원문轅門(병영 앞에 세운 문)에 '고지우북평古之右北平'이라 써 붙였다.

어두워진 뒤에 정 진사鄭進士와 함께 조용히 거닐다가 우연히 한 집에 드니, 마침 등불을 켜놓고 고려진공도高麗進貢圖(조선 사행을 그린 그림)를 새기는 중이다. 지나온 길의 바람벽에 흔히 이 그림을 붙인 것을 보았는데, 모두 너절한 그림에다 추하게 찍어 내어 괴상스럽고 가소롭다. 그 그림에 홍포紅袍를 떨쳐 입은 것은 서장관이요, 몇십 년 전에는 당하관堂下官이 홍포를 입더니, 이제는 푸른 것으로 변했다. 흑립黑笠을 쓴 건 역관이요, 얼굴이 흡사 중과 같으면서 입에 담뱃대를 문 것은 전배前排의 비장이요, 곱슬 수염에 고리눈은 군뢰軍牢이다. 이제 여기서 새기는 것도 추악하기 그지없어서 얼굴이 모두 원숭이처럼 되었다. 당堂 가운데에 세 사람이 있으나 더불어 이야기할 만한 자가 못 된다. 탁자 위에 돌 병풍[硏屛]이 놓여 있는데, 높이가 두 자 남짓, 너비는 한 자쯤 되는 화반석花斑石이다. 강산江山·수목樹木·누대樓臺·인물人物 등을 그려 새겼으되, 모두 돌 무늬

를 따라 천연스럽게 빛깔을 내어 그 미묘한 품이 신경神境에 들 지
경이다. 강진향降眞香으로 받침대를 만들어 벼루를 받쳐 놓았다.

그때 소주蘇州 사람 호응권胡應權이란 자가 화첩畵帖 하나를 가지
고 왔는데, 겉장에는 어지러운 초서草書를 썼으되 먹똥이 거듭 앉아
비눌지고 더할 나위 없이 해져서, 한 푼어치도 못 되어 보이건만 호
생胡生의 거조를 보니 마치 세상에 다시 없는 보배인 듯 사뭇 조심
조심하여 이를 받들고 꿇어앉아서 여닫는 데도 오직 깍듯이 한다.
정군鄭君이 침침한 눈으로 두 손에 이를 움켜 쥐고 책장을 풍우처럼
재빨리 넘기니, 호생이 얼굴을 찡그리며 못마땅해 하는 기색이다.
정군이 다 보고는 획 집어 던지면서 했다.

"겸재謙齋니 현재玄齋니 하는 건 모두 오랑캐의 호이구면."

내가 말했다.

"그림을 보지 않고 그러는가."

그러고는 호생에게 물었다.

"당신은 이걸 어디서 구하셨소."

"아까 초저녁 때 귀국 김 상공金相公이 우리 점포에 오셔서 팔고
갔소. 김 상공은 믿음직한 사람이옵고 또 나와는 정분이 자별하여
친형제나 다름없습니다. 문은紋銀(품질이 우수한 은) 3냥 5푼으로 샀으
니 만일 장황裝潢을 고쳐 놓으면 7냥은 실히 가리다. 다만 그린 이의
관지款識가 없사오니, 바라옵건대 선생께서 이를 일일이 고증해서
적어 주시옵소서."

말을 마치고는 품에서 붉은 주사 한 홀笏을 꺼내어 패물로 주

며, 화자畵者의 소전小傳을 간곡히 부탁한다. 주인도 주과를 내어 왔다. 대개 우리나라의 서화 권 중에는 연호年號도 없고 이름을 적기도 꺼리며, 시축詩軸의 끝에도 흔히들 '강호산인江湖散人'이라 하였을 뿐 어느 때 어느 곳 아무 성 어떠한 사람의 솜씨인지 알 길이 없다. 이제 이 책 가운데도 간단한 두 글자씩 된 별호別號가 적혀 있기는 하나 분명하지 않아서 누가 누군지를 분간할 수 없으므로, 정군이 겸재·현재를 오랑캐라 한 것도 괴이한 일은 아니다. 정군은 중국어가 서투른 데다 또 이가 드문드문 빠져 달걀 볶음을 매우 좋아했다. 책문에 들어온 뒤로 늘상 써먹는 중국어라곤 그저 '초란炒卵'뿐인데, 그나마 혹시 잘못 발음하지나 않을까 하여 가는 곳마다 사람을 만나면 갑자기 '초란', 하고 말한 뒤에 그 혀끝이 돌아가는가를 잘 가늠하니, 정군을 '초란공炒卵公'이라 부르게 되었다.[12] 주인이 곧 가서 한 쟁반을 지져 가지고 왔다.

그러나 행적이 마치 음식을 빼앗아 먹은 것같이 되었으므로 한바탕 웃고 나서 주인에게 사연을 말하고 값을 치르려 하니, 주인이 도리어 몹시 부끄러워하는 얼굴로 말했다.

"여기는 음식점이 아니오."

그가 자못 노여워하는 기색까지 있기에 나는 곧 대강 그림 옆에 적힌 별호別號를 참고하여 그들의 성명을 적어서 사례하였다.

---

12)   우리나라 광대놀음에 탈 쓴 것을 '초란俏亂'이라 부르는데, 중국말로 계란볶음이라는 '초란'과 발음이 비슷하다.

열상화보列上畵譜

* 이조화명도二鳥和鳴圖, 충암冲菴(호): 김정金淨의 자는 원충元冲이
요, 명明 가정嘉靖 때 사람이다.

* 한림와우도寒林臥牛圖, 김식金埴.

* 석상분향도石上焚香圖: 이경윤李慶胤은 학림정鶴林正이다.

* 녹죽도綠竹圖, 탄은灘隱(호): 이정李霆의 자는 중섭仲燮이요, 석양
정石陽正이니, 익주군益州君의 지자枝子이다.

* 묵죽도墨竹圖: 위와 같다.

* 노안도蘆雁圖: 이징李澄의 자는 자함子涵이요, 호는 허주재虛舟齋
니, 학림정鶴林正의 아들이다.

* 노선결기도老仙結綦圖, 연담蓮潭(호): 김명국金鳴國이니, 명明 천계
天啓 연간 사람이다.

* 연강효천도煙江曉天圖 임지사자도臨紙寫字圖, 공재恭齋(호): 윤두서
尹斗緖의 자는 효언孝彦이니, 강희康熙 연간 사람이다.

* 춘산등림도春山登臨圖, 겸재謙齋(호): 정선鄭歚의 자는 원백元伯이
니 강희·건륭 연간 사람이다. 나이 80이 넘어서도 겹돋보기 안경을
끼고 촛불 아래에서 가는 그림을 그려도 털끝만큼도 그릇됨이 없
었다.

* 산수도山水圖: 네 폭, 겸재.

* 사시도四時圖: 여덟 폭, 겸재.

* 대은암도大隱巖圖: 겸재. 이 위의 것은 모두 '정선鄭歚'·'원백元

伯’이라는 소인小印이 있다.

　　＊부장임수도扶杖臨水圖, 종보宗甫: 조영석趙榮祏의 자는 종보요,
호는 관아재觀我齋니, 강희·건륭 연간 사람이다.

　　＊도두환주도渡頭喚舟圖, 진재(眞宰 호): 김윤겸金允謙의 자는 극양克
讓이니, 강희·건륭 연간 사람이다.

　　＊금강도金剛圖, 현재(玄齋 호): 심사정沈師正의 자는 이숙頤叔이니,
강희·건륭 연간 사람이다.

　　＊초충화조도草蟲花鳥圖: 여덟 폭, 현재. ‘심사정사인沈師正私印’과
‘현재玄齋’라는 소인이 있다.

　　＊심수노옥도深樹老屋圖, 낙서駱西: 윤덕희尹德熙의 자는 경백敬伯이
니, 공재恭齋의 아들이다.

　　＊백마도白馬圖 군마도羣馬圖 팔준도八駿圖 춘지세마도春池洗馬圖 쇄
마도刷馬圖: 이상은 모두 낙서의 ‘윤덕희사인尹德熙私印’과 ‘낙서駱西’라
는 소인이 있다.

　　＊무중수죽도霧中睡竹圖, 수운峀雲(호): 유덕장柳德章. ‘수운사인峀雲
私印’이 있다.

　　＊설죽도雪竹圖: ‘수운峀雲’이란 두 글자와 ‘수운峀雲’의 인이 있다.

　　＊검선도劍仙圖, 인상麟祥: 이인상李麟祥의 자는 원령元靈이요, 호
는 능호관凌壺觀이니, ‘이인상李麟祥’의 인이 있다.

　　＊송석도松石圖, 원령: ‘인상麟祥’이란 인과 ‘기미삼월삼일己未三月
三日’이란 소지小識가 있다.

　　＊난죽도蘭竹圖, 표암(豹菴 호): 강세황姜世晃의 자는 광지光之니, ‘표

암광지豹菴光之'의 인이 있다.

　＊ 묵죽도墨竹圖: 위와 같다.

　＊ 추강만범도秋江晩泛圖, 연객烟客: 허필許佖의 자는 여정汝正이니,
'연객烟客'이라는 소인이 있다.

26일 임인壬寅

　개었다가 오후에 바람과 우레가 크게 일고 비가 쏟아지더니
이내 멎었다.

　영평부에서 청룡하靑龍河까지 1리, 남허장南墟庄 2리, 압자하鴨子
河 7리, 범가점范家店 3리, 난하灤河 2리, 이제묘夷齊廟 1리, 모두 16리
를 가서 점심을 먹었다. 이제묘에서 망부대望夫臺까지 5리, 안하점安
河店 8리, 적홍포赤紅舖 7리, 야계타野雞坨 5리, 사하보沙河堡 8리, 조장棗
庄 10리, 사하역沙河驛 2리, 모두 45리이다. 이날 61리를 가서 사하역
성 밖에 묵었다.

　이날 아침 일찍 영평부를 떠날 때 날씨가 선선하였다. 성 밖의
강가에 장이 섰는데, 온갖 물건이 거리에 꽉 찼고 수레와 말이 즐비
하였다. 장판에 들어가서 능금 두 개를 사노라니 옆에 대상자를 멘
자가 있어서 상자를 여니 수정합水晶盒 다섯이 나오고, 합마다 뱀 한
마리씩 들었다. 뱀은 모두 그 합 속에 도사리고 있는데 머리 내민
것이 마치 솥뚜껑에 꼭지 달린 듯이 한복판에 솟아 있고 두 눈이 반

들반들하다. 검은 놈이 한 마리, 흰 놈이 하나, 초록색이 둘, 빨간 놈이 하나, 모두가 합 밖에서 환히 들여다보이긴 하는데 죽었는지 살았는지는 분간하기 어렵기에 물어보니, 대답이 시원하지 않다. 독한 종기에 이것을 쓰면 신통한 효과가 있다고 한다.

그 밖에 다람쥐를 놀리는 자, 토끼 놀리는 자, 곰 놀리는 자 등 여러 사람이 있는데 모두 동냥하는 이들이었다. 곰은 크기가 개만한데 칼춤도 추고 창춤도 추며, 사람처럼 서서 다니기도 하고, 절도 하며 꿇어앉기도 하며, 머리를 조아리기도 하여 사람이 시키는 대로 온갖 시늉을 다하나, 꼴이 몹시 흉악하고 그 민첩함도 원숭이보다 못하다. 토끼와 다람쥐 놀이는 더욱 재롱스럽고 또 사람의 의도를 잘 알아차리긴 하나 길이 바빠서 상세히 구경하지 못하였다.

도사道士 둘과 아이 하나가 장터에서 동냥하며 다니는데 운관雲冠[13]을 쓰고 하대霞帶(도사가 착용하는 띠)를 띠고 눈매가 청수한데, 손으로 영저鈴杵[14]를 흔들며 입으론 주문呪文을 외고, 그 행동이 괴특하여 사람인가 귀신인가 의심스럽다. 간편한 옷차림의 세 여인이 말을 타고 달려 지나간다.

배로 청룡하青龍河와 난하灤河를 건넜다. 따로 '이제묘기夷齊廟記'·'난하범주기灤河泛舟記'·'고죽성기孤竹城記'가 있다.

이제묘에서 먼저 떠나 야계타野雞坨에 거의 다 갔을 무렵에 날

---

13)   도사 관모 일종.
14)   중들이 연주하는 악기樂器의 일종. 송 태종宋太宗 때 인도印度에서 왔다고 전함.

씨가 찌는 듯하고 한 점 바람기도 없더니, 노盧·정鄭·주周·변卞의 여러 사람과 앞서거니 뒤서거니 이야기하며 가는데, 손등에 갑자기 한 종지 찬물이 떨어지며 마음과 등골이 함께 선뜩하기에 사방을 둘러보았으나 아무도 물을 끼얹는 이는 없었다.

또다시 주먹 같은 물방울이 떨어지며 창대昌大의 모자 챙을 쳐서 그 소리가 탕하고, 또 노군의 갓 위에도 떨어졌다. 그제야 모두들 머리를 들고 하늘을 쳐다보니, 해 옆에 바둑돌만 한 작은 구름장이 나타나고 은은히 맷돌 가는 소리가 나더니, 삽시간에 사면 지평선地平線에 각기 자그마한 구름이 일되 마치 까마귀 머리 같고 그 빛은 유난히 독해 보인다. 그리고 해 곁에 검은 구름이 이미 해 둘레의 반쯤을 가렸고, 한 줄기 흰 번갯불이 버드나무 위에 번쩍하더니 이내 해는 구름 속에 가리고 그 속에서 천둥하는 소리가 마치 바둑판을 밀어 치는 듯 명주를 찢는 듯하다. 수많은 버들이 기죽은 듯 조용하고 잎마다 번갯불이 번쩍인다.

일제히 채찍을 날려 길을 재촉하나 등 뒤에 수많은 수레가 다투어 달리고, 산이 미친 듯 뒤집히는 듯, 성낸 나무가 부르짖는 듯하여 하인들은 손발이 떨리어, 급히 우장을 꺼내려 하나 얼른 부대끈이 풀리지 않는다. 비바람과 천둥 번개가 휘몰아쳐 지척을 분별할 수 없었다. 말은 모두 벌벌 떨고 사람들은 다급해 할 수 없이 말머리를 모아서 삥 둘러섰는데 하인들은 모두 얼굴을 말갈기에 파묻었다.

이따금 번갯불 속에서 보니, 노군이 새파랗게 질려 두 눈을 꼭 감고 곧 숨이 넘어갈 것 같다. 조금 뒤에 비바람이 좀 멎자 서로 바라보니 얼굴이 모두 흙빛이었다. 그제야 비로소 양편에 있는 집들이 보이는데, 불과 40~50보밖에 안 되는 곳에 두고서도 비가 막 쏟아질 때에는 미처 피하지도 못했다. 사람들이 모여 말했다.

"조금만 더했더라면 거의 숨 막혀 죽을 뻔했네."

점포에 들어가서 잠깐 쉬려는데, 하늘이 맑게 개고 바람과 햇빛이 산뜻하였다. 간단히 술잔을 나누고는 곧 떠났다. 길에서 부사를 만나 어디서 비를 피하셨느냐 물었더니 부사가 대답한다.

"내가 탄 가마 문이 바람에 떨어지는 바람에 빗발이 들이쳐서 한데 선 것이나 다름 없었소. 빗방울 크기가 주발만 하니 대국은 빗방울조차 무섭구려."

나는 계함에게 말했다.

"나는 오늘에야 더욱 역사책에 나온 말이 진정 믿을 게 못 된다는 걸 알았소."

그러자 정 진사가 말을 채찍질하여 앞으로 나서면서 무슨 말이냐 묻는다.

나는 대답했다.

"항우項羽가 고함소리가 어찌 이 우레 소리를 당해내겠는가? 그럼에도 『사기史記』에 적천후赤泉侯의 인마가 모두 놀라서 수리數里를 물러섰다 하였으니, 이는 거짓말이 아니고 무엇이오. 항우가 비록 눈을 부릅떴다 하기로서니 이 번갯불만 같았을까요. 여마동呂馬童(한나라 장수)이 말에서 떨어졌다는 건 더욱 못 믿을 일이오."

이 말을 듣고는 여럿이 모두 크게 웃었다.

이제묘기夷齊廟記

난하灤河 기슭에 자그마한 언덕을 '수양산首陽山'이라 하고, 그 산 북쪽에 조그만 성이 있으니 '고죽성孤竹城'이라 한다. 성문에는 '현인구리賢人舊里'라 써 붙였고, 문 오른편 비석에는 '효자충신孝子忠臣'이요, 왼편 비에는 '지금칭성至今稱聖'이라 새겼으며, 묘문廟門 앞 비석에는 '천지강상天地綱常'이요, 문 남쪽 비에는 '고금사표古今師表'라 하였다. 그리고 문 위에는 '상고일민上古逸民'이란 현판이 걸렸고, 문 안에 비석 셋, 뜰 가운데 비석 둘, 섬돌 좌우에 비석 넷이 있으니, 모두 명나라 청나라 때의 어제御製들이다.

뜰에는 고송古松 수십 그루가 서 있고, 섬돌 가에는 흰 돌로 난간을 둘렀다. 가운데에 큰 전각이 있는데 '고현인전古賢人殿'이라 하였다. 전각 속에 곤룡포·면류관을 갖추고 홀을 들고 서 있는 이들이 곧 백이伯夷·숙제叔齊였다.

전각 문에는 '백세지사百世之師'이라는 현판을 걸었고 전각 안에는 큰 글자로 '만세표준萬世標準'라는 강희제의 글씨가 있었다. 또 '윤상사범倫常師範'이라 한 것은 옹정제의 글씨이다. 전 가운데 간직한 보기寶器들은 만력萬曆 때 물건이 많다. 그 주련柱聯에 다음과 같이 쓰여 있다.

인을 찾아서 인을 행했으니 만고의 맑은 바람 고죽국이요 求
仁得仁 萬古淸風孤竹國

포악을 포악으로 바꾸었으니 천추의 절개 수양산이로다 以暴
易暴 千秋孤節首陽山

중앙 뜰에 두 문이 있으니 동쪽에는 '염완廉頑'이요, 서쪽에는
'입나立懦'라 하였으며, 또 작은 문 둘이 있으니 왼편은 '관천盥薦'이
요, 오른편은 '재명齊明'이라 하였고, 그 문을 나서면 당堂이 있어
'읍손揖遜'이라 하였으며, 비석이 있는데 이는 성화成化(명 헌종明憲宗의
연호) 연간에 세운 것이다. 비 뒤에 대臺가 있어 '청풍淸風'이라 하고,
문 둘이 있어 하나는 '고도풍진高蹈風塵'이요, 또 하나는 '대관환우大
觀寰宇'라 새겨 붙였으며, 대 위에는 각閣이 있어 '재수지미在水之湄'라
하였다. 그 주련柱聯에는 다음과 같이 쓰여 있었다.

산은 인자처럼 고요하고 山如仁者靜
바람은 성인인 양 맑디맑다 風似聖人淸

물 좋고 산 좋은 고죽국에 佳山佳水孤竹國
난형 난제의 성인이 나셨네 難兄難弟古聖人

대 위에 문 둘이 있어 하나는 '백대산두百代山斗'요, 또 하나는
'만고운소萬古雲霄'라 하였다. 명明의 헌종 순황제憲宗純皇帝 때에 백이

에게는 소의청혜공昭義淸惠公, 숙제에게는 숭양인혜공崇讓仁惠公이란 시호를 내렸다.

중국에서 수양산首陽山이라 하는 곳이 다섯 군데가 있다. 하동河東의 포판蒲坂인 화산華山의 북쪽 하곡河曲의 어름에 산이 있어 '수양'이라 하였고, 혹은 농서隴西에도 있다 하며, 혹은 낙양洛陽 동북쪽에도 있다 하고, 또 언사偃師 서북쪽에도 이제묘가 있다 하며, 또는 요양遼陽에도 수양산이 있다 하여, 모든 전기傳記에 여기저기 나온다. 그러나 『맹자孟子』에는, "백이가 주왕紂王을 피하여 북해北海 가에 살았다." 하였다. 우리나라 해주海州에도 수양산이 있어서 백이·숙제를 제사를 지내지만 이곳 사람들에겐 잘 알려지지 않았다. 나는 이렇게 생각해 보았다. '기자箕子가 동으로 조선에 온 것은 오로지 주周의 판도 안에 살기 싫어서였으리라. 백이도 차마 주의 곡식을 먹을 수 없었으니, 혹 그가 기자를 따라와서 기자는 평양에 도읍하고 백이·숙제는 해주에 살지 않았을까? 게다가 우리나라 항간에서 전하는 말에, "대련大連·소련少連이 해주 사람이다." 라 하였으니, 무엇을 근거로 하는 말일까?'라고 말이다.

문과 담장에 당唐·송宋 역대의 치제문致祭文을 많이 새겨 놓은 것을 보아서는 이 묘가 영평에 있은 지 오래임을 알 수 있다. 어떤 이는 홍무洪武 초년에 영평부 성 동북쪽 언덕에 옮겨 세웠다가 경태景泰(명 경종明景宗의 연호) 연간에 다시 이곳에 세웠다고 한다. 행궁行宮이 있어 그 제도는 강녀묘·북진묘의 행궁과 매일반이었다. 지키는 자가 금하므로 그 안은 구경하지 못하였다.

난하범주기灤河泛舟記

난하는 만리장성 북쪽 개평開平에서 처음 나와, 동남쪽으로 흘러서 천안현遷安縣 지경을 거쳐 노룡새盧龍塞에 이르러 칠하漆河와 합하고, 다시 남쪽으로 흘러 낙정현樂亭縣에 이르러서 바다로 들어간다. 요동·요서에 '하河'라고 이름한 물 치고는 모두 흐린 것인데, 다만 이 난하만이 고죽사孤竹祠(고죽군孤竹君의 사당) 밑에 이르러 깊게 고여서 호수가 되어 그 맑은 빛이 거울 같다. 고죽성은 영평부 남쪽 10여 리 되는 곳에 있는데, 『후한서後漢書』의 군국지郡國志에 '우북평右北平 영지令支에 고죽성이 있다.'고 하였고, 그 주注에 '백이·숙제의 본국本國이다.'라 하였다.

난하의 남쪽 기슭에 깎아지른 듯한 절벽이 솟아 있고, 그 위에는 청풍루淸風樓가 있는데, 누 아래 강물이 더욱 맑으며 강 한복판에 작은 섬이 있고, 섬 가운데 돌을 병풍처럼 쌓고 그 앞에 고죽군孤竹君의 사당이 있으며, 사당 아래 배를 띄우니, 물 맑고 모래 희며, 들 넓고 숲 깊숙하다. 물가에 수십 호 되는 집이 모두 그림자가 호수 속에 박혔고, 고기잡이 배 서너 척이 한창 그물을 사당 밑에 치고 있다. 물을 거슬러 올라가니, 중류에 대여섯 길 되는 돌 봉우리가 있어 이름은 '지주砥柱'라 하는데, 기암괴석이 삔 둘러싸서 우뚝우뚝 서 있으며, 교청새·뜸부기 같은 물새 떼 수십 마리가 모래 위에 늘어앉아 깃을 다듬고 있다. 배에 함께 탄 사람들이 이 경치를 돌아보고 기뻐하면서 말했다.

"강산이 그림 같구려."

이에 나는 다음과 같이 말하였다.

"그대들은 강산도 모르고 그림도 모르는구려. 강산이 그림에서 나온 것인가. 그림이 강산에서 나왔지. 흔히들 비슷하다느니 같다느니 닮았다느니 하는 말들은 모두 '같다'는 걸 비유한 말일세. 그러나 비슷한 것으로써 비슷한 것을 비유함은 같은 듯하지만 실은 같은 것이 아닐세. 옛사람이 양자강에서 나는 요주瑤柱를 여지茘支와 같다 하고, 서호西湖를 서자西施와 같다 하면, 어리석은 사람은 다시 말하기를, 담채淡菜는 용안龍眼(용안수龍眼樹의 열매)과 같고, 전당錢塘은 비연飛燕과 같다고 했다던데 어찌 그럴 수 있겠소."

사호석기射虎石記

영평부에서 남쪽으로 10여 리를 가면 가파른 언덕에 드러난 바위가 있다. 비스듬히 보면 빛깔이 희고, 그 밑에는 비석이 있어 '한나라 비장군[15]이 범을 쏘았던 곳[漢飛將軍射虎處]'이라고 새겨 있다. 나는 거기에 "청의 건륭 45년 가을 7월 26일에 조선인朝鮮人 아무개가 이를 구경하다."라고 써 놓았다.

---

15) 전한前漢의 명장 이광李廣의 별칭이다. 이광이 우북평右北平에 주둔하고 있을 때, 흉노가 그를 '비장군飛將軍'이라고 부르면서 겁을 낸 나머지 몇 년 동안 감히 침입하지 못했다는 고사가 있다. 『史記 卷109 李將軍列傳』

27일 계묘癸卯

날이 개었다. 아침에 잠깐 서늘하였으나 낮에는 몹시 더웠다.

사하역沙河驛에서 홍묘紅廟까지 5리, 마포영馬舖營 5리, 칠가령七家嶺 5리, 신점포新店舖 5리, 건초하乾草河 5리, 왕가점王家店 5리, 장가장張家莊 5리, 연화지蓮花池 10리, 진자점榛子店 5리, 모두 50리를 가서 점심을 먹었다. 진자점에서 연돈산烟墩山까지 10리, 백초와白草窪 6리, 철성감鐵城坎 4리, 우란산포牛欄山舖 4리, 판교板橋 6리, 풍윤현豊潤縣 20리, 모두 50리이다. 이날 1백 리를 가서 풍윤성 밖에 묵었다.

어제 이제묘 안에서 점심 먹을 때 고사리 넣은 닭찜이 나왔는데, 맛이 매우 좋고 또 길에서 변변한 음식을 먹지 못한 끝이라 별안간 입맛이 당기는 대로 달게 먹었으나, 그것이 구례舊例인 줄은 몰랐다. 오후에 길에서 소나기를 만나서 겉은 춥고 속은 막히어 먹은 것이 내려가지 않고 가슴에 그득히 체하여, 한번 트림을 하면 고사리 냄새가 치밀어 올라 생강차를 마셨는데도 편하지 않았다. 지금은 가을이라 철도 아닌데, 주방은 대체 이 고사리를 어디에서 났느냐 물었더니, 옆 사람들이 말한다.

"이제묘에서 점심참을 대는 것이 준례가 되어 있사오며, 또 사시를 막론하고 여기서는 반드시 고사리를 먹는 법이옵기에 주방이 우리나라에서 마른 고사리를 미리 준비해 가져와 여기에서 국을 끓여서 일행을 먹이는 것이 이젠 벌써 하나의 고사故事로 되었답니다. 10여 년 전에 건량청乾糧廳이 이를 잊어버리고는 갖고 오지 않아서 이곳에 이르자 궐공關供되었으므로, 건량관乾糧官이 서장관에게 매를 맞고 물 가에 앉아서 통곡하면서 푸념하기를, '백이·숙제, 백이·숙제야. 나하고 무슨 원수가 졌기에, 나하고 무슨 원수가 졌기에!' 라고 하였답니다. 소인小人의 소견으로는 고사리가 고기만 못하며, 또 듣자온즉 백이들은 고사리를 뜯어 먹고 굶어 죽었다 하오니, 고사리는 참 사람 죽이는 독이 되는 음식인가 봅니다요."

사람들 모두 크게 웃었다.

태휘太輝란 자는 노 참봉의 마두馬頭이다. 이번 사행이 초행일뿐더러 사람됨이 경망스러워 조장棗庄을 지나다가 대추나무가 비바람에 꺾이어 담 밖에 넘어진 것을 보고는, 그 풋열매를 따 먹고는 배탈이 나고 말았다. 설사가 멎지 않아서, 한창 속이 허하고 몸이 달고 마음이 답답하고 목이 타는 듯하다가, 급기야 고사리독이 사람 죽인다는 말을 듣고 큰 소리로 몸부림치며 울부짖는다.

"아이고, 백이·숙채熟菜(삶은 나물)가 사람 죽이네. 백이·숙채가 사람 죽인다."

숙제叔齊와 숙채熟菜가 발음이 서로 비슷한지라, 또한 당에 가득한 사람들이 한바탕 웃어댔다.

내 일찍이 백문白門(서울 부근의 지명)에 살 때였다. 마침 숭정崇禎 기원紀元 뒤 137년, 세 돌째 맞이한 갑신년甲申年이며, 3월 19일은 곧 의종 열황제毅宗烈皇帝가 사직을 위해 목숨을 버린 날이다. 글방 훈장이 동리 아이 수십 명을 거느리고 성서城西(서울 서대문 밖)에 있는 송씨宋氏

의 셋방살이 집에 찾아가서 우암尤菴 송시열宋時烈[16] 선생의 영정에 절하고, 초구貂裘를 내어서 어루만지며 강개함을 이기지 못하여 눈물을 흘리는 이까지 있었다. 돌아오는 길에 성 밑에 이르러서 팔을 뽐내며 서쪽을 향하여 소리쳤다.

"이 오랑캐 놈들!"

그러고는 훈장이 술이며 음식을 차렸는데 고사리나물이 상에 올랐다. 이때는 금주령이 내렸으므로 꿀물로서 술을 대용하여 그림 놓은 자기 주발에 담았으니, 그 주발의 관지款識에는 '대명大明 성화成化에 만든 것이다'라고 새겼다. 여수하는 자가 꿀물을 따를 때면 반드시 머리를 숙여 주발을 들여다보곤 한다. 이는 『춘추春秋』의 의리를 말자는 뜻이다. 드디어 서로 시詩를 읊었는데, 그중 한 아이가 다음과 같이 썼다.

무왕도 만약 패해서 죽었다면 武王若敗崩

천 년 뒤 주왕에겐 역적이 되었으리 千載爲紂賊

여망이 어이하여 백이를 구하고도 望乃扶夷去

역적을 옹호했다 말하지 않았나 何不爲護逆

춘추의 큰 의리를 이제껏 떠들건만 今日春秋義

16) 송시열宋時烈(1607~1689)을 가리킨다. 자는 영보英甫이고, 호는 우암尤庵이며, 본관은 은진恩津, 시호는 문정文正이다. 병자호란 때 소현세자와 봉림대군이 잡혀가자 낙향하여 10여 년간 학문에만 전념하다 효종이 즉위하여 척화파 및 재야학자들을 대거 기용하면서 비로소 벼슬에 나아갔다.

오랑캐가 보기엔 오랑캐의 역적일 걸 胡看爲胡賊

이에 모두들 한바탕 웃는다. 훈장은 서운한 표정으로 한참 있
다가 말했다.

"아이들은 일찍부터 『춘추』를 읽혀야만 하겠구나. 일찍 읽지
않는 바람에 무슨 뜻인지 분별하지 못하니 이따위 괴상한 말들을
늘어놓는 게다. 여기 경치나 읊어 보아라."

그러자 아이 하나가 또 시를 짓는다.

고사리 아무리 캐도 배부르지 않아 採薇不眞飽

백이도 마침내 굶어 죽었네 伯夷終餓死

꿀물이 술보다 훨씬 달 터이니 蜜水甘過酒

이것 마시고 죽어도 원통할꺼나 飮此亡則寃

훈장은 눈썹을 찡그리면서, "이건 또 무슨 괴상한 말이냐."라
하였다.

좌중이 또 한 번 크게 웃었다. 이로부터 어언간 17년의 세월이
흘렀다. 그때의 늙은이들도 다 가버린 오늘날에 다시 백이의 고사
리로 이런 말썽이 생겨서, 타향他鄉의 풍등風燈 아래에서 옛이야기를
하다 보니 끝내 잠을 설치고야 만다.

새벽에 떠나 길에서 상여 수레를 만났다. 널 위에 흰 수탉을 놓
았는데 닭이 홰를 치며 울고 있다. 연이어 상여를 만났으나 모두 닭

을 놓았으니 이는 영혼을 인도하는 것이라 한다.

길가에 넓이 수백 이랑이나 되는 못이 있는데 연꽃은 벌써 지고 사람들이 각기 조그마한 배를 타고 들어가서, 마름·연밥·연근 같은 것을 캐고 있었다. 돼지 수십 마리를 몰고 가는 이가 있는데, 그 모는 법이 마소 다루는 것과 같다. 길가 백여 리 사이에 아름드리 버드나무가 수없이 많이 자빠져 있다. 이는 어제 비바람에 쓰러진 것이다.

진자점榛子店에 이르렀다. 이 점은 본래 기생이 많기로 이름난 곳이다. 강희 황제가 일찍이 천하의 창기를 엄금하여 양자강揚子江·판교板橋 같은 곳의 창루娼樓·기관妓館 들이 모두 쑥대밭이 되었는데, 이곳만이 남아 있어서 그를 '양한적養閒的'이라 이름하는데 얼굴이 예쁘고 악기도 곧잘 다룬다.

재봉再鳳과 상삼象三이 후당後堂으로 들어가며 나를 보고는 빙긋 웃음을 띤다. 나도 그 뜻을 짐작하고 가만히 그 뒤를 밟아가서 문틈으로 들여다본즉 상삼이 벌써 한 여인을 끼고 앉았다. 이는 전부터 안면이 있는 모양이다. 청년 둘이 의자에 마주 걸터앉아서 비파를 타고 한 여인은 의자 위에서 봉鳳 부리에 금고리를 물린 저를 불고 있는데, 부리에는 금고리가 달렸고 금고리에는 붉은 수술을 드리웠다. 재봉은 그 아래에 서서 손으로 수술을 어루만지고 있고, 또 한 여인은 주렴을 걷고 나오더니 손에 박자 판을 들고 재봉을 부축하여 앉히려 하였으나 재봉은 듣지 않았다. 한 늙은이가 주렴을 걷고 서서 재봉을 향하여 인사했다. 나는 곧 밖에서 큰기침 한번을 내며 가래침을 뱉었다. 방안에 있던 사람들이 모두 크게 놀란다. 상삼과 재봉이 서로 보고 웃으며 곧 일어나 문을 열고 나를 맞아들인다. 내가 문안으로 머리를 들이밀며 인사하자 늙은이와 두 젊은이가 일제히 일어나서 웃으며, "예 안녕하십니까."라고 답한다. 세 양한적(기생)도 모두 "어서 오세요."라고 한다.

재봉은 노랑 저고리에 붉은 치마를 입은 여인을 가리키며 말했다.

"저 이름은 유사사柳絲絲랍니다. 병신년丙申年에 이곳을 지날 때 나이 스물넷에 그야말로 일색이었던 것이 이제 5년 동안에 얼굴이 아주 변해버려 볼품없이 되었습니다."

상삼이 말했다.

"유사사는 일찍이 열네 살부터 소리 잘하기로 이름을 날렸답니다."

그러고는 검은 웃옷에 주홍 치마를 입은 여인을 가리키며,

"저 여자 이름은 요청幺靑이고 올해에 나이 스물다섯입니다. 작년부터 이곳에 와 있는 산동 여자입니다."

내가 검은 저고리에 초록 치마를 입은 제일 앳된 여인을 가리키자 상삼이 말했다.

"그는 처음 보는 여인이어서 이름이나 나이를 모르겠습니다."

세 기생이 모두 특별히 예쁜 용모는 아니나 대체로 당화唐畵 미인도美人圖 중에서 보이는 여인과 같았다. 그 늙은이는 곧 관館 주인이고, 두 청년은 모두 산동에 온 장사치들이다. 나는 상삼에게 눈짓

하여 그들에게 음악을 아뢰도록 했더니, 상삼이 그 청년을 보고 무어라고 하자 한 청년은 노래하고 요청은 홀로 박자판을 치며 소리를 맞추어 합창할 때, 다른 기생들은 모두 부는 것을 멈추고 귀를 기울여 듣기만 한다. 한 청년이 자리를 옮겨, 나더러 알아듣는지 묻기에 모른다고 하자, 글로 써서 보여준다.

"이 사곡詞曲은 '계생초鷄生草'라 부르고, 가사는,

전조에 태어난 이 모두 영웅이니 前朝出了英雄尉
도원결의 그 성은 유·관·장이라 桃園結義劉關張
그 셋이 뜻이 맞아 제갈량을 군사 삼고 他三人請了軍師諸葛亮
신야와 박망둔을 불사라 버리고선 火燒新野博望屯
상양성을 또 깨뜨렸네 炮打上陽城
하느님 원망하노니, 주유를 낳고 제갈량을 또 낳았네 怨老天旣生瑜又生亮

이런 내용입니다."

그 청년이 글은 제법 아는듯해도 얼굴은 못생겼다. 그는 스스로 소개하기를,

"저는 신성新城에 살고 있는 사람으로 성은 왕王이요, 이름은 용표龍標라 합니다."

내가 물었다.

"자네가 혹시 서초西樵 왕사록王士祿[17] 선생의 후손인가?"

"아닙니다. 저희는 민가民家 출신으로서 장사치 노릇을 하고 있습니다."

그 청년이 또 한 곡조를 부를 때 모든 기생들이 혹은 박자판을 치고, 혹은 비파를 뜯고, 또는 봉저[鳳笛]를 불어서 소리를 맞춘다. 왕용표가 물었다.

"공자公子께선 이를 아십니까?"

나는 모른다며, 이건 무슨 사詞인지 물었더니 용표는 글로 써 보였다.

"이 곡조는 '답사행踏莎行'이라 하옵니다. 그리고 그 가사는,

세월은 빨리 지나고 속세는 아지랑이라 日月隙駒塵埃野馬
동으로 흐르는 강물 쉴 줄 모르네 東流不盡江河瀉
명리를 다툰 이 예로부터 헤아려 보니 向來爭奪名利人
백 년이 채 못 되어 몇이나 남았던고 百歲幾個長存者

라고 하였습니다."

---

[17] 청 나라 사람으로 자는 자저子底, 호는 서초西樵. 이부 고공 원외랑吏部考工員外郎을 지냈고 시에 능하였으며 특히 맹호연孟浩然의 시를 좋아하였다. 그 동생 사우士祐·사진士禛과 함께 삼왕三王으로 일컬어진다.

유사사가 그 뒤를 이어서 다음 노래를 불렀다.

고기잡이 나무꾼의 주고받는 이야기가 漁樵冷話
옳고 그름 예 있으니 『춘추』에 맞먹는다 是非不在春秋下
술잔 기울이며 시구를 길이 읊어 自斟自飮自長吟
알아 줄 이 적다고 한탄하지 마소서 不須贊嘆知音寡

그 소리가 사뭇 구슬퍼서 남의 창자를 에이는 듯싶고, 참으로
들보의 티끌이 저절로 나부낀다. 상삼이 다시 이어서 창唱하기를
청하니, 유사사가 눈을 흘기며 사양한다.

"변변치 않은 노래만 해서 뭐합니까?"

청년은 손수 비파를 뜯으면서 유사사더러 노래 계속하기를 권
한다. 그 소리는 더욱 보드랍고 아리땁다. 왕용표는 또 글을 써서
보이었다.

"이 곡조는 '서강월西江月'이라 하며, 가사는,

쓰르라미 울음소리 세월이 바쁘구나 蟋蛄忍忍甲子
모기들 산천에 어지러워라 蚊蝱擾擾山河
거센 바람 소낙비가 밤새 지나가고 疾風暴雨夜來過
눈 떠보니 모두 간 곳 없구나 轉眼都無一個

라고 한 것입니다."

요청은 곧 그 뒤를 이어서 창唱을 하였다.

항아리 속 빚은 술을 다 마시고서　且盡尊中美酒
달 아래 높은 노래 고요히 들어 보소　閑聽月下高歌
공명과 부귀마저 마침내 무엇인가　功名富貴竟如何
닥쳐오는 뒷일일랑 아예 묻지 마오　莫問收場結果

그 소리는 매우 거세어서 유사사의 가냘픔만 못하였다. 나는
그제야 곧 일어서서 나올 때 재봉 역시 뒤를 따랐다. 재봉이 나에게
말했다.

"상삼이 관주館主에게 은銀 두 냥, 대구어大口魚 한 마리, 부채 한
자루를 주었답니다."

이곳에서 식암息菴 김석주金錫胄[18] 공이 보았다는 계문란季文蘭[19]

---

[18]　1634~1684. 자는 사백斯百, 호는 식암息菴, 본관은 청풍淸風이다. 과거에 급제하여 조정의 요
직을 두루 역임하였다. 예송 과정에 처음에는 남인과 결탁하였다가 뒤에는 서인과 결탁하
여 남인 타도를 꾀하였고, 그 과정에 서인 소장파로부터 반감을 사서 서인이 노론과 소론으
로 분열하는 하나의 원인을 제공하였다. 저서로는 『식암집』이 있다. 시호는 문충文忠이다.
[19]　중국 강우江右 지역 수재秀才 우상경虞尙卿의 아내로 명·청 교체기 전쟁 중에 남편이 청군에게
죽고 자신은 포로가 되었다. 그 뒤에 왕장경王章京에게 팔려 이곳을 지나다가 무오년 정월
21일에 눈물을 뿌리며 이곳 벽에 시를 썼다고 전해진다. 우리나라 사신들이 중국을 왕래하
면서 진자점을 지날 때마다 진자점 벽의 계문란의 시에 차운하여 시를 짓거나 이 이야기를
기록으로 남기곤 했다. 사행록마다 이 이야기가 거의 빠짐없이 나온다.

의 시를 찾았으나 보이지 않았다. 그 일은 「피서록避暑錄」중에 보인다.

연로沿路 수천 리 사이에 부녀들의 말소리들은 모두 연연燕燕·앵앵鶯鶯이고 하나도 거친 목소리는 듣지 못했다. 그야말로,

아리따운 여인들 있는 곳을 몰랐더니 不識佳人何處在
눈썹 그리는 그 소리 주렴 넘어 들리는 듯 隔簾疑是畵眉聲

곧 그것이었다.

나는 한번 그들의 앳된 노랫소리를 듣고 싶어 했더니, 이제 그 부르는 사곡詞曲의 의미는 짐작할 수 있겠으나, 오히려 성음聲音은 분변하지 못할뿐더러, 더욱이 그 곡조를 알지 못하므로 차라리 듣지 않았을 때 여운餘韻을 지니고 있느니만 같지 못했다.

저녁 나절에 풍윤성豊潤城 아래에 이르다. 주인집 뒷문이 해자를 향해서 열리고 문 앞엔 몇 그루 실버들이 가렸다. 정사正使가 정유년丁酉年(1777) 봄에 사신으로 갔다 돌아오는 길에 일찍이 이 집에 머물면서 서장관(신형중申亨重, 이름은 사운思運이다)과 함께 이 버드나무 밑에서 담소를 나누었다고 한다.

가마에서 내려서 곧장 뒷문 밖에 자리를 펴게 하고 모든 비장들과 잠깐 술을 나눴다. 그 해자의 넓이는 십여 보나 되는데 버들 그늘이 짙어서 땅 위에 치렁치렁 드리우고 물가에 남실남실 잠기었다. 성城 위엔 3층 높은 다락이 구름 위에 솟아 보일락말락한다.

드디어 모든 사람과 함께 성에 들어가 다락에 올라 구경할 때, 그 이름은 '문창루文昌樓'라 하였는데 문창성군文昌星君을 모신 사당이라고 한다.

길에서 옛 초나라 지역 출신 임고林皐를 만나 함께 호형항胡逈恒의 집에 가서 촛불을 밝히고, 차수次修(박제가의 자)가 쓴 무관懋官(이덕무의 자)의 시詩를 구경하고 저녁 식사를 마친 뒤에 다시 오기로 약속하며 혹 성문이 닫히지 않았을까 물었더니, 곧 닫을 테지만 반 시간도 못 되어 다시 연다고 하였다.

저녁 후에 촛불을 들고 다시 가보니 성문이 닫히지 않았다. 이때 우리를 따라 온 하인들은 더부룩한 맨머리를 한 채 거리로 쏟아져 나가 말먹이 풀을 구하는 모양이었다.

호생과 임생 두 사람이 반기며 나와서 맞이한다. 방안엔 벌써 술과 안주를 차려 놓고 내게 물었다.

"이형암李炯菴(이덕무의 호)과 박초정朴楚亭(박제가의 호)이 모두 잘 지내십니까?"

"모두 편하지요."

임생林生이 물었다.

"박朴과 이李 그 두 분은 참으로 인품이 맑고 재주가 높은 선비지요."

"그들은 모두 나의 문생門生이지만 미숙한 글재주를 이렇게까지 칭찬할 게 못 됩니다."

"옛말에 정승의 문하엔 정승이 나고 장수의 문하엔 장수가 난다더니 과연 헛된 말이 아니군요."

그가 이어서 말했다.

"형암·초정 두 분이 일찍이 무술년戊戌年(1778) 황태후皇太后 진향
進香 때 이곳을 지나다 하룻밤 쉬어 갔습니다."

임생과 호생이 비록 정성껏 대접하기는 하나 전혀 글을 몰랐
다. 게다가 호생胡生은 얼굴마저 단아하지 못하여 시정배의 모습을
면치 못했고, 임생은 긴 수염에 장자長子의 풍도가 없진 않으나, 다
만 수작하는 사이에 장사치들의 행투가 바이 가시지 못했다. 호생
은 내게 송하선인도松下仙人圖를 주고, 임생 역시 그림 부채 한 자루
를 선사하기에 각기 부채 한 자루와 청심환 한 개씩을 주어서 감사
의 뜻을 표했다. 술을 몇 잔 하였다. 그 곁에는 유리등琉璃燈 한 쌍이
있어서 제법 아름다워 보였다. 밤이어서 다른 골동품은 구경하지
못할 것이므로, 나는 곧장 일어서면서 돌아오는 길에 다시 찾기를
약속했다. 임생이 문에 나와 전송하며 제법 섭섭한 모양이다. 숙소
에 돌아와 호생이 선사한 복건성 생강閩薑·국화 차菊茶·귤 말린 것橘
餠 등을 내어서 장복에게 푹 달이라 한 뒤 소주에 타서 두어 잔을 마
시니 그 맛이 아주 좋았다.

성 밖에 사성묘四聖廟가 있고 옹성甕城 안에 백의암白衣菴이 있으
며, 앞 네거리엔 패루牌樓 둘이 있고, 초루譙樓에는 관제關帝(관우)의 소
상을 모셨다.

28일 갑진甲辰

아침에 갰다가 오후엔 바람과 우레가 크게 일었다. 비 오는 기
세가 앞서 야계타에서 만난 것만 못했다.

풍윤성豊潤城에서 새벽에 떠나 고려보高麗堡까지 10리, 사하포沙
河舗 10리, 조가장趙家庄 2리, 장가장蔣家庄 1리, 환향하還香河 1리인데,
환향하의 일명은 어하교魚河橋였고, 거기에서 민가포閔家舗 1리, 노고
장盧姑庄 4리, 이가장李家庄 3리, 사류하沙流河 8리를 가서 점심을 먹으
니 모두 40리였고, 또 사류하로부터 양수교亮水橋까지 10리, 양가장
良家庄 5리, 입리포廿里舗 5리, 시오리둔十五里屯 5리, 동팔리포東八里舗
7리, 용읍암龍泣菴 1리, 옥전현玉田縣 7리, 모두 40리인데 이날에는
80리를 가서 옥전성玉田城 밖에서 잤다.

옥전은 옛 이름이 유주幽州요, 무종국無終國이 이에 있었는데 곧
소공召公의 봉지封地이다. 『정의』20)에 '소공은 처음에 무종에 봉했다
가 나중엔 계주薊州로 옮겼다.' 하였고, 시서詩序에는, '부풍扶風 옹현
雍縣 남쪽에 소공정召公亭이 있으니, 이곳이 곧 소공의 채읍采邑이다.'
라 하였는데 어느 것이 옳은지는 모르겠다.

고려보에 이르니, 집들이 모두 띠 이엉을 이어서 몹시 쓸쓸하
고 검소해 보인다. 이는 묻지 않아도 고려보임을 알겠다. 앞서 정축
년丁丑年(병자호란 다음 해, 1637)에 잡혀 온 사람들이 저절로 한 마을을 이

---

20)　正義. 당 공영달孔穎達이 지은 경전 주석서.

루어 산다. 관동 천여 리에 무논이라고는 없던 것이 다만 이곳만은 논벼를 심고, 그 떡이나 엿 같은 물건이 본국本國의 풍속을 많이 유지하고 있었다.

옛날에는 사신이 오면 하인들의 사 먹는 주식치고는 값을 받지 않는 일도 없지 않았고, 그 여인들도 내외하지 아니하며, 말이 고국 이야기에 미칠 때에는 눈물을 짓는 이도 많았다. 그러므로 하인들이 이를 구실로 마구잡이로 주식을 토색질해서 먹는 일이 많을뿐더러, 따로이 그릇이며 의복 등속을 요구하는 일까지 있으며, 또 주인이 본국의 옛 정의를 생각하여 심하게 지키지 않으면 그 틈을 타서 도둑질하므로, 그들은 더욱 우리나라 사람들을 꺼려서 사행이 지날 때마다 주식을 감추고 즐겨 팔지 않으며, 간곡히 청하면 그제야 팔되 비싼 값을 달라 하고 혹은 값을 먼저 받곤 한다. 그럴수록 하인들은 백방으로 속여서 그 분풀이를 하는 것이다. 그리하여 서로 상극이 되어 마치 원수 보듯 하며 이곳을 지날 때면 반드시 일제히 꾸짖는다.

"너희 놈들, 조선 사람의 자손이 아니냐. 너희 할아비가 지나가시는데 어찌 나와서 절하질 않느냐."

이렇게 욕을 해대면 이곳 사람들도 역시 욕설을 퍼붓는다. 그러므로 우리나라 사람들은 도리어 이곳 풍속이 극도로 나쁘다 하니 참으로 한심한 일이었다.

길에서 소낙비를 만났다. 비를 피하느라고 한 점포에 들었더니 차를 내어 오고 대접이 좋았다. 비가 한동안 멎지 않고 천둥소리가 드높아진다. 그 점포의 앞마루가 제법 넓고 뜰도 백여 보나 되는데, 마루 위에는 늙고 젊은 여인 다섯이 바야흐로 부채에 붉은 물감을 들여서 처마 밑에 말리고 있었다. 이때 별안간 말몰이꾼 하나가 알몸으로 뛰어드는데 머리엔 다 해진 벙거지를 쓰고, 허리 아래엔 겨우 한 토막 헝겊을 가릴 뿐이어서 그 꼴은 사람도 아니요, 귀신도 아니고 그야말로 흉측했다. 마루에 있던 여인들이 웃고 떠들다 그 꼴을 보고는 모두 일거리를 버리고 도망쳐 버린다. 주인이 몸을 기울여 이 광경을 내다보고는 얼굴을 붉히더니, 교의에서 벌떡 뛰어내려 팔을 걷고 철석, 하고 그의 뺨을 갈겼다.

"말이 허기져서 보리 찌꺼기를 사러 왔는데 당신은 왜 공연히 사람을 때리는가?"

말몰이꾼이 이렇게 따지니 주인이 말한다.

"예의도 모르는 녀석. 어찌 알몸으로 당돌하게 구는 거야."

말몰이꾼이 문밖으로 뛰어나갔으나 주인은 오히려 분이 풀리지 않아서 비를 무릅쓰고 뒤를 쫓아 나갔다. 그제야 말몰이꾼이 몸을 돌이켜 왝 소리를 내며 한 번 그의 가슴을 움켜잡고 치니, 주인이 흙탕 속에 나가 넘어지는 것을 다시 가슴 한가운데를 한 번 걷어차더니 달아나버렸다. 주인이 꿈쩍도 하지 못하고 마치 죽은 듯하더니, 이윽고 일어나서 아픔을 못 이겨 비틀거리며 걸어오는데, 온몸이 진흙투성이가 되었으나 분풀이할 곳이 없어서 씨근거리면서 도로 돌아와, 곱지 않은 눈시울로 나를 보는데 입으로 말은 못 하나 무척이나 사나운 기세다. 나는 그럴수록 넌지시 눈을 내리뜨고 사색을 가다듬어 엄숙하게 감히 넘보지 못할 기세를 보인 후에, 이윽고 얼굴빛을 부드럽게 해서 주인에게 말했다.

"하인이 매우 무례해서 이런 일을 저질렀다고 봅니다만 다시 마음에 두지 마시오"

주인이 곧 화를 풀고 웃으며 말했다.

"도리어 부끄럽습니다. 선생, 다신 그 말씀 마십시다."

비가 더욱 거세게 내린다. 오래 앉았으니 몹시 답답하였다. 주인이 방으로 들어가더니 옷을 갈아입고 8, 9세쯤 되어 보이는 계집애를 데리고 나와서 내게 절을 시킨다. 아이 생김새가 우악스럽게 보인다. 주인이 웃으며 말했다.

"이게 제 셋째 딸입니다. 전 아들이 없습니다요. 선생께선 이 아이 절을 받으시고 너그러움으로 이 아이의 수양아버지가 되어 주신다면 고맙겠습니다."

나도 웃으며 답했다.

"실로 주인의 후의에 감사하고 있습니다마는 일이 그렇지 않은 것이, 나로 말하면 외국 사람으로 이번에 한번 왔다 가면 다시 오기 어려운즉, 잠깐 동안 맺은 인연이 나중에 서로 생각하는 괴로움만 남길지니 이는 한갓 부질없는 일이오."

주인은 굳이 수양아비가 되어 달라 했지만 나 역시 굳이 사양했다. 만일 한 번 수양딸을 삼으면 돌아갈 때 으레 연경의 좋은 물건을 사다 주어서 정표를 삼아야 하니, 이는 실로 마두馬頭들의 사이에 늘 있는 일이라 한다. 괴롭고도 우스운 일이 아닐 수 없다.

비가 잠시 멎고 산들바람이 일기에 곧 일어나 문을 나가니 주인이 문까지 나와서 읍하고 작별하는데 제법 섭섭한 모양이다. 청심환 한 개를 내주었더니, 그는 두세 번 사양하기를 마지않는다. 이곳 여인들은 발에 검은 신을 신었으니 대체 기하旗下(만주 사람)들인 듯싶다.

용읍암龍泣菴에 이르니 그 앞 큰 나무 밑에 건달패 여남은 명이 더위를 피하는데, 도끼를 돌리는 자도 있거니와, 비파 타고 저[笛] 불며『서유기西遊記』놀음을 하는 판이었다.

저녁에 옥전현玉田縣에 이르니 무종산無終山이 있다. 어떤 이는 연 소왕燕昭王[21)의 사당이 이곳에 있었다고 한다. 성중에 들어가서 한 점포를 조용히 구경하고 있는 즈음에 어디서인지 음악 소리가 흘러나오므로, 곧 정 진사와 함께 그 소리를 따라 들어가 보니 낭각 아래에 젊은이 대여섯이 늘어 앉아서, 혹은 저와 피리를 불며 혹은 현악絃樂을 타는 이도 있다. 방 가운데에는 한 사람이 교의 위에 단정히 앉았다가 우리를 보고 일어나 읍하는데, 얼굴이 제법 단아하고 나이는 쉰 남짓해 보이며 수염이 반백이었다.

이름을 써 보이니 그는 머리를 끄덕일 뿐 성명을 물어도 대답하지 않는다. 네 쪽 벽엔 이름난 사람들의 서화가 가득 걸리었다. 주인이 일어나 작은 감실龕室을 여니, 그 속에 주먹 만한 옥으로 새

---

21) 연나라 임금. 이름은 平. 전국 시대 제 민왕齊湣王이 연燕을 쳐서 임금을 죽였다. 연왕의 아들 소왕昭王이 다시 국력을 기르고 인재를 등용하여 제齊를 쳐서 원수를 갚았다.

긴 부처가 들어 있고 부처 뒤에는 관음상觀音像을 그린 조그마한 장자障子를 걸었는데, 그 화제畵題에 "태창泰昌 원년元年(1620) 춘삼월春三月에 제양除陽 구침邱琛은 쓰다." 라고 쓰여 있다. 주인이 부처 앞에 나아가 향을 피우고 절을 한 뒤에 감실문을 닫고 도로 교의 위에 앉더니, 그 성명을 써 보인다.

"전 심유붕沈由朋입니다. 소주蘇州에 살고 있으며, 자는 기하箕霞요, 호는 거천巨川이며, 나이는 마흔여섯입니다."

그는 매우 말수가 적으며 조용한 기상을 지녔다. 나는 곧 그를 하직하고 일어나 문을 나오려는 즈음에, 얼핏 보니 탁자 위에 구리를 녹여서 사슴을 만든 것이 있는데, 푸른 빛이 속속들이 스민 듯하고 높이는 한 자 남짓 되며 또 두어 자 남짓한 연병硏屛에 국화를 그렸고, 그 곁에는 유리를 붙였는데 솜씨가 매우 기교하였으며, 서쪽 바람벽 밑에 푸른 꽃 항아리가 있고 게다가 벽도화碧桃花 한 가지를 꽂았는데, 검은 왕나비 한 마리가 그 위에 앉았기에 애초에는 만든 것이려니 하였더니, 상세히 본즉 비취 바탕에 금무늬가 진짜 나비로서 꽃잎 위에 다리를 붙여서 말라버린 지 벌써 오래된 것이었다.

벽 위에 기이한 글 한 편이 걸려 있는데, 백로지白鷺紙에다 가늘게 써서 격자格子를 만들어 가로 붙인 것이 한 폭 벽에 가득하였다. 글씨 역시 정미롭기에 그 밑에 다가서서 한 번 읽어 보니 세상에 없는 기이한 글이라 할 만했다.

나는 다시 자리에 돌아와서 주인에게 물었다.

"저 벽 위에 걸린 글은 어떤 사람이 지은 거요."

"누가 지은 것인지를 모릅니다."

정군이 물었다.

"이는 아마 근세近世의 작품인 듯싶은데, 혹시 주인 선생께서 지으신 게 아닙니까?"

"저는 글을 한 줄도 모릅니다. 지은이의 성명도 적혀 있지 않으니, 대체 한漢이 있는 줄도 모르는 놈이 어찌 위魏인지 진晉인지를 논할 수 있겠습니까."

"그럼, 이게 어디에서 났단 말씀이오."

"며칠 앞서 계주薊州 장에서 사온 것입죠."

"베껴 가도 좋습니까?"

그는 고개를 끄덕이며 말했다.

"괜찮습니다."

나는 종이를 가지고 다시 오겠다고 약속하고 저녁을 마친 뒤 정군과 함께 갔다. 방 안에는 벌써 촛불 두 자루를 켜 놓았다. 내가 벽 가까이 가서 격자를 풀어 내리려 하였더니, 심은 심부름하는 사람을 불러서 내려 준다. 나는 다시,

"정말 주인께서 지으신 게 아니오."

심유붕은 고개를 가로 저으며 답했다.

"저는 저 밝은 촛불처럼 정직합니다. 오래전부터 부처님을 섬기고 있기 때문에 부질없는 말은 삼가고 있습니다."

그제야 정군에게 부탁하여 그 한가운데에서 쓰기 시작하게 하고 나는 처음부터 베껴 내려가는 판이었다.

"선생은 이걸 베껴 무얼 하시려오."

"돌아가서 우리나라 사람들에게 한 번 읽혀서 모두들 허리를 잡고 한바탕 웃게 하려는 거요. 아마 이걸 읽는다면 입 안에 든 밥알이 벌처럼 날아갈 것이며, 튼튼한 갓끈이라도 썩은 새끼처럼 끊어질 것이야."

하고 말을 마쳤다. 사관에 돌아와 불을 밝히고 다시 훑어본즉, 정군이 베낀 곳에 그릇된 것이 수없이 많을뿐더러, 빠뜨린 글자와 글귀가 있어서 전혀 문맥이 통하지 않으므로 대략 내 뜻으로 고치고 보충해서 한 편을 만들었다.

호질虎叱

범(호랑이)은 덕이 높고 문무를 겸비하였으며 자애롭고 효성이 지극하며, 슬기롭고 어질며, 기운차고 날래며, 용맹스럽고 사나워 그야말로 천하에 대적할 이가 없다. 그러나 기는 놈 위에 나는 놈이 있다는 격으로 비위(脾胃/鼻胃), 죽우竹牛, 박駮, 오색사자, 자백, 표현, 황요 등은 호랑이를 잡아먹는 사나운 짐승으로 알려져 있다.

활이란 동물은 뼈가 없는 관계로 호랑이가 꿀떡 삼켜 버리면 뱃속에 들어가서 그 간을 떼어 먹으며, 추이猶耳란 짐승은 호랑이를 갈기갈기 찢어서 잡아먹는 습성이 있다. 그리고 호랑이가 맹용을 만나면 무서워서 눈을 감고 보지도 못한다. 그러나 사람은 이와는 반대로 맹용을 두려워하지 않고, 오히려 호랑이를 무서워한다. 어쨌든 그 위엄이란 굉장하다.

범이 개를 잡아먹으면 술을 마신 것처럼 취하고 범이 사람을 한번 잡아먹으면 그 창귀가 굴각이 되어 범의 겨드랑이에 붙어 살면서 범을 남의 집 부엌에 인도하여서 솥전을 핥으면 그 집 주인이 갑자기 시장기를 느껴 한밤중이라도 아내더러 밥을 지으라 하게 되면 두 번째로 그 사람을 잡아먹는다. 그러면 이올이란 귀신이 되어서 호랑이의 볼에 붙어 다니며 모든 것을 잘 살핀다. 만약 산골짜기에 이르러서 함정이 있으면 먼저 가서 위험이 없도록 차귀를 풀어 놓는다. 호랑이가 세 번째로 사람을 잡아먹으면 육혼이란 귀신이 되어서 늘 턱에 붙어서 그가 평소에 잘 알던 친구의 이름을 불러 댄다.

어느 날 범이 이 세 귀신을 불러 놓고 하는 말이, "오늘도 곧 날이 저무는데 어디 가서 먹을 것을 구한단 말이냐." 하니 굴각이 대답하기를, "제가 전에 점쳐 보았더니 뿔을 가진 짐승도 아니고 날짐승도 아닌 검은 머리를 가진 것이 눈 위에 발자국이 비틀비틀 성긴 걸음, 뒤통수에 꼬리가 붙어 꽁무니를 감추지 못하는 그런 놈입니다."

하고 다음에 이올이 말했다.

"동문에 먹을 것이 하나 있는데, 그놈의 이름은 의원醫員이라고 합니다. 의원醫員은 약초를 다루고 먹으니 그 고기도 별미別味인 줄

로 아옵니다. 그리고 서문에도 먹음직스러운 것이 있는데 그것은
무당 계집입니다. 그 계집은 천지신명께 온갖 미태媚態를 부리고 매
일 목욕재계沐浴齋戒를 하여 깨끗하고 맛있는 계집이오니 의원과 무
당 계집 둘 중에서 골라서 잡수시길 바라옵니다."

범이 화를 내며 말했다.

"도대체 의원이란 무엇인가? 의醫란 의疑가 아니더냐? 저 자신
도 의심스러운 것을 모든 사람들에게 시험하여, 해마다 남의 목숨
을 끊은 것이 몇 만이 넘는다. 또한 무당이란 것이 무엇이냐. '무巫
란 무誣라고 하지 않더냐? 결국 무당이란 공연히 뭇 귀신을 속이고
사람들에게 거짓말만 하고 있으니 이로 인하여 터무니없이 목숨을
잃는 자가 해마다 수만이 되지 않느냐. 그래서 여러 사람의 노여움
은 그들의 뼛속까지 스며들어 금잠이란 벌레가 되어서 그들의
뼛속에서 득실거리고 있단 말이야. 그러한 독기가 있는 것을 어떻
게 먹는단 말이냐."

이에 육혼이 또 말한다.

"어떤 고기가 저 숲속에 있사온데 그는 인자한 염통과 의기로
운 쓸개며 충성스런 마음을 지니고 순결한 지조를 품었으며, 악은
머리 위에 이고 예는 신처럼 꿰고 다닌답니다. 뿐만 아니라 그는 입
으로 제자諸子백가百家의 말들을 외며, 마음속으로는 만물의 이치를
통했으니 그의 이름은 석덕지유(큰 덕망을 지닌 유학자)라 하옵니다. 등
살이 오붓하고 몸집이 기름져서 오미五味를 갖추어 지녔답니다."

범이 그제야 눈썹을 치켜세우고 침을 내리 흘리며 하늘을 쳐

다보고 씽긋 웃으면서 말한다.

"짐朕이 이를 좀더 상세히 듣고자 하니 자세히 말하라."

그러자 모든 창귀들이 서로 다투어 가며 범에게 말하였다.

"음·양을 도道라 하옵는데, 저 유가 이를 꿰뚫으며 오행五行이 서로 얽혀서 낳고 육기六氣가 서로 이끌어 주는데, 저 유가 이를 조화시킨다고 합니다. 그러니 먹어서 맛이 있는 것이 이보다 더한 것이 없으리라."

범이 이 말을 듣고 문득 추연히 낯빛을 붉히며 기쁘지 않은 어조로 말한다.

"아니야, 저 음·양이란 것은 한 기운의 생성과 소멸에 불과하거늘 그들이 두 가지를 겸했으니 그 고기가 잡될 것이며, 오행이 각기 제 자리에 있어서 애당초 서로 낳는 것은 아니거늘 이제 그들이 구태여 자·모로 갈라서 심지어는 짜고 신맛을 들여서까지 분배시켰으니 그 맛이 순하지 못할 것이며, 육기는 스스로 행하는 것이어서 남이 이끌어줌을 기다릴 것이 없거늘 이제 그들이 망녕되어 재성·보상이라 일컬어서 사사로이 제 공을 세우려 하니, 그것을 먹는다면 어찌 딱딱하여 가슴에 체하거나 목구멍에 구역질이 나서 순하게 소화가 되지 못할 것이 아니냐고."

정鄭나라 어느 고을에 벼슬을 탐탁하게 여기지 않는 학자가 살았으니 '북곽 선생北郭先生'이었다. 그는 나이 마흔에 손수 교정校訂해 낸 책이 만 권이었고, 또 육경六經의 뜻을 부연해서 다시 저술한 책이 일만 오천 권이었다. 천자天子가 그의 행의行義를 가상히 여기고 제후諸侯가 그 명망을 존경하고 있었다.

그 고장 동쪽에는 동리자東里子라는 미모의 과부가 있었다. 천자가 그 절개를 가상히 여기고 제후가 그 현숙함을 사모하여, 그 마을의 둘레를 봉封해서 '동리과부지려東里寡婦之閭'라고 정표旌表해 주기도 했다. 이처럼 동리자가 수절을 잘 하는 부인이라 했는데, 실은 슬하의 다섯 아들이 저마다 성을 달리하고 있었다.

어느 날 밤, 다섯 놈의 아들들이 서로 지껄이기를, "강 건너 마을에서 닭이 울고 강 저편 하늘에 샛별이 반짝이는데, 방안에서 흘러나오는 말소리는 어찌도 그리 북곽 선생의 목청을 닮았을까."

하고는 다섯 놈이 차례로 문틈으로 들여다보았다. 동리자가 북곽 선생에게 말했다.

"오랫동안 선생님의 덕을 사모했는데, 오늘 밤은 선생님 글 읽는 소리를 듣고자 하옵니다." 하고 간청하매, 북곽 선생은 옷깃을 바로 잡고 점잖게 앉아서 시詩를 읊는 것이 아닌가.

원앙새는 병풍에 그려 있고, 鴛鴦在屛

반딧불이 흐르는데 잠 못 이뤄 耿耿流螢

저기 저 가마솥 세 발 솥은 維 維錡

무엇을 본떠서 만들었나. 云維之型

흥야랴 興也

다섯 놈이 서로 소곤대기를, "북곽 선생과 같은 점잖은 어른이 과부의 방에 들어올 리가 있겠나? 우리 고을의 성문이 무너져서 여우 구멍이 생겼대. 여우란 놈은 천 년을 묵으면 사람 모양으로 둔갑할 수 있대. 저건 틀림없이 그 여우란 놈이 북곽 선생으로 둔갑한 것이다."라 하고 함께 의논했다.

"들자하니, 여우의 갓을 얻으면 큰 부자가 될 수 있고, 여우의 신발을 얻으면 대낮에 그림자를 감출 수 있고, 여우의 꼬리를 얻으면 애교를 잘 부려서 남의 꾐을 받을 수 있다더라. 우리 저놈의 여우를 때려잡아서 나눠 갖도록 하자."

다섯 놈들이 방을 둘러싸고 우루루 쳐들어갔다. 북곽 선생은 크게 당황하여 도망쳤다. 사람들이 자기를 알아볼까 겁이 나서 모가지를 두 다리 사이로 들이박고 귀신처럼 춤추고 낄낄거리며 문을 나가서 내닫다가 그만 들판의 구덩이 속에 빠져 버렸다. 그 구덩이에는 똥이 가득 차 있었다. 간신히 기어올라 머리를 들고 바라보니 뜻밖에 범이 길목에 앉아 있는 것이 아닌가. 범은 북곽 선생을 보고 오만상을 찌푸리고 구역질을 하며 코를 싸쥐고 외면을 했다.

"어허, 구린 냄새! 유자儒者여 더럽도다."

북곽 선생은 머리를 조아리고 범 앞으로 기어가서 세 번 절하고 꿇어앉아 우러러 아뢴다.

"범님의 덕은 지극하시지요. 대인大人은 그 변화를 본받고, 제왕帝王은 그 걸음을 배우며, 자식된 자는 그 효성을 본받고, 장수는 그 위엄을 취하며, 거룩하신 이름은 신령스런 용龍의 짝이 되는지라, 풍운이 조화를 부리시매 하토下土의 천신賤臣은 감히 아랫바람에

서옵나이다."

범은 북곽 선생을 여지없이 꾸짖었다.

"내 앞에 가까이 오지 말아라. 내 듣건대 유儒는 유諛라 하더니 과연 그렇구나. 네가 평소에 천하의 악명을 죄다 나에게 덮어씌우더니, 이제 사정이 급해지자 면전에서 아첨을 떠니 누가 곧이듣겠느냐? 천하의 원리는 하나뿐이다. 범의 본성本性이 악한 것이라면 인간의 본성도 악할 것이요, 인간의 본성이 선善한 것이라면 범의 본성도 선할 것이다. 너희들의 떠드는 천 소리 만 소리는 오륜五倫에서 벗어난 것이 아니고, 경계하고 권면하는 말은 내내 사강四綱에 머물러 있다. 그런데 도회지에 코 베이고, 발꿈치 잘리고, 얼굴에다 자자刺字질하고 다니는 것들은 다 오륜을 지키지 못한 자들이 아니냐? 포승줄과 먹실, 도끼, 톱 같은 형구刑具를 매일 쓰기에 바빠 겨를이 나지 않는데도 죄악을 중지시키지 못하는구나. 범의 세계에서는 원래 그런 형벌이 없으니 이로 보면 범의 본성이 인간의 본성보다 어질지 않느냐? 범은 초목을 먹지 않고, 벌레나 물고기를 먹지 않고, 술 같은 좋지 못한 음식을 좋아하지 않으며, 순종 굴복하는 하찮은 것들을 차마 잡아먹지 않는다. 산에 들어가면 노루나 사슴 따위를 사냥하고, 들로 나가면 말이나 소를 잡아먹되 먹기 위해 비굴해진다거나 음식 따위로 다투는 일이 없다. 범의 도리가 얼마나 광명정대光明正大한가? 범이 노루나 사슴을 잡아먹을 때는 사람들이 미워하지 않다가, 말이나 소를 잡아먹을 때는 사람들이 원수로 생각하는 것은 사람들에게 노루나 사슴은 은공이 없고 소나 말은 유공有功하기 때문이 아니냐? 그런데 너희들은 소나 말들이 태워주고 일해 주는 공로와 따르고 충성하는 정성을 다 저버리고 날마다 푸줏간을 채워 뿔과 갈기도 남기지 않고, 다시 우리의 노루와 사슴을 침노하여 우리들로 하여금 산에도 들에도 먹을 것이 없게 만든단 말이냐? 하늘이 정사를 공평하게 한다면 너희가 죽어서 나의 밥이 되어야 하겠느냐, 그렇지 말아야 할 것이겠느냐? 대체 제 것이 아닌데 취하는 것을 도盜라 하고, 생生을 빼앗고 물物을 해치는 것을 적賊이라 하나니, 너희가 밤낮으로 쏘다니며 팔을 걷어붙이고 눈을 부릅뜨고 노략질하면서 부끄러운 줄 모르고, 심한 놈은 돈을 불러 형님이라 부르고, 장수가 되기 위해서 제 아내를 살해하였으니 다시 윤리 도덕을 논할 수도 없다. 뿐 아니라 메뚜기에게서 먹이를 빼앗아 먹고, 누에에게서 옷을 빼앗아 입고, 벌을 막고 꿀을 따며, 심한 놈은 개미 새끼를 젓 담아서 조상에게 바치니 잔인무도한 것이 무엇이 너희보다 더 하겠느냐? 너희가 이理를 말하고 성性을 논할 적에 걸핏하면 하늘을 들먹이지만, 하늘의 소명所命으로 보자면 범이나 사람이나 다 같이 만물 중의 하나이다. 천지가 만물을 낳은 인仁으로 논하자면 범과 메뚜기·누에·벌·개미 및 사람이 다 같이 땅에서 길러지는 것으로 서로 해칠 수 없는 것이다. 그 선악을 분별해 보자면 벌과 개미의 집을 공공연히 노략질하는 것은 홀로 천지간의 거대한 도둑이 되지 않겠는가? 메뚜기와 누에의 밑천을 약탈하는 것은 홀로 인의仁義의 대적大賊이 아니겠는가? 범이 일찍이 표범을 안 잡아먹는 것은 동류를 차마 그럴 수 없어서이다. 그런데 범이 노루와 사슴을 잡아먹은 것이 사람이 노루와 사슴을 잡아먹은 것만큼 많지 않으며, 범이 사람을 잡아먹은 것이 사람이 서로 잡아먹은 것만큼 많지 않다. 지난해 관중關中이 크게 가물자 백성들이 서로 잡아먹은 것이 수만이었고, 전해에는 산동山東에 홍수가 나자 백성들이 서로 잡아먹은 것이 수만이었다. 그러나 사람들이 서로 많이 잡아먹기로야 춘추春秋 시대 같은 때가 있었을까? 춘추 시대에 공덕을 세우기 위한 싸움이 열에 일곱이었고, 원수를 갚기 위한 싸움이 열에 셋이었는데, 그래서 흘린 피가 천 리에 물들었고, 버려진 시체가 백만이나 되었더니라. 범의 세계는 큰물과 가뭄의 걱정을 모르기 때문에 하늘을 원망하지 않고, 원수도 공덕도 다 잊어버리기 때문에 누구를 미워하지 않으며, 운명을 알아서 따르기 때문에 무巫와 의醫의 간사에 속지 않고, 타고난 그대로 천성을 다하기 때문에 세속의 이해에 병들지 않으니, 이것이 곧 범이 예성睿聖한 것이다. 우리 몸의 얼룩무늬 한 점만 엿보더라도 족히 문채文彩를 천하에 자랑할 수 있으며, 한 자 한 치의 칼날도 빌리지 않고 다만 발톱과 이빨의 날카로움을 가지고 무용武勇을 천하에 떨치고 있다. 종이宗彝와 유준은 효孝를 천하에 넓힌 것이며, 하루 한 번 사냥을 해서 까마귀나 솔개·청마구리·개미 따위에게까지 대궁을 남겨 주니 그 인仁한 것이 이루 말할 수 없고, 굶주린 자를 잡아먹지 않고, 병든 자를 잡아먹지 않고, 상복喪服 입은 자를 잡아먹지 않으니 그 의로운 것이 이루 말할 수 없다. 불인不仁하기 짝이 없다, 너희들의 먹이를 얻는 것이여! 덫이나 함정을 놓는 것만으로도 오히려 모자라서 새 그물·노루 망網·큰 그물·고기 그물·수레 그물·삼태 그물 따위의 온갖 그물을 만들어 냈으니, 처음 그것을 만들어 낸 놈이야말로 세상에 가장 재앙을 끼친 자이다. 그 위에 또 가지각색의 창이며 칼 등속에다 화포火砲란 것이 있어서, 이것을 한번 터뜨리면 소리는 산을 무너뜨리고 천지에 불꽃을 쏟아 벼락 치는 것보다 무섭다. 그래도 아직 잔학殘虐을 부린 것이 부족하여, 이에 부드러운 털을 쪽 빨아서 아교에 붙여 붓이라는 뾰족한 물건을 만들어 냈으니, 그 모양은 대추 씨 같고 길이는 한 치도 못 되는 것이다. 이것을 오징어의 시커먼 물에 적셔서 종횡으로 치고 찔러 대는데, 구불텅한 것은 세모 창 같고, 예리한 것은 칼날 같고, 두 갈래 길이 진 것은 가시 창 같고, 곧은 것은 화살 같고, 팽팽한 것은 활 같아서, 이 병기兵器를 한번 휘두르면 온갖 귀신이 밤에 곡哭을 한다. 서로 잔혹하게 잡아먹기를 너희들보다 심히 하는 것이 어디 있겠느냐?"

북곽 선생은 자리를 옮겨 엎드리고는 머리를 새삼 조아리고 아뢰었다.

"맹자孟子에 일렀으되 '비록 악인惡人이라도 목욕재계齋戒하면 상제上帝를 섬길 수 있다.' 하였습니다. 하토의 천신은 감히 아랫바람에 서옵니다."

북곽 선생이 숨을 죽이고 명령을 기다렸으나 오랫동안 아무 동정이 없기에 참으로 황공해서 절하고 조아리다가 머리를 들어 우러러보니, 이미 먼동이 터 주위가 밝아오는데 범은 간 곳이 없었다. 그때 새벽 일찍 밭 갈러 나온 농부가 있었다.

"선생님, 이른 새벽에 들판에서 무슨 기도를 드리고 계십니까?"

북곽 선생은 엄숙히 말했다.

"성현聖賢의 말씀에 '하늘이 높다 해도 머리를 안 굽힐 수 없고, 땅이 두텁다 해도 조심스럽게 딛지 않을 수 없다.' 하셨느니라."

호질후지 虎叱後識

연암은 말한다.

이 글은 비록 작자의 성명은 없으나 대체로 근세 중국 사람이 비분강개하여 지었으리라. 요즘 와서 세운世運이 긴 밤처럼 어두워짐에 따라 오랑캐의 화禍가 사나운 짐승보다도 더 심하며, 선비들 중에 염치를 모르는 자는 하찮은 글귀나 주워 모아서 세속에 아첨한다. 이는 바로 남의 무덤이나 파는 유학자儒學者로서 시랑 같은 짐승으로도 먹지 않으려 하는 더러운 자가 아닐까 싶다.

이제 이 글을 읽어 보니 말이 많이들 이치에 어긋나서 저 거협胠篋·도척盜跖과 뜻이 같다. 그러나 온 천하의 뜻있는 선비가 어찌 하룬들 중국을 잊을 수 있겠는가. 이제 청淸이 천하의 주인이 된 지 겨우 네 대째건마는 그들은 모두 문무가 겸전兼全하고 수고壽考를 길이 누렸으며, 승평을 노래한 지 백 년 동안에 온 누리가 고요하니, 이는 한漢·당唐 때에도 보지 못했던 일이었다. 이처럼 편안히 터를 닦고 모든 건설하는 뜻을 볼 때에 이 또한 하느님의 배치配置한 명리命

吏(제왕을 일컬음)가 아닐 수 없겠다. 옛날 어느 학자가 일찍이 하늘이 순순諄諄히 명령하신다는 말씀을 의심하여 성인(맹자)에게 질문했더니, 그 성인은 똑똑히 하느님의 뜻을 받아서, '하늘은 말씀으로 하진 않으시고 모든 실천과 사실로서 표시하는 거야.'라고 하셨다. 나역시 일찍이 이 글을 읽다가 이곳에 이르러선 퍽 의심스러웠다. 이제 나는 감히 물어본다.

"하늘이 모든 실천과 사실로써 보여준다면, 저 오랑캐의 제도로써 중국을 바꾼 것은 천하의 커다란 치욕이니, 저 인민들의 원통함이 그 어떠하며, 향기로운 제물과 비린내 나는 제물은 각기 그들의 닦은 덕德에 따라 다른 것이니, 백신百神은 그 어떤 냄새를 감응할 것인가."

요컨대, 사람 입장에서 보면 중화中華와 이적의 구별이 뚜렷하지만 하늘로서 본다면 은殷의 우관冔冠이나 주周의 면류冕旒도 제각기 때를 따라 변하였거니, 어찌 반드시 청인淸人들의 홍모紅帽만을 의심하리오. 이에 천정天定·인중人衆의 설설說이 그 사이에 유행되고는, 사람과 하늘의 서로 조화되는 이理는 도리어 한 걸음 물러서서 기氣에게 명령을 받게 되며, 또 이런 문제로써 옛 성인의 말씀에 체험하여도 부합되지 않으면, '천지의 운수가 이런 것이야.'라 하고 만다. 아, 슬프다! 이것이 어찌 그저 운명일 뿐이란 말인가.

슬프다. 명明의 국운도 끊인 지 벌써 오래여서 중원의 선비들이 그 치발薙髮한 지도 백 년의 세월이 흘렀으되, 자나 깨나 가슴을 치며 명나라 황실을 생각함은 무슨 까닭인가? 이는 차마 중국을 잊지 못해서이리라.

그러나 청이 저를 위한 계책도 역시 서툴다 하겠다. 그는 전대
前代 오랑캐 출신의 말주末主들이 항상 중화의 풍속과 제도를 본받다
가 쇠망했음을 경계하여 철비鐵碑를 새겨서 전정箭亭(파수 보는 곳)에 묻
었으나, 그들 평소에 하고 버리는 말 가운데에는 언제나 스스로 그
의 옷과 벙거지를 부끄러워하지 않음이 없건마는, 오히려 다시 강
약의 형세에만 마음을 두니 그 어찌 어리석은 일이 아니겠는가. 주
나라 문왕文王처럼 깊은 꾀와 무왕武王 같은 높은 공렬로도 오히려
말주(은의 주왕紂王)의 쇠퇴함을 구해 내지 못했거늘, 하물며 구구區區
하게 저 의관 제도의 하찮은 것을 고집해선 무엇할 것인가.

그들의 옷과 모자가 진정 싸움에 편리하다면 저 북적北狄이나
서융西戎의 의복은 싸움에 편리한 것이 아니겠는가? 응당 힘껏 저
서북쪽의 오랑캐들로 하여금 도리어 중국의 옛 습속을 따르게 한
연후에야 비로소 천하에 홀로 강한 척할 수 있거늘, 지금 온 천하의
백성들을 모두 욕된 구렁에 몰아넣고는 '잠깐 너희들의 수치를 참
으면 우리를 따라 강하게 될 것이다.'라 홀로 외친다. 그렇지만 나
는 그 '강하다'는 것이야말로 무엇인지 알 수 없다. 저 신시新市·녹
림綠林에서 눈썹을 붉게 물들인 적미赤眉(서한 말기 봉기 세력)의 무리와
누런 머릿수건을 둘렀던 황건적과 다를 바가 없다.

설령 어리석은 백성들이 한번 봉기하여 그들이 쓴 청나라 모
자를 벗어서 땅에 팽개친다면, 청 황제淸皇帝는 벌써 천하를 앉은 자
리에서 잃게 될 것이다. 지난날 이를 믿고서 스스로 강하다고 뽐내

던 모자이건만 이제는 되레 망하는 이유가 되지 않으랴. 그렇다면 비석에 새기고 묻어서 후세에 경계하려 한 것이 어찌 부질없는 짓이 아니리오.

이 글은 처음부터 제목이 없으므로 이제 그 글 중에 '호질虎叱'이란 두 글자를 따서 제목을 삼아 두어 저 중원의 혼란이 맑아지기를 기다릴 뿐이다.

29일 을사乙巳

날이 개었다.

옥전현玉田縣에서 새벽에 떠나 서팔리보西八里堡까지 8리, 오리둔五里屯 7리, 채정교采亭橋 5리, 대고수점大枯樹店 10리, 소고수점小枯樹店 2리, 봉산점鑾山店 3리, 별산점鱉山店 12리, 송가장宋家庄을 구경하고 모두 47리를 가서 점심 먹고, 또 별산점에서 이리점二里店까지 2리, 현교現橋 5리, 삼가방三家坊 2리, 동오리교東五里橋 16리인데, 이 다리의 일명은 용지하龍池河 어양교漁陽橋라 한다. 거기에서 계주성薊州城까지 5리, 서오리교西五里橋 5리, 방균점邦圴店 15리, 모두 50리이다. 이날 95리를 가서 방균점에서 묵었다.

산 오목한 곳에 큰 나무가 있는데 몇 백 년 동안을 잎이 피어나지 않으나 가지나 줄기가 썩지 않으므로 사람들은 모두 '고수枯樹'라 일컫는다. 송가장의 성 둘레는 2리, 명明의 천계天啓 연간에 송씨

宋氏들이 쌓은 것이다. 그들의 이른바 외랑外郞이란 서리胥吏(아전衙前)의 별칭別稱인데, 송씨가 이 지방의 큰 성바지여서 그 일족이 몇 백 명이요, 살림이 모두 넉넉하여 명·청이 교체될 즈음에 저희들끼리 이 성을 쌓아서 일족들이 모아 지켜냈다. 성 가운데엔 대臺 셋을 세 웠는데 높이가 각기 여남은 길이나 되고 문 위엔 다락을 세웠고, 집 뒤에는 네 층 높은 다락이 있고, 맨 꼭대기엔 금부처를 모셨다. 난 간에 기대어 멀리 바라보니 눈앞이 시원스레 트이었다. 청인淸人이 처음 이곳을 들어올 때 온 문중을 모아서 성을 사수하였고, 천하의 대세가 정한 뒤에도 곧 나가 항복하지 않았으므로, 청인이 이를 미 워하여 해마다 은銀 1천 냥을 벌로 바치게 했고, 강희 말년에 이르 러서는 그 대신으로 말먹이 풀 1천 단씩을 바치게 했다. 성 중에는 지금도 큰 집 10여 채가 모두 송씨들이며 노비들도 오히려 500여 명이나 된다 한다.

계주薊州 성안엔 인물들이 번화하니 실로 북경 동쪽의 거진巨鎭 답다. 산 위엔 안녹산安祿山의 사당이 있고 성 중엔 돌로 세운 패루 셋이 있는데, 그중 하나는 금자金字로 대사성大司成이라 새기고, 그 아래엔 국자좨주國子祭酒(국자감國子監의 벼슬 이름) 등 '삼대고증三代誥贈'이 라고 나란히 써 놓았다.

계주의 술맛은 관동에서 으뜸이라 한다. 한 주루酒樓에 들어가 여러 사람과 함께 흉금을 터놓고 한번 취토록 마셨다. 독락사獨樂寺 에 들어간즉, 정전正殿의 제액題額은 자비사慈悲寺였고, 그 뒤엔 2층 누각이 서 있는데 그 가운데엔 아홉 길이나 되는 금부처를 세웠고,

그 머리 위엔 작은 금부처 수십 개를 얹었다. 누각 밑엔 한 부처를 누인 채 비단 이불을 덮어 두었는데, 그 다락의 현판엔 '관음지각觀音之閣'이라 하고, 그 왼편엔 조그마한 글자로 '태백太白'이라 써 붙였다. 어떤 이는 저 이불 덮고 누운 것은 부처님이 아니고 이백李白[22] 이 취해서 자는 소상塑像이라고 한다.

행궁行宮이 있긴 하나 굳게 잠근 채 구경을 허락하지 않는다. 객관에 돌아오니 문밖엔 장사치들이 구름처럼 모여든다. 말과 나귀에다 서책·서화·골동 등을 실었고, 곰을 놀리 등 여러 가지 재주를 부리기에 구경했다. 그러나 뱀 놀리는 자 범 놀리는 자도 있었던 모양이나 벌써 흩어져 버렸으므로 미처 보지 못해 몹시 아쉽다. 앵무새를 파는 자가 있으나 날이 저물어서 그 털빛을 상세히 볼 수 없기에 등불을 찾아 들고 왔더니 이미 가버린 후였다. 더욱 아쉬웠다.

---

22) 701~762. 원문은 '山東'으로, 이백이 산동의 임성任城(지금의 산동성 제령濟寧)에 살았기 때문에 그를 이렇게 칭한 것이다. 당나라 원진元稹의 「당나라의 고故 공부 원외랑工部員外郎 두군杜君의 묘표와 명[唐故工部員外郎杜君墓系銘]」에 "당시에 산동 사람 이백도 기이한 문장으로 일컬어졌다[時山東人李白 亦以奇文取稱]."라고 하여 이백을 산동 사람이라고 한 바 있다. 이백은 시선詩仙으로 일컬어지는 당나라의 시인으로, 자는 태백太白이고, 면주 창명綿州彰明(지금의 사천성 강유江油) 청련향青蓮鄉 출신이다. 일설에는 농서 성기隴西成紀(지금의 감숙성 정녕현靜寧縣 서남쪽) 출신이라고도 한다.

30일 병오丙午

날이 개었다.

방균점邦囷店에서 별산장別山庄까지 2리, 곡가장曲家庄 2리, 용만자龍灣子 3리, 일류하一柳河 2리, 현곡자現曲子 2리, 호리장胡李庄 10리, 백간점白幹店 2리, 단가점段家店 2리, 호타하滹沱河 5리, 삼하현三河縣 5리, 동서조림東西棗林 5리, 모두 46리를 가서 점심 먹고, 조림에서 백부도장白浮屠庄까지 6리, 신점新店 6리, 황친점皇親店 6리, 하점夏店 6리, 유하점柳河店 5리, 마이핍馬已乏 6리, 연교보烟橋堡 7리, 모두 41리이다. 이날 84리를 가서 연교보에서 묵었다.

계주는 옛날 어양漁陽이다. 그 북에 반산盤山이 있는데 위태로이 솟은 봉우리가 깎아 세운 듯하고, 봉우리마다 위가 퍼지고 아래가 가늘어서 그 꼴이 소반과 같으므로 '반산'이란 이름을 얻었고, 또 일명 오룡산五龍山이라고도 한다. 내 앞서 원중랑袁中郞[23]의 「반산기盤山記」를 읽다가 기승奇勝한 곳이 많음을 알았더니, 이제 기어코 한번 올라가 보고 싶었지만 함께 갈 사람이 없어 어쩔 수 없었다.

산은 비록 가팔랐지만 몇백 리를 웅장雄壯하게 서려 있고 겉은 바위로 덮였으나 속은 비옥한 흙이어서 과실수가 매우 많았다. 북

---

23) 명나라의 관료·문인 원굉도袁宏道(1568~1610)이다. 중랑은 그의 자이고 호는 석공石公이며 벼슬이 계훈청리사 낭중稽勳淸吏司郞中에까지 올랐다. 산수 유람을 즐기고 시문에 능했는데, 복고주의에 반대하고 자연 숭상自然崇尙을 주장하여 공안파公安派를 창도하였다. 형 원종도袁宗道 및 동생 원중도袁中道와 함께 '삼원三袁'이라 불린다. 저서로 『종경섭록宗鏡攝錄』·『원굉도시문집袁宏道詩文集』 등이 있다.

경에서 날마다 소비하는 대추·밤·감·배 등이 모두 이곳에서 나는 것이라 한다.

어양교漁陽橋에 다다르니 길 왼편에 양귀비楊貴妃의 사당이 있어서 산꼭대기에 자리잡은 안녹산의 사당과 서로 마주 보고 섰다. 천하에 돈 있는 자가 아무리 많다손 치더라도 하필이면 이런 추잡한 사람들의 사당을 지어서 명복冥福을 빈단 말인가. 『시경詩經』에 '복을 구한다 해도 도리에 어긋나선 안 된다.'라 하였으니, 이런 것이야말로 돈만 헛되이 버렸다 하겠다. 어떤 이는 '공자도 정鄭 나라·위衛 나라의 음시淫詩를 뽑아버리지 않아서 후세 사람의 경계를 삼지 않았던가. 뿐만 아니라 계주 금병산錦屛山 석벽에는 양웅揚雄[24]이 반교운潘巧雲[25]을 베는 상像도 있다.'라고 한다.

백간점에서 구경하러 온 수재秀才 들을 만났는데, 이들이 농담으로 말한다.

"안녹산[26] 역시 명사랍니다. 그가 앵두를 두고 읊은 시에,

[24] 한漢 나라 성제成帝 때의 사람으로, 자가 자운子雲이며, 성도成都에 살았다. 사람됨이 소탈하였으며, 젊어서부터 문장을 잘하여 이름을 떨쳤으며, 학문을 좋아하여 『양자법언揚子法言』·『태현경太玄經』 등 많은 저서를 남겼는데, 글 뜻이 아주 심오하였다. 『漢書 卷87 揚雄傳』

[25] 중국 고전 소설 『수호지水滸誌』에 나오는 양웅이, 그의 애인 반교운이 행실이 부정하다고 하여 금병산에서 찔러 죽였다.

[26] 안녹산安祿山(?~757)으로, 본래의 성은 강康이고, 처음의 이름은 알락산軋犖山이었는데, 어려서 아버지가 죽고 어머니가 개가함에 따라 성이 안安이 되었다. 지략이 있었고 육번六藩의 말에 능통하였다. 전공戰功으로 평로 병마사平盧兵馬使와 영주 도독營州都督이 되었으며, 입조入朝하여 현종과 양 귀비楊貴妃의 총애를 받아 평로平盧·범양范陽·하동河東 3개 진鎭의 절도사가 되었다. 현종 천보天寶 14년(755)에 범양 즉 어양漁陽에서 기병하여 반란을 일으켜 낙양洛陽과 장안

앵두 한 광주리 櫻桃一籃子

반은 푸르고 반은 누렇구나 半青一半黃

절반은 회왕(안녹산의 아들)에게 一半寄懷王

절반은 주지(안녹산의 스승)에 보내야지 一半寄周摯

하였지요. 어떤 이가 청하기를, '당신의 주지周摯 구를 회왕懷王
구와 바꾸었으면 운韻이 맞지 않겠소.' 하였더니, 녹산은 크게 화를
내며 말했소.

'그게 무슨 말인가. 주지로 하여금 우리 집 아이 위에 누르게
한단 말이야.'

이 정도의 시인이니 어찌 사당이 없이 그대로 둘 수 있겠
는가."

서로 더불어 한바탕 웃었다.

지나는 길에 향림사香林寺에 들어갔다. 불전佛殿에는 '향림암香林
菴'이라 씌어 있고 그 위에는 금자로서 '향림법계香林法界'라 씌었으
니, 이는 강희 황제의 글씨이다. 순치順治(청 세조世祖의 연호)의 아우 누
이가 청상과부로서 여승이 되어 이 암자에 있다가 나이 아흔이 넘
어서 죽었다 한다. 그리고 이 암자에는 모두 비구니比丘尼만이 살고
있었다. 뜰 가운데에는 줄기가 흰 소나무 두 그루가 있어 높이가 수

長安을 함락시키고, 이듬해에 웅무황제雄武皇帝라 자칭하고 국호를 연燕, 연호를 성무聖武라고
하였다. 그 이듬해에 아들 경서慶緒에게 시해를 당하였다.

십 길이나 되며, 나무 껍질의 비늘도 푸른 채 희다. 암자 동편에는 작은 탑 다섯이 있고 그 좌우에는 역시 흰 소나무 세 그루가 있어서 푸른 빛이 뜰에 가득 차고, 바람 소리가 마치 물결처럼 서늘함을 돕는다. 그러고 보니 '백간점'이라는 이름도 백송에서 비롯된 것인 듯하다.

북경이 점점 가까워지자 거마 울리는 소리가 메마른 하늘에 천둥소리 같다. 길 양편에는 모두 부호가들의 무덤인데, 담을 둘러서 마치 여염집같이 즐비하고 담 밖에는 하수를 이끌어 해자를 만들었고, 문 앞의 돌다리는 모두 무지개처럼 공중에 떠 있는 듯하고, 가끔 돌로 패루牌樓를 만들어 세웠다. 그리고 해자 가의 갈대 사이엔 때로 콩깍지만 한 작은 배가 매여 있고, 다리 아래에는 여기저기 고기 그물을 쳐놓았다. 담 안에는 수목이 울창한데 가끔 기왓골이나 처마 끝이 보이기도 하고, 혹은 지붕 위의 호리병 박 꼭대기가 솟아오르기도 하였다.

점포에서 잠시 쉬었다. 예쁜 아이들 수십 명이 떼를 지어 노래하며 가는데, 비단 저고리에 수놓은 바지를 입고 옥같이 맑은 얼굴에 살결이 눈처럼 희다. 혹은 박자판을 치고, 혹은 피리를 불며, 혹은 비파를 뜯고, 나란히 서서 천천히 노래한다. 모두들 곱고도 아름답게 꾸몄다. 이들은 모두 북경의 거지들로 돌아다니다가 멀리서 온 장사치들에게 하룻밤 함께 자면, 은 수백 냥을 받기도 한다.

길 가 삿자리를 걸쳐서 햇빛을 가리고 곳곳에 극장을 만들었다. 『삼국지三國志』를 공연하고, 『수호전水滸傳』을 공연하며 『서상기

西廂記』를 공연하는 자가 있어서, 높은 소리로 그 사詞를 부르고 음악이 이에 따른다. 온갖 장난감들을 벌여놓고 파는데 모두들 어린이들의 일시적 장난감이었지만, 그 재료가 희귀한 것일뿐더러 만든 솜씨가 하나도 교묘하지 않은 게 없으며, 어떤 것은 손만 거쳐도 깨질 물건인데도 그 수공은 몇 냥이나 좋이 된다. 탁자 위에는 관공關公(관우)의 상을 몇만 개나 벌여놓았는데 칼을 가로 잡고 말을 탔으나 그 크기는 겨우 두어 치밖에 안 되며, 모두 종이로 만들어 교묘하기 짝이 없다. 이는 아이들 장난감인데 이렇게 많음을 보니 다른 것을 짐작할 수 있겠다. 너무나 황홀하고 찬란한 것들을 많이 보았기에 눈과 귀, 정신이 까지 피로할 지경이었다.

배를 타고 호타하를 건너서 삼하현 성 중에 들어가 용주蓉洲 손유의孫有義[27]의 댁을 찾았더니, 용주는 벌써 달포 전에 산서山西에 가고 아직 돌아오지 않았다. 그 집은 성 동편 관왕묘關王廟 곁으로 대여섯 칸 초가집이니 그의 가난함을 짐작할 수 있겠다. 잔 심부름하는 아이도 없이 주렴 너머로 부인의 목소리가 마치 연연燕燕이, 앵앵鶯鶯이처럼 아름답다.

"저희 집 주인께선 어떤 글방 훈장으로 맞이되어 산서 지방에 가시고는 제 홀로 딸년 하나 데리고 살고 있는 형편이옵니다. 조선

---

27)   거인舉人으로, 자를 심재心栽라고 하였다. 북경에서 귀환하던 홍대용과 1766년 음력 3월 초에 만나 필담을 나눈 것을 계기로, 이후 10여 년간 서신을 통해 교분을 이어 갔다. 『간정동회우록乾淨衕會友錄』에는 홍대용이 그에게 보낸 편지 6통이 수록되어 있다. 『湛軒書 外集 卷1 杭傳尺牘』

서 멀리 오신 선생님께서 이런 누지陋地에 왕림하셨는데도 공손히 맞아들이지 못하여 죄송하옵니다."

그러더니 또 사람 부르는 소리가 들린다. 나는 그제야 담헌湛軒의 편지와 정표를 내어 주렴 앞에 두고 나온다. 담이 허물어진 곳에 나이 열대여섯 살 되어 보이는 여자아이 하나가 서 있는데, 얼굴이며 목덜미가 하얗다. 아마 용주의 딸인 듯싶다.

삼하현은 옛날 임후臨朐이다.

8월 1일 정미丁未

아침엔 개고 찌는 듯 덥다가 오후에는 비가 오다 멎다 했고, 밤엔 큰비가 우레치며 내리다.

연교보에서 새벽에 떠나서 사고장師姑庄까지 5리, 등가장鄧家庄 3리, 호가장胡家庄 4리, 습가장習家庄 3리, 노하潞河 4리, 통주通州 2리, 영통교永通橋 8리, 양가갑楊家閘 3리, 관가장關家庄 3리, 모두 35리를 가서 점심을 먹고, 거기에서 다시 삼간방三間房까지 3리, 정부장定府庄 3리, 대왕장大王庄 3리, 태평장太平庄 3리, 홍문紅門 3리, 시리보是里堡 3리, 파리보巴里堡 2리, 신교新橋 6리, 동악묘東岳廟 1리, 조양문朝陽門 1리, 서관西館에 드니 모두 27리이다. 이날 모두 62리를 걸었다. 압록강으로부터 북경까지 모두 33참站 2천 30리였다.

새벽에 연교보를 떠나 변卞·정鄭 여러 사람과 먼저 갔다. 몇 리를 가지 않아서 날이 벌써 밝아지는데 별안간 우레 같은 소리가 우렁차게 공중을 울린다. 이는 노하潞河의 뱃속에서 나는 포성이라 한다. 아침노을이 어린 곳으로 멀리 바라본즉, 돛대들이 총총히 늘어선 갈대 같고, 버드나무 위에는 뗏목과 풀뿌리 따위가 많이 걸렸는데, 이는 한 열흘 전에 연경에 큰비가 내려서 노하가 넘치어 민가 몇만 호를 쓸어가고, 물에 휩쓸린 사람과 짐승이 이루 헤아릴 수 없었다 한다. 내 이제 말 위에서 담뱃대를 쥔 채 팔을 뻗쳐서 버드나무 위의 물 찬 흔적을 가늠해 본즉, 땅에서 두서너 길 됨직하다. 물가에 다다르니 물이 넓고도 맑으며 배가 빽빽이 들어선 것이 장성長城의 웅대함과 견줄 만하고 큰 배 십만 척에 모두 용龍을 그렸는데, 호북湖北의 전운사轉運使(운반을 맡은 벼슬 이름)가 어제 호북의 곡식 3백만 석을 싣고 왔다 한다.

배에 올라 그 대략의 제도를 구경했다. 배 길이는 모두 여남은 발이나 되고 쇠못으로 장치하였으며, 그 위에는 널빤지를 깔아서 층 집을 세웠으며 곡물들은 모두 선창 속에 그냥 쏟아 넣었다. 집은 모두 조각한 난간, 그림 기둥, 아롱진 들창, 수놓은 지게문으로 꾸미어, 그 제도가 뭍의 건물과 다름없이 밑은 창고이고 위에는 다락으로 되었으며, 그 패액牌額·주련柱聯·장유帳帷·서화書畵 등이 마치 신선의 세계에 들어간 듯했다.

지붕에는 돛대 두 개를 높이 세웠는데 돛은 가는 등藤으로 엮어 몇 폭이나 되고, 온 배에 연분鉛粉을 기름에 타서 두껍게 바르고, 그 위에 노란 칠을 입혔으므로 한 방울 물도 스며들지 않으니 비가 내려도 어떤 걱정도 없다. 배에 올린 깃발에 '절강浙江'이니 '산동山東'이니 하는 배 이름이 크게 씌었으며, 물을 따라 1백 리를 내려오는 사이에 배들은 마치 대밭처럼 빽빽하게 들어 섰으되, 남으로 직고해直沽海에 줄곧 통하여 천진위天津衛를 거쳐 장가만張家灣에 모이게 된다. 그리하여 천하의 선운船運들이 모두 통주通州에 모여들게 되니, 만일 노하의 선박들을 구경하지 못한다면 북경의 장관壯觀을 제대로 안다고 할 수 없을 것이다.

삼사三使와 함께 한 배에 올랐다. 그 양쪽에는 채색 난간을 두르고 그 앞에는 휘장을 드리우고 창을 세워서 문을 만들고, 양편에는 온갖 의장儀仗·기치旗幟·도창刀鎗·검극劍戟·봉인鋒刃 등을 세웠는데 모두 나무로 만들었고, 방 안에는 관棺 하나가 놓이고 그 앞에는 교의와 탁자가 늘어 놓였으며 탁자 위에는 온갖 제기祭器를 벌여 놓았다. 상주는 푸른 들창 아래에 걸터앉았는데 몸에는 무명옷을 입었고 머리는 깎지 않아서 두어 치나 자란 것이 마치 중과 같았다. 사람들과 말을 주고 받지도 않으며 앞에는 『의례儀禮』한 권을 놓았다. 부사가 그 앞으로 다가서서 읍하니 상주가 역시 읍하여 답례하고 이마를 조아리며 일어났다 엎드렸다 하다가 다시 교의에 앉는다. 부사가 나더러 그와 필담筆談하여 보라 하기에 나는 그제야 부사의 성명과 관함을 써 보이었더니, 상주 역시 머리를 조아리며 썼다.

"저의 성은 진秦이요, 이름은 경璟이옵고, 가계家系는 호북湖北이옵니다. 선친先親께서 북경에 벼슬하여 한림원翰林院 수찬修撰을 지내시고 금년 칠월 구일에 세상을 버리시자, 임금께서 토지土地와 돌아갈 배를 내리시옵기에 고향으로 유해遺骸를 모시고 돌아가는 길이옵니다. 상복이 몸에 있으므로 손님 접대가 소홀하여 죄송합니다."

부사가 글씨로 그의 나이를 물었으나 진경은 대답하지 않는다. 부사가 또 글을 써 물었다.

"중국서는 누구든지 모두 삼년상三年喪을 치르시는지요."

"성인께서 인정을 따라 예를 제정하였사온즉 저같이 불초한 자도 힘껏 따르고자 하옵지요."

"상제喪制는 모두들 주자朱子의 학설을 따르는가요?"

"그렇습니다. 모두 주문공朱文公(주희朱熹의 시호)을 따르지요."

한다. 창밖에 아롱진 대 난간이 사창에 비치어 영롱하고, 옆 배에서 흘러나오는 풍류 소리가 소란하며, 갈매기 날고 내와 구름 끼고 누대樓臺의 아름다움이 모두 선창에 어리고 흰 모래톱 아득한 언덕에는 바람을 안은 돛들이 나타났다 꺼졌다 한다. 사람으로 하여금 슬며시 이것이 곧 부가범택浮家泛宅들인 줄로 알고도 마치 저 번화한 도시 한 가운데 화려한 방안에 몸을 담고서, 강호江湖 경물景物의 아름다운 낙樂을 겹누르는 듯싶었다. 부사가 몸을 돌려 미소를 지으며 말했다.

"저야말로 월파정月波亭의 풍류 상주라 할 수 있겠군."

부사의 말을 듣고 나 역시 웃었다.

정사가 사람을 보내어 구경할 것이 있으니 얼른 오라 하기에 곧 부사와 함께 일어날 제, 등 뒤에 무엇이 툭하는 소리가 나기에 돌아다본즉, 부사의 비장 이서구李瑞龜가 넘어져서 겸연쩍은 듯이 웃고 있다. 대개 배 위에 깐 널빤지가 얼음처럼 미끄러워 발 붙이기가 힘들다. 좌우로 부축 받으며 주춤주춤 나오던 부사는 쓰러진 비장을 돌아보려다가 옆의 사람들을 붙잡은 채로 함께 넘어졌다.

휘장 안에서 네 사람이 한창 투전을 하고 있기에 나는 들여다보았으나 모두 만주 글자여서 도시 알 수 없다, 혹은, 이것의 이름이 마조馬弔라고 한다. 안쪽 깊은 곳에 탁자를 늘어놓고 그 위에 준尊·호壺·고觚·관罐 등의 그릇을 진열했는데 모두 기이하게 생긴 물건들이다.

문 하나를 다시 나서니, 정사와 서장관이 널빤지에 앉아서 선창 속을 들여다보고 있다. 그 안이 곧 주방廚房인데, 흰 베로 머리를 감싼 늙은 부인 둘이 가마솥에 녹두나물·무·미나리 등속을 삶아서 다시 찬물에 헹구고 있고, 또 나이 열여섯쯤 되어 보이는 처녀 하나가 있는데 아리따운 얼굴이 견줄 데 없다. 낯선 손님을 보고도 조금도 수줍은 태가 없이 찬찬하고 다소곳이 제 맡은 일만 하고 있는데, 고운 깁옷의 주름은 안개처럼 어른어른하고 하얀 팔목은 연뿌린 양 민듯하다. 아마 진씨秦氏의 차환叉鬟으로서 아침상을 보살피고 있는 모양이었다. 배 양편에는 파초선芭蕉扇을 두루 꽂았는데 '한림翰林'·'지주知州'·'정당正堂'·'포정사布政使'라 썼으니, 이는 모두 죽은 이의 이력들인 모양이다.

강 가운데에는 이곳저곳 뱃놀이가 한창이다. 작은 배에 혹은 붉은 일산을 펴고, 혹은 푸른 휘장을 두르고는 삼삼오오三三五五 서로 짝을 지어 각기 다리 짧은 교의에 기대기도 하고, 혹은 평상 위에도 앉아서 책권이며 그림축이며 향로며 차도구들을 벌여 놓았고, 혹은 봉생鳳笙이나 용관龍管을 불고, 혹은 평상에 의지하여 글씨와 그림도 치고, 더러는 술 마시며 시 읊기도 하는데, 그들이 반드시 모두가 명사나 시인들은 아니겠지만, 그윽하여 아취가 있어 보인다. 배에서 내려 언덕에 오르니 수레와 말이 길을 막아서 다닐 수가 없다. 동문에서 서문까지 줄곧 5리 사이에 외바퀴 수레 몇만 채가 꽉 차서 몸 돌릴 공간조차 없다. 말에서 내려 한 점방으로 들어가니 기려하고 번창함이 벌써 성경盛京·산해관 따위에는 비길 것이 아니었다. 비좁은 길을 간신히 뚫고 나아가니, 시문市門의 현판에는 '만수운집萬艘雲集'이라 하였고, 한길 위에 이층 높은 누樓를 세우고는 '성문구천聲聞九天'이라 써붙였다. 성 밖에는 창고 셋이 있는데 그 제도를 성곽처럼 하여, 지붕은 기와로 이었고 그 위에는 공기창을 내어서 나쁜 기운을 내보내게 하고, 벽에도 곁 구멍을 뚫어서 습기가 가시게 하고 강물을 끌어들여 창고를 둘러 해자를 만들었다.

영통교永通橋에 이르렀는데, 이 다리는 일명 팔리교八里橋라 한다. 길이가 수백 발, 너비는 여남은 발이요, 무지개 문의 높이도 여남은 발이나 되는데, 좌우에는 난간을 돌리고 그 위에는 사자 몇백 마리를 앉혔는데, 그 새김의 정미로움이 마치 도장圖章 꼭대기의 가는 무늬와 같았다. 다리 밑에 선박들은 줄곧 조양문朝陽門(북경의 동북문) 밖에 닿아서 다시 작은 배로써 물 문을 열고 태창太倉에 끌어들인다 한다.

통주에서 연경까지 40리 사이는 돌을 깎아서 길에 깔았다. 쇠수레바퀴가 서로 맞닿는 소리가 더욱 커서 사람으로 하여금 정신이 아찔하게 한다. 길가 양편에는 모두 무덤인데 담이 잇달고 나무가 울창하여 봉분은 보이지 않는다.

대왕장大王庄에 이르러서 잠깐 쉬고 곧 떠났다. 길 왼편에 돌 패루 세 칸이 있기에 말에서 내려 그 만든 양을 보니, 이는 곧 퉁국유佟國維[28]의 무덤이었다. 패루에는 그의 벼슬들을 나란히 새겨 붙였고, 윗층에는 여러 가지 조칙을 새겼다. 곧 다리를 건너 문 안에 들어서니 좌우에 여덟모난 화표주華表柱를 세우고 그 위에는 돌 사자를 새겼다. 가운데에는 길을 쌓아 올려서 층대 높이가 한 발이나 되며, 길 좌우에는 늙은 소나무 수십 그루가 섰고, 3층 돌대를 쌓고 그 위에 큰 비석 열셋을 세웠는데, 모두 퉁씨佟氏 삼대의 훈벌勳閥을 표창한 조칙詔勅들이다. 퉁국유의 일명은 융과다隆科多라고도 하며 그 아내는 하사례씨何奢禮氏이다. 북쪽 담 밑에 봉분 여섯이 나란히 있는데, 띠를 입히지 않고 밑은 둥글고 위는 뾰족하게 석회로 번질번질하게 발랐다. 누런 기와로 이은 집 수십 칸이 있는데 단청이 이미 우중충하며, 층계는 무너지고 채색한 주렴은 해졌는데, 집 안에는 박쥐똥이 가득할 뿐 텅 비고 괴괴하여 지키는 자도 보이지 않는다. 이는 마치 깊은 산중의 낡은 절과 같다. 매우 괴이한 일이다. 아

---

28) 만주滿洲 양황기鑲黃旗 사람이다. 동국유佟國維의 셋째 아들로 강희康熙 때 이부 상서가 되고 옹정雍正 때에 태보太保가 되었다. '전천기은專擅欺隱'이라는 죄명으로 창춘원暢春園 밖에 금고되었다가 죽었다.

마도 공훈이 혁혁하였던 집안이었으나 이제는 자손이 끊겨 폐허가 되었나 보다.

동악묘東嶽廟에 이르러 심양에 들어갈 때처럼 삼사가 옷을 갈아입고 반열을 정돈하였다. 이때 통역관 오림포烏林哺·서종현徐宗顯·박보수朴寶秀 등이 벌써 그 가운데에 와서 기다린다. 그들은 모두 망포蟒袍·수보繡補(청나라 관리의 예복)에다 목에는 조주朝珠를 걸고, 말을 타고 앞을 인도하여 조양문에 이르니, 그 제도는 산해관과 다름없으나 다만 상세히 볼 수 없었다. 검은 먼지가 공중에 자욱하니 수레에 물통을 싣고 곳곳마다 길바닥에 물을 뿌려 댄다.

사신은 곧장 예부禮部를 찾아 표문表文과 자문咨文을 바치러 갔다. 나는 그와 헤어져서 조명회와 함께 먼저 사관으로 갔다. 순치順治 초년에 조선 사신의 사관을 옥하玉河 서쪽 기슭에다 세우고 옥하관玉河館이라 일컬었더니, 그 뒤에 악라사鄂羅斯가 점령한 바 되었다. 악라사는 이른바 대비달자大鼻獐子[29]인데 하도 사나우므로 청인도 그들을 누를 길이 없어서, 할 수 없이 회동관會同館을 건어호동乾魚衚衕에다 세우니, 이는 곧 도통都統 만비滿조의 집이었다. 만비가 도륙당할 때에 집안 사람이 많이 자결하였으므로 그 집에 귀매鬼魅가 많았다 한다. 혹은 우리나라 별사別使(임시 사행)와 동지사가 한꺼번에 맞부딪치면 서관西館에 나누어 들게 되었다. 연전에 별사가 먼저 건어호동에 들었으므로 금성위錦城尉가 마침 동지사로 와서 서관에 머

---

29) 러시아 사람을 낮추어 이르는 말.

문 일도 있었다. 지난해 건어호동에 있는 회동관이 불타 버리고 여태까지 다시 세우지 못했으므로 이번 걸음에도 서관에 옮겨 들게 되었다.

아아, 슬프다. 옛 역사에 이르기를, "문자文字가 생기기 전엔 연대年代와 국도國都를 상고할 수 없다." 하였으나, 문자가 생긴 이후 21대代 3천여 년 동안에 천하를 다스림에 있어서 과연 어떠한 술법으로 하였을 것인가. 이는 곧 그들의 이른바 유정惟精·유일惟一이란 심법心法으로 했을 것이다. 그러므로 나는 천하를 다스림에는 요堯·순씨舜氏가 있음을 알고, 홍수를 다스림에는 하우씨夏禹氏가 있음을 알며, 정전井田 제도를 마련함엔 주공씨周公氏가 있음을 알고, 학문의 선전엔 공자씨孔子氏가 있음을 알고, 재정과 세금을 골고루 마련함엔 관중씨管仲氏(관중)가 있음을 알았을 뿐이다. 나는 알지 못하겠구나. 그 밖에 또다시 얼마나 많은 성인이 그 머리를 짜냈으며, 또 얼마나 많은 성인이 그 심력을 기울였으며, 또 얼마나 많은 성인이 그 총기를 다했던고. 그뿐 아니라 또 얼마나 많은 성인이 벌써 저 21대 3천여 년 동안 문자文字가 창조되기 전에 이를 기초起草하고 이를 빛내고 이를 수정하였던고. 생각하건대, 이러한 여러 성인이 그 생각과 그 심력과 그 총기를 다 기울여서 기초하고 빛내고 수정하였으니, 그들은 장차 이것으로써 자기의 사리私利를 취하려 하였음일까, 아니면 길이길이 만세를 두고 모든 백성들과 그 행복을 함께 누리고자 하였음일까.

그리하여, 그 중에 한 사람이라도 그의 심술心術이 같지 못하고 사업事業이 각기 다르면 이를 곧 '우인愚人'이라 지목하였을뿐더러, 그를 일찍이 집과 나라를 망친 자라고 시종 헐뜯는 것이다. 그러나 그들은 대체로 마음의 음탕함과 귀와 눈의 영리함이 도리어 성인을 능가하므로, 더욱이 후세 사람들에게 환영을 받았던 것이다. 그리하여 겉으로는 그의 몸을 배격하면서도 은근히 그의 공훈을 본받고, 또 겉으로는 그 사람을 욕하면서도 속으론 그 이익점을 얻는 것이다. 그리하여 천하의 온갖 기이한 기술과 음탕한 솜씨가 날로 부풀어 오른 법이다.

보라, 대개 궁궐을 옥과 구슬로 꾸민 자는 이른바 걸임금, 주임금이 아니었으며, 산을 허물어 골을 메우고 만리에 이어진 장성을 쌓은 자는 이른바 몽염蒙恬이 아니었으며, 천하에 곧은 도로를 닦은 자는 이른바 진 시황秦始皇이 아니었으며, 천하의 일이 법法이 아니고는 아니 된다 해서 드디어 나무를 옮겨 보기도 하고, 또는 쓰레기를 버리는 것까지 간섭하여 그 제도를 통일시킨 자는 이른바 상앙商鞅30)이 아니었던가. 대개 이 네댓 사람들은 그의 역량과 재주와 정신·기백과 계획과 시설이 족히 천지를 움직일 만하였던 만큼, 애초에는 모든 성인들과 함께 이 우주 사이에서 나란히 설 수 있으련마는, 불행히 서계書契(문자文字)가 이미 이룩된 뒤에 나왔기 때문에,

---

30) 전국 시대 진秦나라의 정치가로 성은 공손公孫 이름은 앙鞅이다. 뒤에 상商에 봉해졌으므로 상앙이라 하였다. 위衛나라 공족公族 출신으로, 진秦의 효공孝公을 섬기면서 변법變法으로 부국강병책을 단행斷行하여 진秦이 통일하는 기틀을 마련하였다. 효공 사후에 그간의 중신들의 원한怨恨으로 극형極刑에 처해졌음.

그들의 공로와 이익의 누림은 오로지 뒷사람에게로 돌아가고, 그 몸은 화단禍端이 되어 길이 우부愚夫의 이름을 듣게 되었으니, 어찌 슬픈 일이 아니겠는가. 그리고 나는 더욱 알지 못하겠구나. 저 21대代 3천여 년의 사이에는 몇 명의 걸·주와, 몇 명의 몽염과, 몇 명의 진 시황과, 몇 명의 상앙이 있어서, 그 서계가 이룩된 이후의 것을 본받았던 것인가. 서계가 이룩된 뒷일이 그러하니, 서계가 이룩되기 전의 일도 가히 짐작할 수 있을 것이다. 어찌하여 이를 아는가 하면, 옛날에 진시황이 육국六國의 것을 본떠서 아방궁阿房宮의 전전前殿을 크게 지었으니, 본뜬다는 것은 저 환쟁이들의 이른바 모사摹寫가 곧 그것이다. 육국의 선비들이 그들의 임금을 유세遊說할 때에는 모두 걸·주를 욕하지 않은 이가 없었건마는, 그 실에 있어서는 앞서 이른바 궁궐을 옥과 구슬로 꾸몄다는 것이 마침내는 족히 저 장화대章華臺(전국 초楚의 누각)와 황금대黃金臺(전국 때 연 소왕燕昭王의 궁전)의 부본이 되는 동시에, 장화대·황금대는 역시 아방궁의 윤곽에 지나지 않을 것이다. 그런데 항우項羽가 이에 한번 불질러서 곧 평지의 재가 되고 만 것은 족히 뒷세상의 토목土木 공사工事만을 일삼는 사람들에게 한 거울이 되었음직하다. 그 본심은 이왕 내가 이에 살지 못할 바에는 다른 사람이 와서 차지함을 싫어했던 것에 불과할 뿐이니, 그렇다면 저 팽성彭城의 도시 또한 아방궁이 될 것이었으나, 다만 미처 하지 못하였을 따름이었다. 그리고 소하蕭何가 미앙궁未央宮(한 고조의 궁궐)을 크게 공사할 때에, 한 고제漢高帝(고제는 유방의 묘호)는 귀와 눈이 없지는 않았건마는, 짐짓 모르는 체하다가 궁궐이 다 이룩된 뒤에는 도리어 소하를 꾸지람하였으니, 이 꾸지람이 실로 옳다면 어째서 소하를 당장 죽여 저자에 조리돌리지 않았으며, 또 궁궐을 불질러 태워 버리지 아니하였던고. 이로써 미루어 볼 것 같으면, 앞서 육국의 것을 본떠서 아방궁의 전전을 지은 것은 곧 미앙궁을 위하여 터를 닦은 것에 지나지 않은 셈이었다.

조양문에 들어서자, 곧 저 요·순의 이른바 유정·유일의 마음씨가 이러하고, 하우씨의 홍수 다스림이 이러하고, 주공의 정전이 이러하고, 공자의 학문이 이러하고, 관중의 이재理財가 이러하였음이 눈에 선하게 띄었으며, 걸·주가 옥과 구슬로 궁궐을 세운 것도 이런 방법에 지나지 않고, 몽염이 산을 허물어서 골을 메운 것도 이런 방법에 지나지 않으며, 진 시황이 곧은 길을 닦은 것도 이런 방법에 지나지 않고, 상앙이 제도를 통일시킨 것도 이런 방법에 지나지 않음을 깨달았다. 어째서 그런가 하면, 성인이 일찍이 율律·도度·양量·형衡 등을 하나로 통일시켜서 둥근 것은 그림쇠에 맞도록, 모난 것은 곡척曲尺에 맞도록 하고, 곧은 것은 먹줄에 맞추었기에, 천하에 퍼지자 천하가 이를 좇고, 걸·주에게 주어도 걸·주 역시 받아들이지 않을 수 없었으며, 성인이 일찍이 높은 언덕에 넘실거리는 홍수를 다스릴 제, 그 삼태기에 삽질하는 번거로움과 부착斧鑿의 날카로움과, 기술자의 교묘함과 역부의 많음이, 어찌 뫼를 헐고 골을 메워 만 리의 장성을 쌓음에 그치었으며, 성인이 일찍이 천하의 밭이란 밭은 죄다 금을 그어 정전의 제도를 만들면서, 그 밭두둑과 도랑 사이에는 수레 몇 채가 달릴 수 있도록 마련하였으니, 그 곧고 바름이 어찌 천 리의 한길을 닦음만 못하였으며, 성인이 일찍이 그 문인門人의 물음에 대답하여 나라를 다스리는 법을 말씀하셨으나, 이는 다만 말로만 하였을 뿐 몸소 행한 것은 아니었다. 그러나 후세의 임금들이 반드시 그 학문이 성인보다 나은 것이 아니로되 곧 이를 행할 수 있었다. 그러니 이 역시 어찌 중화中華의 민족만이 그러하리오. 이적夷狄의 출신으로서 중원의 임금이 된 자치고, 일찍이 도道를 물려받아서 행하지 않는 이가 없었으며, 또 의식衣食이 넉넉한 뒤에야 예절을 지킬 수 있다 하였으니, 후세의 임금들 중에 그 나라를 튼튼히 하고 그 군사를 굳세게 하고자 한 자가, 차라리 각박하고 인정머리 없다는 이름을 무릅쓸지언정, 어찌 그 자신을 위해서 사리를 탐했다고 이를 수 있겠는가. 또 그 심술의 위험·미묘한 때를 논하여 본다든지, 혹은 그 사업을 공사公私의 사이에서 분간한다면, 저들에게 곧 이른바 정일精─의 방법을 알았다고는 할 수 없겠으나, 그 공리功利의 효과를 누림에 있어서는, 비록 그 방법이 이적에서 나왔다 하더라도, 그 여러 가지 좋은 점을 모아서 행하는 데 있어서는 역시 정일을 본받지 않음이 없었던 것이다. 그러므로, 내가 앞서 이른바 재지와 역량이 하늘과 땅을 움직일 수 있다 함이 오늘날의 중국을 이룩한 것이며, 21대 3천여 년 동안의 모든 제도를 이에서 가히 상고할 수 있음을 의미하는 것이다.

이제 그들은 나라 이름을 '청淸'이라 하고, 수도를 '순천부順天府'라 하니, 천문으로 보면 기箕·미尾 두 별의 사이였고, 지리로 말한다면 우공禹貢에서 이른바 기주冀州의 터전으로서, 고양씨高陽氏(오제五

帝의 하나인 전욱顓頊)는 유릉幽陵이라 하였고, 도당씨陶唐氏(요堯)는 유도幽都, 우虞는 유주幽州, 하夏·은殷은 기주冀州, 진秦은 상곡上谷·어양漁陽이라 하였으며, 한漢의 초기엔 연국燕國이라 하였다가 뒤에는 나누어서 탁군涿郡이라 했고, 또 고쳐서 광양廣陽이라 하였으며, 진晉·당唐에서는 범양范陽이라 하였고, 요遼는 남경이라 하였다가 뒤에는 고쳐서 석진부析津府라 하였으며, 송宋은 연산부燕山府라 하였고, 금金은 연경燕京이라 했다가 곧 중도中都라 고쳤으며, 원元은 대도大都라 하였고, 명明의 초년엔 북평부北平府라 하였다가, 태종 황제(太宗皇帝 청 태조의 8남)가 이에 수도를 옮기고 순천부順天府라 고쳤더니, 이제 청淸은 이내 이곳에 수도를 세웠다. 그 성 둘레는 40리, 왼쪽에 창해滄海가 둘리고, 오른편에는 태항산太行山을 끼고, 북으로 거용관居庸關을 베고, 남으로는 하수河水·제수濟水가 옷깃처럼 되어 있다. 성문의 정남은 정양正陽, 오른편은 숭문崇文, 왼편은 선무宣武, 동남은 제화齊化, 동북은 조양朝陽, 서남은 평택平澤, 서북은 서직西直, 북동은 덕승德勝, 북서는 안정安定이고, 외성外城에 문이 일곱 있으며, 자금성紫禁城에는 문이 셋 있고, 궁성宮城은 17리인데 문이 넷이며, 그 전전前殿을 태화太和라 하여 오로지 한 사람만이 살고 있으니, 그의 성姓은 애신각라愛新覺羅요, 그 종족은 여진女眞 만주부滿洲部요, 그 위位는 천자天子요, 그 호號는 황제皇帝이고, 그 직책은 하늘을 대신하여 만물을 다스리는 것이었다. 그가 자신을 일컬을 때는 '짐朕'이라 하고, 세계의 여러 나라들이 그를 높여서 '폐하陛下'라 하며, 말씀을 내면 '조詔'라 하고, 명령을 내리면 '칙勅'이라 하며, 그 갓은 홍모紅帽이고, 그 옷은 마제수馬蹄袖이며, 그는 국통國統을 이은 지 벌써 4대였고, 연호年號를 세워 '건륭乾隆'이라 한다. 이 글을 쓴 사람은 조선에서 온 박지원朴趾源이요, 작성한 때는 건륭 45년 가을 8월 초하루이다.

동악묘기東嶽廟記

동악묘는 조양문 밖 1리에 있다. 그 건물의 웅장하고 화려함은 여태까지 보던 중 처음이다. 성경의 궁궐도 이와 비견될 수없을 정도이다. 묘문廟門의 건너편에는 두 패루가 섰는데 파란 유리벽돌과 초록빛 유리벽돌로 쌓았으며, 찬란하고 휘황함이 앞서 본 돌집보다 훨씬 낫다.

이 사당은 원元의 연우延祐(원 인종元仁宗의 연호) 연간에 비로소 세웠고, 명明의 정통正統(명 영종明英宗의 연호) 대에 더 넓혔다. 그 가운데에는 인성제仁聖帝(동악태제東嶽太帝의 별칭)·병령공炳靈公(동악태제의 셋째 아들)·사명군司命君(사람의 목숨을 맡은 귀신)과 네 승상丞相(태제를 모신 네 정승)의 소상이 있는데, 이들은 모두 원元의 소문관昭文館 태학사太學士 정봉대부正奉大夫 비서감경秘書監卿 유원(劉元 원의 저명한 조각가)이 만든 소상으로서, 유원의 훌륭한 솜씨는 천하에 짝이 없었다.

청의 강희 경진(1700) 3월에 일어난 화재로 전殿·무廡와 함께 사당 가운데 있던 모든 소상이 다 불타 버리고, 다만 양편의 도원道院만 남아 있었다. 강희 황제는 특히 내탕금內帑金(황제의 사용금)을 내리고, 아울러 내외의 대소 관원들에게 명하여 비용을 돕게 하고, 유친왕裕親王으로 하여금 그 공사를 감독하게 하여 비로소 이룩하자 황제가 친히 거둥하였고, 옹정 황제와 지금 황제 역시 내탕금을 내어 이를 수리하게 했다.

제일전第一殿에는 '영소화육靈昭化育'이라 써 붙였는데, 동악태제가 곤룡포와 면류관을 갖추었고, 모신 제신諸神은 왼편에 문文, 오른편에 무武가 늘어섰다.

탑塔 앞에는 몇 섬들이 쇠 항아리를 놓아서, 심지 네 개에 불을 댕겨 둔 채 철망鐵網을 둘렀다. 그리고 등불 앞에는 한 길이나 되는 쇠화로를 놓고 침향沈香을 태웠다. 그리하여 검은 등에 푸른 불꽃이 번뜩이고, 전자篆字처럼 얽힌 연기가 푸르며, 술을 드리운 휘장에는 쇠풍경이 댕그랑 울리는데, 전각은 침침해서 꿈속 같다. 제이전第二殿에는 여상女像 셋이 앉았는데, 역시 구슬로 꾸민 술을 드리웠고, 양편에서 모신 자도 모두 여선女仙들이다. 제삼전第三殿에는 무슨 신神을 본뜬 것인지는 알 수 없으나, 낭무廊廡에는 72조曹 36옥獄을 벌여 놓은 것이 기괴하여 천태만상이었다. 대臺 위에 놓인 값진 모든 그릇들은 거의 송宋·원元 시대의 관지款識가 많고, 뜰 가운데에는 큰 비석 1백여 개가 섰는데, 조맹부趙孟頫가 쓴 것이 많고, 또 그 아우 세연世延과 우집虞集이 쓴 것도 있었다. 동서의 제일항第一行에 선 비석은 모두 누런 기와로 덮고, 그 위에는 고루鼓樓를 설치했는데, 동쪽의 것은 '별음鼈音'이라 하고, 서쪽의 것은 '경음鯨音'이라 하였다.

2일 무신戊申

날이 개었다.

밤사이 천둥 번개와 함께 큰 비가 내려서 아직 수리하지 못한 객관의 창호지가 떨어졌다. 새벽에 찬바람이 들어 감기 기운이 조금 있던 터라 음식을 먹지 못했다.

아침 일찍 아문衙門에 모두 모여드니, 이들은 예부禮部·호부戶部의 낭중郞中(낭관)과 광록시光祿寺의 관원이었다. 쌀과 팥 대여섯 수레와 돼지·양·닭·거위·채소 등속이 바깥뜰에 가득히 찼다. 그 부部의 관원이 교의를 나란히 하여 앉았는데, 아무도 감히 떠드는 자가 없었다.

정사에게는 날마다 관館의 찬饌으로 거위 한 마리, 닭 세 마리, 돼지고기 다섯 근, 생선 세 마리, 우유 한 병, 두부 세 근, 백면白麵 두 근, 황주黃酒 여섯 항아리, 엄채醃菜(김치) 세 근, 다엽茶葉 넉 냥, 오이지 넉 냥, 소금 두 냥, 청장淸醬 여섯 냥, 감장甘醬 여덟 냥, 초醋 열 냥, 향유香油 한 냥, 화초花椒(산초) 한 돈, 등유燈油 세 병, 납초 석 자루, 내수유奶酥油(우유로 만든 낙농 제품) 석 냥, 세분細粉 근 반, 생강 닷 냥, 마늘 열 뿌리, 빈과蘋果(능금) 열다섯 개, 배 열다섯 개, 감 열다섯 개, 말린 대추 한 근, 포도 한 근, 사과 열다섯 개, 소주 한 병, 쌀 두 되, 나무 서른 근, 또 사흘마다 몽고양蒙古羊 한 마리씩을 준다.

부사와 서장관에게는 날마다 두 사람 어울러서 양羊 한 마리, 거위 각기 한 마리, 닭 각기 한 마리, 생선 각기 한 마리, 우유 어울러서 한 병, 고기 어울러 세 근, 백면 각기 두 근, 두부 각기 두 근, 엄채 각기 세 근, 화초 각기 한 돈, 다엽 각기 한 냥, 소금 각기 한 냥, 청장 각기 여섯 냥, 감장 각기 여섯 냥, 초 각기 열 냥, 황주 각기 여섯 항아리, 오이지 각기 넉 냥, 향유 각기 한 냥, 등유 각기 한 종지, 쌀 각기 두 되, 빈과 어울러 열다섯 개, 사과 어울러 열다섯 개, 배 어울러 열다섯 개, 포도 어울러 닷 근, 말린 대추 어울러 닷 근, 그 밖의 과실은 닷새 만에 한 번씩 준다. 부사에게는 날마다 나무 열일곱 근, 서장관에게는 열닷 근씩을 준다.

대통관大通官 3명과 압물관押物官 24명에게는 날마다 각기 닭 한 마리, 고기 두 근, 백면 한 근, 엄채 한 근, 두부 한 근, 황주 두 항아리, 화초花椒 닷 푼分, 다엽 닷 돈, 청장 두 냥, 감장 넉 냥, 향유 너 돈, 등유 한 종지, 소금 한 냥, 쌀 한 되, 나무 한 근씩을 주고, 또 득상得賞 종인從人 30명에게는 날마다 각기 고기 근 반, 백면 반 근, 엄채 두 냥, 소금 한 냥, 등유 어울러 여섯 종지, 황주 어울러 여섯 항아리, 쌀 한 되, 나무 너 근씩을 주고, 무상無賞 종인 2백 21명에게는 날마다 각기 고기 반 근, 엄채 넉 냥, 초 두 냥, 소금 한 냥, 쌀 한 되, 나무 너 근씩을 주었다.

3일 기유己酉

날이 개었다.

해 뜬 뒤에 비로소 관문館門을 연다. 나는 곧 시대·장복과 함께 관을 떠나 첨운패루瞻雲牌樓 밑까지 걸어와서 태평거 하나를 세내었는데, 나귀 한 마리가 끌고 간다. 아까 주방廚房에서 하룻동안 쓸 것을 주기에, 시대로 하여금 돈으로 바꾸어서 차에 실으니, 은銀 두 냥이 돈 2천 2백 닢이었다. 시대는 오른편에, 장복은 뒤에 태우고는 빨리 달려서 선무문宣武門에 이르니, 그 제도가 조양문과 같다. 왼편은 상방象房(코끼리를 기르는 곳)이요, 오른편은 천주당天主堂이다. 문으로 나와 오른편으로 굽어서 유리창琉璃廠에 들어간즉, 첫 거리에 오류거五柳居라는 세 글자의 간판이 붙었다. 이는 곧 도옥屠鈺의 책사이다. 지난해에 무관懋官(이덕무) 일행이 책사에서 책을 많이 샀다 해서 퍽 흥미 있게 오류거를 이야기하더니, 이제 이곳을 지나고 보니 마치 옛 친구를 만난 듯싶다. 그리고 무관이 전송하며 말했다.

"만일 당원항唐鴛港 낙우樂宇를 찾으려거든, 먼저 선월루先月樓에 가서 그 남쪽 조그만 거리로 돌아들면 둘째 번 대문이 곧 당씨唐氏의 댁이랍니다."

곧장 수레를 몰아 양매서가楊梅書街에 이르러 우연히 육일루六一樓에 올랐다가 황포黃圃 유세기兪世奇를 만나서 잠깐 이야기할 때, 문포文圃 서황徐璜와 입재立齋 진정훈陳庭訓 등이 마침 자리에 있었다. 그들은 모두 아담한 선비이기에 날을 골라 이곳에서 다시 만나기로 약속하고 수레를 돌려 북쪽 골목으로 들어가니, 길가에 금자로 '선월루先月樓'라 쓴 것이 별안간 수레 앞에 눈부시게 보인다. 이 역시 책사이다. 곧 수레에서 내려 두 하인과 함께 당씨唐氏의 집을 찾아갔는데, 마치 익숙한 곳을 찾듯이 했다. 문 앞에 하인 셋이 나오더니, "대감께선 아침 일찍 아문衙門에 나가셨답니다."라고 고하기에 내가 물었다.

"언제쯤 돌아오시는가?"

"묘시卯時에 나가셔서 유시酉時면 돌아오십니다."

그중 한 명이 말한다.

"잠깐 외관外館에 올라 땀을 식히시지요."

이에 따라가니, 허술한 촌학구村學究 한 명이 나와 맞이한다. 그의 성은 주周라고 기억되나 이름은 잊어버렸다. 전에 들으니, 원항이 아들 다섯이 다 잘생겼다 하던데 이제 두 아이가 방에서 나와 공손히 읍하는 것을 보니, 묻지 않아도 원항의 아들임이 분명했다. 나는 그 두 아이의 나이를 물었더니, 맏이는 열세 살, 둘째는 열한 살이라고 한다.

"형의 이름은 장우張友고, 아우의 이름은 장요張瑤가 아니냐?"

"예에, 그렇습니다. 어른께선 어찌 아시옵니까?"

둘이 동시에 대답했다.

"너희들이 글 잘 읽는다고 해외海外에까지 알려졌느니라."

조금 뒤에 그 집 하인이 파초잎 모양으로 생긴 흰 주석 쟁반을 받들고 나와서 더운 차 한 그릇, 빈과蘋果 세 개, 양매탕楊梅湯 한 그릇을 은근히 권한다. 그리고 하인이 그 집 노부인의 말을 전했다.

"지난해 조선 어른 두 분이 가끔 제 집에 놀러 오셨는데, 지금도 평안하신지요. 만일 청심환 가지고 오신 게 있으시면 한두 개 주십시오."

"마침 지니고 온 것이 없사오니, 뒷날 다시 올 때 갖다 드리겠습니다."

전에 들으니, 당씨의 노부인은 늘 동락산방東絡山房에 있으며, 나이가 여든이 넘어도 근력이 오히려 좋다 했다. 하인이 멀리 손으로 가리키며 말했다.

"노부인께서 방금 중문에 나오셔서, 귀국 사람들의 옷차림을 구경하시고 계십니다."

한다. 나는 바로 보기가 겸연쩍어서 못 본 체하고는, 붉은 종이로 만든 중머리 부채 두 자루와 여러 가지 빛깔의 시전지詩箋紙를 내어 장우와 장요에게 나눠 주고, 열흘 안으로 다시 오리라 약속하고 곧 일어나 문을 나섰다. 돌아보니 마나님이 오히려 중문에 섰고 아환丫鬟 둘이 옆에서 부축하고 있다.

멀리서 바라보니, 백발이 성성했지만 체구가 건장하고 여전히 화장이며 몸치장을 한 모습이었다. 시대와 장복이 말했다.

"아까 당씨의 여러 하인이 우리들을 좌우로 에워싸서 뜰 가운데에 세워 놓고, 늙은 마나님이 우리 옷을 벗겨서 그 제도를 보겠다 하므로, 소인들이 황공하여 감히 바로 치어다보지 못하고, '날이 더워서 입은 것이 단지 홑적삼뿐입니다.' 하니, 그는 돌려 세워 보기도 하고 모로 세워 보기도 하고는, 다시 여러 하인을 시켜 깃고대·도련을 들추어보고, 술과 먹을 것을 내어다 먹입디다. 소인들의 의복이 이렇게 남루해서 부끄러워 죽을 뻔했습니다요."

한다. 돌아오는 길에 회자관回子館(이슬람 사원)에 들러 구경하였다.

4일 경술庚戌

날이 개었다. 삼복三伏 더위나 다름 없었다. 수레를 몰아 정양문을 나와서 유리창을 지나면서, 창廠이 모두 몇 칸이나 되는지 물었더니 어떤 이가 모두 27만 칸이나 된다고 하였다. 대개 정양문에서부터 가로 뻗어 선무문에 이르기까지의 다섯 거리가 모두들 유리창이었고, 국내와 국외의 모든 보화가 이에 쌓였다.

나는 그제서야 누각 위에 올라서 난간에 기대어 탄식하였다.

"이 세상에 진실로 저를 아는 사람 하나를 만났다 하더라도 한이 없을 것이다. 아아, 인정은 대체 제 몸을 알고자 하되 이를 알지 못하면, 때로는 커다란 바보나 또는 미치광이처럼 되어서, 저 아닌 남이 되어 저를 보아야만 저도 비로소 다른 물건과 다를 바 없음을 알 수 있을 것이다. 그 경지에 이르러서야 비로소 몸이 움직이는 곳마다 아무런 거리낌이 없을 것이다. 성인은 이 방법을 지녔으므로 세상을 버리고도 아무런 고민이 없으며, 외로이 서 있어도 아무런 두려움이 없었던 것이다. 그러므로 공자는 일찍이 말씀하시기를, '남이 나를 알아주지 않는다 하더라도 노여운 뜻을 품지 않는 이라면 어찌 군자君子가 아니겠느냐.' 하였고, 노담老耼(노자老子)도 역시, '나를 알아주는 이가 드물다면 나는 참으로 고귀한 존재이다.' 하였으니, 이렇듯이 남이 나를 몰라보았으면 하여, 혹은 그의 의복을 바꾸기도 하려니와, 혹은 그 얼굴을 못 알아보게 하고, 혹은 그 성명을 갈아 버린다. 이는 곧 성聖·불佛과 현賢·호豪 들이 세상을 한 개의 노리개로 보아서, 비록 천자의 자리를 준다 하더라도 그의 즐거움과 바꾸지 않는 까닭이다. 이러한 때에 천하에 혹시 한 사람만이라도 저를 아는 이가 있다면, 그의 자취는 드러나고 마는 것이다. 그러나 그 실實에 있어서는, 천하에 단지 한 사람만이라도 그를 알아주는 이가 없음은 아니었던 것이다. 그러므로, 요堯가 미복微服으로 강구康衢에서 놀았으나 격양가擊壤歌를 부르는 늙은이가 나타났고, 석가釋迦가 얼굴을 달리 하였으나 아난阿難(석가의 으뜸가는 제자)이 그를 알았고, 태백太伯은 몸에 그림을 떠서 놓아 남만南蠻으로 도피하였으나 중옹仲雍이 뒤를 따랐고, 예양豫讓은 몸에 칠을 하였으나 그 벗이 알았고, 삼려대부三閭大夫는 얼굴이 파리했을 때에 어부漁夫가 알았고, 치이자鴟夷子(범려范蠡의 호)가 오호五湖에 뜰 때 서시西施가 따랐고, 장록張祿은 객관에서 가만히 걸을 때 수가須賈를 만났고, 장자방張子房은 이교圯橋에서 조용히 걸을 때 황석공黃石公을 만났다. 이제 내 이 유리창 중에 홀로 섰으니, 그 옷과 갓은 천하에 모르는 바이요, 그 수염과 눈썹은 천하에 처음 보는 바이며, 반남潘南(연암의 관향)의 박朴

은 천하에 일찍이 듣지 못하던 성일지라도, 내 이에서 성聖도 되고 불佛도 되고 현賢도 되고 호豪도 되어, 그 미침이 기자箕子나 접여接輿와 같기로, 장차 그 누가 와서 이 천하의 지락至樂을 논할 수 있겠는가. 어떤 이가 묻기를, '공자께서 송宋을 지나갈 때에 무슨 관冠을 쓰셨을까.' 하기에, 나는, '아마 우물과 창고와 평상과 거문고가 벌여 있고, 그는 앞에 있었던 것이 별안간 뒤에 있었을 것이며, 또 물고기 가죽이나 표범 무늬처럼 별의별 변덕이 많았을 테니, 누가 그 참된 모습을 알 수 있으리오.' 하고는 껄껄 웃었다. 그러므로 그는 이르기를, '선생님께서 계시니 회回가 감히 죽을 수 있겠습니까.'라고 하였던 것이다. 이로써 볼 때, 공자가 천하의 지기知己를 논한다면 오직 안자顔子(안회를 높여 부르는 말) 한 사람이 있었을 따름일 것이다."

막북행정록漠北行程錄

8월 5일 신해辛亥에 시작하여 8월 9일 을묘乙卯에 그쳤다. 모두 닷새 동안이다. 황성으로부터 열하熱河에 이르기까지이다.

막북행정록 서漠北行程錄序

열하는 황제의 행재소行在所(군주가 임시 머무는 곳)가 있는 곳이다. 옹정 황제 때에 승덕주承德州를 두었는데, 이제 건륭 황제가 주州를 승격시켜 부府로 삼았으니 곧 연경의 동북 4백 20리에 있고, 만리장성萬里長城에서는 2백여 리이다.

지리지를 살펴보면 이러하다. 한대에는 요양要陽·백단白檀의 두 현縣으로 어양군漁陽郡에 속하였고, 원위元魏 때에는 밀운密雲·안락安樂

두 군郡의 변계로 되었고, 당대唐代에는 해족奚族의 땅이 되었으며, 요遼는 흥화군興化軍이라고 하여 중경에 소속시켰고, 금金은 영삭군寧朔軍으로 고쳐서 북경에 소속시켰으며, 원元에서는 고쳐서 상도로上都路에 속하였다가 명明에 이르러서는 타안위朶顔衛의 땅이 되었다. 이것이 지금까지 열하의 연혁沿革이다.

이제 청나라가 천하를 통일하고는 비로소 열하라 이름하였으니 실로 장성 밖의 요해의 땅이었다. 강희 황제 때로부터 늘 여름이면 이곳에 거둥하여 더위를 피하였다. 그의 궁전들은 채색이나 아로새김도 없이 하여 피서산장避暑山莊이라 이름하고, 여기에서 서적을 읽고 때로는 임천林泉을 거닐며 천하의 일을 다 잊어버리고는 짐짓 평민이 되어 보겠다는 뜻이 있는 듯하다. 그 실상은 이곳이 험한 요새이어서 몽고의 목구멍을 막는 동시에 북쪽 변새邊塞 깊숙한 곳이었으므로 이름은 비록 피서避暑라 하였으나, 실상이니 천자 스스로 북호北胡를 막음이었다. 이는 마치 원대元代에 해마다 풀이 푸르면 수도를 떠났다가, 풀이 마르면 남으로 돌아옴과 같음이다. 대체로 천자가 북쪽 가까이 머물러 있어서 자주 순행하여 거둥을 하면, 북방의 모든 호족들이 함부로 남으로 내려와서 말을 놓아 먹이지 못할 것이므로 천자의 오고 감을 늘 풀의 푸름과 마름으로써 시기를 정하였으니, 이 피서라는 이름도 역시 이를 이름이었다. 올 봄에도 황제가 남방을 순행하였다가 바로 북쪽 열하로 온 것이다.

열하의 성지와 궁전은 해로 더하고 달로 늘어서, 그 화려하고 튼튼하고 웅장함이 저 창춘원暢春苑이라든가 서산원西山苑 들보다도 지나치다. 그뿐만 아니라 그 산수의 경치도 오히려 연경보다 나으므로 해마다 이곳에 와서 머물게 되었으며, 애초에는 외적을 막기 위했던 곳이 도리어 방탕한 놀이터로 발전되었다. 이제 우리나라 사신이 갑자기 열하로 오라는 명을 받아서 밤낮 없이 달려 닷새 만에야 겨우 다달았으니, 그 노정을 짐작하건대 4백여 리뿐이 아닐 것이다. 열하에 와서 산동 도사都司 혁성郝成과 함께 이정의 원근을 논할 때 그도 역시 열하에 처음 온 모양이다. 그의 말이,

"대개 구외口外에서 북경이 7백여 리이나, 강희 황제 이후로 해마다 이곳에 피서하여 석왕碩王(황제의 아들)·액부額駙와 각부 대신閣部大臣들이 닷새마다 한 번씩 조회하게 마련되었는데, 길에 빠른 여울, 사나운 큰물, 높은 고개, 험한 언덕이 많아서 모두 그 험하고도 먼 곳으로의 발섭跋涉을 꺼리므로 강희 황제가 일부러 참站(차참車站)을 줄여 4백여 리를 만든 것이지 그 실은 7백 리나 됩니다. 그러나 모든 신하들이 늘 말을 달려와서 일을 품하므로, 막북漠北을 문 앞처럼 여기고 몸이 안장 위에 떠날 겨를이 없으니, 이는 성군聖君이 편안할 때 오히려 위태로움을 잊지 않으려는 뜻이랍니다."

하니, 그의 말이 근사한 듯싶다. 그리고 고염무顧炎武의 『창평산수기昌平山水記』에,

"고북구역古北口驛으로부터 북으로 56리를 가서 청송靑松이란 곳이 한 참站이고, 또 50리를 가서 고성古城이라 하는 곳이 한 참이며, 또 60리를 가서 회령灰嶺이란 곳이 한 참이고, 또 50리를 가서 난하灤河라 하여 한 참이다."

하였으니, 이제 난하를 건너서 열하까지 40리이니, 고북구古北
口로부터 이곳에 이르기까지 모두 2백 56리이다. 이를 보더라도 벌
써 56리가 『열하지』에 기록된 것보다 많다.

구외口外의 노정路程이 서로 이렇게 어긋나니 장성 안이야 더욱
그러할 것을 짐작할 수 있겠다. 이제 이 걸음은 우리나라 사람으로
서는 처음일뿐더러 밤낮을 헤아리지 않고 달려와서 마치 소경이
걷는 것이나 꿈결에 지나치는 것 같아서, 역참이며 돈대를 일행 중
에 아무도 자세히 보지 못하였다. 그러나 이제 『열하지』를 상고하
니 4백 20리라 하였으니, 그를 좇을 수밖에 없다.

가을 8월 5일 신해辛亥

날이 개었다. 더웠다.

아침 사시巳時에 사은겸진하정사謝恩兼進賀正使를 따라 연경으로
부터 열하 길을 떠날 때 부사 서장관과 역관 세 사람, 비장 네 사람,
또 하인들, 모두 일흔넷이고, 말이 모두 쉰다섯 필이다. 그 나머지
는 모두 서관西館에 머물러 있게 되었다.

애당초 책문을 들어선 뒤로, 길에서 자주 비를 만나고 물이 막
히어 통원보通遠堡에서는 앉아서 5~6일을 허비했으므로 정사가 밤
낮으로 근심하였다. 나는 때마침 그 건너편 구들에 묵었으므로 빗
소리가 들리는 밤이면 곧 불을 밝히고 밤을 새웠다. 그리하여 휘장

을 넘어 나에게 말로,

"천하 일은 알 수 없는 것일세. 만일 우리 일행을 열하까지 오라고 하는 일이 있다면 날짜가 모자랄 것이니, 그때에는 장차 어떻게 할 것이며, 또 설사 열하로 가는 일이 없다 하더라도 마땅히 만수절萬壽節(황제의 탄일)에 대어 가야 할 것인데, 다시 심양과 요양의 사이에서 비에 막히는 일이 있다면, 이야말로 속담俗談에 밤새도록 가도 문에 닿지 못하였다는 격이 아니겠는가."

하고 걱정하였다. 그러다가 밝은 날 백방으로 물 건널 계책을 세울 제 여러 사람들이 이를 말리면, 그는 곧,

"나는 나랏일로 왔으니 물에 빠져 죽는 한이 있더라도 이는 내 직분이라, 또한 어찌하리."

한다. 이로부터 아무도 감히 물이 많아서 건너지 못하겠다는 말이 없었다. 때마침 더위가 심하고, 또 이곳에는 비 오지 않은 날에도 마른 땅이 갑자기 물바다를 이루는 일이 일쑤이니, 이는 모두 저 천리 밖에서 폭우가 쏟아졌기 때문이다. 물을 건널 때면 모두 몸이 떨리고 앞이 캄캄하여, 낯빛을 잃고 하늘을 우러러 가만히 잠깐 동안 목숨을 빌지 않은 자 없었으며, 그리하여 저쪽 편에 도달한 뒤에야 비로소 서로 돌보며 축하의 말들을 나누되 마치 죽을 고비를 겪고 난 사람이나 만난 듯이 하였으나, 다시 앞 물이 지나간 물보다 더하다는 말을 듣고는 더욱 놀라서 서로 돌보며 생각이 막연할 뿐이었다. 그러면 정사는,

"제군들은 걱정 마소. 이 역시 왕령王靈이 도우시리."

하고는, 불과 몇 리도 못 가서 다시 물을 건너게 되고, 어떤 때에는 하루에 여덟 번이나 건너기도 하였다. 이리하여 쉴 참을 뛰어가며 쉴 새 없이 달렸으므로 말이 많이 더위에 쓰러지고, 사람 역시 모두 더위를 먹어서 토하고 싸게 되면, 문득 사신을 원망하되,

"열하 갈 일이야 만무할 텐데 이렇듯 한더위에 쉴 참을 뛰어감은 전례에 없는 일이에요."

하며, 투덜거리고, 혹은,

"나랏일이 아무리 중하다손 정사께선 늙고 또 쇠약하신 분이 이렇게 몸을 가벼이 하시다가 만일 덧나시기나 하면 도리어 일을 그르치는 거요."

하고, 또는,

"지나치게 서두르면 도리어 더딘 법이라오."

하고, 또는,

"앞서 장계군長溪君이 진향사進香使로 왔을 때 책문 밖에서 물이 막혀 침상寢牀을 쪼개어서 밥 지으며 열이레를 묵었어도 쉴 참을 뛰어가는 일은 없었다오."

하고, 옛일까지 끌어대곤 하였다. 그리하여 8월 초하룻날 연경에 닿아서 사신은 곧 예부禮部에 가서 표문과 자문咨文을 바치고 서관에서 나흘을 묵었으나 별다른 지시가 없으므로 그제야 모두들,

"과연 아무런 염려는 없나 보다. 사신이 매양 우리 말을 곧이 안 들으시더니 글쎄 그런 것을. 아무튼 일이야 우리들이 잘 알지. 참대로 왔어도 열사흗날 만수절에야 넉넉히 대어 올 것을."

하며, 빈정거리었다. 그리하여 더욱 열하는 염에도 두지 않았으며, 사신도 차츰 열하로 갈 걱정을 놓기 시작하였다.

초나흗날, 나는 구경 나갔다가 저녁때 취하여 돌아와서 이내 곤히 잠들어서 밤중에야 잠깐 깨었다. 남들은 벌써 깊이 잠들었고 목이 몹시 마르기에 상방上房에 가서 물을 찾았다. 방안에는 촛불을 밝혔는데, 정사가 내 오는 기척을 듣고는 불러서,

"아까 잠깐 졸았더니 꿈결에 열하 길을 떠났더이다."

하시기에, 나는,

"길 뜨신 뒤로 열하가 늘 생각에 떠올랐으므로 이제 비록 편안히 계시어도 오히려 꿈에 오르는가 보지요."

하며 대답하고, 물을 마시고 돌아와서 이불에 들어 곧 코를 골았다. 꿈결에 별안간 여러 사람의 벽돌 밟는 발자국 소리가 마치 담이 허물어지고 집이 쓰러지듯이 요란스레 들리므로 깜짝 놀라서 벌떡 일어나 앉으니, 머리가 어지럽고 가슴이 두근거린다. 내 하루 종일 나가 돌아다니다가 밤에 돌아와 누우면 매양 관문館門이 깊이 잠긴 것을 생각할 때 마음이 울적하여 여러 가지 망념에 사로잡히곤 했다.

이는 곧 옛날 원 순제元順帝가 북으로 도망갈 제 그제야 고려의 사신을 본국으로 돌아가게 하니 사신은 관을 나서서야 비로소 명 나라의 군대가 온 천하를 점령한 줄 알았고, 가정嘉靖 때에는 엄답俺答[1]

---

1) 달단韃靼의 추장. 1507~1581. 명나라 때 몽고 토묵특부土默特部의 우두머리였다. 여러 차례 명나라를 침입하였는데, 1550년에는 명나라의 도성을 공격하기도 하였다.

이 갑자기 수도를 에워싼 일이 있다고 한다. 어젯밤에 내가 변군·내원과 이 이야기를 하고 웃었다. 이제 저렇듯 요란스러운 발자국 소리가 무슨 영문인지 모르겠으나 큰 변고가 일어난 것은 틀림없는 듯싶다. 급히 옷을 주워 입을 제 시대時大가 달려와서 고한다.

"이제 곧 열하로 떠나게 되었답니다."

그제야 내원과 변군도 놀라 깨어서,

"관에 불이 났소."

하기에, 나는 짐짓 장난으로,

"황제가 열하에 거둥하여 연경이 비어서 몽고 기병騎兵 십만 명이 쳐들어 왔다오."

했더니, 변군들이 놀라서,

"아이고."

한다. 내가 곧 바삐 상방으로 간즉 온 관이 물 끓듯 한다. 통관通官 오림포烏林哺·박보수朴寶秀·서종현徐宗顯 등이 달려와서 모두 황급하여 얼굴빛을 잃고서 혹은 제 가슴을 두드리고 혹은 제 뺨을 치며 혹은 제 목을 끊는 시늉을 하며 외치고 울면서,

"이제야 카이카이[開開]요."

한다. '카이카이'는 목이 달아난다는 말이었다. 또 펄펄 뛰며,

"아까운 목숨 달아난다."

한다. 아무도 그 까닭을 묻지 못하나 그 하는 짓거리는 몹시 흉측하고 왈패스러웠다. 이는 대체로 황제가 날로 조선 사신을 기다리다가 급기야 주문奏文을 받아 보고는, 예부가 조선 사신을 행재소

行在所로 보낼 것인가 또는 아니 보낼 것인가를 품하지 않고서, 다만 표문만 올렸음을 노하여 감봉減俸 처분을 내렸으므로, 상서尚書 이하 연경에 있는 예부의 관원들이 황송하여 어쩔 줄을 모르고 다만 얼른 짐을 꾸리고 인원을 줄이어서 빨리 떠나도록 독촉할 따름이었다.

이에 부사와 서장관이 모두 상방에 모여서 데리고 갈 비장을 뽑는데, 정사는 주 주부 명신命新, 부사는 정 진사 창후昌後, 이 낭청 李郎廳 서귀瑞龜를 지명하고, 서장관은 낭청郎廳 조시학趙時學을 데리고 수역 첨추僉樞 홍명복洪命福과 판사判事 조달동趙達東, 판사判事 윤갑종尹甲宗이 수행하기로 하였다. 나는 함께 가고 싶은 마음은 간절하나 첫째 먼 길을 겨우 쫓아 와서 안장을 끄른 지 얼마 되지 않아서 피곤이 가시지 않은 데다가 다시 먼 길을 떠남은 실로 견딜 수 없는 노릇이요, 둘째는 만일 열하에서 바로 본국으로 돌아가게 된다면 황경皇京(북경) 구경이 낭패가 되는 것이다. 전례에 황제가 우리나라 사행을 각별히 생각하여 빨리 돌아가도록 분부한 특별 은전이 있었으니, 이번에도 십중팔구는 바로 돌려보낼 염려가 없지 않다 하고 내가 주저하던 차에, 정사가 나더러,

"자네가 만 리 연경을 멀다 않고 온 것은 널리 구경하고자 함이거늘, 이제 열하는 앞서 온 사람들의 보지 못한 곳일뿐더러 돌아간 뒤에 열하가 어떻더냐고 묻는 이가 있다면 무어라 대답할 것인고. 그리고 연경은, 온 사람치고는 다 본 바이지만 이번 길이야말로 좀처럼 얻기 어려운 기회이니 꼭 가야만 할 것이 아닌가?"

하기에, 나는 드디어 가기로 정하였다. 그리하여 정사 이하로 직함과 성명을 적어서 예부로 보내어 역말 편에 먼저 황제에게 알리기로 하였으나, 나의 성명은 단자單子 속에 넣지 않았으니, 이는 별상別賞이 있을까 보아서 피혐避嫌한 것이었다.

그제야 인마를 점고點考할 때 사람은 발이 모두 부르트고, 말은 여위고 병들어서 실로 대어갈 것 같지 아니하다. 이에 일행이 모두 마두를 없애고 견마잡이만 데리고 가기로 하여 나도 하는 수 없이 장복을 떨어뜨리고 창대만 데리고 가기로 했다. 변군과 참봉參奉 노이점盧以漸[2], 진사進士 정각鄭珏, 건량 판사乾糧判事 조학동趙學東 등은 관문 밖에서 손 잡고 서로 작별할 때 여러 역관들도 다투어 와서 손을 잡으며 무사히 다녀 오기를 빌었다. 남아 있고 떠나고 하는 이 마당에 자못 처연함을 금치 못하였으니, 이는 함께 외국에 와서 또다시 외국에서 헤어지게 되는 만큼 인정이 어찌 그렇지 않으리오. 마두들이 다투어 빈과蘋果와 배를 사서 드리므로 각기 한 개씩 받았다. 그들은 모두 첨운패루瞻雲牌樓 앞까지 이르러서 말 머리에서 절하고 작별할 때, 각기,

"귀중하신 몸 조심하소서."

하고는, 눈물을 짓지 않는 이가 없었다.

지안문地安門에 드니, 지붕은 누런 유리기와를 이었고 문 안 좌우에는 시전이 번화·장려하여, 이른바 수레바퀴가 서로 부딪치고

---

2)   노이점盧以漸(1720~1788). 연암과 열하를 갔을 때 쓴 『수사록隨槎錄』이 있다.

사람 어깨가 서로 스치고 땀은 비 같으며, 소매는 천막을 이루었다는 말이 곧 이를 이름이었다. 문을 나서서 다시 꼬부라져 북으로 자금성紫禁城을 끼고 돌아 7~8리를 갔다. 자금성은 높이가 두 길이며 밑바닥을 돌로 깔고 벽돌로 쌓아 올리고, 누런 기와를 이고 주홍빛 석회를 칠했는데, 벽은 마치 대패로 민 듯하고 그 윤기가 왜칠倭漆한 것 같았다. 길 가운데 대여섯 발 되는 높은 돈대가 있고 그 위에는 삼층 다락이 있는데, 그 제도는 정양문루正陽門樓보다도 훌륭하고 돈대 밑에는 붉은 난간을 둘렀으며 문이 있으나 모두 잠기었고 병졸들이 지키고 섰다. 혹자가 말하기를,

"이것이 곧 종루鍾樓입니다."

한다. 거기에서 30~40리를 가서 동직문東直門을 나서니 내원이 따라와서 슬피 작별하여 가고, 장복은 말 등자를 붙잡고 흐느껴 울며 차마 헤어지기 어려워한다. 내가 돌아가라 타이른즉 또 창대의 손목을 잡고 서로 슬피 우는데 눈물이 마치 비 내리듯 한다. 이만 리를 짝지어 와서 하나는 가고 하나는 떨어지니, 인정이 그렇지 않을 수 없겠다. 나는 이내 말 등에서 생각하기를,

"인간의 가장 괴로운 일은 이별이요, 이별 중에도 생이별生離別보다 괴로운 것은 없을 것이다. 대개 저 하나는 살고 또 하나는 죽고 하는 그 순간의 이별이야 구태여 괴로움이라 할 것이 못 된다. 왜냐하면 예로부터 인자한 아버지와 효성스러운 아들, 믿음 있는 남편과 아름다운 아내, 정의로운 임금과 충성스러운 신하, 피로 맺은 벗과 마음 통하는 친구들이 그의 역책易簀할 때에 마지막 교훈을

받들거나 또는 궤석几席에 기대어 말명末命을 받을 즈음, 서로 손을 잡고 눈물 지며 뒷일을 정녕히 부탁함은 이 천하의 부자·부부·군신·붕우가 다 한가지로 겪는 바이요, 이 세상 사람의 인자와 효도, 믿음과 아름다움, 정의와 충성, 혈성血誠과 지기知己에 솟아 나온 정리는 한결같을 것이다. 이것이 사람마다 한가지로 겪는 바이요, 사람마다 한결같이 솟는 정이라면 이 일은 곧 천하의 순리일 것이다. 그 순리를 행함에 있어서는 삼년三年 동안을 아버지의 도道를 고치지 말라 하였고, 또는 구원九原에서 다시 살려 일으켰으면 함에 불과하였고, 살아 남은 자의 괴로움을 논한다면 부모를 따라서 죽으려는 이, 아들을 여의고 눈이 먼 이, 분盆을 두들기며 노래 부르는 이, 거문고 시위를 끊은 이, 숯을 머금고 벙어리 된 이, 슬피 울어 성城을 무너뜨린 이 들도 있거니와, 나랏일을 위하여 몸이 망쳐져 죽은 뒤에야 만 이도 없지 않으나 모두 죽은 이에겐 아무런 관계가 없을 것이니, 역시 그들에게 괴로움이 없을 것이다. 그리고 천고에 임금과 신하의 사이로는 반드시 부견符堅(전진前秦의 임금)[3]과 왕경략王景略(부견의 승상), 당 태종唐太宗과 위 문정魏文貞[4]이라 일컬으나 나는 아

---

3) 338~385. 중국 16국 시대 전진前秦의 임금으로, 일명 문옥文玉, 자는 영고永固이다. 부웅符雄의 아들로 박학다재했으며 처음엔 동해왕東海王이 되고, 동진東晉 목제穆帝 승평 1년(357) 부생符生을 죽이고 자립해 대진천왕大秦天王이라 했다. 북방을 통일하고 동진東晉 익주益州를 빼앗았다. 재위는 27년간이며, 후진後秦 요장姚萇에게 잡혀 죽었다.

4) 문정은 당唐나라 위징魏徵의 시호이다. 위징은 태종太宗에게 전후 200여 차례의 상소문을 통해 성현의 정치를 역설하였으며, 황제가 노여워해도 안색을 변하지 않고 직간直諫하였으므로, 그가 죽자 태종이 하나의 거울[一鑑]을 잃었다고 탄식했다는 고사가 전한다. 『舊唐書 卷 71 魏徵列傳』

직 경략을 위하여 눈이 멀고 문정을 위하여 시위를 끊었다는 말을 듣지 못하였노라. 오히려 무덤의 풀이 어울리기 전에 그 채찍을 던지고 그 비碑를 넘어뜨려 구원九原에 깊이 간직한 사람에게 부끄러울 바가 있었으니, 이로써 보면 살아 남은 자로서 괴로움을 느끼지 못한 이도 없지 않으리라. 또 세상 사람이 흔히들 사생의 즈음에 대하여 너그럽게 위안하는 말로,

"순리順理로 지냄이 옳지."

한다. 그 순리로 지낸다는 말은 곧 이치를 따르라는 말이다. 만일 그 이치를 따를 줄 안다면 이 세상에는 벌써 괴로움이란 없을 것이다. 그러므로 나는,

"하나는 살고 또 하나는 죽고 하는 그 순간의 이별이야 구태여 괴로움이라 할 것이 못 된다."

라고 하는 것이다. 그러므로 이별의 괴로움은 하나는 가고 하나는 떨어지는 때의 괴로움보다 더함이 없을 것이다. 대개 이러한 이별에 있어서는 벌써 그 땅이 그 괴로움을 돋우는 것이니, 그 땅이란 정자亭子도 아니며, 누각樓閣도 아니며, 산도 아니며 들판도 아니요, 다만 물을 만나야만 격에 어울리는 것이다. 그 물이란 반드시 큰 것으로 강과 바다거나 또는 작은 것으로 도랑과 개천이어야 됨은 아니고, 저 흘러가는 것이라면 모두 물일 수 있을 것이다. 그러므로 천고에 이별하는 자 무한히 많건마는 유독 저 하량河梁을 일컫는 것은 무슨 까닭일까. 결코 소무蘇武·이릉李陵만이 천하의 유정有情한 사람이 아니건만 특히 그 하량이란 곳이 이별하는 지역으로 알

맞았던 것이며, 그 이별이 그 지역을 얻었으니 괴로움이 가장 심한 것이다. 저 하량은 내가 아노니, 아마 얕지도 않고 깊지도 않으며, 잔잔하지도 않고 거세지도 않은 그 물결이 돌을 이끌어 안고 흐느껴 우는 듯하며, 바람도 불지 않는, 비도 내리지 않는, 음산하지도 않는, 볕도 쪼이지 않는, 그 햇볕이 땅을 감돌아 어슴푸레 해미 끼고 하수 위의 다리는 오랜 세월에 곧장 허물어지려 하고, 물 가의 나무는 늙어서 가지 없이 고목이 되려 하고, 물 언덕 모래톱은 앉았다 섰다 할 수 있고, 물속에는 물새가 있어 떴다 잠겼다 노닐며, 이 가운데 사람은 넷도 아니요, 셋도 아님에도 서로 묵묵히 말없는 이 이별이야말로 천하의 가장 큰 괴로움이 아닐 수 없으리라. 그러므로 별부別賦에 이르기를,

말 없이 마음 아픔 黯然銷魂
이별에서 더할쏜가 唯別而已

하였으니, 어찌 그 표현이 이렇게 멋이 없을까. 천하의 어떤 이별치고 누가 말없지 않는 이 있으며, 마음 아프지 않는 이가 있으리오. 이는 다만 한 개의 별別 자에 대한 전주箋注에 지나지 않을 말이니 그다지 괴로움이 될 것이 없으리라. 특히 이별하는 일 없이 이별하는 마음을 지닌 자는 천고에 오직 시남료市南僚 한 사람이 있었을 뿐이었다. 그는 이르기를,

"그대를 보내러 갔던 이가 저 아득한 강둑으로부터 돌아오니,

그대의 모습은 이로부터 멀어졌구나."

하였으니, 이는 참으로 천고의 애끊을 만한 말이었다. 왜냐하면 이는 곧 물에 다다라서 이별함이니 그야말로 이별이 땅을 얻은 까닭이다. 옛날 유우석劉禹錫[5]이 상수湘水 가에서 유종원柳宗元[6]과 헤어졌다가 그 뒤 5년 만에 우석이 옛길로부터 계령桂嶺을 나와 다시 앞서 이별하던 곳에 이르러 시를 읊어서 유종원과의 이별을 슬퍼했다.

내 말은 구슬피 숲 가린 채 울건만 我馬暎林嘶
그대 싣고 떠나는 배 산 너머 아득하여라 君帆轉山滅

하였으니, 천고의 귀양살이꾼이 무한히 많건마는 이것이 가장 괴롭게 여겨짐은 오로지 물가에서 이별한 까닭이리라. 그런데 우리나라는 땅이 좁은 곳이라 살아서 멀리 이별하는 일이 없으므로 그리 심한 괴로움을 겪은 일은 없으나, 다만 뱃길로 중국에 들어갈 때가 가장 괴로운 정경이었던 것이다. 그러므로 우리나라 대악부大樂府 중에 이른바 배따라기곡排打羅其曲이 있으니 우리 시골 말로는 배가 떠난다는 것이다. 그 곡조가 몹시 구슬퍼서 애끊는 듯하다. 자

---

5) 772~842. 당나라 시인으로 자는 몽득夢得이다. 백낙천白樂天(772~846)이 시호詩豪로 추종推宗했다. 저서로는 『유빈객집劉賓客集』이 있다.

6) 유종원柳宗元(773~819)으로, 자는 자후子厚이니, 하동河東 사람이다. 이 때문에 세상 사람들이 '유하동柳河東'이라고 일컬었다. 당송팔대가唐宋八大家 중의 한 명으로, 한유韓愈와 더불어 당대의 대표적인 고문가이다.

리 위에 그림배를 놓고 동기童妓 한 쌍을 뽑아서 소교小校로 꾸미되, 붉은 옷을 입히고, 주립朱笠·패영貝纓에 호수虎鬚와 백우전白羽箭(흰 깃을 단 화살)을 꽂고, 왼손엔 활시위를 잡고, 오른손엔 채찍을 쥐고, 먼저 군례軍禮를 마치고는 첫 곡조를 부르면 뜰 가운데에서 북과 나팔이 울리고, 배 좌우의 여러 기생들이 채색 비단에 수놓은 치마들을 입은 채 일제히 어부사漁父辭를 부르며 음악이 반주伴奏되고, 이어서 둘째 곡조, 셋째 곡조를 부르되, 처음 격식과 같이 한 뒤에 또 동기가 소교로 꾸며 배 위에 서서 배 떠나는 포를 놓으라고 창한다. 이내 닻을 거두고 돛을 올리는데 여러 기생들이 일제히 축복의 노래를 부른다.

닻 들자 배 떠난다 碇擧兮船離
이제 가면 언제 오리 此時去兮何時來
만경창파에 가는 듯 돌아오소 萬頃蒼波去似回

이는 우리나라에서 제일 눈물이 날 때이다. 이제 장복은 어버이와 아들의 친함도 아니요, 임금과 신하의 의도 아니요, 남편과 아내의 정도 아니요, 동창과 친구의 사귐도 아니거늘, 그 살아서 헤어지는 괴로움이 이러한즉, 이는 그 이별하는 땅이 오로지 강이나 바다, 또는 저 하수의 다리에서만이 이러함은 아니었으리라. 실로 이국이나 타향치고서 이별에 알맞은 땅이 아닌 것이 없는 까닭이리라. 아아, 슬프외다. 앞서 소현세자昭顯世子께서 심양에 계시올 때 당시 신료臣僚들이 머물고 떠날 즈음이나 사신의 오가는 무렵이면 그 심회 어떠하였으리. 임금이 욕되매 신하된 자 마땅히 죽어야 한다는 것도 이 경지면 오히려 혈후歇後한 말일지니, 그 어떻게 머물고 어떻게 가며, 어떻게 참고 보내며 어떻게 참고 놓았겠는가. 이것은 우리나라에서는 제일 통곡할 때였던 것이다. 아아, 슬프도다. 내 비록이나 벼룩 같은 미천한 신민臣民이건마는 백 년이 지난 오늘에 시험조로 한번 생각해 볼 때에도 오히려 정신이 싸늘하고 뼈가 저리어 부러질 것 같거늘, 하물며 그 당시 자리에 일어서서 절하고 하직할 즈음이리오. 하물며 그 당시 걸림이 많고 혐의 또한 깊어서, 눈물을 참고 소리를 머금으며, 얼굴엔 슬픈 표정을 드러내지 못할 때이리오. 하물며 그 당시 떨어져서 머무른 여러 신하가 아득히 떠나가는 이들의 행색을 바라볼 제 저 요동의 넓은 들판은 가이 없고, 심양의 우거진 나무들은 아득한데, 사람은 팥알처럼 작아지고 말은 지푸라기처럼 가늘어서, 시력이 다하는 곳에 땅의 끝, 물의 마지막이 하늘에 닿도록 아련하게 지경이 없으니, 해가 저물어 관문을 닫을 때에 그 간장이 어떠하리. 이런 이별일진대 어찌 반드시 물가만이 이에 알맞은 땅이 되리오. 정자도 좋고, 누각도 좋고, 산도 좋고, 들판도 좋을지니, 어찌 반드시 저 흐느껴 우는 물결과 어슴푸레해미 낀 햇볕만이 우리의 괴로운 심정을 자아낼 것이며, 또 하필이면 저 무너지려는 다리, 오똑한 망가진 고목만이 우리 이별의 마당이 될 것인가. 이 경지에 이르러서는 비록 저 그림 기둥에 현란한 문지방과 푸른 봄철에 밝은 날씨라도 모두들 우리를 위한 애끓는 이별의 땅이 될 수 있겠고, 또는 우리를 위한 가슴치고 통곡할 때가 될 수 있을 것이다. 이럴 때를 만나서는 제가 비록 돌부처라도 머리를 돌릴 것이요, 쇠로 된 간장일지라도 다 녹고 말 것이니, 이는 또 우리나라에서 정사情死함에 제일 알맞은 때일 것이리라."

이렇게 생각하는 동안에 나도 모르게 20여 리를 갔다. 성문 밖은 꽤 쓸쓸한 편이어서 산천이 눈에 드는 것이 없다. 해는 이미 저물었는데 길을 잘못 들어서 수레바퀴를 쫓아간다는 것이 서쪽으로 너무 치우쳐서 벌써 수십 리나 돌림길을 걸었다.

양편에 옥수수가 하늘에 닿을 듯 아득하여 길은 함函 속에 든 것 같은데, 웅덩이에 고인 물에 무릎이 빠진다. 물이 가끔 스며 흐르도록 구덩이를 파 놓았는데 물이 그 위를 덮어서 보이지 않으므로 마음을 가다듬고 조심하여 길을 따라 소경처럼 용을 쓰고 앞으로 나아간즉, 밤이 벌써 깊었다. 손가장孫家庄에서 저녁을 먹고 머물다. 동직문東直門은 그 지름길인데도 불구하고 오히려 수십 리 돌림길을 걸었다.

6일 임자壬子

아침에 갰다가 차츰 덥더니 낮에는 크게 비바람 치며 천둥과 번개를 치다가, 저녁 나절에 개다.

새벽에 길을 떠나다. 역정驛亭 표목에 순의현계順義縣界라 쓰였고, 또 수십 리를 가니 표목에 회유현계懷柔縣界라 쓰였는데, 그 현성縣城은 길에서 십여 리 혹은 7~8리 떨어져 있다 한다.

수隋의 개황開皇(수 문제隋文帝의 연호) 연간에 말갈靺鞨(수·당 때의 만주족 칭호)이 고구려와 싸워서 지자 그 부장部將(추장과 같음) 돌지계突地稽[7]가 팔부八部를 거느리고 부여성扶餘城으로부터 그 부락을 통틀어 귀순歸順하였으므로, 새로이 순주順州를 두어서 이에 수용하였더니, 당 태종唐太宗 때에 오류성五柳城을 주치州治로 하고 돌리극한突利可汗(동돌궐東突厥의 추장)을 우위대장군右衛大將軍으로 삼아서 그 무리를 거느리고 순주를 도독都督하게 하였으며, 개원開元(당 현종唐玄宗의 연호) 때에는 탄한주彈汗州를 두었고, 천보天寶(당 현종唐玄宗의 연호) 이후로는 귀화현歸化縣이라 고쳤으며, 후당後唐 장종莊宗(이존욱李存勖의 묘호) 때 주덕위周德威가 유수광劉守光을 쳐서 순주를 점령하였다 하니, 생각건대 순의順義·회유懷柔 두 고을의 땅이 곧 옛날의 순주인 듯싶다. 우란산牛欄山이 그 서북 삼백 리에 뻗쳐 있는데, 옛 늙은이의 전해 내려오는 말에, "옛날에는 금소[金牛]가 그 골짜기에서 나오고 선인仙人이 이를 타고 노닐었다 하며, 돌이 마치 구유처럼 생긴 것이 있어서 이름을 음우지飮牛池라 하고, 이 뫼를 또한 영적산靈蹟山이라 부른다." 한다.

산 동쪽에서는 조하潮河가 백하白河와 합하며 동북에 호로산狐奴山이 있고, 또 서북엔 도산桃山의 다섯 봉우리가 깎아지른 듯이 마치 손가락을 세운 것 같다. 다시 수십 리를 가서 백하를 건너는데 백하

7)   수 문제隋文帝 때 말갈의 추장으로, 수나라에 귀화하여 순주 도독順州都督이 되었다.

의 근원은 새문塞門 밖에서 흘러 나와 석당령石塘嶺에서 장성을 뚫고, 황화黃花의 진천鎭川, 창평昌平의 유하楡河 등 새문 밖의 모든 물과 합하여 밀운성密雲城 밑으로 지나간다. 원元의 승상丞相 탈탈脫脫이 일찍이 수리水利에 능한 자를 뽑아서 둑을 내고 논을 풀어 해마다 곡식 백여만 섬을 거두었더니 뒤에 명明의 태감太監 조길상曹吉祥[8]이 몰수한 땅으로 국영 농장을 삼자, 세민細民들이 이로 말미암아 업을 잃고, 백하의 수리도 마침내 폐지되었다. 금金의 알리불斡離不이 순주에 들어와서 곽약사郭藥師를 백하에서 깨뜨렸다 하니 곧 이곳이다. 물살이 세고 빛이 탁하니, 이는 대체 새외塞外의 물은 모두 누런 빛이다. 다만 작은 배 두 척밖에 없는데, 모래톱에 다투어 건너려는 자의 수레가 수백 대요, 인마가 수없이 서 있다. 올 때 길에서 본즉, 막대를 가로질러서 누런 궤櫃 수십 개를 나르고 있는데, 혹은 뾰족하고 혹은 넓적하고 혹은 길쭉하고 혹은 높다란 것들이다. 여기에는 모두 옥그릇을 실었는데 회자국(回子國: 회교도 국가)에서 조공 바치는 것이었으며 북경에서 짐꾼을 세내어서 나르고 회자 너덧 사람이 이를 거느리고 가는 판이다. 그 생김새는 벼슬아치인 듯하며 그 중 한 사람은 회자국의 태자太子라 하는데, 그 몰골이 웅건하고 사나워 보인다. 누런 궤짝을 배 속에 메어다 놓고 방금 삿대를 저어서 언덕에서 떠나려 할 순간에 주방廚房과 구인驅人(말몰이꾼)들이 펄쩍

---

8)　조길상曹吉祥(?~1461)은 명나라 환관이고, 석형石亨(?~1460)은 명나라 무인이다. 경태景泰 8년
　　(1457)에 경제景帝의 병이 심해지자, 이 둘은 함께 영종을 복위시키고 권세를 부려 조석曹石으
　　로 병칭되었다. 『明史 卷304 宦官列傳1 曹吉祥』 『明史 卷173 石亨列傳』

배에 뛰어올라 말을 포개어 놓은 궤짝 위에 세웠다. 배는 이미 길을 떠났고 언덕에 있는 회자는 놀라서 소리치고 발을 구르나 주방과 구인들은 조금도 두려움이 없이 먼저 건너려고만 한다. 내가 수역에게 말하니 수역이 크게 놀라서,

"빨리 내려."

호령하고, 회자들 역시 어지러이 지껄여 대면서 배를 돌리게 하여 그 궤짝을 모두 메어 내렸으나 한 마디도 우리나라 사람과 다투는 일이 없었다. 중류中流에 이르렀을 때 갑자기 한 조각 검은 구름이 생겨 거센 바람을 품고 남에서부터 굴러오더니 삽시간에 모래를 날리고 티끌을 자아올려 연기와 안개처럼 하늘을 덮어서 지척을 분변하지 못할 지경이다. 배를 내려서 하늘을 쳐다본즉, 검으락푸르락하고 여러 겹 구름이 주름잡듯 하였는데, 독기를 품은 듯 노염을 피는 듯 번갯불이 그 사이에 얽히어서 올올이 번쩍이는 금실이 천 송이 만 떨기를 이루었으며, 벽력과 천둥이 휘감고 겹겹이 싸여서 마치 검은 용이라도 뛰어나올 듯싶다. 밀운성을 바라보니 겨우 몇 리밖에 남지 않았으므로 채찍을 날려서 빨리 말을 몰았으나, 바람과 우레가 더욱 급하여지고 빗발이 비껴치는 것이 마치 사나운 주먹으로 후려갈기는 듯하여 형세가 지탱할 수 없으므로, 재빨리 길가 낡은 사당에 뛰어들었다. 그 동편 월랑月廊에 두 사람이 책상을 사이에 놓고 교의에 걸터앉아서 바삐 문서文書를 다루고 있으니, 이는 밀운 역리驛吏가 오가는 역말들을 적는 것이었다. 하나는 한자漢字로 쓰고 또 하나는 만주 글자로 번역하는데, 그중에서

내 눈에 얼핏 조선朝鮮이란 글자가 보이기에 들여다보니, 곧,

"황제의 명령을 받들어 북경에 있는 병부兵部로부터 조선 사신들에게 건장한 말을 주어서 험난함이 없게 하며, 또는 그들 행리行吏의 필수품을 공급하라."

는 내용이다. 이윽고 사신이 비를 피하여 뒤이어서 들어왔으므로 내 수역을 끌어서 그 종이를 보이매 수역이 사신에게로 가져갔다. 이에 그 사람들에게 물었더니, 그들은,

"저희들은 모르는 일입니다. 저희들은 다만 오가는 문서를 장부와 견주어 맞춰볼 따름입니다."

하고, 대답한다. 그 문서에 이른바 건장한 말이란 찾아볼 곳도 없거니와 설령 그 말을 준다 한들 모두 몹시 날세고 건장해서 불과 한 시간에 70리를 달리니, 이는 그들의 이른바 비체법飛遞法이다. 길에서 역말의 달리는 것을 보니, 앞에서 선창하기를 노래하듯 하면 뒤에서 응하기를 마치 범을 쫓는 듯이 하는데, 그 소리가 산골과 벼랑을 울리면 말이 일시에 굽을 떼어 바위·시내·숲·덩굴을 가리지 않고 훌훌 날뛰며 달리는데, 그 소리가 마치 북 치는 듯 소낙비가 퍼붓는 듯한다. 우리나라에서는 마치 쥐처럼 잔약한 과하마果下馬 따위를 견마 잡히고 부축하여서도 오히려 떨어질까 두려워하는데, 하물며 이렇게 날뛰는 역말이야 누가 능히 탈 수 있겠는가. 만일 황제의 명령으로 억지로 이를 타게 한다 해도 도리어 걱정거리일 것이다. 대개 황제가 근신近臣을 보내어서 우리 사신을 영접 두호하게 한 것이 방금 이곳을 지나쳤는데 길이 서로 어긋난 모양이다.

비가 좀 멎기에 곧 길을 떠났다. 밀운성 밖을 감돌아서 7~8리를 갔다. 별안간 건장한 호인胡人 몇이 모두 건장한 나귀를 타고 오다가 손을 내저으며,

"가지 마시오. 앞으로 5리쯤에 시냇물이 크게 불어서 우리도 모두 되돌아오는 길이오."

하고, 또 채찍을 이마에까지 들어 보이며,

"이마만큼 높으니 당신네들 두 날개가 돋쳤나요."

한다. 이에 서로 돌아보며 낯빛을 잃고 모두 길 가운데서 말을 내려섰으나, 위에서는 비가 내리고 아래로는 땅이 질어서 잠시 쉴 곳도 없다. 그제야 통관과 우리 역관들을 시켜서 물을 가보게 하였다. 그들이 돌아와서,

"물 높이가 두어 발이나 되어 어찌할 수 없습니다."

한다. 버드나무 그늘이 촘촘하고 바람결이 몹시 서늘한데 하인들의 홑옷이 모두 젖어서 덜덜 떨지 않는 자가 없다. 비가 잠깐 개자 길 왼편 버드나무 밖에 새로 지은 조그만 행전行殿이 보이므로 곧 말을 달려 그리로 들어가서 물이 빠지기를 기다리기로 하였다. 대개 연경으로부터 길가에 삼십 리마다 반드시 행궁行宮이 하나씩 있어서 창름倉廩과 부고府庫까지도 다 갖추어 있다. 그러나 이 성 밖에 이미 행궁이 있었는데도 불구하고 십 리도 못 되는 이곳에 또 이 집을 둔 것은 무슨 까닭인가. 그 제도의 거대하고 사치함과 현란한 품이 여느 대목 따위의 손으로 이룩된 것이 아닌 듯싶으나 다만 내 몸이 춥고 배가 주려서 두루 구경할 경황이 없었다.

때마침 해는 홍라산紅螺山에 지는데 온 산봉우리 겹겹이 쌓인 푸른 빛이 한 덩이 붉은빛으로 물들고, 아계丫髻·서곡黍谷·조왕曹王의 여러 산이 금빛 구름과 수은 안개 사이에 삥 둘러섰다. 『삼국지三國志』에, "조조曹操가 백단白檀을 거쳐 오환烏桓을 유성柳城에서 쳐부셨으므로 지금까지 그 산 이름을 조왕曹王이라 하였다."는 것이 곧 이곳이다. 유향劉向의 『별록別錄』에는, "연燕에 서곡黍谷이란 땅이 있으나 추워서 오곡五穀이 나지 않더니 추연鄒衍이 율律을 불어서 온기溫氣가 생기었다." 하였고, 『오월춘추吳越春秋』에는, "북쪽으로 한곡寒谷을 지나쳤다." 하였으니, 모두 여기다.

내 어렸을 때 과체시科體詩(과거 볼 때 짓는 시체詩體)를 짓다가 서곡의 취율吹律을 써서 고실古實을 삼았더니 이제 눈으로 바로 그 산을 바라보게 되었다.

역관이 제독提督과 통관과 더불어 의논하되,

"이제 이미 앞으로 물을 건널 수 없고 물러나도 밥 지을 곳이 없는데 해가 또한 저무니 어찌하면 좋을까."

하니, 오림포烏林哺가 말했다.

"여기는 밀운성에서 겨우 5리밖에 안 되는 곳이니 사세가 부득불 도로 성으로 들어가서 물 빠지기를 기다리는 수밖에 없습니다."

오림포는 나이가 70이 넘어서 그중 춥고 주림을 못 견디는 모양이다. 대개 새북塞北 길을 제독 이하의 여러 사람이 전에 가본 일이 없으므로, 길도 모르고 해는 저물어 사람의 그림자도 드물어지자 그 아득히 갈 바를 모름이 우리와 다름이 없다. 내 먼저 밀운성에 이르렀는데 길가의 물이 벌써 말 배에 닿았다. 성문에서 말을 세우고 일행을 기다려서 함께 들어가니, 뜻밖에 쌍등·쌍촛불을 들고 와서 맞이하는 이가 있고, 또 기병騎兵 10여 명이 앞에 와서 환영하는 듯이 보이었다. 이는 곧 밀운 지현知縣이 몸소 와서 맞이함이다. 통관이 먼저 가서 주선한 것이 불과 몇 마디 말이 끝나기 전인데 이처럼 그 거행이 재빠르다. 중국의 법이 비록 왕자王子나 공주公主의 행차라도 민가民家에 머무르지 못하므로 그 사관은 반드시 점방이 아니면 사당이다. 이제 이 고을에서 우리 일행의 숙소로 정해진 곳은 관묘關廟인데, 지현은 문까지 와서 곧 돌아가고 관묘이니 인마를 들일 수는 있으나 사신이 거접할 곳은 없었다. 이때 밤이 이미 깊어서 집집마다 문을 닫아 걸었으므로, 오림포가 백 번 천 번 두드리고 부르고 한 끝에 겨우 나와서 응대하는 이가 있으니 이는 곧 소씨蘇氏의 집이었다. 이 고을 아전으로서 집이 훌륭하기가 행궁이나 다름없다. 그 주인은 이미 죽고 다만 열여덟 살 나는 아들이 있는데, 눈매가 청수하여 속세의 풍상風霜을 겪지 않은 사람 같다. 정사가 불러서 청심환 한 개를 주니 그는 무수히 절하나 몹시 놀라서 두려워하는 기색이다. 이에 마침 잠이 들었을 때 문을 두드리는 이가 있어 나가보니, 사람 지껄이는 소리와 말 우는 소리가 요란한데 모두 생전 처음 듣는 소리요, 급기야 문을 열자 벌 떼처럼 뜰에 가득 찬 사람들이 이 어디 사람들인가. 이른바 조선 사람이라고는 이곳에 온 일이 없으므로 북로北路에서는 처음 보니, 그들은 아마 안남安南

사람인지 일본日本·유구琉球·섬라暹羅 사람인지 분간하지 못하였을 것이다. 그뿐만 아니라, 그 쓴 모자는 둥근 테가 몹시 넓어서 머리 위에 검은 우산을 받은 것 같으니, 이는 처음 보는 것이라, "이 무슨 갓일까 이상하다." 했을 것이며, 그 입은 도포는 소매가 몹시 넓어서 너풀거리는 품이 마치 춤추는 듯하니, 이 또한 처음 보는 것이라, "이 무슨 옷이랴, 이상한지고." 했을 것이요, 그 말소리도 혹은 '남남喃喃' 하고 혹은 '니니呢呢' 또는 '각각閣閣' 하니 이 역시 처음 듣는 소리라, "이 무슨 소리랴 야릇한지고." 했을 것이다. 처음 본다면 비록 주공周公의 의관衣冠이라도 오히려 놀라울 것이거늘, 하물며 우리나라 제도가 몹시 크고 고색이 창연할까 보냐. 그리고 사신 이하의 복장이 모두들 달라서 역관들의 복장, 비장들의 복장, 군뢰들의 복장이 각기 따로따로 되어 있고, 역졸驛卒·마두배는 맨발 벗고 가슴을 풀어 헤치고는 얼굴은 햇볕에 그을리고 옷은 해져서 엉덩이를 가리지 못하였으며, 와자하게 지껄이며 대령하는 소리는 너무도 길게 빼니 이 모두 처음이라. "이 무슨 예법이랴. 이상하고 야릇한지고." 했을 것이다. 그리고 그는 반드시 한 나라 사람이 함께 온 것을 모르고 아마 남만南蠻·북적北狄·동이東夷·서융西戎 들이 함께 제 집에 들어온 줄로 알았을 것이니, 어찌 놀랍고 떨리지 아니하리오. 이는 비록 백주에라도 넋을 잃을 것이거늘 하물며 아닌 밤중이리오. 비록 깨어 앉았어도 놀라울 것이거늘 하물며 잠결에서리오. 또 더군다나 열여덟 살 약관弱冠의 어린 사내이겠는가. 비록 세상일을 싫도록 겪은 여든 살 노인일지라도 필시 놀라서 와들와들 떨며 졸도하지 않을 수 없을 것이다.

역관이 와서,

"밀운 지현이 밥 한 동이와 채소·과실 다섯 쟁반, 돼지·양·거위·오리고기 다섯 쟁반, 차·술 다섯 병을 보내왔고, 또 땔나무와 말먹이도 보내왔습니다."

한다. 정사는,

"그래, 땔나무나 말먹이는 받지 않을 이유가 없겠지마는, 밥과 고기 들은 주방이 있으니 남에게 폐를 끼칠 게 있겠어. 받든지 안 받든지 간에 부사님과 서장관 나리께 여쭈어 결정짓는 게 옳을 거야."

하였다. 수역은,

"이곳을 들어오면 동팔참東八站으로부터 으레 공궤供饋가 있는 법이랍니다. 다만 이렇게 익힌 음식을 제공하지 않았을 뿐이에요. 이제 이곳에 도로 오게 된 것은 비록 뜻밖의 일이었습니다마는, 그러나 저들이 지주地主의 체면으로서 이를 제공하였으니 무슨 이유로 그를 물리칠 수 있사오리까."

한다. 이러한 차에 부사와 서장관이 들어와서,

"이건 황제의 명령도 없으니 어찌 받을 수 있겠어요. 마땅히 돌려보냄이 옳겠습니다."

한다. 정사도,

"그렇겠소."

하고는, 곧 명령을 내려 그를 받기 어려운 뜻을 밝히게 하였다.

이제 여남은 인부들이 끽소리도 없이 다시 지고 가버렸다. 서장관이 또 하인들에게,

"만일 한 줌의 땔나무나 말먹이를 받는다면 반드시 무거운 매를 내릴 거야."

하고, 엄격히 단속하였다. 얼마 아니 되어서 조달동趙達東이 와서,

"군기 대신軍機大臣 복차산福次山이 당도하였답니다."

하고 여쭙는다. 대개 황제가 특히 군기 대신을 파견하여 사신을 맞게 한 것이었다. 그리하여 그가 바른 길로 덕승문德勝門에 들어가자 우리의 일행은 벌써 동편 바른 문을 통과하였으므로 서로 어긋나게 된 것이다. 복차산은 밤낮을 헤아리지 않고 뒤를 쫓아 온 것이다. 그는,

"황제께서 사신을 고대하고 계시오니 반드시 초아흐렛날 아침 일찍 열하에 도달하여 주시오."

하며, 두세 번 거듭 부탁하고 가버린다. 군기軍機란 마치 한漢의 시중侍中과 같아서 늘 황제 앞에 모시고 앉았다가, 황제가 군기에게 명령을 내리면 군기가 하나하나를 의정대신議政大臣에게 전달하곤 한다. 그가 비록 계급은 낮으나 황제에게 가까운 직책을 맡았으므로 '대신大臣'이라 일컬었다. 복차산의 나이는 스물 대여섯쯤 되는데 키는 거의 한 길쯤이고 허리가 날씬하고 눈매가 가늘어서 매우 풍치가 있어 보이었다. 그는 말이 끝난 뒤에 화고花糕 하나를 먹고는 곧 말을 달리며 떠나버렸다.

그리고 벽돌이 깔린 대청이 넓고도 통창하였으며 탁자 위의 모든 물건은 위치가 정돈되었다. 하얀 유리 그릇에 불수감佛手柑 세 개를 담았는데 맑은 향내가 코를 찌른다. 10여 개의 교의는 모두 무늬 있는 나무로 꾸몄으며, 서편 바람벽 밑에는 등 자리와 꽃방석·양털 보료 등이 깔려 있고, 구들 위에는 붉은 털방석을 깔았으되 길이나 너비가 알맞게 되어 있고, 침대 위에 깔린 자리는 말총으로 쌍룡을 수놓았으되 오색이 찬란하였다. 두 하인이 그 위에 누워 있음을 보고 시대를 시켜 깨웠으나 곧 일어나지 않자 시대가 크게 호통하여 쫓아버렸다. 나는 이때 하도 피로하기에 잠깐 그 위에 누웠더니 별안간 온몸이 가려워 견디기 어렵기에 한 번 긁자 굶주린 이들이 더덕더덕하였다. 곧 일어나 옷을 털고 나서,

　　"밥이 이미 익었느냐."

　　하고, 물었다. 시대는,

　　"애초부터 밥을 지은 일이 없답니다."

　　하면서, 빙그레 웃는다. 대체로 이때는 밤이 곧 닭 울 녘이어서 한 그릇 물이나 한 움큼 땔나무도 사 올 곳이 없으니, 비록 저 사자獅子 어금니같이 흰 쌀과 높게 쌓인 은이 있다 하더라도 밥을 익힐 길은 없었다. 그리고 부사의 주방은 낮에 벌써 비 내리기 전에 시내를 건넜으므로 영돌永突 상방의 건량고乾糧庫 지기이다. 이 부사와 서장관의 주방을 겸하였으나 밥을 지을 기약은 아득하였다. 하인들이 모두 춥고 굶주려서 혼수상태에 빠졌다. 나는 그들을 채찍으로 갈겨 깨웠으나 일어났다가 곧 쓰러지곤 한다. 하는 수 없어서 몸소

주방에 들어가 살펴본즉 영돌이 홀로 앉아 공중을 쳐다보면서 긴 한숨을 뽑는다. 남은 사람들은 모두 종아리에 고삐를 맨 채 뻗고 누워 코를 곤다. 마침 간신히 수숫대 한 움큼을 얻어서 밥을 지으려 했으나 한 가마솥의 쌀에 반 통도 못 되는 물을 부었으니 결코 끓을 리 없거니와 도리어 가소로운 일일 뿐이다. 이윽고 밥을 받아 본즉 물이 쌀에 스며들지 못 하였으니 그 생生과 숙熟이야 말할 나위도 없었다. 그리하여 한 숟갈을 들지 못한 채 정사와 함께 술 한 잔씩을 마시고 곧 길을 떠났다. 이때 닭은 서너 홰를 쳤다. 창대가 어제 백하를 건너다 말굽에 밟혀서 발굽 철이 깊이 들어 쓰리고 아픔을 이기지 못하여 신음하고 있으나, 그의 대신으로 견마 잡을 자도 없어서 일이 극히 낭패스러웠다. 그렇다 해서 촌보를 옮기지 못하는 그를 중도에다 떨어뜨리는 것은 있을 수 없는 일이었으므로, 비록 잔인하기 짝이 없으나 하는 수 없이 기어서라도 뒤를 따라오게 하고 스스로 고삐를 잡고 성을 나섰다. 사나운 물결이 길을 휩쓸고 간 나머지 어지러운 돌이 이빨처럼 날카로웠다. 손에는 등불 하나를 가졌으나 거센 새벽 바람에 꺼져버렸다. 그리하여 다만 동북쪽에서 흘러내리는 한 줄기 별빛만을 바라보며 전진하였다. 앞 시냇가에 이른즉, 물은 이미 물러갔으나 아직 말 배꼽에 닿았다. 창대는 몹시 춥고 주린 데다 발병이 나고 졸음을 견디지 못하는 채 또 차가운 물을 건너게 되어 그저 걱정되기 짝이 없었다.

7일 계축癸丑

아침에 비가 조금 뿌리다가 곧 개다.

목가곡穆家谷에서 아침 식사를 끝내고 남천문南天門을 나섰다. 성은 큰 재 마루턱에 있고 그 후미진 곳에 문을 내었는데 이름은 신성新城이다. 옛날 오호五胡 때 석호石虎(후조後趙의 임금)가 단요段遼를 추격하자 단요가 모용황慕容皝(북연北燕의 임금)과 함께 도로 반격하여 석호의 장수 마추麻秋를 쳐서 죽인 곳이 곧 이곳이었다.

이로부터 잇달아 높은 고개를 넘게 되어 오르막은 많으나 내리막이 적어지는 것을 보아 지세가 점차 높아짐을 알겠고 물결은 더욱 사나웠다. 창대가 이곳에 이르자 통증을 견디지 못하여 부사의 가마에 매달려 울면서 하소연하고 또 서장관에게도 호소하였다 한다. 이때에 나는 먼저 고북하古北河에 이르렀으므로 부사와 서장관이 이르러 창대의 딱하고 민망스러운 꼴을 얘기하면서, 나에게 달리 구처區處할 좋은 꾀를 생각해 보기를 권하였으나 실은 어떻게 할 수 없었다. 이윽고 창대가 엉금엉금 기다시피 따라왔다. 이는 중로에서 말을 얻어 타고 온 모양이다. 곧 돈 2백 닢과 청심환 다섯 알을 주어서 나귀를 세내어 뒤를 따르게 하였다.

드디어 냇물을 건넜다. 이 물의 또 하나의 이름은 광형하廣硎河였으니 이곳이 곧 백하의 상류였다. 물세가 변방에 이를수록 더욱 사나우므로 건너기를 다투는 거마들이 모두 웅기중기 서서 배 오기를 기다린다. 제독과 예부 낭중禮部郞中이 손수 채찍을 휘두르면서 이미 배에 오른 사람들까지도 몰아쳐 내리게 하고는 우리 일행을 먼저 건너 주게 하였다.

저녁나절에 석갑성石匣城 밖에서 밥을 지었다. 이 성의 서쪽에 갑匣처럼 생긴 돌이 있다 하여 역驛 이름까지도 '석갑'이라 하였다 한다. 그리고 옛날 유수광劉守光이 도망 왔다가 사로잡힌 데가 곧 이곳이었다. 식사가 끝나자 곧 떠났다. 날은 이미 어두워지기 시작하였다. 산길은 심한 굴곡이 거듭되었다. 왕기공王沂公이 일찍이 거란 契丹에 올린 서한 중에,

"금구전金溝淀에 이르러 산을 감돌아 들어 오르고 또 오르되 이 표里標나 척후斥堠도 없으므로 말이 달리는 시간을 따져서 대체로 90리쯤 가서 고북관古北館에 이르렀습니다."

고 하였다는데, 이제 벌써 금구전은 어디인지를 알 길이 없을 뿐더러 새북의 노정이 멀고 가까운 것에 대하여는 옛사람도 역시 아리송한 모양이다.

때마침 대추가 반쯤 익었는데 마을마다 대추나무로 울타리가 이룩되었으며, 혹은 대추나무 밭이 보여 마치 우리나라의 청산靑山·보은報恩과 같았고, 대추는 모두 한 줌이 넘을 만큼 컸다. 그리고 밤나무 역시 숲을 이루었으나 밤톨이 극히 자잘하여 겨우 우리나라 상주尙州의 것과 비슷하였다. 옛날 소진蘇秦이 연 문공燕文公을 유세하던 말 중에,

"연燕의 북쪽에 밤과 대추의 생산지가 있는데 '천부天府'라 이른답니다."

하였으니, 아마 이는 고북구古北口를 두고 이른 듯싶다.

마을 거리를 지날 때마다 남녀 구경꾼이 몰려들었다. 나이 조금 지긋한 여인치고 혹이 목에 달리지 않은 자 없는데, 큰 것은 거의 뒤웅박처럼 되었고, 더러는 서넛이 주렁주렁 달린 이가 없지 않아서 대개 열에 7~8은 모두 그러하였고, 젊은 계집애들과 얼굴 고운 여인은 흰 분을 발랐으나 목에 달린 뒤웅박처럼 생긴 혹을 가릴 수는 없었다. 그리고 남자 중에도 늙은이는 가끔 커다란 혹이 달렸다. 옛말에,

"진쯥에 살고 있는 사람은 이가 누렇고, 험한 곳에 살고 있는 사람은 목에 혹이 달린다."

하였고, 또,

"안읍安邑은 진쯥의 땅으로, 대추가 잘 되므로 그들은 단 것을 많이 먹어서 이가 모두 누렇다."

하였으나, 이제 이곳에는 대추나무밭이 이룩되었으나 여인들의 하얀 이가 마치 박씨를 쪼개 세운 듯하니 이는 잘 알 수 없는 일이다.

그리고 의방醫方에 이르기를,

"산협山峽의 물은 흔히들 급히 내리흐르므로 오래도록 마시면 혹이 많이 생긴다."

하였으니, 이제 이곳 사람들의 혹이 많음은 험한 곳에 살고 있는 까닭이겠지마는, 유독 여인에게 많이 볼 수 있음은 어인 일인지 알 길이 없겠다.

잠시 성안에서 말을 쉬었다. 시전市廛과 거리가 제법 번화하긴 하였으나 집집마다 문이 닫혔으며, 문밖에는 양각등羊角燈을 달아 오롱조롱 별빛과 함께 오르내리곤 한다. 때는 이미 밤이 깊었으므로 두루 구경하지 못하고 술을 사서 조금 마시고 곧 나섰다. 어두운 가운데 군졸 수백 명이 나타났다. 이들은 아마 검색하려고 지키고 있는 듯싶다. 세 겹의 관문關門을 나와서 곧 말에서 내려 장성에 이름을 쓰려고, 패도佩刀를 뽑아 벽돌 위의 짙은 이끼를 긁어내고 붓과 벼루를 행탁 속에서 꺼내어 성 밑에 벌여 놓고 사방을 살펴보았으나 물을 얻을 길이 없었다. 아까 관내關內에서 잠시 술 마실 때 몇 잔을 남겨서 안장에 매달아 밤샐 때까지를 준비한 일이 있기에, 이를 모두 쏟아 밝은 별빛 아래에서 먹을 갈고, 찬 이슬에 붓을 적시어 여남은 글자를 썼다. 이때는 봄도 아니요 여름도 아니요 겨울도 아닐뿐더러, 아침도 아니요 낮도 아니요 저녁도 아닌 곧 금신金神이 때를 만난 가을에다 닭이 울려는 새벽이었으니, 그 어찌 우연한 일일까보냐. 이에서 또 한 고개에 올랐다. 초승달은 이미 졌는데, 시냇물 소리는 더욱 요란히 들렸으며, 어지러운 봉우리는 우중충하여 언덕마다 범이 나올 듯 구석마다 도적이 숨은 듯할뿐더러, 때로는 우수수하는 바람이 머리카락을 나부낀다. 따로 야출고북구기夜出古北口記에 적은 것이 있다. 「산장잡기山莊襍記」 속에 들어 있다.

물가에 다다르니 길이 끊어지고 물이 넓어서 아득히 갈 곳을 찾을 수 없는데 다만 너덧 허물어진 집들이 언덕을 의지하여 서 있었다. 제독이 달려가서 말에서 내려 손수 문을 두드리며 백천 번 거듭 그 주인을 불러 호통쳤다. 그는 그제야 대답하며 문을 나와 자기 집 앞에서 곧 건너기를 가르쳐 준다. 돈 5백 닢으로 그를 품사서 정사의 가마 앞을 인도하게 하여 마침내 물을 건넜다. 대개 한 강물을 아홉 번이나 건너는데 물속에는 돌에 이끼가 끼어서 몹시 미끄러우며, 물이 말 배에 넘실거려 다리를 옹송그리고, 발을 모아 한 손으로 고삐를 잡고 또 한 손으로는 안장을 꽉 잡고, 끌어 주는 이도 부축해 주는 이도 없건마는 그래도 떨어지지 않는다. 내 이에 비로소 말을 다루는 데는 방법이 있음을 깨달았다.

대개 우리나라의 말 다루는 방법은 몹시 위태로운 것이다. 옷소매는 넓고 한삼汗衫 역시 길므로 그것에 두 손이 휘감겨서 고삐를 잡거나 채찍을 드날리려 할 때 모두 거추장스러움이 첫째 위태로움이다. 그런 형편이므로 부득이 딴 사람으로 하여금 견마를 잡히게 되니, 온 나라의 말이 벌써 병신이 되어 버린다. 이에 고삐를 잡은 자가 항상 말의 한쪽 눈을 가려서 말이 제멋대로 달릴 수 없음이 둘째 위태로움이다. 말이 길에 나서면 그 조심함이 사람보다 더하거늘 사람과 말이 서로 마음이 통하지 않으므로 마부馬夫 자신이 편한 땅을 디디고 말을 늘 위태한 곳으로 몰아넣으므로 말이 피하려는 곳을 사람이 억지로 디디게 하고, 말이 디디고 싶어 하는 곳에서 사람이 억지로 밀어버리니, 말이 되받는 것은 다름 아니라 항상 사람에게 노여운 마음을 품은 까닭이니, 이는 셋째의 위태로움이다. 말이 한 눈은 이미 사람에게 가려졌고 남은 또 한 눈으로 사람의 눈치를 살피노라고 온전히 길만 보고 걷기 어려우므로 잘 넘어지기 일쑤이니, 이는 말의 허물이 아닌데도 채찍을 함부로 내리치니 이는 넷째 위태로움이다. 우리나라 안장과 뱃대끈의 제도는 워낙 둔하고 무거운데 더군다나 끈과 띠가 너무 많이 얽히었다. 말이 이미 등에 한 사람을 싣고 입에 또 한 사람이 걸려 있으니, 이는 말 한 필이 두 필의 힘을 쓰는 것이라 힘에 겨워서 쓰러지게 되니 이는 다섯째 위태로움이다. 사람이 몸을 씀에도 바른편이 왼편보다 나음을 보아서 말 역시 그러할 것임에도 불구하고, 말의 오른 귀가 사람에 눌리어 아픔을 참을 수 없으므로 할 수 없이 목을 비틀어서 사람과 함께 한 옆으로 걸으며 채찍을 피하려는 것이다. 사람은 곧 말이 그 목을 비틀어서 옆으로 걷는 것을 사납고도 날랜 자태라 하여 기뻐하기는 하나 실은 말의 본정이 아니니 이는 여섯째 위태로움이다. 말이 채찍을 늘 받아 오니 그 바른편 다리만이 짝지게 아플 것임에도 불구하고 탄 사람은 무심히 안장을 버티고 앉아 있고, 경마잡이는 갑자기 채찍질하므로 몸을 뒤쳐서 사람을 떨어뜨리게 하고는 도리어 말을 책망하나, 이 역시 말의 본의가 아니니 이는 일곱째 위태로움이다. 문무를 막론하고 벼슬이 높으면 반드시 좌견左牽을 잡히니 이는 무슨 법인지, 우견右牽이 이미 좋지 않거늘 하물며 좌견이며, 짧은 고삐도 불가한데 하물며 긴 고삐이겠는가. 사삿집의 출입에는 혹시 위의를 갖출 법도 하거니와 심지어 임금의 어가를 모시는 신하로서 다섯 길이나 되는 긴 고삐로써 위엄을 보이려 함은 옳지 않은 일이다. 그리고 이는 문관文官도 불가한데 하물며 영문營門으로 나아가는 무장武將이겠는가. 이는 이른바 스스로 얽을 줄을 찬다는 격이니 이 곧 여덟째 위태로움이다. 무장이 입는 옷을 철릭[帖裏]이라 하는데 이는 곧 군복이다. 세상에 어찌 명색이 군복이면서 소매가 중의 장삼처럼 넓단 말인가. 이제 이 여덟 가지의 위태로움이 모두 넓은 소매와 긴 한삼 때문이거늘, 오히려 이러한 위태로움에 편안히 지내려 하니 아아, 슬프구나. 이는 설사 백락伯樂으로 바른편에 견마 잡히고 조보造父로 왼편에 따른다 한들 이 여덟 가지의 위태로움을 그대로 둔다면 비록 준마駿馬가 여덟 필일지라도 배겨내지 못할 것이다. 옛날 이일李鎰이 상주尙州에 진 칠 때 멀리 숲 사이에서 연기가 오름을 바라보고는 군관 한 사람을 시켜 가보게 하였더니, 그 군관이 좌우로 쌍견雙牽을 잡히고 거들먹거리고 가다가 뜻밖에 다리 밑에서 왜병 둘이 내달아 말의 배를 칼로 베고 군관의 목을 베어가 버렸다. 만력 임진년 왜구가 왔을 때의 일이다. 그리고 서애西厓 유성룡공柳成龍公은 어진 정승인데, 그가 『징비록懲毖錄』을 지을 때에 이 일을 기록하여 비웃었다. 그런데도 그 잘못된 습속을 그런 난리와 어려움을 겪고도 고치지 못하였으니, 심하구나, 습속의 고치기 어려움이여. 내 이 밤에 이 물을 건넘은 세상에서 가장 위태로운 일이다. 그러나 나는 말만을 믿고 말은 제 발을 믿고 발은 땅을 믿어서 경마 잡히지 않는 보람이 이와 같구나. 수역이 주부더러 하는 말이,

"옛사람이 위태로운 것을 말할 때 소경이 애꾸 말을 타고 밤중에 깊은 물가에 섰는 것이라고 하지 않소. 정말 우리들 오늘 밤 일이 그러하구려."

한다. 나는 곧,

"그게 위태롭긴 위태로운 일이지만 위태로움을 잘 아는 것이라곤 할 수 없소."

했다. 그 둘은,

"어째서 그렇단 말씀이오."

한다. 나는,

"소경을 볼 수 있는 자는 눈 있는 사람이라 소경을 보고 스스로 그 마음에 위태로이 여기는 것이지, 결코 소경이 위태로운 줄 아는 것이 아니오. 소경의 눈에는 어떠한 위태로움도 보이지 않는데 무엇이 위태롭단 말이오."

하고는, 서로 껄껄대고 웃었다. 따로 일야구도하기一夜九渡河記를 적은 것이 있다. 「산장잡기山莊襍記」속에 들어 있다.

8일 갑인甲寅

날이 개었다.

새벽에 반간방半間房에서 밥 지어 먹고, 삼간방三間房에서 잠깐 쉬었다. 가끔 산기슭에 화려한 사당과 절들이 보이는데 혹은 아흔아홉 층의 백탑白塔이 있다. 그 탑과 사당을 지은 자리를 살펴보아도 아무런 아름다운 경개가 없는 혹은 산등성이 또는 물이 흘러 떨어지는 곳에 거만의 돈을 허비하였음은 대체 무슨 뜻인지. 이런 것들이 이루 헤아릴 수 없을 만큼 많았으며, 그 제작의 웅장함과 조각의 공교로움과 단청의 찬란함이 모두 똑같은 수법이어서 하나만 보면 다른 것은 모두 미루어 짐작할 수 있으니, 일일이 기록할 것조차 없겠다.

차츰 열하에 가까워지니 사방에서 조공朝貢이 모여들어서, 수레·말·낙타 등이 밤낮으로 끊이지 않고 우렁대고 쿵쿵거려서 울리는 수레바퀴 소리가 마치 비바람 치는 듯하다. 창대가 별안간 말 앞에 나타나 절한다. 몹시 반가웠다. 제 혼자 뒤떨어질 때 고개 위에서 통곡하자 부사와 서장관이 이를 보고 측은히 여겨 말을 멈추고 주방에게,

"혹시 짐이 가벼운 수레가 있어 저를 태울 수 있겠느냐?"

하고 물었으나 하인들이,

"없소이다."

하고 대답하므로, 민망하게 여기고 지나갔을 뿐이더니 또 제독이 이르매 더욱 서럽게 울부짖으니, 제독이 말에서 내려 위로하고 그곳에 머물러 있다가 지나가는 수레를 세내어 타고 오게 하였다. 어제는 입맛이 없어 먹지 못하니 제독이 친히 먹기를 권하고 오늘은 제독이 자기가 그 수레를 타고 자기가 탔던 나귀를 창대에게 주었으므로 이에 따라 올 수 있었다. 그 나귀가 매우 날쌔어 다만 귓가에 바람 소리가 일 뿐이었다 하기에 나는,

"그 나귀는 어디다 두었느냐?"

하고 물었더니,

"제독이 저더러 이르기를, '네 먼저 타고 가서 공자公子를 따르

되 만일 길에서 내리고 싶거든 지나가는 수레 뒤에 나귀를 매어 두라. 그러면 내가 뒤에 가면서 찾을 테니 염려 말라.' 하더이다. 그리하여 삽시간에 50리를 달려 고개 위에서 수레 수십 바리가 지나가기에 나귀에서 내려 맨 나중 수레 뒤에 매어 주었습니다. 차부가 묻기에 멀리 고개 남쪽 지나온 길을 가리켜 보였더니 차부[車人]가 웃으면서 고개를 끄덕이더이다."

한다. 제독의 마음씨가 매우 아름다우니 고마운 일이다. 그의 벼슬은 회동사역관 예부정찬사낭중 홍려시소경會同四譯官禮部精饌司郎中鴻臚寺少卿이요, 그 직품은 정사품正四品 중헌대부中憲大夫였으며, 그 나이는 이미 60에 가까웠다. 그러나 외국의 한 마부를 위하여 이토록 극진한 마음씨를 보임은 비록 우리 일행을 보호함이 직책이라 하겠지만, 그 처신의 간략함과 직무에 충실함이 가히 대국의 풍도를 엿볼 수 있겠다. 창대의 발병이 조금 나아서 견마를 잡고 갈 수 있게 되었음은, 또한 다행한 일이 아닐 수 없다.

삼도량에서 잠깐 쉬고 합라하哈喇河를 건너 황혼이 될 무렵에 큰 재 하나를 넘었다. 조공 가는 수많은 수레가 길을 재촉하면서 달린다. 나는 서장관과 고삐를 나란히 하며 가는데, 산골짝 속에서 갑자기 호랑이의 울음소리가 두세 마디 들려 온다. 그 많은 수레가 모두 길을 멈추고서 함께 고함을 치니, 소리가 천지를 진동할 듯싶다. 아아, 굉장하구나.[9]

---

9)   따로 「만방진공기萬方進貢記」「산장잡기」 속에 들어 있다. '수택본'에는 없다.

이곳에 이르기까지 온 나흘 밤낮을 눈을 붙이지 못하여 하인들이 가다가 발길을 멈추면 모두 서서 조는 것이었다. 나 역시 졸음을 이길 수 없어, 눈시울이 구름장처럼 무겁고 하품이 조수 밀리듯 한다. 혹시 눈을 뻔히 뜨고 물건을 보나, 벌써 이상한 꿈에 잠기고, 혹은 남더러 말에서 떨어질라 일깨워 주면서도, 내 자신은 안장에서 기울어지고는 한다. 포근포근 잠이 엉기고 아롱아롱 꿈이 짙을 때는, 지극한 낙이 그 사이에 스며 있는 듯도 하였다. 그리하여 때로는 온몸이 날아갈 듯하고 두뇌가 맑아져서, 그 견줄 곳 없는 묘한 경지야말로 취리醉裏의 건곤이요, 몽중夢中의 산하山河였다. 또 때는 가을 매미 소리가 가느다란 실오리를 뽑고, 태공에 흩어진 꽃봉오리가 어지러이 떨어지며, 그 아늑한 마음은 도교道敎의 내관內觀(묵상默想)과 같고, 놀라서 깰 때는 선가禪家의 돈오頓悟와 다름없었다. 팔십일난八十一難이 삽시간에 걷히고, 사백사병四百四病이 잠깐에 지나간다. 이런 때엔, 비록 추녀가 몇 자가 넘는 화려한 고대광실에 석 자를 괸 큰 상을 받고 예쁜 계집 수백 명이 모시고 있는 즐거움이나, 차지도 않고 덥지도 아니한 구들목에 높지도 낮지도 않은 베개를 베고, 두껍지도 얇지도 않은 이불을 덮고, 깊지도 얕지도 않은 술잔을 받으면서, 장주莊周도 호접蝴蝶도 아닌 꿈나라로 노니는 그 재미와는 결코 바꾸지 않으리라. 길가에 돌을 가리키며,

"내, 장차 우리 연암燕巖 산중에 돌아가면, 일천하고도 하루를 더 자서 옛 희이 선생希夷先生보다 하루를 이길 것이고 코 고는 소리가 우레 같아 천하의 영웅으로 하여금 젓가락을 놓치고, 미인으로

하여금 놀라게 할 것이다. 그러지 못한다면 이 돌과 같으리라."

하다가 한번 꾸벅하면서 깨니, 이 또한 꿈이었다. 그리고 창대
도 가면서 이야기하기에, 나 역시 대꾸하다가 가만히 살펴보니, 헛
소리를 자주 한다. 대개 제가 여러 날 동안 주린 끝에 다시 크게 추
위에 떨다가 학질에 걸린 듯 인사를 차리지 못할 지경이었다. 이때
에 밤은 이미 이경二更 즈음이다. 마침 수역과 동행하였는데, 그의
마부도 역시 벌벌 떨고 크게 앓으므로 함께 말에서 내렸다. 다행히
앞 참站이 5리밖에 남지 않았다 하므로, 병든 두 마부를 각기 말에
싣고, 흰 담요를 꺼내어 창대의 온몸을 둘러싸고 띠로 꼭꼭 묶어서
수역의 마두더러 부축하여 먼저 가게 하고, 수역과 더불어 걸어서
참에 이르니, 밤이 이미 깊었다. 이곳에는 행궁이 있고 여염과 시전
이 극히 번화하였으나, 그 참의 이름은 잊었다. 아마 화유구樺楡溝인
듯싶다. 객점에 이르니 곧 밥을 내어 왔으나, 심신이 피로하여 수저
가 천 근이나 되는 듯 무겁고, 혀는 백 근인 양 움직이기조차 거북
하다. 상에 가득한 소채나 적 구이가 모두 잠 아닌 것이 없을뿐더
러, 촛불마저 무지개처럼 뻗쳤고 광채가 사방으로 퍼지곤 한다. 이
에 청심환 한 개로써 소주와 바꾸어 마시니, 술맛이 또한 좋아서,
마시자 곧 훈훈히 취하여 퇴연頹然히 베개를 이끌어 잠들었다.

9일 을묘乙卯

날이 개었다.

사시巳時(오전 9~11시)에 열하에 들어가 태학太學에 머물렀다. 닭이 울자 수역과 함께 먼저 떠났다. 길에서 난하灤河가 건너기 어렵다는 말을 듣고, 수역이 오는 사람마다 붙들고 그곳 사정을 물었다. 모두들 6, 7일은 기다려야 건널 수 있다고 한다.

강가에 이르렀다. 수레며 말이 구름처럼 모인 것이 한가득인데, 물은 넓고 거세어서 흙탕물이 소용돌이치며 흘러 행궁 앞이 제일 물살이 세다. 난하는 독석구獨石口에서 나와 옛 흥주興州의 지경을 거쳐 북예北隷에 들어가는 것이다. 『수경水經』 주註에 '유수濡水는 어융진禦戎鎭에 나와서 사야沙野를 거치며 굽이굽이 돌아서 1천 5백 리쯤 흘러 장성에 든다.'라고 하였다. 겨우 작은 배 너덧 척이 있었다. 사람은 많고 배는 작으므로 건너기 어려운 것이다. 말 탄 사람들은 모두 옅은 물결을 골라서 건너지만, 수레는 건너지 못한다.

석갑石匣에서 가마 탄 자 하나를 만났다. 따르는 사람이 10여 기요, 네 사람이 어깨에 가마채를 메고 5리에 한 번씩 교대하는데, 말 탄 사람이 내려서 서로 바꾸어 메곤 하였다. 우리와 앞서거니 뒤서거니 가는데, 병부 시랑兵部侍郞의 행차라 한다. 가마는 녹색 우단羽緞으로 가리고 삼면에 유리를 붙여서 창을 내었으나, 탄 사람은 늘 깊이 들어앉았으므로 얼굴은 볼 수 없다. 모자를 벗어 창 한 구석에 걸어 놓고 온종일 책을 읽고 있다.

어제는 종자從者를 부르니까 종자가 갑匣 속에서 책 하나를 꺼내어 바쳤는데, 그 제목은 『오자연원록五子淵源錄』이었다. 창 안에서 손을 내밀어 이를 받는데, 그 팔뚝이나 손가락이 옥같이 희었다. 또 창 안에서 『이아익爾雅翼』[10] 한 권을 내준다. 그 목소리나 손길이 모두 여인 같다.

드디어 난하에 이르자 가마에서 내리고, 가마 안의 책을 꺼내 주었다. 시종들이 나누어 품게 하고, 그 사람은 다시 말을 타는데, 참으로 미남자였다. 미목이 시원하고 몇 줄기 흰 윗수염이 듬성듬성하다. 가마는 휘장을 걷고, 종자를 태웠던 말들은 모두 물에 둥둥 떠서 건넌다.

모자에 푸른 새 깃을 꽂은 사람이 언덕 위에 서서 채찍을 들어 지휘하여 먼저 우리 일행을 건너게 하는데, 비록 짐짝에다 '진공進貢'이니 '상용上用(황제의 어용御用)'이니 하는 글자를 쓴 기旗를 꽂은 것이라도 먼저 건너지 못하게 하였다. 혹시 먼저 뛰어오른 자의 차림새가 관원인 듯하여도, 반드시 채찍으로 몰아내어 버린다. 이는 곧 행재 낭중行在郎中으로, 황제의 명을 받들어 이 건너는 일을 간검하는 자이다. 다만 쌍교雙橋 넷이 있어 그 크기가 집채만 한데, 바로 배 안으로 메고 들어가는 것이 마치 무거운 산을 들어서 알[卵]을 누르는 듯싶다. 그러하므로, 낭중들도 채찍을 거두고 한 걸음 물러서서 그의 날카로운 위세를 피하곤 한다. 그 가마꾼들의 눈에는 하늘도

10) 송 나안羅顔의 저서

없고 땅도 없고 물도 없을뿐더러, 사람도 뜨이지 아니하고 외국 사람이야 말할 것도 없고, 다만 그가 멘 가마만이 있을 뿐이다. 그 가운데 어떠한 보물이 들었기에 가마꾼 유세가 그리 대단할까? 정말 모르겠다.

강을 건너 10여 리를 가니, 환관宦官 셋이 와서 박보수朴寶樹와 더불어 말머리를 대고 몇 마디 수작하고는, 곧 말을 돌려 가버린다. 또 한 환관이 오림포烏林哺와 나란히 타고 가면서, 무슨 이야기를 하는지는 알 수 없으나, 오림포가 가끔 낯빛을 변하고 놀라워하는 기색을 보일 때, 박보수와 서종현徐宗顯이 말을 달려서 옆을 가면 오림포가 손짓하여 가까이 오지 못하게 하는 것으로 보아, 무슨 비밀한 이야기인 듯싶다. 그 내시 역시 말을 달려 가 버린다.

한 산모롱이를 지나치니, 언덕 위에 돌을 깎아 세운 듯한 봉우리가 탑처럼 마주 서 있어서, 하늘의 기교한 솜씨를 보이는 듯 높이가 백여 길이나 된다. 그리하여 쌍탑산雙塔山이란 이름을 얻은 것이다. 연달아 환관이 와서, 사행이 지금 어디까지 왔는지 알아보고 간다. 예부에서 태학에 들라는 뜻을 먼저 알리러 왔다.

며칠 동안 산골 길을 다니다가 열하에 들어가니, 궁궐이 장려하고 좌우에 시전이 10리에 뻗쳐 실로 새북塞北의 한 큰 도회이다. 바로 서쪽에 봉추산捧捶山의 한 봉우리가 우뚝 솟았는데, 마치 다듬잇돌과 방망이 같은 것이 높이 백여 길이요, 꼿꼿이 하늘에 솟아서 석양이 옆으로 비치어 찬란한 금빛을 뿜고 있다. 강희 황제가 이를 '경추산磬捶山'이라 고쳐 이름 지었다 한다. 열하성熱河城은 높이 세 길이 넘고, 둘레가 30리이다. 강희 52년(1713)에 돌을 섞어서 얼음 무늬로 쌓아올리니, 이는 이른바 가요문哥窯紋이었다. 인가의 담도 모두 이 법으로 하였다. 성 위에 비록 방첩防堞을 쌓긴 하였으나 여느 담과 다름이 없으며 지나온 여러 고을의 성곽城郭만도 오히려 못하였다.

열하에는 삼십육경三十六景이 있다 한다. 한 나라의 옛 요양要陽·백단白檀·활염滑鹽 세 고을이 있던 땅이다. 한 경제漢景帝가 이광李廣에게 조칙을 내려 '장군은 군사를 거느리고 동으로 달려 백단에서 깃발을 멈추라.'라 한 곳이 바로 여기다. 거란의 아보기阿保機가 활염滑鹽의 허물어진 성을 고쳐 쌓았는데, 세속 사람들은 이를 '대흥주大興州'라 일렀고, 명나라 상우춘常遇春[11]이 먀속乜速(원元의 명장)을 전녕全寧으로 몰아서 깨뜨리고 대흥주로 나아가 머물렀다고 하는 곳 또한 여기다.

지난해에 태학太學을 새로 지었는데, 그 제도는 북경과 다름없었다. 대성전大成殿과 대성문大成門이 모두 겹처마에 누런 유리기와를 이었고, 명륜당明倫堂은 대성전의 오른편 담 밖에 있으며, 당堂 앞 행각行閣에는 일수재日修齋·시습재時習齋 등의 편액이 붙어 있고, 그 오른편에는 진덕재進德齋·수업재修業齋 등이 있었다. 뒤에는 벽돌로 쌓은 대청이 있고, 그 좌우에 작은 재실이 있어서, 그 오른편엔 정

---

11) 1330~1369. 안휘성 회원懷遠 출생으로 명나라의 명장이다. 1368년 북방정벌을 통해 원元나라의 수도를 함락하고 순제順帝를 북으로 축출하는 등, 명나라 건국에 큰 공을 세웠다.

사가 들고 왼편엔 부사가 들었다. 그리고 서장관은 행각 별재別齋에 들고 비장과 역관은 한 재실에 모두 들었으며 주방 둘은 진덕재에 나누어 들었다.

대성전 뒤와 좌우에 둘려 있는 별당別堂·별재 들은 이루 다 기록하기 어려울 만큼 많고도 또 모두 화려하기 그지없는데, 우리 주방으로 인해 많이 그을리고 더럽혀졌으니 애석하기 이를 데 없다. 별도로 「승덕태학기承德太學記」를 썼다.

태학유관록 太學留館錄

가을 8월 9일 을묘乙卯

사시巳時에 태학太學으로 들어갔다. 그 이전의 일은 이미 길에서 적었고, 사시 이후의 것은 관館에 머무른 일을 기록하기로 했다. 이 날은 더위가 기승을 부렸다. 말에서 내려 곧 후당後堂으로 들어섰다. 한 노인이 모자를 벗고 의자에 걸터앉았다가 나를 보고 내려와 말한다.

"수고하십니다."

나도 읍하여 답례하고 앉은 뒤, 노인이 내게 물었다.

"벼슬이 몇 품品이나 되시는지요?"

나는 답했다.

"선비입니다. 귀국에 관광차 삼종형三從兄 대대인大大人을 따라 이곳에 온 것입니다."

중국 사람들은 정사를 '대대인'이라 하고, 부사를 '얼대인[乙大人]'이라 하니, 얼[乙]은 둘째라는 의미였다. 그가 또 나에게 성명을 묻기에 써 보이니, 그는 또,

"영형令兄 대인의 존명尊名과 관직과 품계品階는?"

하고 묻기에, 나는,

"성함은 □□□(박명원朴明源)이요, 일품一品, 부마駙馬, 내대신內大臣입니다."

하고 대답하였다. 그는 또,

"영형令兄 대인께선 한림翰林 출신이십니까?"

하므로, 나는,

"아닙니다."

했다. 노인이 붉은 명함 한 장을 내어 보이며,

"저는 이와 같습니다."

한다. 오른편에 가는 글씨로,

"통봉대부通奉大夫(종삼품從三品) 대리시경大理寺卿 치사致仕 윤가전尹嘉銓."

이라 써있다. 내가 물었다.

"공公이 이미 공사公事를 그만두셨다면 무슨 일로 멀리 변새 밖에 나오셨나요?"

그는,

"황제의 명을 받들었답니다."

한다. 또 한 사람이,

"저 역시 조선 사람이올시다. 천명賤名은 기풍액奇豊額이고, 경인년庚寅年(1770) 문과文科에 장원하여 현재 귀주 안찰사貴州按察使로 근무 중입니다."

한다. 윤공尹公은,

"이제 사해四海가 한 집안이라, 문을 나서면 모두 동포 형제가 아닙니까! 고려의 박인량朴寅亮이 혹시 귀 가문의 명망 높은 어른이 아니신지요?"

하기에 나는,

"아닙니다. 주죽타朱竹坨[1]의 『채풍록採風錄』 중에 나타난 박□(박미朴瀰)[2]라는 어른이 저의 5대조代祖랍니다."

했더니, 기공奇公은,

"과연 문망文望이 높으신 상경上卿이십니다."

하고, 윤공은 또,

"왕어양王漁洋의 『지북우담池北偶談』 중에 그 어른의 시문詩文을 상세히 실었습니다. 이른바 제비와 기러기의 철새 경로가 서로 등지고, 초楚나라에서 제齊나라로 보낸 말과 소만큼 거리가 멀었는데, 이제 하늘이 주신 연분이 공교로워 이곳 새북塞北에서 부평초처럼

---

[1] 죽타는 청초淸初의 학자 주이준朱彝尊의 호. 경사經史를 널리 읽어 통하였고 고문古文과 시사詩詞에 능하여, 왕사진王士禛과 함께 남북南北의 두 대가大家로 칭해졌다. 저서로는 『폭서정집曝書亭集』·『경의고經義考』·『사종詞宗』 등이 있다.

[2] 자는 중연仲淵, 호는 분서汾西이다. 조선 중기의 문인이며, 선조의 부마駙馬로 문예에 능하였다.

떠돌다가 서로 만나게 되었으니, 이는 곧 책에 나오는 어른의 후손 이시군요."

한다. 좌중에 있던 한 사람이 감탄하는 어조로,

"그의 시를 읊고 그의 책을 읽고도 그의 인품을 몰랐다니 될 일입니까!"

한다. 기공은,

"비록 옛 어른은 가셨다 하더라도, 오히려 그의 전형典刑은 남 아 있지 않소?"

하며, 이어서,

"귀국의 농사는 어떻습니까?"

한다. 나는,

"유월에 압록강을 건너서 가을이 아직 멀었으므로 잘은 모르 겠습니다만, 올 때엔 비와 바람이 적절했었습니다."

하였다. 좌중座中에 또 한 사람은 성명이 왕민호王民皞라는 거인 擧人이다. 그는, "조선은 땅이 얼마나 큽니까?"라 하기에 나는 다음 과 같이 대답했다.

"옛날 기록에는 5천 리라 하였지만, 단군의 조선은 요순시기 와 한 때이고 기자箕子의 조선은 주 무왕周武王 때에 봉한 나라였으 며, 위만衛滿의 조선은 진秦 때에 연燕의 백성들을 이끌고 피란 왔기 에 모두들 부분적으로 한 쪽만을 점유하였으니, 땅이 5천 리가 다 차지 못하였을 것이며, 바로 전 왕조 때엔 고구려·백제·신라 등을 합하여 고려가 되었으니, 동서가 천 리, 남북이 3천 리였습니다. 중국의 역사책 중에 조선의 민물民物과 요속謠俗을 적은 것이 실지와 달라서, 모두 기자·위만 때의 조선이고, 오늘의 조선은 아닙니다. 그리고 역사를 쓴 이가 대체로 외국 일은 간략하게 하므로, 한갓 옛날의 기록을 좇을 따름이었으나, 그 토속과 풍습이란 제각기 시대에 따라 다른 것입니다. 우리나라로 말하면, 오로지 유교를 숭상하여 예악禮樂과 문물文物이 모두 중화를 본받았으므로, 예로부터 '소중화小中華'라는 이름이 있었으며, 나라의 규모라든가 사대부의 예의범절이 전혀 송나라[趙宋]와 다름없습니다."

했더니, 왕군王君은 말했다.

"과연 군자의 나라라 할 만합니다."

"아아, 찬란하게도 태사太師의 유풍遺風이 남았으니 가히 존경할 만합니다. 『시종詩綜』에 실려 있는 영존선공令尊先公께서는 어째서 소전小傳이 없었는지요?"

하기에, 나는 대답했다.

"비단 우리 선인先人의 자호와 관작이 빠졌을 뿐만 아니고, 그 중 소전이 있다는 이도 대개가 잘못된 것이 많습니다. 저의 5대조의 휘諱는 미瀰이고, 자는 중연仲淵이며, 호는 분서汾西라 하여, 문집네 권이 국내에서 간행되어 있고, 명明의 만력萬曆 때 어른이시며, 소경왕昭敬王(선조宣祖)의 부마駙馬로 금양군錦陽君이요, 시호는 문정공文貞公이라 합니다."

윤공은 이를 품속에 거둬 넣으며,

"이것으로 빠진 곳을 보충하여야죠."

하고, 왕 거인王擧人은,

"다른 잘못된 곳도 바로잡아 주셔야죠."

하고, 기공도,

"옳습니다. 이는 하늘이 주신 좋은 기회입니다."

한다. 나는,

"나는 본디 기억력이 분명하지 못하니 책을 놓고 고증攷證했으면 좋겠습니다."

했다. 기공이 왕 거인을 돌아보며 무어라 말을 하고, 윤공 역시 서로 이야기한 끝에, 이윽고 왕 거인이 곧 '명시종明詩綜'이란 석 자를 써서,

"이리 오너라."

하고 부르자, 한 청년이 앞에 와 절한다. 왕 거인이 그 종이쪽지를 주니, 청년이 받아 들고 재빨리 어디로 가버린다. 아마 다른 곳에 빌리러 보냄인 듯하다. 그 청년이 곧 돌아와 꿇어앉아서,

"없습니다."

기공이 또 한 사람을 불러 그 종이쪽지를 주자, 곧 돌아와서 무어라 말하니 왕 거인이 말했다.

"국경 근처라 워낙 책방이 없더군요."

"우리나라 이달李達이란 이가 있는데, 그의 호는 손곡蓀谷입니다. 이에 이달의 시詩를 싣고, 또 따로 손곡의 시를 실었으니, 이는 그의 호를 보고서 딴 사람의 성명으로 잘못 알고 나누어 실은 모양입니다."

했더니, 세 사람이 크게 웃고 서로 돌아보며,

"맞습니다. 그렇군요. 치이鴟夷나 도주淘朱나 범려范蠡³⁾ 한 사람을 말하는 것이거든요."

한다. 윤공이 갑자기 바삐 일어서면서 붉은 명함 석 장과 자기가 지은 구여송九如頌을 내어 주며,

"선생의 수고를 빌려 영형令兄 대인께 뵈옵고자 하옵니다."

하고, 다른 사람들도 모두 일어서며,

"윤대인尹大人께서 방금 조정에 나가시니 후일 다시 만납시다."

한다. 윤공은 이미 모자와 복식을 갖추어 관리들이 목에 거는 조주朝珠를 걸고, 나를 따라 나와서 정사의 방 앞에 이르렀다. 아까 문에서 나오는 길에 나는 그가 이곳에 들를 것을 전혀 몰랐었다. 대체 다른 사람들이 모두 윤공이 방금 조정에 나간다 했을 뿐, 윤공의 명함 내놓는 것이 그같이 간솔하기에 곧 나를 따라올 줄은 내가 생각지도 못하였던 것이다. 정사는 밤낮으로 시달린 나머지 겨우 눈을 붙이었고, 부사와 서장관은 내가 소개할 바 아니며, 더욱이 우리나라 대부들은 나면서부터 존귀한 척 하는 것이 대단하여, 중국 사람을 보면 만인滿人·한인漢人의 구분 없이 모두 오랑캐 취급한다. 한

---

3) 　모두 춘추 시대 월왕越王 구천句踐의 모신謀臣인 범려范蠡의 별칭이다. 월왕이 오왕吳王 부차夫差로부터 회계會稽에서 치욕을 당한 뒤로, 범려가 미인 서시西施를 오왕에게 바쳐 오왕의 마음을 현혹해 끝내 오나라를 멸망시키고 나서는 이내 월왕을 하직하고, 다시 서시를 데리고 서호西湖에 배를 띄워 함께 떠나 버렸는데, 그 후 그는 제齊나라에 들어가 치이자피鴟夷子皮로 성명을 바꾸고 도陶 땅에 살면서 주공朱公이라 칭하고 상업으로 치산治産을 잘하여 거부巨富를 이루었다고 한다. 『史記 卷41 越王句踐世家』

갓 마음만 도도한 체하는 것이 애초부터 몸에 밴 습속이 되어 버렸다. 그가 어떠한 호인胡人이며 무슨 지체인지 알기 전에 벌써 그를 반겨 맞이할 리도 없을 뿐 아니라 비록 서로 만난다 해도 소나 양 보듯 같이 푸대접할 게 뻔하며, 이를 주선한 나를 대수롭지 않게 여길 것이다. 윤공이 뜰에 서서 기다리므로 일이 매우 난처하게 되었다. 내가 그제야 정사에게 들어가 말하였다. 정사는 말했다.

"나 혼자서 만날 수는 없으니 어쩌면 좋을까?"

나는 몹시 늙은 손님이 뜰에 오래 서 있음을 계속 마음에 쓰여 나가서 말했다.

"정사께서 밤낮을 가리지 않으시고 먼 길을 오시느라 매우 피곤하실텐데 삼가 맞이하지 못하오니, 다른 날에 몸소 나아가 사례하려 합니다."

"그렇습니까?"

윤공은 읍을 한 번 한 뒤 나갔다. 그 기색을 살펴보니 서운하며 민망한 듯 했다. 표연히 가마를 타고 가는데, 그 가마 장식의 휘황찬란한 모양새가 참으로 귀인이 타는 것이다. 종자從者 10여 명이 모두 비단옷에 수놓은 안장을 하고 가마를 호위하고 가니 향기가 멀리까지 풍겼다.

통관이 역관에게 물었다.

"귀국에서도 부처를 존경하는지요. 국내의 절은 얼마나 있습니까?"

그러자 수역이 그 질문으로 사신에게 고하며 물었다.

"통관의 이 말은 허투루 하는 것이 아닌 듯하오니 무어라 대답을 해야 할지요?"

삼사가 의논하여 수역에게 답을 내주었다.

"우리나라 습속에는 본디 부처를 숭배하지 않았으므로, 시골엔 혹 절이 있으나 서울이나 도회에는 없는 것이라 하라."

조금 뒤에 군기장경軍機章京 소림素林이 관중館中에 왔으므로, 삼사가 캉[炕]에 내려 동쪽으로 앉았다. 이는 지세를 따른 것이었다. 소림이 황제의 조서詔書를 읽어 전달했다.

"조선 정사는 이품二品 끝의 반열班列에 서라."

이는 진하陳賀하는 날의 조정에서의 앉는 차례를 미리 일러 준 것인데, 이는 전에 없던 일이라 한다. 그리고 소림은 나는 듯이 몸을 돌려 가버렸다. 또 예부禮部에서 관중에 말을 전해 왔다.

"사신의 우반右班에 오름은 전례에 없는 은전恩典이니, 마땅히 황감하다는 인사 절차가 있어야 할 것이니, 이 뜻으로 예부에 글월을 내면 곧 황제께 올리겠소."

사신은 바로 대답했다.

"배신陪臣이 사신으로 와서 비록 황제의 지극하신 은총을 입어 망극하오나 사사로이 사례함은 도리에 어긋날까 하오니 어찌 해야 겠는지요?"

"무엇이 해 될것이 있겠소?"

예부는 이렇게 말하며 잇달아 성화를 한다. 황제는 나이가 높고 또 재위在位한 지 오래여서 권세를 손안에 쥐고 있고 총명이 쇠

하지 않았으며 기혈이 더욱 왕성했다. 그러나 해내가 태평하고 임금의 자리가 점차 높아짐에 따라 시기하고 사납고 엄하고 가혹한 일이 많을뿐더러, 기쁘고 성내는 것이 절도가 없으므로 조정에 선 신하들은 모두 임시 변통을 능사로 삼고, 오로지 황제의 마음을 기쁘게 하는 것만을 시의時義에 맞는 일인 줄로 알아, 이제 예부에서 정문呈文을 이다지 재촉하는 것도 대체로 그러한 의미에서 나온 일로서, 그들의 행동과 조짐을 가만히 살펴보면 그 지시가 오로지 예부에서 나온 것에 불과하다. 역관이 말했다.

"전년 심양에 사신갔을 때도 글월을 올려서 사례한 일이 있는데, 이번 일도 그와 다를 것이 없을 듯 합니다."

이에 부사와 서장관이 서로 의논하여 글을 지어 예부에 보내어, 곧 황제에게 바치게 했다. 예부에서 또 내일 오경五更에 궐내에 들어가서 황은皇恩을 사례하게 하니, 이는 이품과 삼품으로 우반右班에 참여해 하례하게 만든 은혜에 감사하라는 뜻이었다.

저녁 식사가 끝난 뒤에 다시 윤공尹公이 머무는 곳을 찾았더니, 왕군王君은 이미 다른 방으로 옮겨 갔고, 기공奇公은 중당中堂에 머물러 있었으므로 윤공과 더불어 기공의 처소에서 이야기했다. 윤공은 얌전하고도 소탈한 사람이다. 그는,

"아까는 몹시 바빠서 이야기를 마치지 못하였으니, 바라건대 시종의 빠지고 잘못된 곳을 들려 주셔서 보충하도록 하여 주시오."

"우리나라 선배 유자들은 바다 저 한 편 구석에서 나서 늙어서 병들어 죽도록 한 곳을 떠나지 못하고는, 반딧불처럼 나부끼고 버

섯처럼 말라, 겨우 하잘것없는 시편詩篇으로써 큰 나라의 책에 실리
게 됨은 실로 영광스럽고 다행한 일이나, 우물에 떨어진 모수毛遂[4]
가 있는가 하면, 좌중을 놀라게 하던 진공陳公(진번陳蕃)이 있다고 하
는 것은 불행히도 너무 지나친 것 같습니다. 우리나라 선유先儒 중
에 이선생 이珥라는 어른이 있으니, 그의 호는 율곡栗谷이요, 또 이
상공李相公 정귀廷龜라는 이가 있으니, 그의 호는 월사月沙인데, 시종
에는 이정귀의 호가 '율곡'이라 잘못 적혔고, 월산대군月山大君은 공
자公子인데, 그의 이름이 '정婷'이므로 여자인 줄로 잘못 알았으며,
허봉許篈의 누이동생 허씨許氏는 호가 난설헌蘭雪軒인데, 그 소전小傳
에는 여도사라 하였으니, 우리나라엔 본디 '도관道觀'이니 '여관女冠'
이니 하는 것이 없으며, 또 그의 호를 경번당景樊堂이라 하였으나,
이는 더욱 잘못된 일입니다. 허씨가 김성립金誠立[5]에게 시집갔었는
데, 김성립의 생김새가 못났으므로 그 벗들이 그를 놀리어 그 아내
가 두 번천杜樊川[6]을 연모한다 하여 조롱한 것입니다. 대개 규중閨中
에서 시를 짓는 것은 미풍은 아닌데, 더욱이 두번천을 연모한다고
잘못 알려졌으니 어찌 원통하지 않겠습니까?"

했다. 윤·기 두 분이 모두 크게 웃었다. 문 밖에 아이놈들이 무

---

4) 낭중지추囊中之錐 고사의 주인공, 조나라 평원군의 식객이다.

5) 김성립金誠立(1562~1592)으로, 본관은 안동安東, 자는 여견汝見·여현汝賢, 호는 서당西堂이다. 난설
    헌蘭雪軒 허초희許楚姬의 남편이다. 1589년(선조22) 증광 문과에 병과로 급제한 뒤 홍문관 저작
    弘文館著作에 이르렀으나, 1592년 31세의 젊은 나이로 임진왜란 때 죽었다.

6) 번천은 당나라 두목杜牧(803~852)의 호이다. 자는 목지牧之이다. 근체시近體詩 칠언절구七言絶句에
    능했다고 한다. 얼굴이 잘생겼던 것으로 유명하다.

슨 까닭인지도 모르고 모두 늘어서서 따라 웃는다. 이는 이른바 웃음소리만 듣고 따라 웃는다는 격이다. 알지 못하겠다. 그들이 웃는 통에 나 역시 웃음을 참지 못하였다.

영돌永突이 찾아왔으므로 일어서 나오니, 두 사람이 문밖까지 나와 전송하여 주었다. 때마침 달빛이 뜰에 가득하고, 담 너머 장군부將軍府에서는 이미 초경初更 넉 점을 치는 야경 소리가 사방으로 울린다. 상사의 방에 들어가니 하인들이 휘장 밖에 누워 코를 골고 정사도 이미 잠들었다. 짧은 병풍 하나를 사이에 두고 나의 잠자리를 마련해 두었다. 일행 상하가 닷새 밤을 꼬박 새운 끝이므로 이제 깊이 잠든 모양이다. 정사 머리맡에 술병 둘이 있기에 흔들어 보니, 하나는 비고 하나는 차 있었다. 달이 이처럼 밝은데 어찌 마시지 않으리. 마침내 가만히 잔에 가득 부어 기울이고, 불을 불어 꺼버리고서 방에서 나왔다. 홀로 뜰 가운데 서서 밝은 달빛을 쳐다보고 있노라니, '할할'하는 소리가 담 밖에서 들린다. 이는 낙타가 장군부將軍府에서 우는 소리였다. 드디어 명륜당明倫堂으로 나왔다. 나와 보니, 제독과 통관의 무리가 각기 탁자를 끌어다 둘을 한 데 붙여 놓고 그 위에서 잠들었다. 제 비록 되놈이지만 무식함도 심하다. 그 누워 자는 자리는, 곧 선성先聖·선현先賢께 석전釋奠이나 석채釋菜를 거행할 때 쓰는 탁자인데, 어찌 감히 이를 침상으로 대용할 수 있으며, 또 어찌 차마 누워 잘 수 있는가! 그 탁자들은 모두 붉은 칠을 하였는데 백여 개가 있었다.

오른편 행각에 들어가니, 역관 세 사람과 비장 네 사람이 한 캉에 누워 자는데 목덜미와 정강이를 서로 걸치고 아랫도리는 가리지도 않았다. 모두 다 천둥소리처럼 코를 고는데, 혹은 병을 거꾸러뜨려 물이 쏟아지는 소리가 나고, 혹은 나무를 켜는데 톱니가 긁히는 소리가 나며, 혹은 혀를 끌끌 차며 사람을 꾸짖는 시늉으로 들리기도 하고, 혹은 꽁꽁거려 남을 원망하는 모양새다. 만리 길을 함께 고생하며 자나깨나 붙어 있으니, 그 정이야말로 친형제와 다름없이 사생을 같이할 것이다. 그럼에도 불구하고 그 잠든 모습을 동상이몽일 것이며 그의 간담肝膽은 초楚나라·월越나라처럼 먼 것을 깨달았을 뿐이다. 담뱃불을 붙이고 나오니, 개 소리가 표범 소리인양 장군부에서 들려 온다. 그리고, 야경 치는 소리가 마치 깊은 산중 접동새 소리같이 울렸다. 뜰 가운데를 거닐며, 혹은 달려도 보고 혹은 발자국을 크게 떼어 보기도 해서 내 그림자와 서로 노닐었다. 명륜당 뒤의 늙은 나무들은 그늘이 짙고, 서늘한 이슬이 방울방울 맺혀서 잎마다 구슬을 드리운 듯, 구슬마다 달빛이 어리었다. 달 밖에서 또 삼경의 두 점을 쳤다. 아아, 애석하구나. 이 좋은 달밤에 함께 구경할 사람이 없으니, 이런 때에는 어찌 우리 일행만이 모두 잠들었을까? 도독부都督府의 장군도 그러할 것이다. 그렇게 생각하면서 나도 곧 방에 들어가, 쓰러질듯 베개에 머리가 저절로 닿았다.

10일 병진丙辰

날이 개었다.

영돌이 나를 깨웠다. 당번 역관과 통관이 모두 문 밖에 모여, 때가 늦었다고 계속 재촉한다. 나는 겨우 눈을 붙였다가 떠드는 소리에 잠이 깼다. 야경 소리가 아직도 들려 온다. 노곤한 몸에 달콤한 졸음으로 꼼짝하기 싫은데, 아침으로 죽이 머리맡에 놓여 있다. 억지로 일어나서 따라가 보니 광피사표패루光被四表牌樓가 있다. 등불 빛에 좌우의 시장 상점들이 보이지만, 연경에는 어림없고 심양·요동에도 미칠 수 없었다.

궐闕 밖에 이르렀으나, 날이 오히려 새지 않았으므로 통관이 사신을 인도하여 큰 묘당에 들어 쉬게 했다. 이는 지난해 새로 세운 관제묘關帝廟다. 중첩된 누각과 깊은 전당, 굽은 행각, 겹친 곁채들의 조각이 공교롭고 단청이 어리어리하다. 중들이 모여들어 서로 다투어 구경하고 있다. 묘廟 안에는 이곳저곳에 연경의 벼슬아치들이 와서 머물러 있고, 왕자王子들도 이 속에 많이 와 머물고 있다 한다.

당번 역관이 와서,

"어제 예부에서 알린 것은 다만 정사와 부사의 사은謝恩만을 말하였으니, 이는 대저 황제가 명을 내려 정사·부사만을 우반右班에 승참陞參하게 함이며, 따라서 그 은혜를 사례하는 것이므로 서장관은 사은하는 일이 없을 듯하다."

한다. 이에 서장관은 관제묘에 머물고, 정사와 부사는 궐내로 들어갈 때 나도 따라 들어갔다. 모든 전각에는 단청을 꾸미지 않았고, '피서산장避暑山莊'이라 편액을 붙였는데, 오른편 곁채에 예부 조방朝房이 있어서 통관이 이곳으로 인도한다. 한인漢人 상서尚書 조수선曹秀先이 의자에서 내려와 정사의 손을 잡고 매우 반기는 뜻을 보이며,

"대인大人은 앉으시죠."

한다. 사신은 손을 들고 사양하여 주인이 먼저 앉기를 청하였으나, 조공曹公 역시 손을 들어 계속,

"대인께서 먼저 앉으시죠."

한다. 사신이 굳이 사양하기 4, 5차에 이르렀으나, 조공은 더욱 사양을 게을리하지 않는다. 정사와 부사가 할 수 없이 먼저 캉[炕]에 올라앉았다. 그런 다음에야 조공이 비로소 의자에 걸터앉아서 서로 인사를 나누었다. 우리 사신의 의관은 그의 모복帽服에 비기면 가위 보기 좋은 선인仙人이라 할 수 있겠으나, 말이 통하지 못하고 행지行止가 서툴러서 읍을 하고 손을 올리는 동작이 저절로 뻣뻣하고 서먹하여, 저네들의 세련되고 은근한 솜씨에 비기면 그 생경生硬함이 도리어 중후한 태도를 갖게 된다.

정사가 말했다.

"서장관은 어떻게 하면 좋겠습니까?"

"오늘 사은엔 함께 할 것이 아니고, 이후 하례에는 함께 참여

해도 좋겠습니다.

조공은 말을 마치고 일어섰다. 통관이 다시 전해왔다.

"만인滿人 상서尙書 덕보德甫가 들어옵니다."

사신이 문에 나와서 맞아 읍하니 덕보 답례하고 멈춰서서 묻는다.

"먼 길에 별고 없으신지요? 어제 황제계서 은총을 특별히 내신 것을 아시는지요?"

"황은皇恩이 각별하시니 영광스럽기가 그지없소."

덕보는 웃으면서 다시 뭐라고 말했지만, 뭘 먹다가 목에 걸렸는지 '옹甕'인지 '앙盎'이라 하는지 분간할 수 없었다. 만주인 중에서는 이런 이들이 많았다. 덕보는 그말을 마치고 곧 가버린다. 내옹관內饔官이 음식 세 접시를 내어 왔는데, 흰 떡, 돼지고기 과일이었다. 떡과 과일은 누런 쟁반에 담고, 돼지고기는 은쟁반에 담았다. 예부낭중禮部郎中이 곁에 있다가 "이는 황제의 조찬에서 세 접시 물려 온 것이오."라 하였다. 얼마 안 되어 통관이 사신을 인도하여 문밖으로 나가서 세 번 절하고 아홉 번 머리를 조아리는 삼배구고두三拜九叩頭의 예를 행하고 돌아왔다. 어떤 사람이 앞에 나와서 읍하며 말했다.

"이번 황은皇恩이야말로 망극한 일입니다."

이어서 말했다.

"귀국은 의당 예단禮單을 더 보내야만 하오. 그러면, 사신과 종관從官에게도 두 번째로 포상이 가해질 것이오."

그는 곧 예부 우시랑禮部右侍郎 아숙阿肅으로 만주 사람이었다. 사신은 조방朝房에 다시 들어갔고 나는 먼저 나왔다. 대궐 밖에는 수레와 말이 빽빽이 들어서 있었다. 말은 모두 담장 쪽을 향해 나란히 서있었는데, 굴레도 없고 고삐도 없는 것이 마치 나무로 만들어 세워 놓은 듯했다. 문 밖에서 사람들이 양쪽으로 갈라지며 갈라마치 물 끼얹은 듯 조용해졌다. 알고 보니 황자皇子가 오고 있다고 했다.

한 사람이 말을 탄 채 궐내로 들어가는데, 시종들은 모두 말에서 내려 걸어서 간다. 그는 바로 황육자(황제의 여섯 번 째 아들) 영용永瑢이었다. 흰 얼굴에 마마를 앓은 자국이 자욱이 낭자하고, 콧날은 낮고 작았다. 볼이 몹시 넓으며, 눈자위는 희고, 눈꺼풀은 세겹이었다. 어깨가 넓고 가슴이 떡 벌어진 것이 체구가 건장하긴 하나, 전혀 귀티가 나지 않았다. 그러나, 문장과 서화에 능하여 현재『사고전서四庫全書』총재관總裁官이며, 백성들의 신망이 그에게 쏠려 있다고 한다. 일찍이 강녀묘姜女廟에 들어갔을 때, 그 벽 위에 황삼자皇三子와 황오자皇五子의 시를 새겨 둔 것을 보았다. 황오자의 호는 등금거사藤琴居士인데, 시가 스산하고 글씨도 가냘파서, 재주는 있어 보였으나 황왕가皇王家의 부귀한 기상이란 찾아볼 수 없었다. 그리고, 등금거사는 호부 시랑戶部侍郎 김간金簡의 조카였는데, 그는 상명祥明의 종손從孫이다. 상명의 조부는 본시 의주義州 사람으로 중국에 들어갔으며, 상명은 벼슬이 예부 상서에 이르렀고, 옹정雍正 때 사람이다. 간簡의 누이동생이 궁중에 들어가서 귀비貴妃가 되어 건륭제의 총애를 받았더랬다. 건륭제의 뜻은 다섯째 아들에게 후사를 맡기려 했지만 요절했고 지금은 영용이 총애를 독차지 하여 지난해에 서장西藏에 가서 반선班禪을 맞아 왔다 한다. 이미 죽은 아들이 읊은 시는 뜻이 스산하고 그 남은 아들의 것도 귀기라고는 없으니 황실이 장차 어찌될 지 모를 일이다.

가산嘉山 사람 득룡得龍은 마두로 연경에 드나든 지 40년이다. 그래서 중국말에 매우 능숙하다. 여러 사람 가운데 끼어 있는데, 그가 멀리서 나를 부르는 소리가 났다. 가보니, 득룡이 나이 많은 몽고왕과 서로 손잡고 이야기가 한창이었다. 몽고왕은 모자에 홍보석紅寶石을 달고 공작孔雀의 깃을 달았다. 그의 나이는 81세이며 키가 거의 6척 장신인데, 허리가 구부정하고 얼굴 길이는 한 자 남짓하여 거무 튀튀했다. 몸을 부들부들 떨며 체머리를 흔드는 것이 볼품이 없었으니 마치 금방 쓰러질 듯한 썩은 나무등걸 같은데, 전신의 원기元氣가 모두 입으로 나오나 보다. 그 늙은 모양이 이러하니, 그가 설령 저 흉노의 우두머리 였던 묵돌冒頓일지라도 두려울 것이 못된다. 시종하는 사람이 수십 명이건만 부축하지도 않는다. 또 한 몽고왕이 있는데, 건장하고 기운이 세어 보이기에 득룡과 함께 가서 말을 붙이니, 그는 내 갓을 가리키며 무엇인지 물었다. 우리가 제대로 알아듣지도 못하는 사이에 그가 가마를 타고 휭 가버린다.

득룡이 그럴듯해 보이는 귀인들을 찾아가서 일일이 읍하고 말을 붙이니, 모두 읍으답례하며 대꾸한다. 득룡이 나더러도 본인처럼 해보라 했지만, 나는 처음 배워서 어색할뿐더러, 또 관화官話가

서툴러서 별 도리가 없었다. 곧 관제묘에 들어간즉, 사신이 이미 나와서 옷을 갈아 입고 있었다. 드디어 함께 관館으로 돌아왔다.

아침 식사가 끝난 뒤에 후당後堂으로 들어갔다. 왕 거인王擧人 민호民鎬가 나와 맞는다. 왕 거인의 호는 혹정鵠汀이었으며, 산동도사山東都司 학성郝成과 한 한 방에 거처하고 있었다. 성成의 자는 지정志亭이요, 호는 장성長城이라 한다. 혹정이 우리나라 과거제도를 물어보았다.

"조선의 과거제도에서는 어떠한 문자로 무슨 글을 지어 바치는지요."

내가 그 대강을 일러주니, 그는 또 혼인에 대한 예식을 물었다.

"관冠·혼婚·상喪·제祭는 모두 주자朱子의 가례家禮를 따릅니다."

혹정이 말했따.

"가례는 주부자朱夫子가 완성하지 못한 책이므로, 중국에서는 반드시 이것만을 따르지는 않습니다."

그가 또 요청했다.

"귀국의 장점을 듣길 원합니다."

나는 이렇게 대답했다.

"우리나라가 비록 바다 한쪽 구석에 자리잡았으나, 역시 네 가지 장점이 있습니다. 온 나라 풍속이 유교儒敎를 숭상함이 첫째요, 땅에 황하黃河처럼 큰 수해의 걱정이 없음이 둘째요, 고기와 소금 따위를 다른 나라에서 빌리지 않음이 셋째요, 여자가 두 남편을 섬기지 아니함이 넷째 좋은 일입니다."

지정志亭이 혹정을 서로 수군대다가 이윽고 혹정은 말했다.

"진실로 좋은 나라이구려."

이에 지정이 묻는다.

"여자가 남편을 바꾸지 않는다니요. 온 나라가 모두 그럴 수 있습니까?"

"온 나라의 미천한 백성이나 하인들까지 모두 그러하다는 것은 아닙니다. 명색이 사족士族이라면, 비록 아무리 가난하고 삼종지도가 끊어졌다고 해도 평생 수절하기에 저 천한 종들에게까지 그 가르침이 미쳐 저절로 풍속을 이룬 지 4백 년이 되었습니다."

"금령禁令이랄 만한 것이 있습니까?"

"별다른 금령은 없습니다."

혹정이 말했따.

"중국에서도 이 풍속이 막심한 폐단을 이루어서, 어떤 이는 납채納采만 하고 초례醮禮를 이루지 않았다거나, 성례만 하고 아직 첫날밤을 치르지 않았는데도 불행히 사고가 있으면 평생토록 과부의 절개를 지켜야 합니다. 이런 건 오히려 나은 편입니다. 집안끼리 대대로 친한 집에는 뱃속의 아이들을 사돈을 언약하거나 어린 아이들일 때 부모끼리 정혼을 하는 겁니다. 그러다 남자가 죽기라도 하면, 독약을 마시거나 목을 매어서 같이 따라 합장되기를 바라니 이는 예禮에 크게 어긋나는 일이므로, 군자들은 이를 '시체와 정분이 났다던가', '절개를 구실로 하는 서방질'이란 말로 꾸짖었으며 국법國法으로 이를 엄격히 단속하여 그 부모를 단죄하기도 했습니다.

그러나 마결국 습속을 이루었으니 이는 동남 지방이 더욱 심합니다. 그러므로, 유식한 집안에서는 여자가 성년成年이 된 뒤에 비로소 혼담을 꺼냅니다. 이는 요즈음 일입니다."

나는 말했다.

"『유계외전留溪外傳』에 보면, 효자가 간肝을 내어서 그 어버이의 병을 낫게 한 일이 있으며, 명나라 말기의 유명한 효자였던 조희건趙希乾은 가슴을 갈라 염통을 꺼내려다가 창자를 한 자 남짓 잘못 잘라서 이를 끊어 삶아서 그 어머니의 병을 고쳤다고 합니다. 그런데 얼마 있다가 그 상처가 아물어 아무런 일이 없었다 하니, 이를 본다면 손가락을 끊었다든지 똥을 맛보았다고 하는 건 대수롭지 않은 일이며, 눈 속에서 죽순竹筍을 캐내던 오나라의 맹종孟宗이나 얼음 구멍에서 잉어[鯉魚] 잡았다는 진나라 왕상王祥도 그저 어리석은 자일 뿐이었지요."

혹정이 말했다.

"이런 일이 흔하긴 합니다."

이에 지정이 말했다.

"최근, 산서山西에서 어떤 효자의 정문旌門을 세웠다는데, 그 일이 참 기이하더군요."

혹정이 거든다.

"눈 속에서 죽순을 캐고 얼음 구멍에서 잉어를 잡은 일이 정말 사실이라면, 이는 천지의 기운이 그게 엷어진 것 아니겠습니까?" 하고는 서로 한바탕 크게 웃었다.

지정이 이어서 말했다.

"송나라의 충신이었던 육수부陸秀夫가 황제를 업고 바다에 들어간 것과, 장세걸張世傑(송말의 충신) 나라를 흠모하다가 배가 뒤집혀 죽고 명나라 대학자였던 방효유方孝孺가 그 십족十族의 멸함을 달게 받고, 명나라의 철현鐵鉉이 기름을 튀게 하여 데인 것은 모두 그렇게 하지 않으면 마음에 차지 않았기 때문이었지만, 그래서 후세에 세상의 충신忠臣과 열사烈士가 되기란 아주 어렵게 된 셈입니다."

혹정이 말했다.

"천지가 개벽한 지 오래여서, 뛰어나게 쾌한 일이 아니면 이름을 이루지 못할 것이니, 장자의 말에, '어찌 탄식만 하고 앉아 효도를 말하리오.'라고 함은 이를 염두에 둔 것일게요."

내가 답했다.

"아까 왕王 선생께서 천지의 기운이 경박하게 되어버렸다고 하신 말씀은 매우 옳습니다. 단술을 고아서 소주를 만든다면 순정한 술[醇]을 말할 수 없을 것이요, 입으로 담배를 피운다면 다시는 담배의 매운 맛을 말할 수 없습니다. 이런 것을 만일 깊이 꼬집고 캐어 말한다면, 절의節義를 배척하는 의론이 세상에 다시 일어나고 말 것입니다."

혹정이 말했다.

"그렇습니다. 귀국 부인들의 복식은 어떠합니까?"

나는 저고리며, 치마와 또 머리의 쪽찌는 법을 대강 이야기하고, 원삼圓衫·당의唐衣 같은 것은 탁자 위에 그 모양새를 대충 그려서 보였더니, 두 사람이 모두 좋다 하였다. 지정은이 누구와 약속이 있다고 하면서 곧 다시 돌아오겠다고 하더며 나에게 잠시 앉아 있으라 하였다. 그러더니 이내 나갔다. 혹정은 계속 지정을 칭찬하며 말했다.

"지정은 무인이기는 하지만, 문재가 풍부하여 당세에 드문 사람입니다. 지금 사품四品 병관兵官입니다."

그는 이어서 물었다.

"귀국의 부인들도 전족을 합니까?"

"하지 않습니다. 한족 여인들의 꼬부라진 신은 차마 볼 수 없더군요.발꿈치로 땅을 딛고 걷는 모습이 마치 보리를 심을 때 좌우로 기우뚱 대는 모습같고, 바람이 불지 않아도 금새 쓰러질 것 같으니 이 무슨 꼬락서니랍니까."

혹정이 말했다.

"전족의 내력을 더듬어 보면, 적국에서 포로로 잡아 온 부녀들을 쌓아둔 것이라 할 수 있으니, 이로써 보면 세운을 집작할 수 있을 것입니다. 앞서 명대엔 그 죄가 부모에게 미쳤고, 본조本朝에 와서도 이에 대한 엄격하게 금하고 있으나, 끝끝내 이를 막지 못하는 이유는 대개 남자들은 말을 듣는데, 여인들은 따르지 않기 때문입니다."

"모습이 흉하고 걸음이 불편한데, 어째서 그걸 한답니까."

"만주여인들과 똑같이 보이는 걸 수치로 여겨서이지요."

그러고는 곧 썼던 글자를 지워버리고 다시 말했다.

"결코 고치지 않는답니다."

내가 말했다.

"삼하·통주 근처에서 늙은 거지 여인이 머리에 가득히 꽃을 꽂고 전족을 한 채로 따라오면서 구걸하는데, 마치 배부른 오리마냥 뒤뚱뒤뚱 넘어질 듯하니, 내 보기에는 되레 만주 여인보다 흉하더군요."

"그러니까 삼액三厄이라 하였지요."

"삼액이란 무슨 뜻입니까?

"남당南唐 후주의 궁인이었던 장소랑張宵娘이 송궁宋宮에 사로잡혀 왔는데, 궁인宮人들이 모두 그 작고 뾰족한 발이 좋다고 하여 다투어서 헝겊으로 발을 꽁꽁 싸매기 시작한 이래 전족 풍습이 시작되었습니다. 원나라 때는 중국 여인들이 작은 발과 꼬부라진 신으로 자신이 중국 여자임을 표시했지요. 명나라가 되어서는 이를 금지했으나 소용이 없었습니다. 그러나 만주 여인들은 중국 여자들의 전족을 비웃어 남자들의 음심을 돋우는 것이라 하지만 이는 실로 억울한 일입니다. 이것이 발의 재앙인 족액足厄입니다. 홍무洪武 때에 고 황제高皇帝가 도관이었던 신락관神樂觀에 미복으로 잠행한 적이 있었습니다. 한 도사道士가 실로 망건網巾을 떠서 머리칼을 싸매는 것이 보기에 편리할 듯해서, 이를 빌려 거울 앞에서 써 보는 만족스러워 그 제도를 천하에 명했지요. 그 뒤부터 말갈기, 말총으로 실을 대신하여 꼭 졸라매어서 자국이 심하게 나므로 이를 호좌건虎坐巾이라 하였습니다. 그 앞이 높고 뒤가 낮아서 흡사 범이 쭈그리고 앉은 것 같아 그렇게 이름한 것이외다. 또 수건囚巾이라는 별칭이 있었는데, 당시에도 어떤 이가 그 불편함을 탓하며 벌써 천하의 머리와 이마가 모두 그물 속에 갇혔다라 하였으니, 대개 불편함을 탓한 말이지요."

그는 필담 나누던 붓으로 내 이마를 가리키며 말했다.

"이게 바로 머리의 재앙이라는 두액頭厄입니다."

나는 웃으면서 그의 이마를 가리켜,

"이 번쩍번쩍하는 건 무슨 액厄이옵니까?"

라 농을 하였다. 그런데 혹정은 별안간 슬픈 낯빛으로 고개를 끄덕이고, 곧 천하두액天下頭額 이하의 글자를 모두 까맣게 지워버린다. 그러고는 다시 말했다.

"이 담배는 만력萬曆 말년에 절동浙東·절서浙西 사이에 유행하였던 것입니다. 사람의 가슴을 답답하게 만들거나 취하여 넘어지게 하는 천하의 독초毒草입니다. 먹어서 배가 부른 것도 아니건만, 천하의 좋은 밭을 갈아서 심으면 이익이 좋아서, 마치 좋은 곡식을 심은 것이나 다름없지요. 부인이며 어린아이들까지도 모두가 즐겨 피우며 저 기름진 고기나 또는 차, 밥 보다도 훨씬 좋아하더이다. 쇠붙이와 불로 함께 입을 뜸뜨고 있으니, 이 또한 세운世運이지요. 이보다 더한 변고가 어디 있겠습니까. 선생께서도 담배를 즐기시는지요?"

"네."

그러자 혹정이 말했다.

"저는 그다지 좋아하지 않습니다. 전에 한 번 시험삼아 피어 보았는데, 곧 취하여 쓰러질 것 같고 토악질에 기침까지 하느라 죽을 뻔 했소이다. 이야말로 구액口厄이 아니고 무엇이겠소? 아마 귀국에서도 사람들마다 담배를 피울텐데요."

"네. 그러나, 부형이나 어른 앞에서는 감히 피우지 못합니다."

"그럴겁니다. 독한 연기를 내뿜는건 다른이에게 무례한 일인데, 하물며 부형 앞에서이겠습니까."

"꼭 그래서만은 아닙니다. 입에 긴 대를 물고 어른 앞에 나아감은 몹시 거만스럽고 무례하기 때문이지요."

"그럼, 담배는 토종土種입니까. 혹은 중국에서 수입하는 것입니까?"

"만력 연간에 일본日本에서 들여와, 지금은 토종이 중국 것과 다름없소이다. 청淸이 아직 만주滿州에 있을 때에, 담배가 우리나라에서 들어갔는데, 그 종자는 본래 일본으로부터 왔으므로 담배를 남초南草라 부르지요."

"이는 본래 일본에서 나온 것이 아닙니다. 서양西洋 배편에 건너 온 거지요. 서양 아미리사아亞彌利奢亞(아메리카)의 군주가 여러 가지 풀을 맛보다가, 담배로 백성들의 입병을 낫게 하였다고 합니다. 사람에게 있어 비장脾臟이 토土에 배속되므로 허고 냉하여 습기가 차면 벌레가 생기고, 이것이 입에까지 번지면 당장에 죽는다고 합니다. 때문에 불로 벌레를 쳐서, 목木을 극하고 토土를 도와 장기瘴氣를 이겨 내고 습기를 덜어서 신묘한 효과를 거두었으므로 영초靈草

라고도 한답니다."

이에 내가 말했다.

"우리나라에서도 이를 남령초南靈草라고 부르고 있습니다. 그 신묘한 효력이 이와 같다면, 수백 년 동안에 온 세상이 다 함께 즐겨 피우는 것도 역시 세운이라 할 수 있겠습니다. 선생의 이른바 세운이라 하심은 정말 좋은 말씀입니다. 이 풀이 아니었더라면, 천하 사람이 모두 입병으로 죽었을는지 누가 알겠습니까."

혹정이 말했다.

"저는 담배를 즐기지 아니하여도, 나이 60이 다되도록 아직 입병이란 없고, 지정 역시 즐기지 않습니다. 서양 사람들이 대체로 과장되고 허황되어 이익을 취하는데 교묘하니, 어찌 그 말을 다 그대로 다 믿겠습니까?"

이때 지정이 돌아와서, 혹정의 필담 중에, '저는 담배를 즐기지 않아도'와 '지정 역시 즐기지 않습니다'라는 구절에 큼지막하게 동그라미를 치며 말했다.

"이거 참 독하군요."

서로 한바탕 웃고, 나는 그 길에 하직하고 숙소로 돌아왔다.

군기 대신軍機大臣이 '서번西番(티베트)의 성승聖僧에게 가보지 않겠느냐.'는 황제의 명령을 전달했다. 그러자 사신은 대답했다.

"황제께서 우리나라를 중국과 같이 보시므로 중국의 인사와는 거리낌 없이 왕래해도 오가도 무방하지만, 다른 나라 사람과는 사적인 교분을 쌓지 않는 것이 우리나라의 법이오."

군기 대신이 떠난 뒤에 사신들은 수심에 가득찼고, 당번 역관들은 황급히 분주하여 마치 숙취宿醉가 덜 깬 사람 같았다. 그리고 비장들은 공연히 성을 내며 말했다.

"황제의 처사가 참으로 해괴망측하다. 저러다 꼭 망하고야 말지. 오랑캐니까 그럴 것이야. 명나라 때 어디 이런 일이 가당키나 한가?"

수역首譯은 그 바쁜 와중에도 비장을 향하여 쏘아 붙였다.

"춘추대의를 논할 때가 아닐세."

얼마 되지 않아, 군기 대신이 다시 말을 타고 와서 황제의 명령을 재차 전달했다.

"중국 사람과 조선 사람은 하나와 마찬가지이니 즉시 가 보라."

사신들은 서로 의논하는데, 어떤 이는 "가봐야지, 안그러면 더욱 어려워 질꺼야"라고 하고 어떤 이는 "글을 예부에 보내어 이치로 따져야 하오."라 하는데, 역관은 그저 "예, 예."라 할 뿐이었다. 나는 사신의 임무를 띠지 않고 관광삼아 따라왔을 뿐 사행에 관한 일에는 이러니저러니 참견할 수 있는 입장이 아니었거니와, 또 여태 내게 묻는 일도 없었다. 이때 마음으로는 참 좋은 기회다 싶기도 했고, 허공에다가 손가락 끝으로 동그라미를 그려대면서 참 흥미로운 주제이겠다 생각했다. 이런 때 사신이 만일 소장을 올린다면, 그 의로운 명성이 천하에 떨쳐서 크게 우리나라를 빛내지 않겠는가? 그러다가 이내 스스로 '그렇다면 황제가 군사를 내어 우리나라

를 칠 것인가?'라고 물었다가, '아니야. 그럴수 없지. 상소는 우리
나라 사신들의 허물인데, 어찌 그 나라에 노여움을 풀려 할 것인
가? 그러나 이 일을 빌미로 그 빌미로 운남雲南·귀주貴州니 하는 곳
으로 귀양살이 가게 된다면 할 수 없겠지. 나는 의리를 생각해서라
도 고국으로 돌아갈 수는 없을텐데, 그러면 서촉西蜀과 강남江南의
땅을 밟아보게 되겠지? 강남은 오히려 가깝지만 저 교주니 광주廣州
니 하는 데는 북경에서 만여 리 길이나 된다니, 내 구경이 그야말로
찬란해지리라.'라고 답해본다. 나는 너무 기쁜 나머지 뛰어나가 동
쪽 곁채에 서서 건량乾糧의 마두 이동二同을 불러 내 말했다.

"얼른 술을 사오렴. 돈 아끼지 말거라. 이제 너랑 이별해야 할
테니!"

술을 마시고 들어갔으나, 여전히 논의는 분분했다. 예부는 독
촉하며 성화인데, 비록 그 몸집 크고 뱃심 좋던 하원길夏原吉이 살아
있다 해도 별 수 없었을 것이다. 안장과 말을 정돈하는 사이에 시간
이 늦어져 해가 이미 저물었다. 오후 들어 날씨가 몹시 뜨거웠다.
행재소의 대궐문을 거쳐 성을 안고 돌아 서북쪽으로 향해 반도 못
갔을 무렵에, 별안간 황제의 명이 도달했다.

"오늘은 이미 늦었으니, 사신은 돌아가서 다른 날을 기다
리라."

이에 서로 돌아보며 놀랐다가 한 시름 놓고 되돌아 왔다.

소위 성승聖僧이란 서번의 승왕僧王인데, 호는 반선불班禪佛이요,
또 장리불藏理佛이라고도 하며, 중국 사람들은 대부분 그를 믿고 떠

받들며 활불活佛이라 일컫는다. 그는 스스로 42번이나 다시 태어났다고 하며, 전생에는 중국에서 여러분 태어났고, 현재 나이는 43세라 했다고 한다. 지난 5월 20일 그를 열하로 맞아 와서, 따로 궁궐을 짓고 스승으로 섬기는 것이다. 혹자는 말하길, 그의 시종들이 많아서 국경을 넘을 때 일부는 낙오되었으나 그래도 따라온 자가 수천 명이 넘는다고 했다. 그들은 모두 비밀히 병장기를 감추고 있는데 황제만이 이를 깨닫지 못한다는 것이다.

그러나 이는 공연히 인심을 소란하게 하고자 하는 말인 듯싶다. 또 거리의 아이들이 부르는 황화요黃花謠는 이를 두고 지칭하는 것이라 한다. 그 시는 욱리자郁離子가 지은 것이다. 그 노래에 "붉은 꽃 다 지고 누런 꽃 피어나네[紅花落盡黃花發]"라 하였는데, 여기서 붉은 꽃이란 붉은 모자를 청인을 말하는 것이다. 몽고와 서번은 모두 누런 모자를 쓴다. 또 다른 노래에 "원래 오래된 물건, 누가 주인이란 말인가[元是古物誰是主]"라 하였다. 이 두 노래를 살펴보면, 모두 몽고를 염두에 두고 부른 것이다. 몽고는 48부락이 강하지만 그 중 토번吐番이 가장 사납다. 토번은 서북의 호족胡族이었으며, 몽고의 별부別部로서 황제가 가장 두려워하는 자였다.

박보수朴寶樹가 예부에 가서 이 일에 대해 정황을 파악하고 와서 말했다.

"황제께서 말씀하시기를, '그 나라는 예禮를 알건만 신하는 예절에 어둡도다!'라 하였답니다."

박보수와 통관들이 모두 가슴을 치고 우는 양이다.

"이제 우리는 죽었습니다."

이는 통관배들이 으레 하는 버릇이라 한다. 비록 아주 작은 일일지라도, 황제의 명령이라면 죽는다며 엄살하고 법석을 떠는 것이다. 하물며 도중에 돌아가라 함은 마음에 황제가 못마땅함을 내비치는 것이 아니겠는가? 또 예부에서 전하는 말 중, 예의를 모른다는 구절은 불평을 그대로 드러낸 것인 즉, 통관들이 가슴을 치며 우는 것도 공연한 일은 아닐 것이다. 다만, 꼬락서니가 단정치도 못하고 볼성 사나와서 보는 사람들로 요절복통하게 만든다. 우리나라 역관들도 두렵긴 하겠지만, 미동하나 없다.

저녁에 예부에서 전갈이 왔다.

"내일 식후에나 모레 오전 무렵 황제께서 사신을 만나보실 테니, 일찍 서둘러서 늦지 말라."

저녁 식사 후에 윤형산尹亨山을 방문했다. 마침 혼자 앉아 담배를 피우다가, 손수 담배를 담아 내게 권한다.

"형님 대인께서는 안녕하신지요?"

"황제 덕택에 별 일 없으십니다."

그는 또 『계림유사』에 대해서 묻기에 이렇게 대답했다.

"이는 열수洌水 지역의 방언方言과 다름없는 것입니다."

윤공尹公은 또 물었다.

"귀국에 『악경樂經』이 있다는데 사실인지요?"

그러한 중에 기공奇公이 와서 '악경'이란 글자를 보고는 그 역시 물었다.

"귀국에 안회顏回가 지은 책이 있는지요? 중국에 오는 사신使臣이 이 두 책을 지니고 오면 압록강鴨綠江을 건너지 못한다 하니, 정말 그렇습니까."

내가 대답했다.

"공자가 계신데 안회顏回가 어찌 책을 지었겠습니까? 또 진秦나라가 『시詩』·『서書』를 불태웠으니 어찌 『악경』만 빠졌겠습니까?"

"물론 그렇겠지요."

"중국은 문명文明이 집결되는 곳이니, 만일 우리나라에 참으로 이 두 가지 책이 있어서 가지고 오려는 자가 있었다면, 신령이 보호할 것이니 어찌 압록강을 건너지 못했게습니까?"

"옳은 말씀입니다. 『고려지高麗志』가 일본日本에서 나왔으니까요."

"『고려지』라니, 몇 권이나 됩니까?"

"난완蘭畹 무공련武公璉이 초鈔한 『청정쇄어蜻蜓瑣語』에 고려서목高麗書目이 있더군요."

기공이 나를 이끌고 나와서 달을 구경하는데, 이때 달빛은 대낮 같이 밝았다. 나는,

"달 속에 만일 다른 세계가 있다면, 달에서 난간에 기대어 이 땅을 내려다볼 것이요, 거기서도 역시 이 땅에서 비추는 빛이 가득하겠지요?"

나의 말에, 기공은 난간을 두드리며 참 기특한 생각이라 경탄하였다.

11일 정사丁巳

날이 개었다.

새벽에 사신이 궐내로 들어갔다. 덕상서德尚書가 사신과 인사를 나눈 뒤에 말했다.

"내일은 꼭 보자고 할 것이지만, 오늘 역시 만나자고 하실 수 있습니다. 그러니, 잠깐 조방朝房에 앉아서 기다리십시오."

한다. 사신이 모두 조방에 들어간즉, 황제가 또 어찬御饌 세 그릇을 내리었는데, 음식 종류는 어제 것과 같았다. 나는 궐문 밖에 나가서 천천히 걸어다니면서 구경하였다. 어제 아침보다 더 혼잡하였는데 검은 먼지가 공중에 가득하며, 길가 다방茶房과 주점酒店에 수레와 말이 가득했다. 나는 아침에 일찍 일어났으므로 조금 출출하여 혼자 사관으로 돌아오고 있었는데, 한 젊은 중이 준마駿馬를 타고서 흑단黑緞으로 만든 방관方冠을 쓰고 공단으로 지은 도포道袍를 입고 지나가고 있었다. 얼굴도 아름답고 의관도 단정한데, 그가 중인 것은 내심 아쉽다. 의기양양하게 지나치다가, 아주 큰 노새를 타고 오는 한 사람과 만나 말 위에서 서로 손잡고 반가운 기색을 하더니, 중이 별안간 성낸 빛을 띠었다. 그러다가 둘이 다 목소리를 높이다가 마침내 말 위에서 서로 치고 박는 것이었다. 중이 두 눈을 사납게 부라리며 한 손으로 멱살을 움켜 잡고 또 한 손으로 머리를 때린다. 노새 탄 자는 몸을 기울이며 약간 비키는 듯 하더니 모자가 떨어져서 목에 걸렸다. 그 역시 몸이 건장한데 머리와 수염이 약간 희끗희끗 하였다. 그 기색을 살피니 중에게는 다소 밀리는 모양이다. 그러다 둘이 서로 붙안은 채 안장에서 떨어져 땅에 나뒹군다. 처음엔 노새 탔던 자가 중을 가로탔으나, 나중에는 중이 몸을 뒤집어 위에 올라탔다. 각기 한 손으로 멱사를 쥐고 있는 터라 서로 때릴 수는 없고, 다만 얼굴에 침을 뱉을 뿐이다. 노새와 말은 마주 우두커니 서서 움직이지 않는다. 둘이 한 덩어리가 되어 길을 굴러갈 뿐, 둘러서 구경하는 사람도 없고, 이들을 뜯어 말리는 사람도 없었다. 둘이서만 서로 치보고 내리보면서 헐씩씩거릴 뿐이었다.

한 과일 점방에 들렀는데, 마침 햇과일이 산더미처럼 쌓였다. 노전老錢 백 닢으로 배 두 개를 사가지고 나오니, 맞은편 술집의 깃발이 난간에 펄럭이고 은호銀壺며 주병酒瓶이 반짝였다. 푸른 난간은 허공에 걸쳐 있고 현판은 햇빛에 어린다. 좌우의 푸른 술기[酒旗]에는, '신선은 옥패를 남기고, 공경은 금초구를 끌러 놓네[神仙留玉佩, 公卿解金貂]'라 쓰여 있다. 누각 밑에는 수레와 말이 몇이 놓여 있고, 위에선 사람들의 시끄러운 소리가 웅웅댔다. 발걸음 가는 대로 누각 위로 열 두 계단을 올라갔다. 탁자에는 빙둘러 3, 4명 혹은 5, 5명이 의자에 앉았는데, 모두 몽고나 회자回子들이요, 수십패나 되었다. 몽고인이 머리에 쓴 모자는 흡사 우리나라 쟁반 같았는데, 모자의 테두리가 없었고 그 위에는 누렇게 물들인 양털로 장식했다. 혹은 갓을 쓴 자도 있었지만 그 모양은 우리나라 전립氈笠과 같은데, 혹은 등나무로 만들고 혹은 가죽만들어 안팎에 금칠하고, 혹은 오색 빛깔로 구름무늬 같은 것을 그려 넣었다. 모두 누런 웃옷에 붉은 바지를 입고 있었다. 회자들은 대체로 붉은 옷을 입었으나, 검은 옷도 많았다. 붉은 융단으로 고깔을 만들어 썼으나 모자테가 너무 길어서 다만 앞뒤에 차양을 달았을 뿐, 가장자리가 마치 돌돌 말린 연잎이 물속에서 갓 나온 것 같고, 또 약을 가는 쇠 연[鐵研]과 같이 두 끝이 뾰족하여 가볍고 얇아서 우스꽝스러워 보인다. 내가 쓴 갓은 전립氈笠처럼 생겼는데 은으로 술을 새기고 꼭지에 공작 깃을 꽂았으며, 턱을 수정 끈으로 매었으니, 두 오랑캐들의 눈에 어떻게 비칠까? 만주족이고 한족 할 것 없이 중국 사람이라곤 한 명도 보이지 않았다. 두 오랑캐들의 생김새가 험악하고 추하여서 올라온 것이 후회가 되기는 하나, 이미 술을 시킨 상황이라 그 중 한 좋은 의자를 택하여 앉았다. 술심부름꾼이 와서 몇 냥兩어치 술을 마시려는지 물었다. 여기서는 술의 무게를 달아서 팔기 때문에, 내가 4냥어치만 가져오라 했더니 심부름꾼이 가서 술을 데우려 하였다. 나는 데우지 말고 찬 것 그대로 가져오라고 이야기했다. 술심부름꾼이 그대로 가지고 와서는 먼저 작은 잔 둘을 탁자 위에 벌여 놓는다. 나는 담뱃대로 그 잔을 쓸어 엎어 버리고 소리쳤다.

"큰 주발을 가져 와."

그런 뒤에 다 부어서 대번에 다 들이켰다. 호인들은 서로 돌아보면서 놀라지 않는 자가 없었다. 대개 내가 호쾌하게 마시는 것을 대단하다고 여기나 보다. 중국의 술 마시는 법이 매우 얌전하여서, 비록 한여름이라도 반드시 데워 먹을 뿐이다. 소주라도 반드시 끓여먹으며 술잔은 은행알만한데 조금씩 빨아 마시며 탁자 위에 남겨 두었다가 때때로 다시 마시니, 한번에 쭈욱 기울이는 법이 없다. 호인들도 이와 같아서, 속되게 큰 종지나 사발에 따라 마시는 일은 전혀 없었다. 내가 찬술을 달래서 4냥어치를 단숨에 마신 이유는 저들이 나를 두려워하라고 일부러 대담한 척하려 함이니, 이는 기실, 겁쟁이나 할 짓이요 용기가 아니었다. 내가 찬술을 가져 오라 할 때, 여러 호인들 열에 셋은 놀랐고 단번에 마시는 것을 보고는 크게 놀라서, 도리어 저쪽에서 나를 두려워하는 기색이다. 주머니에서 8푼을 꺼내 심부름꾼에게 술값을 주고 막 나오려는데 여러 호인들이 모두 의자에서 내려와 머리를 조아리며 다들 도로 앉으라며 권하더니 그 중 한 사람이 제 자리를 비워서 나를 부축해 앉힌다. 그들은 호의로 하는 것이라지만 나는 벌써 등에 진땀이 배어났다. 어릴 때 하인들이 모여서 술 먹는 것을 보았는데, 그 주령酒令 중에, "자기 집을 지나면서 들르지 않고, 나이 일흔에 아들 낳고 보니 등이 땀에 배었구나."라는 구절이 있었다. 나는 본래 웃음을 참지 못하므로, 사흘 동안 허리가 시큰거렸다. 오늘 아침에 만 리 변방에서 뜻밖에 여러 호인들과 함께 술을 마시매, 만일 주령을 세운다면 정말, "등에 땀이 솟는다."

하여야 마땅할 것이다. 한 호인이 일어나 술 석 잔을 부어 탁자를 두드리면서 마시기를 권한다. 나는 일어나 그릇에 남은 차茶를 난간 밖에 버리고는, 그 석잔을 모두 부어 단숨에 쭈욱 들이켜고, 몸을 돌려 한 번 읍한 뒤 큰 걸음으로 층계를 내려왔다. 머리끝이 쭈뼛하여 누군가 뒤를 따라오는 것 같았다. 나와서 길 가운데 서서 위층을 쳐다보니, 웃고 지껄이는 소리가 요란하다. 아마 내 말을 하는 모양이다.

사관에 돌아오니 점심때가 아직 멀었기에 윤형산尹亨山의 처소에 들렀다. 그는 조정에 나가고 없었는데, 그때 다시 기풍액을 찾았으나 역시 없었다.

또 왕혹정王鵠汀을 찾았더니, 혹정이 구정시집서毬亭詩集序 한 수首를 내어 보이는데, 글도 변변치 않았고 또 전편이 오로지 강희 황제와 지금 황제의 성덕盛德·대업大業을 기술한 것이었다. 그들을 요·순처럼 높인 것이 지나치게 번거롭다. 미처 다 읽기 전에 창대가 와서 말했다.

"아까 황제께서 사신을 불러 보시고, 또 활불活佛을 가보라 하십니다."

한다. 나는 밥을 서둘러 먹고 의주 비장義州裨將과 함께 궐내에 들어가서 사신을 찾았으나, 이미 반선班禪의 처소로 가고 없었다. 곧 궐문을 나오니, 황륙자皇六子가 문에 이르러 말에서 내려 문 밖에 매어 두고, 구종들과 더불어 바쁜 걸음으로 들어간다. 어제는 말을 탄 채 그대로 들어가더니, 오늘은 말에서 내리는 것이 무슨 까닭인지 알 수 없다. 궁성을 끼고 왼편으로 돌아가니 서북쪽 일대의 궁관宮觀과 사찰寺刹들이 면면이 눈에 들어온다. 혹은 4, 5층 누각도 있으니, 이는 소위 '배타고 상강을 돌아드니, 형산의 아홉 풍경을 바라본다[帆隨湘轉, 望衡九面].'라고 하는 경치렸다.

군대의 막사가 있는 곳마다 숙위宿衛하는 장정들이 모두 나와서 구경하다가, 내가 혼자서 머뭇댐을 보고서는 서로 다투어 서북쪽을 멀리 가리킨다. 그제서야 시내를 끼고 가니, 물가에 흰 군막이 수천이나 있는데, 모두 수자리 사는 몽고병이었다. 또 북녘으로 눈을 돌려 멀리 하늘 가를 바라본즉, 두 눈이 별안간 어질어질하다. 반공에 우뚝 황금건물[金屋]이 솟았는데, 구름 속에 들어가 햇빛에 눈이 부신 까닭이다. 강에는 거의 1리나 되는 다리가 놓였으며, 난간을 꾸민 단청이 서로 어리고 몇 사람이 그 위로 다니는 것이 아련히 그림 같다. 이 다리를 건너고자 하니, 모래 위로 사람이 급히 오면서 손을 휘젓는 것이, 건너지 말라는 것 같다. 마음은 몹시 바빠서 말을 곧장 채찍질하였으나, 오히려 더딘 것 같은 느낌이었다. 마침내 말에서 내려 강을 따라 올라가니, 돌다리가 있고 그 위에 우리나라 사람들이 많이 오가기에 문을 들어서니, 기이한 바위와 이상한 돌들이 층층으로 쌓여있다. 기가 막힌 그 솜씨란 사람 아닌 귀신의 것인가 한다.

사신과 역관은, 궐내에서 바로 왔으므로 내게 미처 알리지 못한 것을 안타까워 하던 차였는데, 내가 나타날 줄은 몰랐었나 보다. 모두들 내게 구경에 벽癖이 있는 것 같다며 놀려댔다.

북경 숲 사이로 자주·다홍·초록·파랑 등 여러 빛깔의 기와로 이은 집이 보였는데, 간혹 정각亭閣 꼭대기에 금빛 호리병을 세워놓은 건 보았지만, 지붕 위에 금기와를 올린 것은 못 보았다. 지금이 전각의 금기와가 비록 순금인지 도금인지는 알 수 없으나 2층대전大殿이 둘, 누각 하나, 문이 셋이며, 그 나머지 정각은 다양한 빛깔의 유리기와인데, 금빛 기와에 비하면 기세에 눌려 하잘 것 없었다. 동작대銅雀臺의 기와는 가끔 캐어서 벼루로 쓰기도 하지만 이는 가마에 구운 것이요, 유리가 아니었다. 유리기와는 어느 때 비롯된 것인지 알 수 없으나, 시인詩人이 이른바,

"옥계단에 금빛 지붕[玉階金屋]."이라고 하는 것은 아마도 저런 게 아닐까? 이 비슷한 일이 『한서』에 나오긴 한다. 한 성제漢成帝가 소의昭儀를 위하여 집을 짓는데, 그 체砌 모두 구리로 하여 황금을 입혔다라 하였는데, 안사고顔師古가 이에 주註를 달아서 "체砌란 문지방이니, 구리를 그 위에 입히고, 게다가 또 금을 입히었다."라고 한 것이다. 또 『한서』에 이르기를, "벽 가운데엔 가끔 황금 항아리를 만들어서 박고 남전산藍田山에서 나는 옥이며, 진주 비취翡翠의 날개로 장식했다."하였는데, 복건은 이르기를, "강缸이란 벽 가운데 가로지르는 것이다."라 하였으며 진작晉灼은, "금환金環으로 꾸민 것이다."라 하였다.

하였다. 조비연趙飛燕의 외전을 지엇다던 영인伶人 현흔이나 반맹견班孟堅 등은 '황금'이란 글자를 무수히 쓰는 바람에 천년 뒤에도 고서를 펼치면 눈이 부실 지경이다. 하지만 이는 벽의 띠나 문지방에 불과한 것을 가지고 사람들이 지나치게 과장한 것일 뿐, 참으로 소의昭儀의 자매姉妹에게 이 집을 보였다해도 몸부림치며 침대에 쓰러져 울고 밥을 먹지 않았을 것이다. 그리고 설사 성제成帝가 화려하게 짓고 싶어 했더라도 안창安昌·무양武陽 등은 모두 유자儒者였기

에 반드시 옛 경서를 인용하며 이를 계속 반대했을 것이니 성제의 역량으로서는 어떻게 할 수 없었을 것이다. 또 혹 뜻대로 되었다 하더라도, 반맹견의 필력筆力으로써 과연 어떻게 과장하여 표현했을까 알지 못하겠다.

'금전金殿이 으리으리하구나.'라고 했다면, 필시 이를 지워 버렸을 것이요, 또, '금궐金闕이 하늘 높이 솟았다.' 했다면 그러고 나서 한번 읊어 보고 또 지워 버렸을 것이다. '2층 대궐을 세우고 기와에 황금을 칠했다.'라 한다거나, '임금께서 황금전黃金殿을 세웠다.'라고 썼을 지도 모른다. 비록 양한兩漢 때 문장이라 하였지만, 아무리 작은 제목도 크게 과장해 기록했으니, 이는 천고 문장가들이 끼친 한恨이 아닐 수 없겠다. 아무리 직선을 만드는 섬세한 화법으로 궁실을 잘 묘사한다 하더라도 궁실에는 사면이 있고 또 안팎이 있으며, 또 덧놓이고 겹친 곳도 없지 않다. 이에 비록 서양의 그림이 제아무리 교묘하단들, 다만 한 면을 그렸으니 남은 세 면은 그릴 수 없을 것이요, 밖은 그려도 속은 그릴 수 없으며, 복전複殿·첩사疊榭와 회랑回廊·중각重閣은 단지 그 날아갈 듯한 처마와 높은 용마루만 본 떠 그렸을 뿐이고 아로새김이 섬세하여 털끝 같으니, 그림으로는 이를 그려 낼 수 없는 것이 곧 천고 화가들이 끼친 한이다. 그러므로, 우리 공자께서 이미 이 두 가지에 대하여 탄식하되 '글은 말을 온전히 다할 수 없고, 그림은 뜻을 다할 수 없다.'라 하신 것이다.

중국의 절과 도관이 많다 하지만, 금을 입힌 것은 다만 산서山

西 오대산五臺山의 금각사金閣寺가 있을 뿐이다. 당 대종唐代宗(이예李豫)
대력大曆 2년(767)에 왕진王縉이 정승이 되어, 중서성中書省 부첩符牒을
내려서 오대산의 중 수십 명을 사방에 흩어 보내어 시주施主를 모아
이를 짓게 하였다. 그때 구리를 부어 기와를 굽고 금을 입혀 그 비
용이 수만금이었는데 그 집이 아직도 남아 있다 한다. 이제 이 기와
역시 구리로 굽고 금을 씌웠을 것이다.

내가 요양의 거리에서 잠시 쉴 때였다. 사람들이 달려들어 금
을 가지고 왔느냐 물었다.

"금을 갖고 오셨소?"

"금은 우리나라에서 나는 것이 아니오."

나의 말에 그들은 이렇게 비웃는다. 심양·산해관·영평·통주를
지나칠 때에도 모두들 금을 묻지 않는 자가 없었다. 그때마다 내가
한결같이 대답하면 그들은 문득 제 모자 꼭대기를 가리키면서, "이
게, 조선 금이라오."한다.

연암燕巖에 있는 우리 집이 송도松都에 가까워서 간혹 드나들었
는데, 송도는 곧 연경에 드나드는 장삿꾼 연상燕商을 기르는 곳이었
으므로, 해마다 7, 8월에서 10월 까지 금값이 폭등하여, 한 푼에 엽
전으로 45닢, 또는 50씩 한다. 우리나라에서는 금을 쓸 곳이 별로
없으며, 문무文武 이품二品 이상의 금관자나 금띠만 해도 늘 만드는
것이 아니라, 흔히들 서로 빌려 쓰곤 한다. 또 시집가는 여인의 반
지, 머리 꽂이도 많지 않아, 사용처로 치면 금은 천하기가 흙이나
다름없을 것이어늘, 여기서는 이토록 귀한 이유가 무엇인가?

내가 압록강을 건너기 전, 박천博川에 이르러 말을 길 옆에 세우고 버드나무 밑에서 식힐라 치면, 남자는 등에 지고, 여자는 머리에 이고 가는 사람들이 떼를 지어 있었다. 모두 8~9세 되는 어린 아이들을 데리고 마치 흉년에 떠도는 듯 하기에 괴이하다 생각하여 물어보았더니 성천成川 금광으로 간다고 하였다.

그들이 쓰는 도구를 보니 나무 바가지 하나, 포대 하나, 끌 하나일 뿐인데, 끌로 파내어 포대에 담으며 바가지로 이고 가는 것이었다. 종일 흙 한 포대만 일면 별로 애쓰지 않아도 먹고 살 수 있고, 개중에 작은 여자아이들은 흙을 더 잘파고 눈도 밝아서 금을 잘 얻곤 한다. 나는 그들에게, 하루 종일 하면 금을 얼마나 얻을 수 있는지 물었는데, 그들이 답했다.

"그건 재수가 어떻냐에 달렸지요. 혹은 하루에 열 개 넘는 금 알맹이를 얻는 일도 있고, 재수가 없으면 서너 알에 그치며, 재수가 좋으면 삽시에 부자가 된답니다."

"금알맹이라는게 어떻게 생겼는가?"

"거의 피 낟알만합지요."

이는 농사보다 훨씬 이익이 남는다. 한 사람이 하루에 얻는 금이 적어도 6, 7푼은 되어서, 돈으로 바꾸면 2, 3냥이다. 농사꾼들 태반이 농장을 떠나 이에 모여들 뿐 아니라, 사방의 무뢰배들까지 달려와 저절로 촌락이 이루어져 이곳에만 무려 10만여 명이 드글드글하다. 쌀이나 여러 기물들이 모여들어, 술과 밥이며 떡과 엿 같은 것을 파는 상인들은 산골에 가득 차 있다 한다. 나는 대체 알지 못하겠다. 그 금이 어디로 가며, 그 캐낸 금이 많은데도 그 값이 더욱 오름이 무슨 까닭일까. 저 기와를 칠한 금이 우리나라 금인지 아닌지 어찌 알 수 있을까. 청나라 초기에 보내는 세폐방물에 제일 먼저 금을 면제 하였던 이유는 토산품이 아니기 때문이었다. 그런데 가만 보니, 만일 농간을 부리는 간악한 상인들이 법을 어기고 몰래 이를 팔다가, 혹시 이것이 청의 조정에 알려지게 된다면, 사달이 날 염려가 있을 뿐 아니라, 황제가 이미 황금으로 저리 지붕을 칠해 놓았으니 우리나라로 와서 금광을 캐내지 않으리라고 누가 장담하겠는가. 대臺 위의 작은 정자, 누대는 모두 우리나라 종이로 도배하였다. 창 틈으로 들여다보니 텅 비었고, 혹은 의자·탁자·향로·화병 등이 모두 운치 있어 보인다. 사신들이 하인들을 문밖에 남겨 두고서 함부로 들어오지 말도록 엄명하였는데, 조금 뒤에 모두 올라왔다. 역관과 통관들이 크게 놀라며 질책하여 도로 나가게 하자, 그들은 이렇게 말했다.

"저희들이 감히 함부로 들어왔겠습니까. 문지기가 오히려 저희들이 올라오지 않을까봐 직접 인도하여 올라온 것이옵니다." 이 부분은 「찰십륜포札什倫布」와 「반선시말班禪始末」의 기록이 따로 있다.

정사가 말하기를, 아침나절 사찬賜饌이 있은 뒤 조금 지나서 사신을 만나겠다는 통보가 있어서, 통관이 인도하여 정문 앞에 이르렀다. 그 동쪽 협문에 시위侍衛하는 신하들이 섰거나 혹은 앉아 있었다. 덕상서와 낭중 몇 사람이 와서, 사신의 출입을 주선하는 절차를 지휘하고 갔다. 이윽고 군기 대신이 황제의 뜻 전했다.

"귀국에도 사찰이 있으며, 또 관제묘도 있는지요?"

이때 마침 황제가 정문으로 들어와 문 안의 벽돌을 깔아 놓은 위에 앉았다. 의자와 탁자도 내오지 않은 채, 다만 평상에 누런 보료를 깔았으며, 좌우의 시위는 모두 누런 옷을 입고 있었다. 그중 칼을 찬 자는 서너 쌍에 불과하고, 누런 일산을 받들고 선 자는 두 쌍이다. 그들은 모두 엄숙한 표정으로 조용하다. 먼저 회자回子의 태자가 앞으로 나와 몇 마디 아뢰고 물러갔다. 사신과 세 통사通事를 나오라 하니 모두 나아가 무릎을 꿇었다. 하지만 무릎이 땅에 닿을 뿐, 엉덩이를 붙이고 앉은 것은 아니었다. 황제가 물었다.

"국왕國王께서 평안하신가?"

사신이 공손히 대답했다.

"평안하옵니다."

"만주어에 능한 이가 있는가."

상통사上通事 윤갑종尹甲宗이 나와 만주어로 아뢰었다.

"조금 할 줄 압니다."

그러니 황제가 좌우를 돌아보며 흡족해 했다. 황제는 각지고 흰 얼굴에 약간 누런 빛을 띠었으며, 수염이 반쯤 희고, 나이는 60세가 된 듯싶다. 온화하여 봄바람처럼 부드러운 기운을 지녔다. 사신이 반열班列에 물러서자, 6, 7명의 무사가 차례로 들어와 활을 쏘는데, 살 하나를 쏘고는 반드시 꿇어앉아서 고함을 친다. 과녁에 적중한 자가 두 명인데, 그 과녁은 마치 우리나라의, 풀로 만든 과

녁과 비슷하지만 한복판에 짐승 한 마리를 그렸다. 활쏘기가 끝나자 황제가 곧 돌아갈 제, 내시들은 모두 물러가고 사신도 역시 물러갔다. 문 하나를 채 통과하지 못하였는데, 군기軍機가 전했다.

"사신은 곧장 찰십륜포札什倫布로 가서 반선班禪 액이덕니額爾德尼를 만나 뵈어라."

옛 역사를 살펴보면, 서번西番은 멀리 사천四川·운남雲南의 밖에 있는데, 이른바 서장西藏(티베트)의 땅이다. 대체로 변방에 있어서, 중국과 거리가 더욱 멀었다. 강희 59년(1720)에 책망아라포원策妄阿喇布垣이 납장한拉藏汗을 유인하여 죽이고 그 성이며 땅을 점령하여, 묘당을 헐어 버리고 번승番僧을 해산시켰다. 이어서 도통都統 연신延信을 평역장군平逆將軍으로, 갈이필噶爾弼을 정서장군定西將軍으로 삼고는, 장병將兵을 거느리고 새로 봉해준 달라이라마[達賴刺麻]를 보내어 서장 일대를 평정한 뒤에, 황교黃敎(라마교)를 진흥시켰다 한다. 이른바 황교라는 것이 무슨 도道인 줄은 알 수 없겠으나, 대개 몽고 여러 부部에서 숭배하는 교이다. 서장이 침략당할 걱정이 혹이라도 있으면, 강희 황제 때부터 친히 육군六軍을 거느리고 감숙성 영하寧夏까지 이르러 장수를 보내서 구원하여 난리를 평정한 것이 한 두 번이 아니었다. 건륭 을미(1775)에 삭락목索諾木이 금천金川에서 반기를 들었을 제, 황제가 서장 길이 막힐까봐 두려워 아계阿桂를 정서장군으로, 풍승액豊昇額·명량明亮을 부장副將으로, 해란찰海蘭察·서상舒常을 참찬參贊으로, 복강안福康安·규림奎林 등을 영대領隊로 삼아 군사를 이끌고 쳐서 평정하였으니, 이 역시 그곳을 위한다는 명분이었다. 대개 서장의 땅은 황제가 친히 보호하는 곳이요, 그 사람은 천자가 스승으로 섬긴다. 또 '황교'라 이름한 것은 아마도 황제黃帝·노자老子의 도道를 숭상해서가 아닌가 싶다.

서장 사람들의 옷과 갓은 모두 황색이었다. 몽고 사람이 이를 본받아서 역시 누런 빛을 숭상한다. 그렇다면 황제의 시기심과 사나움으로 어찌 유독 이 황화요黃花謠를 꺼려하지 않았을까? 액이덕니額爾德尼는 서승西僧의 이름이 아니라, 서번 지역의 한 이름이니 괴이하고도 황당荒唐하여 좀처럼 요령부득이다. 사신은 비록 억지로 나아가 반선班禪을 만났으나 마음속으로는 불평을 품고 있었다. 역관은 오히려 무슨 큰일이나 생기지 않을까 하여 어물쩍 넘어가기에 급급했다. 하인들은 모두 마음속으로 번승과 황제를 욕하고 비방하였다. 만국의 맹주로서 행동거지 하나하나 신중하게 하지 않으면 안 되는 위치였기 때문이리라.

태학太學에 돌아오매, 중국의 사대부들은 모두 내가 반선을 만나 보았음을 영광으로 여기리라 예상했다. 또한 그 도술道術의 신통神通함을 입이 마르도록 칭찬하지 않는 자 없었으니, 세상이 따르고 아첨하는 풍조가 이러하다. 예로부터 세도의 오르내림이나 인심의 선악이, 모두 윗사람에게 달려있는 법이다.

학지정郝志亭의 집에서 잠시 술을 마셨다. 이날 밤에는 달이 유난히 밝았다. 담소한 이야기는 황교문답黃教問答에 수록하고자 한다.

12일 무오戊午

날이 개었다.

새벽에 사신이 조반朝班에 들어가 광대廣大의 노래를 들었다. 나는 너무 졸려워 이내 누워서 편안히 잤다. 아침 식사 후 천천히 걸어서 궐내에 들어가니, 사신은 조회에 참여한 지 이미 오래고, 당번 역관 및 모든 비장은 낙오되어 궁문 밖 낮은 언덕 위에 머물러 있었다. 통관들 역시 이곳에 앉아서 들어가지 못하였다. 음악 소리가 담장 안 가까이 새어 나오기에 좁은 문틈으로 엿보았으나, 전혀 보이지 않았다. 담장을 돌아 열 몇 걸음 더 가서 작은 일각문一角門이 있었다. 한쪽은 열려 있고 또 한쪽은 닫혀 있다. 내가 조금 들어가서 보려하니 군졸 몇이 저지하며 문 밖에서 바라보기만을 허용한다. 문 안 사람들은 모두 문을 등진 채 즐비하게 섰는데, 조금도 자리를 옮기지 않고 마치 허수아비를 세워놓은 듯하였다. 작은 틈조차 없기에 엿볼 수도 없고 그들 머리 사이 빈 곳으로 바라볼 뿐이었다. 은은히 한 더미 푸른 산에 소나무 잣나무가 울창한데 잠깐 눈을 돌린 사이 별안간 어디론지 사라져 버린다. 또 채색 장삼에 수놓은 도포를 입은 자가, 얼굴에는 붉은 연지를 바르고 허리 이상이 사람들 머리 위로 헌칠하게 솟아있으니 초헌貂軒을 탄 것 같았다. 그리고 연극을 하는 무대까지 거리는 멀지 않으나 깊숙하고 그늘져서 마치 꿈속에서 진수성찬을 만난 것인 듯 먹어도 맛을 알 방법이 없었다. 문지기가 담배를 달라기에 곧 내어 주었다. 또 한 사람이 내가 오랫동안 발꿈치를 들고 선 것을 보고는 걸상[凳] 하나를 가져다가 그 위에 올라서서 바라보게 해주었다. 나는 한 손으로 그의 어깨를 잡고 또 한 손으로 문지방을 짚고 섰었다. 배우들은 모두 한인漢人의 의관衣冠으로 차려 입었고 4, 5백 명이 함께 몰려들었다가 또 물러서면서 일제히 노래를 부른다. 내가 디디고 선 걸상은 마치 횃대 위의 오리처럼 기우뚱 하여 오래 서 있기 어렵기에, 돌아 나와서 작은 언덕의 나무 그늘 밑에 앉아 있었다. 이날은 몹시 더웠으나, 구경꾼들은 빽빽하게 둘러서 있었다. 그들 중에 관모 꼭대기에 수정을 여러 개 단 사람이 있었으나, 그가 어떤 관원인지는 알 길이 없었다. 한 청년이 문을 나서니, 사람들이 모두 그를 피한다. 그 청년이 잠시 발을 멈추고 종자從者에게 무슨 말을 하는데, 돌아보는 모습이 몹시 사나워 보였다. 사람들은 모두 두려워 잠자코 있었다. 두 군졸이 채찍을 갖고 와서 사람을 몰아내니, 회자回子 하나가 앉았다가 성내며 일어나서 군졸들의 뺨을 갈기더니만 한주먹으로 때려 눕혔다. 젊은 관원은 눈을 흘기면서 어디로 사라져 버렸다. 남들에게 물으니, 수정꼭지 단 자는 곧 호부상서戶部尙書 화신和珅이라 한다. 눈매가 곱고 준수한 얼굴에 예리한 기운이 있었으나 덕이 부족해 보였다. 나이는 이제 31세라 한다. 그는 난의사鑾儀司 호위 군졸 출신으로, 성격이 몹시 교활하여 윗사람의 비위를 잘 맞추었으므로, 불과 대여섯 해 사이에 갑자기 귀한 자리를 얻어서 구문九門을 통솔하는 제독이 되어, 병부 상서兵部尙書 복융안福隆安과 함께 언제나 황제의 좌우에 밀착해 있으므로 그 위세가 조정에 떨쳤다. 이시요李侍

堯가 해명海明의 뇌물 먹은 것을 적발하여 당시 고관인 우민중于敏中의 집을 몰수하고 아계阿桂를 쳐낸 것은 모두 화신의 힘이었는데, 이런 일은 모두 올봄과 여름 사이의 일이었다. 사람들은 그가 두려워 함부로 바로 보지 못한다. 황제가 이제 막 여섯 살 된 딸을 화신의 어린 자식에게 약혼시켰다. 황제의 늙어서 성격이 점차 조급해져 화를 내는 일이 잦았는데, 그때마다 좌우에게 매질하기가 일쑤였으나, 이 어린 딸을 가장 사랑했으므로, 황제가 노여워할 때면 궁인이 번번이 이 어린 딸을 껴안고 와서 황제 앞에 데려다 놓으면 황제가 화를 내기를 그친다고 하였다.

이날 조회 반열에는 차와 음식이 세 차례나 하사 되었다. 사신 역시 그들과 마찬가지로 떡 한 그릇을 얻어먹었다. 누런 것과 흰 것 두 층으로 괴었는데, 네모가 반듯하였으며, 그 빛은 마치 누런 밀랍蜜蠟과 같았다. 단단하고 가늘고도 매끄러워 칼이 잘 들지 않았으며, 그 위층이 더욱 옥처럼 윤기가 나고 기름기가 차르르 흐른다. 떡 위에는 한 신선을 만들어 세웠는데 수염과 눈썹이 살아 있는 듯 생생하며 도포와 홀笏이 화려했고, 그 좌우에는 또 신선 동자를 세웠는데 조각 솜씨가 기가 막혔다. 이들은 대개 밀가루에다 사탕가루를 섞어 만든 것이다. 땅에 묻는 허수아비를 만드는 것도 옳지 않다 하였거늘, 하물며 이 사람 만들어 놓은 것을 어찌 차마 먹을 수 있겠는가. 10종류도 넘는 사탕들을 담은 것이 한 그릇, 또 양고기가 한 그릇이다. 또 조정 사대부들에게 채색 비단과 수놓은 주머니 등을 주었는데, 사신에게는 비단 다섯 필, 주머니가 여섯 쌍, 담뱃대가 하나이고, 부사와 서장관에게는 차등이 있게 나누어 주었다. 이 날 저녁에는 구름이 끼어 달빛이 흐릿했다.

13일 기미己未

새벽에 비가 잠시 뿌리다가 마침내 쾌청하였다.

사신이 만수절 하례연에 참가하러 오경五更에 대궐로 들어갔다. 나는 푹 자고, 아침에 일어나 조용히 걸어서 대궐 밑에 이르렀다. 누런 보가 덮인 들것 7개를 문 앞에 두고 쉰다. 짐 속에는 옥으로 만든 그릇과 골동이 담겨 있고, 또 보통 사람만큼 커다란 금부처 하나를 앉혀 놓았는데, 이들은 모두 호부상서 화신이 진상한 것이라 한다. 이날도 음식을 세 차례나 내리고, 또 사신에게 백자白瓷로 만든 차호茶壺 하나, 차종茶鐘·대臺까지 갖추어 한 벌, 실로 뜬 빈랑檳榔 주머니 하나, 칼 하나, 자양紫陽에서 만든 주석 차호 하나씩을 주었고, 또 저녁에 내시가 와서 모난 주석 항아리 하나를 하사 하였다. 통관이 이건 차茶라고 설명해 주자 내시는 곧 달려가 버린다. 누런 비단으로 항아리 마개를 봉해 놓았는데 이를 떼고 보니, 빛이 누르면서도 약간 붉어 술과 같았다. 서장관이 이건, 정말 황봉주黃封酒라고 한다. 맛이 달고 향내가 풍겨 술 기운이란 전혀 없었다. 다 따르자, 여지荔支 열 몇 개가 떠올랐다.

"이건, 여지로 빚은 것이로군."

하면서 각기 한 잔씩 마시고는 감탄했다.

"참 좋은 술이구려."

비장과 역관들에게 찻잔이 이르니 마시지 않는 자도 있었고, 대번에 들이키는 이가 없다. 이는 너무 지나치게 취할까 보아서 그런 것이다. 통관들이 목을 내밀며 군침을 흘린다. 수역이 남은 것을 얻어서 주었더니 돌려가며 맛보고는, "정말 맛있는 궁궐의 술입니다요." 하며 칭찬 일색이다. 이윽고 일행이 서로 돌아보며, "취했어, 취했구먼."라 한다.

이날 밤에 기공奇公을 찾았을 때 한 잔을 따라서 보였더니, 기공이 말했다.

"이건 술이 아닌 여지즙茘支汁이랍니다."

이를 듣고 껄껄 웃고는 곧 소주 대여섯 잔을 내어 거기에 탔다. 맑은 빛깔 매운 맛에 묘한 향기가 배가 되었다. 이는 대개 여지 향이 술기운을 얻어서 더욱 은은한 향기를 발하는 것이었다. 아까 꿀물을 마시고 향내를 논한 것이나 여지즙을 맛보고 취함을 운운한 상황이란, 곧 종 소리를 듣고서 해를 측량함이나 매실나무를 바라보고 갈증을 푸는 것과 무엇이 다르겠는가.

이날 밤, 달빛이 유난히 밝았다. 기공과 함께 명륜당明倫堂으로 나가 난간 밑을 거닐었다. 나는 달을 가리키면서 물었다.

"달의 몸체 언제나 둥글어 햇빛을 빙 둘러 받고 보니, 이 때문에 지구地球에서 본 달이 찼다가 기울었다 하는 것이 아닐까요. 오늘 저녁 저 달을 온 세계가 똑같이 본다면 보는 장소에 따라서 달이 차거나 이지러짐, 깊고 옅은 차이가 있지 않을까요. 별은 달보다 크고, 해는 땅덩이보다 크되, 보기에는 그와 달라 보이는 것이 멀고 가까운 까닭이 아닐까요. 만약 이것이 진짜라면 해와 땅과 달 등은 모두 허공에 둥둥 뜬 별들로 보이진 않을런지요. 별에서 땅을 볼 때에도 역시 그렇게 보일 것일 겁니다. 또 지구와 해와 달을 한 줄로 이어 놓는 다면 세 별이 반짝이면서 저 견우성의 북쪽에 있는 하고성河鼓星과 같지 않겠소이까. 땅 표면에 있는 만물은 어떤 것이고 모양이 모두 둥글둥글할 뿐, 하나도 네모진 것은 볼 수가 없는데, 다만 방죽方竹과 익모초益母草 줄기가 네모졌지마는, 이것 역시 네모 반듯한 것이라고는 할 수 없소. 네모 반듯한 물건은 과연 찾을 수 없거늘, 무엇 때문에 땅만 네모나다고 하는 것일까요? 만일에 땅덩어리를 네모졌다고 하면, 저 월식月蝕을 할 때에 달을 어둡게 비치는 땅의 그림자가 왜 활등처럼 둥글게 보일런지요. 땅덩이가 네모지다고 우기는 자는 무어나 방정方正해야 된다는 대의大義에 입각해서 물체物體를 이해시키려 함이요, 땅덩이가 둥글다고 주장하는 자는 실제에 보이는 형태만 믿고 다른 뜻은 염두에 두지 않는 것입니다. 이런 의미로 보아서, 땅덩이란 실제 물체는 둥글고, 대의로 말한다면 모나다는 것이 아닐까요. 해와 달은 오른쪽으로 수레바퀴처럼 돌고 돌아, 도는 궤도가 해는 크고 달은 작으며, 도는 속도에는 차이가 있어, 한 해와 한 달은 일정한 도수에 맞거늘, 해와 달이 땅을 둘러싸고 왼편으로 돈다는 말은 우물 속에서 보는 지식과도 같소이다. 땅덩이의 본바탕이란 둥글둥글 허공에 걸려, 사방도 없고 아래위도 없이 마치 쐐기 돌 듯 돌다가 햇빛을 처음 받은 곳을 날이 샌다고 말하는 것일지도 모릅니다. 지구가 더 돌아, 처음에 해와 마주 대하는 데는 차차 어긋나 가며 멀어져서, 오정도 되고 해가 기울기도 하여 밤과 낮이 되는 것이 아닐런지요. 비유하자면, 창구멍이 뚫어진 곳으로부터 햇살이 새어 콩 낱알만하게 비친다고 칩시다. 창 아래는 맷돌을 햇살 비치는 자리에 놓고, 바로 햇살 비치는 자리에 먹으로써 표를 해 두고는, 그 다음에 맷돌을 돌리고 보면 먹 자국은 햇살 비치는 곳에 그대로 남아 있을까요? 그렇지 않고서 서로 떨어져 사이가 멀어져 갈까요. 맷돌짝이 한 바퀴를 돌아 다시 그 자리에 돌아오면, 햇살 비치는 자리와 먹 자국은 잠시 마주 포개어졌다가는 또 다시 떨어지게 될 것이니, 지구가 한 바퀴 돌아 하루가 되는 것도 이런 이치가 아닐까 합니다. 또 등불 앞에 놓인 물레를 가만히 두고 보면, 물레바퀴가 돌 적에는 물레바퀴의 군데군데가 등불 빛을 받고 있으나, 그렇다고 등불이 물레바퀴를 돌고 있는 것은 결코 아니리라. 지구의 밝고 어두운 이치도 역시 이런 것과 비슷하지요. 그러면 해와 달은 애초부터 뜨고 지는 것이 아니요, 또 오가는 것도 아닌데, 사람들은 땅이 움직여 돌지를 않고 언제나 한 자리에 박혀 있다고 너무 믿기 때문에 착각한 것입니다. 명백한 이론을 찾지 못하면, 이 땅의 춘·하·추·동을 가리켜 그 방위를 따라 노는 것이라고 해 버렸으니, 결국 논다는 것은 나가고 물러서고 하는 것을 말함이요, 올라갔다 내려갔다 함을 말하는 것으로서, 이미 논다고 할 바엔 차라리 돈다고 함이 어떨까요. 저 착각을 한 자는 이렇게 말할 겁니다. 땅덩이가 돌 때는 땅 위에 실렸던 모든 물건들은 엎어지고 자빠지고 기울어서 떨어질 것이라고 말입니다. 만일에 쏟아져 떨어진다면 어느 땅에 떨어질 것인지, 만일에 그렇다면, 저 허공에 달린 별들과 은하銀河는 기운을 따라 돌아가면서 무엇 때문에 떨어져 쏟아지지 않고 그대로 있을 수 있단 말입니까. 움직이지도 않고, 돌지도 않고, 생명도 없는 덩어리가 어째서 썩지도 부서지지도 흩어지지도 않고 그대로 남아 견딜 수 있을까요. 땅 표면에 생물들이 붙어서 살 때는, 공과 같은 물체의 표면에다 발을 붙이고 어디서나 머리에 하늘을 이고 있는 것을 비겨 본다면, 수많은 개미와 벌들이 혹시는 꼿꼿이 선 벽에 기어가기도 하고, 혹은 천장에 붙어서 사는 것을 누가 벽에 가로 붙어 섰다고 할 것이며, 누가 천장에 거꾸로 붙어 섰다고 할 것이냐 말입니다. 지금도 이 땅 밑에는 역시 바다가 있을 터인데, 만일에 땅 표면에 생물들이 아니 떨어지는가 의심을 한다면, 땅 밑 바다는 누가 둑을 쌓아 두었다고 물이 안 쏟아지고 그대로 있냐는 거지요. 저 하늘에 총총한 별들은 그 크기가 얼마씩이나 될 것이며, 역시 표면은 지구나 다름없지 않을까, 별도 표면이란게 있을텐데 생물이 붙어 살 것이니, 역시 그러할까 궁금합니다. 만일에 생물이 있다면, 따로 또 세상을 차려 놓고 생식, 번식하면서 살지 않을는지요. 지구는 둥글게 생겨 원래 음양이 없을 터인데, 해로부터 불기운을 받고 달로부터 물기운을 얻어, 흡사 살림꾼이 동쪽 이웃에서 불을 빌리고 서쪽 집에서 물을 얻는 것이나 다름없습니다. 한쪽은 불이요 또 한쪽은 물이라 하여 이를 소위 음양이라 하는 것이 아닐까. 이를 억지로 오행五行이라 이름붙여 저마다 서로 상생한다 하고 서로 상극한다고 하나, 큰 바다에 풍랑이 일 때에 불꽃이 너울너울 타오르는 현상은 무슨 까닭으로 설명할 수 있을까요. 얼음 속에 사는 빙잠氷蠶이며 불 속에 넣어도 타지 않는 쥐 화서火鼠, 물속에 사는 고기 등 각종 생물들은 어디나 붙어 있는 곳을 제각기 땅이라 합니다. 만일에 달 속에도 세계가 있다면, 오늘 이 밤에 그곳 달세계 사람이 난간에 마주 서서 우리 지구의 차고 기우는 이야기를 속삭이지 아니한다고 누가 장담할 수 있으리오?"

기공은 껄껄대며 말했다.

"참 기이한 이야기요. 땅이 둥글다는 이야기는 서양 사람들이 처음 말했지만 땅덩이가 돈단 말은 하지 않았는데, 선생의 이 학설은 선생이 터득한 것인가요, 그렇지 않으면 어느 스승으로부터 이어받으신 것인가요."

"사람의 일도 모르는 터에 하늘 일을 어찌 알겠소. 나는 본디 도수度數의 학學에 어둡습니다. 비록 장자의 깊은 생각으로서도 아득한 우주에 관한 지식은 덮어 두고 해설을 하지 않았더군요. 이것은 실로 내가 터득한 지식이 아니라 귀동냥이랍니다. 우리 친구에 홍대용洪大容이라는 사람이 있어 호는 담헌湛軒인데, 그는 매우 박학하여 일찍이 나와 함께 달구경을 하면서 장난 삼아 이런 이야기를 하곤 했지요. 대체로 황당하여 종잡기 어려우나 비록 성인의 지혜를 지닌 이라도 이 학설을 깨뜨리기는 어려울까 합니다."

기공은 크게 웃으며 말했다.

"남의 꿈길을 동행할 수야 없지요. 그대의 벗 담헌 선생湛軒先生
께서는 이에 관한 저서가 몇 권이나 됩니까."

"아직 저서는 없나 봅니다. 선배 김석문金錫文이란 분이 있어서
일찍이 삼환부공설三丸浮空說을 말했는데, 그 친구가 특히 장난 말 삼
아 이 학설을 부연하였습니다. 그러나 그도 실제로 보아 얻은 것이
이렇다는 것도 아니요, 또 일찍이 남더러 꼭 이것을 믿어 달라고 강
요한 적도 없습니다. 나 역시 오늘 밤 달구경을 하다가, 문득 그 친
구 생각이 나서 말을 한바탕 늘어놓고 보니, 그 친구를 만나본 듯도
합니다."

여천麗川은 한인漢人과는 다르기 때문에, 담헌이 일찍이 항주杭
州 인사들과 어울려 나눈 이야기를 할 수 없었다. 기공이 또 내게 물
었다.

"김석문 선생의 좋은 시구절 한 둘 듣고 싶습니다."

"그분께 좋은 시가 있는지는 저도 잘 모릅니다."

기공은 나를 이끌고 자기 방으로 들었다. 이미 촛불을 네 자루
나 켜 놓고, 큰 교자상에 음식을 잘 차려 두었다. 특별히 나를 위해
서 차린 것이다. 향고香糕 세 그릇, 각색 사탕 세 그릇, 용안육龍眼肉·
여지荔支·낙화생落花生·매실梅實 서너 그릇, 닭·거위·오리 들을 주둥
이와 발이 달린 그대로 놓았다. 또 통돼지를 껍질만 벗겨서 용안
육·여지·대추·밤·마늘·후추·호도·살구씨·수박씨 등을 섞어 쪄서
떡같이 만들었는데, 맛은 달고 매끄럽지만, 너무 짜서 넘기기 어려
웠다. 떡이나 과일들은 모두 자 넘어 높이 괴었다. 이윽고 다 물리

고는, 다시 채소와 과일만 각기 두 접시씩 차리고, 소주 한 주전자로 조금씩 따라가며 조용히 담소를 나누었다. 이야기는 「황교문답黃敎問答」 중에 실려 있다. 닭이 두 번 홰를 치자 자리를 마치고 숙소에 돌아와 전전반측 잠을 못 이루는데, 하인들이 벌써 일어나라고 깨운다.

14일 경신庚申

개다.

삼사는 날이 새기 전에 궐에 들어가고, 나는 실컷 자고는 아침에 일어나 윤형산尹亨山을 찾아갔다. 거기서 다시 왕혹정王鵠汀을 찾아 함께 시습재時習齋로 들어가서 악기樂器 구경을 했다. 거문고나 비파는 모두 길고도 넓으며, 붉은 비단에 솜을 넣어서 주머니를 만들었고, 거죽은 붉은 털 천으로 쌌다. 종鍾과 경磬은 시렁에 매여 있는데 역시 두툼한 비단으로 덮었고, 비록 축어柷敔 등도 특수한 비단으로 집을 만들어 넣어 두었다. 대개 거문고와 비파 등은 그 본이 너무 크고 칠이 지나치게 두꺼웠으며, 젓대와 통소 등속은 궤짝 속에 넣고 단단히 잠가 놓아 구경할 길이 없었다. 혹정은 말했다.

"악기를 보관해 두기는 매우 까다로워 습기 있는 곳을 피하고, 너무 건조한 것도 좋지 않습니다. 그뿐입니까? 거문고 위에 앉은 티끌은 사자학獅子瘧이라 하고, 거문고 줄 위의 손때는 앵무장鸚鵡瘴

이라 하며, 생황笙簧의 부는 구멍에 말라 붙은 침은 봉황과鳳凰過라 하고, 종이나 경에 앉은 파리똥은 나화상癩和尙이라며 별나게 칭합니다."

이때 어느 고운 청년 하나가 바쁘게 들어오더니, 눈을 부라리고 나를 보면서 내 손에 든 작은 거문고를 빼앗아 급히 집에 넣는다. 혹정은 꽤나 우려 섞인 얼굴로 내게 눈짓하여 나가자 한다. 그 청년은 별안간 웃으면서 나를 붙들고 청심환을 달라 한다. 나는 없다고 대답하면서 곧 나왔다. 그러자 무안한 기색이다. 사실, 내 허리 전대 속에는 청심환이 10여 알 있었으나, 그의 버릇이 하도 괘씸하여 주지 않았던 것이다. 그는 혹정에게 한 번 읍하고는 가버린다. 나는 그가 누구냐 물었다.

혹정이 답했다.

"그는 윤대인尹大人을 따라서 북경에서 온 자랍니다."

"그가 악기와 무슨 상관이 있단 말이오."

"아무런 상관이 없고, 단순히 조선 청심환을 받아내기 위하여 염치 없이 선생을 속이려고 든 것이니, 선생은 마음에 담아두지 마십시오."

문밖을 나섰는데, 수백 필의 말 떼가 문 앞을 지나간다. 한 목동牧童이 큰 말에 올라앉아 수숫대 한 개비를 쥐고 따라간다. 또 뒤따라 소 30, 40마리가 가는데, 코도 꿰지 않고 뿔도 잡아 매지 않았다. 뿔은 모두 한 자 남짓씩 길며 빛깔은 푸른 것이 많았다. 또 당나귀 몇십 마리가 따라가는데, 목동이 굵은 막대기를 가지고 맨 앞의 푸른 놈을 힘껏 한 대 후려치니 소가 씩씩거리며 달려가는데, 모든 소도 그 뒤를 따라가는 모습이 마치 대오가 행진하는 듯하였다. 이는 대개 오전 방목하기 위하여 끌고 나서는 것이었다. 한가한 때에 다니면서 살펴보니, 집집마다 대문을 열고 말이니 나귀니 소니 양들을 몇십 마리씩 몰아 내놓는다. 돌아와서 우리 사관 밖에 매어 둔 말의 꼬락서니를 보자니, 참으로 한심한 노릇이다. 내 일찍이 정석치鄭石癡(석치는 호요, 자는 성백城伯)와 이름은 철조哲祚요, 벼슬은 정언正言(술을 잘 마시고 서화에도 능하다)와 함께 우리나라 말 가격에 대해 이야기하다가, 내가 이렇게 말한 적이 있다.

"몇십 년이 안 가서 베갯머리에서 조그마한 담배통을 말 구유로 삼아 말을 먹이게 될 것이네."

석치가 반문한다.

"그게 무슨 말인가?"

나는 웃으면서 답했다.

"늦가을 병아리로 여러 번 번갈아 씨를 받으면서 4, 5년이 지나면, 베개 속에서 울음을 우는 꼬마 닭이 되는데, 이 놈을 침계枕鷄라고 부른다네. 말도 역시 종자가 작아지기 시작하면 맨 나중은 침마枕馬가 되지 않는다고 누가 장담하겠는가."

석치는 크게 웃으며 말했다.

"우리들도 차차 늙어가면서 새벽 잠이 없어지고 있으니, 베개 속에서 닭 울음 소리를 듣게 될 것이고, 또 베개말을 탄 채 뒷간을 가도 무방하겠군. 그러나 요즘 시속에 말 교미시키는 것을 크게 꺼려서 기르는 말이 수놈 암놈 할것없이 모두 짝 한번 못지어보고 늙어 죽지. 국내의 말이 그래도 몇만 필이나 되는데, 그 놈들에게 교미를 안하면 기르는 말이 어떻게 번식될 것인가. 이리하여 국내에서는 해마다 말 몇만 필을 잃게 되니, 이러고는 몇십 년이 못 가 침마고 뭐고 간에 다 씨가 마를 것일세."

이처럼 둘이 서로 웃으며 농을 주고 받았던 기억이 있다.

기실, 내가 연암燕巖에 살 곳을 마련한 이유는 일찍부터 목축牧畜에 뜻을 두었기 때문이었다. 연암에 자리 잡아 보니, 첩첩산중에 양쪽이 편평한 골짜기인데다가, 수초水草가 매우 좋아서 마소·노새·나귀 등 몇백 마리를 놓아 기르기에 풍족하다. 우리나라가 이토록 가난한 것은 대체로 목축이 제대로 되지 못한 까닭이다. 우리나라에서 목장으로 가장 큰 곳으로 다만 제주도만 있을 뿐인데, 그곳의 말들은 모두 원 세조元世祖(홀필렬忽必烈)가 방목한 종자로서, 4, 5백 년을 두고 내려오면서 종자를 한 번도 바꾸지 않은 터에, 애초에는 준마인 용매龍媒며 신마로 칭하는 악와渥洼와 같은 우수한 종자일지라도, 마침내는 걸음이 느린 과하, 관단款段이 될 것이 뻔하다. 이 과하와 관단을 궐을 수비하는 숙위장사宿衛壯士에게 지급하니, 고금 천하에 이런 느려터진 작은 말을 타고 적진을 향해 달리는 법이 어디 있겠는가? 이것이 첫 번 째로 한심한 일이다. 궐 안에서 먹이는 말로부터 장수들이 타는 말에 이르기까지 토종 말은 하나도 볼 수 없고 모두가 요동·심양 등지로부터 수입한 것들이다. 한 해에 새로 생기는 말이라고는 4, 5필에 지나지 않는 형편이니, 만일 요동·심양 길이 끊어지는 날이면 어디에서 또 말을 얻을 것인가. 이것이 두 번째로 한심한 일이다. 임금이 행차할 때 배종하는 반열에는, 백관들이 말을 많이 빌려 탄다. 혹은 나귀를 타고 호종하는 경우가 있으니 이 모습으로는 위의를 갖추지 못한다. 이것이 세 번 째로 한심한 일이다. 문신들로서 초헌貂軒을 탈 수 있는 자 이상은 말을 탈 일도 없고, 또 말을 집 안에서 먹이기도 어려워서 아예 없애며 자제들이 걷지 않으려고 겨우 작은 나귀나 한 마리쯤 키우게 되는 것이다. 옛날에는 백 리의 강토에 불과한 나라라도, 대부라면 타는 수레 열 대는 소유했었다. 아무리 그래도 우리나라는 둘레가 몇천 리나 되는 나라인데, 경상의 지위에 있으면 수레 백 대쯤씩은 갖추어야만 할 것이 아니겠는가? 그러나 현재 우리나라 대부의 집안에서 수레 열 대는 고사하고, 단 두 대인들 어디에서 생길 것인가. 이것이 네 번 재로 한심한 일이다. 삼영三䕺의 군관들이라면 다들 백 명 사졸을 거느리는 입장인데, 말 한 필을 가질 형세가 못 되고 보니, 한달에도 세 번씩 치르는 훈련에는 임시로 말을 세내어 타게 된다. 세낸 말을 타고 전쟁에 나간다는 소리는 이웃 나라에서 들을까 참으로 한심할 지경이다. 이것이 다섯 번째 한심한 일이다. 한양 병영의 장수와 사졸들이 이런 지경인데, 팔도八道에 나누어 둔 기병들이란 이름만 있지, 실상은 없을 것은 불보듯 뻔하다. 이것이 여섯 뻔째 한심한 일이다.

국내에 있는 역마는 모두가 토종으로 그 중에서 좀 괜찮은 놈은 한번 외국 사신을 한번 태우고 나면 죽거나 병이 들고 만다. 사신들이 타는 쌍가마가 잔뜩 무거운데다가, 네 명의 가마 꾼은 가마 채를 잡고 좌우에서 몸을 기대 흔들리지 않게 붙는다. 말은 짐도 무 거운 데다가 이처럼 네 가마꾼의 무게까지 보태지게 되니, 힘들어 서 부득이 앞으로 내빼지 않을 수 없다. 말을 위에서 압박하면 압박 할수록 더욱 앞으로 달려가려 하기 때문에 그 말은 죽지 않으면 병 들고 마는 것이다. 죽은 말이 날로 늘어나니 이에 따라서 말값은 비 싸진다. 이것이 일곱 번째 한심한 일이다. 말 등에다 짐을 싣는다는 것은 벌써 틀린 생각이다. 우리나라에서는 이미 수레가 국내에서 다니지 못하니 관청이나 민간에서 짐이란 짐은 말 등이 아니면 싣 지 못한다고 여긴다. 그리하여 말이야 죽든 말든 많이 싣기에만 욕 심을 부리기 때문에, 힘을 쓸 만큼 먹이를 먹인다는 게 여물죽을 더 먹이는 것이다. 그러므로 말 정강이가 힘을 못 쓰고 발굽은 물렁물 렁해져, 한 번만 교미를 겪으면 뒤를 못 가누는 지경까지 간다. 이 때문에 교미를 시키지 않는 것이니, 말이 어디서 생겨날 수 있겠는 가? 이는 다름이 아니라, 말을 다루는 솜씨가 틀렸고, 말을 먹이는 방법이 옳지 못했으며, 좋은 종자를 받을 줄 모르고, 일 맡은 관원 이 말을 치는데 무식하기 때문이다. 그 주제에 채찍을 잡고 나앉은 자마다 국내엔 좋은 말이 없다고 떠든다. 진정 국내엔 쓸 만한 말이 없단 말인가. 이런 한심한 일이 이루 다 헤아릴 수 없다.

그러면, 말을 다루는 솜씨가 틀렸다는 말은 무슨 말인가? 무릇 생물들의 성질이란, 사람이나 다름 없다. 고달프면 쉬고 싶고, 답답 할 때엔 시원한 데를 찾고 싶으며, 굽은 놈은 펴고 싶고, 가려우면

긁고 싶다. 말들은 비록 사람이 주는 것만 먹지만, 때로는 제 마음대로 편한 것을 찾고 싶은 경우가 언제든 있다. 그러므로, 말도 반드시 이따금 굴레와 고삐를 풀어 놓아 물가 같은 시원한 곳에서 놀리며 답답함을 풀도록 해야한다. 이것이 곧 생물의 성질에 따라 그 뜻을 맞추어 주는 것이다. 우리나라에서 말을 먹이고 다루는 법이란, 오직 고삐가 단단히 고정되었는가만 관심을 기울여 단단하게 졸라매고, 달릴 때는 끈을 잡아당기니 말은 늘 괴로움에 처한다. 쉴 때에도 땅을 구르면서 흙으로 목욕하는 즐거움을 얻지 못하니 사람과 말 사이에 소통이 안 된다. 그런데도 사람들은 걸핏하면 말 부릴 때 화를 내니, 말은 항상 성이 나있다. 이 때문에 말 다루는 방법이 틀렸다고 하는 것이다. 그렇다면 말을 먹이는 방법이 옳지 못하다는 말은 무엇을 두고 하는 말인가. 무릇 갈증의 고통은 허기진 고통보다도 심한 법이다. 우리나라 말들은 여태 찬물을 안 먹이고 있다. 말의 성질은 익힌 음식을 가장 싫어하니, 이는 말에게 더운 것은 병이 되기 때문이다. 콩이나 여물죽에 소금을 뿌리는 것은, 먹이를 짜게 하여 물을 더 마시게 하려는 이유이고, 물을 더 마시게 하는 것은 오줌을 잘 누도록 하기 때문이다. 오줌을 잘 누도록 하는 것은 몸에 지닌 열을 풀게 함이요, 냉수를 먹이는 것은 정강이를 굳세게 만들고 발굽이 단단하게 만들기 위함인데 우리나라 말들은 삶은 콩과 끓인 죽을 먹어, 종일을 달리면 벌써 몸의 열을 못 이겨 병이 된다. 이에 한 끼라도 건너뛰어 죽을 못 먹게 되면 비틀비틀 몸을 못 가누며 늦게 걸어 길가는 데 낭패를 보기가 십상이다. 이것은 모두가 더운 죽을 먹인 탓이다. 군마에게 더운 죽을 먹이는 건 더더욱 큰일이다. 이를 두고 말먹이는 방법이 틀렸다는 것이다.

그러면 또 무엇을 가리켜 종자를 잘 받지 못한다고 하는 것인가. 말이란, 어떻든 커야지 작은 종자는 소용 없고, 건장해야지 약한 것은 무용지물이다. 준수해야 하며 노둔해서는 안된다. 말에다가 무거운 짐을 싣고 먼 길을 달리지 않는다면 모를까, 만일 그것이 필요하다면 이러한 토종 말로는 단 하루도 심상한 집안 일조차 치러 내지 못할 것이다. 또한 나라의 무비武備와 군용軍容을 돌보지 않는다면 모르겠으나, 만일 그것이 필요하다면 이 지경이 된 토종 말로써는 단 하루도 군사를 치러 내지 못할 것이다. 조선과 청나라 태평하게 지내는 요즘, 암놈 수놈 아울러 몇십 필쯤 요청한다고 해서 저 대국이 이를 아까워하지는 않으리라 본다. 만일 외국으로부터 말을 구해 들여, 이것을 사사로 기른다는 혐의가 찜찜하다면, 해마다 드나드는 사신들 편에 몰래 사들이는 방법도 없지는 않다. 그렇게 하여 서울 근교에 널찍한 수초水草 좋은 땅을 골라, 10년 동안을 두고 새끼를 쳐 가면서 점점 제주도를 비롯한 국내의 여러 군데에 목장을 퍼뜨려 종자를 개량해야 한다. 또 새끼를 치게 하는 방법으로서는 반드시 『주례周禮』와 월령月令으로 표준을 삼아야 할 것이니, 『주례』에는 대개 말을 먹이는 데 수놈이 4분의 1을 차지한다 하였다. 그 주석에는, 그의 비위에 알맞게 하고 싶어함이니 생물은 기질이 같으면 마음도 같다고 했다. 그리고 정 사농鄭司農은 이르기를, '4분의 1이라는 말은 암놈 세 마리에 수놈 한 마리를 끼운다는 말이다.' 했다. 월령에 보면, 늦은 봄 삼월쯤 되어 종마種馬와 종우種牛를 암놈 있는 목장에다 풀어 놓는다 하였는데, 진혜전秦蕙田은 말하기를, '말 먹이는 사람이 종마를 교대하여 부리되 그 몸을 너무 피로하지 않게 하여 기운과 혈기를 안정되게 할 것이요, 또 말을 맡은 관리는 반드시 여름에는 수놈을 치워 두어야 한다.' 하였다. 암말이 새끼를 뱄을 때에는 수놈이 암놈 곁에 못 가도록 하는 것을 말 번식시키는 기본으로 삼아야 한다. 이 모두, 옛 임금들이 때를 맞춰서 생물을 길러 생물의 제 특성을 살린다는 뜻이다. 이제 중국에서는, 매년 봄날이 화창하고 풀들이 푸릇푸릇 돋을 때 수놈 목에다가 방울을 달아서 내놓고 교미시키면 수놈 주인은 댓가로 닷 돈씩을 받게 된다. 그리하여, 말이나 노새 새끼를 낳을 때 수놈으로 준수한 놈을 낳으면, 또 다시 닷돈을 받는다. 낳은 새끼가 신통하지 못하거나 털빛이 좋지 못하고 길들이기도 어려울 때는, 아비말은 반드시 거세하여 쉽게 종자를 퍼뜨리지 못하게 하는 동시에, 종자를 특별히 크고 성질이 길들이기 좋은 것으로만 한다. 우리나라에서는 감목관들은 이런 생각을 못하고, 무턱대고 종자를 받기 때문에, 낳으면 낳을수록 종자는 자꾸만 작아지게 되어, 필경은 똥통이나 나뭇짐 한 짐도 변변히 견디지 못할 만큼 되었으니, 하물며 한 나라의 군국軍國의 수요에 이바지할 수 있겠는가? 이런 것이 곧 좋은 종자를 못 받는다는 것이다.

　　그러면, 또 관직에 있는 자가 말을 치는데 무식하다는 말은 무슨 말인가. 우리나라 사대부들은 허드렛일은 하지 않으려 한다. 옛날 모처에서, 여러 사람이 모인 자리에서 누군가가 마부에게, 말에게 콩을 좀 더 주라는 말을 한마디 했다가, 사람이 좀스럽다면서 이조吏曹의 전랑銓郎에게 버림을 받은 일까지 있었다. 근자에는 한 학사가 평소에 말을 사랑하는 기질이 있어 그 옛날 말을 잘 다루던 백락伯樂과 그 솜씨가 다름 없었다. 그러나 사람들은 그를 가리켜, '옛날에 양고기 잘 굽는 도위都尉가 있다더니, 지금 세상에는 말 잘 다루는 학사가 있네 그려.' 하며 비방하니 까탈스럽기가 여간이 아니다. 한 나라의 큰 정책으로 이를 고려하지 않고, 도리어 수치로 삼아 하인들의 손에만 맡겨 두고 있으니, 비록 그 직책은 감목監牧이라 해도 사람은 이들은 말을 치는 지식이라고는 조금도 없다. 이는 실로 능력이 없다기보다도 배우기를 꺼려서 이니, 이런 것을 들어서, 관원들이 말 치는데 무식하다고 나무라는 것이다.

당나라 초기에 암컷 수컷이 섞인 말 3천 필을 적수赤水의 언덕에서 몰아 감숙성 서쪽 농우隴右에다 옮기고는, 목축을 맡은 태복太僕 장만세張萬歲로 하여금 감목하게 하였다. 당 태종 정관貞觀으로부터 인덕麟德까지 이르는 동안에 말은 70만 필로 번식되었는데, 무후武后 때는 말이 줄어들었으나, 당 현종 때는 여전히 24만 필이 남아 있었다. 그리하여 왕모중王毛仲·장경순張景順 등으로 한구사閑廐使를 삼아 10여년을 기른 결과, 43만 마리로 불어 났다. 개원開元 13년(725)에는 당 현종이 동쪽으로 가서 태산泰山에 제사 지낼 때, 말 몇만 필을 털빛에 따라 대열을 지어 놓은 것이, 멀리서 바라보면 비단 필처럼 보였다고 하니, 이것은 담당한 관직에 적당한 사람을 얻었기 때문이다. 진정 말을 좋아하고 말을 잘 먹일 줄 아는 자를 얻어 목마하는 행정을 맡긴다면, 비록 말 잘 치는 학사라는 기롱을 들을 망정, 태복 벼슬감으로서는 맞춤이라고 할 수 있을 것이다.

어떤 이가 와서 연암 박 선생님이 누구냐 묻기에, 기공의 심부름하는 이가 나를 가리켜 준다.

그는 곧 내게 읍하면서 몹시 기뻐하는 얼굴이, 마치 옛 벗을 만나는 듯하였다. 그가 말했다.

"저는 바로 광동廣東 안찰사按察使 왕노야汪老爺의 청지기인데, 우리댁 어르신이 그저께 선생님을 만나 뵙고 무척 기뻐하시며 내일 정오쯤은 꼭 다시 찾아뵙겠다고 하시면서, 절강浙江에서 만든 부채에 금칠로 서화 그린 것을 올리겠다고 하십니다."

"전일은 왕공汪公의 과분한 사랑을 입고서도 아무런 대접을 못했는데, 먼저 귀한 선물까지 받는다는 것은 이는 도리에 어긋납니다."

"제가 이번에 갖고 온 것은 아닙니다. 어르신이 오실 적에 몸소 갖고 오시겠답니다. 내일 정오 선생님께서는 부디 다른 데 출입하시지 말아 주셨으면 합니다."

나는 고개를 끄덕이며 대답했다.

"약속하지요. 그런데 댁은 고향이 어디고, 성함은 뉘신지요."

"저는 강소江蘇 사람이요, 성은 누屢, 이름은 일왕一旺이며, 호는 원우鴛玗라 한답니다. 일찍이 왕어르신을 좇아서 광동에 갔던 것입니다. 그런데, 선생님은 귀국을 떠나신 지가 몇 해인지요."

"금년 오월에 떠나왔습니다."

"광동에 비하면, 오히려 문 밖이나 다름없군요."

"귀국 황제의 연호年號는 무엇입니까?"

"무슨 말씀이오."

내가 의아해 되물었다.

"황제의 기원 연호를 말하는 것이오."

"우리나라는 중국의 정삭을 받들고 있습니다. 어찌 별도의 연호가 있겠소. 지금은 건륭시기가 아닙니까."

"귀국의 임금은 중국과 대등한 천자가 아니옵니까?"

"만국이 한 천자를 받들고, 천지가 모두 대청大淸의 세상이고, 세월은 다 건륭인가봅니다."

"그러면 관영寬永이니 상평常平이니 하는 연호는 어디에서 난 것이옵니까?"

"그건 또 무슨 말씀이오?"

"제가 바다에서 표류해 온 귀국의 배에서 보았는데, 관영통보寬永通寶라는 돈을 잔뜩 싣고 가더이다."

"그건, 일본日本 사람들이 참칭한 연호요, 우리나라의 것은 아니오."

그러자 그는 고개를 끄덕인다.

그의 행동거지라든지 말하는 태도로 보아서는, 얼굴만 풍후하고 맑은 듯하나, 어딘지 무식해 보인다. 애초의 그의 묻는 바가 무슨 깊은 뜻이 있었던 것이 아니요, 외국을 드나들 때 돈이란 워낙

금물禁物인데, 그가 금물에 대해 따지려는 것도 아니었다. 우리나라를 정말 천자가 있는 나라로만 알았기 때문에 시방의 연호까지도 물었던 것이다. 그가 "귀국 황제."라고 묻는 한 마디 말에 벌써 그의 무식함이 드러난다. 또 비록 관영이니 상평이니 하는 것들을 우리나라 연호로 알았다 하더라도, 그것이 참칭이라는 사실 조차 모르는 듯했다.

또 우리나라의 표류한 배가 돈을 실었다 해도 그리 이상한 일이 아니지만 관영통보를 배에 가득 실었을 리가 있겠는가? 그는 필시 관영통보를 구경하고 또 상평통보를 구경했던 일이 뒤섞여 모두 우리나라 돈인 줄만 알았던 모양이다.

그는 정말 우리나라에서 중국의 책력을 쓰는 줄도 몰랐고, 돈을 보고는 우리나라에도 연호가 있는 줄만 알았던 모양으로이다. 특별히 저의를 가지고 내 속을 떠 보려고 물었던 건 아님을 알았다.

누생이 차를 다 마시자 거듭 부탁하며 말했다.

"내일은 부디 다른 데 출입을 말아 주셔요."

내가 고개를 끄덕이니 그는 자못 섭섭해하는 빛을 보이면서 한 번 읍하고 가버린다. 나는 수역을 보고 물었다.

"돈을 금하는 것은 대체 무슨 까닭이오?"

"그런 조약은 없다 하더라도, 우리나라 안에서는 중국 돈인 당전唐錢을 쓰는 것을 금했고, 또 돈을 사적으로 주조해 쓰는 일은 온당치 않다고 합니다."

"옛날 제 태공망 여상呂尙이 재정을 관리하는 9개 부서를 두었지만 주周의 천자가 이를 금한 적이 없었고, 또 돈을 근래에 와서 쓰기 시작하기는 숙종 경신년(1680)이니, 올해는 벌써 101년이나 되었네. 청나라 초기에 두 나라가 맺은 약조에도 이런 금법이 들지 않았던 것 같으며, 우리나라에서는 세종 때 돈을 한번 지어서 한 7, 8년 동안이나 쓰다가는, 민간에서 불편하다고 하여 다시 저폐楮幣를 쓰게 되었고, 인조仁祖 때 와서 두 번째로 돈을 지었다가 진작 말았으나, 모두 민간에서 불편하다 해서 그랬던 것이지, 청나라가 두려워서 그랬던 것은 아니라네. 이제 북도 지방은 돈을 금하고 무명을 돈으로 삼는 포폐布幣를 쓰고 있으니, 국경이 가깝다 해서 그런 것이요, 관서關西 지방으로는 의주로부터 압록강 가의 여러 고을까지 아직 한 번도 돈을 금한 적이 없으니, 이것도 아리송하고 종잡을 수 없는 일이다. 그런데 우리나라의 표류된 배가 지닌 돈을 금한다는 말은 무슨 말인가."

"그렇습니다. 지금도 역원譯院에서는 몇 해를 두고 임시 변법을 강구하고 있지요. 우리나라 은銀은 자꾸만 귀해지고 중국 물건 값은 날로 비싸지니, 이로써 역원의 손해는 막심합니다. 은 한 냥으로 중국 돈 7초鈔를 바꾸고 보니, 만일 중국 돈을 통용한다면 우리나라에서는 돈을 만들 수고도 없이 돈은 저절로 헐해져서 이익은 막대해질 것입니다."

주 주부周主簿가 옆에 있다가 거들었다.

"조선통보朝鮮通寶는 한漢의 오수전五銖錢보다도 더 잘 되었을뿐더러, 돈 중에는 가장 오래된 돈이기 때문에, 귀신이 붙어 점치는 돈으로 쓴다고 합디다."

"오래 돼서 귀신이 붙다니 무슨 말인가."

"이 돈은 기자箕子 때 돈으로, 중국 사람들이 보면 분명 큰 보물로 삼을 텐데, 못 가져와서 애석 하구만."

"이건, 세종 만든 것이네. 기자 때에 해자楷子가 어디 있었어. 송宋 동유董逌의 전보錢譜를 보면 우리나라 돈이 4가지 실렸는데, 삼한중보三韓重寶·삼한통보三韓通寶·동국중보東國重寶·동국통보東國通寶만 있을 뿐 조선통보는 실리지 않은 것을 보면, 그 돈이 오래 된건 아님을 알 것일세."

오후에는 삼사가 대성전大成殿에 배알하였다. 주자朱子의 지위를 높여 십철十哲의 아랫자리에 모셔 두었다. 위패位牌는 모두 번들번들한 붉은 칠을 하고 금자로 썼는데, 옆에는 만주글자로 썼다. 대성문大成門 바깥벽에는 검은 비석을 둘러 세우고, 강희·옹정과 지금 황제의 훈시와 친히 지은 학규學規를 새겨 두었으며, 마당에 세운 빗돌은 작년에 세웠다는데, 역시 황제가 세운 것이라 한다. 그리고 대성전 뜰에는 한 길 남짓 되는 향정香鼎을 두었는데, 아로새긴 솜씨는 말할 수 없이 정교했다. 전각 안에는 위패 앞마다 작은 향로 한 개씩을 두었는데, 모두 건륭乾隆 기해제己亥製라 새겨져 있다. 위패 앞마다 붉은 운문단雲紋緞 휘장을 드리웠고, 양쪽 행랑채 안 위패들 앞에 차려 놓은 것도 본전의 내용과 다름없이 장엄하고도 화려한 모양새가 이루 다 형용할 수 없었다. 삼사는 돌아와 각기 청심환 몇 알과 부채 몇 자루씩을 거인擧人 추사시와 거인擧人 왕민호에게 보냈다.

숭정崇禎 갑술년(1634) 6월 20일에 명明의 칙사勅使 노유령盧有齡이 우리나라로 나왔는데, 그는 바로 환관宦官이다. 그는 24일에 성균관成均館에 나아가 참배를 하면서 참석했던 유생들에게, 백금 오십 냥을 내놓은 일이 있었다. 이제 우리 사신들이 큰 나라에 와서 성묘聖廟를 배알하면서 공부하는 두 명 거인에게, 겨우 변변하지도 못한 청심환이나 부채 따위를 선물로 보낸다는 선물하자니 매우 부끄러운 일이다. 나는 몸소 두 선비가 있는 숙소를 찾아가 말했다.

"이번에 갑자기 나서게 된 처지라, 아무 것도 지닌 것이 없어 변변하지 못한 청심환과 부채를 올립니다. 부끄럽기 짝이 없습니다."

추거인과 왕거인 두 사람은 허리를 굽히고 사례를 한다.

"주인된 도리로 인도한 것이 무슨 수고랄 것이 있겠습니까. 여러분께서 이토록 분에 넘치는 선물을 주시니 충심으로 감사하옵니다."

저녁을 치른 뒤에, 왕혹정王鵠汀이 학도 아이를 시켜 붉은 종이 편지 쪽지를 한 장 보내 왔다. 내용은 다음과 같다.

"왕민호는 삼가 연암 박 노선생朴老先生님께 부탁을 올립니다. 번거롭겠지만 여기 천은天銀 두 냥을 보내오니, 청심환 한 알만 사 주시면 감사하겠습니다."

나는 보내온 은을 곧 돌려 보내면서 진짜 청심환 두 알을 보냈다.

어스름한 저녁, 황제로부터 사신은 황성皇城으로 돌아가라는 명령이 전달되었다. 일행은 밤이 이슥하도록 분주히 길 떠날 차비를 하였다. 밤에 기려천奇麗川과 작별하였다. 여천은 말했다.

"나는 18일에 열하를 출발하여 25일에는 북경에 도착해서, 26, 27, 28 사흘 동안은 두루 작별 인사를 다니고, 9월 6일에는 선산에 성묘를 갔다가 9일에는 집으로 돌아와, 11일에는 귀주貴州로 떠날 예정입니다. 떠나는 전날은 집에서 기다릴 터이니 꼭 왕림해 주십시오."

나는 그러마하고 다시 왕혹정에게 작별 인사차 들렀다. 혹정은 눈물을 지으면서,

"이 밤에 여기서 긴 이별을 하게 되었구려. 앞으로 밝은 달밤이 오면 그 심회를 어찌하오리까."

전날 추석날 달밤에 명륜당에서 만나 이야기를 하자고 약속하였기 때문에 그가 이렇게 말한 것이다. 다시 학지정郝志亭의 처소를 찾았더니, 지정은 다른 곳에 자러 나가고 없어 매우 아쉬웠다. 또 윤형산尹亨山에게 들렀더니, 형산은 눈물을 닦으면서 말했다.

"내 나이 늙고 보니, 이슬처럼 아침 저녁을 기약할 수 없게 됩니다. 그러나 선생은 아직 좋은 나이이니 또 다시 북경에 오시게 되면 응당 오늘 밤이 떠오를 겁니다."

그는 술잔을 들어 달을 가리켜 말했다.

"달 아래서 서로 작별하려니 다른 날 만 리 밖에 계신 선생이 그리울 땐 저 달을 보고 선생을 대하는 듯하리다. 보아하니, 선생은

술도 잘 드시고 또 한창 시절에 호색하셨을 터인데 이제부턴 부디 몸조심 하시기 바랍니다. 저는 18일에 연경으로 돌아갈 테니, 선생이 만일 그때까지 귀국하시지 않으셨거든, 다시 한번 찾아 주십시오. 동단패루東單牌樓 둘째 골목[衕衕] 둘째 집 대문 위에 대경大卿이란 편액이 붙어 있는 것이 곧 저의 집입니다."

우리는 서로 악수하고 작별하였다.

환연도중록還燕道中錄

8월 15일 신유辛酉에 시작하여 20일 병인丙寅에 그쳤다. 모두 6일 간의 일이다.

가을 8월 15일 신유辛酉

날씨가 맑고 잠시 서늘했다.

사신들이 서로 의논했다.

"지금 우리는 북경으로 돌아가야만 하는데, 예부에서는 우리 의사도 묻지 몰래 정문呈文 내용을 고쳤다고 하오. 이는 있을 수 없는 일이며, 이를 그대로 두고 소명하지 않는다면 향후 어떤 폐단이 이를지 모르는 일이외다. 다시 예부에 글을 올리고, 그들이 몰래 고친 사정을 밝힌 연후에 길을 떠나야 하오."

역관에게 시켜서 예부에 글을 제출하니, 제독提督이 크게 두려워했다. 이는 덕상서德尚書에게 먼저 연통했기 때문인데, 상서 등도 크게 두려워하여 우리에게 위협을 가하였다.

"이 일의 과실을 장차 우리 예부에다 넘기고자 하는 것이오. 예부에 죄를 얻는다면 그대들에게 좋을게 있겠소? 그리고 그대들이 올린 주문奏文 내용이 모호하여 성의라고는 찾아볼 수 없으니, 내 실로 사신들을 위하여 백방으로 꾸미고 진달해서 그 영광스럽고 감격한 뜻을 펴 주었는데도, 그대들은 도리어 이렇게 한단 말인가. 이는 실로 제독의 과실이 더 크도다."

그는 정문을 떼어 보지도 않고 물리쳤다. 사신이 그제야 제독을 맞이하여 예부에 대한 모든 사정을 상세히 물었다. 그 이야기가 몹시 횡설수설하여 알아듣기 어려운 터라 한참을 어리둥절하기만 했다. 예부에서는 사람을 보내어 곧 길 떠날 것을 재촉했다.

"사신 일행의 출발 시간을 기록해 상부에 아뢰겠소."

이차람 재촉함은 대개 다시 글을 제출하지 못하게 하려는 속셈이다. 이에 대한 일은 「행재잡록行在雜錄」중에 상세히 보인다.

아침 식사를 마치고 바로 출발했는데, 해는 벌써 한 낮이다. 돌이켜보니, 저 뽕나무 아래에 사흘 밤을 묵은 일도 오히려 추억에 남았다는데, 하물며 나는 공자님 모신 태학에서 엿새 밤을 지낸 것임에랴. 또 더군다나 묵은 곳은 새롭고 깨끗하며 화려하여 저절로 잊히지 않는다. 내 일찍부터 과거를 폐하여 하찮은 진사進士 하나도 이루지 못했다. 비록 국학國學에서 학문을 닦는다 한들 소용 없겠지만, 별안간 나라를 떠나서 만 리 머나먼 변새 밖에 와 엿새 동안을 노닌다. 이는 나에게만 특별한 일 같이 생각되니, 이 어찌 우연일까. 게다가 우리나라 선비 중에 능히 멀리 이 중국의 한복판에서 놀아 본 이로서 신라의 고운 최치원이나 고려의 익재益齋 이제현李齊賢과 같은 이도 비록 서촉西蜀·강남江南의 땅을 두루 밟았으나, 이 북쪽 변방이야 말로 올 수 있는 길이 없었음은 분명하다.

그후 천백년千百年 뒷일지라도 몇 사람이나 다시 이곳을 들를지 모를 일이다. 나의 이번 걸음에는 왕증王曾[1]과 부필富弼[2], 소철蘇轍[3]의 수레 자국과 말 발자국이 모두 선하게 눈앞에 벌였으니, 아아, 슬프도다. 사람이 이 세상에 나서 아무런 질정質定된 일이 없음이 어찌 이러할 줄이야 알았으리오.

광인점廣仁店·삼분구三岔口를 거쳐 쌍탑산雙塔山에 이르러서 말을 멈추고 한 번 바라보니, 빼어난 경관이다. 바위들은 결과 빛이 마치 우리나라 동선관洞仙館의 사인암舍人巖과 같고, 높이 솟은 탑의 모습

---

1) 978~1038. 자는 효선孝先이고 기공은 그의 봉호이며 시호는 문정文正이다. 저서로 『왕문정필록王文正筆錄』이 있다. 『宋史 卷310 王曾列傳』

2) 1004~1083. 자는 언국彦國이다. 송宋의 명상名相으로서 영종英宗 때 정국공鄭國公에 봉해졌다. 시호는 문충文忠이다. 저서로 『부정공시집富鄭公詩集』이 있다.

3) 1039~1112. 자는 자유, 호는 난성欒城·영빈유로潁濱遺老이다. 노천老泉 소순蘇洵의 아들이고 동파東坡 소식蘇軾의 아우로, 당송팔대가唐宋八大家의 한 사람이다. 저서에 『시전詩傳』, 『난성집欒城集』, 『노자해老子解』 등이 있다.

은 금강산金剛山의 증명탑證明塔과 같이 뾰족하게 마주하였는데, 아래위의 넓이가 똑같아서 어디에 기대어 의지하거나 어느하나 치우침도 기울어짐도 없다. 바르고 곧으며 단정하고 엄숙한데, 교묘하고 화려하며 웅장하고 뛰어난 가운데, 햇빛과 구름이 수놓은 비단과도 같았다. 난하灤河를 건너서 하둔河屯에서 묵었다. 이날 모두 40리를 걸었다.

16일 임술壬戌

개다.

아침에 일찍 길을 떠나 왕가영王家營에서 점심을 먹고 황포령黃舖嶺을 지날 때, 나이 스무살 남짓 한 어떤 귀족 청년 하나가 붉은 보석과 푸른 깃으로 장식한 모자를 쓰고 검은 말을 탄 채 달려갔다. 앞에 한 사람이 가고 뒤에 따른 자가 기병 30여 명이나 되며, 금빛 안장을 얹은 준마를 타고 있었다. 의관이 선명하고 화려했다. 화살을 지기는 이가 있는가 하면 조총鳥銃을 메고 있는 이도 있고, 혹은 술잔이며 찻종지를 들고 가고, 혹은 화로를 들고서 번개처럼 달리면서도 물렀거라 하며 행인을 비키라는 외침 한마디 내지 않는데, 다만 말굽 소리만이 들릴 뿐이다. 따르는 이들에게 물었더니 황제의 친 조카 예왕豫王이라고 하였다.

그 뒤에는 태평거가 따라가는데, 힘센 노새 세 필로 멍에를 매고 초록빛 천으로 겉을 가리고 사면엔 유리를 붙여서 창을 내었다. 그 위에는 파란 실그물로 얽고 네 모서리에는 술을 드리웠다. 귀족들이 탄 가마나 수레란 모두 이런 식으로 꾸며서 그 계급을 표시하였다. 수레 속에서 여인의 소리가 나더니 잠시 후에 노새가 멎고 오줌을 싸는 것이었다. 그때 우리의 말도 오줌을 눈다. 수레 속으로부터 여인이 북쪽 창을 열고 앞다투어 얼굴을 내밀었다. 아름답게 뭉친 머리에는 구름이 얽힌 듯, 귀를 꿴 구슬들은 별이 흔들리듯 노란 꽃과 파란 줄구슬이 꿈인 듯이 얽히어, 예쁘고도 화려함이 마치 낙수洛水의 놀란 기러기와 같은데, 얌전히 창을 닫더니 훌쩍 가버린다. 그들은 모두 셋인데, 예왕을 모시는 궁녀라 하였다. 마권자馬圈子에 이르러서 묵었다. 이날 80리를 걸었다.

17일 계해癸亥

날이 개고 따뜻했다.

새벽에 길을 떠나 청석령青石嶺을 지날 때 때마침 황제가 계주薊州 동릉東陵에 행차하게 되었는데, 벌써 도로와 교량을 정비하니 한가운데에는 치도馳道를 쌓고 있었다. 각 현에서 미리 부역을 징발하여 높은 데는 깎고 깊은 곳은 메우되, 맷돌로 다지고 흙손으로 바른 듯 마치 베[布]를 펼쳐 놓은 듯하였다. 푯말을 세웠는데, 굴곡도 기울임도 전혀 없었다. 치도의 넓이는 두 길이요 좌우의 협로夾路는 각기 한 길 남짓 하다. 『시경』에서 '주 나라 가는 길이 숫돌처럼 바르구나[周道如砥]'라고 하였는데, 이 치도가 바로 말로만 듣던 숫돌과 같았다. 비용도 적지 않게 들었으리라. 그러므로 흙을 메고 물을 져서 나르는 이들이 가는 곳마다 무리를 이루어 허물어지면 곧 흙으로 보수한다. 한 번 말굽이 지나간 곳이면 벌써 흙손질하고, 나무를 새끼로 어긋나게 묶어서 치도 위로 다니는 자들을 금했다. 그러나 우리나라 사람들은 반드시 그 나무를 꺾고 놋줄을 끊어 버리고는 가버린다. 나는 곧 마부에게 타일러 치도 밑으로 가게 했다. 이는 감히 못해서 그런 것이겠는가마는, 역시 차마 못할 일이기 때문이다. 길 한편에는 반드시 두어 걸음마다 돌담을 쌓았는데, 높이는 어깨에 닿을 정도이고, 넓이는 대략 여섯 자쯤 되었다. 마치 성城에 성가퀴가 있는 듯싶으며, 교량치고는 난간이 없는 게 없고, 돌난간에는 천록天祿 같은 짐승이나 사자 모양을 앉혔다. 모두들 입을 열어 생동하는 듯싶고, 단청한 나무 난간이 눈부시다. 물이 넓은 곳엔 나무쪽을 짜서 광주리처럼 만들되 둘레는 거의 한 칸, 길이는 한 길쯤 되게 해서, 물가의 자갈을 채워 물속에 굳게 꽂아서 다리 기둥을 만들었다. 난하灤河나 조하潮河에는 모두 수십 척의 큰 배를 띄워서 부교浮橋로 삼았다.

아침밥을 삼간방三間房에서 먹을 제 우리 일행이 점방에 들렀는데, 어제 길에서 만난 예왕豫王이 관제묘關帝廟와 우리가 든 점방과 아래위 사이다. 그들은 모두 다른 점방에 흩어져 떡·고기·술·차 등을 사서 먹곤 한다. 내가 우연히 관제묘를 구경하기 위하여 걸어서 들어간즉, 문에는 지키는 자도 없이 뜰 안이 물을 끼얹은 듯 아무런 사람 하나도 없이 기괴하였다. 나는 애당초 예왕이 그 속에 머무른 줄을 몰랐던 것이다. 뜰 가운데에는 석류가 주렁주렁 달려 있고, 낮은 소나무는 마치 용이 꿈틀대는 듯하다. 내가 곳곳을 돌다니다 계단으로 당에 올라가려는데 어떤 한 아름다운 청년이 모자를 벗은 채 맨머리로 문밖으로 쫓아나와 나를 보고 웃으며 맞이하며 "씬쿠[辛苦]."라 말하니, 이 말은 대체로 나를 위로하는 뜻이다. 나는, "하오아[好阿]."라고 답하였다. 이는 곧 우리나라 사람들의 안부를 묻는 말이다.

그 계단 위에는 아로새긴 난간이 있고, 난간 아래에는 의자 둘이 있으며, 그 가운데에 붉은 탁자를 놓고는, 나에게 "쭈어저坐着"라고 하는 것은 주인이 손님에게 앉기를 청함이다. 혹은 "칭쭈어請坐"라고도한다. 혹은 "쭈어저, 쭈어저"라고 거듭 부른다. "칭請, 칭, 칭"을 연달아 말하기도 하는데, 이는 정중하고도 간곡함을 표함이다. 오는 도중에 어떤 집이고 들를 때마다 주인들은 모두 그렇지 않은 이가 없으니, 이는 대개 손님을 접대하는 예식이다. 그리고 그 청년이 모자를 벗고 평상복을 입었으므로, 나는 애초에 그가 주승主僧이 아닌가 하였다. 그런데 가만히 살펴보니, 그가 곧 예왕인 듯하다. 하지만 아는 척하지 않고 심상한 듯 보아 넘기고, 그도 역시 교만한 기색을 보이지 않으나, 얼굴에 홍조를 띤 것을 묘주卯酒(아침술)을 많이 마셨겠거니 짐작 간다. 그는 곧 손수 술 두 잔을 따라서 나에게 권한다. 나는 연거푸 두 잔을 마셨다. 이내 그가 물었다.

"만주어를 할 줄 아십니까?"

"모릅니다."

그러다 그가 갑자기 난간에 몸을 굽혀 토하자, 술이 마치 폭포처럼 쏟아진다. 문안을 돌아보며 "량아凉阿(시원하다)."라고 외친다.

어느 늙은 내시 하나가 방안에서 담비 갖옷[貂裘] 한 벌을 갖고 나오더니, 내게 나가라는 손짓을 하기에, 나는 곧 일어서서 나오며 난간을 다시 돌아보았다. 그는 오히려 난간에 비켜 앉았다. 그의 행동은 몹시 경박하고 얼굴은 유달리 창백하여, 조금도 위엄이 없는 것이 마치 시정잡배와 다를 바 없었다.

아침 식사 후 곧 떠나서 몇십 리를 나아갔다. 뒤에 백여 명이나 되는 말탄 사냥꾼이 멀리 산 밑을 바라보며 달린다. 독수리를 안은 자 10여 명이 산골에 흩어져 갔다. 한 사람은 큰 독수리를 안았는데, 독수리의 다리는 마치 사냥개 뒷다리처럼 살지고, 누런 비늘이 정강이에 번쩍인다. 검은 가죽으로 머리를 싸매고 눈을 가렸으며, 그 남은 것들도 모두 눈을 가렸다. 이는 그것들이 행여나 물건이 눈에 뜨이면 함부로 퍼덕이다가 다리에 상처를 내거나 위협을 느낄까 해서 그런 것이고, 또는 그렇게 해야만 눈 정기를 기르는 동시에 사나운 본성을 그대로 지니기 때문이다. 나는 그제야 말에서 내려 모래 위에 앉아서 담뱃대를 털어 담뱃불을 붙였다. 그 중 활과 살을 몸에 두른 자 하나가 역시 말에서 내려 담배를 넣더니 불을 청한다. 나는 그제야 그에게 말을 붙였다.

"황제의 조카 예왕께서는 15살 되는 황손과 또 11살 되는 황손 둘을 데리고 열하로부터 북경으로 돌아오시는 길에 사냥하시는 것입니다."

"소득이 얼마나 됩니까?"

내가 묻자 그가 대답했다.

"사흘 동안에 겨우 독수리 한 마리를 잡았지요."

한다. 그 때 별안간 옥수숫대 꺾이는 소리가 나며 등골이 서늘해진다. 말 탄 이 하나가 나는 듯이 밭 가운데로부터 달려 나오는데, 화살을 힘껏 버틴 채 안장 위에 엎드려 달리니, 그의 눈처럼 흰 얼굴이 빛난다. 담배 태우던 자가 그를 가리키며 말했다.

"저이가 열한 살 되는 황손입니다."

그는 토끼 한 마리를 쫓아 달렸다. 토끼는 달리다가 모래 위에 넘어져 누워서 네 발을 모았다. 말을 빨리 달려 쏘았으나 맞히지 못하자, 토끼는 다시 일어나 산 밑으로 줄달음이다. 그제야 백여 명이 달려가 에워싸니, 아득한 들판이 먼지가 일어 하늘에 자욱하고 총소리가 진동하더니, 갑작스레 에워쌌던 것을 풀고 가버렸다. 그때 먼지 속에서 둥그스름한 무언가가 감돌더니 아득히 그 자취가 보이지 않는다. 과연 토끼를 잡았는지는 모르겠으나, 말 달리는 법에 있어서는 어른이나 아이를 불구하고 모두 재주를 타고난 이들이었다.

대개 책문으로부터 연산관連山關에 이르기까지 높은 산과 험한 고개가 많고 숲이 울창하여 가끔 새들이 지저귄다. 요동에서 연경

까지 2천 리 사이에는, 공중에는 나는 새가 끊이고 땅에는 달리는
짐승도 눈에 보이지 않았다. 때마침 장마지고 날씨가 찌는 듯하나,
벌레나 뱀이 숲속에 다니는 것도 보지 못했던 건 물론이요, 개구리
소리도, 두꺼비 뛰노는 것도 보이지 않으며, 벼가 한창 익어갈 때지
만 참새 한 마리가 내리지 않고, 물가 모래톱 근방에도 물새 한 마
리가 보이지 않았다. 다만 백이 숙제를 모신 이제묘夷齊廟 앞 난하灤
河에서 비로소 두 쌍의 갈매기를 보았다. 그리고 까마귀·까치·솔개
따위는 흔히 도시 중에 모여듦에도 불구하고, 이 북경에선 역시 드
문 것이니 결코 우리나라의 새들과 같지 않다는 걸 느꼈다. 애초에
는 이러한 변새의 수렵狩獵 지역에는 반드시 금수가 많으리라 생각
하였더니, 이제 이곳의 모든 산은 갈수록 초목이 없고 새 한 마리도
나타나지 않는 것을 보면, 비로소 호인들이 사냥으로써 생계를 유
지하는 것이 이와 같음을 알았다. 그러나 그들은 장차 어느 곳에서
사냥을 할지, 짐승들을 씨를 말리는게 이치에 맞는 일인지, 또는 짐
승들이 별도로 도피할 곳이 있는지도 알 수 없겠다.

　강희 황제가 위에 오른 지 20년 만에 오대산五臺山에 놀러 갔을
때 범이 숲속에서 뛰쳐나오자 황제가 직접 쏘아서 죽였다. 당시 산
서山西 도어사都御史 목이새穆爾賽와 안찰사按察使 고이강庫爾康이 황제
에게 여쭈어 그 땅 이름을 석호천射虎川이라 하였다. 범의 가죽은 대
문수원大文殊院에 잘 보관하여 지금까지 전하고 있다. 그는 또 친히
화살 서른 개를 쏘아서 토끼 스물아홉 마리를 잡았고, 그가 송정松
亭에서 사냥할 때에는 큰 범 세 마리를 쏘아 죽였는데, 모두들 그림

을 그려서 민간에서 서로 사고 판다 하니, 참으로 기특한 재주가 아닐 수 없다.

이제 여러 공자公子들이 사냥할 때 재빨리 달리는 것을 구경하니 대체로 그들의 가법家法이 그러함을 알겠다. 만일 그 때 옥수수밭 속에서 범 한 마리가 뛰어나왔더라면, 그가 기뻐하였을 뿐만 아니라, 만 리의 길을 멀리 온 이 객에게도 유쾌한 일이었을텐데 그렇지 않았다는 매우 애석하다.

장성 밖에 다다르니, 산에 잇달아서 성을 쌓았으므로 높낮이와 굽이가 생겼고 그 요충지에는 속이 텅 빈 돈대를 세웠다. 돈대높이는 예닐곱 발, 너비는 열네댓 발이나 되었다. 그런데 대체로 요충지에는 4, 50걸음 만에 돈대가 하나씩 있고, 조용한 곳에는 2백걸음 만에 돈대 하나씩을 두었으며, 돈대마다 백총百總이 지키고, 열 돈대를 천총千總이 지키게 마련이다.

그리하여 1, 2리里 사이마다 방울 소리가 들린다. 만일 한 사람이 일이 있을 때에는 좌우에서 횃불을 들어 서로 나누어 전하면, 수백 리 사이에도 모두 재빨리 알아채고 대비하게 되어있다. 이는 모두 명나라 명장인 척계광戚繼光[4])이 마련한 제도라고 한다.

옛날 육국六國 때에도 역시 장성이 있었다. 조趙의 이목李牧이 흉노匈奴를 크게 깨뜨려 10여만 명의 기병을 죽이고 첨람襜襤을 전멸시

---

4)   1528~1588. 명나라 장군이다. 척계광은 산둥山東 미산微山 사람으로, 자는 원경元敬이고, 호는
     남당南塘, 맹제孟諸이다. 만력 연간에 북만이 요동遼東을 공격해오자 척계광은 이성량과 연합
     하여 북만을 격퇴하였다.

키며, 임호林胡·누번樓煩 등을 깨뜨리고 장성을 쌓았는데, 대代 땅과 음산陰山으로부터 고궐高闕에 이르기까지 새 문을 만들어 운중雲中·안문雁門·대군代郡 등의 여러 현을 설치했고, 진秦은 감숙성 지역에 있던 부족 의거義渠를 멸한 뒤에 비로소 농서隴西·북지北地·상군上郡 등지에다 장성을 쌓아서 호족을 막았다. 연燕은 또 동호東胡를 격파하여 천 리를 넓히고 역시 장성을 쌓되, 조양造陽으로부터 양평襄平에 이르기까지 상곡上谷·어양漁陽·우북평右北平·요동遼東 등의 여러 현을 두었다. 이에, 진·연·조 세 나라가 모두 저 세 곳에 둔 지가 오래고, 각기 장성을 쌓았으되 그 실에 있어서는 서로 잇달리어 북·동·서에 뻗은 것이 벌써 만 리나 되었더니, 진秦이 천하를 통일하고 천자가 되자 곧 몽염蒙恬5)에게 성을 다시 쌓게 하였는데 지세를 따라 험한 곳을 이용하여 변방을 지켜내어 임조臨洮로부터 요동에 이르기까지 만 리가 이어지게 되었다. 생각하건대 몽염이 옛성을 모두 증수增修한 것이 아닐까? 또는 연·조의 옛 성터에다 새로 쌓았던 것인지는 알 수 없겠다. 몽염은 이 성이 임조에서 시작되어 요동까지 이어졌다고 하였으니 만 여리 뻗은 그 사이에 지맥地脈을 끊긴 곳도 있다고 하였다. 또 사마천司馬遷이 북변北邊에 가서 몽염이 쌓은 장성을 보매 그 역정驛亭과 돈대가 모두 산을 끊고 골짜기를 메운 것을 보고 그가 가벼이 백성의 힘을 허비하였음을 책망하였다. 그렇다

5) ?~기원전 209. 중국 진秦나라 때의 장군으로 몽무蒙武의 아들이다. 진나라의 통일에 많이 기여하였고 만리장성을 쌓았지만, 진 시황 사후에 환관 조고趙高와 승상 이사李斯의 흉계로 투옥된 뒤 강제로 자살했다.

면 이 성은 정말 몽염이 쌓은 것으로, 연·조의 옛것이 아닌지도 모
르겠다. 이 성은 모두 벽돌로 쌓았으며, 벽돌은 모두 한 기계에서
찍어 낸 것으로서 두껍고 얇음이나 크고 작은 것이 조금도 차이가
없고, 성 밑 돈대는 돌을 다듬어서 쌓았으되 땅 밑에 포갠 것이 다
섯이요, 땅 위에 포갠 것이 셋이라 한다. 그 돈대는 가끔 무너진 곳
이 있었다. 그 높이는 댓 길쯤 되나, 흙을 섞지 않고 오로지 벽돌에
석회를 발랐는데, 종잇장처럼 얇게 하여 벽돌을 붙여 놓아 마치 나
무를 아교로 붙인 듯하였다. 성의 안팎이 대패로 깎은 듯하되, 아래
는 넓고 위는 좁아서 비록 대포大礮와 충차衝車라도 갑자기 깨뜨리기
는 어렵게 되어 있다. 대개 그 바깥 벽돌 떨어지고 깨졌으나 그 속
에 쌓은 것은 그대로 남아 있었다.

　담결핵痰結核을 다스리는 데에는 천년 묵은 석회에다가 초를 타
서 떡을 만들어 붙이곤 한다. 장성 지역은 묵고 오래된 석회가 으뜸
이었으므로, 으레 사신이 오가는 편에 이를 구했던 것이다. 내 일찍
이 젊었을 때 주먹만큼 큰 것을 본 적이 있었는데, 지금 와보니 결
코 진짜가 아니었음을 알겠다. 길가의 모든 성의 제도는 모두들 장
성과 마찬가지인데, 대체 어디에서 주먹처럼 큰 석회를 얻을 수 있
겠는가. 또 어떻게 멀리 변방까지 우회하여 구해 올 수 있었겠는
가? 이는 우리나라 길가의 무너진 성 밑을 지나다가 주운 것에 지
나지 않으리라 생각될 뿐이다.

　돌아오는 길에 고북구古北口에 들렀다. 지난번 장성 밖으로 나
갈 때는 마침 밤이 깊어서 두루 구경하지 못하였는데, 지금은 반대

로 대낮이므로 수역과 잠깐 모래 벌판에 쉬다가 곧 첫째 관關으로
들어섰다. 말 수천 필이 관문이 메도록 서 있고, 둘째 관문을 들어
갔더니 군졸 4, 50명이 칼을 차고 둘러서있으며 또 두 사람이 의자
를 맞대고 앉았다. 나는 수역과 함께 말에서 내려 조용히 걸었다.
그 둘은 기쁜 얼굴로 재빨리 앞에 와서 몸을 굽히며 읍하고 수고한
다는 인사를 건넸는데, 그 하나는 머리에 수정관水晶冠을 썼고, 또
하나는 산호관珊瑚冠을 썼다. 그들은 모두 수비하는 참장參將이라
한다.

석진石晉의 개운開運 2년(945)에 거란주契丹主 덕광德光이 침입하여
호북구虎北口로 돌아오다가, 진晉이 태주泰州를 치러 갔다는 말을 듣
고 다시 군사를 통틀어서 남쪽으로 내려갈 때, 거란주가 수레 속에
서 철요기鐵鷂騎의 기병騎兵에게 명령을 하고 말에서 내려 진군晉軍의
녹각鹿角을 빼고 들어갔었다. 대개 장성長城을 둘러 구口라는 이름을
지닌 곳이 무려 몇백이나 되었는데, 태원太原(산서성에 있다) 분수汾水의
북에 역시 호북구라는 지명이 있으니, 그때 덕광德光의 군사가 기양
祈陽으로부터 북으로 향해 갔던 바, 그 길이 아니고 보니 유주幽州·단
주檀州의 호북이 곧 이 관關이리라 생각된다. 당唐의 선조에 호虎라는
휘諱가 있으므로, 당에서 호虎를 고쳐 고북구라 하였다. 송인宋人이
지은 『사료행정록使遼行程錄』에 "단주檀州로부터 북으로 80리를 지나
고, 거기에서 또 80리를 가서 호북구관虎北口關에 이르렀다."라 하였
으니, 단주의 고북구 역시 호북구라고 불리웠던 것이다. 송宋 선화
宣和 3년(1121)에 금인金人이 요나라 병사를 고북구에서 격파했고, 가

정嘉定 2년(1209)에 몽고蒙古가 금金에 침입하여 고북구에 이르니, 금 인은 물러가서 거용관居庸關을 지켰다. 원元의 치화致和 원년(1328)에 태정제泰定帝(야손철목이也孫鐵木爾)의 아들 아속길팔阿速吉八이 상도上都(찰 합이察哈爾 다륜현多倫縣)에서 임금이 되어 군대를 보냈는데, 도道를 나누 어 연燕의 철첩목아鐵帖木兒와 대도大都(북경)에서 싸울 때에 탈탈목아 脫脫木兒는 고북구를 지키다가 상도의 군대와 더불어 의흥宜興에서 싸웠고, 명明의 홍무洪武 22년(1389)에 연왕燕王에게 명령을 내려 군사 를 거느리고 고북구로 나가서 내안불화乃顔不花를 이도迤都에서 쳤 다. 영락永樂 8년(1410)에는 고북구 소관小關의 어귀와 대관大關의 바깥 문을 메워서 겨우 사람 하나 말 한 필을 들일 수 있을 정도였는데, 이제 이 관은 다섯 겹이나 되는 문이 있으나 아무런 메운 흔적이 없 음을 발견하였다.

대개 이 관은 천고의 전쟁을 치른 마당이므로, 천하가 한 번 어 지러우면 곧 백골白骨이 산처럼 포개어지게 되니, 이야말로 진실로 이른바 호북구였다. 이제 태평이 계속된 지 1백여 년이나 되어서 네 경내境內에 병혁兵革의 어지러움을 보지 못하였을뿐더러, 삼과 뽕 나무가 빽빽이 서 있으며, 개와 닭 울음이 멀리 들리어, 이와 같이 풍족한 휴양休養과 생식生息이야말로 한漢·당唐 이후로는 일찍이 보 지 못한 일이었으니, 그들은 무슨 덕화德化를 베풀었기에 이 경지에 이르렀을까. 그러나 그 높음이 극도에 달하면 반드시 허물어짐은 이치가 으레 그러한 것인만큼, 이곳 백성이 전쟁을 치르지 않은 지 가 오래되었으니, 앞으로 다가올 토붕土崩·와해瓦解도 걱정이 이만저

만이 아니다.

이 관關은 대개 산 위에 자리잡아, 비록 수많은 산봉우리가 빙 둘러 있으나 큰 사막이 오히려 눈앞에 보인다. 『금사金史』를 상고하면, "정우貞祐 2년(1214)에 물이 넘쳐 흘러, 고북구의 쇠로 만든 관문을 허물어 버렸다."라 하였다. 대개 호인들이 중국을 하찮게 여기는 것은, 그의 나라가 상류上流에 있어서 형세가 병목을 거꾸로 달아 놓은 것처럼 된 까닭이다. 내 어렸을 때에 어떤 어른이 하나라 우임금의 아버지였던 백곤伯鯀의 홍수洪水를 매운 것에 다음과 같이 변증辨證한 것이 기억에 떠올랐다.

"중국에 커다란 근심 두 가지가 있으니, 곧 하河와 호胡이다. 대개 백곤의 재주나 힘이나 인격이나 지혜 그 무엇으로도 멋대로 날뛸 것을 알고도 남음이 있었으므로, 그는 유주幽州와 기주冀州를 소개疏開하고 항산恒山과 대군代郡을 파서 구주九州의 물을 이끌어 사막에 끌어 대고는, 중국으로 하여금 도리어 그 상류에 웅거하여 되놈[胡]을 견제하기를 꾀하였다. 그리하여 당시의 사악四岳[6] 역시 그의 제안을 옳게 여겨 한 번 시험해 보려 하였으니, 이는 이른바 '시험해 보고 말 것이다.'가 곧 그것이다. 그러므로 요堯는 비록 물을 거꾸로 따냄이 옳다고 여기지 않았건마는, 백곤의 변론이 몹시 강력하므로 반박을 하지 못하였으며, 우禹도 물의 역류를 합당치 않게

6) 요堯 임금 때 사악의 제후諸侯를 관장하던 관직 이름으로서 희화羲和의 네 아들인 희중羲仲·희숙羲叔·화중和仲·화숙和叔을 말하기도 한다. 『서경書經』「우서虞書 요전堯典」

생각했건만, 백곤의 재주와 지혜가 심히 뛰어났으므로 감히 간하지도 못하였으니, 이는 이른바 '명령을 어기고 화합을 깨뜨린다.'가 곧 이 말이다. 백곤의 사람됨이 사납고도 고집이 세어서 제 마음대로 의견을 주장하되, 저 높은 데까지도 물에 잠길 것은 둘째 문제라 생각했다. 따라서 지형도 측량하지 않고 공비도 아낌 없이 기어코 거꾸로 개울을 파서 거슬러 흐르게 하였으니, 이는 이른바 물이 거슬러 행함을 강수洚水라 하므로, '강수란 곧 홍수洪水이다.'라는 말이 곧 그것이다. 그러나 개울도 치고 구덩이도 파려니와, 소개도 하고 씻어 내기도 하는 도중에 지세가 점차 높아짐에 따라 흙이 저절로 메워지게 되었으니, 이가 이른바, '백곤이 홍수를 메웠다.'는 것이다. 만일 그렇지 않다면, 그가 유독 무슨 마음으로 이처럼 커다란 물을 메워서 스스로 죄과를 범하였으며, 또 당시의 사악과 십이목十二牧은 어찌하여 극구 백곤을 추천하였을까? 또 요임금도 어떻게 차마 9년 동안이나 두고 보면서 그가 패할 것을 기다렸을까. 아아, 백곤이 만일 이 공업을 이룩하였더라면, 중국이 오랑캐를 막는 것이나 강물을 막는 계책이 한꺼번에 이룩되어 만세토록 힘을 유지했을 것이다. 아울러, 그의 커다란 공로와 거룩한 사업이 당연히 우임금 위에 올랐을 수도 있다."

그러나 이제 이곳 지형을 살펴본즉, 이는 얼토당토않다. 이백李白의 시에서 '황하의 물은 하늘에서 오누나[黃河之水天上來]'라 하였으니, 대개 그 지형이 서편이 높아서 황하가 마치 하늘 위로 내려 흐르는 듯싶다는 것이다.

관내關內 점방에서 점심을 먹게 되었다. 그 벽 위에 황제의 어필 칠언 절구 한 수가 붙어 있었다는데, 공민孔敏에게 내린 것이다. 황제가 일찍이 남으로 순행하고는 곧장 열하로 돌아올 때 모든 공씨孔氏가 나와서 예를 갖추어 알현했기에 황제가 이 시를 읊어 권면하였다. 공민 이에 발문을 달았는데, 황제의 은악恩渥과 영총榮寵을 극도로 과장했을 뿐 아니라 벌써 돌에 새겨 널리 찍어서 이 점주店主에게 한 벌을 주고 갔다 한다.

그 시는 비록 볼만한 게 없었으나 글씨는 솜씨가 있었다. 점주가 나에게 이를 사라고 조르기에 시험조로 그 값을 물었더니, 그는 돈 서른 냥을 부른다. 식사가 끝난 뒤 곧 떠나서 셋째 관문에 들어갔다. 양편 벼랑에 석벽이 깎은 듯이 높이 서 있고, 그 가운데에는 차 한 대가 지나칠 수 있게 되었으며, 아래에는 깊은 시내와 커다란 바위가 더덕더덕하였다. 기공沂公 왕증王曾과 정공鄭公 부필富弼이 일찍이 거란에 사신갈 때 역시 이 길을 경유하였으므로, 그의 행정록行程錄 중에, "고북구는 양편에 준험한 석벽이 있고, 그 사이에는 길이 나 있는데, 겨우 수레를 용납할 만하다."라 하였다. 이를 보더라도 그가 이곳으로 지나갔음을 알 수 있다. 어느 절에서 쉴 때, 거기에 영빈潁濱 소철蘇轍의 시가 새겨져 있었다.

높고 낮은 산 가운데 갈 곳 없을까 하더니, 亂山環合疑無路
작은 길은 얽혀 시내를 둘러 있다. 小徑縈回長傍溪
꿈속에서 촉나라 길 찾는 듯 하노라니, 彷彿夢中尋蜀道

흥주 동쪽 골짜기에, 봉주 서쪽이로구나. 興州東谷鳳州西

『송사宋史』를 살펴보니 "원우元祐(1086~1094) 연간에 소철이 그의 형 소식蘇軾을 대신하여 한림학사翰林學士가 되었고, 얼마 아니 되어 예부 상서禮部尙書의 직을 대리하여 거란에 사신갔으므로, 그의 관반館伴 시독학사侍讀學士 왕사동王師同이 능히 소순蘇洵·소식의 글과 소철의 복령부茯苓賦를 외었다.라고 하였다. 이 시는 곧 소철이 사신으로 갈 때에 이곳으로 지나치다가 쓴 것이리라. 그곳에 기거하는 중은 겨우 둘뿐이고, 난간 밑에는 바야흐로 오미자五味子 두어 섬을 말리고 있기에, 내 무심코 두어 알을 주워서 입에 넣었다. 한 중이 응시하다가 별안간 크게 노하여 눈을 무라리며 소리쳤다. 그의 모습은 무척 흉악하고 사나웠다. 나는 곧 일어서서 난간 가장자리로 비켜섰다.

마침 마두馬頭 춘택春宅이 담뱃불을 붙이러 들어섰다가, 그 꼴을 보고는 크게 성을 내며 줄곧 앞으로 다가가 책망했다.

"우리 나으리가 더운 날씨에 갈증 나서서, 이 많은 것 가운데 불과 몇 알 아니 되는 것을 침을 좀 돌게 하려 하였거늘, 어인 중놈이기에 이리도 양심이 없단 말이냐. 하늘에도 높은 하늘이 있고, 물에도 깊은 물이 있거늘, 이 당나귀처럼 높낮이도 분간하지 못하고 얕은 것과 깊은 것도 모르는 이런 무례한 놈을 보았나."

그러자 중은 모자를 벗어 던졌다. 입가에는 흰 거품이 부풀어 오르고 어깻죽지를 기웃거리면서 까치걸음으로 앞으로 나선다.

"너희 나으리가 내게 무슨 감정이 있어, 하늘 높다 하나 너나 두려워하지, 나는 두려울 게 없다. 제 아무리 관운장이 신령스럽게 문에 들었다 하더라도, 난 두려울게 없다."

춘택이 곧 그에게 뺨 한 대를 치고 이어서 수없이 욕지거리를 더한다. 중이 그제야 뺨을 손으로 가리고 비틀거리며 들어가 버린다. 나는 목청을 높여 춘택에게 소란 떨지 말라 야단했다. 춘택은 오히려 분을 이기지 못한 채 곧장 그 자리에서 싸워 죽이고 말 기세였다. 한 중은 부엌문에 서서 웃음을 머금은 채 편을 들지도 않았을 뿐 아니라, 역시 말리지도 않는다. 춘택은 또 한 주먹으로 그를 두들겨 엎고는,

"우리 나으리가 이 일을 만세야萬歲爺(황제를 높여서 하는 말) 앞에 여쭙는다면, 네놈의 대가리를 쪼개 버리든지, 그렇지 않다면 이 절을 흔적도 없이 사라지게 하겠다, 이놈."

하며 호통친다. 중은 옷을 툭툭 털고 일어나며 말했다.

"너희 나으리가 공짜로 오미자를 훔치고, 또 네놈을 시켜 사발처럼 모진 주먹을 보내니, 이게 대체 무슨 도리인가."

꾸짖기는 하되 그의 기색은 차차 죽어 간다. 그러자 춘택은 더욱 기가 살았다.

"무슨 공짜야, 기껏해야 한 말이냐, 한 되냐. 그까짓 눈꼽처럼 작은 한 알 때문에 우리 나으리 높으신 위신이 말이 아니다. 황제께서 만일 이 일을 아신다면 너같은 까까중놈의 대가리통을 대번에 쪼개 버릴 거야. 그리고 우리 나으리가 이 일을 황제께 여쭙는다면,

네놈이야 우리 나으리가 두렵지는 않을지 몰라도, 황제까지 두렵지 않단 말이냐."

하고, 폭언을 퍼부었다. 그제야 중이 기가 죽어서 다시 앙갚음의 말도 내지 못한다. 춘택은 다시 끊임 없이 욕설을 퍼부으며, 허세를 피운다. 그리고 툭하면 만세야를 팔아 댄다.

이때에는 응당 만세야의 두 귀가 가려웠으리라. 대개 춘택이 말끝마다 황제를 일컬으니, 그가 허장성세하는 꼴이야말로 포복절도할 일이다. 그 중은 진짜 그를 두려워하여, 만세야라는 석 자를 듣자 마치 천둥이라도 들은 듯, 귀신을 본 것처럼 떨 뿐이었다.

그제야 춘택이 벽돌 하나를 뽑아서 중에게 던지려 한다. 두 중은 별안간 웃음을 지으며 달아나 숨어 버렸다가, 곧 산사 열매 두 개를 갖고 와서 오히려 웃는 얼굴로 바치며 청심환을 요구했다.

애초에 이러한 짓은 청심환을 얻기 위함에 불과한 것이었다. 심성이야 실제로는 나쁘지 않을 것이다. 바로 청심환 한 알을 주었더니, 중은 머리를 무수히 조아리곤 한다. 참 염치 없는 자들이다. 대체 산사는 살구처럼 굵기는 하지마는, 몹시 시금털털하여 먹을 수 없었다.

옛 성인은 남의 물건을 사양하고 받으며 취하고 주는 것을 심히 삼갔으니, 말하기 "만일 옳은 일이 아니라면, 비록 한낱 지푸라기라도 함부로 남에게 주지도 않을뿐더러, 남에게 받지도 않는다."라 하였던 것이다. 대체 한 낱의 지푸라기로 말한다면, 천하에 지극히 가볍고 미미한 물건이어서, 족히 만물 중에서 손꼽힐 여지가 없지만, 어찌 이것으로써 사양하고 받으며, 취하고 준다든가 하는 순간을 논할 나위가 될까보냐. 그러나 성인은 마치 커다란 염치와 의리가 존재하는 듯이 이처럼 심각하게 말씀 하신걸 그간 이상하게 여겼는데, 이제 이 오미자로 인하여 일어난 일을 체험하고 나서, 비로소 성인의 한낱 지푸라기로 이끌어 온 말씀이 과연 지나치게 심함이 아님을 깨달았으니, 아아, 성인이 어찌 나를 속이겠느냐. 두어 낱의 오미자는 실로 한낱 지푸라기와 같은 물건이건마는 저 완패頑悖한 중이 나에게 무례無禮한 행위를 한 것은 가위 횡역橫逆의 경지에 이른 것이다.

그리하여 이로 말미암아 다투기 시작하여서 주먹다짐에까지 이르렀을뿐더러 바야흐로 그들이 싸울 때에는 분한 마음을 이기지 못하여 제각기 생사를 분간하지 않았으니, 이때를 당해서는 비록 두어 낱의 오미자일망정 재화가 산더미처럼 높았던 만큼 이는 결코 천하에 지극히 가늘고도 가벼운 물건이라 얕보기는 어려울 것이다. 옛날 춘추春秋 전국戰國 때에 종리鍾離에 살고 있는 한 여인이 초楚의 여인과 뽕 따기를 다투다가 종말에는 두 나라의 전쟁을 일으켰던 일이 자연스럽게 상기된다.

그를 이 일에 비한다면, 두어 낱의 오미자가 벌써 성인이 이른 바 한낱의 지푸라기보다 많았을뿐더러 그 옳고 그름을 따지는 것이 초의 여인이 뽕 따기 다툼과 다름 없음을 보아서, 만일 이때에 그들이 싸우는 도중에 목숨을 잃은 사변이 생겼더라면, 어찌 군사를 일으켜 문책할 일이 없었을 것을 누가 예측하겠느냐.

내 일찍이 학문이 얕고 보잘 것 없어서 항상 오얏나무 아래에서 갓을 바로 잡고, 참외밭에서 신을 고쳐시는 걸 삼가 조심하지 못하였다. 이에, 스스로 공짜로 오미자를 먹었다는 모욕을 취하였으니, 어찌 부끄럽고도 두려움을 이루 말할 수 있으리오.

길가에서 빈 차가 열하로 달려가는 것이 날마다 몇천 몇만인지 모를 만큼 많았으니, 이는 황제가 장차 준화遵化 역주易州 등지에 행차하는 까닭으로 짐을 실으러 가는 길이었다. 그리고 몇천의 탁타(橐駝: 낙타)가 떼를 지어 물건을 싣고 나온다. 이놈들은 대체 한결같이 크고 작은 놈이 없이 모두 엷은 흰 빛에 약간 누런 빛을 띠었으며, 짧은 털에 머리는 말과 다름 없으나 작은 눈매는 양과 같고, 꼬리는 마치 소와 같이 생겼다. 그리고 다닐 때에는 반드시 목을 움츠리고 머리를 쳐들되 마치 나는 해오라기처럼 같았다. 무릎에는 두 마디가 생겼으며, 발은 두 쪽으로 쪼개졌고, 걸음은 학처럼, 소리는 거위 소리 같았다. 당나라 현종때 장수였던 가서한哥舒翰이 서하西河에 머무르고 있을 때 그 주사관奏事官이 장안長安으로 향할 때마다 흰 탁타를 타고 하루에 5백 리를 달린 일도 있거니와 석진石晉의 개운開運 2년에 부언경符彦卿이 거란 철요鐵鷂의 군사를 대파하자 거란 임금이 해차奚車를 타고 달아날 제 뒤에 적병이 급하게 쫓아오기에 덕광德光이 탁타 한 마리를 잡아 그를 태워서 달아났다 하였는데, 이제 탁타(낙타)의 걸음걸이를 보건대, 몹시 더디고도 둔하니 뒤에 쫓아오는 적군에게 포로를 면하기 어려울 듯싶다. 혹시나 그놈들 중에서도 진나라 거부였던 석숭의 석계륜石季倫의 소와 같이 잘

달리는 놈이 있었는지는 알 수 없는 노릇이다. 고려 태조太祖 때에 거란이 탁타 40마리를 바쳤으나, 태조는 거란이 워낙 무도無道한 나라라 하여 다리 밑에 매어놓은 지 10여일 만에 모두 굶어 죽었으니, 거란은 비록 무도한 나라라 할지라도 탁타야 무슨 죄가 있겠는가. 대체 탁타는 하루에 소금 몇 말과 꼴 열 단쯤을 먹기는 일쑤인 만큼 나라에서 세운 목장이 몹시 빈곤할뿐더러 꼬마 목노牧奴가 그를 기르기가 어려움은 물론이요, 또는 그를 이용하여 물건을 싣고자 하여도 도시의 건물마저 낮고 좁으며 문과 거리가 더욱 비좁아서 그를 수용할 수 없는 형편이었으니, 실로 이는 쓸데없는 물건이 되고 말았던 것이다. 이제까지도 그 다리 이름을 탁타교라 하여 개성開城 유수부留守府에서 3리쯤 가서 있는데, 다리 곁에 돌을 세워 탁타교橐駝橋라 새겼으나, 토인土人들은 탁타교라 부르지 않고 모두 약대다리若大多利라 한다. 이는 사투리로 약대는 탁타, 교량은 다리이기 때문이다. 이에서 또 와전되어 야다리野多利라 부르는 것이 일쑤이다.

내 처음 개성에 놀러 갔을 때 탁타교를 물었으나, 그곳의 소재처를 아는 이가 없었으니 아아, 사투리가 이처럼 끝내 아무 뜻도 아닌 것으로 변해버렸다. 이날 80리를 갔다.

18일 갑자甲子

아침에는 개더니 늦게 가는 비가 잠시 내렸으나, 곧 멎고 오후에는 바람과 우레가 크게 일어 소낙비가 쏟아졌다.

동틀 무렵 떠났다. 차화장車花莊·사자교獅子橋를 지났는데, 행궁行宮이 있었다. 목가곡穆家谷에 이르러 점심 식사를 마치고, 곧 떠나서 석자령石子嶺을 지나 밀운密雲에 이르매, 청나라 종실의 모든 왕과 황실로서 봉작을 받는 보국공輔國, 많은 관원이 북경으로 돌아가는 자가 길에 잇달았다. 백하白河에 다다르자 나루에 모여든 사람들이 서로 먼저 건너려고 시끄럽게 다투는데 이들을 한꺼번에 건너주기가 어려우므로 바야흐로 부교浮橋를 매는 것이다. 모든 배들은 대개 돌을 운반하는 것이었고 사람을 건너주는 배는 다만 한 척이 있을 뿐이다. 앞서 이곳을 지날 때에는 군기軍機가 나와 맞이하고 낭중郎中은 건너는 일을 감독하고 내시는 길을 인도하였으며, 제독과 통관들의 기세가 당당하여 물가에서 채찍을 들어 친히 지휘하였는데, 그의 위세가 산과 강을 움직일 만한 것이었다. 그러나 이제 연경으로 돌아오는 길에는 그들 근신近臣의 호송도 없거니와 황제 또한 한 마디 위로의 말씀이 없었다. 이는 대체로 사신들이 부처님 뵙기를 꺼려한 까닭으로 이러한 푸대접을 받은 것이다. 그들의 기색을 살펴보면, 갈 때와 올 때의 대우가 다름을 나는 느꼈다. 대개 저 백하白河는 그저께 건너던 물이었으며 모래 언덕은 이전에 우리가 밟아 보았던 곳이요, 제독의 수중에 가진 채찍이나 물 위의 배까지도 올 때의 것들과 다름이 없다. 그럼에도 불구하고 제독은 입을 다물고 통관마저 머리를 숙였을 뿐이었으며, 저 강산은 아무런 변함이 없건만 염량세태가 완연히 눈앞에 떠오른다.

　아아 슬프도다. 대개 시세의 믿지 못할 것이 이러하다. 그리고 세력이 있는 곳에는 모두들 달음질쳐서 따르곤 하였으나, 눈 한번 끔벅할 사이에 시세는 옮겨지고, 일은 식어져서 전연 빙자할 곳 없이 되어 마치 저 진흙에 빠진 소가 바다로 들어가는 듯이 얼음산이 햇빛을 만나 녹듯이 천고의 모든 일이 거의 이와 다름 없으니, 어찌 슬프지 않으랴 이렇게 생각하는 차에 별안간 어지러운 구름이 공중을 덮으면서 바람과 우레가 크게 일었다. 그러나 오히려 갈 때에 비하여 그처럼 가공할 위세는 아니었다. 그러나 다만 갈 때나 올 때가 모두 이러함을 보아서 이상한 일이라 아니할 수는 없겠다. 옛 역사를 더듬어 보건대, "명明의 천순天順 7년(1463)에 밀운密雲 회유현懷柔縣에 홍수가 나서 백하가 몇 길이나 불어 올라 밀운의 군기고軍機庫와 문서방文書房이 표류되었다." 하였으니, 아마 이곳은 옛 전쟁터로서 맹풍盲風·괴우怪雨가 일기 일쑤여서 분노한 번개와 우레와 그 침울한 원혼이 오히려 풀리지 않은 것이 아닌가 생각된다.

　물길을 지나오는 곳마다 그들의 배는 제도가 각기 다름은 물론 이 백하의 배는 마치 우리나라의 나룻배와 비슷하면서 어떤 것에는 톱으로 배 한 허리를 에워서 몇 채를 노끈으로 묶어 하나를 만든 것이 있었다. 그 꼴이 하나만으로서도 이상한데 거기다 셋을 연결한 것은 더욱 그러함을 느꼈다.

　글자를 만드는 데는 상형象形이 가장 많았음이 사실이다. 그리하여 배 주舟 자의 변에는 도舠, 첩艓, 작舴, 항航, 맹艋, 정艇, 함艦, 몽艨

이니 하는 따위가 모두 그 모습을 따라 이름 한 것이라 다양한데, 어쩐지 우리나라에서는 작은 배는 걸오傑傲, 나룻배는 날오捏傲, 커다란 배는 만장이漫藏伊, 곡식을 실은 배는 송풍배松風排라 하였을 뿐 아니라, 바다에 출범出帆할 때에는 당돌이唐突伊 상류에 뜰 때에는 물우배物遇排라 하였고, 또 관서關西에서는 배를 마상이馬上伊라 일컫는다. 그 제도는 비록 각기 같지 않으나, 다만 선船의 한 글자로 통일되어 있을 뿐이요, 또 비록 도舠·첩艓·작舴·맹艋 등의 글자를 차용借用하였으나, 그 이름과 실물은 맞지 않는 것이다.

때마침 40, 50기병이 회오리바람처럼 달려오는데 그 기세가 꿋꿋하며 당당하다. 우리나라의 지쳐 빠진 하인이며 말은 안중에도 없는 듯하다. 그들은 한꺼번에 배에 오른다. 가장 뒤에 따르는 기병 하나가 팔에는 푸른 매를 끼고 채찍을 드날려 단번에 배에 뛰어오르려다가 말의 뒷굽이 미끄러져 안장채를 맨 채 물속에 떨어지자 한 번 덤벙거리며 다시 솟구쳐 일어서려다가 할 수 없이 가라앉아 힘없이 몸을 굴려 이윽고 물 위에 솟아 지친 몸을 이끌고 배에 오른다. 그리고 매는 마치 기름 항아리에 던져진 나방과 같고, 말은 오줌에 빠진 쥐와 같았을뿐더러 그 고운 옷과 화려한 채찍이 흠뻑 젖은 꼴이란 말이 아니었다. 부끄러움에 되레 말만을 채찍질하자 매는 더욱 놀라 날곤 한다. 자만하고 남을 업신여기는 되갚음이 즉시 돌아옴으로 보아서는, 족히 경계하여야 함을 느꼈다. 물을 건넌 뒤에 그를 따르는 기병에게 물었더니, 그는 말 등에서 몸을 갸우뚱하면서 채찍으로써 진흙 위에다가, "저 분은 사천장군四川將軍이랍니다. 나이가 늙어서 용맹이 줄었답니다." 부마장駙馬莊에 이르러서 묵었다. 객점은 그 성 밑에 있고 성은 곧 회유현懷柔縣이다. 밤에 문을 나서 뒷간으로 향하였다. 때마침 그들은 20, 30명씩 또는 4백여 명씩 한 곳에 몰려 달릴 때 한 대열마다 등불 하나가 앞을 인도한다. 그들은 아마 모두 귀족인 듯싶다. 그리하여 수레와 말소리가 밤새 끊이지 않았다. 이날 모두 65리를 갔다.

19일 을축乙丑

개었다 가끔 비가 뿌리다가 늦어서 갰으나 날씨가 몹시 뜨거웠다.

새벽에 회유현을 떠나 남석교南石橋에 이르러서 점심을 먹었다. 비로소 홍시紅柿를 맛보았다. 그 꼴을 보니 네 골이 졌는데다 또 턱이 생긴 것이 마치 우리나라의 이른바 반시盤柿와 다름없으나, 다만 달고 연하기 짝이 없고 또 물이 많았다. 이 감은 계주薊州의 반산盤山에서 나는데, 그곳 울창한 숲이 모두 감·배·대추 등 속이라한다. 임구林溝를 지나 청하淸河에 이르러서 묵었다. 이곳에는 곧 한길이 나옴을 보아서 갈 때의 길이 아님을 알았다. 길에 한 묘우廟宇에 들렀다. 강희 황제의 어필로,

"좌성 우불左聖右佛"

이라 쓰여 있으니, 좌성은 곧 관운장關雲長을 말함이다. 그리고

좌우의 주련柱聯에는 그의 도덕과 학문을 높이 찬양하였다. 대개 그들이 관공關公을 숭봉한 것은 명明 초기의 일이었으며, 심지어 그의 이름을 휘하여 패관稗官 기서奇書 들까지도 모두 관모關某라 일컫는다. 그리하여 명明·청淸의 즈음에는 공이公移와 부첩簿牒까지도 관성關聖이니 관부자關夫子니 하고 높여 불렀다. 그 그릇됨과 야비함을 그대로 답습하여 천하의 사대부들이 모두 그를 학문하는 이로 높여 왔던 것이다. 대개 소위 학문이란 삼가 생각함과, 밝게 변증辨證함과, 상세히 묻고 널리 배움을 이름이다. 그리하여 그저 덕성德性만을 높임에 그쳐서는 아니 되므로 문학問學을 거듭하지 않을 수 없는 것이다. 비록 옛날 하우씨夏禹氏가 아름다운 경고에 절하고 촌음寸陰을 아낀 것이나, 안자顔子가 허물을 거듭 범하지 않고 노여움을 남에게 옮기지 않았다. 그렇다 해도 오히려 심성에 미흡한 점이 없지 않다고 하였으니, 이는 곧, 학문의 객기가 전혀 없을 수는 없다는 것이다. 이러한 객기를 온전히 제거함에 있어서 자신의 사욕私慾을 누르며 잃었던 예법을 회복하는 방법을 써야 할 것이다. '나'라는 것이 벌써 사욕에 지나지 않으니, 만일 터럭 하나 만큼이라도 그 사욕이 몸에 따르면 성인은 반드시 그를 마치 원수나 도적처럼 간주하여 기어코 끊어 없애버려야 한다. 그러므로 『서경書經』에는, "상商을 쳐서 기어코 이겨야 하겠다."라고 하였고 『역경易經』에는 또, "고종高宗이 귀방鬼方을 쳐서 3년 만에 이겼다."라 하였다. 군사를 일으킨지 3년 동안이나 이끌어 가면서도 반드시 이기고 말겠다라고 한 건, 만일 이기지 못하면 나라가 제 구실을 하지 못하게 되기 때문이다. 사욕을 이긴 뒤에야 비로소 예법을 회복하리니, 이 말은 일 호라도 미진한 것이 없음을 의미함이다. 예를 들면 저 해와 달이 때로는 다 먹혔다가 다시 그 둥근 형태로 돌아올 수 있고, 또 잃었던 물건을 도로 미루어 찾으면 그 무게가 조금도 감하지 않는 것과 다름없는 것이다.

이 경지에 이르러서는 결코 지혜 어짊과 용맹의 삼달덕三達德을 갖추지 않는 이로서는 이 학문이란 이룩하기 어려울 것이다. 이제 관공關公과 같은 정의와 용맹이야말로 자기의 사욕을 이기기 전에 벌써 예법을 회복한 분이겠지만, 지금 그를 학문한 분으로 일컫는 것은 그저 그가 『춘추春秋』에 밝았기 때문이라고 본다.

그리하여 그가 일찍이 오吳·위魏나라가 왕을 참칭하던 일을 엄격히 배격했던바, 그가 어찌 스스로 망녕되게 높여 준 '제帝'라는 칭호를 달갑게 여기겠는가? 그의 영혼이 천추에 살아 있다면 반드시 이런 따위의 명분에 어긋난 일을 받지 않을 것이리라. 또, 그의 영혼이 이미 사라졌다면 이렇게 아첨해 본들 무슨 보탬이 있겠는가? 그리고 그들 오경박사五經博士 역시 성현의 후예로서 이어받는 것이었으므로, 주공의 후예인 동야씨東野氏, 공자의 후예인 공씨孔氏를 비롯하여 안회의 후예인 안씨顏氏, 증참의 후예인 증씨曾氏, 맹자의 후예인 맹씨孟氏 등은 당연히 모두 성인의 후예니 현인의 후예니 하였고, 관우의 후예인 관씨關氏의 박사博士 역시 성인의 후예라 하는 건 동야씨와 공씨의 반열에 넣는 것은 매우 부당한 일이다. 운남성에 운남성雲南省는 문묘가 있는데, 왕희지王羲之를 주로 모셨다. 이는 그를 서성書聖이니 필종筆宗이니 하여 높임에, 이 또한 그릇된 것임을 알지 못한다.

성도聖道가 더욱 멀고 오랑캐들이 바꾸어 가며 중원의 왕이 되었으므로 제각기 제 방법으로 천하를 어지럽히다보니, 학문은 가느다란 끈처럼 바른 명맥을 유지할 뿐이다. 어찌 천년 후의 사람들이 저『수호전水滸傳』으로써 정사正史를 삼지 않으리라 장담할 수 있겠는가? 혹자는 이렇게 말한다.

"남만南蠻·북적北狄이 줄곧 중국의 임금 노릇을 한다면, 왕희지를 문묘에 모시는 것도 괜찮을 것이네.『수호전』으로써 정사正史를 삼는다 해도 해가 될 것이 무엇이 있나? 또 비록 공孔·안顔을 내쫓아 버리고 석가釋迦를 들여 모신다 하더라도, 나는 아무런 불만이 없을 것이네."

그러고서 서로 한바탕 크게 웃고 일어섰다. 북경으로 돌아가는 관원들이 이곳에 이르러서는 더욱 많아졌음을 깨달았다. 그리하여 빈 수레가 밤낮으로 열하로 드는 것이 끊어지지 않았다. 마부나 역군들 중에 일찍이 서산西山에 가본 자는 멀리 서남쪽에 둘려 있는 돌산을 가리키며, "이게 곧 서산이다."라고 하였다.

구름 속에 출몰하는 수많은 봉우리가 나타났다가 숨었다 하고 산 위에는 흰 탑이 뾰족하게 공중에 솟았으며 푸른 산봉우리들은 한 폭의 그림처럼 아름답다. 사람들끼리 떠드는 소리가 귀에 들려온다.

"수정궁水晶宮·봉황대鳳凰臺·황학루黃鶴樓 등에 붙어 있는 그림이 모두 이를 모방해 그린 것이지."

　강 남쪽에 넓은 호수湖水가 열리고 흰 돌을 깎아 다리를 만들었
는데, 수기繡綺니 어대魚帒니 십칠十七이니 하는 다리들이 모두 넓이
수십 보에 길이 백여 길이었으며, 꿈틀대는 무지개처럼 놓여있다.
좌우에는 돌 난간이 둘려 있는데, 용을 그린 배와 비단으로 꾸민 돛
이 다리 밑에 출몰한다. 이는 40리나 되는 먼 곳의 물을 이끌어서
호수를 만들었으며 폭포가 돌 틈에서 뿜으니, 바로 옥천玉泉이다.
황제가 강남에 행차할 때나 또는 막북漠北에 머물 적에도 반드시 이
곳을 거치며 이 샘물을 마신다 한다. 이 샘의 물맛이 천하의 으뜸이
므로 연경의 팔경八景 중에 옥천수홍玉泉垂紅이 그 하나라 한다. 마부
취만翠萬은 이미 다섯 차례나 왔고, 역졸 산이山伊는 두 번이나 구경
하였다 하므로, 그들과 서산으로 가기로 약속하였다.

20일 병인丙寅

날이 개었다.

　새벽에는 잠깐 비가 뿌렸으나 곧 멎고 일기가 약간 서늘하다.
　아침에 떠나 20여 리를 가서 덕승문德勝門에 이르렀다. 이 문의
제도는 조양朝陽·정양正陽 등 아홉 문과 비슷하여 진창이 심하여, 만
일 그 가운데에 한 번 빠진다면 솟아나기 어려우리라 생각된다. 양

¥ 수천 마리가 길에 빽빽하게 몰려드는데, 다만 몇 명의 목동牧童이 앞에서 이끌 뿐이다.

덕승문은 곧 원元의 건덕문建德門인데, 명明의 홍무洪武 원년(1368)에 대장군大將軍 서달徐達이 지금의 이름으로 고쳤다 한다. 문 밖 8리 되는 곳에 토성土城의 옛 터가 있는데 이는 원나라때 축조한 것이다. 정통正統 14년(1449) 10월 기미에 먀선也先이 명 영종明英宗을 모시고, 토성에 올라 통정사참의通政司參議 왕복王復을 좌통정左通政으로 삼고, 중서사인中書舍人 조영趙榮을 태상시소경太常寺少卿으로 삼아서 상황을 토성에 나와 뵙게 하였다는데, 여기가 바로 그곳이다. 그리고 『명사』를 살펴보면 다음과 같다.

"먀선이 상황을 끼고 자형관紫荊關을 격파하고, 계속 경사京師를 엿볼 때, 병부상서兵部尙書 우겸于謙이 석형石亨과 함께 부총병副摠兵 범광무范廣武를 거느리고 덕승문 밖에 진을 였다.그때 먀선을 막 병부의 사무를 시랑侍郞 오녕吳寧에게 맡기고, 모든 성문을 닫고 친히 싸움을 독려하되, '싸움에 임하여 장수가 군졸을 돌보지 않은 채 먼저 물러서는 자 있다면, 그 장수를 벨 것이요, 군사로서 장수를 돌보지 않은 채 먼저 물러서는 자 있다면, 뒤에 오는 부대가 앞의 부대를 죽일 것이다.' 하고 심하게 호통쳤다. 이에 장수와 군졸들은 죽음을 각오한 채 그 명령을 따랐다. 그리고 경신庚申에 적군敵軍이 덕승문을 엿보기에 우겸이 석형으로 하여금 빈 집 속에 군사를 매복하고는 기병 몇에게 시켜 적을 꾀었다. 이에 적이 기병 1만 명을 거느리고 와서 접근하자 복병이 일어나 먀선의 아우 발라孛羅가 포탄에 맞아 죽었다. 그런 지 닷새 만에 먀선이 가끔 도전하였으나, 응하지 않았을뿐더러 또 싸워도 이롭지 못하였기 때문에 강화를 청하였으나, 마침내 뜻대로 되지 않으므로 할 수 없이 상황上皇(여기서는 명 영종)을 모시고 북으로 떠나버렸다."

지금부터는 민가나 시전이 번화하고 화려함이 정양문 밖과 다름이 없었고 또 태평한 날이 지속되온 지라, 이르는 곳마다 모두 그러하였다.

관館에서 묵었다. 역관·비장과 일행 중의 하인들이 모두 길 왼편에서 대기하다가 말에서 내려 저마다 손을 잡으며 그간의 노고를 위로한다. 그러나 다만 내원來源이 보이지 않았다. 그는 멀리 나와 맞이하기 위하여 혼자 먼저 밥을 먹고 동문으로 잘못 나갔기 때문에 길이 어긋난 것이라고 한다. 창대가 장복을 보더니, 그 사이 서로 떠났던 괴로움을 말하기 전에 대뜸,

"너 별상금別賞金 얼마나 가지고 왔느냐?"

장복 역시 안부도 묻지 않고, 만면에 웃음을 띠고 묻는다.

"넌, 상금을 얼마나 받았더냐?"

창대는 대꾸했다.

"천 냥이다. 너와 절반을 나눠 가져야지!"

"너는 황제를 뵈었더냐?"

"아무렴. 황제의 눈은 호랑이요, 그 코는 화롯덩이 같고, 옷을 벗은채 맨 몸으로 앉아 있었지."

"무슨 관冠을 쓰고 있더냐?"

"황금 투구였어. 그리고 나를 부르더니 커다란 잔에 술을 부어 주며, 주인을 잘 모시고 험한 길을 싫다 않고 왔다면서 기특하다고 했네. 그리고 상사님껜 일품 각로一品閣老요, 부사껜 병부상서兵部尚書로 높여주었지."

그의 말은 거짓이 아닌게 없었다. 장복만 속아 넘어간게 아니라, 하인들 중에 제법 노련한 이들조차 모두 그의 말을 믿을 정도였다. 변군卞君과 조 판사趙判事가 나와 환영한다. 곧 서로 이끌고 길 곁 주루酒樓에 올랐다. 파란 기에 옛 시 두 구를 썼다.

서로 만나 의기 맞으니 그대와 술을 마시려 相逢意氣爲君飮
높은 누각 아래 수양 드리운 곳 말 매어 두네 繫馬高樓垂柳邊

지금 수양버들에 말을 매고 높은 다락에 올라 술을 마시게 되니, 고인의 시 작법이 실제 사물을 그대로 묘사한 것에 지나지 않지만, 그래도 그 속에 참됨이 완연하게 들어 있음을 더더욱 느끼게 된다. 이 누각은 아래 위 모두 40칸에 아로새긴 난간과 그림 기둥에 단청이 눈부시고 분벽粉壁·사창紗窓이 아득히 신선의 거처를 방불케 했다. 그리고 그 좌우에는 고금의 법서法書와 명화名畵가 많이 진열되어 있고, 또 술자리에서 읊은 아름다운 시구가 많이 붙어 있었다. 조정의 신하들이 공무를 끝내고 돌아오는 길에, 또는 해내의 명사들이 석양夕陽에 모여 수레와 말이 구름처럼 많이 모여드는 곳이다. 그들이 주흥이 무르익어 시를 읊고, 서화의 수준을 평하며 이곳에

묵었으리라. 서로 앞다투어 매일 아름다운 시구와 서화를 남겨도,
어제 남긴 것이 오늘 다 팔리곤 한다. 이런 일을 술집에서 몹시 부
러워하므로 서로 경쟁하듯 의자며 탁자, 그릇, 골동품들을 사치하
게 벌여놓을뿐더러 온갖 화초를 줄지어 놓아 시의 자료로 이바지
하였으며, 좋은 먹과 아름다운 종이, 보배로운 벼루, 부드러운 붓들
은 으레 그 가운데에 갖추어 있었다. 옛날 양무구楊無咎가 어떤 기생
집에 들렀을 때 짧은 바람벽 위에 절지매折枝梅 한 폭을 그려 붙였더
니, 오가는 사대부들이 이를 감상하기 위하여 일부러 여기에 들렀
으므로 그 기생의 영업이 더욱 번영하였다. 그러나 그 뒤 이 그림을
도적에게 잃어버리자 찾아드는 수레와 말이 점차 줄어들었고, 또
장 일인張逸人은 일찍이 최씨崔氏의 술 항아리에 다음과 같은 시를 붙
여 놓았다.

무릉성 깊은 곳 최씨네 술은　武陵城裏崔家酒
지상에는 없고 천상에 있겠지　地上應無天上有
구름처럼 떠도는 도사 한 말 술을 마시고　雲遊道士飲一斗
취하여 흰 구름 깊은 동구에 누웠다　醉臥白雲深洞口

이 시 덕분에 손님이 더욱 많이 찾았다고 전한다. 대개 중국의
명사와 대부들은 기생집과 술집에 출입함을 혐의롭게 여기지 않았
으므로, 여씨呂氏의 가훈家訓 중에서 찻집이나 술집에서 유희함을 경
계한 것이다. 우리나라 사람들은 술 먹는 습관이 여느 나라 사람보

다 훨씬 험악하다. 이른바 술집은 초라했는데, 길가에 낸 조그만 문에 새끼줄로 발을 늘이고 체바퀴로 등롱燈籠을 만들어달면 어김 없는 술집이었다. 우리나라 시인詩人들의 시 속에서 '푸른색 술집 깃발'이란 표현이 있는데 그 역시 사실과 다르다. 나는 여태까지 술집 등마루에 나부끼는 깃발 하나를 본 적이 없었다. 그러나 그들의 술배는 너무나 커서 반드시 커다란 사발에 술을 따라 이맛살을 찌푸리며 한꺼번에 기울이곤 한다. 이는 무작정 술을 뱃속에 따르는 것이요, 마시는 것은 아닐 것이다. 또 배 불리기 위함이요 흥취를 돋구고자 하는 것도 아니리라. 그러므로 그들은 한 번 술을 마시면 반드시 취하게 되고, 취하면 꼭 주정을 하게 되고 주정하면 서로 치고받고 싸워서 술집의 항아리와 사발들을 남김없이 차 깨뜨려 버린다. 이 지경에 이르러서는 소위 풍류風流·문아文雅의 모임이라는 참된 취지가 아랑곳없을뿐더러 도리어 중국의 술은 배가 부르지 않는다며 비웃기 십상이다. 이제 이런 술집을 압록강 동편에 옮겨 본다 하더라도 하루저녁을 참지 못하여 벌써 그 보배로운 그릇과 골동품을 깨고, 아름다운 화초를 꺾고 밟아 버릴 게 뻔하니, 이는 참 애석한 일이리라 생각된다. 이주민李朱民은 풍류·문아를 지닌 선비로서 한평생 중국을 기갈饑渴처럼 연모하였지만, 유독 술마심에 있어서는 중국의 옛법을 기뻐하지 않아 술잔의 대소와 술의 청탁을 헤아리지 않고, 손결에 닿으면 곧 기울여 입을 벌리고 한꺼번에 따르곤 하였다. 그러면 친구들은 이를 술을 엎어버린다는 뜻의 '복주覆酒'라 놀리며 장난치곤 하였다. 이번 사행길에도 함께 오기로 했었는데, 어떤 이가 "그는 주정을 부려서 가까이하기 곤란합니다."라고 고자질하는 바람에 오지 못했다.

그러나 내 일찍이 그와 함께 10년 동안을 마셨으되, 얼굴이 벌겋게 단풍이 든다거나 입에 감거품 따위를 게워 내는 걸 한번도 본 적이 없이 마실수록 더욱 얌전해지고, 다만 그의 술 엎는 방법이 조금 결점이 있을 뿐이다. 그리고 주민은 늘 이렇게 말한다.

"옛날 두자미杜子美(두보)도 술을 엎었다오. 그의 시에 이르기를, '아이야, 이리 나오너라 장중배를 엎으련다[呼兒且覆掌中杯]'라고 하였으니, 이건 입을 벌리고 누워 아이들로 하여금 술을 입에다 엎는 게 아니겠어."

그가 이렇게 말하면 온 자리에 모인 사람들이 허리를 잡고 웃곤 했다. 이제 만리 타향에서 별안간 친구의 옛 일이 기억에 떠오른다. 알지 못하겠다, 주민이 이날 이 시간에 어느 집 술 자리에 앉아서 왼손으로써 잔 잡고, 다시 이 만리 타향에 노니는 나를 생각할는지. 갈 때에 들렀던 객관을 다시 찾았다. 벽 위에 붙었던 몇 폭의 주련柱聯과 좌우座右에 머물러 둔 생황笙簧·철금鐵琴 등이 모두 그대로였다. 옛 시에 '병주를 바라보노라니 고향인 듯하여라[却望并州是故鄉]'라 한 것이 바로 이 말인 줄 알겠다.

가 곧 이를 두고 말함이다. 저녁 식사가 끝난 뒤 주부主簿 조명위趙明渭가 자기 방에 기이한 구경이 있다 하기에 나는 곧 그와 함께 가 보았다. 문 앞에 화초 십여 분十餘盆을 벌여놓았는데, 그 이름은 모두 알 수 없겠고, 흰 유리 항아리의 높이는 두 자쯤이고 침향沈香

으로 만든 가산假山의 높이 역시 두 자쯤 되어보이고, 석웅황石雄黃으로 만든 필산筆山의 높이는 한 자 넘었다. 또 청강석靑剛石 필산이 있어 대추나무로 밑받침을 했는데 저절로 괴강성魁罡星의 무늬가 이룩되었을뿐더러 흑단黑檀으로 다리를 달았다. 그 값은 화은花銀 30냥이라 한다. 또 기서奇書 몇십 종이 있는데, 청나라 청淸 포정박鮑廷博의 『지부족재총서知不足齋叢書』와 진원룡陳元龍의 『격치경원格致鏡源』 등은 모두 값이 지나치게 비쌌다.

대개 조군趙君은 스무 번도 넘게 연행燕行을 하였으므로, 북경이 제집처럼 되었고, 또 한어漢語에 매우 익숙하다. 매매할 때에도 심하게 값을 깎지 않아 단골 손님이 많아서 그가 거처하는 방에 물건들을 진열하고 사람들은 가서 감상하곤 하였다. 예사지난 해 창성위昌城尉 황인점黃仁點이 정사로 왔을 때 건어호동乾魚衚衕에 있는 조선관朝鮮館에 화재가 나서 예비했던 장사치들의 모든 물건이 모두 재가 됐는데, 조군은 더 했다. 매매된 물건을 제외하고도 불에 탄 것들이 모두 희귀한 골동과 서책이어서 가격으로 보면 3천 냥의 거액이었고 모두 융복사隆福寺나 유리창琉璃廠 중에서 옮겨 온 물건이다. 단골 손님들은 조군의 방을 빌려서 진열한 것이어서 그 보상을 요구하지는 않았다. 그러나 그들은 앞에서 겪은 일을 경계하지 않고 또 이 방을 빌려 진열하되, 조군의 마음을 기쁘게 한다. 여기서 대국의 풍속이란 게 통이 크다는 것을 알게 된다.

밤에 태학관에서 묵었다. 여러 역관이 모두 내 방에 모여들었다. 간단한 술자리가 있었으나, 먼 길 오가느라 다들 입맛을 잃었다. 모든 사람이 내 곁에 놓인 봇짐을 흘겨보곤 한다. 아마 그 가운데에 먹을 것이나 없을까 하는 표정이었다. 나는 곧 창대를 시켜 보를 끌러서 속속들이 헤쳐 보게 했으나, 그저 갖고 왔던 붓과 벼루가 있을 뿐, 다른 건 없었다. 두툼하게 보인 것이 모두 필담筆談의 난초亂草요, 유람할 때의 일기日記에 불과하다. 그제야 여러 사람이 의문이 풀린 얼굴을 한다.

"난 이상하다 생각했네. 갈때엔 아무런 행장이 없더니, 돌아갈 땐 어찌 짐이 이렇게 커졌는가."

장복 역시 창대에게 못내 섭섭한 듯 말한다.

"별상금別賞金은 어디다 두었나?"

경개록傾蓋錄

경개록 서傾蓋錄序

사신을 따라 북으로 장성을 나서서 열하에 이르렀다. 그 땅은 본시 왕정王庭이 있는 곳이나 그 백성들은 되놈들과 섞여 살았으므로 이야기할 만한 자가 없었다. 이제 태학에 들어 묵게 되매 중원의 사대부들 역시 먼저 여기에 와서 묵는 이가 많았다. 이는 역시 하반賀班에 참례하려 온 것이다. 그들과 함께 한 관에 묵자 하니 저절로 밤낮으로 서로 만나게 되는 동시에 어차피 다 나그네의 신세로서 서로 번갈아 주객主客이 된 지 무릇 6일 만에 서로 흩어졌다. 옛말에 이르기를,

"백두白頭에 처음 만났으나 마음은 새롭고 일산을 기울이자 곧 옛 친구와 같다."

라고 하였다. 이제 한 마디 짧은 말을 제외하고는 모두 수록하여 이 경개록傾蓋錄을 쓰기로 하였다.

경개록傾蓋錄

왕민호王民皞는 강소江蘇 사람이다. 이때 나이는 54세였고, 사람됨이 몹시 질박하여 아무런 꾸밈이 없었다. 지난해에 그가 승덕부承德府에 태학을 창건하는 일로 한번 연경에 갔으며, 올해 봄에 일이 끝나매 황제가 친히 석채례釋菜禮를 행하였다. 그는 거인擧人의 몸으로서 이곳에 수양하여 올해 4월 회시會試에 응하지 않았고, 8월 중에 황제가 7순旬 대경大慶을 맞이하자 거듭 회시를 보였으나 그는 역시 응하지 않았다. 나는 그에게,

"어째서 과거를 보러 가지 않으셨습니까?"

하고 물었더니, 그는,

"나이가 늙었으니까요. 백두로서 고시장考試場에 나타난다는 건 선비로서는 부끄러운 일이거든."

한다. 왕군王君은 순후한 장자長者였고 호는 혹정鵠汀이라 한다. 따로 「혹정필담鵠汀筆談」과 「망양록忘羊錄」을 썼다. 그의 키는 7척이 넘고, 자못 궁수窮愁에 싸인 태도를 숨기지 못한 채 가끔 한숨을 내뿜곤 하였다. 단지 한 종이 있어서 서로 의뢰하였을 뿐이다. 어느 날 나를 초대하여 함께 식사하였다.

학성郝成은 흡歙(안휘성安徽省의 지명) 사람이다. 그의 자는 지정志亭이요, 호는 장성長城이다. 현재 산동도사山東都司로 근무 중이다. 그는 비록 무인武人이었으나 학문이 넓고 아는 바가 많으며, 키는 8척이요, 붉은 수염과 번쩍이는 눈동자에 골상이 비범[精緊]하였다. 나와 함께 밤낮 이야기를 잇달았으나 조금도 피로한 빛을 띠지 않았다. 그의 저서는 대개 시화詩話로 되어 있다.

윤가전尹嘉銓은 직례直隸 박야博野, 옛 조趙의 사람이다. 그의 호는 형산亭山이라 하고, 통봉대부通奉大夫 대리시경大理寺卿으로 치사致仕하였으니 이때 나이는 일흔이다. 올해 봄에 글을 올려 물러가기를 청하매 황제가 특히 2품品의 관모官帽와 의복을 하사하여 괴이었다. 그는 시와 글씨, 그림에 조예가 깊고, 그의 시는 정성시산正聲詩刪 중에 많이 실려 있다. 그가 『대청회전大淸會典』을 편찬할 때 한림翰林 편수관編修官으로 있었으며, 또 황제와 동경同庚(동갑)이었으므로 더욱이 괴임을 입어 특명을 받들고 행재소行在所에 왔을 제 희대戲臺에서 악곡을 듣고서 「구여송九如頌」을 지어 바치매 황제가 크게 기뻐하여 81종의 극본劇本 중에 가장 먼저 이 「구여송」을 연출하였으니 그는 황제의 시 벗이라 한다.

나에게 「구여송」한 본을 주었으니 이미 간행된 것이다. 그리고 그는 어느 날 상자 속에서 부채 하나를 꺼내어 그 자리에서 괴석怪石과 총죽叢竹을, 그리고 위에 5절絶 시를 써서 내게 주고는 이어서 주련柱聯 한 쌍을 써 주었다. 또 어느 날 그는 양羊 온마리를 쪄놓고 왕 거인王擧人과 나를 초청하여 함께 먹게 하고 그 밖에도 온갖 엿과 과실들을 섞어 내왔다. 이는 특히 나를 위해 마련한 것이다. 그의 키는 7척이 넘고 얼굴과 자태가 아담하고도 조촐[雅潔]하였으며, 두 눈동자가 맑은 채 안경을 쓰지 않고서도 가는 글씨를 잘 쓰고 그림을 잘 그렸다.

그는 몹시 건강하여 겨우 쉰 살이 넘은 듯싶으나 수염과 머리칼은 하얗게 희었으며 대체로 간솔簡率 화락한 사람이다. 내게 연경으로 돌아가거든 반드시 서로 찾아 줄 것을 다짐하면서 그 집 있는 곳을 그려 보여 주고는 또 내게 술을 끊을 것과 여색女色을 멀리 할 것을 부탁한다. 내 그 뒤 연경에 돌아와 그에 대한 물의物議를 들어 보니 모두 그를 백부白傅에게 견주었다.

그때 마침 그가 황제皇帝를 모시고 역주易州에 있어 오랫동안 돌아오지 못하였으므로 끝내 서로 만나 작별하지 못하였다. 따로 그와 함께 고금의 악률樂律과 역대의 치란에 대한 문답이 있어서 모두 「망양록忘羊錄」 중에 실었다.

경순미敬旬彌의 자는 앙루仰漏였고 몽고 사람이다. 현재 강관講官(교수教授)으로 있으며 나이는 서른아홉이다. 키는 7척이 넘고 얼굴은 희면서 눈이 길고 눈썹이 짙으며, 손가락은 파뿌리[葱根]처럼 되었으니 미남자라 이르지 않을 수 없겠다. 나와 엿새 동안 같이 있었으나 한번도 이야기 자리에 오는 적이 없었다. 만滿·한漢을 논할 것이 없이 남에게 정성껏 대하지 않는 것이 없는데 유독 이 사람 하나가 제법 오만한 듯싶었다.

추사鄒舍는 산동 사람이었으며 거인擧人이다. 왕혹정王鵠汀과 태학에서 수양하는 중이다. 그때 연경에서 모임이 있어서 이곳에 머물던 선비 70명이 모두 그곳으로 떠나고, 다만 이 왕王·추鄒 둘만 잔류하였다. 그의 사람됨이 몹시 강개하여 시휘時諱를 피하지 않을뿐더러 얼굴이 괴이하고 행동이 거세었으므로 남들은 그를 광생狂生이라 지목하여 싫어하는 이가 많았다.

기풍액奇豐額은 만주 사람이며, 자는 여천麗川이다. 현재 귀주 안찰사貴州按察使로 있으며 나이는 37세이다. 그는 애초 우리나라 사람으로서 중국에 들어간 지 이미 네 대째였으나 본국에서의 문망門望이나 조상은 알 길이 없고, 다만 그의 본성本姓이 황씨黃氏임을 알 뿐이라 한다. 키가 8척에 얼굴이 희고 풍도風度가 아름다운데 곧장 위의를 잘 꾸미며, 넓은 학문에 글 잘하고 또 해학과 웃음을 잘 지었다. 불교를 몹시 배격하고 의논을 가짐이 제법 올바르긴 하나 사람됨이 교만하여 온 세상이 안중에 없다. 태학사太學士 이시요李侍堯가 운남雲南·귀주貴州의 총독總督이 되었을 때 귀주 안찰사 해명海明이 2백 냥의 뇌물을 바쳤던 것이 발견되자 이시요를 가두게 되고 해명은 사형을 면하여 흑룡강黑龍江에 귀양 살게 되었으므로 여천이 해명의 자리를 대신한 것이다. 내 우연히 그의 거처를 지나다가 누렇게 칠한 궤짝 수십 쌍을 발견하였으나 모두 아무 물건도 들어 있지 않았다. 아마 만수절萬壽節의 공물을 다 바친 것인 듯싶었다. 나와 함께 이야기하다가 이별의 말이 나오자 문득 눈물을 흘리곤 한다. 혹자는 이르기를, '풍액이 화신和珅에게 아부하여 해명을 밀어뜨리고 그 자리를 차지하였다.' 한다. 내 연경에 돌아와 그의 집을 찾아

귀주로 떠나는 길에 작별하였다.

왕신汪新의 자는 우신又新이었으며, 절강浙江 인화仁和에 살고 있었다. 현재 광동 안찰사廣東按察使로 있다가 나의 성명을 여천麗川에게서 듣고는 여천과 함께 찾아온 것이다. 여천의 자리에서 서로 만나 한번 보자 곧 마음을 기울여 옛 친구와 다름없게 되었다. 그의 키는 7척이 넘고, 성긴 수염에 얼굴빛이 검으면서 더러워 별다른 위의는 없었으나 성격이 진솔 그대로 아무런 꾸밈이 없었다. 나와 같은 해, 같은 달에 났으나 나보다는 열 하루 뒤졌을 뿐이다. 나는 그에게,

"오서림吳西林 영방穎芳이 무양無恙하신지요?"

하고 물었더니, 그는,

"오서림 선생께선 오중吳中의 고사高士입니다. 나이 80입니다마는 오히려 건강하셔서 저서를 쉬지 않는답니다."

한다. 나는 또,

"육소음陸篠飮 비飛 그분도 무양하시지요."

하였더니, 그는 놀라는 어조로,

"알지 못하겠노라. 존형尊兄께서 오吳·육陸을 어떻게 아시는지요."

한다. 나는,

"소음 말씀이셔요. 그가 건륭 병술년(1766) 봄에 과거 보러 연경에 머물렀을 제 우리나라 어떤 선비(홍대용洪大容을 가리킴)가 그를 여저旅邸에서 만난 일이 있어서 그의 시문과 서화가 동한東韓에 많이 회

자膾炙되고 있답니다.”

하였다. 그는,

“소음이야 말로 기이한 선비지요. 올해 회갑回甲이에요. 그는
강호에 불우한 채 쓸쓸히 시와 그림으로 생명을 삼고, 산수로 벗을
삼을뿐더러 술 마시어 크게 취한다면 광가狂歌·분매憤罵를 일삼는답
니다.”

한다. 나는,

“무엇에 분개하여 타매唾罵를 한답니까?”

하였더니, 그는 대답을 회피하기에, 나는 또,

“그럼, 엄구봉嚴九峯 과果 그분은 어떻게 되었는지요.”

하고 물었다. 그는,

“내 시골을 떠난 지 오래되어서 그가 어떻게 되었는지는 모르
겠습니다만, 다만 육陸은 저의 지극히 친한 벗이었으며 모두 그를
육해원陸解元이라 부르죠. 그리고 그를 당백호唐伯虎와 서문장徐文長에
게 견주기도 하였습니다. 그리고 그는 서호西湖를 떠나지 않은 지
서른 해에 부귀가 극치에 달하였답니다. 그리고 저는 시골을 떠난
지 10년 만에 다만 바람결에 그의 소식을 들었으나 그는 차와 술에
취미를 붙였으며, 대체로 뜻을 얻은 사람이어서 저처럼 풍진 속에
골몰하진 않을 것입니다.”

한다. 그리고 그는 이틀 뒤에 다시 와서 미진한 기쁨을 다하기
로 다짐한다. 여천이 왕汪에게,

“박공朴公께서 술을 좋아하시니 모름지기 야자주椰子酒를 사

시우."

한다. 그는 머리를 끄덕인다. 여천이 또,

"연암燕巖께선 성격이 양羊을 좋아하질 않구 낙화생落花生을 즐기시더구먼."

한다. 그는 또 머리를 끄덕인다. 그제야 문에 나가 그를 보낸다. 여천이 나를 돌아보며,

"이야말로 해량海量이여유."

한다. 이는 주량酒量이 많음을 이름이다. 이튿날 왕이 하인을 보내어,

"내일은 다른 곳에 가지 마시고 꼭 기다려 주십시사."

하며, 거듭 부탁하였으나, 이튿날 갑자기 연경으로 떠나게 되어서 그와 다시 만나보지 못하였다.

파로회회도破老回回圖는 몽고 사람이었고, 자는 부재孚齋였으며, 아호는 화정華亭이다. 현재 강관講官으로 있으며 나이는 47세이다. 그는 강희 황제의 외손外孫이다. 키가 8척에 긴 수염이 심히 성하였고, 얼굴이 여윈 데다가 누르고 바싹 말랐으며, 그의 학문은 깊고도 넓었다.

내 그를 주루酒樓에서 처음 만났는데 사람됨이 제법 점잖았으며 모신 하인下人 30여 명의 그 의모衣帽·안마鞍馬 차림이 호화 찬란한 것을 보아서 그가 병관兵官을 겸한 것인 듯싶고 그의 얼굴 역시 장군將軍처럼 생겼었다.

호삼다胡三多는 승덕부承德府 민가民家(한인漢人을 민가라 한다)의 작은

아이다. 날마다 아침 일찍 책을 끼고 와서 왕혹정王鵠汀에게 글을 배운다. 나이는 방금 열두 살이지만 얼굴이 맑고 빼어나 조금도 속기俗氣가 없을뿐더러 예절에 익숙하고 거동이 조용하였다. 부사가 그에게 명하여 복숭아를 두고 시를 짓게 하였더니 운韻을 청하여 그 자리에서 지었는데 문장과 이치가 함께 원만하여 붓 두 자루를 상탔다. 그가 또 운을 청하여 즉석에서 읊어 감사한 뜻을 표하였다. 어느 날 사신이 모두 일찍 조반에 들어가고 방이 빈 채 나 혼자서 남아 있게 되었다. 삼다가 와서 이야기하였다. 내 마침 망건網巾을 벗고 누웠을 제 삼다가 망건을 갖고 상세히 들여다보고서 심히 번거롭게 파고 묻기에, 나는,

"한 개의 되놈도 오히려 많거늘 하물며 셋일까보냐."

하고, 농담을 걸었다. 삼다는 곧,

"한 땅덩이에 두 임금이 없사온데 어째서 일소一少라 하였답니까."

하고, 응구 대첩한다. 이는 대개 왕일소王逸少(왕희지王義之의 자)를 이름이었다. 중국 사람들은 글자의 음音이 같을 경우에는 그와 같은 글자로 멋대로 쓰곤 한다. 이는 비록 말이 유창하진 못하나 재치 빠르고도 숙성하지 않다고는 이를 수 없으리라. 엄청나게 큰 통관 박보수朴寶樹의 노새가 달음질쳐 마당 가운데서 뛰노는 것을 보고 삼다가 재빨리 나가 그 턱의 목살을 쥐고 가니 노새가 머리를 숙인 채 굴레를 순하게 받는다. 또 어느 날 정사가 창을 비껴 앉았을 제 삼다가 그 앞을 지나치기에 정사가 그를 불러 환약과 부채를 주었

더니 삼다가 절하고 사례하면서 이내 정사의 성명과 관품을 물었다. 그 당돌함이 이러하였다.

조수선曹秀先은 강서江西 신건新建 사람으로 자는 지산地山이다. 현재 예부 상서禮部尚書이고, 나이는 60세 남짓 되었다. 어제 내가 사신의 뒤를 따라 그를 조방朝房에서 만났고, 다음날 내가 우연히 한 곳 새로 창건한 관후묘關侯廟에 들렀더니 그 동무東廡에 한 학구學究가 네댓 명 동자들을 가르치고 있기에 나는 그에게,

"이곳이 넓고도 통창하니 경대부卿大夫 몇 분이나 와 있는지요."

하고 물었더니, 그 학구는,

"현재 예부 조대인曹大人께서 이곳에 계시답니다."

한다. 내가 그에게 종이와 먹을 빌려 명함을 써서 통자通刺하였다. 학구는 곧 일어나 재빨리 가 버린다. 나는 그곳을 향하여 멀리 바라보고 있었다. 그 학구가 섬돌 위에 나서서 손을 들어 나를 부르기에 나는 섬돌 밑에 이르렀다. 조공曹公이 벌써 문밖에 나와 서로 맞이할 때 손수 나를 이끌어 교의 위에 앉힌다. 나는 머뭇거리며 굳이 사양하였으나 그 역시 굳이 앉기를 청한다. 나는,

"공公은 귀인이시오니 먼 나라에 사는 제가 감히 주객主客의 예를 차리겠사옵니까."

하였다. 그는,

"당신은 공사公事로 이곳에 오신 거요."

하기에, 나는,

"아니올시다. 상국上國에 관광觀光하러 온 것이올시다."

하였다. 그는 또,

"그럼 벼슬은 몇 품이나 되시오."

한다. 나는,

"전 수재秀才입니다. 사신의 뒤를 따라왔을 뿐 아무런 직책은 없답니다."

하였더니, 그는 황망히 나를 이끌어 앉히면서,

"아무런 직책이 없으시다면 선생은 곧 나의 존빈尊賓이고, 제대로 접대해 드릴 예식이 있으니 선생은 굳이 사양하지 마시오."

하고는, 이내,

"귀국의 선거選擧 제도는 어떠하죠. 대비大比에 몇 명이나 뽑으며 시험에는 어떤 식의 문제로써 하시는지요."

하고 묻는다. 그는 바야흐로 과제科題를 쓰는 모양이다. 그는 스스로 안경을 끄집어내어 한편으로는 귀에 걸며, 한편으로는 재빨리 쓰곤 한다. 얼마 아니 되어 30여 명이 별안간 들어와서 일자一字로 늘어서더니 그중 이마가 번쩍번쩍하는 한 사람이 한편 무릎을 꿇고서 일을 여쭙는데 극도로 공손하여 그 와서의 거리가 30여 보나 되었으나 말할 때에는 반드시 손으로써 입을 가리곤 한다. 그러나 조曹는 아랑곳하지 않고 재빨리 필담筆談을 쓰면서 그의 여쭙는 일을 수응하는 것이었다. 이마 번쩍이는 자가 잠깐 일어났다가 다시 앉아서 여쭙기를 끝내고는 스스로 교의 하나를 이끌어 멀리 동쪽 바람벽 밑에 앉는다. 그리고 그 늘어섰던 자들도 일시에 물러가고 얼마 아니 되어 일을 여쭙던 자 역시 하직 인사 없이 일어서 가 버린다. 온 집이 다시 사람 없는 듯이 괴괴하였다. 나는 그때 조와 마주 앉았었고, 그 학구는 한쪽 편에 앉았는데, 그의 나이는 50세 남짓하고 머리에는 풀 모자를 썼으며 필담을 들여다본다. 별안간 한 사람이 명함을 드리는데 첫머리에 신수호남新授湖南이라는 네 글 자가 보이고 그 밑 몇 글자는 소매에 가렸고 끝에는 어사윤적御史尹 績의 넉 자였다. 조가 붓을 던지고 일어나 재빨리 문을 나간다. 학구 가 나를 이끌되 마치 잠깐 피해 달라는 시늉이다. 나는 학구를 따라 나와서 다시 아까 들었던 방에서 기다렸다. 윤적尹績이 조와 함께 들어가더니 얼마 아니 되어 윤적은 앞에 서고 조는 뒤를 따라 나가 기에 나는 마음속으로 손님 떠나보낸 뒤에는 의당 돌아와 나와 조 용히 이야기하겠지 하고는 오래도록 기다렸으나 돌아오지 않는다. 괴이하여 학구더러 물으니 벌써 대궐에 들어간 것이다. 조의 얼굴 은 늙고도 더러워서 아무런 위의가 엿보이지 않으나 사람됨이 개 제愷悌하고 평화로웠다. 내 연경에 돌아온 뒤에 중국의 사대부가 많 이들 조공曹公을 두고,

"지산선생地山先生의 문장과 학문이야말로 당세에 으뜸이 시지."

하고 기리면서, 또 그를 구양영숙歐陽永叔에게 견주기도 한다. 그리고 장정옥張廷玉이 『명사明史』를 엮을 때에 조가 역시 사국史局에 참여하였으니, 그는 대개 묵은 인물이었던 것이다. 그 뒤에 다시 관 묘關廟에 들렀으나 그 학구도 어디론지 가 버렸다. 학구의 성명은

잊어버려서 이에 기록하지 못하겠으나 대개 한인漢人이었으며, 글이 짧아서 겨우 필담을 하긴 하나 오래도록 들여다보고 연구한 뒤에서야 무슨 말인 줄을 알 정도였다.

왕삼빈王三賓은 복건 사람으로 나이는 스물다섯이다. 그는 윤형산尹亨山의 구종이거나 또는 기려천奇麗川의 하인인 듯싶다. 글을 잘 알며 그림에도 명수이다.

찰십륜포札什倫布

찰십륜포札什倫布

찰십륜포란 서번 말인데 큰 스님이 계시는 곳이라는 말이다. 피서산장避暑山莊으로부터 궁성을 돌아 오른쪽에 반추산을 끼고 북쪽으로 10여 리를 더 가서 열하를 건너면, 산에 기대 동산을 만들었는데 언덕을 뚫고 산모롱이를 끊어 산의 골간만 드러냈다. 언덕이 절로 갈라지고 돌벽이 깎여 바윗돌이 뒤섞인 모양이 신선이 사는 십주와 삼산의 모양같으니, 길짐승이 입을 벌리고 날짐승이 퍼덕여 구름이 흩어지고 우레가 울리는듯했다. 홍교虹橋가 다섯 개 있는데 다리를 모두 층계로 만들었으며, 그 평평한 부분에는 모두 용과 봉황을 새겼다. 길을 따라 흰 돌로 된 난간이 구부러지고 꺾이어 문까지 닿았다. 또 두 개의 모퉁이 문이 있는데 모두 몽고 군사가 지키고 있었다. 문에 들어가자 땅에는 벽돌로 3개의 돋은 길을 만들었고, 흰 돌 난간에는 모두 구름과 용을 새겼으며 그 길은 하나의 다리로 모였다. 다리에는 구멍 다섯이 있고 대臺의 높이는 다섯 길이나 되는데, 난간을 무늬 돌로 모두 둘러 해마海馬, 천록天祿, 기린麒麟 등을 새겼는데 그 비늘과 뿔, 발굽 등은 모두 돌 무늬 색을 따랐다. 대 위에는 두 개의 전각이 있는데 모두 2층이고, 황금 기와를 이었다. 그 위에는 용이 여섯 마리 돌아다니고 있었는데 몸통을 다 황금으로 만들었다. 둥글고 굽은 정각, 복층으로 포개진 누각, 드높은 추녀와 층층의 행랑은 모두 청색, 녹색, 자주색, 남색 유리기와를 덮어 억천만금 비용을 들였다. 알록달록한 칠은 신기루를 능가하고, 조각 솜씨는 귀신도 울고 가겠으며, 마음이 천둥에 몰아치듯 하고 아련한 것이 어스름이나 새벽인듯 하였다. 동산 가운데는 새로 어린 소나무를 산골짜기까지 이어지게 심었는데 모두 곧고 크기는 한 길이나 되었다. 나무에는 종이를 매어 그전에 심은 것을 표해 놓았다. 섞어 심은 기이한 화초는 모두 처음 보는 것으로 그 이름도 알 수 없는데, 이때 막 죽도화竹桃花가 활짝 피었다. 라마승 수천 명이 모두 붉은 선의禪衣를 끌고 누런 좌계관左髻冠을 쓰고 팔뚝을 내놓고 맨발로 문이 메도록 몰려드는데, 그들의 얼굴은 모두 칼로 깎은듯 했고, 검붉고 코가 크고 눈이 오목하며, 턱이 넓고 곱슬 수염에 손과 발은 사슬로 채우고 머리는 맨머리였다. 귀에는 금고리를 달고 팔뚝에는 용 무늬를 새겼다. 전각 속 북쪽 벽 아래에는 침향沈香으로 높이가 어깨에 닿게 연꽃 탁자를 만들어 놓았는데, 반선은 남쪽을 향해서 가부좌를 하고 앉았다. 누런빛 우단으로 된 관을 썼는데 말갈기 같은 털이 달렸고 모양은 가죽신같이 생겨 높이가 두 자 남짓이나 됐다. 금으로 짠 선의禪衣를 입었는데 소매가 없이 왼쪽 어깨에 걸쳐서 온몸을 옷으로 쌌다. 오른편 옷깃 겨드랑 밑으로 오른 팔뚝을 드러냈는데 크고 굵기가 다리 같고 금빛이었다. 얼굴빛은 누렇고 둘레가 예닐곱 뼘이나 되는데 수염 난 자리는 없고, 코는 쓸개를 떼어 달아맨 것 같으며, 눈썹은 두어 치나 되고 흰 눈동자가 겹으로 되어 음침하고 컴컴해 보였다. 왼쪽에는 낮은 상 두 개가 있어 몽고왕 둘이 무릎을 나란히 하고 앉았는데, 얼굴은 모두 검붉으며 그중 하나는 코가 뾰족하고 이마가 드높고 수염이 없었으며, 한 명은 얼굴이 깎인 듯하고 올챙이 수염에 누런 옷을 입었다. 중얼거리면서 서로 보고는 다시 머리를 들고 무엇을 듣는 듯했다. 라마승 두 명이 오른편에 모시고 섰고 군기 대신軍機大臣은 라마승의 밑에 서 있다. 군기 대신이 황제를 모실 적에는 누런 옷을 입었는데 반선을 모실 적에는 라마승의 옷으로 바꾸어 입었다. 내가 아까 황금 기와가 햇빛에 번쩍이는 것을 보다가 전각 속에 들어가니, 집 안은 침침하고 그가 입은 옷은 모두 금으로 짰으므로 살갗은 샛노랗게 되어 마치 황달병 걸린 자와 같았다. 대체로 금빛깔로 뚱뚱 부어 터질 듯이 꿈틀거리는데 살은 많고 뼈는 적어서 청명하고 영특한 기운이 없으니, 비록 몸뚱이가 방에 가득하나 위엄威嚴을 볼 수 없고, 멍청한 것이 수신水神과 바다 귀신의 그림과 같았다. 황제가 내무관內務官을 시켜서 조서詔書를 전달하게 하는데 옥색 비단 한 필을 가지고 반선을 보게 하여, 내무관이 손수 비단을 셋으로 나누어 사신에게 주었다. 이것은 이름을 '합달哈達'이라 하는 것으로, 대개 반선은 스스로 말하기를 그의 전신前身이 파사팔巴思八이라 하고, 파사팔은 그 어머니가 향내 나는 수건을 물고 낳았으므로 반선을 보는 자는 반드시 수건을 갖는 것이 예절로 되어 있어, 황제도 매번 반선을 볼 때마다 역시 누런 수건을 갖는다 한다. 군기 대신의 처음 말로는, 황제도 머리를 조아리고 황육자皇六子도 머리를 조아리며 부모도 머리를 조아리니, 이번 사신도 응당 가서 절하고 머리를 조아려야 한다고 했다. 사신은 아침에 이미 예부禮部와 다투며 말하였다.

"머리를 조아리는 예절은 천자의 처소에서나 하는 것인데, 이제 어찌 천자에 대한 예절을 번승番僧에게 쓸 수 있겠습니까?"

예부에서 말하기를,

"황제도 역시 스승의 예절로 대우하는데, 사신이 황제의 조칙을 받들고 가는 경우에도, 같은 예로 대우하는 것이 마땅하지 않은가?"

했다. 사신이 가기 싫어 하여 굳이 서서 다투니, 상서尚書 덕보德保는 노해서 모자를 벗어 땅에 던지고, 몸을 던져 방바닥에 쓰러지면서 큰 소리로,

"빨리 가, 빨리 들어가."

하면서 사신을 손으로 가리켰다. 이때 군기 대신이 무슨 말을 하는데 사신은 못 들은 것 같았고, 제독提督이 사신을 인도하여 반

선班禪 앞에까지 이르니, 군기 대신이 두 손으로 수건을 받들고 서서 사신에게 준다. 사신이 수건을 받아 가지고 머리를 들고 반선에게 주니, 반선은 앉은 채 수건을 받으면서 조금도 몸을 움직이지 않고 수건을 무릎 앞에 놓으니, 수건이 탁자 아래까지 늘어졌다. 차례로 수건 받기를 마친 다음에 반선은 다시 군기 대신에게 주니, 군기 대신이 수건을 받들고 반선의 오른편에 모시고 섰다. 사신이 막 돌아서려 하는데 군기 대신은 오림포烏林哺에게 눈짓을 하여 중지시켰다. 이것은 대개 사신으로 하여금 절을 하게 하기 위함인데, 사신은 그것을 알지 못하고 머뭇머뭇 물러서서 검은 비단에 수놓은 요를 깐 몽고왕의 아랫자리에 앉았다. 앉을 때 조금 허리를 구부리고 소매를 들고는 이내 앉으니, 군기 대신은 얼굴빛이 황급해 보였지만 사신이 벌써 앉아버렸으니 또한 어쩔 수가 없는지라 숫제 못 본 체했다. 제독이 수건을 나누어 얻을 때 남은 것이 한 자 남짓하였는데 이것을 반선에게 올리면서 조심스레 머리를 조아렸고, 오림포 이하 모두 공손히 머리를 조아렸다. 차를 몇 바퀴 돌린 뒤에 반선은 소리를 내어 사신이 온 이유를 물었는데, 말소리가 전각 안을 울려 독 속에서 소리를 지르는 것 같았다. 그는 빙그레 웃으면서 머리를 숙여 좌우편을 고루 둘러보더니, 미간眉間을 찡그리고 눈동자가 눈 속에서 반쯤 드러나면서 눈을 가늘게 뜨고 속으로 굴리는 것이 시력視力이 나쁜 사람 같았다. 눈동자는 더 희어지고 흐릿하여 더욱 또렷한 눈빛이 없어 보였다. 라마승이 말을 받아서 몽고왕에게 전하자, 몽고왕은 군기 대신에게 전하고 군기 대신은 오림포에게 전하며, 오림포는 우리 역관譯官에게 전하니, 대체로 이것은 오중五重의 통역이다. 상판사上判事 조달동趙達東이 일어나 팔뚝을 걷어붙이며,

"만고에 흉한 사람이로군. 옳게 죽을 리가 없을 거야."

하기에, 나는 그에게 눈짓을 했다. 라마승 수십 명이 붉고 푸른 모직과 붉은 탄자와 서장 향香과 조그마한 금 불상을 메고 와서 등급대로 나누어 주는데, 군기 대신이 받들고 있던 수건으로 불상을 쌌다. 사신은 그다음에 일어서서 나왔는데, 군기 대신은 반선이 하사한 모든 물건을 펴 보고 황제께 아뢰기 위하여 말을 달려갔다. 사신은 문을 나와 50~60보쯤 가서 절벽을 등지고 소나무 그늘 모래 위에 둘러앉아 밥을 먹으면서 의논하기를,

"우리들이 번승을 볼 적에 예절이 많이들 소홀하고 거만해서, 예부의 지도대로 못 했으니 저이는 만승 천자의 스승인지라, 앞으로 우리에게 득실이 없을 수 없을 것이야. 그가 준 선물들을 물리친다면 불공하다 할 것이요, 받자니 또 명색이 없는 일이니 앞으로 어찌해야 할까?"

했다. 당시의 일이 급작스레 일어났기에 받을지 사양할지 마땅함을 견주어 비교할 겨를도 없었고, 모두 황제의 조서 전달에 매인데다 저들의 행사는 별이 날듯 번개치듯 번쩍하는 사이에 끝이 나 버렸다. 우리 사신의 나오고 물러남과 앉고 일어섬은 저들의 지시에만 따랐으니 흙이나 나무로 만든 허수아비나 비슷했다. 또 통역은 중역重譯이 되어 이쪽 저쪽의 통관이 도리어 귀머거리와 벙어

리가 된 듯, 마치 벌판에서 괴상한 귀신을 갑자기 만난 듯 어떻다고 측량할 수 없었다. 사신은 비록 묘한 말과 익숙한 행동이 있었지만 장황스레 늘어놓을 수도 없었고, 저들도 역시 능히 그렇게 하지 못한 것도 그 형편이 그렇게 된 것이다. 정사가 말하기를,

"지금 우리가 머무는 집은 태학관太學館이라서 불상을 가지고 들어갈 수 없으니, 우리 역관을 시켜 불상 둘 곳을 찾아보게 하라."

고 했다. 이때, 번인番人·한인漢人 할 것 없이 구경꾼이 성같이 둘러싸서 군뇌軍牢들은 몽둥이를 휘둘러 쫓았으나 흩어졌다가는 다시 모여들었다. 모자에 수정 구슬을 단 자와 푸른 깃을 꽂은 궁중의 근신近臣들이 와서 그 속에 섞여 서서, 몰래 살피는 것도 모르고 있었다. 영돌永突이 큰 소리로 나를 불러,

"사신께서 좋지 않은 기색으로 마당에 나앉아서 오랫동안 잘잘못을 의논하고 수군대시는 것이, 저 사람들에게 공연히 의심을 사지 않을까요?"

하기에, 내가 돌아다보니, 전에 황제의 조서를 전하던 소림素林이 내 등 뒤에 서 있다가 여러 사람 틈으로 나가 말에 올라 달려가는 것이다. 여러 사람 중에 또 두 사람이 말을 타고 달려가는데, 자세히 보니 그들은 모두 환관 나부랭이들이다. 박불화朴不花가 원元에 들어갔을 때부터 원나라 내시들은 우리나라 말을 많이 배웠고, 명나라 시절에도 얼굴이 잘생긴 조선 고자들을 시켜 내시들에게 조선말 공부를 시켰으니, 지금 우리를 엿보고 간 두 사람도 어찌 조선말을 배우지 않았다고 할 수 있으랴. 소림과 같이 있던 푸른 깃을

꽂은 자도 와서 말을 세우고 꽤나 오랫동안 있다가 갔는데, 그 왕래가 하도 빨라서 마치 나는 제비와 같았다. 사신과 역관들은 이 자들이 와서 엿듣는 것을 이제야 깨달았고 반선에게 받은 불상도 미처 처치하지 못했으므로, 자리를 파하고 돌아가지도 못하고 모두 말 없이 앉아있기만 했는데, 황제는 어원御苑에서 매화포梅花砲를 터뜨리고 사신을 불러 들어와 보게 하였다. 전각은 처마가 겹으로 되었고, 뜰에는 누런 장막을 치고 전각 위로 해와 달, 용과 봉황을 그린 병풍을 쳐 놓은 모습이 매우 장엄했다. 일천 관리들이 직위 순서대로 서 있는데 반선이 혼자 먼저 탁자 위에 앉으니, 일품一品 보국공輔國公들과 조정의 고관들이 모두 탁자 아래로 나아가서 모자를 벗고 머리를 조아렸다. 반선이 한 번씩 이마를 어루만져 주자 그들은 일어나 나가면서 보는 이들에게 자랑스러운 표정을 지었다. 얼마 후 천자가 누런빛 작은 가마를 타니 칼 찬 5~6쌍 시위侍衛만이 길을 인도한다. 풍악은 퉁소 한 쌍, 피리 한 쌍, 징 한 쌍, 비파·생황·거문고와 유럽에서 온 쇠 거문고 두세 대와 박자판 한 쌍이요, 의장儀仗도 없이 따르는 자는 백여 명쯤 되었다. 황제가 탄 가마가 앞에 이르자, 반선은 천천히 일어나 탁자 위에 몇 걸음 발을 옮겨 동쪽으로 향해 즐거운 낯으로 웃는 얼굴을 짓는다. 황제는 4~5칸 떨어져 가마에서 내려 빨리 쫓아가서, 두 손으로 반선의 손을 잡고 서로 흔들면서 마주 보고 웃고 이야기를 한다. 황제는 붉은 실로 짠 꼭지 없는 모자에, 검정 옷을 입고, 금실로 짠 두꺼운 요 위에 평좌平坐하고, 반선은 금 삿갓에 누런 옷을 입으며, 금실로 짠 두꺼운 방석이 깔린 동쪽 탑 위에 가부좌로 앉는다. 두 사람의 방석 사이는 무릎이 닿을 듯한데, 자주 몸을 기울여 서로 이야기할 적에는 반드시 둘이 서로 웃음을 띠고 즐거워했다. 자주 차를 올리는데 호부 상서戶部尙書 화신和珅은 천자에게 바치고, 호부 시랑戶部侍郞 복장안福長安은 반선에게 바치는데, 복장안은 병부상서 복융안 아우로서 화신과 함께 시중侍中으로 귀한 품위가 조정에 진동한다. 날이 이미 저물자 황제가 일어서니 반선도 역시 일어나 황제와 함께 마주 서서, 둘이 서로 악수를 하고 얼마 있다가 등을 지고 갈라져 탁자에서 내려섰다. 황제는 이내 안으로 들어가는데 나올 적의 차림대로 돌아가고, 반선은 황금색 지붕있는 가마를 타고 찰십륜포로 돌아갔다.

중존평어仲存評語

중존씨仲存氏는 말하였다.

"『목천자전穆天子傳』으로부터 이하 한의 『동방삭전東方朔傳』·『비연외전飛燕外傳』·『서경잡기西京雜記』(한漢 유흠劉欽이 지음) 등 서적은, 모두 궁중 밖에서는 참견할 것이 못 되는 여관女官들이 쓴 책이므로 이것을 다 전설이나 떠도는 이야기로 돌리지만, 모두 당시 제왕들의 취미와 행동을 엿볼 수 있는 것이다. 여기 실린 글은 어떻게 일컬어야 할지 모르겠다."

하고, 그는 또 이렇게 말했다.

"중국의 사대부들로서 반선을 본 적이 없는 사람들은 도리어 우리에게 그 모양이 어떻더냐고 물었으니, 이것은 그들의 뜻이 사람의 이목을 더럽히지 않고자 함인데, 우리는 그들이 더럽게 여기는 바에 거리낌 없이 서술했으니, 심히 부끄러운 일이라 할 수 있다."

반선시말班禪始末

　"반선액이덕니班禪額爾德尼는 서번西番 오사장烏斯藏(서장 지방의 일부)
의 대보법왕大寶法王입니다. 서번은 사천四川·운남雲南의 지경 밖에 있
고, 오사장은 대개 청해靑海 서쪽에 있는데, 옛 경經에는 당나라 시
기 토번吐蕃 옛 땅으로 황중湟中에서 5천여 리 떨어져 있다 합니다.
혹은 반선을 장리불藏理佛이라고도 하니, 소위 삼장三藏이 바로 그 땅
입니다. 반선액이덕니는 서번 말로는 광명光明·신지神智와 같은데,
법승法僧들이 말하기를, '그의 전신前身은 파사팔巴思八이라'면서 그
말에 허탄하고 이상한 것이 많으나, 도술道術이 고명해서 간혹 징험
徵驗이 있다고도 합니다. 대개 파사팔이란, 토파土波의 여인이 새벽
에 나가서 물을 긷다가 수건 하나가 물에 떠 있는 것을 보고 주워서
둘렀는데, 잠시후 기름처럼 엉기더니 기이한 향기가 났고 먹어보
니 맛도 좋았다고 합니다. 그러다가 이내 여인이 사내와 정을 나누

고픈 마음이 들었다가 무언가 느낌이 닿은 듯 하다가 파사팔을 낳았는데, 나면서부터 신성했다 합니다. 원 세조元世祖가 사맥에 있을 때 어려서부터 불경 중에 하나인『능가경楞伽經』등을 1만 권이나 암송할 수 있다는 소문을 듣고, 사신을 보내어 맞이하여 왔습니다. 과연 지혜가 있고 쾌활하며 전신이 향기롭고 걸음걸이는 천신같으며, 목소리는 율려에 맞았었지요. 황제는 마치 여래를 본 것같이 기뻐했으며, 당시 국내의 현자들까지 스스로 그에게 미칠 수 없다고 하였지요. 그가 소리를 맞춰 몽고의 새로운 문자를 만들어 천하에 반포하자 대보법왕大寶法王이란 호를 하사했으니, 이것은 불교의 존호요, 국토를 가진 왕의 작위는 아니었으나, 대개 법왕의 이름이 여기서 시작되었습니다. 그리고 그의 사후에는 황천지하일인지상선문대성지덕진지대원제사皇天之下一人之上宣文大聖至德眞智大元帝師라는 호를 하사했습니다. 훗날 청산압마淸繖壓魔라는 유희가 있었는데, 군사 수만 명을 풀어 비단 바지와 수놓은 도포를 입히고 수레나 말에는 깃대를 달고 보물로 일산을 만드는 등 모두 금주금은보화, 옥과 진주, 비단으로 장식하여 황성을 에워싸고, 사문四門을 지난 뒤, 다시 서번과 한나라의 음악으로 산繖을 맞이하여 궁중으로 들이는데 이것을 파사팔교巴思八敎라 했습니다. 그러나 이 교는 본래의 교리와는 크게 어긋나 기괴하고 요란스럽기까지 해서 귀신 도까지 뒤섞이게 되었습니다. 황제와 후비와 공주들이 모두 소식素食을 해 가면서 산을 맞이하며 무릎을 꿇고 손을 들어 절을 하고 억조창생들의 복을 비는데, 이것을 소위 타사가아打斯哥兒가 파사팔巴思八을 만나는 놀잇

날이라 하여, 심지어는 집의 재산을 탕진하면서까지 만 리 길을 와서 보는 자도 있었다 합니다. 원元의 말년에 이르기까지 해마다 이로써 일을 삼았으니, 그 교를 이처럼 숭봉 해왔습니다. 숭봉한 것이 이와 같았습니다. 같은 시대에 담파澹巴라는 중이 있었고 그보다 뒷시대에 가린진加璘眞이란 중이 있었는데, 이들은 모두 서번 중으로서 밀법密法이 있었습니다. 모두 파사팔교와는 달리 타인의 마음 뿐 아니라 황제의 마음 상태까지 알아 맞춘다고 하여 황제가 그들을 모두 스승으로 삼았습니다. 하지만 당시만해도 역시 남에게 태어난다는 말이 아직 없었습니다. 홍무洪武 초년에 황제가 서번 여러 나라에 널리 유시를 내리자 이에 오사장烏斯藏이 먼저 사신을 보내어 조공했습니다. 그 왕은 난파가장복蘭巴珈藏卜이라는 중으로 오히려 황제의 스승이라고 자칭했습니다. 이때 여러 번지에 있는 황제의 스승과 대보법왕은 이미 자기 나라를 소유한 칭호처럼 되어서 한나라, 당나라 시대의 흉노 선우單于·극한可汗의 칭호와 같았습니다. 황제는 제사帝師란 명칭을 모두 국사라 개칭하고, 옥 도장을 하사하는데 친히 옥의 품질을 감정하여 아름답게 만들었습니다. 그 글에는 출천행지선문대성出天行地宣文大聖 등의 칭호를 썼으나 역사가들이 이런 사실을 생략했었습니다. 이 도장은 옥새와 같이 쌍룡이 얽힌 문양을 새겨 넣었는데, 그 뒤로 서번 여러 나라를 법왕이니 제사帝師니 하고 불러, 더욱 사신을 보내어 그 이름이 천자의 뜰에까지 소문난 자가 자그마치 수십국에 달했습니다. 이에, 이들을 모두 국사로 봉하고, 혹 대국사를 더해서 극진히 대우했습니다. 성조成祖

때에는 부마를 보내어, 서번의 중 탑립마嗒立麻를 맞고자 법가法駕를 하사했는데, 반은 천자 용과 다름 없이 참람되었고, 금은보화와 비단을 하사한 것이 이루 기억할 수 없는 정도였습니다. 고제高帝와 고후高后를 위하여 절을 세워 복을 빌었는데, 이때에 경운卿雲과 감로甘露의 상서와 조수·화과花果의 길조가 나타나니, 성조가 크게 기뻐하여 탑립마를 만행구족십방최승등여래대보법왕萬行俱足十方最勝等如來大寶法王에 봉하고, 금실로 짜고 구슬로 꿴 가사를 하사했으며, 그의 무리들은 모두 대국사에 봉했습니다. 그가 가진 불가의 비법은 신통하여, 환술과 같은 것이 많아서 조그마한 귀신을 시켜 순식간에 만 리 밖에 있는 얻기 어려운 물건을 가져오게 할 수 있는 등, 그의 술법은 현란하고 괴상망측해서 사람의 생각으로는 헤아릴 수 없었습니다. 당시 서장 각지에 대승大乘이니 대자大慈니 하는 법왕 칭호를 얻은 자가 있는가 하면, 또 천교闡敎·천화闡化라는 다섯 교왕이 있어서, 이 다섯 교왕의 조공 바치는 사신들이 서령西寧·조황洮湟 사이를 쉴새없이 오가니 중국 역시 그들을 접대할 드는 번거로움과 많은 비용을 괴롭게 여겼다. 그렇지만 실상은, 융숭한 대접으로 그들을 어리석게 만들었고, 여기저기 왕호를 봉하여 저마다 조정에 조공하게 함으로써 그 세력을 몰래 나누었건만, 서번 사람들은 이 사실을 깨닫지 못했습니다. 뿐만 아니라, 또한 중국이 주는 상금을 탐내어 조공하는 것을 오히려 이로운 일로 여겼었습니다. 정덕正德 연간에는 중관中官을 보내어 오사장 활불을 맞아오는데 황금으로 공물을 하고, 황제·황후와 왕비와 공주들은 앞다투어 패물이며

노리개·머리 장식 같은 보물을 주며 그를 맞는 비용으로 쓴 것이
몇 만 금이나 되었다고 합니다. 그들은 10년이 되면 돌아가기로 했
었는데, 돌아갈 기한이 지났음에도 활불은 피해 숨는 바람에 찾을
수도 없었고, 그들은 지녔던 보화를 다 쓰고는 빈손으로 도망했다
합니다. 만력萬曆 때에는 또 신승神僧 쇄란견조鎖蘭堅錯라는 자가 있었
는데, 역시 중원과 통하여 활불이라 일컬었다 합니다. 이것이 그 서
번 이야기의 대략입니다."

　　한림서길사翰林庶吉士 왕성王晟이 일찍이 나를 위하여 그 시말始末
을 이처럼 상세하게 말해 주었다. 왕성의 집은 영하寧夏로 본래는
채씨蔡氏의 아들인데, 자기 말로는 그 숙부가 차茶를 팔기 위하여 자
주 국경 밖으로 왕래하면서 서번 지방 사정을 익혔다고 한다. 또 왕
씨는 대대로 서방西方의 관리로 있었는데, 왕성은 어려서부터 자못
오사장의 시말에 밝았었다. 왕성은 금년 초에 평생 처음으로 북경
에 들어와 4월 회시會試에 손꼽히는 순위로 입격하였고, 전시殿試에
는 13등으로 붙었다. 경서와 사기를 널리 읽고 기억하는 능력이 남
보다 뛰어난 사람이었는데, 우연히 창중敞中에서 만나 그의 뜻을 살
펴보니, 자못 자기도 우리의 인연을 기이하게 여기는 듯 하였다. 또
그는 처음 북경에 와서 교유하는 데도 넓지 못하고 기휘忌諱할 것도
알지 못하는 터이다. 그 이튿날 천선묘天仙廟로 나를 찾아와서 서번
중에 대한 일을 매우 소상히 말해 주었다. 그는 필담筆談도 물 흐르
듯 자연스럽고, 박식함과 문아함을 과시하는 듯하였으니 그 말을
역사와 전기에 대조해 고증해 보면 실지 기록되어 있는 것 같았다.

그는 다음과 같이 말했다.

"파사팔을 비롯하여 중국에 들어온 자 중에 혹 어진 자도 있지만 혹 그렇지 않은 자도 있었는데, 활불이란 칭호는 없었습니다. 활불의 칭호는 명나라 중기 때부터 비롯하여, 비록 그를 승왕僧王이라 불렀지만 모두 아내와 자식이 있어, 아들로 대를 잇게 하였지요. 중국의 예우가 미치지 않는데란 없었지만, 유독 그들의 아내는 일찍이 중국의 봉작을 청한 일이 없었으므로 예우를 받지 못했습니다. 왕들이 모두 중이었기 때문이었을 겁니다. 개중에 오사장의 법승들만은 서로 왕을 계승하여 명나라 중기에서 그 후 오래도록 중국으로부터 봉호를 받는 번거로움이 없이, 항상 대법왕大法王·소법왕小法王이 있었습니다. 대법왕이 죽을 때는 소법왕에게, '어느 곳 아무개의 집에 아이가 날 때 이상한 향기가 날 것이니 그것이 곧 나다.' 하고 부탁을 한다는 것입니다. 대법왕이 이미 죽고 난 다음, 정말 어느 곳에서 태어날 것이라던 아이가 태어나는데, 아이의 살에서 과연 향기가 나는가를 알아보고 정말 그러하면, 즉시 의장을 꾸미되, 보배, 구슬을 드리운 일산이며 옥 가마·금 수레를 갖추어서 그 아이를 수건에 싸서 맞아오게 합니다. 이것은 처음에 파사팔의 어머니가 향기로운 수건에 감응하여 그를 낳았기 때문이라 했습니다. 마침내, 아이를 길러 소법왕으로 삼고 전에 있던 소법왕을 대법왕으로 삼는데, 지금의 반선인 대보법왕은 이미 14대째 환생한 법왕으로서 원元·명明 사이에 있었던 신승들은 모두 그의 전생이라 합니다. 그는 도중에 원대에 타사가아打斯哥兒가 파사팔의 교를 맞을 때의 고사故事를 낱낱이 이야기하면서 이번에 자기를 맞이하는 예식에는 의장이며 악기를 간소하게 써서 ㅁ니처 위의를 제대로 갖추지 못했다고 했습니다. 이에 운휘사雲麾使와 난의십이사鑾儀十二司에 속한 의장을 모두 내어, 태상시太常寺의 법악法樂과 청진악淸眞樂과 흑룡강黑龍江의 고취鼓吹와 성경盛京의 고취 등 온갖 음악으로 교외에 나가 영접하게 하였습니다."

나는 물었다.

"태상 음악이란 무엇인가요."

"자세히 모릅니다."

"청진악은 어떤 것입니까?"

"회자回子(회족을 말한다)들이 뜯는 70줄 큰 瑟입니다."

"흑룡강 고취란 무엇입니까."

"12구멍이 뚫린 용적龍笛으로 랄와가등剌窩哥登이라 하는데, 그 기계는 상세히 알지 못합니다."

"운휘사雲麾使와 난의鑾儀란 어떤 것입니까."

"노마路馬에 견주면 어림없습니다."

마침 주 거인周擧人이 옆에 있다가 훈상訓象·훈마訓馬·정편靜鞭·골타骨朵·종천機薦·비두篦頭·선수扇手·반검班劍 등을 연달아 썼는데, 그 종목이 수없이 많았는데, 이내 먹으로 지워 버려서 알 길이 없다.

왕 한림王翰林의 자는 효정曉亭이다. 효정은 말했다.

"반선은 도중에 내각內閣에 대해서 말하기를, '조왕趙王이 보운전寶雲殿 동편 마루에서 나를 위해 금강경金剛經을 사경하던 중, 겨우

29자를 썼을 때 마침, 가경문嘉慶門에 불이 붙어 혼비백산하여 다시 쓸 수 없었다고 하나, 이는 천하의 보배가 되었다 하며 지금 그 글씨가 어디에 있느냐고 물은 것을 학사學士가 전했다.' 하였는데 조왕이라 한 것은 조맹부趙孟頫를 말하는 것입니다. 패엽貝葉에 29자를 옻으로 썼는데, 세간에는 어인 일로 29자만 전하고 있는지 모르고 있습니다. 처음에 성안사聖安寺 불상의 배 안에 감춰 두었던 것을 명나라 천계天啓 연간에 강남 축祝씨 성을 가진 강남 지방의 거상이 불상 몸체를 고치다가 이 글씨를 얻어서 몰래 갖고 갔더라고 합니다. 본조本朝 강희 연간에 황제가 남방으로 순행하는데 이과李果라는 늙은 선비가 이 글씨를 바치니, 드디어 비부秘府에 귀중하게 간직하고 무근전懋勤殿에는 황제가 이 글씨를 모사摹寫한 것까지 간직해 두었습니다. 창정滄亭에 이르자 반선이 보게 되어 이에 탑본搨本을 드렸더니 '아니다!'라 하면서 '필세가 고르지 못하다' 하였습니다. 결국 패엽에 쓴 진적眞蹟을 보였더니 흡족해하며 이야말로 진짜라 하였습니다."

"영락천자永樂天子가 나와 함께 영곡사靈谷寺에서 분향을 하는데, 천자의 수염이 아름다워서 그 수염을 쥐어 품속으로 넣다가 구슬을 꿰어 만든 목걸이를 건드려 그 중 구슬 두 개가 떨어져 없어졌습니다. 이에, 천자가 노하여 태감太監 위방정魏方庭을 질책하였지요. 이때 유리 국사琉璃國師가 흰 코끼리를 타고 따라와서 육환장六環杖으로 절 문지기를 치니 그 문지기가 무서워서 우는데 국사가 손바닥으로 그 눈물을 받자 그것이 구슬 두 개가 되었고, 태감도 이로써 질책을 면했다 하였습니다. 저는 유걸劉傑의 『오운비기五雲秘記』에 실린 기사를 읽어서 이런 일을 아는 것입니다. 이 책은 역대의 좋은 일, 궂은 일과, 제왕들의 장수·요절 등의 일을 모두 점괘占卦처럼 적어둔 것으로 이 책은 금서禁書가 되어, 민간에서는 얻을 수 없고 오직 비부에 보관해 둔 것이 있을 뿐인데, 반선은 어디에서 이것을 알았을까 했습니다. 반선이 또 말하기를, 정덕 천자正德天子를 나의 표방豹房에서 만났다고 했는데, 정덕 시대에는 소위 활불이 일찍이 중국에 들어오지 않았음은 모두 증거가 있고, 옛 사람들의 전기에도 그렇게 말했으나 수백 년 동안 내력이 끊어졌으니 모두가 아마득한 일입니다. 이로써 반선을 파사팔의 후신이니, 혹은 탑립마이니, 혹은 전대에 있던 활불들도 모두 반선의 윤회로 환생했다라고 하는 말은 그 진위를 단정할 수 없다 하였습니다."

내가 열하에 있을 때 몽고 사람 경순미敬旬彌가 나에게 말해준 내용은 이러하다.

"서번西番은 옛날 삼위三危(나라 이름) 땅으로 순舜이 삼묘三苗를 삼위로 쫓아 보냈다는 곳이 바로 여기입니다. 이 나라는 셋으로 되어 있으니, 하나는 위衛라 하여 달뢰라마達賴喇嘛가 살며 옛날의 오사장입니다. 하나는 장藏이라 하여 반선라마班禪喇嘛가 사는데 옛날의 이름도 역시 장이요, 하나는 객목喀木이라 하여 서쪽으로 더 나가야 있는 지역으로 대라마大喇嘛는 없으니, 옛날의 강국康國이 바로 이곳입니다. 이 땅들은 사천四川마호馬湖의 서쪽에 있어 남으로는 운남雲南으로 통하고 동북으로는 감숙甘肅에 통하여 당의 원장 법사元裝法師

가 삼장三藏으로 들어갔다는 곳이 바로 여기입니다. 원장이 갈 적에는 이 땅에 사람이 없었고 큰 물을 건너 갔었는데, 그가 돌아올 때는 물은 이미 고갈되고 촌락이 형성되었지요. 당나라 중엽에는 갑자기 토번吐蕃이란 큰 나라가 생겨서 중원의 우환이 되었습니다. 그러나 부처를 숭상했는지는 알 수 없고, 원나라 초기에 불교가 북쪽으로 흘러 들어 번승蕃僧이 생겼는데, 그를 파사파巴斯巴라고 불렀으나 이는 별호요, 그 이름은 아니었습니다. 그 중에는 큰 신통력神通力을 갖추어 원나라 초년에 제사帝師로써 대보법왕을 봉했고, 그의 사후에는 조카에게 계승하게 했습니다. 명나라 초년에 여러 법왕들이 중국에 왔을 때 성조成祖는 당의 예법으로 예우했는데, 그 중들도 역시 환술幻術을 할 줄 알아서 더욱 숭상함을 보았습니다. 지금의 라마는 대체로 명나라 중엽 때부터 시작된 것으로, 종객파宗喀巴라는 이상한 중이 있었습니다. 그 역시 먼 곳으로부터 서장으로 들어온 자로서 이상한 술법이 있어, 그를 한 번 보면 사람들은 경악했다고 합니다. 그는 또 다른 사람의 몸으로 태어난다는 말도 있었는데 모든 법왕들은 그를 스승으로 삼아 기꺼이 그의 제자 반열에 들기도 했습니다. 종객파는 두 제자에게 법을 전했으니, 첫째는 달뢰라마達賴喇嘛이고, 둘째는 반선액이덕니班禪額爾德尼라고 합니다. 달뢰라마는 이제 7대를 거듭 환생했고, 반선라마는 4대째 태어났다고 합니다. 본조의 천총天聰(청 태종의 연호) 시절에 반선은 동방에 성인이 난 것을 알고 큰 사막을 넘어 사신을 보내서 조공을 해왔는데, 이로부터 해마다 사신들을 보내서 조공하기 시작했습니다. 강희 때에 인조仁祖는 그를 중국으로 입조入朝시키고자 하였으나 오지 못하다가, 지난해에 만수절萬壽節(그는 스스로 주를 내기를 곧 금년이라 하였다)에야 입조를 청했으므로 황제는 그를 매우 극진하게 예우해주었다고 합니다. 대체로 이교에서 이름은 중이라 하지만 기실, 도가입니다. 정신이나 술법이나 주문 등은 도가와 비슷하고, 그 글의 넓고 깊은 것과 과장된 언사 또한 도가에 비하여 지나칩니다. 이 두 사람 외에 또 호도胡圖와 극도克圖란 자가 있으니, 모두 그의 제자들입니다. 그들 역시 5·6대 이상을 환생했다 합니다. 국왕의 스승으로서 신통력은 없고, 다만 참선의 이치를 설교하는데 능했다고 합니다."

경순미는 또 말했다.

"'중이라는 호칭을 쓰지만, 기실 도교라' 하는 말은 곧 이것을 두고 말한 것입니다."

그러나 그 말이 명확하지 않기에 나는 그에게 물었다.

"왕성王晟의 말과는 많이 다르군요. 왕성의 말로는, 명나라 중기에 종개파라는 특이한 중이 있었는데, 그 맏제자는 달뢰라마요, 다음은 반선액이덕니라 하였습니다. 또, 말하기를, '천총 때에 반선이 큰 사막을 넘어 조공하러 왔다.' 하였으니, 천총은 명의 중엽으로부터 1백여 년이나 되었고, 지금까지는 또 1백여 년이 지났으니 한 사람이 지금까지 살아온 것인가요, 아니면 4대째 환생해서 같은 이름을 답습한 것일까요? 그리고 소위 호도니 극도니 하는 자는 또 누구의 제자입니까."

나는 이어서 물었다.

"국왕의 스승으로서 선의 이치에 대해 잘 설교하는 이는 누구를 가리킨 것입니까."

순미는 모든 질문에 답을 하지 않고 결국 화제를 돌렸다. 돌아오는 길에 장성長城 아래에서 어느 객을 만나 서번 일을 물었더니, 그가 대답했다.

"서번은 옛날 토번吐蕃 땅으로, 장교藏敎를 숭상하고 있으니 역시 황교黃敎라고도 부릅니다. 본래 그 나라의 풍속이 그러한 것으로, 중이란 명칭은 일부러 붙인 것이 아니라 중국 사람들의 중이란 것은 본래 불교의 그것과는 매우 다릅니다."

이제 중국의 불교는 없어진 지 오래되었다. 그런데 내가 열하에 있을 때 비록 조정의 귀관貴官들이라도 되레 나에게 반선의 모습을 물어보았으니, 대개 친왕親王이나 부마나 또는 조선 사신이 아니고서는 그들을 볼 수 없었기 때문이다.

북경으로 돌아온 이후 날마다 유황포兪黃圃·진입재陳立齋 등 여러 사람과 어울렸는데 그들은 단 한마디도 반선에 대해 말한 적이 없었다. 내가 혹 물어보기라도 하면 그때마다 "그건, 원·명 간에 있었던 일입니다."라거나 "우리들은 자세히 알지 못합니다."라며 말하기를 꺼려하였다.

어느 날 고 태사高太史 역생棫生과 함께 단가루段家樓에서 술을 마시다가 고 태사가 반선에 대한 이야기를 막 꺼내려하니, 그 자리에 풍생馮生(풍병건馮秉健)이란 자가 눈짓으로 저지했다. 나는 이를 너무 이상하게 여겼더랬다. 한참 뒤에 들으니, 산서山西에 사는 포의布衣

하나가 7조목으로 상소했는데, 그 가운데 반선 이야기를 크게 거론
하다가 황제가 크게 노하여, '살을 벗겨 죽이라.' 했다 한다. 우리나
라 역부驛夫들이 이것을 선무문宣武門 밖에서 처형 장면을 많이 목격
했다고 하였다. 이때부터는 감히 다시 반선에 대한 것은 감히 묻지
못했다 한다. 비록 유황포·진입재처럼 서로 친한 사이에도 그러했
고, 더구나 산서 포의 선비는 성명도 알 수 없는데, 혹은 상소를
올린 자는 거인擧人 장자여張自如라고 한다. 서번의 시말은 대체로 왕
효정의 말만큼 자세한 것이 없다. 찻물을 뿌려서 불을 끄고, 파도를
거슬러 강을 건너는 것과 같은 일들은 모두 난파欒巴나 달마達摩의
지난 사적이므로 여기에 쓰지 않는다.

반선시말후지班禪始末後識

넌지시 짐작컨대 옛날의 제왕들은 자기가 배울 수 있는 연후
에야, 그 사람을 신하로 삼았으므로 더욱 성스러웠고, 천자로써 필
부匹夫를 벗 삼되 자기의 높은 것이 깎이지 않으므로 더욱 크게 되
었으나, 후세에는 이러한 도가 없어졌다. 이로 인해 다만 호승胡僧
이라든가 방술方術이라든가 바르지 않은 도 등 이단의 류에 대해서
는 스스로 겸손히 낮추고 부끄러워하지 않음은 무엇 때문일까. 내
가 이제 그 일을 목격한 바 있다. 반선이 과연 어진 자라면 황금집
은 지금 황제로서도 거처하지 못하는 처지인데, 저 반선이 무엇이

기에 감히 편안히 차지하고 있었을까. 어떤 이는 다음과 같이 말한다.

"원·명 이래로, 당唐의 토번의 난을 경계하여 반선이 올 때마다 봉하여 그 세력을 갈라 놓고 그들을 대우하기를 신하의 예로 하지 않았으니 그저 오늘날에만 그런 것은 아니다."

그러나 이 역시 꼭 그렇지는 않을 것이다. 당시에는 천하가 처음으로 정해진 때로서, 뜻이 부득이하여 그러했을 것이다. 원나라에서 그의 제사帝師에게 황천지하일인지상선문대성지덕진지皇天之下一人之上宣文大聖至德眞智라고 호를 주었는데, 여기서 일인一人이란 천자를 가리킨 말이니, 천자는 만방萬邦에서 함께 임금으로 받드는 터에 천하에 어찌 다시 천자보다 높은 자가 있단 말인가. '선문대성지덕진지'는 공자를 가리킨 말이니, 백성이 생긴 이래로 어찌 다시 공자보다 어진 자가 있단 말인가. 원나라 세조元世祖는 사막에서 일어났으니 괴이할 것도 없겠지만, 황명皇明 초기에 먼저 이상한 중을 찾아 귀족 자제들이 스승으로 섬기게 하고, 널리 서번의 중을 불러서 높이 대우하면서, 스스로 중국을 낮추는 줄을 깨닫지 못하고 천자의 체면을 깎고 공자를 욕보이며 참다운 스승을 억눌러 나라를 세우는 시초부터 이것으로 자제들을 가르쳤으니, 이 또한 얼마나 천박한 짓인가. 대저, 그 술법이란 오래 살면서 늙지 않는 방법이란 것이니, 이는 곧 세상에 다시 태어난다는 말이다. 이것으로 세속 임금들의 마음과 귀를 흐리고 말았을 뿐이다. 혹자는 다음과 같이 말한다.

"양梁·진陳의 제왕들은 자기 몸을 버리고 불가佛家의 종이 되었으니, 중이 천자보다 높아진 지가 오래되었지만, 다만 황금 궁전을 지었다는 말은 들어보지 못했다."

반선시말에 대해 이중존이 논평하다(仲存評語)

중존씨仲存氏가 말한다.

"이는 대체로 모두 의심스러운 것을 전하는 글에 불과하다. 그러나 훗날 중국의 한 시대의 역사를 쓰려면 부득이 반선에 대한 전傳을 써야만 할 것이다. 하지만 세월이 흐를 것이고 일은 지나가 버려 이 글만큼도 상세하기란 쉽지 않으리라. 다만 연암의 이 글은 외국인의 입장에서 쓴 사사로운 기록이니, 사서(사서)를 편찬하는 사람이 참고할 방법은 없겠도다. 이는 참으로 애석한 일이다."

황교문답 黃教問答

황교문답 서黃教問答序

   다른 나라에 들어가는 사람들은 통상 '나는 적국敵國의 사정을 잘 엿볼 수 있다'라 하기도 하고 '나는 남의 나라 풍속을 잘 관찰하여 알 수 있다.'라 하지만, 나는 이러한 말을 온전히 믿지는 않는다.

   남의 나라에 들어가서는 무슨 수로 행인을 붙잡아 무작정 정세를 캐물을 수 있겠는가? 이것이 첫 번째 불가한 일이다. 그들과 언어가 서로 다르니 의사소통을 할 수 있겠는가? 이것이 두 번째 불가한 일이다. 중국과 외국인은 지역적의 차이가 있어 행동거지에서 표시가 날 혐의가 있으니, 이것이 세 번째 불가한 일이다. 말이 겉돌다 보면, 그 나라 실정을 파악하지 못할 것이고 말이 파고들면 그 나라에서 꺼리는 부분에 저촉되기 쉬우니, 이것이 네 번째로 불가한 일이다. 물어서는 안 될 일을 묻는다면, 정탐의 기미를 노출하는 것이니 이것은 다섯 번째로 불가한 일이다. 그 직위에 있지 않다면, 정치를 꾀하지 않는 것이 그 나라의 도리일 것인데, 하물며 다른 나라에 있어서는 어떠하겠는가? 그 나라에서 금기한 것을 먼저 묻고 안 뒤에, 그 나라로 들어가는 걸 감행하는 것이 남의 나라로 들어가 사는 도리일 터인데, 더구나 대국大國일 경우라면 어떠하겠는가? 이것이 여섯 번째로 불가한 일이다. 게다가 그 나라 장수나 재상들의 현명함과 그렇지 못함, 풍속이 좋고 나쁨, 만인滿人과 한인漢人의 등용되고 소외됨, 명明의 옛 일은 더더욱 물어보아서는 안 될 일이다. 이는 물어서 안 될 일일 뿐만 아니라 감히 생각조차 못하는 일인 것이다. 일이다. 물어본다 한들, 저들도 대답할 수 없는게 뻔하고, 함부로 대답할 것을 생각해서는 안 될 일이다.

또 돈이며 곡식, 군사와 산천의 형승形勝 등은 심각한 문제가 되지 않을 듯하지만, 이 역시 말할 수 없는 일이다. 만약 이 이야기를 하려 한다면 저들도 또한 이를 의심하고 괴상히 여길 것이니, 돈과 곡식은 국가의 허실虛實에 관계되는 일이요, 군사는 나라의 국력이 강약과 관계되는 일이며, 산천의 형승은 중요한 관문이나 요새에 관계되므로 감히 이에 대해 문답할 수 없다고 하는 것이다.

옛날 사람들은 항상 심상하게 대화하는 사이에 그 정보를 얻었다고 한다. 이를테면, 교량을 보거나 시각을 알리는 북소리를 듣고도 예절이 높은지 낮은지를 점쳐 알았으며, 시를 읽거나 음악을 듣고서 물가의 비싸고 싼 점을 추측했다고 한다. 옛 사람과 같은 지혜와 재주가 없으면서 그저 같지 않은 글, 한 두 마디 말로 주요한 정보를 얻으려 하는 것은 어려운 일인데, 하물며, 이 세상은 럽고 커 그 끝을 알수 없음에 있어서이겠는가?

내가 열하에 도착해 조용히 천하의 형세를 살펴본 것이 다섯 가지가 있다. 황제는 해마다 열하에 말을 멈추고 머무는데, 열하라는 이 지역은 그야말로 장성長城 밖 궁벽한 땅이다. 대체 천자는 무엇이 부족해서 이런 변두리의 거친 벽지에 와서 거처하는 머무는 것일까? '피서避暑'라는 명분으로 왔겠지만, 기실, 천자가 친히 변방을 수비하려는 것이리라. 이로써 본다면 몽고가 강성함을 알 수 있겠다. 황제는 서번西番의 승왕僧王을 맞아다가 스승으로 삼고 황금전각을 지어 그를 살게 하고 있으니, 천자는 어째서 이처럼 예외적으로 참람된 예절을 쓰는 것일까. 명목은 '스승'으로 대접하지만 기실, 전각 속에 가두어 두고 하루라도 세상이 무사할 것을 기원하고 있는 것이리라. 이로써 보면, 서번이 몽고보다도 더 강성하다는 것을 알 수 있다. 이 두 가지 사안은 황제의 마음이 이미 괴롭다는 것을 보여 주는 것이다. 이곳 사람들의 글을 보면 그것이 별것 아닌 줄 편지라 하더라도, 반드시 역대 황제들의 공덕功德을 과장하고 당세의 은택恩澤에 감격한다는 말을 하는데, 이는 모두 한인漢人들의 글이다. 한인들은 대체로 중원의 유민遺民을 지금 왕조(청나라)에게 화를 당하지나 않을까, 항상 염려하고 또 의심받지나 않을까 하는 경계심을 이기지 못하여, 입만 열면 칭송稱頌을 하고 붓만 들면 아첨한다. 이는 여기서 소외되지 않으려 애를 쓰는 것이나 다름없다.

이로써 보면 한인들의 마음도 이미 괴롭다는 것을 알 수 있겠다.

이 지역 사람들과 필담筆譚을 할 때는 비록 심상하게 주고 받은 말일 지라도, 필담을 마친 뒤에는 곧 불태워 버린 뒤 쪽지 하나도 남겨 두지 않는다. 이것은 한인들만 그런 것이 아니다. 만인滿人들은 더욱 심하다. 만인들은 그 직위가 모두 황제와 매우 가까우므로 법령이 엄혹하다는 사실을 더욱 잘 알고 있기 때문이다. 이로써 보면, 한인들의 마음만 괴로운 것이 아니라, 천하를 법으로 금하고 있는 만인들의 마음도 괴로울 것이다. 점방에서 파는 벼루 한 개의 값이 백냥을 넘지 않는 것이 없다. 안타깝구나! 천하가 변란이 생기면 주옥珠玉이 굴러다녀도 거두어들이지 않지만 해내海內가 평화로울 때는 기왓장이나 벽돌이 땅에 묻혀 있어도 반드시 캐내고야 만다. 부귀한 자들은 주옥을 별 것 아닌 듯 보지만, 빈천한 자들은 눈을 뒤집고서 거두어 간직한다. 취미로 감상하는 자는 우연히 한 번 만 져만 보지만, 우둔한 자는 발이 부르트도록 분주하게 찾아다니니, 밭 갈다가 얻은 것, 낚시질하다가 건진 것, 시체 냄새 베어 있는 무덤에서 도굴한 것까지 천하의 보물로 여기고 있으니, 천하의 보물을 보배롭게 감상하는 마음도 또한 괴롭다 할 것이다. 이로써 보면 한 조각 돌로 족히 천하의 대세를 밝게 짐작할 수 있으리니, 하물며 천하의 괴로운 심정이야 돌보다 더 큰 것이 얼마든지 있음에랴. 이제 반선班禪과 관련한 자잘한 이야기들을 기록하여 『황교문답黃敎問答』이라 한다.

황교문답黃敎問答

내가 찰십륜포札什倫布에서 먼저 숙소로 돌아오자 지정志亭이 나를 맞이하며 물었다.

"선생이 활불活佛을 잠시 만났다더니, 생김새가 어떻습니까."

"공은 그를 만나보지 못했나요?"

"활불은 깊숙하고 장엄한 곳에 거처해서 아무나 볼 수는 없습니다. 더구나 신통한 법술法術이 있어 사람의 오장육부를 훤히 들여다본다고 하더군요. 그는 진귀한 거울을 하나 걸어 놓았는데 누군가 음탕한 마음을 먹으면 필시 푸른 빛으로 비치고, 사람이 탐심이나 적심을 품으면 필시 검은 빛으로 비치며, 사람이 위험하고 불측한 마음을 지니면 필시 흰빛으로 비치고, 오직 충효스럽고 부처를 한결 같은 마음으로 공경하는 사람이 오면, 반드시 붉은 빛 아지랑이에 누른빛을 띠며 상서로운 일이 있을 때 생기는 구름[慶雲]과 같이 거울 바닥에 서리게 되니, 오색 거울이야말로 두려워 할만한 것이지요."

"이것은 진 시황의 조담경照膽鏡을 본떠서 이야기를 신통하게 만든 것 같습니다. 그러나 조담경은 역시 정사正史에서 전하지 않으니, 어디 믿을만 하겠습니까?"

"벽 사이에 그 거울이 없던가요."

나는 '오색경이 가히 두렵다.'라는 구절에 동그라미를 치면서 말했다.

"푸르고 검고 흰 세 가지 마음이 공에게 없다면, 무엇 때문에 이 거울이 두려울까요."

"『법화경法華經』·『능엄楞嚴經』 같은 모든 불경의 게偈들은 모두 사람을 위협하여 그 책을 높이지 않으면 곧 화를 받는다는 식으로, 중생들을 두렵고 놀랍게 만들어서 그들을 선한 길로 되돌아가게 한다는데, 대개 이 거울이나 마찬가지 일이지요. 거울은 글자를 쓰지 않은 경전이요, 경전은 또 구리로 만들지 않은 거울일 것입니다. 내가 비록 열흘 동안 맑은 음식만을 먹고 열흘 동안 목욕재계 했더라도 혹시 나의 간肝 구석, 폐肺 틈에 터럭만 한 흠이 있다면 어찌 세 가지 빛깔이 나타나지 않는다고 장담 할 수 있겠습니까."

그는 이렇게 대답하고는 그가 쓴 필담 종이를 찢어서 불 속에 던져 넣는다. 그리고 이어서 말했다.

"과연 참으로 신통하답니다. 절을 하는 자가 모자를 벗고 활불에게 머리를 조아리면, 활불이 친히 손으로 이마를 만지면서 웃음을 짓는다면, 큰 복을 받게 되는 것이요, 만일 웃지 않으면 받는 복이 그다지 크지 못하고, 활불이 눈을 감을 때는 절하던 사람은 겁이 나서 향불을 피우고 참회하면서 사무치게 뉘우치면 그의 죄악은 자연스레 소멸되고 다시는 죄를 짓지도 않는답니다. 이것은 활불이 말로써 교훈하지 않고, 손 한 번 펴는 사이에 공과功果가 이 같은 것입니다. 화석和碩 친왕親王과 화석 액부額駙는 매일 아침 활불 앞에 절하고 머리를 조아리지만, 외인들이나 일반 관리들은 이런 광경을 보기란 어렵습니다."

내가 어찌된 내력인지를 물었는데 지정이 말했다.

"건륭 40년 경에, 서방西方 사람들 사이에 활불 법왕이 세상에 나타났다는 말이 자자했지요. 이 법왕은 능히 사십세四十世 전신前身의 일까지도 기억한다고 했는데, 지금의 몽고 48부가 강하다 하지만 서번은 가장 두려운 존재요, 서번의 여러 나라는 활불을 가장 두려워한다고 합니다. 활불이란 곧 장리대보법왕藏理大寶法王입니다. 명明의 양삼보楊三寶와 중 지광智光·오향吾鄕·하객霞客 등 여러 사람들은 서역西域의 여러 불교국가들을 두루 다녔습니다. 오사장烏斯藏은 중국으로부터 1만여 리나 떨어져 있고, 이 나라에는 대보법왕大寶法王과 소보법왕小寶法王이 있는데, 서로 번갈아 후생後生에 환생하여 모두 도술이 있고 신성을 타고 났다고 하니, 지금의 활불은 곧 옛날 원元의 시대의 서천西天 지방 부처의 아들이요, 대원 황제大元皇帝의 스승의 후신입니다. 지난해에, 내각內閣의 영귀永貴는 여섯 황자皇子를 배종陪從하여 불교의 예식을 갖추고 가서 활불을 맞이 해왔는데, 활불은 이미 황제의 귀신貴臣 자기를 맞으러 올 것과 북경을 떠날 날짜. 귀신貴臣의 이름이 영귀라는 것까지도 알았다 합니다. 거처하는 곳은 모두 황금으로 지은 집이요, 그 사치하고 화려한 모습은 중국을 훨씬 능가했다고 합니다. 도중에서 신통력을 보였던 일이 많았고, 거쳐온 여러 나라의 번왕蕃王들은 심지어 분신하며 머리를 태우며 손가락을 끊고 살을 베는 자까지 있었답니다. 또 어리석은 백성 중에 불효한 자가 활불을 한번 보더니 갑자기 효심이 생겨, 아버지가 괴질에 걸리자 칼로 자기 왼쪽 옆구리를 베고 간肝의 한쪽 끝을 잘라서 구워 먹이니, 아버지 병이 즉시 낫고, 불효자의 왼쪽 옆구리도 금방 나아서 그는 금새 효자로 변하였습니다. 나라에서는 그를 표창하고 고향에서는 정문旌門을 세우며, 부역에서 면제해 주었다고 합니다. 또 산서山西에 어떤 어리석은 자는 거부巨富였지만 돈 한푼 쓰지 않고 인색하게 굴더니, 길에서 활불을 쳐다보고는 바로 자비심이 생겨 드디어 10만 금을 녹여 일좌一座 부도浮圖를 세웠다 하니, 이것이 활불의 공덕 중의 대략 내용입니다. 물을 만나도 다리나 배가 필요 없고, 맨발로 물을 밟아도 물결이 발목을 넘지 않았답니다. 강 건너 저쪽 언덕에 큰 범 한 마리가 길에 엎드려 꼬리를 흔들고 있었는데, 황자皇子가 화살을 빼어 쏘려 하니, 활불은 이를 말리더랍니다. 수레에서 내려 범을 쓰다듬어 주자, 범은 그의 옷자락을 물고 하소연이라도 하는 듯이 하며 남쪽으로 가기에 활불도 따라가 보았지요. 큰 바위 틈에 굴이 있는데 범 한 마리가 이제 한창 젖을 먹이고 있고, 큰 뱀 두 마리가 범의 굴을 둘러싸고 범의 새끼를 집어삼키려 하고 있었습니다. 뱀의 한 마리는 젖먹이는 범과 싸우고 다른 한 마리 뱀은 숫범과 싸우고 있었으나 범의 날카로운 이빨로도 이것을 막을 방법이 없어 슬피 울다가 거의 죽지 직전이었답니다. 이때 활불은 지팡이로 가리키면서 주문을 외우니, 두 마리의 뱀은 스스로 돌에 부딪쳐 죽었는데, 그 대가리 속에서 한 밤에도 빛이 나는 진주가 한 개씩 나오자, 이 구슬을 한 개는 황자에게 바치고, 한 개는 학사에게 바쳤습니다. 훗날, 범은 열흘 동안이나 활불을 모시고 따라가면서 심히 공손하고 순하게 굴어서 황자는 범을 궤 속에 잡아넣어 데리고 가고 싶었으나, 활불은 허락하지 않고 중지시켰다. 이에, 범에게 훈계하듯 말하니, 범은 머리를 조아리면서 가버렸다 합니다. 이는 그 법술의 신통한 것입니다. 두 개의 구슬은 왕의 행차에 쓰는 물건으로 바쳤는데, 홍수나 가뭄 및 역병에는 신비한 효험이 있어 영험이 많다 합니다."

내가 물었다.

"활불의 전생前生에 있던 일은 비유하면, 느티나무 잎에 붙은 푸른 벌레가 벌집을 뚫고 들어가 벌이 되고, 큰 송충이가 표범 가죽 같은 껍질을 벗고 범 나비가 되며, 누에가 나방이 되고, 굼벵이가 매미가 되며, 비둘기가 매가 되고, 매가 꿩이 되며, 꿩이 조개가 되고, 닭이 뱀이 되며, 뱀은 거북이 되는 등 변화되지 않는 것이 없고, 그 모두가 각성覺性이 있어 변화된 상태에서도 전생에 가졌던 형태를 다 안다는 것일까요? 만일 그렇지 않다면, 장자가 호접몽을 깬 것처럼 서로 판이하여 아무런 관계도 없는 것인가요. 만일 과연 활불처럼 전생에는 이 몸이 어느 아무개의 아들이 되어 있다가, 현생에는 이 몸이 다시 어느 곳 아무개의 아들로 태언났음을 안다면, 전생의 부모와 현생의 부모가 지금도 모두 별 일이 없어 큰 자비심으로 낱낱이 서로를 알아보고 각자 서로 아무개라고 부를 것이니, 그렇다면 대체 누구를 원망하며 누구를 은혜롭게 여기겠습니까? 또 무엇을 슬퍼하며, 무엇을 기뻐하겠습니까?

그러자 지정은 갑자기 두어 줄기 눈물을 흘리면서 '무엇을 슬퍼하며 무엇을 기뻐하겠는가.'라는 구절에 동그라미를 쳐 표시하는 것이었다.

이때 홀연 문 여는 소리가 나니, 지정은 필담 종이를 급히 비벼서 손에 쥐었다. 문이 열리자, 같은 숙소에 있는 왕민호王民皥였다. 뒤따라 들어오는 이는 역시 왕군王君과 같이 있는 추사시郞舍是이다. 이들은 모두 거인擧人으로서 객지인 장성 밖에서 어울리는 이들이다. 지난해에, 열하에 북경의 제도를 본떠서 태학太學을 새로 지었다. 이때 두 사람은 그 태학에서 머물며 공부하는 중이었는데 나를 찾으려 온 것이다. 지정이 두 손님을 향하여 무엇인가 읽어주듯 설명을 하는데, 두 손님은 한편으로 지정의 말을 들으면서, 한편으로는 책상 위에 동그라미 쳐놓은 곳을 가리키는 것이 필경 내가 필담으로 한 말을 전하는 것 같았다. 왕 거인王擧人은 내 성명과 자와 호를 써서 추 거인에게 보였는데, 왕생은 벌써 구면이요, 추생은 처음 보기 때문이다.

추생鄒生이 내게 물었다.

"귀국은 불교가 어느 때부터 시작되었나요."

"소량蕭梁 대통大通(527~529) 연간에 중 아도阿道가 신라新羅에 처음 들어왔지요."

"귀국의 사대부들은 세 가지 교 중에, 어느 교를 가장 숭상합니까."

"사실 신라나 고려 시대에는 사족으로서 비록 지식을 갖춘 사람이라도 서교西敎(불교)를 공부하지 않는 자가 없었으나, 우리나라 건국 400년에 사족으로서는 비록 어리석은 이라도 공자의 글을 외우고 익힐 뿐입니다. 국내의 명산에는 비록 전대에 세운 이름난 사찰들이 있지만 이미 황폐했고 절에 사는 중들이란 대체로 천한 무뢰배無賴輩 출신이라 종이나 신을 만들면서 생업을 삼고 있습니다. 명목은 비록 중이지만 눈으로 불경을 볼 줄도 모르니 누가 배척할 것도 없이 그 교는 스스로 끊어질 것입니다. 또 나라 안에 도교란 것이 없으므로 역시 도관道觀도 없어서 소위 이단의 교는 금할 것도 없이 저절로 나라 안에 자리 잡을 수 없게 되었습니다."

"참으로 세상에 둘도 없는 좋은 나라입니다. 이단의 폐해는 성인들이 이미 우려한 것입니다. 게다가 사람끼리 서로 잡아먹는다는 말까지 있어, 이런 말을 들으면 '너무 지친 것이 아닐까?'라는 생각을 들게 하지만, 요즈음 산중에 종종 사람을 잡아먹는 도사가 있어 어린애를 기르기는 더욱 어렵습니다. 순양純陽 동자童子가 몸에 제일 좋다고 해서 이를 쪄서 먹는다고 하여, 부모는 걱정하며 밤에 아이를 궤짝 속에 감추고도 여전히 잃어버릴까 전전긍긍한답니다. 이 지방의 관청에서는 이것을 적발하여 붙들고자 도관을 불살라 허물면, 다시 이름을 고쳐서 승적에 올리고 몸을 절간에 숨긴다고 합니다. 심지어 은밀한 방 속에서 하는 방중술房中術이라든지, 나쁜 종기를 고치는 기이한 약방문 등은 모두 가난한 도사가 만든 것인데, 사람들은 그들을 많이 따라다니며, 또는 몰래 이 술법을 배우고 있습니다. 참으로 해괴망측한 일이라, 무어라 말할 수가 없습니다. 중국의 불교는 그 본지本旨에 어긋나 앙루仰漏가 말한 바 소위 '이름은 중인데, 실상은 도교'라는 말이 이것일겁니다."

앙루란 이는 몽고 사람 경순미敬旬彌의 자이다. 나와 이야기할 때에 '중 이름이 도사 노릇을 한다'는 말을 하였기에 나는 이를 지정에게 전했더니 지정이 아마 그 말을 외워서 추생에게 전한 모양이다. 추생이 다시 내게 물었다.

"귀국에서도 고대에 역시 신승神僧이 있었는지요. 그렇다면 그이름을 듣고 싶습니다."

"우리나라가 비록 바다 한쪽에 있으나 풍속은 언제나 유교를 숭상하여 고금이래 큰 선비나 학자가 많습니다. 그러나 지금 선생의 묻는 것은 이것이 아니고 되레 신승에 대한 일이니, 우리나라 풍속에는 이단의 학문을 숭상하지 않아 신승이 없는지라, 참으로 대답을 하고 싶지는 않습니다."

그러자 왕군이 말했다.

"이단 가운데도 또한 이단이 있어 도리어 그 도를 해치는 일이 있지요. 지금 나의 벗 추생은 귀국의 유교와 불교의 다른 점을 알고 싶어 한 말입니다."

그의 말을 듣고 추생 또한 거든다.

"그렇습니다."

"비록 중의 이름을 듣는다 한들, 어찌 유교와 불교의 다른 점을 판단할 수 있겠습니까."

내가 이렇게 말하자 추생이 답했다.

"유학하는 사람 중에도 도학道學과 이학理學의 명칭이 있던데, 귀국에서도 유학자 중에 또한 이런 구분이 있는지요."

"성문聖門의 설교設敎에는 오직 네 가지 과목을 두어 이것을 일관一貫한 도는 다만 한 가지 이치일 것이요, 이것을 배우고 이것을 묻는 것이 바로 학문일 것입니다. 어찌 유문儒門에 함부로 별도의 과목을 두어서 도학이며, 이학이라 명목을 붙일 수 있겠습니까."

"그렇습니다. 선생의 말씀이 지극히 옳습니다. 공자의 문도 70명이 그들의 스승에게 묻는 것은 인仁이나 효孝에 지나지 않는데, 후세에 와서는 그렇지 않습니다. 제자가 처음 책을 펴 놓고서는 우선 이기理氣부터 묻습니다. 그러면 소위 선생은 옷깃을 여미고 자리에 올라 앉으면서 대뜸 말하는 것이 성명性命입니다. 요즈음 학자들의 학문은 하늘과 사람을 꿰고 있다지만 실지로는 한 마을을 다스리지도 못하고, 그들의 이학이란 솔개가 날고 물고기가 뛰는 현상을 살피면서도(『중용中庸』에 나오는 말) 한 가지 일도 판단하지 못합니다. 이러한 학문을 하는 자를 소위 '이학선생理學先生'이라 합니다. 시골의 사숙私塾에서는 천품과 성질이 고루하고 행동이 못나고 괴상한 자라도 약간 경전을 배우고 조금 훈고를 익히면 자리를 마련하여 강론을 하지 않는 이가 없습니다. 썩은 것을 맛보고는 숙속菽粟이라 하고 누더기를 기워 모은 것을 털가죽 옷이라 하여, 전국시대의 고집스러운 자막子莫의 집착을 오히려 정도正道를 지킨다 하고, 후한 시대 호광胡廣의 처세하는 것을 스스로 중용이라 하니, 이러한 학문을 하는 자를 소위 '도학군자道學君子'라 한답니다. 이는 말할 필요도 없습니다. 옛날 이단은 묵가를 버리고 유가로 돌아오기도 하고, 유가로부터 양주楊朱의 도로 귀의하는 자도 있어 서로 시샘하고 분열되며 배반하고 저마다 딴 마음을 지니게 되었습니다. 오늘의 유학자들을 본다면 죽기까지 제 고장을 떠나지도 않고 한번 지반을 잡은 뒤에는 더욱 육경六經의 공부를 쌓아서 지위를 튼튼히 하고, 때로는 제가의 학설을 뒤집어 새로운 학설을 주장합니다. 그 반은 주자를 따르고 반은 육상산陸象山을 따르면서, 갈대 숲 속에 숨은 도적마냥 머리를 내밀었다가 숨었다가 합니다. 책 좀벌레나 뒤지던 이들을 길러 성이나 사직에 붙어사는 쥐새끼, 여우처럼 만들어서는 고증학이란 학문에 붙어 먹게 합니다. 반대로 날랜 준마는 눌러서 하찮은 둔마로 만든 다음 훈고학이란 학문을 가지고 재갈을 채워 끽소리도 못하게 하지요. 때로는 용기를 내어 싸우다가도 상대방 공격에 그 형세가 불리하면 무작정 말에서 내려 두 무릎을 꿇고 결박 받는 것이 지금의 유자들이니, 정말 두렵고 또 두렵지 않을 수 없습니다. 때문에, 저는 평생에 유학을 배우기를 원하지 않습니다. 만일 눈을 크게 뜨고 입을 벌려 이단의 학문을 제창하는 자가 있다면, 저는 장차 불천리를 멀다 않고 양식을 짊어지고 쫓아가 스승으로 삼겠다고 하였는데, 이제 선생의 의론을 들으니 확실히 옳은 것을 지켜 소인의 마음은 한편으로 기쁘고, 한편으로는 슬픕니다.

추생은 용모는 의젓하지만, 언사는 방탕해서 추켜세우는 듯하다가 조롱하는 것도 같으며, 변환하고 속이는 듯하여 사사건건 나를 업신여기는 것만 같았다. 이에 내가 말했다.

"이제 선생의 이단을 물리치는 의론을 들으니 탄복할만 하나,

도리어 이렇게 괴상한 말을 하시는 것은 어찌 된 일입니까. 저는 바다 한쪽에서 나서, 듣고 본 것이 적고 학식이 보잘것없으니, 대방가大方家 비웃음을 사는 것은 지당한 일입니다만, 잘하는 것을 칭찬하고, 못하는 것을 불쌍히 여기는 것은 군자의 덕의德義로 정당한 도리일 것입니다. 그런데 족하足下(상대방을 높이는 말)는 성묘聖廟에 계시면서 이단을 배우고 싶다 하니, 그 말씀이 만일 진정이라면 상국上國이 먼저 모범이 되어야 함에도 이러한 이야기를 하니 이는 뜻밖의 상황이요, 또 만일 그 말씀이 농이라면 외국에서 온 변변치 않은 선비 하나를 조롱하는 것이니, 먼 데서 온 사람을 대접하는 후의가 아닐까 두렵습니다. 수치스러워 저는 물러나겠습니다.”

나의 말을 듣더니 추생이 미안해하며 답한다.

“그렇지 않습니다. 제가 마침 마음에 격한 생각이 든지라, 부지불식간에 말을 이랬다저랬다 했습니다. 이제 선생께서 이처럼 저를 죄주시니 저는 감히 오래 모시지 못하겠습니다.”

추생이 의자에서 일어나 머리를 조아리니, 이것은 사과를 청하는 것이다.

“저의 친구는 순박하고 진실한 사람으로 그의 뜻은 본래 그렇지 않사온데, 선생이 오해한 것이니, 그가 이단을 배우고 싶다고 한 말은 구이九夷에 살고 싶다(『논어』에 나오는 말)는 것과 같은 뜻입니다.”

왕군의 말을 듣고는 서로들 크게 웃기에 나도 따라서 웃었으나 마음이 끝내 개운하지 않았고 구이의 땅에 가서 살고 싶다는 비유는 더더욱 나를 개탄스럽게 만들었다.

"선생의 이번 길은 오로지 서불西佛을 뵙기기 위한 것인가요, 또는 황제의 생신을 축하하기 위한 것인가요."

그 동안 지정은 잠깐 문밖에 나갔다. 나는 다음과 같이 답했다.

"오로지 황제의 칠순七旬 경절慶節을 축하하기 위한 것이지요. 황제의 조서가 없으면 어떻게 열하까지 왔겠습니까. 어제 활불을 본 것도 역시 황제의 분부입니다."

"박 선생은 사신의 임무가 없고 그 족형族兄되는 어른을 따라 구경차 오신 길이랍니다."

왕군이 이렇게 말하자 추생은 한참 동안 나를 쳐다보다가 "선생은 이번 길에 담인噉人(활불을 폄하는 말)이 무섭지 않습디까."라고 하였다.

"담인이 무엇인가요."

내가 물으니 추생이 말했다.

"양련진가楊璉眞加가 다시 세상에 태어났답니다."

이때 왕군은 낯빛이 변하여 말다툼을 하려는 기세였는데, 나는 그의 말을 알아듣지는 못했으나 기색이 좋지 않은 것으로 보아 왕군이 추생을 책망하는 것 같았다. 이 즈음, 지정이 돌아와 자리에 앉아 필담 나눈 종이를 보자, 급히 손으로 찢어 입에 넣고 씹으면서 눈으로 추생을 말 없이 응시하다가 내가 다른 곳을 보는 사이에 나를 가리키면서 추생에게 눈짓 하다가, 우연히 내 눈과 마주치자 몹시 민망해하였다. 이내 차를 청하면서 묻는다.

"귀국 말은 하소何宵(어느날 밤)에 낳았는지요."

"말 낳는 시간을 어떻게 알겠습니까."

나의 대답에 모든 이가 크게 웃었다. 지정이 다음과 같이 말했다.

"소소宵小라는 소宵 자로 써서 음이 같으면 쓰기를 같이 합니다."

대개 그들은 음이 같으면 같은 뜻으로 쓰곤 한다. 나는 말을 이어갔다.

"나라가 작으니 가축도 이에 따라 작아집니다."

나는 반선의 내력을 상세히 알고 싶지만 추생의 말에 어떤 사연이 있기에 저 두 사람이 저렇게 꺼리는가 하여 감히 함부로 묻지 못했다. 추생은 차를 마신 후에 바로 돌아가고, 지정 역시 다른 볼일이 있었고 나도 역시 자리를 일어서니, 왕군도 내 뒤를 따라 나왔다.

어느 날 내가 형산亭山을 찾았더니, 그는 궐에 들어가서 나오지 않았다. 형산의 이름은 가전嘉銓이요, 성은 윤씨尹氏인데, 역시 태학에서 묵고 있었다. 관직은 대리大理요, 70세로서 올해 봄에 관직을 그만두었다. 다시 지정의 처소에 들렀으나 아무도 없는 빈방이었다. 바로 발길을 돌려 나오려 하는데, 마침 지정이 외출했다가 돌아오는 길에 나를 보고는 매우 반가워 하며 내 손을 끌고 자기 방으로 들어갔다. 그는 모자를 벗어 벽에 걸고 나서 차를 청하더니 다음과 같이 당부한다.

"추 거인鄒擧人은 광사狂士이니 선생은 절대로 다시 만나지 마시오.”

“대체 왜 광사라고 하는 것이오?”

내가 물으니 지정이 말했다.

“그의 마음에는 강개慷慨한 기운이 꽉 차 있어서 다른 사람과 토론함에 호승심이 강하고 욕을 잘합니다. 나는 혹시 어르신께서 그 사람의 성질도 모르고 주먹을 휘두르지는 않을까 걱정했습니다.”

나는 웃으면서 “그 미친 짓은 따르지 못하겠군요.”라고 했더니, 지정이 “저 같은 사람으로는 그 어리석음을 도저히 따를 수 없을 것입니다.”라고 대꾸한 후, 서로 크게 웃고 말았다.

내가 또 지정에게 물었다.

“활불이 양련楊璉의 후신이라는 것을 장군將軍은 지금 어떤 연유로 그렇게 심하게 꺼리십니까?”

“저 미친 추생이 양련을 끌어다가 활불을 욕하기 때문입니다.”

나는 짐짓 다시 묻는다.

“양련이란 대체 무슨 욕입니까.”

그러자 지정은 불편한 기색을 보이며 말했다.

“차마 말할 수도 없고 들을 수도 없습니다.”

“왕팔王八이나 마박륙馬泊六 같은 몹시 나쁜 것인가요.”

이에, 지정은 손을 내저으며 답했다.

“아닙니다. 양련이란 원래 서번西番 중으로, 원元 때에 중국에 들어와 송조宋朝의 능침陵寢들을 도굴하기를 전쟁 때 보다 더 지독하게 하여, 보물과 구슬을 모은 것이 산더미 같았습니다. 그는 비술秘術을 지니고 있었는데 산을 쪼개는 보검寶劍을 가지고 있었다 합니다. 주문을 외우면서 한번 치면 비록 남산南山에 석곽石槨이 아무리 깊이 묻혀 있더라도 바로 열리지 않는 것이 없었답니다. 땅을 차면 금 오리나 옥 물고기 같은 것이 땅을 저절로 튀어 나오고, 구슬로 짠 옷과 옥 궤짝이 열린 채로 무수하게 흩어져 있고, 심지어 시체를 달아매고 수은水銀을 짜내며 시체의 뺨을 쳐가며 진주를 찾기도 한답니다. 강남江南 사람들은 서로 욕하기를, '곰보 양련에게 음식 바칠 놈'이라고 하는데, 지금 활불은 서번 사람이므로 그를 빌려다가 욕한 것이지, 그가 양련의 후신이라서 한 말이 아닙니다."

"그는 왜 그렇게 활불을 욕할까요."

"그는 유학을 업으로 삼는 고로 활불은 인정할 수 없는 것이지요."

"그가 만일 유학이 본업이라면, 저번에는 어째서 또 유학자를 욕했을까요."

"그는 미치광인지라 하늘이나 우레도 무서워하지 않고 왕법도 두려워하지 않으며, 성인도 욕하고 부처도 욕하여, 저 하고 싶은 대로 실컷 꾸짖어야만 정수머리 끝까지 치민 객기가 풀리는 모양입니다."

"귀국의 무덤 제도는 어떠합니까."

"비록 고대 법도를 모방하지만, 검소한 것을 숭상하여 보옥을 순장하지 않고 공경과 귀인으로부터 아래로 필부匹夫 서인庶人에 이르기까지 상례와 장례의 제도는 모두 주자의 가례家禮를 쓰고 있습니다. 또 땅이 궁벽한 한쪽에 있고 보니 전쟁도 드물어 자연히 그러한 근심은 없습니다."

지정이 감탄하며 말했다.

"그야말로 즐거운 나라 즐거운 땅에 즐겁게 나서 즐겁게 죽는 셈입니다. 주공周公이 예법을 만든 것은, 만세에 도적들에게 무덤을 도굴할 마음을 열어 준 것이지요. 필부의 시체가 무슨 죄리오. 구슬을 가진 것이 죄이지요. 하물며 제왕가帝王家의 무덤에 있어서이겠습니까? '천하의 재화를 아끼느라 죽은 어버이를 야박하게 보내서는 안된다'는 맹자의 말씀은 천고의 화를 미치는 결과가 되었습니다. 이로 인해, 상난喪亂을 한 번 겪으면 도굴되지 않는 능침이 없어 경사京師의 유리창 같은 데서 파는 고완품古玩品은 모두 역대의 능침에서 나온 부장품이랍니다. 이들은 매장하자마자 도굴되기도 하는데, 매장된 세월이 오래될수록 도굴 횟수가 잦았으며, 이런 데서 파낸 물건일수록 더욱 보기寶器라고 쳐주어, 그중에는 열 번이나 땅에 묻혔다가 나온 것도 있답니다. 이제 와서는 비록 장석지張釋之(한漢의 법관)가 삽을 쥐고, 유향劉向이 삼태기를 잡아서 저 뇌물에도 넘어가지 않던 명신 양진楊震을 장사 지낸다 하더라도 도적들은 믿지 않을 것입니다."

나는 이어서 물어보았다.

"무덤 속에서 나온 기물들이란 흉물스럽고 악취가 나서 상서롭지 못한 데가 많을 터인데, 그것을 어찌 보물로 여깁니까."

"참 그렇습니다. 은殷의 대야와 주周의 술잔은 그 해악아 만고에 걸쳐 내려왔습니다. 후세의 호사가들은 글 읽는 방이나 그림 그리는 마루, 위신을 높이기 위한 방 치장에 이렇게 상서롭지 못한 물건이 아니라면, 벌여 놓을 줄 모른답니다. 감상가들은 속속들이 이를 식별하는 것을 들어 박식하다 하였고, 수장가들은 부지런히 모아들이는 것으로 기호를 삼습니다."

"장군 댁에도 역시 볼 만한 고기古器가 있습니까."

"저는 무인武人이라 이런 것을 사 모을 수도 없고 대대로 농사를 지었기 때문에 묵은 물건도 있을 수 없습니다. 다만, 손바닥만한 옛날 벼루 하나를 가졌는데, 세상에서 전하기는 동파東坡가 손수 만든 것이라 하며 원장元章(송宋 미불米芾의 자)의 낙관이 찍혀 있습니다. 송나라 원풍元豐 연간에 구리로 만든 푸른 금잔이 있습니다."

내가 한번 구경하기를 청하자 지정이 답했다.

"어려운 일이 아닙니다만 지금은 객지에 와서 묵고 있는 처지라 지금 지니고 있지는 않습니다."

"제가 듣기에는 강남江南에서 나는 서화와 기물은 솜씨 좋은 장인들이 위조한 것이 많다는데 사실입니까."

"그렇습니다. 우리 집에 있는 두 개 물건도 항주의 창문閶門에서 아무렇게나 만든 것이 아니라고 어찌 보증하겠습니까. 저는 본래 감식안이 뛰어나지 못하여 어리석음을 면치 못하는 처지입니다."

"활불은 참으로 그러한 행동이 있었나요."

"무슨 행동이란 말입니까."

나는 필담 종이에 양楊 자를 써 보이니 지정은 손을 내저으며 "아닙니다. 그는 참으로 신통하였습니다."라 하고는 재차 당부하며 말했다.

"삼가 다시는 그(추사시鄒舍是)를 찾아보지 마시오."

지정의 뜻은 추생과 무람없는 관계라서 이렇게 말한 것이다. 나는 '그러마'라 대답하고, 또 물었다.

"소위 라마喇嘛란 무슨 종족種族인가요. 이것도 몽고의 별도 부족인가요."

"아닙니다. 라마란 말은 서번에서 도덕道德을 일컫는 것으로, 소위 라마라 하면 이것은 모두 중을 일컫는 겁니다. 지금도 몽고 사람들이 중이 되면 모두 라마 복장을 차립니다. 북경의 옹화궁雄和宮에 있는 중들은 모두 라마라고 불러 만인이나 한인들도 라마에 귀의하여 중이 되는 자가 많으니, 이것은 의식이 풍족한 까닭이지요. 대체로 원元이나 명明의 시대는 번왕이 몸소 사신이 되어 조공을 바쳤는데 3, 4천 명이 넘는 사람들을 거느리고 국경에 들면 항상 생기는 것이 많아서 혹 국경에 머물러 있고 돌아가지 않은 자도 있었습니다. 홍무洪武 초년에는 서번왕을 공경하고 존중하며 특별히 대우하였고 영락永樂 연간에서 무종武宗 때에 이르기까지는 대접이 융숭하여 북경 안에 있는 여러 절에 묵게 하며 대접했습니다. 금년 봄에는 금으로 궁전을 세우고 활불을 맞아다가 살게 했지만 옛날 원元

이나 명明의 시절에 비한다면 그 접대하는 품이 못한 데가 많을 것입니다. 서번의 여러 법왕法王들은 그 거처하는 곳이 황금 기와와 백옥 층대로, 문과 난간에는 침향沈香이나 강진降眞香·오목烏木 같은 목재를 쓰고, 창은 수정과 유리로 만들고, 벽은 모두 운모의 일종인 화제火齊나 구슬의 일종인 슬슬瑟瑟로 만들었답니다. 지금 거처하는 집을 그의 본집에 비하면 그저 흙계단, 띠풀로 이은 집에 불과합니다. 그러나 오랫동안 머물기를 즐기지 않고 굳이 돌아가기를 청했다고 합니다. 황제는 내년에 오대산五臺山으로 행차할 때 친히 산서山西까지 전송을 해 준다는 약속을 하고 기일까지 이미 정했습니다. 그는 음률을 잘 알아 팔풍八風[1]을 점치고 10개국의 언어를 할 줄 안다고 합니다."

"10개국 말에 능하다면 무엇 때문에 이중으로 통역을 할까요."

하고 물으니, 지정은,

"비록 소리는 잘 안다 하지만 어찌 그 자리에서 바로 말뜻이 통할 수야 있겠습니까. 또 그가 올 적에는 나무숲 속에서 향내를 맡고서 신령스러운 나무 한 주를 뽑다가 분에 심어가지고 왔답니다."

---

1) 팔음八音은 즉 쇠[金]·돌[石]·실[絲]·대나무[竹]·박[匏]·흙[土]·가죽[革]·나무[木] 여덟 가지 재료로 만든 악기로 연주하는 음악을 뜻한다. 혹은 팔방八方의 바람으로, 동북방의 염풍炎風, 동방의 도풍滔風 혹은 조풍條風, 동남방의 훈풍薰風 혹은 경풍景風, 남방의 거풍巨風, 서남방의 처풍淒風 혹은 양풍涼風, 서방의 요풍飂風, 서북방의 여풍厲風 혹은 여풍麗風, 북방의 한풍寒風을 말한다.

"신령스러운 나무란 무엇인가요."

"이것은 이름을 천자만년수天子萬年樹라 하는데 엇걸린 나무와 뒤덮은 가지가 모두 천자만년天子萬年이란 글자 모양을 이루었으니 장자가 이른바 3천 년으로 봄을 하고, 3천 년으로 가을을 한다는 나무로서 혹은 이 나무를 명령冥靈이라고 한답니다."

"지금 집안에 있는 매화에서 연한 가지를 잘 잡아 옆으로 비스듬히 눕힌 거야 사람의 교묘한 재주이지 어디에 하늘이 만든 것입니까."

"아닙니다. 잎새 옆에 있는 힘줄이 모두 천자만년天子萬年이란 글자로 되어 있습니다."

하고는, 이어서 그 잎과 잎맥을 그려 나에게 보여주었다.

"공은 일찍이 이 나무를 본 적 있나요?"

라고 내가 묻자 지정이 대답했다.

"그 모습을 보지는 못했으나 다만 그 이름만 들었습니다. 요임금의 뜰에 있었던, 명蓂이요, 초나라에 있었다는 영靈과 같아서 온 사해에 향기를 퍼뜨려 만국이 다 같이 평안하고 사시에 언제나 꽃이 핀답니다. 꽃잎은 12개로서 꽃봉오리가 처음 터지면 초하루요, 초생달의 밝아지는 것을 알게 되고, 꽃이 하루 한 잎씩 피어 열두 잎이 다 피고 보면 보름이 되어 달의 이지러지는 것을 알게 되며, 꽃이 하루 한 잎씩 말라 들어가 꽃 꼬투리가 떨어지면 그믐임을 알수 있습니다. 그래서 이것을 명수蓂樹라고도 부르고 또는 영수靈樹라고도 부릅니다. 활불이 어느날, 황제와 함께 차를 마시다가 갑자기 남쪽을 향하여 찻물을 뿌리자 황제는 놀라서 그 이유를 물었더니, 활불은 공손히 대답하기를, 방금 7백 리 밖에서 큰불이 나서 1만 호나 되는 인가가 불타고 있는 것이 보이기에 비를 좀 보내 불을 끄는 것이라고 하더랍니다. 이튿날, 부서의 신하가 아뢰기를, 정양문正陽門 밖 유리창에서 불이 나서 망루望樓에까지 다 타벌려 불 기세가 너무나 컸기 때문에 인력으로는 진화가 불가능하다 하였거늘, 마침 대낮 맑은 하늘에 구름 한 점 없었는데 졸지에 큰비가 동북방으로부터 몰려와서 즉시 불을 껐다라 합니다. 그런데 차를 뿌려 비를 보낸 시각이 하필 그 화재가 났던 때와 맞았답니다."

"저도 북경에 도착하기 전에 도중에서 이런 이야기를 여러 번 들었습니다만 난파欒巴도 술을 뿜어 비를 만들었다는데 이것이 무슨 이상할 게 있겠습니까. 또 북경으로부터 이곳까지는 4백여 리인데 7백 리란 웬 말입니까."

"그렇습니다. 이것은 그의 영험이 신통하다는 것이지요. 대체로 이곳은 북경으로부터 7백 리인데, 인조仁祖(청淸 고종의 별칭)가 항상 이곳에 머물러 있고 보니 화석和碩 친왕親王을 비롯하여 각부 대신閣部大臣들이 이곳까지 왕래하기를 꺼려하게 되었습니다. 이에 참站의 이수里數를 일부러 줄여서 4백 리로 만들어 항상 말을 달려 일을 아뢰게 하였으니 이것은 성군이 편안할 때에도 위태로운 것을 잊어서는 안 된다는 것입니다."

내가 지정과 말할 때면 그는 매번 황제의 교화가 동쪽으로 우리나라에까지 미치고 문교文敎는 사해 만방에 퍼져나갔음을 칭송하였으므로, 그는 나와 환담하기를 즐겼다. 반면, 추생은 망발을 하였으므로 짐짓 장황스레 말을 늘어놓아 나를 어리둥절하게 만들었던 것이다.

어느 날 대궐 밖에서부터 혼자 걸어서 돌아오는 길에 우연히 한 누각에 올랐다. 그곳에 웬 사람이 혼자서 밥을 먹다가 나를 보고는 수저를 놓고 옛 벗을 만난 듯이 의자에서 일어나 손을 잡아 맞잡으며 본인의 의자에 앉기를 청하고, 자기는 딴 의자를 끌어다 마주 앉아 각각 이름을 써 보였다. 그의 이름을 보니 파로회회도破老回回圖요, 자는 부재孚齋며, 호는 화정華亭인데 지금 강관講官의 직책에 있었다. 나는 그가 만주 사람인 줄 알고 물었더니 몽고인이었다. 종이를 다루거나, 글씨를 빨리 쓰는 필법의 솜씨는 매우 정교했다. 내가 물었다.

"군은 박명博明이란 사람을 아시나요."

"나의 아우나 다름없습니다."

한다. 나는 또 물었다.

"반정균潘庭筠을 아십니까?"

"일찍이 무영전武英殿에서 한 번 본 일이 있습니다."

박명은 박학다식하여, 나는 수십 간 그의 필적을 많이 보아왔다. 그가 같은 몽고 사람이기에 물어 본 것이다. 또 그는 현재 강관의 직책에 있다기에, 그의 소식을 물어 사는 곳이 어딘지를 물어보고자 했더니, 반정균과는 그다지 친하지 못한 듯했다. 나는 그에게 또 물었다.

"세상에는 유교, 불교, 도교 세가지 교가 있는데, 귀국에서는 무슨 교를 가장 숭상합니까."

부재孚齋가 대답했다.

"어찌 중국 대국에 어찌 세 가지 교만 있겠습니까. 그 도를 행하는 자는 모두 교라고 부를 수 있습니다."

"제가 말한 귀국은 몽고이지, 중국을 이른 것이 아닌데요."

"저는 중화中華에서 생장하여 사막沙漠을 알지는 못합니다만, 몽고 역시 대국의 한 모퉁이겠으니 마땅히 우리 도가 성할 것입니다. 귀국에서는 무릇 몇 교나 있나요."

"유교가 있을 뿐입니다."

"사람이 사는데 유교 아닌 것이 있으랴만, 유교라고 부르고 보면 이미 구류九流[2]의 열로 물러서게 됩니다. 이 광대한 유교를 도리어 세 가지 교라는 좁은 틈에 끼워 넣어 '유儒'라는 한 글자로 처리해버리면 이것이 이단을 조장시키는 것이 될 것입니다."

이때 마침 회회回回 사람 몇이 와서 술을 마시고 있다. 내가 물었다.

"저 사람들도 서번의 부락 사람인가요."

"아닙니다. 회회 사람들은 당唐의 시대에 회흘回紇이라고 불렀는데 당에 공을 세우기도 하고 우환거리가 되기도 하였던 회골回鶻

---

[2] 선진先秦 시대의 9개 학술의 유파로, 유가儒家, 도가道家, 음양가陰陽家, 법가法家, 명가名家, 묵가墨家, 종횡가縱橫家, 잡가雜家, 농가農家의 학파를 말한다.

이라고도 부릅니다. 오대五代 시기에는 서쪽으로 돌궐突厥 땅을 침입해서, 한나라의 서역西域 땅이었던 곳을 점령하여 소위 청진교淸眞敎를 설파했으니 이 역시 이단 중의 한 교입니다. 천지 사이에는 다만 우리 도가 있을 따름인데, 우리 도의 일단一端을 얻은 자들은 자칭 하나의 교라고 말합니다. 우리들 도를 배운 사람들은 바로 우리 도라고 부를 것이지 유교라고 부를 필요가 없습니다."

"그렇지 않습니다. 자기를 우리라고 부르는 것은 내가 남을 대해서 나를 말하는 방법입니다. 내가 남의 나라를 대함으로써 '저'와 '내'가 성립되는 거지요. 그것을 나홀로 우리라고 말할 것은 아닙니다. 미미한 나를 내세우면 남과 나 사이에 '사私'가 있을 수밖에 없게 되지요. 도는 천지간에 지극히 공변된 이치입니다. 나혼자의 것으로 만들고 남은 넘보지 못하게 한다면 이로 인해 '오도', 즉 우리의 도라는 것이 분명 공변된 말이 되지 못하는 겁니다. '유'에 대해서 이미 말씀을 들었는데, 기실 '교'란 도를 닦는 것이 아닙니까? 문교文敎니 성교聲敎니 명교名敎니 하는 것은 모두 성인의 교화를 말하는 것입니다. 그러나 이것도 교 하고 저것도 교라고 하여 이단과 서로 섞이는 것이 부끄러워 교敎라는 글자를 없애야 할 겁니다. 지금 우리 도라고 부르는 것을, 저들도 역시 그 교를 가져다가 우리 도라고 칭할 것이니, 나중에는 우리 도까지 없애지 않겠습니까?"

"그런 말이 아닙니다. 세상의 유자들은 이단이 우리 도의 일단인 줄 모르고서 저마다 목소리를 내어 배격하니 저들이 성질을 내여 머리를 쳐들어 우리 도와 맞서려는 것입니다. 양주와 묵적, 그리고 노자와 장자 등의 말은 모두 우리 도에 있는 말이요, 심지어 불교의 인과설因果說은 우리 도에서는 가장 깊이 배척하는 바이지만, 그 실상인즉 우리 도, 즉 유가에서 먼저 말한 것입니다."

"인과因果란 윤회가 다릅니까?"

"인과는 윤회가 아닙니다. 인과설이란 다만 어떤 원인에 대해 결과가 나타나는 것으로 비유하면 밭을 갈고 씨를 뿌리는 건 원인이요, 거기서 나는 싹이 결과입니다. 밭을 매는 건 원인이요, 수확하는 것이 결과입니다. 나무를 심는 것도 역시 그러하니, 그 꽃은 원인이 되고 열매는 결과가 됩니다. 『서경』에서 말했듯이, 옳은 길을 가면 길하고 역리를 따르면 흉하게 되니, 옳은 길과 역리는 원인이 되고, 길함과 흉함은 결과가 됩니다. 또 길하다, 흉하다 만으로는 사람들을 믿게 할 수 없으므로 그림자와 소리처럼 따르고 좇는 사이에 부응孚應하는 영험이 이같이 빠를 수 있겠는가라고도 했습니다. 또 『역경』에서 말한 바와 같이, 선한 일을 쌓은 집에는 후대까지 복이 있을 것이오, 선하지 못한 일을 쌓는 반드시 후대까지 미치는 화가 있을 것이라 합니다. 이는 우리 도에서 언급한 인과입니다. 그러나 복이다, 화다라고만 말해서는 부족함이 있기에 '후대까지 미침이 있다'라고 하였습니다. 그러나 이를 본 이는 누구이겠습니까? 부처도 처음에 인과를 말한 것은 매우 고상하고 현명하였지만, 우리 도에서 반드시 보응報應의 자취가 있다는 말을 보고 윤회설輪廻說로 바꾸어 보충했으므로, 이는 실상 우리 도에서는 병통으로 여기는 것입니다. 선한 일을 하면 온갖 상서로움이 내려지고, 착하지 못한 일을 하면 온갖 재앙이 내려진다는 말도 우리 도의 인과설인데, 그렇다면 그 내려 주는 자는 누구일까요. 서양 사람들은 마음을 바르게 하고 수신하는 '거경居敬'을 돈독히 하고, 불교를 공박하는 데 힘쓰면서도 되레 천당·지옥의 설을 전합니다. 그들은 우리 도에서 한 마음으로 천지신명을 대한다던가, 천지신명이 강림한다던가, 신의 말씀을 듣는다든가 하여 하나의 분명한 주재자가 있다고 하면서 재앙을 내리고 상서로움을 내린다는 '강降'이란 글자에 스스로 속이고 있는 것입니다.

애초에 불가에서는 윤회설도 없었는데, 중국 사람이 불경을 번역할 때에 그 말이 다르고 글도 서투르고 보니 형용하기가 어려워서, 보응설報應說과 윤회설로 번역하고 거기에 인과설을 엮어 놓은 것입니다. 훗날 선가禪家에서도 또 인과설을 말하는 것을 부끄럽게 생각하여 이를 불교의 찌꺼기로 생각했으니, 잘 살펴봐야만 하는 일이 아닐 수 없습니다."

"지금 법왕이 말하는, 다른 사람으로 태어나는 것이 윤회의 증거가 아닙니까."

하고 물었더니, 부재는,

"아닙니다. 다른 사람의 몸으로 새로 태어남은 윤회설과는 다릅니다. 소위 윤회설이란, 곧 여기 맹수猛獸라도 어느날 불성佛性을 품게 되면 좋은 업보로 다음 생에 사람으로 태어날 수 있고, 현생에는 사람이더라도 짐승처럼 행동한다면 그 업보로 다음 생에는 짐승으로 태어난다는 것입니다. 물론 비유하는 말에 불과하지만 거칠고 천박한 말입니다. 『시경詩經』「기취既醉」에 이르기를 '효자가 다하지 않는지라, 길이 너의 무리에게까지 미쳐갔다.[孝子不匱 永錫爾類]' 하였는데, 윤회설의 증거란 본래 이러한 것입니다. 법왕이 다른 사람으로 새로 태어난다고 하는 것은 그저 때묻고 더러운 옷을 갈아입듯이 자기 몸을 바꾼다는 뜻이지요."

"참으로 이러한 이치가 있을까요."

"그가 주문으로 기운을 부리는 술법은 도가와 비슷하지만, 실은 선가禪家에서 마선魔禪이라 칭하는 종류일 것입니다. 대체로 이런 일은 있을 법도 하고 없을 법도 한데, 스스로 중이 되어 경험하지 않고서야 진위를 어찌 능히 알겠습니까. 옛날 내가 운남에 있을 때 태학사太學士 아계阿桂에게 이 일을 물어본 적이 있습니다. 나는 '서장 땅에 들어가 본 자들이 지혜가 부족해 이정도 밖에 지식이 없는 듯한데, 장군은 명철한 분이니 그 일은 결국 어떻게 되는 것일까요.'라 했더니, 아공은 이렇게 대답하더이다. '그 사실 여부를 물어볼 필요도 없습니다. 이를테면, 집안에 아주 총명한 자식 하나가 태어났다고 하지요. 네, 다섯 살 때부터 세상 일에 대해서는 털끝만큼도 관심두게 하지 않고, 날마다 노스승, 탁월한 선비를 곁에 두고서 성현의 말씀으로 그 마음을 적셔주고 장성한 뒤에는 의식 걱정 없이 금옥이며 수놓은 비단을 보더라도 사람이라면 갖고 싶어 날마다 자나깨나 도에만 나가게 한다면 어찌 성현이 되지 않겠습니까? 또 아이가 어릴 때부터 늙은 중이 그를 기르게 하여, 날마다 설법을 하고 부처를 극진히 존경하게 합니다. 그리고 어른이 될 때까지 세상 만물을 가르쳐 그의 마음을 자라게 한다면 또한 어찌 부처가 되지 않겠습니까.' 라고 합디다."

저녁에는 형산을 찾아 다음과 같이 물었다.

"법왕이 남의 몸으로 태어나는 것이 윤회와 무엇이 다릅니까."

"이 모두가 몸을 바꾸는 겁니다. 다만 우리의 육신肉身이란 비바람, 더위와 추위에 침해되고 머리털이 희어지 피부에 주름이 져서 늙지 않을 수 없는 것이지요. 흙이나 물·바람·비 같은 것으로 화해버리고 말지만, 밝은 정신과 금강金剛의 보체寶體는 본래부터 젊고 늙는 것이 없으니, 땔나무 하나가 다 타버리면 다른 나무로 옮겨붙는 것과 같은 이치입니다. 비유하건대, 천 리 길을 가는 자가 자기 집을 짊어지고 갈 수 없어 반드시 숙소를 번갈아 가며 가는 것과 같습니다. 천하에 다정한 사람이라도 자기가 자던 숙소에 연연하여 오래 머무를 수는 없는 법입니다. 불은 땔나무와 인연因緣하여 일어나서 잠시는 불과 나무가 서로 엉키어 기쁜 듯이 타다가도, 불이 다른 나무로 옮겨 붙을 때에 다시 먼저 타버린 재에 연연하는 일은 없습니다. 법왕이 남의 몸에 새로 태어난다는 것 역시 그저 이런 말일 것이요, 윤회설이란 불가의 율서律書일 뿐입니다. 옛날 한나라 무제의 황후였던 두 태후竇太后가 조관趙綰과 왕장王臧을 책망하며 '어찌 사공司空의 성단서城旦書를 말하는가?'라 하였으니 이는 유가의 말을 율서로 간주하여 배격한 것입니다. 저들이 말하는 윤회설은 당시의 왕이 제정한 제도와 같지요. 오복五服·오형五刑이 모두 다 일정한 규범이 있어 상을 내리고 주살에 처하는 것도 역시 각각 근거가 있습니다. 이로써 살펴보면, 공을 세우거나 죄를 짓는 이가 있기도 전에, 먼저 법부터 갖추어 놓는 셈이지요. 부처를 믿는 자는 세간의 공과 죄에 대한 상벌을 믿을 수 없다 하여 발로 밟고, 눈으로 보는 것으로는 사람들이 소홀하게 여기기 쉽다고 여깁니다. 저승이라는 알 수 없는 곳을 만들어 놓고, 들을 수도 없고 볼 수도 없는 가운데, 행해야 할 것과 피해야 할 것을 권장하고 경계하는 것이니, 이것이 옛사람들이 말해왔던 '남몰래 왕의 권세를 조종한다'는 것입니다. 그러나 우리 유가에서는 그들을 원수와 같이 공격하지는 않습니다. 성인이 도로써 가르침을 베푸는 것도 역시 이와 같을 것입니다. 또 천지는 한없이 크며, 저마다 풍속도 다르며 기운에는 바르고 편벽된 차이가 있습니다. 이치도 경우에 따라 달라서, 물이 그릇의 형태를 따라 모습을 달리하는 것과 같지요. 고금 천지에 윤회란 있을 것이요, 또한 다른 몸에 태어나는 법도 없지 않습니다. 화식火食을 끊는 사람, 장생불사하는 사람도 있을 수는 있습니다. 이러한 이치가 전혀 없다는 사람도 미혹한 것이요, 이런 이치가 있다는 사람도 역시 혹한 탓입니다. 대체로 이런 이치가 간혹 있을 수 있는데, 간혹 있을 수 있는 일로 함부로 만물의 이치라고 하고, 이로써 천하를 바꾸려 하는 것은 더욱 미혹한 짓입니다."

"진·한 이래로 천하를 다스리는 자는 모두 이단이었습니다. 진나라는 법가로도 천하를 겸병兼并했고, 한나라는 황로학으로서 백성을 부유하게 만들었습니다. 성인들은 비록 이단이 인의仁義를 억

누를까 하여 근심하지만, 오늘 법왕이 말하는 남의 몸에 태어난다
는 술법으로 천하를 다스리더라도, 이는 도리어 우리 유교에 의존
하여 인의예지의 사이를 벗어나지 않고 인간 윤리를 근본으로 한
법칙 안에 허용될 수는 있을지라도 요·순의 도에까지 들어가지는
못할 것입니다."

형산은 눈을 감고 한참 동안 입속으로 염불을 하는 것 같더니,
잠시 후 눈을 뜨고 빙그레 웃으면서 말한다.

"선생님의 말씀이 지극히 옳습니다. 이단과 우리 도를 비교해
보면, 비록 정도正道와 사도邪道, 그리고 순수함과 잡박함의 분별은
있지마는, 그 이익을 일으키고 어짊을 행하며, 자인한 자를 제거하
고 살육을 없애려는 마음은 마찬가지일 겁니다.

"법왕의 법술을 무슨 도라고 합니까."

"이른 바 황교黃敎라고 합니다."

"황교란 황제黃帝와 노장의 도를 말하는 것인지요. 아니면 단사
로 황금이나 백은을 만드는 황백黃白이나 신선이 비상하는 비승飛昇
의 법술을 말하는 것인가요."

내가 다시 묻자 형산은 답한다.

"천지간에는 별스러운 세상과 별스러운 사람도 있어서 그 도
야말로 이름 없는 것도 귀하게 여기며, 맑고 참되고 편안하고 즐거
운 것이 그 삶이요, 때를 맞추어 귀화歸化하는 것이 그 죽음이랍니
다. 그들의 삶에는 즐거울 것이 없고, 죽음도 두려움이 없습니다.
갈마들며 새로 태어나 억만년 변치 않는다고 하고, 벼슬길에 나아

가길 좋아하지 않습니다. 그들은 아는 것도 모르는 듯하고, 모르는 것도 깨달은 듯합니다. 어둡고 혼란하여 묵묵한 하늘을 본받고 전쟁이나 살생을 싫어합니다. 세상을 꿈이나 환상으로 여기고 만물을 요망한 것으로 간주하지요. 모든 말을 사악하고 간교하다 여기고 세상살이를 황탄한 것으로 생각하여 사람을 아끼고 정을 주는 것을 다 장애로 여깁니다. 이는 불佛도 아니고 선仙도 아닙니다. 생각이나 근심도 없으니 이야말로 천지간의 별세계요, 특별한 학문이라 할 수 있습니다. 옛 지인至人이며 신인神人의 도이자 나 자신도 없고, 공리公利도 없는 학문입니다.

자휴子休의 '정신을 가다듬으면 백성이 병이 없고, 농사에 풍년이 든다'는 말과, 요임금이 고야산과 분수汾水를 바라보고 망연히 그 천하를 잊었다고 한 것이 바로 이 도를 말합니다. 서번의 여러 나라가 모두 그 교에 복종할 뿐 아니라 몽고 여러 부족들도 숭앙하지 않는 이가 없습니다. 지금 청나라 정치와 교화가 요순시대를 능가하여 천지의 덕화가 두루 미치는 곳이라면 다 평안하고 국경 밖의 전쟁 역시 조용합니다. 도륙하고 전쟁하는 건 서번 풍속에서 꺼리는 것이지만, 또 황교가 중국의 성스러운 교화의 만분의 일 쯤은 도움이 되지 않았을까 생각합니다.

마침 형산이 다른 일이 있는 듯 하여 즉시 일어나서 여천麗川의 처소로 갔다. 여천은 기풍액奇豊額의 자요, 그는 만주 사람이다. 여천은 사천 어사四川御史 단례端禮의 칠언절구 50수를 내어 보인다. 이 시는 황제가 공작孔雀의 깃을 하사한 데 대하여 읊은 것이다. 무관이 사품四品 이상으로 승직하면 모자 앞에 깃을 갖소, 문관도 황제로부터 하사를 받으면 역시 기꺼이 영광스럽게 여긴다. 시를 보니 섬세하고 교묘하기가 만당시기 호원胡元의 시풍이 있는 듯 고왔다. 여천이 나를 보고 비평하라 청했으나 굳이 사양했더니, 여천도 역시 계속 청한다. 그는 내 재주와 식견을 보려나 본데, 나도 역시 자신의 서툰 부분을 들키고 싶지 않아서 끝내 사양했던 것이다. 여천은 즉시 평측 틀린 데를 세 곳이나 지적하면서 다시 접어 탁자 위에 놓더니, 형산의 율시律詩 하나를 내어 보이면서 붓으로 함련頷聯의 대구인 연모燕毛와 웅장熊掌에 점을 찍으면서 웃으며 "이건, 개똥일세. 이 사람의 정치도 모호하기가 이와 같겠지."라고 하였다.

내가 물었다.

"어찌 그리 가볍게 말씀하시나요."

여천은 즉시 개똥이라는 의미의 글자 '구시狗屎' 두 자를 찢어서 입에 넣고 씹는다. 나는 크게 웃으면서 농을 했다.

"어른을 조롱하더니 그 벌로 개똥을 드시는구려."

그러자 여천도 역시 크게 웃었다. 조금 있다가 형산이 들어와 셋이 빙 둘러 담소를 나누다가 형산이 바로 나가기에, 둘은 서로 쳐다보고 웃었다. 어느 날 여천이 명륜당明倫堂으로 산보를 하는데 한 사람이 대야를 들고 뒤를 따르니, 여천은 서서 낯을 씻고 수건질을 한 다음 다시 걸어가면서 나를 보고 멀리서, "박공."하고 부른다. 내가 바로 쫓아갔더니, 여천이 말한다.

"아까 황제께 하사 받은 황색 비단으로 봉한 것을 조금 맛봄

시다.”

나는 숙소로 돌아와 병을 기울여 보니 딱 한잔 가량 남았기에, 손수 들고 갔더니, 여천은 웃으면서 말했다.

“이것은 여지즙인데, 여지는 나무에서 떨어져 하루만 지나면 어김없이 향기와 빛깔이 변해버립니다. 때문에 꿀에 담가 두어도 열에 아홉은 빛과 맛이 변합니다. 나무에서 처음 딸 때는, 비록 입이 열이고 손이 열이라도 실로 그 맛을 형용하기 어렵지요. 저도 북경에 이르러서 이것을 하사받은 것이 한 번뿐이 아니어서, 어제도 하사받았습니다.”

말을 마치고는 이어서 한 잔을 내어 소주 대여섯 잔에 타서 나에게 권한다. 내가 한 잔을 마시니, 맑은 향기가 입에 가득하여 달고 시원하기가 비할 곳이 없었다. 내가 여천에게 잔을 돌려주며 권하자 여천은 머리를 흔들면서 굳이 사양한다. 나는 괴상히 여겨 그 까닭을 물었더니 그는 다음과 같이 대답했다.

“저는 이미 부처의 계율을 따르는 처지라 술을 끊은 지 오래입니다. ‘하루에 여지 300개 먹게 되면, 항상 영남 사람이라 한들 어떠하겠는가[日食荔支三百顆, 不妨常做嶺南人]’라고 한 것으로 송나라 소동파의 시이지요. 저는 지금 안찰사로 있어서 여지라면 언제든 먹고 있답니다.”

어느 날 밤중에 달이 휘영청 밝기에, 여천과 함께 축대臺 위를 거닐었다. 밤이 깊고 이슬이 차서 여천은 자기 방으로 들어가기를 청하면서, “사신이 활불을 보지 않으려는 것은 무슨 까닭일까요.”

라며 내게 물었다.

"사신들은 황제의 조서詔書를 받들고 만나러 갔습니다."

나의 답을 듣더니 여천은 다시 물었다.

"사신이 말에서 내려 도중에 앉아서 가지 않는다고 하였기에 때문에 황제는 다시 조서를 내려 그만두라고 했다는데, 무슨 까닭인지요."

여천의 어기가 마치 어떤 사연이 있는 듯도 하고, 당시의 정황을 캐보려 하는 것 같았다. 나는 선뜻 무어라 대답할 수 없어서 가만히 있으니, 여천이 이어서 말했다.

"사신의 반열 순서는 이런 저런 말들이 많습니다."

"사신들이 도중에 말에서 내린 것은 가지 않으려 해서가 아닙니다. 통관이 전하기를 군기 대신軍機大臣이 꼭 오게 되었다고 기다려서 같이 가는 것이 옳다 하였지요. 그래서 궁성 밖의 나무 그늘 아래에서 말을 내려 더위를 피하면서 군기대신이 오기를 한참 동안 기다리는 중에, 갑자기 분부가 내려왔습니다. 이 때문에 돌아온 것이지, 일부러 지체한 것이 아닙니다."

"사신이 이로 인해 황제에게 질책 당할 뻔하였고, 예부禮部의 여러 대인大人들은 이 때문에 겁을 내어 식사를 폐하고 있습니다. 그러던 중 어제는 다시 황제의 은전을 받았으니, 이는 이것은 세상에 없는 성전盛典입니다. 조선은 마땅히 사대하는 정성을 더욱 다해야 할 것이요, 두 대인도 황제의 은총을 치하하셔야 할겁니다. 조금 전에 조정에서 덕대인德大人을 만났더니 역시 기뻐서 어찌할 줄 모르더군요."

나는 놀라고 괴이함을 깨닫지 못하여 천천히 답했다.

"우리나라가 대국과는 일가처럼 지내니, 이제 저와 공은 이미 안팎의 구별이 없지만, 법왕法王에 이르러서는 이는 서번 사람이고 보니, 사신으로서 어찌 감히 선뜻 만나보겠습니까. 이는 진실로 인신人臣은 사사로운 외교를 할 수 없다는 의리일 것입니다. 그러나 여러 번 황제의 조서詔書를 받들고 보니, 사신이 또한 어찌 감히 가보지 않을 수 있겠습니까."

"지당한 말씀이지요. 그런데 어제 사신이 활불에게 절했나요. 그렇지 않으면 황제의 성지를 받고 절을 하였던가요."

기실, 사신은 활불에게 절을 한 적은 없었으나, 그가 질문이 너무나 의미심장하여 감히 절하지 않았다고 분명히 말할 수 없었다. 그래서 붓을 쥔 채 주저주저하는데, 여천이 먼저 "조서를 받들고 갔으니, 응당 성은에 숙배肅拜한 것이나 같겠지요."라고 말하며 "존형尊兄도 활불에게 절을 했던가요."라고 묻는다.

"다만 멀리서 바라보았을 따름이지요."

내가 이렇게 답하자 여천은 망견望見 두 자를 가리키면서 말했다.

"바라본다는 것은 이미 활불에게 아첨했다는 말이지요. 존형은 황제의 조서를 직접 받지도 않았으면서 어찌하여 그리도 급하게 달려 나갔습니까?"

나는 부끄러움에 사과하며 말했다.

"관광觀光하는 데 미쳐서 그런 생각을 못했군요."

여천은 또 크게 웃으면서,

"그렇지요. 어진 분 책망한 꼴이 되었으니, 저의 죄를 부디 용서해 주시기 바랍니다."

"저는 만 리 길 관광을 온 터인데, 그렇게라도 하지 않으면 어찌 황금 궁전과 옥계단을 볼 수 있었겠습니까."

"그렇지요."

"저의 전생은 중이었습니다. 뒤에는 일찍이 한 번……"

하고는, 필담 수 십자를 바삐 휘갈겨 그 뜻을 알 수 없었다. 나는 마침 촛불에 담배를 붙이느라고 자세히 보지 못하고 막 다시 보려 하는데, 그는 벌써 촛불을 당겨 필담 종이를 태워 방바닥에 던져 버리면서, 다시 말했다.

"저는 본래 머리카락을 기른 늙은 비구比丘입니다."

"공은 일찍이 활불을 본 적이 있습니까."

"친왕親王이나 액부額駙·몽고왕蒙古王이 아니면 감히 볼 수 없답니다."

이렇게 답하고는 이어서 말한다.

"저는 유자의 갓을 쓰고 유자의 옷을 입은 자로서, 평생에 흙으로 만든 불상에 조차 절을 안 했는데, 어찌 육신肉身의 가짜 부처에게 절을 하겠습니까."

나는, 그가 써 놓은 '유발有髮'이니 '관유冠儒'니 하는 말을 보고 실소를 금치 못하고 동그라미를 쳤다. 여천은 내 마음을 눈치 채지 못했는지, 역시 크게 웃으면서 즉시 태워서 방 아래로 던져버렸다.

"공은 자신을 스스로 유학자라고 하면서, 또 말마다 늙은 중이니 머리 카락 있는 중이라고 말하는 이유는 무엇입니까? 다른 사람을 부처에게 아첨한다고 질책하는 것을 보면, 내 생각에 공이야말로 '가짜 부처 제자'라 할 만합니다. 그저 힘써 부처나 배우시지요."

내가 이렇게 말하자, 여천은 크게 웃으면서 '가불假佛弟子'란 구절에 크게 동그라미를 치며 말했다.

"만약 존형이 재물이 많았다면, 저는 반드시 단골 손님을 삼았을 것이요."

"그건 무슨 말입니까."

여천은 웃으며 "말빚을 잘 갚으니까요."라더니 "한창려韓昌黎도 늘그막에는 결국 참선을 즐겼다고 합니다."라고 하였다.

내가 말했다.

"왕양명王陽明의 학문은, 치우치고 고집스럽지만, 창려와 같이 모호하지는 않을 겁니다."

"왕양명은 명분과 이론은 상당히 뛰어나고 부처를 배격하는 이론이 뼈에 사무칠 정도이지만 그것은 사람들의 마음과 눈을 통쾌하게 해 줄 뿐이요, 한창려의 웅장한 문장에는 비할 바 못됩니다."

여천이 이렇게 답하더니, 이어서 말했다.

"한창려가 고개의 위의 구름을 보고 고향 집을 그리워하고 관문에 쌓인 눈을 보고 말을 걱정했다는 말은, 이미 지난 일을 후회했다는 거지요."

"지금 문장 대가로서 이 두 분에게 비교할 만한 이가 있습니까."

나의 물음에 여천은 대답하지 않고 이내 붓으로 "공空은 곧 색色이요, 색도 역시 공이지요.[色卽是空, 空卽是色]"쓰면서 장난을 친다. 이에, 나도 "나는 너요, 너는 나로다.[我則是爾, 爾則是我]"라 하였더니, 여천은 앞으로 와서 내 손을 잡고 한참 있다가, 손가락으로 자기 가슴을 가리키고 또 내 가슴을 가리키더니 이내, "그 활불의 모습이 어떻더이까." 물었다.

"여래존자如來尊者의 상과 비슷합디다."

"응당 살이 쪘겠지요."

여천은 대답하더니 탐貪 자를 크게 쓰면서, "구하지 않는 것이 없고 갖지 않은 것이 없다하더이다."라 하였다.

나는 이어서 물었다.

"출가승出家僧 같지도 않은데 무슨 계율戒律이 있을까요."

"그는 먹지 않는 것이 없다고 합니다. 말·소·약대·양·개·돼지·거위·오리를 모두 먹기도 하려니와 나귀를 통째로 먹으니, 그렇게 살이 찌는 것이겠지요."

"여색도 탐합니까?"

"그것 한 가지만은 범하지 않나 봅니다."

"법술이 신통한가요?"

그는 '전혀 아닙니다.'라고 답하더니 다음과 같이 말했다.

"완적阮籍의 후신이 안 태사顔太師요, 안태사의 후신이 포염라包閻羅요, 포염라의 후신이 악무목岳武穆이라 한다니, 이것은 간사하고 천한 소인배들이 하는 말입니다."

내가 지정이 말한 오색 거울 이야기를 물었더니, 여천이 답했다.

"진정 그런 것이 있다고 합디다. 그런데 화제火齊라는 옥으로 만든 거울이라 합니다."

나는 다시 만년수萬年樹 이야기를 물었더니, 그는, "들은 적이 없는데, 어떻게 생긴 나무입니까."라며 되묻기에, 나는 학성郝成에게 들은 대로 대강 이야기를 하였다. 이어서 "만일, 과연 그렇다면 참으로 신령된 나무지요." 하였더니, 여천은 크게 웃으면서 "존형은 이런 희한한 나무 이야기를 대체 어디서 들었습니까."라 하였고, 이어서 "활불은, 임종臨終할 때에는 자기의 학문을 말 한 구절로 전한다고 했답니다." 라고 한다.

내가 북경으로 돌아와서 여러 사대부들과 교유했지만 여천같이 철저히 불교를 배척해서 말하는 자는 보지 못했다. 어느 날 내가 방문 앞에 서 있는데, 여천이 거울을 가지고 자기를 비춰 보고 다시 와서 내 얼굴을 비치다가, 또 장난으로 내가 차고 있는 주머니에 든 연주聯珠를 만지고 웃으면서 말했다.

"이것은 유자가 지닐 물건이 아닌데요."

"갓끈입니다."

"직접 봐야만 믿을 수 있겠습니다."

내가 바로 주머니 속에서 꺼내 보였더니, 여천은 크게 웃었다. 대개 그는 처음에 그것을 염주念珠로 알았던 모양이다. 내가 벽에 걸린 조주朝珠를 가리키면서 물었다.

"저것은 무슨 물건인가요."

"이것은, 나라에서 직위를 표시하는 물건으로, 없어서는 안됩니다. 조복朝服을 입으면 목에 염주를 거는 까닭에 이것을 '조주'라 하며, 그 값이 천냥이나 만냥 되기도 한답니다. 각로閣老 우민중于敏中의 자는 내재耐齋인데, 금년에 죽었지요. 9월에 그 집 재산을 몰수해서 팔아 버렸는데, 조주 4개 값이 은銀 3만 7천 냥이어서, 값이 너무 비싸 감히 사는 사람이 없었답니다."

황교문답후지黃敎問答後識

나 연암은 말한다.

"천하에는 별의별 족속이 다 있다. 내가 열하에 이르러 왕이라 하여 모여든 이들을 많이 보았다. 몽고 사람으로서 중국에서 자란 자들은 문장과 학문에서 만인이나 한인에게 비등하지만, 용모는 건장하고 완력이 있어보여 판이했다. 더구나 그 48부의 추장酋長들은 말할 필요도 없었다. 추장들은 각기 왕호를 가져서 좌현왕左賢王이니 곡리왕谷蠡王이니 하니 서로 예속隸屬되는 법이 없이 세력을 분산하고 힘도 비슷하여 누구든지 감히 먼저 준동하지 못한다. 이는 진실로 중국이 안연宴然히 아무 일도 없을 수 있는 이유이다. 나는 몽고왕 두 사람을 찰십륜포札什倫布에서 보았고, 또 두 사람을 산장山莊 문 앞에서 보았다. 그 중에도 늙은 왕은 나이 방금 81세로서 허리 경쇠처럼 굽어 꺾여 있고 피골은 검어 썩은 것처럼 보였다. 나귀처럼 길고 키는 거의 한 길이나 되었다. 젊은 왕은 북두 괴성의 재앙 같은 괴강魁罡처럼 생겼고 종규도鍾馗圖와 같기도 했다. 서번 사람들은 더욱 사납고 사납고 추악해서, 괴상한 짐승이나 기괴한 귀신 같았다. 회회는 옛날 회골回鶻로서, 더욱 사나웠다. 남방 묘 족의 두목인 토사土司는 서번이나 회골에 비하면 웅건하기가 비슷하였다. 아라사鄂羅斯란 흑룡강黑龍江 연안에 있는 부족으로 집마다 반드시 개 한 마리를 기르는데, 개는 나귀만 하고, 목에는 작은 방울을 10여 개나 달며, 턱 밑에는 여러 가지 끈을 요란하게 장식해서 멍에로써 수레를 끌게 한다. 개 크기도 이 같거든 하물며 사람에 있어서랴. 출입 시에는 반드시 개를 이끌고 옆눈을 뜨고 통소를 분다. 그들의 갓이나 의복은 신분에 따라 모양이 다르므로 분간하기가 쉽다. 만주는 비록 크게 번성했다고 하나, 천하의 절반도 이르지 못했다. 그들이 중국에 들어온 지는 이미 백여 년이 지나 이 땅의 풍토, 풍속에 길들여졌으므로 한인과 다를 것이 없이 맑고 단아해져서 저절로 나약하게 되었다. 오늘날 천하의 형세를 돌이켜 볼 때, 두려워할 바는 몽고에 있지 딴 다른 오랑캐에 있지 않으니, 그것은 무슨 까닭일까. 몽고의 강성함과 맹렬함은 서번이나 회회국만은 못하지만,

전장典章과 문물이 가히 중원과 서로 대적할 만하기 때문이다. 유독 몽고는 중국과 겨우 백 리도 못 되는데, 흉노匈奴·돌궐突厥로부터 거란에 이르기까지 모두 대국의 영향 아래 있었다. 한나라 위율衛律과 중항열中行說과 같은 이들은 한나라를 배신하고 이곳을 도주할 수 있는 소굴로 삼았으며, 더구나 그 전장과 문물이 아직도 옛날 원元의 유풍遺風을 가지고 있음에랴! 아울러, 군사와 말이 굳세고 튼튼한 것은 본래 사막의 본질이다. 천하의 기강이 한 번 해이解弛해지고 형편이 갑자기 급해지면, 48부의 몽고왕들이 또한 한갓 강한 활을 가지고 새하塞下에 가서 토끼나 여우만 쫓고 있을 수 있겠는가? 내가 본 추장들은 이미 그러하거니와 나와 이야기한 몽고 사람 부재孚齋·앙루仰漏 같은 이들은 모두 다 글 쓰는 선비이다. 옛날 유연劉淵이 만리장성 안으로 들어와 살 때에, 유주幽州·기주冀州의 명사들이 찾아와 그를 따른 자가 많았다. 유연의 아들 총聰은 경사經史를 널리 알고, 약관弱冠 시절에 북경에서 명사들과 어울리며 사귀지 않은이가 없었던 것이다. 슬프다. 천하가 한 번 흔들려 풀처럼 움직이고 바람처럼 일어나면, 어찌 연과 총의 무리가 그 가운데 끼어있지 않았다고 말할 수 있겠는가? 이것은 내가 직접 확실하게 본 사람들인데, 더구나 내가 직접 보지 못한 자가 몇이나 되는지 어찌 알리오. 지금 내가 열하의 지세를 살펴보니, 열하는 천하의 두뇌頭腦와 같았다. 황제가 북쪽으로 행차하는 건 다름이 아니라 두뇌에 눌러 앉아 몽고의 인후를 틀어막자는 것뿐이다. 그렇게 하지 않는다면 몽고는 진즉에 매번 요동으로 와서 뒤흔들었을 것이니, 요동이 한번 흔들리면 천하의 왼쪽 팔이 끊어지는 것이요, 천하의 왼쪽 팔이 끊어지기라도 하면 하황河湟은 천하의 오른편 팔이라 혼자서 움직일 수는 없을 것이다. 그러니 나는 서번의 여러 오랑캐들이 나오기 시작하여 농隴·섬陝을 엿볼 수 있으리라 본다. 우리 동방은 다행히 바다 한 구석에 치우쳐 있어서 천하 일에 상관이 없다 하겠지만, 내 이제 머리털이 새어 앞일을 추측치는 못하겠으나 30년이 못가서 천하의 근심을 걱정할 줄 아는 자가 나온다면 분명 내가 오늘 했던 말들을 다시 생각하리라. 그러므로 내가 본 오랑캐들과 여러 이민족의 일을 위와 같이 아울러 기록해 둔다."라 하였다.

황교문답에 대해 이중존이 논평하다.

중존씨仲存氏(연암의 처남 이재성)는 말한다.

"암이 「심세편」에서 말했던 '5개의 망령된 일'과 '6개의 옳지 못한 일'은, 모두 반드시 『예기禮記』 곡례편曲禮篇에 있는 3천 가지 금지禁止하는 일은 아니지만, 예절을 아는 자라면 으레 이것을 범하지 않을 것이니, 이것은 비단 외국에 간 사람만이 그런 것이 아니라, 집에 앉아서 대인접물을 할 때에도 모두 적용된다. 이른바 말이 충성되지 못하고 행실이 돈독하지 못한다면 고향 마을에서도 살 수 없다는 것이 곧 이것이다. 이를 이해하지 못하는 사람들은 그저 연암이 남들에게 처세법이나 가르쳤다고 하겠지만, 나로서는 누구를 막론하고 마음을 다스리고 행동을 바로 잡는 방법은 본디 이러해야만 한다고 말하고 싶다."

그는 또 말하기를,

"반선班禪이란 존재를 처음 듣고 처음 보지만, 그 기괴함은 말로서는 그 모습을 가늠할 수 없고, 보아도 그 행동이 어떠하다 결론 내릴 수 없다. 그 말이란 사람들이 같은 날, 같은 자리에서 한 것이 아니요, 저마다 듣고 전하는데 기대어 말한 것이어서, 활불에 대한 이야기의 깊고 얕음, 자세하고 간략함은 모두 다르다. 대개 그 내용은 놀랍고도 이상하기도 하며, 칭찬하는 듯도 하고 조롱하는 듯도 하며, 황당하고 기괴한 거짓말 같아 모두 믿을 수가 없다. 그러나 이것들을 죄다 모아 묶어서 한 편의 글을 기술한 것이다. 신령스럽고 현란하며 웅대하고 화려하기도, 섬세하기도 하여 교묘하고 평범하지 않은 글이 되었으니, 소위 활불이란 자의 술법의 내력을 밝혔을 뿐 아니라, 만나서 환담을 나눈 여러 사람의 성정과 학식, 용모와 말솜씨 등도 생동감 있게 묘사해 보았다."라 하였다.

행재잡록行在雜錄

행재잡록서

아아! 슬프다 위대한 명나라는 우리 상국上國이었다. 상국이 속
국[屬邦]에 내려준 예물은 비록 실낱같이 적어도 하늘에서 떨어진 듯
이 하였다. 그래서 그 영예가 한 나라를 울리고 복은 만세토록 흐르
는 것이다. 그 따뜻하신 말씀을 받듦에 비록 두어 줄의 서찰書札일
지라도 높이기를 저 은하수같이 하면서, 우레가 치는 것처럼 놀라
며 시절 따라 내리는 비인 것처럼 감동함은 무엇 때문인가? 상국上
國이기 때문이다.

상국이란 무엇인가? 중화라고 한다. 우리 선왕 열조가 명을 받
는 곳이기에 그 도읍을 삼은 연경燕京을 '경사京師'라고 하고 황제께
서 돌아다니시는 곳을 '행재行在'라고 한다.

우리가 우리 땅에서 나온 것들을 바치는 의례를 '직공職貢'이라고 하고 그때의 임금을 일러 하늘의 아들[天子]라 하며 그 조정을 하늘의 조정[天朝]이라 하며 뭇 신하들이 조정에 가뵙는 것을 조천朝天이라고 하며 우리 강역으로 내보낸 사신들을 천사天使라고 한다.

속국의 아녀자들도 상국上國을 말할 때, '하늘'이라고 칭하면서 높이지 않는 적이 없는 것은 400년을 하루같이 한 일이니, 아마도 우리 명나라의 은혜를 잊을 수 없기 때문일 것이다. 옛날 왜인들이 우리 강역疆域을 뒤집어 놓았을 때, 우리 신종神宗 황제께서 명나라 군사를 끌어 일으키시어 동쪽으로 보내 우리나라를 도우셨다. 탕은帑銀(임금이 사사로이 쓸 수 있는 은자)을 다하여 군사를 먹이셔서 우리 한양과 개성과 평양을 회복하고 팔도를 되찾게 하셨다.

우리 선조宣祖께서는 나라를 잃을 뻔하다가 찾게 되셨고 우리 백성은 이마에 문신을 새기고 풀옷 입는 왜의 풍속을 면하게 되었다. 골수에 사무치고 만세토록 영원히 의지할 것은 모두 상국上國의 은혜인 것이다. 지금 청은 명나라의 옛 신하를 데려다가 온 천하를 하나로 만들고 우리 나라에게도 은혜를 더하여 준 것이 또한 여러 대가 쌓였다.

금은 조선의 토산이 아니라서 빼주었고, 무늬 있는 말[騋馬]은 쇠약하고 작아서 면제해 주었으며, 쌀, 모시, 종이, 돗자리 등의 폐백도 해마다 그 수를 감해주었다. 게다가 근년 이래로 칙사를 내보내야 할 일도 관례에 따라서 맡겨서, 보내고 맞는 번거로움을 없애

주었다.

지금 우리 사신이 열하에 들어가는 데도 특히 군기대신[軍機近臣]을 보내어 길에서 맞이하게 하였고, 사신이 조정에 섰을 때 청나라 대신과 함께 서도록 반열을 명하였으며, 연희를 구경할 때에는 청 조정의 신하[延臣]들과 나란히 앉아 즐기게 해주었다. 또 조서를 내려 정식 사절단의 공물 외의 방물[方物] 내는 것을 면제해 주었다. 이것은 진정 전에 없었던 성대한 특전으로서 참으로 위대한 명나라[皇明] 시절에도 없었던 바이다.

그런데 우리는 혜택일 뿐이지 은혜라고는 여기지 않으며 우월감을 느낄 뿐 영광으로 생각하지 않으니 왜 그런 것인가? 청은 상국이 아니기 때문이다.

내가 지금 황제가 있는 곳을 '행재'라고 부르면서 그 일을 기록하는데, 상국[上國]이라고 일컫지 않는 것은 왜 그런 것인가? 청은 중화[中華]가 아니기 때문이다.

우리가 힘으로 굴복되어서 저들에게 복종하는 것은 강대국이기 때문이다. 강대국은 능히 힘으로써 굴복시킬 수 있지만, 우리나라를 처음 국가로서 인정한 천자국은 아닌 것이다.

지금 저들이 하사품을 내리는 총애와 우리가 내야 할 공물을 감면해 주는 회유는 저들 강대국에게는 작은 나라를 가엾게 여기고 먼 나라를 회유하는 정책에 불과하다. 비록 대대로 어떤 공물을 감해주고 해마다 폐백을 면제해 주는 것은 혜택이지, 우리가 일컫는 은혜는 아닌 것이다.

아아! 서북쪽 오랑캐들의 욕심은 끝도 없는 계곡이나 골짜기 같아 만족시킬 수가 없다. 가죽 폐백이 부족하면 개나 말로 달라 할 것이고 개나 말이 부족하면 주옥을 바랄 것이다.

그런데 지금은 그렇지 않고 자애롭게 살펴주고 관대함을 두루 미치게 하며, 너그러움이 몸에 붙어 상세히 살펴주어 가혹하거나 번거로운 일을 벌이지 않으며, 조선의 요구를 어기거나 거부하는 것도 없다. 비록 우리가 사대事大하는 정성 때문에 저들을 감동시켜 그 성격을 순화시킨 것 같이 보이지만, 저들의 의중 또한 우리를 의식하지 않은 날은 하루도 없었을 것이다.

왜 그런가 하면, 저들이 중국에 기거한 것이 100여 년이 되었는데도 중원 땅을 보며 객지[逆旅]로 여기지 않은 적이 없고, 우리 조선을 가까운 이웃 나라로 간주하지 않은 적이 없었기 때문이다. 지금 온 세상이 평화로운 나날이 되었으나, 남몰래 우리 조선 사람들에게 친절히 대하는 자가 많다. 대접을 후하게 함은, 그 덕을 팔기 위함이고 견고한 관계를 맺음은 그 방비하는 태세를 풀어놓으려는 것이다.

훗날 청이 그 본거지로 돌아가서 국경 가까이로 압박해 들어와, 옛날의 군신으로 대했던 예[君臣之禮]를 빌미 삼아서 흉년이 들었을 때 구제해 줄 것을 요구하고, 군사를 쓸 일이 있을 때 원조를 바란다면, 오늘날 자잘하게 돗자리나 종이를 감해 주면서 다른 때 견마, 주옥 등의 물품을 요구하는 것으로 변할 수 있을지 어찌 알겠는가?

그러므로 '근심으로 여길 수 있지 영광스럽지는 않다'고 말한 것이다. 지금 황제의 뜻은 오로지 여기에서만 나왔다고 할 수는 없겠다. 그러나 우리 조선이 강대국에게 사사로이 후한 대우를 받게 된 것이 여러 해 되었으니, 사람들이 여기에 젖어서 만만히 여기는 것이다. 내가 이에 주단奏單(아뢴 단자)과 칙유勅諭(임금의 명을 적은 서류)들을 기록하게 되었으니, 이것은 천하의 근심을 남보다 먼저 근심하는 자를 기다리고자 함이다.

예부에서 대사 장씨會同四譯舘[1])에게 내린 문건[諭]

지금 황제의 교지를 받든다. "조선에서 온 정, 부사는 열하에 이르러 의례를 치를 것이다. 이를 받들라."라고 하니, 곧 이 교지를 전하여 해당국 사신에게 알려주고 열하로 같이 오도록 하라.

관원과 하인들의 명단을 적어 즉각 정선사精饍司에 보내도록 하라. 다음날 파발로 올리고 떠나와야 하기에, 이를 특히 분부한다. 8월 초 4일 초경[起更, 저녁 7시에서 9시].

예부에서 대사 장씨에게 내린 문건[禮部諭大使張]

황제의 교지를 받들어 조선 사신 등을 열하로 같이 데려와 의례를 거행하라고 이미 명했다. 사신의 성명과 수행하는 관역들의

---

1)   회동사역관의 대사大使 장문금張文錦. 자는 환연煥然이고 순천順天 대흥大興 사람이다. 키가 작고 다부진 성품이다.

명단을 즉시 도장을 찍어 부에 보내 봉하여 보고하기를 기다렸는데 지금까지 아직도 도착하지를 않았으니, 어명을 받들어 관리하는 일을 어찌 지체할 수 있는가? 속히 상세 명단을 적어서 보내기를 기다리노라.

아울러, 이번에 파견되어 수행할 통관 오림포烏林哺, 사가四哥(徐宗顯), 보수保壽(朴寶樹) 등의 세 사람에게 이 분부를 전하여 알도록 하고, 그들이 내일 오전 9시[巳刻]에 조선 사신을 데리고 와서 임구林溝에 묵게 할 것을 특히 분부한다.

아울러 대사 장씨에게 분부하니, 내일 새벽 5시[卯刻]에 관아 문에서 기다리면 전달하여 줄 일이 있음을 특히 알려준다. 8월 초 4일.

"신臣 조曹와 신臣 덕德은 아뢰나이다." 만인 상서尙書는 덕보德甫요, 한인 상서는 조수선曹秀先인데, 육부六部가 모두 만인과 한인을 써서 상서와 시랑侍郎을 두었다.

조선국 사신으로 만수절萬壽節 경하차 온 정사금성위 박과 이조 판서 정과 따르는 사람들로 하여금 이달 초 9일에 열하에 도착시켜 신 등이 별도로 사람을 보내어 잘 보살펴 두었습니다. 이 때문에 아뢰는 것입니다.

건륭 45년 8월 초 9일에 아뢰고 황제의 아셨다는 뜻을 받들었다.

"신 조와 신 덕은 사정에 따라 삼가 천은天恩을 감사하는 사건에 대하여 아뢰나이다. 조선국 사신 금성위 박과 이조 판서 정 등이

올린 글을 보면,

'엎드려 아뢰노니 국왕이 황제의 칠순七旬 만수절을 당하여 기
뻐함을 이기지 못하여 저희들을 시켜 국서를 받들고 경하차 오게
되어 열하에 이르러 예식을 행할 수 있게 된 것은 이미 영광과 다행
으로 생각하는 바이요, 또다시 성지聖旨를 입어 소국小國 사신으로
하여금 천조天朝의 이품二品·삼품三品 대신들의 다음에서 예식을 행
하도록 은혜를 베푼 것은 격외格外의 일이었고 실로 천고에 없는 일
이었습니다. 삼가 마땅히 돌아가서 국왕에게 아뢰어 황은皇恩에 감
격할 것이요, 저희들의 춤출 듯 기꺼운 정성을 청컨대 예부의 대인
大人들은 이 뜻을 대신 아뢰어 주십시오.'

하고, 진정으로 문서를 갖추어 왔으므로 이로써 삼가 주문奏聞
합니다."

건륭 45년 8월 10일에 아뢰고 다 아셨다는 뜻을 받들었다.

"예부는 삼가 주문奏聞하는 일로써 상주하나이다. 이달 12일에
신 등이 분부를 좇아 회동이번원會同理藩院 사원司員들을 보내서 조선
사신 정사 박과 부사 정과 서장관 조 등을 데리고 찰십륜포札什倫布
에 가서 액이덕니額爾德尼에게 뵙는 예절을 행하였습니다. 예가 끝나
자, 앉으라 하고 차를 마시며, 그 나라의 원조와 아울러 입공入貢하
는 내력을 물으매, 사신들은 대답하기를,

'황상의 칠순 되는 큰 경사를 축하하는 표表를 올리고 아울러
천은을 삼가 사례하러 온 것입니다.'

하니, 액이덕니는 듣고 나자 심히 기뻐하여 즉시,

'영원하도록 공손하면 자연 복을 얻으리라.'

신칙을 하면서, 사신에게 내리는 동불銅佛과 서장향과 모직 옷 감을 주니 그들은 머리를 조아려 사례하였습니다. 사신 등에게 준 동불 등 물건의 목록을 적어 황제께 뵈이기 위해서 여기에 삼가 갖추어 아룁니다."

건륭 45년 8월 12일에 아뢰고, 아셨다는 뜻을 삼가 받들었다.

열하 행재로 가는 조선국 진하 겸 사은사 명단朝鮮國進賀兼謝恩使。前往熱河行在淸單。

정사 금성위 박명원, 正使錦城尉朴明源,

부사 이조판서 권함2) 정원시 副使吏曹判書 權㘰 鄭元始

서장관 겸 장령 조정진 書狀官兼掌令趙鼎鎭

대통관 홍명복, 조달동, 윤갑종 大通官洪命福, 趙達東, 尹甲宗。

종관 주명신(정사 비장) 정창후, 從官周命新 正使裨將。鄭昌後,

이서구(부사 비장) 李瑞龜 副使裨將。

조시학(서장 비장) 趙時學。書狀裨將。

종인 64명, 從人六十四名。

이상 총 74인, 말 55필. 已上共七十四人。馬五十五疋。

신 조수선曹秀先과 신 덕보德保는 소식을 아룁니다. (청인 상서가 덕보, 한인 상서가 조수선이다. 6부에 모두 만인과 한인을 상서시랑으로 두었다) 滿尙書德甫。漢尙書曹秀先。六部皆置滿漢爲尙書侍郞) 臣曹臣德奏。爲奏聞

---

2)   차함借銜. 실제로 벼슬하지 않고 벼슬의 이름만 빌리던 일.

事。滿尙書德甫。漢尙書曹秀先。六部皆置滿漢爲尙書侍郎。

　　조선국에서 만수절을 경하하러 온 사신 금성위 박, 이조판서 정 및 종인 등을 이달 초 9일에 열하에 도착하게 하였습니다. 신 등은 별도로 사람을 보내어 잘 보살피도록 하였습니다. 이 소식을 아룁니다. 건륭 45년 8월 초 9일 아룁니다. 황제께서 '잘 알았다' 하시는 뜻을 받들었다.

　　신 조와 신 덕이 아룁니다.

　　사정에 따라서, 공경하여 천은에 사례한다는 보고를 대신 아룁니다. 조선 사신 금성위 박, 이조판서 정 등이 올린 글에 의거하면 "엎드려 아룁니다. (조선국)국왕이 황상의 칠순 만수절을 만나 그 기쁨을 견디지 못하여 신들로 하여금 표문을 받들고 경하드리러 오게 하였는데, 열하에 이르러서 예를 행하게 되니 이미 영광스럽고 행복합니다. 또 성은을 입어, 소국의 신하 등으로 하여금 천자국의 2품, 3품 대신들의 반열 끝에서 예를 행하게 하시니, 베푸신 은혜가 파격적이며 천고에 없던 일입니다. 귀국해서는 마땅히 저희 국왕께 황제의 은혜를 감사히 떠받들었던 일을 아릴 것입니다. 저희의 춤을 출듯한 기쁨을 청컨대 예부의 대인들께서 대신하여 아뢰어주시기 바랍니다."라며 갖추어서 보내왔기에, 이에 삼가 아룁니다. 건륭 45년 8월 10일 아룁니다.

　　황제께서 "잘 알겠다."라고 하신 뜻을 받들었다.

　　예부에서 삼가 아룁니다.

들은 일을 아룁니다. 이달 12일 신들은 어명을 받들어, 회동리번원會同理藩院(주변국 사신이 왔을 때 일을 처리하는 관청)사원 등을 보내어 조선 사신 정사 박과 부사 정, 서장관 조 등을 데리고 타쉬룬포[札什倫布] 앞에 가서 액이덕니를 뵙고 절하게 하였습니다. 예를 행한 후에 액이덕니가 앉으라 하여 차를 마시게 하고, 당해 국가와의 거리 및 들어와서 조공을 바치는 이유 등을 물었고, 사신들은 황상의 칠순 큰 경사로 축하드리는 주문을 올리고, 아울러 천자의 은혜에 정중히 감사드리기 위함이라고 답하였습니다. 액이덕니가 그를 듣고 매우 기뻐하며 곧 "영원히 공경하고 따르면 저절로 복을 얻게 되리라"라는 말을 하시고, 이에 사신에게 구리 불상, 서장西藏의 향, 서역 융단 등을 주었습니다. 이에 사신들이 머리 숙여 사례하였습니다. 사신들이 받은 바의 동 불상 등 물건은 목록을 작성하여 바칩니다. 이 일을 위하여 삼가 글을 갖추어 아뢰옵나이다. 건륭 45년 8월 12일 아룁니다.

황제께서 "잘 알겠다"라고 하신 뜻을 받들었다.

사신이 반선을 만난 일은 내가 「찰십륜포기」에서 두루 갖추어 실었다. 예부에서 아뢴 글을 보니 '액이덕니에게 절을 하며 뵈었다' 라느니, '사신에게 물건을 주었더니 사신들이 즉시 머리 숙여 사례했다' 운운한 것은 모두 허황된 말이다. 그러나, 황제에게 아뢰어 말하는 일의 형세에서는 부득불 그렇게 했을 것이다. 단지 내가 목격한 것을 들어 상세히 기록하여 산속에 들어가 볕을 쬐다가 한 번 보고 웃음거리로 삼고자 하니, 이를 보는 자는 마땅히 그 점을 살펴야 할 것이다.

정사에게 동 불상 1개, 서역 융단 18장, 합달哈達(비단 폐백과 같은 뜻) 1개, 붉은 모포 2필, 서장의 향 24묶음, 계협편計夾片(뭔지 모르겠다) 1 보따리.

부사에게 동 불상 1개, 서역 융단 14장, 합달 1개, 붉은 모포 1필, 서장의 향 20묶음.

서장관에게 동불상 1개, 서역 융단 10장, 합달 1개, 붉은 모포 1필, 서장의 향 14묶음.

(이가원본 반선사후지)

이른바 동 불상은 높이가 1척 남짓 되는데, 이것은 호신불이다. 중국에서는 먼 길을 떠나는 사람에게 서로 주는 예가 있으니, 반드시 이것을 지니고 조석으로 공양供養을 한다.

서장의 풍습에 해마다 공물을 진상할 때 불상 1개를 으뜸으로 삼는다. 지금 이 동 불상은 법왕法王(반선)이 우리 사신이 먼 길을 무사히 가라고 빌어주는 폐백이다. 그러나 우리 조선은 한 일이라도 부처와 얽히면 반드시 평생의 누가 되는데, 하물며 이것을 준 자가 서번의 중[番僧]임에랴! 사신이 북경에 돌아가고서 그 불상들을 남김 없이 역관에게 주었는데 모든 역관 또한 불상 보기를 똥처럼 하며 장차 팔고자 하니, 은 90냥에 팔고서 일행 마두배들에게 나누어 주었다. 그리고 이 은으로, 술 한잔도 사 마시지 않았다. 깔끔하면 깔끔하다고도 할 수 있다. 그러나 저들의 풍속으로 보자면, 이곳 사정에 어둡다는 말을 면하지 못한다. (동불상후지)

예부에서 내린 문건

예부에서 공무의 일을 위해 둔 바 조선국에게 보낸 공문은 한 통[一角]이라도 응당 병부에 보내어, 전송하여 보내는 것이 옳다. 轉撥可也。

주객사主客司(예부 소속기관, 외국 사신을 맞고 접대하는 일을 주관함)에서 보내 알린 일.

예부에서 자문한 바를 준행準行한다. 본부에서 조선 사신이 열하에 도착했다는 사실을 알린 문서 한 통, 또 조선 사신이 황제의 은혜에 공경하며 사례했다는 문서 한 통, 또 판첸 액이덕니가 사신에게 준 물건 목록 한 통을 서로 베껴서 각각 공문을 갖추어서 알리라는 것이다. 이전에 왔던 것들은 각 원본들을 응당 베낄 것이고, 아울러 황제 폐하의 뜻을 받들어 사례한 사건을 일삼은 곳에 보내 살피도록 하라. 예부 관원과 절강浙江 관원에게도 알리라. 準行在禮部咨。稱本部具奏朝鮮使臣來到熱河一摺。又具奏朝鮮使臣恭謝天恩一摺。又具奏班禪額爾德尼給與使臣物件奏聞一摺。相應抄錄。各具奏底知照等 因前來相應抄錄各原奏 幷欽奉諭旨移咨上謝事件處稽察, 房禮科浙江幷知照。(이가원본에 없는 부분)

예부에서 의례의 일을 삼가 아룁니다. 禮部謹奏爲禮儀事。

공손히 살피니, 건륭 45년 8월 13일은 황제 폐하의 7순 만수절로 축하드리는 의식을 거행하겠습니다.

이 날, 난의위鑾儀衛에서 미리 황상의 수레와 의장대를 담박경성전淡泊敬誠殿 뜰에 늘어놓고,

중화소악中和韶樂은 담박경성전 처마 양쪽 가 옆에 벌려놓으며 단폐대악丹陛大樂은 두 궁문 안 양쪽 정자에 설치해서 모두 북쪽을 향하도록 합니다.

호종扈從(황제를 모시고 따르는?)하는 화석친왕和碩親王 이하 8분과 공작 이상 및 몽고 왕공 토이호특土爾扈特 등은 모두 망포보복蟒袍補服(흉배에 이무기가 수놓인 관복)을 입고 담박성경전 앞에 이르러서 나란히 양쪽 날개처럼 설 것이고, 문무 대신과 조선국 정사, 토사土司부락 등은 두 궁문 밖에서 각자 품급에 맞추어서 나란히 설 것입니다. 삼품 이하 각 관들 및 조선국 부사, 번자番子 추장들은 피서산장 문밖에서 각기 품급에 맞추어서 나란히 양옆으로 설 것입니다.

예부 당관이 황제께옵서 용포와 곤복 차림으로 담박경성전의 어좌御座에 오르실 것을 아뢰고, 중화소악이 건평장乾平章(대궐 의식에서 연주하는 곡의 일종. 특히 황제가 어좌에 오를 때 연주하는 곡이다)을 연주하고 황상께서 어좌에 오르시면 음악이 그칩니다. 난의위鑾儀衛 관리가 채찍을 울리시라고 고하면, 계단 밑에서 세 번 채찍을 울리고 명찬관이 나란히 서면 단폐대악을 하는데 경평장을 연주합니다.

홍려시 관원이 여러 왕[諸王]과 문무 관원을 인도하여 각기 반열에 나란히 서고 명찬관이 들어오라고 명하고 왕 이하의 모든 신하

는 나아가 무릎을 꿇으라고 명하고 머리를 조아려 절하고 일어나라 하면 왕 이하의 관원들은 삼궤구고두례를 행합니다. 명찬관이 물러나라 하면, 왕 이하의 관원들은 모두 원래 자리에 가서 섭니다. 음악이 그치면, 난의위 관리가 채찍을 울리라 하면 계단 아래서 세 번 채찍을 울리고, 예부당관이 식을 다했다고 하면 중화소악 태평장을 연주합니다.

황상께서는 수레를 타고 궁궐에 돌아가시고, 음악이 그치면 왕공 이하 모든 관리는 모두 나갑니다. 내감內監(환관)들이 황상께 어전에 오르실 것을 아뢰고, 비빈들이 모두 황상 앞에 용포복을 갖추어 여섯 번 엄숙히 머리를 숙이고 세 번 무릎을 꿇고 세 번 절하는 예식을 행합니다. 예식을 다하면, 황상께서 자리에서 일어나시고 비빈들은 궁으로 돌아가시며 황자, 황손, 황증손이 예를 행합니다. 이것을 위하여 삼가 갖추어 아룁니다.

주객사에서 내린 문건

주객사는 행재소 예부 자문에 준하여 일을 알린다. 건륭 45년 8월 12일, 내각에서 황제의 말씀을 받들었다.

조선은 대대로 봉해 준 신하의 위치를 지켰고 평소에도 공순하다고 일컬어진다. 세시의 직공職貢(때마다 바치는 공물)을 삼가서 보내니 좋다고 하겠다. 혹 특히 조칙을 반포하거나 물건을 보내어 귀국시키는 경우가 있으면 유구국 등과 같이 또한 감사하다는 글을 갖추어 보내오는데 오직 조선국만이 반드시 토산물을 갖추고 표문을 더하여 보내와서 진실한 마음을 빈다.

지난번에 특별한 일로 사신이 멀리서 온 적이 있는데 만약 가지고 온 것을 그대로 돌려보낸다면 건너가는데 고생만 더하게 할 것 같아서, 이것 때문에 여러 차례에 걸쳐 정식 공물로 남겨서 우리가 그들을 우대하고 보살핌을 표시하였다. 그런데 이 나라는 삼가고 직분을 지켜서 정식 공물을 드릴 때에 다시 토산물을 준비하여 드리고 있으니 왕래하는 데 번다하고 복잡하여 하나의 의례를 더 많게 한다는 것을 깨닫겠다.

우리 군신 관계는 정성을 미루어 믿을 수 있고 두 나라가 하나가 되었으니 또 어찌 이 번거로운 예절을 반드시 해야겠는가? 올해는 짐의 7순 만수절이라 조선은 표문을 갖추어 경하했다. 이미 어명을 펴서 조선의 사신을 행재소로 오게 하여 조정의 신하들과 함께 잔치 예식을 거행하게 하였다.

그 표문에 딸려온 공물은 이번에는 받아서 그 나라의 경축하는 정성을 펴게 했으나 이후에는 세시절의 정식 공물을 관례에 따라서 받는 것을 제외하고 그 나머지 감사를 표시한 공문과 그에 따라 마련한 공물은 모두 시행을 정지하고 바치지 말도록 하라. 그리하여 짐이 부드러운 은혜를 먼 나라 사람에게 베풀며 실제로 하지 허식으로 하지 않는다는 뜻을 부합하게 하라.

상서 조수선과 덕보가 황제에게 아뢴 문건

신 덕보와 신 조수선은 황제의 은혜에 공손히 사례한다는 보고를 사정에 의해 대신 아룁니다. 조선국 사신 금성위 박과 이조 판서 정 등이 아뢴 바에 근거하면 " 엎드려 생각하기를, 황상의 만수절을 삼가 만나 온 세상에 경사가 넘치고 우리나라는 기꺼이 즐거이 축하하는 맘을 이기지 못하여 약소하나마 경하를 드리는 정성을 올립니다(예부에서는 여기에 '성승聖僧을 뵙게 되어 복을 받았다'는 내용을 첨가했다).

지난번에는 격 외의 은혜로운 상을 특별히 작은 나라에 내리셨고 저희 같은 천한 배신에게도 미쳐서(예부에서는 여기에 '국왕과 배신에게 상을 내렸고 따라온 자들에게는 비단과 은자를 주셨다'고 첨가했다) 입은 바의 영광이 성대하기가 앞으로도 뒤로도 없을 일입니다.

삼가 돌아가 마땅히 국왕께 아뢰기를 (예부에서는 '별도로 표문을 갖추어 감사함을 진술한다'는 말을 첨가했다) 황은을 감사히 받았다 할 것입니다.

예부 대인들게 청하옵기는, "저희를 대신하여 이 사실을 전해 주십시오."라고 하였습니다. 이에, 삼가 갖추어 아룁니다. 건륭 45년 8월 14일.

황제께서 '알았다'고 하신 뜻을 받들었다.

※필첩식筆帖式(문서를 만드는 하급관리)이 가지고 온 문서 중에, 이 뜻으로 내린 문건인데 원본과 크게 다른 것들이 있는데, 아마도 예부에서 전하여 아뢸 적에 첨가하고 바꾸기 때문인 것 같다. 사신이 크게 놀라, 역관을 시켜서 예부 대기실로 먼저 가게 하여 그 이유를 따지며 묻게 하기를 "무엇 때문에 아뢴 글을 몰래 고치고서 알지도 못하게 하는가?" 하니

낭중이 크게 노하여 말하기를 "너희 정문이 사실을 전부 다 빠뜨려서 예부 대인이 너희 나라를 위하여 주선하셔서 이미 아뢰어서 바친 것인데 너희는 덕을 알지도 못하면서 도리어 기를 세워 따지는 까닭은 무엇인가?" 하였다.

내각 6부 중 예부는 거행하는 일이 가장 많으니, 하늘과 땅, 교외와 종묘, 산천 제사, 황제의 평소 생활부터 온 세상 만국의 일까지 관여하고 거치지 않는 것이 없다. 내가 열하에 있을 때 예부에서 거행하는 우리나라와 관련된 일을 보고 천하의 일을 점칠 수 있었다. 황제가 사신에게 특별한 은총을 내린 것이 있으면 예부는 즉각 글을 바치도록 독촉을 하여 전하여 아뢰도록 한다. 이것은 사신의 재량에 달린 것이고 그 머리를 조아리고 사례를 할지 말지는 자유이다. 사신이 대국의 체통으로 봤을 때, 비록 외국의 배신이지만 사사로이 스스로 감사하다고 외치며 전하여 아뢰달라고 요청하는 짓은 마땅히 물려야 하니, 번거롭고 자잘한 것으로 요란을 떨기 때문에 마땅히 물리쳐 사양해야 할 것이다.

그런데 지금은 그렇지 않고, 오직 황제께 드리는 글이 뒤쳐질까, 전하여 황제에게 아뢰는 것이 미치지 못할까 겁을 내어서 심지어는 사신에게 묻지도 않고 몰래 글귀를 바꾸기까지 했다. 큰 체면은 돌아보지도 않고 오직 한 때 기쁘게 할 거리만 찾으면서 스스로 윗사람을 속이는 죄과에 빠지고 외국의 멸시를 달게 받고 있다. 예부가 이와 같으니, 다른 여러 부서도 알 만하다.

또 사신은 곧 돌아가야 하니, 자문은 절로 받아갈 수 있을 것이다. 그런데 먼저 급하게 파발로 가게 하는 것은 저잣거리 소인들이 공을 과시하고 덕이 있는 것처럼 드러내는 것과 같은 것이다. 대국의 일이 어찌 그리 얕아빠졌는가? 천하에 본받을 것이 없다.

또 심히 걱정할 만한 바가 있는 것은, 예부가 분주히 우리 일에 뛰어다니는 까닭이 우리를 두려워해서가 아니고 황제가 엄하고 급한 성질임을 특히 두려워해서 그렇다는 것이다. 사신은 예부에 앉아서 독촉만 받고, 예부는 일의 쉽고 어려움을 떠나서 오직 빨리 해낼 것만 기약하고 있다. 이것은 다름 아니라 깨닫지도 못하는 사이에 우리를 대하는 것이 후하다고 믿기 때문이다.

근년 이래로 이미 만들어진 관례가 되고 보니 통관, 서반 같은 관원들이 그 사이에서 맘대로 조종할 바가 없어져 이미 우리 사신에게 불평이 쌓인 지 오래 되었다. 만약, 황제가 하루아침이라도 조회를 보지 않아서 예부가 임시로 명을 받들어 조금의 차질이라도 생기게 되면, 서반은 우리 사신의 들고 나는 것을 족히 제어할 것이다. 또 하물며 예부가 분주히 움직이는 까닭이 본래 (황제의 급한 성격을 만족시킴) 미봉책만 좋아하는 마음에서 나왔음에랴! 사신된 사람은 이를 살피지 않을 수 없을 것이다.

우리 사신의 움직임은 오로지 예부가 관여한다. 사신이 일의 이루어짐을 독촉하는 대상은 역관에 불과할 뿐이다. 역관은 통관에게 도모하여 독촉함에 불과할 뿐이고 통관은 아문에게 도모하여 독촉함에 지나지 않을 뿐이다. 이른바 '아문衙門'이라 함은 사역四譯 제독提督 및 대사大使이다. 제독과 대사는 예부 당상관(장관)에 비해서 신분과 지위의 위의가 엄격하게 구분되어서 편하게 부탁하거나 간여할 수 있는 사이가 아니다.

그런데 사신이 의심과 분노를 항상 역관에게 도는 것은, 아마도 말을 스스로 통하지 못하여 단지 피차간에 역관의 혀에만 의지하기 때문인 것 같다. 사신이 이미 그 속임을 받는다고 의심하고, 역관은 항상 그에게 해명하기가 어렵다고 원망하게 되니 상하의 사정과 처지가 가로막혀 서로 통할 수 없다. 사신이 역관에게 급하게 독촉하면 할수록 서반과 통관의 조종이 더욱 심해져 일의 성패와 빠르고 느림을 애초부터 장악하게 된 것이다. 움직일 때마다 뇌물을 찾는 것이 해가 갈수록 늘어나기만 하다가 마침내 전례가 되어버렸다.

지금은 그 조종하는 바가 돌아가는 날짜가 잠시 지체되거나 문서들이 조금 뒤로 밀린다든가 하는 데 불과할 뿐이지만, 만일 위급한 일이 생겨서 대국에 사신으로 가게 된다면, 그 항상 이전과 같으리라는 것을 보장할 수가 없다. 그러면 관소에 깊이 앉아 있기만 한 외국 신하에 불과할 것이니, 장차 누구를 믿을 것인가?

일이 되기를 서반만 바라보고 앉을 것이니, 모든 예부와 관련된 일은 그들이 맘놓고 공공연히 농간을 부리게 될 것이다. 사신된 사람으로서 우려하지 않을 수 없는 일이다.

청이 일어난 지 140여 년이 되었는데 우리나라 사대부들은 오랑캐 중국을 부끄러워한다. 비록 사신의 일을 받들고 가면서도 문서가 오고 가는 일이나 청나라 사정의 허실에 관해서는 일체 역관에게 맡겨 버린다. 도강하여 연경에 들어가기까지 지나는 길 2,000여 리 간 그 주·현의 관원과 관문의 장수들은 만나보지 않을 뿐 아니라, 이름마저 알지 못한다.

이것 때문에 통관이 공공연히 뇌물을 찾아도 우리 사신들은 그 조종하는 것을 달게 받고 역관만 황망히 명을 받아 행하기에 겨를이 없는 것이 늘 마치 그사이에 크고 중요한 일이 숨겨져 있는 것 같이 행동한다. 이것은 사신이 망령되이 잘난 척을 하고 스스로 편하게 한 잘못에서 비롯된 것이다.

사신은 역관들에게 일을 맡기면서 크게 의심하는 것은 정리情理가 아니다. 그렇다고 지나치게 믿는 것도 또한 불가하다. 만일 하루아침에 근심이 있다면, 삼사는 묵묵히 그 서로 바라보다가 하릴없이 역관의 입만 우러러볼 것인가? 사신된 자로서 대책을 강구하지 않을 수 없는 일이다.

연암 쓴다.

중존(이재성)[3]이 말한다.

이것은 깊고 먼 근심과 염려를 갖춘 것이다. 이 편과 연암집에 수록된, 은화를 논한 한 편의 글(연암집 수록 「賀金右相履素書」)은 벼슬을 맡은 사람들이 마땅히 깊이 읽고 연구해야 할 것이다.

---

[3]   이재성李在誠. 1751~1809. 중존仲存은 자. 이재성은 계양군桂陽君(세종世宗의 둘째 아들)의 후손으로 호를 지계芝溪라고 하였다. 연암의 처남이자 평생지기였으며, 이서구·이덕무·박제가 등과도 절친하여 북학파北學派의 일원으로 볼 수 있는 인물이다. 연천淵泉 홍석주洪奭周 형제에게 글을 가르쳤다. 노년에 진사進士 급제 후 능참봉을 지냈을 뿐이고, 문집으로『지계집芝溪集』7권이 있다고 하나 현재 전하지 않는다.

망양록忘羊錄

망양록 서忘羊錄序[1]

  아침에 윤형산尹亨山 가전嘉銓과 왕혹정王鵠汀 민호民皞를 따라서 수업재修業齋에 들어가 악기樂器를 훑어보고 돌아오다가 형산의 처소에 들렀더니 윤공이 나만을 대접하기 위해 양을 통째로 쪄 놓았다. 그런데 악률樂律이 고금에 같고 다른 것을 이야기하느라고 음식 차려 놓은 지가 오래지만 서로 먹으라 권하지 못했다.

  조금 있다가 윤공이 양을 아직 찌지 않았느냐고 물으니, 심부름하는 자가 대답하길, "차려 놓은 것이 벌써 식었습니다." 하므로, 윤공은 자기가 정신을 못 차리고 두서가 없었다고 사과한다. 나는,

---

1)   '박영철본'에는 이 소제小題가 없으나, '주설루본'을 따라서 추록하였다.

"옛날, 공자는 순舜임금의 음악인 소韶를 듣노라고 고기맛을 잊었다2)더니, 이제 나는 대아大雅의 이야기를 듣다가 양 온마리를 잊었습니다."

했더니, 윤공은,

"이른바 장臧과 곡穀이 모두 양을 잊었다3)는 것이올시다."

하여, 서로 크게 웃었다. 이에 그 필담筆談한 것을 모아서 망양록忘羊錄이라고 하였다.

망양록忘羊錄

나(연암)는 이렇게 말했다.

"오음五音4)으로 정명正名을 삼고 육률六律5)로 허위虛位를 삼아, 소리가 날 적에 헤아려서 맞는 소리를 율律이라 하고 맞지 않는 것을 율이 아니라고 한다면, 마땅히 고금의 차이와 아악雅樂과 속악俗

---

2)   논어 술이述而장에 나옴.
3)   장자莊子에 나오는 말로, 臧과 穀 둘 다 양을 치는데 장은 글을 읽느라, 곡은 장기를 두느라
      모두 양을 잊어버렸다는 이야기.
4)   宮 商 角 徵 羽 동양음계.
5)   동양음악에서 한 옥타브를 12등분하여 음의 1스케일(scale)을 일정한 진동수에 고정시켜 절
      대표준음고를 설정한다고 한다. 이 12개의 음에 이름을 붙여 12율이라 한다. 황종, 대려, 태
      주, 협종, 고선, 중려, 유빈, 임종, 이측, 남려, 무역, 응종이다. 12율은 6율과 6려로 구분되며,
      6려는 6률에 간음을 끼운 것이다. 황종, 태주, 고선, 유빈, 이측, 무역은 6율, 대려, 협종, 중
      려, 임종, 남려, 응종이 6려이다.

樂의 구별이 없을 터인데, 시대마다 각각 음악과 풍류가 달라지는 것은 무엇 때문일까요. 혹시 악기를 만드는 데 옛날과 지금의 다름이 있어 여와 율이 여기에 따라 변하는 것인가요?"

혹정이 말하였다.

"아닙니다. 저는 이 학문에 본래 어둡습니다만, 그래도 한두 가지의 의견은 없지 않아서, 항상 학문이 올바른 군자에게 한 번 바로잡음을 받고자 하던 터입니다. 소리는 목구멍과 혀와 입술과 이에서 나오는데, 그 모양이 각각 다르다 보니 악기의 음도 또한 그에 따라 달라지기 때문에, 억지로 이름을 붙여서 소리에 따라 분배한 것입니다. 오직 정해진 이름이 있은 후에야 그 변하는 소리를 알 수 있을 것이요, 그 변하는 소리를 안 후에야 만 가지를 불어 소리가 같지 않은 것이지만 표준이 되는 음의 이름을 살필 수 있을 것이니, 이것이 5음의 이름이 생긴 까닭입니다. 그러나 그 변한다는 것으로 본다면 다른 음이 하필 다섯 가지뿐이겠습니까. 백 음이라 해도 될 만할 것입니다.

율律이란 법률의 율과 같은 것이니, 입에서 나오는 소리는 이미 고저高低와 청탁과 굵고 가는 구분이 있을진대, 청력이 미칠 수 있는 선에서 처음에 악기를 만들어 일정한 법을 만든 것입니다. 비유하자면 글로 된 법에는 물론 차등이 있으니, 각각 그 법률에 해당하는 것과 같습니다. 오직 음률은 그 소리를 기다려서 거기에 맞추어야 비로소 표준을 삼을 수 있으므로 '6률은 허위虛位'라고 했던 것입니다. 그러나 그 차등이 있다는 점으로 헤아린다면 어찌 여섯 가지에만 그치겠습니까. 천률千律이라 할 수도 있을 것입니다. 저는 비록 무엇이 궁宮이요 우羽인지, 무엇이 종鍾이요 무엇이 여呂인지 모르지만, 만일 기장의 낱알로 치수를 재고6) 갈대 태운 재로 부산스럽게 후기법候氣法7)을 하는 것은 또한 의심스럽다고 봅니다."

내가 말하였다.

"악기를 골짜기에 비유하고 소리를 바람에 비유해 봅시다. 골짜기를 고칠 수 없다면 바람은 변함없을 것입니다. 다만 거센 바람과 부드러운 바람, 회오리바람과 서늘한 바람의 구별이 있을 뿐입니다. 이로써 추론해 본다면, 음률이 고금에 다름이 있는 것은 악기가 고쳐진 것이 있어서 소리가 변한 것이 아닐까요?"

혹정이 말했다.

---

6)　도량형을 잴 때 검은 기장의 중간 크기를 기준으로 삼았다. 도량형은 악기를 만들고 음의 기준을 만드는 원리와 관련이 있다.

7)　고대에 음률을 정하거나 절후의 변화를 관측하는 데 사용하는 법을 말한다. 악률樂律에는 십이율十二律이 있는데, 양률陽律인 육율六律의 황종黃鍾은 11월 동지, 태주大簇는 정월, 고선姑洗은 3월, 유빈蕤賓은 5월, 이칙夷則은 7월, 무역無射은 9월에 각각 배속되며, 음률音律인 육려六呂의 대려大呂는 12월, 협종夾鍾은 2월, 중려仲呂는 4월, 임종林鍾은 6월, 남려南呂는 8월, 응종應鍾은 10월에 각각 배속된다. 후기候氣의 법칙에 의하면, 방 하나를 삼중三重으로 밀폐하고 방안에 나무 탁자 12개를 각각 방위에 따라 안쪽은 낮고 바깥쪽은 높게 비치한 다음, 이상 12개의 율관을 12개의 탁자 위에 각각 안치하고 갈대 재를 각 율관의 내단內端에 채워 놓고 절기를 기다려 살피면, 매양 한 절기가 이를 때마다 해당 율관의 재가 날아 움직인다고 한다. 예컨대 11월 동지에는 황종율관의 재가 움직인다고 하는데, 이 후기법候氣法을 바탕으로 한 말이다. 『律呂新書』

"그렇습니다. 음률이 연결되어 곡조[調]가 되고, 곡조가 어울려서 가락[腔]이 되고, 가락이 합하여 곡曲이 됩니다. 음률에는 간성姦聲8)이 없어도 곡조에는 편벽된 소리가 있으니, 과연 같은 골짜기 바람 중에도 거세고 부드럽고 휘몰아치고 서늘한 구별이 있고, 새벽과 밤과 아침과 낮의 변화가 있는 것과 같습니다. 이것은 그 가락의 정취情趣가 바뀌고 듣는 자가 달라지는 데 따라 때때로 높아지기도 하고 낮아지기도 하여 비로소 고금의 다름과 정성正聲·음성淫聲의 구별이 생기는 것입니다.

요순堯舜시절, 백성의 풍속이 밝고 환한 때에는 귀에 즐거운 음악이 소韶·호濩의 곡조이었으니 또 그들이 어떤 소리를 안 들었는가를 알 수 있는 것이요, 유幽·여厲의 시절에는 민속民俗이 음탕해서, 그들의 귀에 즐거운 음악은 상桑·복濮의 곡조9)였으니, 또 그들에게 배척된 소리를 알 수 있을 것입니다. 근세 잡극雜劇에, 서상기西廂記10)를 할 때에는 지리해서 졸음이 오다가도, 모란정牡丹亭11)을 공연하면 정신이 나서 고쳐 듣게 됩니다. 이것이 비록 시정의 하찮은 일이라 하더라도 민속의 취향趣向이 때를 따라 달라진다는 것을 알 수 있는 것입니다. 사대부들은 옛날 음악을 부흥시키겠다고 가락을 고치고 곡조를 바꿀 줄을 모르고, 졸지에 모든 악기를 부숴서 원래 소리를 찾

---

8) 12율에 맞지 않는 음정. 淫聲, 凶聲이라고도 한다.
9) 고대 위衛나라, 복濮강가의 음악이 망국의 음악이고, 남녀가 자주 모여 음탕한 일을 많이 했다고 한다. 「漢書 地理志」
10) 元대 희곡으로 왕실보가 지었다. 장군서張君瑞와 최앵앵崔鶯鶯의 연애 이야기이다.
11) 明대 전기소설인 『牡丹亭還魂記』를 희곡으로 꾸민 것이다.

고자 한다면 사람과 악기가 한꺼번에 망하게 되고 말 것입니다. 이 것이 화살이 날아가는 곳을 따라 과녁을 그리고, 취하는 것을 싫어 하면서도 억지로 술을 마시는 것과 무엇이 다르겠습니까?

나는 대답했다.

"제가 심양에 이르렀을 때 생황生簧을 부는 사람이 있기에, 이 것을 달라 하여 한번 불어 보았더니 과연 우리나라의 음에 맞았고, 음을 연결하여 곡조를 만들어 보니 우리나라 음률에 맞았습니다. 북경에 들어와 유리창琉璃廠에서 또 한 번 불어 보았습니다. 잘 모르 겠지만, 이 생황도 그 소리 나는 구멍이나 또 부는 구멍들의 금엽金 葉12)이 여와씨女媧氏13) 때의 옛 제도와 변함이 있는 것일까요?"

혹정은 말하였다.

"이것은 만든 구조에 관계되는 것입니다. 저는 아직 이 악기를 손에 들고 자세히 구경한 적이 없습니다."

형산이 말했다.

"어찌 변하지 않았겠습니까! 팔음八音14) 중에서 포匏는 곧 생황 笙簧을 만든다고 하는데, 이미 오래 전부터 대 뿌리를 잘라서 박[匏] 대신으로 쓴답니다."

---

12) 생황 대롱 아래 끝에 붙여, 떨어 울리게 하는 백동으로 만든 조각. 쇠서, 금섭이라고도 한다.
13) 중국 고대의 여신. 인간을 창조하고 생황을 만들었다고 하는 전설이 있어 음악의 신이라고 도 한다.
14) 소리를 내는 여덟 가지 악기 재료이다. 金, 石, 絲, 竹, 匏, 土, 革, 木을 말한다.

혹정이 말했다.

"율려律呂가 변하는 것은 악기의 죄가 아닙니다. 음탕한 노래가 유행했다는 상桑·복濮도 그 부는 악기가 피리[管籥]가 아니었다면 모르겠지만, 만일 불었던 것이 있다면 필시 피리[管籥]였을 것이니, 만든 제도는 마땅히 당·우 시절의 옛 법일 것이요, 그 쳤던 것이 종경鍾磬이 아니면 모르거니와 두드려 쳤다면 필시 종경이었을 것이니 그 음률도 응당 소·호의 옛 법일 것입니다. 그러나 그 시작하는 곡조調는 어떤 음으로부터 나와서 음이 이어지며 음률로 조화된 후에 정음正音과 간성姦聲이 비로소 갈라질 것입니다. 합쳐지는 가락이 어떤 심정에 감동되어 마음을 따라 곡조가 된 후에야 고금의 음악이 구별될 것입니다. 그 음률이 잘 맞고 맑은 것은 정음이고, 음탕하고 슬프고 사나운 것은 간성이 될 것입니다. 이제 한 악기, 단 한 개의 음과 한 개의 음률을 가지고서야 어찌 정음인 소·호를 의논할 것이며 또한 어떻게 간성인 상·복이라 말할 수 있겠습니까!"

내가 말하였다.

"오음五音 소리를 한번 들을 수 있을까요?"

혹정이 대답하였다.

"제 입으로 오음을 직접 낼 수는 없지만, 소리의 이미지를 들은 적은 있습니다. 광대하고 웅장하며 깊은 소리는 예로부터 궁음宮音이라 하고, 높고 밝으며 급하고 빠른 소리는 예로부터 상음商音이라 하고, 정확하며 뚝 그치는 것은 예로부터 각음角音이라 하고, 재빠르며 치솟는 소리는 예로부터 치음徵音이라 하고, 가라앉으면서 가늘어지는 소리는 예로부터 우음羽音이라 불렀습니다. 소리가 난다는 것은 모두 칠정七情을 거쳐서 나지 않는 것이 없으며, 또 변궁變宮·변상變商·변각變角·변치變徵·변우變羽 소리가 있으니, 음률은 소리를 따라 어우러집니다. 마음에 느끼는 것이 편벽되고 바름이 생기니 음이 그 변화에 따르고, 음률이 맞고 곡조가 이루어지는 것입니다."

나는 말하였다.

"오음에는 선과 악이 있을까요?"

혹정은 말하였다.

"어떤 것을 말하십니까?"

나는 대답했다.

"궁음宮音처럼 광대하고 웅장하며 깊은 것은 선善이고, 상음商音같이 급하고 빠른 소리나 치음徵音같이 빠르게 치솟는 소리는 착하지 못한 것이 아니냐는 말씀입니다."

혹정은 말하였다.

"아닙니다. 오음은 모두 바른 소리입니다. 이른바 광대하고 웅장하며 빠르게 치솟는다는 것은 다만 여러 가지 소리의 본질[體]을 나타낸 것뿐이요, 그 작용[用]은 바르지 않은 것이 없습니다. 궁도 아니요, 상도 아니고, 각도 치도 우도 아닌 것을 간음間音이라 하여 5음의 사이에 끼어 있으니 이것이 곧 간성姦聲입니다. 오음은 변해서 반음半音이 되고, 또 반을 쪼개서 반의 반음으로 되나 이러고도 근본 되는 음률을 잃지 않을 때는 맑고 탁한 음이 서로 조화되고,

높고 낮은 음이 서로 응하게 됩니다. 음률이 서로 연결되고, 곡조가 생긴 후에야 그 음악의 선악을 이야기할 수 있을 것입니다.

한 사례로 증명을 하자면, 궁宮은 맨 처음 정음正音으로서 임금의 상징象徵이 되었습니다. 그런데 비파琵琶15)로 새로 낸 궁성이 나기만 하고 다시 되돌아오지 않는 것을 보고 왕영언王令言16)은 수양제隋煬帝가 대궐로 돌아오지 않을 것을 알았다니, 궁성宮聲이야 무슨 나쁜 것이 있었겠습니까. 이같이 한번 가고 돌아오지 않는 것은 궁음을 이어 곡조를 세우는 것을 잘못한 것입니다. 왕망王莽17)이 새로운 음악[新樂]을 만들어 명당明堂18)에 바쳤더니, 그 소리가 슬프고 사나워서 듣는 자가 나라를 일으킬 음악이 아니라 하였고, 진후주陳後主19)는 근심이 없다는 무수곡無愁曲을 지었는데, 듣는 자가 슬프고 원망스러워 눈물을 흘리지 않는 이가 없었습니다. 수隋의 개황開皇20) 초년에 새로운 음악이 이미 나왔는데 악공 만보상萬寶常21)은 "음탕하고 사납고도 슬프니, 천하가 오래지 않아서 끝날 것 같다."고 했답니다.

---

15) 악기 이름.
16) 隋나라 악공인 왕영언 아들이 오랑캐의 비파로 公子曲을 연주했을 때 궁성에서 시작했으나 조율을 잘못해 끝에 궁성으로 돌아오지 않아서, 떠나있는 수양제가 돌아오지 않을 것을 알았다고 한다.「隋書 열전」
17) 후한 말기의 인물. 왕을 죽이고 新이라는 나라를 세웠음.
18) 산천의 제사를 받드는 당.
19) 진숙보陳叔寶.
20) 수 문제隋文帝 양견楊堅의 연호.
21) 隋나라 악공.

음악을 만들 때 언제나 궁음 자리에서 조가 시작한다는 말[旋宮
起調]²²⁾은, 소리가 상음에서 시작될 때는 상이 궁음이 되고, 각음에
서 시작될 때는 각이 궁음이 되고, 치음에서 시작될 때는 치가 궁음
이 되고, 우음에서 시작될 때는 우가 궁음이 되는 것과 같습니다."

형산이 말하였다.

"남북조 시대 송순제宋順帝²³⁾ 때 상서령尚書令 왕승건王僧虔²⁴⁾은
황제에게 아뢰기를, '지금의 청상淸商²⁵⁾은 사실 동작삼조銅爵三租²⁶⁾에
서 나온 것으로, 남긴 분위기가 넘실넘실 귀에 넘쳐 소리가 알맞고
고르고 단아한 것이 이보다 더 나은 것이 없었으나, 십수 년 동안
없어진 곡조가 반이나 되고, 민간에서는 앞다투어 새 잡곡雜曲을 만
들어 음탕하고 시끄럽기가 한이 없으니, 마땅히 관리들을 시켜서
모두 고치고 보충해야 할 것입니다.'라고 하였습니다.

대개 위魏나라는 한漢나라를 계승했고 한은 진秦을 이었으니,
진의 수도 형산은 주周의 수도 호경鎬京에서 멀지 않은 데다가, 진의
음악은 열국列國에서 으뜸이 되었으니 흘러온 풍조와 여운餘韻이 그
때까지도 남아 있었던 것입니다. 『진서晉書』 악지樂志에 일컬었던 바
'비무鼙舞는 한漢나라 시절 잔치 자리에서 쓰던 춤이다.'라고 하였는

---

22)   현재 음악의 조 개념과 같음. 예를 들어 양악의 바장조는 바(f)음이 '도'(c)가 되는 것처럼, 궁
      음音이 '도'(c)가 된다는 것임.

23)   유준劉準.

24)   426~485. 서예와 음악에 뛰어났던 인물.

25)   악부인 청상곡사淸商曲辭.

26)   曹操의 나라인 위魏의 대표적 음악.

데, 강좌江左[27]에서는 옛날에 아악雅樂이 없었습니다. 양홍楊泓[28]은 말하기를, '처음에 강남江南에 와서 백부무白符舞 혹은 백부구무白鳧鳩舞라고도 하는 것을 보았다. 이것은 오吳의 사람들이 손호孫皓[29]의 학정虐政을 걱정하여 지은 것으로, 그 곡조에 「백구白鳩」, 「제제濟濟」, 「독록獨祿」, 「갈석碣石」 등이 있다.'라고 했습니다.

혹은 말하기를, '백부구무는 곧 백부伯符[30]가 창춤을 잘 추어서 당할 자가 없었으므로 강동江東 사람들이 손랑孫郎(孫策)이 온다는 말을 듣고 모두 혼이 나갔다고 한다. 천하가 평정되고 나서, 강동 어린이들은 드디어 노래를 지어 전했다.'고 합니다.

동작삼조란 것은 위 무제魏武帝[31]가 업鄴에다 동작대銅爵臺를 세우고 스스로 악부樂府를 지어 악기에 맞추었다 합니다. 문제文帝[32]와 명제明帝[33] 무렵에는 음악을 맡은 청상령淸商令을 두어 이를 관리하게 하였는데, 소리가 알맞고 고르고 단아한 것이 비록 반드시 왕승건의 말과는 꼭 같지는 않다 하더라도 옛날과의 거리가 멀지 않으니, 그들의 남겨놓은 풍류다운 음이 넘실넘실하여 귀에 가득하다는 말은 이를 두고 이른 것입니다.

---

27) 晉나라가 있던 양자강 이남의 지역을 일컬음.
28) 진나라 음악가.
29) 오吳나라의 말주末主.
30) 손책孫策의 자.
31) 조조曹操.
32) 조비曹丕.
33) 조예曹叡.

진씨晉氏가 도읍을 옮긴 뒤부터 중원中原의 옛 음악은 이리저리 흩어지고, 부견苻堅[34]이 한·위의 청상악淸商樂을 얻게 되자 전진前秦[35]과 후진後秦[36]에 전했고, 송 무제宋武帝[37]가 관중關中을 평정하자 악공樂工과 악기들을 모두 강남으로 옮겼습니다. 그 뒤에 수隋가 진陳을 평정하자 이것을 모두 얻게 되어 다시 중원으로 들어오게 되었으니, 이상이 악기에 대한 고금의 연혁입니다. 수에서는 강남에서 얻은 악공과 악기를 본래 중화의 정성正聲이라고 일컬으며, 청상이란 옛 칭호를 따라 관서官署를 설치하니 그를 통틀어 청악淸樂이라고 합니다.

내 옛 친구 중에 태산太山에 사는 비불費黻이 있었으니 그의 자는 운기雲起요, 호는 노재魯齋로서 율려律呂에 정통하고 밝아 『삼뇌정의三籟精義』 30권과 『청상리동淸商理董』 30권을 지었습니다. 제가 『대청회전大淸會典』 편수에 참가했을 때 비불은 찬국纂局에 와서 자기가 지은 악학樂學에 관한 여러 가지 책을 바쳤습니다. 성음聲音과 악기에 관한 것을 논하는데, 그림도 그리고 글로 써서 역대 아악의 변천을 하나도 빠짐없이 밝히는 것이 마치 손금을 보듯 하였습니다. 그러나 그 혼자서만 알 뿐이요, 다른 사람들은 그 이론을 알아들을 수 없었고, 또 그 글 속에는 당시의 대신들에게 거스르는 데가 많았습

---

34) 전진前秦의 임금.
35) 부건苻健이 창립한 나라.
36) 요장姚萇이 창립한 나라.
37) 유유劉裕.

니다. 또 비군을 좋아하지 않는 자가 있어 그의 글이 마침내 대청회
전에 실리지 못하게 되었습니다. 식자들은 지금까지 이것을 애석
하게 여기고 있답니다. 내 나이 젊었을 때 한번 보았지만, 밝히 이
해할 수 없었고, 그 후로 세월이 오래되어 모두 잊어버렸으니 더욱
애석한 일입니다."

형산이 이 글을 써서 혹정에게 보이니, 혹정은 계속 고개를 끄
덕이면서 두 사람이 꽤나 오랫동안 이야기를 하는데, 아마 비불의
이야기를 하는 것 같았다.

나는 말하였다.

"구라파[유럽]의 동현銅鉉 소금小琴은 언제부터 성행했던가요?"

혹정이 대답했다.

"어느 때부터 시작되었는지는 모르겠지만 아마 백 년 넘은 일
인 것 같습니다."

형산이 말하였다.

"명明 만력萬曆[38] 때 오군吳郡에 사는 풍시가馮時可가 서양 사람
이마두利瑪竇[39]를 북경에서 만났을 때 그 거문고 소리를 들었고, 또
자명종自鳴鍾을 가지고 있었다고 기록해 놓았으니 아마도 만력 시대
에 처음으로 중국에 들어왔을 것입니다. 서양 사람들은 모두 역법
曆法에 정통하고 기하幾何를 아는 데는 세밀하고 자세해서, 모든 물

---

38) 1573~1615.
39) 마테오 리치. 이탈리아 선교사이며 1580년에 북경에 왔다.

건을 만들 때 모두 이 방법을 쓰고 있습니다. 중국에서 기장 낟알을 포개 놓고 크기를 측량하는 일 같은 것은 도리어 조잡한 수준에 속합니다. 또 그들의 문자는 소리를 표시하는 표음문자여서 새와 짐승의 소리나 비바람 소리라도 귀로 분별하지 못하는 것 없이 혀로 이것을 형용해 냅니다. 저들은 스스로 말하기를, 팔방八方의 노래를 알고 온 세상의 말을 통한다고 하며, 또한 양금을 천금天琴이라 하고 있습니다."

나는 물었다.

"양금의 붉은 찌에 적은 것은 무엇을 표시한 것인가요?"

혹정이 답하였다.

"그것은 줄을 고르는 음악의 부호입니다. 그런데 귀국에도 양금이 있습니까?"

나는 말했다.

"중국에서 사 가지고 왔을 때, 처음에 조율을 할 줄 몰랐습니다. 다만 그 줄마다 나는 딩동 소리가 쟁반 위에 구르는 구슬 소리 같아서, 노인들의 잠 안 올 때나 어린애 울음 그치는 데 가장 좋았지요."

두 사람은 크게 웃었다. 그리고 또 물었다.

"귀국의 금슬琴瑟은 어떻습니까?"

나는 말하였다.

"금과 슬이 다 있습니다. 제 친구 홍대용洪大容의 자는 덕보德保요, 호는 담헌湛軒인데 음률에 능하여 금슬을 잘 탈 줄 압니다. 우리나라 금슬은 중국과 다르고, 타는 방법 역시 다릅니다. 옛날 신라 시대에, 거문고를 만들었더니 현학玄鶴이 와서 춤을 추었다 하여 이름을 현금玄琴이라고도 합니다. 또 가야금伽倻琴이란 것이 있어 큰 슬瑟의 절반 크기이고 줄은 열두 개입니다, 연주법은 중국 거문고 타는 것과 비슷합니다. 담헌은 처음으로 동현금銅絃琴의 곡조를 이해하여 가야금에 맞추었는데 지금은 거문고 악사들이 모두 이 본을 떠서 다른 악기에 맞추고 있습니다."

나는 또 물었다.

"중국에는 아직도 소韶·호濩의 곡조가 남아 있습니까?"

형산이 답하였다.

"하나도 없습니다."

혹정이 말하였다.

"대개 소·호의 시대는 어떠한 세계였던지요! 그 시대 사람들이 지켰던 떳떳한 도리와 시대의 유행과 풍속의 숭상하는 것들을 소·호를 통해 알 수 있을 것입니다. 요堯를 임금으로 삼고 순舜을 신하로 삼고 고요皐陶를 스승으로 삼아서 당시의 사대부들 중에 총명하고 재주가 뛰어난 젊은이들을 골라서 학교에 넣었으니, 이른바 거처가 기질을 바꾸고 봉양이 몸을 변화시킨다[40]는 것입니다. 또 그들이 가르친다는 바는 또 어떤 사업이었겠습니까! 너그럽고 검소하며 온순하고 정직한 것으로써, 성정性情을 도야하고 정신과 기개

---

40) 『맹자』 진심 상盡心上. "거처가 기질을 바꾸고 봉양이 체질을 바꾼다[居移氣 養移體]."

를 북돋워서 마음과 귀를 신령스럽게 하는 것을 어릴 때부터 깨우
쳤습니다. 또 기夔와 같은 음악에 밝고 이치에 통하는 자가 그 분야
를 맡은 관원이 되어 평소에 교육을 받은 천하의 자제들을 이끌고
당시의 음악을 만들었으니, 이는 당시 임금의 도덕과 정치를 상징
하고 백성들의 취향에 맞추었습니다.

이런 음악으로써 상제上帝께 바치면 하늘이 흠향하고, 이런 음
악을 종묘宗廟에 바치면 조상들이 감동했으며, 이로써 교육하고 감
동시키면 백성들이 즐거워하여, 하나라도 억눌림이 없을 것입니
다. 하늘과 땅 사이에 온통 가득 찬 것은 일단一團의 평화스러운 기
운뿐일 것이니, 음악이 이 경지에 이른 것이 마땅하다 할 것입니다.

그 후 천백 년을 지나 공자 같은 이가 나셔서 한번 그 음조音調
의 가락과 곡조의 여운餘韻을 한 번 듣고 그윽히 옛날을 상상하여
석 달 동안 고기 맛을 잊어버리셨다고 하는데, 하물며 당시에 그 춤
추는 봉황을 직접 본 사람들이겠습니까! 그들의 손이 춤추고 발이
뛰놀았을 것을 가히 짐작할 수 있습니다.

무왕武王⁴¹⁾의 시절은 어떤 세계였는지요! 당시의 백성들을 주
지육림의 포악한 정치로부터 건져 내어 한번은 그 나쁜 풍속을 씻
기도 했지만, 전에 물든 더러운 풍속은 오히려 남아 있어 이 폐단을
단단히 고친다는 것은 진실로 하루아침에 될 일이 아니었습니다.
그러므로 방패를 모은 것이 산처럼 둘러섰다는 말은 요순 임금이

41)　주周 희발姬發의 묘호.

순리로 나라를 전해 받은 것보다 못하고, 거칠고 억센 기풍을 뿜어 냈으니, 이는 또 소韶·호濩의 곡조가 너그럽고 검소하고 온순하고 정직한 데 비할 것이 아니었습니다. 이로써 말하자면 대무大武[42])가 이루어진 것은 무왕의 뒤 성왕成王[43])·강왕康王[44])의 시대로서, 이 악곡에 무武 자 하나를 붙여 이름을 짓고 보니 공자님의 비평[45])을 기다리지 않고서도 능히 진선盡善이 못 될 것은 가히 알 수 있습니다. 주周나라는 전성기 시절에도 순임금 때의 후기後夔[46]) 같은 사람에게 음악을 맡도록 했더라도 그 성취한 수준은 여기에 그쳤을 것입니다. 그런데 황우皇祐[47])·원풍元豊[48]) 연간에는 범중엄范仲淹과 사마광司馬光 같은 여러 군자들이 옛날부터 있던 음악을 밝히 이해하지 못하고는 고악古樂의 이치를 애매하게 설명하면서 아홉 번 변화를 하고서야 완성되었다는 소韶를 부흥해 보려고 했지만, 당시의 도덕과 정치가 하늘과 사람의 마음에 합하는지는 몰랐습니다.

더구나 우스운 것은 채원정蔡元定의 『신서新書』[49])에는 율려의 표준 기본음인 원성元聲을 반드시 찾아낼 수 있다고 하였지만, 그 찾

---

42) 주 무왕의 음악 이름.
43) 희송姬誦의 묘호.
44) 희교姬釗의 묘호.
45) 공자는 논어[팔일八佾]에서 순임금의 음악은 아름다움과 선함을 다했다고 하고, 무왕의 음악은 아름다웠지만 선함은 미진하다고 하였다.
46) 순舜의 음악을 담당한 신하.
47) 송 인종宋仁宗의 연호, 1049~1054.
48) 송 신종宋神宗의 연호, 1078~1085.
49) 『율려신서律呂新書』. 송나라의 대학자인 蔡元定이 지었다.

아낼 수 있다는 원성이 본래의 음률을 버리고 다시 어디에 있겠습니까. 설사 채씨의 말과 같이 원성을 찾아내어 소韶를 본떠서 만든다 하더라도, 그때 임금들이 진실로 중화中和하는 덕과 육성하는 공로가 없다면, 비유하건대 제목 없는 과거 답안이요, 신위 없이 늘어놓은 제사상이라 할 것입니다."

나는 말하였다.

"우禹임금 의 목소리가 음률이 되고 우임금의 신장이 척도가 되었다 합니다. 옛날에는 태자太子가 나면 태사太史는 음악을 가르치고 소경에게 그를 살피게 하여 일대의 음악을 완성시켰다고 하니 필시 임금의 목소리로 음률을 삼았겠지요. 성인은 원기元氣를 모은 존재이니, 소리를 내면 반드시 광대하고 화평하여 음률에 맞지 않는 것이 없을 것입니다. 옛날의 성왕聖王은 역시 우임금과 다름없이 그 소리가 음률일 것인데, 유독 우의 소리만 일컫는 것은 무슨 까닭입니까?"

혹정이 말하였다.

"제왕들이 천하를 집으로 삼은 지는 오래되었습니다. 세상에 태어나자 시랑[狼]의 소리를 지르는 이도 있었는데, 그 소리는 마땅히 무슨 음률에 속하겠습니까. 사간斯干(『시경詩經』의 편명)에서 나온 '황황喤喤한 울음 소리'나 하夏나라의 계啓와 같은 고고呱呱의 소리50)가 모두 음률에 맞았기 때문에 제후諸侯가 되고 천자가 되었다고 할

50)   서경 舜典에 나옴. 啓는 하나라 우임금의 아들.

수 있을까요?"

형산이 말했다.

"옛 기록에 이르기를, 모든 소리가 시작될 때는 사람의 마음을 거쳐서 나는 것이라 하였습니다. 대개 극히 귀하고 오래 사는 사람은 목소리가 큰 종소리와 같고 내뿜는 힘이 웅장하고 화창하여, 간혹 황종률黃鍾律(육률에서 기본 표준음)에 맞을 수 있습니다. 그러나 몸이 곧 척도가 되고, 소리가 음률이 된다는 말은 우의 언행이 터럭만큼도 어긋남이 없고, 움직이면 곧 법도에 맞는다는 것을 극도로 찬양해서 말한 것이지, 그 목소리의 청탁이 음률에 맞고 몸뚱이의 길고 짧은 것이 척도에 맞는다는 것은 아닐 것입니다. 몸이 먼저 온 세상 인간의 윤리 도덕의 표준이 되어서 사방의 온 백성이 법으로 삼게 된 것입니다."

혹정이,

"윤 대인尹大人의 말씀이 지극히 옳습니다."

하였다. 형산은 말하였다.

"귀국의 악률樂律은 어떠합니까? 혹 성스럽고 신령한 누군가가 임금의 스승이 되어, 온 맘과 몸의 능력을 다하여 악률을 만든 것인지요. 그렇지 않으면 중화의 것을 본뜬 것인지요? 종묘에 제사를 지낼 때, 산천신에 제사를 지낼 때 모두 음악을 쓰는지요? 또 춤을 춘다면 춤추는 자 몇 줄[佾]을 쓰는가요?"

나는 대답하였다.

"우리나라 삼국 시기엔 비록 성악聲樂이 없지는 않았지만 모두

가 동이東夷의 향악鄕樂이었습니다. 당 중종唐中宗[51] 때에 신라의 악부樂府가 있었고 측천則天[52] 때에 양재사楊再思[53]가 자줏빛 옷을 입고 구려무句麗舞(고구려의 춤)를 추었다고 하니 필시 속되고 고상하지는 못했을 것이요, 송 휘종宋徽宗[54] 때에 우리나라에 대성악大晟樂을 보내왔다고 하나 모두 세월이 오래되어 상고할 수가 없습니다. 명나라 홍무洪武[55] 때에는 우리나라에 팔음八音이 들어왔고, 춤은 육일六佾을 쓰게 되어 돌아가신 임금의 제사를 지내는 예법을 갖추었습니다. 그 제례에 쓰이던 악기는 중국으로부터 왔으나 그 후는 국내에서 그것을 본떠서 만들었습니다. 그러나 이런 향음鄕音은 잘못 변하기 쉽고, 옛날의 척도는 표준 삼기가 어려웠습니다. 조선의 선군先君이신 장헌왕莊憲王[56]은 성스러운 덕이 있으셔서, 상서로운 검은 기장과 고옥古玉을 얻어서 아악雅樂을 제정했습니다. 그런데 당시의 중국 악기가 모두 고율古律에 맞았는지, 토산土産인 기장 알로써 헤아렸기 때문에 과연 옛날 기록의 전하는 것과 착오가 없었는지는 알 수 없습니다."

형산이 의자에서 일어나 몸을 굽히면서 말했다.

---

[51] 이석李晳.

[52] 측천무후를 말한다. 당 고종의 왕후. 고종 사후에 아들인 중종, 예종을 세웠다가 결국 나중에 스스로 왕이 되고 周라고 국호를 고치고 음란한 생활을 하다가 장간지 등에 의해 폐위되었다.

[53] 舊唐書 열전.「양재사전」

[54] 조길趙佶.

[55] 1368~1398.

[56] 조선 세종世宗의 시호.

"동방의 성덕 있는 임금이십니다. 귀국의 노래 몇 장章을 들을 수 없을까요?"

내가 몽금척夢金尺[57]이라든가 용비어천가龍飛御天歌와 같은 노래를 순식간에 외워서 대답할 수 없었고 또 이야기하지 말아야 할 것인지 아닌지를 알 수 없어서 딴말로 돌렸다. 그러니 형산 또한 다시 묻지 않았다.

혹정이 물었다.

"귀국의 음조音調는 어떠한지 선생은 형용할 수 있겠습니까?"

나는 대답했다.

"저는 본래 노래 재주가 없어서 형용할 수 없습니다만, 다만 그 음조가 느리고 길고 박자가 느릿느릿 펼쳐집니다."

형산이 말했다.

"참으로 군자의 나라입니다."

나는 말하였다.

"제가 처음 요동에 왔을 때 길가에서 노래하고 연주하는 소리를 듣고 그 소리를 따라 들어가 보았습니다. 피리 한 사람, 퉁소 한 사람, 젓대 한 사람, 비파 한 사람, 월금月琴 한 사람이 노래에 맞추어 반주하고, 사발 크기의 북을 가지고 박자를 맞추는데 피리 소리는 새납[嗩吶][58] 소리 같고, 젓대는 우리나라 우조羽調[59]보다 청淸(음정)

---

57) 조선 태조가 조선 건국 전 꿈에서 신선에게 황금자를 받은 것을 내용으로 한 춤곡이다.
58) 태평소.
59) 羽음을 으뜸음으로 하는 곡조이다. 기풍이 맑고 씩씩한 느낌이 난다고 한다.

은 배나 높았습니다."

혹정이 물었다.

"그건 무슨 말씀입니까?"

내가 대답하였다.

"이른바 우조란 것은 오음五音에서 말하는 우음이 아니고 즉 곡조의 이름입니다. 그래서 비 우雨 자를 써서 우조雨調라고도 부릅니다. 우리나라 속악俗樂에는 또 계면조界面調[60]가 있는데 이것은 우조를 뒤집은 음입니다. 청이 배나 된다고 한 것은, 음률을 말할 때는 다들 청淸이라 하는데, 이것은 맑고 탁하다는 뜻의 청이 아니요, 청이 배라고 하는 것도 본 음률[本律]보다 청이 갑절 높다는 말입니다."

혹정이 말하였다.

"그러면 본율의 반입니다."

내가 대답했다

"어제 황제의 어전에서 하는 음악을 들으니, 역시 요동에서 들은 것과 비슷하고 또 징과 바라로써 박자를 맞추었습니다. 이것이 아악雅樂입니까? 왜 그 음조가 그렇게 높고 박자가 그렇게 빠릅니까?"

형산이 말하였다.

"선생은 어제 대궐에 들어가셨던가요?"

내가 대답하였다.

---

60) 슬프고 애타는 느낌을 주는 음조이다. 양악의 단조(minor) 개념과 비슷하다.

"아닙니다. 대궐에 들어가지는 않고 담 밖에서 들었을 뿐입니다."

형산이 말했다.

"그것은 아악이 아닙니다. 이것은 연희할 때 하는 음악입니다. 아악에는 징과 바라를 쓰지 않습니다."

나는 물었다.

"아악은 어떠한 것입니까?"

형산이 대답하였다.

"대체로 명明의 제도를 따라서 크게 조회를 할 때는 악공 64인61)을 씁니다. 인악引樂62)이 두 사람, 통소[簫] 네 사람, 생笙 네 사람, 비파 여섯 사람, 공후箜篌 네 사람, 진箏 여섯 사람, 방향方響63) 네 사람, 두관頭管64) 네 사람, 용적龍笛(큰 젓대) 네 사람, 장고杖鼓 스물네 사람, 대고大鼓 두 사람, 판板이 두 사람입니다. 협률랑協律郎65)은 먼저 모든 악기를 궁전 뜰 위에 차려놓고, 천자의 수레가 장차 떠나며 구름 깃발이 움직이려 할 때 협률랑은 기를 높이 들어 비룡인지곡秘龍引之曲을 연주합니다. 황제가 용상 위에 앉으면 음악은 그치고 찬관贊官66)이 모두 몸을 굽히라고 외치면, 협률랑은 풍운회지곡風雲會之曲

---

61) 명 아악 편성은 원래 66인이다.
62) 지휘.
63) 강철편을 배열한 타악기.
64) 피리의 일종.
65) 음악기술관원.
66) 의례집행시 구령을 하는 관원.

을 연주하라고 합니다. 이 음악이 시작되면 백관은 머리를 조아려 절을 하며, 절을 마치고 일어나면 음악이 그칩니다. 화석친왕和碩親 王이 전각 위로 올라가고 보국공輔國公들과 각로閣老들이 따라 올라 가면 협률랑은 경황도慶皇都와 희승평喜昇平의 악을 연주하라고 합니다. 지금은 그 명칭들이 비록 달라졌지만 악공 편제와 악기는 바뀌지 않았고 곡조도 고쳐지지 않았습니다."

내가 물었다.

"악공들의 복색服色은 어떠합니까?"

형산이 말했다.

"굽은 두건을 쓰고, 붉은 비단에 꽃을 그린 넓은 소매 장삼을 입고, 금칠한 띠를 띠고 붉은 비단으로 머리를 둘러매고, 검정 가죽신을 신었습니다."

내가 말했다.

"이것은 한인들의 제도와 비슷하군요."

형산이 대답했다.

"아닙니다. 아악을 할 때는 비단이나 수놓은 망포蟒袍 같은 것을 쓰지 않고, 또한 번인番人의 모자도 쓰지 않습니다. 태상아악太常雅樂67)에 구주九奏·팔주八奏·칠주七奏·육주六奏의 모두 네 가지 등급이 있어 음탕하고 지나치고 흉하고 거만한 소리를 금하고 있습니다. 큰 제사 때는 연주자가 72명이요, 춤추는 자들이 132명인데 먼저

---

67)   唐 초 태상시太常寺의 조효손 등에게 정하게 한 아악이다. 12악 48곡 84조의 규모라고 한다.

신악관神樂觀68)과 태화전太和殿69)에서 연습을 합니다. 한나라 때에는 태상관太常官을 매우 중요히 여겼으니 무릇 나라에 큰 정사가 있어서 승상丞相과 열후列侯와 구경九卿들에게 의논을 한다면 음악 박사博士는 으레 이 의논에 참여하지 않은 적이 없었습니다. 공경公卿과 장상將相들이 연명聯名해서 창읍왕昌邑王70)을 폐하자고 태후太后에게 청하는 글 중에, '신 창敞71) 등은 삼가 박사와 더불어 의논했습니다.'라고 하였습니다. 이것이 천하에 얼마나 큰일인데 박사의 말에 반드시 먼저 의거한다고 하였으니, 지위는 낮고 사람은 미천하나 이같이 중히 여기는 것은 아마도 천지신명과 종묘에 제사하는 예악禮樂의 근본을 맡았기 때문일 것입니다. 이전 명나라의 찬례贊禮(축문을 맡아 읽는 관원)는 곧 송宋의 대축大祝인데, 송에서도 역시 그 벼슬을 중하게 여겨 반드시 재상의 자재들을 임명하였으니, 이것은 귀족의 장자[冑子]들을 추려서 가르친다는 옛 뜻일 것입니다. 명나라 초년에는 역시 문학 하는 선비로 여기에 처하게 했지만, 후에는 누런 모자를 쓴 도사道士들로 자리를 채웠으니, 이것은 잘못입니다.

옛날에 관리를 쓰는 데는 그 방면을 바꾸지 않았으며, 인재를 쓰는 데는 겸직을 시키지 않고 순임금 때 의례를 맡은 이夷나 음악을 맡은 기夔가 구별되어, 각각 한 가지 직책을 오로지 하여 이것을

---

68) 북경에 있다. 악생과 무생이 교묘에 제사지낼 때 나와서 연습하는 장소이다.
69) 북경 천단 내에 있는 전각.
70) 한나라 폐왕이 된 유박劉髆.
71) 張敞. 서한의 대신이다. 충언과 직간으로 이름이 난 인물이다.

종신토록 익히고 연구하는 것입니다. 이것은 비단 이와 기가 그 벼
슬에 끝까지 있을 뿐 아니라, 대를 이어가면서 그 직책에 있는 것도
가능하였으니, 역사를 기술하는 태사太史나 음악 맡은 관리가 더욱
그러했던 것입니다. 그러나 후세에 와서는 그 직책이 한결같지 못
하여 위로는 기에게 미치지 못하고 아래로는 광대만도 못하게 되
었습니다. 경황없이 등용을 당하면, 마치 신부가 처음 와서 보모에
게 의탁하듯이, 대궐 위에서 깃발을 들고 서 있는 거동이 마치 저
관청 섬돌 앞에 우두커니 서 있는 나무와 같아서 참으로 우습습니
다. 귀국의 음악을 맡은 관원도 역시 이와 같겠지요?"

나는 말하였다.

"저의 이번 길이, 계찰季札[72]이 주周의 옛 음악을 감상한 것에
비하면 부끄럽습니다."

형산이 말하였다.

"저의 옛날 친구 도규장陶達章은 제齊에 사는 사람으로, 일찍이
태상관太常官으로 있으면서 나한테 보낸 편지에 자신을 조롱해서 말
하기를, '해당奚唐[73]의 서라고 하는 말에 부끄러워하며, 전부田父[74]

---

72) 춘추시대 吳나라의 인물. 외교적 책무를 지고 여러 군데로 사신을 다닌 것으로 유명. 魯나라
     에 가서 옛날 周나라의 성대한 음악을 보았다는 고사가 있다.

73) 해당亥唐의 오기로 보인다. 진 평공晉平公이 해당亥唐과 앉아 이야기하다가 해당이 나가고, 숙
     향이 들어가자 한쪽 다리를 펴며 말하기를, "내가 좀전에 해당과 앉아 이야기를 하였는데,
     다리가 저리고 아팠으나 감히 다리를 펴지 못했다." 하였다. 숙향이 화를 내자 평공이 말하
     기를, "그대는 작록을 통해 부귀해지기를 바라지만 해 선생亥先生은 바라는 것이 없으니, 내
     가 정좌正坐하지 않으면, 그를 봉양할 수가 없다." 하였다. 『淵鑑類函 卷289』

74) 항적項籍이 해하垓下에서 패하여 강동으로 갈 때에 전부에게 길을 물었는데, 전부가 일부러

가 왼편으로 가라고 속일까 보아 늘 의심합니다.' 하였으니, 이야말
로 수풀 개구리가 음악소리를 내고[75], 대들보 위에 있는 제비가 '회
여지지誨汝知之'[76]를 가르쳐 주는 것이나 다름없을 것입니다."

이 말에 서로 웃어대어 집이 떠들썩했다. 형산은 이어 말하
였다.

"홍무洪武 초년(1368)에 처음으로 신악관神樂觀을 천단天壇 서쪽에
두고 음악과 무용을 가르쳤는데, 고황제高皇帝(명태조)는 친히 산천에
지내는 제사에 나누어 쓰는 악장樂章을 만들고, 그 후에는 합쳐서
제사를 지내게 되자 다시 합사合祀하는 악장을 만들었으며, 또 예식
이 이루어지자 노래 아홉 장을 불렀습니다. 그런데 식자識者들은 그
음률이 아직 옛날로 회복되지 못한 것을 단점으로 여겼습니다. 상
서尙書 도개陶凱와 협률랑 냉겸冷謙에게 조서를 내려 아악을 제정하
게 하고, 또 학사學士 송렴宋濂에게 명하여 악장을 만들게 했습니다.

원園[77]이나 능陵[78]에 제사를 지낼 때는 음악을 쓰지 않고, 또 교
제郊祭나 종묘 제사에는 악기를 옮기지 않았습니다.

홍무 6년(1373)에 제사를 지내고 돌아오는 길에는 반드시 악생

속여서 왼편으로 가게 하였다.
75) 공규라는 사람이 숲에서 나는 개구리소리를 손님을 맞는 음악소리라고 착각했다는 고사가
   있음.『蒙求』
76) 논어의 知之爲知之 不知爲不知 是知也를 음독하면 마치 제비가 지지배배하는 것 같다는 말
   이다. 왕안석『說郛』
77) 왕세자나 세자빈의 무덤.
78) 임금의 무덤.

樂生·무생舞生들을 앞세워 길을 인도하게 되고, 한림翰林들과 유신儒臣들에게 명하여 음악의 가사를 짓도록 하여 공경하고 삼가며 경계하는 뜻을 갖도록 했습니다.

명 태조는, '짐朕이 일찍이 한스럽게 생각하는 것은 후세의 악장들이 헛된 말로만 기리고 찬미하는 것이다. 이것은 귀신에게 아첨하는 것이냐, 당시의 임금에게 아첨하는 것이냐?' 하였습니다. 이에 유신들은 뜻을 받들어 감주甘酒·준우峻宇·색황色荒·금황禽荒79) 등의 곡조를 지었으니, 이것은 모두 39장으로서 이름을 회난가回鑾歌라 하였습니다. 이것은 음악의 근본을 알았다고 할 수 있으나 오히려 문장에 치중하였고, 성률聲律에 이르러서는 당시의 식자들이 '전부 아니다.'라고 하였습니다.

또 12년(1379)에 이러한 조서를 내렸습니다. '짐이 한미한 처지에서 일어나 천하에 군림하면서 상하의 신령들을 받들어 모시니, 만일 조금이라도 정성스럽지 않다면 생민들의 복을 비는 본심이 아닐 것이요, 또 신령스러운 천자 자리를 오래 유지하고 보전하지 못할 것이다. 옛날 성숙공成鷫公80)이 제물을 물려받고서 게으름을 부리는 것을 보고, 군자들은 그의 지위가 오래가지 못할 것을 알았다. 동작動作과 위의威儀의 범절도 운명을 결정하는 것이 이와 같은데, 하물며 목소리가 나게 되는 것은 더욱 지성으로부터 감동되어

---

79) 술, 좋은 집, 여색, 사냥에 대하여 경계하는 내용이다. 『서경書經』 오자지가五子之歌에 나온다.
80) 주 문왕의 아들 성백成伯.

서 그런 것이 아니겠는가? 귀신이 없다 하여 믿지 않는 자는 사실을 왜곡하는 것이요, 귀신에 아첨하여 복을 비는 자는 미혹되었다 할 것이다. 짐이 신악관을 설치한 것은 음악을 갖추어 천지신명과 종묘의 신령께 제사 지낼 뿐이요, 전대의 제왕들이 그랬듯이 이상한 말로만 꾸며 구차하게 장수를 바라는 버릇을 본받음은 아니다.

설령 이러한 도가 있다 할지라도 이는 마음을 맑게 닦아 (마음이) 원활히 오고 감에 어려움과 장애가 없도록 하는데 지나지 않을 뿐이다. 만약에, 진짜 오래 사는 이치가 있었다면 은殷·주周의 어른들이 어디로 갔으며 한漢·당唐의 원로들은 어디 있는가?'

그리고 이것을 돌에 새겨 신악관 안에 세웠습니다. 이 비석을 보면, 음악의 이치에 밝고 사리를 통달한 이론이라 할 수 있을 것입니다. 그러나 도사 부류들이 마침내 옛날 뜻을 받들지 못하였습니다. 이에 우리 성조 인황제仁皇帝(강희제)는 예로써 천지에 제사 지내는 음악과 만방을 협화協和하는 성대한 의식을, 누런 모자를 덮어쓴 저 도사들에게 맡겨 관리시킬 것은 못 된다고 하여 이를 모두 태상太常에게 돌리게 되었고, 또 정세자鄭世子[81]와 같이 음악에 밝은 이로서도 당시에는 능히 쓰이지 못했음을 깊이 애석하게 여겼으니, 오늘의 『율려정의律呂精義』라는 서적이 이것입니다. 큰 성인이 중화中和

---

81) 명 태조의 8세손. 이름은 주후완朱厚烷이고 음률에 뛰어났으나 후일 상소문제로 왕 작위가 박탈되었다. 이가 정공왕이고 세자는 주재육朱載堉(1536~1611)으로, 앞서 말한 상소문제에 대해 자기 아버지의 무고함을 밝히기 위해 궁문 앞에 흙집을 짓고 15년 석고대죄를 하면서 이 시기에 율려정의를 지었다.

의 덕을 세우게 되니 음악은 우리 왕조[本朝]에 들어와서 비로소 크고 우아한 것으로 바로잡게 되었습니다."

혹정은 말하였다.

"귀국의 악기와 악공은 응당 고려의 옛것일 것이니 이것은 필시 송의 숭녕崇寧(송 휘종宋徽宗 연호) 때 반포된 대성악大晟樂일 것입니다."

내가 말하였다.

"지금 우리나라에서 쓰고 있는 것은 홍무 때에 들어온 것입니다."

혹정이 말했다.

"홍무 때 받았다는 것이 실은 대성악의 나머지일 것입니다. 주자는, '숭녕 말년에 아첨한 자들의 모임에나 죄인들의 떨거지를 가지고 어찌 천하의 화평이라고 말할 수 있으랴.' 했습니다. 그러나 송이 이미 강남江南으로 건너간 뒤로 금 태종金太宗(완안성完顔晟)은 변경汴京(송의 수도 개봉開封)에 있는 악기와 악공을 모조리 거두어 북쪽으로 옮겨가 태화악太和樂이라고 이름을 고쳤으니, 이것도 그 실상은 대성악입니다. 금나라가 망하자 다시 또 남쪽 변, 채汴蔡로 옮기고 변, 채가 함락되자 중원의 옛 물건은 모두 원元으로 들어갔습니다. 원의 오래吳萊[82]가 태상이 되어 쓴 음악은 본래 대성악의 유법遺法으로 옛날 악공을 가르쳐 종묘의 제사에 썼습니다. 그래서 원나

---

82) 원의 음악을 맡은 관원. 1297~1340. 저서로 『淵穎集』이 있다.

라 악공들의 자손은 대대로 하변河汴 지방에 살고 있습니다. 명나라가 원을 쫓아내고 악공과 악기들을 모두 얻게 되었습니다. 그러므로 태상의 아악과 악관들이 익히던 음악은 오히려 대성악이라고 불릴 수 있습니다만 대열을 지어 여럿이 추는 춤이나 모든 놀음은 원의 옛 제도를 본받은 것입니다. 명의 고황제高皇帝(명태조)는 원의 정치를 새로이 개혁하면서도, 대성악은 금나라가 송에 따랐고 원나라는 금나라를 따르고 보니, 그 전통이 이미 오래되어 중국의 옛 제도를 지키고 있다고 여겨 음악을 새로 고쳐 만들지는 않았습니다. 이로써 홍무 때에 반포된 것은 본래 하나인 대성악임을 알 수 있습니다."

나는 물었다.

"옛말에서는 천자의 가운데 손가락 길이만 한 율관律管을 만들어 땅속에 묻고 후기법候氣法[83]을 썼다는데 이 이치는 어떤 것입니까?"

혹정이 대답했다.

"이것은 곧 방사方士 위한진魏漢津[84]이 휘종徽宗의 손가락을 재어 대성악을 만들었다는 것입니다. 한진은 본래 촉蜀의 천인 출신입니다. 위한진은 성왕聖王의 타고난 천품은 천지 음양과 한 몸이 되기에, 왕의 목소리는 음의 기준인 율律이 되고 그 키는 길이의 척도가

---

83) 율관을 흙속에 묻어 기후를 점치는 법.
84) 북송 때의 음악가이다. 1105년에 대성악을 완성했다고 한다.

된다고 하면서 휘종에게 청하여 가운뎃손가락 세 번째 마디의 길이로 황종률黃鍾律을 정하고, 이로써 천지의 바른 이치와 음양의 조화에 맞추자고 하였습니다. 당시에 채경蔡京[85]이 유독 그 말을 기특히 여겨 갖은 아첨으로 황제를 달래어 먼저 솥 여덟 개[86]를 만들자고 했으니, 이것이 가장 가소로운 일입니다.

옛적에 처음 난 성왕은 비로소 말[斗]과 자[尺]를 만들면서 아무것도 의거할 것이 없었으므로 마침 손가락 마디로 율律을 삼았고 기장 알 개수를 세어 표준을 삼은 것입니다. 또 당시 세상은 네 계절이 철에 맞는 기후를 잃지 않았으니, 이른바 '바람은 나뭇가지에 울지 않고 바다는 물결이 일지 않았다.'[87] 한 것입니다.

기후가 사철의 기운을 얻은 것은 이치가 괴이할 것은 없겠지만, 후세에 이르러 임금이 어질어야 천지 기후도 고르고 생물이 자란다는 이치는 생각지도 않고, 다만 손가락 길이로 율을 만들어 버리고, 갈대를 태우면서까지 좋은 기후를 얻고자 하니, 본 바탕은 보지도 않고 겉모습만 꾸미려는 것[不識繪事後素之義]이고, 그 근본은 헤아리지 않고 끝만 가지런히 하려고 하는[不揣齊末] 격입니다. 이러고서는 가령, 계절에 맞는 기후가 온다고 하더라도 이 기후가 어디에 속하는 기후인지 모를 것입니다. 하물며 사람의 손가락 마디는 길

---

85) 1047~1126이 생몰년. 북송의 명신으로 서예에 능하였다.
86) 원래는 구정九鼎으로 보인다. 구정은 禹임금 때 만든 솥으로서, 천자에게 전해지는 보물이다.
87) 효경에 나오는 말이다.

고 짧음이 같지 않은데, 휘종의 손가락이 길어서 악률이 높아졌으므로 한진漢津은 크게 놀라 그 무리인 임종요任宗堯에게 조용히 말하길, '음률이 높으니 북비北鄙(북쪽 변방)의 음악 같다. 북쪽 진영이 요란하니, 천하에 장차 무슨 변이 생기는 게 아닌가?' 하였답니다. 음악이 완성되자 드디어 정강靖康의 화[88]가 있었으니, 소리는 속일 수 없는 것입니다. 한진 같은 소인이 비록 음률을 들을 줄 아는 재주가 있었다 하더라도 음악을 만들 덕이 없었고, 당시 사대부들이 또 한진의 재주만 한 자도 없어 그에게 아부하기에만 급급했으니, 주자가 비난한 '아첨한 자들의 모임에나 죄인들의 떨거지'라는 것이 이것입니다."

형산이 말하였다.

"그렇지 않습니다. 냉겸冷謙이 정했다는 음악과 춤은 홍무 6년(1373)의 일인 대성률과는 엄청나게 다릅니다. 대성악은 귀신을 맞는 첫 연주의 소리는 남려南呂의 각음角音이니, 이는 대려大呂의 변조變調입니다. 홍무 때에 만든 태주太簇의 우음羽音은 중려조中呂調로, 냉겸의 칠균七均[89]은 태주로부터 이측夷則·협종夾鍾·무역無射·중려中呂는 모두 정조正調인데 다만 청황종淸黃鍾·청림종淸林鍾의 변조입니다.

본 소리는 무겁고 커서 임금과 아비에 속하고, 응하는 소리는 가볍고 밝아서 신하와 자식에 속하게 됩니다. 그러므로 이르기를,

---

88) 송나라 임금 흠종이 포로로 잡히게 된 사건. 1126년에 일어났다.
89) 고대 7음(궁상각치우 변궁 변치)을 12율에 배정하고 매 율마다 균등하게 궁宮음을 만든다. 율이란 궁음을 기준으로 삼은 7종의 음계가 되는데, 이것을 7균이라 한다.

사청성四淸聲이라 하는데, 만일 사청성을 쓰지 않는다면 이것은 감응하는 음이 없게 되어 임금의 덕은 뻣뻣해지고 신하의 도리는 끊어지며, 아비의 도리는 없어지며 자식의 직분은 허물어지게 됩니다. 한진의 음률은 옛 제도에서 두 율씩을 낮추어 임종林鍾을 궁음으로 할 때는 상음·각음이 정조正調가 되고, 그 나머지는 모두 변조가 됩니다. 또 남려南呂가 궁음이 될 때는 오직 상음 하나만 정조가 되고 그 나머지는 모두 변조에 속합니다. 이것은 칠균 중에 변조가 다섯 가지나 되니, 의논하는 자는 이 때문에 임금의 도가 미세微細하게 되고 백성과 귀신과 사물의 힘이 떨치지 못한다고 하는 것입니다. 이것은 참으로 망국의 음률로서 슬프고 음란하고 원망하고 흐느끼게 되어 오래 들을 수 없다고 합니다.

송잠계宋潛溪[90]가 말했듯이 한진이 만든 음악이 난세의 음악이라 한 것도 바로 이 까닭입니다. 주자가 건양建陽 땅 채원정蔡元定의 균조勻調와 후기법이 치밀하고 화통한 것을 칭찬하고, 자기의 예서禮書 중 악제樂制·악무樂舞·종률鍾律 등 각편을 대체로 채씨의 신서新書에 의거하여 고증하면서 부연해서 기술했습니다. 그러나 주자는 음률에 대하여도 명백히 해득하지는 못하여, 오로지 채씨를 믿었으니 이른바 선입견입니다. 한진을 배척한 것도, 음률을 감정하여 옳고 그름을 안 것이 아니라, 다만 그것이 채경의 주장한 것이라 하여 있는 힘을 다 들여 이를 공격했던 것입니다. 원정元定의 율려신

90) 잠계는 송렴宋濂의 호, 명나라 사람.

서는 능히 행사에 시험해 보지 못했고, 한진의 음악은 그 당세에 밝게 시험을 해보았기 때문에 그 후의 의논하는 이들은 그 일을 지적하기가 쉬웠던 것입니다. 실상 채씨가 음악에 밝은 것은 고정考亭(주희의 별칭)보다는 나으나 너무도 천착穿鑿했고 집요執拗하게 다루었다는 평을 면치 못할 것이요, 한진의 음률을 감상하는 것이 원정보다 정밀하다 하지만, 그는 억지로 맞추고 아첨하고 있으며, 냉겸이 음악을 제정함에 이르러서는 비록 옛 제도를 곡진하게 답습했다 하겠지만 그 소리는 송·원의 율이 아니었습니다. 제가 대청회전會典을 편찬하는 데 참가했을 때 여러 대가들을 연구하였는데, 홍무 때 제정한 것은 실상 대성악과도 판이하게 달라 왕노야王老爺가 말씀한, 귀국이 홍무 때 가져갔다는 대성악이 옛날 것이란 것은 틀린 것 같습니다.”

혹정이 말했다,

“어찌해서 그럴까요?”

형산이 웃으며 말했다.

“그냥 그런 것 같습니다.”

형산이 다시 말했다.

“대체로 중국의 악공은 진晉 시절에 망했고, 악기는 수隋 때에 망했으며, 잡극과 온갖 놀음이 아악을 어지럽게 만든 것은, 당 현종唐玄宗이 마땅히 죄의 책임을 져야 할 것입니다.”

나는 말하였다.

“그 말씀을 듣고 싶습니다.”

형산이 말하였다.

"춘추 시절에 세상은 비록 어지러웠으나, 옛 태평성대가 그다
지 멀지 않았습니다. 그리고 진·한 이래로 비록 큰 난리가 자주 일
어났으나 화는 중국 안에서 있었기 때문에 악기나 악공을 딴 데로
옮겨가지 않았고, 제도도 그대로 남아 있었으며, 나라를 가진 자도
창과 칼을 버리고 우선 생生과 용鏞을 찾게 되었습니다. 그러므로
음악을 맡은 관원들은 세대와 더불어 함께 일어나고, 풍진風塵이 조
금 맑아지면 다투어 악기를 안고 관직에 나와서 자손들에게까지
세업世業을 전하여, 마음대로 악기 다루는 법을 배우고 익혔습니다.
진씨晉氏가 도읍을 옮기게 되자 다섯 가지 성이 섞이고 어지러워[91]
사해가 쪼개어 무너지고, 음악의 세밀한 기술은 도탄에 유리되었
고, 석씨石氏(후조後趙의 석륵石勒)가 업鄴에 도읍하자 동작銅爵과 청상淸商
은 모두 바람에 날린 듯이 없어지고 모용초慕容超(남연南燕의 임금)는 이
불李佛 태악관太樂官을 잡아온 대신 그 어머니를 요진姚秦에 바쳤으나
옛날 악공들은 모두 없어지고 말았습니다.

송 무황제宋武皇帝(남조의 송)는 관중에 들어왔지만 그가 얻었던 악
기와 악공은 가히 알 만한 것이고, 그가 또 바쁘게 동쪽으로 돌아갔
으니 그가 옮겨간 것도 또한 가히 알 만한 것입니다. 그러므로 저는
일찍이 중원의 악기는 진晉 시절에 망했다고 하는 것입니다. 『수서
隋書』에 실려 있는 역대의 동척銅尺은 열다섯 가지나 되어 주척周尺을

---

91)　5胡 16國.

비롯하여 한의 유흠劉歆[92]이 만들었다는 동곡척銅斛尺과 동한東漢 건무建武[93] 시절의 동척銅尺, 진晉의 순욱荀彧[94]이 만든 율척律尺이나 조충지祖冲之[95]의 동척들은 하나도 소용이 없습니다. 이른바 주척은 가장 믿을 수 없는 것으로, 신망新莽[96] 15년 동안에 만든 물건은 무엇이나 주周의 것을 모방하여 이름을 붙였으나 이미 위조가 많았고, 또 맘대로 아침에 만들었다가 저녁에 부숴버려서 척도가 떳떳하지 못했습니다. 후세에 주척이라고 불리는 것이 종종 유흠이나 왕망의 무리가 만든 위조한 것이고, 우문씨宇文氏[97]가 한번 가짜 주를 창건하자 그가 가졌던 보물들은 바로 수의 소유로 돌아갔습니다.

수 문제隋文帝는 본래 학문을 좋아하지 않았고 또 음악도 좋아하는 성정이 아니었지만, 이미 천하를 얻었기에 부득이 음악을 제정하지 않을 수 없었습니다. 당시 패국공沛國公 정역鄭譯[98]이 음률을 안다고 하며 고악古樂 십이율을 말하면서 궁음宮音을 돌려가며 칠성七聲을 쓰도록 하였는데, 세상 사람들에게는 통하지 못했습니다. 이

---

92) 한나라의 유학자.
93) 광무제의 연호.
94) ?~299. 진나라 학자. 법률과 음악에 정통한 사람이었다.
95) 429~500. 남북조 시대의 위대한 수학자, 과학자, 경학가이다.
96) 王莽이 세운 나라 이름이 新이었음.
97) 남북국시대 宇文覺을 말한다. 北周를 만들었다.
98) 정역(540~591)은 수나라 음악 이론가이다. 『악부성조樂府聲調』라는 저서가 있다.

보다 앞서 주 무제周武帝99) 때에 백소지파白蘇祇婆는 원래 구자龜玆100)
사람으로 비파를 잘 탔습니다. 한 균勻 가운데 칠성이 끼어 있었으
니 그들의 말로 파타력婆陀力은 중국말로 궁성宮聲이요, 계식雞識은
중국 말로 남려南呂요, 사식娑識은 중국 말로 각성角聲이요, 후가람侯加
藍은 중국말로 응성應聲이니 즉 변치變徵요, 사렵沙獵은 중국말로 치
성徵聲이요, 반첨般瞻은 중국 말로 우성羽聲이요, 이건利蓮은 중국어로
변궁變宮이라 합니다. 정역은 그 법을 연구하여 12균 84조로 정하
고, 또 7음 밖에 다시 한 가지 음을 더 정해서 응성이라 했습니다.
정역은 본래 무뢰배요, 교묘한 자로서 여러 번 나라를 파는 행동을
반복하곤 했습니다. 문제는 처음엔 그를 좋아했다가 나중에는 미
워하였으니, 정역이 쓴 법은 비록 그럴싸했으나 그 근본은 오랑캐
음악에서 나왔기 때문에 율은 조금 높으며 거칩니다. 만보상萬寶
常101)이 만든 여러 악기는 정역의 것보다 두 율이 낮아 그 소리가 맑
고 고왔으므로 속된 귀에는 맞지 않았기 때문에 두 사람은 모두 자
기의 기술로 당대에 뜻을 얻지 못했습니다.

하타何妥·소기蘇夔·우홍牛弘102) 등은 제각기 붕당朋黨을 모아 하타
는 임금에게 아첨하여 황종이 임금의 덕을 상징한다고 하니, 무제

---

99) 北周의 무제를 말한다.
100) 지금의 신강新疆 지방.
101) 수隋의 음악가.
102) 하타의 아버지는 서역인이다. 하타는 국자박사가 되었는데 음악과 경학에 정통했다고 한
다. 소기는 음악에 밝았다는 평가를 받은 인물이고, 우홍은 수나라의 대신으로서 예악제도
를 정리하였다.

는 그 말을 기뻐하여 황종 한 궁음만 쓰고 다른 음률은 쓰지 않았습니다. 우홍 등은 당시 선궁음旋宮音을 쓰지 않는 순제順帝의 뜻에 맞추어 아첨했고, 다시 전대의 금석金石 악기들은 부수고 녹여 없애버려서, 이로부터 역대 악기의 전형典刑을 고증할 곳이 없게 되었으니, 이 까닭에 저는 중국의 악기가 수나라에 와서 망했다고 말하는 것입니다.

당나라 초기에는 조효손祖孝孫에게 명하여 아악을 제정했는데 효손은 일찍부터 하타·소기의 무리와는 뜻이 맞지 않아 수나라 때에는 배척을 당했다가 당에 와서는 뜻을 폈고, 장문수張文收[103] 등과 함께 의논하여 아악을 제정하는 데 퍽 전아典雅하다고 이야기되었습니다.

그런데 태종太宗[104]은 성과와 이익에 급급하고 본래부터 음악은 좋아하지 않아서 음악과 정치는 아무런 관계가 없다 하였으니, 이것은 소박한 의견인 것 같지만 사실 고루한 것입니다. 더욱이 예악이 정치의 근본이 되는 줄은 모르고, 배우俳優들을 남의 귀를 즐겁게 해주는 도구로만 안 것입니다. 장문수는 또 세상에 아첨하여 하청경운가河淸景雲歌[105]를 지었는데 이것은 주안천마가朱雁天馬歌[106]를 본떠서 연악燕樂으로 이름을 붙이고 정월 첫날 처음으로 연주하

---

103) 당 초기의 인물. 신악서를 편찬하였다.
104) 이세민李世民.
105) 당태종 정관 14년에 황하가 일시적으로 맑아지고, 상서로운 구름이 떴다는 내용으로 지은 노래.
106) 한 무제가 바다에 갔을 때 붉은 기러기가 나타나고 강에서 천마가 나왔다는 내용.

였습니다. 당 시절의 아악은 문헌 기록을 따라 숫자나 채우는 데 그칠 뿐이었습니다.

현종玄宗 때가 되어서는 현종이 음률에 밝아, 다시 좌우 교방敎坊을 두고 이원제자梨園弟子라 부르면서, 몸소 악공과 궁녀들을 거느리고 가르치게 되었습니다. 천보天寶(당 현종 후기의 연호) 연간의 전성기에는 늘 잔치를 베풀고, 고창高昌·고려高麗·천축天竺(인도의 별칭. 서북 인도)·소륵疏勒 등 여러 나라의 부部를 두었고, 코끼리 춤, 말춤까지 추게 되니 역대로 내려오던 음악의 제도는 쓸어버린 듯 없어졌습니다. 그 후 얼마 안 되어 안녹산安祿山의 화가 있어 드디어 도탄에 빠지게 되었으니, 이것은 당 현종이 음률에 밝았던 죄입니다.”

내가 물었다.

“예상우의곡霓裳羽衣曲107)이란 근자에 보는 『서상기西廂記』 같은 잡극입니까?”

형산이 답했다.

“그렇습니다. 예상우의곡 열두 편이 세상에 전하기로는, 하서절도사河西節度使 양경술楊敬述108)이 황제에게 바쳤는데 황제는 이것을 얻고서 매우 기뻐하여 드디어 스스로 연출하였다 합니다. 이것이 후세 잡극의 시작으로서 그 소리가 느리고 슬프고 가늘었습니다.”

---

107) 당현종이 즐겼다는 곡.
108) 당나라 인물이다. 당현종 때 하서도대총관을 지냈다. 현종에게 바라문곡婆羅門曲을 바쳤는데, 이것이 예상우의곡이 되었다고 한다.

내가 말했다.

"송宋나라는 두터운 인자함으로 나라를 세웠기 때문에 숭녕崇寧(송 휘종의 연호, 1102~1106) 이전은 아악이 응당 볼 만한 것이 있었겠지요?"

형산이 말했다.

"이것은 화현和峴[109]이 제정한 아악으로서, 송 태조宋太祖 때 주왕박周王朴(송의 음악가)이 만든 율척律尺을 서경西京에 있는 옛날 석척石尺에 비교하여 보니 조금 짧았으므로 그 기준으로 만든 악기 소리가 좀 높아서 중화中和의 음에 잘 맞지 않았습니다. 건덕乾德 4년(966)에 화현에게 명령하여 옛날 제도를 본떠 자를 만들라고 했습니다.

역사학자들은, 화현의 아악은 음조가 화창하지만 세상에 아첨하고 시세에 따르는 말이라 했습니다. 나라를 얻은 지 겨우 한 해 지났을 뿐인데 무슨 인자한 덕이 깊어서 그 빛이 사방을 뒤덮어 그 백성과 사물을 화락하게 했겠습니까? 화현이 말한 바 '겸손한 태도로 나라를 얻었다[揖讓得天下].'고 하여 현덕승문玄德升聞[110]의 춤을 만들었으니, 이 춤은 한 줄에 열여섯 사람씩을 여덟 줄로 세워 8일佾[111]의 갑절을 만든 것이 더욱 우스운 일입니다. 현덕승문이라면

---

109) 화현(933~988). 음악에 정통한 인물이다. 『봉상집』, 『비각집』 등의 저서를 남겼다.
110) 舜에게 그윽한 덕[玄德]이 있음이 알려져 堯임금이 천자의 자리를 순에게 선양하였다는 고사.
111) 팔일무. 천자의 의식에서만 쓸 수 있는 춤이다. 한 줄에 8명, 8줄을 세워 모두 64인이 추는 춤이다.

우빈虞賓[112]은 어디에 있었습니까?"

혹정도 역시 크게 웃으며 붓을 잡아 빨리 썼다.

"방房에 있지요."

형산은 말하였다.

"제왕이 음악을 모를 수는 없는 일이고, 또한 음악에 너무 밝아도 안 됩니다. 음악을 알지 못하면 수문제나 당태종같이 정치는 성공했다 할 수 있는 임금으로, 비록 애를 써서 음악을 제정하였지만 그 근본 취지는 심하게 비루하였습니다. 당의 명황(당현종)이나 송의 도군道君(송휘종) 같은 이들은 본래 음악을 잘 안다고 했으나 천보天寶·정강靖康의 두 난리[113]를 불러일으킨 것은 무슨 까닭입니까? 대개 음악의 덕이란 계절 벌레, 철새와 같으며 음악의 재주란 시정市井과 같고, 음악의 일이란 역사와 같으며, 음악의 이름이란 시호諡號와 같습니다."

나는 말하였다.

"어째서 계절 벌레와 철새라고 하십니까?"

형산이 대답했다.

"종사螽斯(여치)와 사계莎雞(베짱이)는 본래 같은 벌레이고, 황조黃鳥와 창경倉庚(꾀꼬리)은 본래 같은 새인데, 계절에 따라 바뀌고 우는 소

---

112) 순임금의 손님이 되었던 요임금의 아들 단주丹朱를 말한다. 요임금은 아들인 단주가 못나서 천자의 자리를 아들 말고 순임금에게 물려주었고 순임금은 단주를 손님으로 대접하였다. 여기서는 송나라 태조에게 왕위를 선양한 전왕조의 황태자는 어떻게 되었는지를 말하는 것이다.

113) 천보연간에 일어난 안록산의 난. 정강연간에 일어난 금나라의 침입을 말한다.

리가 각각 다르다는 말이지요."

내가 또 물었다.

"시정이란 무슨 뜻인가요?"

형산이 말했다.

"저자에서는 인화를 볼 수 있고, 우물가에서는 질서秩序를 볼 수 있을 것입니다. 물건을 서로 교역하는데 팔고 사는 두 편 뜻이 맞는 것이 시장의 도리이고, 뒤에 온 자가 먼저 온 자를 원망하지 않고 그릇을 벌여놓아 차례를 기다리다가 제 뜻에 찼을 때 그치는 것이 우물가의 도리입니다. 무릇 역사의 본체는 정직해야 하고, 시호라고 하는 것은 잘잘못을 드러내는 것입니다."

형산이 일어서서 조그마한 가죽 상자를 열고, 검은색 종이부채 작은 것을 내어 나에게 보이는데, 그 표정이 좋아 보였다. 또 아주 작은 사기 합을 내어 책상 위에 늘어놓는데, 무엇을 하려는지 의도를 짐작할 수 없었다. 차례로 합을 여는데 보니, 석록색石綠色·수벽색水碧色·유금색乳金色·니은색泥銀色의 물감들이 가득 차 있다. 그는 책상에 기대어 부채를 펴놓고, 오래된 돌과 어린 대나무를 그렸다.

내가 말했다.

"저는 선생이 용면龍眠[114]같이 고수이신 줄은 생각지 못했습니다."

---

[114] 당나라의 유명 화가 李公麟을 말한다. 그는 벼슬을 그만두고 용면산에 은거하며 용면거사라고 불렸다.

형산이 말했다.

"그저 마음먹은 뜻을 표해 본 것이지요. 어떻습니까?"

나는 말했다.

"저 뱀의 발등과 매미의 날개처럼 생긴 것이 문득 천 길을 뻗을 기세가 있어 보이는데요."

형산이 크게 웃으며 화제話題를 썼다.

아름다운 푸른 대나무, 임의 풍채 보듯이 綠竹瞻君子

굽어진 저 언덕에서 임의 소리 듣는 듯 卷阿矢德音

이 부채 펼쳐 내어 그림 한 폭 그려 들고 揮毫開便面

두 손을 맞잡으니 같은 마음을 얻네 握手得同心[115]

이렇게 4구句를 쓰고 나서, 또 이름과 자를 새긴 작은 인印을 다른 종이에 찍고 잘라서 왼쪽에 붙이고는 접어서 나에게 주었다. 나는 말했다.

"옛날 음악은 끝내 회복하지 못하게 될까요?"

혹정이 웃으며 말했다.

"선생은 옛것을 논의하시기 좋아합니다. 세상에서 음악을 말하는 자들은 대체로 음률을 말하면서도 가사[詩]는 말하지 않고, 시는 말하면서도 덕은 말하지 않고, 덕은 말하면서도 세상은 말하지 않고, 세상은 말하면서도 풍속은 말하지 않고, 풍속은 말하면서도 운수는 말하지 않습니다. 의론만 분분하여 헛되이 상당上黨 양두산

---

115) 앞의 2 구절은 시경의 기오淇澳편과 권아卷阿편에서 가져온 것이다.

羊頭山에서[116] 검정 기장을 찾는다든지, 진회秦淮[117] 못가에 가서 가회법葭灰法[118]을 하겠다고 하니, 음악은 옛날의 고아한 것을 얻지 못하게 될 것입니다. 선궁기조법旋宮起調法[119]은 제가 아는 바를 앞에서 대강 말했지만, 시를 노래한 것은 고인들의 마음속에서 우러나오는 말이기 때문에 그만둘 수 없는 일입니다. 기쁜 사람은 웃지 않을 수 없고, 슬픈 사람은 울지 않을 수 없고, 주린 자는 먹을 것을 찾지 않을 수 없고, 목마른 자는 물을 찾지 않을 수 없어, 허위와 가식이 없으며 억지로 하거나 구차한 것이 없습니다.

마음에 한번 감동이 되면, 너무 즐거우면 음탕해지고 너무 슬프면 병이 나는 폐단은 있을지언정, 모두가 마음속으로부터 우러나오지 않는 것이 없으니 이른바 '시경 3백 편을 한마디로 말해서 간사함이 없는 생각[思無邪]'이란 이것입니다.

윤대인尹大人의 시市·정井의 비유는 참으로 음악의 실정을 얻은 것입니다. 양쪽이 서로 팔고 살 때 값을 다투다가도 뜻에 맞지 않으면 매매는 성립될 수 없을 것이니, 사람을 협박하고 억지 흥정을 하지 않는다는 것은 인화의 지극한 것입니다. 그러므로 시경 3백 편은 모두 사람의 감정에서 우러나오는 바일 것입니다. 이상은 시를 논한 것이다.

---

116) 상당 양두산은 산서지방에 있는 산이다. 양두산에서 나는 기장이 길이를 재는 척도로 사용하기에 적당하다는 말이 있다.
117) 강소지방의 강 이름이다.
118) 진회의 갈대를 태운 재를 이용하여 기후를 측정하는 법.
119) 宮音을 돌려서 주조음主調音으로 삼는 방법.

시경의 유천維天과 집경執競을 서경의 칙천勅天과 갱재賡載[120]에 비하면, 진실眞實하고 소박素朴한 것이 좀 모자라지만 문장의 화려한 면은 더욱 나을 것입니다. 漢·魏의 악장인 안세방중安世房中[121]을 비롯하여 주안천마朱鴈天馬·동작삼조銅雀三祖 같은 것들의 가사는 너무 과장해 놓았으니 과연 유천·집경에 비교할 수 있겠습니까?

이것을 송사訟事를 듣는 것에 비유하자면, 이치가 바른 사람은 의연하고 말이 간단하며 목소리는 화창한 것이고, 이치가 굽은 사람은 얼굴에 성이 나고 기색은 거칠며 말은 많고 소리가 떠들썩한 것입니다. 후대의 가사를 짓는 신하들이 허구로 글을 짓는 것이 오로지 간사하고 아첨하고 거짓말을 하는 데서 나오니 이미 그 덕을 참담하게 하고 소리가 비굴한 것을 이길 수 없습니다. 제사를 지낼 때 신이 임하거나 사람들이 화락할 때를 논외로 하더라도, 노래를 부르는 자가 기쁘지도 않은데 억지로 웃고, 슬프지도 않은데 억지로 우는 것이나 다름없을 것입니다. 그 마음에 감동되어 목으로 나온다는 그 소리가 화창하다 하겠습니까, 괴상하고 비굴하다 하겠습니까? 그 가사를 읊는 것도 이러하다면, 음률의 노랫가락도 알 수 있으며, 음률의 노랫가락이 이러하다면, 화성의 음률도 알 수 있을 것입니다.

---

120) 유천, 집경은 모두 시경의 편명이다. 유천은 문왕을 제사지내며 부르는 노래, 집경은 무왕을 제사지내며 부르는 노래이다. 칙천과 갱재는 서경에 나오는 것인데 순임금을 제사지내며 부르는 노래다.

121) 한나라 무제 때 사마상여가 만든 악장이다. 17장으로 되어 있었고 종묘에 제사지낼 때 썼다.

저는 또 서산西山 채씨蔡氏[122]가 말한, 이른바 원성元聲을 어디에 의거해서 찾을는지 모르지만, 이 원성이란 음률에 있는지요, 도덕에 있는지요? 이것은 도덕을 근본으로 삼고 그에 시를 짝지었을 것이요, 소리를 위주로 하고 음률은 다음으로 삼았을 것입니다. 이상은 덕을 논한 것이다.

군자가 나라를 처음 세우고 후대를 이을 때는, 만세에 무너지지 않을 터전을 세우지 않는 이가 없으니 마치 주공이 노魯를 다스리고, 태공이 제齊를 다스리던 것과 같습니다. 그러나 또한 말손末孫이 못났다면 어쩔 수 없을 것이니, 주공과 태공은 둘 다 일찍이 이에 대하여 논한 바가 있었습니다. 자손의 일이 이미 백 세 앞서 변천될 줄을 알고, 음악에서도 역시 변천하지 않을 수 없었음을 알았을 것입니다. 이상은 세상을 논한 것이다.

풍속에 이르러서는 사방이 각각 달라서, 소위 백 리에 풍風이 같지 않고 천 리에 속俗이 같지 않다는 것[123]입니다. 그러므로 형벌과 정치로도 미치지 못하고, 말로도 달랠 수 없는 처지라도, 오직 음악만은 신기하고 묘한 조화를 이룰 수 있습니다. 그 신기神機와 묘용妙用이야말로 바람처럼 움직이고 햇빛처럼 비치어, 알지 못하는 사이에 고무시킨다는 것입니다.

---

122) 채원정.
123) 前漢시대 王吉이 한 말이다.

그 효과가 **빠른** 것은, 마치 순舜임금이 깃털 장식한 일산日傘으로 양쪽 섬돌에서 춤을 춘 지 70일 만에 오랑캐가 감화되었다 하니, 이를 두고 풍속을 크게 변화시켜서 지극한 도에 이르게 했다고 해도 될 것입니다.

그러나 그 실상은 남방의 부드러움과 북방의 강함을 바꿀 수 없을 것이요, 정성鄭聲의 음란한 것과 진성秦聲의 의젓함은 변할 수 없을 것이니, 각 땅의 소리와 타고난 기질은 성인또한 풍속의 다른 바를 어찌할 수 없다고 하며 정의 음탕한 소리를 추방하라 하였을 뿐이었던 것입니다. 이상은 풍속을 논한 것이다.

성인도 능히 어쩌지 못하는 것은 운수입니다. 이지러지고 차는 것과 소멸되고 자라는 것은 하늘의 운수요, 고허孤虛니 왕상旺相[124]이니 하는 것은 땅의 운수입니다. 오래되면 변화를 생각하고, 묵으면 새것을 찾고, 궁하면 통한다는 것은 운수의 기회입니다. 불교에서 말하는 칠일겁七日劫[125]은, 유교에서 말하는 5백 년의 일기一期입니다.

그 기회에 성인이 탄생하면 때의 운수가 잘 조화되어 천지간의 모든 일을 이뤄냅니다. 하夏가 충성을 숭상한 것이라든지, 은殷이 질박함을 숭상한 것이라든지, 주周가 문화를 숭상한 것이라든지, 영씨嬴氏(진秦의 성)가 봉건封建을 파하고 정전법井田法을 없애서 천

---

124) 고허는 날짜의 배열을 천간과 지지로 할 때 상대적으로 孤함과 虛함을 따라서 배열하는 것을 말한다. 왕상이란 오행을 세분하여 旺, 相, 休, 囚, 死로 세분한 것을 말한다.
125) 찰나의 반대로 가장 오랜 세월.

고에 죄가 된 것은, 실상 시운의 어쩔 수 없었던 바였습니다.

기름진 고기는 사람이면 같이 즐기는 것이지만, 오랫동안 앓던 사람에게는 비록 한 솥의 고깃국이나마 냄새만 맡아도 구역질이 날 수 있고, 비록 풀뿌리와 나무 열매라도 입맛에 맞을 수 있습니다. 비록 노래를 잘 부르는 자라도, 한 곡조만 항상 부르면 듣던 좌중도 자리에서 일어설 것이요, 법이 오래되면 폐단이 생김에도 불구하고, 이것을 고칠 줄 모르는 자를 교주고슬膠柱鼓瑟[126]이라 이르는 것이니, 이것은 인정이 같은 것입니다.

그러므로 요·순의 정치가 없이는, 비록 소무韶舞[127]가 있더라도 찬성하고 반대하는 틈에서 귀신과 사람이 화합하기는 어려울 것이니, 이것은 성인도 세상 운수의 순환에는 어찌할 수 없다는 것입니다. 이상은 운수를 논한 것이다.

글자가 생긴 지 오래되었습니다. 공자가 산정刪定하여 기술한 것이 곧 천지시운의 한 개 커다란 변화라 할 것이니, 공자도 꼭 그렇게 하셨을 일일 것입니다. 공자가 돌아가신 뒤로부터, 백가百家의 말이 어지러이 그사이에 섞여 나왔고 그 책들도 몹시 많아서 사람마다 제각기 마음대로 하여, 조그마한 아이들까지도 함부로 천성天性이니 인명人命이니 하는 이치의 골짜기 속으로 데려가곤 해서 육

---

126) 아교풀로 비파나 거문고의 기러기발을 붙여놓으면 음조를 바꿀 수 없다는 뜻이다. 전하여 조금도 융통성이 없는 사람을 지칭한다.
127) 순임금의 음악.

예六藝[128]의 학문을 헌 갓처럼 보았기 때문에, 드디어 사도師道가 없어지게 되었습니다.

스승의 도가 없어지자, 옛날 사도司徒의 직분과 전악典樂의 관직은 헛된 자리만을 그대로 두고는 구차한 헛소리만 하게 되었습니다. 이로 말미암아서 음악은 천한 광대에게 돌아가고, 귀인 자제로서 총명하고 준수한 자는 헛되이 무작舞勺·무상舞象[129]의 나이를 지내게 됩니다. 비록 관현악을 늘어놓고 팔음八音이 잘 맞는다 하더라도, 어떤 것이 궁성·우성이 되고, 어떤 것이 종鍾과 여呂가 되는지를 알지 못할 것입니다.

혹 음률을 좋아하여, 보통 집들에서 거문고를 타고 피리를 부는 자가 있다 하더라도, 모두 부랑자浮浪者나 파락호破落戶를 면하지 못하고 보니, 자제들은 치욕으로 여기고, 부모들은 금하는 바가 되며, 마을에서도 천히 여기는 바가 되어, 옛 성인들이 교육과 정치를 잘하는 데 필요한 신령한 기운과 오묘한 조화로 알던 것이 오로지 광대나 천인들의 책임으로 되어 버렸으니, 만에 하나라도 이런 이치는 없을 것입니다."

형산이 말하였다.

"옳은 말씀입니다. 주周의 시절에는 국자國子[130]에게 춤을 가르

---

128) 예악사어서수, 즉 예법, 음악, 활쏘기, 말타기, 글씨, 산수.
129) 예기 내칙편에 보면, 나이 13세에 시와 음악을 배우고 무작이라는 문무를 익히며, 15세에는 무상이라는 무무를 익힌다고 한다.
130) 공경대부의 아들들.

치는 데 대서大胥를 시켜서 춤추는 자리를 바로잡고 소서小胥를 시켜서 춤추는 대열을 바로잡았습니다. 이 법이 한漢의 시대까지 있었습니다. 천하고 낮은 자의 자식들은 종묘의 제사 때 춤을 추는 데 참가하지 못했고, 무생舞生은 모두 녹봉 2천 석石으로부터 6백 석을 받는 관내후關內侯나 대부大夫의 적자嫡子들이었습니다. 이것은 오히려 예악이 올바르게 있었던 옛날에 얼마 지나지 않은 때였으니, 그 선발하는 것이 알찼고, 교육을 위한 준비가 이와 같았습니다."

나는 물었다.

"7균均이니 12균이니 하는 것은 무엇인가요?"

형산이 말하였다.

"균이란 것은 가지런하고 고른 것으로, 운韻이라는 말과 같습니다. 시를 짓는 자가 말하는 4운四韻이니 8운이니 10운이니 하는 것과 같습니다. 7균이란 것은 7성聲이 한 운이 되고, 12균이란 것은 12율이 한 운이 됩니다. 옛날에는 운이란 글자가 없었으므로 균均이라 했습니다."

형산은 다시 말했다.

"귀국에는 『악경樂經』이 있다는데, 그렇습니까?"

나는 말했다.

"이것은 떠돌아다니는 말입니다. 중국에도 없는 것이 어찌 외국에 있겠습니까?"

혹정이 말했다.

"이것은 있을 수 없을 겁니다. 세상에서는 악경도 진秦의 불 속에 들어갔다고 한탄하지만, 제 생각은 중국에도 처음부터 악경이 없었다고 생각합니다."

나는 말했다.

"사전史傳[131])에는 기자箕子가 조선朝鮮으로 피해 올 적에 시詩·서書·예禮·악樂과 의원, 무당, 점쟁이, 장인, 광대의 무리 5천 명을 데리고 함께 동쪽으로 나왔다 하였으니, 6예藝는 모두 진 시황秦始皇의 화염 속에 타지 않고 우리나라에 유전流傳되었다고 합니다."

혹정이 웃으며 말하였다.

"이것은 본래 중국의 호사가들이 억지로 갖다 붙여 만든 말입니다. 풍희馮熙의 『고서세본古書世本』도 이런 것으로, 소위 『기자조선본箕子朝鮮本』이란 본래 기자를 조선에 봉할 때부터 전해 오던 고문 『서경書經』이라 하여 제전帝典[132])으로부터 미자微子[133])까지에 그쳤고, 그 끝에는 다만 홍범洪範[134]) 한 편을 붙였는데, 팔정八政[135]) 밑에는 52자를 더했습니다. 고정림顧亭林(고염무)의 『일지록日知錄』에서, 왕추간王秋澗[136])의 『중당사기中堂事記』에 의거하여 이미 위서僞書란 것이 판명되었습니다."

나는 말하였다.

---

131) 사마천의 『사기史記』.
132) 『서경』의 요전堯典과 순전舜典.
133) 『서경』의 편명.
134) 『서경』의 편명.
135) 홍범편 안에 있는 내용. 국가에서 시행하는 8가지 중요한 정사를 말함.
136) 왕운王惲(1227~1304), 호가 추간이다. 원나라 인물이다. 각종 예의 제도를 정립했다.

"제가 심양에 들어온 뒤부터, 수재秀才를 만날 때마다 우리나라에 『고문상서古文尚書』[137]가 있느냐고 물었습니다. 이것은 기자가 조선으로 나올 때 가지고 나왔다는 것입니다. 혹은 위만衛滿이 가지고 나왔다고 하는데, 위만은 비록 저 스스로 상투를 묶고 오랑캐 옷을 입었다지만, 역시 자기 나름 호걸로 자처하였을뿐더러, 그 무리 수천 명 중에는 역시 선비로서 경서를 안고 진秦을 피하여 따라 나온 자가 없었다고 할 수 없으니 이치에 괴이할 것은 없습니다. 그러나 고구려는 본래 무력을 숭상하여 다만 약탈을 좋아하고 보니, 설사 끼쳐진 경서가 있었더라도 이것을 받들어 소중히 여길 줄 몰랐을 것이고, 또 여러 차례 난리를 치른 나머지 우리나라에서 1천여 년 이래로 『고문상서』가 있다는 말은 못 들었습니다."

鵠汀曰。先輩朱錫鬯辨之矣。周書孔安國序曰。成王旣伐東。

혹정이 말했다.

"선배 주석창朱錫鬯[138]이 이미 변증한 바입니다. 주서周書[139] 공안국孔安國의 서문에, 성왕成王이 동쪽○(이 한 점은 이夷 자인데, 그가 나를 대하였으므로 이를 피했다. 대체 그는 호胡·노虜·이夷·적狄 등 글자는 모두 기휘忌諱하였다.) 을 이미 치자 숙신肅愼이 와서 축하하니, 성왕은 영백榮伯[140]을 시켜 숙신에게 보내는 칙서勅書를 썼다고 했습니다. 그 전기傳記에 의하면,

---

137) 고문 서경.
138) 주이존朱彝尊을 말한다.
139) 『서경』의 편명.
140) 주周의 종실이다. 정치가.

해동의 여러 종족들로서 구려(句麗 고구려의 약칭)·부여扶餘·간맥馯貊 등은 무왕이 상商殷을 쳐서 이겼을 때부터 교통되었다고 하였습니다.

주이존朱彝尊은 주서周書의 왕회편王會篇에, 직稷·신愼·예濊·양良직稷신愼예濊양良 같은 나라는 처음으로 보이지만 구려니 부여 같은 이름은 없었다고 하고, 또 동국사東國史에서 인용하기를, '구려의 건국이 한 원제漢元帝[141] 건소建昭 2년(B.C. 37)이라면, 공안국이 황제의 명령을 받고 이 글을 쓸 때는, 구려와 부여는 중국과 아직 교유가 없었을 때에다, 더구나 주나라가 은나라를 처음 이겼을 초기에 있어서라!' 했습니다.

주자는 사람이 8세가 되어서 모두 소학에 들어가면, 예禮·악樂·사射·어御·서書·수數에 관한 글을 가르쳤다고 했지만, 이 이야기는 옛날 세상의 학교를 말한 것이지, 고대에야 이런 책이 어디 있었겠습니까? 소위 마당에 물을 뿌리고 청소하며[灑掃], 손님을 접대[應對]하는 것은 예禮이고 노래 부르며 춤추는 것은 악이요, 사·어·서·수도 이런 것으로 미루어 가히 알 수 있을 것입니다. 6예藝를 가르쳤다는 것은 옳지만 6예의 글을 가르쳤다는 것은 후세 사람들의 억설일 것입니다.

옛날 세상에는 과녁으로 밝히고 채찍으로 가르쳤을 따름[142]이

---

141) 유석劉奭.
142) 서경에 나오는 구절이다. 활을 쏘는 예법으로 쓸만한 인재인가를 밝히고, 그렇지 못할 때는 매를 때리고 그 잘못을 기록하여 기억하게 하는 교육을 했다는 내용이다.

니, 공자가 말한 학예에 논다는 것[遊於藝][143)이 바로 이것입니다.

그는 또 이렇게도 말했습니다. "열다섯 살이 되면 천자의 맏아들과 여러 아들들을 비롯하여 공경公卿 대부大夫의 적자들과 민간의 준수한 아이들이 모두 대학에 들어갔다." 하였으니, 이는 옳은 말입니다. 그런데 '이치를 연구하고, 마음을 바로잡고, 자기 몸을 닦고, 다른 사람을 다스리는 도리를 가르쳤다'는 말은 후세의 억지 논리일 것입니다. 6예를 강습하는 것이 곧 이치를 연구하고 마음을 바로잡는 실증이므로, 옛날 사람은 직접 행동에 힘쓰고 보니 이런 것은 저절로 터득했을 것인데, 어떻게 15세 전에 서둘러서 6예에 관한 글을 배우고, 15세 후에 갑자기 6예는 버리고 먼저 자기 몸을 닦고 다른 사람을 다스리는 도리[修己治人]를 알아야만 했겠습니까.

잘은 몰라도 상세上世에 어느 도학선생道學先生이 고을에 있는 학교나 서당마다 앉아서, 무슨 이학전서理學全書를 펴놓고 이것은 형이상形而上의 이론이요, 이것은 형이하形而下의 실천이라고 가르쳤겠습니까. 13세에 문을 강조하는 작勺춤을 추고 15세에 무를 강조하는 상象춤을 추며, 20세에 대하大夏[144)춤을 춘다고 한 것은, 아마도 상고 세상에 있었던 소학·대학의 과목 순서가 이렇게 되었음에 불과한 것일 테지요.

후세 선비들은 상고시대에 6예에 관한 글이 본래 없었던 것을

---

143) 논어 술이장에 나옴.
144) 우禹 때의 무악舞樂.

알지 못하고, 입만 열면 제각기 진시황을 욕하면서 불태우기 전에 있었던 완전한 경서가 모두 해외로 유락流落되었다고 의심하였습니다. 잘난 구구歐九[145]가 지었다는 일본도가日本刀歌[146] 같은 것은 더구나 가소로운 일입니다.

대체 천지간에 가득 차 있는 사물이란, 형상과 동작과 정서와 환경을 떠날 수 없는 것입니다. 시험 삼아 이것을 6예에서 따져 봅시다. 예란 것은 실천을 해야 되는 것으로, 무엇이나 실천을 할 때는 반드시 자취가 있는 법입니다. 활을 쏠 때도 자기 몸을 바로잡은 뒤에 화살을 놓는 법이니, 이것이 활 쏘는 형식입니다. 말고삐를 깍지 끼듯 잡고 두 마리의 말이 춤추듯 뛰는 것은 말을 타는 법식이요, 1+2=3이니, 이것으로 따지면 천 년 뒤의 날짜도 계산할 수 있다는 것은 수학의 기술이요, 글씨의 육의六義에는 형상을 본뜬 상형象形이 가장 많은 것입니다. 그러나 음악만은 정서도 있고 환경도 있는데, 형체는 없다고 할 것입니다. 형체가 있다는 것은 굵직한 형적을 보인 것이니, 모두 언어로 형용할 수 있고 문자로 기록할 수 있습니다. 그런데 형체가 없다고 한 것은 신비로운 것입니다. 멀고 아득한 사이에서 깨우쳐 교화시킬 수 있고, 황홀한 속에서 힘을 솟게 합니다. 소리를 감추면 조용하고, 소리를 내면 조화롭습니다. 소리가 아름답게 모일 때는 예절에 맞고, 소리가 적중하는 것은 활쏘

---

145) 구양수歐陽修.
146) 그곳에서 구양수는 徐福이 일본에 갔을 때 진시황의 분서에서 빠진 책이 일본에 100여 책 있다는 내용을 말했다.

기와 같고, 조화롭게 일체가 됨은 말타기와 같고, 빌려 쓸 때는 육서六書의 가차假借와 같고, 소리를 더하는 것은 수학과 같은 것입니다.

음악 소리는 털끝 사이에서 감돌고 핏줄처럼 퍼집니다. 들려올 때는 어렴풋하여 마중하고 싶고, 갈 때는 묘연하여 쫓아가기 어렵습니다. 더듬어도 잡힐 것이 없고, 보아도 눈에 띄는 것이 없이, 한 사람의 뼛속까지 비통하게 하고 내장까지 즐겁도록 하여, 가다가도 되돌아서서 못 잊는 것만 같고, 끊어졌다가 다시 이어질 때는 갑자기 다른 계획이 있는 듯합니다. 몹시 맑고 향내도 없으며 지극히 가늘고 보니 그림자도 없으며, 매양 빽빽하게 틈도 없고, 몹시 크니 바깥이 없으며, 화목하니 흩어지지 않고, 아담하니 빛깔도 없으며, 신비스러우니 마음도 없고, 현묘玄妙하니 표현할 말도 없습니다. 가볍고 민첩한 말로써도 이것을 형용할 수 없는데, 하물며 글자의 껍데기로써 표현할 수나 있겠습니까? 이러므로, 저의 생각에는 삼대三代 이래로 당초에 『악경樂經』이 없었다고 여깁니다."

형산은 필담의 표현에 수없이 동그라미를 치고 말했다.

"먼저 사람들이 알지 못한 것을 발견했습니다. 악기樂記[147] 한 편은 도리어 군더더기 말에 속할 것입니다. 악기란, 본래 한漢의 선비들의 부랑浮浪한 글입니다."

나는 말했다.

---

147) 예기 안에 들어있는 편.

"성인이 지은 책들은, 전성前聖의 도를 계승하고 뒤에 오는 학자들의 길을 열어 주는 것입니다. 공자가 위衞나라로부터 노魯나라에 돌아와 시를 정리하고 예를 바로 잡을 때, 어찌 홀로 음악에 대해서는 아무것도 저술한 것이 없을까요."

혹정은 아무 말 없이 한참 있다 말했다.

"그런 저술은 없습니다. 공자가 시경을 정리하고 예를 바로잡았다는 것이 곧 악학樂學입니다. 음악의 본질은 시에 있는 것이요, 음악의 효용은 예禮에 속합니다. 언어로 사람을 가르칠 때 그 물정이 왜곡되기 쉽고, 문자로 사람을 가르칠 때는 그 천기天機[148]가 얕은 것입니다. 본디 음악이란 것은 사람을 감동시키는 힘이 빠르지만 급박하지 않고, 나타나지만 드러나지 않고, 심오하지만 어둡지 않고, 완곡하지만 굳셀 수 있으며, 곧으나 굽힐 수 있습니다. 깊이 생각하기도 하고, 맘속에서 감격이 나오며 흐느껴 울게도 만들고 간절하게 하기도 합니다. 그것을 사람이 들으면 닭살이 돋으며 두렵고, 떨리도록 놀랍고, 죽은 듯이 텅 비기도 하고, 자연스럽게 생각이 나기도 합니다.

이것은 언어와 문자 밖에 따로 말하기 어려운 말과 글자 아닌 글자를 여는 것입니다. 그래서 숭고함은 하늘과 맞먹고, 낮게는 땅과 짝하며, 자유자재이기로는 귀신에 마주하며, 순환하기는 세시歲時와 같습니다. 만물을 윤택하게 함에 비와 이슬의 덕택을 빌리지

---

[148] 천지자연의 심오한 비밀, 혹은 본래의 천성.

않고, 사람을 일깨우는데 해와 달의 빛을 기다릴 것이 없으며, 사람을 고동鼓動시킴에는 바람과 우레처럼 급하지 않고, 점차 스며들되 강물의 범람과는 다릅니다. 쇠·돌돌·실·대나무·바가지·흙·가죽·나무의 소리가 효제孝悌·충신忠信·예의禮義·염치廉恥의 행실이 아니건만, 입으로 불고 손가락으로 타고 팔로 춤추고 발로 뛰면 모두 사단四端[149]이 절로 나고 칠정七情[150]이 솟아 나온 것은, 이 누가 시킨 것이겠습니까? 사람의 사지와 백체를 말없이 깨우쳐 준다는 것[151]이 바로 이를 두고 한 말입니다.

대개 상고 시대에는 글과 문서가 널리 퍼지지 못하여, 항간에서 부르는 노래를 나라에서 세운 학교로 끌어들여 문자로 기록해시 구절을 만들고 이것을 악기에 맞추었으므로, 옛적에는 대학에서 사람을 가르친다는 것이 반드시 책을 사용하는 것이 아니라, 노래 부르고 춤추는 것이 곧 학문으로 되었었습니다. 점點의 비파와 회回[152]의 거문고가 있는 데는 유상遺像[153]이 홀로 남아 있는 듯 하고, 청묘淸廟[154]에서 세 번 읊으면 문왕을 보는 듯하다 했습니다.

그러므로 5음이란 것이 소리의 문리文理라면, 6률이란 소리의 의지意志일 것입니다. 다른 개체에서 똑같이 맞는 것은 소리의 덕행

---

149) 인의예지仁義禮智.
150) 희노애락애오욕喜怒哀樂愛惡慾.
151) 맹자 진심장 상편에 나오는 말.
152) 공자 제자인 증점曾點과 안회顏回.
153) 공자의 초상.
154) 주 문왕의 사당.

이요, 잡티 없이 순수하게 드러내는 것은 아雅하다는 것으로, 우아하다는 것은 소리의 빛일 것입니다. 그러므로, 성인은 특히 이같이 저작하지도 않은 책과 말도 없는 뜻을 남겨두시어 사람들로 하여금 스스로 깨닫도록 해서, 지혜가 높은 자는 덕을 알게 되고, 지혜 없는 자는 음만 알게 되는 것입니다. 이것이 곧, 성인이 과거의 학문을 계승하고 뒤에 오는 후진들을 계시하는 뜻일 것입니다. 이래서 저는 『악경樂經』이란 처음부터 없었다고 하는 것입니다.”

나는 말했다.

“6예에, 음악에 관한 저서가 없었다는 것은 이미 들은 말입니다. 그러나 악보樂譜는 있는가요?”

형산이 말했다.

“가석하게도 고보古譜는 모두 타버리고 지금은 전하지 않습니다.”

나는 또 물었다.

“그것도 진秦나라의 분서焚書 때문인가요?”

형산이 말했다.

“아닙니다. 수의 만보상萬寶常은 『악보』 64권을 지어, 8음이 저마다 궁음宮音에서 기조가 되는 법을 함께 말하면서, 줄을 갈고 지주支柱를 바꾸어 84조, 1백 44율로 변하여 8천 1백 소리에 맞도록 했습니다.155) 그랬더니 당시의 사대부들이 이를 배척하여, 보상은

---

155) 원문은 終於八千百聲. 그러나 타 본에 1800이라는 기록이 있음.

마침내 굶어 죽으면서 격분한 나머지 그 책을 모두 태워 버렸습니다. 명나라 가정嘉靖 때, 태복승太僕丞 장악張鶚이 지은 『악서』에는, 첫째로 대성악도보大晟樂圖譜라 하여 거문고 종류로부터 이하 여러 악기가 보譜를 하나씩 지었고, 둘째로 『고아심담古雅心談』을 지었으며, 같은 시대에 요주 동지遼州同知 요문찰姚文察[156]이 저작한 악서로서 『사성도해四聲圖解』·『악기보설樂記補說』·『율려신서보주律呂新書補注』·『흥악요론興樂要論』 등이 있었고, 그 후에도 『율려정의律呂精義』·『오음정의五音正義』·『악학대성지결樂學大成旨訣』 등과 같은 책은 모두 소리와 악기의 도수度數를 강론한 것입니다.

금보琴譜에는 조현調鉉(줄 고르기)·농현弄鉉(타는 법)·수법手法·수세手勢 등이 있고, 당랑포선螳螂捕蟬이니, 평사낙안平沙落雁이니, 일간명월一竿明月이니, 감군은感君恩이니 하는 법은 모두 거문고 연주자들이 구두口頭로 비법 전수하는 것들입니다."

혹정이 말하였다.

"대개 음악이란 보譜가 없을 수도 있으니, 신묘한 경지를 연구해서 변화를 알게 되면 『역경易經』한 부가 곧 악보라 할 수 있을 것입니다. 음악이란 것은 비결이 없을 수도 없으니, 사물에 따라서 뜻을 붙여 늘이면 순임금의 음악인 우소虞韶 한 편도 저절로 천지 사이에 있게 될 것입니다.

---

156) 요문찰이 아니고 이문찰李文察이다. 1493~1563. 복건성 장주 사람이며 음악이론을 깊이 연구하여 다수의 저서를 남겼다.

옛사람들은 글자를 포개어 써서 모두 음악의 비결로 삼았습니다. 바람은 습습習習, 비는 처처凄凄, 사슴은 유유呦呦, 새는 영영嚶嚶, 기러기는 옹옹噰噰, 여우는 유유綏綏, 저구雎鳩는 관관關關, 벌레는 훙훙薨薨, 날개는 숙숙肅肅, 사냥개는 영영猃猃, 방울은 장장將將, 얼음 찍는 소리는 충충沖沖, 나무 베는 소리는 정정丁丁이라고 했으니, 모두 실제 소리를 조사하여 비결을 삼을 수 있을 것입니다.”

나는 또 물었다.

“중국의 악성樂聲은 한 글자가 한 음률이 됩니까?”

혹정은 말했다.

“아닙니다. 한 글자에도 청탁과 억양의 법이 있고 평平·상上·거去·입入의 다름이 있으니, 하물며 노래란 말을 길게 뽑는 것인데 영언이 합쳐져 노래한다[詠]라는 말이 되었는데요.”

나는 말했다.

“공자가 백어伯魚[157]에게 말한 ‘주남周南·소남召南을 하였느냐’는 것도, 후세에서 논해 본다면 하루아침에라도 욀 수 있을 것이라 반드시 아들에게 물어 볼 것도 없을 것입니다. 그런데 공자가 ‘읽었느냐’고 묻지 않고 ‘했느냐’고 물었으니, ‘한다’는 것은 노래한다는 말입니까?”

혹정이 말했다.

“선생의 말씀이 옳습니다. 이것은 앞선 사람들이 하지 못한 말

---

157) 공자의 아들 공리孔鯉.

을 하신 것입니다. 옛적의 노래는 후세의 독서나 다름이 없습니다. 상고시대의 서적은 『주역』·『서경』·『시경』·『예기』에 불과하여 모두 천자의 도읍에 감추어 두었던 것이므로, 공자가 주에 가서 노담老聃[158])에게 예를 물었다는 것도 이 까닭입니다. 비록 공자 같은 성인도 50세에 비로소 『주역』을 읽었다고 하여, 70명 제자들과 한번도 『역경=주역』에 대한 말을 하지 않았고 언제나 시·예를 논함에 불과했습니다. 이것도 모두 입으로 전한 것으로 후세에서 날로 늘어가는 번거로운 문장들과는 달라서, 당시에 배운다는 것은 제사지내고 인사하는 동안에 문관文官은 깃을 꽂고 무관武官은 도끼를 들고, 아침에는 거문고를 타고 저녁에는 노래했을 따름입니다.

공자가 말씀하기를, '천자국인 하夏의 예를 내가 능히 말할 수 있으나 제후국인 기杞[159])로써 증거 삼기 부족하고 천자국인 은殷의 예를 내가 말할 수 있으나 그 제후국인 송宋을 증험하기 부족한 것은 문헌이 부족한 탓이다.'[160]) 한 것을 보아, 이런 예절도 (글이 아니라) 입으로 전해온 것을 알 수 있을 것입니다. 이른바 이미 배운 것을 때로 복습한다[學而時習]는 말도 곧 이것입니다. 그러므로 공자가 백어에게 말씀한 다음 장에는 예禮라 악樂이라 일렀지만[161]), 이 구절도 실상은 제사 지내고 노래 부르는 것 이외에 예악의 근본이 어디

---

158) 노자老子, 하夏의 후손.
159) 은殷의 후손.
160) 논어 팔일장에 나오는 구절.
161) 논어 양화편陽貨篇에 나옴.

있겠느냐 하는 의미를 일깨워 말하는 말투입니다.

시경 첫 편 관저장關雎章 같은 시는 그 시의 품격이 친절하게 반복하고 정성스럽고 간절하며, 애끓게 슬퍼하는 것인데 이것이 마음의 덕성과 사랑의 도리로부터 흘러나오는 것은 대체로 가사의 뜻 때문이고, 즐거워도 넘치지 않고 슬퍼도 맘이 상하지 않는 것[樂而不淫 哀而不傷][162]은 대체로 그 노래의 소리가 그러했던 탓입니다. 그러므로 말하기를, '태사太師 지摯가 처음 음악을 지도하게 되자, 관저의 조리 있는 음률이 귀에 출렁출렁 넘친다.'[163]라고 한 것이 이를 두고 말한 것입니다.

후세에는 시를 공부할 때 악기와 노래를 없애고는 네모난 책만 마주 대하게 되었습니다. 이로써 소리와 시가 둘로 갈리게 되었습니다. 주자가 『시경』을 주석注釋하면서 정풍鄭風·위풍衛風과 같은 시를 아주 음탕한 것으로 돌려 버렸으니, 이는 시의 음탕한 뜻만 깨닫고, 곡조가 음탕한 것은 깨닫지 못한 탓입니다. 남녀 간의 사사로운 즐거움은 남이 알까 두려워하는 바인데, 어찌 길가에서 자신들의 음탕한 행실을 큰 소리로 나타내겠습니까? 그렇다면, 공자가 안연顔淵에게 대답할 때, 왜 정의 시를 멀리하라 하지 않고 다만 정의 '소리'를 멀리하라[164]고 했겠습니까? 그러므로 만약 정의 소리로

---

162) 공자가 관저편에 대해서 평가한 구절.
163) 師摯之始。關雎之亂。洋洋乎盈耳 논어 태백편에 나오는 말이다.
164) 논어 위령공편에 나오는 말.

노래를 부르면, 표매標梅니 야균野麕[165]이니 하는 것도 응당 음탕한 시에 속한다고 해야 할 것입니다.

또 소리를 눈으로 감상할까요, 귀로 감상할까요? 학사나 대부들이 그 근원을 따져 음악을 만드는 원리만 찾아내려고 헤매다가 드디어 음률을 눈으로 찾게 되었습니다. 중세中世의 성인들은 귀로 익히는 데 힘썼으나, 오늘의 선비들은 하루아침에 이것을 눈으로 배우려 하여, 실지로 아침에는 악기를 연주하고 저녁에는 노래를 부르는 데는 아무런 공부도 없이, 소리와 음률은 그만두고 한갓되이 책장만 읽게 되었습니다. 이는 송나라 시절에 모든 큰 선비들이 입만 열면 음률을 말하였으나 실상 소리를 감상할 줄 몰라서 도리어 악공들의 웃음거리가 되어 결국은 고루한 데 그치게 된 것을 면하지 못한 것입니다."

나는 말하였다.

"진·한 이래로 옛날 음악을 회복하기 어려웠을 뿐만 아니라, 앞으로 좋은 시운時運이 돌아오더라도 음악을 지을 만한 사람이 나지 못할까요?"

혹정이 말하였다.

"어찌 그렇겠습니까. 주周나라가 쇠할 때, 지나치게 장식하는 폐단이 극심해졌습니다. 제후諸侯들은 강대해져서 서로 다투어 가면서 무력을 숭상함에 이르자 태학관을 비워 놓고 제각기 자리를

---

[165] 시경에 있는 시들이다. 내용이 도덕적이다.

깔고 장소를 나누어 기세를 높인 자들은 모두가 권모술수꾼이었습니다. 이때부터 백가百家의 학설이 종횡으로 잡스럽게 모여들여 저마다 자기 학설을 옳다 하고 있었습니다. 그러나 그 뜻은 필시 인·의에 근본을 둔다며 유교의 학설을 빌려서 말한 것입니다. 몸은 학교를 떠나 이리저리 다니고, 예·악은 함부로 입으로 떠들 뿐 몸으로는 익히지 않아, 의례에 관한 모습은 점차 눈앞에서 사라지고, 음악 소리는 날로 귀에서 멀어지게 되었습니다. 잠시라도 몸에서 떨어질 수 없는 실상이 도리어 쓸데없는 도구가 되어 다시는 익힐 수 없게 되었으니, 이것은 쓸데없는 학문과 이론만 밝은 자들의 잘못입니다.

사람들의 마음은 꾸미는 것을 싫어하고 질박한 것을 그리워하며, 화려한 것을 미워하고 실지를 취하고, 사치를 버리고 검소한 것을 숭상하며, 번거로운 것을 미워하고 간소한 것을 찾게 되지 않을 수 없습니다. 그러니 천하를 다스린다는 자는 백성들이 어둡고 어리석은 구덩이로 몰려가게 하니, 이는 반드시 옛날 성인의 정치의 요령이라고는 할 수 없는 것입니다.

책을 불사르고 선비를 파묻는 짓을 했던 진秦나라는 정말로 실책을 면할 수 없었으니 한漢으로 보아서는 그대로 다행한 일이었습니다.

또 유방劉邦과 항적項籍이 싸우던 사이에는, 천하의 젊은이들이 도탄 속에 시달리다가 다행히 칼끝에서 벗어나, 비로소 자기가 가진 총명을 가지고 타고 난 천품을 발휘하게 되니 이는 곧 시운이 한

번 돌아 좋은 기회가 되었던 것입니다. 이때를 당하여 형벌이란 세 가지 약법約法[166])에 지나지 않고 보니, 법률이 가혹하지 못하여 자기 공로를 주장하던 장수들이 기둥을 치면서 취해 떠들었으므로, 신하들을 그다지 억제하지 않았던 터이요, 조정에는 소박하고 말을 가벼이 하지 않는 선비들이 많아서 남의 과오를 말하기 부끄러워했으니, 풍속도 그다지 박하지는 않았었습니다.

큰 부호들이 죽거나 유리하게 되어 농토는 일정한 주인이 없어졌으니, 천하의 밭을 비로소 한 번 정리할 수 있었습니다. 문제文帝·경제景帝 사이에는 이미 한나라가 일어난 지 40여 년이 되어 숨을 돌린 때였습니다. 들에는 말을 길러 떼를 이루었고 창고에는 곡식이 썩을 정도로 쌓이고 보니, 각 지방에 학교를 세울 수도 있었던 것입니다. 학사나 대부들이 박사博士의 집에 와서 머리를 숙이게 되자 넉넉히 교육을 실시할 처지가 되었습니다. 이것은 다름 아니라 한漢의 초년에는 책 끼고 다니는 것을 금하는 진秦나라의 법률이 오히려 풀리지 않아 천하의 서적은 모두 정부에 몰려 있었으므로, 백성들은 관리만 믿을 뿐이고 처사處士들은 감히 함부로 정치에 관한 일을 의논하지 못한 까닭이었습니다."

나는 웃으면서 말했다.

---

166) 약법삼장. 한고조 유방이 관중 땅에 들어오면서 법률을 3개로 추려서 발표한 것이다. 즉, 남을 죽인 자는 사형에 처하고, 남을 상해하거나 물건을 훔친 자는 처벌한다는 세 가지 조목이다.

"이것은 단사段師[167]가 강곤륜康崑崙을 10년이나 악기를 만지지 못하게 하여[168] 그만이 고수하던 음악의 습성을 잊어버리도록 한 것이군요."

혹정이 말했다.

"그렇습니다. 세상에 드문 숙손통叔孫通[169] 같은 이는 아첨배 속에 끼어 멀리 배척당했지만 어리고 총명한 조조鼂錯[170]와 가의賈誼 등 1백 10여 명은 눈을 막아 다른 책은 못 보게 해서, 음악으로 문학을 대신 삼고 노래와 악기로써 행실을 깨우쳐, 멀리는 임금에게, 가까이는 부모에게 손과 발을 놀리며 춤을 추어서 섬기게 하였습니다. 그 후 노魯의 두 선비[171]를 사도司徒의 벼슬에 임명하였으니 반드시 예악을 지을 줄 아는 사람이 없었던 것도 아니며, 또다시 두 사마司馬[172]와 같은 이들을 학교에 벌여 둔 것으로 보아, 반드시 찬송의 노래를 지을 줄 아는 사람이 없음도 아닐 것입니다. 그러나, 다만 그들은 무슨 공을 기록하고 무슨 덕을 찬양했는지는 모르지만, 오히려 당·송대에서 만들었던 것들이 전혀 공덕으로 표현할 것

---

167) 段善本. 당 덕종 연간에 활동했던 비파 연주의 대가인데, 사실은 장안 장엄사의 승려였다.

168) 당 덕종때 비파의 달인으로 불리던 강곤륜이 자신의 재주만 믿고 있다가 숨은 달인인 단선 본을 본 후 충격을 받아 그를 스승으로 모시려하자 단선본이 10년간 비파를 손에 대지 말라고 해서 그대로 하여 기존에 들였던 나쁜 습관을 모두 포기하고 백지 상태에서 단선본의 가르침을 받게 되었다는 고사이다.

169) 서한 사람이다. 진나라 말기에 박사가 되었고 후일 유방을 도와 예의를 제정했고 태자태보가 되었다.

170) 한 무제 때 신진 정치가.

171) 조조와 가의를 말한다.

172) 사마상여와 사마천

이 없는 것보다는 나을 것입니다."

나는 말했다.

"두 사마는 그들의 글만 취한 것이지 않습니까? 가의나 조조도 또한 두 사마에게 댔을 때 어찌 못하겠습니까."

혹정이 말했다.

"비단 그 문장만 취한 것은 아닙니다. 옛날에는 음악과 역학曆學이 모두 태사太史에게 속하여, 한의 율서律書에는 음악을 먼저 말하지 않고 군사를 말했으며, 군사 쓰는 법을 말한 것이 아니라 군사를 쉽게 하는 법을 말했으니, 음악과 군사는 그 거리가 멀지만 천하가 부유하고 백성이 즐겁게 놀만하면 이것이 화락의 근본이니, 아마도 또한 음악을 만들 뜻을 깊이 알았다 할 것입니다."

내가 말하였다.

"한漢이 천하를 차지한 때가 그렇게도 성盛했던가요?"

혹정이 말했다.

"선생은 이 무슨 말씀이시오. 어찌 선생은 그렇게도 한의 왕실을 작게 보시나요? 제 생각으로는 한 고조의 공로는 주 무왕보다 못하지 않을 것이요, 그 덕은 주의 왕실에게도 부끄럽지 않을 것입니다. 다만 못한 것은 서백西伯[173)]의 세가世家가 아니요, 주공 같은 숙부와 소공召公 같은 대신과 주周와 같은 8백 년의 국가 지속력과 공자 같은 유민遺民이 없었을 뿐입니다. 무릇 삼대 때에는 천자가

---

173) 주 문왕의 봉호.

다스린 땅이 천 리를 넘지 못했고, 천백 제후들이 각각 땅을 나누어 다스리면서 크게 간사하고 악독한 짓만 아니면 천자에게 관계가 없었습니다. 천자는 5년에 한 번씩 순수巡狩[174]를 하고, 율도律度와 양형量衡을 옳게 만들 뿐이었고, 큰 역적이 없으면 자기 처소에서 조용히 팔짱을 끼고 아무런 하는 일이 없었으니, 다시 무슨 할 일이 있겠습니까?

상하가 서로 유지되고 강약이 견제해서, 이른바 '발이 백이나 있는 벌레는 죽어도 넘어지지 않는다'[175]는 것이나 다름없었습니다. 진·한 이래로 영토가 만 리나 되고, 백성들의 굶주림과 배부름, 춥고 더움이 모두 천자의 생각 하나에 달려 있어, 천자가 생각 한 번만 잘못 가져도 나라는 흙처럼 무너지고 기와처럼 깨어져서 대궐이 경계가 없게 되어 버렸습니다.

비록 부견苻堅[176]의 강함과 두건덕竇建德[177]의 꾀로도 천하의 절반을 얻었다가 하루아침에 자기 몸이 잡히게 되니 흥망이 덧없었습니다. 한 치 땅과 한 명의 백성이라도 반드시 천자 하나에 매이게 되었습니다. 큰 운수가 아니고는 그 지위地位를 길이 누릴 수가 없고, 큰 제도가 아니고는 능히 진압할 수가 없었으니, 이같이 쉽고 어려움의 형세가 옛날과 지금이 달랐습니다.

---

174) 천자가 제후국들을 다니면서 잘 다스려지는지 살피는 일.
175) 훌륭한 신하들이 여럿 있으면 나라가 유지된다는 뜻.
176) 5호 16국 시대에 前秦을 세웠다.
177) 隋나라 말기에 하북지방을 점거하고 스스로 장락왕이라고 부르며 나라 이름을 大夏라고 했다.

주나라가 일어날 때 백이·숙제의 앞에는 태백太伯과 중옹仲雍[178])이 있었고, 백이와 숙제의 뒤에는 관숙管叔, 채숙蔡叔[179])이 있었는데, 한의 왕실이 일어날 때에도 역시 이런 일이 있었습니까? 그러고 보면 고제高帝는 공로는 컸지만 마음의 덕이 없었고, 문제文帝는 덕행은 있었지만 학문이 없었으며, 무제武帝는 의지는 있었지만 식견이 없었으니 애석한 일입니다.

미앙궁未央宮은 축대도 온전히 쌓지 못하고 지형도 탄탄히 하지 못한 채, 흙 한 줌 돌 한 덩이도 기술자에게 맡기지 않고 몇 길 되는 썩은 흙담을 헐레벌떡 쌓아서 3백 년 동안을 우물쭈물 지탱해 왔으니, 비유하건대 시골 늙은이가 보리밥에 오이지로 입에 맞게 배를 채우고 도무지 홍운사紅雲社의 풍미風味[180])를 들어보지도 못한 것과 같습니다. 삼로三老 벼슬을 한 동공董公[181])이 여상呂尙[182])보다 더 어질고, 호소縞素의 한 격문[183])이 태서泰誓[184])보다 나을 것입니다."

나는 말했다.

"한의 공덕에 대한 선생의 말씀은 지나칩니다. 한 고조 유방이

---

178) 주 문왕의 큰아버지로, 조카의 옹립을 위해 자신들은 피해있었다.
179) 문왕의 형제들이다. 조카 성왕이 천자가 되자 반란을 일으켰다.
180) 홍운은 여지 열매를 말한다. 중국 복건성에 있는데 여인들을 이를 먹기위해 계를 부었다고 한다.
181) 유방이 신성으로 정벌을 나갈 때 삼로 벼슬을 한 동공은 82세의 나이로 길에 나가 유방에게 의제의 죽음을 알렸고, 유방은 제후들에게 격문을 보내 항우를 치자고 하였다.
182) 강태공을 말함.
183) 유방이 보낸 격문.
184) 서경 편명. 주 무왕이 은나라를 정벌하러 가면서 쓴 것이다.

처음에 백성들을 건지겠다는 마음은, 술에 취하여 함부로 고함치던 김에 아방궁을 보고서 망령되이 일어날 뜻을 세운 데 지나지 않습니다. 이같이 도적 중의 성공한 사례를 어찌 주나라 덕으로 일어난 데에 비하겠습니까? 만일 사적만을 가지고 공을 의논한다면, 예로부터 난세亂世의 간웅姦雄들이 모두 후세에 할 말이 있을 것입니다.

천하가 이미 평정되면 비록 한두 가지 내놓을 수 있는 것도 없지는 않겠지만 이 또한 때를 따라 이해관계와 편의를 노린 데 불과한 것이니, 이른바 제후의 문하에도 어질고 의리를 아는 사람은 있다는 것185)이니 뭐가 귀하다 하겠습니까. 항우가 한을 위하여 의제義帝186)를 몰아내어 죽이게 한 것은 하늘이니, 만일 항우가 이런 난처한 일을 하게 하지 않았더라면, 한왕漢王은 천하를 3분 하여 그 둘을 차지하면서도 도리어 머리를 숙이고 숨을 죽이고는 의제의 뜰에 옥玉과 비단과 금수禽獸들을 조공해야 하지 않았을까요?"

혹정이 크게 웃으며 말했다.

"청하건대 선생은 노여워 마십시오."

나도 웃으면서 말했다.

"저는 원래 노여워할 일이 없습니다."

혹정은 말했다.

---

185) 유우석의 싯구에 侯門有仁義라는 구절이 있다.
186) 초 회왕楚懷王 손심孫心.

"한왕이 의제를 섬겨 복종해야 된다는 것은, 의리를 형식으로 따지는 논리입니다. 삼대 이전은 반드시 덕으로 의논해야 할 것이요, 삼대[夏, 殷, 周] 이후로는 불가불 공으로 의논해야 할 것입니다. 천명天命이 돈독한가 여부로 왕조의 장단점을 점칠 수 있을 것이니, 주나라와 한나라의 덕을 비록 같은 날의 일로 말할 수는 없지만, 만일 과부나 어린 임금을 속여서 천하를 취한 데 비교한다면 어찌 하늘과 땅 차이가 아니겠습니까?

그러므로, 역대 왕조의 장단점은 공덕이 많고 적은 데 달려 있습니다. 위魏나라와 진晉나라가 왕조를 쉽게 얻고 빼앗긴 점은 진실로 선배들의 의론이 있었지만, 당·송이 천하를 차지한 뒤에 몇 대가 못 되어 왕실이 크게 어지러워졌으니 천보天寶[187] 이후로는 나라는 나라가 아니요, 임금은 임금이 아니었습니다.

양한兩漢을 여기에 비교한다면, 애제哀帝[188]·영제靈帝[189]도 오히려 임금의 통치권을 잡고 있었으며 강토도 나누어지지 않았으니, 이로써 나라를 얻은 것이 바른가 여부에 따라 천명의 두터움 여부를 증명할 수 있을 것입니다.

또 초나라 의제가 있어서 한漢의 공덕이 더욱 빛났으니, 당시에 의제를 받들어 세운 것은 항우項羽 집안의 임시방편에 불과한 것

---

187) 당나라 현종 연간.
188) 유흔劉欣, 서한의 황제.
189) 유굉劉宏, 동한의 황제.

으로, 거소노인居巢老人[190]의 졸렬한 꾀에서 나온 것이 분명합니다. 전쟁 중에 갑자기 만든 명분을 건국의 영웅에게 따질 수는 없을 것입니다. 유방이 소복을 입고 항우를 성토聲討한 것은, 비유하건대 양쪽으로 갈려서 송사를 하는데 서로 억지 흠을 잡는 것과 같습니다. 가령 유방이 수수濉水에서 패해 죽었더라도, 역사책에서는 늘 그랬던 것처럼 의제 원년에 한왕 유방이 군사를 일으켜 항우를 치다가 이기지 못하고 죽었다고 썼을 것입니다.

의리를 기준으로 따진다면, 은나라가 왕자 미자微子를 송에 봉한 것처럼 주 무왕이 기자箕子를 받들어 세워 번방에 있게 했다면, 그가 은의 순수한 신하로서 해로운 것이 없었을 것입니다.

잠자리에서 눈물을 흘려 끝까지 천위天威를 두려워한 광무제[191]는 갱시更始[192]의 어진 종실이 되는 데 해롭지 않았으리라. 청궁淸宮[193]을 차지하고 거처하는 것은 책망하지 않고, 도리어 죄를 성제成濟[194]에 옮겼습니다.

마음을 가다듬어서 천천히 생각해 본다면, 항씨의 집에서 높이는 의제가 한나라에 무슨 상관이 있겠습니까. 의제를 강상江湘 백

---

190) 범증范增.
191) 동한의 광무제인 劉秀를 말한다. 천자가 되기 전 서한 말의 임금인 유현이 자신의 형 유연을 죽였는데 천자의 위세에 눌려 상복을 입지 못하고 있다가 밤중에 침소에서 눈물을 흘렸다.
192) 서한 말 회양왕 유현의 연호.
193) 위魏의 대궐 안채.
194) 위나라 대장군 사마소는 전횡을 일삼고 태자사인 성제를 시켜서 국왕인 조모를 살해했는데, 나중에 성제에게만 모든 책임을 전가했다. 이러한 꼬리 자르기가 항우에게만 이루어졌다는 이야기이다.

리 되는 나라에 봉하고 한의 손님으로 여겼던들, 한나라 4백 년에 제일가는 성덕盛德으로 해로울 데가 없을 것이니, 의제를 처리함이 어찌 어려울 게 있었겠습니까?

또 후세의 군자들은 의론을 세울 때 고상한 체하여 한·당을 말하기를 부끄러워해서, 한의 덕을 낮게 여기고 이를 찬송하는 이가 없었습니다. 그러나, 한의 여러 대 임금들은 모두 대를 전해 가면서 효도와 우애를 했고, 사람을 쓸 때는 순량한 관리를 먼저 채용했으며, 백성을 지도하는 데는 농사에 힘쓰도록 장려하였는데, 이 세 가지는 천하의 근본 방침으로서 역대에 드문 바였습니다.

급암汲黯의 바른 것이나, 곽광霍光의 어린 임금을 도운 것이나, 엄자릉嚴子陵의 고상한 것이나, 황헌黃憲[195]의 모범될 만한 것이나, 제갈량諸葛亮의 올바른 출처라든지, 하간효왕河間孝王의 예절을 좋아함과 동평헌왕東平憲王의 착함을 즐긴 것은, 천하의 으뜸되는 기운이요, 역대의 미치지 못할 바입니다.

무릇 이런 몇 가지 사실은 소박하고 정직하고 충성되고 간절하고 참다운 뜻에서 나오는 것입니다. 이른바 마음의 덕을 행하고 사랑의 이치를 잃지 않는다는 것이니, 이것이 모두 음악을 만드는 실상이니, 노래로 읊조리고 감탄해서 대아大雅 같은 음악이 생겨도 마땅히 부끄러운 빛이 없을 것입니다.

천하의 사람들은 한漢의 문화에 익숙해져 오래도록 뇌리에 남

---

195) 동한의 고사高士.

앉으므로, 유연劉淵196)은 이를 빌려서 안락공安樂公 유선劉禪에 이어 종묘를 세웠고, 유유劉裕197)가 관關으로 들어가자 그곳의 부로父老들이 십릉十陵198)을 설명했고, 유지원劉知遠199)·유엄劉龑200)들도 오히려 '묘금도 유劉' 자를 빙자해서 국가를 세웠습니다. 이는 비록 전한前漢과 아무런 관계도 없지만, 백성들의 마음은 다른 왕실이 한번에 패해서 성씨가 모두 망한 것과는 달랐습니다."

이때 시간이 이미 저녁때나 되었고, 종일 마신 술이 각기 10여 배杯나 되어, 형산은 낮부터 의자에서 잠이 깊이 들었고, 혹정은 자주 칼을 빼어 양고기를 큼직하게 베어서 먹으며 자주 나에게도 권하는데, 나는 그 노린내가 매우 싫어서 떡과 과일만 먹었다.

혹정은 말했다.

"선생은 제·노 같은 큰 나라는 즐기지 않으십니까?"

나는 웃으며 말했다.

"큰 나라는 노린내가 나서요."

혹정은 민망한 기색을 띠었고, 나 역시 그 금한 말에 저촉된 것을 깨닫고 즉시 먹으로 지우면서 곧 이렇게 사과하였다.

"저는 자공子貢201)처럼 사랑하진 않아도, 사실은 왕숙王肅과 같

196) 오호五胡의 하나로 전한前漢을 세웠다.
197) 남북조의 송 무제宋武帝.
198) 한의 역대 왕릉.
199) 오대 때 한 고조漢高祖.
200) 남한南漢의 고조高祖.
201) 제후들이 천자에게서 책력을 받으면 보답으로 양을 잡아 예물로 드린다. 공자 시대에는 책

답니다."

제齊의 왕숙王肅이 처음으로 위魏에 들어갔을 때에, 양고기를 먹지 않고 늘 붕어를 반찬으로 하였다. 고조高祖가 물었다. "양고기가 생선국에 비해서 어떠하냐." 왕숙은 대답하였다. "양고기는 제·노 제·노의 큰 나라와 같다면, 생선은 주邾·거莒주邾·거莒 같은 작은 나라와 같습니다." 팽성왕彭城王 협勰이 말하기를, "그대가 제·노의 큰 나라를 사랑하지 않고 주·거의 작은 나라를 좋아한다면, 명일에는 주·거 요리를 차려 봄세." 하였다. 혹정이 내가 양고기를 먹지 못함을 보고서, 내가 작은 나라 조선에서 나서 큰 나라의 맛을 모른다고 놀리려고 한 것인데, 내가 큰 나라는 노린내가 난다고 대답하여 도리어 그들이 기휘하는 말을 했기 때문에, 그는 무안해하는 기색을 보인 것이다.

혹정은 물었다.

"고려의 공안公案[202]을 공은 아십니까?"

하고 묻기에, 나는,

"이것은 동파東坡의 『지림志林』에 실려 있는가요. 고려가 죄가 없는데 동파가 가장 미워했습니다. 고려 명신에 김부식金富軾과 부철富轍(부식의 아우)이 있는데, 소蘇를 사모하였으므로 그들의 이름을

력을 주는 것도 아닌데 양만 잡자, 공자 제자인 자공은 양을 희생하는 법은 폐지해야 한다고 하였다. 공자는 자공에게 "네가 양이 아까워 그러느냐? 예물이라도 있어야 예전의 법이 회복될 수도 있을 것이다"라는 말을 하였는데, 연암은 자공이 양을 좋아한다는 말로 약간 비튼 것이다.

202) 고려에 대한 공문.

지었으나, 동파는 이것을 알지 못했습니다."

혹정은 말했다.

"자첨子瞻203)이 임금에게 올린 글에는, '고려가 조공을 드리는 것이 털끝만큼이나 적고 다섯가지 해로움만 끼치니, 청건대 서적을 사가는 것을 허락하지 마옵소서.' 했습니다. 그러나 『책부원귀冊府元龜』204)는 그때 나간 것인데, 귀국에서 널리 인쇄되지 않았는지요?"

나는 대답했다.

"동파의 상소는 실언을 면하지 못한 것입니다. 작은 나라가 중국을 사모해서 사간 것을 하필 이해로 따졌을까요?"

혹정은 답했다.

"그렇습니다. 송의 정화政和205) 연간에 고려 사신을 올려서 국신國信206)으로 삼아 하국夏國의 윗자리에 있게 하고, 인반引伴·압반押伴을 고쳐서 접송接送·관반館伴이라 불렀습니다. 고려는 요遼를 섬겼다가 금金에게 신하 노릇을 했기 때문에 중국의 예의를 많이 저버려서, 송 고종宋高宗은 매우 한스러워했습니다. 고려가 조공하던 길은 항상 명주明州·명월明越 지방을 경유하므로 공급供給에 곤란했고,

---

203) 소식의 자字.
204) 송나라때의 책, 1천권의 분량. 1005년 편찬. 六經子史, 역대 군신 사적등의 내용이 들어 있다.
205) 송 휘종의 연호.
206) 지금의 대사 개념.

중국에서 맞이하는 비용이 수만 냥으로 계산되어, 회淮·제濟[207] 지방은 이 때문에 시끄러웠습니다. 그때 형남荊南의 고계흥高季興은 오대五代 시절의 절도사節度使로서, 당시에 한 개의 고을을 웅거한 자는 그 지방의 패권을 쥐지 않은 자가 없었지만, 고씨는 이런 비용을 받고자 일부러 자신을 낮추어 외번外藩으로 자처했으므로, 당시 사람들은 그를 '고무뢰高無賴'라고 지목했습니다. 송나라 시절에 회·제에서도 역시 고려를 '고무뢰'라고 불렀으니, 아마도 그 비용을 부담하기에 괴로웠던 탓일 것입니다. 소蘇씨의 다섯 가지 해로움이란 말도 이 때문입니다. 그러므로 어사御史 호순척胡舜陟[208]과 시어侍御 오불吳芾[209] 등도 모두 이것을 말했으니, 비단 폐단 때문에 말하는 것이 아니라 아마도 고려가 금을 위해서 송나라의 허실을 탐지하여 간첩 노릇을 한다고 걱정했기 때문인 것 같습니다."

나는 말하였다.

"이것은 진실로 원통하고 억울한 일입니다. 우리나라가 중국을 사모하는 것은, 곧 그 본심입니다. 21대 역사를 상고해 보자면, 신라와 고려로 국호를 삼은 상하 수천 년 동안에 아직 한번인들 귀국의 국경을 놀라게 한 적이 있었습니까? 조선이 한漢의 사신을 죽인 것은 곧 위만 조선이요, 기자 조선이 아니며, 수隋나 당唐에 대하여 항거한 것은 곧 고씨高氏의 고구려高句麗요, 왕씨의 고려가 아닙

---

207) 회제. 강소 절강지방.
208) 북송의 관료 학자. 1083~1143.
209) 1104~1183, 북송의 관료 학자이다.

니다.

그런데 중국의 역사서에는 구句 자를 뽑고, 마馬 변을 없애서 '고려高麗'라고 통칭했으니, 이것은 왕씨가 나라를 세우기 전부터 있었던 이름인데, 앞뒤가 뒤바뀌고 명실名實이 혼돈되었으니 한심하다 할 일입니다. 우리나라 삼국시대에 신라가 가장 먼저 당을 사모하여, 수로水路로 중국을 통하면서 의관과 문물은 모두 중국의 제도를 본받아, 가위 이夷가 변하여 중화가 되었습니다. 왕제王制[210]에는 동방을 '이夷'라고 불렀는데, 이는 뿌리박는다[柢]는 뜻이니, 곧 성품이 어질므로 살리기를 좋아해서 만물이 땅에 뿌리박고 자라나는 것을 말한 것입니다. 천성이 유순하다는 것이 바로 이것입니다. 고려는 신라를 계승하여 5백 년 동안 비록 왕위 승계에 여섯 일곱 번 잘못이 없지 않았지만, 그러나 중국을 사모하는 정성은 바뀌지 않아 몽매간이라도 표현되었던 것입니다. 중국의 좋은 글을 얻을 때는 반드시 손을 씻고 받들어 읽다시피 하였습니다. 두 의원이 돌아올 때 조용히 음우陰雨의 경계를 가지고 온 일이 있었는데, 이 두어 가지 일은 역사에 남김없이 기록되었으니[211], 이는 곧 중국에 마음을 주고 존화양이尊華攘夷의 정성이 지극한 것을 나타낸 것입니다. 당시 중국 사대부들은 고려의 본심은 알지 못하고, 도리어 이웃 나라의 간첩으로 의심했으니, 또한 원통한 일이 아니겠습니까?

210) 『예기』의 편명.
211) 송 휘종때 고려가 중국에 의원을 보내달라 청하여 중국이 의원 둘을 보내준 일을 말함.

건염 천자建炎天子[212]는 설욕에 대한 대의는 잃어버리면서 양응성楊應誠의 옹졸한 계책을 쉽게 믿고, 지름길을 빌려서 황제를 업고 도망치려다가 필경 장수 적여문翟汝文의 선견대로 맞았으니, 송고종 2년(1128)에 절강로마보도총관浙江路馬步都摠管 양응성楊應誠이 상주하기를, "고려를 거쳐 (여진까지 가기에는 길이 심히 빠르니, 청하건대 제가 삼한三韓에 사신으로 가서 계림鷄林과 약속을 맺어 두 황제를 맞아 오겠습니다." 하여서, 곧 응성을 임시 형부 상서刑部尚書로 삼고 국신사國信使로 임하였더니, 절강 장수 적여문翟汝文이 말하기를, "만일에 고려가 금인金人들과의 관계로 거절을 하거나, 또 이를 기회로 길을 묻는다고 빙자하여 중국의 남방을 엿보게 된다면, 어떻게 대처할 것인가." 하였다. 응성이 고려에 이르자, 과연 적여문의 말과 같이 대답했다고 한다.) 드디어 약한 나라로 하여금 감정을 갖게 하였습니다.

저는 이것을, 고려의 공안이 아니라 고려의 원통한 문서 '원안'[寃案]이라 하고 싶습니다. 왕씨[고려]는 본래 거란 때문에 통로가 끊기고 중국에 다닐 길이 없어, 비록 들어오지는 못했다 하더라도, 변경汴京과의 문화 교류는 앉아서 이룬 것이 아닙니다. 험한 먼 길을 가리지 않고 뱃길로 만 리를 왕래했으며, 신라가 다니던 옛 자취를 찾아서 무서운 고래와 악어를 밟으며 앞 배가 넘어지면 뒷배가 잇달아, 만 번도 더 죽을 뻔한 고비를 무릅쓰고 성의를 다했던 것입니다. 이것은 작은 나라로서의 떳떳한 도리이지, 어찌 이를 큰 나라에 대하여 잇속을 노리는 짓으로 보겠습니까. 변변하지 못한 토산

212) 건염은 남송 고종의 연호.

물품이야 천자의 뜰에 갖출 수 있는 것이 못 되지만, 그래도 옛날을 회상하면 인사를 차리는 범절을 어김없이 하여 꾸러미를 노랗고 빨간 보에 싸서 보냈습니다. 이나마 중국을 사모하는 정성인데, 어찌 이것을 상국上國에 잘 보이려는 수단으로만 보겠습니까?

고려가 비록 나라는 작고 백성은 가난하다 하지만, 기름진 곡식들은 족히 조상께 제사를 모실 만하고, 실과 삼은 충분히 제복祭服을 갖출 만하며, 산에서 나는 쇠와 바다에서 구운 소금은 남의 나라에 의지하지 않고서도 지낼 수 있으니, 어찌 중국의 재물에 욕심을 내고 천자의 유사有司들에게 시끄럽게 했겠습니까. 송의 여러 황제는, 관곡館穀이 허비되는 것을 아까워하지 않고 멀리 찾아온 수고를 따뜻하게 위로하는 뜻은 다른 나라보다 더했습니다. 오래 전해 온 기자 같은 성인의 가르침이 있다 하여 본래부터 예의의 나라로 불려서 대우가 심히 두터웠으니, 중국의 부유하고 포용력이 큰 것을 볼 수 있는지라, 어찌 사해의 부력을 가지고 한 개 사신의 비용을 아끼겠습니까. 천자의 높음으로 옥백玉帛의 모임에 이해를 따지겠습니까. 소식은 학식이 얕고 짧아, 후하게 주고 박하게 받는 뜻을 알지 못하고 갑자기 조그마한 이익과 다섯 가지 손해를 말하여 장사치들이 손익을 다투는 것이나 다름없었습니다. 이로써 장사꾼의 도道로 사방과 사귀어서 만국의 오는 정을 끊어 버렸으니, 저는 일찍이 소식의 상소문은 당시 조정의 수치라고 말했습니다."

혹정이 말했다.

"선생의 말씀이 옳습니다. 그러나 후세에서 의논할 때는 대체로 어긋난 일이라 할 수 있으나, 그 당시를 헤아려 볼 때는 매우 깊은 생각이 있었던 것입니다. 주자는 촉당蜀黨[213]과 낙당洛黨[214] 때문에 극도로 소식을 비방誹謗하여, 오히려 공문중孔文仲이 정자程子[215]를 비방한 것보다도 심해서, 다섯 귀신 중에 괴수라고까지 하였습니다. 진관秦觀[216]·이천李薦[217]의 무리를 경솔하고 허탄한 도배로 지목하면서, 남헌南軒[218]과는 교의가 친하다 하여 장준張浚을 추존했으니, 군자가 파당에 가담하지 않는 것 역시 어려운 일입니다. 이제 선생은 주자의 정론定論을 끼고 소蘇를 배척하는 품이 오히려 주자보다도 엄하니, 고려를 위한 감정풀이임을 면하지 못할 것 같습니다."

이리 말하고 크게 웃는다. 나도 웃으며 말했다.

"원통한 것을 호소했다에 가깝지, 어찌 감정풀이라고 하겠습니까."

혹정이 말했다.

"그저 농담이었습니다. 천고에 공정하고 합리적인 시비는 인정이 대체로 동의할 것이니, 누구더러 의견을 강권하며 누구의 의견을 막겠습니까?"

---

213) 소식의 당.
214) 정호程顥·정이程頤의 당.
215) 숙정자叔程子 정이程頤를 가리킨다.
216) 촉당의 한 사람. 자는 소유少游.
217) 송의 문학가. 촉당의 한 사람.
218) 남송 때 학자인 장식張栻. 주자와 친분이 있어서 그 아버지인 장준의 행장을 주자가 지었다.

내가 웃으며 말했다.

"주자와 같은 당이라 함은 정말 맘에 달갑습니다만, 마주보고 착오라고 하시니 굉장한 촉당蜀黨인데요."

혹정은 크게 웃으면서,

"아닙니다, 아니어요. 민호民嶂는 주자 문하의 자로子路219)입니다."

나는 말했다.

"성인의 문턱까지 이른 모양220)이니 불러들이지요."

혹정이 말했다.

"주자와 같은 당이면 세상에 드문 한나라 사람[漢兒]이겠군요. 한아가 문약文弱한 것은 주자의 책임입니다."

나는 말하였다.

"주자가 전고에 의리를 주장한 사람입니다. 의리가 이기는 곳이라면 천하에서 더 강할 수는 없을텐데, 문약한 것을 무얼 걱정합니까."

혹정은 '세상에 드문 한나라 사람'이란 구절을 찢어 화로 속에 던지서 말했다.

"일부러 말을 할 것이 아니라, 자연히 아시겠지요."

---

219) 공자 제자 자로는 용기있고 바른말을 잘하는 캐릭터인데 너무 바른말을 한 나머지 공자에게 걱정을 많이 들었다. 이것 때문에 다른 제자들이 자로를 무시했는데 공자는 자로의 배움이 방에까지는 아직 못 들어왔으나 문에 이르러 마루에 올랐다는 비유로 자로를 칭찬해주었다.
220) 위의 내용 참조.

혹정은 또 말하였다.

"『홍간록弘簡錄』군서목群書目에는 정인지鄭麟趾가 지은 『고려사麗史』가 들어 있는데, 선배 고령인顧寧人[221]은 역사가의 문체를 갖추었다고 칭찬했으나, 나는 아직 얻어 보지 못한 것이 한스럽습니다. 무석無錫 왕안王晏이 추려 『고려기략高麗紀略』에는, 외국의 국가 정통正統의 대의를 몰라보고 고려 건국 초기 사건을 기록하는 연호를 쓰면서 첫머리에 역적 양梁[222]의 가짜 연호를 걸었다고 이것을 배척했습니다."

내가 말하였다.

"고려가 처음 일어난 것은 주량朱梁[223]의 정명貞明 4년(918)으로서, 중원을 하나로 통일한 천자가 없었으니, 외국의 연호를 무엇으로 붙이겠습니까?"

혹정이 말했다.

"어떤 시대든지 국가를 어지럽히는 신하와 집안을 망치는 자식은 있었지만, 한때나마 거짓으로 평정한 사람들도 모두 선왕先王들을 본뜨기는 했습니다. 주온朱溫의 내력은 순전 도적입니다. 황제의 자리를 찬탈簒奪한 순서인데 그를 황제의 정통으로 떠받든 자는 오직 사마광司馬光[224] 한 사람뿐입니다. 공명孔明[225]의 광명정대한 식

---

221) 고염무顧炎武.
222) 오대의 후량後梁. 주온朱溫이 세운 나라.
223) 주온朱溫이 건국한 후량. 오대 초기인 907년에 건국했다.
224) 자치통감의 편자.
225) 제갈량諸葛亮의 자.

견으로써 유예주劉豫州[226]를 제실帝室의 후손이라 했으니, 당시 견문의 확실한 것을 어찌 후세에서 족보만 따지는 데 비할 수 있겠습니까?

그런데 후세에 역사를 짓는 자는, 공명의 말을 믿지 않고 어디에서 대의를 취하였던가요? 사마광은 유비가 조조를 정벌한 것을 일러 구寇라 했는데, 구寇라는 것은 남몰래 남의 집에 들어가서 가만히 도둑질하는 것을 말함인데, 공명은 제실의 종신宗臣으로서 자기 스스로 자기 집에 들어가서 다른 도적을 쫓아 잡으려던 것이니, 천하에 어느 사람이 이것을 잘못이라고 말하겠습니까. 제갈량 선생을 구寇라고 한다면, 천하의 문헌으로부터 의義 자를 모두 깎아버려도 무방할 것입니다.

사마광이 『자치통감』에서, '소열昭烈(유비의 묘호)은 비록 중산정왕中山靖王(유승劉勝)의 후손이라 운운하지만'이라고 했는데, '운운하지만'이란 말은 곱씹을수록 기가 찹니다. '비록 운운하지만'이란 말은 길에서 오고 가다 들었다는 믿을 수 없는 말을 뜻하는 것인데, 누가 이런 말을 했겠습니까? 주온이나 그런 말을 했겠습니다. 이변李昇[227]은 본래 권신의 가짜 아들로서, 교묘하게 양행밀楊行密·서온徐溫의 기업基業을 빼앗고, 그 뜻을 얻은 후에는 또 찬탈한 자취가 부끄러워서 죽은 의부義父를 배반하고 자기 조상을 당 문종文宗에게 의

---

226) 유비劉備가 일찍이 예주목豫州牧이 되었다.
227) 당나라 말의 인물. 오왕 양행밀의 양자로 들어갔다가 다시 오왕인 서온에게 양자로 들어갔다. 후에 서지고徐知誥라는 이름으로 937년 남당의 열조 황제가 되었다.

탁시켰으니, 천하의 이씨가 비단 농서隴西(당나라 건국한 농서 이씨)뿐이 아닐 터인데 관 앞에서 왕조를 계승한다고 했습니다. 막길렬邈佶烈[228]도 이와 같은 자입니다.

그(사마광司馬光)는 곧 역적 양梁에게 정통을 내주면서 당당한 제실의 후손인 유비劉備에 댔으니, 무슨 배짱으로 주온朱溫으로 당을 대신하여 온 사방이 산산이 흩어지게 했으며, 주사朱邪[229]가 변경汴京에 들어온 것을 신新(왕망王莽의 나라)에 비교하여 국운이 끊어졌다고 한탄했겠습니까?

역사책에 강목綱目체[230]를 쓰는 방법은 비록 매우 바른 것 같으나, 아직도 익도益都(산동성 청주靑州) 상서尙書 종우정鍾羽正[231]이 그 균형을 얻은 것만 같지 못할 것입니다. 종우정의 정통론正統論 중에는, 사마광·구양수의 잘못된 이론을 엄격하게 배척하면서 삼대[하, 은, 주]와 한·당·송을 정통이라 하였습니다.

바르고도 통일을 못한 자는 동주군東周君[232]과 촉한蜀漢의 소열제[유비], 진의 원제元帝[233], 송의 고종이요, 통일은 했지만 바르지 못한 자는 진시황·진무제晉武帝[234]·수문제隋文帝 등이라 하였습니다. 비

---

228) 오대 후당 명종 이사원의 별칭이다. 막길렬은 오랑캐 출신으로 진왕 이극용의 양자로 들어갔다가 나중에 왕이 되었다.
229) 932년 후당을 세운 莊宗 李存勖를 말한다.
230) 역사를 연·월·일순에 따라 강과 목으로 기록하는 편찬 체재.
231) 종우정(1554~1637). 명나라 만력 연간의 인물.
232) 주周의 말주로서 혜왕惠王의 아들.
233) 사마예司馬睿.
234) 사마요司馬曜.

록 정통이 아니라 하더라도, 세상을 오랫동안 비워 둘 수는 없고 보니, 역사를 만드는 자는 할 수 없이 제帝라고 하였습니다. 조비曹조235)와 왕망王莽과 주온朱溫 같은 자들은, 이미 의리도 바르지 못하고 형세도 같지 않다고 하였습니다. 그러나 오히려 장주長洲(강소성) 송실영宋實穎236)이 양梁의 연호를 엄격하게 배척한 논평보다 못하니, 그는 왕망에게 '신新'이란 이름을 붙일 수 없고, 안녹산安祿山에게 '연燕'이란 이름을 붙일 수 없다면, 누가 전충全忠(주온의 또 다른 이름) 같은 흉악한 역적에게 양의 이름을 줄 것인가? 하물며 당시에 진晉·기岐·오吳·촉蜀의 여러 왕들이 격문을 돌려 당을 회복하고자 하였으니 당의 왕실이 망하지 않은 것이며, 그들 모두 천우天祐237)란 연호를 20년이나 오래도록 붙여 왔으니 당의 왕조는 아직 존속했던 것이다. 진晉238)은 비록 당이 사성賜姓한 나라지만, 그는 제후들 중 종맹국宗盟國으로서 자기 임금의 원수요, 나라의 역적을 자기 손으로 베어서 소탕했으니, 세상에서 일찍이 "전충全忠의 양梁이 없었다."라는 말이 돌았습니다. 당시 외번外藩들은 누가 진짜 중국의 임금인지를 알지 못했고, 혹은 중국을 사모하는 극진한 정성으로나, 또는 자기 나라의 국경을 방위하기 위해서나, 대국과 결탁해서 자기들의 민중을 진압시키기 위하여 굽실거리면서, 외번으로 자처하고 그

---

235) 조위曹魏의 문제文帝.
236) 송실영(1621~1705). 청초 순치연간 학자.
237) 당 애제哀帝 때의 연호.
238) 당 말기에 이극용李克用을 봉해주었던 나라 이름.

연호를 받드는 것도 이치에 괴이할 것이 없지만, 다만 후세에 역사를 쓰는 자의 입장에서 의논한다면, 진위가 밝아지고 득실이 나타나게 되는 것입니다. 중국 땅에서 문헌들이 해마다 압록강을 건너서, 교화는 태사太師[239]를 따르고 학문은 자양紫陽[240]을 표준 삼아 '예의의 나라'라 일컬어 온 지 천 년이니 춘추대의를 판단하는 책임을 어진 자에게 맡겨야 할 것입니다."

나는 말하였다.

"비록 온공溫公[241] 같은 어진 사람도 사람을 평가하는 일에는 오히려 이런 과실이 있었으니, 하물며 외국이겠습니까. 조선은 비록 한 집이나 다름없지만, 그래도 중국에게는 마치 벽을 뚫어 옆집의 불빛을 빌려 책을 보는 것 같이 희미하고 얼굴을 가리고 누구인지 더듬어 알아내는 것처럼 막연한데, 하물며 식견도 여기에 못 미침에 있어서겠습니까? 이제 선생이 양梁을 배척하는 의론을 들으니, 부지불식간에 상쾌하지만 망연자실茫然自失할 따름입니다. 그런즉, 고려사의 연호는 마땅히 어디에 매어야 되겠습니까?"

혹정이 말하였다.

"이것은 당시의 진晉·기岐·오吳의 예로 상고해 보면 정하기 쉬울 것입니다."

그러고는 일어나서 탁자 위에 있는 조그만 가죽 상자를 열었

239) 기자箕子.
240) 주자의 별칭.
241) 사마광의 봉호.

다. 그때 형산은 코를 우레처럼 골면서 가끔 머리로 병풍을 건드린다. 혹정은 웃으면서 높은 소리로 이렇게 읊었다.

"무전스쯔례木枕十字裂."[242]

형산은 코 골던 것을 즉시 그쳤다가 이내 또 시작한다. 나도 이에 큰 소리로 이렇게 읊었다.

"무전스쯔례."

혹정은 손에 조그만 책을 들고 눈을 크게 뜨더니, 이렇게 말했다.

"알아듣네."

이것은 내가 중국어[漢語]를 안다는 말이다.

작은 책은 과거 보는 사람들이 쓰는 역대 기년紀年을 적는 책이다. 혹정은 후당後唐 장종莊宗의 연대를 훑어본 뒤, 동광同光 원년(923) 갑신甲申[243]으로부터 거꾸로 세어 양梁의 균왕均王[244] 우정友貞(균왕의 이름)의 정명貞明 4년(918)을 가리켜,

"고려의 건국은 당의 소선제昭宣帝 천우天祐 15년(918) 무인戊寅인 듯합니다. 천우 4년(907)에 전충全忠이 황제를 폐하여 제음왕濟陰王으로 삼았다가 그다음 해 무진戊辰에 죽음을 당했으나, 당唐의 정삭正朔은 오히려 당시의 제후들에게 쓰인 지 16년이 되었으니, 이것은 역

---

242) 한유의 시 조한수朝鼾睡(코골이)에 나오는 구절이며, '목침이 열십자로 쪼개지는 듯'이라는 뜻이다.
243) 계미癸未가 맞다.
244) 양 말제未帝의 봉호.

시 공公이 건후乾侯245)에 있다는 뜻입니다."

나는 말했다.

"지금 중국에서는 학문으로 주자朱子·육상산陸象山 중에서 어느 편을 숭상하나요?"

혹정이 답했다.

"모두 자양[주자]을 존숭합니다. 모신毛甡246)과 같은 사람은 글자마다 주자를 반박했지만, 그는 천성이 왕법王法조차 두려워하지 않았습니다. 주자를 반박하는 것이 타당함은 적고 억지가 많았는데, 그 옳다는 것도 반드시 유문儒門에 공이 있는 것이 아니고 그의 억지는 도리어 세상의 도에 해 되는 것이 있었습니다. '자기를 죽이려 하는 자가 도리어 지기知己가 되고, 때리지 않으면 정이 들지 않고, 승려나 부처를 욕하는 것은 도리어 그 근본을 사랑하는 것이다'라는 식으로 말하였습니다, 모毛가 주자를 반박하면서 자신을 오히려 주자의 공신功臣으로 자처하지만, 때리면 피를 보는데 누가 그의 사랑을 믿어 주겠습니까?

주자의 문생들은 이웃을 맺었으므로, 마땅히 임안부臨安府247)로 바삐 몰려가서 부득불 한 소장訴狀을 내게 되었습니다. 포염라包閻羅248)는 곡직曲直을 불문하고 모신을 잡아다가 먼저 죽비竹篦 30대를

---

245) 하북성河北省의 지명. 제齊 소공昭公이 왕위에서 쫓겨나 건후 지방에 있어도 연호는 계속 썼다는 것이다.

246) 명말 청초의 고증학자인 모기령.

247) 남송의 수도.

248) 송나라 인종 때 청렴하고 무서운 판관(그래서 염라로 통함). 흔히 포청천으로 알려져있다.

때릴지라도, 모신은 참고 이내 얼굴 한 번 찡그리지 않으며 자꾸만 더 때리라고 소리칠 것입니다. 포공包公은 크게 노해서 다시 건장한 자들을 불러 더 사납게 때리라고 할 것이지만, 모신은 마침내 항복하지 않을 것입니다. 모신은 평생에 자기를 알고, 자기를 벌할 점이 모두 주자를 공박한 데 있다는 것을 스스로 인정했습니다. 주자는 오직 춘추에만 손을 대지 않았으니, 이것은 시원한 처신이었습니다. 보망補亡249) 한 장으로 인하여 소아배小兒輩에게 매우 많이 시달렸고, 소서小序250)를 모두 깎아 버려서 모신의 독한 주먹맛을 본 셈입니다. 『참동계參同契』251) 주註에……."

　날이 저물어 파해 일어서느라고 끝을 맺지 못했다.

<hr>

249)　대학의 격물格物장이 없어진 것에 대해 주자는 자신이 없어진 부분을 보충한다며 채워 넣었는데 이것을 격물 보망장이라고 한다.
250)　시경의 모든 편에는 대서와 소서가 있는데 대서는 공자 제자 자하가 썼다고 전하며 소서는 한나라때 시경 학자인 모형毛亨이 썼다고 전한다.
251)　참동계란 신선술, 도술, 점술에 관한 잡서로 위백양이 지은 책이다. 주자는 자기의 이름을 바꿔 참동계 考異라는 저술을 했는데 이 책 때문에 모기령의 공격을 더 받았다.

심세편審勢編

심세편審勢編

연암씨는 말한다. 중국을 유람하는 우리나라 사람들은 다섯 가지 허망虛妄한 생각을 한다. 지위와 문벌로 서로 뽐내는 것은 본시 우리나라의 더러운 습속이다. 유식한 이들은 국내에 있을 때도 또한 양반兩班 이야기를 부끄럽게 여기는데, 하물며 외국의 토성土姓 (그 지역을 딴 성)으로서 도리어 중국의 오랜 세족을 깔보려 하니, 이는 첫째 허망한 생각이다.

중국의 붉은 모자나 말발굽 닮은 소매는 비단 한족만 부끄러워할 뿐 아니라, 만주인들 역시 부끄러워하는 바이다. 그러나 그들의 예법이나 풍습, 문물文物은 사이四夷 중에서 오히려 당할 자가 없다. 그리하여 그들과 견주어 버텨 볼 수가 전혀 없음에도 불구하고,

다만 한 줌 크기 상투 하나로써 스스로 천하에 뽐내려 하니, 이는 둘째의 허망이다. 옛날, 월정月汀 윤근수尹根壽공이 명明에 사신 갔다가 길에서 어사御史 왕도곤汪道昆을 만나, 길가에 피해서 숨을 죽이고 그의 행차[行塵]를 바라본 것만으로도 오히려 영광으로 생각하였다더니, 이제 중국이 비록 변하여 오랑캐가 되었다 하지만 천자의 칭호는 오히려 고쳐지지 않은 만큼, 그들 각부閣部의 대신들은 곧 천자의 공경公卿인 동시에, 반드시 옛날이라 해서 더 높다든지, 또는 이제라고 해서 더 깎였다든지 그런 것은 아닐 것이다. 그럼에도 사신들은 원래 관장官長을 뵈는 예식이 있는 것인데 그들의 조정에서 절하고 읍하는 것을 부끄럽게 여기며 모면하기를 일삼아서 드디어 규정과 관례가 되었다. 설혹 그들과 만난다 하더라도 거만한 태도를 운치 있는 것으로 여기고 공손한 것은 치욕으로 생각한다. 그들이 비록 이에 대하여 까다롭게 추궁하지는 않는다 하더라도, 우리쪽의 무례함을 업신여길지 어찌 알겠는가! 이는 셋째 허망이다.

우리나라 사람은 문자文字를 알게 된 뒤로 중국의 것을 빌려 읽지 않는 글이 없었기 때문에, 그들 역대의 일을 이야기하는 것치고 어느 것이나 꿈속에서 해몽을 하는 격 아닌 것이 없음에도 불구하고, 이에 과거장 답안지 쓰던 글 실력으로 억지로 운치韻致 없는 시문을 쓰면서, 별안간 '중국에는 문장이 없더구먼.' 하고 헐뜯으니, 이는 넷째 허망이다.

중국의 선비들은 강희康熙 이전에는 모두 명明의 유민이었으나, 강희 이후에는 곧 청실淸室의 신하와 백성임이 틀림없는 만큼, 실로 그 정부에 충성을 다하여 법률을 존중하되, 보통 때에 언론이라도 외국 사람들에게 그 정부를 반대하는 말을 세운다면, 이들은 곧 이 세상의 난신亂臣이요, 적자賊子임은 틀림없을 것이다. 그러나 우리나라 사람은 한번 중국의 선비를 만난 때에, 그들이 그 임금의 은택을 자랑함을 보고는, 정반대로 문득 '일부一部의 『춘추春秋』를 이제야 읽을 곳이 어디 있겠어.' 하고는, 말마다 연燕·조趙의 저잣거리에 옛날과 같은 강개慷慨한 선비가 없음을 탄식하니, 이는 다섯째의 허망이다.

그리고, 중국의 선비들은 세 가지 남보다 어려운 것이 있다. 그들은 한 번 거인擧人(과거 응시자)이 되면 경經·사史 전체에 대한 가지가지의 변증辨證은 말할 나위도 없고, 백가百家·구류九流[1]에 이르기까지라도 그 원류源流는 대략 섭렵해서 대답이 메아리처럼 나와야 한다. 그렇지 않으면 선비가 될 수 없기 때문이다, 이것이 첫째의 어려움이다, 그들의 인간적인 면은 생각이 너그럽고 행동이 속되지 않으며, 너그러워 아름다운 얼굴에 교만한 태도를 나타내지 않으며, 게다가 몸을 낮추어 가면서 남을 받아들여 대국의 체면을 잃지 않으니, 이것이 두 번째 어려움이다, 작은 것이나 큰 것이나, 먼일이나 가까운 일이나 간에 법을 두려워하지 않음이 없으니, 법을 두려워하므로 벼슬에 조심하고, 벼슬에 조심하므로 제도가 한결같으며,

---

1)   戰國 전후에 활약했던 학파.

사민四民2)이 각기 업業을 나누어서 자치에 힘쓰지 않는 자가 없게 되니, 이것이 셋째의 어려움이다.

우리나라 사람들이 위와 같은 다섯 가지의 허망을 가진 것은 기실 중국 사람이 저희들끼리 멸시한 것에서 말미암았다. 그러나 그들끼리 멸시하는 내용을 따진다면, 또한 중국의 과오는 아닐뿐더러, 그들이 애초부터 가진 세 가지의 어려움은 또 우리나라 사람으로서는 결코 멸시하지 못할 일이다. 옛날 진경지陳慶之(남북조 때 양梁의 명장)가 위魏로부터 남쪽으로 돌아온 뒤에 북방 사람들을 매우 존중하게 여기기에, 주이朱异(남북조 때 양의 학자)가 괴이하게 여겨서 물었더니, 경지는

"진晉·송宋 나라 이후로 낙양을 황무한 지역地域으로 본 것은, 장강3) 이북이 모두 이적夷狄이 되었다고 생각했기 때문이다. 이제 낙양에 이르러 보니, 예법을 갖춘 사족들이 모두 중원에 있는 것을 알게 되었다. 예의가 풍부하고 인물들이 번영하며, 듣고 본 것을 이루 다 전할 수 없겠어."

하고 답하였으니, 이로 미루어 본다면 망양望洋의 탄식4)을 금하지 못함은, 지금이나 예나 마찬가지임을 새삼스레 깨달았다. 내

---

2) 士農工商.
3) 양자강.
4) 『장자』「추수秋水」에, 황하 귀신인 하백河伯이 "끝이 보이지 않는 북쪽 바다에 처음 이르러서 자신의 좁은 소견을 탄식하며 북해 귀신에게 심경을 고백하는[望洋向若而歎]" 뜻.

가 열하에 있을 동안에 중국의 사대부들과 접촉이 자못 많았었다.

보통 때 서로 이야기하는 중에서도, 날마다 옛날에 알지 못하던 바를 안 것이 퍽 많았다. 그러나 시정時政의 잘잘못이나 또는 민정民情의 향배에 대하여는 비록 알려고 애써도 방법이 없었다. 옛글5)에

"그 나라의 예법을 살펴보고는 그들의 정치를 알 것이며, 그 나라의 음악을 듣고는 그들의 도덕을 짐작할 수 있을 것이다. 이 진리는 백 세를 지난 뒤에 백 세 이전의 왕王을 비교해 보더라도 틀리지 않을 것이다."

하였다. 자공子貢의 기술과 계찰季札의 슬기가 없다면, 비록 여러 가지의 악기樂器와 춤추는 도구가 날마다 앞에 벌어져 있다 하더라도, 그들의 정치와 도덕이 나온 근본을 알 방법이 없을 것인데, 하물며 먼 옛날의 음률을 범론汎論해서 어찌 그 당시 정치의 고하를 알 수 있겠는가! 그런데도 불구하고 그 너절하고도 번잡한 혐의를 헤아리지 않고 일부러 이러한 사리에 닿지 않고 막연한 질문을 하는 것은 무슨 이유인가? 중국 선비들의 천성은 과장을 좋아하고 학문에 해박함을 귀하게 여겨서, 그들의 이론은 경經·사史에 드나들며 문자를 휘날리면서6) 바람을 내었으나, 우리나라 사람들은 첫째 말

---

5)   『孟子 公孫丑上』.
6)   서로 이야기를 나눌 때 수준 높은 언어를 구사하는 것이 마치 옥가루가 분분하게 날리며 떨어지는 것처럼 아름답다는 말이다. 휘주는 고라니 꼬리털[麈尾]을 매단 불자拂子를 손에 쥔다는 뜻인데, 먼지떨이처럼 생긴 그 불자는 위진魏晉 시대 때 청담淸談을 즐기던 사람들이 많이 가지고 다녔으며, 나중에는 선종禪宗의 승려들도 애용하였다.

씨가 아름답지 못한 데다가 또한 질문에 급해서 대뜸 시국에 관한 일을 이야기하려 들며, 또는 스스로 옛 의관의 차림을 자랑하여 그들이 부끄러워하는가 또는 부끄러워하지 않는가를 살필 뿐이었고, 혹은 대뜸 만나면,

"당신들은 민족적인 사상思想을 지녔느냐?"

고 물어서, 그들로 하여금 말문이 막히게 하니, 이런 일들은 비단 저희만 싫어할 뿐 아니라, 우리에게도 적지 않은 실수였던 것이다.

그러므로 우리가 그들의 환심을 사려면, 반드시 대국 임금의 교화하는 덕을 극히 칭찬하여 먼저 그들의 마음을 안정시키며, 또 중국과 우리의 사이가 한 몸인 듯이 하여 그 혐의쩍은 것을 피하되, 한편으로는 그들의 예악禮樂에 뜻을 붙이며, 그 전아典雅함을 숭배하는 듯이 할 것이요, 또 한편으로는 역대의 역사를 들추기는 하되 최근의 일은 언급하지 말아야 한다. 그리고 뜻을 공손히 하여 배우기를 원하되, 상대에게 마음 놓고 이야기할 기회를 주고는 거짓으로 모르는 척하여 그의 마음을 울적하게 하여 본다면, 그의 미간 사이에 진실인지 허위인지가 저절로 나타날 것이며, 보통 웃고 지껄이는 사이에 그의 실정을 탐지할 수 있을 것이니, 이는 곧, 내가 그 영향을 필담 문자文字의 외부에서 얻은 것이다.

아아, 슬프다! 중국의 유학은 점차 줄어듦에 따라서 온 천하의 학문이 한 갈래로 나오지 않게 되어, 주朱(주희朱熹)·육陸(육구연陸九淵)의

나뉨이 벌써 수백 년이 되어 서로 헐뜯으며 원수처럼 서로 미워하더니, 명明 말기에 이르러 천하의 학자가 모두 주자를 숭배하였으므로 육씨陸氏를 따르는 이가 드물게 되었다. 그러다 청淸이 중국의 주인이 되자 가만히 학술學術의 종주宗主가 있는 곳과 또 당시 그를 추종하는 수효가 많고 적음을 살펴서 많은 편을 좇아 힘써 숭배하여, 주자를 십철十哲의 동렬에 올려 모시고는 천하에

"주자의 도덕은 곧 우리 황실皇室의 가학家學이야."

라고 하였다. 천하 사람들 중에는 이에 만족하여 기쁘게 복종하는 사람도 있었고 또는 이를 가장하여 출세의 길을 바라는 자도 없지 않았다. 그러니 이른바 육씨의 학문은 거의 끊어지고 말았다.

아아, 슬프다. 그들이 어찌 주자의 학문을 정말 알아서 그 올바른 것을 터득했겠는가. 천자의 높은 지위로서 겉으로만 숭배한 것이다. 그 뜻은, 중국의 대세를 짐짓 살펴서 재빨리 남보다 먼저 이를 차지하여, 온 천하 사람의 입에 재갈을 물려 자기들에게 오랑캐라는 이름을 감히 씌우지 못하게 하는 방법이다.

어째서 그런 줄 알았는가? 주자는 일찍이 중국을 높이며 오랑캐를 배격하였으니, 황제가 재빨리 논문論文을 써서 송 고종宋高宗(조구趙構)이 『춘추春秋』의 정의를 알지 못하였음을 배격하였으며, 진회秦檜[7]가 금나라와 강화를 주장한 죄악을 성토하였다. 주자가 모든

---

7) 진회는 송 말기에 재상을 지낸 인물로, 금나라와 강화할 것을 주장하고 충신 악비岳飛를 죽였다.

글에 집주集注(유학 경전에 달린 주석)한 것을 보고는, 곧 천하의 선비를 모아서 천하의 글을 모아 거둬들여 『도서집성圖書集成』·『사고전서四庫全書』 등을 만들고는 온 천하 사람들에게,

"이는 곧 주자의 말씀이고, 주자께서 남기신 중요한 뜻이야."

하고 외쳤다.

황제가 걸핏하면 주자를 드높이는 것은 다른 뜻이 아니라며, 천하 사대부의 목덜미에 걸터타고는, 그들의 목구멍을 조르면서 그 등은 어루만지는 심산이다. 천하의 사대부들이 모두 그 위협과 우민화 정책에 휩쓸려, 구구區區하게 예문이나 제도에 눌어붙은 것을 아무도 눈치채지 못했기 때문이다. 그리하여 어떤 이가 말하기를,

"청인淸人이 벌써 중국의 예절과 문화를 숭상하면서도 만주의 옛 풍속을 변경하지 않는 것은 무슨 이유인가."

한다. 이것만으로도 그들의 뜻을 알 수 있는 것이다. 그러나 그들은,

"나는 결코 천하의 이권利權을 사랑함이 아니다. 나는 오로지 명나라 황실[明室]만을 위하여 커다란 원수를 갚으며 커다란 치욕을 씻어준 것이다. 그런데 천하는 오랫동안 텅 비어 있을 수 없으니 내가 천하를 위해서 중국을 지키다가 중국의 주인이 생긴다면 짐을 싸가지고 동쪽으로 돌아갈 것이다. 그래서 내가 감히 우리 조상의 옛 제도를 고치지 못한다."

하고 변명할 것이다.

또 어떤 이가,

"저들이 자기의 옛 습속을 그대로 가진다는 것은 오히려 당연한 일이겠지만, 어째서 천하를 휩쓸어서 억지로 그들의 법을 따르게 하는 것인가?"

한다. 이도 그들의 뜻을 알 수 있는 것이다. 그러나 그들은

"제왕帝王이란 문자文字라든가 수레의 궤도軌道라든가 모든 제도를 통일할 뿐이다. 청淸의 신하가 된 자는 당연히 그때 왕의 제도를 따를 것이요, 청의 신하가 되지 않을 자라면 당대 왕의 제도를 따르지 않으면 그만이다."

라고 말할 것이다.

중국의 동남 지방은 개명한 곳이어서, 반드시 온 천하 중에 맨 먼저 문제가 생길 소지가 있는 곳이고, 그들의 성격은 가벼워서 따지기 좋아한다. 강희 황제가 강소·절강 지방에 여섯 차례나 순행하여 몰래 모든 호걸의 사상을 눌렀으며, 지금 건륭제는 그 선례를 따라 다섯 차례나 순행했다.

천하의 큰 걱정은 늘 북쪽 오랑캐에게 있으므로 그들에게 항복 받기까지 강희 황제가 열하에 행궁行宮을 세우며, 몽고의 강력한 군대를 여기에 주둔시켰다. 이는 실로 중국 군사를 괴롭히지 않고도 오랑캐[胡]로써 오랑캐[胡]를 방비하게 되었다. 이렇게 되면 군비軍費는 덜고 국방은 굳세게 된 것이다. 지금 황제가 친히 통솔하여 열하를 지키고 있는 것이다.

서번西藩이 비록 굳세고 사나우나, 다만 황교黃敎를 몹시 경외하니 황제는 곧 풍속을 따라서 몸소 스스로 그 교를 믿어서, 그 법사法師를 모셔다가 집을 찬란하게 꾸며 그의 마음을 기쁘게 하고는, 게다가 명목만 '왕王'이라 빌려 주어서 그의 세력을 쪼개었으니, 이는 곧 청인淸人이 사방을 제어하는 교묘한 방법이다.

그리고 그들은 다만 중국에 대하여 마치 무관심한 듯싶으나 역시 그런 것은 아니다. 그는, 온 천하의 일반 백성들이야 그들에게 세금稅金만 헐하게 해 준다면 안정될 것이라 생각했다. 그렇다면 그들은 도리어 우리의 벙거지와 의복의 제도를 편리하게 여겨서 반대하지 않을 것이라고 생각하였던 것이다.

다만 천하 사대부의 사상을 억누를 방법이 없었다. 그래서 우선 주자의 학문을 높여 허랑한 선비들의 마음을 크게 위로하면, 그들 중 호걸은 감히 노여워할지언정 겉으로 말은 할 수 없을 것이며, 그중 야비하고 아첨하는 자는 시의時義를 따라 자기 개인적인 이익을 꾀할 것이다. 그리하여 한편으로는 몰래 중국 선비의 사상을 약화시키고, 한편으로는 그들에게 문화인의 대우를 받게 했다, 저 진秦의 갱유坑儒[8]와 같은 행위를 하지 않고도 선비는 문자 교정하는 일에 골몰하게 하며, 진의 분서焚書와 같은 정책을 안 해도 그들의 서적은 실제적으로는 취진국聚珍局(건륭은 『사고전서四庫全書』의 책판을 가리켜 취진판聚珍板이라 함)에서 흩어지게 된 셈이다. 아아, 슬프다! 그들이

8)   분서갱유. 책을 불태우고 (말 안듣는) 선비들을 구덩이에 묻음.

세상을 우롱하는 기술이 교묘하고 심각하다 할 수 있다. 이른바 책을 구입하는 재앙災殃이 분서에 비해 더 심하다는 말은, 이를 말함이다.

그러므로 중국 선비들은 가끔 주자 반박하기에 조금도 거리낌 없는 사람이 있다. 그가 바로 모기령毛奇齡[9]이다. 어떤 이는 그를 '주자의 충신'이라 하고, 혹은 그는 '도를 지킨[衛道] 공이 있다.' 하고, 또는 '은혜 있는 집[恩家]을 도리어 원망했다.'라고도 하였다. 이런 것들을 보아서도 중국 선비들의 미묘한 뜻을 충분히 짐작할 것이다.

아아, 주자의 도는 마치 중천에 떠오른 해처럼 세계 만국萬國이 모두 우러러보는 바이니, 저 황제가 사사로이 숭배했다 한들 주자에게는 아무런 누가 될 것이 없다. 그런데 중국의 선비들이 이다지 부끄러워하는 것은, 아마도 황제가 겉으로는 주자를 떠받드는 척하면서 속으로는 세상 사람들을 억누르려 하는 도구資具로 쓰는 데에 격분한 이유 때문일 것이다. 그러므로 가끔 한두 가지 집주集注의 틀린 곳을 핑계로, 청 통치 백 년 동안의 괴롭고 억울한 것을 씻어 내려고 한다. 그래서 오늘날 주자를 반박하는 선비들은 결과적으로 옛날 육상산의 부류와는 목적이 다름을 확인할 수 있다.

그럼에도 불구하고 우리나라 사람들은 이 뜻을 짐작도 못 하고, 잠깐 중국 선비를 접견할 때 대수롭지 않은 말이라도 약간만 주

9)   1623~1716, 명말 청초의 대학자. 호는 初晴.

자에 관계된다면, 곧 깜짝 놀라, 문득 그들을 상산象山(육구연陸九淵의 호)의 무리라고 배척한다. 돌아와 국내의 사람들에게 말하기를

"어어, 중국에는 육학陸學이 한창 성하여 사악한 학설이 쉴 날이 없더구면."

한다. 그러면 듣는 이 역시 이에 대해 앞뒤도 가리지 않고 이런 말들을 듣자마자 화부터 낸다. 아아! 사문난적斯文亂賊을 성토함은 비록 먼 중국에까지 미치지는 않을지라도, 이단異端을 용납한 과오는 실로 사림 사이에 용서받기 어려운 것이다.

엄계罨溪10) 꽃나무 아래에서 술을 조금 마시고 「망양록忘羊錄」과 「혹정필담鵠汀筆談」을 교열校閱하여 차례를 정하다가, 이내 붓을 꽃이슬에 적셔 이 의례義例를 만들어 뒷날 중국에 놀러 가는 사람들이, 그들 중에서 터놓고 주자를 반박하는 이를 만나거든, 그가 반드시 비상한 선배인 줄 알고, 부질없이 이단이라고 배척하지 말며, 언사를 잘하여 점차로 본질까지 찾는 데 효과가 있도록 했다. 반드시 이런 방법을 써야, 천하의 대세를 엿볼 수 있을 것이다.

---

10)   황해도 개성 부근 연암협 골짜기에 있던 시내 이름.

혹정필담鵠汀筆談

혹정필담 서鵠汀筆談序[1]

어제는 윤공에게 이야기를 하여 해가 저무는 줄을 몰랐다. 윤공이 때때로 졸며 머리로 병풍을 받곤 하였다. 내가 말하였다.

"윤 대인尹大人께선 아마 피로하신 모양이니, 나는 물러가겠습니다."

혹정鵠汀이 말하였다.

"조는 사람은 졸고 말할 사람은 말하는 것이지, 무슨 상관이 있겠습니까."

한다. 윤공이 약간 그 말을 들었는지 혹정을 향하여 무어라고

---

1) '박영철본'에는 본래 이 제목小題이 없고 '주설루본'에 제목이 나와있다.

두어 마디 말하자, 혹정은 곧 머리를 끄덕이고는 필담하던 종이들을 거두고 나에게 읍하며 함께 일어났다.

윤공은 노인인데, 나 때문에 일찍 일어났고 정오를 넘기도록 이야기를 하였으니, 그가 피로해서 조는 것은 이상할 게 없다고 하겠다.

혹정이 다음날 아침밥을 준비할 테니 나에게 같이 먹자고 하였다. 나는 대답했다.

"이야기 자리가 벌어질 때마다 늘 해가 짧음이 걱정이니, 내일은 특히 일찍 가겠습니다."

혹정이 말하였다.

"예 예. 그리하시죠."

그다음 날 오경五更[2]에 사신이 일어나 조회에 나갈 때 나도 함께 일어나서 혹정을 방문하여 촛불을 밝히고 이야기할 적에, 학도사郝都司 성成은 왔으나, 윤공은 새벽에 조회하러 들어갔다. 밥을 먹으며 필담筆談하는 사이에 수십 장이나 되는 종이를 허비하였다. 그러고 보니, 인시寅時[3]에서 유시酉時[4]까지 무려 열여섯 시간이다. 학공郝公은 좀 늦게 왔다가 먼저 가 버렸다. 이 담초談草를 차례대로 엮어서 '혹정필담鵠汀筆談'이라 이름하였다.

---

2) 오전 3시부터 5시 사이의 시간.
3) 새벽 3시~5시.
4) 오후 5시~7시.

혹정필담

나는 말하였다.

"윤 대인께선 어제 접대에 몹시 괴로우신 모양이어서 제 맘이 편하지 못했습니다. 오늘은 시간이 지루하지 않으실까요."

하였더니, 혹정은,

"그런 것은 아닙니다. 윤공은 늘 한나절이면 한참 용효교龍虎交[5]를 하므로, 남들에게 그의 이런 꼴을 뵈지 않으려고 한 것이지, 결코 손님을 싫어하는 뜻은 없습니다."

그러고는 나에게 물었다.

"윤공은 어떠한 사람으로 보입니까."

나는 말했다.

"그는 참 신선神仙 같은 분입니다. 선생은 그와 친한 지 오래되셨습니까?"

혹정이 대답했다.

"다북쑥과 도리桃李[6]처럼 문벌과 가는 길이 전혀 다르답니다. 요즘 벗한 지 겨우 한 10여 일 넘었습니다."

혹정은 다시 물었다.

"공자公子께서는 아마 기하학幾何學을 잘 아시는가 봅니다."

---

5) 도가의 수련법. 양과 음을 상징하는 용과 호랑이를 교합하는 양생법 중의 하나이다.
6) 다북쑥은 가난한 집, 도리(복숭아와 오얏)는 부귀한 귀족집을 상징한다.

내가 물었다.

"어째서 그런 줄 아십니까?"

혹정이 대답했다.

"저 윗방에 사는 기 안사奇按司[7]가, 고려 박 공자朴公子는 우리나라를 부를 때는 '고려'라고 불러, 마치 우리나라 사람이 중국을 말할 때 한漢이니 당唐이니 하는 것과 같고, 그들은 나를 부를 적에 가끔 공자公子라 하였다. 기하학에 정통하다고 크게 칭찬하였습니다. 그의 말에 의하면 '달 가운데 한 세계가 있다면 마땅히 이 땅과 같을 것이고, 또는 지구地球가 저 공중에 걸려 있으니 그는 실로 한 개의 작은 별에 지나지 않을 것이며, 또 지구의 자체에서 빛이 생겨서 달 가운데에 가득할 것이라고 하더이다.' 하니, 이들은 모두 기이한 이론인 동시에 경천經天 위지緯地[8]의 재능이라 할 수 있을 것입니다."

내가 말하였다.

"저는 이 나이 먹도록, 기하학에 대하여서는 정말 반 글자라도 엿본 적이 없습니다. 요전 밤에 우연히 기공奇公과 함께 앞채에서 달을 구경하다가, 저도 모르게 기이한 흥취가 가득해져서 생각도 없이 멋대로 지껄인 것이니 이야말로 일시적인 허튼 이야기에 불과한 것입니다. 게다가 이는 저의 억측臆測에서 나온 것이지, 결코

<hr />

7)   기풍액.
8)   온 천하를 경륜經綸하여 다스림.

기하학으로 유추한 것이 아닙니다."

혹정이 대답했다.

"이렇게 지나치게 겸손하실 필요는 없겠습니다. 지구의 빛에 대한 이론을 좀 듣고 싶습니다. 만일 지구에 빛이 있다고 한다면 그는 햇빛을 받아서 빛이 생기는 것입니까, 아니면 그 자체에서 저절로 빛이 생기는 것입니까?"

나는 대답하였다.

"마치 꿈결에 녹색 글씨로 쓴 부적[9]을 읽은 것처럼 되어서, 지금은 벌써 잊어버렸습니다."

혹정이 말하였다.

"저도 평소에 생각한 남다른 말은 있지만, 역시 남을 만나서 발표하진 못했습니다. 왜냐면, 세상 사람들이 크게 놀라고 조금은 의아하게 볼까 해서입니다. 그래서 마치 무엇이 탯덩이[胎]처럼 가슴속에 뭉쳐 있어서 오래도록 소화되지 않아, 겨울과 여름철이 되면 더욱 괴로워집니다. 선생도 이런 증세가 생기지나 않을까 두렵습니다."

내가 대답했다.

"그렇다면 이 자리서 말해버려서 그걸 깨뜨려 버립시다. 몇 해 동안 묵힌 증세를 약 쓰기 전에 낫게 하는 게 좋지 않겠습니까?"

"아니어요, 아닙니다."

---

9)   綠文赤字書라는 말로, 녹색 적색 글씨로 얼룩덜룩 쓴 부적이라는 말.

혹정이 말하면서, 손사래를 치며 웃기에 내가 말하였다.

"무슨 말이라도 손님 된 이가 먼저 하지 못하는 것이 예禮입니다."

얼마 아니 되어 밥상이 들어온다. 그 차린 순서를 보자면, 과일과 나물이 먼저 나오고 다음에는 차와 술, 그다음은 떡, 또 다음에는 돼지고기 볶음과 계란 부침 등이 오르고, 밥은 가장 뒤에 하얀 쌀밥이 나왔고 양 내장탕을 끓였다.

중국 음식은 모두 젓가락을 사용하고 숟갈은 없었다. 권하거니 받거니 하며 작은 잔으로 흥을 돋구는 것이다. 우리나라처럼 긴 숟갈로써 밥을 둥글둥글 뭉쳐 한꺼번에 배불리 먹고 곧 끝내는 법이 없이, 가끔 작은 국자로 국을 뜰 뿐이다. 국자는 마치 숟갈과 비슷하면서 자루가 없어서 술잔 같기도 하나, 또 발은 없어 모양이 연꽃잎 하나와 흡사하였다. 내가 국자를 집어 밥을 한 공기 뜨려 하였으나 그 밑이 깊어서 먹을 수 없기에, 픽 웃으며 말하였다.

"빨리 월왕越王을 불러오셔요."

학지정이 나에게 물었다.

"무슨 말씀이셔요."

내가 말했다.

"월왕[10]의 생김새가 목이 썩 길고 입부리가 까마귀처럼 길었

10)　구천句踐을 말한다.

답니다."

하였더니, 지정志亭은 혹정의 팔을 잡고서 웃느라 밥을 뿜으면서 재채기를 수없이 한다.

지정이 물었다.

"귀국 풍속에는 밥을 뜰 때 어떤 것을 쓰십니까."

나는 대답했다.

"숟갈을 쓴답니다."

지정이 물었다.

"그 모양이 어떻게 생겼습니까."

"작은 가지잎[茄葉] 같습니다."

내가 대답하고 곧 탁자 위에다 그려 보였더니, 두 사람은 포복절도하였다.

지정이 말했다.

어떻게 생긴 가지잎 숟갈이 何物茄葉匕

저 혼돈한 구멍을 뚫었던고 鑿破混沌霞[11]

학정은 말하였다.

많고 적은 영웅들 손이 多少英雄手

젓가락을 빌리느라 얼마나 바빴으랴 還從借箸忙[12]

나도 말하였다.

---

11) 숟가락 때문에 웃느라고 재채기를 했다는 뜻이다.
12) 숟가락 말고 젓가락을 쓰라는 뜻이다. 장량이 한고조 유방에게 젓가락을 이용해서 전쟁의 승패를 따진 고사를 이용하였다.

기장밥은 젓가락으로 먹지 못하니, 飯黍毋以箸。

큰 그릇으로 같이 먹을 때 손을 비비지 않는다. 共飯不澤手[13]

라는 말을 들었는데, 중국에 와서는 숟갈을 못 보았습니다. 옛 사람들이 기장밥을 드실 때 손으로 뭉쳐서 잡수셨던가요?

혹정이 말했다.

"숟가락이 있긴 한데 이처럼 길지는 않습니다. 기장밥이고 쌀밥이고 젓가락을 쓰는 것이 관습이 되었으니, 이른바 행동이 습관이 된다는 것도 예와 지금이 저절로 조금 다른 것 같습니다."

내가 또 말했다.

"혹정 선생은 뱃속에 가득히 꾸불꾸불 뒤틀어져 있는 그 무엇을 끝내 해산하기 어려운지요."

지정이 물었다.

"그게 무슨 말씀인지요?"

내가 말했다.

"아까 이야기하던 '크게 놀라고 조금은 괴이한 탯덩이' 말씀입니다."

혹정은 웃으며 말했다.

"여기에는 '도라면탕兜羅綿湯'[14]을 쓰는 것이 가장 좋은 것입니다."

---

13)   예기 곡례편에 나오는 구절이다. 연암은 청결하게 먹기 위해 숟가락을 이용하겠다는 뜻으로 썼다.

14)   한약명.

지정이 말했다.

"그야말로 홀륜탄조團圇吞棗[15]군요."

나도 말했다.

"우물우물 삼키는 건, 신선 안기생安期生의 대추가 아니라면, 아마 위왕魏王의 바가지[16]이지 않을까요."

혹정이 껄껄 웃으며 말했다.

"맞습니다."

내가 말했다.

"그러나 저는 듣고 싶어서 온몸이 근지러워집니다."

혹정이 말했다.

"어떤 부분에서 마고麻姑의 긴 손톱[17]을 구해 오란 말씀이신가요?"

지정이 다시 지구의 빛에 대한 설명을 해달라고 해서 내가 말했다.

"제가 다만 허망한 말씀을 드릴 것이니 선생께서도 역시 허망한 말로 들어 주신다면 좋겠습니다."

혹정이 말하였다.

"그것도 무방합니다."

---

15) 우물우물해서 삼키는 것.
16) 『莊子』에 나오는 일화. 위왕이 5섬 크기의 큰 박을 얻어서 바가지를 만들었지만 정작 쓸모는 없었다는 내용이다.
17) 『神仙傳』에 나온다. 여신선인 마고는 손톱이 길어 등을 긁기에 좋았다고 한다.

나는 물었다.

"낮이면 만물이 모두 환하게 보이다가도 밤이면 모든 것이 암흑 속에 드는 것은 왜일까요?"

혹정이 답하였다.

"그것이야 햇빛을 받아서 밝은 것이지요."

내가 말하였다.

"모든 물건은 스스로 빛을 내는 것이 없으니, 그 본질本質은 어둡지 않은 것이 없습니다. 비유를 하자면, 저 어두운 밤중에 나를 거울에 비쳐 보면 내가 아니라 목석木石과 다름없으니, 비록 빛을 받아들일 성격은 포함되었으나 그 자체가 밝을 수 있는 바탕을 갖춘 것이 없음을 알 수 있습니다. 그리고 햇빛을 받은 뒤에야 빛을 낼 수 있으므로 그 반사反射하는 곳에 도리어 밝은 빛이 생기니, 물이 빛에 반사하는 것도 역시 이와 같은 것입니다. 지금 땅덩어리 밖에 둘러있는 바다는 비유하자면 한 개의 큰 유리 거울과 같습니다. 만일 달세계[月世界]에서 이 지구가 비친 것을 바라본다면, 역시 초승, 보름, 그믐 같은 모양이 있을 것이며, 해가 비치는 곳에는 물과 큰 땅덩이가 서로 잠기며 비쳐 그 빛을 받아 반사되어 바꾸어 가며 밝은 빛을 토하는 것이 마치 저 달빛이 이 땅에 고루 퍼진 것 같을 것입니다. 햇빛을 받지 못한 곳은 저절로 어두워져서 초승달 전의 상태처럼 빈 모양만 걸려 있고, 그 흙이 두꺼운 곳은 마치 달 속의 검은 그림자처럼 보이겠지요."

혹정이 말했다.

"저도 역시 일찍이 허황된 생각을 하였는데, 지구가 빛나는 것은 선생이 논하신 것과는 좀 다른 것이 있습니다."

내가 말했다.

"꼭 똑같을 필요는 없습니다. 이에 대한 설명이나 듣고 싶습니다."

지정이 혹정을 돌아보며 잇달아

"산하山河의 그림자."

라는 말을 하는데, 혹정은 머리를 흔들며 연달아,

"그렇지 않아."

라고 하였다. 내가 말했다.

"무엇이 아니란 말씀이신지요?"

혹정이 답하였다.

"선생께서는 방금 지구의 빛을 설명하셨는데, 학공郝公은 산하의 그림자로 착각하였습니다."

나는 말하였다.

"불가佛家의 설에 의하면, 저 달 가운데 어렴풋이 보이는 것이 곧 우리 산하山河의 그림자라 하였습니다. 이는 곧 달은 하나의 둥글고 빈 것이라는 거지요. 마치 거울이 물건을 비추듯이 달이 지구를 비춘다는 것이지요. 이른바 철요형凸凹形이란 것도 또한 지구 산하의 높고 낮음으로서, 마치 그림의 부본副本처럼 위로 올라서 달 가운데 물들인 것이니, 이는 모두 땅과 달의 본분本分은 아니라고 생각됩니다.

그리고 내가 말한 달 속의 세계란, 참으로 한 개의 세계가 있다는 것이 아니라, 애당초 지구의 빛을 설명하려 하였으나 나타내 보일 만한 것이 없으므로 이러한 달 속의 세계를 가설假設적으로 세웠던 것입니다. 다시 말하자면 위치를 바꿔서 대처해 보자는 것이니, 만약 우리들이 달 가운데에서 지구의 테두리를 쳐다본다면, 역시 이 땅 위에서 저 달의 밝음을 바라봄과 똑같을 것이라 생각합니다."

혹정이 말하였다.

"옳습니다. 선생의 이 말씀은 내 벌써 명백히 알아들었소이다. 이미 달 속의 세계가 있다면 자연 산하가 있겠고, 산하가 있다면 자연 철요가 있겠지요. 멀리 서로 바라본다면 응당 이런 형태가 나타날 것이니, 대지大地를 빌리지 않아도 그 그림자는 나타날 것 같습니다. 그러나 저는 지구의 빛에 대해서, 햇빛을 빌려서가 아니고 그 자체에서 빛이 있다고 생각됩니다. 대체로 물건이 크면 신령이 그를 지키게 되고, 물건이 오래되면 정기가 어리는 법이니, 늙은 조개가 구슬 빛을 토하여 어두운 밤을 밝혀 줌은 곧 신령함과 정기가 한곳에 모인 까닭이 아니겠습니까? 지구야말로 참으로 크고도 오래 갈 수 있는 감공보주嵌空寶珠라, 큼직한 신정神精이 저절로 빛을 발할 것이니, 예를 든다면 저 도덕 있는 군자가 그의 화순한 마음이 속에 쌓여 그 빛남과 아름다움이 외면에 나타남과 같은 것이라고 생각합니다. 그리하여, 저 공중에 가득한 별이나 은하에는 모두 제 몸에서 나오는 빛이 있지 않을까요?"

지정은 옆에서 읽다가 웃으며, 위에 적은 '월중 세계月中世界에서 이 지구의 빛을 바라본다'는 구절에 동그라미를 치고 또 '지구는 곧 감공보주'라는 구절에 동그라미를 치며 말하였다.

"두 분 선생께서는 아마 한 번 달나라에 가셔서 항아姮娥 낭자[18])에게 소송을 걸어 누가 맞는지 판결지어야 하겠습니다. 그때는 아예 학성郝成더러 증인이 되라 마십시오."

혹정은 곧 그 항아 낭자에게 소송을 걸라는 구절에다 동그라미를 친다.

혹정은 또 물었다.

"만일 달 가운데 한 세계가 있다면, 그 세계는 어떨 것 같으십니까?"

내가 웃으며 대답했다.

"아직 월궁月宮에 한 번도 가 구경한 적이 없으니, 그 세계가 어떤 모양인지를 어찌 알겠습니까? 다만 우리들 세계의 사람으로서 저 달의 세계를 상상한다면, 역시 어떤 물건이 쌓이고 모여서 한 덩이가 이루어졌지만, 마치 이 큰 땅덩어리가 한 점 작은 먼지들이 모인 것과 같을 것이니, 티끌과 티끌들이 서로 의지하되 티끌이 부드러운 것은 흙이 되고, 티끌이 거친 것은 모래가 되며, 티끌이 굳은 것은 돌이 되고, 티끌의 진액津液은 물이 되며, 티끌이 따스한 것은

---

18) 중국 전설 중 달에 산다고 하는 아가씨이다. 예의 처이고 서왕모의 불사약을 훔쳐먹고 신선이 되어 달로 도망갔다고 한다.

불이 되고, 티끌이 맺힌 것은 쇠끝이 되며, 티끌이 번영한 것은 나무가 되고, 티끌이 움직이면 바람이 되며, 티끌이 찌는 듯하게 기운이 침울하여 모든 벌레(생물을 뜻한다)가 되는 것입니다.

지금 우리 사람들은 곧 모든 벌레 중의 한 족속에 불과합니다. 만일 달 세계가 음성陰性으로 형성되었다면 그 물은 곧 티끌일 것이요, 그 눈은 곧 흙일 것이며, 그 얼음은 곧 나무일 것이고, 그 불은 곧 수정일 것이며, 금속은 곧 유리일 것으로 생각합니다. 그리고 달 세계가 반드시 진짜로 이렇다는 것은 아닙니다. 이는 비록 제가 가설적으로 이런 명제를 설정했지만, 역시 어찌 그다지 크나큰 물체가 생겨나서 그 덕德은 햇빛에 비교할 수 있고, 그 체體는 해에 필적할 수 있으며, 오히려 한 물건도 기운이 모여서 벌레처럼 변화함이 없겠습니까?

그리고 이제 우리 사람들은 불에 들어가면 타 버리고, 물에 빠지면 가라앉곤 합니다. 그러나 역시 그는 일찍이 불과 물을 떠나지 못하는 것이니, 이로써 미루어 본다면 비록 물과 불 속에 살고 있다고 하더라도 그럴 수 있는 것이 아니겠습니까?

그뿐만 아니라, 대체로 모든 생물은 물속에 살고 있는 것이 다만 고기와 자라 같은 종류뿐이 아니고, 비록 비늘 돋은 것들과 껍질 있는 것들로 주를 삼았다 하나, 역시 날개가 돋친 놈이나 털에 감싸인 놈들로써 이웃을 삼지 않을 수 없을 것이며, 저 고기와 자라는 비록 뭍에 놓는다면 죽어 버릴 수밖에 없는 존재였으나 역시 때에 따라서는 깊이 진흙 속에 숨어 사는 것을 보아서는, 이는 비늘[鱗]과 껍질[㲋]의 족속도 또한 일찍이 흙을 떠날 수는 없는 것이 아니겠습니까? 그리고, 저 직방職方19)이 소개한 외에 정말 몇 개의 세계가 있겠습니까?"

지정은 말했다.

"저 서양 사람들의 기록한 바를 믿는다면, 아마 구국狗國·귀국鬼國·비두국飛頭國·천흉국穿胸國·기굉국奇肱國·일목국一目國 등의 여러 가지 기기괴괴한 것들이 있는 모양입니다. 이는 전부 다 보통 생각으로는 미칠 바가 아니었습니다."

혹정이 말했다.

"이는 서양 사람의 기록에 나타났을 뿐만 아니라, 우리 경經에도 있지 않습니까."

내가 물었다.

"어떤 경經에 실려 있나요?"

혹정이 말했다.

"『산해경山海經』이지요."

나는 말하였다.

"이 대지를 통틀어 몇 곳의 비늘 달린 황제[鱗皇]와 털복숭이 황제[毛帝]가 있는지 알 수 없으니, 지구에서 저 달을 생각해 본다면 거기에 또 한 개의 세계가 있음도 이치상 이상할 것은 없으리라 생각

---

19) 직방씨職方氏는 각 지방의 일을 맡아 보는 관직으로 천하의 지도를 맡아 천하의 땅을 관장해
    다스렸다 한다. 여기서는 '사람들이 인지하여 관리할 수 있는 세상' 정도의 뜻이다.

됩니다."

혹정이 말하였다.

"달 세계의 있고 없음이야 우리들 세상에는 아무런 상관이 없습니다. 이것은 곧 이른바 월인越人이 살이 찌거나 마른 것이 진인秦人에게는 관계없다는 것입니다. 이에 대해서는 옛 성인들도 말씀하지 못한 것이거늘 이제 선생이 말씀해 주시니 나로 하여금 티끌 세상의 모든 번뇌가 별안간 없어지곤 마치 저 광한궁廣寒宮(달 속에 있는 궁전)에 앉아서 얼음 비단을 입은 채 싸늘한 술을 마시며 백이伯夷와 오릉於陵의 진중자陳仲子[20]와 함께 노니는 것과 같습니다. 그렇다면 저 '떼를 타고 바다에 뜬다'[21] 함은 곧 공자께서 하신 별세계別世界 상상이 아니겠습니까. 만일 선생이 사뿐히 서늘 바람을 타고 공중으로 향할 때에는 저는 저 중유씨仲由氏에게 결코 뒤질 생각은 없습니다."

지정은 곧 '별계 망상'에다 동그라미를 치며 말했다.

"그럴 때는 저는 팔짝팔짝 저 토끼나, 펄쩍펄쩍 저 두꺼비의 노릇을 하라고 해도 사양하진 않겠습니다."

온 좌석에 앉은 사람들이 떠들썩하게 웃었다.

혹정은 또 말하였다.

"우리 유학자 중에서도 근세에 이르러서는 저들 땅이 둥글다

20) 맹자에 나오는 인물이다. 청렴하기로 이름난 인물이다.
21) 논어 공야장편에 나오는 말. '나의 도가 세상에 행해지지 않으니 뗏목을 타고 바다에 떠서 다른 곳으로 가겠는데, 나를 따라갈 사람은 아마 由(자로)일 것이다.'

는 설을 꽤나 믿는 모양이어요. 대체로 땅이 모나고 고요하며 하늘이 둥근 채 움직인다 함[天圓地方]은 우리 유학자의 명맥임에도 불구하고 저 서양 사람들이 이러한 혼란을 일으켰다고 봅니다. 이에 대하여 선생은 어떤 학설을 따르십니까?"

나는 되물었다.

"선생은 어떤 것을 믿으십니까? "

혹정은 말했다.

"전 비록 손으로 육합六合의 등을 만져보지는 못했습니다만 지구가 둥글다는 설을 꽤 믿지요."

나는,

"하늘이 만든 것 중에 모난 것은 없다고 생각합니다. 모기 다리, 누에 궁둥이, 빗방울, 눈물, 침 등과 같은 것이라도 둥글지 않은 것은 없다고 생각됩니다. 이제 저 산하·대지와 일월·성신들도 모두 하늘이 창조한 것이나, 우리는 아직 모난 별들을 본 적이 없으니, 지구가 둥근 것은 의심 없는 일이라 생각됩니다. 그리고 나는 비록 서양 사람들의 저서를 읽어 본 적이 없지만 일찍이 지구가 둥근 것은 의심 없다고 생각하였거든요. 대체로 지구의 모양은 둥글지만 그 덕德인즉 모나며, 일의 효과[事功]는 동적이지만 그 성질[性情]은 정적인 것이니, 만일 저 허공 가운데 한 곳에 지구를 붙박아 놓고, 움직이지도 못하며 구르지도 못한 채 우두커니 저 공중에 매달려 있게만 하였다면, 물이 썩고 흙이 굳어 잠깐 사이에 썩어 사라져 버릴 것이니, 어찌 저다지 오랫동안 한 곳에 멈추어 있으면서 허다한 물건을 지고 싣고 있으며, 큰 강물들을 쏟아지지 않게 하였 겠습니까?

지금 이 지구는 곳곳마다 구역이 열리고, 군데군데 발을 붙여 서 그 하늘을 이고, 땅에 발을 디딤은 우리와 다름없으리라 생각합 니다. 그리고 서양 사람들이 지구는 둥근 것으로 인정했는데도 지 구가 돈다는 데 대해서는 말한 적이 없으니, 이는 땅덩어리가 둥근 줄은 알면서 둥근 것은 반드시 회전한다는 것은 모르는 셈입니다.

그러므로 저는 지구가 한 번 돌면 하루가 되고, 달이 지구를 한 바퀴 돌면 한 달이 되며, 해가 지구를 한 바퀴 돌면 한 해가 되고, 목성이 지구를 한 바퀴 돌면 일기—紀(12년)가 되며, 항성恒星이 지구 를 한 바퀴 돌면 일회—會(1만 8백 년)가 된다고 생각했던 것입니다. 저 고양이의 눈동자를 보고서 역시 지전地轉을 증명할 수 있습니다. 고 양이의 눈동자가 열두 시간을 따라 변함이 있은즉, 그 한 번 변하는 순간에 땅덩어리는 벌써 7천여 리나 달리는 것입니다."

지정이

"이야말로 토끼 주둥이에 달린 건곤乾坤이요, 고양이 눈에 돌아 가는 천지天地라 말할 만합니다."

하고는 크게 웃는다. 나는 말하였다.

"우리나라 근세에 김석문金錫文[22] 라는 선배가 처음으로 큰 공 세 개가 공중에 떠 논다는 학설[三大丸浮空說]을 말했고, 저의 벗 홍대

22)　태학유관록 8월 13일조에 소개된 바 있음.

용洪大容이 또 지전설地轉說을 창안했던 것입니다."

혹정이 붓을 멈추고 지정을 향해서 무엇이라고 하는데 마치 홍洪의 자와 호를 말하는 듯했다. 그러더니 지정이 말했다.

"담헌 선생湛軒先生은 곧 김석문 선생의 제자이십니까."

나는 답하였다.

"아뇨. 김金은 돌아간 지 벌써 백 년이나 되었으니 서로 사수師授할 나이 차가 못됩니다."

혹정이 물었다.

"김 선생의 자와 호는 무엇이며, 아울러 저서는 몇 편이나 있습니까."

나는,

"그의 자와 호는 모두 기억하지 못합니다. 그리고 그는 이에 대한 저서도 없거니와23) 홍 역시 저서가 아직 없습니다. 다만 홍이 일찍이 그의 지전설을 깊이 믿었으므로, 나에게 자기를 대신하여 책을 쓸 것을 권했던 일은 있습니다. 내가 국내에 있을 때, 이리저리 바빠서 하지 못했습니다.

어제 저녁에 우연히 기공奇公과 함께 달을 구경하다가 달을 보고는 그 친구 생각이 난 것이니, 이는 곧 곳에 따라 생각이 솟은 것인 만큼 저절로 진정하지 못했던 것입니다.

대개 서양 사람들이 지전을 말하지 않은 것은, 그들의 생각에

---

23)   김석문은 역학도해易學圖解 등의 저서가 있다고 한다.

는 만일 지구가 한 번 회전한다고 하면 여러 별들의 궤도들도 더욱 추측하기 어려울 것이므로, 이 지구를 붙들어서 한 곳에다 가만두기를 마치 말뚝을 꽂아 놓은 듯한 것이 측량하기에 편리하다고 생각해서가 아니겠습니까?"

혹정이 말했다.

"전 본래 이런 학문에는 어두웠으나 역시 한두 가지의 엿본 것이 있긴 했습니다. 그러나 이제 쓸데없는 일을 했던 것 같아 다시 정신을 허비하지 않았습니다. 이제 선생의 말씀은 저 서양 사람들의 발명한 바도 아닌 만큼 저는 감히 꼭 그렇다고 하기도 어렵고, 또한 갑자기 그르다고 배격하기도 어렵습니다. 요컨대 아득히 상고할 곳이 없다가 이 선생의 말재주는 몹시 정밀하여 마치 고려에서 만든 송납松衲[24) 꿰맨 바늘구멍처럼 되어서 그 둘린 선과 길이 하나하나가 투명하군요."

지정은 또 물었다.

"어떤 것을 '큰 공 세 개'라 하고 또 어떤 것을 '하나의 작은 별'이라 하십니까."

내가 대답하였다.

"공중에 떠도는 '큰 공 세 개'란 곧 해와 지구와 달을 이른 것입니다. 지금 대체로 이에 대해서 논하는 이는 말하기를, 저 별은 해보다 크고 해는 지구보다 크며 지구는 달보다 크다 하였습니다.

24)   여승의 모자.

만일 그들의 말과 같다면 저 공중에 가득 찬 별들은 모두 이 땅과는 상관이 없는 채, 다만 이 세 개의 공이 서로 가까운 이웃에 있어서 그 둘이 지구의 사유물처럼 되자, 그의 이름을 '해'니 '달'이니 하고서 해를 양이라 하고 달을 음이라 하였습니다. 예를 들면 마치 어떤 살림집에서 동쪽 이웃에 불을 빌리고 서쪽 집에 물을 꾸는 것과 같은 것이지요.

저 공중에 가득히 박힌 별들의 입장으로 지구, 태양, 달을 본다면 저 넓은 허공에 얽혀 붙은 것이 절로 자잘한 작은 별들에 지나지 않을 것임에도, 이제 우리가 한 둘레의 물과 흙의 경계에 앉아 시야가 넓지 못하고 생각이 한계가 있습니다. 그래도 망령되이 저 별자리들을 갖고 구주九州[25])에다 분배分配시킨 셈이니, 이제 저 구주가 세계 안에 있음이 마치 검은 사마귀가 얼굴에 찍혀 있듯 작으니, 이는 곧 이른바 큰 못에 뚫린 작은 구멍[26])이란 것이 아니겠습니까? 그리고 별이 제각기 땅의 각 분야分野를 맡았다는 설이야말로 어찌 의심스럽지 않겠습니까?"

지정은 워낙 이 말을 믿는다는 말과 쇄쇄한 작은 별들이라는 구절에 이르러선 어지럽게 동그라미를 쳤다. 혹정도 다음과 같이 말하며 칭찬하였다.

"이는 참으로 기이한 이론이며, 상쾌한 이론이어서 이전 사람

---

25) 중국 전 국토를 9개의 주로 나누고 하늘의 별자리를 그 주의 짝으로 소속시킴.
26) 장자莊子에 나온 말.

들이 발명하지 못한 것을 발명하였습니다."

내가 또 말했다.

"저는 머나먼 만리 길을 걸어서 귀국에 관광하러 왔습니다. 우리나라는 극동에 있고 구라파는 가장 서쪽에 있습니다. 제가 극동의 사람으로서 서양의 사람을 평소에 한 번 만나기를 원하다가 이제 갑자기 열하에 들어오게 되어 아직 천주당天主堂을 구경하지 못했습니다. 만약 여기서 칙명을 받들고 우리나라로 돌아가게 된다면, 아마 다시 연경에 들어올 가망이 없을 것입니다.

그런데 이제 다행스럽고 외람되이 대인·선생들과 교제하여 많은 가르침을 받았으니, 비록 나의 큰 소원을 덜긴 했으나 다만 서양 사람들과는 서로 만날 길이 없으니, 이것이 나의 한입니다. 이제 들으니까 서양 사람도 황제 행차를 모시느라고 이곳에 머물러 있다 합니다. 원컨대 가르침을 받고자 하니 혹시 그들과 아시거든 소개해 주시길 바랍니다."

혹정이 말했다.

"이런 일은 워낙 관청에 매인 일인 만큼, 길이 같지 않으면 서로 꾀하지 않는 법입니다. 더구나 이 황제가 머무는 곳마다 모두 일하日下(수도首都)나 마찬가지로 인산인해가 되어 찾기가 곤란할 것입니다. 헛수고하실 필요 없을 것 같습니다."

지정도 대답했다.

"저는 저녁에 잡무가 있습니다."

하고는 먼저 일어나 담초談草 대여섯 장을 거두고 가버렸다.

혹정이 또 물었다.

"홍담헌 선생은 건상乾象을 점칠 줄 아십니까."

나는 답했다.

"아닙니다. 역상가曆象家와 천문가天文家는 다릅니다. 대체로 해와 달의 무리와 혜성이 떨어질 때 그 빛의 움직임을 보아서 길흉을 예측할 수 있는 것은 천문가였으니, 장맹張孟(한漢 때의 천문가)·유계재庾季才(수隋 때의 천문가) 등이 이들입니다. 선기옥형璿璣玉衡(혼천의)으로서 일월과 성신을 살펴서 나라의 정치를 다스리는 자는 역상가였으니, 낙하굉洛下閎(한漢 때의 태사)·장평자張平子(동한 때의 역상가) 등이 이에 속합니다.『한서漢書』예문지藝文志에서도 천문가 20여 명과 역법가曆法家 10여 명을 둘로 나누지 않았습니까?

저의 벗도 기하학幾何學에 꽤나 관심을 갖고서 그 궤도의 느리고 빠름을 알고자 했으나 아직 이루지는 못했습니다. 그러나 그는 일찍이 송 경공宋景公의 세 마디 말에 형혹성熒惑星이 물러가고,[27] 처사處士가 임금의 몸에 발을 올리자 객성客星이 제좌帝座를 범하였다[28]는 이야기는 사학가들이 견강부회한 것이라 하였답니다."

혹정이 말했다.

"옛날의 혼의渾儀에 정통한 자로서는 낙하굉과 장평자 이외에

---

27) 춘추시대 송나라에 재난을 부르는 형혹성이 나타나자 별자리 점성인들이 술법으로 퇴치하자고 했으나 경공은 이를 듣지 않고 오히려 임금다운 말을 함으로써 별자리가 사라지게 되었다고 한다.

28) 처사 엄광嚴光은 동한 광무제와 친구였다. 광무제와 함께 자면서 다리를 황제의 배에 올려놓은 일이 있는데 이를두고 역사가들이 떠돌이별이 자미성을 범했다고 말했다.

도 채백개蔡伯喈(동한 때의 채옹蔡邕, 백개는 자)와 오吳의 왕번王蕃[29]이 있었고, 유요劉曜(전조前趙의 임금)의 광초光初 연간의 공정孔定과 위魏의 태사령 조숭晁崇 등은 모두 선기옥형의 옛 법을 알았습니다.

송 원우 연간(1086~1094)에, 소자용蘇子容이 종백宗伯이 되어서 옛 의기儀器를 참고하여 수년 만에 완성하였습니다. 서양 학술이 중국에 들어오자 천문기기들은 모두 쓸 곳이 없게 되었습니다.

그러나 그 학술이 참으로 엉성하고 비루하여 가소로울 뿐이었습니다. 저 이른바 야소耶蘇는 마치 중국 말에 어진 사람을 군자君子라 하고 티베트 풍속에 승려를 나마喇嘛라 함과 마찬가지였습니다. 그리고 야소는 온 마음껏 하느님을 공경하며 온 팔방에 가르침들을 세웠으나, 나이 서른에 극형을 입었으므로 그 나라 사람들이 몹시 애모하여 야소회耶蘇會를 설립하고는 그의 신神을 높여서 천주天主라 하였답니다. 그리고 그 교에 들어간 자는 반드시 눈물지며 슬퍼하여 잊지 않는다고 합니다. 또 야소회에서는 어릴 때부터 네 가지의 신서信誓를 세웠으니, 첫째로는 색념色念을 끊을 것, 둘째로는 벼슬 생각을 버릴 것, 셋째로는 팔방을 다니며 선교하되 다시 고국으로 돌아옴을 원하지 말 것, 넷째로는 헛된 명예를 사랑하지 말 것 등입니다. 야소회는 비록 부처를 배격했지만, 다만 윤회輪回의 설을 독실하게 믿는다고 합니다.

---

29) 蕃이 옳다.

명明의 만력 연간에 서양 사람 사방제沙方濟[30]라는 이가 월동粵東 (광동)에 이르러서 죽었고, 그 뒤를 이어서 이마두利瑪竇[31] 등 모든 사람이 들어왔던 것입니다. 그들의 교리는 일을 소상하게 밝히는 것을 으뜸으로 하여 자신을 수양하는 것으로써 요지로 삼고, 충효와 자애를 공적인 임무로 하고, 개과천선하는 것을 입문入門으로 삼고, 생사와 같은 큰일에 대해서 예비하여 걱정이 없게 함을 가장 높은 경지로 삼는답니다. 그리하여 서방의 모든 나라가 이 교를 신봉한 지 벌써 천여 년이 되매, 나라가 아주 편안해졌답니다. 하지만 그 말이 너무 과장됐고 허탄한 편이어서 중국 사람들은 믿는 이가 없답니다."

내가 말하였다.

"만력 9년(1581년)에 이마두가 중국에 들어와 북경에 머물러 산 지 29년이나 되었습니다. 그는 한 애제漢哀帝 원수元壽 2년[기원전 1년]에 야소가 대진국大秦國(로마 제국帝國)에서 나서 서해 밖을 다니면서 교를 전파했다 하였습니다.

한나라 원수로부터 명의 만력까지 이르기에는 1천 5백여 년이나 되었는데도 이른바 '야소'라는 두 글자마저 중국 서적에 나타나지를 않았으니 이는 아마 야소가 저 바다 끝 너머 밖에 났으므로 중국 선비들이 그의 이름을 듣지 못한 것 아닐까요? 또는 비록 들어

---

30) 프랑스 선교사 1833년 마카오를 통해 들어와서 중국에서 포교활동을 한 francis de Sales를 말한다.
31) 마테오리치.

서 안 지가 오래되었으나, 그가 이단異端이므로 역사에 기록되지 않은 것인지도 모르겠습니다.

　대진국의 또 한 가지의 이름은 불림拂菻이라고도 합니다. 이른바 구라파는 곧 서양의 총칭이 아닌가 합니다. 홍무洪武 4년(1272)에, 날고륜揑古倫[32]이 대진국으로부터 중국에 들어와서 고 황제高皇帝를 뵈었으나, 야소교耶蘇敎에 대해서는 말하지 않았으니, 이는 무슨 까닭일까요? 대진국에는 애초에 이른바 야소교란 것이 없었던 것을 이마두가 비로소 천신天神에게 의탁하여 중국 사람들을 의혹시킨 것이 아니겠는가 합니다. 그는 어째서 윤회輪回의 설을 깊게 믿어 천당과 지옥의 설이 있으면서도 부처를 비방하며 공격하는 것이 마치 원수나 다름없었음은 무슨 까닭입니까?

　『시경詩經』에 이르기를,

　하늘이 사람 내시니　天生烝民

　사물 있으면 법칙 있네　有物有則

　라고 하였는데, 대체로 부처의 학문은 형상과 모양이 있는 것을 환상과 망령이라 하였으니, 것은 모든 백성에게 사물이나 법칙이 없다는 것입니다. 또 야소교는 사물의 이치[理]를 기수[氣]라 하였습니다. 『시경』에 이르기를,

　하늘의 모든 일은　上天之載

---

32)　명사 외국 열전에 소개되었다. 원나라 말기 중국에 들어와 장사를 하다가 원나라 멸망 후에도 귀국을 하지 않자 명태조가 그를 불러보고 귀국하여 날고륜 나라의 왕을 초유하였다 한다.

소리도 없고 냄새도 없네 無聲無臭

라고 하였는데, 이제 야소교에서는 안배安排하고 갖다 놓은 것을 보면 소리도 있고 냄새도 있는 것입니다. 이 두 가지의 종교에서 어떤 것이 나은 것일까요?"

혹정이 대답했다.

"그야 서학西學이 어찌 불씨를 헐뜯을 수 있겠습니까? 불씨는 참 고묘高妙하기 짝이 없지 않습니까! 다만 그에는 수많은 비유의 말이 많아서 아무런 데에도 귀착시킬 곳이 없다가 겨우 깨달아 보았자 결국은 오직 허망하다는 '환幻'자만 남습니다.

저 야소교는 애당초 정확치도 않게 불씨의 껍데기만을 얻어가지고 중국에 들어오자 곧 중국의 서적을 배워 비로소 중국 사람들이 불씨를 배격한다는 것을 알고, 곧 중국을 본받아 불씨를 함께 배격하되 중국 서적 중에서 상제上帝니 주재主宰니 하는 용어를 따서 우리 유학에 아부하였을 뿐입니다. 그런데 그 본령은 애초부터 명물名物과 도수度數33)의 범위에서 벗어나지 않았습니다. 이는 벌써 우리 유학에서의 이류 뜻第二義에 떨어진 것이었습니다. 이마두 역시 '이理'에 대해서 아무런 본 바가 없지는 않을 텐데도 '이'가 '기氣'를 이기지 못한 지도 오래되었다고 하면서, 요堯 때의 장마와 탕湯 때의 가뭄도 역시 기수氣數에 의해서 그렇게 된 것이라 합니다.

나의 친구 개휴연介休然 선생도 기수에 대한 이론을 꽤나 믿어

---

33) 명물은 사물의 이름과 이치를 따지는 것, 도수는 운수를 따지는 것.

서 일찍이 이르기를, 기수와 '이'는 본래 하나로서 기수가 이렇게 되면 '이'도 역시 이와 같다 하였습니다. 개介의 호는 희암希菴이요, 자는 태초太初이며, 또 자를 북궁北宮·옹백翁伯이라고도 하였답니다. 그리고 그의 학문은 천리와 인사를 겸통하여 『옹백담수翁伯談藪』 1백 권과 『북리제해北里齊諧』 1백 권과 『양각원羊角源』 50권을 지었는데, 올해 그의 나이는 60여 세나 되었으나 오히려 책을 계속 짓는답니다. 그리고 양각원에는 더욱이 하늘의 밑[天根]과 달이 숨는 곳[月窟] 등을 깊이 연구했다고 하니 지전설地轉說도 혹시 그 속에 있을지 모르겠습니다.

그의 해설解說 중에 솔개가 하늘을 날 때에 발을 움켜쥐고 뒤로 뻗었으며, 물고기가 물에 뛰놀 때에는 부레를 믿고서 버티는 것과 같이 만물이 모두 땅에다가 중심重心을 붙이지 않는 것이 없다 하였습니다. 이 땅의 중심이란 마치 우박이 제 몸을 스스로 싼 것과 같고, 그 움직이지 않는 곳이 마치 수레바퀴에 굴대[軸]가 있는 것과 마찬가지다 하였으니, 이런 것들이 모두 오묘한 이론들이었습니다. 제가 일찍이 나이 어릴 때 세심히 읽지 못하고는 다만 그 대략의 제목들만을 훑어보았을 뿐이었고 지금에는 벌써 그 대강의 뜻까지도 잊어버렸습니다."

나는 말했다.

"그러면 개희암 선생을 오늘 당장이라도 만나 뵙고 싶은데 다행히 선생의 소개를 얻었으면 합니다."

혹정이 말했다.

"개는 이곳에 살고 있는 것이 아닙니다. 그는 애초에 촉인蜀人으로서 지금은 역주易州34) 이가장李家庄에서 차[茶]를 팔아서 생애를 삼는답니다. 그곳은 북경에서 2백여 리인데, 저 역시 서로 만난 지 벌써 7년이 넘었습니다."

나는 말했다.

"그러면 희암 선생의 용모는 어떻게 생겼는지요?"

혹정이 답했다.

"눈이 깊숙하고 광대뼈가 튀어나온 분으로 각로閣老 조공兆公(이름은 혜惠이다)이 그의 경학과 행검을 조정에 추천하여 특히 강서교수江西教授를 주었으나, 그는 병을 핑계 대고 응하지 않았답니다. 그는 일찍이 아름다웠던 수염을 별안간 깎아 버려서 이것으로써 조兆가 자기를 그르게 추천했다는 뜻을 밝혔습니다. 그러나 이것 때문에 칠품七品의 모자와 복장이 주어졌으며, 어떤 높은 벼슬아치가 장차 그의 모든 저서를 추천하려 하니, 그는 흔쾌히 허락했지만, 하루는 밤에 집에 불이 나서 글이 모두 타 버렸으므로 마침내 임금께 올려지지 않았답니다."

내가 말했다.

"선생의 가슴속에 얹힌 체증을 이제는 토해도 되겠지요?"

혹정도 말했다.

"저는 애초엔 그런 증세가 없더니 이 늙은이에게 간사로움이

---

34) 하북성.

많아서, 삶아 먹은 고기가 살아서 힘차게 갔다고 무엇이 군자에게 손실이 되겠습니까?[35]"

서로 껄껄대고 웃었다. 혹정은 또 말했다.

"태초太初의 저서는 실로 일찍이 불사른 것은 아닙니다. 그 벗 동정董程과 동계董稽에게 숨겨 두었던 만큼, 반드시 후세에 전할 것입니다. 선생은 외국 사람이시므로 나는 흉금을 터놓고 한 번 말씀드리는 겁니다."

내가 말했다.

"그럼, 개선생의 저서 중에는 꺼리고 피할 것이 많단 말씀이지요?"

혹정이 대답했다.

"아무런 꺼리고 피할 건 없답니다."

내가 물었다.

"그럼 무슨 까닭으로 숨겼을까요?"

혹정이 말하였다.

"해마다 금서禁書는 모두 삼백여 종이나 되는데 그들은 대체로 군君·공公(삼공三空 별의 이름)·고顧·주廚와 같은 인물들입니다."

내가 말했다.

---

35) 정鄭 나라의 공손교公孫僑가 남으로부터 잉어를 선사받고 차마 먹기가 어려워서, 하인을 시켜 그 잉어를 물에 놓으라 하였더니, 하인이 잉어를 삶아 먹고는 양양히 자유롭게 가더라고 보고하였다. 맹자孟子는 이 일을 논평하기를, "군자는 이치에 어긋나지 않은 방법으로 속일 수 있다." 하였다.

"금서가 어째서 이다지 많단 말입니까? 그들은 모두 최호崔浩[36]가『사기』를 비방한 것과 같은 책들이란 말인지요?"

혹정이 대답했다.

"그는 모두 어리석은 선비들의 왜곡된 글들이었습니다."

내가 금서의 제목들을 물었더니, 혹정은 정림亭林(고염무顧炎武의 호)·서하西河(모기령毛奇齡의 호)·목재牧齋(전겸익錢謙益의 호) 등의 문집文集 수십 종을 써서 보이고는 곧 찢어 버린다.

내가 또 물었다.

"저 영락 때에 천하의 군서群書를 수집하여 영락대전永樂大全[37] 등을 만들되, 당시의 선비들로 하여금 머리가 희도록 붓을 쉴 사이 없게 했다더니, 지금『도서집성圖書集成』등의 편찬도 역시 그런 뜻인지요?"

혹정은 곧 재빨리 붓으로 이 말을 지워 버리며 답했다.

"본조本朝의 문치 숭상은 백왕百王들 중에서 탁월합니다. 그러니까 사고四庫(사고전서四庫全書)에 편입되지 않은 글이야말로 아무런 쓸 곳이 없겠지요."

나는 또 물었다.

"앞서 선생은 무슨 까닭으로 조송趙宋(조광윤趙匡胤이 세운 국명國名)을 낮추어 보셨는지요?"

---

36) 후위後魏의 학자. 국서 30권을 저술하여 사기를 비방했다는 죄목으로 사형을 당했다.
37) 명明 성조成祖 때 엮은 유서類書.

혹정은 답했다.

"그는 왕통이 서지 않았습니다. 송 태조는 아무런 공업도 없이 우연히 나라를 얻었으므로, 당시 판에 박아 놓은 천자에 불과했던 것입니다. 그의 모든 경륜은 고성묘顧成廟에 있을 뿐이었고, 태종太宗은 가정에서도 배신자였던 까닭입니다.[38]"

내가 물었다.

"촛불 그림자 사건[39]이 만일 참말이라면 어찌 태종이 배신한 것뿐이라 할 수 있겠습니까?"

혹정이 말했다.

"그야말로 천고에 억울한 일입니다. 그때 태조의 병은 벌써 위급하여 아침에 죽을지 저녁에 죽을지 모를 지경이었는데 무슨 까닭으로 그렇게 괴로운 일을 했겠습니까? 그러나 그의 모든 행위를 보아서는 그러한 비방을 받게 되었습니다그려. 이 이야기는 애당초 호일계胡一桂(원元의 학자)와 진경陳經의 사사私史에서 나와서 이도李燾(송宋의 학자)의 장편長編(『속자치통감장편續資治通鑑長編』의 약칭)에 비로소 기록되었는데, 이는 실로 오중吳中의 중 문형文瑩(송宋의 중)이 지은 『상산야록湘山野錄』에서 처음 알려 준 것으로, 저 일개 승려가 어디에서 이

---

38) 조광윤이 태자를 정하지 못하자 그 모후가 둘째, 셋째 아우에게 왕위를 전한 뒤에 다시 아들을 전하라 했는데 아우 태종이 왕위에 올라 조카들을 죽였다.

39) 태조가 병석에 있을 때 태종이 와서 옆에 있던 사람들을 물리치고 무슨 말을 하는데 잘 들리지 않았고, 멀리서 보기에 촛불 그림자 아래 태조가 일어나려다 도끼를 바닥에 던지고 '잘해라' 한마디를 남기고 죽었다고 한다. 이것을 줄여서 태종이 태조를 시해했다고 해서 '촛불 그림자사건'이라 부른다.

런 비밀을 알아내었겠습니까? 대체로 그의 글이 전연 의도적이지 않았음은 아니었으나 그 글 중 '멀리서 촛불 그림자가 붉게 흔들리면서 큰 소리로 잘해라 하는 소리가 들렸다.'라는 수십여 글자가 천고 의문의 실마리를 열었으나, 촛불이란 원래 컴컴한 밤에만 쓰이는 물건이요, 촛불 그림자라는 것은 희미한 것이며, 붉게 흔들린다는 것은 촛불 빛이 껌벅거린다는 것이요, 큰 소리라는 것은 화평하지 못한 소리요, 잘하라는 말은 그 뜻이 명백하지 않은 말입니다. 또 멀리서 본다든가 멀리서 듣는다는 말 또한 분명하지 못한 까닭에 참으로 천고의 의문의 빌미가 되고 말았으니, 뒤틀린 글에 다름 아닙니다.

　　그 당시의 사대부들은 태종에 대해서, 첫째로 해를 넘기지 못한 채 연호를 바꾼 것을 마땅치 않게 여겼고, 둘째로 형수를 핍박하여 비구니가 되도록 하고, 또 형수가 죽었는데 상복을 입지 않은 것을 옳지 못하게 여겼으며, 셋째로 정미廷美와 덕소德沼[40]가 죽은 것을 옳지 못하게 생각했습니다. 이와 같으니 천하 인심을 어떻게 진정시켜 나갈 것입니까? 6국國의 선비들은 노여움이 진秦에게 쌓이자 진이 6국보다 먼저 망하기를 바라는 마음에서 여불위呂不韋(진秦의 정승)[41]의 사건을 교묘히 만들었습니다. 하물며 진 시황秦始皇이 서책

---

40)　정미는 태조의 아들, 덕소는 자신의 아들. 정미는 피살되고 덕소는 자살하였다.
41)　여불위는 조趙나라의 장사꾼이었는데, 자신의 애첩이 태기가 있자 이를 미끼로 당시 조나라에 볼모로 왔던 진의 장양왕에게 그 애첩을 바쳤다. 이 애첩은 후에 아들을 낳았고, 그 아들이 진시황이 되었다.

을 불사르고 선비들을 묻어 죽인 데 대해서야 그 비난이 어떠했겠습니까? 한漢의 책사策士가 무엇보다도 먼저 진나라를 욕하려 들었기 때문에 이와 같은 기문奇文이 만들어진 것이니, 촛불 그림자 사건도 역시 이와 같은 의도일 것입니다. 송 인종仁宗의 영특한 기운은 한 문제漢文帝와 비슷하나 학식은 위였고, 송 신종神宗은 정치를 하려는 의욕은 한 무제漢武帝보다 앞섰지만 재주와 책략이 미치지 못했으며, 건염建炎(남송南宋 고종의 연호 1127~1130) 이후로는 족히 이야기할 거리도 없습니다. 그중에도 제일 통탄할 일은 원수를 잊고 이를 어버이로 인정했으니, 천륜도 아닌데 어찌 조카라고 부를 것입니까?[42] 힘이 모자라서 그에게 굴복하는 것은 하늘을 두려워하는 것이니 복僕이나 신하로 자칭하는 것은 어쩔 수 없는 일일지 모르겠지만, 조카나 손자라고 일컬은 것이야 가장 큰 욕이 아닐지요?

당시의 사대부들은 속국 신하 노릇을 하기 싫어서 신하란 명목을 조카로 바꾸어 마침내는 그 임금에게 인륜을 무시하는 경지에 빠지게 했으니, 그 인륜을 무시하고 강상에 어긋나게 한 것이 석진石晉과 무엇이 다르겠습니까.[43] 자신의 귀함만 소중히 여겨 난데없는 애비를 맞이하면서도 임안臨安(남송의 수도)의 군신들은 바야흐로 부끄러운 줄 모르고 하례까지 드렸으니 무식하기가 심한 것입

---

42) 송나라가 오랑캐라고 깔봤던 금나라의 침입을 받아 휘종, 흠종이 포로로 잡혀간 지경에서도 금나라를 원수가 아니라 조카의 나라라고 해서 굴욕적 강화조약을 맺은 것.

43) 晉나라의 석경당石敬塘은 당나라를 정벌키위해 거란에 원병을 청하면서 거란 황제를 아버지의 예로 모실 것을 약속하였다.

니다.

　눈앞의 급한 일에는 아무런 대책도 없이 공연히 헛일을 이야
기하기만을 일삼았으니 정말 답답한 일이었습니다. 송 이종理宗은
40년 동안 격물格物과 치지致知를 공부한 보람으로 죽은 뒤에 '이종理
宗'이라는 '리理' 자를 얻은 것이니 가소로운 일이기도 합니다. 모를
일입니다. 이종이 평생에 연구한 이치란 과연 어떠한 것일까요?

　예로부터 남의 신하가 누구나 자기 임금의 학문을 위하여 애
쓰지 않는 이가 없지만 천년 동안 적막하다가 겨우 이종 한 사람만
을 얻었습니다. 그러나 그의 학문도 나라의 존망·전쟁의 승패에는
이로운 일이 없으니, 그를 만일 귀산龜山(양시楊時의 호)의 문하門下에다
가 둔다면 높은 제자가 무난히 되겠지마는, 그 학문은 또한 눈으로
한 글자도 보지 못하는 석세룡石世龍(후조後趙의 고조高祖)·막길렬邈佶烈을
따르지 못할 것입니다.

　천하 일을 보리 떠내려가는 줄 모르는 것[44]과 같이 해서는 아
니될 것입니다. 구사량仇士良(당唐의 포악한 관리)은 벼슬을 내놓으면서
그 무리들에게 훈계하여 글을 읽지 말라고 하였답니다. 그러나 보
경寶慶(송宋의 연호)[45]·경정景定(송宋의 연호) 사이에 40년 동안이나 어두운
안개가 사방 천지를 막은 속에서 '고금의 이치를 연구하느라고 서

44)　후한 때의 선비 고봉高鳳은 널어놓은 보리를 보고 있으라는 아내의 부탁을 받았으나 책을 읽
　　느라고 폭우에 보리가 떠내려 가는 것을 보지 못했다.
45)　송이종의 연호.

당書堂 문을 닫고 앉아 이로써 두 이랑 무논마저 반 넘게 묵혔다'[46]
하니 이것이 바로 그 시절 일인가 봅니다. 도군 황제道君皇帝(송宋 휘종
의 별칭)는 참으로 명사名士라 할 수 있어 비록 동파 선생東坡先生처럼
송균松筠(송죽松竹과 같다) 같은 기절은 적다 하더라도 그의 풍류와 감상
하는 안목은 반드시 진陳(송宋의 진사도陳師道)·송宋의 황정견黃庭堅 두 분
에게 양보하지 않을 것입니다."

형산은 뒤따라 필담 초기를 열람하고는 웃으면서 뒤지지 않는
정도가 아니라 훨씬 낫다고 하였다.

형산은 말하였다.

"그러나 한 성제漢成帝에게 비하더라도 더욱 방탕한 셈입니다.

초여름에 황제(건륭제)가 강관講官에게 조칙을 내려서 알리시되,
'내가 매양 옛날 역사를 보니 신하는 아첨하고 임금은 교만하였는
데……,' 하였는데 대성문大成門 오른편 담벽에 붙인 방榜이 바로 그
것이랍니다."

그리고 껄껄 웃었다. 나는 대꾸하였다.

"이야말로 위衛 무공武公의 억계抑戒(무공이 스스로 경계하기 위하여 시를
지었다)[47]라도 더할 수는 없더군요."

혹정은 말했다.

"참 그렇구 말구요."

46)   송나라 허혼許渾의 시, 題崔處士山莊에 나오는 시구절이다.
47)   시경의 편명들.

어제 내가 세 사신을 따라서 공자 묘를 가 뵈올 때 왕혹정과 추거인 사시郗佩가 주인이 되어 길을 인도했다. 대성문 앞에 오석烏石을 첩첩이 놓고, 벽에 강희康熙·옹정雍正과 또 지금 황제의 훈유訓諭한 글들을 새겨 두었다. 그 오른편 담벽에는 새로 방榜을 붙였는데, 곧 황제가 강신講臣에게 내린 칙유로서 그 내용을 보니 모두 자가自家의 학문과 문장을 굉장히 자랑하고, 옛날에 학문에 힘쓰던 임금들은 모조리 비방하되, 실속 없이 허식만 일삼아서, 전각 위에서는 만세를 부르느니 조정에서는 감탄을 낸다느니 하는 것이 모두 그 조칙 중의 말들이다. 대체로 여러 신하가 글 뜻을 꾸며 윗사람에게 아첨함을 경계하면서도, 윗사람은 함부로 자기 잘난 것만 믿고 아랫사람들을 멸시한다고 하였다. 내가 혹정과 함께 누누累累한 천여 언千餘言을 읽어 보니 모두가 자기들의 자랑뿐이다. 내가 전각 위에서 만세를 부른다는 것이 무슨 말인가 하고 물으니 혹정은, '경연經筵에서 강의나 토론을 할 때 임금이 글 뜻을 알아맞힐 때는 좌우가 모두 머리를 조아리고 만세를 부르며, 또 강의하는 자가 알아맞혀서, 임금이 좋아할 때에도 좌우가 역시 만세를 불러서 좋은 것은 모두 임금에게 돌려보내는 법이니, 이는 소위 임금의 옳은 견해에 따른다는 것이요, 또 신하의 좋은 말을 발견했다고 축하하는 것입니다. 한의 육가陸賈가 임금 앞에 나아가 글 한 편씩 아뢸 적마다 임금은 칭선稱善하지 않은 적이 없었고, 좌우는 만세를 불렀다는 것이 이것입니다.' 하였다.

나는 또 물었다.

"이종理宗은 송이 망할 무렵 맨 끝의 임금으로 그의 학문에 대해서는 족히 의논할 바가 못되지만 어떤 임금이고 학문을 좋아하는 것만 가지고서 그가 곧 총명한 자질資質이라고 말씀하시는 것은 선생의 잘못입니다.

진실로 한문제·송 인종의 아름다운 자질과 한 무제, 당 태종의 영특한 성품에다가 정자程子·주자朱子의 학문을 겸하고 보면 이야말로 요堯·순舜보다 못하지 않을 것입니다. 그런데 하필 글 짓는 말단의 재주와 쓰고 외우기만 하는 폐단만을 가지고 경솔히 남의 임금된 자를 무식하다고야 할 수 있겠습니까."

혹정은 고개를 흔들면서 말했다.

"그렇지 않지요. 내 본래 송 이종을 말한 것이 아니지요.『송사宋史』형법지刑法志를 보면 이상하게도 사람 마음이 심란해집니다. 내가 말한 것은 학문의 폐단인데, 대체로 옛날에 총명하고 영특한 임금이란 바로 한 무제나 당 태종을 두고 말한 것뿐이요, 선생이 말씀한 정자나 주자의 학문을 겸했다고 운운한 것은 가설假說입니다. 이러한 가설이 곧 천고의 뜻 있는 사람들로 하여금 다소의 한스러움을 가지도록 하는 것입니다."

내가 또 물었다.

"다소의 한스러움을 가진다는 것은 무슨 뜻입니까."

혹정이 말하였다.

"옛 시에,

군사 내어 이기지 못한 채 몸이 먼저 죽으니 出師未捷身先死

뒷세상 영웅들이 길이길이 눈물 짓누나 長使英雄淚滿襟[48]

라고 한 것이 바로 한스러움을 품었다는 말입니다.”

내가 또 물었다.

“그건 또 무슨 말씀입니까.”

혹정은 대답했다.

“만일 조맹덕曹孟德(조조曹操, 맹덕은 자)이 두통을 앓다가 죽었더라면, 어찌 그가 한漢의 제 환공齊桓公[49]이 되지 않았겠습니까.”

나는 다시 물었다.

“그 말은 또 무슨 의미입니까?”

혹정이 웃으면서 말했다.

“선생이 말씀하신 ‘만약에’라든가 ‘설사’라든가 하는 것은 가설과 비유해서 하는 말이요, 결코 참말은 아닐 것입니다. 만약 제갈량諸葛亮이 사마중달司馬仲達(사마의司馬懿, 중달은 자)을 죽이고 군사를 몰아 중원 땅으로 들어갔던들 어찌 통쾌한 일이 아니었겠습니까. 또 가령 당唐 명황明皇이 마외역馬嵬驛에서 양귀비楊貴妃를 만나 빙그레 웃으면서 눈을 굴리게 되었다면[50] 이 또한 얼마나 통쾌했을 것이며, 또 만약에 송 고종宋高宗이 진회秦檜[51]의 머리를 베었다면 얼마나 통쾌했을 것이며, 만약에 정자·주자 두 선생이 천자의 자리에 올랐다

---

48) 두보의 촉상蜀相시 내의 구절이다.
49) 춘추시대 제 환공은 제후의 머리였지만 천자나라인 주나라를 받들었다.
50) 당현종이 안록산의 난으로 피난을 가다가 군사들의 간청으로 마외역에서 양귀비가 자살하도록 하였다.
51) 역적. 매국노였다.

하고 만기를 총람하는 정치를 할 때 다시 정자·주자 같은 이가 옆에 있어서 요·순의 도로써 충고해 준다면 뒷날 무슨 한스러움이 있겠습니까. 또 이 부인李夫人[52]의 혼령魂靈이라도 한 번 보기나 했다면 무슨 한이 남았겠습니까? 대체로 한때의 임금된 자 중에 지극히 어둡고 못난 자를 제외하고는 보통 볼 수 있는 임금일지라도 당대의 이름난 학자보다는 나을 것입니다. 당시 이름난 석학들과 임금 자리를 한 번 바꾸어 본다면 도리어 그들만큼 해내지 못했을 것입니다.”

나는 다시 물었다.

“옛날부터 제왕은 자기가 가르친 사람을 신하로 삼는 것을 선호하며 군자를 가까이 안 하고 소인도 멀리하지 못했기 때문에, 그들 밑에 있는 자들은 모두 영화를 탐내고 녹봉에만 눈이 어둡게 되었습니다. 그래서 그 임금에게 따라가지 못하는 것은 당연한 일입니다. 만약 밝은 임금과 어진 신하가 서로 만난다면 반드시 이렇지도 않을 것입니다. 명석한 사람을 외지고 누추한 가운데서 뽑아내고 어진 사람을 세울 때 지위를 가리지 않는다면 꿈속에 담 쌓는 사람을 만날 수도 있고[53] 점을 쳐서 낚시꾼도 만날 수 있어서[54] 함께 사업을 하는 데도 마음이 서로들 맞았기 때문에 성공했습니다. 만

---

52) 한무제는 첩실인 이부인이 죽자 그를 다시 보고 싶은 마음에 술객의 말을 맹목적으로 들어서 궁궐을 짓고 촛불을 켜고 기다렸으나 끝내 나타나지 않았다.

53) 은나라 무경임금이 꿈에 성인을 만난 후 깨어서 성인을 찾았는데, 담을 쌓는 무리 중 부열(傅說)을 만났다는 고사.

54) 주문왕이 사냥을 나갈 때 어떤 동물을 잡을까 점을 쳤는데 강태공을 얻을것이라는 점괘가 나왔다는 고사.

약 저들이 구하지 않았다면 어찌 하늘이 내려 주는 인재를 받을 수 있었겠습니까?"

혹정이 대답했다.

"그렇지 않습니다. 일이란 당했을 때와 말할 때가 서로 같지 않은 법이고, 바둑이란 옆에서 구경하는 것이 직접 두는 것보다 훨씬 낫습니다. 이것이 소위, '맹공작孟公綽(점잖기로 유명했다)이 조趙·위魏의 장로長老로서는 넉넉하다 할 수 있으나, 등藤·설薛의 대부 노릇은 못한다.'는 것[55]입니다. 이것은 내가 역사를 읽으면서 마음을 가라앉히고 연구한 대목입니다.

만일 송 인종이 염계濂溪(송宋의 유학자 주돈이周敦頤의 출생지)나 낙양洛陽(송宋 유학자 정이程頤·정호程顥의 출생지)에서 태어났다면, 그의 도학의 아름다움이 어느 현자賢者에게도 빠지지 않았을 것입니다. 자양紫陽[56]은 정력을 사서四書에 평생토록 더욱 기울였으나, 그 실상은 인종이 먼저 길을 열어 놓았던 것입니다.

왕요신王堯臣(송宋 유학자)이 과거에 급제하자, 대기戴記(소대기小戴記 즉 예기禮記) 중에서 「중용中庸」(이때에는 중용이 예기 중의 한 편이었다) 한 편을 하사下賜하였고, 여진呂瑧(송宋의 유학자)이 과거에 오르자 다시 「대학大學」(대학도 예기 중의 한 편이었다) 한 편을 뽑아서 하사했습니다. 그 학식의 이름 높은 품은 당세 선비들 중에 뛰어났고, 「중용」과 「대학」 두 편

---

55)   논어 헌문편에 나옴.
56)   주희朱熹를 말한다.

을 따로 뽑아 낸 공로는 범문정范文正(범중엄范仲淹, 문정은 시호)보다도 앞섰다고 하겠습니다. 후세 선비들은, 한 문제가 가의賈誼를 재상으로 등용하지 않은 까닭에 한漢의 업적에 많은 손실이 있었다고 책망하고, 또 장석지張釋之(한漢의 법관)의 높은 이론을 배척했다 해서 문제를 얕잡아 판단했지만, 그 실상은 문제가 가의보다는 훨씬 어질었던 것입니다. 가생賈生(젊은 가의를 가리킨다)을 보지 않았을 때는 자신이 가생보다 낫다고 생각했지만 이제 가생을 따를 수 없다 하였으니, 이것은 문제가 자기 중심에서 우러나 한 말이지, 문제가 자기 스스로 가의보다 현명한지 아닌지를 비교하기 위한 것은 아닐 것입니다.

큰일을 하기 위해서는 자기 역량을 헤아리고 남도 잘 헤아려야 하는 것이니, 선제先帝 때부터 있던 장상과 대신들은 어찌하고, 하루아침에 아무런 경험도 없는 서생이 그들을 억누르게 한단 말입니까? 선실宣室에서 앞자리에 가까이 앉게 했을 때 가생이 지닌 포부는 이미 다 들었던 것이니, 요컨대 문제는 그의 재주를 길러 쓰려고 했던 것입니다. 또 가생의 아량은 이업후李鄴侯(당唐의 이비李泌, 업후는 봉호)에게 따를 수 없었으니, 이업후는 벼슬 없던 상황에서 재상이 되었다가 강서 판관江西判官으로 좌천된 일이 있었지만, 일찍이 한 번도 이를 원망으로 여긴 적이 없었습니다. 그러나, 가생은 언제나 가슴속에 울분을 참지 못하여 수없이 드러내려고 애썼으나, 문제는 이것을 잘 간직하고 이용하는 수단이 능란하여 아무런 객기客氣도 부리지 않았으니, 이것이 문제의 장점이라고 할 것입니다. 세 명의 서자庶子에게 천하의 절반을 나누어 주었고, 당시의 부귀를 누리던 대신들은 모두 날카로운 칼날 앞에서 전쟁을 치른 인물들로서, 이제는 편안히 앉아 종정鍾鼎을 누리고 있는 터에, 누가 즐겨 뛰어나와 사업을 하려고 하겠습니까? 이것으로 본다면, 문제는 가생보다 앞서 통곡하고 긴 한숨을 지었을 것입니다. 가생은 조급한 것을 참지 못하고 곧 분개하여, 어느 한 사건을 뼈아프게 지적하여 통곡하고 한숨 쉰 것이니, 이야말로 거리에 서서 친구와 이야기하다가도 갑자기 통곡하는 격입니다. 그렇게 하고 과연 얼마나 상대방을 놀라게 하고 또 의혹시켰겠습니까. 양梁·초楚의 검객劍客들은 먼저 원앙袁盎(한漢의 명신)의 배를 찔렀고, 하河·삭朔의 용사勇士들은 마땅히 배도裵度(당唐의 명신)의 머리를 부수리라는 것을 문제는 미리부터 근심했던 것입니다.”

나는 다시 물었다.

“나라를 다스리는 것은, 비유하건대 바둑 두는 것과 같아서, 임금은 바둑을 두는 당국자當局者요 신하들은 옆에 앉은 구경꾼으로서, 선생이 이른바, ‘옆에서 구경하는 것이 당국자보다 낫다.’라는 말이 옳습니다. 바둑을 두는 자가 잘 판단을 못할 때에도 어찌 구경꾼의 훈수를 받아들이지 않겠습니까?”

혹정은 말했다.

“아닙니다. 말 위에서 천하를 얻으면, 언제나 자기 열 손가락에서 피가 났다고 자랑하는 법이며, 대를 이어서 수성守成하는 임금은 호화로운 옷을 입고 부녀가 시중드는 것이 당연한 것으로 여김이 통례입니다. 천하 일이 모두 폐하陛下의 집안일이 된 지가 이미 오랜 일이어서, 이는 또 천고에 바꿀 수 없는 법이 되고 말았습니다. 만약 짐朕이란 한 글자를 지워 버렸을 때는, 자기는 당장에 요·순 같은 임금 노릇을 하리라고 생각하지만, 만약 짐이란 글자를 붙여 놓고 보면, 누가 감히 그 앞에 나가 소매 속에 넣은 손이라도 꺼낼 수 있겠습니까? 그러므로, 공자가 소정묘小正卯(노魯의 정치가)를 죽인 것은, 임금까지 떨도록 한 지나친 위엄이라는 비평을 듣게 되었고, 주공이 낙양으로 도읍을 옮기려 한 것이 모반한다는 혐의를 받게 된 것도, 그 지위 때문에 이런 비평을 들었던 것입니다. 삼대三代 이후로는 유학儒學을 주장하는 대신으로 왕망王莽만한 사람이 없었는데, 그는 처음부터 천하를 이롭게 한 것이 아니라, 성인을 지나치게 믿어서 평생 배운 학문을 한번 시험해 보고자 했던 것입니다. 그는 자신이 이 세상에서 누구보다도 소중한 책임을 맡았다고 자처했는데 이것이 어찌 임금의 비위만을 맞추기 위함이었겠습니까? 다만 그의 품성稟性은 초조하고 분주하여, 가만히 앉아서 요·순의 도를 의논하는 것보다도 몸소 자신이 당대에 시험하고 실천해 보려고 했던 것입니다."

나는 웃으면서 말했다.

"성인이 무엇 때문에 사람들을 역적이 되라고 가르쳤겠습니까?"

혹정도 역시 웃으면서 말했다.

"이는, 신하로서 일을 할 때는 아무래도 일대一代의 제왕보다는 못하다는 증거를 말씀한 것입니다. 황黃·노老의 학문으로 천하를 다스릴 때는 혹 일시의 효력을 거둔 적도 있었지마는, 경술經術로 세상을 다스릴 때는 일찍이 나라를 무너뜨리고 생령을 도탄에 빠지도록 한 일이 없지 않았습니다. 왕개보王介甫(왕안석, 개보는 자)의 학술은 범范(범중엄)·한韓(송宋의 한기韓琦)과 같은 이도 따르지 못할 곳이지만, 가의나 왕망·개보나 방손지方遜志(방효유方孝孺, 손지는 자) 같은 사람들은 한결같이 조급하게 서두르는 축들입니다."

이때 어떤 사람 하나가 몸에 망포蟒袍[57)]를 걸으면서 들어와 의자에 앉는데, 보복補服도 입지 않았고 모자도 쓰지 않았다. 나를 한참 동안 쳐다보더니 무어라고 말을 하기에, 내가 못 알아듣겠다고 대답했더니, 그 사람은 혹정과 귓속말로 몇 마디 하고 일어서서 나갔다. 그가 누구냐고 물으니, 혹정은 대답하였다.

"그는 본래 제남濟南 사람으로, 성은 등鄧이요, 이름은 수洙인데, 현재 호부 주사戶部主事로 있습니다. 그 못생긴 자가 무엇을 보려고 왔다가, 무엇을 보고는 갔는지 모를 일입니다."

나는 다시 물었다.

"그분은 선생의 친지親知인가요?"

혹정은 대답했다

"아닙니다. 그가 등수라는 것만 알았을 뿐입니다. 조금 전만 하더라도, 조선이 우리와 같은 문자文字를 쓰고 있는지, 동방의 한 나라인 줄도 모르더이다."

---

57)   관원의 예복이다. 망은 이무기라는 뜻이다.

나는 다시 물었다.

"제남에는 아직도 백설루白雪樓가 있습니까?"

혹정이 말했다.

"백설루는 원래 우린于麟(명명의 이반룡李攀龍, 우린은 자)의 누각으로
서, 처음에는 한창점韓倉店에 있었는데, 그 뒤에 백화주白花洲 위에 고
쳐 지어 벽하궁碧霞宮 서쪽에 있었답니다. 지금은 박돌천趵突天 동쪽
에 백설루가 있는데, 이것은 후세 사람들이 지은 것으로, 옛날 그
집이 아닙니다."

나는 또 물었다.

"선생은 황黃·노老를 귀하게 여기고 경술經術을 천하게 여기며
역적에게 관대하여, 성인을 독실篤實히 믿는다고 말씀하셨으며, 또
왕개보를 가리켜 범문정보다도 더 어질다 하니, 칭찬과 비판이 지
나친 것 같습니다. 경술이 천하를 파괴하는 도구라 하시니, 이것은
나를 한번 시험해 보려는 것이 아닙니까?"

혹정이 말했다.

"선생이 이처럼 허물하시니, 소자小子가 다시 감히 말을 하겠습
니까?"

나는 말하였다.

"선생의 의논하시는 바는 모두 고원高遠해서, 지질한 선비들의
짧은 소견으로서야 어찌 미칠 수 있겠습니까? 실로 은하수같이 크
고 넓음에 대해 놀라울 뿐입니다. 선생의 이론을 어찌 감히 처사處
士들의 잘못된 억설이라 하겠습니까?"

혹정은 말하였다.

"저속한 것을 가리시지 않는 선생의 아량에 감격합니다.

대개 세상일이란, 마치 저 사냥하는 데 있어서 정도가 아닌 일로 편법을 쓰면 옳지 않고, 또 한 자를 굽혀서 여덟 자를 바로잡는다고 해도 굽혀서는 안 된다고 할 것입니다. 그런데 모든 것을 이렇게만 처리한다면, 모두 다 이야기할 필요도 없습니다. 공자의 문하에서는 삼척동자라도 오패五霸를 추앙함을 부끄럽게 여겼으니, 이렇게 외골수로만 이론을 세운다면, 다시 다른 일이 생길 수는 없을 것입니다.

한창려韓昌黎(한유韓愈, 창려는 자)가 말한 바와 같이 '이단에 물든 사람을 일반 사람으로 만들고, 그 이론은 불살라 버린다(「원도原道」에서 나온 말)'면, 도리어 세상은 태평해질 것이요, 또 동중서董仲舒(한漢 때의 학자)가 말한 바와 같이 '그 의리를 바로잡고, 이利를 도모하지 않는다(『한서漢書』에서 나온 말)'면, 세상 사람은 길에 흘린 물건도 줍지 않을 것입니다.

또 선생의 말씀대로, 삼대 이후로 경술로써 정치를 한 사람이 몇 명이나 될 것입니까? 창공倉公(한漢 때의 의원)이, 사람의 병을 고칠 때에는 화제탕火齊湯(한약)에 대황大黃(한약) 네 근을 넣어 달이라고 했는데, 그 후 2백 년을 지나 장중경張仲景(한漢 때의 의원 장기張機, 중경은 자)은 팔미탕八味湯(한약)에 부자附子(한약) 닷 냥을 넣으라고 했으니, 얼마 못 되는 동안에 고금이 이같이 달라졌습니다. 백이·숙제가 말머리에서 말렸을 때에는 그래도 이를 옳다 하여 데리고 간 태공太公 망

望[58]이 있었으니, 세상에 양쪽이 모두 옳고 양쪽이 모두 그르다는 법이 없을 바에는, 이 두 사람 중 하나는 마땅히 흑룡강黑龍江[59]으로 귀양 가는 것을 면하지 못했을 것입니다.

천하 일이란, 비유하자면 양쪽에서 줄다리기하는 것이나 다름없어, 줄이 끊어지면 짧은 쪽이 먼저 넘어지는 것은 두말할 것 없습니다. 처음에 두 편은 힘이 비슷했기 때문에, 밀고 당기는 힘만 있고 옳고 그른 것은 없었습니다. 그러나 나라를 차지할 때, 분명히 성패가 밝혀진 뒤는 역리라든지 순리란 말도 도리어 등불 뒤에서 하는 귀엣말이 되고 말았습니다.

무릇 이치[道]를 말하는 자는 까마귀가 고기를 간직하는 것과 같으니, 까마귀가 고기를 감추어 둘 때는 구름으로 안표眼標를 하고 감추어 두는데, 그 구름이 지나가 버리면 감추어 둔 곳을 잊어버리고 마는 것입니다. 세상에는 의리가 말뚝 박아 놓은 듯한 법은 없으니, 의리란 때를 따라 달라지는 것입니다. 선비들의 처신이라는 것은 구름을 바라보는 까마귀 친구나 다를 것이 없을 것입니다."

나는 또 말했다.

"구름은 가 버려도 고기는 없어지지 않을 것이 아닙니까? 비록 때는 흐르고 일은 지나가 고금이 다를지라도 의리는 제자리에 있겠건만, 사람들이 이것을 찾지 않는 것뿐이지요."

---

58) 강태공.
59) 청나라 시절 죄인들이 많이 귀양가던 장소.

혹정은 대답하였다.

"본래 먼저 관중關中에 들어가는 자가 임금이 되는 것이지요."

나는 또 말했다.

"경술經術이 국가를 파괴한다는 것은 어찌 그것이 경술의 죄이겠습니까? 저속한 선비들이 경술의 이름만을 도둑질한 까닭이지요. 그래서 세상을 어지럽게 한 것은 경술의 찌꺼기일 것입니다. 만일 올바로 경술을 썼더라면, 세상의 밭은 모조리 정전법井田法을 실시할 수 있을 것이고 천하의 제후諸侯들은 모두 다섯 가지 등급으로 바로잡을 수 있을 것입니다."

혹정이 말하였다.

"선생은 꼭 내가 대담하게 경술을 배척하는 줄만 아십니까? 옛날부터 말이란 것은 반드시 마음에 있어야만 한다고도 할 수 없는 것이요, 행동을 하는 자도 반드시 말을 먼저 하란 법도 없습니다. 일부는 허위로 하는 말일 수 있으니, 선생의 말씀은 약방문을 믿고 단번에 신선이 되겠다고 날뛰는 친구들의 말투와 같습니다."

나는 물었다.

"신선이 되겠다고 날뛰는 자들의 말투란 무엇입니까?"

혹정이 대답했다.

"문성장군文成將軍(한漢 이소옹李少翁의 봉호)이 말간[馬肝]을 먹고 죽었다는 것입니다."[60]

---

60) 문성장군은 한 무제가 신선을 좋아하고 죽은 애인 이 부인李夫人을 연모하기에, 이 부인을 보

나는 다시 말했다.

"성인도 역시 적은 것을 상대로 일을 착수하려고 하지 않는 것, 이것도 고금이 다를 것이 없지 않습니다. 탕은 70리를 나라로 삼았고, 문왕은 백 리를 가지고 일어났는데, 맹자는 걸핏하면 이은·주를 인용하여 당시 임금들에게 유세했습니다. 그러나 등 문공藤文公은 천하의 어진 임금으로, 그가 임금이 되었을 때 허행許行(초楚의 농학자)과 진상陳相 같은 호걸들도 그의 신하가 되어 등藤으로 갔던 것입니다. 맹자는 등 문공에게 국가의 반록班祿과 경계經界에 대해서는 그 큰 강령을 들어 말했습니다만, 한번도 등에 대하여 연연하지 않았으니, 이른바 긴 곳을 끊어다가 짧은 것을 보탠다 하더라도 모두 해야 50리밖에 되지 않으니, 대국의 지도자가 될지언정 그의 크나큰 경륜을 베풀 수는 없었기 때문입니다. 제齊·위魏의 임금들은 지극히 못났건만, 그래도 이들에게 미련을 두어 차마 발길을 돌리지 못한 것은, 그 토지가 넓고 백성이 많고 군사가 강하며 재물이 풍부했던 까닭입니다. 그 형세로 인해서 성공하기가 쉬웠던 까닭에, '제齊로써 왕 노릇을 하는 것은 손바닥 한 번 뒤집는 것과 같이 쉽다'[61]고 말했던 것입니다."

혹정은 말하였다.

여 준다고 술법으로 무제를 홀리다가 영험이 없었기 때문에 사형을 당한 자이다. 뒤에 오리장군五利將軍이란 자가 역시 방술로 무제를 꾀면서 죽은 문성장군을 애도할 때에, 무제는 거짓으로 문성장군은 말의 간을 먹고 죽었다고 조롱하였다.

[61] 『맹자』에 나오는 말.

"공자는 말씀하기를 '1년이면 바로잡을 수 있다(『논어』에 나오는 말)' 하고, 맹자는 '이미 5년이나 7년이라(『맹자』에 나오는 말)'고 구별을 하였으니, 이는 정치를 하는 방도에서 제를 높이고 등藤을 깎아서 말한 것이 아니라, 고금의 형편이 다르고 대소의 형세가 다르기 때문입니다. 그러나, 맹자는 결코 요·순 같은 제왕의 이야기를 먼저 해서 사람이 졸게는 하지 않았습니다."

나는 또 물었다.

"위앙衛鞅(진의 정치가 상앙商鞅, 위는 봉호)이 먼저 말한 것은 무슨 제왕이었던가요."

혹정은 답하였다.

"특히 황제黃帝와 요·순의 이름을 빌려서 산만하고 쓸모없는 이야기를 하여 듣는 사람으로 하여금 싫증이 나게 했으니, 이는 손무자孫武子(제의 장군 손무. 자는 높이는 말)의 삼사술三駟術이지요."

혹정이 고금의 인물과 학술·의리 등 여러 가지를 논변하면서, 누군가를 칭찬하고 비판하기를 종횡으로도 멋대로 하니, 대체로 내 속을 떠보려는 뜻이 있어 보였다. 나는 처음에는 이것을 깨닫지 못하고, 오히려 웃음거리나 되지 않을까 조심하여 여러 가지 문답을 하는데, 간신히 원칙을 지었더니, 혹정은 붓을 들면 몇 장씩 쓰다가는 무슨 말을 하고 싶어 하다가 갑자기 얼버무리고 말았다. 나는 늦게야 이것을 깨닫고, 맹자의 내용을 들어 한번 시험해 보았더니, 혹정의 주론主論은 역시 순정醇正하다고 할 수 있었다.

(이 아래 몇 대목은 잃어버려서 말이 서로 연결되지 않는다.)

혹정이 말하였다.

"제갈무후諸葛武侯의 학문을 신申(신불해申不害)·한韓(한비韓非)[62]으로부터 나왔다고 하는 것은, 도리어 원통한 일입니다. 그가 비록 세밀히 글을 읽은 것이 후세의 선비들만은 못했다 하더라도, 『맹자』 한 질에 대해서는 도리어 대의를 뚜렷이 찾아, 분명히 그의 가슴속에는 공公이라는 한 글자를 새겨 두었고, 그의 안중에는 성成이나 패敗라는 두 글자는 찾아볼 수 없었습니다.

그렇기 때문에 삼대 이래로 홀로 공명孔明 한 사람만이 대신의 직책을 감당할 수 있었습니다. 그의 이론에서 다스리는 방법을 말할 적에는 '궁중宮中과 재상이 있는 부중府中이 일체가 된다.' 하였고, 임금을 권면할 때는 '함부로 임금 스스로를 비하시켜서 쓸데없는 말을 끌어들이고 의리를 잃는 것은 안 된다.' 하였으며, 또 자신이 천하의 중한 책임을 맡은 데 대해서는, '나라에 충성하는 마음을 가진 자는 누구든지 나의 과실을 부지런히 공격하라.' 하였으니, 이야말로 '그가 죽고 난 후 만세가 지나도록 대체 불가한 대승상大丞相이다'라고 할만합니다."

나는 말하였다.

"그러나 유장劉璋[63]의 땅을 빼앗은 것은, 한 자[尺]를 굽혀서 한

---

62) 신불해와 한비는 모두 법가法家의 대표적인 학자들이다.
63) 삼국시대 촉나라 사람. 조조밑에서 장군으로 있다가 유비에게 투항했다. 사천四川지방을 다스렸다.

길을 바르게 하자는 노릇이 아닐까요?"

혹정이 말했다.

"공명이 반드시 유장의 자리를 억지로 **빼앗으라고** 가르친 것은 아닐 것입니다. 유장에게 잘못했다고 그를 성토하는 것은 합당하겠지만, 사마귀가 매미를 잡듯 급히 한 것은 잘못입니다. 유장은 자기 아버지 언焉 때부터 천부天府의 나라 촉蜀을 통째로 점령하고 있으면서, 한 번도 제후諸侯들을 도와 나라의 역적(조조曹操)을 토벌하지 못했으니, 그 뜻이 어디에 있겠습니까? 유표劉表(한의 종실)는 형주荊州의 9군 땅을 차지하여 학교를 세우고 아악雅樂을 만들었으니, 이때가 어느 때인데 이렇게도 속 편히 앉아 있었단 말입니까?

만약 한漢에 대한 충성심이 없는 자들을 추궁한다면, 의당 같은 성을 가진 유씨劉氏 제후의 죄를 먼저 바로잡아야 할 것입니다. 이는 공명이 초가집에 은거하여 있을 때부터 유표·유언劉焉의 무리에게 분개한 지 오래된 것입니다. 만일 한의 제실帝室의 자손으로 신의가 드러난 후손이 있어서, 눈을 똑바로 뜨고 정신을 바짝 차려봤다면, 손권孫權이나 조조보다 먼저 이 자들을 토벌했을 것입니다. 정자程子나 주자朱子는 늘 공명의 학문이 순정純正하지 못하다 하여, 그가 촉을 **빼앗은** 것을 애석하게 생각했습니다. 그러나 형주·익주益州(유장이 웅거했던 지방) 사이에 걸터앉아야 한다는 것은, 본래 초가집에서 생각한 첫 번째 생각으로서 이야말로 국적國賊에 대한 공명의 안목이 밝은 것과 또 그의 학술이 바르고 큰 것입니다.

다만 유언에게 대하여는 한의 종실로서 역적을 토벌하지 않은 죄로 그를 성토할 바탕은 된다 보지만, 유장에게 대해서는 그를 속여 가면서까지 땅을 빼앗는 것은 안 됩니다. 형주는 지탱할 만한 형세가 되지 못하나, 유종劉琮에게서는 기습해 빼앗을 기회가 있었습니다. 유종은 분명히 국토를 조조에게 바쳤으니, 소열昭烈(유비)이 이를 대의로써 빼앗는데도 세상에서 어느 누가 잘못이라 했겠습니까. 그러나 소열은 형주에서는 한사코 신의를 지키다가 익주에서는 갑자기 간웅姦雄의 습성을 드러내어, 차려다 줄 때는 먹지 않다가 갑자기 빼앗아 갔다는 비평을 면하지 못하였습니다."

나는 말했다.

"그야말로 원앙각鴛鴦脚으로 지리소支離疏를 차 버렸습니다."

혹정은 크게 웃으며 말했다.

"선생 역시 관화官話도 하실 줄 아십니다."

우리나라 속담에, 약한 놈을 업신여겨 무슨 물건을 빼앗는 것을 '어린애 눈물 묻은 떡'이라 하고, 또 '난쟁이 턱 차기'라고도 한다. 내가 오는 길에 통관通官 쌍림雙林의 무리는 사람이 남과 싸우는 것을 보고 꾸짖을 적에, 원앙각鴛鴦脚이 어쩌고저쩌고하는 것을 들었는데, 우리나라의 '난장이 턱 차기'라는 말과 같고 글귀가 묘하기에, 이때 중국 발음으로 이 말을 써 보았더니, 입이 둔해서 발음이 잘 되지않아 혹정은 무슨 말인지 못 알아들었다. 할 수 없이 내가 이것을 종이에 써서 보였더니, 혹정은 크게 웃으면서 이런 조롱을 한 것이다.

만약 성왕成王이 주공을 죽였다면, 소공이 어찌 감히 집에 있으면서 몰랐다고 할 수 있겠습니까? 주자는 위원리魏元履(송宋의 유학자)에게 보낸 편지에서 소열(유비)에 대해 논하면서, '유종이 조조를 맞아들이던 날 형주를 쳐서 빼앗지 못하고 자기 근거지를 잃고서야 허둥지둥하면서 비로소 도적의 꾀를 취했으니, 이는 정도라는 원칙과 권도라는 임시방편을 모두 잃어버린 셈'이라고 했지만, 내 생각으로는 이 당시 소열이 비록 형주를 얻었다 하더라도 역시 지켜내지 못했을 것입니다. 조공曹公(조조를 높인 말)이 이미 80만 대군으로 접경을 억누르고 있는 판에, 어찌 급하게 새로 만든 형주를 가지고 그를 막아 낼 수가 있었겠습니까? 오히려 청렴하고 사양하는 절조나 굳게 지켜서, 세상 사람들로부터 신의가 놀랍다는 소리나 듣는 것이 더 나을 것입니다.

이래서 유종이 조조를 맞이하던 날 형주를 빼앗지 않았다는 것은, 오히려 정도와 권도를 다 얻은 것이라고 할 수 있습니다. 유장은 나약하고 어리석어 군사와 백성들을 잘 보살필 줄 몰라, 공명이 초려에서 소열과 처음 만났을 때 벌써 약한 자를 집어삼키고 어두운 자를 쳐부수는 계획에 찬성했던 터이고, 결코 꼭 속여서 취하라고 가르치지는 않았을 것입니다. 치당 호씨致堂胡氏(송宋의 유학자 호인胡寅, 치당은 호)는 현덕[64]을 보고 노식盧植(후한 때의 학자)·진원방陳元方(후한

---

64) 삼국시대 촉나라 사람. 조조밑에서 장군으로 있다가 유비에게 투항했다. 사천四川지방을 다스렸다.

때의 학자 진기陳紀, 원방은 자)·정강성鄭康成(정현鄭玄, 강성은 자) 같은 인물들과 교제했다 하면서 참으로 착실히 경술과 학문을 한 선비로 쳤는데, 이것은 실로 가소로운 일입니다. 그 당시의 현덕은 상승기류를 타서 용솟음치듯 하는 용龍과 같아 사람을 씹어먹고도 눈썹 하나 까딱 않을 효웅梟雄이었습니다. 일이 없을 때는 시름에 겨워 울기를 잘하고, 큰 소리가 들리면 일어나서 변고變故가 있는가 묻고, 천지 사이에 자기 한 몸이 없어질까 근심하며 급할 때는 처자식도 버리고 도망쳤으니[65], 원숭이 새끼 같은 유장에게 무엇을 생각했겠습니까? 이 당시 공명은 결코 유장의 땅을 빼앗으라고 권고하지는 않았을 것입니다. 그런데도 후세 선비들이 한갓 지난 일만 가지고 선주先主를 탕湯이나 무왕武王의 윗자리로 치켜세우니, 이것도 역시 후세 선비들의 옳지 못한 생각입니다. 탕이나 무왕의 한두 가지 사적에 대하여 속으로는 못마땅하게 여기면서도 입 밖에는 감히 말을 내지 못하고, 이윤伊尹과 여상呂尙[66]에 대하여는 으레 그들을 두둔부터 합니다. 오랜 세월 동안 동림당東林黨[67]처럼 논의를 굳혀 깨뜨릴 수가 없었습니다. 주공의 아들 백금伯禽이 종아리를 맞은 것은 필경 무슨 죄가 있겠습니까? 이는 아마도 '아버지는 저더러 잘하라고 하시지만 아버지도 다 옳은 것은 아니지 않습니까!' 하는 반발을 일으

---

65) 유비는 하비下邳전투에 지자 두 부인과 아이들을 버리고 도망쳤다.

66) 이윤은 탕왕을 보필한 신하, 여상은 태공망으로 더 유명한 사람으로 무왕을 보필한 신하이다.

67) 명나라때 강소성 무석지방에 있던 동림서원東林書院 내에 있던 선비들의 모임이다. 당시 의론을 좌지우지했다.

킬까 걱정되는 것입니다. 한 가지 일의 결과만 가지고 마음가짐을 달리 판단하는 것은, 후세 유학자들의 편파적인 버릇입니다. 두보가 공명을 평해서 이윤과 여상 사이에 공명을 두겠다고 한 것[68]은 옳은 비평입니다.

대개 옛날부터의 군신에 대하여 단정적인 판단들이 있는데, '일부一夫·일부一婦가 그 살 곳을 얻지 못하면 자신이 그 사람을 구렁텅이에 밀어 넣은 것과 같이 여긴다.'[69] 하였습니다. 임금 된 자가 모두 이런 심정을 가지고 나라를 다스렸다면 한 명의 죄 없는 사람을 죽이고 한 가지 불의를 행하면 천하를 얻을 수 있다고 하여도 이를 행하지 않았을 것입니다. 하지만 이런 마음을 가진 사람이 하나도 없었다는 것은 후세의 임금들에 대한 하나의 정평定評일 것입니다.

포악한 임금과 어리석은 임금이라도, 오히려 때로는 충언을 받아들이고 옳은 일을 권장하는 일을 행할 때도 있었지만 한 시대를 대표하는 어진 재상이라도, 자기에 대한 공격을 달게 받고 자기 스스로 언로言路를 열어 놓는 자가 있었다고는 듣지 못했습니다. 그러니, 임금 된 사람으로서는 비록 옹치雍齒[70] 같은 미운 사람이라도 때로는 마음을 놓고 안심하도록 할 수 있었으나, 신하의 처지에 있어서는 비록 한기韓琦·부필富弼[71] 같은 어진 사람으로도 자기의 몸이

---

68) 두보의 영회고적詠懷古跡이라는 시에 나오는 구절.
69) 『맹자』에 나오는 말.
70) 한고조 유방이 가장 미워하는 신하였다. 한고조는 천하통일 후 그를 가장 먼저 벼슬에 봉했다.
71) 송나라의 신하들.

죽어 가면서도 임금에 대한 유감을 풀지 못했으니, 이는 역대 신하된 자에 대한 단안일 것입니다."

내가 혹정과 함께 닷새를 같이 있었는데, 늘 이야기를 할 때 그는 언제나 탄식하는 소리를 자주 내었다. 그 소리는 한숨 쉬는 것으로, 옛날부터 이르던 위연태식喟然太息이란 말이다.

나는 말하였다.

"선생은 평소에 어째서 자주 탄식을 하십니까."

혹정이 말하였다.

"이것은 나의 한 가지 병으로서, '휴우' 하고 기운을 내뿜는 버릇이 드디어 탄식으로 굳어 버렸습니다. 평생에 글을 읽어도 세상에 뜻대로 안 되는 것이 십중팔구이니, 어찌 이 병이 생기지 않겠습니까?"

나는 또 말했다.

"글을 읽을 때마다 세 번씩 탄식을 지으신다면, 선생의 탄식은 가 태부賈太傅의 여섯 번 지은 탄식72)보다도 6만 번이나 많을 것 같군요."

혹정은 웃으면서 말했다.

"천하 일이란, 매양 물 하나를 사이에 두고 건너느냐 못 건너느냐는 싸움이라 할 수 있지요. 제가 글을 읽다가도, 공자가 강물에 이르러 말씀하기를, '내가 이 물을 건널지 말지는 운명[命]에 달렸다.' 한

---

72)   한나라 가의는 상소문에서 천하의 탄식할 만한 일이 6가지 있다고 했다.

구절에 이르러 세 번 탄식하지 않은 적이 없었고, 항우項羽가 오강烏江을 건너지 않았다는 대문에 이르러 또 세 번 탄식하지 않은 적이 없었으며, 종 유수宗留守73)가 세 번 외쳐 '하수를 건너라.' 하는 데 이르러서 또 세 번 탄식하지 않은 적이 없었습니다. 이것만 해도 아홉 번이나 탄식을 한 것이니 가 태부의 여섯 번 탄식보다 많지 않습니까?"

둘이 한바탕 크게 웃었다.

나는 또 말했다.

"머리 깎는 봉변[頭厄]을 당했으니, 지사志士로서 이미 만 번은 탄식을 하였겠지요."

혹정은 안색을 바꾸었다가 얼마 뒤에 낯빛을 고치고, '머리 깎은 봉변'이라고 쓴 종이를 찢어 화로에 던지면서,

"노魯의 사람들이 사냥하기 경쟁을 하였는데, '나도 사냥 경쟁을 하겠다.' 했으니, 어찌 시대를 살아내는 성인이 아니겠습니까? 이탁오李卓吾74)는 자진하여 갑자기 머리를 깎았으니, 이는 흉악한 성품입니다."

나는 또 물었다.

"듣자니 절강浙江에서는, 머리 깎는 가게에 성세낙사盛世樂事(훌륭한 세상의 즐거운 일)라는 편액을 써 붙였다는데요?"

---

73) 송나라 충신인 종택宗澤이 황제에게 황하를 건너라고 20여 차례나 상소했으나 듣지 않았는데, 여기에 화가 나서 병이 생겨 죽을 때 '하수(황하)를 건너라'는 말을 3번 하고 죽었다고 한다.

74) 명나라의 유명 사상가 이지李贄(1527~1602)이다. 탁오는 자字이다. 가려움증에 시달리다 머리를 깎았는데 그로 인해 파직당했다고 한다.

혹정이 대답했다.

"들은 일이 없는데요. 이것은 석성금石成金(청淸의 학자)의 쾌설快說[75]과 같은 뜻이지요."

한다.

전일 혹정과 이야기할 때에, 머리와 입과 발에 세 가지의 대액大厄이 있다는 말을 한 일이 있었다.

나는 물었다.

"명明의 국가 창건을 어떻게 보십니까?"

혹정이 대답했다.

"『주례周禮』에 이른바 승국勝國[76]이라 한 것이 이것이지요. 공자가, '은殷에는 어진 임금이 6~7명이나 있다.'[77]고 칭찬한 것까지 더 말할 필요는 없습니다.

송宋의 시대란 볼 만한 것이 없었으니, 무력이 강하지 못한 것은 범중엄·한기 두 사람에게 책임이 있습니다. 나라를 창건한 원칙은, 마치 여러 대를 이은 선비의 집에서 그 자제들이 여유 있고 조용히 제사를 모시고, 빨리 말하거나 갑자기 얼굴빛을 고치거나 하는 법이 없고, 하인들은 조심스레 발을 디디고, 뜰에서 빠른 걸음이나 큰기침을 들을 수 없는 것이었습니다. 이것이 도가 지나쳐서 절이 끝나기도 전에 음식은 썩고, 사당이 불이 나서 타 버린 뒤에 축

---

75) 반어법.
76) 멸망한 전 왕조. 다음 왕조에게 승리를 가져다 준 나라라는 의미.
77) 『맹자』에 나오는 말.

관祝官을 부르는 격이었습니다."

나는 또 물었다.

"특별한 예악禮樂이 생겨날 수 있었습니까?"

혹정이 말했다.

"실은 여러 방면으로 한漢의 제도를 본뜬 것이 적지 않습니다. 한나라 때는 섬라暹羅[78] 소주를 마셔서 술이 크게 취하면 노래하는 놈, 우는 놈, 춤추는 놈, 욕설하는 놈들 모두가 천진한 본색으로 행동했지만, 송나라에 와서 찌꺼기 술을 물려 먹으면서도 서로 쳐다보고 술맛이 좋다고 하면서 몸을 똑바로 하고, 종일토록 마셔도 몸가짐이 어지럽지 않았지만 진의眞意는 하나도 없었습니다. 종실宗室의 대신 중에는 한 사람의 하간헌왕河間獻王[79]도 볼 수 없으니, 정鄭의 재육裁堉[80] 같은 인물이 있을 수가 있나요!"

나는 다시 물었다.

"정鄭세자는 어느 때 사람인가요?"

혹정이 답했다.

"명明의 종실 정왕鄭王의 세자世子이지요. 이름은 재육인데,『율려정의律呂精義』를 지었습니다. 이 명明이야말로, 참으로 종소리로 시작하여 편경 소리로 끝냈던 것입니다."

나는 물었다.

---

78) 태국.
79) 한나라 경제景帝의 아들인 유덕劉德을 말한다. 예학에 밝았고 실사구시학을 제창했다.
80) 정나라 세자인 朱載堉, 망양록에 등장한다.

"그건 또 무슨 말씀입니까?"

혹정이 대답했다.

"명은 처음부터 끝까지 시종일관 광명光明하여, 하나도 구차한
데가 없었지요."

나는 다시 물었다.

"과연 그러했을까요?"

혹정이 대답했다.

"태조太祖 운운…….

그는 붓으로 점만 툭툭 치면서 나를 향하여 뭐라 뭐라 하면서
도 선뜻 쓰지 않는다. 이는 아마 명이 원元의 오랑캐를 몰아낸 것이
가장 광명정대光明正大하다고 하는 듯하였다.

건문建文(명明의 연호)81)이 대궐 안에서 편안히 살다가 죽었다는
것은 정말 기이한 일이지만, 당唐 원종元宗은 결국 머리에 구리철사
로 테를 매게 되었습니다."82)

나는 다시 물었다.

"무슨 말씀인가요?"혹정이 말하였다.

"이보국李輔國(당唐의 정치가)은 방망이로 장양제張良娣를 때려죽였
고, 오래 취하는 치뇌주鵃腦酒를 바쳐 숙종肅宗을 벙어리로 만들었지

---

81) 명 혜제惠帝. 건문 연호는 1399~1402까지이다.
82) 원종은 당현종이다. 안록산의 난때 당현종의 아들 숙종은 아버지 몰래 즉위하고 현종을 퇴
     위시켜 감금하였다. 현종이 두통이 난다 하자 숙종이 현종 머리에 구리줄을 감아서 결국 현
     종은 제명에 죽지 못하게 되었다.

요. 천순天順(명明 영종英宗의 연호, 1457~1464)의 복위復位[83]는 기적이어서, 천고에 볼 수 없는 일입니다. 천자가 잡히면, 누가 능히 적에게 술 잔을 올리고 일산을 받드는 굴욕을 면할 수 있겠습니까! 숭정崇幀[84]으로 말하면 17년 동안 50명의 재상을 갈아 썼는데, 사람 쓰는 법이 이토록 어지러웠으니 일 처리도 엉망진창이었겠지요. 그러나 군자는 차라리 부서질지언정 옥을 택하지 온전하다고 하여 기왓장을 택하지 않습니다. 이야말로 숭정의 공명정대한 처사로서, 명明의 흥하고 망한 역사는 천고에 둘도 없는 모범이었습니다."

내가 이때 '사해四海의 남은 백성들'이라고 가는 글씨로 썼더니, 혹정은 갑자기 말했다.

"청조淸朝가 나라를 얻을 때 공명정대했다는 것은, 천지에 유감이 없을 것입니다.

국가를 창건한 자가 정권을 잡을 때는 전조前朝에 대하여 원수로 대하지 않는 자가 없었습니다. 나라를 세울 처음부터 큰 은혜를 베풀어 명의 원수를 갚아 준 것은 우리 청조淸朝밖에 없습니다. 여덟 살 난 어린아이[85]가 중국을 하나로 통일했다는 것은, 생민生民 이래로 한 번도 없었던 일입니다. 우리 세조 장황제世祖章皇帝는 처음에는 천하를 차지할 마음이 없었고, 다만 천하를 위하여 대의를 밝히

---

83) 영종은 북방과 전쟁 중 왕위를 아우인 대종에게 **빼앗겼다가** 8년만에 다시 찾아서 황제에 올랐다.
84) 명 의종毅宗을 말한다. 숭정연호 사용기간은 1628~1644이다.
85) 淸 世祖.

며, 명明의 원수를 갚고 천하 백성을 피바다와 해골 산더미 속에서 구해 내려고 했기에 하늘도 편을 들고 백성들의 마음도 순순히 따른 것입니다. 맨 처음 숭정을 따라 죽은 대신 범경문范景文(명明의 명신) 등 20명을 표창했고, 지난 을미년(1775)에도 황제는 숭정의 죽음에 관련된 여러 신하들 1천 6백여 명에게 충민忠愍·민절愍節 등의 시호를 내렸습니다. 공명정대하고 강상綱常을 올바로 붙들어 잡은 일은, 삼황三皇·오제五帝 이래로 아직 들어 본 적이 없습니다. 천하를 차지하는 자는, 자기 집안에 부끄러운 일이 없어야만 능히 그 나라를 오래 가질 수 있을 것입니다."

내가 을미년(1775) 11월에 내각內閣에 내린, 숭정의 순사자殉死者에 대한 조서詔書를 좀 보자고 했더니, 혹정은 밤에 보여 주겠다고 약속했다.

나는 다시 물었다.

"앞서 선생이 백이·숙제 이전에는 태백泰伯과 중옹仲雍이 있었고, 백이·숙제 뒤에는 관숙管叔·채숙蔡叔이 있었다[86]고 말씀하셨는데, 그건 무슨 말씀이십니까?"

혹정이 미소를 띠면서 대답하지 않았다. 내가 다시 졸랐더니 혹정이 말하였다,

---

86) 백이숙제는 고죽군의 아들이다. 아버지가 아우 숙제에게 왕위를 선양하려 하자 두 사람 모두 왕위를 사양했다. 태백과 중옹은 아버지가 자기 동생인 창(昌; 훗날 문왕)에게 왕위를 물려주려 하자, 함께 남쪽으로 피신했다. 관숙과 채숙은 성왕의 삼촌으로 자신들의 형인 주공은 성왕을 보필했는데, 그들은 주왕의 아들인 무경과 내통하여 반역을 시도하다 죽임당했다.

"예로부터 의리라고 하는 것은, 비유하자면 쇠를 녹여서 모형 模型에 붓는 것과 같습니다.

쇳물이 저절로 무슨 물형이 되는 것이 아니라 모형에 따라 그 릇이 되는 것입니다. 또 조개껍질을 보는 것과 같기도 합니다. 조개 껍질은 일정한 빛이 있기는 하지만 보는 사람이 바로 보고 옆으로 보는 데 따라 그 빛도 각각 다른 것입니다. 물길을 동쪽으로 트면 동쪽으로 터지고, 서쪽으로 트면 서쪽으로 터지는 것이지, 물은 그 냥 하나의 물일 뿐입니다."

나는 다시 물었다.

"물을 격동시켜서 올리면 산 위에까지 올릴 수 있으나, 그것이 어찌 물의 본성이겠습니까?"[87]

혹정이 말했다.

"세상일이란 거꾸로 되는 것이 많기 때문에 하는 말이지요. 공 자는 말씀하시기를, '태백은 세 번이나 천하를 사양했다.'[88]고 칭찬 했지만, 은殷의 주왕紂王으로 말한다면 그때 아직 뱃속에도 들지 않 았을 때입니다. 당시 고공古公[89]의 일을 여러 제후諸侯들의 나라에 비 교해 본다면 한 변방의 부용附庸(위성국衛星國)된 나라에 불과했습니다.

당시의 천하는 누구의 것인지 알지 못할 일이요, 태백이 과연

---

87) 맹자 고자장에 나오는 내용이다. 물은 동서 구분이 없이 항상 아래로 흐르는데, 만약 물을 터서 산 위로 올라가게 하면 그것이 물의 고유한 성질인가 하는 말이다.
88) 『논어』 태백장에 나오는 말.
89) 고공단보古公亶父. 태백의 조상이다.

누구에게 천하를 세 번씩이나 양보했는지 모릅니다. 주자朱子는, 계력季歷이 아들 창昌(주 문왕의 이름)을 낳으며 거룩한 덕이 있어, 태왕太王(고공의 묘호)이 이 때문에 은殷을 멸망시킬 마음을 가지게 되었다[90]고 하였지만, 이는 잘못된 일입니다. 이는 너무 일찍 서둔 계획이라고 할 수 있습니다. 자기 집안이 창성하는 것을 도모하는 것은 있을 수 있는 일이지만, 그렇다고 망령되게 분수에 넘치는 일을 바랄 것입니까? 주자는 또 말하기를, '이 같은 뜻은 지극히 공변된 마음에서 나왔다.'고 했으나, 이 역시 틀린 말입니다. 잘 모르겠지만 지극히 공변된 마음이란 과연 어떠한 마음을 두고 하는 말입니까? 다만 주周가 국가를 창건한 사적에는 반드시 어떤 증거가 있겠지만, 후세에 전해지지 않습니다. 공자가 홀연 태백의 신상身上에 대하여 탄복한 것을 본다면, 주가 국가를 창건할 시초에는 은근히 무슨 일이 있었을 것입니다. 뇌공雷公(뇌신雷神)이 이에 대하여 주자를 공박한 이론은, 마치 교활한 백성들이 고소장을 바친 것 같습니다."

내가 물었다.

"뇌공은 누구입니까?"

혹정이 대답했다.

"모기령毛奇齡입니다. 국초의 대가大家라 합니다."

나는 웃으면서 다시 물었다.

"변덕쟁이[毛臉] 뇌공 말입니까?"

---

90) 계력은 고공단보의 막내아들.

혹정이 대답했다.

"그렇습니다. 또 위공蝟公(고슴도치)이라고도 부릅니다. 전신이 모두 가시거든요."

나는 물었다.

"『서하집西河集』이라는 모기령의 문집을 나도 한 번 얼핏 보았지만, 그가 경전經典의 뜻을 고증攷證한 데는 혹 다른 의견이 없을 수 없더군요."

혹정이 말했다.

"대단히 망령된 사람입니다. 그 문장도 역시 교활한 백성의 소장과 같은 점이 많습니다. 모기령은 소산蕭山 사람이어서, 그 지방엔 글 하는 아전들이 많아 글 장난을 잘하므로, 안목 가진 사람들은 모기령을 지목하여 소산 티를 벗어나지 못했다고 합니다."

나는 또 말했다.

"문왕은 태왕의 막내아들의 아들입니다. 태왕이 어린 손자가 갸륵한 덕德이 있음을 본 때는 아무래도 태왕의 나이가 백 살은 먹었을 것이요, 태백, 중옹이 기岐나 옹雍으로부터 형만荊蠻까지 갔다면 만 리 길이 될 터인데, 백 살 된 아버지를 집에다 남겨 두고 만리 길로 약을 캐러 갔다니, 이것은 이른바 3년 앓는 환자를 위하여 7년 묵은 쑥을 구하는 것[91]이나 다름없을 것입니다. 그런데, 공자는 태백을 보고 지극한 덕을 갖춘 인물이라 하고, 주자는 태왕을 가

---

91) 맹자에 나오는 구절. 준비 없이 필요할 때 갑자기 구하는 것을 비유한 말.

리켜 지극히 공변된 인물이라 하였으니, 이것은 아무런 충돌도 없는 백이와 태공의 사이와는 같지 않습니다. 태백 입장으로 본다면 태왕이 지극히 공변되다고 말할 수 없을 것이며, 태왕 입장에서는 태백이 지극한 덕을 갖추었다고 하지 않을 것입니다. 성현들이 말씀한, 지극히 은미하고 지극히 정미한 뜻을, 제가 가진 겉만 핥는 얕은 지식으로는 도저히 추측도 못할 바이지만, 저도 역시 이 사실에는 의심이 없을 수 없습니다."

혹정은 말했다.

"선생의 말씀이 옳습니다. 그러나, 사람을 궁지에 몰아넣을 것은 아닙니다. 소자첨蘇子瞻[92]은, 다만 외면만 보고 얼핏 무왕을 성인이 아니라고 배척했으나, 이것은 소자첨의 공부가 거칠기 때문입니다.

『논어論語』에는 문왕의 지극한 덕을 찬양하여, 천하의 3분의 2를 차지하고도 오히려 은殷을 섬겼다고 했는데, 그 집주(集注 주희 저)에 보면, '형荊·양梁·예豫·서徐·양楊 등의 여러 고을은 주周로 돌아가서, 은의 주왕紂王에게 속한 땅은 다만 청靑·연兗·기冀 등 세 주 뿐이다.' 했으나, 이는 잘못입니다. 제 생각으로는, 천하의 3분의 2라 함은 삼국시대 촉한蜀漢과 오吳·위魏와 같이 서로 정립함과 같지 않다고 봅니다.

예를 들면 우虞·예芮나라 임금들이 송사를 단념하고 물러간 것[93]과 마찬가지로, 3분의 2가 되는 천하의 인심이 주周로 돌아갔다

---

92) 소식(蘇軾=소동파).
93) 토지분쟁으로 주 문왕을 찾아가다가 주 백성이 서로 밭의 경계를 양보하는 것을 보고 송사를 단념하였다.

는 것일 것입니다. 왕망王莽이나 조조曹操 같은 자들은, 정말 천하의 3분의 2가 되는 땅을 점령하고서는 종주국宗主國을 섬기는 예절을 폐기하였지만, 문왕은 정말 3분의 2가 되는 천하의 인심을 얻고서도 자기란 존재가 있는 것도 잊어버리고 주왕의 죄악을 꼬집어 보지도 않아서, 마치 자제들이 부형 앞에 하듯이 자기 몸을 굽혀 스스로 신하의 도리를 지켰던 것입니다.

설자說者(주희를 말한다)의 말과 같이 정말로 9주州 가운데 6주의 땅을 차지하고, 그 세력은 능히 은을 대신하여 천하를 차지할 만하였으나, 일부러 신하의 도리를 지켜 공손하게 몸을 가졌던 것은 아니었습니다. 만약 그의 말과 같다면, 조조 같은 주 문왕을 무엇으로써 지극한 덕이 있었다 하겠습니까? 3분의 분分이라는 말은 천하를 나눈 것이 아니라 분수分數의 뜻입니다.

그의 지극한 덕행이란, 바로 문왕이 시비를 가리지 않는 바보 같은 점을 말한 것이니, 후세에서 말하는 이른바, '하늘의 뜻과 사람의 마음이 나에게 돌아온들 내게 무슨 소용이 있으랴.'란 말이 문왕을 두고 한 말입니다. 주자가 그를 무왕보다 낫게 쳐 준 것도 바로 이것이니, 세상 사람들이 그를 볼 때 거북의 등에 털이나 난 듯, 토끼 머리에 뿔이나 돋은 듯이 이상하게 보고서, 세상일을 가지고 이리저리 큰일을 만들어 보려고 떠들지만 그래봐야 저 뱁새가 둥지를 짓듯 물쥐가 강물을 마시듯 한두 마디나 하다가 그만두는 존재일 것입니다. 옛날 세상에도 이러한 학문이 없지 않고 보니, 공자의 태백에 대한 평가도 그리 과하다고 할 수는 없습니다. 사실 태백은 머리를 하늘로 두고 발을 땅에 붙인 일개 평범한 인물인 것이요, 태왕이야말로 굳세고 참을성 있는 인물일 것입니다."

나는 또 말했다.

"『사기史記』에는 오자서伍子胥(오吳의 정치가 오원伍員, 자서는 자)를 굳세고 참을성 있는 인물이라 하였고, 장주莊周는 은殷의 탕왕湯王을 뱃심 좋고 참을성 있는 인물이라 칭찬했더군요."

혹정이 말했다.

"그렇습니다. 어질면서도 사람을 죽일 수 있고, 예절을 지키면서도 무력을 쓸 줄 알며, 지혜가 있으면서도 질문도 할 수 있고, 용맹이 있으면서도 머리를 숙일 줄 알며, 신의가 있으면서도 변통할 줄 알면 굳세고 참을성이 있는 성격이 됩니다. 성격이 그렇지 않고서는 역시 혁신을 일으키지도 못하고, 또 반란을 바로잡지도 못할 것입니다.

대체로 창업創業을 이룩하는 자는 갖은 풍상을 겪지 않고서 하늘을 맑히고 땅을 평정하지 못합니다. 천지의 기운이 뒤바뀔 때는 바람과 서리와 우레와 우박이 없이는 해[歲]를 이루지 못합니다.

10월 어름94)은 곧 천지 자연이 한 번 뒤집히는 시절이니 어찌 무서운 변화가 없겠습니까. 주공은 선대의 아름다운 덕을 기록하여 한 편의 신도비神道碑(죽은 사람의 사행을 기록한 비碑)를 지었으니, 그 비

---

94) 十月之交는 시경의 편명인데, 주나라 여왕厲王의 폭정을 풍자한 시이다. 이러한 주나라의 세상이 끝나고 새 세상이 온다는 뜻이기도 하다.

문에,

영롱한 저 중추월을 님과 함께 구경하였지마는　玲瓏共玩中秋月

뉘라서 간밤에는 빗발이 창을 두들겼다 하는고　誰道前宵雨打窓[95]

했습니다.

후세에서 참으로 태왕이 천하를 얻는 데 무심했다고 인정하고
말았습니다. 또,

점검이 취해서 전연 알지 못했네　點檢醉睡渾不知[96]

라는 말은, 백정이 소 잡는 칼을 갈면서 잡는 소의 명복을 비는
염불을 하는 것과 무엇이 다를 것입니까?

송 태조 조광윤은 천자가 된 뒤 서북 변방을 평정하지 못한 것
을 두고, '마치 침상 밖에서 들리는 남의 코골이 소리를 못 참는 상
황과 같다'고 말했는데, 이로 본다면 그가 정말 군대 막사에서 술에
얼큰히 취해서 있었겠습니까?

태백의 지극한 덕은 천하를 양보하는 데 있는 것이 아닙니다.
천하를 양보한다는 말은 공자가 장래 일을 거꾸로 말씀한 것이요,
그의 지극한 덕이야말로 '백성들이 이렇다고 일컬을 수 없는' 점일
것입니다. 그는 바보가 아니면 귀머거리일 것입니다. 그는 전혀 은
殷의 왕실에 어떠한 악한 천자가 있는 것도 알지 못했을 것이요, 또

---

95)　작자를 알 수 없음.

96)　점검은 말직 관원의 직책이다. 송 태조 조광윤이 점검 벼슬을 하면서 술에 취했을 때 추종자
　　　들이 조광윤을 천자로 추대하기를 결의했는데 자신은 그것을 몰랐다고 한다. 저 싯구의 출
　　　전은 미상이다.

자기 집안에 어떠한 거룩한 성덕聖德을 지닌 아이97)가 태어날 것도 살피지 못했습니다. 그리고 보니 그는 큰 천치가 아니면 바보를 면치 못했을 것입니다. 말하자면 우리 태백이 천하의 형편을 모르는 것이 아니라, 천하가 우리 태백의 백성들이 이렇다고 일컬을 수 없는 점을 몰랐던 것입니다. 주자가 그를 문왕보다도 높이 여긴 까닭도 이것입니다. 『춘추전春秋傳(좌전左傳)』에서 태백은 태왕의 말을 듣지 않아서 왕위를 계승하지 못했다고 했으나 이것은 잘못입니다. 태왕이 양위讓位를 가지고 숙덕거리며 모의를 했는데 태백이 안된다고 구구절절 간諫했을 수 있겠습니까? 만일 천하 사람들이 이 같은 태백의 행동을 지극한 덕이라고 인정한다면, 태왕의 일이야말로 도리어 난처할 것입니다. 이렇기 때문에 제가 말한 하늘로 머리 두고 땅에 발을 디딘 평범한 인물이란 이를 말함입니다. 전에 제가 이른바 백이·숙제 이전에는 태백·중옹이 있었다는 말은 다만 『논어』의 집주를 좇아서 해본 말이고, 지금 한 말과는 뜻이 다릅니다."

나는 다시 물었다.

"백이·숙제의 뒤에는 관숙管叔·채숙蔡叔이 있었다고 한다면, 선생은 또 장차 관숙·채숙의 덕을 태백에 비교하려 하십니까?"

혹정은 말했다.

"제가 말한 본지本旨는 이와 다릅니다. 다만 한漢을 창립한 것이 광명정대하다는 것을 밝혔을 따름이고, 관숙·채숙에게 도리어 지

97) 문왕.

극한 덕이 있었다는 것은 아닙니다. 때로는 관숙·채숙은 은殷 왕실의 충신이며 문왕의 효자들이라고 일컫는 이가 있으나, 이것이 아무리 곡학아세에 분개하고, 썩은 선비들의 부화뇌동에 미워서 하는 말이지만, 이런 논리를 어찌 도리에 어긋난 논의라 아니할 수 있겠습니까? 저는 다만 사람들이 남의 고금 성패의 결과만을 보고, 의리를 왜곡하고 의리 위에 다른 의리를 덮어씌워, 치켜세울 때는 하늘 끝까지 올려놓고 억누를 때는 땅속까지 파묻는 것을 개탄한 것입니다. 우리 유학도들도 역시 합종연횡[縱橫]가의 습관이 없지 않으니, 끌어내리거나 올려침이 너무 심한 것도 역시 한낱 종횡가의 구태입니다. 한漢의 건평建平(한漢의 연호)·원시元始(한漢의 연호) 시절에 왕망은 신야新野의 밭을 받지 않으니, 관리와 백성들이 대궐 앞을 떠나지 않고 황제에게 왕망을 칭송하는 글을 올린 자가 전후로 487,572명이었고, 제후와 왕공과 열후列侯와 종실宗室들은 안한공安漢公(왕망이 자칭한 봉호)에게 구석九錫[98]을 내릴 것을 황제에게 무수히 청했습니다. 그 당시의 사정으로 본다면, 적의翟義·진풍陳豐 같은 사람들은 어찌 주周 때의 주공이 모반한다고 유언비어를 퍼뜨린 관숙·채숙이 아니겠습니까? 만일에 관숙·채숙이 성공하여 당시 주공에 대하여 왕법王法을 시행할 처벌 문안이 만들어졌다면, 비록 천수관음千手觀音이 있다 하더라도 주공을 역모죄에서 구해 내지 못했을 것입니다."

[98] 황제가 공신에게 내리는 9가지의 예물. 최고 예우이다.

나는 또 말했다.

"왕안석王安石의 시詩에,

가령 당년에 죽었더라면 假使當年身便死

그들 한평생의 참과 거짓을 누가 알랴 一生眞僞有誰知[99]

이런 구절이 있지만 그들이 죽지 않아 성인인지 도적인지를 당장에 판단하게 되었으니, 이 어찌 하늘의 뜻이 아니겠습니까!"

혹정이 말했다.

"그것은 형공荊公(왕안석의 봉호)의 시가 아니라 낙천樂天(백거이白居易의 자)이 지은 것입니다. 주 왕실은 원래 변고가 많은 집안이요, 주공은 또 비방을 많이 받는 성인입니다. 말[斗]을 쪼개고, 저울을 꺾으면 도적을 없앤다는 말[100]은 좀 괴상한 이론이지만, 참으로 백대의 폐단이 되는 근원을 밝게 비춰 준 말입니다. 공자는 『춘추春秋』를 지은 뒤에 말씀하기를, '나의 공적을 아는 것도 『춘추』이며 나의 죄과를 아는 것도 『춘추』이다.'[101]라고 하였으니, 이로 보아 주공이 만든 예악 제도들도 장래에 어떤 화근이 되리라고 스스로 맘 아파했을 것입니다. 요즈음 먹을 만드는 자는 모두들 담성규詹成圭(청淸의 제묵가)를 본떠서 만들고, 바늘을 만드는 자는 대체로 이공도李公道(청淸의 제침가)의 이름을 빌리는 것과 같습니다. 당 태종唐太宗은 제 환공

---

99) 왕안석이 아니라 백거이의 방언放言이라는 시이다.
100) 『남화경』(장자)에 나오는 말.
101) 『논어』에 나오는 말.

齊桓公 노릇을 한번 해 보고자 하여 갑자기 관이오管夷吾[102]와 같은 인물을 구하려 했습니다. 위징魏徵은 천하의 간사한 인물로서 그 소식을 듣자마자 '예이' 하고 긴 대답을 하며 나타나 얼굴을 마주 대고 딱 버티고 서서, '관중管仲이 여기 왔습니다.' 하고 나선 셈입니다. 이런 때 누가 '너 관중은 어째서 공자公子 규糾와 함께 죽지 아니하였는가?'라 묻는다면 위징은 하늘을 쳐다보면서 "성인이 나에게 죽지 말라고 허락하였습니다." 할 것입니다. 그 사람이 또 '어떤 성인이 너를 살려 주더냐.'라 묻는다면, 위징은 노 나라의 공 부자인데, 그는 다문박식한 데다가 지공혈성至公血誠을 지닌 성인으로서 만세에 사표가 되어, 말 한마디 땅에 떨어져도 금이 되고 돌이 되어, 귀신에게 물어보아도 의심이 없고 세상에 세워서 어긋남이 없으며, 이후 백 대의 성인을 기다려도 틀림이 없을 것이오.' 하고 대답할 것입니다. 또 '공자께서 어찌 너를 죽지 말라고 허락했을 것인가?' 하고 물으면, 위징은 소리를 높여 긴소리로 읊기를, '어찌 무명의 평범한 남녀가 신의를 지키는 버릇과 같이 개울 속에서 목매어 죽어, 아무도 알 바 없는 신세가 되리요[103] 했으니, 이것이 어찌 중니仲尼(공자의 자)께서 나를 죽지 말라고 한 것이 아니겠습니까?' 할 것이니, 이것은 비단 위징이 스스로 해석하였을 뿐 아니라, 실은 당 태종에게 붙어서 아첨으로 한평생을 지낸 수단이었습니다. 만일

102) 관중管仲.
103) 논어 헌문편에서 공자가 관중을 칭찬한 구절.

이 사실을 그 동네의 통장[保正]으로 하여금 그의 사방 이웃에다 통문이라도 돌렸다면 하후영녀夏侯令女[104]가 아마도 귀를 베지 않았을 것입니다."

나는 다시 물었다.

"왜 위징에게 소백小白(제 환공의 이름)은 형이요 규糾는 아우가 아닌가? 또 관중은 규의 올바른 신하도 못 되지 않았던가? 라고 묻지 않았습니까."

혹정은 대답했다.

"그렇습니다. 위징은 진왕秦王(이세민이 천자가 되기 전의 봉호) 세민世民과 함께 모두 당唐태자 건성建成의 부하였습니다. 위징은 원래 도사道士[105]로서 허망한 도를 믿었습니다. 그의 십점소十漸疏[106]는 아주 친절하게 깨우치는 것 같지마는, 세상에서는 알 수 없는 수수께끼입니다. 천고에 중보仲父(관중)가 죽을 리가 전혀 없으니, 정관천자貞觀天子(당唐 태종, 정관은 그의 연호)도 반드시 나 같은 시골뜨기를 죽일 까닭이 없으리라고 생각했던 것 같습니다. 그리하여 임금과 신하가 거간꾼이나 장사치의 노름으로 상하 없이 공리功利만 추구하게 되었으니, 이것은 고금의 성패에 있어 한 개의 결론이었습니다. 성패

---

104) 삼국시대 魏나라 여인. 재혼을 하지 않겠다고 머리카락과 두 귀를 잘랐다. 남편도 죽고 시집도 망했는데, 왜 자신의 몸을 괴롭게 하냐는 물음에 집안의 흥망에 따라 절의를 바꾸는 것은 짐승이나 하는 짓이라고 하였다.
105) 민간 도교인 오두미도五斗米道의 도사였다.
106) 위징이 당태종에게 올린 상소문. 당태종이 수신과 정치에 게을러지자, 그를 경계하기 위해 10가지 조목으로 정리하였다고 한다.

成敗라는 두 글자는 선비들의 입으로는 표현 못할 글자였으며, 오히려 제후諸侯의 문에는 인의仁義가 붙어있어야 합니다.

『제범帝範』한 편의 글은 다만 요堯를 본뜨고 순舜을 꾸몄을 뿐입니다. 우리 선비들이 말하는 바 천명天命이란 것은 기수氣數, 즉 운명 두 글자를 벗어나지 못했으니, 이 기수란 것은 역시 성패의 행적만을 가지고 따지는 것입니다.

늘상 말하듯이 하늘이 임금의 지위를 주고 인심이 저절로 돌아온다는 말은 한낱 거짓말이니, 예로부터 역리로 취하여 순리로 지키는 자 어느 누구인들 천명이 돌봐주지 않았으며, 후직后稷(중국 고대에 농사를 관장하던 관리)의 농사짓는 법으로 사람들이 지극한 도움을 받는 바에야 어느 귀신인들 제향祭享을 받아주지 않으며, 어느 백성인들 편안하지 않겠습니까?

한漢의 백성들이 매일 왕위를 찬탈한 왕망의 공덕을 찬송함도 있을 수 있는 일이니, '우虞의 귀신이 진晉이 주는 음식이라고 토했다'[107]는 말은 듣지 못했습니다."

혹정의 이 말은 속으로 무엇을 지목하는 점이 있는 것이요, 그저 역대를 평범하게 이야기한 것은 아니다. 그는 매양 청淸의 창건한 것이 정당하다고 말끝마다 외고 있으나 그래도 이야기할 때는 때때로 자기의 본마음이 탄로 났다. 특히 역대 왕조의 역순과 성패의 자취를 빌려서 이리저리 자기의 회포를 표시한 것이다.

---

107) 『좌전』에서 나온 구절

나는 다시 말했다.

"다만 운명으로만 미룬다면 세상에 손쓸 데가 하나도 없을 것입니다. 성인은 천명이란 말을 자주 하지 않았으니, 이는 세상을 위하여 교화하는 데는 이렇게 하지 않을 수 없습니다. 그러나,

때가 오면 바람이 등왕각으로 보내고 時來風送滕王閣

운이 가면 천복비에 벼락이 친다네 運去雷轟薦福碑[108]

라 하였으니, 세상일이란 도대체 때가 오고 운이 가는 것에 달려있나 봅니다."

혹정은 말했다.

"그렇습니다. 이른바 임금이 천지의 도를 적절히 조절하고 천지의 바름을 도와 백성을 통치하게 한다는 재성보상[財成輔相]과 하늘의 일을 인간이 대신한다는 천공인대[天工人代]는 세상을 교화하는 측면으로 보면 이치에 따른다는 말이겠지만, 천의天意로서 보자면 도리어 흠이 되고 오히려 어그러질 수도 있을 것입니다."

나는 또 물었다.

"사람들은 흔히 말하기를, 하늘은 거짓을 용납하지 않는다 합니다. 바야흐로 일어나려 하는 이에게는 왕패王霸[109]가 거짓말로 얼

---

108) 등왕각은 강서성 남창에 있는 누각이다. 이곳에서 큰 시회가 열렸는데, 당의 시인 왕발이 탄배가 순풍을 받아 참석할 수 있었다는 말이다. 천복비薦福碑 비문은 탁본 값이 비쌌다. 송나라의 가난한 서생이 탁본을 하고 싶어서 종이 1000장을 준비했는데, 간밤에 번개가 쳐서 비석이 깨져버렸다는 고사가 있다.

109) 후한 때 장수 왕패가 한 광무제가 쫓겨가며 앞의 강물을 건너갈 수 있냐고 묻자 강물이 얼어 건널 수 있다고 거짓말을 했는데 진짜 강이 얼어있었다는 고사.

음이 굳게 얼었다고 하였으나 하늘은 그 거짓말을 그대로 따라 준 것으로 볼 때, 꼭 지성을 들여 기도를 하더라도 반드시 원대로 들어주는 일이 없기도 합니다. 나라가 망할 때는 장세걸張世傑(송宋의 충신)110)이 분향을 하면서 하늘에 빌던 대로 들어맞았습니다.

세상에서 가장 정확한 것은 제때에 우는 닭 울음인데, 맹상군孟嘗君(전문田文의 봉호)이 호구虎口를 벗어나게 하려 하여, 한 사람이 울음소리를 내자 닭이란 닭은 모조리 따라서 울었습니다.111) 천하에 틀림없는 것은 조수[潮汐] 같은 것이 없지만, 송宋의 왕조가 더 버티지 못하게 되니, 전당錢塘의 조수潮水가 사흘 동안을 들지 않았습니다. 흥하고 망하는 판에는 귀신의 조화조차 거짓과 진실이 서로 엇갈리며 성실과 휼계가 함께씁니다. 어느 사람이 천하를 얻게 될 때에도, 하늘은 그를 반드시 좋아하는 것은 아니지만 자기만을 공교로이 도와주는 것 같고, 또 어느 사람이 천하를 잃게 될 때에도 하늘은 반드시 미워하지 않건만, 잔인하고 흉악하기가 깊은 원수에게 하듯 하는 것은 무슨 까닭일까요?"

혹정은 말했다.

---

110) 장세걸은 송의 충신이다. 그가몽고군에 쫓겨 배를 타고 도주하다 모진 풍랑을 만나자 그가 배에서 자신의 공력을 말하며 내 공을 인정하지 않으면내가 탄 배를 전복시키라고 하자 하늘이 그 배를 전복시켰다는 고사.

111) 계명구도. 맹상군은 제나라 왕자인데, 진나라에 쫓겨 탈출하려고 함곡관에 이르렀으나 관문을 열 시간이 되지 않아 기다리는데, 그때 추격병에게 잡힐 즈음 동행한 식객 중 하나가 닭소리를 흉내내어 모든 닭이 따라 울어 수문장이 관문을 열 시간으로 착각하여 도망갈 수 있었다.

"우리 청나라 패륵貝勒 박락博洛이 군사를 거느리고 절강浙江 군사를 강 언덕으로 옮기는데 이때도 조수가 연일 들지 않았답니다."

나는 또 물었다.

"중국에서 말하는 소위 섭정왕攝政王은 누구를 이른 것입니까."

혹정이 답했다.

"이는 예친왕睿親王을 가리키는 것으로, 그의 휘諱는 다이곤多爾袞인데 우리 청淸의 주공周公 격이지요. 순치順治 원년(1644) 4월에 '예친왕'이란 왕호를 주고 황제 앞에서도 수레를 타고 일산을 받을 수 있는 특전을 내렸습니다. 성경盛京으로부터 대군을 거느리고 막 영원寧遠을 향하여 진군할 때에 이자성李自成이 벌써 북경을 점령하게 되자, 평서백平西伯 오삼계吳三桂는 우리 군사를 맞아서 산해관으로 들어오게 하여 원수를 갚고 흉적을 물리쳤습니다. 예친왕이 관민들에게 유시諭示를 내려, 흉적만 잡을 뿐 백성은 살해하지 않고 함께 태평을 누리겠다는 뜻을 발표하니, 백성들은 모두 기뻐하였습니다. 5월에 예친왕이 조양문으로 나가는데 그가 탄 연輦은 명明의 노부鹵簿(천자가 거둥할 때 쓰는 의례)의 절차를 차리고 명 문무백관의 조회를 무영전武英殿에서 받았습니다."

나는 또 물었다.

"이때는 천하를 모두 예친왕이 얻은 셈인데 어찌해서 자신이 천자가 되지 않았을까요?"

혹정은 답했다.

"이런 까닭에 우리 청조淸朝의 주공이라고 하는 것입니다. 또 당시의 형편으로서도 역시 그렇게 하지 못할 내력이 있었습니다. 당시의 모든 친왕親王들은 하나하나가 모두 영용하고 호걸스러웠습니다. 우리 세조世祖는 9월에 북경으로 들어갔는데, 당시 밖으로는 강 왼편[112]이 평정되지 못했으나 안으로는 종실宗室의 어진 신하들이 보좌補佐하였습니다."

한다. 나는 다시 물었다.

"당시의 여러 친왕들 중에는 공덕으로 보아 섭정왕攝政王 같은 이가 몇이나 되었을까요."

혹정은 답했다.

"『열성실록列聖實錄』이 아직도 국내외에 두루 퍼지지 못했으니 응당 선생께서 모르실 것입니다. 명이 망한 뒤에 복왕福王(명明의 신종神宗의 손자)은 강녕江寧에서 '천자'라 일컫고 연호를 고쳐 '홍광弘光'이라 하였습니다. 순치順治 2년(1645) 5월에 예친왕睿親王은 군대를 거느리고 남방으로 내려가 이긴 기세로 강을 건너 강녕까지 바로 이르렀습니다. 복왕은 무호蕪湖로 달아나 숨었다가 6월에 총병總兵 전웅田雄과 마득공馬得功에게 잡혀서 항복하였습니다."

한다. 나는 다시 물었다.

"예친왕豫親王의 이름은 무엇입니까."

혹정은 답했다.

112) 강소지방.

"다탁多鐸이라고 하는데, 그의 용맹스러운 점은 예친왕睿親王에 못지 않을 것입니다. 영친왕英親王의 이름은 아제격阿濟格으로 이자성을 추격하여 토벌했고, 숙친왕肅親王은 장헌충張獻忠(명明의 역신)을 손수 쏘아 죽여서 통쾌하게 여러 사람의 설욕을 했습니다. 숙친왕의 이름은 호격豪格인데 모두가 하늘이 세운 것이니 누가 감히 당해내겠습니까!"

나는 또 물었다.

"복왕福王이 만일 마사영馬士英(명明의 역신)의 무리들을 물리치고 사가법史可法(명明의 충신) 같은 어진 사람들을 믿었었다면, 강남江南 땅을 어찌 대대로 지켜내지 못했겠습니까?"

혹정이 휴우, 하고 탄식하고 말했다.

"하늘이 폐한 것인데 누가 다시 일으켜 주겠습니까! 그의 행적을 보면 전날의 유왕幽王(주周의 폭군)·여왕厲王(한漢의 폭군)·환제桓帝(한漢의 용주庸主)·영제靈帝(한漢의 용주庸主) 등에게서도 볼 수 없었던 것이 있습니다. 예친왕睿親王이 사가법에게 보낸 글 속에 『춘추春秋』의 대의를 이끌어 임금이 죽임을 당했는데, 역적을 토벌하지 않고 새 임금을 세운 것은 부당하다고 책망하였습니다. 또 말하기를, '역적이 쳐들어와서 나라의 부모를 죽였건만 중국의 신민들은 활촉 한 개도 쏘아 보지 못했다. 그러나 우리 조정은 묵은 혐의를 없애버리고 군대를 갖추어 흉적을 소탕하여 천하를 위하여 임금의 원수를 갚았다. 먼저 예절을 갖추어 회종懷宗과 황후를 장사지냈고 국가가 수도로 정한 북경은 이자성으로부터 얻은 것이요, 명으로부터 빼앗은 것은 아니다. 마땅히 존칭을 깎아버리고 번국藩國이 되어 길이 복을 누릴 것이니, 그렇게 한다면 조정으로서는 우빈虞賓으로 대접할 것이다' 하였더니, 사가법의 답장에는 '국가는 없어지고 임금은 죽으니 사직社稷이 중한지라 금상今上을 맞아 임금으로 세우니,[113] 실로 천명이 준 것이요, 인심이 귀순하였습니다. 전하殿下가 수도에 든다면, 우리 황제·황후를 위하여 발상發喪을 하고 복을 입게 되니, 무릇 대명大明의 신하된 자로서 누가 감격하여 은혜를 갚으려고 하지 않겠는가? 그런데 이에 『춘추』를 이끌어내어 정통正統의 대의를 모르는 자와 같이 힐책을 하려 하니, 장차 무엇으로 인심이 거칠어져 가는 것을 붙들 수 있겠는가? 왕망王莽이 한漢의 제위를 빼앗았을 때 광무光武가 중흥하였고, 조비曹丕가 산양山陽(한漢 헌제獻帝의 폐위된 뒤의 봉호)을 폐하자 소열昭烈이 제위를 밟게 되었고, 회제懷帝(진晉의 임금)·민제愍帝(진晉의 임금)가 북방으로 달아나자 원제元帝(진晉의 임금)가 대를 이었고, 휘종徽宗·흠종欽宗이 피란[蒙塵]하자 강왕康王(남송의 임금)이 위를 이었으니, 이는 모두 나라의 원수를 갚기 전에 국가의 위호를 바로잡은 것으로서 주자도 강목綱目 속에 이것을 커다랗게 쓰고 그르다고 배척하지 않았다'고 했습니다.

황제(건륭 황제)가 친히 쓴 글 한 편 속에 그 시비를 바로잡았고, 또 황제가 비정批定한 『통감집람通鑑輯覽』은 극히 공평하고 바른 것이었습니다. 그리고 황제는 북왕이 조금이나마 뜻을 분발하여 무언

---

113) 원주: 혹정이 자기 스스로 주를 내기를, 명의 복왕福王이라 하였다.

가 해보려고 하였으면 송 고종宋高宗처럼 남쪽으로 건너가서 한쪽에서라도 편안히 있었을 것인데, 드디어 마馬(마사영馬士英)·완阮(명明의 역신 완대무阮大鋮) 같은 간당奸黨을 임용해서 옳고 그른 일이 거꾸로 되어 버렸는데, 비록 사가법이 혼자서 애써 고충孤忠을 기울여 보아도, 한 나무로 큰 집을 떠받들 수 없는 격이 되고 보니 황제의 이 유고諭告야말로 가히 천지처럼 위대하다 할 것입니다. 예로부터 흥망은 운수가 있는 것이 이와 같으니 이것을 어찌할 것입니까?"

나는 다시 말했다.

"사가법의 편지에는 또 '귀국은 일찍이 명으로부터 봉호封號를 받게 되고[114] 이제 난신과 역적을 몰아 쫓아 없앴으니 대의라 할 수 있을 것인데, 이에 도리어 강토를 규정함으로써 덕을 끝까지 다하지 못하고 말았으니, 이런 것을 일컬어 의리로써 시작했다가 이해로써 끝을 낸다는 것이다'라고 하였습니다. 이 글이야말로 일월과 더불어 밝은 빛을 다툴 만할 것입니다."

혹정은 깜짝 놀라면서 말했다.

"공公은 외국 사람으로서 어떻게 이 글을 읽어 보셨습니까?"[115]

---

114) 원주: 나도 역시 스스로 주를 내기를, 귀국의 두 글자는 원서原書에는 지금 청淸을 말함이라고 했다.

115) 원주: 이 두 편 글은 모두 이현석李玄錫*의 『명사강목明史綱目』에 실려 있는 바 혹정의 짐작으로는 나를 외국인이라 하여 응당 명·청 사이의 일을 자세히 알지 못할 것이라 생각했으므로 사가법의 답서를 모두 말한 뒤 그 하단下段에, 일찍이 봉호封號를 받았다는 등의 말에 주석註釋을 달았다. 그의 뜻으로는 섭정왕이 관내關內에 들어온 일을 국가끼리 서로 재난을 구해주듯 했으므로, 나는 계속해서 그 글을 외운즉 혹정은 내가 이 글을 갖추어 아는 것에 놀란 것이다.

나는 또 물었다.

"사공史公의 이 글도 역시 금서禁書에 드는가요?"

혹정은 말했다.

"금서가 아닙니다. 황제가 손수 여러 편 글을 편찬하면서 이 글도 뽑아 실었습니다. 우리 청조淸朝의 관대하고도 숨기지 않은 점은 전대에도 듣지 못하던 일입니다."

나는 또 물었다.

"이 두 글은 어느 편이 의리가 옳을까요?"

혹정은 빙그레 웃으면서

"서로들 『춘추春秋』를 이끌어서 말했으나 그 『춘추』도 썩은 지 벌써 오래인지라, 모두 하늘의 명수命數라 하니, 하늘이 말하는 그 정성스러운 소리를 들었나요?"

하고는, 이내 지워 버린다. 나는 다시 물었다.

"예친왕睿親王이 죽은 뒤에 무엇 때문에 그 집 재산이 모두 몰수되었나요?"

혹정은 손을 흔들면서 대답했다.

"말을 하자면 길어집니다. 이는 치효鴟鴞의 시詩[116]를 짓게 된 이유와 같은 것입니다. 정자程子가 말하였습니다. 금등金縢[117]은 근

---

* 이현석(1647~1703), 본관 전주, 자는 하서夏瑞, 호는 유재遊齋이다. 편저에 명사강목. 문집 유재집 등이 있다.

116) 주공은 자신이 모함한다고 모함하는 무리가 생기자 자신을 밤에 우는 부엉이에 의탁하여 조카 성왕에 대한 충성심을 맹세한 시를 지었다.

117) 서경 편명이다. 주공이 자신의 형인 무왕이 병들자 자신을 희생한다는 축문을 지어 제사지

세의 축문祝文과 같은 것으로 태워서 땅에 묻는 법인데, 일이 중요하기 때문에 금등에 간수하였다고 하여, 공교롭게도 주공의 고사故事에 맞추었습니다. 만일 그렇다면 이신비李宸妃의 수은水銀 염습[118]도 역시 금등의 일종이 될 것입니다. 화림華林[119]에서 나는 개구리 울음소리는 공公을 위해서 우는 것입니까, 사私를 위해서 우는 것입니까. 대체로 세상을 교화하기 위한 언론이란 경우마다 적절하게 할 수밖에 없는 것이니, 저마다 제가 들은 것을 제일이라 하여 이를 정당화시킵니다. 송의 사대부들은 이학理學을 말하기 좋아하지만 그중에는 마음을 불교佛敎에 붙이는 자도 있고 도교道敎를 힘써 실천하는 자도 있습니다. 21대의 전사全史는 모두가 연의演義한 것이요, 13경經의 주소注疏는 태반이 억지로 모은 글이고, 제자백가諸子百家의 말은 대개가 모두 우언寓言입니다.

제가 이같이 구구하게 얻은 지식이란 위로는 임금에게도 바칠 수 없고, 아래로 자손들에게도 전할 수 없으며, 옆으로 동창同窓들에게 억지로 변론할 수도 없습니다. 그런데 오늘은 해상海上으로부

내고 이를 철궤에 넣어 뒀는데, 뒷날 무왕의 아들 성왕이 주공의 모반 소식을 듣고 이 금등을 열어보고 삼촌 주공의 진심을 알고 그를 맞아들였다.

118) 이신비는 송 건종 황제의 궁녀였다. 그녀가 아이를 낳자 황후가 그 아들을 입양하고 이신비를 궁녀로 두었는데, 이신비가 급사하자 어떤 신하가 황후 모르게 황후에게 하듯 수은으로 염을 하여 장사지냈다. 뒷날 송인종은 이신비가 자신의 생모인 것을 알고 관을 열었는데, 수은으로 염을 하여 썩지 않고 황후복색으로 보존되어 있었다 한다.

119) 진 혜제가 세자로 있을 때 화림원에서 나는 개구리 소리를 듣고 '저 개구리는 누구를 위해 우는가?' 물었더니 가윤이라는 신하가 관청에 있는 개구리는 관청을 위해 울 것이고 내 땅에 있는 개구리는 나를 위해 울것이라고 답하자 혜제가 개구리에게 곡식을 내렸다고 한다.

터 오신 이인異人(연암을 가리킨다)을 만났으니, 죽는 날까지 또다시 만날 기약이 없으며 어찌 나의 충정이 솟구치지 않겠습니까!"

주르륵 눈물을 흘리다가 다시 크게 웃더니,

"소요부邵堯夫(소옹邵雍, 요부는 자)는 매사에 사주四柱를 풀이하는 식120)으로 하였으니 정말 몹시도 막힌 사람이지요."

나는 물었다.

"예를 들면 물동이를 사면서 그것이 성한지 깨졌는지를 점쳤다지요."

혹정은 말했다.

"춘春·하夏·추秋·동冬과 인仁·의義·예禮·지智와 황皇·왕王·제帝·패伯와 금金·목木·수水·화火 등 그의 학술이란 아무런 활기活機가 없고 정밀한 듯하면서도 거칠었기 때문에 주자는 그를 장자방張子房121) 만도 못하다 하였고, 또 그의 학문에 간웅姦雄의 수단이 있어서 장주莊周가 10배나 낫다고 하였으니 주자의 밝은 안목 앞에는 도망할 수 없었습니다. 주자는 장주를 평하여 그가 이치의 본질을 말한 것은 매우 좋은 의논이요, 그의 명분名分과 의리는 후세의 유학자들이 미치지 못할 바라고 하였으니, 이는 주자의 공정하고 명확한 점입니다."

나는 다시 물었다.

---

120) 소옹의 매화시 10수는 그 사후 900년의 중국 역사를 예언했다는 것으로 이야기된다.
121) 장량張良을 말한다.

"천지간 가득 찬 만사와 만물이 주자의 감정勘定이 아니면 가짜를 면하지 못했다는 말인가요?"

혹정은 한참 동안 나를 쳐다보다가,

"그러면 주자의 뒤에 난 자는 모두 흙이나 나무로 빚어 놓은 빈껍데기랍디까? 주자야말로 진량陳亮(송宋의 학자)의 말을 지나치게 듣고서 당중우唐仲友(송宋의 학자)를 너무 혹독하게 탄핵을 했던 것이며,[122] 『통서通書』(주돈이 周敦頤 저)를 잘못 해석하고는 역사 편찬기관에 투서하니, 마치 남을 무고하듯 하였습니다. 소위 '무극이태극無極而太極이라'는 구절은 무슨 말인지 알 수 없으니, 붓으로 줄을 그어 지우는 것이 옳겠다고 했답니다."

나는 또 말했다.

"귀국의 문교文敎는 온 세상에 퍼져 우리나라에도 동쪽으로 미쳐 오는 교화를 입고 있지만, 중국과 외국이 다르니, 나라를 세우는 규모라든지 이어지는 정신 같은 것은 알지 못하고 있습니다. 이래서 저로서는 글자가 같은 땅[同文之域]에 사는 터에 매우 유감으로 생각합니다."

혹정은 물었다.

"나라를 세우는 규모란 무엇입니까."

나는 말하였다.

[122] 당중우(1136~1188)가 주자에게 탄핵을 당해 파직되었다.

"오제五帝[123]는 음악이 모두 다르고 삼왕三王[124]은 예절이 모두 다르니 하夏는 충성을 숭상하고 은殷은 질박質朴한 것을 숭상하며, 주周는 문명文明을 숭상했음과 같은 것입니다."

혹정이 말했다.

"그 원인을 살펴본다면, 공자께서 말씀하신 것처럼 그 나라가 앞 시대의 무엇을 따랐던가를 관찰한다면 비록 백세라도 더하고 뺀 것을 알 수 있을 것입니다. 옛날 사람은 천하를 비유하여 한 번도 외적의 침입을 받지 않은 금 항아리[金甌]에 비했지만, 오늘의 금항아리는 잘 익은 수박과 같을 것입니다."

내가 또

"금항아리는 흠집이 나지 않지만, 수박은 깨어지기 쉬울 걸요."

하였더니, 혹정은 손을 흔들면서 말했다.

"아니지요. 수박이란 겉은 푸르고 속은 붉으며, 씨도 많고 맛이 시원하여 말하자면 천하를 천하 속에 간직한 셈입니다. 전조前朝 때의 반란 사건을 증험해 봅시다. 빈민貧民을 구제하는 정책도 지극하지 않은 것이 없어 밖으로는 삼왕三王의 예법을 겸하고, 안으로는 이교二敎(유불儒佛)를 펴서 천하의 사대부를 몰아다가 문교와 명분 속에 모아 두었고 일반 백성들은 저마다 본래의 직분을 지켰습니다.

---

123) 오제는 黃帝 顓頊 帝嚳 堯 舜.이다.
124) 하나라를 건국한 우禹, 은나라를 건국한 탕湯, 주나라를 건국한 무왕武王.

전대前代에서 근본을 강하게 하고 지엽枝葉을 약하게 하는 정책이란 큰 도시를 점령하고 호걸들을 죽이거나 그렇지 않으면 모든 전田·굴屈·소씨昭氏[125]를 관중關中으로 옮길 뿐이어서, 그들을 어루만져 안도시키는 수단을 몰랐습니다.

오늘의 청조淸朝는 문모文謨와 무열武烈이 정비되어 전대前代보다 훨씬 훌륭하고 유학을 떠받들어 오로지 중국 땅에 퍼져 은연중 호걸들의 온당치 않은 마음을 녹이고, 봉지封地를 넓혀 외번外藩들에게 두루 나누어서 오랑캐들의 겸병兼幷하는 세력을 눌렀습니다.

만주滿洲를 억눌러 군사와 국방에 관한 일을 맡김으로써 황제의 근본되는 기지를 튼튼히 하고, 치수治水하는 공사를 자주 착수하여 천하에 별별 재주를 가진 자들을 모두 모아 놓고서 놀고먹는 무리를 위로慰勞하였습니다.

황제는 몸을 바로잡아 행정行政을 할 뿐이니 천하에 무엇을 생각하며 무슨 염려가 있겠습니까? 요·순은 의상衣裳만을 드리우고 있어도 천하가 잘 다스려진 것은 자연의 섭리를 따랐기 때문입니다. 대개 천하를 차지하고 통치를 할 때에는 백성은 따라오게만 하면 되는 것이지 까닭을 알게 할 수는 없는 것이니, 이는 요·순의 뜻인데 공자가 부연하였고, 진인秦人(진시황秦始皇)이 실천한 것입니다."

나는 말했다.

"이것은 또 기이한 의논이군요. 그 말을 들려주십시오."

---

125) 제齊나라 초楚나라 지방의 사람들.

혹정이 말하였다.

"밭 갈고 샘 파는 것이 분수를 따를 뿐이니 임금의 힘이 내게 무슨 상관이 있겠느냐는 노래는 요堯가 미복微服으로 강구康衢에 나가서 들었을 때 속으로 슬며시 기뻐했던 점이요, 공자가 위衛로부터 노魯에 돌아와 시詩·서書를 산정刪正하고 예禮·악樂을 바로잡은 것은 당시 세상 형편으로는 부득이한 일이었습니다.

봉건封建을 깨우치고 정전법井田法을 없애고, 시·서를 불사르며 선비들을 산 채로 파묻은 노릇은 천하를 통일하는 천자로서 크게 한 번 함직한 일이었습니다.

옛날부터 제왕들은 자기의 덕을 요·순에게 비하면 기뻐하고 진시황에게 비하면 성질을 내지만, 요·순을 배운 자가 있단 말은 들어 보지 못했습니다.

그러나 진시황의 사업을 계승하고 또 발전시키면서 한 시대의 천자로서 천하에 명命을 내려서 이것은 요·순의 사업이니 이를 실천할 것이요, 이것은 망한 진의 사업이니 하지 말라고 했다는 말도 듣지 못했으니 13경과 21사의 어디를 뒤져 보아도 이와 같습니다. 재상宰相을 소하蕭何나 조참曹參에게 비하면 감당할 수 없다는 표정을 하면서도 상앙商鞅이나 이사李斯에게 비하면 잡아먹으려 듭니다. 소하·조참과 방현령房玄齡(당唐의 명상名相)·두여회杜如晦(당唐의 명상名相) 등은 한때 이름 높은 재상으로 쳐주었던 자들이지만, 그들은 상앙이나 이사의 죄인들에 불과한 자들입니다. 상앙이나 이사 같은 자들은 오히려 공公을 앞세우고 사私를 막아 상하가 서로 믿게 되었지만, 그들의 공렬功烈을 저토록 적게 평가하는 것은 단지 그들의 학문이 유학이 아니라는 데 있는 것뿐입니다. 소하·조참은 원래 비난할 만한 학문도 가지지 않았고 겨우 자기 몸뚱이의 허물이나 면할 뿐입니다.

재상은 대체로 임금에게 잘 보이면 백성에게 인심을 잃고, 백성의 마음에 맞게 하면 임금에게 의심을 사는 법이니, 한 시대의 임금을 도와서 정치를 한다는 것이 무엇이겠습니까? 시렁을 매어 두고 난간을 막아 두었다가 손 한 번만 빠지면 모조리 아래로 떨어지게 되는 법입니다."

윤형산尹亨山은 조정 반열로부터 나와서 바로 우리가 필담하는 장소로 왔다. 나와 혹정은 모두 의자에서 내려서 윤공에게 공손히 읍을 했는데, 윤공은 바쁘게 나를 붙들어 의자에 앉히고 품속으로부터 담배통을 꺼내서 보이는데 그것은 붉은 마노瑪瑙로 만든 것이다. 윤공은 또 품속에서 누런 보자기로 싼 색다른 비단 두 필을 꺼내어 나에게 보이는데 혹정은 연달아 황제께서 주신 것을 축하한다. 윤공의 기쁜 빛이 얼굴에 가득해 보인다. 그 한 가지는 아청빛 우단羽緞에 복숭아꽃을 수놓은 것이고, 또 한 가지는 고동색 운문단雲紋緞에 금실로 신선과 부처를 수놓은 것이다. 이때 형산亨山은 바쁘게 우리가 이야기한 초지草紙를 훑어보더니 곧 붓을 들어 썼다.

"건문 황제建文皇帝가 대궐 안에서 자기 명에 죽었다는 것은 본래 이런 일이 없는데 왕 선생王先生이 잘못 들은 것 같습니다."

혹정은 말하였다.

"의심나는 것을 전하는 것도 역사가歷史家의 한 체제이지요."

내가 말하였다.

"오량吳亮이 산적을 던졌던 고사126)는 어째서 참말이 아니겠습니까."

혹정이 말했다.

"진실로 전배前輩들의 길고 짧은 변론들이 많지만 꼭 없는 일이라고 할 수도 없을 것입니다. 이 같은 것이 만일 참말일 때에는 어찌 천고에 기이한 일이 아니겠습니까. 백룡암白龍菴의 고사127)도 비록 이락와피籬落臥被(갈현葛玄의 신선전神仙傳에서 나온 이야기)와 같은 글에 들지만, 역시 이것도 망사대望思臺(당唐 무제가 죽은 아들을 생각하여 지었다)128) 내력과 같은 것으로 이런 것이 있습니다.

낱낱의 붓끝마다 솟아오른 피는 筆筆心頭血

한 점만 떨어져도 천지에 물드누나 一落染天地"129)

나는 다시 물었다.

"사중빈史仲彬130)의 『치신록致身錄』도 역시 후세 사람들의 모방

---

126) 건문제가 도망을 다니며 고생을 하자 많이 말라서 못 알아보게 되었는데, 전에 내사벼슬을 하던 오량이 황제의 얼굴을 보고도 모르겠다고 하였다. 황제가 오량에게 이전에 자신이 거위 고기를 던져주어 그것을 오량이 엎드려 핥아먹지 않았느냐고 하자 그제서야 알아보았다는 고사이다.

127) 건문제가 남쪽 오 지방의 백룡산에 암자를 만들어 은신했으나 굶고 있게 되었는데 옛 신하인 사중빈 등이 음식을 싸가서 내놓고 신세타령을 했다는 말이다.

128) 한나라 무제가 무고한 아들을 죽이고 결국은 아들을 그리워하여 건축하였다.

129) 당나라 진윤陳澗의 궐제闕題에 나오는 구절이다.

130) 건문제의 신하이다. 건문제가 도망다닌 이야기를 모아 치신록을 만들었다.

해 지은 것이 아닙니까?"

혹정은 말하였다.

"그 책에는,

패물만 둘러차고 혼과 함께 돌아온 달밤　環佩空歸月夜魂

해마다 접동새는 사철나무에 우지지네　年年杜宇哭冬靑[131]

라고 읊었는데, 이는 애태우는 사람들의 괴로운 실정일 것입니다."

형산이 말했다.

"어제 왕 선생의 말에 한漢의 창업에 대해서는 부끄러운 덕이 없었으므로 능히 예악을 일으킬 수 있다고 하신 것은 옳다고 할 수 없습니다. 호령을 하고 명령을 내리는 것이 조정에서 우레같이 움직이고 바람처럼 행할 때는, 그 어진 소리가 미치는 곳에 사방 억조의 백성들도 모두 그 득실을 판단해 낼 수 있지만, 그들의 안방에서 벌어지는 사생활로서 은밀한 행동과 조그마한 행실쯤은 바깥 사랑방에서 알아낼 수가 없는 것입니다. 그러므로 반드시 어진 종실宗室에 하간헌왕河間獻王 같은 이가 있어 이 같은 사실을 노래로 읊어 서술하고, 또 묘하게 능히 음률을 살핀 뒤에야 그 덕행德行에 맞다고 볼 수 있을 것이니, 이것이 소위 금슬琴瑟이 맞으니 사시가 평화롭고 율려律呂가 골라서 만물이 통합된다는 것입니다.

---

131)　杜甫, 영회고적詠古蹟에 나온다. 뒷구는 임경희林景曦의 몽중작夢中作에 나온다.

한漢의 악가樂歌로서는 안세방중安世房中[132])이 가장 근사하다고 하지만, 혼자 한 환관宦官의 다리를 베고 누워서 미앙궁未央宮의 서까래를 쳐다보고 헤아린다는 것은 옛날 원수元首가 좀스럽다는 노래이니, 대풍가[133)에 나왔던 씩씩한 모습이 땅에 떨어진 셈입니다. 심지어 벽양辟陽[134)의 수치는 바깥세상에도 숨기기 어려운 일이요, 인체人彘[135)의 혹독한 것은 신인神人이 모두 분개할 노릇이니, 부부 사이[造端]가 이 같은 꼴이니 그 밖을 넉넉히 짐작할 수 있을 것입니다.

박희薄姬[136)는 위왕魏王 표豹의 미인이요, 효 경제孝景帝의 왕 황후王皇后[137)는 금왕손金王孫으로부터 빼앗은 계집이요, 음려화陰麗華[138)를 자나 깨나 사모하던 지저분한 일들이 있지마는 누가 이것을 노래로 지어 읊었겠습니까? 이러한 왕실王室의 지친에는 하간헌왕만 한 이가 없고 보니, 관저關雎의 교화나 이강釐降의 아름다움같이 읊을 바도 못 되었으니, 이러므로 풍류는 풍류대로 덕행은 덕행

---

132) 노래 이름. 알부시가이다. 한고조의 비인 당산부인唐山夫人이 지었다는 설이 있다.
133) 한 고조가 천자가 된 뒤에 자신의 고향에 가서 불렀다는 노래이다.
134) 심이기審食其의 봉호. 그는 미남자로서 한 고조의 총애를 받고 여후呂后와 불륜의 관계가 있었다 한다.
135) 한고조의 황후 여후는 한고조 유방의 애첩 척부인을 질투하여 유방 사후에 척부인의 사지를 자르고 눈알을 빼고 귀를 자르고 벙어리를 만들어 돼지우리에 집어넣고 인간돼지人彘라고 했다 한다.
136) 한고조는 위왕 표를 포로로 잡고 그의 여자를 빼앗아 문제를 낳았다.
137) 왕황후는 원래 금왕손에게 시집을 갔는데 그 어머니가 점을 쳐보니 딸이 귀한 사람이 되겠다고 해서 다시 궁녀로 바쳐 결국 황후가 되었다.
138) 광무황제는 황제 즉위 전에 음려화라는 여인을 보고서 여자를 얻으려면 마땅히 저런 여자를 얻어야 한다고 하며 일생을 그리워했다.

대로 따로 떨어진 것을 알 것입니다."

나는 또 물었다.

"백등白登[139)의 기이한 계교란 무엇인가요?"

혹정은 말했다.

"그 계교란 비밀이라 세상에는 얻어 전하지 못하고 있습니다."

나는 다시 물었다.

"그 기이한 꾀란 것은 적의 성 아래 무릎을 꿇고 항복한 것이 아닐까요. 일이 창피한 것이 아니라면 무엇 때문에 비밀에 붙였습니까?"

윤공은 크게 웃으면서 말했다.

"먼저 사람들이 하지 못하던 말을 하시는군요."

나는 말했다.

"그 당시 모돈冒頓은 항복한 사람이 당연히 구슬을 입에 물고 관棺을 등에다 지는 허다한 절차를 몰랐겠지요."

혹정은 말했다.

"옛날부터 중국은 오랑캐에게 성공한 일이 없어 강거康居가 항복을 하고 힐리頡利가 당唐의 궁정에 와서 춤을 춘 것[140)은 울고 싶던 차에 때린다는 격에 불과한 일이었습니다."

---

139) 한고조가 산서성 백등산에서 흉노 모돈에게 7일동안 포위되었을 때 미인계를 써서 탈출했다는 설이 있다.
140) 강거는 흉노족, 힐리는 돌궐족이다.

나는 또 말했다.

"천하의 걱정거리를 먼저 걱정해야 하는 만승萬乘의 자리[141]야 말로 참으로 괴로운 것이니, 한 고조가 환관의 다리를 베고 집 천장을 쳐다볼 때야 8년 동안 경영해서 얻은 것이 무엇이었겠습니까? 서리가 내리고 물이 말라 들자 지난날을 돌이켜 보면 이[齒]가 시릴 정도로 서글프니, 응당 천하 일이 계륵鷄肋[142] 같을 뿐이었겠지요."

형산은 말했다.

"재상도 또한 그러할 것입니다. 술과 계집과 재물에 지쳐갈 때에, 젊어서 오색 찬란한 구름 속에서 자기의 이름이 불렸을 과거급제 때를 회상해 본다면 과연 어떠한 마음이었겠습니까."

이에 혹정이 말했다.

"영감님은 경치 좋은 물가에 밭뙈기나 장만하고 저술著述이나 하시면 그만 아닙니까."

형산은 크게 웃으면서 대꾸하였다.

"눈앞에 급급汲汲해 서둘러 하는 것은 모두 죽은 뒤 일을 계획하는 것입니다. 마치 누에가 늙으면 저절로 꼬치를 짓는 것이지, 사람에게 비단옷을 입히고자 목적한 것은 아닌 것처럼요."

나는 또 물었다.

"혹정은 아직도 과거를 단념하지 않고 계십니까."

---

141) 천자의 자리.
142) 버리자니 아깝고, 먹자니 별 게 없는 존재.

혹정은,

"이미 등우鄧禹(후한 때의 장군)와 마찬가지로 남의 적막함을 비웃었듯이 그만두었답니다. 선생은 어떻습니까?"

나는 말했다.

"선생과 마찬가지입니다."

혹정이 말했다.

"흰머리로 과거를 본다는 것은 선비의 수치입니다."

이때 형산은 붓을 잡고 무엇을 쓰려다가 혼자서 크게 웃으면서 혹정에게 무슨 말을 하니 혹정 역시 크게 웃는다. 나는 말했다.

"두 선생이 그렇게도 웃으실 적에는 응당 기가 막힌 일이 있는 거지요. 저는 그 까닭을 모르니 배를 쥐고 두 분의 즐거움을 도와드릴 수 없네요."

둘이서 더욱 크게 웃는 것이다. 형산이 말해주었다.

"강희康熙 기묘년(1699) 과거에 1백 2세 된 응시생이 있었습니다. 성은 황이요 이름은 장章인데 광주廣州 불산佛山에 사는 사람이었지요. 그는 스스로 말하기를, 이번 과거에 급제를 못 할 때는 오는 임오년(1702) 과거에 올 것이요, 그때 또 급제를 못 할 때는 을유년(1705)곧 내 나이 1백 8세 될 때에는 꼭 급제를 할 터이니, 그땐 그나마 허다한 사업을 하여 국가를 위하겠다 하였답니다."

나도 또한 뒤집어지게 웃음을 깨닫지 못했다. 나는 다시 물었다.

"그 황장黃章이란 사람은 과연 을유년 과거에 급제를 했던

가요?"

두 사람은 고개를 흔들면서 더욱 웃음을 참지 못했다. 혹정은
말했다.

"그가 급제를 못 할 때는 세상의 결함缺陷을 넉넉히 알 수 있겠
지만, 만일 급제를 했다면 도리어 아무런 재미도 없는 일이지요."

형산이 말하였다.

"선생은 오시는 길에 일찍 천산千山을 유람하셨는가요?"

나는 말했다.

"천산은 1백여 리를 돌아야 가게 되고, 또 여정이 바빴기 때문
에 다만 하늘 밖에 있는 두어 점 산봉우리만을 바라보았습니다."

형산은 다시 말했다.

"노복老僕은 일찍이 무인년(1758)에 강향降香 행차 때 의무려醫巫閭
까지 갔더니 조선 인사들의 성명이 먹글씨로 쓰여 있습디다."

나는 물었다.

"그 성명이 누구이던가요?"

하고 물었더니, 형산은,

"모두 6, 7명 되었지만 누구였는지는 기억되지 않습니다."

한다. 내가 또 말했다.

"우리나라 선배先輩 김창업金昌業의 자는 대유大有요, 호는 노가
재老稼齋인데, 일찍이 강희康熙 계사년(1713년)에 천산을 유람하였으니
의무려산에도 응당 제명題名한 데가 있을 것입니다."

형산은 물었다.

"천산은 저도 한 번 구경할 인연이 없었는데 혹시 가재稼齋 김 공金公은 좋은 시구詩句를 지은 것이 있었나요?"

하고 묻기에, 나는,

"문집이 몇 권 있지만 아름다운 글귀는 한두 구절도 기억하지 못합니다. 김가재는 역시 창춘원暢春苑에서 이용촌 선생李榕村先生을 만났다는데 그는 당시 각로閣老였지요."

형산이 물었다.

"용촌 선생은 강희 계사 연간에는 필시 남쪽으로 돌아갔을 터 인데 어떻게 서로 만났단 말이요?"

나는 다시 물었다.

"용촌 선생의 휘가 이광지李光地였지요?"

두 사람은 모두 그렇다고 머리를 끄덕인다.

형산이 말했다.

나는 아교를 달여서 해와 달을 붙여 두련다 癡欲煎膠黏日 月143)

라는 시를 읊는다.

이때 해는 이미 저물어 방안이 침침하였으므로 촛불을 켜라고 하는데,

인간의 촛불이란 켤 것이 무엇 있나 不須人間費膏燭

해와 달 이 두 빛이 이 천지를 쌍으로 밝혀다오 雙懸日月照乾坤

---

143) 육유의 취향醉鄉.

내가 위와 같이 읊었다. 혹정이 손을 흔들면서 먹으로 '쌍현일월雙懸日月'이란 네 글자를 지워 버렸으니, 대개 일·월을 쌍으로 쓰면 명明 자가 되기 때문이다. 그러나 나는 마침 '점교粘膠'라는 글귀에 대對를 맞추어 쓴 것인데, 그는 '쌍현일월'을 매우 꺼리는 모양이다.

나는 다시 물었다.

"어제 성묘聖廟에 배알했을 때 보니 주자를 전상에 올려 모셨으니, 이렇다면 11철哲이 되는 셈인데 언제부터 올려 모셨나요?"

형산은

"강희 시절에 올려 모신 것인데, 10철[144]은 원래 공자의 문하門下에서는 적당한 정론定論으로 여기지 않습니다. 한때 진陳·채蔡 사이에서 함께 난을 만났을 뿐인데, 당唐으로부터 오늘날까지 아무도 감히 다른 의논을 내놓지 못했지요. 유약有若(공자의 제자)에 대한 말이 네 번이나 『논어論語』에 보이는데, 그가 성인과 비슷하게 생겼다 하여, 자하子夏(복상卜商의 자)·자장子張(전손사顓孫師의 자)의 무리들은 심지어 공자를 섬기던 예로 섬기려고 했으니 그가 어질다는 것은 가히 알 수 있는 일이요, 공서적公西赤(공자의 제자)은 예악禮樂에 뜻을 두어 나라를 다스릴 만한 재질이 있었으니, 역시 재아宰我(재여宰予, 재아는 그의 자. 자아子我)와 염구冉求보다 훨씬 낮지 않겠습니까. 염구·재아의 언행言行은 여러 가지 사전史傳을 증험하지 않고, 『논어』에 나온 것만 상고하더라도 그 우열優劣은 한 가지로 말할 수 없으니, 마땅히 유약과

144) 공자의 뛰어난 10제자. 안연 민자건 염백우 중궁 재아 자공 염유 계로 자유 자하이다.

공서적 두 분은 전상으로 올려 모시고 염구와 재아를 무중廡中으로 고쳐 모셔야 한다고 선배 정단간鄭端簡[145]·왕이상王貽上(왕사진王士禎, 이상은 자)의 의논이 모두 그러하였던 것입니다. 그리고 왕이상은 국자 좨주國子祭酒로 있을 때 글을 갖추어 이를 개정하고자 하다가 사람들에게 정지당하고 글이 올려지지 못했으니, 이야말로 만세의 공론이라 할만한 것으로 선비들이 지금까지 애석하게 여기고 있습니다."

형산은 다시 물었다.

"박 선생朴先生은 지금 저술한 책이 몇 권이나 있으며, 또한 아름다운 시집을 중국에 가지고 오신 것이 있습니까?"

나는 답했다.

"평생 학문과 식견이 거칠고 둔하여 일찍이 몇 권 책도 저술하지 못했습니다."

형산이 말했다.

"비록 주공周公 같은 아름다운 재주가 있더라도 만일에 교만하고 인색하면 말할 거리도 못 되지요.[146] 선생이 만일……"

이다음은 미처 글씨를 쓰기 전에 기풍액奇豊額이 들어와서 나에게 황제가 하사한 담배통을 보이므로 드디어 자리를 파하여 일어섰다.

---

145) 명나라 학자 정효鄭曉를 말한다.
146) 논어 태백편에 나온다.

내가 입은 흰 모시옷은 해가 저물자 좀 서늘하였다. 이때 달이 추녀 끝에 걸렸는데 뜰에서 함께 산책할 때 형산이 내 옷을 만지면서 말했다.

"좌중의 분위기가 다 맑고 힘찼습니다."

후지後識

내가 혹정과 이야기한 것이 제일 많았는데, 엿새 동안을 창문을 마주하고 밤을 새워가면서 이야기를 하였으므로 별 탈 없이 지낼 수 있었다. 그는 진실로 굉장한 선비요 걸출한 인재이다. 그러나 그의 말에는 종횡 반복이 많았다. 내가 우리 서울을 떠나서 8일 만에 황주黃州에 갔는데, 말 위에서 혼자 생각하기를,

"학식이 본래 없는 나로서 이번 중국에 들어가 만일 큰선비를 만난다면 장차 무엇으로 질문을 하여 그를 애먹여 볼까."

하고, 드디어 옛날 들은 지식 중에서 '지전설地轉說'이라든가 '월세계月世界' 이야기를 찾아내어, 매양 말고삐를 잡고 안장 위에 앉은 채 졸면서도 쌓여있는 수십만 마디의 말을 연역演繹해서, 가슴속에 글자 아닌 글을 쓰고 하늘에 소리 없는 글을 적어가며 하루에 몇 권의 책을 꾸몄다. 이것이 말은 황당한 것 같지만 이치는 역시 따라 붙일 만하였다. 말타기도 피로해서 붓과 벼루도 들 사이가 없었다. 기이한 생각도 밤이 지나면 산속의 원숭이와 학인 듯, 벌레와

모래인 듯 남김없이 없어지는 것을 면하지 못하는데,[147] 이튿날 다시 높은 산을 쳐다보면 뜻밖의 기이한 봉우리가 떠오르듯 생각이 샘솟고 또 돛을 따라서 새로운 세계가 열리곤 했다. 이야말로 먼 길에 좋은 길동무요, 멀리 가는데 지극히 즐거운 자료가 되었다.

열하熱河에 들어간 뒤에 먼저 이 이야기를 가지고 기 안찰사奇按察使 풍액豊額에게 소개했더니, 풍액도 수긍은 했으나 전혀 이해는 못 하였고, 혹정과 지정은 역시 분명히 알아듣지 못했으나 혹정은 이 학설을 그렇게 틀렸다고는 하지 않았다.

대개 혹정은 문답하는데 민첩하여 종이를 잡으면 문득 수천 마디의 말을 내려써서 종횡으로 말을 하고, 옛 역사의 경經·사史·자子·집集을 손에 닿는 대로 들춰내어 아름다운 구와 묘한 문장이 입만 열면 선듯선듯 만들어지지만, 모두 조리에 닿고 맥락이 어지럽지 않았다. 더러는 동쪽을 가리키다가 서쪽을 치는 듯 허를 찌르고, 때로는 자기 말을 고집하길 견堅을 백白이라 하여 나를 올렸다 내렸다 하기도 하며, 내가 말을 꺼내게 했으니, 굉장히 박식하고 말을 좋아하는 선비라 이를 만하지만 늙어서도 궁한 처지로 장차 초목으로 돌아가려 하니 정말 슬픈 일이다.

연경燕京에 들어간 뒤에도 사람들과 더불어 필담筆談을 해 보면 모두 능란하지 않은 이가 없었지만, 또 그들이 지었다는 모든 문편

---

147) 군자는 원숭이와 학으로 변하고, 소인은 벌레와 모래로 변하였다는 말. 『포박자抱朴子』에 나오는 말이다.

文篇들을 보면 필담보다는 못하였다. 그러고서야 비로소 우리나라에 글 짓는 사람들의 방식이 중국과 다른 것을 알았다. 중국은 바로 문자文字로 말을 삼고 있으므로 경·사·자·집이 모두 입 속에서 흘러나오는 성어成語였고, 그 기억력이 남과 달라서 그런 것은 아니다. 따라서 억지로 시문詩文을 지을 때는 벌써 그 옛 마음을 잃어버리니, 글과 말이 판이하게 두 가지 물건이 되어 버리는 까닭이다.

그러므로 우리나라에서 글을 짓는 자는 잘 맞지 않아서 틀리기 쉬운 옛날 글자를 가지고, 다시 알기 어려운 우리말로 번역하고 나면 그 글 뜻은 캄캄해지고 말이 모호하게 되는 것이 이 까닭이 아니겠는가! 내가 우리나라에 돌아와서 나랏사람들에게 두루 이 이야기를 하자 많이들 그렇지 않다고 하니, 정말 개탄할 뿐이다.

연암 계곡의 엄화계罨畵溪에서, 비 오는 날 심심풀이로 쓴다.

산장잡기 山莊雜記

야출고북구기 夜出古北口記: 밤에 고북구를 빠져나오다

연경燕京으로부터 열하에 이르는 데는 창평昌平으로 돌면 서북쪽으로는 거용관居庸關으로 나가게 되고, 밀운密雲을 거치면 동북으로 고북구古北口로 나오게 된다. 고북구로부터 장성長城으로 돌아 동으로 산해관山海關에 이르기까지는 7백 리이고, 서쪽으로 거용관에 이르기는 2백 80리이니, 거용관과 산해관의 중간에 있는 장성의 험한 요새로는 고북구 만한 곳이 없다. 몽고가 출입할 때 늘 중요한 통로가 되어서 여러 겹으로 된 관문을 만들어 그 요새를 누르고 있다.

나벽羅壁[1]의 지유識遺에

"연경 북쪽 8백 리 밖에는 거용관이 있고, 거용관 동쪽 2백 리 밖에는 호북구虎北口가 있다"고 했으니, 호북구가 곧 고북구이다. 당唐나라 때 처음 이름을 고북구라고 하였다. 중원 사람들은 장성 밖을 모두 '구외口外'라고 부르는데, 구외는 모두 당때 해왕奚王(오랑캐의 추장)의 근거지로 되어 있었다.『금사金史』를 살펴보면, 금나라 말로 '유알령留斡嶺'이 곧 고북구이다.

대개 장성 밖에서 구口라고 일컫는 곳이 백 군데 정도 된다. 산을 따라 성을 쌓았는데, 절벽의 계곡과 깊은 골짜기는 짐승의 아가리를 벌린 듯, 깊이 파였고 물이 들이쳐 구멍이 뚫려서 성을 쌓을 수 없는 곳에는 보루[亭鄣]를 설치했다.

황명皇明 홍무洪武 시절(1368~1398)에 수어천호守禦千戶[2]를 세워 오중관五重關을 지키게 하였다.

나는 무령산霧靈山을 돌아 배로 광형하廣硎河를 건너, 밤중에 고북구를 빠져나갔다. 때는 이미 밤 삼경三更이었다. 겹겹의 관문을 나와서 장성 아래 말을 세우고 그 높이를 헤아려 보니 10여 길이나 되었다. 붓과 벼루를 끄집어내어 술을 부어 먹을 갈고 성을 어루만지면서 글을 썼다.

"건륭 45년 경자년(1780) 8월 7일 밤 삼경에 조선 박지원朴趾源이

---

1)   송나라 학자. 호가 묵경黙耕이다.
2)   무관 벼슬 이름.

여기를 지나다."

그리고 크게 웃으며 말했다.

"내가 서생書生으로서 센 머리가 되어서야 장성 밖을 한 번 나가 보는구나!"

옛날 몽 장군蒙將軍(몽염蒙恬)3)은 스스로 말하기를,

"내가 임조臨洮로부터 시작하여 요동까지 장성을 만여 리나 쌓았으니, 그중 지맥地脈을 하나도 안 끊을 수는 없었다."

라고 하였다. 이제 보니 과연 산을 깎고 골짜기를 메운 것이 사실이었다.

슬프다! 이곳은 옛날부터 이어온 백전의 장소이다. 후당後唐의 장종莊宗이 유수광劉守光4)을 사로잡을 때 별장別將 유광준劉光濬은 고북구에서 이겼고, 거란의 태종太宗이 산남5)을 정벌할 때 먼저 고북구로 내려왔다는 데가 곧 여기다. 여진女眞이 요遼를 멸망시킬 때 희윤希尹(여진의 장수)이 요의 군사를 크게 깼다는 곳이 바로 이곳이고, 또 연경을 취할 때 포현蒲莧(여진의 장수)이 송의 군사를 패하게 한 곳도 여기였다.

원 문종元文宗이 즉위하자 당기세唐其勢(여진의 장수)가 여기에 군사

---

3) 진나라 장수이다. 30만 대군으로 흉노군을 무찌르고, 장성을 쌓았다.
4) 후량後梁의 장수로서 뒤에 연燕의 황제라 자칭하였다.
5) 태화산과 종남산, 두 산의 남쪽 지방.

를 주둔시켰고, 산돈撒敦(여진의 장수)이 상도上都[6] 군사를 추격한 것도 여기였다. 몽고의 독견첩목아禿堅帖木兒[7]가 쳐들어올 때 원의 태자가 이 관으로 도망하여 홍송興松[8]으로 달아났고, 명나라 가정嘉靖 연간에는 북쪽 오랑캐 암답俺答이 경사京師를 침범할 때도 그 들고 남이 모두 이 관문을 지나갔다.

그 성 아래는 모두 날고 뛰고 치고 베던 싸움터로, 지금 사해는 군사를 쓰지 않지만 오히려 사방에 산이 둘러 싸이고, 온 골짜기가 음침하고 빽빽하였다. 때마침 초승달이 고갯마루에 걸려 넘어가려 하는데, 그 빛이 싸늘하기가 갈아 세운 칼날 같았다. 조금 있다가 달이 더욱 고개 너머로 기울어지자 오히려 뾰족한 두 끝을 드러내어 갑자기 빨갛게 변하면서 횃불 두 개가 산 위에 나오는 것 같았다.

북두성北斗星은 반 남아 관문 가운데 꽂혔는데, 사방에 풀벌레 소리 일고 긴 바람은 숙연肅然히 불어 숲과 골짜기가 함께 운다. 그 짐승 같은 언덕과 귀신 같은 낭떠러지들은 창을 세우고 방패를 벌여 놓은 것 같고, 강물이 산 틈에서 부딪히고 앞다투어 쏟아져 나오는 소리는 마치 말이 내달리고 북과 징을 치는 소리 같다. 하늘 끝에서 학이 우는 소리가 대여섯 번 들리는데, 맑고 긴 것이 마치 길

---

6)   원나라 초기, 난하 북쪽에 개평부開平府를 설치했다가 후에 상도라고 불렀다. 북경의 대도大都와 함께 양도라고 불린다.

7)   몽고 사람. 원실元室의 지예支裔.

8)   열하 남쪽 난평현의 서남쪽에 있던 興州와 松州를 가리킨다.

게 떨리는 피리 소리인 듯한데, 혹자는 이것을 천아天鵝[9]라 했다.

야출고북구기후지夜出古北口記後識

우리나라 선비들은 나서 나이 들고 병들어 죽을 때까지 강역疆域을 떠나지 못했으나, 근세의 선배로서 오직 김가재金稼齋와 내 친구 홍담헌洪湛軒이 중원의 한 모퉁이를 밟았다. 전국戰國 시대 7국 중 하나는 연燕나라인데, 우공禹貢의 구주九州 중 기冀가 그 하나이다. 천하의 땅덩어리로 본다면 한 구석의 땅이라 할 수 있지만 원과 명을 거쳐 지금의 청에 이르기까지 통일한 천자들의 도읍터로 되어 옛날의 장안長安이나 낙양洛陽과 같다. 소자유蘇子由[10]는 중국 선비지만 경사京師에 이르러 천자의 궁궐이 웅장함과 창름倉廩·부고府庫와 성지城池·원유苑囿가 크고 넓은 것을 우러러보고 나서 천하의 크고 화려한 것을 알게 된 것을 다행으로 여겼으니 하물며 우리나라 사람으로서 한번 그 크고 화려한 것을 보았다면 그 다행으로 여김이 어떠했을 것인가? 지금 내가 이 걸음을 더욱 다행으로 생각한 것은 장성을 나와서 막북漠北에 이른 것은 선배들이 일찍이 없었던 일이다.

9)   군용으로 사용하는 나팔이다.
10)   소철蘇轍을 말한다.

그러나 깊은 밤에 노정路程을 따라 소경같이 행하고 꿈속같이 지나다 보니, 그 산천의 뛰어난 모습과 관문의 웅장하고 기이한 것을 두루 보지 못했다. 때는 가을 달이 비끼어 비치고, 관내關內의 양쪽 언덕은 벼랑으로 깎아 섰는데, 길이 그 가운데로 나 있다.

나는 어려서부터 담膽이 작고 겁이 많아서, 낮인데도 빈방에 들어가거나 밤에 조그만 등불을 만나더라도 머리털이 곤두서고 심장이 뛰지 않은 적이 없었다. 금년 내 나이 마흔넷이지만, 그 무서움을 타는 성질이 어릴 때랑 똑같다. 이제 한밤에 홀로 만리장성 밑에 섰는데, 달은 떨어지고 하수河水는 울며, 바람은 처량하고 반딧불은 휘날려 만나는 모든 경관이 놀랍고 두려우며 기이하고 이상하지 않은 것이 없었다.

그런데 갑자기 두려운 마음은 없어지고 신기한 흥취가 펄펄 솟아 공산公山의 병사처럼 서있는 풀들이나 북평北平의 범 같은 바위에도 심중이 끄떡없으니, 이는 더욱이 다행으로 여겨진다.

한스러운 것은, 붓은 가늘고 먹물이 말라 글자를 서까래만큼 굵게 쓰지 못하고, 또 훌륭한 시를 써서 장성의 고사故事를 남기지 못한 것이다. 그러나 조선으로 돌아가는 날, 우리 마을에서 앞다투어 병에 든 술로 위로하면서 또 열하에 갔던 길을 물을 때에는, 이 기록을 내보여 머리를 모아 한 번 읽고 책상을 치면서 기이하다고 떠들어 보리라.

일야구도하기—夜九渡河記: 하룻밤 아홉 번 강물을 건넌 기록

물은 두 산 틈에서 나와 큰 돌에 부딪쳐 싸우며, 그 놀란 물결과 성난 물보라와 슬픈 여울과 노한 물결과 구슬피 원망하는 소용돌이가, 부딪치고 곤두박질치며 우는 듯, 소리치는 듯, 바쁘게 호령하는 듯, 늘 장성을 깨뜨릴 기세가 있다. 전차戰車 만 승萬乘, 전투기병[戰騎] 만 대萬隊, 전투포戰砲 만 틀[萬架]과 전투 북戰鼓 만 좌萬座가 와도 그 부수고 깔아뭉개는 소리를 충분히 그려낼 수 없을 것이다.

모래 위에 큰 바위는 우뚝이 떨어져 섰고, 강 언덕에 버드나무는 까마득히 그늘져서 물귀신과 강 도깨비가 앞다퉈 나와서 사람을 놀리는 듯, 교룡과 이무기가 양쪽에서 서로 움키고 낚아채보려 하는 것 같았다. 누군가는 이런 말을 했다.

"여기는 옛날의 전장이라 강물이 저렇게 우는 거야."

이는 그런 까닭이 아니다. 강물 소리를 어떻게 듣느냐에 달렸을 뿐이다.

우리 집은 산속에 있는데, 문 앞에 큰 개울이 있다. 해마다 여름철에 소낙비가 한 번 지나가면, 시냇물이 갑자기 불어 항상 전차, 기병, 대포와 북의 소리가 들렸으니, 마침내 귀에 탈이 난 것이었다. 내가 문을 닫고 누워 여러 가지 소리들과 빗대 들어보았다.

물소리가 깊은 소나무 숲에서 난 퉁소 소리로 들리니, 이것은 청아한 맘으로 들은 것이다. 산이 찢어지고 절벽이 무너지는 듯한 물소리를 들었으니, 이것은 분노한 상태에서 들은 것이다. 뭇 개구리가 다투어 우는 듯한 물소리를 들었으니, 이는 우쭐한 상태에서 들은 것이다. 온갖 피리 소리가 섞인 듯한 물소리, 이는 노한 상태에서 들은 것이요, 번개와 우레가 번쩍하는 듯한 물소리, 이것은 놀란 상태에서 들은 것이요, 찻물이 끓듯 문무文武가 겸한 듯한 것은 듣는 이가 정취를 느낀 것이요, 거문고가 음률에 맞는 듯한 것은 듣는 이가 슬픈 것이요, 종이창에 바람이 우는 듯한 것은 듣는 이가 의심하는 것이니, 모두 바르게 듣지 못하고 특히 맘속에 먹은 뜻으로 귀에 들리는 소리를 만든 것이다.

나는 오늘 밤중에 하나의 강을 아홉 번 건넜다. 강은 장성 밖 변방으로부터 나와 장성을 뚫고 유하楡河와 조하潮河·황화黃花·진천鎭川 등 여러 강물과 합쳐 밀운성 아래를 지나 백하白河가 되었다. 나는 어제 배로 백하를 건넜는데, 이곳은 하류下流였다. 내가 아직 요동에 들어가기 전부터 한여름이 되어, 뜨거운 볕 밑을 가다 보니 갑자기 큰 강이 앞에 나타났다. 붉은 물결이 산처럼 일어나 끝도 볼 수 없으니, 이것은 아마도 천리 밖에서 폭우暴雨가 온 때문일 것이다. 물을 건널 때 사람들이 모두 머리를 들어 하늘을 우러러보았는데 내 생각에는 사람들이 머리를 들고 쳐다보는 것은 하늘에 잠잠히 기도하는 것인 줄 알았다. 오래되어서야 알게 되었지만, 물을 건너는 사람들이 넘실넘실 빙글빙글 흐르는 물을 보면, 자기 몸은 물을 거슬러 올라가는 것 같고, 눈은 강물과 함께 따라 내려가는 것 같아 갑자기 어지러운 기운이 돌며 물에 빠지게 된다는 것이다. 그들이 머리를 드는 것은 하늘에 비는 것이 아니라, 물을 피하여 안

보려는 것뿐이다. 또한 어느 겨를에 경각에 달린 목숨을 위하여 기도할 수 있겠는가? 그 위험함이 이와 같기에, 물소리도 듣지 못하고 모두 이렇게 말한다.

"요동 들은 평평하고 넓기 때문에 물소리가 크게 나지 않는 거야."

그러나 이는 물을 알지 못한 말이다. 요하遼河는 울리지 않은 적이 없으니, 단지 밤에 건너보지 않았기 때문이다. 낮에는 눈으로 물을 볼 수 있기에 눈이 오로지 위험한 데만 보고 벌벌 떨면서 도리어 눈이 있는 것을 걱정하는 판인데, 어찌 도리어 들리는 소리가 있을 것인가! 오늘 나는 한밤중에 물을 건너게 되어 눈으로는 위험한 것을 볼 수 없고 위험은 오로지 듣는 데만 있게 되자, 귀가 무서워하여 걱정을 이기지 못하는 것이다.

나는 이제야 도道를 알게 되었다. 차분하고 깊은 마음을 가진 자는 귀와 눈이 누累가 되지 않고, 귀와 눈만을 믿는 자는 보고 듣는 것만 더욱 살피는 것이 병폐가 되는 것이다. 오늘 내 마부 창대가 말굽에 발이 밟혀서 뒤 수레에 실리고 말았다. 나는 마침내 혼자 말고삐를 늦추어 강에 띄우고 무릎을 구부려 발을 모으고 안장 위에 앉았다. 한 번 떨어지면 강바닥이니, 강을 땅이라 여기고, 강물을 옷이라고 여기며 강이 내 몸이라 생각하고 강물이 나의 성격이라 여기니 이에 마음이 한 번 떨어지기를 각오할 수 있었다. 그러자 귓속에 강물 소리가 없어지고 모두 아홉 번이나 건너는데도 걱정 없이 의자 위에서 평소 지내는 것처럼 앉았다 누웠다 하는 것 같았다.

옛날 우禹 임금이 강을 건너는데, 황룡黃龍이 그 배를 등으로 떠 받쳐 지극히 위험했으나 죽고 사는 판단이 먼저 마음속에 분명해 지니 용이든 도마뱀이든 그 앞에서는 크다 작다 따지는 것이 상관 이 없었던 것이다.

소리와 빛은 외물外物이니, 외물은 늘 사람의 귀와 눈에 탈이 되어 사람으로 하여금 똑바로 보고 듣는 것을 못 하게 한다. 하물며 사람이 세상을 살아가는데 그 험함과 위태로움은 강물보다 심하 고, 보고 듣는 것이 번번이 병폐가 되는 것임에랴! 내 장차 연암협燕 巖峽 산속으로 돌아가 다시 앞 시냇물 소리를 들으면서 이것을 시험 해 볼 것이다. 또한 기가 막히게 자기만 잘 되는 처신을 하며, 자기 의 총명함을 믿는 자들에게 이 글로 경계하고자 한다.

만국진공기萬國進貢記[11]: 각국에서 보내온 공물을 적다

건륭乾隆 45년 경자(1780)에는 황제의 나이가 70인데 남방지역 을 순방하고 바로 북쪽 열하로 돌아왔다. 가을 8월 13일은 곧 황제 의 탄신일인데, 특히 우리나라 사신을 불러 열하 행재소行在所까지 와서 뜰에서 하는 하례에 참여하도록 하였다. 나는 사신을 따라 북 쪽 장성을 빠져나와 밤낮으로 달렸다.

---

[11] 납취조기 다음에 있는 판본도 있다. '다백운루본'에는 진공만차기進貢萬車記로 되었다.

길에서 보니 사방으로부터 황제에게 진상하는 조공물을 담은 수레가 만 대는 될 것 같고, 또 사람은 지고, 낙타에는 싣고, 가마에 태우고 가는데, 형세가 폭풍우와 같았으며 들것에 메고 가는 것은 물건 중에서 더욱 정교하고 연약한 것들이라 하였다.

수레마다 말이나 노새를 예닐곱 마리씩 묶어 끌게 하고, 가마는 혹 노새 네 마리에 끌게 하여 위에는 노란 작은 깃발에 '진공進貢' 글자를 써서 꽂았다. 진상하는 물건들은 모두 붉은 빛 담요로 싸고 온갖 색의 양탄자와 대나무 삿자리나 등나무 자리로 쌌는데, 모두 옥으로 만든 그릇들이라 한다. 수레 하나가 길에 넘어져 막 포장을 다시 하는데, 거죽을 싼 등나무 자리가 좀 해진 틈으로 보니, 궤짝은 누런 칠을 했는데 작은 정자[小亭] 한 칸만 했다. 정가운데 '자유리보○○일좌(紫琉璃普○○一座)'라고 썼는데, 보普 자 아래와 일一 자 위에는 글자가 두서너 자 있어 보였으나 등나무 자리 모서리에 덮여서 알아볼 수가 없었다. 유리그릇의 크기가 이만하다고 보았을 때, 다른 여러 수레에 실은 짐을 이로 미루어 알 수 있었다.

날이 이미 황혼이 되니 수레들이 더욱 보이고 길을 다투어 재촉해 달리는데, 횃불이 마주 비치고 방울 소리가 땅을 흔들며 채찍 소리가 벌판을 울린다. 범과 표범을 우리에 집어넣은 수레가 10여 대나 되는데, 우리에는 모두 창문이 있고 범 한 마리가 들어갈 크기였다. 범들은 모두 쇠사슬로 목을 맸는데, 눈빛은 누르고 푸른 빛이었다. 바닥에 뒹굴고 있는 승냥이는 몸뚱이가 매우 낮으며 털이 복슬거리며 꼬리는 컸다. 이 밖에 곰과 여우와 사슴 등의 동물은 이루

다 기록할 수 없었다. 사슴 중에도 붉은 굴레를 씌워 말처럼 몰고 가는 것은 길들인 사슴이다. 악라사鄂羅斯에서 왔다는 개는 높이가 거의 말만 하고, 온몸이 통뼈이며 가늘고 털이 짧다. 우뚝 서니 여윈 정강이는 학같이 보이고, 꼬리는 빙빙 도는 것이 뱀과 같으며, 허리와 배는 가느다랗고, 귀로부터 주둥이까지는 한 자 남짓 되는 데 이것이 모두 입이었다. 범이나 표범도 쫓아가 죽인다고 한다.

훨씬 큰 닭이 있는데, 모양은 낙타와 같고 높이는 서너 자나 되고 발은 낙타 발같이 되어, 날개를 치면서 하루 3백 리는 간다고 하는데, 이것은 이름을 타계駝鷄[12]라 한다. 낮에 본 것은 모두 이런 종류였을 것인데 일행의 윗사람 아랫사람 모두 길 가기에 바빠 무심코 지나가다가 마침 날이 저물자, 하인들 중 표범 우는 것을 들은 자가 있어 드디어 부사副使와 서장관書狀官과 함께 호랑이 실은 수레를 가 보고서야 비로소 날마다 지나쳐 보낸 수 없는 수레를 이 비단 옥 그릇이나 보물뿐이 아니라, 역시 사해 만국의 기괴한 날짐승, 길짐승도 실려있었다는 것을 알았다.

연희 구경을 할 때 아주 작은 말 두 마리가 산호수珊瑚樹를 싣고 전각 안에서 선명히 나왔다. 말의 크기는 겨우 두 자에 몸빛은 황백색黃白色인데, 갈기는 땅에 끌리고, 포효하며 뛰고 달리는 것이 준마駿馬의 체통을 갖추었다. 말이 실은 산호수 줄기와 가지는 엉성한데, 말보다 컸다.

12) 타조.

아침에 행재소 문밖에서 혼자 걸어 태학관太學館으로 돌아오다가 보니, 어떤 부인이 태평거太平車를 타고 가는데 얼굴에는 분을 희게 바르고 수놓은 비단옷을 입었으며, 수레 옆에는 한 사람이 맨발로 채찍질을 하면서 수레를 모는데 몹시 빨랐다. 머리털은 짧아 어깨를 덮었고, 머리털 끝은 모두 말려들어 양털 같은데, 금고리로 이마를 둘렀다. 얼굴빛은 붉고 살찌고 눈은 동그란 것이 고양이 같았다. 수레를 따르면서 구경하는 자들이 왁자하게 몰려들고, 검은 먼지가 날려서 하늘을 덮었다. 처음에는 수레를 모는 자의 모양이 특이해서 미처 수레 속에 있는 부인을 살피지 못했는데, 다시 한번 자세히 들여다보니, 이는 부인이 아니라 사람 형상을 한 짐승이었다. 손에는 털이 나서 원숭이 같았고, 가진 물건은 접는 부채 같은데, 잠깐 보아도 얼굴은 아주 예쁜 것 같았다. 그러나 자세히 살펴보니 늙은 할망구처럼 요망스럽고 사납게 생겼으며 키는 겨우 두어 자 남짓한데, 수레의 휘장을 걷어 올려서 좌우를 돌아보는 눈이 잠자리 눈같이 보였다. 대개 이것은 남방에서 나는 것으로 능히 사람의 뜻을 안다고 한다. 어떤 사람은 말하기를,

"이것은 산도山都(비비원숭이의 일종)이다."

라고 한다.

만국진공기후지萬國進貢記後識[13]

내가 몽고 사람 박명博明에게 이것이 무슨 짐승이냐고 물었더니 박명은 말하기를,

"옛날에 장군 풍공豐公 승액昇額[14]을 따라서 옥문관玉門關[15]을 나서서 돈황燉煌으로부터 4천 리를 떨어진 골짜기에 가서 자는데, 아침에 일어나 보니 장막 속에 두었던 목갑木匣과 가죽 상자가 없어졌습니다. 당시 같이 간 막려幕侶들도 차례로 잃어버리게 되었답니다. 군중에서 말하기를, '이것은 야파野婆[16]가 훔쳐 간 것'이라 하였습니다. 군사를 내어 야파를 포위했더니 모두 나무를 타는데, 나는 원숭이처럼 빨랐다고 합니다. 야파가 몰리게 되자 슬피 울면서 필사적으로 저항하다가 모두 나뭇가지에 목을 매어 죽었습니다. 잃었던 물건을 모두 찾았는데, 상자나 목갑은 잠가 놓은 그대로 있었고 열어 보니 속에 기물들 또한 잃어버리고 상한 것이 없었답니다. 상자 속에는 연지 분과 머리꽂이, 화장 통을 많이 넣어 두었고, 아름다운 거울도 있었으며 또 실, 바늘과 가위와 자까지 있었으니, 대체

---

13) 연암집에는 소제小題가 없었으나 '주설루본'에 의하여 추록하였다.
14) 생년 미상, 졸년 1777. 만주 양황기 출신의 무인이다. 벼슬은 정백기 만주도통에 이르렀다.
15) 감숙성 돈황 서북쪽의 작은 관문. 한무제때 서역으로부터 옥을 수입하기 위해 세운 관문이다.
16) 야파는 중국 서남쪽 변방에 사는 유인원의 일종으로 누런 머리에 상투를 했고, 맨발에 나체로 다니는 모습이 노파와 같다고 한다. 사람의 자녀를 훔치고, 암놈끼리만 살다 짝짓는 때가 되면 남자를 잡아가서 교미한다고 한다. 『齊東野語』

로 야파는 짐승이지만 여자를 본떠 치장하는 것으로 낙을 삼은 것이라 합니다."

한다. 유황포兪黃圃(유세기兪世琦, 황포는 호)가 나에게 막북漠北의 기이한 구경을 묻기에 나는 타계駝雞를 말했더니, 황포는 축하해 주며 말하였다.

"이것은 먼 서쪽 지방에 사는 기이한 새로서 중국 사람들도 말만 들었을 뿐 그 형상을 보지 못했는데, 공公은 외국 사람으로서 능히 보았습니다."

산도山都를 말했으나 이것은 보았다는 사람이 없었다. 내가 열하에서 돌아올 때에 청하淸河 거리에서 난장이 하나를 보았다. 키는 겨우 두 자 남짓하고 배는 크기가 북만 하여 불쑥 내밀어서 그림에 있는 포대화상布袋和尙[17] 같고, 입과 눈이 모두 땅에 붙었으며 팔뚝과 다리도 없이 손과 발이 몸뚱이에 그대로 달렸고 담배를 물고 아장아장 걷는데, 손을 펴서 빙빙 돌리며 춤을 추었다. 사람을 보면 문득 크게 웃고 홀로 머리를 깎지 않고 뒤통수에 상투를 했으며 선도건仙桃巾을 걸쳤다. 무명 도포는 소매가 넓고 배를 통째 드러내놓고 있으니, 모양이 오종종한 것이 기괴함을 말로 표현할 수가 없다. 조물주造物主는 장난을 퍽 좋아하는 모양이다. 내가 이것을 황포에게 이야기했더니, 황포와 그 밖의 여러 사람은 모두 말하기를,

---

17) 불교에서 말하는 일곱 복신福神 중의 하나.

"그의 이름은 천생이물天生異物[18]이며, 사람으로서 자라의 놀음을 하는 것인데, 지금 거리에서는 이런 것을 많이 볼 수 있습니다."

한다.

나의 평생에 괴이한 구경은 열하에 있을 때가 가장 많았으나 그 이름조차 모르는 것이 많고, 문자로써는 능히 형용할 수 없어서 모두 빼놓고 기록하지 못하니 한스럽다고 할만하다. 평계平溪[19]의 비 내리는 집에서 연암은 쓴다.

상기象記: 코끼리 기록[20]

괴상스럽고 특이하며 우습고 기이하며 거룩한 것을 구경하려면 먼저 선무문宣武門 안에 있는 상방象房에 가 봐야 할 것이다. 내가 북경에서 코끼리를 본 것이 열여섯 마리인데, 모두 쇠사슬로 발을 묶어서 움직이는 모양을 보지 못하였다. 여기서는 코끼리 두 마리를 열하 행궁行宮 서쪽에서 보았는데 온몸을 꿈틀거리면서 걸어가는 것이 폭풍처럼 빠르다. 내가 언젠가 새벽에 동해東海에 갔을 때, 파도 위에 말처럼 우뚝우뚝 선 수없이 많은 것들이 있었다. 불룩 높

<hr />

18) 하늘이 낸 이상한 생물.
19) 연암의 처남인 이재성이 있는 곳이다. 이곳을 연암이 빌려서 있었다. 위치는 서울 종로구 평동과 서대문 냉정동 사이였던 것으로 추정된다.
20) '박영철본'에는 이 편이 희본명목기戲本名目記 밑에 있었고, '수택본'은 만국진공기 뒤에 있다.

이 솟은 모양의 집채만큼 큰 것이 물고기인지 짐승인지 해돋이를 기다려 자세히 보려고 했는데, 해가 돋기도 전에 그것들은 바닷속으로 숨어 버렸었다. 이번에 코끼리는 열 발자국 밖에서 보았는데 그때 동해에서 생각했던 것과 비슷하였다. 몸뚱이는 소 같고 꼬리는 나귀와 같으며, 낙타 무릎, 범의 발톱에, 짧은 털에 잿빛이며, 성질은 어질어 보이고 소리는 처량하며 귀는 구름처럼 드리웠으며, 눈은 초승달 같았다. 두 어금니[象牙]는 크기가 두 아름은 되고, 길이는 한 장丈 남짓 될만하며, 코는 어금니보다 길어서 굽혔다 폈다 하는 것이 자벌레 같고, 코를 둘둘 마는 것은 굼벵이 같으며, 코끝은 누에 꽁무니 같은데, 물건을 족집게처럼 끼워서 두루루 말아 입에 집어넣는다. 어떤 사람은 코를 부리로 알고서 다시 코 있는 데를 따로 찾아보기도 하는데, 그도 그럴 것이 코가 여기에까지 미치리라고 생각할 수 없기 때문이다. 어떤 이는 코끼리 다리가 다섯이라고도 하고, 혹은 눈이 쥐눈 같이 생겼다고 하는 말도 한다. 대개 코끼리를 볼 때는 코와 어금니에 주목하기 때문이다. 그 몸 전체를 통틀어 제일 작은 놈을 집어 보면 이렇게 빗대는 것이 걸맞지 않은 일이 있는 것이다. 대체로 코끼리는 눈이 몹시 가늘어서 간사한 사람이 아양을 부리는 눈 같으나 그 어진 성품은 역시 이 눈에 있는 것이다.

　　강희 시대에 남해자南海子21)에 사나운 범 두 마리가 있었는데,

---

21)　북경 숭문문 남쪽에 있는 동물원.

오래되었는데도 길들일 수 없었다. 황제가 노하여 범을 코끼리 우리로 몰아넣게 했더니, 코끼리가 몹시 겁을 내어 코를 한 번 휘두르자 범 두 마리가 제 자리에서 넘어져 죽었다고 한다. 코끼리가 범을 죽이고 싶어서 그런 것이 아니라 범의 냄새를 싫어하여 코를 휘두른 것이 잘못 부딪쳤던 것이다.

아아! 세상 사물事物 중 털끝같이 작은 것이라도 모두 하늘이 내지 않은 것이 없다고 한다. 그러나 하늘이 어찌 다 명령해서 냈겠는가! 하늘이란 형체로 말하면 천天이요, 성질로 말하면 건乾이고, 주재主宰하는 존재는 상제上帝요, 교묘한 작용은 신神이라 말할 수 있으니 그 이름이 여러 가지요, 호칭이 너무 너저분하다. 이理와 기氣로서 화로와 풀무로 삼고, 그 성질을 주는 것을 조물造物이라고 한다. 이것은 하늘을 마치 재주 있는 기술자로 보고 망치·도끼·끌·칼 같은 것으로 쉬지 않고 일을 한다고 설명하는 것이다. 그러므로 『역경易經』에 다음과 같이 말하였다.

"하늘이 초매草昧를 지은 것이다."[22]

초매란 것은 빛이 검고 그 형태는 뿌옇고 자욱한 것이 '동이 틀 무렵에는 사람이나 물건을 똑바로 분간할 수 없다'라는 말에 비유한다. 나는 알지 못하겠다. 하늘이 캄캄하고 안개 낀 듯 자욱한 속에서 만들어 낸 것이라면 무엇일까?

국숫집에서 맷돌에 밀을 갈 때 작거나 크거나 가늘거나 굵거

---

[22] 天造草昧. 초매란 천지가 처음으로 열리며 만물이 혼돈된 상태로 있는 것을 말한다.

나 할 것 없이 뒤섞여 바닥에 쏟아지는 것이니 무릇 맷돌의 작용이란 도는 것뿐이다. 가루가 곱거나 거친 것이 어찌 처음부터 마음을 먹어서 그렇게 된 것이겠는가! 그런데 말 좋아하는 사람들은

"뿔이 있는 놈에게는 이빨을 주지 않았다."

하여 (조물주가) 만물을 창조하는 데 무슨 결함이라도 있는 듯이 생각하나 이것은 잘못이다.

"이를 준 자는 누구일 것인가?"라 묻는다면 사람들은,

"하늘이 주었지요."

하고 말할 것이다. 그러나 다시

"하늘이 이빨을 준 이유는 무엇일까?" 한다면

"하늘이 먹이를 씹으라고 주었지요." 하고 대답할 것이다. 다시

"이빨로 먹이를 씹게 한 것은 왜일까?" 하면 사람들은,

"이것은 하늘이 낸 이치입니다. 금수는 손이 없으므로 반드시 그 입을 땅에 구부려서 먹이를 찾게 된 것이지요. 그러므로 학의 다리가 이미 높으니, 부득이 목이 길지 않을 수 없고, 또 그래도 입이 땅에 닿지 못할까 봐서 부리를 길게 해준 것입니다. 만일 닭의 다리가 학과 같았다면 결국 마당에서 굶어 죽었을 것입니다."라고 말할 것이다. 나는 이 말을 듣고 크게 웃으면서 이렇게 말할 것이다.

"당신들이 말하는 이치란 것은 소·말·닭·개 같은 것에나 맞는 것이다. 하늘이 이빨을 준 이유가 반드시 구부려서 무언가를 씹도록 한 것이라고 한다면, 이제 저 코끼리에게는 쓸모도 없는 어금니

를 심어 주어서, 만약 입을 땅에 닿게 하려면 어금니가 먼저 땅에 걸리니, 이른바 먹이를 씹는 데도 오히려 방해가 되지 않겠는가!"

그러면 어떤 이는 말하기를,

"그것은 코에 맡기면 됩니다."

라고 할 것이다. 그런데 나는 다시,

"긴 어금니를 주고서 코를 의지할 바에는, 차라리 어금니를 없애고 코를 짧게 한 것이 낫지 않겠는가!"

했더니, 그제야 말하는 자가 처음의 자기주장을 우겨대지 못하고 조금 수그러진다.

이는 언제나 생각이 미친다는 범위가 소·말·닭·개뿐이요, 용·봉·거북·기린 같은 짐승에게는 생각이 미치지 못한 까닭이다. 코끼리는 범을 만나면 코로 때려눕히니, 그 코야말로 천하무적이다. 그런데 쥐를 만나면 코도 쓸모가 없어 하늘만 우러러보고 멍하니 서게 되는 것이다. 이렇다고 쥐가 호랑이보다 무섭다고 하면 아까 이른바 하늘이 낸 이치에 맞다고는 못할 것이다.

대체로 코끼리는 오히려 눈으로 볼 수 있는데도 그 이치에 있어 모를 것이 이와 같은데, 또 하물며 천하의 사물이 코끼리보다도 만 배나 복잡한 것이다. 그러므로 성인이 『역경』을 지을 때 코끼리 상象자를 따서 괘의 모양을 드러낸 것도23) 이 코끼리 같은 형상을

---

23) 『역경』에 사상四象이 팔괘八卦를 낳고 팔괘가 육십사괘를 낳는다는 사물 변화의 이치를 말하였다.

보고 만물이 변화하는 이치를 연구하도록 한 것이 아니겠는가!

승귀선인행우기乘龜仙人行雨記[24]: 거북 탄 신선이 비를 뿌린 이야기

(8월)14일에 피서산장避暑山莊에 들어가서 황제가 누른 휘장을 늘인 전각 안에 깊숙이 앉아 있는 것을 먼발치에서 보았다. 뜰에는 반열에 참여한 관리도 매우 드물었는데, 노인 하나만이 있었다. 상투에 선도건仙桃巾[25]을 걸고 누런 장삼을 입었는데, 검고 모난 옷깃과 소매 테두리는 모두 검은 선을 둘렀고, 허리에는 붉은 비단 띠를 띠었으며, 붉은 신을 신고, 반백半白 수염이 가슴까지 내려왔다. 지팡이 끝에는 금으로 된 호리병과 비단 축軸이 달렸고, 오른손에는 파초선芭蕉扇을 쥐고, 큰 거북 등 위에 서서 두루 뜰을 도는데, 거북은 머리를 쳐들고 물을 뿜는데, 마치 무지개 같다.

거북은 검푸른 빛에 크기가 맷방석만 하고, 처음에는 가랑비처럼 물을 뿜어 전각의 처마와 기와를 적시고 물방울이 튀어서 안개처럼 자욱하다. 혹은 화분을 향하여 뿜기도 하고 때로는 돌로 만든 산을 향해서 뿌리기도 한다. 조금 있다가 빗줄기가 점점 굵어져 처마 물이 폭우처럼 쏟아지자 햇빛이 비낀 전각 모퉁이는 수정 발

---

24)   연암집에는 일야구도하기 뒤에 있음.
25)   곱지 않은 비단으로 짠 두건이다. 유학가 정이천과 도가의 도사道士들이 주로 썼다 한다.

[簾]을 드리운 듯하고, 전각 위의 금색 기와는 맑게 씻겨 흘러내릴 듯하다. 동산의 동쪽 나뭇잎은 더욱 밝고 화려하며 물은 뜰 안에 가득하여 흡족하게 적신 뒤에 거북은 오른쪽 장막 속으로 들어갔다. 내시 수십 명이 각각 대비를 들고 마당의 물을 쓸어냈다. 거북의 배에 비록 물을 백 말이나 채웠다 하더라도 이같이 뿌리지는 못했을 것이다. 또 사람들의 옷은 적시지 않았으니, 그 비를 오게 하는 공로가 귀신같다고 말할 수 있겠다. 만일 온 세상에 비가 오길 바라는 것이 이렇게 황제의 뜰 하나를 적시는 것에 그친다면 또한 끝장이 났다 할 것이다.

만년춘등기萬年春燈記[26]: 등불로 글자를 쓴 이야기

황제가 동산 동쪽에 있는 별전別殿으로 옮기니, 1천 관리들이 피서산장을 나와서 모두 말을 타고 궁장宮墻을 따라 5리 남짓 갔다.

원문苑門으로 들어가자, 좌우에는 부도浮圖[27]가 있는데 높이는 예닐곱 길이요, 불당과 패루牌樓가 몇 리를 뻗쳤으며 전각 앞에는 누른 장막이 하늘에 이어져 있는데, 장막 앞에는 모두 흰 천막을 침침하게 둘러쳤고, 천백 개의 채색 등불이 걸려 있다. 앞에는 붉은빛

---

26) 현재 연암집에는 年春燈記로 되어있다.
27) 스님의 사리를 넣은 탑.

대궐문이 세 곳 섰는데, 높이가 모두 여덟아홉 길은 되었다.

풍악을 울리고 잡희雜戱를 시작할 때 해는 이미 저물었다. 황색 큰 궤짝을 붉은 궐문에 다니 갑자기 궤짝 밑에서 크기가 북만 한 등불 하나가 떨어졌다. 등불은 끈 하나에 이어져 그 끝에서 저절로 불이 붙었다. 끈을 따라 타 올라가서 궤짝 바닥에 닿았다. 궤짝 바닥에서 또 한 개 둥근 등불이 매달리고, 끈에 붙은 불이 그 등불을 태워 땅에 떨어졌다. 궤짝 속에서 또 쇠로 만든 새장 모양 발이 드리워지는데 발의 표면에는 모두 전자篆字[28]로 수壽·복福 글자를 썼다. 불이 글자에 붙어 새파란 불에 한참을 타다가 수·복 자 불은 스스로 꺼져 땅에 떨어졌다. 또 궤짝 안에서 연주등聯珠燈[29] 백여 줄이 드리워지는데, 한 줄에 40~50등씩 되었고 등불들이 속에서 차례대로 저절로 불이 붙어 일시에 환하게 밝았다.

또 1천여 명의 미모의 남자들이 있었는데, 수염이 없고 비단 도포에 수놓은 비단 모자를 쓰고 각각 정丁 자 지팡이 양쪽 끝에 모두 조그만 홍등을 달고, 나갔다 물러섰다 하여 군진軍陣 모양을 만들더니 갑자기 세 개의 큰 산[30]으로 변했다가 졸지에 변해서 누각樓閣이 되었고, 홀연히 네모난 진형陣形으로 변하였다.

밤이 깊어지자 등불 빛이 더욱 밝아지더니 갑자기 '만년춘萬年春'이란 세글자로 변했다가 또 '천하태평天下太平'의 네 글자로 변하

28) 篆書體로 쓴 글씨.
29) 등불을 죽 달아서 맨 것.
30) 오산鼇山. 자라 등 위에 썼다는 삼신산三神山의 가장.

고 순식간에 변하여 두 마리 용이 되었는데, 비늘과 뿔과 발톱과 꼬리가 공중에서 꿈틀거린다. 아주 잠깐 사이에 변하고 떨어졌다 붙었다 하면서도 조금도 어긋남이 없고 글자 획이 뚜렷한 채, 다만 수천 명의 발소리만 들릴 뿐이었다.

이것은 잠깐의 놀음이지만 그 기강과 규율이 엄정한 것이 이와 같은 것이다. 이러한 법도로 군진에 임한다면 천하에 누가 감히 건드릴 것인가? 그러나 다스리는 것은 덕에 있는 것이요, 병법에 있는 것이 아니다. 하물며 이런 유희나 천하에 보여서야 되겠는가!

매화포기梅花砲記: 불꽃놀이

날이 저물자 온갖 매화포梅花砲[31])가 동산 안에서 나오는데, 소리는 천지를 진동하고 매화꽃이 사방으로 흩어져 마치 숯불을 부채질해서 불꽃이 튀어 흐르는 것 같았다.

거울을 들여다보면서 방긋 웃음 짓는 듯, 바람을 맞아 비스듬히 비끼는 듯, 마치 옛날 노魯나라 돈[32])과 같은 매화 모양인 듯, 토

---

31) 종이로 만든 딱총의 일종. 불을 붙이면 타면서 떨어지는 불똥 모양이 꽃 모양으로 떨어진다. 여기서는 특히 불꽃이 매화 모양으로 떨어진다 하여 '매화포' 라고 한다.
32) 이덕무의 윤회매십전 오지화五之花에 꽃잎 5개가 말려 있고 꽃술이 나와 있지 않은 매화를 '옛노전[古魯錢]'이라 한다.

끼 주둥이와 같이 터지지 못한 모양[33]이다. 이어서『병사瓶史』[34) 월</sup>

표月表에서 여사女士가 점검을 한 것처럼, 꽃받침이 분명하고, 꽃받

침과 꽃술이 날카롭고 가는 것들이 모두 불꽃으로 변하여 날아간

다. 미세하게 날짐승과 길짐승, 벌레와 물고기의 모양을 한 꽃불이

날고 뛰고 꿈틀거리면서 모두 그 모양을 갖추었다.

새 모양의 매화포는 날개를 펴고 쭉 뻗었으며, 부리로 깃을 쪼

기도 하며, 발톱으로 눈깔을 비비기도 한다. 벌과 나비를 쫓기도 하

며, 혹 꽃과 과실을 쪼아 먹기도 한다. 짐승 모양인 것은 모두 뛰어

오르고 뛰놀며, 입을 벌리고 꼬리를 펴기도 하는 등, 천태만상이다.

모두 번쩍번쩍한 불꽃으로 날아가, 공중에 이르러서는 흐릿흐릿하

다 꺼진다.

화포 소리가 점점 커지고 불빛은 점점 밝아지면서 수백 신선

과 수만 부처가 날아오르거나 뗏목을 타고, 어떤 이는 연잎 배를 타

며, 어떤 이는 고래와 학을 타고, 혹은 호로병葫蘆瓶을 들고, 어떤 이

는 보검寶劍을 걸머멨으며, 혹은 석장錫杖을 짚거나 맨발로 갈대를

밟기도 하며, 어떤 이는 손으로 범의 이마를 어루만지는 등, 모두

허공에 떠서 흘러가지 않는 것이 없는데, 눈으로 다 볼 새도 없이

번득번득 눈에 어른거렸다.

정사正使가 말하셨다.

33) '거울을 … 토끼주둥이'까지는 매화의 모양을 형용한 송나라 송백인의 저서『매화희신보梅
花喜神譜』에 나오는 표현이다.
34) 명나라때 원굉도가 쓴 책으로, 꽃꽂이에 대한 내용이다.

"매화포梅花砲가 좌우로 벌여 있는데, 그 통이 어떤 것은 크고, 혹은 작아서 긴 놈은 서너 길이 되고, 짧은 놈은 서너 자쯤 되어 우리나라 삼혈총三穴銃[35]같이 만들었고, 불꽃이 공중에서 가로로 퍼지는 것이 우리나라 신기전神機箭[36]과 같더군."

불꽃이 다 꺼지기 전에 황제는 일어나 반선班禪을 돌아보고 잠깐 이야기를 하더니 가마를 타고 내전으로 들어갔다. 때는 바야흐로 칠흑처럼 어두웠는데, 앞에서 인도하는 등불이 하나도 없었다.

대체로 81가지 잡희를 하다가 매화포를 쏘는 것으로 끝을 맺는다. 이것을 일러 구구대경회九九大慶會라고 불렀다.

납취조기蠟嘴鳥記: 납취조 이야기

납취조蠟嘴鳥[37]는 비둘기보다는 작고 메추리보다는 큰데, 회색 몸통에 날개는 푸르고, 큰 부리가 밀랍으로 만든 초와 같으므로 이렇게 이름을 지은 것이다. 또 오동조梧桐鳥라고도 하는데, 능히 사람의 말을 알아들어서 가르치고 시키면 소리에 응하지 않는 일이 없었다.

길들여 시장에서 돈벌이를 하는 사람이 있었는데, 골패骰牌 서

---

35) 포신 세 개를 겹쳐 만든 대포.
36) 화살에 화약을 장착하거나 불을 달아 쏘는 병장기.
37) 고지새 혹은 밀화부리라고도 부른다.

른두 개를 그릇 속에 담고 손바닥으로 비벼서 평평히 섞어 놓고 보는 사람에게 골패 한 개를 잡아서 무슨 골패인지 알고 난 후에 그 골패를 새 놀리는 자에게 주면 새 놀리는 자는 여러 사람에게 두루 보인 뒤 다시 그릇 속에 넣고 재차 손으로 섞은 다음 새를 불러 그 골패를 가져오라고 하면, 새는 곧바로 그릇 속에 들어가 부리로 그 골패 쪽을 물고 날아 나와 횃대 위에 올라앉는데, 그것을 취해 보면 과연 사람들에게 알게 했던 그 골패였다.

또 오색기五色旗를 세워놓고 새에게 어떤 색 깃대를 뽑아 오라고 하면 역시 소리에 응하여, 그 깃대를 뽑아 사람에게 준다. 종이로 겹처마의 누른 장막을 실은 임금의 수레를 만들어 코끼리 인형에게 지게 하고, 새에게 수레를 몰라 하면 새는 머리를 수그리고 코끼리 배 밑으로 들어가 부리로 코끼리 허벅지 틈을 물고 수레를 민다.

무릇 맷돌을 갈고 말 타고 활 쏘고 호랑이춤 사자춤을 추는 등 모두 사람의 지휘에 따르는데, 하나도 착오가 없었다. 또 종이로 구중九重 합문閤門이 있는 조그만 궁궐을 만들고 새에게 전각 속에 들어가 무슨 물건을 가져오라 하면, 새는 즉시 날아 들어가 부름에 따라 물고 나와 탁자 위에 벌여 놓는다.

비록 말하는 것은 앵무새보다는 못하지만, 그 교묘한 꾀는 오히려 더 나은 것 같았다. 꽤 오랫동안 부리고 나니 새는 열을 이기지 못하여 입을 벌리고 혀를 빼물고 털과 깃이 땀에 젖었다. 새가 한 번 재주를 부릴 때마다 삼씨 한 알씩을 먹이는데, 새 놀리는 자는 늘 자기 입에서 꺼내 준다.

희본명목기戲本名目記[38] : 희곡 대본의 목록

구여가송九如歌頌·광피사표光被四表·복록천장福祿天長·선자효령仙子
效靈·해옥첨주海屋添籌·서정화무瑞呈花舞·만희천상萬喜千祥·산령응서山靈
應瑞·나한도해羅漢渡海·권농관勸農官·담폭서향薝葍舒香·헌야서獻野瑞·연
지헌서蓮池獻瑞·수산공서壽山拱瑞·팔일무우정八佾舞虞庭·금전무선도金殿
舞仙桃·황건유극皇建有極·오방정 인수五方呈仁壽·함곡기우函谷騎牛·사림가
락사士林歌樂社·팔순분의권八旬焚義券·이제공당以躋公堂·사해안란四海安
瀾·삼황헌세三皇獻歲·진만년상晉萬年觴·학무정서鶴舞呈瑞·복조재중復朝再
中·화봉삼축華封三祝·중역내조重譯來朝·성세숭유盛歲崇儒·가객소요嘉客逍
遙·성수면장聖壽綿長·오악가상五岳嘉祥·길성첨요吉星添耀·구산공학緱山控
鶴·명선동命仙童·수성기취壽星旣醉·낙도도樂陶陶·인봉정상麟鳳呈祥·활발
발지活潑潑地·봉호근해蓬壺近海·복록병진福祿幷臻·보합대화保合大和·구순
이취헌九旬移翠巘·여서구가黎庶謳歌·동자상요童子祥謠·도서성칙圖書聖則·
여환전如環轉·광한법곡廣寒法曲·협화만방協和萬邦·수자개복受玆介福·신풍
사선神風四扇·휴징첩무休徵疊舞·회섬궁會蟾宮·사화정서과司花呈瑞菓·칠요
회七曜會·오운롱五雲籠·용각요첨龍閣遙瞻·응월령應月令·보감대광명寶鑑大

---

38)　희본戲本이란 희곡 대본을 말한다.

光明·무사삼천武士三千·어가환음漁家歡飲·홍교현대해虹橋現大海·지용금련池湧金蓮·법륜유구法輪悠久·풍년천강豐年天降·백세상수百歲上壽·강설점년降雪占年·서지헌서西池獻瑞·옥녀헌분玉女獻盆·요지향세계瑤池香世界·황운부일黃雲扶日·흔상수欣上壽·조제경朝帝京·대명년待明年·도왕회圖王會·문상성문文象成文·태평유상太平有象·두신기취杜神旣醉·만수무강萬壽無疆.

8월 13일은 곧 황제의 만수절萬壽節이다. 이날 전 3일, 후 3일 동안 모두 연희演戲를 했는데, 모든 관리는 오경五更39)에 대궐로 들어가 황제에게 문안을 올리고 묘시卯時(오전 5시) 정각에 반열에 참여하여 연극을 구경하고 미시未時(오후 1시) 정각에 파하고 나온다.

희곡 대본은 모두 조정의 신하들이 황제에게 바친 시와 부賦 및 사詞로 연극을 만들어 하는 것이다. 연희 무대를 행궁行宮 동쪽에 따로 세웠는데, 누각은 모두 겹처마이며, 높이는 다섯 길이 넘는 기를 세울 만하고, 넓이는 수만 명이 들어설 만했다. 이 무대를 세웠다가 허무는 데는 아무런 걸림이나 지장 없다. 무대의 좌우에는 나무로 가산假山을 만들었는데, 높이가 누각과 같고 옥 같은 나무와 구슬 같은 숲을 만들어 그 위를 덮어서 연결했으며 채색 비단을 오려 꽃을 만들고 구슬을 이어 과일을 만들었다.

연극 한 막幕씩을 할 때마다 배우들이 무려 수백 명씩 나오는데, 모두 비단에 수놓은 옷을 입었고 대본이 바뀔 때마다 옷도 바꾸

---

39) 새벽 3시~5시.

어 입는데, 모두 한족漢族들의 의관이다. 연극을 시작하기 전에는 잠시 비단 막으로 무대를 가리면 무대 위는 조용하여 인기척이 없고, 다만 신발 소리만 들리다가 조금 지나서 막이 열리면 무대에는 산이 생기고, 바닷물이 출렁거리고 소나무가 서고 햇빛이 나는 듯이 되는데 이것은 소위 구여가송九如歌頌[40]이다.

노래는 모두 우조羽調로서 보통 음률의 두 배나 높은 소리이다. 그리고 악기 소리가 모두 높고 맑아 마치 하늘 위에서 나는 소리 같았고, 청탁淸濁의 조절이 없는 소리이다.

연극의 악기는 모두 생황·저·피리·종·경쇠·거문고·비파 등의 소리가 나는데 단 북소리만 들리지 않고, 간간이 징 소리가 들렸다. 삽시간에 산이 옮겨지고 바다가 움직이는데 하나도 들쭉날쭉하는 것이 없이 정연하였다. 황제와 요·순의 시대부터 시작해서 그 시대 의상을 본뜨지 않은 의관이 없었고, 제목에 따라 의상을 갖추고 연극을 했다.

왕양명王陽明은 이렇게 말하였다.

"순임금의 음악인 소韶는 순의 한 편 연극이요, 무왕의 음악인 무武는 무왕의 한 편 연극 대본일 것이니 걸桀·주紂·유幽·여厲 같은 폭군들에게도 한 편씩의 희본戲本이 있을 것이다."

그리 보면, 오늘 하는 연극은 곧 오랑캐의 한 편 연극일지도 모

---

40) 형산 윤가전尹嘉銓이 지은 대본이라고 한다.

를 일이다. 나는 계찰季札(오吳의 명신)⁴¹⁾과 같은 지식이 없으니, 그들의 음악을 듣고 도덕과 정치를 무엇이라 논할 수 없다. 그런데 대체로 음악의 성률이 높을 대로 높아져서 극도에 달하면 윗사람이 아랫사람을 사귀지 못할 것이고, 노래가 맑으면서도 너무 격하면 아랫사람이 숨기는 바가 없을 것이다. 중국에 전래하던 선왕先王의 음악에 대해서는 내가 장차 어찌할 수가 없다.

41)   魯나라에 가서 이미 없어진 周나라의 음악을 알았다고 하였다.

환희기幻戲記

환희기 서幻戲記序[1]

    아침에 광피사표 패루光被四表 牌樓를 지나는데 패루 아래 많은 사람이 저잣거리에 빽빽이 둘러섰는데, 그 웃음소리로 땅이 흔들릴 지경이다. 웬 사람이 싸우다가 죽어 길에 널브러진 것을 갑자기 보고 부채로 얼굴을 가리고 걸음을 재촉해서 지나갔다. 조금 있다가,

    하인이 뒤에서 쫓아오면서 부르기를,

    "괴이한 일이 있는데, 볼만합니다." 하였다. 내가 멀리서 물었다.

    "뭘 가지고 그러느냐?"

    "어떤 사람이 하늘 위에 가서 복숭아를 슬쩍 하려다, 지키는

---

1)   여러 본에는 이 소제小題가 없었으나, 여기에서는 '주설루본'을 좇아 추록하였다.

자에게 얻어맞고서 땅에 툭 떨어졌답니다."

한다. 나는 해괴하다고 나무라고는 돌아보지도 않고 떠나왔다.

그 이튿날 또 그곳을 가는데 천하의 기이한 기술과 지나친 재주와 잡극雜劇을 하는 패들이, 모두 천추절에 열하로 가려고 기다리면서 날마다 패루에 나와 온갖 놀음을 연습하고 있었다. 어제 하인이 본 것이 곧 요술妖術의 한 가지인 것을 비로소 알았다.

상고시대부터 이런 데 능한 자가 있어 작은 귀신을 부려 사람의 눈을 속였으므로 이것을 요술[幻]이라 한다. 하夏나라 때 술사術士 유루劉累는 용을 길들여 군주인 공갑孔甲을 섬겼고, 주 목왕周穆王 때에 언사偃師2)가 있었고, 묵적墨翟3)은 군자인데도 목연木鳶을 날렸으며, 후대에도 좌자左慈·비장방費長房(동한東漢의 요술사)같은 무리는 이런 술법을 가지고 사람들을 가지고 놀았다. 연燕·제齊의 괴상한 선비들은 신선 이야기로 당시 임금들을 꾀고 미혹시켰다.

이런 모든 환술은 당시엔 알아차릴 수 없었다. 생각해 보건대, 그 술법이 서역西域에서 나왔으니, 구라마십鳩羅摩什4)과 불도징佛圖澄5), 달마達摩6) 같은 자들이 더욱 요술을 잘할 것이라고 여기지 않았겠는가!

2) 인형을 다루는 사람. 꼭두각시 조종사.
3) 겸애설을 주장한 제자諸子 중 하나.
4) 인도印度의 학승學僧. 귀자국龜玆國에 태어나 7세 때 출가出家하여 대승大乘 불교에 능통하였음. 구마라습의 오기誤記.
5) 진晉나라 고승高僧. 어떤 본에는 불국증佛國證으로 되었으나 잘못됨.
6) 양 무제梁武帝 때 인도로부터 들어온 명승. 선종禪宗의 시조.

누군가 이렇게 말했다.

"이런 요술을 팔아 생계를 유지하는 자들은 왕이 제정한 법을 어기고 있습니다. 그런데도, 처벌받아 죽어서 대가 끊어지지 않은 이유는 무엇입니까?"

나는 답하였다.

"이것은 중국 땅이 크기 때문입니다. 관대하게 이런 것도 아울러 육성시킨다고 해도, 정치에 병폐가 되지 않기 때문이지요. 만약 천자가 허둥대면서 이런 환술인들을 법의 잣대로 걸어 깊게 추궁한다면, 도리어 이들이 으슥하여 잘 보이지도 않는 곳에 숨어 살다가 때때로 나와서 환술을 자랑하게 될 것이니 이것이야말로 천하의 큰 근심거리가 될 것입니다. 그러므로 날마다 사람들이 장난삼아 구경하게 하면 비록 부인들이나 아이들이라도 이것이 요술이라는 것을 알게 되어, 마음으로 놀라거나 눈이 현혹될 정도는 아닙니다. 이것이 임금 된 자가 세상을 통치하는 방법이 아니겠소."

드디어 보았던 요술 스무 가지를 기록하여, 장차 이 놀음을 구경하지 못한 우리나라 사람들에게 보여주고자 한다.

환희기幻戲記: 요술을 본 기록

(1) 요술쟁이가 대야에 손을 씻고 수건으로 깨끗이 닦았다. 자세를 바르게 하고 사방을 돌아보며 손뼉을 치고 바닥을 이리저리

뒤집어 여러 사람에게 보인 뒤에, 왼손 엄지와 검지[食指]를 합하여 환약을 만지듯, 이·벼룩을 잡듯 마주 비비니, 갑자기 좁쌀알만 한 작은 물건이 생겼다. 이것을 연거푸 비비니 점점 커져, 녹두알만 하다가 차차 앵두알만 하다가 다시 빈랑檳榔[7]만 하더니 차츰 달걀만 해졌다. 두 손바닥으로 재빨리 비벼 굴리니 둥근 것이 더 커져서 연노란색을 띤 거위알만 해졌다. 조금 있더니 이번에는 점차 커지지 않고 갑자기 수박 크기가 되었다.

요술쟁이는 두 무릎을 꿇고 가슴을 위로 젖히면서 더 빨리 비벼 요고腰鼓를 안고 있는 듯하다가 비비던 팔이 아파져야 멈추고 그 것을 탁자 위에 놓았다. 그 모습은 아주 둥글고 빛은 샛노랗고, 크기는 다섯 말 들이 동이는 되어 보인다. 무거워서 들지도 못 할 것 같고, 단단해서 깰 수도 없을 것 같다. 돌도 아니요 쇠도 아니며, 나무도 아니요 가죽도 아니고, 흙으로 둥글게 빚어놓은 것도 아니어서 무어라 이름 붙여 설명할 수도 없다. 냄새도 없고 향기도 없고, 뭐라 말할 수 없는 산해경의 제강帝江[8] 같았다.

요술쟁이가 천천히 일어나 손뼉을 치면서 사방을 둘러보더니 다시 그 물건을 만지는데, 부드럽게 굴리고 가만히 쓰다듬으니 물건이 부드러워지고, 손을 슬며시 대니 가볍기가 물거품 같아 점점 줄어들고 사라져서, 잠깐 사이[指顧]에 다시 손바닥 속으로 들어갔

7) 씹으면 담배맛이 난다는 열매임. 유구 등 사신들이 계속 씹고 있음.
8) 눈도 코도 없이 주머니처럼 생긴 귀신 새 이름. 『산해경山海經』 서산경西山經에 나온다.

다. 다시 두 손가락으로 집어서 비비다가 한 번 튀기니 즉시 사라져 버린다.

(2) 요술쟁이가 사람을 시켜 종이 몇 묶음을 잘게 찢게 하였다. 큰 통에 물을 쏟고 종이를 통 안에 넣어 손으로 그 종이를 빨래하듯 휘저으니, 종이는 풀어지고 흐트러져서 흙을 물속에 넣은 것 같았다. 여러 사람을 두루 불러 통 안에서 종이와 물이 범벅된 것을 보이니 한심한 꼴이었다. 이때 요술쟁이가 손뼉을 치고 한 번 웃더니 두 소매를 걷고 양손으로 통에 있는 종이를 건져 내는데, 마치 고치에서 실을 뽑아내듯 하였다. 종이는 서로 끈처럼 이어져 나오는데 처음에 잘게 찢기 전과 같았고 누가 풀로 발랐는지 이은 흔적이 없었다. 종이 폭은 허리띠만 한데, 수십 수백 발이나 되고 땅 위에 구불구불 풀어놓아 바람에 펄럭거렸다. 다시 통 안을 보니, 맑고 깨끗하여 찌꺼기 하나 없어 새로 길어놓은 물 같았다.

(3) 요술쟁이가 기둥을 등지고 서서 사람을 시켜 손을 뒤로 젖혀 붙이고 두 엄지손가락을 묶으라 했다. 기둥은 두 팔 사이에 있고 양쪽 엄지는 검푸르게 되어 아픔을 참지 못하니, 여러 사람이 둘러서서 보다가 안타까워하며 맘 아파하지 않는 사람이酸悲(슬프다, 가엾다 등으로 대치 가능) 없었다. 조금 있다가 요술쟁이가 기둥에서 떨어져 서는데 손은 가슴 앞에 있으나 묶은 데는 아까와 다름없이 아직 풀리지 못했다. 손가락 피는 한 곳으로 모여서 빛이 더욱 검붉어졌고,

요술쟁이는 기막힌 통증을 견디지 못했다. 여러 사람이 노끈을 풀어주자 혈기가 점점 통했는데 노끈 자리는 아직도 붉었다. 우리 일행인 마부[驛夫]가 주목하여 뚫어지게 보다가 마음에 분이 나서 안색에 드러내며 주머니를 털어 돈을 꺼내 큰 목소리로 요술쟁이를 불러 먼저 돈을 주고는, 다시 한번 자세히 보기를 요구했다. 요술쟁이는 억울하다고 하며,

"내가 너를 속이지도 않았는데 너는 나를 못 믿으니 네가 맘대로 나를 묶어 봐라."

한다. 마부는 성을 내면서 아까 그 노끈은 던져버리고 자기가 가진 채찍을 끌러, 침을 묻혀 부드럽게 만든 다음 요술쟁이를 붙들어 등에 기둥을 지우고 손을 뒤로 젖혀서 묶는데 먼젓번보다 훨씬 세게 묶었다. 요술쟁이는 아프다고 소리를 치는데 뼛속까지 아파 오는지 녹두알만 한 눈물이 떨어진다. 마부가 크게 웃으니 구경꾼들이 더욱 많아졌다. 빠져나오는 것을 볼 사이도 없이 요술쟁이가 벌써 기둥을 떠나 서 있고 묶은 데는 아직 풀어지지 않았다. 이런 신통한 것을 세 번이나 보였는데도 어떤 비결인지 알 수가 없었다.

(4) 요술쟁이가 둥근 수정 구슬 두 개를 탁자 위에 놓았는데, 구슬은 계란보다 조금 작았다. 한 개를 입을 벌려 집어넣는데, 목구멍은 좁고 구슬은 커서 삼키지 못하자 그 구슬을 토해 내어 도로 탁자 위에 놓았다. 다시 광주리 속에서 계란 두 개를 꺼내어 눈을 부릅뜨고 목을 쭉 빼어 계란 하나를 삼키는데, 마치 닭이 지렁이를 삼

키는 것 같고 뱀이 두꺼비알을 삼키는 것 같이 목 속에 걸려서 마치 혹이 달린 것 같았다. 다시 계란 하나를 삼키니 과연 목구멍을 틀어막아 목이 매어 트림을 하고 토하며 목에 핏대가 선다. 요술쟁이는 후회하고 한스러워하며 살 수가 없겠다는 듯이 굴다가 대젓가락으로 목구멍을 쑤시니, 젓가락이 꺾어져 땅에 떨어진다. 이제 어쩔 수가 없어 입을 벌리고 사람들에게 보이는데 목구멍 속에는 조금 흰 것이 드러난다. 가슴을 치고 목을 두드리며, 답답하여 쩔쩔매는 꼴을 보고 사람들은,

"조그만 재주를 경솔히 자랑하다가 아아, 이제는 죽는구나."

하였다. 요술쟁이는 가만히 귀가 가려운 듯이 듣더니 귀를 기울이고 긁는 것이 무슨 의심이 있는 것처럼 손가락 끝으로 귓구멍을 후벼 흰 물건을 끄집어냈는데, 과연 계란이었다. 이때에 요술쟁이는 오른손으로 계란을 쥐고 여러 사람 앞에 두루 보이더니, 왼쪽 눈에 넣었다가 오른편 귀에서 뽑아내고 오른편 눈에 넣었다가 왼편 귀에서 뽑아내며, 콧구멍에 넣었다가 뒤통수로 뽑아냈다. 목에는 아직도 계란 한 개가 남아 있었다.

(5) 요술쟁이가 흰 흙 한 덩이로 땅에 큰 동그라미를 그어 여러 사람을 동그라미 밖에 둘러앉게 했다. 요술쟁이는 이때 모자를 벗고 옷을 끄르고 시퍼렇게 간 칼을 내어 땅 위에 꽂아 놓고 다시 댓가지(대나무 줄기, 竹筋)로 목을 쑤셔 계란을 깨뜨리려 했다. 땅을 짚고 한 번 토해도 알은 끝내 나오지 않았다. 이에 그 칼을 빼어 좌에서

우로 휘두르고 우에서 좌로 돌리다가, 공중을 쳐다보고 한 번 던져 손바닥으로 받았다 또 한 번 높이 던지고 하늘을 향하여 입을 벌리니 칼 끝이 바로 떨어져 입 속에 꽂힌다. 이때 많은 사람이 안색이 바뀌며 모두 벌떡 일어나고 깜짝 놀라 말이 없어졌다. 요술쟁이는 고개를 젖히고 두 팔을 늘이고 뻣뻣이[挺挺] 한참 선 채, 눈 한 번 깜박하지 않고 하늘을 똑바로 쳐다보다가는 조금 있다가 칼을 삼키는데, 병을 기울여 무엇을 마시듯 목과 배가 씰룩이며 서로 움직이는 것이 성난 두꺼비 배 같았다. 칼 고리9)가 이에 걸려 오직 칼자루만 넘어가지 않고 남아있는 채로, 요술쟁이10)는 네발로 기면서 칼자루를 땅에 쿡쿡 다졌는데, 이와 고리가 맞부딪쳐 딱딱 소리가 났다. 또다시 일어나서 주먹으로 칼자루 머리를 치고, 한 손으로 배를 문지르면서 한 손으로는 칼자루를 잡고 뱃속을 휘저으니, 칼이 오르내리는 것이 살가죽 밑에서 붓으로 종이에 줄을 긋는 것 같았다. 보던 사람들이11) 가슴이 섬뜩하여[心寒] 똑바로 보지 못하고 어린애들은 무서워 울면서 등지고 달아나다 엎어지고 자빠졌다. 이때 요술쟁이는 손뼉을 치고 사방을 돌아보며 늠름하게 바로 서서 이내 천천히 칼을 뽑아 두 손으로 받들어 들며, 보던 사람들의 눈 바로 앞에서 두루 보이면서 인사를 했다[爲壽, 예를 표하다]. 칼 끝에 붙은 핏방울에는 아직도 더운 김이 무럭무럭 났다.

---

9) 劍環.
10) 不沒惟靶。幻者이었음.
11) 衆人. 구경꾼들이.

(6) 요술쟁이가 종이를 나비 날개[12]처럼 수십 장을 오리고 손바닥 속에서 비벼 여러 사람에게 보이고는, 여러 사람 중에서 한 어린이에게 눈을 감고 입을 벌리라 하였다. 요술쟁이가 손바닥으로 그 입을 막으니, 그 어린이는 발을 구르면서 엉엉 울었다. 요술쟁이가 웃으면서 손을 떼니 어린이는 울다가 토吐하다 울다가 토하다 했는데, 청개구리가 뛰쳐나왔다. 연달아 수십 마리를 토하였는데, 모두 땅바닥에서 폴짝폴짝 뛰었다.

(7) 요술쟁이가 탁자 위를 깨끗하게 닦더니 붉은 깔개를 툭툭 털어 탁자 위에 펴놓고 사방을 돌아보면서 손뼉 치며 여러 사람에게 두루 보여주었다. 요술쟁이는 천천히 탁자 앞으로 와 한 손으로 깔개 복판을 누르고 한 손으로는 깔개 귀퉁이를 집어 올려 젖히니, 붉은 새 한 마리가 한 번 '쨱' 소리를 내고는 남쪽으로 날아갔다. 또 한 번 동쪽으로 쳐드니 푸른 새가 동쪽을 향해 날아갔다. 손을 보자기 밑에 집어넣어 가만히 참새 한 마리를 집어냈는데, 몸빛은 희고 부리는 붉었다. 두 발로 허공을 허우적대다가 요술쟁이의 수염을 움켜잡았다. 요술쟁이가 수염을 잡아당기자 새는 또 요술쟁이의 왼쪽 눈을 쪼았다. 요술쟁이가 새를 버리고 눈을 비비니 새는 서쪽으로 날아갔다. 요술쟁이는 분하여 탄식하면서 다시 가만히 손을 넣어 검정 참새 한 마리를 잡아서 다른 사람에게 주려고 하다가, 실

---

12) 왕안석王安石이 나비를 노래한 시에 "날개가 가루보다 가볍고 비단보다 얇다[翅輕於粉薄於繪]."

수로 놓쳤다. 참새가 땅에 떨어져 탁자 밑으로 굴러 들어가니, 어린이들이 앞다투어 참새를 붙잡으려고 하자 새는 딱 일어나[決起, 결연히 일어나다] 북쪽으로 날아갔다. 요술쟁이가 분이 나 깔개를 확 치워 버리자, 셀 수도 없는 검은 뿔 찌르레기[鸜鵒]들이[13] 한꺼번에 날아올라 날개 치며 빙빙 돌다가 지붕 처마 위에 모여 앉았다.

(8) 요술쟁이가 작은 주석 병을 가지고 오른손으로 물 한 사발을 떠서 병 주둥이까지 철철 넘도록 붓더니, 사발을 탁자 위에 놓았다. 대젓가락을 가지고 병 밑을 찌르니, 새는 물이 병 밑으로 똑똑 떨어지기를 한동안 하더니 낙숫물처럼 줄줄 흘렀다. 요술쟁이가 고개를 젖히고 병 밑을 입으로 부니 새던 물이 뚝 그쳤다. 요술쟁이가 허공을 향해 옆으로 흘겨보면서 입 속으로 주문呪文을 외니, 물은 병 주둥이로부터 몇 자 높이나 솟아 땅바닥에 가득히 쏟아졌다. 요술쟁이가 소리를 지르면서 솟아오르는 물 중간을 움켜잡으니, 물은 중간이 끊어지면서 오그라들어 병 속으로 들어갔다. 요술쟁이가 다시 대접을 가져다가 물을 도로 따르니, 병에 든 물의 분량이 처음과 같아졌는데도 바닥에 물이 흐른 자국은 몇 동이나 쏟은 것 같았다.

---

13) 앵욕=八哥 집비둘기/때까치라고 했는데 검은뿔 찌르레기가 맞음. 동남아 중국에 서식. 사전에는 앵무새와 뱁새라고도 함. 鸚鵡与鸜鵒.

(9) 요술쟁이가 쇠고리 두 개를 내어 탁자 위에 놓더니 여러 사람을 두루 불러 이 고리를 보여주었다. 쇠고리 크기는 두 뼘쯤 되어 보이는데, 시작도 끝도 없이 둥글둥글한 것이 하늘의 조화 같다. 요술쟁이가 이때 두 손을 쫙 벌리고 각각 고리 하나씩을 쥐고는 빙빙 돌며 춤을 추다가는 공중으로 고리를 던졌다가 고리로 고리를 받으니, 두 고리가 서로 이어졌다. 이어진 고리를 여러 사람에게 보이는데, 끊어진 데도 없고 갈라진 곳도 없으니 누가 이을 때를 보았으랴. 요술쟁이는 이때 두 손을 쫙 벌리고 양손으로 고리 하나씩을 잡고 한 번 떼었다 한 번 붙였다 하고, 한 번 이었다 한 번 끊었다 하며, 끊고 잇고 떼고 붙이곤 했다.

(10) 요술쟁이가 수놓은 모직 보자기를 탁자 위에 펴놓고 보자기 한 귀퉁이를 살짝 들어 주먹만 한 자줏빛 돌 한 개를 집어내어, 칼끝으로 조금 찌르고 돌 밑에 잔을 받치자 소주가 조금씩 흘러내리다가 잔이 다 차면 그쳤다. 여러 사람이 다투어 돈을 내어 술을 사 먹는다. 사괴공史蒯公을 청하면 돌에서 사괴공이 흘러나오고, 불수로佛手露를 청하면 돌에서 불수로가 흘러나오며, 장원홍壯元紅을 청하면 장원홍이 흘러나온다(사괴공·불수로·장원홍은 모두 술 이름이다). 한 가지 술만 나오는 것이 아니라 요구하면 곧 나와서 한 가닥 화한 향의 술이 뱃속에 들어가면 볼이 달아오른다. 연거푸 수십 잔을 쏟아내더니, 갑자기 돌이 사라졌다. 요술쟁이는 놀라지도 않고 당황하지도 않으며, 멀리 백운白雲을 가리키면서 말하기를,

"돌이 하늘 위로 올라갔소이다." 했다.

(11) 요술쟁이가 손을 보자기 밑에 넣어 빈과蘋果—빈과는 곧 우리나라에서 사과沙果라 부르는 것이고, 중국에서 사과라 부르는 것은 곧 우리나라의 임금林檎[14]이다. 우리나라에는 사과가 원래 없었는데, 동평위東平尉 정공鄭公 재륜載崙[15]이 사신으로 갔을 때, 가지에 접을 붙여 조선으로 돌아온 뒤로 우리나라에 비로소 많이 퍼졌으며, 그 이름이 잘못 전한 것이라고 한다.—세 개를 끄집어냈다. 가지와 잎이 붙은 것을 한 개 가지고 우리나라 사람에게 사라고 한다. 우리나라 사람은 머리를 흔들고 사려고 하지 않으면서,

"네가 이전부터 항상 말똥으로 사람을 희롱한단 말을 들었거든."

한다. 요술쟁이는 웃으며 변명하지 않았고, 그때 여러 사람은 다투어 사서 먹었다. 우리나라 사람이 비로소 사자고 청하니 요술쟁이는 처음에는 아끼는 듯하다가, 얼마 뒤에 한 개를 집어 주었다. 우리나라 사람이 한 입 베어 먹고는 바로 토하는데, 말똥이 한 입 가득 차서 온 저자 사람이 모두 웃었다.

(12) 요술쟁이가 바늘 한 줌을 입에 넣고 삼켰는데 가려워하지

14) 능금:지금 사과보다 훨씬 작은 것
15) 정재륜(1648~1723). 효종의 5째 딸에게 장가들어 동평위에 봉해졌고, 대청사행을 3회나 했다. 유초환愈初煥의 『남강만록南岡漫錄』에는 인평대군麟坪大君이 사과를 가지고 왔다고 한다.

도 아파하지도 않고 평소처럼 말하고 웃으며, 밥을 먹고 차를 마셨다. 천천히 일어나서 배를 문지르고는 붉은 실을 비벼서 귓구멍에 넣고 한참 동안 조용히 섰더니, 재채기를 두어 번 하고는 코를 쥐어 코를 풀고 수건을 내어 코를 닦고서 콧구멍에 손가락을 넣어 마치 코털을 뽑는 것처럼 하더니, 조금 있다가 붉은 실이 콧구멍에서 조금 보였다. 요술쟁이가 손톱으로 그 실 끝을 집어 당기니 실이 한 자 넘게 나오면서 갑자기 바늘 한 개가 콧구멍에서 눕혀진 채 나오는데 실에 꿰어져 있었다. 가느다랗게 질질 끌려 빠지는 실은 자꾸 길어져서 수백 수천 바늘이 모두 한 실 끝에 꿰어졌고, 더러는 밥알이 바늘 끝에 붙어 있었다.

(13) 요술쟁이가 흰색 대접 하나를 내어 여러 사람에게 뒤집어 보이고는 땅바닥에 놓았는데 아무 물건도 없었다. 요술쟁이는 사방 사람들을 돌아보면서 손뼉을 쳐 보이고 접시 한 개를 가져다가 대접을 덮고 사방을 향하여 노래를 부른다. 얼마 있다가 열었는데, 은 다섯 쪽이 있고 모양은 흰 개구리밥[16]처럼 생겼다. 요술쟁이가 사방을 돌아보고 손뼉을 쳐 여러 사람에게 보이고는 처음처럼 접시로 대접을 덮고서 공중을 향하여 옆으로 흘겨본 뒤, 마치 욕을 하듯이 소리를 지르고 얼마 있다가 열어 보이니 은銀이 돈으로 변했는데, 그 개수 역시 다섯 개였다.

16)   白蘋. 개구리밥

(14) 요술쟁이가 은행 열매 한 소반을 땅 위에 놓고 큰 항아리로 이것을 덮고 공중을 향하여 주문을 외우다가 한참 만에 열어보니, 은행은 보이지 않고 모두 산사山査[17]가 되었다. 다시 그 항아리로 덮고 공중을 향하여 주문을 외우다가 한참 만에 열어 보니, 산사는 보이지 않고 모두 두구荳蔲[18]가 되었다. 다시 항아리를 덮고 공중을 향하여 주문을 외우다가 한참 만에 열고 보니, 두구는 보이지 않고 모두 능금이 되었다. 다시 항아리를 덮고 공중을 향하여 주문을 외우다가 한참 만에 열고 보니 능금은 보이지 않고 모두 염주念珠가 되었다. 단향목으로 조각하여 만든 것인데 모든 알에 포대布袋 목상木像[19]을 조각하였는데 하나하나가 웃음을 머금고 낱낱이 뚱뚱하였다. 한 줄에 1백 8개를 꿴 것이, 처음도 끝도 없어서 교력巧歷[20]이라고 한들 어디서부터 시작하여 세어야 할지 알 수 없었다. 이때 요술쟁이는 사방을 돌아보면서 손뼉을 쳐 여러 사람을 두루 불러 용한 술법을 자랑했다.

다시 그 항아리를 덮어서 땅 위에 엎었다가 뒤집어 놓으니, 항아리는 밑으로 가고 소반은 위에 있게 되었다. 옆눈으로 보면서 화가 난 듯이 소리를 치고 한참 만에 열어 보니, 염주는 하나도 없고 맑은 물만이 철철 넘치며, 한 쌍의 금붕어가 항아리 속에서 활발히

17) 한약재의 일종.
18) 한약재의 일종.
19) 포대화상.
20) 장자에 나오는 인물. 셈법을 아주 잘하는 사람이다.

노는데 뻐끔거리며 진흙을 뱉기도 하며, 뛰고 헤엄치곤 했다.

(15) 요술쟁이가 한 자 여덟 치짜리 그림 자기 쟁반[畵瓷盤經尺有咫者] 다섯 개를 탁자 위에 놓고, 다시 가는 댓개비[21] 수십 개를 탁자 아래 놓았는데, 댓개비의 크기와 길이는 화살과 비슷하고 모두 끝을 뾰족하게 깎았다. 댓개비 한 개를 잡고는 그 끝에 쟁반을 얹고 대를 돌리니, 쟁반은 기울지도 않고 삐뚤어지지도 않았다. 도는 것이 조금 느려지면 다시 손으로 쳐서 빨리 돌게 한다. 쟁반은 빨리 도는 바람에 미처 떨어질 사이도 없었다. 쟁반이 조금 기울 때는 다시 댓가지로 질러 올리면 쟁반이 한 자 넘어 높이 솟았다가 똑바로 댓개비에 편안히 내려앉아 팽팽 돌았다. 요술쟁이가 이것을 오른쪽 신 속에 꽂아 놓으니 쟁반은 저절로 돌고 있었다. 다시 한 개비로 쟁반을 처음처럼 돌리다가 왼편 신 속에 꽂고 또 한 개비로 돌리다가 오른편 옷깃에 꽂고 다른 한 개비는 왼편 옷깃에 꽂으며, 또 다른 한 개비는 끝에 쟁반을 얹어 흔들고 쳐서 핑핑 돌리니 손으로 칠 때마다 쟁쟁 소리가 났다. 이때 요술쟁이가 댓개비에 댓개비를 점점 잇는데, 쟁반은 무겁고 댓개비는 길어지니 댓가지 가운데가 절로 구부러지는데도, 전혀 떨어져 부서질까 생각도 않고 돌리기를 그치지 않는다. 댓개비 10여 개를 이어 놓으니 높이가 지붕 위에까지 올라갔다. 이때 요술쟁이가 이었던 댓개비를 천천히 하나씩

21) 대를 쪼개 가늘게 깎은 오리.

빼어 옆에 있는 사람에게 주어 탁자 위에 도로 놓았다. 이때 요술쟁이는 입에 댓개비 하나를 담뱃대처럼 물고 입에 문 댓개비 끝에 높은 댓개비를 세우며, 두 팔을 늘어뜨리고 꼿꼿이 한참 동안 선다. 이때 구경꾼들은 뼛속까지 자릿하지 않은 이가 없었으니, 이는 쟁반이 아까워서 그런 것이 아니라 실상 보고 있자니 너무 위험해서였다. 별안간 바람이 일어 댓개비는 과연 가운데가 부러졌다. 이에 뭇사람들이 일제히 놀라 소리를 치자, 요술쟁이는 역시 재빨리 쫓아가 쟁반을 받아서, 다시 공중으로 높이 1백 척이나 되게 던져 놓고 사방 구경꾼을 돌아보면서 편안한 듯 슬며시[輕輕] 쟁반을 받는데, 자랑하는 빛도 없고 뽐내는 기색도 없이 옆에 아무도 없는 듯이 했다.

(16) 요술쟁이가 나락 네댓 말을 앞에 놓고 양손으로 다투듯이 움켜쥐고 고기 먹듯 잠깐 사이에 다 먹어 버리니 땅바닥은 핥은 듯했다. 이때 요술쟁이가 땅을 짚고서 겨를 토하는데, 침과 뭉쳐서 덩어리가 되어 나왔다. 겨가 다 나오더니 계속해서 연기가 입술과 이 사이를 덮어, 손으로 수염을 닦고 물을 찾아 양치질을 해도 연기는 끝내 그치지 않았다. 답답함을 참지 못하여 가슴을 치고 입술을 쥐어뜯으며 연거푸 물을 두어 그릇 마셨으나, 연기는 더욱 심하여 입을 벌리고 한 번 토하니 붉은 불이 입에 꽉 차 있다. 젓가락으로 집어내니 반은 숯이 되었고 반은 타고 있었다.

요술쟁이가 금호로병金葫蘆瓶을 탁자 위에 놓고 또 녹동綠銅 화병을 내놓는데 공작의 깃이 꽂혀 있었다. 조금 있다 보니 금호로병이 간 곳이 없다. 요술쟁이는 구경꾼들 중 한 사람을 가리키면서,

"저 노야老爺 분이 감추었네."

하니, 그 사람은 노하여 얼굴빛이 변해 가지고,

"어찌 이렇게 무례하단 말야!"

했다. 요술쟁이가 웃으면서,

"노야께서는 진짜 거짓말을 하십니다. 호로병은 노야의 주머니 속에 있습니다."

하였다. 그러자 그 사람은 크게 노하여 입 속으로 욕을 하면서 옷을 한 번 털어 보이니, 갑자기 품속에서 땡그랑 소리가 나면서 호로병이 떨어졌다. 온 시장의 사람들이 일제히 웃으니 그 사람은 묵묵히 있다가 딴 사람 등 뒤에 가서 섰다.

(17) 요술쟁이가 탁자 위를 깨끗이 닦고 책들을 가지런히 벌여 놓고 조그만 향로에 향불을 피우고 흰 유리 쟁반에 복숭아 세 개를 담아 두었는데 복숭아는 모두 사발만 했다. 탁자 앞에 바둑판과 흑백 알을 담은 통을 놓고 자리를 단정하게 깔아놓았다. 잠시 휘장으로 탁자를 가렸다 조금 후에 걷자, 구슬 관에 연잎 옷을 입은 자도 있고, 신선의 옷과 신발을 신은 자도 있으며, 나뭇잎 옷에 맨발로 있는 자들이 혹은 마주 앉아 바둑을 두기도 하며, 혹은 지팡이를 짚은 채 옆에 서 있기도 하고, 혹은 턱을 고이고 앉아서 졸기도 했다. 그들 모두 수염이 아름답고 얼굴들이 예스럽고 기이하였다. 접시

에 있던 복숭아 세 개가 갑자기 가지가 돋아 잎이 돋리고 가지 끝에 꽃이 피니, 구슬 관을 쓴 자가 복숭아 한 개를 따서 서로 베어 먹고, 그 씨를 땅에 심었다. 또 다른 복숭아 한 개를 절반도 못 먹었는데 땅에 심은 복숭아나무는 벌써 몇 자가 자라서 꽃이 피고 열매를 맺었다. 바둑을 두던 사람들은 갑자기 머리가 반백斑白이 되더니 이윽고 하얗게 세어 버렸다.

(18) 요술쟁이가 큰 유리 거울을 탁자 위에 놓고 선반을 만들어 세웠다. 이때 요술쟁이가 여러 사람을 두루 불러서 거울을 열어 구경시켰다. 층층 누각과 몇 겹 전각에 단청을 곱게 했는데, 관원 한 사람이 손에 파리채를 잡고 난간을 따라 서서히 걸어갔다. 아리따운 여인들이 서넛씩 짝을 지어 보검을 가지고 혹은 금병을 받들고, 혹은 봉생鳳笙을 불고 혹은 비단 공도 차는데 구름 같은 머리와 고운 귀걸이가 묘하고 곱기 비할 바 없었다. 방 안에는 백 가지 물건과 수 없는 보물들이 있어, 참으로 세상에서 가장 부자인 것 같았다. 이때 여러 사람이 부러움을 참지 못하여 서로 구경하기에 바빠서 이것이 거울이라는 것도 잊어버리고 바로 뚫고 들어가려 했다. 그러자 요술쟁이가 구경꾼들을 꾸짖어 물리치고 즉시 거울 문을 닫아 더 오래 보지 못하도록 했다. 요술쟁이는 한가로이 걸으며 사방을 향하여 무슨 노래를 부르다가 또 거울 문을 열어 여러 사람을 불러 와 보라고 했다. 정자와 누각은 황량하였다. 세월이 얼마나 지났는지, 아리따운 여인들은 어디로 가고 한 사람이 침상 위에서 옆

으로 누워 자는데, 옆에는 아무 물건도 없이 손으로 귀를 받치고 있고 정수리에서는 김 같은 것이 연기처럼 떠오르는데, 처음은 가늘고 끝은 둥근 것이 늘어진 유방 같았다.

종규鐘馗[22]가 누이를 시집보내고 부엉이가 장가를 들며, 하늘의 기운을 가진 버들 귀신이 앞을 서고 복을 준다는 박쥐가 깃발을 잡은 광경이 이 정수리에서 나오는 김을 타고 올라가서 안개 속에서 논다. 잠자던 자가 기지개를 켜며 깨려다가 또 잠이 들었는데, 갑자기 두 다리가 수레바퀴로 변했는데 아직 바큇살은 생기지 않았다. 이때 구경꾼들은 맘이 서늘해져 두려워하지 않는 자 없었으며, 거울을 가리고 등을 돌려 달아났다.

요술쟁이가 말하였다.

"세상의 몽환夢幻이 본래 이와 같아서 거울 속에서처럼 염량세태가 유독 달라진다.[猶於鏡裏。炎凉頓殊] 인간 세상의 모든 가지가지 일들이 아침에 무성했다가 저녁에 시들고, 어제 부자가 오늘은 가난하고, 잠깐 젊었다가 갑자기 늙는 것이 꿈속에 꿈 이야기를 하는 것 같다. 죽는 자가 있으면 태어나는 사람도 있고, 무엇이 있다가도 없어지기도 하니, 무엇이 참이요 무엇이 거짓인지 모를 일이다. 세상의 선남善男[23]이요 보살菩薩의 형제들에게 말하노니, 헛 세상에 꿈 같은 몸, 거품이나 번개처럼 곧 사라질 돈과 물건이도다. 큰 인연을

---

22)   당 현종이 꿈에 본 귀신. 화가 오도자가 그렸다고 한다. 민간에서는 이 그림을 문 위에 붙여 잡귀를 쫓았다고 한다. 아름다운 누이동생을 시집보내는 그림인 鐘馗嫁妹圖가 있다.
23)   요술쟁이가 사람을 부르는 어휘인 듯.

맺어 기운에 따라 잠시 머무를 뿐이니 원컨대, 이 거울을 본보기 삼아 덥다고 나아가지 말고, 차다고 물러서지 말며, 있는 돈을 흩어서 이 가난한 자들을 구제할지어다.

(19) 요술쟁이가 큰 동이 하나를 탁자 위에 놓고 수건으로 깨끗하게 닦고 붉은 옷감으로 위를 덮으며, 장차 무슨 요술을 하려고 애쓰는 즈음에 품속에서 접시 하나가 쨍그렁, 하고 땅에 떨어지면서 붉은 대추가 흩어지니, 여러 사람이 일제히 웃고 요술쟁이도 역시 웃었다. 그릇과 도구를 주워 담아 이내 놀음을 마치니 이것은 재주가 없어 그러는 것이 아니라, 날이 저물어 바로 파하려 했으므로 일부러 파탄破綻을 내서 여러 사람에게 본래 이것이 거짓인 것을 보여준 것이다.

환희기후지幻戲記後識

이날 홍려시 소경(鴻臚寺 少卿)[24] 조광련趙光連과 의자를 나란히 하고 요술을 구경했다. 내가 조경趙卿에게 말하기를,

"눈으로 시비를 분별 못 하고 참과 거짓을 살피지 못한다면, 비록 눈이 없다고 해도 될 것입니다. 그러나 항상 요술쟁이에게 속

24) 次官에 해당하는 벼슬.

는 것은 눈이 늘 허망하게 보여서 그런 것이 아니라 눈이 밝게 보려고 하는 것이 도리어 탈이 됩니다."

하였더니, 조경은,

"비록 요술을 잘하는 자가 있더라도 눈먼 자에게는 눈속임을 할 수 없을 것이니 눈이란 과연 늘 변하지 않는 것일까요?"

한다. 나는,

"우리나라에 서화담 선생徐花潭先生[25]이란 분이 있었습니다. 그분이 길에서 우는 자를 만나 어찌 우느냐고 물으니, 대답하기를, '내가 세 살에 소경이 되어 이제 40년이 되었습니다. 이전에는 걸음을 걸을 때 보는 것을 발에 맡겼고, 물건을 잡을 때는 보는 것을 손에 맡겼고, 말소리를 들어 누구인지 가릴 때는 보는 것을 귀에 맡겼고, 냄새를 맡아서 어떤 것인지 살필 때는 보는 것을 코에 맡겼습니다. 딴 사람들은 눈 두 개만 가졌지만 나는 손과 발과 코와 귀가 모두 눈 아닌 것이 없습니다. 또한 어찌 수족과 귀와 코뿐이겠습니까? 해가 빨랐는지 늦었는지는 낮에 피곤한지 여부로 보았고 물건의 모양과 색은 밤에 꿈으로 보아 막힐 바가 없이 의심이나 혼란은 없었습니다. 이제 길 가다가 갑자기 두 눈이 맑아지고 눈동자에 낀 막이 저절로 열렸습니다. 천지가 넓고 크며, 산천이 요란하게 엉겼고, 만물이 눈을 가리고 온갖 의심이 가슴을 막아, 수족과 귀와 코는 착각을 일으키고 뒤죽박죽이 되어서 모두 떳떳한 것을 잃고 보

---

25) 서경덕(1489~1546) 조선 중기 유학자.

니, 까마득하여 우리 집조차 잊어버려서 돌아갈 수가 없으므로 웁니다.' 하더랍니다.

화담 선생이, '네가 네 길잡이에게 물어보면 길잡이가 응당 스스로 알 것이 아닌가?' 하였더니 그는 말하기를, '내 눈이 이미 밝았으니 길잡이를 어디에서 쓰겠습니까?' 하니 선생은 말하기를, '도로 네 눈을 감으면 네가 서 있는 곳이 곧 네 집일 것이다.' 했습니다.

이로써 논한다면, 눈이 밝은 것을 믿어 버리면 안 된다는 것이 이와 같습니다. 오늘 구경한 요술도 요술쟁이가 눈속임을 해서 속는 것이 아니라 사실은 보는 자가 스스로를 속이는 것입니다."

조경이 말하였다.

"그렇습니다. 세상에서는 조비연趙飛燕[26]은 너무 파리하고 양귀비[27]는 너무 살쪘다고 하는데, '너무'라고 하는 말은 '지나치게 심하다'는 말입니다. 이미 살찌고 여윈 것을 평가한 데다 '이미 심하다'는 말을 경솔하게 더 붙였다는 것은, 그들이 절세가인은 아니라는 이야기입니다. 살찌고 깡마른 사이에서 저 두 황제의 눈을 현혹했을 뿐입니다.

세상에는 밝은 눈이라든지 진정한 소견은 없어진 지 오래되었습니다. 태백太伯[28]이 몸에 먹으로 문양을 그리고 약을 캔 것은 효

---

26) 漢 成帝의 왕후, 몸이 날렵하여 제비처럼 춤을 잘 춤
27) 楊貴妃. 별호 옥환玉環, 唐玄宗의 후궁이다.
28) 周나라 태백이 왕위를 아우에게 전하려는 아버지의 의중을 파악하고 몸에 문신을 하고 남

도로써 요술을 부린 것이요, 예양豫讓[29]이 몸에 옻칠을 하고 숯을 먹은 것은 의리로써 요술을 부린 것이요, 기신紀信[30]의 황제의 수레에 앉아 깃발을 왼쪽에 꽂은 것은 충성으로써 요술을 부린 것이요, 패공沛公[31]의 요술은 깃발로 부렸고, 장량張良[32]의 요술은 돌로 부렸으며, 전단田單[33]은 소로써, 초평初平[34]은 양으로써, 조고趙高[35]는 사슴으로써, 황패黃覇[36]는 새로써, 맹상군孟嘗君[37]은 닭으로써 요술을 부렸습니다. 치우蚩尤[38]의 요술은 동두銅頭와 철액鐵額으로 부렸으며 제갈량諸葛亮[39]은 목우유마木牛流馬로 요술을 부렸고, 왕망王莽의 금등[40]에서 천자가 된다는 명을 청한 것은 요술이 되다가 만 것입니다. 조

쪽 오랑캐 땅으로 약초캐러 떠난 것.

29) 전국 때 사람. 그의 임금 지백智伯의 원수를 갚기 위하여 거짓 벙어리가 되어서 조양자趙襄子를 죽이려 하였음.

30) 유방 휘하에 있던 장수. 항우와 전투를 하다가 포위되자 유방을 탈출시키기 위해 유방의 수레를 대신 탔다.

31) 한 고조 劉邦.기신에게 황제의 깃발을 수레에 꽂게 함.

32) 황석공이라는 신선에게 병서를 얻어 출세했는데, 황석공이 자신을 만나려면 산 밑의 黃石을 찾으라고 했다.

33) 戰國시대 齊의 장수. 소 뿔에 불을 붙이고 적진에 뛰어들게 함.

34) 黃初平. 신선전에 나온다. 돌을 꾸짖어 양이 되게 함.

35) 秦나라 환관출신 간신. 지록위마로 유명

36) 漢宣帝의 승상. 꿩같이 생긴 할이라는 새를 봉황이라고 바쳤다.

37) 鷄鳴狗盜. 맹상군이 진秦에서 구금당하여 도망치는데, 함곡관函谷關에 닿았으나, 닭이 울기 전에는 문을 열지 못하므로 그 부하로 있는 자가 닭울음을 잘하여 관문을 열게 하였다.

38) 황제黃帝 때 모반을 함. 이사람의 머리는 동으로, 이마는 철로 되어 있었다고 한다.

39) 제갈공명은 나무로 만든 소로 말처럼 달리게 하여 군량을 운반함.

40) 한나라 때의 반역자인 왕망이 자신이 천자가 되리라는 천명이 쓰인 문서가 금으로 밀봉한 상자金滕 안에 있다고 거짓말을 한 고사.

조操[41])가 동작대銅雀臺에서 향을 나눈 것은 파탄이 난 요술이고, 안녹산安祿山의 적심赤心[42])과 노기盧杞[43])가 귀신처럼 생긴 퍼런 얼굴[藍面]로 간사한 말을 한 것은 모두 수준 낮은 요술이었습니다. 예로부터 부인들이 더욱 요술을 잘 부려 포사褒姒[44])의 봉화烽火와 여희驪姬[45])의 벌이 그러한 것이었습니다.

그런데, 성인聖人이 신성한 도로써 교화를 베푸는 데도 역시 그런 요술을 썼습니다. 나는 비록 요堯임금의 뜰에 난 풀이 아첨쟁이를 가리키고, 순舜임금의 소악韶樂을 듣고 봉황이 날아왔다는 것은 감히 의심할 수 없다고 하더라도 우禹임금 때 황룡黃龍이 나와 배[舟]를 등에 졌다는 것과 주 무왕(周 武王)이 정벌하러 갈 때 하늘에서 불이 날아와 붉어진 까마귀가 집에 들어왔다는 것은 다 믿을 수가 없습니다.

예로부터 신령하고 성스러운 사람이나 평범하고 어리석은 사람이나 똑같이, 알지 못할 일이 없는 사람은 없습니다. 몸에서 떨어진 딱지를 즐겨 먹는 자[46])가 있고, 혹은 노새 울음소리를 즐기는 자

---

41) 위공魏公으로 있을 때 동작대를 짓고 죽을 때에 궁녀宮女들에게 향香을 나누어 주며, 사후라도 동작대에 와서 자기에게 제사하라 하였음을 말한다.

42) 당현종대의 역신 안녹산이 배불뚝이라 현종이 농담으로 뱃속에 무엇이 들었는가 물었더니 일편단심이 들어있다고 한 것이다.

43) 당덕종唐德宗 때의 간신.

44) 周나라 유왕幽王의 애첩, 잘 웃지 않아 유왕이 이를 웃기기 위해 가짜로 봉화를 들어서 제후들이 군사를 몰고 모여들었다가 헛걸음 한 것을 보고 웃었다 한다.

45) 晉 헌공獻公의 애첩. 태자 신생을 미워하여 헌공에게 신생이 자기 옷에 벌을 집어넣었다고 모함하여 죽게 만들었다.

46) 宋나라 유옹劉邕이라는 사람은 상처 딱지 먹기를 즐겼다고 한다.

47)가 있으니, 이것은 요술이라 해도 괜찮을 것이요, 천성이라 할만
할 것입니다.

요술의 기술은 비록 천변만화하더라도 두려워할 만한 것이 없
습니다. 그러나 천하에 두려워할 만한 요술은 크게 간사한 자가 충
성스러운 척하는 것과 향원鄕愿48)이면서도 덕행이 있는 체하는 것
일 겁니다."

나는 말하였다.

"동한東漢 말에 임금 여섯을 섬긴 호광胡廣 같은 정승은 중용中庸
으로 요술을 하고, 오대五代(唐宋 과도시기) 때 풍도馮道는 성씨가 다른
임금 여럿을 섬기며 명철보신明哲保身으로 요술을 부렸으니, 웃음 속
에 칼이 있는 것이 오늘 봤듯 입속으로 칼을 삼키는 것보다 더 혹독
하지 않을까요?"

하고는 서로 크게 웃으면서 일어났다.

---

47) 삼국시대 왕찬王粲의 고사. 그가 사망하자 魏 문제가 찾아와 문상객들에게 망자가 생전 좋아
     하던 당나귀 소리를 내보라 함. 말했다는 이야기가 있다.
48) 논어에 나온다. 시골 사람으로, 겸손하고 삼가는 척 하는 사람으로 언급된다.

피서록避暑錄

피서록 서避暑錄序[1]

이 『피서록避暑錄』은 내가 피서산장避暑山莊을 구경하러 갔을 때에 쓴 글이다. 열하에는 36개소의 이름난 경치가 있는데, 강희제가 일찍이 그 경치 좋은 곳마다 전각 하나씩을 두었다. 그 전각의 이름들은 다음과 같았다.

연파치상煙波致爽 지경운제芝逕雲隄 무서청량无暑清涼 연훈산관延薰山館

수방암수水芳巖秀 만학송풍萬壑松風 송학청월松鶴清越 운산승지雲山勝地

사면운산四面雲山 북침쌍봉北枕雙峯 서령신하西嶺晨霞 추봉낙조錘峯落照

남산적설南山積雪 이화반월梨花伴月 곡수하향曲水荷香 풍천청청風泉清聽

---

[1] 여러 본에는 이 소제小題가 없으나 '주설루본'에 의하여 추록하였다.

호복한상濠濮閑想 천우함창天宇咸暢 난류훤파煖溜喧波 천원석벽泉源石壁

청풍록서青楓綠嶼 앵전교목鶯囀喬木 향원익청香遠益清 금련영일金蓮映日

원근천성遠近泉聲 운범월방雲帆月舫 방저임류芳渚臨流 운용수태雲容水態

징천요석澄泉遶石 징파첩취澄波疊翠 석기관어石磯觀魚 경수운잠鏡水雲岑

쌍호협경雙湖夾鏡 장홍음련長虹飲練 보전총월甫田叢樾 수류운재水流雲在

그리고 전체를 합하여 피서산장이라 이름하고 강희제가 친히 기記를 지었다.

"금산金山에서 발맥發脉한 따뜻한 샘은 흘러 내려가서 구름 속 골짜기에 물이 깊게 고였으며, 돌 쌓인 못엔 푸른 아지랑이가 둘려 있도다. 경계가 넓고 초목이 무성하니 농막農幕에도 해롭진 않겠으며, 바람이 맑아 여름철도 서늘하니 사람의 수양할 곳으로 적당하구나.

내 일찍이 여러 차례 양자강 가를 순행했기에 남방의 수려함도 잘 알고, 두 번이나 진롱秦隴(섬서·감숙성 지방)에 거동하여 서쪽 지방의 사정을 더욱 잘 알았으며, 북으로는 용사龍沙(흑룡강 지방)를 지나고, 동으로는 장백산을 구경하여 산천의 장대함과 인물의 순박함을 이루 다 기록할 수 없으나, 모두 내가 고를 곳은 아니었다. 다만 이곳 열하는 길이 북경과 가깝지만, 지형은 궁벽하고 들판은 거친 곳이다. 이에 높고 낮으며 멀고 가까운 거리를 측량하며, 빼어난 봉우리 자연의 형세를 따라 소나무에 의지하여 집을 지으니 끌어온 물은 정자에 이르니, 이는 모두 사람의 힘으로만은 능히 할 수 없는 것들이다.

꽃다운 벌판을 빌렸을 뿐, 서까래를 새기거나 기둥에 단청을 하는 것도 비용을 들이지 않았고, 숲과 샘은 아늑하여 나의 정서에 맞음을 기뻐하노라. 날개가 찬란한 새들은 푸른 물 위에 노니느라 사람을 피하지 않고, 노는 사슴들은 석양을 받아 떼를 이루었구나. 솔개는 공중에 날고 물고기는 물에 뛰노니[2] 천성의 높고 낮음을 따르며 멀리 자주색 이내가 깔린 아름다운 경치를 따라 오르내리는 구나. 이것이 곧 피서산장의 모습이다."

이 글은 강희 50년(1711) 6월 하순에 쓴 것이니, 강희제가 늘그막에는 주로 열하에 있었음을 짐작할 수 있다. 때는 바야흐로 한가을이 되었건만 북방의 더운 기운이 오히려 찌는 듯하여, 나는 늘 흰모시 홑적삼을 입었는데 대낮이 되면 땀이 흐르곤 했다. 유람하다 짬이 날 때마다 의자를 집밖의 큰 회나무 밑으로 옮겨 바람을 쐤다. 여기서 귀로 들은 것, 눈으로 본 것, 마음에 느낀 것들을 그 자리에서 얻는 대로 적어 보고, 그 이름을 『피서록』이라 한다.

피서록避暑錄

기려천奇麗川[3]은 만주 사람이다. 그는 성격이 몹시 교만하여 윤

---

2) 『중용장구』제12장의 시詩에서 '솔개는 날아 하늘에 다다르고 물고기는 연못에서 뛰어논다[鳶飛戾天 魚躍于淵].'에서 온 구절이다.
3) 기풍액奇豊額을 말한다.

형산尹亨山을 무시하는 빛을 얼굴에 드러냈으나, 형산은 짐짓 알지 못하는 척하고 얼굴과 말씨를 겸손하게 낮추었다. 대체로 윤尹은 기齡에 비하여 나이가 20여 세나 많고 벼슬도 역시 조금 높은 편이다. 그러나 그는 한족이라 이미 나그네처럼 된 처지였으니, 형편이 그렇지 않을 수 없는 까닭이다. 여천이 거처하고 있는 방이 내 거처하는 곳과 문이 마주 보이는 터라, 내가 윤형산을 찾아서 이야기를 하려면 반드시 여천의 문 앞을 지나치게 되므로 나는 꼭 여천에게 먼저 들렀다. 그러면 형산은 나의 뜻을 모르고서 늘 나의 뒤를 따라서, 그곳에 잠깐 지체했다가 곧 일어서면서 다른 곳에 약속이 있다고 말을 한다. 여천은

"윤공尹公이 다른 곳으로 간다는 말이야."

하고, 그의 뒤통수에 대고 손가락질을 하면서 웃는다. 그리고 형산도 언젠가 돌아앉아서 평가하기를

"저 눈 못 뜬 비둘기 같은, 덜 떨어진 인간."

하는데, 만족과 한족 사이에 원수가 되어 미워하는 것을 이로써 짐작할 수 있겠다. 또 어느 날 여천이 나에게,

"전에 산동에 포정사布政司[4]로 부임한 어떤 사람이 있었는데, 그는 탐관으로 이름이 높았답니다. 그가 일찍이,

백성을 아들처럼 돌보고 視民若子

법률은 산같이 엄중하리 立法如山

[4]   지방관을 말함. 명, 청시대에 있었다.

라는 주련柱聯 두 구를 지어서 관아 문에 붙였더니, 그날 밤에
어떤 이가 그 끝에다 잇달아서,

우양도 어버이 것 창고도 어버이 것이니 牛羊父母倉廩父母

우리는 다만 아들 직분을 지키자 共爲子職而己矣

보물도 여기서 생기고 재산도 이곳에서 생기니 寶藏興焉貨財
興焉

나무가 없는 산이 어찌 산의 본성일까 보냐 此豈山之性也哉[5]

라고 썼다는군요."

라고 나직이 말한다. 이는 아마 형산을 가리키는 듯싶기에 나
는 그 뒤에 우연히 형산에게 물었다.

"일찍이 산동 포정사를 역임하신 적이 있소?"

형산은,

"그런 일이 있었지요."

하였다.

그 뒤에 연경燕京으로 돌아왔을 때 그곳 사람들과 이야기하다
가 기奇를 아느냐고 물었으나 모두 머리를 흔들 뿐이다. 풍병건馮秉
健[6]이 홀로 분개하는 어조로 말하였다.

"사대부가 어찌 되놈의 새끼[貃子]를 안단 말이요!"

---

5)　'우양도 …… 것이니'는 『맹자』 만장 상萬章上, '우리는 …… 지키자'는 『맹자』 이루 상離婁上,
　　'보물도 …… 생기니'는 『중용』 26장, '이것이 …… 보냐'는 『맹자』 고자 상告子上에 있는 말
　　을 인용하여 엮은 것이다.

6)　자는 승기乘驥, 호는 명재明齋이다.

나는 또 물었다.

"윤형산은 어떤 인물인가요?"

모두 기쁜 빛으로 대답하였다.

"그는 참으로 백락천白樂天과 같은 유의 인물이지요."

광피사표패루光被四表牌樓 남쪽 골목 둘째 문은 동씨董氏의 집이다. '쌍청문雙淸門'이란 현판이 붙었는데 강희제의 어필이다. 또 지금 황제[건륭제]가 쓴 '양세삼효兩世三孝'[7]라는 액자가 붙어 있다. 이곳은 장성 밖의 민가民家임에도 불구하고 천자의 거둥이 세 번이나 있었다 한다.

강희가 절강浙江에 순행할 때에 산음山陰에 살고 있는 노인 왕석원王錫元 등 5형제를 보기 위해 불렀다. 그들은 누런 머리에 이가 새로 났으며[8] 서로 붙들고 다닌다. 황제가 행궁行宮에서 잔치를 열었는데 그들 다섯 중 맏이와 둘째는 쌍둥이로 나이가 80이요, 그다음은 78, 다음은 76, 다음은 75인데, 모두 합하면 3백 89세이다. 그들의 자손은 모두 45명인데, 각각에게 비단을 나누어 주고 또 어필로 '일문인서一門仁瑞'[9]라는 편액을 써서 주었으며 황태자는,

다섯 가지 비단 나무 이 세간의 영화이고 五枝錦樹榮今代

---

7) 2대에 걸쳐서 3명의 효자가 났다는 뜻

8) 노인이 일정 나이 이상 먹으면 이가 새로 난다. 『시경』「노송魯頌 비궁閟宮」에 있는 구절이다. "이미 복을 많이 받으시어, 머리도 누렇고 이도 새로 나셨다네[旣多受祉 黃髮兒齒]."

9) 한 집안이 어질고 상서롭다는 뜻.

백세 되는 높은 나이 한 집안에 모였구나 百秩仙籌萃一門

라는 주련을 써서 주었다. 이로 미루어 요즈음 맑은 행실을 밝히고 기이한 일을 표창하는 은전이 전대보다 많아짐을 알 수 있다.

북진묘北鎭廟 뜰에 서 있는 노송老松을 지금 황제가 직접 그림 그려서 검은 돌에 새겨 바위를 파내고 안에 넣었는데, 그 바위의 높이는 겨우 한 길 남짓하다. 이를 명明 때에는 취운병翠雲屛이라 불렀었는데, 지금 황제가 보천석補天石이라 고치고 그림 곁에 시를 지어서 새겼다.

북진묘 서쪽 일산처럼 퍼진 솔이 鎭廟門西似蓋松

반은 말랐으나 반은 푸르네 半存枯幹半籠葱

정신을 모아 포박자(갈홍葛洪의 호)를 보는 듯이 凝神如見抱朴子

모습을 그려보지만 소옹10) 앞에 펴기 부끄럽네. 圖貌慙非陳少翁

나무 아래 서면 맑은지 비 오는지 모르겠고 立下忽疑晴與雨

앞으로 나가야 하늘색이 어떤지를 깨닫겠네. 現前可悟色兮空

어찌하면 유월 여름 그 뿌리 위에 앉아 何當六月其根坐

책을 읽으며 솔솔 부는 바람 소리 들을까. 讀疏仡聽謖謖風

여기에 건륭의 낙관이 찍혀 있다.

"갑술년(1754)에 내가 동쪽으로 순행하는 길에 친히 북진묘에

---

10) 소옹少翁. 도사이다. 한무제가 애첩인 이부인의 죽음을 슬퍼하자 이부인의 모습을 그려 이부인이 나타난 것처럼 꾸몄다.

제사를 드리고, 예가 끝나자 묘에 들어가 두루 구경하였다. 늙은 솔 한 그루가 있는데 그 반은 말라서 철석같이 굳은 가지들이 비쭉 비쭉 있었는데, 동쪽 가지는 울창해서 기이한 정취가 있었다. 이에 나무 밑에 서서 이 그림을 그렸다. 9월 24일 어필."

이라는 글이 있고 '천지위사天地爲師'라는 도장이 찍혔다. 황제의 글씨나 그림이 모두 훌륭하였다.

바위 곁에 또 삼한三韓 사람 김내金鼐의 시가 있었다.

의무려산 산마루에 때때로 올라 時登醫巫閭山頭

바다와 구름을 한눈에 다 보노라 雲舍滄桑望裏收

바위가 입은 이끼 옷은 사람 자취를 싫어하고 石髮巖衣嫌跡擾

새소리 매미 소리가 사람 소리를 둘러 고요하네 鳥鳴蟬噪帶人幽

공중에 솟은 나무 용이 날아간 듯 凌空樹古龍飛去

옆 땅에는 꽃 새로 피고 봉황이 남아있네 傍地花新鳳曡留

북두성 높디높아 하늘 괴는 기둥이라 北斗惟神天一柱

억만년 우리 황제를 보호하소서 億年萬紀庇皇秋

그 끝에는 '화공和公'이란 낙관을 찍었는데 필력筆力이 몹시 옹졸하다. 돌 옆에 또 '삼한三韓 사람 김내가 지은 것이다.'라는 말이 있는데 이는 요동遼東을 또한 삼한이라 일컫는 줄을 모르고 한 말이다. 고정림顧亭林[11]은 일찍이 관직의 직함이나 지명에 옛 이름을 빌려서 쓰는 것을 배격했지만, 아직도 그것을 본받아 쓰는 자가 많다.

---

11)   고염무.

또 이 시가 비록 잘된 것은 아닐지라도 역시 우리나라 사람의 말투도 아니다.

난설헌蘭雪軒(이조李朝의 여류 문학가 허초희許楚姬) 허씨許氏의 시는 『열조시집列朝詩集』(전겸익錢謙益 저)과 『명시종明詩綜』(주이준朱彝尊 저)에 실려 있는데, 혹은 이름으로, 또는 호를 쓰되 모두 경번景樊으로 적혀 있다. 내 일찍이 『청비록서淸脾錄序』[12]를 쓸 때 상세히 고증한 일이 있었다. 무관懋官[13]이 연경에 있을 때 그것을 한림翰林 축덕린祝德麟과 낭중郎中 당낙우唐樂宇와 사인舍人 반정균潘庭筠 세 사람과 함께 돌려가면서 읽고 모두 칭찬했다 한다. 이제 내가 이곳에 와서 시 중의 빠지고 그릇된 곳을 논하다가 이내 허씨에 대한 이야기를 했더니, 윤공尹公이 말하기를,

"회암悔菴 우동尤侗이 지은 「외국죽지사外國竹枝詞」를 보면 그 첫머리에 귀국의 것을 지어 실었는데,

양화나루 어귀에는 살구꽃이 붉고 楊花渡口杏花紅

팔도의 노래는 조선의 국풍이라 八道歌謠東國風

가장 기억나기는 선녀 같은 여도사 最憶飛瓊女道士

광한궁에 올라서 상량문을 지은 것이네 上梁曾到廣寒宮"

라고 하였고, 그는 또 주석을 이렇게 내었다.

"규수 허경번이 나중에는 여도사가 되었으며, 그는 일찍이 광

---

12) 『청비록』은 이덕무李德懋 의 저서이다.
13) 이덕무의 자.

한궁 백옥루廣寒宮白玉樓의 상량문上梁文을 지었다고 하였다.”

내가 이에 허경번에 대한 왜곡된 것을 상세히 변증했더니, 윤과 기 두 사람이 각기 나누어 기록하여 간직한다. 중국의 명사들이 마땅히 이 일을 저서의 자료로 한번은 쓸 것이다.

대체로 규중 부인이 시를 읊는 것은 본래 아름다운 일은 아니지만, 외국의 한 여자로서 아름다운 이름이 중국에까지 전파되었으니, 명예롭다고 말할 만하다. 그러나 우리나라 부인들은 일찍이 그 이름이나 자字가 본국에도 드러난 적이 없었는데 난설헌이라는 호 하나라도 오히려 분에 넘치는 일이다. 하물며 경번의 이름으로 잘못 알고는 군데군데에 기록되어 천년이 지나도 씻지 못하게 되었으니, 이것이 어찌 뒷세상의 재사才思가 풍부한 규중 여성들이 마땅히 밝은 교훈으로 삼지 않아서야 되겠는가?

여러 가지 요술 중에는 술을 만들어 낸다는 주석酒石이 가장 요긴한 물건이다. 만일 진짜로 이런 돌이 있다면 의당히 천하에 다시 없는 보배가 될 것이다. 세상에서 이런 이야기가 전한다.

“명明나라 천계天啓 연간(1621~1627)에 왜倭가 유구琉球[14]를 쳐서 그 임금을 사로잡았는데, 유구의 태자가 그 나라의 대대로 내려온 보물을 싣고 가서 그 아버지를 속량贖良하려 하다가, 배가 풍파에 휩쓸려서 제주濟州에 닿았다. 목사牧使 아무개[15]가 배에 무슨 물건이

---

14) 옛 국명. 현재 일본 오키나와.
15) 김려의 『유구왕 세자전』에는 그 목사의 이름이 이난李欄이라고 나왔다.

실렸느냐고 물으니, 태자가 주천석酒泉石과 만산장漫山帳이 있다고 답하였다. 주천석은 모양이 마노瑪瑙[16]처럼 생겼는데 가운데가 오목하게 파이고 물 한 잔이 들 정도이다. 맑은 물을 채우면 곧 맛 좋은 술로 변한다. 만산장은 바닷가 거미줄에다 약으로 염색해서 짠 것인데, 작게 펼치면 집 하나를 덮을 정도이나 넓게 펼치면 산 하나를 덮을 수 있으며, 그물 구멍으로는 작게는 모기나 파리, 큰 것으로는 뱀이나 이무기 따위가 모두 그 속에 들어가지 못한다. 목사가 그것을 달라고 청하였으나 태자가 허락하지 않으므로, 드디어 병졸들을 풀어 배를 에워싸니 태자가 주천석과과 만산장을 모두 바닷속에 던졌다. 목사는 배에 실은 물건을 다 몰수하고는 태자를 죽였다. 태자가 죽음에 임하여 이런 시를 읊었다.

요임금의 착한 말이 폭군 걸과 분간이 어려우니　堯語難分桀服身

죽음에 임하여 무슨 겨를에 하늘에 호소하랴　臨刑何暇訴蒼旻

삼량[17]이 무덤에 임했으니 누가 속량해 주며　三良臨穴誰能贖

두 아들[18] 배를 타니 도적은 어질지 못하네　二子乘舟賊不仁

백골은 모래사장에 거친 풀에 얽힌 채 있건만　骨暴沙場纏有草

혼이야 고국 간들 슬퍼할 친척도 없도다.　魂歸古國吊无親

죽서루 밑 저 물소리 콸콸흘러　竹西樓下滔滔水

---

16) 옥의 일종이다.

17) 춘추시대 때 진 목공秦穆公이 죽으며 순장殉葬시킨 엄식奄息·중행仲行·겸호鎌虎를 가리킨 말이다.

18) 전국 때 위 선공衛宣公의 두 아들 급伋과 수壽가 계모의 흉계에 의하여 배에서 피살된 일을 말한 것.『左傳 桓公 16年』

만고의 끼친 한을 분명히 울며 가네 遺恨分明咽萬春

이 사실은 이중환李重煥(조선학자. 자는 휘조輝祖)의 『택리지擇里志』에 실렸으며, 제주목사는 사헌부 탄핵을 만나서 사형에 한 등급을 감하여 멀리 귀양보냈다고 한다.

나는 일찍부터 이 기록이 황당무계한 말[齊東野語]이라고 의심하였다. 이 일이 과연 참말이라면 목사의 죄악은 비록 거리에다 시신을 진열하는 벌을 받고도 남음이 있을 것인데, 이제 그의 자손19)이 어찌 길이 부귀를 누릴 수 있을 것인가?

유구 중산왕中山王 상녕尙寧이 해마다 중국에 파견되는 사신 편에 자주 국서와 폐백예물을 보내왔는데, 갑신년(1644) 뒤로는 다시 연락이 끊어지고 말았다. (다시 통문을 하지 못했다) 내가 이번에 가서 해외의 모든 나라 사신을 만나보지 못함이 더욱 유감이다. 어제 본 요술 중의 주석으로 미루어 보면, 유구의 주석도 역시 요술의 하나인 듯싶다. 그리고 민중閩中(복건성) 사람 왕삼빈王三賓이 말한 바와 같이, 바닷가 거미줄로 호랑이를 잡았다는 것이 진실이라면 이 만산장漫山帳은 이치상 그럴 만도 하다.

열하의 술집들은 몹시 번화하여 연경에 비해서 손색이 없었다. 벽 위에는 명인들의 글씨와 그림이 많이 붙어 있다. 술집 유하정流霞亭에는,

---

19) 목사의 아들은 이상연이고 손자는 이익한인데, 이익한은 영조대에 병조 참판과 한성부 부
    윤을 지냈다.

공명과 부귀를 모두 다 잊고서 功名富貴兩忘羊[20]

살아있는 날 다하도록 한잔 술을 마셔보세 且盡生前酒一觴

고운 꽃 삼백 포기 심어 두고 보면서 多種好花三百本

울타리 낮아 비바람 불어도 사시사철 향기롭네 短籬風雨四時香

라는 시가 붙어 있다. 또 취구루翠裘樓에 들렀더니 역시 벽 사이에 써 붙인 시가 있는데 먹 흔적이 아직도 마르지 않았다. 우민중于敏中[21]이나 아극돈阿克敦의 필치인 듯싶기에 술집 심부름꾼에게

"이 글씨 쓴 분의 이름을 아는가?"

고 물으니, 그는,

"아까 어떤 손님 한 분이 이걸 써서 걸어 두곤 막 떠나서 쓰신 분의 설명을 알지 못합니다."

하였다. 그 시에,

임금 향한 첫 마음은 한, 당에 비해 비루하여 致主初心陋漢唐

만년의 생계는 낙향하여 농사짓네 暮年身計落農桑

안개 낀 숲속 소 발자국 난 서쪽 교외 길로 나와 草煙牛跡西郊路

또 술집에 누워 넘어가는 해를 보내네 又臥旗亭送夕陽[22]

---

20) 『孟子』「梁惠王上」에 "소는 보고 양은 보지 못하였다.[見牛未見羊]"라는 말에서 인용한 것인데, 보이는 것만 생각하고 보지 못한 것은 모른다는 말이다.

21) 우민중(1714~1780). 호는 내포耐圃이다. 호부상서를 지냈으며 사고전서 편찬에 참여했다.

22) 이 시는 육유陸游의 「촌 술집에서 술마시고 밤에 돌아오며[飮村店夜歸]」라는 시이다.
致主初心陋汉唐, 暮年身世落农桑。
草烟牛迹西山口, 又卧旗亭送夕阳。
원 시와 연암집 사이에 몇 글자 출입이 있다.

라고 하였다. 이 두 시는 모두 어떤 시대에 어떤 사람이 지은 것인지는 알 수 없었으나, 바람을 쐬며 한 번 읊으면 감동하게 된다. 모두 다 부채에 써 두었다가 돌아와서 윤형산에게 물으니, 그들의 이름을 다 가르쳐 주었으나 내가 또 잊어버리고 말았다.

윤형산이 나에게 물었다.

"고려의 박인량朴寅亮[23]이 당신에게 어떻게 되시나요?"

내가 말했다.

"귀국을 말한다면 모수毛遂와 모담毛聃[24]과 같은 사이일 것입니다. 저희 박씨는 애초에 토성土姓으로 여덟 시조가 나뉘어졌으므로 본관이 각기 달라서 서로 한겨레[一族]가 되지 못하며, 역시 감히 분양汾陽을 통곡痛哭할 수도 없는 사이[25]입니다."

형산은 또 물었다.

"그러면 강희 연간에 박뇌朴雷라는 이가 있었는데, 그의 자는 명하鳴夏요, 역시 조선 사람이었습니다. 이제 대청大淸이 천하를 통일하여 중국과 외국이 한 집이 되니 결코 검푸른 입술의 혐의란 없을 것입니다."

한다. 나는 물었다.

---

23) 고려 문종文宗 때 문학가. 자는 대천代天.

24) 모담은 춘추시대 周나라 姬姓으로 毛 지방에 봉해져서 성씨로 삼은 것이고, 모수는 전국시대 사람으로 관향이 中山이다. 결국 시기와 본관이 다 다르다는 뜻이다.

25) 오대 시기 곽숭도는 당나라의 유명한 인물인 곽분양의 묘에서 곡을 했는데 사실 그 둘은 같은 곽씨가 아니었기 때문에 많은 사람들의 비난을 받았다. 곽분양은 당나라 문신 郭子儀인데 난리를 평정한 공으로 汾陽땅에 왕으로 봉해졌다.

"검푸른 입술의 혐의란 무슨 말입니까?"

형산이 말했다.

"송宋의 원풍元豊26) 연간(1078~1085)에 고려 사신 박인량이 명주明州에 이르렀을 때, 상산위象山尉 장중張中이 시로써 전송하였더니, 박인량의 답시答詩 서문에,

'꽃 같은 얼굴로 곱게 불을 부니 이웃 여인의 검푸른 입술 움직임을 부끄럽게 하고, 상간桑間27)의 야비한 곡조가 영인郢人의 백설白雪 곡조28)를 잇노라[花面艶吹。愧隣婦靑唇之動。桑間陋曲。續郢人白雪之音].'는 글이 있었습니다. 낮은 벼슬에 있는 장중이 사사로 외국의 사신을 교제함은 부당한 일이라 하여 탄핵했습니다. 신종神宗이 곁에 있는 신하들에게 '검푸른 입술'이란 어떠한 고사인가 하고 물었으나, 대답하는 자 없어 조원로趙元老에게 물었더니, 원로가 아뢰기를, 『태평광기太平廣記』에, 어떤 이가 본즉 이웃집 사내가 그 아내의 불 부는 것을 보고,

불을 부느라 붉은 입술 뾰족이 내밀고　吹火朱唇動

장작을 더하느라 하얀 팔뚝 비스듬히 드러났네　添薪玉腕斜

멀리서 보아하니 연기 속의 저 얼굴이　遙看煙裏面

흡사 안개 속의 꽃과 같구나　恰似霧中花

---

26)　송 나라 신종神宗 때의 연호.

27)　하남성의 지명이다. 이곳의 남녀들이 음란한 노래를 잘 불렀다고 한다.

28)　영인백설이란 『몽계필담』에 나오는 고사이다. 초나라 옛 도읍지 郢中 사람이 양춘백설의 노래를 불렀으나 인기가 없어 화답하는 사람이 적었다는 내용이다.

는 시를 읊었답니다. 그 아내가 그의 남편에게 말하기를 당신도 어찌 그를 본받지 않느냐고 하였을 때에, 남편은 대답하기를, 당신 또한 불을 불면 내 응당 본떠서 시를 지으리라 하고, 곧 이런 시를 읊었습니다.

불을 부느라 검푸른 입술이 움찔거리고 吹火靑脣動

장작을 보태느라 시커먼 팔뚝 비스듬히 드러나네 添薪墨腕斜

멀리서 보아하니 연기 속의 그 면상은 遙看煙裏面

흡사 구반다鳩槃茶[29] 같구나 恰似鳩槃茶

이 이야기는 본래는 왕벽지王闢之의 『민수연담록澠水燕談錄』에서 나왔다 하였습니다."

내가 학지정郝志亭에게

"장군은 비록 무관 출신이지만 예전의 제도나 고사古事에 몹시 익숙하고 글솜씨가 유려하여서, 비록 이름 있는 학자나 노숙한 선비라도 장군께 필적할 만한 이가 드뭅니다. 잘 모르겠으나 중국의 무장들은 반드시 풍치가 있고 아담하며, 학문이 뛰어나아만 되는 것입니까? 아니면 장군은 특히 유가의 연원이 깊은 집에서 나서 정원후定遠侯[30]를 본받아 학문을 하다가 장수가 되어 무공이 새겨진 것입니까?"

하고 물었더니, 지정은,

---

29) 추악한 귀신의 이름, 사람의 정기를 빼먹는다고 한다.

30) 반초班超를 말한다. 후한때 정원후에 봉해졌다.

"저의 집은 대대로 농업에 종사한 집입니다. 이제 다행히 성스러운 시대를 만났습니다. 그러나 중국은 문무를 겸전하지 못한 것을 한스러워 한 것[隨陸絳灌之恨][31]이 오래되지 않았습니까. 저 같은 자는 수레에 싣거나 말로 셀 수 있을 만큼 많으니 무엇을 칭찬할 것이 있겠습니까? 지금 태학사太學士 아계阿桂와 얼마 전에 태학사를 지낸 서혁덕舒赫德과 같은 분은 모두 문장이 태평성대를 이룩할 만하며, 무략武略이 어지러운 난리를 평정할 수 있습니다. 부귀와 수복壽福은 곽분양郭汾陽·서평西平[32]이요, 나랏일에 부지런하여 공훈을 세움은 배진裵晉[33]·문로文潞[34]와 같습니다. 그렇지 않다면 문관도 할 수 없고 무관 역시 할 수 없을 것입니다. 이제 사해의 나라들이 모두 중국에 복종하고 풍진이 고요하여 태평시대이니, 저 같은 자는 그야말로 일개 썩은 무부武夫입니다.

서른 해 쉬지 않고 육도를 읽고 나서　三十年來學六韜

꽃다운 그 이름은 당시 준걸한 집단에 끼었네.　英名嘗得預時髦

일찍이 국난 때는 황금 갑옷을 껴입었고　曾因國難披金甲

집이 가난해도 보배 칼을 팔진 않네　不爲家貧賣寶刀

건강한 이 팔에 또한 활 쏘는 힘 약해졌다 의심하랴　臂健尙嫌

---

31)　隨陸無武 絳灌無文이라는 말에서 나왔다. 즉 한나라의 隨何와 陸賈 같은 학자에게는 문은 있지만 무가 없고, 周勃과 灌嬰같은 장수에게는 무는 있으나 문이 없음을 한스럽게 여긴다는 말이다.

32)　서평장군에 봉해진 이성李晟을 말한다.

33)　배도裵度. 진은 봉호. 당나라때 사람이다.

34)　문언박文彦博을 말한다.

弓力輭

밝은 눈은 오히려 적진 위 구름도 알아보네 眼明猶識陣雲高

어젯밤 뜰 앞에서 가을바람 일어나니 堂前昨夜秋風起

꽃무늬 옛 전투 도포를 보기도 부끄러워라 羞見團花舊戰袍

이 조한曹翰[35]의 시를 외고 나면 그들이 안장에 걸터앉아서 사면을 돌보던 모습이 못내 그리워질 뿐입니다. 옛날부터 글 읽은 장수로서 손무孫武[36]·오기吳起·염파廉頗·악의樂毅[37]·왕전王翦[38]·조충국趙充國·반초班超[39]·심경지沈慶之·한세충韓世充[40] 등은 모두 70세가 넘도록 장수하였습니다."

한다. 나는 웃으면서,

"심경지는 글 모르는 까막눈인데, 어찌 글 읽은 장수라 하십니까?"

하였더니, 지정이 또한 웃으며 다음과 같이 말하였다.

"심공沈公이 일찍이 농사일은 사내종에게 묻는 것이 마땅하고, 길쌈 일은 여종에게 묻는 것이 의당하다고 하였으므로 그의 학문

---

35) 송나라 때 장수(924~992). 시의 이름은 내연봉조작內宴奉詔作이다.
36) 손자병법의 저자.
37) 전국시대의 장수.
38) 진시황의 명장.
39) 전한시대의 무장.
40) 송나라의 장수.

은 그 당시에 벌써 인정된 것이었고,[41] 척남궁戚南宮[42]은 더욱 시 솜씨가 좋아서 이런 시를 읊었습니다.

뿔피리 소리 들려오니 초목이 슬퍼하고 畫角聲傳草木哀

구름 끝자락은 돌문 열리는 곳과 마주하여 일어나네 雲頭起對石門開

삭풍 부는 변방이라 술 마셔도 안 취하고 朔風邊酒不成醉

낙엽 질 때 기러기는 셀 수 없이 돌아오네 落葉歸鴻無數來

다만 창이 살벌한 기운을 녹여버린다면 但使元戈[43]銷殺氣

백발로 변방에서 늙은들 상관없겠네. 未妨白髮老邊才

뉘와 함께 산봉우리에 공훈을 새겨 볼 건가? 勒名峯上吾誰與

칼춤 추던 저 대 위에 그리워라 이 장군이 故李將軍舞劍臺[44]

그러고 보면 그의 장수 재주는 미칠 수 있겠으나 시 재주는 미칠 수 없겠습니다."

저녁 무렵에 풍윤성豐潤城에 올랐더니 수염이 멋진 사람 하나가 있었다. 그는 내 앞에 와서 읍하면서

---

41) 연암집(한국고전종합DB)본에는 이 부분만 나와있음. 다른 본에는 이 뒤에 '전하께서는 전쟁하는 일을 장수와 의논하지 않고 일개 백면서생과 의논하니 될 턱이 있겠습니까?'라는 심경지의 말이 부연되어 있다.

42) 척계광戚繼光이다. 명나라의 장수이다.

43) 원래는 玄戈인데, 강희제의 이름이 玄이라 피하여 元이라고 쓴

44) 한무제때 이광李廣 장군은 흉노족과 79차례 전투를 벌였으며, 북방에 그가 칼춤을 춘 무검대가 있다.

"저의 성명은 임고林皐요, 절강에 살고 있습니다."

하고, 나의 성명을 물어서 알려주자 놀라기도 하고 반가워하기도 하면서

"당신은 필시 초정楚亭45)의 일가시죠?"

한다. 나도 역시 놀라서,

"당신은 초정을 어떻게 잘 아시나요."

하였다. 그랬더니 임고는,

"지난해에 초정이 같은 나라 사람 이형암李炯菴46)과 함께 문창루文昌樓에 올랐다가 같은 고을 호형항胡逈恒의 집에 묵은 일이 있었습니다."

하였다. 그리고 성 밑에 있는 한 집을 가리키면서,

"저곳이 곧 호씨胡氏의 집이며, 그 벽 위에는 초정의 글씨가 붙어 있습니다."

한다. 이에 변계함卞季涵과 정각鄭珏과 더불어 함께 그 집을 찾으니 날이 벌써 어둑어둑하였다. 주인이 등불 넷을 켜서 벽을 밝혀 주기에 그 시를 한 번 낭독하니 이것은 곧 우리 집이 전동典洞47)에 있을 때에 형암이 나에게 와서 지은 것이다.

쓸쓸한 가을 기운 나무가 먼저 알게 하고　沉瀏秋令樹先知

춥고 더움 다 잊으니 바보 되고 말았구나　任忘暄涼做白癡

---

45)　박제가朴齊家의 호.

46)　이덕무. 형암은 그의 호.

47)　서울 종로구 견지동과 공평동 자리에 있던 동네이다.

고요한 벽엔 온갖 벌레 부지런히 울어대고 壁靜萬蟲勤自護

발 틈으로 새 한 마리 엿보기가 버릇되었네 簾虛一鳥慣相窺

돈에 대한 집착을 버리길 이 몸을 더럽힐 듯 생각하고 抛他錢
癖如將浼

나를 책벌레라 하니 나는 이를 사양 않소 呼我書淫故不辭

호사가들은 공연히 중국을 부러워 하니, 好事中州空艶羨

요봉堯峯[48]의 문필과 완정阮亭[49]의 시를. 堯峯文筆阮亭詩

백로지白鷺紙 두 폭을 붙여서 쓴 것인데, 글씨 자태가 물 흐르는
듯하고 한 글자의 크기가 마치 두 손바닥만 하다. 전날에 우리들이
중국 일을 이야기할 때에 부질없이 그리워만 했다가 이 몇 해 사이
에 차례로 한 번씩 구경하였을 뿐 아니라, 이렇게 먼 만리 타향에서
이 시를 읽으니 마치 친구의 얼굴을 만나는 듯싶었다.

유리창琉璃廠 육일재六一齋에서 유황포兪黃圃 세기世琦를 처음 만났
다. 그의 자는 식한式韓인데, 눈매가 맑고 눈썹이 길기에 나는 그가
혹시 반정균潘庭筠·이조원李調元·축덕린祝德麟·곽집환郭執桓 등과 같은
명사인가 하고 의심하였다. 그들은 나보다 앞서 교유한 사람이 있
었으므로 그들의 이름이 입에 향기롭고 그들의 수염이나 눈썹이
눈에 선하였던 까닭이다. 이제 유兪와 필담을 하는 사이에 그는 유

---

48) 청淸 문학가 왕완王琬의 호.

49) 왕사정王士禛의 호.청나라의 문인학자이다. 저서는 완정, 혹은 어양산인이다. 저서에 『지북
우담』과 『향조필기』 등이 있다.

혜풍柳惠風50)이 그 숙부 탄소彈素51)를 연경으로 보내는 시를 보였다.

　　고운 국화 시든 난초 사신 수레에 비치고　佳菊衰蘭映使車

　　얇은 구름 보슬비는 늦가을 9월.　澹雲微雨九秋餘

　　이 말씀 한 마디를 중국에다 전하고 싶네　欲將片語傳中土

　　지북에는 어느 누가 다시 책을 쓸까?　池北何人更著書52)

　　황포는 물었다.

　　"지북의 어떤 사람이란 누구를 가리키는 것입니까?"

　　나는 대답하였다.

　　"이것은 완정이 지은 「지북우담池北偶談」에 실린 우리나라 김청
음金淸陰53)의 고사를 쓴 것입니다."

　　황포는, "왕사정의 『감구집感舊集』54) 가운데 이름은 상헌尙憲이
고, 자는 숙도叔度라는 이가 있더군요."

　　한다. 나는 말하였다.

　　"그렇습니다. 청음이 지은 시에

　　얇은 구름 가벼운 비가 서낭당에 내릴 때는　淡雲輕雨小姑祠

　　고운 국화 시든 난초 8월이라네　佳菊衰蘭八月時

　　라는 것이 있습니다. 또 완정의 논시절구論詩絶句에는,

---

50)　유득공柳得恭. 혜풍은 호.
51)　유금柳琴의 호.
52)　이 시의 제목은 「숙부님 연경 가시는 길에 삼가 드립니다[恭呈家叔父遊燕]」이고 , 총 6수 중 제
　　1수이다.
53)　김상헌金尙憲. 청음은 호.
54)　왕사정 편집.

맑은 구름 이슬비가 서낭당에 내릴 때는 淡雲微雨小姑祠

국화는 빼어나고 난초는 시드는 8월이라네 菊秀蘭衰八月時

조선 사신이 하던 말을 기억하자면 記得朝鮮使臣語

과연 동국의 뛰어난 시이네. 果然東國解聲詩

이라 하였으니, 혜풍의 이 시는 완정을 본받아서 지은 것입니다."

황포는 또 말하였다.

"혜풍의 시는 쉽게 얻기 어려운 작품입니다. 동국 사람이 시를 안다는 말이 과연 그렇습니다. 유혜풍의 다른 작품을 더 들려주시기를 바랍니다."

나는 곧,

글을 읽다 떨어진 눈물이 천년의 역사를 적시고 看書淚下染千秋

물가에 선 저 시인은 끝없는 슬픔에 잠기네. 臨水騷人旡限愁

확사磧士[55]가 시를 엮되[56] 초라함을 의심하니 磧士編詩嫌草草

『치청전집』[57] 있다 하니 어디서 구해 볼까 豸靑全集若爲求

를 썼다. 그랬더니 황포는 손을 흔들며 붓으로 '치청전집' 넉 자를 가리키면서,

"이것은 금서禁書랍니다. 철군鐵君[58]의 선조는 조선 사람입니다."

---

55) 심덕잠沈德潛의 자.
56) 『청시별재淸詩別裁』.
57) 이개의 문집. 그의 자는 철군이고 호는 치청산인이다.
58) 이개李鍇의 호.

한다. 나는 물었다.

"무슨 까닭으로 금법에 걸렸나요?"

황포는 답을 하지 않는다. 나는 또 유혜풍의 다른 시를 보였다.

시 짓기로 이름 높은 곽집환이 있으니 有箇詩人郭執桓

부친 담원澹園을 읊은 시 동국에 널리 퍼졌네. 澹園聯唱遍東韓

지금까지 3년 동안 소식이 없으니 至今三載无消息

유유한 고향 물가 모습 꿈속에 서늘하구나. 汾水悠悠入夢寒

황포가 시에 비점을 치면서 물었다.

"곽은 어느 고을에 살고 있는 시인입니까?"

나는 대답하였다.

"그는 태원太原59)에 산답니다."

또 물었다.

"사동망師東望과 양유동梁維棟은 어떤 인물입니까?"

그는 모두 다 모른다고 답하였다. 나는 또 물었다.

"그러면 서점 중에는 갓 출간한 『회성원집繪聲園集』이 있겠습니까? 그 책머리에 두 사람의 서문이 있고, 역시 저의 것도 있습니다."

황포는 곧 '회성원집' 네 글자를 써서 문수당文粹堂60)에 사람을 보내어 책을 구해오라 했는데 없다 한다. 나는 또 물었다.

---

59) 산서山西 지방에 있다.
60) 책방의 편액이다.

"선생은 반정균[61] 학사를 잘 아시나요?"

황포는 말하였다.

"아직 교분은 없습니다."

나는 물었다.

"반 학사의 댁이 종인부_{宗人府} 건물과 벽 하나를 사이에 두고 있습니다. 제가 중국에 올 때에 어떤 친구가 말하기를, '종인부 대문을 지나 오른편으로 돌면 그 댁이 있다.' 합니다. 그러면 종인부가 여기에서 거리로 얼마나 됩니까?"

황포는 말했다.

"선생은 예부_{禮部}를 잘 알고 계시겠지요?"

그때 마침 어떤 손님이 좌석에 들어오더니 곧 말했다.

"종인부를 찾을 것도 없습니다. 그 댁이 여기서 멀지 않습니다. 저 양매서가_{楊梅書街}에 있는 단씨_{段氏}의 백고약포_{白藁藥鋪}에서 마주선 문이 곧 반정균이 사는 곳입니다."

황포가 그와 뭐라고 이야기하더니 곧,

"지난해 가을에 그가 이곳으로 이사 와서 살고 있다 하는데, 선생은 누구를 통해서 그를 아셨나요?"

한다. 나는 말하였다.

"우리나라 사람 홍대용_{洪大容}이 건륭 병술년(1766)에 사신을 따라서 연경에 왔다가 반을 만났고, 그 뒤에도 그와 서로 사귀어 본

61)   1742~? 자는 香祖, 蘭垞. 호는 秋루(广+由)이다. 그림에 능했고 저서에 가서당집이 있다.

이가 있으니, 저는 비록 그를 보지 못했으나 마음으로는 벌써 서로 통했답니다. 반은 글씨와 그림에도 능하여 일찍이 스스로 복숭아와 버드나무를 지어서 홍대용에게 주었습니다.

우리 집은 서자호西子湖[62] 주변에 둘린 나무 吾家西子湖邊樹

연푸른 잎 진홍 꽃, 때는 이월이라네 淺碧深紅二月時

이와 같은 강남땅에 돌아가지 못하고는 如此江南歸不得

분과 같은 뿌연 먼지 속에 고향 꿈은 실낱 같아라. 軟塵如粉夢如絲"

황포가 검은 동그라미를 크게 치면서 말했다.

"선생의 벗 홍 수재洪秀才의 시를 듣고 싶습니다."

나는 답했다.

"일찍이 외우는 것이 없습니다. 다만 혜풍惠風이 숙부 탄소彈素를 연경으로 보내는 시에서,

연푸른 잎 진붉은 꽃, 때는 이월이라 淺碧深紅二月時

분과 같은 뿌연 먼지 속에 고향 꿈은 실낱 같아라. 軟塵如粉夢如絲

항주가 낳은 선비 반향조를 杭州擧子潘香祖

가련하다, 아름다운 시는 시윤장[63]과 비슷할 듯. 可憐佳句似南施

이라는 말이 있으니, 우리나라 선비들이 중국의 명사를 그리

---

62) 서호西湖.

63) 청나라 때 남쪽의 시윤장施閏章과 북쪽의 송완宋琬이 시로 이름을 함께 높여서 남시북송이라는 말이 있었다. 『지북우담』

워함이 이와 같았습니다."

황포는 다시 동그라미를 치면서 말했다.

"반은 진실로 이름 있는 선비이긴 하나 혜풍도 역시 크고 아름다운 인물입니다 ."

황포는 곧 그 종이를 거두어 품속에 넣으면서 말했다.

"제가 막 「구당시화耋堂詩話」를 쓰고 있는데 다행히 이런 한 토막 아름다운 시화를 얻었습니다."

같이 문을 나와서 작별하려는데 황포는,

"이 길이 바로 양매서가로 가는 것입니다. 단씨의 약방은 문패에 큰 물고기를 그린 곳이 바로 그 집이랍니다."

하고, 한 곳을 가리켰다.

강녀묘姜女廟는 산해관 밖에 있는데, 이른바 망부석望夫石이다. 왕건王建[64]의,

지아비 바라보던 곳 강물이 유유히 흐르고 望夫處江悠悠

몸이 돌이 되니 고개도 안 돌리네 化爲石不回頭

산머리에는 날마다 바람 불고 비가 오니 山頭日日風和雨

가신 분 돌아오면 돌도 응당 말하리 行人歸來石應語

이란 시가 곧 이것을 말함이다.

세상에는 망부석이 많이 있다. 하나는 태평太平에 있고, 또 하나는 무창武昌에 있으니, 그러면 왕건이 읊은 것은 이 돌이 아니다.

---

64) 당唐 시인. 자는 중초仲初.

지금 이곳에 행궁行宮이 있는데, 그 웅장·화려함이 북진묘北鎭廟에 못지 않고, 또 과친왕果親王이 금자金字로 쓴 '진고명적振古名蹟'이라는 주련이 있으며, 건륭 8년(1743) 10월에 황제가 시를 지어 돌에 새기기를

서늘 바람 늙은 가지 저녁 볕에 우는 듯이 涼風頹樹吼斜陽

아직도 슬픈 소리 떠난 임을 위로하네 尙作悲聲吊乃郞

천고에 절의 자랑 무심했건만 千古无心誇節義

이 몸 하나 죽음은 강상綱常을 위함이네 一身有死爲綱常

이날 이래로 강녀라 이름 불러 由來此日稱姜女

도를 다한 그해에는 기량의 처도 울게 했네 盡道當年哭杞梁[65]

아름답고 떳떳한 인간의 도리 길게 본다면 長見秉彝公懿好

이 장소가 와전된들 무엇이 문제이랴! 訛傳是處也何妨

하였다. 돌 옆에는 작은 정자 하나가 있었다. 이름은 진의정振衣亭이다. 대체로 청 황실은 대대로 명필이 많으나 과친왕果親王이 더욱 이에 능하여 미원장米元章[66]보다도 나은 것 같았다.

사신을 따라서 중국에 들어가는 사람들은 반드시 칭호 하나씩을 가지는 법이다. 그리하여 역관을 종사從事라 하고, 군관을 비장裨將이라 하며, 놀러 가는 나와 같은 이는 반당伴儻[67]이라 부른다. 우리

---

65) 전국시대 제나라 기량의 아내가 남편의 전사소식을 듣고 너무 슬피 울어서 성이 무너졌다고 한다.

66) 미불米芾을 말함.

67) 중국에 자비로 따라가는 사람을 말함. 반당伴倘이라고도 한다.

나라 말에 소어蘇魚를 반당盤當(밴댕이)이라 하니, 반盤과 반伴의 음이 같은 까닭이다.

압록강을 건너면 소위 반당은 은빛 모자와 정수리에 푸른 깃을 달고, 짧은 소매에 가벼운 행장을 차리게 된다. 이를 본 길가의 구경꾼들은 손가락으로 가리키면서 새우68)라고 부른다. 어째서 새우라 하는지는 모르나 대체로 무부武夫의 별호인 듯싶다. 또 지나는 곳마다 어린이들이 떼를 지어 몰렸다가 일제히,

"가오리가 온다. 가오리가 오네."

하고, 또는 말꼬리에 따라오면서 다투어 외쳐댄다. 대체로 가오리가 온다는 것은 고려高麗가 온다는 말이다. 나는 웃으며 함께 가는 사람들에게

"이제 세 가지 물고기로 변하는구먼."

라고 하니 모든 사람이 물었다.

"어째서 세 가지 고기라 합니까?"

나는 이렇게 말했다.

"길을 떠날 때에는 반당이라 하였으니 이는 소어이고, 압록강을 건넌 뒤엔 새우라고 하니 새우 또한 어족이요, 되놈 애들은 모두 가오리哥吾里하고 부르니 이는 홍어洪魚가 아닌가!"

사람들은 모두 크게 웃었다. 그래서 이내 말 위에서 시 한 수를

---

68) 사신을 호위하는 禁軍을 시위侍衞라고 하는데, 시위를 중국어로 발음하면 마치 새우 발음과
    같다.

지어 읊었다.

　　푸른 깃 은빛 모자 무부武夫의 차림으로　翠翎銀頂武夫如

　　천리 요동 길을 사신 수레를 뒤따르네　千里遼陽逐使車

　　일단 중국에 들자 호칭 세 번 변했으니　一入中州三變號

　　속 좁은 이 사람 옛날부터 자잘한 학문이나 배웠지요　鰍生從

古學蟲魚

　　고려高麗는 애초에 고구리高句麗로부터 나온 이름이었는데, '구
句' 자와 '마馬' 변을 생략한 것이다. 만일 산과 물이 곱다고 풀이해
서 '고려'라고 읽는다면 이는 천자문千字文 중에 있는 금생려수金生麗
水의 '려麗' 자가 될 것이니 이 글자는 거성去聲에 속하는 것이다. 그
런데 중국 사람들은 평성平聲인 '리麗'로 발음한다. 수·당 때에도 고
구리를 모두 '고리'라고 불렀으니 '고리'란 이름은 그 유래가 벌써
오래된 것이다.

　　이무관李懋官69)은 일찍이 이렇게 말했다.

　　"'고구리'란 말은 『한서漢書』 지리지地理志에 처음 나오는데, 조
상은 금와金蛙이다. 우리나라 말로 와蛙를 '개구리皆句麗'라 하고 또는
'왕마구리王摩句麗'라 한다. 옛사람들이 몹시 질박하고 정직하여 임
금 이름으로 나라 이름을 삼고 성을 그 위에다 씌워서 '고구리'가
된 것이다."

　　이것은 비록 한때 농으로 한 말인 것 같지만, 제법 이치에 맞는

---

69)　이덕무李德懋를 말한다.

것이다. 중국 변방의 나라들은 대체로 말은 있으나 글자가 없는 것
이 많으므로 중국 사람들이 그 소리를 한자로 옮겼을 때 예를 들면,
은銀을 몽고蒙古라 하고, 좋은 금을 애신각라愛新覺羅[70]라 하며, 장사壯
士를 예락하曳落河라고 부르는 것들이 이것이다.

　　산서山西 사람 곽집환郭執桓의 자는 봉규奉圭, 혹은 근정勤庭이며,
호는 반우半迂, 혹은 동산東山이며, 또는 회성원繪聲園이라 한다. 그는
건륭 병인년(1746)에 났으며, 시와 글씨와 그림에 모두 능하고 집이
대대로 부유[素封][71]하였으며, 그의 집은 호산虎山을 뒤에 지고 앞에
는 노천蘆泉이 흐르고 있다. 그 아버지 태봉泰峰의 자는 청령青嶺, 호
는 금랍錦衲다. 나라에서 중헌 대부中憲大夫의 직함을 주었는데, 예에
따라 자정 대부資政大夫로 승진되었다. 금랍은 날마다 심덕잠沈德
潛[72]·가락택賈洛澤 등 모든 명사와 그 동산에서 시를 창수倡酬하였다.

　　봉규가 일찍이 그와 한 고을에 사는 등문헌鄧汶軒 사민師閔을 통
하여 우리나라 명사들에게 담원팔영澹園八詠의 시를 청하였으니, 담
원은 곧 금랍이 거처하는 곳이었으며, 이 시는 대체로 그의 아버지
의 장수를 빌고 담원이라는 곳을 후세에 전하고자 함이다. 나는 이

---

70)　애신각라는 청나라 황족의 성씨이다. 만주어로 애신은 금金이라는 뜻이고 각라는 사람[族]이
　　라는 뜻이다. 이것을 합해 보면 金人[금나라사람]의 후예임을 드러내기도 한다.

71)　벼슬살이를 하지 않는 사람이 전원田園에서 수확하는 이익이 많아 왕후에 봉해진 것이나 다
　　름없이 풍족한 생활을 누리는 것을 말한다. 『사기史記』 권129 「화식열전貨殖列傳」에 "요즈음
　　관직의 녹봉도 없고 작읍의 수입도 없으면서 낙이 관직과 작읍이 있는 사람과 비등한 자들
　　이 있는데 그들을 이름하여 소봉이라 한다.[今有無秩祿之奉爵邑之入 而樂與之比者 命曰素封]" 하였다.

72)　1673~1769. 청나라의 시인이며 시론가이다. 자는 確士, 호는 歸愚이고, 저서에 說詩晬語, 심
　　귀우 시전집 등이 있다.

948　열하일기

에 다음과 같이 써 주었다.

붉은 파초 푸른 돌 동쪽 담 너머로 솟아 뵈고   紅蕉綠石出東墻

오동나무 한 나무의 그윽한 집.   一樹梧桐窈窕堂

평생에 뻣뻣하여 손님맞이 게을러서,   傲骨平生迎送懶

주인어른 저문 산빛을 절하듯 우러러보기만.   丈人惟拜暮山光[73]

남쪽 비탈 그림자는 온종일 나풀나풀   南陀竟日影婆娑

그림자 나 부르는 듯 나도 그를 불렀네   耐可呼吾亦喚他

산들바람 잠깐 불 때 해오라기 떠나가며   乍綴微風鳧鷺去

요란한 물결 위에 백 동파東坡가 흔들리네   不禁撩亂百東坡[74]

코끝에 희끗하며 보기는 보았던 듯   已觀微白鼻端依

분별하려 하니 콧구멍이 닫혔고나   欲辨臟神掩兩扉

오직 그윽한 향이 꿈속에 들어 싸늘한데   獨有暗香侵夢冷

나부산 밝은 달에 매화 가지 춤추는 듯   羅浮明月弄輝輝[75]

卍자 새긴 난간 위에 울창한 소나무 덮여 있고   松覆深深卍字欄

기운 바위 드리운 넝쿨, 푸른 빛이 어울렸네   垂蘿欹石翠相攢

예쁜 그림 그린 배, 바람 불어 가는 대로 두려무나   一任畫舫風

73)   원주: 위는 내청각來靑閣을 읊었다.

74)   원주: 위는 감영지鑑影池를 읊었다.

75)   원주: 위는 소심거素心居를 읊었다.

吹去

　밤새도록 들려오는 찬 여울 물소린 듯　盡夜寒聲瀉作灘[76]

　가볍게 뿜는 놀은 취한 꽃을 깨우는 듯　噀輕堪醒醉魂花
　천마는 높이 달려 푸른 갈기 너울너울　天裏行空翠鬣髶
　약 캐러 갔다가 신선을 찾으려는 유신과 완조[劉阮][77]처럼　採藥
將尋劉阮去
　적성산[78] 아침 놀에 길을 잃었구나　路迷廉閃赤城霞[79]

　가는 손님 붙잡듯이 꽃이 지지 않도록　花似將歸强挽賓
　비바람에게 부탁하다 도리어 비난을 만나네　囑他風雨反逢嗔
　골짝 꽃 꺾어다가 화병에 모셔 두니　自從洞裏修瓶史
　일 년 삼백 육십 날 모두 다 봄이로구나　三百六旬都是春[80]

　옥자루 먼지떨이 쥐고[81] 맑은 저녁 높은 대에 홀로 오르니　玉
塵清宵獨上臺

76)　원주: 위는 송음정松陰亭을 읊었다.
77)　한나라 명제 때 유신과 완조는 천태산에 약초를 캐러 갔는데, 길을 잃고 굶다가 신선을 만났
　　다고 한다. 천태산은 지금의 절강성에 있다.
78)　적성산은 천태산 옆에 있는 산이다. 노을이 유명하다.
79)　원주: 위는 비하루飛霞樓를 읊었다.
80)　원주: 위는 유춘동留春洞을 읊었다.
81)　옥자루 먼지떨이는 은자들이 손에 쥐고 다녔다.

버들 울타리 서리 내리고 기러기 슬피 울며 날아가네 杞棚霜
落雁流哀

외마디 울음 갈라지며 가을 구름 끝에 닿으며 一聲劃裂秋雲盡

만 리 맑은 하늘엔 밝은 달님 오신다네 萬里瑤空皓月來[82]

꽃다운 화예부인[83] 이 궁에 들어올 때 花蘂夫人初入宮

수줍은 채 말하려니 뺨이 먼저 붉었다네 含羞將語臉先紅

앵무새 사리 나오는 것 원래 묘한 것도 아닌데 鸚哥舍利元非妙

아난[84]의 깨달은 도를 누구라서 알아주리 誰識阿難悟道功[85]

봉규가 그가 지은 '회성원집繪聲園集'판각본板刻本 한 권을 나에
게 보내고 서문을 청하였다. 그 글을 읽어보니 청허淸虛하고도 쇄탈
灑脫하여 화식火食을 하는 보통 사람 같지 않았다. 그는 약관 때부터
그 아버지가 가진 재산을 받아, 나라 안의 글 쓰는 이들을 초빙하여
글과 술로 회합을 지었으니, 양유동楊維棟·노병순盧秉純 등이 모두 그
서문을 쓰게 되었다. 그의 '회진문서정懷津門西亭'이라는 시에,

꽃이 다해 향기 흩어진 가을의 작은 정원 香散花殘小院秋

서정 처마에 달린 달은 갈퀴 같구나 西亭簾角月如鉤

북에서 날아 온 기러기 하나 푸른 하늘 비껴가니 北來一雁橫

---

82) 원주: 위는 소월대嘯月臺를 읊었다.

83) 오대五代 시기에 촉왕 맹창孟昶의 부인이다. 미색과 문장을 겸했다.

84) 아난은 석가의 사촌동생으로 평생 석가의 곁을 떠나지 않고 모신 인물이다.

85) 원주: 위는 어화헌語花軒을 읊었다.

空碧

그림자 아래 동남쪽 바다로 드는 물결 影下東南入海流

라 하였다.

또 그의 '제표요산수소폭題表耀山水小幅'이라는 시에는,

고기잡이 갯마을에 물빛은 밝은데 蟹舍漁灣水色明

연기 두른 가지와 이슬 맺힌 잎 흐렸다가 맑아지네 煙條露葉
半陰晴

구름 가 하늘 맞닿는 곳으로 외로운 배 멀리 가니 雲間天際孤
帆遠

적막한 석양에 외기러기 울음소리 寂寞斜陽一雁聲

이라 하였다. 또 그의 '유감有感'이란 시는

맑은 가을 달빛이 해자 기둥에 비추고 壕梁月色照淸秋

꿈은 회남 갈대숲에 두르네 夢繞淮南蘆萩洲

비 내려 어두운 초원에 둘린 포구는 고요하고 雨暗楚原連浦靜

바람에 꺾인 고목들은 강물에 섞여 흐르네 風催古木雜江流

기댄 데 없는 외로운 배, 세상은 넓고 孤舟无依乾坤濶

외로운 나는 공연히 물가 구름 따라 떠도네 隻影空持雲水浮

한없이도 쓸쓸한 건 시력이 끝난 그곳 最是蕭條極目處

머나먼 만 리 길에 끝없는 나의 시름 迢遙萬里使人愁

이라 하였다. 내가 일찍이 금오金鰲와 옥동玉蝀 사이[86]를 배회한

---

86) 북경 태액지에는 긴 다리가 있고 그 양쪽 끝에 이름을 쓴 패방牌坊이 있는데 동쪽의 것을 옥

일이 있었다면, 저 우촌雨村 이조원李調元과 추루秋樓 반정균潘庭均, 지당芷塘 축덕린祝德麟 같은 명사들을 오히려 만나 볼 기회가 있겠으나, 다만 곽집환執桓은 세상을 떠난 지가 벌써 6년이나 되었다. 집환이 건륭 을미년 8월에 죽었다는 말을 들었다. 그리고 '회성원집'은 아마 중간된 책[本]이 있을 것 같길래 유리창 안에서 구하여 보았으나, 끝내 얻지 못했으니 한스럽고 한스럽다.

윤경尹卿(윤형산)이 검은 종이로 장정한 작은 부채를 내어서 대나무와 돌을 그리고 또 젖빛을 띤 금색으로 글씨를 쓰기를

푸른 대나무에서 군자를 보고 綠竹瞻君子

굽은 언덕에선 아름다운 말씀 듣네. 卷阿矢德音

부채를 펴서 그대 얼굴 그리고 揮毫開便面

두 손을 맞잡으니 같은 마음 가진 듯. 握手得同心

라고 하고, 그 밑에는,

"윤가전尹嘉銓 씀. 나이는 70."

이라고 썼다.

『명시종明詩綜』에 나의 5세조世祖 금양군錦陽君[87]의 대동관제벽大同館題壁이라는 시가 실렸는데, 이러하다.

한 나라 홍가鴻嘉[88] 연간에 일어난 고구려 高句麗起漢鴻嘉

궁전의 남은 터가 풀숲에 가리웠네 宮殿遺墟草樹遮

동, 서쪽은 금오라고 불렀다.

87) 박미朴瀰.

88) 한漢 성제成帝의 연호.

슬프다, 을지문덕 죽은 뒤에　悢恨乙支文德死

나라 망한 것 후정화[89] 탓 아니라네　國亡非爲後庭花

　　고구려의 일어남은 홍가 연간(기원전 20~기원전 17)이 아니요, 곧
한 원제漢元帝의 건소建昭 2년(기원전 37)이다. 성제成帝의 홍가 3년(기원전
19)에는 백제百濟의 태조 고온조高溫祚가 직산稷山에 왕도를 정하였던
것을, 선조께서 우연히 상고하지 못하셨던 것이다. 유식한俞式韓[90]
의『구당록毬堂錄』에는『일지록日知綠』을 인용하여 조선 역사의 자료
로서『서경書經』 대전大傳을 참고하여, 이 시 가운데서 쓴 홍가라는
연호가 잘못된 것을 변증辨證하였으니, 중국의 선비들이 고증과 변
증에 알뜰하여 이로써 박식하고 고아하다는 말을 듣는 사람들이
대체로 이러하였다.

　　장주長洲 출신 우동尤侗 회암悔菴이「외국죽지사外國竹枝詞」를 지으
니, 그 첫머리에 우리나라를 싣고 그다음 백여 나라의 민요民謠와
토산土産의 대강을 소개하였다. 그 서술된 바 조선의 일을 보자니
오히려 그릇된 것이 많다. 하물며 해외 만 리의 먼 곳에다가 문자조
차 없으니 무엇으로써 그들의 토속을 정통할 수 있었겠는가! 그가
조선朝鮮을 두고 읊은 시에,

고구려를 하구려로 낮추었다니　高句麗降下句麗

조선이란 옛 이름이 마땅한 것만 못하네.　未若朝鮮古號宜

---

89)　후정화는 맨드라미이다. 남조 진 후주가 지은 악부시이기도 한데, 소리가 경쾌하면서도 슬
　　펐기에 흔히 망국의 음악이라 불렀다.

90)　유세기俞世琦를 말한다.

천 리 길 한양엔 온갖 연희 벌여 있고 千里王京陳百戲

한성에서 오히려 옛 중국의 모습을 보네 漢城猶見漢官儀

라 하였다. 그 주注에는,

"고조선이 고구려에 모두 합병되었는데 수隋가 고구려를 정벌하려다 정복되지 않자, 그를 낮추어서 '하구려下句麗'라 하였다. 명明의 홍무洪武 연간(1368~1398)에 그들이 중국에 들어와서 공물을 바치고 조서詔書를 받들었으므로, 다시 조선이라고 불렀으며 한성漢城을 서울로 삼았다. 중국의 조사詔使가 올 때마다 여러 가지 연희를 베풀었다."

라고 하였다. 또 그 뒤를 이어서,

긴 저고리 넓은 소매 절풍건91)을 쓰고 長衫廣袖折風巾

한지에 낭모필로 한자 쓰며 진서라 하네. 硾紙狼毫漢字眞

대대로 역사를 이어 나라 전통이 오래되니 自序世家傳國遠

『상서』의 구주를 지은 기자 나라 사람이네. 尙書篇內九疇人

라 하였다. 또,

여덟 살 어린아이 이름은 황창 小兒八歲號黃昌

능숙히 칼춤 추다 백제왕을 베었다네 舞劍能誅百濟王

8월 한가윗날 회소곡을 다시 불러 更唱嘉俳會蘇曲

아침 되자 길쌈한 실 대바구니 가득 찼네 朝來蠶績已盈筐

라고 하고, 또 그 주에,

---

91)   절풍건이란 고깔모양의 건巾인데, 새 깃털을 위에 꽂았다.

"신라新羅의 황창랑黃昌郎이 8세에 그의 임금을 위하여 백제百濟에 가서 거리에서 칼춤을 추었다. 백제왕이 그를 불러 궁중에서 춤추게 하자, 그는 이내 그 칼로 백제왕을 죽였다. 7월 보름에 신라왕이 왕녀王女로 하여금 육부六部의 여자들을 거느리고 넓은 뜰에서 길쌈을 하게 하여, 8월 보름이 되자 그들의 공적을 비교하여 이에 진 사람들이 비용을 담당하여 주연酒宴을 베풀고 서로 노래 부르며 춤추되, 이를 '가위[嘉俳]'라 하였다. 그중 한 여자가 일어나 춤추며 회소곡會蘇曲을 불렀더니, 그 뒤에 조선이 신라를 멸망시킨 후 그 노래를 본떠 황창곡과 회소곡 두 노래를 만들었다." 하였다.

기려천奇麗川이 『소대총서(昭代叢書 청淸 장조張潮 저)』를 꺼내 이 부분을 뽑아서 나에게 보여준다. 내가 윤형산尹亨山에게,

"이름을 '하구려下句麗'로 낮춘 것은 곧 한나라 왕망王莽 때 일이지요?"

라고 물으니, 윤은 대답하였다.

"그렇습니다."

나는 또 말했다.

"'대대로 역사를 이어'라는 구절은 크게 잘못된 것입니다. 기씨箕氏의 조선은 위만衛滿에게 축출된 것입니다."

윤은 말하였다.

"그 잘못은 복잡한 관계인 동방東方의 삼국三國을 통틀어 이야기한 것이요, 오로지 귀국만을 가리킨 것은 아닌 듯싶습니다. 그 시에 '전통이 오래다'[傳國遠]는 것은 대체로 그 나라 이름 조선이 벌써

기자箕子조선에서 비롯된 것이기에, 귀국을 극도로 찬미한 것입니다. 그러나 이 시는 본시 뛰어난 작품이라고 할 수는 없습니다. 이는 마치 어리석은 사람이 꿈 이야기를 하는 것 같고, 또는 가죽신을 신은 채로 발바닥 가려운 곳을 긁는 것이나 다름없습니다.”

나는 또 말하였다.

“그의 주注에 조선이 신라를 멸망시켰다는 것은 더욱 잘못된 말입니다. 우리나라는 고려를 이었고, 고려는 신라를 이었으니 어찌 조선이 5백 년 앞의 신라를 멸망시킬 수 있겠습니까!”

여천이

“이야말로 이른바 ‘육갑한다’는 겁니다.”

하고, 크게 웃었다.

내가 윤경에게,

“현존한 시인詩人으로서 귀국 내에서 가장 으뜸 될 분은 누구십니까. 그의 이름을 들을 수 있겠습니까?”

하고 물었더니, 윤경은 대답하였다.

“천하가 넓어서 뛰어나고 묘한 재주가 정말 없을 수는 없겠지만, 저는 나이가 많고 세상일을 모두 끊어버렸으므로 재주 있는 젊은이들은 아는 이가 없고, 다만 저의 늙은 벗으로서 원 태사袁太史 매枚92)라는 이가 있습니다. 그의 자는 자재子才이고 세속에 얽매이

---

92) 원매袁枚(1716~1797)건륭시대 3대 시인 중 하나라고 칭송된 시인이다. 저서로 수원시화 등이 있다.

지 않는 뜻이 고상한 선비입니다. 그는 벼슬을 사랑하지 않고 산수에 노닐며 회고적懷古的인 시 작품에 능숙합니다."

이내 소리를 높여서 그의 시 두어 구절을 읊는다. 나는 그가 읊는 것을 잘 알아듣지 못하므로 글씨로 써서 보여 주기를 청하였다. 원매의 「박랑성시博浪城詩」93)에,

약을 캐는 진인들은 봉래산을 향해 가고 眞人採藥走蓬萊

박랑성 모래벌은 망해대에 이어졌네 博浪沙連望海臺

구정은 아직 잠겨있고 삼호가 일어섰으며94) 九鼎尙沈三戶起

전국시대 여섯 왕이 쓰러지자 철퇴 한 방이 오는구나 六王纔
畢一椎來

범과 용 같은 기개 갖기 위해 황금을 소진하고 虎龍有氣黃金盡

산도깨비 소리 없고 흰 구슬만 슬프다네95) 小鬼旡聲白璧哀

열흘을 찾다가는 손 떼고 돌아갔네 大索十日還撒手

그대 같은 기이한 재주 예부터 몇이런고 如君終古儘奇才

하였으니, 그 시를 보아서도 가히 중국 사대부士大夫의 심경을 짐작할 수 있을 것이다. 형산이 구태여 이 시를 읊어 보임도 역시

---

93) 박랑성은 하남성에 있는 곳이다. 진시황이 이곳을 순행할 때 장량이 창해역사를 시켜 철퇴로 진시황을 저격하려다 수레를 내리쳐 실패한 곳이다.

94) 구정이란 천자가 사용하는 9개의 솥. 구정이 잠겼다는 것은 주나라가 망했다는 뜻이고 삼호는 작은 마을이란 뜻이지만 '초나라가 지금 집 세 개 정도의 작은 나라이나 진을 멸망시킬 나라가 된다'는 말에서 유래하였다.

95) 진시황의 사신이 길을 갈 때 어떤 사람이 나타나 옥을 바치며 '금년에 용이 죽을 것이다' 하고 갑자기 없어졌는데, 진시황은 그것을 두고 산도깨비가 한가지 일을 가르쳐 준 것이라고 하였다.

그의 뜻이 명확한 것이다. 그러나 그가 만주족인 기려천奇麗川에게
도 기피하지 않음은 무슨 배짱인지 모르겠다.

　강희 무오년(1678)에 강서에 살고 있는 계문란季文蘭이라는 여인
이 오랑캐의 노략을 당하여 심양으로 가다가 진자점榛子店에 이르러
서 벽 위에 시 한 절을 썼다.

　몽당머리 옛 단장이 괜시리 서글프고　椎髻空憐昔日粧
　길 나선 초라한 모양에 비단 치마 다 낡았네　征裙換盡越羅裳
　아버지 어머니 생사를 어느 곳에서 알 수 있을까　爺孃生死知
何處
　봄바람에 크게 울며 심양으로 가는구나　痛哭春風上瀋陽
　그 아래에 또 쓰기를,

　"저는 곧 강서에 살고 있는 우 상경虞尙卿 수재秀才의 아내로서
지아비는 놈들에게 죽임을 당하였고, 이제 왕장경王章京에게 팔린
몸이 되어서 심양으로 가는 길입니다. 무오년 1월 21일에 눈물을
뿌려 벽을 닦고 이 시를 쓰니, 바라기는 오직 천하에 좋은 맘씨를
가진 사람들은 이 글을 읽고서 이 몸을 가엾이 여겨 건져 주시길 바
라기 때문입니다. 제 나이는 지금 21세입니다."

　하였다. 그 뒤 6년 만인 계해(1683)에 청성부원군淸城府院君 김공金
公 석주錫胄가 사신으로 이곳을 지나다가 이 일을 기록하여 돌아왔
고, 또 그 뒤 30여 년을 지나서 노가재老稼齋 김공金公 창업昌業이 역시
이곳을 지나니 벽에 쓴 글자가 여전히 남아 있었다고 하였다. 이제
나는 노가재보다도 60여 년 뒤인 이날에 또 이곳을 지나다가 이를

생각하며 배회하였으나 벽 사이의 글자는 다시 찾아볼 데가 없었다. 내 우연히 이 시를 기풍액奇豊額에게 이야기하였더니 그는 주르륵 눈물을 흘리며

"진자점은 어디 있습니까?"

하고 물었다. 나는,

"산해관 밖에 있습니다."

하였더니, 기는 곧 시 한 절을 읊었다.

붉은 단장 아침나절 황기黃旗 지역으로 팔려가니 紅粧朝落鑲黃旗

호가의 슬픈 박자[96] 그 다섯째 가사처럼 상심되네. 笳拍傷心第五詞

천하에 남자 중 맹덕[97]이 이제 없으니 天下男兒無孟德

천금이 있다한들 채문희를 누가 속량할까. 千金誰贖蔡文姬

강희의 산장시山莊詩는 모두 36마디였는데, 모두가 비루하고 졸렬하여 운치가 없다. 대체로 그는 억지로 읊어 평소의 포부를 자랑하였기 때문이다. 그래도 그의 신하들이 반드시 많은 글을 수집·나열하여 전주箋注를 내었다. 예를 들면 그의 연파치상煙波致爽을 읊은,

산장에 자주 피서를 오니 山莊頻避暑

조용하고 고요하여 떠들썩한 일 드무네 靜黙少喧嘩

---

96) 호가십팔박은 한나라 채옹의 딸인 채문희가 오랑캐에게 붙들려 갔다가 그 뒤에 귀국하여 팔려갔을 때를 생각하며 지은 노래이다. 조조가 천냥을 내어 채문희를 속량해 왔다고 한다.

97) 조조曹操를 말한다.

는 아무런 주석도 필요하지 않건만 그들은 양梁 소통蕭統[98)
시의,

　수레를 바삐 몰아 산장으로 가자꾸나　命駕出山莊

든가, 유우석劉禹錫(당의 문학가) 시의,

　푸른 넌출 그늘 속에 산장이 있구나　綠蘿陰下有山莊

라든가, 대숙륜戴叔倫(당의 문학가) 시의,

　지초밭, 대추밭 길을 자주 오갔었네　芝田棗逕往來頻

와, 손적孫逖(당의 문학가) 시의,

　경치 좋은 땅 숲 정자는 좋고　地勝林亭好

　세월이 맑아 잔치는 자주 베푸네　時淸宴賞頻

와, 위징魏徵(당의 문학가) 「구성궁 예천명九成宮醴泉銘」의,

　"황제께서 구성궁에서 더위를 피하셨다."

와, 양 간문제梁簡文帝(자는 세찬世纉) 납량시納涼詩의,

　높은 오동 곁에서 더위를 피하니　避暑高梧側

　가벼운 바람 때때로 옷깃에 드네　輕風時入襟

와, 백거이白居易 시의,

　봄철을 바라보니 꽃 광경 따뜻하고　望春花景暖

　더위를 피하니 대나무바람 시원하다.　避暑竹風涼

와, 『남사南史』 심린사전沈麟士傳의,

　"나이가 80이 지났으나 귀와 눈은 오히려 총명하므로 남들은

---

98)　양梁의 문학가. 자는 덕시德施.

그의 몸 수양이 정靜·묵默한 결과라고 말하였다."

와, 황보증皇甫曾(당의 문학가, 자는 효상孝常) 시의,

화창한 바람 속 풀은 길어지고 草長光風裏

잠자코 고요한데 앵무새만 우는구나 鶯啼靜默間

와, 하손何遜(양의 문학가, 자는 중언仲言) 시의,

보고 듣는 것이 떠들썩한 일 전혀 없네 視聽絶喧嘩

등을 인용하였다. 이 시는 겨우 두 글귀인 데다 이해되지 않는 것이 하나도 없는데, 어찌 허다한 전주箋注를 내었을까? 황제가 시가를 지을 때 어찌 허다한 출전을 밝힐 것이 있겠는가? 그러므로 주자朱子는 일찍이 말하기를,

"관관저구關關雎鳩[99]란 말은 애초부터 어디에서 나온 것인가?"

라고 하였으니, 이야말로 시학詩學에 정통한 분의 말이라 아니할 수 없겠다.

가두에 떠드는 말 하간전[100] 외는 소리 街頭喧誦河間傳

규중의 슬픈 노래 양백화[101]를 부르네 閨裏悲歌楊白花

이 시는 곧 점필재佔畢齋[102]가 사방지舍方知를 풍자한 것이다. 사

---

99) 시경의 첫 구절이다. 물수리가 꾸욱 꾸욱 운다는 뜻이다.
100) 하간전은 유종원이 지은 것으로 음란한 부인에 대한 전기이다. 그는 그녀의 이름을 적지 않고 그녀가 살았던 지역인 하간으로 전을 짓는다고 하였다.
101) 北朝시대 양화라는 자가 원래 이름이 양백화였는데 얼굴이 잘생겨서 당시 호태후胡太后가 억지로 간통을 했다. 양백화가 겁을 먹고 달아나자 태후는 양백화가를 지어서 궁녀들에게 늘 부르게 하였다고 한다.
102) 김종직.

방지라는 자는 사노비 출신으로서, 어렸을 때부터 여장을 하여 얼굴에 분과 기름을 단장하고 바느질을 배웠다. 자라나서 조정 관료들의 집에 드나들곤 했다. 천순天順 7년(1463) 봄에 사헌부司憲府에서 그 일을 풍문으로 듣고 체포하였다. 그가 평소에 간통하던 비구니에게 취조하니,

"그의 양물陽物이 유달리 큽니다."

하였다. 이에 여의女醫 반덕班德을 시켜서 더듬어 보았고, 또 영순군永順君 이보李溥와 하성위河城尉 정현조鄭顯祖 등도 함께 시험하고 모두 혀를 내두르며

"대단하구만."

하였다. 이때 중국에서도 역시 이보다 먼저 이와 같은 일이 있었다. 오군吳郡 양순길楊循吉의 『봉헌별기蓬軒別記』에 다음과 같은 기록이 있다.

"성화成化 경자년(1480), 서울에 과부 하나가 자수나 길쌈 등에 능란하고 젊고 예쁘며, 또 신발과 버선이 네 치에 지나지 않을 만큼 작았다. 모든 부귀한 집안에서 서로 추천하여 자수를 배우기도 하였다. 그는 남자를 보면 문득 부끄러운 빛으로 피하였고 밤이면 그에게 배우는 여자와도 함께 자되 잠을 자는 곳에는 항상 자물통을 채웠다. 그래서 남들은 더욱이 그가 자기 몸조심에 가장 엄격하다고 믿었다. 이때 태학생太學生으로 있던 아무개가 그를 연모하여, 처음에는 그의 아내를 누이동생이라고 하여 그 과부를 자기의 집에 끌어들이고 가만히 그 아내에게 밤중에 문을 열고 변소에 가는 척

하라고 일러뒀다. 갑자기 방안으로 달려들어 촛불을 끄니, 과부는 고함을 쳤다. 태학생이 과부의 목덜미를 조르면서 강제로 범하려고 했는데, 곧 남자였다. 과부를 묶어 관청에 보내어 심문을 하니, 그의 성은 상桑이요, 이름은 중翀이며, 나이는 24세인데 어릴 때부터 발을 싸매었다 한다. 법사法司가 그 옥사를 위에 아뢰었더니 현종 황제憲宗皇帝가 이는 '인요人妖'라 하여 극형에 처하였다."

망부석望夫石에는 천산千山 범광원范光遠의 시가 쓰여 있다.

성 쌓은 이는 보이지를 않고 不見築城人
다만 열녀의 자취만 보이는구나. 但見貞女迹
만리장성에 한 번 물어보자면 試問萬里城
어떠한고? 한 조각 돌이. 何如一片石

강희 때 간행한 전당시全唐詩는 모두 1백 20권이나 되는 거질巨帙이었으니, 의당 빠진 것이 없을 것이다. 당 현종唐玄宗의 「어제사신라경덕왕御製賜新羅景德王」이라는 5언 10운韻의 시가 그 속에 실리지 않았다. 『삼국사三國史』에,

"신라 경덕왕景德王 15년(756) 봄 2월에 경덕왕이 당 현종이 촉蜀에 있다는 말을 듣고 사신을 보내어, 당의 절강으로부터 성도成都에 이르러서 공물貢物을 바쳤다. 현종이 조서詔書를 내리기를 '신라왕이 해마다 조공을 바쳐서 예악禮樂과 명분名分을 지키는 것을 가상하게 여겨 시 한 수를 지어 준다' 하고,

천지 사방이 나뉘고 해와 별 빛나니 四維分景緯

만물은 하늘 중심에 들어 있네 萬象含中樞

예물이 천하에서 두루 오는데 玉帛遍天下

배를 통해 서울로 모여드누나 梯航歸上都

아득히 생각하니 동방은 매우 머니 緬懷阻靑陸

늘 부지런히 중국에 오네 歲月勤黃圖

넓고 넓은 이 땅 끝나는 즈음 漫漫窮地際

푸르디푸른 바다 한쪽 구석 蒼蒼連海隅

의리와 명분의 나라라고 말할 수 있으니 興言名義國

어찌 산하가 다르다 하리오 豈謂山河殊

사신이 가서 중국 풍속 교화를 전하고 使去傳風敎

우리 땅에 와서는 법령과 규모를 익히네 人來習典謨

의관에서는 예를 받들 줄 알고 衣冠知奉禮

충실하고 믿음 지켜 선비를 높였네 忠信識尊儒

정성스럽도다, 하늘이 그를 굽어보며 誠矣天其鑒

어질도다, 그의 덕은 외롭진 않으리라 賢哉德不孤

깃발 안고 함께 다스려 인민을 기르리니 擁旄同作牧

아름다운 이 선물은 옥 선물에 비할까? 厚貺比生蒭

푸른 뜻을 더 중하고 푸르게 하여 益重靑靑志

바람과 서리에도 늘 변치 말지라. 風霜恒不渝

라고 하였다."

송宋의 선화宣和 연간(1119~1125)에 고려사신 김부의金富儀가 이 시의 각본刻本을 가지고 접반사로 나온 학사學士 이병李邴에게 보였더니, 이병이 이것을 휘종황제徽宗皇帝에게 올렸는데 이내 중서성, 추밀원과 모든 학사들에게 보이고, 선언하기를

"진봉시랑進封侍郎이 올린 시는 당 명황唐明皇의 글씨가 틀림없는 것이다."

하고 좋게 보고 감탄하여 마지않았다. 이 시가 이미 중국에 들어가서 도군道君[103])이 감상을 하였으나 후세 사람 중 당시唐詩를 엮는 이는 모두 이를 수록하지 않았다. 비로소 나는 알겠다. 옛날의 잃어버린 문장은 중국인들의 눈과 귀에 미치지 못한 것들이 있어 도리어 해외 편방偏邦의 선비가 이따금 드러내 밝히는[闡幽] 업적이 있으니, 이 어찌 우리들의 다행이 아니겠는가!

오중吳中[104])의 사람들은 예로부터 경박하고 미덥지 않아, 경솔하고 변덕이 많다고 하는 것으로 알려졌으나 문장에 능하고 서화에 뛰어나 이름난 선비들이 많았다. 그러나 중원中原의 사람들은 모두 그들을 미워하여 장사치나 뚜쟁이를 지칭할 때에는, 반드시 항주풍杭州風이라고 일컬으니 대체로 오중인吳中人은 교활한 술책이 많았던 까닭이다. 전당 錢塘 지방 사람 전여성田汝成의 『위항총담委巷叢談』에, "항주의 풍속이 천박하고 미덥지 않다. 그래서 남을 가볍게

---

103) 송宋 휘종이 자칭한 별호.
104) 절강지방.

칭찬하고 구차히 나무라기도 잘하며 길거리에서 들은 말들을 다시 생각해 보지도 않는다. 예를 들면 아무개가 이상한 물건을 가졌다고 하거나, 또는 아무개의 집에 이상한 일이 생겼다고 한 사람이 외치면 백 사람이 부화뇌동한다. 누가 의심나는 것을 질문하면 스스로 본 듯이 증언한다. 비유하자면 바람이 두서없이 일어나서 지나가는데 그림자도 없어 종적도 찾을 수 없는 것과 같다. 그래서 속담 [古諺]에 이르기를 '항주 바람은 허공에 헛손질을 하는 것 같아서 좋은 것이나 나쁜 것이나 모두 한 가지이다.'라고 하였다. 또 이르기를, '항주 바람은 한 움큼 파와 같아서, 파 꽃은 총총 머리를 싸고 있지만 속은 비었다.'라고 했다.

또 그들의 습속이 가짜를 만들어 눈앞의 이익을 챙기기 좋아하고, 뒷일은 생각지도 않는다. 술에다 재를 섞고 닭에다 모래를 채운다든지, 거위 배에 바람을 불어 넣고, 고기나 생선에 물을 집어넣으며, 천을 짜면서 기름과 분을 바르는 등의 일은 이미 송宋나라 때부터 그러하였다.

내가 귀주 안찰사인 기풍액[奇豊州]에게 육비陸飛의 글씨와 그림이 공교롭다고 이야기하였더니, 기가 말하기를 "그 사람은 범충凡蟲, 즉 풍風입니다."라고 하였다. 아마도 항주풍을 이른 것 같다. 그들 북쪽 사람이 남쪽 선비를 싫어하고 질시하는 것이 대체로 이러하였다.

최두기崔杜機(성대成大)105)의 「이화암노승가梨花菴老僧歌」에 이러한 구절이 있다.

오왕이 연극 보다가 광대 상투 슬퍼했고 吳王看戲泣椎結

전씨 노인이 중이 되어 춘추 필법 위탁했네 錢叟爲僧托麟筆

우리나라 선배들이 매양 중국 일을 풍문으로 듣고는 실제 사적에 충실하지 못함이 종종 있다. 앞선 시구절에 오왕은 오삼계吳三桂를, 전수는 전겸익錢謙益을 말한 것이다. 겸익이나 삼계가 모두 오랑캐에게 항복하여 머리털이 희도록 오래 살긴 했으나 무료하게 살았다. 그중 하나는 의로운 일을 했다고 핑계를 댔지만 이미 분수에 맞지 않은 짓을 했다고 알려졌고, 또 하나는 저서에 뜻을 붙였으나 큰 절개[大節]는 이미 이지러졌으니, 비록 공교롭게 후세의 공격을 회피하고자 한들 누가 믿어 주겠는가? 우리나라 속담에 대체로 물정에 어두운 것을 '몽롱춘추朦朧春秋'106)라 한다. 이는 우리나라 사람들이 춘추대의를 말하기는 좋아하나 실제로는 흐리멍덩하게 알고 있다는 것이 이 같은 것이 많으니, 어찌 만인滿人들의 비웃음을 사지 않겠는가!

송 휘종宋徽宗의 대관大觀 연간(1107~1110)에 섭몽득葉夢得107)이 고

---

105) 최성대. 1691~? 영·정조대의 시문학자. 자는 사집士集, 호가 두기이다. 저서로 『두기시집』이 있다.
106) 최두기는 멋모르고 변절한 오삼계가 상투를 보고 명明을 생각해서 울었다 하고, 또 전겸익이 청淸에 벼슬까지 한 것을 지사인 듯 칭찬하였는데, 이는 모두 '몽롱춘추'라는 것이다.
107) 섭몽득(1077~1148), 남송의 문인이다. 호는 석림거사石林居士이며, 저서의 『석림시화』 등이 있다.

려 사신의 접반사가 되었다. 선례에는 사신이 대궐에 이르면, 한 달을 넘지 않도록 하여서 돌려보냈었는데 휘종은 고려 사신에게 과거 시험, 합격자 발표, 상지上池(상림원上林苑의 못)를 구경시켜 주려고, 거의 70일을 머물게 하였다. 고려 사신도 몸가짐을 삼가고 행동을 상냥하고 우아하게 하였기에, 섭葉이 고려 사신을 전송하려 점운관占雲館까지 가서 작별 인사를 했다. 고려 사신 부사副使인 한교여韓皦如[108]가 섭에게 옥대玉帶를 주면서,

"이것은 애초에 당唐의 골동품이며, 우리 선조부터 대대로 보배로 삼았던 것입니다."

하고는, 또 직접 홀笏 위에다가 시 한 수를 써서 주었다.

눈물이 방울방울, 곧 이별을 하자니 泣涕汍瀾欲別離

이번 생에 다시 온다는 기약 다시는 없으리 此生无復再來期

외람되나 보배 띠로 깊은 뜻을 펼치니 謾將寶帶陳深意

이 물건 볼 때마다 나를 잊지 마소서. 莫忘思人見物時

섭은 고려 사신의 전례상 물건을 풀어서 주었다는 경우가 없었으므로 굳이 사양하고는, 다만 그 시가 비록 서툴고 소박하긴 하나, 그의 뜻은 짐작할 수 있겠다고 칭찬하였다.

옹정雍正 초에 칙사敕使 서산書山[109]이 부벽루浮碧樓에 이러한 시

---

108) ?~1122. 고려 문신. 초명이 교여이고 뒤에는 한안인韓安仁으로 개명하였다.

109) 서산은 만주 진황기인鑲黃旗人이다. 성은 뉴걸록씨鈕祜錄氏, 자는 영악英嶽이다.

를 썼다.

풍물은 홀로 옛 모습과 같은데 風物獨依舊

산천은 오히려 부끄럼을 띠었네. 山河猶帶羞

서산은 한족이 아닌 만인滿人인데도, 별안간 한漢을 생각하는 말을 지었으니 무슨 까닭일까?

얼마 전에 상선商船이 표류하여 옹진甕津에 왔는데, 승선자 중에 시에 능통한 자가 있어서 율시 한 편을 수군절도사[水使]에게 올렸다.

고국의 변한 음률 누가 있어 슬퍼하려나, 故國誰憐鍾簴變

이국땅서 통성명하는 것 도리어 부끄럽네 殊方還愧姓名通

천고에

주의周顗110) 있어 신정에서 흘린 눈물 千秋周顗新亭淚

푸른 바다에 하릴없이 뿌린 눈물도 다할 것이 없구나 空灑滄溟水不窮

이 시의 전편全篇을 얻어 보지 못함과 시인의 성명도 전하지 않음이 한스러울 뿐이다.

『석림시화石林詩話』111)에는 다음과 같은 기록이 있다.

"고려가 태종조太宗朝 때부터 오랫동안 조공을 바치지 않더니,

110) 晉나라의 뜻있는 선비를 말한다. 이들이 나라가 망하자 신정에서 통곡을 하였다.
111) 원주: 섭몽득葉夢得 저著.

원풍元豐(1078~1085) 초년에 비로소 사신을 보내어 조회하였다. 신종神宗이 장성일張誠一을 접빈사로 삼고, 그에게 다시 조회하는 뜻을 물었다. 고려 사신이 답하기를,

'우리나라가 거란과 이웃이 되었는데, 그들의 주구誅求에 견디지 못한 국왕國王 왕휘王徽(문종文宗의 휘)는 늘『화엄경華嚴經』을 외어 중국에서 태어나기를 빌었는데, 어느 날 저녁 꿈에 별안간 중국 서울에 이르러서 성읍과 궁실의 번성함을 다 갖추어 구경하고 꿈을 깨자, 이곳을 사모하여 즉시 이런 시 한 편을 지었다.

악업의 얽힘으로 거란과 이웃되어 惡業因緣近契丹

1년에도 조공을 몇 번이나 하는지 一年朝貢幾多般

갑자기 몸이 옮겨져 중국에 다다르니 移身忽到中華裏

애석하네, 깊은 궁궐 물시계 소리에 날이 샌다. 可惜深宮滴漏殘"

전수지錢受之(전겸익錢謙益, 수지는 자)의 이른바,

나라 안에 전쟁 없이 한 사람만 앉아 있네 國內无戈坐一人[112]

는 김모재金慕齋[113]가 지은 시인데 그의 본집本集(『모재집慕齋集』)에 실려 있다. 수지가 『황화집皇華集』[114]에 발跋을 달 때 이 시를 들어서 비웃었다. 그러나 그 실상은 홍산鴻山 화찰華察[115]이 조서를 받들고 우리나라에 왔을 때 나쁜 선례를 만든[作俑] 것이다. 예를 들면,

112) 나라 국國을 파자하여 戈자를 없애고 사람 人을 넣은 것을 의미한다.
113) 김안국金安國.
114) 화찰 저, 명 사신으로 조선에 온 적이 있다. 그가 사행길에서 지은 시를 모아 만든 시집이다.
115) 명나라 가정연간 사람이다. 호는 홍산, 자는 자잠子潛, 문집으로 『암거고巖居稿』가 있다.

넓디넓은 이 들판엔 끝없는 물 廣野無邊水

기나긴 하늘엔 한 점 기러기. 長天一點鴻

　같은 것이 이것이다. 이는 야野 자는 넓다는 뜻, 천天 자는 길다는 뜻이 포함되며, 수水 자는 그 편방偏傍이 없으니 무변無邊이고, 홍鴻 자는 비점批點을 쳤으니 1점點이 된다. 이것이 이른바 두 글자가 하나의 뜻을 가지고 있다는 것이다.[116] 그러므로 예로부터 배신陪臣[117]이 원접사遠接使로서 용만龍灣에 가자면 반드시 글솜씨 능통한 선비를 기가 막히게 뽑아 일을 맡겨서 별안간 나타나는 임기응변의 수작에 대비한다. 사신으로 오는 사람들은 역시 도중에서 으레 이러한 문제를 구상하여 두는 법이다. 이는 접반接伴을 곤란하게 하기 위함이다. 당시의 접반을 맡은 이들도 또한 반드시 이러한 문제를 미리 연습하였다. 그리하여 이것이 드디어 한 예가 되고 말았다. 그러나 이것이 즐거워서 하는 바는 아니었다. 수지가 홍산을 위하여 이 『황화집』발을 쓸 때에 그 실상實狀은 모두 없애 버리고 다만 우리나라 사람의 한 글귀를 뽑아내어 비웃음거리로 삼았다. 또 그들과 함께 창수를 하지 말라고 경고하기에 이르렀으니, 이것이 어찌 조선 선비들의 마음에 받아들이게 할 수 있겠는가? 내 일찍이 이 일을 들어서 유식한兪式韓[118]에게 얘기했더니 식한은 곧 이를 적어서 품속에 간직하되 마치 귀중한 보물을 얻은 듯이 기뻐하였다.

116) 이런 시가 동파체東坡體라고 하는 것이다.
117) 임금을 모시는 신하. 임금 측근의 신하.
118) 유세기.

최간이崔簡易[119]의 「삼일포시三日浦詩」는 이렇다.

맑은 육육봉은 소라처럼, 눈썹처럼 펼쳐지고 晴峰六六斂螺蛾

백조는 쌍쌍이 거울 같은 수면을 희롱하네. 白鳥雙雙弄鏡波

삼일포 노니는 신선 한 번 가면 다시 오지 않으니 三日仙遊猶不再

알겠네, 신선 사는 십주十洲 아름다운 곳이 많은 줄을. 十洲佳處始知多

내가 일찍이 삼일포 사선정四仙亭에 올랐더니 심백수沈伯修[120]가 이 시를 새겨서 정자 위에 걸었으나, 이것은 결코 매우 훌륭한 작품은 아니다. 세상에서 전하는 말에 다음과 같은 것이 있었다.

"간이簡易가 왕감주王弇州[121]를 만나러 갔더니 그는 공무가 산처럼 많이 쌓여 있어서 수십 명의 서리書吏들이 번갈아서 문서를 아뢰는데, 감주는 책상에 기대고 앉아 먼지떨이를 휘두르면서 왼쪽으로 응수하고 오른쪽으로 응대[左酬右應]하되, 결재가 몹시 빨랐다. 뭇사람들의 붓이 일제히 움직여서, 잠깐 사이에 구름처럼 사라져 버리고 또 10여 명의 청년이 각기 그들이 과제로 지은 시詩와 문文, 또는 소품小品 등을 바치면 감주는 곧 붉은 먹으로 비점批點을 치며 빨리 넘기며 붓이 멈춰지지 않았다. 간이는 이를 보고 크게 놀라고 탄

119) 최립崔岦. 1539~1612, 조선 선조조 문신. 호가 간이이다. 저서로 『간이집』이 있다.
120) 심염조(1734~1783). 조선 영조 때의 문인 학자. 자가 백수伯修, 호는 함재涵齋. 저서 『함재유고』가 있다.
121) 왕세정王世貞. 1526~1590. 명나라 가정연간의 유명 문인 학자이다. 이반룡과 함께 의고주의 문학을 한 후칠자이다.

복하여 시종에게 묻기를 '노야께서는 전에도 늘 저러시고 계셨던
가?' 했더니, 시종이 대답하기를, '오늘은 마침 자리가 조용하여 조
금 한가하신 편입니다. 노야께서는 이전에 벌써 시 1만 수首를 쓰셨
으며 책 천 권을 지으셨답니다.' 하였다. 간이는 아무 말도 못 하고
풀이 죽었다. 소매 속에 간직하였던 자기의 글을 내어서 가르침을
청하였더니 감주는, '문학에 뜻을 둔 분임은 알 수 있겠으나 다만
읽은 글이 많지 못하고 문견이 넓지 못하니, 이제 돌아가서 창려昌
黎의 글 중에서 「획린해獲麟解」를 5백 번만 읽고 나면 마땅히 글 짓는
지름길을 알 것이오.' 하였다. 간이가 크게 부끄럽고 한스러워서 감
주를 만났던 일을 깊이 숨기고는 글 쓸 때에 일부러 뒤틀린 버릇으
로 기괴한 글을 썼으니, 이는 이우린李于鱗[122]에게 배웠기 때문이라
고 하였다. 우린은 원래 감주가 가장 두려워했으므로, 이것으로써
그를 한 번 누르려던 것이다."

　　허균許筠이 태사太史 주지번朱之蕃을 접대할 때에 주朱에게,

　　"일찍이 감주를 보신 일이 있습니까?"

　　하고 물었더니, 주는,

　　"일찍이 계사년(1593) 봄에 태창太蒼(강소성에 있는 지명)에 가서 감
주에게 배움을 청하였더니, 감주는 그때 남사구南司寇 벼슬을 치사致
仕하였는데 얼굴은 보통 사람에 비해 나은 것이 없으나, 눈빛은 별

---

122)　명明 문학가 이반룡李攀龍. 우린은 자.

같았습니다. 화원花園에 자신의 서재를 짓고 제자와 벗들을 모아 술 마시며 시를 읊는데, 감주는 날마다 5~6말의 술을 마셔도 취하지 않고, 누구라도 시문詩文을 청하는 이가 있으면 시비侍婢에게 피리와 비파를 연주하게 하면서 먹을 갈며 종이를 펴는 것이 마치 풍운처럼 빨리, 귀신처럼 교묘했습니다."

하였다.

"그러면 감주도 누구를 두려워하는 이가 있던가요?"

주는 대답하였다.

"공이 평생에 두려워하고 심복하는 이는 오직 창명滄溟(이반룡의 호) 한 분이 있을 뿐이니, 그는 매양 글귀를 생각할 때에는 반드시 먼저 이우린李于麟의 「진관시秦關詩」에,

　　푸른 용이 멀리 걸리니 진나라 하늘에 비 내리고　蒼龍遠掛秦天雨

　　돌 말이 길게 우니 한나라 정원에 바람 부네　石馬長嘶漢苑風[123]

를 높은 목소리로 읊었으니 그가 어찌 두려운 이가 없겠습니까?"

심분沈汾(남당南唐 때의 문학가)의 『속신선전續神仙傳』에 이르기를,

---

123) 이반룡 문집인 『창명집』에 「초추등태화산절정 抄秋登太華山絶頂」이라는 제목으로 있는 시이다. 제 2수 3, 4구이다.

"신라新羅의 빈공賓貢 진사進士 김가기金可紀(신라 때의 문학가)가 신선이 되었다."

고 하였는데, 장효표章孝標의 「송김가기귀신라送金可紀歸新羅」라는 시에,

당나라 과거에 급제하여 중국어를 하였으나 登唐科第語唐音
해돋이를 바라보며 고향 생각 간절하네 望日初生憶故林
일엽편주 바람 일 때 나는 물고기 등에 탄 듯 風高一葉飛魚背
호수처럼 맑은 바닷속 삼신산이 솟아나네 湖淨三山出海心

라 하였으니, 김가기가 본국本國으로 돌아온 것은 명확한 일이다. 그런데 『속신선전』에는,

"가기가 종남산終南山 자오곡子午谷[124]에 살다가, 그 뒤 3년 만에 배를 타고 본국에 돌아갔다. 그러다가 다시 와서 도복道服을 입고 종남산에 들어가 음덕陰德을 힘써 행하더니, 당唐의 대중大中 11년 (857) 12월에 갑자기 표문表文을 올리기를, '신臣이 옥황玉皇님의 조서를 받았으니 명년 2월 25일에 (신선이 되어) 하늘에 오르겠나이다.'라고 하였다. 선종宣宗이 이를 이상히 여겨서 궁녀宮女 네 명과 향, 약, 황금 비단을 하사하고, 또 궁중의 사환 두 사람을 보내어 지켜보게 하였더니, 그날에 이르러 과연 오색구름과 난 새·학과 피리·퉁소와 금·석과 깃 일산日傘과 깃발이 공중에 가득하더니, 그는 학을 타고

---

124) 종남산, 자오곡 모두 섬서성 서안 근처의 산과 골짜기이다. 이곳에 도사들이 많이 은거했다고 한다.

승천하였다. 조사朝士나 서민庶民을 나눌 것 없이 구경하는 이가 산골짜기에 모여서 누구든지 우러러 절하며 이상하게 여기지 않은 이가 없었다."

하였고,

한무외韓无畏[125])의 『전도록傳道錄』에는, 또,

"김가기가 최승우崔承祐와 중 자혜慈惠와 더불어 신원지申元之[126])를 좇아서 도술道術을 배우더니, 종리 장군鍾離將軍[127])과 지선地仙 2백의 무리를 만났다."

고 일렀으나, 이것은 아마 갖다 붙인 이야기인 것 같다.

나의 벗 나걸羅杰 중흥仲興(나걸의 자)은 글 잘하고 뛰어나고 걸출한 선비이다. 그는 역리易理에 깊고 평생에 종鍾(조위曹魏 때의 서예가 종요鍾繇)·왕王(왕희지王羲之)의 서법書法을 사랑하여 비단 한 장이나 종이 한 쪽을 얻게 되면, 언뜻 종이 뒷장에 예학명瘞鶴銘[128]) 두어 글자를 쓰다가 때로는 종이가 부족하여 점이나 획을 마음껏 쓰지 못할 경우 붓을 움직여 종이 밖에까지 뻗어서, 앉은 자리를 모두 검게 하는 까닭에 만일 문밖에 중흥의 나막신 소리가 나면 반드시 먼저 벼루 등 필기도구를 감춘 뒤에 나가서 맞이하고, 중흥이 방에 들어오면 반

---

125) 조선 선조때 선비. 청주 출신. 신선술, 방술에 뛰어났다.
126) 태평광기에 나오는 인물. 신선 항목에 나온다.
127) 항우의 부하였던 무관.
128) 마애석각으로 된 글씨 탁본이다. 중국 강소성 진강시 초산의 암벽에 새겨진 것이다.

드시 먼저 좌우左右를 살펴서 종이와 붓을 찾아도 눈앞에 뜨이지 않은 연후에야 비로소 인사를 교환하게 된다. 그의 진솔함이 이와 같았다.

지난 병신년(1776) 동짓달에 그는 서장관書狀官 신사운申思運[129]을 따라서 연경燕京에 들어갔으니, 그때의 정사正使도 곧 금성위錦城尉[130]였다. 선비에 대한 대우가 높아서, 그에게 아무런 제한을 가하지 않았으며 부채와 청심환도 주었고 자주 담당 역관에게 타일러서 그의 통행을 편리하게 하였다. 그런데 중흥의 천성이 몹시 진솔하므로 이르는 곳마다 저지를 당하였다. 그리하여 그는 마음껏 유람하지 못하였을뿐더러 중국의 이름 높은 선비 한 사람도 만나지 못하였다 한다. 그가 연경 길을 떠날 때에 내가 송도松都까지 전송하였다. 그가 돌아오자 중국의 제도를 모방하여 태평거太平車 한 대를 만들어 그의 처자를 태우고는 적상산赤裳山(전북 무주茂州에 있다) 속으로 들어간 뒤 이제 벌써 4년이 되었는데 보이지 않는다. 이번에 내가 이 길을 떠날 때 상자 속에 두었던 친구들의 서찰과 시문을 찾아서 다시 간직하려다가 중흥이 옛날에 쓴 시를 발견하였는데 행초行草로 쓴 것이 퍽이나 곱고 선명하였다. 곧 행탁行橐에 집어넣었던 것을 이에 기 귀주奇貴州에게 내어 보였더니 기는,

"씩씩하고 굳건하고 차분한 그의 격력格力은 흡사 노두老杜(두보

129) 1721~1801. 자는 亨仲, 호는 樂耘
130) 박명원.

를 높인 말)와 같습니다."

하고는 크게 칭찬하며 감상하였다. 그의 「우성偶成」에,

산 사립문 비었는데 옷이나 갓을 다 버리고 山扉寥廓棄冠巾

이 몸 늙어갈수록 그윽한 일에 친숙해지네 老去漸能幽事親

섬돌을 마주보니 햇빛만 고요히 빛나고 階除留對日華靜

공중에 지나는 조각 구름이 새삼스럽네 空外翻過雲片新

꾀꼬리 문득 날아와 푸른 숲서 지저귀며 黃鳥忽來啼綠樹

아롱진 꽃 무수하게 푸른 봄을 보내네 斑花旡數度靑春

어느 것 한 가지가 내 뜻을 거스리리 知旡一物違吾意

하늘께서 길러주시는 때를 저버리지 않는구나. 不負皇天長育辰

하늘가의 금서산[131]은 산 밖에 또 산이고 天外錦西山復山

근래에 집터 잡으니 한가함과 떨어지지 않네 近來卜宅不離閒

외로운 봉우리 맑은 돌은 푸른 하늘에 기대고 孤峰晴石依空翠

오솔길 옆 구석의 꽃 점점이 아롱졌네 側徑幽花點細斑

새들이 피하니 비가 지나가려나 싶고 鳥避誤疑沾雨過

꿀벌은 앞다투어 꽃향기로 배불리네 蜂窺爭占飫香還

흥겨운 매일매일 청려장을 짚고선 興長日日扶黎杖

쳐다보고 읊고, 읊고 보니 객의 얼굴 펴는구나 一望一吟開旅顔

흑치 장군(백제장군 흑치상지黑齒常之) 전장터는 고을의 동쪽 戰經黑

---

131) 금강錦江의 서쪽인 듯 하다.

齒郡之東

객지에 오래 사니 모든 일에 통하네 久住殊方事盡通

깊은 산 새벽 구름 푸른 골짝으로 옮겨가고 峽曉雲移幽洞翠

시냇가 저녁놀은 옛 성에 붉었구나 澗曛日隱古城紅

늦게 일어나고 일찍 자고 좋은 대로 하면서 晚興早寢從他好

장단 맞추어 시를 읊으니 끝이 없어라 短咏長吟不自窮

이런 곳에서 흥취마저 없다 하면 若道淹留无逸興

나그네 시름을 어느 때나 씻으리 何時得豁旅愁空

또 그의 「들지 않는 잠不寐」에는,

밤 들어 산 구름은 보기에 기쁘니 入夜喜看連峽雲

먼 허공에 붉은빛이 이리저리 떠오르네 遙空漸改赤紛紛

처마 향해 앉았더니 참새 소리 그쳤고 對簷獨坐息喧雀

베개 괴고 잠깐 졸자 모기들이 모여드네 支枕乍眠還聚蚊

산 나무 시냇가 모래 부질없이 헤어 보고 峰樹溪沙漫欲數

남기성과 북두성은 무늬가 절로 나네 南箕北斗自成文

시름 깊어 병이 된다고 안타까워 마시오 未憐愁劇添新病

비단에 수를 놓듯 그 병 타고 시를 얻으리니. 剩得詩如刺繡紋

또 「낮잠午枕」에는,

낮에 졸다 비몽사몽에 날씨가 찌는 듯이 昏昏午睡困炎蒸

모든 일에 꾀가 나서 글쓰기도 못하네 萬事疎慵著不能

닫지 않은 상위의 책 엿보는 건 제비이고 未卷牀書窺紫燕

벼루엔 늘 먹물 고여 파리를 배불리네 常餘硯墨飽青蠅

길 지나던 손님들이 하릴없이 안부를 묻고 客過小徑虛相問

묵혀둔 밭 보던 아내는 짜증이 날 듯하네 妻對荒畦久欲憎

별안간 맑은빛 달오름을 보게 되니 忽得淸光看月出

달 아니라 붉은 해 뜨는 걸로 착각했네 錯疑赫日碾空昇

라고 하였다.

귀주貴州는 이에 대하여 비평하기를

"실로 명구名句가 많긴 하나 간혹 음률에 맞지 않은 것이 있습
니다."

라고 하였다. 이는 대개 우리나라 음운音韻이 중국의 것과 같지
않으므로 가끔 음률에 어긋남이 있었던 것이다.

박충朴充과 김이어金夷魚는 모두 신라新羅 사람으로서 당唐에 들
어가 빈공賓貢 진사進士에 합격하였다. 당 장교張喬(당唐 소정 때의 문학가)
의 「본국에 돌아가는 김이어를 보내며「送金夷魚奉使歸本國」이라는 시
詩에,

바다 건너와 선적(빈공과의 학적學籍)에 올라 渡海登仙籍

집으로 돌아갈 때 한의(중국의 문물文物)를 갖추었네 還家備漢儀

라 하였고, 장교는 또 「해동국에 돌아가는 박충을 보내며「送朴充
侍御歸海東」」이라는 시에,

하늘가 먼곳으로 떠나온 지 24년 天涯離二紀

대궐을 드나들며 세 임금을 섬겼구나 闕下歷三朝

라고 하였다.

중국의 인사들이 나와 처음 만날 때에 반드시 먼저 항해航海의 노정과 어느 곳에서 상륙하였는가를 물었다. 내가 줄곧 육로를 따라 요동으로부터 산해관을 들어 연경에 닿았다고 답하면 그들은 믿지 않으며 '바다에 건너와서 선적에 올랐더니 渡海登仙籍' 글귀를 외어 증거로 삼는 것이었다. 이는 우리나라가 저 먼바다 건너 있는 유구琉球나 구라殿邏(구라파)와 같은 나라인 줄로 아는 모양이니, 중국 사람들도 이렇게 무식한 자가 더러 있었다.

이무관李懋官이 묵장墨莊을 찾았을 때에 반추루潘秋樓에게 시를 보자고 요청하였더니 (묵장은 한림서길사韓林庶吉士 이조원李調元이니 촉蜀의 금주錦州 사람이요, 추루는 반정균의 호이다) 반潘은,

"내가 이전에 시를 쓸 때 매우 깊이 고뇌를 하면서 힘들게 써서, 안타깝게도 시가 많지 않습니다. 요즈음 운철소惲鐵簫, 청淸 강희시대의 문학가)의 쓸쓸한 버들[寒柳]을 읊은 책자冊子를 읽으니, 왕추사王秋史, 청淸 문학가 왕평王苹, 추사는 자)가 그 뒤에 네 편의 시를 썼으며, 이 버들은 곧 명明 은 상국殷相國[132]의 산동 제남 별장 통악원通樂園에 심은 나무였습니다. 느낀 바가 있어서 지었습니다." 하

---

132) 은사담殷士儋(?~1582). 명 가정 연간의 시인이다. 호는 당천棠川, 저서는 『金興山房稿』 14권이 있다.

였다.

서러운 이내 심사 화공에게 얘기할까 愁心都付畫工論

처량하게 긴 가지 갯마을을 꿈꾸는 듯 凄絶長條夢水邨

바다 한 편 황량한 정자 선비들은 흩어지고 海右亭荒名士散

저 멀리 지는 잎 둔 퇴락한 정원만 남았네 天涯木落廢園存

반만 남은 달 봄을 두고 떠나고 半規殘月春留別

하나같은 석양빛 저녁 넋을 거두었네 一例斜陽暮斂魂

60년 읽어 오던 곱게 꾸민 그 책들 六十年來看粉本

먹 향기 종이 빛깔 티끌 속 또 바래네 墨香牋色又塵昏

둘러보니 동풍이 새롭게 불어와 看遍東風窣地新

잠겼다 날렸다 하는 버들개지 모두 다 정답네 蘸波吹絮摠情塵

아련해라, 푸른 잎 매미 울던 그 땅에서 可憐碧葉吟蟬地

붉은 난간 말 묶던 사람 볼 수가 없으니 不見紅欄係馬人

낡은 다락 그림자에 늙은 두보 슬퍼했고 衰影驛樓傷老杜

시름 어린 이 마을엔 털보 진관 생각나오 離惊門巷憶髯秦

(자주自註 진관秦關의 사詞에 이르기를, "꽃 밑에는 거듭 문이요, 버들 가에는 깊은
마을이다[花下重門。柳邊深巷]."라고 하였다.)

작화산[133] 저 기슭에 앙상한 가지 밖으로 鵲華山麓髡枝外

133) 중국 산동 제남에 있는 산 이름

맑은 호수가 찬물에 갓 씻는 사람만 있을 뿐 只有明湖冷濯巾

화가나 시인들이 일시에 드물어지고 畫人吟子一時稀

금성은 모두 사라져 아름드리 숲만 있네 減盡金城翠十圍

푸른 언덕 누운 가지에 저녁 눈발 비끼고 綠岸臥枝欹暮雪

어둔 빛이 스민 누각 겨울 햇살 빛나네 入樓暝色帶冬暉

고요 속의 떨어진 잎 소리도 많지 않고 靜中黃葉无多響

먼 곳의 해 저물자 갈가마귀 두어 마리 날아가네 遠處昏鴉數點歸

버들개지 진창에 빠지는 한스러움 생길 테니 猶有沾泥開恨在

봄이 올 때 다시는 떼 지어 날지 마시오. 逢春莫更作團飛

칠십천[134] 내린 소리 돌절구 어지러이 찧는 듯하고 七十泉聲亂石舂

초라한 두 나무 선 들 서리가 자욱하네 兩株憔悴野霜濃

이전 왕조 세운 누각 모래톱 흔적만 남고 前朝臺榭沙痕在

세밑에 변방에는 버들 그림자 아른거리네 晚歲關河樹影重

우연히 선비 위해 새싹을 피워보나 偶爲士流靑眼放

마치 백발로 늙은 기생 보듯 한다네. 恰如女妓白頭逢

---

134) 작품의 배경이 되는 제남에는 샘이 많기로 유명한데 원나라 于欽은 70개의 샘을 모두 품평하였다. 왕평에 있는 望水泉은 그 중 24번째라고 한다.

오동꽃 떨어지고 산 동백이 시들다 한들 桐花零落山薑老

왕랑[135]의 아름다운 얼굴 뉘라서 알아볼까나 誰識王郞濯濯容

라고 하였습니다."

한다. 여기에서도 한인漢人들이 접하는 것마다 감흥이 많음을 짐작할 수 있겠다. 이것을 형산亨山 제공諸公에게 보였더니, 모두 슬픈 빛으로 눈물을 뿌리지 않는 이가 없었다.

약천藥泉 남구만南九萬[136]이 어사御史로 순행하다 경상도 성주星州에 이르러, 밤에 본 고을의 선생안先生案[137]을 열람하다가,

"제말諸沫은 만력萬曆 계사(1593) 정월 아무 날에 부임했다가 4월 아무 날에 그만두고 돌아갔다."

라는 말을 발견하였다. 그는 우리나라에 제諸의 성姓을 지닌 이가 있다는 말을 듣지 못하였기에, 꽤 괴이하게 여겨 윤형성尹衡聖[138]에게 물었더니, 윤尹은,

"중국 양자강[江]·절강[浙] 사이에 제씨諸氏가 살고 있으니, 제말의 조상은 아마 중국으로부터 나왔을 것이며, 임진왜란 때에 제말이 의병을 일으켜 왜적을 쳐서 그가 향하는 곳마다 승리하니, 이름이 곽재우郭再祐와 같이 높았습니다."

---

135) 쯤 王恭은 얼굴이 깨끗하게 잘생겨서 '봄바람에 깨끗해진[濯濯容] 버드나무의 자태' 라는 평이 있었다.
136) 1629~1711. 조선 숙종때 정치가, 문인이다. 자는 雲路, 호는 藥泉. 문집 『약천집』이 있다.
137) 전임자의 부임 기록.
138) 1608~1671. 호는 棄棄齋이다. 저서로『조야첨재』가 있다.

라고 답하였다 한다. 이 일은 『약천집藥泉集(남구만의 시문집)』 중에
실려 있다. 약천과 같은 박식으로도 오히려 백 년 이내인 제말의 사
적을 알지 못하였으니, 그가 미천한 계층의 출신인 줄 짐작할 수 있
겠다. 그는 비록 공을 세움이 이렇다 했더라도 이름이 그만 묻혔으
니, 어찌 그 억울함이 원혼이 되지 않았겠는가?

성주에 살고 있던 정석유鄭錫儒가 과거 급제及第에 오르기 전에,
본 고을의 자제들과 함께 공령功令(과체科體의 시문詩文)을 짓느라고 동
헌東軒에 머물러 잤다. 그 집 뒤에는 매죽당梅竹堂이 있고 당 앞에는
지이헌支頤軒이 있었다. 하루는 정鄭이 지이헌 속에서 홀로 거니는데
때마침 달이 매우 밝았다. 갑자기 검은 사모紗帽를 쓰고 붉은 도포道
袍 입은 이가 대밭 속에서 나오더니 수염을 쓰다듬으며,

"나는 이 고을 옛 목사牧使 제말이다. 나는 본시 고성현固城縣에
살던 백성으로 임진의 난을 당하여 의병을 일으키고 왜적을 쳐서,
조정朝廷에서 특히 성주 목사星州牧使를 제수除授하였다. 저 웅해熊海에
서 적의 진영을 깨뜨리고, 정진에서 왜적을 맞으면 깨뜨리지 못한
적이 없었으나, 당시의 격문檄文이 없어지고 역사가 전하지 못하였
으니, 그때 정기룡鄭起龍[139] 같은 여러 사람은 모두 나의 비장裨將이
었다."

하고는, 이내 허리에 찼던 보검寶劍을 뽑으면서,

---

139) 정기룡(1562~1622), 임진왜란 때의 무장. 큰 전공을 세웠다. 호는 매헌梅軒. 상주 충의사에 배
향되었다.

"이 칼로 일찍이 왜장倭將 몇 놈을 베었다."

하였다. 그는 이마 위에 불꽃이 펄펄 이는 것 같고, 성기고 뻣뻣한 수염이 움직이면서 시를 읊었다.

산은 긴데 구름은 함께 가고 山長雲共去

하늘은 멀어 달과 함께 외롭네 天迥月同孤[140]

그는 또 말하기를,

"나의 무덤은 칠원漆原(경남 창원)에 있으나, 자손이 없어서 이제 껏 묵고 있다."

하고는, 길게 읍하고 물러가서 다시 대숲 사이로 갑자기 들어가 버렸다. 날이 밝은 뒤에 함께 그 일을 이야기하니, 그들도 평일에 비록 선생안先生案(역대 부임 목사 기록)에 제말이라는 이가 있었으나, 성姓도 쓰여 있지 않았다고 이상해만 했을 뿐, 그의 매서운 전공이 이렇게 갸륵함을 알지 못하였다가, 이제 별안간 알게 되어 감탄하고 이상하게 여기지 않는 이가 없었다. 감사監司 정익하鄭益河[141]가 이 이야기를 듣고, 정석유를 불러 상세히 물은 뒤에 막 장계狀啓를 올려 조정에 알리려 하였으나, 마침 벼슬이 갈렸으므로 뜻을 이루지 못하였다. 그래서 칠원 현감에게 공문을 보내 그의 무덤을 수축하고 묘지기 두 집을 두어 지키게 하였는데, 칠원의 현감으로 있던 어사적魚史迪이 낮에 졸다가 꿈에 한 관인官人이 와서 말하기를,

---

140) 유언호의 「제말전」은 그 뒤에는 '적막한 성산 객관[寂寞星山館], 그윽한 영혼 있는지 없는지[幽魂有也無]'라는 구절이 이어진다.

141) 1688~? 자는 자겸子謙, 호는 회와晦窩이다. 형조판서를 지냈다.

"나의 무덤은 이 동헌에서 몇 리쯤 되는 어느 마을 어느 방향 [坐向]에 있다. 감사가 마땅히 무덤을 수리하라 명령하실 테니, 당신은 잘 알고 있으시라."

한다. 꿈을 깨고서 이상히 여겼는데, 정말 그날 저녁에 통첩이 이르렀으므로 어사적이 드디어 그 무덤을 크게 수리하였다 한다. 제말은 사실 촌사람이어서 살아 있을 때는 글을 알지 못하였기에, 비록 이런 빼어난 공적이 있었다 해도 스스로 기록을 남기지 못하였다. 죽어서 그 억울한 영혼이 맺히어 흩어지지 않음이 이와 같다. 그런데 능히 시를 읊을 줄 알았다 하였으니 이상한 일이 아닐 수 없었다.

평사評事 신경연辛慶衍[142]이 나이 열두 살에 배천白川[143]에서 서울로 올라갈 때, 길에서 명明나라 조사詔使를 만났다. 때마침 역참에 있던 자가 신辛이 탔던 말을 빼앗았으므로 그는 사정이 매우 어려웠다가 도보로 조사가 점심을 먹기 위해 오는 참站에 닿아 하소연을 하였다. 조사는 그의 얼굴이 백옥처럼 맑음을 보고 기이하게 여겨 길가에 서 있는 장승長丞을 가리키면서,

"그대가 이를 두고 시를 읊을 수 있다면 마땅히 말을 주리라."

하여, 신이 운자韻字를 청하니, 조사가 운자를 내주었다. 신은

142) 1570~? 조선 중기의 문신. 자는 사달士達, 호는 금정錦汀이다. 저서로 『금정집』이 있다.
143) 황해도.

곧 대답하기를,

초 패왕(항적項籍)의 혼령은 천추에 남았지만 楚伯千秋尙有靈

오강 건널 때 체면 없게도 혼자만 남았어라 渡江无面只存形

당시에 한스러운 일은 음릉 길을 잃은 것이니 當年恨失陰陵道

언제나 길에 서서 길을 가리키고 있겠네 長向行人指去程

하였다. 조사가 크게 놀라서 탄식하여 칭찬하고 문방文房사우와 여러 보물을 상으로 후히 내렸다고 한다. 이 글이 무명씨無名氏의 작으로 『명시선明詩選(명明 이반룡李攀龍 저)』에 실려있다. 그는 광해光海 때 과거에 올라서 벼슬이 평안도平安道 병마兵馬 평사에 이르렀을 때, 서쪽 변방에 일이 있어서 청천강晴川江을 아홉 번 건넜으며 이내 관에서 죽었다. 이후 그의 혼령이 여러 번 나타났다. 그가 죽은 뒤 수십 년에 그의 벗 아무개가 그를 관서關西 도중에서 만났는데, 그는 친구의 자를 부르며 옛일을 이야기함이 평소와 다름없었다고 한다. 신경연이 그 벗에게 부탁하기를,

"나의 자손이 심히 가난한데 유물이 있는 것을 미처 전하지 못했네. 보도寶刀와 옥관자 한 쌍이 우리 집 대들보 위에 얹혀 있어도 아는 식구들이 아무도 없네. 그대는 부디 이 말을 전해 주소. 이 두 가지 물건을 판다면 많은 값을 받을 것이네."

하였다. 그의 벗은 크게 이상히 여겼고, 돌아오자 곧 그 자손에게 이야기하여 함께 그 집을 들춰서, 마침내 보도와 옥관자를 발견

하였다 한다.[144]

신돈복辛敦復 어르신이 일찍이 나에게 다음과 같이 이야기하
였다.

"중종中宗 때 남주南趎(조선 때 학자. 자는 계응季應)가 열아홉 살에 급
제及第하여 문형文衡(대제학大提學)의 천거에 올랐으나 벼슬은 전적典籍
에 이르렀다. 그는 어릴 때부터 이상한 일이 많았다. 매일 아침 글
방 선생에게 글을 배우는데 결석할 때가 많으므로 집안사람들이
가만히 그의 뒤를 밟으니, 도중에 빨리 어떤 숲속으로 들어갔다. 한
정사精舍가 있는데 주인의 행동이 맑고 훤하여 속기俗氣가 없었다.
주가 그의 앞에 절하고 나아가서 글을 강론 받고 반드시 해가 저문
뒤에야 돌아오곤 하였다. 집사람들이 물으면 그때마다 거짓말로
대답하였다. 그 뒤 신선의 수련술修鍊術을 행하였고 그가 급제하자,
기묘사화己卯士禍를 만나 곡성현谷城縣에 귀양 갔고, 이내 그곳에서
집을 정하고 살았다. 하루는 종을 시켜 편지를 갖고 지리산智異山 청

---

144) 원주: 우리나라에서 길 위에다가 매 10리 5리 마다 나무로 장군과 같이 깎은 것을 세우고 지
명과 이정을 기록하여 두는데, 보통 이것을 '장승'이라고 부른다. 그것은 중국의 장정長亭·단
정短亭과 같으므로, 우리나라 사람들은 흔히들 장정을 빌려 쓰면서 혹은 중국의 이정표도 우
리나라 장승과 같은 줄만 알고, 또는 장정을 정장亭長으로 잘못 알기도 하니 굉장히 무식한
일이다. 내가 중국에 들어가 보니, 길에는 장정표를 세우고 누구의 땅이라 쓰고는, 그 좌우
에는 단정표를 세우며, '동으로 아무 데까지가 몇 리요, 서로 아무 데까지가 몇 리'라고 쓰여
있었다. 이제 열하에 오는데 장정 밖에는 장정에 흔히들 신汛 자를 썼는데 무엇을 말한 것인
지를 모르겠다.

* 과거 중국에서 변방에 적을 방어하기 위해 10리마다 하나의 정을 두고 그 정에 책임자를
두었다. 그것을 정장이라고 부른다.

학동靑鶴洞에 들여보냈는데, 오채가 영롱한 집이 있고 극히 정려精麗
하며 두 사람이 살고 있는데, 하나는 운관雲冠을 쓰고 자의紫衣를 입
었으며, 또 하나는 늙은 중이었다. 둘이 종일토록 바둑만 두기에 그
종은 하루를 묵고 편지를 받아 돌아왔다. 종이 애초에 2월에 떠나
산에 들어갈 때는 초목이 무성해지기 시작하던 것이, 산을 나올 때
에는 들판에서 익은 벼를 거두는 것을 보고 이상하게 여겨 물으니
곧 9월 초순이었다. 남주가 죽을 때 나이가 30세였다. 관을 들어보
니 유달리 가벼워, 집안사람들이 관을 열고 보니 텅 빈 것이었고 그
안에 시가 쓰였는데,

　　　푸른 바다 떠난 배는 찾을 곳이 전혀 없고　滄海難尋舟去跡
　　　청산에 나는 학은 흔적조차 뵈지 않네　靑山不見鶴飛痕

　　　라 하였다. 그 마을 앞에 김을 매던 농부가 공중에서 흐르는 음
악 소리를 듣고 쳐다보니, 남주가 말을 타고 둥실 떠서 흰 구름 사
이로 올랐다 한다. 지금 충주忠州에 살고 있는 진사進士 남대유南大有
가 그의 방손傍孫이라 한다.”

　　　한유韓愈의 시에,
　　　나무와 돌에도 요물이 생기더라　木石生妖變

　　　라는 것이 있다. 당唐의 말년 소주蘇州에 살고 있던 중 의사義師
는 나무로 새긴 부처를 만나면, 한군데 모아서 불살라 버렸다 한다.
우리나라 양주楊州 회암사檜巖寺에 옛날부터 나무로 만든 큰 부처가
있어서 극히 영검스러우므로, 원근 사람들이 승속僧俗을 가리지 않

고 모여들어 숭배해서 향화香火가 심히 성하였다. 나옹懶翁(이성계李成桂의 스승으로 있던 중)이 처음 주지住持가 되어 이 절에 도임할 때, 여러 중에게 명하여 그 부처를 끌어내어 불사르게 하였다. 모두 놀라고 두려워하여 굳이 간했으나, 나옹은 듣지 않고 중 백여 명을 시켜 큰 동아줄로써 동여매라 하고 밀쳐 당겼으나 털끝도 까딱하지 않았다. 나옹이 노하여 스스로 한 쪽 손으로 밀어 곧 넘어뜨리고 절 밖에 이끌내어 장작을 쌓고 태우니, 더러운 냄새가 견디지 못할 만큼 풍겼다. 대개 큰 뱀이 부처 뱃속에 서리어 있었기 때문에 그런 것으로 그런 뒤에는 오래도록 재앙이나 근심이 없었다 한다. 대체로 나무가 오랫동안 묵으면 접신接神이 되므로 허물어진 절간의 목불에 이상한 요물이 많이들 붙는 법이니, 이것이 한유가 말한

"나무와 돌에도 요물이 생기더라."는 것이다. 오늘 저 반선班禪이 우리에게 준 부처는 길이가 거의 한 자나 될뿐더러, 아마 나무로 새긴 데다 금을 입힌 것이니 이에는 어찌 요물이 붙지 않았다고 알 수 있겠는가? 얼떨결에 이 물건을 받긴 했으나, 일행의 상하가 모두 꿀단지에 손 빠뜨린 듯이 어쩔 줄을 모르는 판이다. 내가 밤에,

"이 일을 어떻게 하면 잘 처리하시겠습니까?"

하고 정사께 물었더니, 정사는,

"벌써 수역首譯을 시켜 작은 궤짝을 만들라 하였네."

한다. 내가

"잘하셨습니다."

정사는,

"뭐가 잘했단 말인가."

하기에 나는,

"이것은 강물에 띄워 보내려는 뜻이겠지요?"

라 했더니, 정사가 웃기에 나도 웃었다. 아마도 이 부처를 길가 사찰에다 내어버린다면 중국의 노염을 입을까 두렵고 또 불상을 가지고 입국한다면 마땅히 물의物議를 일으킬 테니, 저들과 우리나라의 국경에서 순류順流에 띄워 바다에 내버리는 수밖에 없고 보니, 띄울 곳은 압록강鴨綠江이 가장 좋을 것이다.

호음湖陰 정사룡鄭士龍[145]은 평생에 호사로이 지냈다. 젊은 시절 예조 좌랑禮曹佐郎으로 평성平城 박원종朴元宗에게 나아갔더니, 평성이 때마침 영의정이 되어서 별장 깊숙한 곳에 앉아 시비侍婢 수십 명을 시켜 호음을 인도하여 들어오게 하니, 호음이 겹문을 지나 들어오는데 곳곳이 아롱진 누각이요, 굽이굽이 붉은 난간이었다. 평성은 못 위 반송盤松 그늘 밑에 앉았는데 좌우에는 시비들이 모두 비단 치마를 질질 끌고 번갈아가며 진귀한 음식상을 올리고, 또 기생 몇 패가 풍악을 하면서 날이 다하도록 기쁜 잔치를 열었다. 잔치가 끝날 무렵에 호음이 공적인 사무에 대한 결재를 청했으나 평성은,

"이 늙은 사람은 애초에 무인武人이라, 다행히 운 좋게도 좋은

---

145) 정사룡(1491~1570)은 조선 중종 때 문인으로 자는 운경雲卿, 호는 호음이다. 문집『호음집』이 있다.

시절을 만나 몸이 이 직위에 이르렀으니, 다만 스스로 마음을 기쁘게 하여 성세盛世의 은혜를 보답할 따름이네. 그대가 가진 공적인 사무는 돌아가서 예조판서禮曹判書에게 물어보게."

하고는 아랑곳하지 않았다. 호음은 망연자실하여 어쩔 줄 몰랐다. 그리하여 그는 이 일을 평생에 흠모하였으므로 늙을 때까지 호사를 계속하였다 한다. 이 이야기는 나의 6세조世祖 금계군錦溪君146)의 『기재잡기寄齋雜記』에 실려 있다. 그리고 세상에서 전하는 말에,

"호음이 평성의 이 일을 연모하여 남의 물건을 훔쳐 자기의 부를 유지하는 데에 익숙하니, 그가 일찍이 강원감사江原監司가 되었을 때 금강산金剛山에 들어가 정양사正陽寺에서 묵었을 때 순금 부처를 훔쳐서 드디어 큰 돈을 벌게 되었다. 나이가 늙었을 때 그 일을 심히 참회하여,

정양사 안에서 향을 피우던 밤   正陽寺裏燒香夜

40년 삶 그릇된 일을 거원147)처럼 깨우쳤네   蘧瑗方知四十非

라는 시를 읊었다."

한다. 내가 일찍이 정양사에 갔을 때 과연 벽 위에 이 시가 쓰여 있음을 보았다. 이제 삼사三使들이 선물 받은 금부처는 모두 셋이니, 이를 처분하면 수천 냥의 돈을 얻기에는 어렵지 않을 것이고,

---

146) 박동량(1569~1635), 호가 기재寄齋이다.
147) 거원이란 『논어』에 나오는 거백옥이라는 사람이다. 춘추시대 위나라 사람인데, 끝없이 수양을 하며 나이 50이 되자 49세때까지의 일이 잘못되었음을 깨달았다고 한다.

만일 호음으로 하여금 이 경우를 만나게 하였으면 필시 정양사에서 금부처를 훔친 일만 잘못이었다고 말하지 않았을 것이다. 내가 부사와 이 이야기를 하고 서로 크게 한바탕 웃었다. 나는 또,

"이제 이 불상이 불행히도 목불에 도금한 것이라 멀찍이 물리쳐 버렸지만, 만일 순금으로 된 몸이었더라면 이단異端을 물리치자는 논論은 쑥 들어가고 응당 다시 의논해 보자고 했을 것입니다."

하고는, 서로들 허리를 잡고 웃었다.

장자莊子(『남화경南華經』)에 이르기를,

"말 머리엔 굴레를 씌우고 소 코엔 코뚜레 뀐다."

하였으니, 소의 코 뀌는 일은 옛날부터 그랬음을 짐작할 수 있겠다. 우리나라 소는 난 지 겨우 7, 8달이 되면 벌써 코를 뀐다. 왕형공王荊公[148]의 시에,

소의 코를 뚫지 않는다면　牛若不穿鼻

어찌 맷돌방아를 기꺼이 돌리려 할까?　豈肯推入磨[149]

하였으니, 맷돌 방아도 그러하다면 하물며 수레 끌기나 밭 갈기야 어떠하겠는가.

이제 책문柵門에 들어온 뒤 열하에 갈 때까지 집[戶]마다 기르는 소가 7~8두頭 이하는 없고, 혹 30~40두에 이른 집도 있었다. 그런

---

148) 왕안석王安石.

149) 의한산습득이십수擬寒山拾得二十首라는 시의 제 1수이다.

데 밭을 가나 수레를 끌거나 소들이 모두 뿔을 매어서 부리고, 하나도 코를 꿴 놈은 없었으며, 소는 모두 유달리 크되 집집마다 풀어놓고 길렀으며, 작은 아이 하나가 수십 마리를 몰 수 있다. 이 소들은 코를 꿰지 않았을 뿐 아니라 또한 뿔도 매지 않았으니, 중국 사람들의 소 치는 기술이 비록 우리가 따라갈 수 있을 바가 아니었을 뿐 아니라 코를 꿰지 않는 것은 역시 옛날과 지금의 차이가 있지 않은가 싶다.

그리고 진晉 두예杜預[150]의 상소上疏 중에도,

"전목典牧[151]의 종우種牛가 4만 5천여 마리나 있으나, 수레도 끌지 않을뿐더러 늙을 때까지도 코를 꿰지 않은 것이 있습니다."

라는 구절이 있다. 이를 보아도 중국서도 옛날에는 부리는 소에 모두 코를 꿰었던 것을 짐작할 수 있겠다.

강녀묘姜女廟의 주련柱聯은 문 승상文承相[152]이 쓴 것이 가장 비장悲壯하다.

강녀는 죽지 않았네, 천 년 묵은 돌조각이 오히려 곧으며 姜女未亡也千年片石猶貞[153]

진황은 어디로 갔나, 만리장성엔 원망만 쌓였구나. 秦皇安在哉萬里長城築怨

---

150) 진晉의 학자. 자는 원개元凱.
151) 목축을 맡고 있는 기관.
152) 문천상文天祥.
153) 오늘날 주련에는 猶貞이 아니고 銘貞이라고 되어 있다.

라 하였는데, 글씨도 몹시 기굴奇崛하고 과친왕果親王 윤례允禮가 쓴 시는 역시 전아하고 곱다[典麗].

측백나무 잎은 예부터 항상 괴로웠고 栢葉從來常自苦

매화꽃은 옛날부터 예쁜 것으로만 여겨지지 않았네 梅花終古不爲妍

하였는데, 그 필체가 귀신의 조화인 듯싶다.

또 건륭乾隆 을해년(1755) 동짓달에 황삼자皇三子 등금거사藤琴居士[154]가 쓴 시는 또한 괴롭고 쓸쓸한 기분이다.

노송 허물어진 담장 사이 옛 사당이 보이니 松老頹垣見古祠

성을 허문 강녀의 일 매우 슬프다. 崩城姜女事堪悲

남편 돌아올 희망 끊기자 기이한 절개를 이루어 藁砧望斷成奇節

가락지만 공연히 남아 옛 모습을 알겠다네 環佩空餘識舊姿

돌에 뿌린 눈물 자취 그날의 한이 되고 石洒淚痕當日恨

물 흐르는 소리 구슬퍼 후인 추억 자아내네 水流嗚咽後人思

진의정 기슭 밭두둑은 처량함이 심하여 振衣亭畔凄涼甚

길게 보는 그 눈동자에 생각이 엉기는 듯. 猶憶凝眸眺曼滋

그 필체는 더욱 민첩하고 오묘하다. 그리고 방류요수芳流遼水(꽃다운 흐름은 저 멀리 흐르리라)는 건륭황제乾隆皇帝의 어필이요, 경절처풍勁節凄風(군센 절개 매서운 바람과 같네)은 과친왕의 글씨였고 '망부석望夫石'이

---

154) 건륭제의 다섯째 아들이다. 황삼자[황제의 셋째아들]은 착간이다. 등금거사 이름은 영기永琪 (1741~1766)이고 자는 균정筠亭, 호는 등금거사이다.

란 세 글자는 태원太原 백휘白輝가 쓴 것이다.

중국 사람들은 글자로부터 말 배우기로 들어가고 우리나라 사람은 말로부터 한문 배우기로 옮겨가므로 화華·이彝의 구별이 이에 있는 것이다. 왜냐하면 말로 인하여 한문을 배운다면 말은 말대로 글은 글대로 따로 되는 까닭이다. 예를 들면 천天 자를 읽되 '한날천漢捺天'이라고 한다면, 이는 글자 밖에 다시 한 겹 풀이하기 어려운 언문諺文이 있게 된다.[155]

작은 아이들이 애당초에 '한날漢捺'이란 무슨 말인 줄을 모르고 있는데 더군다나 천天을 알 수 있겠는가? 정현鄭玄의 집 여종이 모두 『시경詩經』으로써 문답할 수 있었다 하여, 천 년 동안 아름다운 이야기로 전하고 있다. 그런데, 그 실제에 있어서 중국 사람들은 부인이나 어린이도 모두 문자文字로 말을 하므로, 비록 낫 놓고 기역자도 모르는 사람이라도 입으로는 아름다운 문장을 토吐할 수 있게 된다. 그리하여 경經·사史·자子·집集은 모두 그들의 입에 익은, 늘 쓰는 말에 지나지 않는다. 우리나라 사람이, 중국의 어린이가 시내를 건너려다 어머니를 불러서,

'물이 깊어서 건너지 못하겠어요 水深渡不得'

라는 말을 처음 듣고는 크게 놀라서,

"중국엔 다섯 살 먹은 아이가 입을 열자 시가 나온다."

---

155) 원주: 설부說部 중에 『계림유사鷄林類事』가 실렸는데, 천天을 가른 한날漢捺이라 하였다.

한다. 이는 절대로 그런 것이 아니다. 그들은 말을 하는 것이지 무슨 의도가 있어서 글귀를 이루려는 것은 아니다. 노가재老稼齋가 일찍이 천산千山에 놀러 갔다가 어떤 술 파는 촌 할머니를 보고서,

"길이 궁벽하고 사람이 드문 이곳에 누가 술을 사 마시오?"

하고 물었더니 할머니는

꽃이 향기 내니 나비는 절로 오네 花香蝶自來

라고 대답하였다. 군말하지 않고, 사의辭意가 명확하고 시원하여 저절로 운치 있는 말이 되었다. 이는 다름 아니라, 문자를 가지고 말을 한다는 확실한 증거인 것이다. 우리 집 어린 계집종[小婢]이 사람됨이 지극히 혼미昏迷하여, 어느 날 떡만 얻어먹는 자리에 엿까지 얻어 가지고는 기뻐서 감사하는 말로,

"파촉巴蜀도 역시 관중關中이랍니다."156)

하니, 이는 지패紙牌(노름의 일종)에 유행되는 말이다. 그가 애초부터 파촉이나 관중을 아는 것이 아니었으나, 다만 그 둘이 다르지 않음을 알았으니, 그 말은 저절로 맞아버린 것이다. 이제야 비로소 중국말이 어려운 게 아니고, 반드시 정씨鄭氏의 여종만이 천고에 유식하기로 이름 높은 게 아니라는 것을 알았다.

---

156) 파촉은 사천지방, 관중은 섬서지방이다. 파촉은 길이 매우 험해 가기 싫어하는 지역인데, 진나라때 사람들을 그리로 이주시키고 그곳도 역시 관중이라고 말하였다는「사기」고사가 있다.

『청비록淸脾錄』[157)에 이르기를,

"삼한三韓 사람으로서 중국을 골고루 구경한 사람으로는 이익재李益齋(이름은 제현齊賢) 만한 이가 없을 것이다. 그의 유력遊歷한 곳이 시詩에 나타난 것만 하더라도 정형井陘·예양교豫讓橋·황하黃河·촉도蜀道·아미峨眉·공명사당孔明祠堂·함곡관函谷關·민지澠池·이릉二陵·맹진孟津·비간묘比干墓·금산사金山寺·초산焦山·다경루多景樓·고소대姑蘇臺·도량산道場山·호구사虎口寺·표모묘漂母墓·탁군涿郡·백구白溝·업성鄴城·담회覃懷·왕상비王祥碑·효릉崤陵·장안長安·정장공묘鄭莊公墓·허문정공묘許文貞公墓·관용방묘關龍逄墓·망사대望思臺·무측천릉武則天陵·숙종릉肅宗陵·빈주邠州·경주涇州·보타굴寶陀窟·월지국 사신이 말을 바친 곳[月支使者獻馬] 등이 있으니, 그 발자취가 이른 곳이 모두 웅장한 곳이어서, 우리나라 사람으로서는 미처 보지 못한 곳이었다.

그 시도 마땅히 동방 2천 년 이래의 명가名家가 될 것이다. 그 화려하고 곱고 밝고 맑음이, 삼한의 궁벽하고 고루한 누습陋習을 활짝 벗어 버렸으나, 이즈음 사람들은 딱하게도 익재가 곧 이제현임을 알지 못하고, 고군협顧君俠[158)이 『원백가시선元百家詩選』을 엮을 때도 고려 사람의 시는 한 수도 뽑히지 않았으며, 당시 이제현이 교류했던 목암牧菴요공姚公과 염자정閻子靜[159)·장양호張養浩[160) 등도 모두

---

157) 원주: 이덕무李德懋의 저著.

158) 고군협은 고사립顧嗣立(1665~1722). 자는 군협. 강소성 사람이다. 원나라 시를 모아서 『원시선』을 편찬하였다.

159) 원元 문학가 염복閻復. 자정은 자.

160) 원元 문학가. 자는 희맹希孟.

익재의 시를 칭찬하였으나, 역시 한 수도 뽑힌 것이 없으니 이는 실로 괴이한 일이다."

운운하였다. 익재의 무덤은 금천金川 지금리只錦里 도리촌桃李村 (개성開城)에 있고, 그 밑은 곧 익재의 구택舊宅이다. 구택에다 서원書院을 세워서 제사를 치르게 되었다. 나의 연암燕巖 별장이 그 서원에서 십 리도 안 되는 가까운 거리에 있으므로, 나도 일찍이 한두 번 서원에 가서 그 유집遺集[161]을 읽고서, 더욱이 『청비록淸脾錄』에서 논평한 말이 확고부동한 논의임을 믿었다. 익재의 「사귀思歸」에는,

늦가을 청신[162] 숲은 빗속에 잠겨 있고 窮秋雨鎖靑神樹

해 저물녘 백제성[163]엔 구름이 비꼈구나 落日雲橫白帝城

하였고, 「이릉[164]조발二陵早發」에는,

주사[165]의 약 솥에는 구름만 감돌고 雲迷柱史燒丹竈

문왕(주周 문왕) 비 피했던 능은 눈으로 덮였네 雪壓文王避雨陵

하였고, 「주행아미舟行峨眉」에는

비에 쫓긴 송아지는 어부 집으로 돌아오고 雨催寒犢歸漁店

물결에 밀린 해오라기 나그네 배를 따른다. 波送輕鷗近客舟

---

161) 『익재난고益齋亂藁』.
162) 양자강 위에 있는 지명.
163) 양자강 위에 있는 지명.
164) 이릉은 효餚지역에 있는 2개의 능묘이다. 남쪽은 하나라 임금 고皐의 능, 북쪽은 문왕이 비를 피하던 능이다.
165) 노자의 벼슬 이름.

하였고, 「다경루多景樓」[166)]에는,

밤들어 풍경 울 때 포구에 밀물 들고 風鐸夜喧潮入浦

도롱이 입고 저물녘 서니 빗발이 누각에 들이치네 煙簑暝立雨
侵樓

하였고, 「함곡관函谷關」에는,

흙담은 주머니 황하 북쪽에 묶어두고 土囊約住黃河北

땅덩어리 연결되어 해 지는 서쪽 둘렀구나 地軸句連白日西

라고 하였다.

우리나라 시인詩人들이 중국의 고사를 쓸 때, 가보지 않고 차용
하는데 정말 눈으로 보고 발로 밟아서 체험한 이는, 오직 익재 한
사람이 있을 따름이다. 내 이제, 한 번 고북구古北口를 나오자 스스
로 옛사람보다 낫다고 생각되었으나, 다만 익재에 비한다면 참으
로 모자라는 것이 많음을 깨달았다.

『감구집感舊集』[167)]에 청음 선생淸陰先生[168)]의 시가 실려 있었다.
왕이상王貽上[169)]의 전처前妻 추평鄒平 장씨張氏는 강남江南 진강부鎭江府
추관推官 만종萬鍾의 딸이요, 도찰원都察院 좌도어사左都御史 충정공忠定
公 연등延登의 손녀이다. 숭정崇禎 말년에 청음 선생이 뱃길로 중국을
향하였는데, 길이 제남濟南을 거치게 되었다. 그때 장충정張忠定(장연

166) 강소성 진강 감로사 안의 누각 이름.
167) 왕사진王士禎 저.
168) 김상헌金尙憲. 청음은 호.
169) 왕사진. 이상은 호.

등)이 한 번 보고 좋아하여 6일을 머물게 하였다. 선생의 '조천록朝天錄' 1권에 서序를 썼다. 왕이상이 선생을 익숙히 알게 된 것은 대개 그 처가를 통해서이다. 그가 선생의 시를 초록하여 실은 것은 다음과 같다.

늦가을 바닷가엔 기러기 처음 오고　三秋海岸初賓雁
깊은 밤 천문에는 떠돌이별 하나 번뜩인다　五夜天文一客星[170]

돌다리 이미 진시황 때 끊어졌고　橋石已從秦帝斷
은하수 통하던 뗏목은 사신 오길 허락했네　星槎猶許漢臣通[171]

새벽녘 희미한 달 수성 머리에 비추고　五更殘月水城頭
누구련가 뱃머리서 혼자 시를 읊네　咏史何人獨艤舟
동쪽 바다 향해 서서 돌아갈 길 찾지 않고　不向東溟覓歸路
북두성 의지하여 중국땅을 바라보네　還依北斗望神州[172]

남쪽 장사 북쪽 손님 모래톱에 모여 들어　南商北客簇沙頭
그림 새 푸른 주렴 장식된 배 몇척인가　畫鷁靑簾幾處舟
죽지사 함께 불러 옷소매 스쳐 지나고　齊唱竹枝聯袂過
온 성에 달빛 가득 양주(양자강 운화가 통하는 곳)와 같구나　滿城煙

---

170)　曉發平島.

171)　蓬萊閣.

172)　水城夜景 제 1.

月似揚州[173]

이들은 모두 이상이 이른바, '맑고 고와 가히 읊을 만하다'는 작품이다. 이상은 당시 중국의 시종詩宗이었으므로 사대부들은 그의 말 한 글자, 한 구절에 대하여 다반茶飯처럼 입에서 떠나지 못하므로, 청음의 성명을 모르는 이가 없었다. 그러나 선생의 천고 대절 大節[174]은 아는 이가 없었다. 학지정郝志亭 성成이 김숙도金叔度(김상헌, 숙도는 자)의 몇 편 좋은 시를 들었으면 하고 청하기에, 나는 답하기를,

"저는 애초부터 그의 시를 외는 것이 없고, 다만 이번 걸음에 청음 선생의 6대손代孫 김이도金履度의 송별 시가 있습니다." 하였다.

지정은 크게 기뻐하면서,

"이것 역시 기이한 일이군요."

하기에, 나는 그 시를 내어 보였다. 지정이 두세 번 읊더니 그 뒤에 이 일을 그가 초록한 『용재소사榕齋小史』중에 다음과 같이 실었다.

"화산華山(김이도의 호) 김이도金履度는 조선 사신 김청음 상헌의 6세손인데, 그의 「봉별연암조경奉別燕巖朝京」[175]이란 시에,

---

173) 水城夜景 제 2.
174) 청음 김상헌이 명을 지지하고 청을 반대해서 심양에 볼모로 잡혀갔지만 끝까지 절개를 굽히지 않았다. 이에 대해서 동란섭필에 소개되어 있다.
175) 원주: 원고原稿에는 '부연赴燕'으로 된 것을 지정이 '조경朝京'이라고 고쳤다.

1.

사면으로 연나라 산이 광활하고 四面燕山濶

높다란 이 장성은 만 리에 뻗쳤구나 萬里秦城高

일행 중 채찍을 드리운 사람이여 中有垂鞭者

백발을 휘날리며 먼 길에 수고하시기를. 白髮行邁勞

2.

큰 덕 빛난 담헌(홍대용洪大容의 호)이요 耿介湛軒子

큰 뜻 높은 기개 연암 영감 偶儻燕巖叟

중국에 이름이 알려지셨고 海內知姓名

높은 풍모 전후로 이어지네 高風屬前後

하고, 그 뒤를 이어서, '건륭乾隆 경자년(1780) 5월 23일에 화산
김이도는 쓰다.'라고 하였다. 그의 자字는 계근季謹이요, 글씨는 종
요鍾繇와 왕희지王羲之를 본받았으니 동국東國의 문장으로 이름난 기
이한 선비이다. 그의 벗 박연암朴燕巖·한석호韓錫祜와 함께 시를 읊고
술을 마시며 막역한 친구를 삼았더니, 이해 8월에 박연암이 공사貢
使를 따라 북경에 와서 나와 함께 만나 서로 친숙하게 지냈다. 이에
나는 화산의 증행시贈行詩 석 장을 얻어 읽으니, 그는 사모四牡[176] 황
화皇華의 끼친 뜻을 깊이 지녔다. 나는 그중 두 수를 뽑아서 기록하
였다."[177]

---

[176] 『시경』의 편명. 사신을 보내는 시.

[177] 원주: 원시原詩에는, '수방지성명殊方知姓名'과 '고풍계전후高風繼前後'라 했던 것을 지정이 수
　　　방殊方을 '사해四海'로, 계繼를 '속屬'으로 고쳤다.

지정은 또 다음과 같이 기록하였다.

"연암의 족손族孫 남수南壽의 자는 산여山如요, 호는 금성錦城이니, 그는 얼굴이 아름답기가 관옥冠玉(옥으로 꾸민 갓)과 같다 한다. 그의 시「증행贈行」에,

머리가 세었다고 말하지 말라　莫云頭已白

이 하늘 이 땅이란 잠깐인 듯 무궁하여라　天地忽無窮

요동성 넓은 들 필마로 돌아들면　匹馬遼東野

한 번 채찍 휘두르니 만리의 바람 부네　一鞭萬里風

라고 하였다."178)

그는 또 다음과 같이 기록하였다.

"그 나라의 높은 선비 이재성李在誠 중존仲存(이재성의 자)의 호는 지계芝溪인데, 연암의 처남이다. 그의「증행贈行」에는,

압록강 두른 물은 좁은 띠처럼　鴨綠衣帶水

장성에 가기 위해 양식을 준비하네179)　長城宿舂之

머나먼 이 길 떠나 오가는 나그네여180)　悠悠遠行客

역력히 아는 사람 이 누구일까?　歷歷知是誰

라고 하였고, 또,

---

178) 원주: 금성錦城은 우리 관형이므로 남수가 금성 박남수 산여라고 썼던 것을 지정은 호인 줄 잘못 알았다.

179) 원주: 원고原稿에는 '연성燕城'이라 되었던 것을 지정이 '장성長城'이라 고쳤다.

180) 원주: 원고에는 '고래경유객古來經遊客'이라 되어 있었다.

10여 년을 연암협에 살던 나그네 十載巖棲客

새벽에 행장 묶어 먼길을 떠난다니 晨裝告遠遊

반평생 책 속에만 살던 이 사람 半生方冊裏

오늘에야 황제 고장 중국에 가네 今日帝王州

이라 하였고, 또,

젊을 때부터 큰 뜻을 품기도 했지만은 宿昔桑蓬志

사슴 떼와 함께 놀아 불우한 지 몇 해인가. 沈冥鹿豕群

이제라도 양 눈에 복을 누리게 되었으니 猶被雙眼役

흰머리 어지럽던 고생을 잊게 되네 可忘白頭紛

라고 하였고, 또,

빗물이 끓는 듯 관문 내 불고 雨熱關河漲

구름은 찌는 듯 계문 숲이 낮게 뵈네 雲蒸薊樹低

청컨대 임이여 먼 길 조심하시고 請君愼行李

떠나실 때 허둥지둥하지 마시고[181] 去矣莫棲棲

라고 하였다."

그는 또 다음과 같이 기록하였다.

"한석호韓錫祜 혜당惠堂(한석호의 호)과 양상회梁尙晦 백후伯厚(양상회의
자)와 이행작李行綽 유재裕齋(이행작의 자)는 모두 개성開城에 살고 있는
사람들이다. 개성은 고려의 옛 도읍인데, 그 나라 사람들은 송경松

181) 원주: 원고에는 '면전신행역勉牋愼行役'이라 되어 있다.

京이라 부른다. 이는 옛 개주開州이며 옛 이름은 촉막군蜀莫郡이다. 이
곳에는 신숭神嵩(개성開城의 진산鎭山)·자하紫霞(개성의 동명동명名)의 좋은 경치
가 있고, 문인文人과 시 짓는 선비들은 오히려 을지생乙支生·정인지鄭
麟趾가 끼친 풍채를 지녔다. 이는 우리 성조聖朝의 문교文敎가 널리 먼
나라에까지 미친 보람이었다.

혜당의 「송연암조경送燕巖朝京」에,
우연히 아무 데도 한 몸 붙일 곳 없었는데 偶爾無方住著身
하늘 아래 동쪽 바다 한 물가에 살았네 一天之下海東濱
가깝고 먼 곳을 평등안으로 본다 하면 如將遠邇看平等
문밖으로 안 나와도 만 리를 본 사람이라 不出門時萬里人

새벽달 산에 걸린 산골 집 창이 밝고 曉月依山磵戶明
목련꽃 아래 남은 정은 깊구나 木蓮花下藹餘情
중국 땅 좋은 것을 꾀꼬리는 모르고 黃鸝不識中州好
이별이 아쉬운 듯 이별 노래 부르네 啼作陽關惜別聲

푸른 하늘 들을 덮어 사면을 둘렀는데 靑天蓋野四周環
동남쪽 산들은 한점 두 점 사라지네 漸失東南點點山
요양에 들어서는 무엇이 보이는가? 行到遼陽何所見
해 바퀴 둥글 돌아 바다와 구름 사이 가리키네 日輪回指海雲間

만 리 배에 몸을 싣고 바람 따라 떠돌며 常願風漂萬里舟

두루 천하 이름난 누각 올라 보길 늘 소원했네 遍登天下有名樓

유유히 필마로써 북경 길로 나서니 悠悠匹馬金臺路

푸르른 가을 바다에 외로운 배 탄 것과 어찌나 같은지 何似孤
帆碧海秋

장성이 무너지자 나라도 무너졌는데 長城自壞國隨之

벼슬아치 시장 사람 여염집은 안 바뀌었네 朝市人煙逐不移

공자님 사당에는 주나라 때 만든 석고 夫子廟庭周石鼓

인간 세상 석양빛을 몇 번이나 겪었는지 人間幾度夕陽時

라고 하였고, 또 그의 「봄뜰의 가랑비[春院細雨]」에는,

이슬의 무거움 오동잎이 먼저 알고 露重梧先聞

우렛소리 가벼우니 새조차 안 놀라네 雷輕鳥不疑

어린 풀은 꿈인지 의심하고 嫩草深疑夢

농익어 간 꽃은 헤벌레 웃는 듯. 濃花恰欲痴

검정 개미 섬돌 위에 미끄럼을 타는 듯이 玄蟻緣階滑

파랑 벌레 잎을 안은 모습이 위태롭네 靑蟲抱葉危

저 멀리 물 위로 쌍무지개 비치고 水立雙虹遠

연기 속 외로운 새 느릿느릿 움직이네 煙穿獨鳥遲

시름에 잠긴 채로 홀로 앉은 나그네 悄悄孤客坐

임을 향한 그리움에 깊이깊이 잠겼구나 湛湛美人思

라고 하였고,

백후伯厚의 「송연암조경送燕巖朝京」에는,

눈이 닿도록 바라보니 실낱같은 하나의 길 極目山河路一絲
맘으로는 약속했으나 따를 수는 없구나 心如相約未相隨
떠나려는 이 자리에 한잔 술 거듭 권하니 離筵更進一杯酒
때마침 석양인데 버드나무만 푸릇푸릇 楊柳靑靑斜日時

이라 하였고,

이행작李行繂의 「송별送別」에는,

동해 출신 나그네는 채찍 하나 믿을 뿐 濱海行人信一鞭
요동 하늘 6월에는 장맛비만 걸려있네 遼天六月雨長懸
노정을 헤어보니 여기부터 삼천 리. 計程從此三千里
물어보자 언제라야 연경에 닿을 건가. 借問幾時可到燕
라 했다.

　중국 사람들의 기록이 대체로 이와 같다. 이는 원시原詩를 자의적으로 뜯어고친 것이 많을뿐더러 그가 이른바 을지생乙支生과 정인지鄭麟趾의 끼친 바람이라는 말은 더욱 허리를 잡을 일이다. 우리나라에는 을지생이란 사람이 없다. 이는 아마 을지문덕乙支文德을 이름일 것이다. 을乙·정鄭은 실로 수천 년이나 멀리 떨어진 인물인데, 이제 그들을 나란히 열거하였으니, 이는 아마 을乙은 『수서隋書』에 나타났고, 정鄭은 『고려사高麗史』를 편찬한 까닭으로 특히 드러낸 것이 아닌가 싶다. 그리고 그의 기록 중에 계근季謹이 한석호韓錫祜와 더불어 술 마시고 시 짓는 막역한 벗이라 하였으니, 가장 가소로운 일이다. 이 둘은 비록 같은 때에 살고 있으나 서로 얼굴을 모를 뿐 아니라, 통성명도 못하였는데 어찌 시주詩酒로써 막역한 벗이 되었겠는가? 더군다나 둘 다 평생 술을 마시지 못했으니! 내가 다음날 갑자기 길을 떠나게 되었기에, 그 잘못된 것을 지적하지 못하고 말았다.

이불李紱[182]의 『목당집穆堂集』 중 「경인원조조조시庚寅元朝早朝詩」에,

조선 사람 천자국에 조회하러 온 지 오래되나 朝鮮內屬來王久
풍속이 생소하고 의관도 괴이치 않은가. 肯怪衣冠太俗生
사모관대 넓은 도포 봄마다 조공하니 紗帽版袍春入貢
해 돋는 동해에서 가장 태평한 곳이네. 海隅日出最昇平

하였다. 내가 아침나절 산장山莊 밖에서 청나라 관원들의 퇴근하는 모습을 구경하는데, 붉은 모자에 마제수馬蹄袖[183]를 입은 차림

---

182) 청 문학가. 자는 거래巨來.
183) 소매가 말굽같이 좁은 것을 말한다.

들이, 보는 사람을 부끄럽게 만든다. 그에 비해 우리나라 사신들의 의관이야말로 신선처럼 빛이 찬란하였다. 그러나 그 거리에서 노는 아이들까지도 놀라고 괴이하게 여겨서 우리를 도리어 연희마당 광대의 의복 같다고 하니, 아아, 서글프다.

이익재李益齋의 자는 중사仲思요, 또 하나의 호는 역옹櫟翁이며, 관貫은 경주慶州이고, 나이 15세에 급제에 올랐었다. 충선왕忠宣王이 원元의 수도에 머물 때 만권당萬卷堂을 세우고 동으로 돌아갈 의사가 없어서 익재를 불러 부중府中에 두고 중국의 명류名流 조자앙趙子昻(원元의 문학가), 서화가 조맹부趙孟頫(자앙은 자)·원복초元復初(원의 문학가 원명선元明善, 복초는 자) 등과 함께 창수하게 하였다. 익재는 또 서촉西蜀에까지 사신으로 간 적도 있고 강남江南에도 황제의 명으로 제사를 지내러 향을 가지고 갈 때 이르는 곳마다 시를 읊은 작품이 남의 입에 회자膾炙되었다. 고려에 귀국해서는 다섯 임금을 섬겨 네 번이나 재상이 되었다. 충선왕이 고자질에 얽혀서 토번吐蕃에 귀양 갔을 때, 만 리를 달려가서 위문하였으니 그에게 충성스럽고 의분함이 넘쳤다. 그 뒤에 김해후金海侯에 봉해지고 나이 81세에 죽었는데 시호는 문충文忠이다. 그의 시는 화려하고 곱고도 밝고 맑아서 우리나라 사람의 궁벽하고 고루한 기습에서 시원하게 탈피하였다.

그의 「길 위에서[路上]」에,

말 위에서 끄덕끄덕 촉도난[184]을 읊으면서 馬上行吟蜀道難

다시금 오늘 아침 진나라 관문(감숙성에 있는 관문關門)으로 들어갈
때 今朝始復入秦關

푸른 구름 저물어 어부수(감숙성에 있는 수명) 건너 떠있고 碧雲暮
隔魚鳧水

붉은 나무 아침 숲은 조서산(감숙성에 있는 산명)에 이어있네 紅樹
朝連鳥鼠山

문자를 남기면 천고 한을 더할 것이니 文字賸添千古恨

명예와 이익을 누구라 넓히랴. 일신이 편해야지 利名誰博一身
閒

나의 생각 잠긴 곳은 안화사 옛길이니 令人最憶安和路

죽장망혜 짚고 신고 오가던 그곳뿐이네 竹杖芒鞋自往還

라고 하였다.

내가 살고 있는 연암燕巖 뒷산 기슭에서 고개 하나 건너편에 안
화사安和寺의 옛터가 있으므로 익재의 이 시를 읊을 때마다 그가 죽
장망혜로 이 사이에 서성이던 것을 연상하기도 하고, 저 촉도蜀道·
진관秦關·어부魚鳧·조서鳥鼠의 이야기는 사람으로 하여금 멍하게 넋
이 절로 나가게 만들었다. 하물며 나의 이번 걸음은 또 익재가 이르
지 못한 곳인 것이다.

184) 이백의 시이다.

송宋 원풍元豐 7년(1084)에, 경동京東[185) 회남淮南[186) 고을에 조서를 내려 고려高麗인들이 쓸 정관亭館을 세우게 하였다. 그래서 밀密·해海 두 고을에 당시 소요가 일어 백성이 도망한 자까지 있었다.

그 이듬해에 소식蘇軾이 그곳을 지나다가 제도의 웅장 화려함에 감탄하여 시 한 수를 읊었다.

처마 끝 높이 솟아 담장 밖으로 나는 듯　簷楹飛舞垣墻外

농가 숲은 쓸쓸하여 공사하던 도끼 자취뿐　桑柘蕭條斤斧餘

오랑캐에 다 주느라 종노릇을 하였으니　盡賜昆耶作奴婢

알지도 못하겠네. 그들에게 얻은 것이 뭔지.　不知償得此人無

동파東坡가 고려를 미워함이 이르는 곳마다 이러하였다. 만일 그로 하여금 강희康熙가 세운 33참站의 찰원察院[187)을 보았다면, 그는 또 무어라 하였겠는가?

황산곡黃山谷(송宋 문학가 황정견黃庭堅, 산곡은 호)의 「차운목보증고려송선次韻穆父贈高麗松扇」에,

은 고리 옥 물리고 비단 종이 투명 부채　銀鉤玉唾明繭紙

고려 송선 시원한 바람 한꺼번에 보내 주네　松箑輕涼幷送似

가련하다 부채가 멀리 책구루[188) 건넜으니　可憐遠度幘溝婁

185) 하남성 일부, 산동성 황하 이남 지방.
186) 회수의 남쪽지방. 회수는 하남성에서 발원해서 안휘성 강소성을 거쳐 황하로 흘러들어 간다.
187) 조선 사신의 내왕을 위해 설치한 숙소.
188) 고려의 성城 이름.

더위에 알맞음이 내대자(피서립避暑笠)보다 낫구나 適堪今時襦襪
子
라 하였고, 또
옥처럼 선 문인 기운이 높고 차고 文人玉立氣高寒
삼한의 지조와 절개 삼신산을 보는 듯하네 三韓持節見神山
안기생(중국 신선의 이름)의 불사약을 의당코 얻어다가 合得安期
不死藥
티끌 속 이내 몸에 옛 껍질 벗겨 주리 使我蟬蛻塵埃間

하였다. 지금 고려의 송선松扇이란 어떻게 만들었는지 알 수 없
게 되었다.

내가 일찍이 태사太史 고역생高棫生과 함께한 자리에서 반정균潘
庭筠의 「왕추사의 쓸쓸한 버드나무에 차운한 시[次王秋史寒柳詩]」를 외
었더니 같은 자리에 앉았던 사람들이 모두 좋다고 칭찬한다. 나는
이내,
"왕추사王秋史란 누구입니까?"
하고 물었더니, 풍명재馮明齋 병건秉健은,
"이는 곧 역성歷城 왕 진사王進士인데, 이름은 평苹이요, 자는 추
사秋史이며, 자호自號를 칠십이천주인七十二泉主人이라 하였으니, 반潘
의 시에,
칠십천 소리마다 돌 절구질 하는 듯이 七十泉聲亂石舂
는 곧 이것을 두고 말한 것입니다."

하고, 능사헌凌簑軒(사헌은 능야의 호) 야野는,

"지금 우리나라의 시인으로 많이들 추사를 추앙합니다. 그는 일찍이,

어지런 샘물 속에 누구의 나막신 소리인가 亂泉聲裏誰通屐

누런 잎 떨어지는 속 스스로 글을 쓰네 黃葉林間自著書

라는 글귀를 읊었고, 그는 또,

누른 잎 떨어질 때 황소 등에 해가 지고 黃葉下時牛背晚

푸른 산 이지러진 곳 술 취한 사람 지나가네 靑山缺處酒人行

를 읊었으므로, 한때 사람들은 그를 왕 누른 잎[王黃葉]이라 불렀던 것입니다."

한다.

고 태사 역생 풍승기馮乘驥(풍병건, 승기는 자) 등 모든 사람과 함께 명성당鳴盛堂에서 이야기하다가 도보道甫[189]가 쓴 글씨 첩 하나를 내어 보였다.[190] 그들은 서로 살펴보더니, 나에게,

"이 글씨는 동한東韓에 있어서 어떤 등급에 속합니까?"

한다. 나는 이에 대하여 무엇이라 대답하기 어렵기에 멍하게 있다가 다만,

"우연히 행장行裝 속에 들었습니다."

189) 조선시대의 문학가·서예가 이광사李匡師의 자.
190) '일재본'에만 있는 부분이다.

하고 대답하여, 스스로 옛날 조자趙咨[191]의 말처럼 슬쩍 피해버렸다.

『일하구문日下舊聞(주이준朱彝尊 저)』에 『동국사략東國史略(저자 미상)』과 『고려사高麗史(정인지鄭麟趾 등의 저)』 열전列傳 등을 실었는데, 그 글에,

"고려 세자世子가 원元에 들어가서 원제元帝를 편전便殿에서 만날 제, 그가 무슨 글을 읽느냐고 물으니, '세자는 선비 정가신鄭可臣(고려 때의 정치가. 자는 헌지獻之)·민지閔漬(고려 때의 문학가, 자는 용연龍涎)가 따라왔으며 그들이 지키는 여가를 타서 그들에게 『효경孝經』과 『논어論語』를 질문합니다.' 하였다. 원제가 기뻐하여 세자에게 명하여 그들과 함께 들어오게 하고 자리를 주고서, '고려 왕위가 서로 전해온 순서와 치란治亂의 자취와 풍속의 아름다움을 말하라.' 하고 조금도 지루하게 여기지 않고 들었다. 그 뒤 공경에게 명하여 교지交趾(월남越南)를 치려고 할 때 그 두 사람을 불러 함께 의론하였다. 그 진술한 것이 뜻에 맞아서 정가신에게는 한림학사翰林學士를 주고, 민지에겐 직학사直學士를 제수하였다."

하고, 열전列傳에는 또 다음과 같이 말하였다.

"원제元帝가 세자를 자단전紫檀殿에서 불러 볼 때 가신이 뒤를 따랐더니, 원제가 명하여 앉게 하고 명하여, '갓을 벗기되 수재秀才는 머리를 묶을 필요가 없으니, 두건을 쓰는 것이 마땅하다.' 하였

---

191) 삼국 때 오吳의 변사. 자는 덕도德度. 조위曹魏에 사신 갔을 때 임기응변이 많았다.

다. 그리고 황제의 책상 앞에 어떤 물건이 있는데, 둥글면서도 조금 뾰죽하고 빛은 깨끗하며, 높이는 한 자 다섯 치며, 그 안은 술 댓 말쯤 수용될 만하다. 이는 마가발국摩訶鉢國에서 바친 낙타조駱駝鳥의 알이라 한다. 원제가 세자에게 구경시키면서 이어 세자와 종신從臣들에게 술을 내리고 가신에게 시를 읊게 하였다. 가신이 시를 드리되,

> 알이라 했지마는 크기는 항아리만 해 有卵大如甕
> 그 속에 간직한 건 불로주라네 中藏不老春
> 원컨대 천세 수를 누리시고 願將千歲壽
> 그 향기 해동에도 미치소서 釀及海東人

라 하니, 원제가 기뻐하여 자기 식탁에서 국을 하사하였다."

주곤전소지朱昆田小識 [192][193]

나는 일찍이 「누님묘지명姊氏墓誌銘」과 「형수이공인묘지명嫂氏李

192) 여러 본에 모두 이 소제가 없이 별주別注로 되었으나, 여기에서는 '주설루본'을 좇았다.
193) 원주: 주곤전朱昆田*은 상고해 말하건대, 고려의 세자는 곧 충선왕忠宣王 장暲이다. 그는 일찍이 만권당萬卷堂을 원나라 수도에다 지은 사이고, 정가신은 고려에 있을 때 『천추금경록千秋金鏡錄』을 지었으며, 민지는 『세대녹년절요世代錄年節要』(고려사에는 세대편년절요世代編年節要로 나옴)를 증수增修하였고, 또 『본국편년강목本國編年綱目』 42권을 지었다 하나, 아깝게도 그 책들을 얻어 볼 수가 없었다.
* 주곤전은 주이존의 아들이다. 자는 서준西畯 또는 문앙文盎. 『남북사지소록南北史識小錄』이라는 역사서를 서술하였다.

恭人墓誌銘」을 지어서 중국 사람에게 부탁하여 세상의 아름다운 글씨를 받으려 하였다. 호부 주사戶部主事 서대용徐大榕[194]은 호주湖州 사람으로 애초부터 서로 알지 못하는 처지였으나 시를 부쳐 왔다.

해외에 경전 전한 이름난 아버지와 아들　海外傳經名父子

종일토록 문을 닫고 산속에 있네　閉門終日在山中

평생토록 부끄럽게도

서릉[195] 글씨 못 따르나　平生遠媿徐陵筆

산호로 만든 붓걸이는 부럽지 않네.　不羨珊瑚作架紅

그 두 번째 시는

묘지명 이 두 편을 뒷날에 공들여 써서　二銘他日爲工書

천애에 부쳐 드리라는 약속 어기지 않으리　遠寄天涯定不虗

들 따오기 집 닭이니 비웃지 마시오.　野家雞休竊笑[196]

재주 없는 저 젊은이도 상여(한漢 때의 문학가, 사마상여司馬相如)와 같다오.　不才年少亦相如

하고는, 또 스스로 주석을 붙였다.

"이때 출발 날짜가 촉박하였기에 작은 해서체로 쓰지 못하고, 잠시 외사촌을 시켜 쓰고, 그 초고로 쓴 것은 일단 두었으니, 다시

---

194)　진 때의 문학가. 자는 효목孝穆.

195)　서릉은 남조시대 양과 뜰에 살았던 문인. 필법이 좋았다고 알려져있다. 산호로 붓걸이와 벼루 갑을 만들었다고 한다.

196)　유익庾翼의 고사. 여기에서는 서대용이 스스로를 들 따오기에 비하였다.가계 야목이라는 고사인데 어린 아이들은 자기 집 닭을 안 좋아하고 밖에 있는 물오리를 더 좋아한다는 말인데, 남의 글씨가 더 나아보인다고 부러워한다는 뜻.

써서 부쳐 드릴 생각입니다. 이를 연암燕巖 족하足下께 드리오니, 한번 웃고 받으소서. 양호陽湖 척암慽葊 서대용徐大榕은 씁니다."

하였다. 그 글씨를 보니, 역시 아름다운 글씨였고 두 명銘은 전당錢唐 출신 양정계楊廷桂가 쓴 것인데, 양정계는 곧 서대용의 외사촌이다.

오조吳照는 강서江西 사람이다. 그의 자는 조남照南이요, 호는 백암白菴이다. 그가 석호石湖를 유람하면서 지은 시가 모두 아름다웠다.

1

울창한 동산 연기 걷히자 새벽 햇빛 금빛 되고　茂苑煙鎖曉日黃

노를 젓는 소리 내며 횡당[197]에서 나오네　數聲柔櫓出橫塘

푸른 산 면면이 펼쳐진 그림 병풍　靑山面面開圖障

탑 하나 공중에 솟구쳐 드러나네　一塔凌空見上方

2

잔물결 잡힌 주름 물고기 비늘인 듯　水縐微波漾細鱗

갈매기는 모래밭에 백로는 물가에　沙鷗白鷺立湖濱

치이자[198] 옛 풍류를 상상하니　風流想像鴟夷子

---

197) 산서성에 있는 명승지.

198) 범려范蠡.

이 땅에서 옛날에 미인(서시西施)을 실었다네 此地曾經載美人

3

능가산 기슭에 있는 능가사 楞伽山下楞伽寺

산문을 둘렀던 문 한 굽이 비껴있네 水繞山門一曲斜

새벽 범종 쳤는데 까마귀는 흩어지지 않고 敲罷曉鍾鴉未散

빈 행랑 고요한데 오동꽃이 떨어지네 空廊人靜落桐花

4

올망졸망 어린 나락 온 들 가득 푸르고 短短秧針綠滿疇

물구름 아득하니 서늘한 가을인 듯 水雲渺渺似涼秋

이 사이 기쁨이란 농사가 최고이니 此間最是爲農樂

맨발의 계집아이 소도 잘 먹인다네 赤脚吳娃解飯牛

5

마름잎 물에 뜨고 물오리는 자맥질을 菱葉浮波覆野鳧

아름다운 그 경개는 망천도199)와 같구나 分明佳景輞川圖

비낀 다리 옆에는 푸른 버들 몇 그루인가? 斜橋幾樹靑靑柳

옛 시인 범석호200)를 그리워하네 憶煞詩人范石湖

6

호수 밖엔 산이 있고 산 아래엔 밭이 있네 湖外有山山下田

비 내리나 안개 끼나 호수 빛은 모두 좋아라 湖光宜雨亦宜煙

---

199) 당나라 시인 왕유의 고향 망천의 경치를 20경으로 그린 그림이다.
200) 범성대范成大, 송나라 시인. 그가 만년에 석호에 은거했다고 한다.

훗날에 이곳에 내 집을 옮긴다면 他年我若移家住

서쪽 밭 갈고 나면 상앗대를 움직이리. 耕罷西疇便刺船

조照의 나이는 바야흐로 30여 세였고, 거인擧人²⁰¹⁾이라 한다.

---

201) 거인이란 향시에 급제하고 중앙 회시를 준비하는 사람이다.

구외이문口外異聞

반양盤羊

　반양은 사슴의 몸에 가는 꼬리가 있으며 두 뿔이 감겨있고, 또 등에는 주름진 무늬가 있다. 밤이면 뿔을 나뭇가지에 걸고 잠으로써 다른 짐승의 침범을 예방한다. 모양은 마치 노새처럼 생겼으며, 더운 날씨에 떼를 지어 다니므로 티끌과 이슬이 서로 엉겨 뿔 위에 풀이 나곤 한다. 혹은 그를 영양羚羊이라 하고, 또는 원양羱洋이라 부른다. 『설문說文』[1]에,

　"영양은 커다란 양羊인데 가는 뿔이 돋친 놈이다."

----

[1]　한漢 허신許愼 저. 설문해자.

하였고, 육전陸佃[2]의 비아坤雅에는,

"원양은 마치 오吳의 양과 같이 생겼으면서도 커다랗다."

하였다. 이제 만수절萬壽節을 맞이하여 몽고에서 이를 황제께 드렸는데 황제는 반선班禪에게 공양하였다.

알록달록한 매, 푸른 날개의 나비[彩鷂·蝴蝶]

강희康熙 40년(1701)에 황제가 구외口外에서 피서避暑할 때 날리달 번두喇里達番頭[3] 사람이 채요彩鷂[4] 한 조롱과 파란 날개 호접蝴蝶 한 쌍을 바쳤는데, 채요는 범을 사로잡을 수 있으며, 호접은 새도 잡을 수 있다. 이 기록은 왕이상王貽上[5]의 『향조필기香祖筆記』에 실려 있다.

고려주高麗珠

중국 사람들이 우리나라 진주를 보배롭게 여겨서 고려주高麗珠 라 부르고 있다. 빛이 희고 맑기가 차거硨磲[6]와 같으며, 요즈음 모자

---

2)   송宋 학자. 자는 농사農師.
3)   번족蕃族의 이름.
4)   장끼같이 생긴 새매.
5)   왕사진王士禛. 이상은 자.
6)   서역西域에서 생산되는 옥玉 종류의 돌.

앞 챙에 한 개를 달아 앞뒤를 구분하였다. 우리나라 진주는 무게가 여덟 푼 이상이면 보물로 여겨지는데, 황제가 가진 것은 일곱 돈이 나 되는 무게였다. 이로써 가위눌림을 막는 보물로 삼았고, 황후皇 后의 것은 여섯 돈 너 푼인데, 하얗고 가지처럼 생겼다. 건륭 30년 (1765)에 황후가 고려주를 잃었을 때 회후回后[7]가 황후를 고자질하여 수색한 끝에 궁중 호위 군졸 집에서 찾았으므로 황후가 곧 폐출廢黜 을 당하여 냉궁冷宮에 갇히었다.

귀주 안찰사貴州按察使 기풍액奇豐額이 모자 끝에 우리나라 진주 를 달긴 하였으나 빛깔이 몹시 좋지 못하였다. 기奇가 말하기를,

"이 진주는 두께 육칠 리六七釐에 값이 40냥이라오."

하기에, 나는,

"고려주는 토산土産이 아닙니다. 혹시 조개를 먹다가 입에서 나 오기도 하는데 이를 육주陸珠라 하나 너무 잘아서 귀할 것이 없고, 부인네들의 머리꽂이와 귀걸이 따위에 꾸민 것은 대개 왜산倭産이 며 붉은색이 있는 것이 귀하다 할 수 있습니다."

하였더니, 기 안찰奇按察이 웃으며 말하기를

"아닙니다. 이건 조개껍데기를 둥글게 간 것이지 진주는 아닙 니다. 고려주를 사랑함은 조개 테가 없이 천연적으로 보배로운 빛 깔이 나기 때문이지요."

하였다. 이 말이 매우 이치에 맞는 것이기는 하다. 그러나 나는

---

7) 회회回回族 출신의 황후.

알지 못하겠다. 우리나라 진주가 어디에서 나며, 또 누가 캐어서 이처럼 세상에 널리 깔려 있게 되었는지를 말이다.

숭정제의 재상들[崇禎相臣]

숭정제崇禎帝가 황위에 오른 지 17년 사이에 상신相臣들을 임명하고 면직한 자들이 모두 50명이다. 변방을 지키는 장수가 조금이라도 조정의 뜻을 어긴다면 곧 그 머리를 잘라 모든 변방[九邊]에 돌렸으니, 그때 군율軍律의 엄격함이 역대에 드물었으나 역시 승패勝敗와 존망存亡의 운수에는 아무런 보탬이 되지 않았다.

이상아伊桑阿·서혁덕舒赫德

강희 때의 재상으로서의 공적·문장文章·학문學問이 갖추어진 이를 논하면 모두 이상아伊桑阿를 추천한다. 그는 만주인이며 강희 무진년(1688)에 예부 상서禮部尙書에 제수되고 재상의 지위에 있은 지 열다섯 해 만에 죽으니, 나이는 86이요, 시호는 문단文端이다. 그는 63살에 구양歐陽[8]이 걸휴乞休하던 예를 들어 서른 번이나 사직서를

---

8)　구양수歐陽修.

올렸으나, 그 사의辭意가 갈수록 더욱 간절하였으므로 윤허允許를 얻었다. 그리고 근년에 재상의 공적이 성한 이로서는 서혁덕舒赫德이 으뜸인데, 서舒 역시 만주인이며, 상부相府에 있은 지 40여 년 만인 지난 해(1779)에 죽으니, 나이는 88세였다. 남들은 그를 문로공文潞 公9)에 비하였다.

왕진묘王振墓

지난해 곧 건륭 기해(1779)에 왕진王振10)의 무덤을 서산西山에서 발견하여 그 관棺을 쪼개어 죄목을 일일이 들면서 시신을 찢고, 그 파당들의 20여 무덤을 모두 파헤쳐 목을 잘랐다. 『명사明史』를 상고하면,

"임금의 수레가 토목土木11)에 이르렀는데, 왕진의 짐을 실은 수레가 천여 대나 되었지만 적병敵兵의 사면 추격을 입어 일시에 종관從官과 장병들이 모두 죽었다."

하였으니, 왕진은 어찌 홀로 빠졌으며, 또 당시에,

"왕진의 한 집안을 다 베고 또 부하 마순馬順도 때려 죽이고, 왕

---

9) 송宋의 명신 문언박文彦博(1006~1097). 노공은 봉호이고, 4임금을 섬기며 50여 년을 재상을 지냈다.
10) 명나라 영종 때의 환관으로서 정권을 쥐고 폭정을 했던 것으로 유명.
11) 보堡의 이름. 하북성 회래현 동쪽에 있다. 이곳에서 명 황제 영종이 몽고족에게 사로잡히는 이른바 '토목지변'을 당했다.

진의 조카 왕산王山까지 거리에서 시신을 찢었다."

하였으니, 그 파당이 어찌 무덤이 있었으랴! 그러나 천순제天順帝[12]가 복위復位되자 왕진의 벼슬도 복귀하고 사당을 세워 제사하였다 하니, 그의 무덤이 남아 있음도 괴이한 일은 아니리라.

조조수장曹操水葬

건륭 무진(1748)에 황제가 장하漳河에서 고기잡이를 하는데, 헤엄치던 자가 별안간 허리가 끊어져 물 위에 떠올랐다. 황제가 군졸 수만 명을 풀어 그 냇물 옆을 파서 물을 돌리고 살펴보니, 물속에는 수많은 쇠뇌에 살이 메워져 있고 그 밑에는 무덤이 있었다. 마침내 발굴하여 한 관棺을 얻었는데, 은해銀海와 금부金鳧 등의 부장품副葬品도 있거니와 황제의 면류관冕旒冠과 옷차림을 갖추었으니, 곧 조조曹操의 시신이었다. 황제가 친히 관묘關廟 소열昭烈[13]의 소상塑像 앞에 나아가 그 시신의 무릎을 꿇리고 목을 잘랐다. 이는 비단 사람과 귀신의 오래된 분통을 씻은 것뿐만이 아니라, 쾌히 70총塚의 의안疑案[14]을 깨쳤다.

---

12) 명明 영종. 천순은 연호이다. 그는 1449년 몽고에 포로로 잡혀 황제의 자리에서 물러났으나 1457년 다시 황제로 복위되었다.

13) 유비, 곧 소열황제.

14) 조조가 후세에 무덤이 파헤쳐질까 두려워하여 죽은 뒤 72개의 가짜 무덤을 만들게 하였다 한다.

위충현魏忠賢

숭정崇禎 초년(1628)에 위충현魏忠賢[15]을 봉양鳳陽에 귀양 보내고, 그 집을 적몰籍沒시켰다. 충현이 군졸을 거느려 몸을 옹위하니 황제가 크게 노하여 명령을 내려서 충현을 체포하였다. 충현이 면치 못할 것을 짐작하고 스스로 목매어 죽었다. 그 시신을 하간河間[16]에서 찢었다는데, 그러면 충현이 어찌 무덤이 있겠는가?

강희 때 강남도 감찰어사江南道監察御史 장원張瑗이 이러한 소장을 올렸다.

"황제께서 지난해 남쪽으로 거둥하실 때, 명령을 내려 악비岳飛의 무덤을 수축하시고, 또 우겸于謙의 비碑에 글을 쓰셨으니, 이는 실로 두 신하의 충성이 일월日月을 꿰뚫으며, 정의가 산하山河보다 장한 까닭으로 이를 표창하여 온 천하 사람에게 선전하심이 아니옵니까? 제가 칙명을 받들어 서성西城을 돌아보고 앞으로 나아가 서산西山의 일대를 거쳐 향산香山 벽운사碧雲寺에 이르렀습니다. 절 뒤에 높은 집과 둘린 담장이 몇 리나 덮이고, 성한 숲이 뻗쳤으며 휘황찬란했으니, 이는 곧 옛 명明의 역신逆臣 위충현의 무덤이었습니다. 묘 위에 우뚝한 두 개의 높은 비碑가 나란히 섰는데, 두 비면碑面에는 '흠차총독 동창관기판사 장석신사 내부공용고 상선감인무사

---

15) 1568~1627. 명 말기의 환관이다. 본명은 이진충. 정사를 좌지우지하다가 탄핵을 받고 목매어 죽었다.

16) 하북성 하간현.

례감 병필총독 남해자제독 보화등전완오 위공충현지묘欽差總督東廠官旗辦事掌惜薪司內府供用庫尙膳監印務司禮監秉筆總督南海子提督保和等殿完吾魏公忠賢之墓'라 쓰여 있었습니다. 수도가 가까운 곳에 오히려 이런 더럽고 포악한 자취가 남아 있으니 장차 어떻게 대악大惡을 징계하며, 공법公法을 밝히겠습니까! 하물며 장차 칙명을 받들어 명사明史를 수찬修纂하게 되어서, 무릇 명말明末의 화를 입은 충량忠良한 모든 신하를 위하여 전傳을 쓰지 않을 수 없습니다. 그렇다면 밝은 하늘 햇빛 아래 어찌 간신奸臣의 남은 패당이 담도 크게 하늘을 모르고 법을 무시한 일을 용서하겠습니까? 우러러 바라옵건대 폐하陛下께서 지방의 유사有司에게 칙명을 내리셔서 그 비석을 엎고 무덤을 깎게 하옵소서." 하여서, 어명이 해당 성의 관원에게 내려져 비석을 엎고 무덤을 평지로 만들었다. 이것으로 보건대 왕진王振도 의당 무덤이 있었으리라 생각된다. 이에 아울러 기록하여서, 이로써 명말明末에 법률 숭상이 몹시 엄격하였지만 이처럼 기강紀綱이 서지 않았음을 밝혀 둔다.

양귀비사楊貴妃祠

청淸이 나라를 세울 때 오로지 어진 사람을 표창하고 악한 자를 누르는 법전으로써 천하 민심을 가라앉게 하였지만, 계주蓟州 반산盤山에 안녹산安祿山의 사당이 있다. 동탁董卓[17]·조조曹操·오원제吳元濟[18]·황소黃巢 따위까지도 가끔 사당이 있으니, 어찌하여 있는 것을 헐어 버리지 않았는지, 이것이 잘 알 수 없는 일이다.

구외口外 길가에 양귀비楊貴妃의 사당이 있는데, 안녹산의 소상塑像도 있다고 한다. 마두배들이 들어가 보니 양귀비의 상은 요염妖艷하기가 마치 살아 있는 듯싶고, 안녹산의 상은 뚱뚱보에다 흰 배가 드러난 채 온갖 추태가 보인다고 한다. 이런 음사淫祠를 헐어 버리지 않은 것은 아마도 이로써 뒷사람들을 경계함이 아닐까?

초사樵史

이 『초사樵史』 한 권은 누가 지은 것인지 모르겠으나 명明의 황실皇室이 망한 연유를 기록하여 그 비분悲憤한 생각을 붙인 것이다. 그 중 객씨客氏[19] 및 웅정필熊廷弼[20]을 죽인 일은 기이한 이야기들이 꽤나 많다.

또 그중에는 만력제萬曆帝[21]가 조선朝鮮을 구원하다가 창고가 텅비고, 인민이 유리걸식하게 되었으나 조정에 있는 신하들이 어쩔

---

17) 동한東漢 때의 역신.
18) 당唐의 역신.
19) 명 희종明熹宗의 유모乳母로서 위충현과 간통하여 악정을 함께 하였다.
20) 명明의 장수.
21) 명明 신종神宗. 만력은 연호.

줄을 모른다고 지적하였다. 어떤 망령된 자가 광산을 파야 한다고 그때의 재상에게 건의하자, 그가 선뜻 받아들였으므로 사람들이 더욱 크게 곤궁하고 모두 도적으로 변하여 나라가 망하는 경지에 이르렀다고 하였다.

그리고 그 말에 애절한 곳이 많아서 정사正使와 함께 읽다가 눈물이 저절로 떨어짐을 깨닫지 못하였다. 다만 갈 길이 바빠서 베끼지 못하였다. 이 책은 금서禁書이기 때문에 다만 이 필사본 한 책이 있을 뿐이라 한다.

주각해塵角解

"오직 천자天子만이 한 나라의 예법을 논할 수 있을 것이다."[22] 라는 말은, 지금 황제가 월령月令[23]을 고쳤으니 이를 보아서 증빙할 수 있을 것이다.

내가 연암초당燕巖艸堂에 있을 때 일찍이 푸른 사슴이 와서 앞 냇물을 마셨는데, 머리는 마치 물레처럼 생겼다. 그 털과 뿔을 자세히 살펴보려고 내가 다가갔는데 사슴이 크게 놀라 뛰어가 버려서 마침내 그 상세한 것은 알지 못하고 말았다.

---

22) 중용에 나오는 말.
23) 『예기禮記』의 편명. 옛날 천자가 실시할 일을 열두 달에 배정한 일종의 연중행사표.

지금 내가 장성長城 밖을 나와 날마다 황제에게 바쳐진 사슴 떼를 구경하였는데, 큰 놈은 노새만 하고, 작은놈은 나귀만 했다. 새문塞門 안에 돌아와 한 약포藥舖에 앉았다가 사슴뿔을 보게 되었다. 길이가 모두 네댓 자나 되는 것이 집안에 가득 차 있는데, 이것이 모두 녹용鹿茸이라 한다. 나는,

"이건 모두 순록 뿔[麋茸]이요, 녹용을 좀 보여 주시오."

하였더니, 약포 주인은,

"'순록[麋]은 사슴[鹿]의 큰 놈'24)이란 말을 들어보지 못하였습니까? 사슴의 큰 놈이 순록이라면 순록의 작은 놈은 사슴이 될 것이니 그 뿔이 무엇이 다르겠어요."

하며 깔깔댄다. 나는 말하였다.

"하지夏至가 되면 녹각鹿角이 빠집니다. 하지는 『역경易經』에 나오는 구괘姤卦25)가 되는 동시에 하나의 음기가 처음 생겨나는 때이기에, 이때 자른 녹용은 보음補陰의 제劑가 되고, 동지冬至는 '순록의 뿔[麋角]'이 빠지므로 역경에 있어서 복괘復卦가 되는 동시에 일양一陽이 나므로, 이때 자른 순록 뿔은 보양補陽의 제가 되는 법입니다. 이렇게 둘의 효과와 쓰임이 아주 다르다 하오."

하였더니, 가게 주인은 말하였다.

"선생은 아직 시헌서時憲書(책력)를 보시지 못하셨나요? 벌써 월

---

24) 『맹자孟子』 양혜왕 상梁惠王上 주註에 나오는 구절.
25) 『역경易經』에 나오는 64괘의 하나.

령月令이 고쳐졌답니다. 황제께서 일찍이 순록과 사슴뿔에 대하여 의문을 품었으므로 온 천하에 명령을 내려 글자 중에서 녹鹿 변을 가진 것 중 뿔이 돋친 놈은 모두 사로잡아다가 남해자南海子 안에 길러서 따로 갈라놓고 서로 교미하지 못하게 하였더니, 하지夏至에 이르러 순록과 사슴은 모두 같은 때에 뿔이 빠지고, 동지冬至에 뿔이 빠지는 놈은 고라니[麋] 하나뿐이므로 곧 11월 월령26) 중의 미각해麋角解를 주각해麈角解(고라니의 뿔이 빠진다)라 하였답니다.”

이것으로 본다면, 우리나라 관북關北 지방에서 나는 녹용鹿茸이 반드시 사슴뿔이라 할 수 없는데도, 국내의 녹용이 날이 갈수록 비싸지니, 어찌 탄식하지 않겠는가? 나는 말하였다.

“고라니[麋]라니, 그 모양이 어떠합니까?”

가게 주인이 말하였다.

“일찍이 보진 못했습니다만 누군가는 말하기를, ‘앞은 사슴[鹿]인데 뒷모습은 말이다’고 합니다.”

대체로 월령을 고치더라도 천자의 위엄과 권세[威勢]가 아니라면 온 천하 사람들의 마음을 복종시키고 믿게 할 수 없을 것이니 ‘오직 천자만이 예禮를 바꾸기를 의논할 수 있다’고 한 것이리라.

26)   예기 월령편에 나오는 말. 11월에는 순록의 뿔이 빠진다는 뜻의 말인 미각해.

하란록荷蘭鹿: 네덜란드 사슴

그 가게 주인[舖主]이 또 말하였다.

"사슴[鹿] 중에도 극도로 작은 놈이 있더군요."

하고는 몸소 제 주먹을 보이면서,

"이에 불과하더군요. 일찍이 하란荷蘭(화란和蘭)에서 바쳐 온 사슴[鹿] 한 쌍을 보았는데 푸른 바탕에 흰 얼룩점이 있었습니다."

타조알[鴕答]

내가 또 가게 주인에게 물었다.

"가게 안에 희귀한 약 재료藥料가 갖추어져 있습니까?"

가게 주인이 말했다.

"초목草木과 금석金石을 물론하고 이름을 지적하신다면 곧 올려 드립니다."

나는 말했다.

"희귀한 진품珍品이 갑자기 생각나지 않습니다."

가게 주인이 동편 바람벽 밑 붉게 칠한 궤짝을 가리키며 말하였다.

"이 속에 사답鴕答 하나가 있는데, 참 희귀해서 얻기 어려운 자료지요."

내가 물었다.

"사답이란 어떤 것인가요?"

가게 주인이 웃으며 일어나서 말하였다.

"구경하시는 것이야 무방하겠지요."

그리고 궤를 열더니, 둥근 돌 하나를 끄집어낸다. 크기는 두어 되들이 바가지와 같고 모양은 흡사 거위알처럼 생겼다. 나는 말하였다.

"이건 물에 갈린 돌이 아닙니까? 지금 장난하시는 건가요?"

가게 주인이 말하였다.

"어찌 감히 일부러 무례한 짓을 하겠습니까? 이건 타조의 알인데 이름도 붙일 수 없는 괴상한 병을 치료할 수 있답니다."

참선에 든 중[入定僧]

장성長城 밖 백운탑白雲塔의 돌 감실龕室 속, 요遼 나라 때부터 참선에 들어간[入定]한 중이 있다. 그는 육신肉身이 이제까지 허물어지지 않고, 옅은 온기와 부드러운 윤기가 흐르나, 다만 눈을 감고 숨을 쉬지 않을 뿐이다.

별단別單

북경北京 하류下流층 사람들 중에 글자를 아는 자는 매우 드물었다. 소위 필첩식筆帖式 서반序班[27]에는 남방의 가난한 집 아들들이 많았는데, 얼굴이 초라하고 야위어서 하나도 풍후한 자가 없었으며, 비록 봉급을 받기는 하더라도 극히 적어서 만 리 객지에서 생계가 쓸쓸하고, 가난하고 군색한 기색이 얼굴에 나타났다. 우리 사행이 갈 때면 서책이나 필묵의 매매는 모두 서반패가 이를 주장하여 그 사이에서 중개인[駔儈]의 노릇을 하여 그 남은 이문을 먹었다.

그리고 역관들이 중국의 비밀을 알려고 들면, 반드시 서반을 통해야 하므로 이들이 크게 거짓말을 퍼뜨리는데, 일부러 신기하게 꾸며서 모두 괴괴망측하여 역관들의 남은 돈을 알겨먹는다. 시정時政을 물으면 아름다운 업적은 숨기고 나쁜 것들만을 꾸며서 천재지변이나 요괴한 인물들의 일을 끌어모으고 심지어 변방의 침략과 백성들의 원망에 이르러 한때 소란했던 형상의 표현이 극도에 달하여, 마치 나라가 위태하고 망하는 화가 하루아침에 들이닥칠 듯이 장황하게 과장 기록하여 역관에게 주면, 역관은 이것을 사신에게 바친다. 서장관이 이를 정리하여, 듣고 본 중에 가장 믿을 만한 사실이라 하여 별단[28]에 써서 임금께 아뢴다. 그 거짓이 이것과

27) 청淸 때의 하급 관리.
28) 정식이 아닌 별지의 예단禮單.

같다.

임금께 아뢰는 말씀이 얼마나 근엄한 일인데, 어찌 함부로 돈만 허비하여 허황하고 맹랑한 말들을 사서 반명反命의 자료를 삼을 수 있겠는가? 사신이 자주 드나든 것이 백 년이나 되도록 이렇게 하고 있다. 가장 염려되는 일은 이런 문서가 불행히 유실된 채 저들에게 들어가기라도 한다면 그 피해가 과연 어떠하겠는가? 이번 열하熱河에 오가는 일로 말한다면 모두 목격目擊한 일이어서 가장 사실적인 기록이었지만, 그렇다 해서 선래 장계狀啓 끝에 붙여 아뢴 한두 가지의 사건事件에는 시휘時諱에 저촉될 만한 것이 없지 않았으니, 압록강을 건너기 전에는 줄곧 걱정으로 날을 보내곤 하였다. 내 생각에는 저들의 정세에 대해서 허실虛實을 논할 것 없이, 장계 끝에 붙여 아뢰는 글은 모두 언서諺書로 쓰고, 승정원에 장계가 도착하는 대로 다시 번역하여 올림이 좋을 듯싶다.

등나무 즙이 돌도 붙인다[藤汁膠石]

왕삼빈王三賓의 말에 의하면,

"진滇(운남성의 별칭)·검黔(귀주성의 별칭) 지방에 깨진 돌을 붙이는 대나무가 있는데, '양도등羊桃籐'이라 하며 그 즙汁을 내어 돌을 붙여서 공중에 걸쳐 다리를 놓는다. 그러면 비록 수십 길이라도 한 번 이어지면 끊어지지 않고, 마치 종이에 풀칠하고 널판에 아교 칠한 것 같아서 검주黔州 사람들은 이를 '점석교黏石膠'라 이른다."

한다. 그 말이 몹시 황당하긴 하나 우선 그대로 기록하여 다른
이의 참고 거리로 삼으려 한다.

조라치照羅赤

번역된 몽고蒙古 언어 중에 삐뚜치[必闍赤]는 서생書生이고, 빠허
시[八合識]는 사부師傅라는 말이었다. 우리나라에서 금군禁軍 하인下人
을 '조라치照羅赤'라 하니, 이것은 응당 고려高麗 때의 옛말을 답습한
것일 것이다. 그때는 외올畏兀29)의 말을 많이 배웠으니, 조라치도 필
시 몽고말일 것이다.

원사 천자 이름[元史天子名]

원사元史를 읽어보면 천자의 호와 이름서부터 매우 달라서 늘
읽기 어려움을 한탄하였다. 장성 밖에 원 나라 때 세운 황폐한 절
끊어진 빗돌에 원 나라 모든 임금의 공덕을 빠짐없이 새겼는데, 이
렇게 말하였다.

---

29)   위구르.

"'청지쓰한[成吉思]'이라 한 것은 태조太祖요, '워쿼타이[窩闊台]'는 태종太宗이요, '쉐촨[薛禪]'은 세조世祖요, 완쩌[完澤]는 성종成宗이요, 취뤼[曲律]는 무종武宗이요, 푸옌두[普顏篤]는 인종仁宗이요, 거젠[格堅]은 영종英宗이요, 후두두[忽都篤]는 명종明宗이요, 이롄전반[亦憐眞班]은 중종中宗이다."

중국 남방 언어[蠻語]

중국 남방 언어[蠻語] 중에 아이모리[愛莫離]는 중국말로 오랜 인연[有宿緣]이라는 뜻이고, 뤄우훈[落勿渾]은 중국말로 몰염치라는 뜻이고, 에뤄허[曳落河]는 만주말로 장사壯士라는 뜻이다.

리, 둥이라는 중국 발음[麗音離·東頭登切]

역졸驛卒이나 말몰이꾼 등이 배운 중국말은 모두 엉터리였다. 그들의 말은 무슨 말인지도 모르는 채 늘 쓰고 있다.

냄새가 몹시 나쁜 것을 '가오리초우[高麗臭]'라 한다. 이는 고려 사람들이 목욕을 하지 않으므로 발 냄새가 몹시 나쁜 까닭이다. 그리고 물건을 잃고는 '뚱이[東夷]'라 한다. 이는 동이가 훔쳐 갔다는 말이다. 그러면 려麗의 음은 리離고, 동東은 '두와 등[頭登]'의 절음切音

임에 불과한데, 우리나라 사람들은 이를 알지 못한 채 나쁜 냄새가
나면, "가오리초우."라고 하고, 어떤 사람이 물건을 훔쳤다고 생각
될 때에는, "아무개가 '뚱이[東夷]'야."라고 한다. 그리하여 '뚱이'는
곧 물건을 훔쳤다는 별명이 되었으니, 기가 막힌 일이 아닌가?

병오,을묘년 설날의 일식[丙午乙卯元朝日食]

황제가 등극하는 날, 향을 피운 탁자에 머리를 조아리며 하느
님께 감사하였다. 그날 밤 꿈에 옥황玉皇께서 황제에게 백 년 장수長
壽를 점지한다 하였다. 황제는 다시금 탁자 앞에 나아가 머리를 조
아리고 하느님께 감사드리며 말했다고 한다.

"저는 오는 을묘년(1795)에 이르러서 이 자리를 비우겠습니다.
그러면 저의 통치하는 햇수가 황조皇祖(강희 황제)30)보다 한 해가 적게
되도록 해주시기 바랍니다."

올해(1780)에 흠천감欽天監31)이 아뢰기를,

"이 뒤 6년 만인 병오년(1786) 새해 아침[元朝]에 일식日蝕이 있고,
또 10년 만인 을묘년(1795) 새해 아침에도 역시 일식이 있을 것입
니다."

---

30) 할아버지인 강희제.
31) 기상대氣象臺의 장長.

하였다. 그래서 황제는 계획을 변경할 것을 말하면서

"만일 을묘년에 황제 자리를 물려준다면 새 천자의 원년元年에 마침내 일식을 맞이하게 될 것이니, 새해 아침의 조하朝賀는 그로 인하여 응당 정지하게 될 것이다." 하였다. 이것은 송 고종宋高宗이 명분으로 선위를 선언하였으나, 그 실은 금金나라 사람과 맞서지 않으려는 행동과 같은 일이다. 황제는 또 이렇게 말하였다.

"만일 을묘년을 지나면 짐이 통치하는 햇수가 할아버지 황제 (강희제)보다 도리어 두 해가 많아지게 된다. 이는 미안한 일이다."

그러나 이는 극히 요망한 말이어서 필시 황제의 말이 아니리라 생각된다.

예로부터 제왕帝王들이 등극한 지가 오래되면 사방에서 다투어 상서로운 물건을 바친다. 많은 신하들이 뜻을 엿보아 경축을 꾸미니 지나친 일이 없을 수는 없겠지마는, 그렇다 해서 어찌 오늘처럼 미리 미래에 일식할 것을 점쳐서 그 선위할 해를 앞당겼다 물렸다 할 수 있을 것인가? 이는 반드시 중국에 아첨하는 무리들이 한낱 옛 성인聖人의 90살 고사[32]를 빌려서 황제가 앞으로 살 햇수를 꾸미려는 수작이다.

---

32) 주나라 문왕과 무왕이 꿈속에 서로 이야기를 하며 문왕이 '나는 백살 까지 살고 너는 아흔 살까지 산다고 하니, 내가 3살을 너에게 주겠다'고 했다. 문왕은 97세, 무왕은 93세를 살았다고 한다.

육청六廳

열하태학太學의 대성문大成門 밖 동쪽 담에 건륭乾隆 43년(1778)에 내린 글을 모셔 놓았다. 그 글에 이르기를,

"수도 동북 4백 리가 열하지방이다. 고북구古北口 북쪽에 있는데, 곧 우공禹貢 기주冀州의 변두리였으며, 하夏·은殷·주周 때는 유주幽州 지역이었다. 진秦·한漢 이후엔 판도版圖에 들지 않았고, 원위元魏 때엔 안주安州·영주營洲 두 고을을 세웠고, 당唐에서는 영주도독부營州都督府를 두었으나, 먼 지방에 옛 명칭을 따서 지방 장관을 둔 것에 불과하다. 요遼·금金과 원元에서는 비로소 열하라고 하였으나 옛 땅은 곧 황폐하게 되었고, 명明에선 대령大寧[33]을 버려서 이역異域으로 보았었다.

전에 승덕주承德州를 세웠으니, 이제 의당 이를 승덕부府로 승격시켜 다시 시설을 더하고, 그 나머지 육청六廳도 객랄하둔청喀喇河屯廳은 난평현灤平縣으로, 사기四旗는 풍녕현豐寧縣으로 고치고, 팔구청八溝廳은 그 땅이 비교적 넓으므로 평천주平泉州를 만들고, 오란합달청烏蘭哈達廳은 적봉현赤峰縣으로, 탑자구청塔子溝廳은 건창현建昌縣으로, 삼좌탑청三座塔廳은 조양현朝陽縣으로 각기 고쳐서 아울러 승덕부承德府에 통할하게 할 것이다."

하였다.

---

33) 승덕, 평천, 적봉, 조양 등 열하 동북지방 일대를 가리킴.

삼학사가 살신성인하던 날짜[三學士成仁之日]

미관첨사彌串僉使 장초張超의 일기日記에,

"오 학사吳學士 달제達濟와 윤 학사尹學士 집集이 정축년(1637) 4월 19일에 피살되었다."

고 하였으므로, 그 양가兩家가 일기를 근거하여 19일에 제사를 올렸다. 정축년은 곧 명明의 숭정崇禎 10년이었으며, 두 학사가 살해를 당한 때는 청인淸人들이 심양瀋陽에 있을 때였다. 그리고 홍 학사洪學士 익한翼漢에 대한 일은 그 일기日記 중에 실리지 않았으니, 그 살신성인殺身成仁한 날이 명확히 어느 때인지 알 수 없으므로 역시 두 학사와 같이 19일에 제사를 올렸다. 이제 청인이 엮은 청 태종 문황제淸太宗文皇帝의 사적 중에,

"숭덕崇德 2년(1637) 3월 갑진甲辰일에 조선朝鮮의 신하 홍익한洪翼漢 등을 죽여서 두 나라의 맹세를 깨뜨리고, 군사를 일으켰으며 물의를 빚어내어 명나라를 편든 죄를 밝혔다."

하였으니, 숭덕은 곧 청 태종의 연호年號였으며 3월 갑진은 날의 간지를 따져 보면 초엿새에 해당된다. 기록의 '등等'이란 글자가 있음을 보아서 오吳·윤尹 두 학사의 죽음도 역시 그와 마찬가지인 3월 초엿새리라 생각한다.

지금의 명사들[當今名士]

지금 중국의 명사名士로서는 양국치梁國治 팽원서彭元瑞와 기균紀
匀의 호 효람曉嵐과 오성흠吳聖欽 또는 대구형戴衢亨 및 그의 형 심형心
亨 등은 모두 오吳 땅34)의 사람이었고, 축덕린祝德麟·이조원李調元 등
은 촉蜀의 면죽綿竹 사람이다. 내게 대심형이 쓴 주련柱聯 한 쌍이 있
다. '책을 펴니 모든 말들이 그 우아함을 지키고 [開帙群言守其雅], 거문
고를 타자 여섯 기운35)이 맑게 되었네 [撫琴六氣爲之淸]'이다.

명련자봉왕明璉子封王

인조仁祖 갑자년[1624]에 구성 부사龜城府使 한명련韓明璉이 평안 병
사平安兵使 이괄李适과 함께 반역하여 군사를 거느리고 대궐에 들어
왔다가 군사가 패하자, 모두 달아나다가 사로잡혀 죽게 되었는데,
명련明璉의 두 아들 윤潤·난瀾은 눈 위에 짚신을 거꾸로 신고, 도망하
여 건주建州에 들어가 장군이 되었다. 그 13년 뒤에 청 태종淸太宗을
따라 동쪽으로 왔다 한다. 이는 당시의 전설傳說에서 나왔으므로 그
것이 참인지 거짓인지를 알지 못하였더니, 이제 새로 간행된 『태종

---

34) 옛 오나라 땅이었던 강남지방을 말한다.
35) 육기: 천지 혹은 인간의 6가지 기운. 희노애락과 호오好惡이다.

실록太宗實錄』을 보니, 과연,

　"조선朝鮮 장수 한명련이 그 부하에게 피살당하였으므로, 그 아들 윤潤 · 의義가 와서 항복하기에, 의義를 봉하여 이친왕怡親王을 삼았다."

　는 기록이 있으니, 이는 아마 난瀾이 이름을 의義라 고친 듯싶다.『소대총서昭代叢書』[36] 중 시호록諡號錄에 의당 그의 이름이 실려 있을 테니, 뒷날에 상고해 보기로 하겠다. 아아, 슬프다! 우리 조선이 나라 세운 지 4백 년 동안 역적들이 죽음을 당한 자가 없지 않았으나, 이 두 역적처럼 군사를 일으켜 대궐로 쳐들어온 자들은 일찍이 없었다. 그 흉특한 놈이 남긴 재앙의 종자들이 오랑캐에게 투항하여 장수가 되고, 군사를 빌려서 멋대로 날뜀이 이에 이르렀다. 더구나 당시 건주 일대는 망명亡命한 자들이 몰려드는 소굴이 되었으니, 평소부터 족히 변문邊門의 경비가 엄하지 못하였던 것과 압록강 연변의 수비가 허술하였던 것을 짐작할 수 있겠다. 또 억센 이웃 나라가 얕보고 업신여기는데, 그 앞에서 일하는 장수의 성명조차 무엇인 줄을 알지 못하니, 하물며 그들의 인재와 용맹과 슬기 등이 어디서 나오는지 알 수 있겠는가? 이러고서도 한갓 큰소리로만 대적을 꺾으려 하며, 한 손으로 대의大義를 붙들려고 하니, 아아, 난감한 일이다.

---

[36]　청淸 장조張潮 저.

고아마홍古兒馬紅

고아마홍이라는 자는 곧 의주義州 관노官奴 정명수鄭命壽이며, 강공렬姜功烈이라는 자는 원수 강홍립姜弘立의 이름이다. 그들은 모두 이름을 고치고 오랑캐에게 투항하였다.

명수命壽는 가장 흉악하여 제 부모 나라를 모욕함이 극도에 이르렀으므로, 필선弼善 정뇌경鄭雷卿이 분개를 이기지 못하고 명수를 찔러 죽이려 하던 나머지 그 원리院吏 강효원姜孝元과 의논하여 사람을 보내 명수가 간사하게 이익을 취한 모든 일을 청인淸人에게 고발하게 하였으나, 그들은 도리어 글월 올린 자를 참수하고 정뇌경과 강효원도 사형에 처할 때, 명수로 하여금 형장을 감독하게 하니 몹시 참혹하였다. 그 뒤 청인 역시 명수가 우리나라에 죄가 컸음을 깨닫고 정명수를 참수하였다. 강홍립은 광해군光海君 때에 도원수都元帥를 했던 인물인데 심하深河 싸움 뒤에 오랑캐에게 항복하였다가, 인조仁祖가 반정反正하자 그의 온 가족이 몰살당했다는 헛된 소문을 듣고는 크게 노하여 도로 군사를 이끌고 평산平山까지 이르렀으므로, 조정에서는 할 수 없이 홍립의 가족을 군문 앞에 내세웠다. 그의 숙부 진縉이 홍립의 잘못을 꾸짖으니 홍립이 크게 부끄러워하였다. 얼마 안 되어 청인도 역시 홍립의 거짓을 깨닫고, 휴전을 선언한 뒤에 가버릴 때 홍립을 두고 가며 조선에서 알아서 처리하라고 하였지만 조정에서는 만주의 강성함이 두려워 죽이지는 못하였다.

홍립이 그의 양화진楊花津[37])에 있는 강정江亭에서 살았으나, 나라 사람들을 볼 낯이 없어서 방안을 나가지 않고, 다만 길게 한숨을 쉬는 소리만 들렸다. 그 후 5, 6년 뒤에 그 집안사람들이 홍립의 목을 매달아 죽였다 한다.

동의보감東醫寶鑑

우리나라 서적書籍으로 중국에서 간행된 것이 극히 드물었고, 다만 『동의보감東醫寶鑑』 25권이 성행盛行하였을 뿐이었는데 판본이 가장 정밀하고 오묘하였다.

우리나라의 의술이 널리 퍼지지 못하고, 토산 약품이 믿을 만하지 못하였으므로 선조 대왕宣祖大王께서 태의太醫 허준許浚과 유의儒醫 정고옥鄭古玉[38]) 작과 의관醫官 양예수楊禮壽·김응택金應澤·이명원李命源·정예남鄭禮男 등에게 명령을 내려 편찬국을 차리고 책을 찬집하게 하였다. 내부內府의 의방醫方 5백 권을 내어 고증의 자료로 삼아서 선조 병신(1596)에 시작하여 광해군 3년 경술(1610)에 완성하였으니, 때는 곧 만력萬曆 38년이다.

그 간본刊本 서문序文의 문장이 제법 유창하고 후련한 내용으로

---

37)   현재 서울 마포구 합정동 한강 북쪽 언덕에 있던 나루.
38)   고옥은 정작의 호.

되어있다. 그 글은 이렇다.

"이 동의보감은 곧 옛 명明나라 때 조선 양평군陽平君 허준이 엮은 것이다. 상고하건대 조선 사람들은 본디 한문을 알고, 글 읽기를 좋아하였고, 허許는 또 그중의 세족世族이어서 만력 때 봉篈[39]·성筬[40]·균筠[41] 등 형제 세 사람이 모두 문장으로 날렸으며, 그의 누이동생 경번景樊[42]의 재명才名이 더욱 그의 오빠들보다 뛰어났으니, 구변九邊의 모든 나라 중에서 가장 걸출한 자였던 것이다. 그 '동의東醫'라는 말은 무엇일까? 그 나라가 동쪽에 있으므로 의라는 글자 앞에 동東이라 일컫는 것이었다. 옛날 이동원李東垣[43]이 『십서十書』를 지었고, 북의北醫로서 강江·절浙에 행해졌으며, 주단계朱丹溪[44]가 『심법心法』을 지었고, 남의南醫로서 관중關中에 행해졌더니, 이제 양평군이 비록 궁벽한 외국에 태어났으나, 능히 좋은 책을 지어서 중국에 유행되었으니, 대체로 말이란 내용을 전할 수 있는 것이 중요하지, 출신 지역을 따질 필요는 없다.

또 '보감寶鑑'이란 무엇을 말한 것인가? 태양빛이 새어 들어오는 곳에는 얽혔던 묵은 음기가 풀리는 것처럼, 살을 나누고 피부를 쪼개듯 읽는 사람으로 하여금 책장을 들추게 하면 일목요연히 거

39)   조선 때의 문학가. 자는 미숙美叔.

40)   자는 공언功彦.

41)   자는 단보端甫.

42)   허초희許楚姬의 자.

43)   금金의 의학자 이고李杲. 동원은 호.

44)   원元의 의학자 주진형朱震亨. 단계는 호.

울처럼 광명함을 말함이었다. 옛날 나익지羅益之가 『위생보감衛生寶鑑』을 짓고, 공신龔信이 『고금의감古今醫鑑』을 지었을 때 모두 '감鑑'이라 이름을 지었으나, 지나치게 과장하였다고 의심하지 않았었다.

가만히 의논해 보건대, 사람에게는 오직 오장五臟이 있을 뿐이요, 병은 칠정七情[45)]에 그치는 것이다. 그 사이에 천품이 편벽되었는가 온전한가의 차이가 있고, 감염된 것이 깊은가 얕은가가 있으며 증상의 변화가 막혔는가 뚫렸는가 하는 차이가 있으니 양후兩候[46)] 간의 맥박이 움직이면 부浮·중中·침沈의 3부部가 있다. 가만히 살펴보면 마치 밭이랑이 나뉘어져 있듯 서로 넘을 수도 없고, 횃불처럼 밝아서 덮을 수도 없다.

만일 대황大黃[47)]이 체한 것을 내려가게 하는 줄만 알고, 그것이 가슴을 차게 하는 것인 줄은 알지 못하며, 부자附子가 허함을 보하는 줄만 알고, 그것이 독을 끼친다는 것을 모른다면 될 수 없을 것이다. 그러므로 의술의 지인至人은 병이 나기 전에 다스리고 이미 병이 난 뒤에 치료를 하지 않는 법이다. 병이 난 뒤에 치료하는 것은 가장 하책下策임에도 다시금 돌팔이 의원에게 맡긴다면 어찌 낫기를 바라겠는가?

심지어 사리私利를 품은 의원은 애초에 병 없는 사람을 다스려 자신의 공적을 남기려 하고, 처음 의술에 종사한 자는 병자를 이용

---

45) 희노애락애오욕喜怒哀樂愛惡欲.
46) 1후는 5일이다. 양후는 10일이다.
47) 한약의 일종.

하여 자기 공부하려 함이 일쑤이니 『역경易經』중의 '까닭 없는 병에는 약을 쓰지 않아야 낫는다'는 점괘[占辭]48)나, 『논어』에 나오는 '남쪽 사람들의 말에 항심恒心이 없는 사람은 무당이나 의원이 될 수 없다고 했다'49)는 경계가 마치 이런 무리를 위하여 일러주신 것 같다.

옛날 편작扁鵲50)이 말하기를, '사람들은 병의 종류가 많음을 걱정함에 비하여 의원은 병을 치료하는 방도가 적음을 맘 아파한다.' 하였으나, 헌軒51)·기岐52) 이후로 대대로 명의名醫가 있어서 이제 이르러서는 그 저술의 번다함이 거의 실으면 소가 땀을 흘리고 쌓으면 대들보에 찰만큼 많으니, 치료법이 적음을 걱정할 필요는 없을 것이다.

그러나 그들이 처방을 써서 맞고 안 맞는 것이 있으니, 옛 의원들이 각기 본 바로 학설學說을 만들었기 때문이 아니겠는가? 정밀하지 못한 의술을 택하는 자는 설명이 상세하지 못하고, 한 가지 치료만 집착하는 자는 의술의 도를 해친다. 이는 다름 아니라 사람의 병을 고치고자 하면서 그의 마음을 고쳐주지 않았다든지, 또는 남의 마음을 고치고자 하면서 그의 뜻과 통하지 못한 까닭이다.

이제 이 책을 살펴보면, 첫째 내경內景(내과 계통)을 논하였으니

---

48) 주역 무망괘无妄卦에 나옴.
49) 논어 자로편에 나옴.
50) 전국 때의 의학자.
51) 황제黃帝의 별칭. 헌원軒轅.
52) 황제의 신하인 의원 기백岐伯.

병의 근원을 따름이고, 다음에 외형外形을 논한 것은 병의 말단까지 통하게 했으며, 다음에 잡병雜病을 논하여 그 증세를 분간하게 하였고, 다음에 탕약과 뜸질로써 마친 것은 그 처방을 정함이었다. 그중에서 인용한 책은, 편작의 『천원옥책天元玉冊』으로부터 최근의 『의방집략醫方集略』에 이르기까지 모두 80여 종이나 되는데, 모두가 우리 중국의 책들이었고, 조선의 책은 불과 3종뿐이었다. 옛사람이 이룩한 방법을 따르면서 능히 신통하게 밝혀내었고, 두 나라 책 사이의 흠결을 보충하였으며, 사람의 몸에 따뜻한 빛이 비치게 하였다. 이 책은 이미 황제께 올리자 최고의 의사[國手]임이 인정되었으나, 다만 여태까지 비각秘閣에 간직되어 세상 사람들이 보기 어려웠다. 얼마 전에 차사醛使(염운사鹽運使의 별칭) 산좌山左 왕공王公이 월粵(광동·광서·운남·귀주의 총칭)지역을 맡았을 때 그곳의 의원이 그릇됨이 많음을 딱하게 여겨 사람을 북경에 보내어 이를 베꼈으나, 미처 간행하지 못한 채 곧 그곳을 떠나 버리고, 순덕順德에 살고 있는 명경明經53) 좌군左君 한문翰文은 내 총각시절부터의 친구였는데, 분연히 이것을 간행하여 널리 보급하겠다는 생각이 있었다. 그리하여 3백 꿰미[緡]가 넘는 돈을 약속하였으나 조금도 아끼는 빛이 없었다. 그의 마음은 병든 생명을 건지고 물건을 이롭게 할 마음이었고, 그 일은 음양陰陽을 조화하는 일인 동시에 천하의 보배는 의당 천하 사람들과 같이하여야 할 것이라는 것이니, 좌군의 어진 마음이 크도다. 판

---

53) 과거에서 유가 경전을 시험보아 급제한 사람. 문학으로 통과한 자는 進士라고 한다.

각이 끝난 뒤에 나에게 서序를 부탁하므로 드디어 기쁨을 이기지 못하여 그 머리에 쓴다. 건륭乾隆 31년 병술(1766) 난추蘭秋[54] 상완上浣[55]에 이전 호남의 소양, 예릉, 홍령, 계양현의 현사縣事를 지내고 또 경오, 임신, 계유, 병자년에 호남 광동의 향시에서 4번 고시관을 지낸[原任湖南邵陽醴陵興寧桂陽縣事充庚午壬申癸酉丙子四科湖廣鄕試同考官] 번우番禺 능어凌魚[56]는 쓴다.”

내 집에는 좋은 의서가 없어서 병이 날 때마다 사방 이웃에 돌아다니며 빌려 보다가 이제 이 책을 보고서 몹시 사가고 싶었으나, 은 닷 냥을 낼 길이 없어서 섭섭함을 이기지 못한 채 돌아올 때 다만 능어가 쓴 서문序文만을 베껴서 뒷날 참고 자료로 삼고자 한다.

심의深衣

우리나라의 심의深衣는 반드시 삼베로 만들고 무명으로 만들지 않으니 이는 잘못된 일이다. 삼으로 짠 것은 의당 마포麻布라 하여야 하며, 모시로 짰다면 저포苧布, 무명으로 짰다면 면포綿布라 불러야 할 것이다. 그런데 우리나라 말에 포布를 ‘베[保], 보외補外의 번역]라 하므로 포布를 베라고 풀이하고 읽는 것을 ‘포’라 한다. 그래서

---

54)   7월의 별칭.
55)   상순.
56)   청淸의 학자. 자는 서파西波.

삼을 짠 것만 베라 한다.

　그래서 시장에서 삼베를 파는 집만 포전布廛이라고 하고, 저포
苧布[57]를 파는 곳은 저포전苧布廛이라고 불렀는데 면포綿布에 대해서
만은 이름을 구별 지을 것이 없음에 이르렀다. 우리말에 면화綿花를
목화木花라 하기에 무명베를 목木이라고 하니, 그들은 면포가 곧 대
포大布임을 알지 못하여 면포를 대포라 부르지 않고 그것을 파는 가
게를 백목전白木廛이라 불렀으며, 심지어 두 가지의 세금稅金을 대포
에 부과하면서 전세목田稅木, 대동목大同木이라 하였다. 대포는 특별
한 다른 물건으로 보면서 전세목이니 대동목이니 하는 이름을 관
청의 문서에까지 올려서 온 나라가 쓰고 있다.

　어째서 대포라 부르느냐 하면, 옛날 순수하게 흰 옷에는 포백
布帛의 문양이라고 하였으니 무명은 모든 직물織物에서의 바탕인 것
이다. 오채五采의 찬란한 빛을 꾸미기는 어려우나, 그 바탕이 검소
하고 빛이 순수하여 무늬 없는 무늬가 있으므로,

　"대포大布의 옷"[58]이라는 말을 하였고, 또 "

　완전하고 비용이 들지 않는 옷으로 관복인 선의善衣의 다음이
된다."[59] 하였으니, 완전하고도 허비가 없다는 말은 면포를 이르는
것이고, 대포의 옷이란 곧 심의深衣를 이르는 것이다.

　중국의 삼승三升 베는 양털에다 무명을 섞어 함께 베를 짠 것이

---

57)　모시베.
58)　『좌전左傳』에 나오는 구절, 거칠게 짠 옷이라는 뜻이다.
59)　예기에 나오는 말.

다. 우리나라 사람들이 삼승을 도매로 떼어다 파는 곳을 유독 '청포
전青布廛'이라 하고, 아울러 대포를 파는데 그를 '큰 베[大保]'라 하고,
또는 '문삼승門三升'이라 하여 값을 두 배로 받았으나, 백목전에서
이를 살피고 따지지 않는 까닭은 그 이름과 실제를 밝혀내지 못한
까닭이었다.

중국의 상복喪服은 모두 면포로 한다. 이번에 길에서 만났던 상
복을 입은 사람들은 삼베옷이란 하나도 볼 수 없었고, 두건도 역시
면포로 하였다. 때가 바로 한여름 철이라 땀과 몸 기름이 흠뻑 젖어
서 두건이 저절로 꺾여졌다. 내가 입었던 면포 겹옷을 중국 사람들
은 뒤적거려 보고는 올이 매우 촘촘한 것을 진기하게 여겨, 옷감을
사겠다고 요구하는 이가 많았다. 내가, "중국엔 어째서 가는 면포
가 없나요?" 하고 물었더니, 그들은 모두 탄식하면서,

"중국은 여러 가지의 비단을 입어서 대포大布로 옷을 지어 입기
를 부끄러워합니다. 옛날 성인이 멀리 바라보고 만든 경제적인 제
도를 버려 두고 연구도 하지 않은 지가 오래입니다. 그러므로 비록
포대나 전대를 만들 때는 베를 짜기는 하지만, 굵고 거칠어서 이것
으로는 선의善衣 다음 정도 되는 옷을 만드는 감이 될 수 없습니다."
하였다. 내가 물었다. "선의란 어떤 옷인지요?"

그는 대답하였다.

"선의란 아주 좋은 옷을 말합니다. 천자부터 서민에 이르기까
지 다들 가장 좋은 옷 한 벌씩은 가지고 있어 그 무늬로써 귀천을
드러냅니다. 그러나 심의란 것은 귀천이나 남녀의 구별이 없고, 길

흉의 구별도 없이 모두가 똑같은 복장입니다. 이를 대포로써 만드는 것은 검소함을 표시하는 것이니, 이것이 어찌 선의 다음 정도 되는 옷이 아니겠습니까?"

우리나라 유가儒家에서는 더욱이 심의를 중히 여겨 그림을 그린다거나 말로 설명을 하며 서로 떠들썩하게 다투기도 한다. 소매와 깃 따위를 두고 내가 옳다거니, 네가 그르다거니, 한 치 한 푼을 서로 고집하고 있지만 면포와 마포 중에서 무엇이 심의의 옷감인지도 모르니, 어찌 우스운 일이 아니겠는가!

나약국서羅約國書

"건륭乾隆 44년[1779] 12월에 나약국羅約國 가달假㺄은 황제 폐하陛下께 글을 올립니다. 신臣이 들으니 삼황三皇이 처음 나오고 오제五帝가 뒤를 이어 하늘을 대신하여 억조창생 위에 군림하여 그들을 다스리고 하늘을 대신하여 법을 세웠다고 합니다. 그런데 어찌 특히 중화에만 군주가 있고 주변 종족에는 임금이 없으란 법이 있겠습니까? 우주는 광대하여 한 사람이 독차지할 바가 못 됩니다. 천하는 곧 천하 사람들의 천하요, 한 사람의 천하가 아닌 것입니다.

신은 나약 지방에 있어 수도는 불과 몇 백 리요, 강토는 3천 리를 넘지 못합니다. 언제나 이를 만족하게 여기고 있습니다. 그러나 폐하로 말하자면 중원의 딸을 차지하여 통솔하면서 만승의 주인이 되어 수도는 몇 천 리이고, 강토가 몇 만 리인데도 불구하고 오히려 만족을 모르는 욕심을 가지고 늘 남의 강토를 집어삼킬 뜻을 가지니, 그로 인해 하늘이 살기殺氣를 내어, 귀신이 울부짖고 땅이 살기를 내어 영웅호걸들은 달아나 숨었으며 사람이 살기를 내어 천지가 뒤집어졌습니다.

요堯와 순舜은 도덕이 있어서 온 세상이 조공을 바쳤고, 우禹와 탕湯이 백성들에게 은혜를 베푸니, 만국이 손을 잡고 섬기게 되었다 합니다. 또 진 시황秦始皇은 자주 흉노匈奴를 정벌하다가 그의 몸이 썩은 고기가 되었고, 거란은 중원 땅을 한 번 유린하다가 몸이 소금에 절인 제파帝豝[60]가 되고 말았다 합니다. 덕은 쌓으면 저들과 같고, 악의 결과는 이와 같습니다. 여기에서 오는 길흉과 화복은 뿌리와 가지가 서로 맞닿는 것과 같고, 그 믿음직함은 춘·하·추·동이 제때에 닥침과 같고, 그 힘은 뇌성벽력과 같으니, 어찌 조심할 일이 아니겠습니까. 이 이치에 순응하는 자라 해서 반드시 생명을 보존하지 못하였으며, 역행하는 자라 해서 반드시 멸망을 당하지도 않았습니다. 이는 인간의 이치가 상도에 벗어남이요, 천도가 뒤틀려 가는 것일 것입니다. 그런데 신이 홀로 무슨 마음으로 순천부順天府[61]를 향하여 머리를 숙이고 무릎을 꿇을 것입니까? 비록 폐하가 친히 육사六師[62]의 정예를 인솔하고 초원과 사막 지대에 왕래하다

60)　바짝 마른 어포.
61)　북경의 별칭.
62)　친위군親衛軍.

가 우리를 하란산賀蘭山63) 기슭에서 행여 만난다 하더라도, 채찍을 들고 서로 문안을 하고, 말 위에서 천하를 의논할 것입니다. 이때에는 바로 구름 사막 만 리 길에 범과 용이 자웅을 겨루게 될 것입니다.

대체로 전쟁이란 두 편이 다 이기는 법이 있을 수 없고, 복이란 쌍방에 한꺼번에 오는 법은 없는 것입니다. 그러므로 군대를 해산하고 전쟁을 중지하여, 백성들의 고통을 풀고 전쟁의 어려움을 늦추어 줌만 못할 것입니다. 그렇게 된다면 신이 마땅히 해마다 조공을 바치고 대대로 신하라 말하겠습니다. 그렇지 않다면 나약국에도 문학으로는 공자孔子와 맹자孟子 같은 성현의 경술經術이 있고, 무략으로는 강태공姜太公64)과 손자孫子65) 같은 사람의 『육도六韜』66).『삼략三略』67)이 있는 이상 어찌 중국에 머리를 숙여 많은 양보를 하여야겠습니까. 원하옵건대 폐하께서는 익히 살펴주옵소서. 이에 대신 다리마多里馬를 보내어 폐하께서 계신 대궐에 삼가 알현하게 하여 충심을 보이옵는 바, 지극한 정성은 하늘을 덮고 감격한 눈물은 땅을 적시옵니다."

조 역관趙譯官 달동達東이 별단別單을 꾸미려다가 이 글을 서반序班으로부터 얻어 밤에 나에게 보였다. 서장관書狀官 역시 와서 이렇

---

63) 감숙성에 있다.
64) 명망命望. 태공은 시호.
65) 손무孫武.
66) 여망 저.
67) 황석공이 지은 병서兵書.

게 말했다.

"아까 나약국서를 보셨는지요. 세상일이 크게 야단났습니다."

나는 말했다.

"세상일이란 원래 그런 것이오. 그러나 세상에는 애초에 나약 국이란 나라는 없을 것입니다. 내가 20년 전에 일찍이 별단 중에서 이 같은 문서를 보았는데, 역시 황극달자黃極達子라는 이가 부질없이 쓴다라고 했습니다. 선배들이 함께 둘러앉아 한 번 읽은 뒤 매우 북 방을 우려한 적이 있었죠. 더러는, 청淸의 정권을 대신할 자는 '황극 달자'라고 말하는 이도 없지 않았소. 이제 이 글을 보니, 가감 없이 그것과 같소. 서반배들이라는 게 모두 강남江南 빈민들의 자식으로 서 객지의 무뢰배가 되어 이 따위의 터무니없는 소리를 날조하여 우리 역관들에게 공금을 받고 속여 파는 것이오. 별단에는 비록 보 고 들은 사건을 싣게 하긴 하지만 대체로 모두 길목에서 들은 이야 기들이었으니, 어째서 이 황당한 소리를 사행 때마다 돈을 주고 사 서는 매번 사행마다 거짓말로 위조한 문건을 어전에 여쭙는 막중 한 자료로 삼는단 말이요? 내 의견은 별단 중에 취사할 내용을 잘 헤아려서 하는 것이 좋겠습니다."

서장관 역시 꼭 그러하여야 할 것을 깊이 수긍하였다. 그러나 조 역관은 이에 대하여 자못 변명하려고 애쓰는 모양이기에, 나는 그에게 말하였다.

"그대는 나이 젊어 사리를 잘 모르네. 우리나라 사대부士大夫들 은 건성으로 춘추春秋만 떠들어서 왕王을 높이며 오랑캐를 물리치려는 공담空談을 해 온 지 1백여 년에 중국 인사들인들 어찌 이런 마음이 없을 것인가. 그러므로 연갱요年羹堯·사사정査嗣庭·증정曾靜[68] 같은 따위의 사람들은 상서스러운 일을 보고는 재앙이라 하고, 좋은 정치 실적을 악정이라고 무함하여 온 세상을 선동하고, 문자로 베껴 전파시켜 마치 위급한 형세가 하루 사이에 박두한 듯이 한 것이지. 그리하면 우리 역관들은 허탄한 소리에 속아 넘어가 저절로 바보 놀음을 하네. 그리고 삼사三使는 오랫동안 깊숙한 여관 속에 앉아 소일할 거리가 없어서 울적할 즈음에, 걸핏하면 자네들을 불러 새로운 소문을 물으면 그대들은 길에서 주워들은 이야기를 말하며 그들의 답답한 가슴을 풀곤 했네. 그러면 사신은 아무것도 모르고 수염을 쓰다듬고 부채를 치면서, 오랑캐놈들이 백 년 운수가 있으랴 하고는 비분강개하여 강 복판에서 노櫓를 치던[69] 생각을 가지고 있으니, 참으로 허망하기 짝이 없는 일이네. 더구나 선래 군관이 밤낮 없이 질주를 할 때는 절반은 말 등 위에서 잠과 꿈으로 지내는 형편이니, 혹여나 문서를 저들 국경 안에서 떨어뜨린다면 닥쳐올 재변을 또 어떻게 할 것인가."

하였다. 서장관은 크게 한바탕 웃었으나 또 놀라면서 조 역관에게 무어라 경계警戒하는 모양이다. 그 뒤 추리고 남긴 결과가 어

---

68) 쌍봉 연갱요는 강희시대의 총독을 지낸 사람, 횡포 사사정과 포담선생 증정은 옹정시대에 벼슬을 한 사람이다.

69) 조적祖狄의 고사. 마음 속으로 중국땅을 깨끗이 청소하지 않고는 살아돌아가지 않겠다 맘먹음.

떻게 되었는지는 모르겠다.

불서佛書

불교의 서적이 처음 중국에 들어온 것은 불과 42장章짜리였다. 그 뒤 불경이라고 부르는 것들은 태반이 위魏·진晉 연간 문인들의 손으로 지어낸 것이다. 이런 사업은 요진姚秦[70] 때 성행하였고, 소량 蕭梁[71] 때 극성하였으며 당唐에 이르러서 완전히 갖추어져 거의 유 가儒家의 경전들과 맞먹게 되었다.

대체로 상고 이래로 이미 이런 학문이 있어서 황제黃帝·광성자 廣成子·남곽자기南郭子綦[72]·묘고야산인藐姑射山人[73]·허유許由·소부巢父[74]· 변수卞隨·무광務光[75]·장저長沮[76]·걸익桀溺[77] 등이 그런 학문을 하였다. 그런데 일찍이 그들을 가리켜 부처라 한 자도 없었고 또 그들은 일 찍이 아무런 저서가 없었으므로 후세에 와서 불교가 외국으로부터

---

70)   16국시대 진나라.
71)   남북조 시대 양나라.
72)   『남화경』에 나오는 도사道士.
73)   『남화경』에 나오는 도사道士.
74)   허유와 소부는 모두 요임금에게 천하를 사양하였다.
75)   탕湯이 변수와 무광에게 천하를 양보하려 하였으나 받지 않고 물에 빠져 죽었는데, 후세 사 람들이 이인이라 부른다.
76)   『논어』에 나오는 은사.
77)   『논어』에 나오는 은사.

나왔다는 것만 알고 중국에서 먼저 이런 도가 있었다는 일을 똑똑히 모르고들 있다. 공자孔子는 이르기를, "우리 도는 하나로 꿸 수 있다."[78) 하였고 노자老子는, "성인은 하나의 도를 포괄한다."[79) 하였는데, 불씨佛氏는, "만 가지의 법法은 하나로 돌아간다."[80)고 하였다.

그의 이른바 만 가지의 법이 하나로 돌아간다는 말은 곧 우리 유가儒家의 이치는 하나이나 만 가지로 달라진다[理一萬殊]는 말과 그 간단하여 지키기 쉽다는 점에서 미상불 다를 것이 없다. 세상에 떠도는 불교 서적이란 모두가 『남화경南華經』[81)의 주석이요, 남화경은 또 『도덕경道德經』[82)의 풀이에 불과한 것이다.

저들은 다 타고난 자질이 뛰어나고 생각들이 다 탁월하였을 것인데, 어찌 인의仁義와 예악禮樂이 모두 천하를 다스리는 대법칙이 되는 줄을 몰랐을까? 불행히 그들은 망하는 세상에 태어나서, 본질은 없어지고 형식만 남아 있는 것에 대해 눈을 찌푸리며 상심을 했을 것이다. 그래서 차라리 태고太古의 정치를 연모하게 되었던 것이다. 그들의 이른바 성인을 없애고 슬기를 버리고 도량형기度量衡器를 파괴해야 된다[83)는 등의 이야기는 모두 세태와 풍속에 분개해서 나

78) 『논어』에 나오는 구절.
79) 『도덕경道德經』에 나오는 구절.
80) 불경佛經에 나오는 구절.
81) 곧 장자.
82) 노자.
83) 『남화경』에 나오는 구절.

온 말들이다. 3천여 년 이래로 이런 책을 배척한 자가 한 사람뿐만이 아니지만, 이 책들은 반드시 보존되어 있고, 또 이런 책이 있다 해서 천하의 치란에는 아무런 관계가 없었다. 저 한창려韓昌黎[84]는 맹자孟子가 일찍이 양자楊子[85]와 묵자墨子[86]를 배척함을 어렴풋이 살피고, 역시 도교와 불교를 배척하는 것을 자기의 교조로 내세웠다. 맹자의 재능이 다만 양자·묵자만을 배척함으로써 아성亞聖[87]이 된 것이 아니었지만, 한창려는 곧 그의 책을 불사르는 것만으로 맹자의 뒤를 계승한다고 생각하였으니, 과연 책을 불사르는 것이 본령이 되는지는 알 수 없다.

명나라 마패[皇明馬牌]

상서원尙瑞院[88]에 보관되어 있는 명明의 마패馬牌는 짙은 누런빛 무늬 없는 비단에 오목烏木을 축軸으로 한 두루마리로 되어있다. 길이는 두 자 네 치요, 넓이는 다섯 자쯤 되고, 가장자리에는 이룡螭龍을 수놓은 복판에 안장을 갖춘 붉은 말 한 필이 놓여 있다. 그곳에 황제의 지시문指示文을 써놓았다.

---

84) 한유韓愈. 창려는 자.
85) 양주楊朱. 극단적인 이기주의자利己主義者.
86) 묵적墨翟. 사회주의社會主義의 선구자.
87) 맹가孟軻의 별칭. 공자 다음이라는 뜻.
88) 조선시대 옥새, 도장 등을 맡아 관리하던 기관.

"공무로 가는 인원이 역을 통과할 때 이 패를 나누어 가지고 가서 맞추어 본 후에 마필의 제공을 허락한다. 만일 이것을 맞추지 않고 함부로 역마를 준다든가, 각 역의 관리들이 법대로 집행하지 않고 정에 따라 말을 내어준 자는 모두 중죄로 다스릴 것이니, 마땅히 이 명령을 지키도록 하라. 홍무洪武 23년(1390) 월 일."

글자는 모두 검정 실로 수를 놓았고, 연호年號 위에는 옥새玉璽를 찍었다. 그 새문璽文에는, '제고지보制誥之寶'라 하였다. 그리고 왼편에는 '통자칠십호通字七十號'[89]라고 가는 글씨로 썼으며, 아래쪽 연폭聯幅에는 작은 옥새의 절반을 찍었다. 또 붉은 말 한 필을 그린 축軸에는 '통자육십칠호通字六十七號'라 하였고, 푸른 말 한 필을 그린 축은 '통자육십팔호通字六十八號'였고, 또 붉은 말 두 필을 그린 축은 '달자삼십호達字三十號'라 쓰여 있다. 대체로 홍무洪武 경오년[1390]에 군산도群山島를 거쳐서 배가 출발하여 금릉金陵으로 조회할 때에 내린 마패 4종이다.

또 붉은 말 두 필을 그린 축은 만력萬曆 27년(1599) 월 일에 발급된 '달자십육호達字十六號'였고, 또 붉은 말 두 필을 그린 축은 '달자십삼호達字十三號'로, 그 지시문과 연호는 검정 실로 수를 놓았고, 네 가장자리에 이룡螭龍을 수놓고 그 위에 옥새를 찍은 것이 모두 홍무 연간에 만든 제도와 같았다. 그리고 왼편에 가늘게 쓴 통通 자 달達 자 등의 몇몇 자호字號는 모두 수를 놓지 않은 것으로 볼 때 이들은

---

89)   발급하는 문서의 일련번호.

아마 임시로 몇째 자호라고 써서 옥새로 계인을 찍어서 내준 것 같다.

'홍무통자육십칠호'의 푸른 말 이하 말 여덟 필은 모두 안장과 굴레를 그리지 않았으니, 대체로 만력 기해년(1599)에 요양遼陽 길이 막혔기 때문에, 가도假島로부터 등주登州에 이르러 뭍에 내려 북경으로 들어갈 때 하사한 마패의 두 종류이다.

마패 축은 모두 붉게 칠한 가죽 통에 넣어 주석 장식을 붙이고 또 사슴 가죽 주머니에 넣었다. 그런데 당시의 사신들이 이를 돌려주지 않고 우리나라에 보관한 것은 무슨 까닭인지 모르겠다. 혹시 명明의 구례舊例로 외국 사신이 수로水路로 내왕할 때만 이를 위하여 마패를 나누어 준 것인가? 이번 열하 행차에도 역시 말을 내주라는 황제의 지시가 있었으니 응당 이런 마패를 내주었을 듯한데 도중에 서로 어긋나서 그런지 마패를 맞춰보고 말을 주는 제도가 어떠한지 보지 못하였다.

합밀왕哈密王

동직문東直門을 나가 열하를 향하여 몇 리를 못 갔는데 북경의 가마꾼 30여 명이 어깨에 가마채를 메고 발을 맞추어 간다. 그리고 회회국回回國 사람 십여 명이 뒤를 따르는데 얼굴은 사납고, 코가 크며, 눈은 푸르고, 머리와 수염이 억세게 났다. 그중 두 사람은 눈매가 맑고 고우며, 복색이 가장 화려하였다. 붉은 전립을 썼는데, 좌우 가장자리 끝을 말아 붙이고 앞뒤 가장자리는 뾰족하여 마치 아직 덜 핀 연잎 같았다. 그들이 이리저리 돌아보는데 경망스러워 우습게 보였다. 마두馬頭들은 추측만 하고 그를 회회국 태자太子라고 불렀다.

그들과 앞섰다 뒤섰다 길을 함께 간 지 사나흘이 되자 때로는 말 위에서 담배도 서로 나누어 피우곤 했는데, 그 행동이 꽤 공순해졌다. 하루는 한낮이 되어 너무 덥기에 말에서 내려 길 가운데 있는 대자리 집 아래서 쉬고 있는데, 두 사람이 뒤따라와서 역시 말에서 내려 대면하여 의자에 앉았다. 나에게

"만주 말을 하십니까, 몽고 말을 하십니까?"

라고 묻기에, 나는 농담으로 답하기를

"양반兩班이 어떻게 만주 말이나 몽고 말을 알겠소?"

곧 글로 "회회국 내력을 묻습니다."

라 썼더니 한 사람은 머리를 흔들면서 다른 편을 쳐다보는 것이 아주 까막눈인 것 같다. 한 사람은 흔연히 붓을 잡았지만 한참 매만지더니 겨우 한 글자를 쓰는데, 젖먹은 힘을 다 내는 듯이 몹시 어려운 모양이다. 그는 스스로 합밀왕이라 하고 같이 온 사람을 가리키면서 역시 12부部의 번왕蕃王이라 했다. 그 대답하는 말이 전연 문리文理에 닿지 않아서 알 수가 없었다. 그에게 물었다.

"메고 온 물건들은 무엇입니까?"

"모두 황제께 진상하는 옥그릇들이요. 그중에 가장 큰 것은 자

명종自鳴鐘입니다.”

한다. 번왕이라 일컫는 사람이 주머니를 풀더니 차茶를 꺼내어, 따르는 사람을 시켜 끓여 서로 나누어 마시면서 나에게도 한 잔 마시라고 권했다. 아마 색다른 차라고 생각하는 모양이었으나, 그 향내와 빛깔을 보니 또한 북경 거리에서 보통 파는 차였다. 화로라든가 찻잔들은 모두 붉게 칠한 가죽으로 밖을 감싸고 허리띠의 쇠나 등짐에 대롱대롱 달고 다니게 되어 있는데, 극히 간편해 보인다. 그는 차를 마신 뒤 먼저 일어나 채찍을 한 번 들어 치면서 떠났다. 이튿날 아침에 또 강가에서 만났다. 나는 중국말로 물었다.

“합밀왕의 나이는 얼마나 되오?”

그 역시 중국말로,

“서른여섯이오.”라 대답한다. 그리고 번왕은 더욱이 중국말이 능하나 다시금 손바닥을 두 번 쥐었다 펴고 또 한 손을 펴서 스물다섯 살이라 하였다. 『당서唐書』를 상고해 보면,

회흘回紇은 일명 회골回鶻이라 하였고, 『원사元史』중에는 외올얼부[畏兀兒部]가 있는데, 외올畏兀은 곧 회골이었고, 회회는 또 회골의 소리가 변한 것이다. 또 『고려사高麗史』에, 원元나라 사람이 고려 사람에게 외오얼[畏吾兒] 말을 가르쳤다고 하니, 외오얼은 또 외올畏兀의 변한 말이다.

합밀은 한漢 때에는 이오伊吾에 속한 땅이요, 당唐에 이르러서는 이주伊州에 속한 땅이다. 고려 말기에 설손偰遜이란 이가 곧 회골 사람으로서 원나라서 벼슬하다가 공주公主를 따라 동으로 와서 이내

고려에서 벼슬을 하였고, 이조李朝에 들어와서 벼슬한 설장수偰長壽
는 곧 설손의 손자이다.

서화담집徐花潭集

화담 선생花潭先生 서경덕徐敬德은 수학數學이 강절康節[90]과 비슷하
다. 시詩와 문文 몇 편이 있어 그다지 볼 것은 없으나 지금 황제가 편
찬하는 『사고전서四庫全書』 중에 편입되었다.

장흥루판長興鏤板

오늘의 오사란烏絲欄[91]은 곧 옛날의 편죽編竹이다. 옛날에는 글
자를 모두 대쪽에다가 옻으로 쓰고 가죽끈으로 엮었으니, 이것이
이른바 간책簡冊이다. 그 모양은 오늘의 오사란과 같았다. 이는 곧,
"공자가 『역경易經』을 읽는데, 가죽끈이 세 번이나 끊어졌다[韋編三
絶]."[92]는 기록이 그것이다. 한 무제漢武帝가 일찍이 하동河東으로 갈

---

90) 송宋의 유학자 소옹邵雍의 시호.
91) 책을 베끼기 위해 줄을 친 종이.
92) 『사기史記』에 나오는 구절.

때 책 다섯 상자를 잃어버리고 다행히 장안세張安世[93]가 외는 것을 힘입어 이를 기록하였다는 말이 전함을 보아서 당시에 각판刻版이 없었음을 알 것이다.

후세에 판을 처음으로 새기기는 후당後唐의 명종明宗 때다. 명종 은 오랑캐 지방의 사람으로 글이라고는 알지 못했으나 구경九經을 편각으로 새기기는 역시 장흥長興 연간[94]의 일이다. 그 공로야말로 홍도鴻都[95]와 석경石經[96]보다 적다고는 못할 것이다. 명종이 당시의 사대부들이 길례와 흉례를 거행하면서 죽은 사람끼리 혼인시키는 것과 상중에 관리로 등용하는 제도가 있음을 보고 다음과 같이 탄 식하였다.

"선비는 효도와 공경을 중하게 여기고 그것으로써 풍속을 돈 독하게 하는 사람들이다. 이제 아무런 전쟁도 없는 터에 상 중에 있 는 사람을 관리로 기용할 수야 있을 것인가? 또 혼인은 길한 예인 데 어찌 죽은 사람에게 이것을 쓸 것인가?"

곧 유악劉岳[97]에게 명하여 문학에 밝고 고금의 역사에 정통한 선비들을 뽑아서 이 예문을 정리하게 하였으나, 태상박사太常博士 단 옹段顒과 전민田敏 등은 모두 야비한 자로서 이 책을 다시 정리한다 는 것이 당시의 각 사사 가정에서 내려오는 습속들을 참고하였음

---

93) 한漢의 유신儒臣.
94) 후한 명종의 연호, 930~933.
95) 한漢 때 도서를 간직한 곳.
96) 한漢 때 태학太學에 경서를 새겨 세운 비석.
97) 오대시대 후당의 인물. 문학과 예학에 밝았으며 『신서의新書儀』라는 책을 편찬하였다.

에 지나지 않았다. 그리고 오늘의 취진판聚珍板[98])으로 내려오는 이 각본은 호부 시랑戶部侍郎 김간金簡이 감독 간행한 것이다.

주한周翰·주앙朱昻

사람이 젊을 때에는 앞날이 멀고 보니 자기는 늙을 날이 없을 듯이 여겨 이야기하는 사이에 툭하면 노인을 업신여기는 실수를 범한다. 이는 비단 못된 어린것들의 경박한 짓일 뿐 아니라 앞날의 복도 받지 못하는 것이니, 반드시 조심해야 할 것이다. 찬성贊成 민형남閔馨男[99])은 나이 칠십이 넘어서 손수 과실나무 접을 붙이니 같은 동네에 살고 있는 여러 젊은 명관名官들이 이를 비웃으면서, "귀공은 아직도 백 년 계획을 하시는 겁니까?" 할 때에, 그가 "바로 그대들을 위하여 선물로 남길 것이네." 하였다. 그 뒤 민공閔公은 94살이 되어 여러 명관들의 제삿날에 손수 과실을 따서 부조하였다고 한다.

옛날 양대년楊大年[100])이 약관弱冠일 적에 주한周翰과 주앙朱昻 두 사람과 함께 한림원翰林院에 있었는데, 이 두 사람은 이미 머리가 하얗게 센 노인이었다. 매사를 의논할 때마다 양대년은 그들을 업신

---

98) 『사고전서四庫全書』판 글자의 별칭.
99) 1564~1659, 조선 인조때의 인물. 자는 潤夫, 호는 芝崖이다.
100) 송宋의 양억楊億. 대년은 자.

여기며 "두 노인의 생각엔 어떻습니까?"라고 하면, 주한은 매우 불쾌해하며, "그대는 늙은이를 그리 깔보지 마소. 필경은 이 백발을 남겨 그대에게 꼭 선사할 것이네."라고 하였다. 주앙이 있다가, "백발을 남겨서 그에게 주지도 마시오. 저 사람이 젊은이에게 무시당하는 것을 면케 해주어야 하지 않겠소?" 하였다. 그 뒤 양대년은 과연 나이 오십도 못 살았다.

열하 태학太學에는 늙은 훈장 하나가 있었는데, 그는 곧 왕혹정王鵠汀이라 하였다. 그는 민가民家의 어린아이 호삼다胡三多에게 글을 가르쳤다. 삼다의 나이는 겨우 열세 살이었다. 또 만주 사람으로 왕라한王羅漢이란 자가 있었는데, 나이 바로 일흔세 살이어서 삼다에게 비하면 한 갑자가 더한 무자생(1708)이다. 혹정으로부터 강의講義를 받는데 매일 맑은 새벽이면 삼다와 함께 책을 끼고 앞서거니 뒤서거니 발걸음을 맞추어 혹정을 뵙는다. 혹정이 혹시 이야기 때문에 틈이 없을 때는 노인은 즉시 몸을 돌려 동자인 삼다에게 고개를 숙이고 주저하지 않고 강의를 한 차례 받고 가곤 한다. 혹정이 말하기를,

"저분은 손자가 다섯, 증손이 둘이나 있는데 날마다 몸소 와서 강의를 듣고서는 돌아가 여러 손자들에게 되돌려 가르친답니다. 그의 근면 성실한 태도가 이같이 놀랍습니다."라고 하였다. 이렇듯 늙은이는 부끄러워하지 않고, 어린이는 업신여김이 없었으니, 중국의 예의가 장하다는 것은 전날에 들은 바 있으나 이런 변방의 풍속도 이렇게 순박한 것을 더욱 감탄하지 않을 수 없다. 어느 날 호

삼다가 붉은 종이 첩지와 은 두 냥을 가지고 와서 그 첩지를 나에게 보였다. 거기에 이같이 써 있었다.

"삼가 동학同學이자 동경同庚의 아우 호胡에게 부탁하여 조선 박공자朴公子에게 청심환 한두 개를 전편으로 청하옵니다. 삼가 변변찮은 폐백을 갖추어 좋은 물건의 대금으로 삼습니다. 정이 깊어지고 해내에 의가 중해지기를 바랍니다."

나는 그 돈은 돌려보내고 환약 두 알을 찾찾아 주었다. 그의 이른바 동학이자 동경의 아우 호라 함은 곧 호삼다를 가리킨 말이니 더욱 포복절도할 말이다. 그러나 특히 중후하고 원만한 태도는 주앙이 양대년에게 퍼부은 독설과는 매우 달랐으므로 여기에 함께 기록하여 젊은이들이 늙은이를 업신여기는 데 경계로 삼을까 한다.

무열하武列河

역도원酈道元[101]의 『수경주水經注』를 보면,

"유수濡水는 동남으로 흐르는데 무열수武列水가 거기에서 합한다."

고 하였다. 유수는 오늘의 난하灤河요, 무열수는 오늘의 열하이

---

101) 후위後魏 때의 지리학자.

다. 열하의 이름은 『수경水經』[102)에 나타나지 않았으니 아마도 열하는 무열의 변한 음인 것 같다. 그 근원은 세 군데에 있으니 하나는 무욱리하武郁利河에서 나왔고, 또 하나는 석파이대石巴伊臺에서 나왔으며, 또 하나는 탕천湯泉에서 나와 한 곳에 모여서 열하가 되어 산장山莊을 안고 남쪽으로 흘러 난하에 든다고 한다. 우리 사행이 줄달음쳐서 열하에 들어왔을 때 이 길로 바로 질러 고국으로 돌아가자는 의논이 있었으므로, 사신이 담당 역관으로 하여금 미리 조선으로 돌아갈 노정을 연구하도록 하였다. 역관이 통관通官에게 알아보았더니 통관배는 깜짝 놀라면서,

"산 뒤는 모두 달자韃子[103)들이 살고 있는 지방으로 의무려산醫巫閭山을 끼고 동북으로 돌아가는 길 어간에서 반드시 달자를 만나 겁탈당할 것입니다. 우리 중국 사람도 이 길을 아는 자가 없습니다. 이 길로 질러 돌아가는 것이 비록 황제의 뜻이라 하더라도 사신이 예부禮部에 글을 올려 이 길을 변경하도록 간청을 하는 것이 좋을 것입니다."

한다.

역관은 다시 물어볼 곳이 없어 답답해 하던 차에 마침 한 늙은 장경章京[104) 중에 일찍이 이 길을 가 본 자가 있어서 확실히 말을 할 수 있다 하기에 종이와 붓을 내주며 쓰게 하였다. 그런데 한자를 전

---

102) 한漢의 상흠桑欽 저.
103) 서북쪽 소수민족, 달단韃靼, 타타르塔塔兒로 불리기도 한다.
104) 만주의 벼슬 이름.

연 몰라 하늘만 빤히 쳐다보다가 땅을 보고 금을 긋고 손으로 모래를 모아 산 모양을 만들고 다시금 검불을 잘라 배 건너는 흉내를 내었다. 그리고 붓을 잡고 빨리 글씨를 쓰는데 곧 만주 글자였다. 아무도 이를 알아보는 자가 없었으니, 구경하던 사람들이 모두 깔깔 웃었다.

내가 마침 이 종이를 가져다가 왕혹정에게 보였더니, 혹정 역시 해득하지 못하여 왕나한王羅漢에게 보였다. 나한은,

"제가 비록 이 글을 안다고 하나, 한자漢字로 번역하기는 어렵습니다. 제가 사는 이웃에 봉천奉天 사람이 손님으로 와 있는데, 그가 이런 것을 알 듯합니다. 내일 그에게 물어 상세히 적어서 갖고 오겠습니다."

하고는, 이내 종이를 품속에 집어넣고 갔다. 이튿날 그는 과연 자세히 적어 가지고 왔다. 그 기록은 다음과 같다.

"열하로부터 30리를 가면 평대자平臺子요, 또 30리에는 홍석령紅石嶺이요, 또 25리에는 황토량黃土梁이요, 또 15리에는 서륙구西六溝에 이르는데, 여기가 곧 승덕부承德府의 경계로서 경계비境界碑가 있고, 여기서부터 20리를 가면 상운령祥雲嶺이 있고, 여기서 칠구七溝까지 30리, 또 봉황령鳳凰嶺까지 30리, 평천주平泉州까지 20리, 대묘참大廟站까지 35리인데, 여기는 평천주의 경계이다. 여기서 양수구楊水溝까지 40리, 쌍묘雙廟까지 25리, 송가장宋家庄까지 30리, 건창현建昌縣까지 30리, 장호자長鬍子까지 30리, 야불수夜不收까지 25리, 공영자公營子까지 20리, 담장구擔杖溝까지 30리인데, 여기가 곧 건창현의 경

계이다. 여기서부터 또 행호자대杏湖子臺까지 10리, 날마구喇麻溝까지 25리, 대영자大營子까지 15리, 조양현朝陽縣까지 25리, 대능하大凌河까지 25리인데, 다시금 강을 건너서 망우영蟒牛營까지 25리, 장가영張家營까지 30리, 만자령蠻子嶺까지 25리, 석인구石人溝까지 25리인데 여기가 조양현 경계이다. 여기서부터 육대변문六臺邊門까지 30리, 최가구崔家口까지 30리요, 또 20리를 더 가서 의주성義州城을 지나쳐 대능하를 건너 금주위錦州衛로 나와 광녕로廣寧路를 거쳐 간다."

라고 하였다.

옹노후雍奴侯

어릴 때에 『사기史記』를 읽으면서,

"한漢이 구준寇恂[105]을 옹노후雍奴侯에 봉하였다."는 것을 보고서,

"후侯로 봉할 이름이 그다지 없어서 하필 옹노후라 했을까?"

하며 혼자 괴이하게 여겼었다.

이제 알고 보니 옹노는 곧 지명으로서 어양漁陽 우북평右北平에 있었다. 내가 앞서 연燕, 계薊 길을 들 때, 어양과 북평을 지났으나 오늘은 옹노가 어떤 이름으로 변했는지를 알 수 없겠고, 또 이 땅을

---

105) 동한 때 28장將의 하나.

지나왔는지의 여부도 모를 일이다. 옹노는 또 소택에 관한 이름으로서 『수경주水經注』에 이르기를,

"사면에 물이 둘러 있는 것을 '옹雍'이라 하고, 모여서 흐르지 않는 것을 '노奴'라 한다."

하였다.

사偲

『한서漢書』 지리지地理志에

"청하군清河郡에 사제현偲題縣이 있었다."라 하였는데, 내가 막북漠北으로부터 고북구古北口로 돌아올 때, 밤에 청하현에서 잤다. 그런데 지금 사제현이 어디 있는지를 알 길이 없었다. 따져보자면 청하의 근방이 아닐까 한다. 그리고 안사고顔師古[106]의 주注에, "사偲는 사莎의 옛 글자이다."라고 하였다.

---

106) 당唐의 학자.

순제묘順濟廟

『동서양고東西洋考』[107])에 보면,

"오대五代 때 민閩(복건성)의 도순검都巡檢 임원林願의 여섯째 딸은 진晉(후진)의 천복天福[108]) 8년(943)에 태어났는데, 옹희雍熙[109]) 4년(987) 2월 29일에 신선이 되어 올라갔다. 그는 늘 붉은 옷을 입고 바다 위로 날아다니기 때문에 동네 사람들이 사당에다 모셨더니, 송宋의 선화宣和[110]) 계묘년(1123)에 급사중給事中 노윤적路允迪이 사신이 되어 고려高麗로 가는 도중에, 바람을 만나서 이웃 배들은 모조리 빠졌으나 다만 노윤적이 탄 배만 신녀[111])가 돛대에 내려서 아무 탈이 없었다. 그가 사신을 마치고 돌아와 이 일을 조정에 아뢰었더니, 특별히 순제順濟라는 묘호廟號를 내렸다."라 하였다.

요즘 천주당天主堂에 그려 붙인 붉은 옷을 입은 여상女像이 구름 바다 사이로 날아다니는데, 이것이 곧 그 귀신인 것 같다.

---

107) 명明 장섭張燮의 저.
108) 고조 석경당石敬瑭의 연호.
109) 송宋 태종의 연호.
110) 송宋 휘종의 연호.
111) 신녀: 중국에서 그 신녀를 천비낭낭天妃娘娘, 천후天后라고 부른다 한다.

해인사海印寺

합천陝川 가야산伽倻山에 있는 해인사海印寺는 신라新羅 애장왕哀藏王 때에 창건되었다. 이름난 가람이나 큰 절들은 흔히 중국의 이름을 답습하여 붙이는 수가 많지만 이것만은 그렇지 않다. 중국 순천부順天府[112] 서해자西海子[113] 위에 옛날 해인사가 있었다. 명明나라 선덕宣德 연간에 중건하여 대자은사大慈恩寺라 이름을 고쳤다가 뒤에 폐해져서 헛간을 만들었다. 우리나라의 해인사는 곧 천여 년 전에 이룩된 고찰이니, 북경 안에 있던 해인사는 응당 신라 때 창건된 해인사보다 뒤의 일일 것이다.

사월팔일방등四月八日放燈

중국의 관등觀燈놀이는 대보름날 밤으로, 14일부터 16일까지 한다. 그런데 우리나라의 관등놀이는 반드시 사월 초파일에 하는데, 이날이 부처의 탄신일이라고 해서이다. 이는 아마 고려高麗 때의 풍속을 그대로 지킨 것 같다. 석가여래釋迦如來는 정반왕淨飯王의 태자太子로 주소왕周昭王 24년[114] 갑인 4월 8일에 나서 42년(44) 임신

---

112) 북경의 별칭.
113) 북경의 언덕 이름.
114) 26년인데 잘못된 것이다.

년, 나이 19세에 태자의 자리를 버리고 출가出家하여 도를 닦다가 목왕穆王 3년[115] 계미년에 이르러 도를 깨쳤다고 한다.

오현비파五絃琵琶

원나라 문인 양염부楊廉夫[116]의 궁사宮詞에,

화림[117]에 거둥하니 천막도 널찍하고 北幸和林幄殿寬

고려의 시녀들이 궁녀로 시중드네 句麗女侍婕妤官

임금이 스스로 명비곡[118]을 부르시며 君王自賦明妃曲

주신 비파 말 위에서 연주하라 하시네 勅賜琵琶馬上彈

라고 하였다. 『고려사高麗史』악지樂志를 살펴보면,

"악기 비파琵琶는 줄이 다섯이다."

라 하였으니, 그러면 궁녀[婕妤]들이 탔다는 비파는 반드시 다섯 줄일 것이다.[119]

---

115) 4년인데 잘못된 것이다.
116) 원의 문학가 양유정楊維楨. 1296~1370. 염부는 자. 해향죽지사海鄕竹枝詞 등의 작품이 있다.
117) 화령和寧, 내몽골 호화호특시의 아래에 있는 지명.
118) 한나라 때 흉노로 끌려간 왕소군王昭君(왕장王嬙)이란 여성을 두고 지은 노래.
119) 원주: 온광루잡지醞光樓雜志에 있다.

사자獅子

『철경록輟耕錄』[120)]에 말하기를,

"나라에서 매번 여러 왕과 대신들을 모아 잔치를 벌이는 것을 대취회大聚會라고 일렀다. 이날에는 여러 종류 짐승을 만세산萬歲山에 몰아내어 범·표범·곰·코끼리 등을 일일이 따로 둔 뒤에 비로소 사자를 오게 한다. 사자는 몸뚱이가 짧고 작아서 가정에서 기르는 금빛 털을 지닌 삽살개와 흡사한데, 여러 짐승이 이를 보면 무서워 엎드리고 감히 쳐다보지도 못한다. 이는 기가 질리기 때문이다."

하였다.

내가 일찍이 만세산에 가 보았으나 기르는 짐승들이란 볼 수 없었고, 이는 모두들 서산西山[121)]과 원명원圓明苑[122)] 등에 두었다고 한다. 그리고 열하에서 본 이상한 새와 짐승들도 적지 않았지만 그 이름을 하나도 알 수 없었다. 날마다 길들인 곰과 집에서 기르는 범 같은 것을 보았으나 모두 귀를 늘어뜨리고 눈을 감고 졸면서 늘 가련한 꼴을 하고 있었다. 더구나 사자를 못 본 것이 매우 아쉽다. 그런데, "백년 이래로 사자를 가져다 진상한 자가 없었다." 한다.

---

120) 명明 도종의陶宗儀 저.
121) 북평北平에 있다.
122) 북평에 있다.

강선루降仙樓

우리나라 성천成川에 있는 강선루降仙樓의 현판은 미만종米萬鍾 중조(仲詔)[123]가 쓴 글씨이다. 그의 필법은 미원장米元章[124]에 못지는 않지만, 그가 괴석怪石에 집착하는 취미는 그보다 더하였다. 『간재 필기艮齋筆記』[125]에 보면,

"방산房山[126]에 길이가 세 자, 넓이가 일곱 자인 돌이 있는데 빛 깔이 푸르고 윤기가 났다. 중조가 이것을 하북 작원勺園으로 끌어 오겠다고 생각하고, 수레를 겹으로 하여 말 40필에 끌게 하고 인부 1백 명이 끌어 7일 만에 겨우 산에서 끌어냈다. 또 5일 만에 양향良 鄕[127]에 닿았는데, 길에서 힘과 돈이 다해서 움직이지 못한 채 밭두 둑 사이에 눕혀 놓고는 이를 담장으로 둘러 싸고 초막으로 위를 덮 었다.[128] 이에 대해 오간 편지까지 있어서 한때는 미담美談으로 전 하였다."고 하였다.

내가 북경을 구경할 때 민閩[129]에 살고 있던 사람 오문중吳文仲

---

123) 미만종(1570~1628), 명나라 만력 연간의 인물이다. 미불의 후손이다. 호는 友石, 湛園이다. 당 시 동기창과 함께 글씨로 명성이 높았다.
124) 미불米芾. 원장은 자.
125) 우동尤侗의 『간재잡기艮齋雜記』인 듯하다.
126) 하북성에 있다.
127) 하북성에 있다.
128) 후에 이 돌이 건륭황제가 북경 이화원 만수산의 낙수당 앞으로 옮기고 이름을 청지수靑芝岫 라고 불렀다.
129) 복건지방.

이 그린, 미 태복米太僕[130]이 수집한 괴석 그림책 1권을 팔려고 어떤 사람이 왔었다. 하나는 영벽석靈壁石이고, 하나는 방대석方臺石이요, 하나는 영덕석英德石, 하나는 구지석仇池石, 하나는 연주석兗州石 등이 있었다. 또 비비석非非石·청석靑石·황석黃石이라 불리는 돌들이 있는데 모두 기기괴괴한 형상이었다. 그 책에 미만종이 담원시湛園詩를 지어 붙인 것이 있었다.

> 동산 주인의 마음씨는 본디 맑아서 主人心本湛
> '맑음'으로 후원 이름 지었다네 以湛名其園
> 때로는 여기 앉아 숨은 선비 되었다가 有時成坐隱
> 손님이 오실 때엔 술 항아리 연다네 爲客開靑罇
> 한가한 저 구름은 푸른 대나무 물가로 閒雲歸竹渚
> 너울너울 지는 해는 소나무 문에 비치는구나 落日映松門
> 높은 대에 다시 올라 산 달을 기다리면 登臺候山月
> 흐르는 달빛 속삭이는 말과 같네 流輝如晤言

만종萬鍾이 벼슬살이로 사방에 다닐 때도 오직 괴석만을 모았을 뿐이니, 역시 명사名士가 아닐 수 없겠다. 우리나라 사람들은 다만 안다는 것이 미원장뿐이고, 미중조는 모르기에 특히 여기에 기록한다. 다만 강선루 현판은 어떤 인연으로 여기까지 왔었는지, 역시 뒷날의 연구를 기다릴 일이다.

---

130) 미만종. 태복은 벼슬 이름.

이영현李榮賢[131]

『태학지太學志』를 보면,

"융경隆慶 원년(1567)에 황제가 국학國學에 거둥했는데, 조선 배신陪臣 이영현李榮賢 등 6명이 각기 제 직품에 알맞은 의관을 갖추고 이륜당彝倫堂 밖 문관들이 서는 반열 다음에 섰다."라고 하였다.

그 당시 반열에 참여했던 사람은 응당 관館에 머문 사신일 터인데, 어째서 6명이나 그렇게 많이 참석했을 것인가? 또 이영현은 오늘 누구의 조상인지도 모를 일이고, 따라 참석한 인원들도 성명 또한 상고할 수 없다. 선배 되는 이만운李萬運[132]은 옛날의 일을 많이 아는 분인데 우선 이것을 적었다가 한 번 찾아 뵈어야 하겠다.

왕월의 과거 답안[王越試券]

왕월王越[133]의 과거 시험지가 바람에 날려 우리나라에 떨어져서 그 종이를 가는 사신 편에 돌려보냈는데, 중국에서는 유구琉球라고 잘못 기록하였다. 당시 왕월을 풍력風力[134]이 있다해서 사법관으

---

131) 1507~1572. 자는 희성希聖, 본관은 광주.
132) 선조 때의 학자. 자는 원춘元春.
133) 명明 때의 관리. 자는 세창世昌.
134) 바람을 일으키는 능력.

로 임용했다고 한다. 일찍이 『낭야만초瑯琊漫鈔』[135]에 보니,

　"성화成化 연간(1465~1487)에 태감太監 왕고王高가 휴가를 얻어서 집에서 쉬고 있는데 병부 상서兵部尚書 아무개가 찾아갔더니, 때마침 도어사都御史 왕월과 호부 상서戶部尚書 진월陳鉞이 역시 왔었다. 왕고가 한참 있다가 나와 여러 사람 앞에 읍揖하고 앉아 말하기를, '옛날 왕진王振[136]이 일을 처리할 때 대신 여섯 명이 사사로이 찾아간 적이 많았기 때문에 사람들은 그가 정치를 제멋대로 한다고 뒷말을 하였습니다. 이제 여러분들이 이렇게 찾아온다면 어찌 바깥 사람들이 나를 가지고 시비 걸지 않으리라고 장담할 수 있겠소? 또 여러분은 나를 방문하였으니 나를 어떤 사람으로 생각하고 있소?' 하였을 때, 병부 상서는 '귀공은 성인이십니다.' 하였다. 이 말을 들은 왕고는 얼굴빛이 변하면서, '위대한 교화력을 지닌 이를 일러 성인이라 하니, 공자께서도 오히려 내가 어찌 감히 성인이라 자처하겠는가[137]라고 말씀했는데, 하물며 내가 어떤 사람이기에 감히 성인이라고 말할 수 있겠는가?' 하였다. 여러 사람들이 이 말을 듣고 숨을 내쉬지 못하였다." 하였다.

　그 당시 병부 상서는 비록 이름을 숨겼으나, 잘못된 처신이라는 공론은 가릴 수가 없었다. 소위 왕월의 풍력風力이라고 하는 것이 어디에 있단 말인가?

135)　명明 문림文林이 편찬한 책.
136)　명明 때의 관리.
137)　『논어』에 나오는 구절.

과거 시험장에 발생한 화재[天順七年會試貢院火]

명 천순天順 7년(1463) 2월에 회시會試를 시행할 때, 마침 과거 시험장[貢院]에 불이 나자 감찰어사監察御史 초현焦顯이 곧 대문을 걸어 달아 출입을 못하도록 하는 바람에 과거 응시자 90여 명이나 불에 타 죽었다.

신라호新羅戶

북경 동북방의 군현 중 고려장高麗庄이라는 이름이 많을 뿐 아니라, 당唐의 총장總章[138] 연간에도 신라新羅 사람이 많은 곳에 관아를 두었으니, 지금 양향良鄕[139]의 광양성廣陽城이 바로 거기이다.

고려사로 증명함[證高麗史]

주곤전朱昆田[140]은 죽타竹坨 주이준朱彝尊의 아들이다. 그의 원안原按에 의하면,

---

138) 당 고종의 연호, 668~670.
139) 하북성 서남부에 있는 현 이름.
140) 청의 문학가. 자는 서준西畯 또는 문앙文盎.

"원 순제元順帝가 북으로 달아나 응창應昌에 와서 머물러 있을 때 태자太子 애유지리납달愛猷識里臘達이 왕위를 이어 화림和林으로 옮겨가 선광宣光이라고 연호를 고쳤다. 고려高麗에서는 그를 북원北元이라 부르면서 고려 국왕 신우辛禑는 일찍부터 그 연호를 받들었으니 그때는 명明의 홍무洪武 10년(1377)이다. 그 이듬해 두질구첩목아豆叱仇帖牧兒가 즉위하자 북원은 고려에 사신을 보내어 이를 통고하였고, 이어서 연호를 천원天元이라 고친 뒤 고려에 통고하였다. 이것이 모두 정인지鄭麟趾의 『고려사高麗史』 중에 실렸으니, 원의 마지막 왕인 순제를 이어서 연호를 세운 것은 선광까지만이 아니다."라 하였다.

대체로 순제라는 칭호는 중국에서 부르는 이름이고, 혜종惠宗이란 묘호廟號는 끝나가는 원元이 임금에게 붙인 시호諡號이다. 그 뒤에 겨우 선광의 시호가 소종昭宗이라는 것밖에 모르고 있었다면 천원의 즉위는 역사 편찬가가 생략한 것일 것이다. 그리하여 이 사실들은 『고려사』에 의거하여 증명하지 않을 수 없었던 것이다.

조선모란朝鮮牡丹

『육가화사六街花事』[141]에 이르기를,

141) 청나라 풍훈馮勛이 지은 책.

"하포모란荷包牡丹[142)]은 본초本草[143)] 중에 일명 조선모란朝鮮牡丹이라 부른다. 꽃 모양은 승혜국僧鞋菊[144)]과 같고 진자줏빛이다. 모란으로 이름을 붙인 것은 그 잎이 서로 비슷한 까닭이었으며 북경 괴수사가槐樹斜街·자인사慈仁寺·약왕묘藥王廟 등 꽃시장에서는 언제나 팔고 있다." 하였다.

소위 하포라고 부르는 까닭은 중국 사람이 수놓은 둥근 주머니를 서로들 선물로 주고받는 것이니, 곧 주머니의 이름이다. 승혜국은 어떤 모양인지 모르겠지만, 요컨대 모두 일년초 꽃일 것이다. 이름을 조선모란이라 하면서도 우리나라에서는 볼 수 없음은 무슨 까닭일까?

애호艾虎

단옷날 조선의 공조工曹에서는 궁선宮扇 애호艾虎[145)]를 바친다.『계암만필戒盦漫筆』[146)]에는,

"단옷날은 서울에 있는 관료들에게 궁선을 하사하는데, 대나

---

142) 금낭화.

143) 이시진李時珍이 저술한『본초강목本草綱目』.

144) 부자附子의 별칭.

145) 궁선은 궁중에서 사용하는 둥근 장식 부채, 애호는 쑥으로 칠한 호랑이를 만들어 액막이를 하는 장식임.

146) 명明 이후李詡 저.

무 살에 종이를 붙여서 그 위에는 모두 새들을 그리고, 오색 실로써 애호를 둘렀다.”

하였으니, 단옷날 애호를 바치는 것 역시 중국의 오래된 풍속이다.

10가지 가소로움[十可笑]

『대두야담戴斗夜談』에 이르기를,

“북경에는 열 가지 가소로운 명물이 있으니 그것은 광록시光祿寺[147])의 찻물[茶湯], 태의원太醫院[148])의 약방문[藥方], 신악관神樂觀[149])의 기도[祈禳], 무고사武庫司의 칼과 창[刀鎗], 영선사營繕司[150])의 일터[作場], 양제원養濟院(국립 요양원)의 옷과 양식[衣, 粮], 교방사敎坊司[151])의 여인[婆娘], 도찰원都察院[152])의 헌법 기강[憲綱], 국자감國子監[153])의 학당學堂, 한림원翰林院[154])의 문장文章 등이다.”라고 하였다. 이는 곧 한漢의 속담

---

147) 궁중의 요리를 맡은 관서.
148) 황제의 전속 의원.
149) 도교의 절과 음악을 연습하는 곳.
150) 토목 공사를 맡은 관서.
151) 기악妓樂을 맡은 관서.
152) 최고 검찰檢察 기관.
153) 국립대학國立大學.
154) 학예술원學藝術院.

에, "수재秀才에 합격했으나 글을 모르고, 효렴孝廉155)으로 뽑혀도 애비가 별거別居한다."는 말과 같은 것이다. 우리나라 속담에도, "관가 돼지 배 앓는다."는 말이 있으니, 이것은 마치, "월越나라 사람이 진秦나라 사람의 야윈 꼴을 본다."는 말과 다름이 없다. 이들은 모두 이름만 남고 실상은 없다는 의미이다. 한漢의 효렴孝廉도 벌써 이런 상황인데 하물며 후세는 더 말해 무엇하겠는가!

접동새[子規]

원元 지정至正 19년[1359]에 접동새[子規]가 거용관居庸關에서 울었다고 한다. 이 관은 연경과의 거리가 70리고, 연경팔경八景 중 거용첩취居庸疊翠156)가 그 하나이다. 원의 왕운旺惲157)이 말하기를

"진 시황秦始皇이 장성長城을 쌓을 때에 역군[庸]들을 이곳에 두었다[居] 하여 거용居庸이라 말하였다. 모용수慕容垂158)가 모용농慕容農을 얼옹새蠮螉塞로 내어 보냈다는데, 이는 곧 거용의 와전된 발음이라 한다." 하였다. 내가 일찍이 한 번 거용관에 가고자 했으나, 왕복 1백 40리나 되어 하루에 다녀오기에는 어렵겠으므로 그만두었더

---

155) 한漢 때 관리를 선발選拔하는 시험 과목의 하나.효성과 청렴을 잘 실천하는 사람이 추천받는다.
156) 거용관 푸른 산의 첩첩이 쌓인 모습.
157) 문학가. 자는 중모仲謀.
158) 후연後燕의 세조世祖.

니, 지금까지도 한스러운 일이다.

경수사 대장경 비석[慶壽寺大藏經碑略]

"국가에서 불법佛法을 숭상하고 신봉하여 큰 절을 세울 때는 반드시 불경을 안치한다. 천하의 글씨 잘 쓰는 자들을 모아 금가루를 이겨 불경을 베낌으로써 그 위엄을 보이고, 천하에 글자 잘 새기는 자들을 뽑아 좋은 나무에 판각을 하여 책을 찍어서 널리 반포하게 한다.

북경에 있는 여러 절들은 중을 먹여 길러, 날마다 단정하게 앉아서 무리 지어 불경을 외고 종을 치며, 나발을 불어 밤낮으로 쉬지 않는다. 또 한 해에 한두 번은 칙사勅使를 역마에 태워 보내어 향과 폐물을 받들고 온 천하를 두루 돌아다니게 한다. 이렇게 해야만 온 항하사恒河沙[159]의 세계가 모두 복을 받게 된다. 아아, 참 지극하도다!

고려高麗는 예로부터 시서詩書와 예의禮義의 나라로 불려 왔기에 원이 천하를 차지하자, 세조 황제世祖皇帝[160]는 은혜로 맺으며, 예법으로 대접함이 유달랐다. 부자[161]가 왕위를 이어서 모두 부마駙馬의

---

159) 『금강경金剛經』에 나오는 말. 사물事物의 많은 것을 항하 모래의 숫자에 비하였다.

160) 홀필렬忽必烈.

161) 고려 원종과 충렬왕.

자리를 차지하였다.

지금 왕은 충선왕忠宣王이다. 또 총명과 충효로 황제와 황태후의 사랑을 받게 되어, 대덕大德[162] 을사년(1305)에는 불경을 대경수사大慶壽寺에 시주하여 황제께 영광을 돌렸었다. 이 절은 유황(裕皇[163])의 복을 비는 곳으로서 수도의 여러 절 중에 가장 오래된 절이다. 원황경皇慶 원년(1312) 여름 6월에 나에게 일러 글을 짓고, 이를 돌에 새기게 하였다.

왕의 이름은 장璋인데, 어진 사람을 좋아하고 착한 일을 즐겨하며 도덕과 문장을 갖추었다. 그가 세조를 섬기게 되자 황제의 생질로서 고려 세자가 되어 궁궐에 거처하며 포상을 받았고, 성종成宗때에는 뽑혀서 공주에게 장가들었다. 또 대덕 말년에는 지금 황제를 따라 내란內亂을 평정하였고, 무종武宗을 세우는데 공로가 있어서 추충규의협모좌운공신 개부의동삼사태자태사 상주국부마도위 심양정동행중서성우승상推忠揆義協謀佐運功臣開府儀同三司太子太師上柱國駙馬都尉瀋陽征東行中書省右丞相이 되었고 고려왕의 자리를 이어받았다. 지금 황제[164]가 즉위하자 공훈을 책봉하여 태위太尉를 더하였다."

이 비문은 정거부程鉅夫[165]가 지은 것으로서『설루집雪樓集』[166]

---

162) 원元의 연호.
163) 세조의 조부인 원元 성종成宗의 별칭인 듯하다.
164) 원元 인종仁宗.
165) 정문해程文海. 1249~1318. 원 문인. 자는 거부, 호는 雪樓. 혹은 遠齋. 이름인 문해가 무종의 이름과 같다고 해서 본명보다는 자인 거부로 많이 부렸다. 저서로 설루집이 있다.
166) 정거부의 저서.

중에 실려 있는데, 그 비문을 보았을 때 풍자의 말이 많았다. 아마도 외국인을 위해 저술한다고 빙자하여 약간 자기의 견해를 보인 것 같다. 『고려사高麗史』에는 응당 실려 있지 않을 터이므로 이에 대략만 잘라서 소개해 둔다.

황량대謊糧臺

동악묘東岳廟를 한 5리 못 미쳐 황량대慌涼臺라는 곳이 있는데, 이는 글자가 잘못되었다. 『장안객화長安客話』[167]에 보면,

"당 태종唐太宗이 고구려高句麗를 정벌할 때 일찍이 군사를 여기에 주둔하고 거짓 창고를 설치하여 적국을 속이려고 하였으므로, 세상에서는 이 땅을 거짓[謊] 군량[糧] 축대[臺]라 하여 황량대로 불렀다." 하였다. 그 말이 꽤나 그럴듯하다.

오랑캐 원나라 이학의 성대함[胡元理學之盛]

중국 이학理學이 융성하기로는 원元 때보다 더한 적이 없었다. 그리고 또 두 가지 특이한 일이 있었다. 원이 개국하던 초기에 도사

---

167) 명나라 장일규蔣—葵의 저작.

이면서 유학儒學을 논하고, 승려이면서도 선비의 언행을 남긴 것이다. 장춘진인長春眞人 구처기邱處機[168]의 자는 통밀通密인데, 등주登州 사람이며, 장춘은 그의 별호이다. 금金의 황통皇統 무진년(1148) 5월 19일에 태어났다. 금金 정우貞祐 을해년(1215)에 금나라 임금이 그를 불렀으나 듣지 않았고, 기묘년(1219)에 송宋에서도 사신을 보내어 불렀으나 역시 응하지 않았다.

이해 5월에 몽고 태조가 내만奈蠻[169]으로부터 측근의 신하를 시켜 손수 쓴 조서를 보내 초청을 하여 드디어 응하게 되었다. 철문관鐵門關[170]을 넘어 수십 나라를 거쳤으며 1만여 리를 걸어 황제를 설산雪山에서 보게 되었다. 그는 첫째, 천하를 통일하는 방법에는 살인을 좋아하지 않는 데 있다고 대답하였고 큰 규모의 사냥을 말리며 말하기를, "하늘의 도는 살리기를 좋아한답니다" 하고, 정치하는 방법을 물음에 대해서는, "하늘을 공경하고 백성을 사랑해야 합니다." 하였다. 자신을 수양하는 도리를 물었더니, 그는 "마음을 맑게 하고 욕심을 적게 하옵소서." 하고, 죽지 않는 약이 있느냐고 물었을 때에는, "건강에 유익한 글은 있지만 장생할 약은 없습니다." 하였다.

그리하여 황제가 그를 불러 자리에 나가 앉을 때마다 황제를 권하는 말은 모두 자애와 효도에 관한 이야기들이었다. 이것이 어

---

168) 원元의 도사道士.
169) 몽고의 별부別部.
170) 소련과 중앙아시아의 접경에 있는 관 이름.

찌 도사의 입에서 나온 유가의 말이 아니라 할 수 있을 것인가?

이때에 몽고가 중국을 유린하였는데, 하남河南과 하북河北이 더욱 심하였다. 백성들은 포로가 되어 살육을 당해도 도피하여 목숨을 보전할 곳이 없었다. 구처기는 연경으로 돌아와서 그 문도를 시켜 통첩을 가지고 전쟁 중에 살아남아 유랑하는 자들을 불러 구제하였다. 이로써 남의 종이 되었다가 양민良民의 신분을 되찾은 이도 있거니와, 죽을 지경에 있다가 갱생의 길을 얻은 이도 무려 2만~3만 명이나 되었다. 이 이야기는 원사元史 중에 실려 있다.

또 해운 국사海雲國師의 이름은 인간印簡인데, 산서山西 영원寧遠 사람이다. 나이 열한 살에 능히 대중 앞에서 강의를 하여 많은 악당들을 감화시켰다. 그리하여 금 선종金宣宗은 그에게 통원광혜대사通元廣惠大師라는 호를 내렸다. 영원성이 함락되자 그의 스승인 중관中觀과 함께 붙들렸다. 원의 성길사 황제成吉思皇帝 원 태조元太祖가 사신을 대사에게 보내어 말하기를, "늙은 스님도 젊은 스님도 모두 잘 오셨소."라고 하였다. 이로부터 세상에서는 모두 그를 젊은 스님[小長老]이라고 불렀다. 해운은 당시 대관大官 홀도호忽都護에게 매번 이르기를, "공자孔子는 성인이시니 마땅히 대대로 봉하여 제사를 받들게 해야 하고, 안자顔子와 맹자孟子의 후손과 주공周公과 공자의 학문을 배운 자는 모두 부역賦役을 면하고 그 학업에 종사하도록 해야 할 것입니다." 하니, 홀도호는 그 말을 좇았었다. 이것은 왕만경王萬慶이 지은 구급탑九級塔 비문 중에 쓰여 있다. 이것이 어찌 승려로서 선비의 행세를 한 사람이 아닌가? 아울러 여기에 적어 둔다.

가시나무에 절하기[拜荊]

내가 일찍이 풍윤현豊潤縣을 지날 때 그 동북편에는 진왕산秦王山이 있었는데, 가시덤불이 떨기로 나서 있었을 뿐이었다. 전설에 의하면,

"당 태종唐太宗이 진왕秦王으로 있을 때 이 산에 올라 가시나무를 보고 놀라서 말하기를, '이 가시나무는 우리 동리 훈장이 내게 글 구두口頭 떼는 법을 가르칠 때 쓰던 회초리다.' 하고는 말에서 내려 절을 하였는데, 가시나무들은 모두 머리를 드리우고 엎드리는 듯하였다." 하였다. 지금에도 그 모양을 흉내 내는 듯싶다.

환향하還鄉河

풍윤豊潤과 옥전玉田 사이에는 환향하가 있다. 모든 물이란 물은 모두 동으로 흐르는 터인데, 유독 이 강만은 서쪽으로 흐른다. 『연산총록燕山叢錄』[171]에 보면,

"송 휘종宋徽宗이 이 강 다리를 건너서 말을 멈추고 사방을 돌아보면서 처연히 '이 물을 지나면 점차 큰 사막이 가까울 것이네. 나는 언제라야 이 강물처럼 고향으로 돌아갈 것인가?'하고는 먹지도

---

171) 명나라 서창조徐昌祚가 지은 책.

않고 갔다." 하였다.

또 어떤 이는 이르기를, "이는 석소주石少主가 이름 지은 것을
지금 사람도 그대로 부른다."고 하니, 석소주라면 아마도 석진石
晉[172])의 젊은 임금인 중귀重貴[173])로서 역시 거란에게 포로가 되어 갈
때 이 강을 건넜을 것이다.

계원필경桂苑筆耕

『당서唐書』예문지藝文志 중에,

'신라新羅 최치원崔致遠의 계원필경桂苑筆耕[174]) 4권'이란 글이 적
혀 있으나, 뒷날 저서가들이 이 서목書目을 인용引用하였지만 그 내
용은 보이지 않는다. 책이 없어진 지 필시 오래된 모양이다.

천불사千佛寺

밀운密雲으로부터 덕승문德勝門으로 들어올 때 길이 무척 질고
또 양 떼가 앞을 막아 더 갈 수 없어서, 드디어 말에서 내려 역관譯官

---

172) 석경당石敬瑭이 세운 후진後晉.
173) 석경당의 아들.
174) 최치원의 시문집. 책은 없어지지 않았다.

홍명복洪命福과 함께 길가에 있는 천불사千佛寺에 들러서 잠시 쉬었다.

부처 앉은 자리에는 천 개의 연꽃이 둘러싸고, 연꽃을 천 개의 불상이 둘러쌌다. 천존불天尊佛 24개와 18나한羅漢은 모두 조선에서 진상한 것이라 한다. 사실 유동劉同의 『경물략景物略』 중에 실려 있지마는, 『녹수잡지淥水雜識』[175] 중에는 이미 교응춘喬應春의 비문을 의거하여 태감太監 양용楊用이 주조鑄造하여 만들었다. 고증하였으나, 모를 일이다.

175) 청淸 납란성덕納蘭性德이 지은 『녹수정잡지淥水亭雜識』의 약칭.

옥갑야화玉匣夜話

옥갑야화玉匣夜話

옥갑玉匣[1]에 돌아와서 모든 비장들과 침상寢牀을 나란히 해놓고 밤새도록 이야기를 시작하였다.

연경은 옛날에는 풍속이 순박하고 도타워 역관배가 말하면 비록 만금이라도 서로 빌려주었는데, 지금은 저들이 모두 사기를 능사로 여긴다. 이것은 실로 잘못이 우리나라 사람들에게 시작되지 않은 적이 없었던 것이다.

삼십 년 전, 어느 역관이 아무것도 가진 것 없이 연경에 들어갔다가 귀국할 무렵 그 단골집 주인을 보고서 울었다. 주인이 괴이하

---

[1] 지명이다. 위치는 미상이다.

게 여겨서 그 이유를 물었더니, 그는,

"압록강을 건널 때 몰래 남의 은銀을 가지고 왔더니 일이 발각되자 제 것까지 모두 관官에 몰수되었습니다. 이제 빈손으로 돌아가려니 무엇으로도 생활할 수가 없어, 차라리 돌아가지 않음만 못합니다." 하고는 곧 칼을 빼어 자살하려 하였다. 주인이 놀라서 급히 그를 껴안고 칼을 빼앗으면서 물었다.

"몰수된 은이 얼마나 되나요?"

그는 대답하였다.

"삼천 냥입니다."

"사내가 자기 몸이 없어질까 걱정을 해야지, 돈이 없는 것을 어찌 근심한단 말이요? 이제 이곳에서 죽고 돌아가지 않는다면, 당신의 처자는 어떻게 되는 거요? 내가 당신에게 만금을 빌려 드릴 테니 5년 동안 늘려 나가면 아마 만금은 남겠지요. 그때 가서 본전 1만 금을 나에게 갚아 주시오."

주인이 그렇게 말하고는, 그를 위안하였다. 역관이 이미 만금을 얻어 크게 무역을 하고 돌아왔다. 그 당시에 이 일을 아는 이가 없었으므로 그의 재능을 신기하게 여기지 않는 이가 없었다. 역관은 과연 5년 만에 큰 부자가 되었다. 그리고 곧 사역원司譯院 역관 명부에서 자기의 이름을 삭제하고 다시는 연경에 들어가지 않았다.

한참 뒤 그의 친구 하나가 연경에 들어가기에, 그가 은밀히 부탁하기를

"연경 시장에서 만일 아무개 단골집 주인을 만나면 그는 응당

나의 안부를 물을 것이네. 자네는 내 온 집안이 몹쓸 유행병을 만나서 죽었다고만 전해 주게."

하였다. 그 친구는 이 말이 너무나 허황된 거짓말이기에 곤란한 빛을 보였더니, 그는

"만일 그렇게만 하고 돌아온다면 마땅히 자네에게 돈 일백 냥을 주겠네."

하였다.

그 친구가 연경에 가자 과연 그 단골집 주인을 만났다. 주인이 역관의 안부를 묻기에, 그 친구의 부탁한 바와 같이 답하였다. 주인은 곧 얼굴을 손으로 가리고 대성통곡을 하면서

"하늘이시여, 하늘이시여. 무슨 일로 이렇게 착한 사람의 집에 이렇듯 참혹한 재앙을 내리셨나요!" 하고는, 곧 돈 백 냥을 그에게 주면서,

"그이가 처자와 함께 죽었다니 상주 노릇 할 사람도 없을 테니, 당신이 고국에 돌아가시는 그날로 나를 위하여 오십 냥으로 제수祭需를 갖추고, 또 나머지 오십 냥으로 재齋를 올려서 그의 명복冥福을 빌어 주시오."

하였다. 그 친구는 아연히 놀랐지만 이미 거짓말을 해버렸기 때문에 하는 수 없이 백 냥을 받아 가지고 돌아왔다.

그런데, 그 역관의 온 집안은 정말 역병에 걸려 몰사하였다. 그는 크게 놀라고 한편 두렵기도 하여 그 일백 냥으로 그 단골집 주인 부탁대로 재를 드리고, 죽을 때까지 다시 연행燕行을 가지 않으면서

말하기를,

"내가 무슨 낯으로 그 단골 주인을 만나겠는가?"

라고 하였다.

어떤 이가 말하였다.

"지사知事 이추李樞는 근세에 이름 있는 통역관이었으나 평소 자기 입으로 돈 이야기를 한 적이 없었고, 40여 년을 연경에 드나들었지만 그 손에는 일찍이 돈을 잡아본 적이 없었으며, 기상이 화락하고 단아한 군자君子의 풍모를 지녔다."

어떤 이는 또 다음과 같이 말하였다.

"당성군唐城君 홍순언洪純彦[2]은 명明 만력萬曆 때의 이름난 통역관으로서 명경明京에 들어가 어떤 기생 집에 놀러 갔다. 기생의 얼굴에 따라서 값을 매겼는데, 천금이나 되는 비싼 돈을 요구하는 여자가 있었다. 홍洪은 곧 천금으로 하룻밤 놀기를 청하였다. 그 여인은 나이 16세요, 절색이었다. 여인이 홍과 마주 앉아서 울면서 하는 말이, '제가 애초 이렇게 많은 돈을 요청한 이유는 천하의 남자들이란 모두 인색하여, 선뜻 천금을 버릴 자가 없을 것이라 생각하여 욕당할 것을 잠시 면할 의도였던 것입니다. 하루 이틀을 지내면서 기생루 주인을 속이는 한편, 이 세상에 어떤 의기를 지닌 남자가 있어서 저를 속량시켜 소실小室 삼아 주기를 바랐던 것입니다. 그러나

2)   1573~1620.

제가 창관娼館에 들어온 지 닷새가 지났으나 감히 천금을 갖고 오는 이가 없었습니다. 오늘 다행히 이 세상의 의기 있는 남자를 만나게 되었습니다. 그러나 공公은 외국 분이시라 법적으로 보아서 저를 데리고 고국으로 돌아가시기에는 어렵사옵고, 이 몸은 한번 더럽힌다면 다시 씻기는 어려운 일이겠습니다.' 한다. 홍이 그를 몹시 불쌍히 여겨 그에게 창관에 들어온 경로를 물었더니, 여인이 답하기를, '저는 남경南京 호부 시랑戶部侍郎 아무개의 딸입니다. 그런데 그만 집과 재산을 몰수당하고 말았습니다. 이를 갚기 위하여 스스로 기생 집에 몸을 팔아서 아버지의 죽음을 면하게 된 것입니다.' 한다. 홍은 크게 놀라면서 말하기를, '나는 실로 이런 줄은 몰랐네. 이제 내가 자네의 몸을 속해 주겠으니, 그 액수額數는 얼마나 되는가?' 했다. 여인은 말하기를, '이천 냥입니다.' 하였다. 홍은 곧 그 액수를 치르고는 작별하였다. 여인은 곧 홍을 은인 아저씨[恩父]라 일컬으면서 수없이 절하고는 서로 헤어졌다. 그 뒤에 홍은 이에 대하여 괘념掛念하지 않았다.

그 뒤에 또 중국을 들어갔는데, 길가에 사람들이 모두 '홍순언이 들어오나요?' 하고 묻기에, 홍은 다만 이상하게 여겼다. 연경에 이르자, 길 왼편에 장막을 성대하게 베풀고 홍을 맞이하면서, '병부兵部 석 노야石老爺께서 환영합니다.' 하고는 곧 석씨石氏의 사저로 인도한다. 석 상서石尙書가 맞이하여 절하며, '은인이신 어르신[恩丈]이십니까? 공의 따님이 아버지를 기다린 지 오래되었답니다.' 하고는 곧 손을 이끌고 내실로 들었다. 그의 부인이 화려한 치장으로 마루 밑에서 절하였다. 홍은 송구하여 어쩔 줄을 몰랐다. 석 상서는 웃으면서, '장인丈人께서 벌써 따님을 잊으셨나요?' 한다. 홍은 그제야 비로소 그 부인이 곧 지난날 기생 집에서 구출했던 여인인 줄을 깨달았다. 그는 창관에서 나오게 되자 곧 석성石星의 계실繼室이 되었다. 전보다 귀하게 되었으나 그는 오히려 손수 비단을 짜면서 군데군데 보은報恩 두 글자를 무늬로 수놓았다.

홍이 귀국할 때 그는 보은단報恩緞 외에도 각종 비단과 금은 등을 이루 헤아리지 못할 만큼 행장 속에 넣어 주었다. 그 뒤 임진왜란이 일어나자 석성이 병부에 있으면서 출병出兵을 힘써 주장하였으니, 이는 석성이 애초부터 조선 사람을 의롭게 여겼던 까닭이다."

어떤 이는 또 이렇게 말하였다.

"조선 사람 상인들과 친했던 단골집 주인인 정세태鄭世泰는 연경의 갑부甲富였다. 그러던 것이 세태가 죽자, 그 집은 곧 한 번 실패하니 거덜이 나고 말았다. 그리고 그에게는 다만 손자 하나가 있었는데, 뭇 사내 중에서도 절색絶色이었으나 어린 나이로 극장劇場에 팔려갔다. 세태가 살아 있을 적에 그 집에서 회계會計를 보던 임가林哥는 이때에 이름난 부자가 되었는데, 극장에서 어떤 미남자가 연극 하는 것을 보고 마음으로 퍽 애처롭게 생각하던 차에 그가 정씨鄭氏의 손자인 줄을 알고는 서로 껴안고 울었다. 곧 천 냥으로 그를 속량시켜 집에 데리고 돌아와 집사람들에게 타이르기를, '너희들은 잘 돌보아라. 이 이는 우리 집 옛 주인이니 결코 광대의 신분이라 해서 천시하지 말라.' 하고는 그가 자라난 뒤에 그 재산의 절반을 나눠서 살림을 차려주었다. 그는 통통하고 살결이 몹시 희며, 또한 얼굴이 아름답고도 화려하였다. 그는 하는 일이 없이 다만 연鳶 날리기로 성 안을 노닐 따름이었다."

옛날 중국과 물건을 매매할 때는 봇짐을 끌러 검사하지 않고, 곧 연경에서 싸 보낸 그대로 갖고 와서 장부와 대조해 보아도 조금도 어긋남이 없었다. 어느 때인지 흰 털모자를 주문하여 포장한 것이 있었는데 돌아와서 끌러 보니 모두 흰 실로 만든 모자였다. 그러나 저쪽에서 고의로 그러했던 것은 아니다. 그는 저곳에서 검사해 보지 못했던 것을 스스로 후회하였는데, 정축년(1517)에 두 번이나 국상國喪3)을 당하자 도리어 배나 되는 값을 받았다고 한다. 그러나 이는 역시 저들 중국의 일이 옛날과 같지 않다는 조짐인 것이다. 근년에 이르러서는 화물을 반드시 스스로 단속하고, 중국 객주에게 포장을 맡기지는 않는다고 한다.

어떤 이는 또 다음과 같이 말하였다.

"변승업卞承業4)이 중한 병에 걸리자 곧 변리로 빌려준 돈과 자기의 재산이 얼마나 되는지 총계를 알고자 하여 회계를 맡은 청지

---

3) 1517년 2월 영조의 비 정성왕후 서씨의 국상을, 1517년 3월에는 숙종의 계비인 인원왕후 대왕대비 김씨의 국상을 당하였다.

4) 1623년에 태어나 1645년에 역과에 합격하여 역관으로 활동하였다.

기들을 모아서 장부를 계산하여 보니 은銀이 모두 50여 만 냥이었다. 변승업의 아들이 청하기를, '빌려줬다가 거둬들이고 하는 일이 번거롭고, 오래되면 돈을 떼여 축날 수도 있으니 이제 그만 거둬들이는 것이 맞겠습니다.' 하자, 승업이 크게 화를 내면서, '이는 곧 서울 안 일만 가구의 명맥命脈이니 어째서 하루아침에 끊어버릴 수 있겠느냐?' 하였다. 승업이 늙자 그 자손들에게 경계하기를, '내가 일찍이 공경公卿[5]들을 섬겨본 적이 많다. 그들 중 나라의 권세를 잡고서 자기의 사익을 꾀하는 사람이 많았는데 그 권세가 삼 대를 이어간 사람이 드물었다. 지금 온 나라 사람 중에서 돈놀이를 하는 사람들이 우리 집 거래를 기준 삼으니, 이 역시 국론國論을 좌우하는 것이다. 재물을 흩어 버리지 않는다면 장차 재앙이 미칠 것이다.' 하였다.

그러므로 이제 그 자손이 번성은 하였으나 가난한 사람이 많은 까닭은 승업이 만년에 재산을 많이 흩어버린 까닭이다."

나도 역시 일찍이 윤영尹映이란 이에게 들은 이야기를 하였다. 변승업의 부富는 애초부터 유래가 있어 부함이 나라의 으뜸이었다가, 승업 때에 이르러 조금 쇠퇴한 것이고, 그 처음 일어날 때에는 마치 반드시 그렇게 되리라는 운명이 있을 것 같다고 했다. 그와 허씨許氏 사이에 생긴 일을 봐도 기이하다 할만하다. 허생은 끝내 자

5)   삼공(삼정승), 구경(육조판서, 좌.우 참판, 한성판윤)을 말한다.

기의 이름을 드러내지 않았으므로 세상에서는 그 이름을 아는 이가 없었다 한다. 이제 윤영의 이야기를 적으면 다음과 같다.

허생전許生傳

"허생許生은 묵적골6)에 살았다. 곧장 남산南山 밑에 이르는 곳에 우물이 있고, 우물가에 해묵은 살구나무가 서 있고, 사립문이 그 나무를 향하여 열려 있으며, 초옥 두어 칸이 비바람도 가리지 못한 채 서 있었다. 그러나 허생은 글 읽기만 좋아하였고, 그의 아내가 남의 삯 바느질을 하여 겨우 입에 풀칠하는 처지였다. 어느 날 그 아내가 몹시 배가 고파 훌쩍훌쩍 울며,

'당신은 한평생 과거科擧도 보지 않으니, 이러려면 글은 읽어서 무엇하시려오?'

하였다. 허생은,

'난 아직 글 읽기에 익숙하지 못한가 보오.'

하였다. 아내는,

'그러면 공장工匠 노릇도 못하신단 말이요?'

하였다. 허생은,

'공장이 일이란 애초부터 배우지 못했으니까 어떻게 할 수 있

---

6) 오늘날 서울 충무로와 필동에 걸쳐져 있던 동네이다.

겠소?'

하니, 아내는,

'그럼, 장사가 있지 않습니까?'

한다. 허생은,

'장사치 노릇인들 밑천이 없으니 어찌하겠소?'

하였다. 그제야 아내는 곧,

'당신은 밤낮으로 글 읽었으면서 겨우 '어찌할 수 있겠소?' 하는 것만 배웠네요. 그래 공장이 노릇도 하기 싫고, 장사치 노릇도 하기 싫다면, 도둑질은 어째서 안 하시나요?'

하며 왈칵 화를 내며 비난하였다. 이에 허생은 할 수 없이 책장을 덮어 치우고 일어서면서,

'아아, 안타깝다! 내 애초 글을 읽을 때 십 년을 기약했는데 지금 7년으로 접어야 하다니.'

하고 곧 문밖을 나섰으나, 한 사람도 아는 이가 없었다. 그는 곧장 종로 네거리에 가서 시장 안의 사람들에게 만나는 대로,

'한양 안에서 누가 제일 부자인가?'

하고 물었다. 때마침 변씨卞氏[7]를 일러주는 이가 있었다. 허생은 드디어 그 집을 찾았다. 허생이 변씨를 보고서 길게 읍揖하며,

'내 집이 가난한데 무언가 조금 시험해 볼 일이 있어 그대에게 만금萬金을 빌리러 왔소.'

---

7)   변승업卞承業의 조부.

했다. 변씨는,

'그러시오.' 하고 바로 만금을 내주었다. 그는 감사하다는 말 한마디 없이 가 버렸다. 변씨의 자제子弟와 빈객賓客들이 허생의 꼴을 보니, 생 거지였다. 허리에 실 띠는 둘렀으나 술이 다 뽑혀 버렸고, 가죽신을 꿰었으나 뒷굽은 자빠졌으며, 찌그러진 갓에 그을음 묻은 도포道袍를 걸쳐 입었는데, 코에서는 맑은 콧물이 흘렀다. 그가 나가 버린 뒤에 모두 크게 놀라며,

'대인께선 그 손님을 잘 아십니까?'

하고 물었다. 변씨는,

'몰랐지.'

'그러시다면 어찌 잠깐 사이에 이 귀중한 만금을 일면식도 없는 자에게 함부로 던져 주시면서 그의 성명조차도 묻지 않은 것은 무슨 까닭입니까?'

했다. 변씨는 말하였다.

'이건 너희들이 알 바 아니다. 보통 남에게 무엇을 요구할 때는 반드시 의지意志를 과장하여 신의信義를 나타내는 법이다. 얼굴빛은 부끄럽고도 비겁하며, 중언부언하기 마련이지. 그런데, 이 손님은 옷과 신이 비록 떨어졌으나 말이 간단하고 눈빛이 오만하고 얼굴엔 부끄러워하는 빛이 없음으로 보아서 재물을 가져야 만족하는 속물이 아님에 틀림없는 것이네. 그가 시험하려는 방법도 작지 않을 것이니, 나 역시 그 객에게 시험해 보려는 것이 있네. 그리고 주지 않는다면 모르겠으되 이미 만금을 줬는데 성명은 물어서 무엇

하겠는가?'

한편, 허생은 이미 만금을 얻어가지고 다시 집으로 돌아오지 않고 바로 안성安城에 머물러 살았다. 안성이 경기京畿·호서湖西의 접경이요, 삼남三南 지방의 길목이기 때문이었다. 그리하여 대추·밤·감·배·감자·석류·귤·유자 등의 과실을 모두 값을 두 배로 주고 사서 저장했다. 허생이 과실을 사재기하자, 온 나라가 잔치나 제사를 치르지 못하게 되었다. 그런지 얼마 안 되어 앞서 허생에게 값을 두 배로 받은 장사들이 도리어 열 배의 가격을 치렀다. 허생은,

'겨우 만금으로 온 나라의 경제經濟를 기울였으니 나라의 경제 규모를 짐작할 만하다.'

하고는, 곧 칼·호미·베·명주·솜 등을 사가지고 제주도濟州島에 들어가서 말총을 모두 거두면서,

'몇 해만 있으면 온 나라 사람들이 머리를 싸지 못할 거야.'

하였다. 얼마 되지 않아서 망건網巾 값이 과연 십 배나 올랐다. 허생은 늙은 뱃사공에게,

'영감, 혹시 해외海外에 사람 살 만한 빈 섬이 있는 것을 보았나.'

하고 물었더니, 사공은,

'있습디다. 제 일찍이 바람에 휩쓸려서 줄곧 서쪽으로 간 지 사흘 낮밤 만에 어떤 빈 섬에 닿았습니다. 그곳은 아마 사문沙門·장기長崎8) 사이에 있는 듯싶은데, 모든 꽃과 잎이 저절로 피며, 온갖 과

---

8) 사문은 마카오, 장기는 일본 나가사키.

실과 오이가 저절로 익고, 사슴이 떼를 이루었으며, 노니는 물고기들은 사람을 보고도 놀라지를 않았습니다.'

한다. 허생은 크게 기뻤다.

'자네가 만일 나를 그곳으로 이끌어 준다면 부귀富貴를 함께 누리게 해줌세.'

했다. 사공은 그의 말을 좇았다. 이에 곧 바람 편을 타고 동남쪽으로 그 섬에 들어갔다. 허생이 높은 곳에 올라 바라보며,

'땅이 천 리가 채 못 되니 무슨 일을 하겠는가? 그러나 토지가 기름지고 샘물이 달콤하니 다만 이곳에 부잣집 늙은이 노릇쯤은 하겠구나.'

하였다. 사공은,

'섬이 텅 비고 사람 하나 구경할 수 없으니 뉘와 함께 사신단 말씀이시오.'

했다. 허생은 이렇게 말했다.

'덕德만 있으면 사람은 저절로 모이게 마련이다. 나는 오히려 내 덕 없을까 걱정이지 어찌 사람 없음이 걱정이 될 것인가?'

이때 마침 변산邊山에 도적 수천 명이 떼를 지어 있었다. 주州·군郡에서 군졸을 징발하여 뒤를 쫓아 잡으려 하였으나 잡지 못하였다. 그러나 여러 도적 역시 잠시도 밖으로 나와서 도둑질을 하지 못하여 바야흐로 주리고 곤한 판이었다. 허생이 도적의 소굴로 들어가서 그의 괴수魁帥를 달래기 시작했다.

'너희들 천 명이 합쳐 돈 천 냥을 훔쳐서 서로 나누어 갖게 되

면 각 사람에게 얼마나 돌아가겠는가?'

하고 물었다. 그는,

'한 사람에 한 냥밖에 더 되나요.'

했다. 허생은 또,

'그럼 너희들은 아내가 있는가?'

하자, 여러 도적은,

'없습니다.'

한다.

'그럼 너희들 밭은 있겠지?'

했더니, 이때에 도적들이 웃으며,

'밭이 있구, 아내가 있다면야 어찌 이다지 괴롭게 도둑질을 일삼겠습니까?'

한다. 허생은,

'정말 그렇다면 아내를 얻고 집을 세우고, 소를 사서 경작을 할 생각은 하지 않는가? 그렇다면 도둑놈이란 더러운 이름도 없을 것이고, 살면서 부부夫婦의 낙樂이 있을 것이며, 나돌아 다녀도 체포당할 걱정이 없고, 길이 잘 입고 먹고 살 수 있지 않겠는가?'

했다. 여러 도적은,

'어찌 그런 것을 원하지 않겠습니까? 다만 돈이 없을 뿐입니다.'

했다. 허생은 껄껄 웃으며,

'당신들이 도적질을 한다면서 어찌 돈 없다는 걱정을 하는가?

내 너희들을 위해 돈을 마련해 줄 수 있네. 내일 저 바닷가를 건너다보면 붉은 깃발이 바람결에 펄펄 날리는 게 모두 돈 실은 배일 것이니, 너희들 맘껏 한 번 가져가 보게.'

했다. 허생은 이렇게 여러 도적에게 약속하고는, 어디론지 가 버렸다. 여러 도적은 모두 그를 미친놈으로 알고 비웃었다.

그다음 날, 그들이 시험 삼아 바닷가에 이르렀는데 허생은 벌써 삼십만 냥을 싣고서 기다리고 있었다. 그들은 모두 깜짝 놀라 줄을 지어 절하며,

'이제부턴 오직 장군님 명령대로 따르겠소이다.'

했다. 허생은,

'이 돈을 힘껏 지고 가게나.'

했다. 이에 여러 도적이 다투어 돈을 져보려 했으나 사람마다 백 금도 채우지 못했다. 허생은,

'너희들 힘이 겨우 백 금도 들지 못하면서 무슨 도둑질인들 변변히 할 수 있겠는가? 지금 너희들이 비록 평민平民이 되고 싶다 하더라도 이름이 도적의 명부名簿에 올랐으니 갈 곳도 없을 것이다. 그러니 내 이곳에서 너희들 돌아오길 기다릴 테니 각기 백 금씩을 갖고 가서 하나의 몫에 아내 한 사람과 소 한 필씩 장만해 오너라.'

했다. 여러 도적은 모두 승낙하고, 흩어졌다.

허생은 이천 명이 일 년 동안을 먹을 식량을 장만하고 기다렸다. 여러 도적은 과연 기일이 되자 다 돌아왔고, 낙후된 자가 없었다. 마침내 모두를 배에 싣고 그 빈 섬으로 들어갔다. 허생이 이렇

게 도적 떼를 데리고 사라지니 온 나라 안이 잠잠하였다.

한편, 허생과 도적들은 나무를 베어 집을 세우고, 대를 엮어서 울타리를 만들었다. 지질地質이 온전하니 온갖 곡식이 잘 자라서 밭을 갈지 않고 김매지 않아도 한 줄기에 아홉 이삭씩이나 달렸다. 삼년 먹을 식량은 남겨두고 나머지는 모두 배에 싣고 장기도長崎島[9]에 가서 팔았다. 장기도는 일본日本에 속한 고을로서 호수戶數가 31만이나 되는데, 바야흐로 큰 흉년이 들었기에 드디어 다 풀어 먹이고는 은銀 백만 냥을 거두었다. 허생은 탄식했다.

'이제야 내가 작은 시험을 마치게 되었구나.'

하고, 곧 남녀 2천 명을 모두 불러 놓고,

'내 처음 너희들과 함께 이 섬에 들어올 때엔 먼저 부富하게 한 뒤에 따로 문자文字를 만들며 의관 제도를 만들려고 했는데, 땅은 작고 내 덕은 얇으니, 나는 이제 이곳을 떠나겠다. 너희들은 어린애가 나서 숟가락을 잡을 만하거든 오른손으로 쥐라고 가르치고, 하루라도 나이가 많은 사람이 먼저 먹도록 사양해라.'

하고 명령을 내렸다. 그리고 다른 배들을 모조리 불사르며,

'나가는 사람이 없으면 곧 오는 사람도 없겠지.'

하고, 또 돈 50만 냥을 바닷속에 던지며,

'바다가 마를 때면 이 돈을 얻을 사람이 있겠지. 백만 냥이라는 돈은 이 나라에는 용납할 곳이 없으리니 하물며 이런 작은 섬에

9)   나가사키.

서야.'

하고, 또 그중에 글을 아는 자를 불러내어 배에 태우면서

'이 섬에 화근禍根을 없애려 함이네.'

하였다. 허생은 온 나라 안을 두루 돌아다니며 가난하고 하소연할 곳마저 없는 자에게 돈을 나눠 주고도 오히려 은자 10만 냥이 남았다.

'이것으로 변씨에게 빌린 것을 갚아야지.'

하고는, 곧 변씨를 찾아가서 보고,

'나를 기억하겠습니까?'

하고 물었다. 변씨는 놀란 어조로,

'자네, 얼굴빛이 조금도 전보다 낫지 않으니 만 냥을 다 잃어버린 것 아니오?'

했다. 허생은 웃으며 말했다.

'재물로써 얼굴빛을 좋게 꾸미는 것은 댁 같은 장사치의 일이오. 만 냥이란 돈이 어찌 도道를 살찌우기야 하겠소?'

하고는, 곧 돈 10만 냥을 변씨에게 주며,

'내가 한때의 굶주림을 참지 못해서 글 읽기를 끝내지 못했으니, 그대의 만 냥을 빌린 것이 부끄럽소.'

했다. 변씨는 크게 놀라서 일어나 절하며 사양하고는 십분의 일만 이자로 받겠다고 했다. 허생은 버럭 화를 내며,

'당신은 어찌 날 장사치로 대우한단 말이오?'

하고는, 소매를 뿌리치고 가 버렸다. 변씨는 가만히 그 뒤를 따

라 밟았다. 그는 남산 밑으로 향하더니 한 오막살이 집으로 들어가
버렸다. 마침 어떤 늙은 할머니가 우물 곁에서 빨래를 하기에 변씨
가 물었다.

'저 오막살이는 누구 집이요?'

하고 물었다. 할미는,

'허 생원許生員 댁이랍니다. 그분이 가난하되 글 읽기를 좋아하
더니 어느 날 아침 집을 떠나고는 안 돌아온 지 벌써 다섯 해나 된
답니다. 그 아내가 홀로 남아서 그가 집 떠나던 날에 제사를 드린답
니다.'

한다. 변씨는 그제야 그의 성姓이 허許인 줄을 알고 탄식하고
돌아왔다.

그 이튿날 자기의 은銀을 다 가지고 가서 그에게 바쳤다. 허생
은 사양하며 이렇게 말했다.

'내가 부자가 되려 했다면 100만 냥을 버리고 10만을 취하려
고 하겠소? 나는 지금부터는 당신의 도움을 받아가며 살아가겠으
니 그대가 자주 와서 나를 살펴 보고 식구를 헤아려 양식을 대 주며
몸을 보고 옷감을 보내주시오. 그러면 일생 동안 충분할 것이니 어
찌 재물 때문에 나의 마음을 괴롭히겠소?'

변씨는 백방百方으로 허생을 달래었으나 끝내 어쩔 수 없었다.
변씨가 이때부터 허생의 옷이나 쌀이 떨어질 만한 때를 헤아려 반
드시 손수 날라다 대주었다. 허생은 역시 흔연欣然히 받고, 혹시나
분량이 초과되면 곧 언짢아하며

'그대가 어째서 내게 재앙을 끼치는 것이오?'

했다. 그러나 술병을 차고 가면 더욱 기뻐하여 서로 권하고 마셔 취하고 말았다. 그럭저럭 몇 해를 지나고 보니 두 사람의 정이 날마다 두터워졌다. 어느 날 조용히,

'다섯 해 동안에 어떻게 백만 냥을 벌었나요?'

하고 물었다. 허생은,

'이건 가장 알기 쉬운 일이요. 우리 조선朝鮮은 배가 외국으로 통하지 못하고, 수레가 국내國內에 두루 다니지 못하기 때문에, 온갖 물건이 이 안에서 생산되어 곧 이 안에서 소비된다오. 대개 천 냥이란 적은 재물이어서 물건을 마음껏 다 살 수는 없겠지만, 이를 열로 쪼갠다면 백 냥짜리가 열 개가 되니 이것을 가지면 아무래도 열 가지 물건이야 살 수 있소. 그리고 물건의 단위가 가벼우면 굴리기 쉽기 때문에, 한 가지 물건이 비록 밑졌어도 아홉 가지 물건에 이익이 남는 법이라오. 이런 방법은 정상적으로 이익을 취하는 방법이고, 저 작은 장사치들이 장사하는 수단이오.

그런데 대체로 만금을 가지면 족히 한 가지 물건을 모조리 다 살 수 있으므로 수레에 실린 것이면 수레 전부를, 배에 담긴 것이라면 배 전부를, 한 고을에 가득 찬 것이라면 온 고을을 통틀어서 살 수 있을 것이니, 이는 마치 촘촘한 그물로 모두 훑어내는 것과 같소. 그리하여 뭍의 온갖 산물産物 중에서 어떤 하나를 몰래 독점해 버린다든지, 여러 가지 어종 중에서 어떤 그 하나를 슬그머니 사재기해 버리고, 의약醫藥의 재료 여러 가지 중에서 어떤 하나를 슬그

머니 독점해 버린다면, 그 한 가지의 물건은 한 곳에 갇히니 모든 장사치의 물건이 다 말라버리게 된다오.

이는 백성을 못살게 하는 방법이오. 후세에 나랏일을 맡은 이들이 행여 내 방법인 사재기를 쓰는 자가 있다면 반드시 그 나라를 병들게 하고 말 것이오.'

했다. 변씨는,

'처음에 당신은 어떻게 내가 만금을 내어 줄 것을 예측하고 찾아와 빌리기로 했던 겁니까?'

했더니 허생은,

'반드시 당신만 내게 돈을 빌려줄 것은 아니니, 만금을 지닌 자치고는 주지 않을 자 없었을 것이오. 내가 생각해도, 내 재주로 백만 금을 벌기에는 부족하지만 다만 운명은 저 하늘에 달려 있는 만큼 내 어찌 예측할 수 있었겠소? 그러므로 나를 능히 활용할 수 있는 자는 복福이 있는 사람일 테니 그는 반드시 부富에서 더 큰 부를 누릴 것이오. 이는 곧 하늘이 명하는 바이니, 그가 어찌 아니 줄 수 있겠소? 이미 만금을 얻은 뒤엔 그 사람의 복을 빙자憑藉해서 장사를 했기에, 일마다 모두 성공했던 것이니, 만일 내가 내 돈으로 사사로이 일을 시작했다면 그 성패成敗는 역시 알 수 없었겠지요.' 했다. 변씨는,

'지금 사대부士大夫들이 지난번 남한산성에서 겪었던 치욕을 씻고자 하는데, 이야말로 지혜 있는 선비가 팔을 걷어붙이고 슬기를 펼 때입니다. 당신은 그 재주로 어찌 괴롭게 어둠에 잠겨서 이 세상

을 마치려 하십니까?'

했다. 허생은,

'어허, 예로부터 어둠에 잠긴 자가 한두 분이었소? 저 조성기趙
聖期[10][11]는 적국敵國의 사신使臣으로 보낼 만했지만 평생 벼슬 없이
베옷 차림으로 늙어 죽었고, 유형원柳馨遠[12][13]는 군량미를 넉넉히
가져올 능력이 있었지만 저 해곡海曲에서 일생을 돌아다니셨소. 그
러고 보니 지금의 나랏일을 도모하는 자들을 가히 알 것이 아니겠
소? 나 같은 사람은 장사나 잘하는 사람이오. 내 돈이 넉넉히 구왕
九王[14]의 머리를 살 수 있을 만하지만, 저 바닷속에 그걸 던지고 온
것은 이 나라에서는 아무런 쓸 곳이 없음을 알았기 때문이오.'

했다.

변씨는 곧 "후유" 하며 긴 한숨을 내쉬고 가 버렸다.

변씨는 본디 정승政丞 이완李浣[15]과 친했다. 이공李公은 때마침
어영 대장御營大將으로 있었다. 그는 일찍이 변씨와 이야기하다가,

'지금 저 위항委巷과 민가 사이에 혹시 쓸만한 재주가 있는 사

---

10) 원주: 졸수재拙修齋.
11) 1638~1689, 숙종 때 학자. 자는 성경成卿, 문집으로 졸수재집이 있다.
12) 원주: 반계거사磻溪居士.
13) 1622~1673. 실학파의 선구자. 전북 부안 반계동에 은거하며 저서 『반계수록』을 저술하
였다.
14) 청 세조의 숙부. 정권의 실세였다. 이름은 다이곤多爾袞이고 예친왕睿親王에 봉해졌다. 병자호
란에 태종을 따라 조선에 왔다.
15) 1602~1674, 효종, 현종 때 무신. 병자호란에 공을 세웠고 효종이 북벌을 꾀하자 어영청 대
장이 되어 무기를 제조하고 성곽을 수축하였다.

람 중에 큰일을 같이 할 만한 자가 있는가?'

했다. 변씨는 그제야 허생을 소개했다. 이공은 깜짝 놀라며,

'기특하네. 정말 이런 사람이 있단 말인가! 그의 이름은 무엇인가?'

했다. 변씨는

'소인이 그와 알아온 지 삼 년이나 되었습니다만, 아직껏 그 이름은 몰랐습니다.'

했다. 이공은 또,

'그 사람이 곧 이인異人일 것이네. 자네와 함께 그를 찾아가 보세.'

하고는, 밤늦게 이공은 수행자들을 다 물리치고 변씨만을 데리고 걸어서 허생의 집을 찾았다. 변씨는 이공을 문밖에 세워 놓고 혼자서 먼저 들어가 허생을 보고 이공이 찾아온 사연을 말해 주었다. 허생은 들은 척 만 척하며

'당신이 차고 온 술병이나 빨리 푸시오.'

하였다. 그리하여 서로 더불어 즐겁게 마셨다. 변씨는 이공이 오랫동안 바깥에 있으니 딱하게 여겨 자주 말을 꺼냈으나, 허생은 아랑곳하지 않았다. 어느덧 밤은 이미 깊었다. 허생이 그제야,

'손님을 불러보시오.'

한다. 이공이 들어왔다. 허생은 굳이 앉아서 일어서지 않았다. 이공은 몸둘 곳을 모르고 어정쩡하게 있다가, 겨우 국가에서 어진 이를 구하는 뜻을 말했다. 허생은 손을 저으며,

'밤은 짧은데 말은 기니, 듣기에 몹시 지루하네. 도대체 지금 당신은 무슨 벼슬을 하는가?'

했다. 이공은,

'(어영청) 대장大將입니다.'

했다. 허생은,

'그렇다면 당신은 바로 나라에서 믿거라 하는 신하가 아닌가? 내가 곧 와룡선생臥龍先生[16]과 같은 이를 추천하면 네가 임금께 여쭈어서 그를 삼고초려三顧草廬하게 할 수 있겠는가?'

한다. 이공은 머리를 숙이고 한참 있다가,

'어렵습니다. 그다음 것을 들어보겠습니다.'

했다. 허생은,

'나는 아직껏 '그다음'이란 것은 배우질 못했네.'

했다. 이공은 굳이 물었다. 허생은 말했다.

'명明의 장병將兵은 자기네들이 일찍이 조선에 이전에 입은 은혜가 있다 하여 그의 자손들이 우리나라로 많이 오지 않았는가? 그랬는데도 그들은 모두 떠돌이 생활에 고독한 홀아비로 고생하고 있다니, 네가 능히 조정에 말씀드려 종실宗室의 딸들을 내어 골고루 시집보내고, 김류金瑬와 장유張維[17]와 같은 훈척과 권세가들의 집을

---

16) 제갈량.

17) 이 둘은 모두 조선 인조仁祖의 소위 반정공신反正功臣이다. 김류의 자는 관옥冠玉, 장유의 자는 지국持國. '수택본'·'서울대학본'·'대만영인본臺灣影印本'에는 이귀李貴·김류金瑬로 되었고, '계서본溪西本'·'자연경실본自然經實本'·'박영철본'·'광문회본光文會本'·'김택영본金澤榮本'·'김택영 중편본金澤榮重編本'·'주설루본'·'국립도서관본'에는 훈척勳戚 권귀權貴로 되었으나, 여기에서

징발하여 그들의 살림집을 내어 줄 수 있겠는가?'

이공은 또 고개를 숙이고 한참 있다가,

'그것도 어렵습니다.'

했다. 허생은,

'이것도 어렵고 저것도 못한다 하니 그리고서 무엇을 할 수 있 단 말인가? 가장 쉬운 일 하나가 있는데 네가 할 수 있겠나?'

한다. 이공은,

'듣고자 합니다.'

했다. 허생은,

'대체로 대의大義를 온 천하에 외치고자 한다면, 첫째 천하의 호걸을 먼저 사귀어 맺어야 할 것이요, 남의 나라를 치고자 한다면 먼저 간첩間諜을 쓰지 않고서는 이루지 못하는 법이다. 이제 만주滿 洲(청淸)가 갑자기 천하 주인이 되었으나, 아직 중국 사람과는 친하지 못했다고 여기는 형편이니 그럴 때 조선이 다른 나라보다 솔선적率 先的으로 복종한다면 저편에서는 우리를 가장 믿어줄 것이다. 이제 곧 그들에게 청하기를, 우리 자제들을 귀국貴國에 보내어 학문도 배 우고 벼슬도 하여 옛날 당唐·원元나라의 경우를 본받고 나아가 장사 치들의 출입까지도 금하지 말아 달라 하면, 그들은 반드시 우리의 친절을 달게 여겨서 환영할 것이다. 그렇게 되면 국내의 자제를 가 려 뽑아서 머리를 깎고 오랑캐의 복식을 입혀서 지식층知識層은 가

는 '일재본'·'옥류산관본玉溜山館本'·'녹천산관본綠天山館本'에 의하였다.

서 빈공과實貢科에 응시하고, 일반 사람들은 멀리 강남江南지역에 가서 장사를 하게 하여 그들의 모든 허실虛實을 엿보며, 한족 호걸豪傑들과 결탁하게 한다면 그제야 천하의 일을 도모할 수 있을 것이고 국치國恥를 씻을 수 있지 않겠는가! 명나라 황족 후예인 주씨朱氏를 물색物色하나 그들이 나서지 않는다면, 천하의 제후諸侯들을 인솔하여 천자를 할만한 사람을 추천하여 잘 된다면 우리나라는 대국大國의 스승 노릇을 할 것이요, 그렇지 못할지라도 백구伯舅[18]의 나라는 무난할 게 아닌가?'

한다. 이공은 허탈해하며 말했다.

'요즘 사대부士大夫들은 모두 삼가 예법禮法을 지키는 판이니 누가 과감하게 머리를 깎고 오랑캐의 옷을 입겠습니까?'

허생은 목소리를 높여 꾸짖었다.

'소위 사대부란 도대체 어떤 것들인가? 이彝[19]·맥貊의 땅에 태어나서 제멋대로 사대부라고 뽐내니 어찌 어리석지 않은가? 바지나 저고리를 온통 희게만 하니 이는 실로 상복喪服 차림이요, 머리털을 한 데 묶어서 송곳같이 한 것은 곧 남만南蠻의 방망이 상투에 불과한데 무엇이 예법禮法이니 아니니 하고 뽐낼 게 있겠는가? 옛날 번오기樊於期[20]는 사사로운 원망을 갚기 위하여 목 잘리기를 아끼지

---

18) 주周 나라 때 천자가 이성異姓 제후를 부를 때 쓴 말, 제후 중 가장 큰 나라이다.
19) 이夷와 같은 뜻으로 썼다.
20) 번오기樊於期는 전국 시대 때 진秦의 장수 이름. 일찍이 망명하여 연燕에 갔다가 형가荊軻에게 제 머리를 주어 원수를 갚으려 하였다. 『사기史記』 형가전荊軻傳에 나온다.

않았고, 무령왕武靈王²¹⁾은 자기의 나라를 강하게 만들려고 오랑캐 복식 입기를 부끄럽게 여기지 않았다. 이제 너희들은 대명大明을 위해서 원수를 갚는다고 하면서 오히려 그까짓 상투 하나를 아끼며, 또 앞으로 장차 말달리기·칼 치기·창 찌르기·활 튀기기·돌팔매 던지기 등을 해야 함에도 불구하고 그 넓은 소매를 고치지 않고서 제 딴에는 이것이 예법이라 한단 말인가? 내가 처음으로 세 가지의 꾀를 가르쳐 주었는데, 너는 그중 한 가지도 하지 못하면서 신임받는 신하라고 말할 수 있겠는가? 이른바 신임받는 신하가 겨우 이렇단 말인가? 이런 놈은 베어 버려야 하겠구나!'

하고는, 좌우左右를 돌아보며 칼을 찾아 찌르려고 했다. 이공은 깜짝 놀라 일어나 뒷문을 뛰어나와 집으로 달아나 버렸다.

그 이튿날 다시 찾아갔으나 허생은 벌써 집을 비우고 어디론지 떠나버렸다.

허생후지許生後識 |

어떤 이는 말한다.

"그는 황명皇明의 유민遺民이야."

---

21) 무령은 전국 때 조趙의 임금 조옹趙雍. 무령은 시호.『사기』조세가趙世家에 나온다.

숭정崇禎 갑진년甲辰年22) 뒤로 명의 사람들이 많이들 우리나라로 나와 살았는데, 허생도 혹시 그런 사람이라면 그 성은 반드시 허씨였는지는 알 수 없다.

세속에서는 이런 말이 전한다.

"조 판서趙判書 계원啓遠23)이 일찍이 경상 감사慶尙監司가 되어 순행 차 청송靑松에 이르렀을 때, 길 왼편에 웬 중 둘이 서로 베고 누워 있었다. 앞선 하인들이 비켜달라 고함을 쳤으나 그들은 피하지를 않고, 채찍으로 갈겨도 일어나지 않았으며 여럿이 붙들고 끌어당겨도 움직일 수 없었다. 조趙가 이르러 가마를 멈추고는,

'어디에 살고 있는 중들이냐?'

하고 물었더니, 두 중은 일어나 앉아 한결 더 뻣뻣한 태도로 눈을 흘기고 한참 동안 있다가 이런 말을 하는 것이었다.

'너는 헛소리를 치며 출세를 하여 감사의 자리를 얻은 자가 아니냐?'

조가 중들을 보니 한 명은 붉고 둥근 얼굴이었고 또 한 명은 검고 긴 얼굴이었는데, 말하는 태가 꽤나 비범하였다. 가마에서 내려 그들과 이야기를 하려고 하니, 중은,

'따르는 자들을 물리치고 우리를 따라오라.'

한다. 조가 몇 리를 따라가자니 숨은 가빠지고 땀은 자꾸만 흘

---

22) 1664년. 실은 청 나라 강희 4년이었으나 조선에서는 오히려 명의 연호인 숭정을 썼다. 숭정 갑신년(1644)이라는 본도 있다.

23) 1592~1670, 조선 효종 때 관리. 자는 자장子長.

러 좀 쉬어 가자고 청했더니 중은 화를 내며 말했다.

'네가 평소에 여러 사람 앞에서는 언제나 큰소리 치기를, 갑옷을 입고 창을 잡아 선봉先鋒을 맡아서 대명大明을 위하여 복수와 설치를 하겠다고 떠들더니, 이제 보니 몇 리 걸음도 못 걸어서 한 발짝에 열 번 헐떡이고, 다섯 걸음에 세 번을 쉬려고 하니 이러고서 어찌 요遼·계薊의 벌판을 맘대로 달릴 수 있겠느냐?'

그리고 어떤 암벽에 이르렀는데 나무에 기대어서 집을 만들고, 땔나무를 쌓고는 그 위에 가 누웠다. 조는 목이 몹시 말라 물을 달라고 하였다. 중은,

'귀한 분이니 배도 고프겠지.'

하고는, 황정黄精24)으로 만든 떡을 먹이고 솔잎 가루를 개천물에 타서 주었다. 조는 이마를 찡그리며 마시지 못하였다. 중은 또 크게 비난하며 말했다.

'요동 벌은 물이 귀하므로 목이 마르면 말 오줌이라도 마셔야 한다.'

두 중은 마주 부둥켜 안고 엉엉 울면서,

'손 노야孫老爺, 손 노야.'

하고 부르더니, 조에게,

'오삼계吳三桂25)가 운남雲南에서 군사를 일으키어 강소江蘇 절강

24) 한약재의 일종. 도사道士들이 장생長生을 위하여 복용했다 한다.
25) 청나라 장수. 역적 이자성을 격파하고 평서왕平西王으로 봉하여졌다. 청나라에 저항했지만,
뒤에 모반하여 황제라고 칭했다.

浙江 지방이 소란한 것을 네가 아느냐?'

하고 묻는다. 조는,

'들은 적이 없습니다.'

하였더니, 두 중은 탄식을 하면서,

'네가 방백方伯의 몸으로서 천하에 이런 큰일이 있어도 듣지도 못하고 알지도 못하니, 함부로 큰소리나 쳐서 벼슬자리를 얻었을 뿐이구나.'

한다. 조는 물었다.

'스님은 어떤 분들입니까?'

하였더니, 중은,

'물을 필요도 없다. 세상에는 우리를 아는 이도 있을 것이다. 너는 여기에 앉아서 조금만 기다리거라. 내가 우리 스승님을 모시고 올 것이니, 그분이 너에게 이야기를 할 것이다.'

하고는, 일어나 깊은 산 속으로 들어갔다.

조금 뒤에 해는 떨어지고 오래 지나도 중은 돌아오지 않았다. 조가 밤늦도록 중이 돌아오기만 기다리고 있었으나 밤은 깊어 수풀에는 우수수 바람 소리가 나면서 범이 싸우는 소리가 들려왔다. 조는 기겁을 하고 거의 까무러질 지경이 되었다. 조금 뒤에 여럿이 횃불을 치켜들고 감사를 찾아왔다. 그리하여 조는 거기서 낭패를 당하고 계곡에서 빠져나왔다. 이 일이 있은 지 오래되어도 조는 마음이 불안하고 가슴속에는 한을 품게 되었다.

뒷날, 조는 이 일을 우암 송 선생尤菴宋先生에게 물었더니, 선

생은,

'이는 아마도 명明나라 말의 총병관總兵官 같아 보이네.'

했다. 조는 또,

'그들이 언제나 저를 깔보고, '네'니 또는 '너'니 하고 불렀던 것은 무슨 까닭입니까?'

하고 물었더니, 선생은,

'그들이 스스로 우리나라 중이 아님을 밝히는 것이고, 사는 곳에 땔나무를 쌓아둔 것은 와신상담臥薪嘗膽을 의미함일세.'

한다. 조는 또,

'울며불며 손노야를 부르던데, 이것은 무슨 뜻이겠습니까?'

했더니, 선생은,

'그는 아마 태학생太學生 손승종孫承宗26)을 가리킨 듯싶네. 승종이 일찍이 산해관山海關에서 군사를 거느리고 있던 만큼, 두 중은 아마 손孫의 부하인 듯하네.'

하였다."

---

26) 1563~1638, 명나라 말기의 무장. 자는 치승稚繩, 호는 개양愷陽이다. 문집으로 고양집高陽集이 있다.

허생후지許生後識 II [27)

　내 나이 20살(1756년) 되었을 때 봉원사奉元寺에서 글을 읽었는데, 어떤 손님 하나가 음식을 적게 먹으며 밤이 새도록 잠을 자지 않고 선인仙人 되는 법을 익혔다. 그는 정오가 되면 반드시 벽에 기대어 앉아서 약간 눈을 감은 채 용호교龍虎交[28)를 시작했다. 그의 나이가 늙었으므로 나는 공경하였다. 그는 가끔 나에게 허생의 이야기와 염시도廉時道[29)·배시황裵是晃[30)·완흥군부인完興君夫人[31) 등에 대한 이야기를 늘어놓는데 잇달아 몇 만언萬言으로써 며칠 밤을 걸쳐 끊이지 않았다. 그 이야기가 이상하고 괴기스럽고 변화가 무쌍한 것들로, 모두 들을 만하였다. 그때 그는 스스로 성명을 소개하기를 윤영尹映이라 하였으니, 이는 곧 병자년(1756년) 겨울이다.

　그 뒤 계사년(1773년) 봄에 서쪽으로 구경 갔다가 비류강沸流江에서 배를 타고서 십이봉十二峯 밑까지 이르자, 조그마한 초암 하나가 있었다. 윤영이 홀로 중 한 사람과 이 초암에 거처하고 있었다. 그

---

27)　여러 본에 모두 이 소제小題가 없었으나 이에서는 '주설루본'을 좇아 추록하였으며, 또 여러 본에는 모두 이 편이 없었고, 다만 '일재본'·'옥류산장본玉溜山莊本'·'녹천산장본綠天山莊本'을 좇아서 추록하였다.

28)　도가道家에서 말하는 물과 불의 교합 도인술導引術이다.

29)　신광수申光洙의 『석북잡록石北雜錄』과 이원명李源命의 『동야휘집東野彙輯』에는 염시도廉時度로 되어 있고, 『성수총화醒睡叢話』에는 염희도廉喜道로 되어 있다.

30)　이익李瀷의 『성호사설星湖僿說』에는 배시황裵是愰으로 되어 있고, 이규경李圭景의 『오주연문장전산고五洲衍文長箋散藁』에는 배시황裵是愧으로 되어 있다.

31)　완흥군은 인조仁祖 때 정사공신靖社功臣 삼등의 하나인 이원영李元榮으로 추정된다.

는 나를 보고 깜짝 놀라 기뻐하면서 서로 위로하며 안부를 물었다. 18년 세월이 지났지만 그의 얼굴은 더 늙지 않았다. 나이 응당 팔십이 넘었을 텐데도 걸음이 나는 듯하였다. 나는 그에게 물었다.

"허생 이야기 말입니다. 그중 한두 가지 모순矛盾되는 점이 있더군요."

노인은 곧 풀이해 주는데 마치 엊그제 겪은 일인 것처럼 말했다. 그리고 그는 또,

"자네, 지난날 창려昌黎[32]의 글을 읽더니 마땅히…."

하고는, 또 뒤를 이어서,

"자네, 일찍이 허생을 위해서 전傳을 쓰겠다고 하더니 응당 다 지었겠지?"

하였다. 나는 아직 짓지 못함을 사과했다. 이야기를 나눌 때 내가

"윤 노인尹老人"

하고 불렀더니, 노인은,

"내 성은 신辛이요, 윤이 아니거든. 자네 아마 잘못 안 것일세."

한다. 나는 깜짝 놀라서 그의 이름을 물었더니 그는,

"내 이름은 색嗇이네."

한다. 나는,

"영감님의 옛 성명은 윤영이 아닙니까. 이제 갑자기 고쳐서 신

---

32) 한유韓愈.

색이라니 무슨 까닭이십니까?"

하고 따졌더니, 노인은 크게 화를 내면서,

"자네가 잘못 알고서 남더러 성명을 고쳤다고 하나?"

했다. 나는 다시 따지려 했으나 노인은 더욱 화가 나서 파란 눈동자만 번뜩일 뿐이다. 나는 그제서야 비로소 그 노인이 이상한 도술을 지닌 분임을 알았다. 그는 혹시 망한 집안의 후손이거나 또는 좌도左道·이단異端으로 남을 피하여 자취를 감추는 무리일는지 알 수 없는 일이다. 내가 문을 닫고 떠날 무렵에도 노인은,

"허생의 아내 말일세, 애처롭지 않은가? 필시 또 굶주리게 되었으니."

하면서, 혀를 찼다.

그리고 또 광주廣州 신일사神一寺에 한 노인이 있어서 호를 삿갓이생원이라 했는데, 나이는 아흔 살이 넘었으나 힘은 범을 움켜 잡았으며, 바둑과 장기까지도 잘 두고 가끔 우리나라 옛일을 이야기할 때 이야기가 마치 자개바람처럼 거침이 없었다. 남들은 그의 이름을 아는 이가 없다는데, 그의 나이와 얼굴 생김을 듣고 보니 윤영尹映과 흡사하기에 내가 그를 한번 만나보려 하였으나 이루지 못하였다. 세상에는 물론 이름을 숨기고 깊이 몸을 간직하여 속세를 비웃듯이 사는 자가 없지 않으니, 어찌 이 허생에게만 의심할까 보냐. 평계平谿[33] 국화 밑에서 술을 조금 마신 뒤에 붓을 잡아 쓴다. 연암燕

---

33)   아마도 연암의 처남 이재성의 집이 있던 평동–냉정동 사이의 개천일 것으로 추정된다.

巖은 기록하다.

차수평어次修評語[34]

차수는 다음과 같이 논평하였다.

"이는 대체로

규렴虯髥 열전과 화식貨殖 열전[35]을 합친 것이었으나 그중에는 중봉重峯 조헌의 동환봉사封事, 반계磻溪 유형원의 수록隨錄, 성호星湖 이익의 사설僿說 등에서 말하지 못했던 부분을 능히 말하였다. 문장이 더욱 호방하고 활달하며, 비분悲憤하여 압록강 동쪽의 손에 꼽는 문자이다. 박제가朴齊家는 삼가 쓰다."

34) 박제가의 논평. 주설루본에 이런 이름이 있다.
35) 당唐 두광정杜光庭이 지은 『규렴객전虯髥客傳』으로 주인공 규렴객이 호걸을 만나 경제적 지원을 받는 내용이며 한漢 사마천司馬遷·반고班固의 『화식열전貨殖列傳』은 경제적으로 부를 이룬 사람들의 이야기이다.

황도기략黃圖紀略

황성의 아홉 문[皇城九門]

북경北京 성의 주위는 40리인데 꼭 바둑판처럼 생겼다. 정남향 문은 정양문正陽門이라 하고, 동남쪽은 숭문문崇文門이요, 서남쪽엔 선무문宣武門이요, 정동에는 조양문朝陽門, 동북쪽은 동직문東直門이 요, 정서쪽엔 부성문阜成門이요, 서북쪽에는 서직문西直門이요, 북서 쪽은 덕승문德勝門이요, 북동쪽 문은 정안문定安門이라 부른다.

성 안에는 자금성紫禁城이 있다. 둘레는 17리인데 붉은 단장에 누런 유리 기와를 덮었고, 서북쪽 문을 지안문地安門, 남쪽을 천안문 天安門, 동쪽 문을 동안문東安門, 서쪽문을 서안문西安門이라 한다.

자금성 안에는 곧 궁성宮城이 있는데, 정남쪽 문은 태청문太淸門 이요, 제2문이 곧 자금성의 천안문天安門이고, 제3문은 단문端門, 제

4문은 오문午門이요, 제5문은 태화문太和門이다. 궁성의 뒷문은 건청문乾淸門, 건청문 북쪽은 신무문神武門, 동쪽문은 동화문東華門이요, 서문은 서화문西華門이다.

그리고 9개의 문루門樓는 모두 처마가 3층이고, 문마다 옹성甕城이 붙어 있으며, 옹성에는 모두 2층짜리 적루敵樓[1]가 있고, 쇠로 감싼 관문이 성문과 마주보고 있다. 좌우에는 편문便門[2]이 함께 있다.

그 정남쪽 한 면은 외성外城이니, 일곱 문이 있고 만든 제도는 내성內城 9문과 같다. 정남쪽 문이 영정문永定門이요, 남쪽 왼편 문이 좌안문左安門이요, 오른편 문이 우안문右安門이요, 동쪽이 광거문廣渠門, 서쪽이 광녕문廣寧門이요, 광거문의 동쪽 모퉁이 문은 동편문東便門이요, 광녕의 서쪽 모퉁이 문을 서편문西便門이라 한다.

지안문 밖에는 고루鼓樓가 있고, 고루의 북편에는 종루鍾樓가 있다. 각루角樓[3]가 6개이고, 수문水門[4]이 3개다. 성을 두른 못 물은 옥천산玉泉山[5]에서 발원을 하여 고량교高梁橋[6]를 지나 물은 두 갈래로 흩어졌다. 한 갈래는 성 북쪽을 돌아 동쪽으로 꺾여 남으로 흐르고, 하나는 성의 서쪽을 돌아 남으로 꺾어 동으로 자금성에 들어 태액지太液池가 된다. 이 물은 9문을 감돌아 9개의 수문水門)를 지나서 대

---

1) 적을 감시하기 위해 만든 누각.
2) 옆문.
3) 전망을 보거나 방어를 위해 담 위에 세운 누각.
4) 성벽을 뚫어 성 안으로 물을 끌어들이는 갑문.
5) 지금 북경 이화원 옆에 있음.
6) 지금 북경시 해정구 서직문 밖에 있다.

통교大通橋에 이르는데, 물 옆의 동서 언덕은 모두 벽돌과 돌로 쌓았다.

9문의 해자垓字에는 모두 큰 돌다리를 놓았다. 외성의 못 물은 또한 옥천산의 물이 갈라져 서각루西角樓에 이르러서 성을 감돌아 남으로 흘렀다가 또 동으로 꺾어 동각루東角樓를 지나 외성 7문을 거쳐 동쪽으로 운하運河에 들어가는데 각각 다리가 하나씩 걸쳐 있다. 내성은 대로가 16개이고, 24방坊[7]이다. 태청문의 동쪽은 부문방敷文坊이요, 서쪽은 진무방振武坊라 하고, 숭문문 안의 맞은편은 취일방就日坊이요, 선무문 안의 맞은편은 첨운방瞻雲坊, 동대가東大街의 사패루四牌樓가 있는 곳은 이인방履仁坊이요, 서대가西大街의 사패루가 있는 곳은 행의방行義坊이요, 태학太學의 동서로 마주보는 곳에 있는 성현방成賢坊, 순천부학順天府學의 동서로 마주보는 곳은 육현방育賢坊이요, 제왕묘帝王廟의 동서로 마주보는 곳은 경덕방景德坊이라 한다.

정양문을 나가서 10리 밖 남교南郊에는 원구圓邱[8]가 있고, 정안문 밖으로 곧장 10리를 가면 북교北郊에 방택方澤[9]이 있고, 조양문 밖으로 10리를 나가면 동교인데 해가 여기서 뜨고, 부성문 밖으로 곧바로 10리를 나가면 서교西郊인데, 달 지는 데가 여기다.

태묘太廟는 대궐의 왼쪽에 있고, 사직社稷은 대궐의 오른편에 있

---

7)   구역을 나눈 단위.
8)   동짓날 하늘에 제사를 지내는 곳.
9)   하짓날 땅에 제사를 지낸 곳.

고, 육과六科[10]는 단문의 좌우에 있으며 육부六部와 백사百司[11]는 태청문 밖 좌우에 있다.

내가 중국에서 돌아온 후 지난 곳을 회상할 때마다 가물거리는 모습이 마치 아침노을이 눈을 가리는 듯하고, 아득아득하기는 마치 넋을 잃은 새벽 꿈결인 양 싶어서 남북의 방위가 바뀌기도 하고 이름과 실제가 헛갈리기도 했다.

하루는 정석치鄭石痴[12]로 하여금 『팔기통지八旗通志』[13]에서 「황성일피도皇城一披圖」를 그리게 하였다. 보니 성지·궁궐·가방街坊·부서府署들이 손금보듯 환하고, 종이 위에서 마치 신발 끄는 소리가 들리는 듯하였다. 마침내 요긴한 대목을 추려 권 앞에다가 기록하고 '황도기략黃圖紀略'이라 이름 지었다.

대체로 북경의 제도가 앞은 조정이고, 뒤는 시장이요, 왼편은 종묘宗廟이고, 오른편은 사직을 두었다. 황성 9문이 바르고 9거리가 곧아서 한 번 도성이 바르자 천하가 바로잡힘을 볼 수 있었다.

10) 이, 호, 예, 병, 형, 공 6부의 잘못을 살피고 감독하는 기관.
11) 모든 행정기구.
12) 연암의 친구 정철조鄭喆祚(1730~1781)의 호.
13) 북경에 대한 일종의 백과전서 책이다. 옹정제 때 250권, 건륭제 때 342권으로 증보하였다.

서관西館

서관西館은 첨운패루瞻雲牌樓 안, 사패루 대가 서쪽, 백묘호동白廟 胡同의 왼쪽에 있다. 정양문 오른편에 있는 것은 남관南館이라 하니 모두 우리나라 사신들의 숙소이다. 동지사冬至使가 먼저 남관에 들 고 난 뒤에 별사別使가 뒤따라 오게 되면 이 서관에 나누어 든다. 혹 자는 서관이 누구의 집을 몰수한 것이라고 한다. 서관은 앞 담이 10여 칸인데 벽돌에 모란꽃 모양을 새겨 쌓아 무늬가 알록달록하 고 영롱했다. 정사正使는 몸체가 되는 정당正堂에 거처하고 가운데 뜰에는 동,서 양당이 있어 부사副使와 서장관書狀官이 나누어 거처하 고, 나는 앞채[前堂]에서 지냈다.

금오교金鰲橋

태액지太液池를 걸쳐 돌다리를 놓았다. 동서 길이가 2백여 보요, 양쪽엔 백옥 난간을 세웠다. 다리 가운데는 두 자[尺]를 더 높여서 황제가 다니는 길[馳道]을 닦았고, 양옆 협도夾道에는 겹 난간을 만들 었다. 난간 위쪽에 새긴 짐승 대가리는 모두 4백 80여 개나 되었다. 모두 모양을 달리하여 하나도 같은 것이 없었다.

다리의 양쪽 끝은 두 패방牌坊이 마주 섰는데, 서쪽이 금오金鰲 이고 동쪽이 옥동玉蝀이다. 수레와 말은 문 어귀에 들어차서 울부짖고, 유람객들이 시끌시끌하게 몰려들었다. 호수 물결은 햇빛 아래서 반짝이고 티끌 하나 없는데 북쪽으로는 오룡정五龍亭이 멀리 보이고 서쪽으로는 자금성이 바라다보였다.

깊은 숲은 자욱한데 층층 누각과 겹겹 궁전이 서로 가리기도 하고 마주 비치기도 하는데, 오색 유리 기와는 햇빛에 따라서 빛났다 어두웠다 한다. 백탑사白塔寺의 부도浮屠와 정자에 달린 황금 호로병葫蘆瓶 꼭대기는 때때로 나무숲 위로 솟아 있고, 수풀 저쪽으로 멀리 보이는 하늘 빛은 파란데, 하늘하늘한 아지랑이는 보는 사람의 마음을 환하게 만들어 늦은 봄 날씨를 느끼게 한다.

경화도瓊華島

태액지 한복판에 경화도라는 섬이 있다. 세상에 전하는 이야기로는 요遼나라 태후太后가 화장하던 대臺라고 하였고, 원 순제元順齊는 궁녀 영영英英을 위해서 채방관采芳館을 이곳에 지었다고 한다.

섬까지 돌다리를 걸쳐서 놓았는데, 만든 방식은 금오교와 같았다. 다리 두 끝에는 역시 두 개의 패방牌坊을 마주보고 세웠는데, 퇴운堆雲과 적취積翠라고 불렀다. 어떤 사람들은 이 다리의 이름은 금해교金海橋라고 하였다. 호수 위에는 옹성甕城과 같이 생긴 축대가 있고, 축대 위에는 전각이 서 있는데 푸른 일산 같았다. 다리 위에서서 금오교를 보니 행인과 말과 수레들이 속세와는 달라 보였다.

축대 아래는 금金나라 때 심었다는 소나무가 있다. 명明나라 가정嘉靖 연간[14]에 이 나무에 녹봉을 내리고, 도독송都督松이라 불렀다. 이 솔을 잣나무라고도 하고, 혹은 향나무라고도 했다. 명과 청淸 사이에 많은 시구詩句들을 남겨 놓았다. 지금은 모두 꺾어져 없어지고 다만 두 개의 썩은 나무둥치만 남아 빛은 허옇고 무슨 나무인지 분간할 수도 없었다.

토원산兎園山

토원산兎園山은 일명 토아산吐兒山이다. 높이는 불과 5,6길이고, 둘레는 겨우 백 걸음 정도 된다. 깎은 주춧돌이 군데군데 놓여 옛날 전각의 축대 같기도 했다. 안으로는 흙을 쌓아 산을 만들고, 바깥에는 빙 둘러 태호석太湖石을 세워 구멍이 숭숭 나고 영롱하게 빛이 나는데 온통 푸른색이고 다른 빛깔은 섞이지 않았다. 높이는 모두 한 길 남짓 되는데 돌이 매우 기이하게 생겼다.

돌을 쌓아 작은 굴을 만들었고 양쪽 머리에는 모두 홍예문虹霓門을 달았다. 굴을 빠져나오면 또 괴석怪石으로 길을 달팽이집처럼 틀어 올려 봉우리를 만들어 굽이굽이 돌도록 하였다. 그 위에는 몇 칸의 누각을 세워 자금성을 굽어보도록 하였다. 또 몇십 걸음을 가

14)   1522~1566.

면 돌로 만든 용이 머리를 쳐들었고, 그 아래로는 네모난 연못이 있다. 벽돌로 도랑을 내어 구불구불 틀어지게 하였는데, 이는 흡사 유상곡수流觴曲水[15] 자리인 것만 같다. 그러나 물을 끌어대던 기계장치는 하나도 남은 것이 없었다. 산 앞에는 돌 평상과 옥 바둑판이 있고, 또 수십 걸음을 더 가니 3층으로 된 둥근 축대가 있는데 모양이 맷돌과 같았다. 그 아래에는 갓 무너진듯한 전각이 있었다. 산속에 있는 돌들은 모두가 꼿꼿이 서서 기울어진 것이라고는 하나도 없었는데, 허물어진 담장과 부서진 기와는 이곳저곳 흩어져 있었다.

내가 듣기로는, 황제가 일찍이 서산西山에서 토목공사를 극히 사치스럽게 한다는데 유독 이곳은 궁궐의 지척에 있지만 전혀 수리를 하지 않은 채 마치 황폐한 산과 폐허나 다름없이 두었음은 과연 무슨 까닭일까?

만수산萬壽山

태액지를 파서 산을 만든 것이 곧 만수산萬壽山인데 또는 매산煤山이라고도 부른다. 산 위에는 3층 전각이 있고 4개 법륜간法輪竿을

---

15) 흐르는 물에 술잔을 띄워 놓고 먹도록 한 놀이터.

세웠다. 여기가 명明의 의종毅宗 열황제烈皇帝[16]가 순국殉國하던 곳이다. 나는 항주杭州 사람 육가초陸可樵와 이면상李冕相 등을 오룡정五龍亭에서 만났다. 두 사람이 함께 처음으로 북경에 와서 길을 모르고 헤매는 것은 나나 다름없었다. 그들은 다만 옛사람의 기록에 의거하여 구경을 다니고, 때때로 이것을 옷 주머니 속에서 자주 끄집어내 보면서 때로는 서로 보고 웃기도 하고, 때로는 둘이 마주보고 깜짝 놀라기도 하였다.

대체로 그들이 옛날 기록을 뒤적거려 보다가 맞힐 때도 있고 맞지 않을 때도 있고 하니, 스스로 기뻐하기도 하고 자기도 모르게 놀라기도 했던 것이다. 저들 중국 사람들도 보고 들은 것이 서로 다르고, 옛 기록도 때때로 착오가 생기는데 하물며 나 같은 외국인이랴! 이 때문에 나 자신 크게 깨달은 것이 있었다.

내가 처음은 만세산萬歲山을 만수산으로만 알았던 것이다. 대체로 중국 발음으로 만萬을 '완'으로 읽고 세歲는 '수秀'와 '쇄灑'의 번절飜切인 '쉐이'이기 때문에, 만수나 만세는 음과 뜻이 함께 비슷하니 산 하나를 두고도 두 이름을 붙이게 된 줄로만 알았다. 지금 이 사람들이 가지고 있는 옛 기록을 상고해 보니 과연 같은 산이 아니었다. 며칠 전에 구경한 경화도의 토원산이 곧 만세산이다. 비유하자면 사람이 자리를 마주하고 앉아 얼굴을 보고 이름을 물어서 이름과 얼굴을 분간해 아는 것이나 다름없었다.

16) 명나라의 마지막 황제.

만세산은 금金나라의 사람들이 송宋의 간악산艮嶽山을 손수레로 실어 옮겨 만든 것으로 당시에는 '절량석折糧石'[17]이라 불렸었다. 원세조元世祖는 그 위에 광한전廣寒殿을 두었으니, 명 선종明宣宗의 어제御製 광한전기廣寒殿記가 바로 이것이다. 고려高麗 공민왕恭愍王 때에 원元의 태자太子는 고려 찬성사贊成事 이공수李公遂[18]를 광한전에서 불러 보았다 하였으니 곧 이 만세산이다. 또 고려 원종元宗 5년(1264) 9월에 왕이 연경으로 와서 10월에 만수산 옥전玉殿에서 황제와 작별했고, 또 신사전申思佺은 만수산 옥전을 두루 구경했다고 하였으나 다만 옥전이라고만 말하고 전각의 이름은 말하지 않았다. 그러나 이미 만수산이라 불렸으니 이른바 옥전은 광한전이 아님은 분명하다. 수황정壽皇亭을 구경하고자 했으나 문지기가 들여보내 주지를 않았다. 알지 못하겠구나, 정자가 지금도 남아 있는지. 아아, 서글픈 일이다.

태화전太和殿

태화전太和殿은 명明 때 옛 이름으로 황극전皇極殿이다. 3층 지붕에 아홉 계단의 돌층계요, 지붕은 누런 유리 기와를 덮었다.

---

17) 양식을 축낸다는 뜻.
18) 1308~1366, 본관은 익산, 시호는 문충文忠.

월대月臺[19]는 3층이고, 높이는 각각 한 길이다. 매층에는 백옥으로 난간을 둘렀는데, 모두 용과 봉을 새겼고, 난간머리에는 모두 이무기 대가리를 새겨 밖으로 향했다.

축대 위에는 쇠로 만든 학을 세워 훨훨 날아가는 것만 같았고, 첫 축대 난간 속에는 8개의 솥을 벌여 놓았고, 둘째 축대에는 난간 모서리를 대하여 솥 2개를 마주 놓았고, 셋째 축대 난간 속에는 난간을 사이에 끼우고 각각 솥 1개를 마주 놓았는데 솥의 높이는 모두 한 길이 좀 넘었다. 뜰에는 또한 솥 30여 개를 늘어놓았는데 그 뛰어난 귀신 같은 솜씨는 옛날의 구정九鼎[20]이 흡사 여기에 있는 듯하였다.

태청문으로부터 백옥 난간을 연이어 구불구불하게 연결해 태화전까지 닿았다. 또 난간은 태화전을 빙 둘러 중화전中和殿과 보화전保和殿까지 이르러 모양이 마치 아亞 자字처럼 되었고, 전 앞의 동쪽 전각은 체인각體仁閣이요, 서쪽 전각은 '홍의각弘義閣'이라 부른다. 축대의 높이는 거의 태화전과 높이가 비슷하나 다만 올라가는 계단과 난간은 하나뿐이다.

대체로 태화전은 천자天子가 정치를 하기 위하여 나가 앉는 곳인데, 그리 크고 높지도 않게 보였다. 다른 사람들에게 물어보니 그들의 의견들도 모두 비슷하여 매우 의아해했더니 수역首譯이 웃으

---

19)   궁전이나 누각 앞에 둘린 섬돌.
20)   옛날 우禹임금이 만들었다고 하는 9개의 솥 구주九州를 상징하였다.

면서,

"이는 다름이 아닙니다. 지금까지 거쳐온 수천 리의 성읍과 민가가 그처럼 장엄하고 화려했고 사찰과 도교 사원이 굉장하고 호사스러워서, 우리가 보는 안목은 날로 사치해지고 마음과 뜻은 점차 커져 태화전을 보기 전에 벌써 머릿속에는 청양궁靑陽宮[21]과 옥엽궁玉葉宮[22] 같은 큼직한 명당明堂들이, 천자가 정사를 보는 곳이리라고 생각했었고, 또 지금 좌우 곁채로부터 갑자기 태화전을 보자니 그렇게 색다르게 보이지 않으므로 도리어 어리둥절해져서 예상과 다르게 보였을 뿐입니다. 사람에게 비한다면 요堯와 순舜도 만일 좌우에 보필할 신하로 팔원八元과 팔개八愷[23] 같은 여러 대신이 없고 모두가 백정과 장사치, 또 나무꾼 따위뿐이라면 아무리 요·순과 같은 성인이 있어서 해·달·별·산山·용龍·꿩·온갖 갖은 무늬[24]를 수놓은 복장을 하고 영롱한 광채를 휘날리며, 겹눈동자[25]를 꿈벅거린다 하더라도 저 혼자서 우뚝 서서 어떻게 그 높고도 넓은 정치를 하겠습니까?

---

21) 원 글자는 靑羊宮이다. 청양관이라고도 하는데, 사천성 성도成都에 있는 도교 사원이다. 주周나라 때부터 있었다.

22) 역시 주나라 때의 궁전이름이다.

23) 팔원 팔개. 고대 전설적인 착한 신하 8인(중국 상고 때 고신씨高辛氏의 재자才子 여덟 사람으로서 백분伯奮·중감仲堪·숙헌叔獻·계중季仲·백호伯虎·중웅仲熊·숙표叔豹·계리季狸)과 너그러운 신하 8인(고양씨高陽氏의 재자 여덟 사람으로서 창서蒼舒·궤개隤敱·도인檮戭·대림大臨·방강尨降·정견庭堅·중용仲容·숙달叔達)을 가리킨다.

24) 천자의 옷에 수놓은 12장을 말한다.

25) 순임금의 눈동자는 겹으로 되었다는 전설이 있음.

그러므로 사찰과 도교 서원을 당唐·우虞 시대26)의 악岳·목牧27)에 비유한다면, 그들이 있음으로 제후諸侯의 조공을 받아서 천하를 지닐 수 있을 것과 같습니다. 그리고 여염집들과 시장 거리들은 강康·구衢 거리의 백성들에 비유할 수 있으니, 그들이 즐비하게 들어찬 후에야 비로소 황제가 거처하는 곳의 장엄한 모습을 알 수 있는 것입니다. 이제 이 3층 처마와 아홉 층계, 누른 기와는 일반 백성들로서는 감히 함부로 하지 못할 물건이며, 기타 궁전의 제도도 모두 태화전을 본뜨지 않은 것이 없으니, 이것은 곧 태화전을 가장 사치하게 만든 까닭입니다. 그렇지 않다면 태화전 역시 오막살이 초가집이나 다를 것이 무엇이겠습니까?"

했다. 내가,

"자네 말과 같다면 요·순 같은 성군이 폭군인 걸桀·주紂를 겸한 연후에야 비로소 뽐낼 만한 천자가 되겠구먼."

하였더니, 옆에서 듣는 자들이 모두 크게 웃었다.

체인각體仁閣

내무부內務府의 관원이 통관通官과 함께 우리 역관과 함께 입회

---

26) 요·순의 시대.
27) 요임금과 순임금의 중요한 신하, 당시 제후諸侯인 4악岳과 2목牧.

하여 우리나라에서 바치는 자주색 명주[紫紬]와 황색 모시[黃紵]를 물목대장과 참조하여 체인각에 받아들였다. 때마침 각로閣老로 있던 이시요李侍堯의 가산을 몰수해 들이고 있었다. 시요는 운남,귀주 총독[雲貴總督] 해명海明[28]으로부터 금 2백 냥을 받은 뇌물 사건으로 인하여 가산을 몰수당하게 된 것이다.

중국은 내직이나 외직, 벼슬의 크고 작음과 귀천이 없이 모두 일정한 봉급과 보수가 있지만 지방관에 이르러서는 번거롭고 충당하기가 고달파 일정한 제도를 만들기 어려웠다. 만일 정해진 녹봉 외에 사사로이 부과한 세금이 있든지, 혹시 뇌물을 받은 사건이 발각되면 이를 추궁하여 비록 털끝만 하더라도 범죄의 사실이 있으면 뇌물과 살림을 모조리 몰수하고, 다만 관직만은 박탈하지 않기 때문에 빈털터리로 직위에 있으므로 처자는 의지할 곳 없이 떠돌게 된다. 이 법은 명明나라의 옛 법이었는데 청나라 들어 더욱 엄격해졌던 것이다.

내무부의 관원이 마주 앉아서 물품을 받아들이는데 다른 물건은 없고 모두 부인네들이 입는 초피貂皮 가죽옷 2백여 벌이었다. 그 중 한 벌은 매우 길고 털 가장자리에는 금실로 용무늬 수를 놓았다.

28)   해녕海寧의 잘못이다.

문화전文華殿

옹화문雍和門[29]을 나서면 한 전각이 있는데 문화文華라고 부른다. 누런 유리 기와 지붕이다. 명明나라의 고사故事에 의하면,

"문화전 동쪽 방에는 9개의 신주함을 만들어 놓고 복희伏羲·신농神農·황제黃帝·요堯·순舜·우禹·탕湯·문文·무武 등을 모시고 왼쪽 감실에는 주공周公을, 오른쪽 감실에는 공자孔子를 각기 모셨다. 매일 천자가 문화전에 나와 강의를 개회하면서 먼저 한 번 절하고, 세 번 조아리는[一拜三叩] 예를 행하고, 각로閣老와 강관講官은 축대 위 돌 난간 왼편에 서서 기다린다. 그러다가 승지承旨가 '선생님 들어오신다.'라고 외치면 각로와 강관들은 꿰미에 꿰인 생선처럼 한 줄로 열을 지어 뒤를 따라 들어와 반 나누어 자리에 든다. 이때는 대궐에서 쓰는 여러 가지 까다로운 예절을 생략하고 강의하는 신하는 안석案席에 기대도록 편의를 봐준다."

하였다. 요즘도 강의에서 이러한 예법을 그대로 쓰는지 모르겠다.

---

29) 협화문協和門의 잘못인 것으로 보인다.

문연각文淵閣

문화전 앞에 있는 전각을 문연각文淵閣이라 부른다. 여기는 천자의 책을 소장한 곳이다. 명明나라 정통正統 6년(1441)에 송宋·금金·원元 때의 모든 책을 합하여 목록目錄을 만들었는데 모두 4만 3천 2백여 권이라 하였다. 그 뒤에 또『영락대전永樂大全』30) 23,937권을 더 보태게 되었다 한다. 만약 근세에 와서 간행된『고금도서집성古今圖書集成』과 지금 황제가 수집한『사고전서四庫全書』를 더 보탠다면 아마도 서고는 다 차고 밖에 쌓아 두었을 것만 같다. 자물쇠로 문을 채웠으므로 간신히 주렴 틈으로 대강 전각의 웅장하고 깊음을 바라보았으나 천자의 풍부한 책들은 한 번도 엿보지 못하였으니 매우 한스러운 일이다. 일찍이 듣자니 옛날 우리나라 소현세자昭顯世子가 구왕九王을 따라 이 전각에 묵었다고 한다. 구왕이란 곧 청淸의 초기 예친왕睿親王 다이곤多爾袞이다.

무영전武英殿

협화문協和門31) 밖에 무영전武英殿이 있다. 만든 제도는 문화전과

---

30) 명 성조明成祖 때에 칙명에 의하여 엮은 유서類書.
31) 희화문熙和門이 맞다.

같았다. 옹화문雍和門과 서화문西華門이 서로 곧장 마주 대하고, 협화 문과 동화문東華門이 서로 마주보는데, 무영전 앞에는 무연각武淵閣 이 있다. 대개 전각의 대문과 담장들은 서로 짝을 이뤄 마주보고 있 지 않음이 없으며 뜰의 넓이도 모두 같아 조금도 차이가 없었다.

황강한黃江漢 경원景源[32]의 「배신전陪臣傳」에는,

"숭정崇禎 갑신년(1644)에 살합렴薩哈廉[33]이 북경에 들어와 명明나 라 문무관의 조하朝賀를 무영전에서 받았다."

라고 하였지만, 이는 잘못 전한 일이다. 살합렴은 곧 패륵貝 勒[34]인데 『시호록諡號錄』에 살합렴의 시호는 무의武毅라고 하였으니, 문무관의 조회를 이 전각에서 받은 자는 곧 다이곤多爾袞이지, 살합 렴은 아니다. 갑신년 3월에 이자성李自成이 북경을 함락시키자 이해 5월에 다이곤이 황성에 들어갔으니 이때는 명이 망한 지 한 달쯤밖 에 안 되어서 따라온 우리나라 하급 관리가 무영전의 화려한 댓돌 을 보니 박쥐의 똥만 남아 있을 뿐이어서 눈물을 흘리면서 서로 쳐 다보았다고 한다.

이제는 역졸과 마부들이 무영전에 미어터지도록 들어와 마음 대로 유람을 하고 있다. 그들은 비록 당시의 광경을 잘 모를 터이지 만 모두 청인淸人의 붉은 모자와 마제수馬蹄袖[35]를 업신여기지 않는

---

32) 황경원, 1709~1787, 자는 대경大卿, 호는 강한, 조선 영조때 문신이다. 문집은 강한집江漢集 이 있다.

33) 살합린薩哈璘이라고도 한다. 청 태조의 손자, 예친왕의 아들. 건국에 공을 세운 인물이다.

34) 황족皇族이란 뜻의 만주 말.

35) 청나라 복식의 좁은 소매.

자가 없었으며 제 스스로 의복이 남루한 줄 알면서도 오히려 비단 옷 입은 자들과 함께 버티고 서서 조금도 부끄러운 티가 없다.

이것은 우리나라의 이른바 중국을 높이고 오랑캐를 물리치는 [尊華攘夷] 큰 명분이 하급 노예에게도 뿌리 깊게 박힌 증거가 아니겠는가? 인간이면 누구나 변함없는 도리[常道]를 가지고 있다는 것이 변명할 수 없는 사실일 것이다.

경천주擎天柱

오문午門 밖 좌우에는 몇 길 되는 돌 사자를 세워 두었고, 단문端門 안 좌우에는 큰 돌 거북을 앉혀 두었고, 그 위에다가 6모 난 돌 기둥을 세웠다. 기둥 높이는 예닐곱 길은 되고, 기둥 몸에는 용 무늬를 둘러 새겼다. 기둥 머리에 앉힌 동물은 무슨 형상인지 알아낼 수 없으나 모두 무엇을 움켜쥐는 형상이며, 천안문天安門 밖에도 역시 이런 것이 한 쌍 있었는데 아마도 석궐石闕36)인 듯싶다.

---

36) 돌로 쌓아 궁궐이나 무덤 앞에 장식물로 세우는 것.

어구御廏

황실의 말을 관리하는 마방은 전성문前星門 밖에 있다. 동서로 목책을 세워서 문을 만들었다. 말은 불과 3백여 필밖에 안 되는데 모두 굴레를 벗고 제멋대로 있었다.

대낮이 되자 말먹이꾼들이 울타리를 열고 채찍을 쳐들어 부르는 시늉을 하면서 지휘를 하자 동서 양쪽 마굿간으로부터 말들이 일제히 나와 머리를 가지런히 하고 좌우로 갈라섰다. 북쪽 담장 밑에는 큰 우물이 있고, 우물가에는 커다란 돌 구유가 있었다. 사람 둘이 기계를 돌려 물을 길어 계속 구유 속으로 붓는다. 말먹이꾼은 채찍으로 말들을 10마리씩 한 조로 하여 순서대로 들어가 물을 마시게 했다. 앞 조가 일제히 마시고 물러나면 뒤 조가 이어 나가는데 감히 서로 앞서려고 다투는 법도 없다. 들어가는 것들은 오른편으로, 나오는 것들은 왼편으로 나오는데, 제 발로 마구간으로 들어갔다. 나는 물었다.

"도대체 천자의 말이 이것뿐인가?"

말먹이꾼은 웃으면서 대답하였다.

"천자는 만승萬乘[37]이라 일컫는답니다. 북경 밖의 웬만한 부잣집이라도 이만한 수효는 가지고 있는 터에 하물며 만승천자이겠습니까? 창춘원暢春園·원명원圓明園·서산西山 등지에 있는 것이 모두 1만

---

37) 수레 1만 대.

마리는 될 것입니다. 황제의 사냥터인 남해자南海子에도 역시 천리마千里馬가 있답니다. 이제는 천자께서 거둥을 하셨기 때문에 말들은 모두 준화주遵化州[38]로 가고, 여기 남아 있는 말들은 모두 늙고 병들어 타기가 어려운 것들로 단문端門 앞에 의장용으로나 설 만한 것뿐입니다. 모두 나이가 60~70살씩은 됩니다."

그리고 그는 그중에서 누런 말 한 필을 가리켰다.

"이 말의 나이는 백 살입니다."

하면서, 그 입술을 열어 보이는데 이가 단 두 개만 남아 있다. 여물을 못 먹은 지가 벌써 30여 년이 되어, 낮에는 좋은 막걸리 두 동이를 먹이고 아침저녁으로 엿밥과 밀기울 두 되를 소주에 섞어 주면 구유에 대고 핥아먹는다고 한다. 매달 삼품三品의 급료를 받으며 황제가 때로 어찬御饌을 내리면 반드시 두 무릎을 꿇고는 머리를 조아린다고 한다. 옹정雍正 때에는 하루 천 리를 갔다고 한다.

말의 털빛으로 보아서 정결하고 윤기가 흘러 그리 많이 늙어 보이지는 않았으나, 다만 눈이 작고 눈곱이 끼었다. 두 눈동자는 맑고 푸르러서 말갈靺鞨족 같았다. 양쪽 눈썹에는 터럭 5~6개가 남아 하늘거리며 늘어졌고, 귓속의 흰 털이 바깥까지 나와 갈기처럼 되었다. 다만 정강이만은 다른 말들보다 월등히 커서, 젊었을 때는 힘이 세었을 것으로 짐작되었다.

말먹이꾼의 눈치가 나에게 예물을 내놓으라고 강요하는데, 생

---

38) 황제의 말을 키우는 곳.

긴 것이 완악하고 야비하여 이 자가 하는 말을 믿어도 될지 모를 일이다. 해마다 삼복三伏 한낮에는 귀인들이 황제 행렬처럼 하고 나와서 어마감御馬監39)이 관리하는 말들을 인도하여 덕승문德勝門 밖 적수담積水潭에서 목욕시킨다고 한다.

오문午門

오문午門은 홍예문虹霓門이 셋인데, 깊기가 굴속에 들어가는 것 같다. 여럿이 떠드는 소리가 메아리 되어 쿵쿵 울려 요란하게도 웅성거렸다. 다리 다섯 개는 모두가 백옥 난간이었다.

종묘 사직[廟社]

6과科40)는 단문端門 안에 있고, 6부府와 모든 관청은 태청문太淸門 밖에 나누어 두었으니, 이것이 자금성 앞의 조정이고 태액지太液池 북쪽에서 신무문神武門 안쪽이 자금성 뒤편 시장이다. 종묘宗廟는 대궐 왼편에 있고, 사직社稷은 대궐 오른편에 있어 전후와 좌우의

---

39) 황제의 말을 키우고 감독하는 관직.
40) 6부를 감독하는 기관.

배치와 설비가 균형이 잡혔다. 이래서 임금으로서의 제도가 갖추어졌다고 하겠다.

일찍이 『유구기략綏寇紀略』[41]을 보니,

"숭정崇禎 16년(1643) 5월 북경서 붉은 비가 내리고 밤새 우레와 번개가 번쩍였고, 태묘太廟의 신주가 거꾸러지고 솥과 술잔들이 모두 녹아내렸다. 또 6월 23일 밤에는 벼락이 쳐서 봉선전奉先殿 묘문廟門 쇠 문고리가 모두 용의 발톱에 의해 녹았고 묘 앞에 있는 돌 위에는 용의 누운 흔적이 있었다."

하였다.

아아, 슬프다. 갑신년(1644) 이자성李自成의 난리는 천고에 없었던 것이었다. 하늘이 무너지고 땅이 꺼지며 천자의 종묘가 뒤흔들리다가 마침내 애친각라씨愛親覺羅氏[42]의 판이 되게 생겼으니, 어찌 이 같은 큰 변괴가 없었을 것인가!

전성문前星門

체인각體仁閣에서 나오면 협화문協和門과 동화문東華門이 마주보는 곳에 전각이 있는데 이것은 문화전文華殿이요, 그 동쪽에 있는 문

---

41) 청나라 오위업吳偉業(1609~1671)이 지은 책.
42) 청나라 성씨.

을 전성문前星門[43]이라고 한다. 푸른 유리 기와로 덮었고 대문 안에
는 또 겹문이 있는데 모두 자물쇠를 채웠다. 겹문 안은 모두 푸른
기와집이었는데, 이것만 보아도 태자太子가 거처하는 궁전임을 알
수 있다.

혹자는 말하기를,

"태자가 살고 있는 집을 전심전傳心殿이라 한다. 그 뒤에는 활
쏘는 정자가 있는데, 쇠로 비석을 만들어 청淸 황실 조상의 교훈을
새겨 묻었다는데 아무도 감히 이곳까지 이르는 자가 없다."

한다.

또 전설에 이런 말이 있다.

"강희康熙가 임금 자리에 너무 오래 있게 되자 태자가 궁에서
일하는 자에게 말하기를, '세상에 머리가 희게 센 태자가 있다더
냐?' 하며 빈정거렸다. 이 말이 새 나가자 태자는 폐출되었고 이로
부터 태자를 미리 세우지 않았다."

옹정雍正황제는 원년(1723) 8월 17일에 조서를 내리기를,

"우리 성조 인황제(聖祖 仁皇帝)께서 나라를 위하시어 신중하게
짐朕을 택하여 작년 11월 13일에 황위를 계승케 하셨다. 이 말 한마
디로 국가의 중대한 계획을 정한 것이니 나라의 안팎에서 짐을 기
쁘게 받들지 않는 자가 없었다. 이날 성조가 폐위된 두 형님의 일로
인하여 몸소 매우 걱정을 하신 것은 천하가 다 들어 아는 바이다.

---

43)   태자를 지칭하는 말이 전성前星이다.

오늘 짐은 여러 아들들이 아직 어려서 반드시 상세히 살피고 신중하게 처리할 것이다. 특히 이 일을 친히 기록하여 단단히 봉한 뒤 건청궁乾淸宮 가운데에 있는 세조 장황제(世祖 章皇帝)의 친필인 정대광명正大光明이라는 현판 뒤에 간직해 두었으니 곧 여기는 궁중에서는 제일 높은 곳으로 이로써 불의의 걱정을 막는 준비로 삼는다. 따라서 여러 왕과 대신들에게 이르노니 모두가 함께 반드시 명심하도록 하라."

하였다. 예부 주사禮部主事 육생남陸生楠[44]은 소疏를 올려 태자를 미리 세우기를 청했으나 옹정은 조서를 내려 다음과 같이 준엄히 꾸짖었다.

"태자를 미리 봉하지 않는 법은 곧 우리 황가에서 대대로 내려오는 법이다. 황자들로 하여금 각기 저마다 효도하고 우애하고 공손하고 검소함에 힘쓰도록 할 것인 바 이래서 천명을 기다릴 뿐이요, 형제간에 시기와 참소와 간특을 끊게 되는 것이다. 이 법이야말로 만대를 통하여 오래 두고 쓸 아름다운 법도이다. 명나라 간신 왕석작王錫爵[45]이 태자를 세울 것을 청원하여 어진 태자를 세우지 않고 천계天啓[46]를 세워 결국은 천하를 잃게 된 것이다. 네가 왕석작을 본받으려는 것이냐?"

---

44) 옹정 연간에 역사를 비판했다는 명목으로 문자옥文字獄을 당한 인물. 옹정 연간에 역사를 비판했다는 명목으로 문자옥文字獄을 당한 인물.

45) 1534~1614, 자는 원어元馭, 호는 형석荊石. 예부상서와 태학사를 역임하였다.

46) 명明 희종熹宗.

이로부터 천하에서는 감히 또 다시금 태자를 미리 세우자는
말을 입 밖에 내지 못하였으니, 전성문이 닫힌 지도 곧 백 년이 될
것이다.

오봉루五鳳樓

태화전太和殿 앞뜰의 면적은 거의 수백 걸음이요, 한 길 남짓 되
는 축대 위에는 백옥 난간을 둘렀다. 그 위에 태화문太和門이 섰다.
문은 3층 처마에 누런색 기와를 이었으니 이것을 오봉루五鳳樓[47]라
고 부른다. 황제가 큰 조회를 할 때 태화전에 거둥하여 나와 앉으면
흠천감欽天監[48]은 시간을 아뢰는 북을 누각 위에 설치하고 교방사敎
坊司[49]는 중화소악中和韶樂연주를 누각의 동서에서 한다.

통관 서종현徐宗顯의 말을 들으면 다음과 같다.

"조회를 할 때는 금의위錦衣衛[50]는 출입할 때 필요한 의장儀仗을
태화전 뜰 동서에 벌이는데 북쪽을 바라보게 하고, 길들인 코끼리
를 오봉루 아래 동서로 마주 보게 세우며, 천자가 타는 수레들을 태
화문의 뜰 복판길에 북쪽을 향해서 세운다.

47) 사실 오문午門과 그 좌우의 누각을 오봉루라고 한다.
48) 기상대氣象台의 장.
49) 음악을 맡은 관서.
50) 황제의 의복과 기구를 맡은 관서.

어마감御馬監[51]은 의장마를 벌여 세우며, 금오위金吾衛[52]와 운휘사雲麾司[53]는 갑옷을 입은 병사와 의장대와 징과 북을 태화문 밖 오문午門 안뜰에 벌여 세우고, 북경을 수비하는 장교 7만 명이 길을 끼고 깃대를 세우고 바둑판 같은 거리를 호위 경계한다.

모든 관리는 단문端門 안 경천주擎天柱 아래서 기다리다가 오봉루 안에서 북소리가 처음 울리면 반열을 정비하고, 북이 두 번째 울리면 문관 무관 반열을 나누어 태화문의 좌우 협문을 통하여 한 줄로 서서 들어온다. 황제가 탄 수레는 보화전保和殿으로부터 중화전中和殿을 거쳐 태화전으로 드는데, 길잡이 하는 시위는 9개의 옥새玉璽와 인장, 부절[印符]을 받들고 앞서간다.

풍악은 비룡인지곡飛龍引之曲[54]을 연주하고, 대악大樂[55]은 풍운회지곡風雲會之曲[56]을 연주한다. 이때야 여러 문을 동시에 열면 곧장 바로 정양문正陽門까지 환히 트이게 내다보인다. 안팎이 먹줄로 친 듯 바르고 조금도 굽은 데가 없다.

오봉루 속에서 연주하는 경황도慶皇都[57]와 희승평喜昇平[58] 등의 음악은 마치 하늘에서 울려 오듯 들린다."

---

51) 황제의 말을 기르는 관서.
52) 궁중 경비군, 자금성 경비를 맡는다.
53) 황제의 거둥 때 의장과 경호를 맡은 관서.
54) 황제가 보위에 오름을 축하하는 음악.
55) 궁중의 의식을 담당하는 관청.
56) 임금과 신하의 만남을 노래한 내용의 악곡.
57) 황도인 북경을 경축한 음악.
58) 태평성대를 기뻐한 내용.

또 예로부터 전해 오는 이야기에, 숭정崇禎 초년에 오봉루 위에서 하늘이 내린 글이라고 누런 보자기 열 장을 얻었는데 바깥 제목에는 '천계天啓 7년, 숭정 17년, 복왕福王 1년'이라고 쓰여 각 황제의 재위 기간을 예언했다고 한다. 이것은 비록 요상한 말이라고 하더라도 이같이 큰 나라 왕조의 성쇠에 있어서 어찌 하늘이 정한 명수가 없다 하겠는가?

천단天壇

천단天壇은 외성外城 영정문永定門 안에 있다. 담장의 주위는 거의 10리쯤 되고 담장 아래는 3층으로 되어 그 위로 말이라도 달릴 수 있게 되어 있다. 안에는 원구圜邱[59]가 있다.

제1 층단의 넓이는 백여 보步나 되고 높이는 넉넉히 한 길을 넘는다. 단의 바닥은 모두 푸른 유리벽돌을 깔았다. 난간 네 둘레는 모두 초록색 유리로 기둥을 만들고 사방으로 터진 층층대는 모두 아홉 계단이다. 그 넓이는 거의 두 길이 되는데 역시 푸른 유리벽돌을 깔았다. 층층대의 양쪽 난간도 역시 초록색 유리 기둥으로 했다. 제2층의 단면壇面은 두 발 남짓 되는데 층층대가 네 군데로 터졌고 아홉 계단이다. 단면에는 푸른 유리벽돌을 깔았고 단의 아래 동아

---

59) 동짓날 하늘에 제사를 지내는 곳.

리와 네 둘레의 난간은 역시 다 초록색 유리로 된 기둥이다.

원구의 밖에는 또 누런 기와를 이은 담장으로 둘렀는데, 사면에 기둥을 세워 성문星門[60]을 만들었는데 원元·형亨·이利·정貞으로 나누어 이름 붙여 동·서·남·북쪽에 두었다. 동쪽 제1단은 해를 제사하고, 서쪽 제1단은 달을 제사 지내며, 동쪽 제2단은 별자리 28개[二十八宿]를 제사하고, 서쪽 제2단은 바람·구름·비·우레를 제사한다. 그리고 황궁우皇穹宇[61]·신악관神樂觀[62]과 태화전[63], 재궁齋宮[64]·천고天庫[65]·신주神廚[66] 등은 모두 누런 유리로 된 기와지붕이다. 신악관은 평일에는 음악·무용을 연습시키는 곳으로 매번 큰 제사를 치를 때는 미리 태화전에서 연습을 한다.

양·돼지·사슴·토끼 등을 기르는 축사가 있고, 북쪽 담장 아래로는 네모난 못을 20여 군데 파서 겨울이 되면 얼음을 캐서 빙고氷庫에 저장한다. 제사에 필요한 물건은 정결하게 갖추어 두고 무엇이나 이 속에서 가져다 쓰도록 되어 있음을 볼 수 있다.

정양문 적루敵樓 아래의 정남향으로 된 문은 언제나 닫혀 있어서 이상하게 여겼더니, 누군가 말하기를, '황제가 친히 천단에 제사

---

60)　하늘에 제사를 지내기 전에 별들에 먼저 제사를 지낸다고 한다.
61)　천신의 신위를 모신 곳.
62)　음악을 맡아보는 곳.
63)　음악을 맡아보는 곳.
64)　재계를 하는 곳.
65)　물품을 보관하는 창고.
66)　제사음식을 장만하는 주방.

를 지내러 나갈 때는 정남향 옹성문을 여는데 기름 백 석을 부은 뒤에야 비로소 열린다.'고 하였다.

호권虎圈

황제의 마구간 뒤에는 호랑이 우리가 있는데 연대煙臺같이 성을 쌓고 그 위에는 우물 정# 자로 들보를 걸치고 팔뚝 굵기의 큰 철망을 덮었다. 담장에는 작은 구멍을 뚫고 쇠를 박아 울타리로 삼았다.

옛날에는 호랑이 두 마리가 있었는데 한 마리는 최근에 죽었고 한 마리는 원명원圓明園으로 보내 버려서 이제는 빈 우리로 있다. 황제가 어디로 거둥을 할 때는 반드시 호랑이 우리를 앞장세우고 가다가, 황제가 께름직한 마음이 들면 우리 앞으로 와서 친히 활을 쏜다고 한다.

천주당天主堂

내 친구 홍덕보洪德保[67]는 일찍이 서양 사람들의 기교를 논하

---

67)　홍대용洪大容.

면서,

"우리나라의 선배들로 김가재金稼齋[68]와 이일암李一菴[69] 같은 이들은 모두 식견이 탁월하여 후세 사람들로서는 따를 수 없네. 특히 중국을 잘 관찰한 점에서 그 식견이 잘 드러나네. 그러나 그들의 천주당天主堂에 대한 기록들은 약간의 유감이 없지 않네. 이는 다름이 아니라 사람의 생각으로는 잘 미칠 수 없는 것이고, 또 갑자기 얼핏 보아서는 알아낼 수도 없었던 것이네. 뒷날 계속해서 간 사람들 역시 천주당을 먼저 보지 않은 자가 없지만, 황홀난측하여 도리어 괴물 같이만 알고 이를 배척하였으니, 이는 그들의 눈으로 아무것도 보지를 못한 까닭이네. 가재는 건물이나 그림에만 상세하였고, 일암은 더욱이 그림과 천문 관측의 기계에 자세하였으나 풍금風琴 이야기에는 미치지 못했네. 아마도 이 두 분이 음률에 이르러는 그리 밝질 못했으므로 잘 분별을 못했던 것 같네. 내가 비록 귀로 소리를 밝게 들었고 눈으로 그 만든 솜씨를 살폈다 하더라도 이를 다시금 글로 그 오묘한 곳을 다 옮길 수가 없고 보니 정말 이것이 유감스러운 일이네."

하면서, 곧 가재의 기록을 끄집어내어 나와 함께 보았다.

"방안 동편 벽에는 2층으로 붉은 문이 달렸는데 위는 두 짝이고, 아래는 네 짝이다. 차례로 열어보면 그 속에 기둥이나 서까래처

---

68) 김창업.

69) 이기지.

럼 생긴 통筒이 **빽빽**하게 섰는데, 크기는 각각이었다. 모두 금은 빛으로 섞어 칠해 놓았고 그 위에는 철판을 가로 놓고 그 한쪽 가에는 수없이 구멍을 뚫고 다른 한쪽은 부채 모양으로 되어 있는데, 방위와 12시時의 이름을 새겼다.

잠시 보니, 해그림자가 그 방위에 이르자 대 위에 놓인 크고 작은 종鍾이 각각 네 번씩 울고 한복판에 있는 큰 종은 여섯 번을 쳤다. 종소리가 잠시 그치자 동쪽 가의 홍예문虹霓門 속에서 갑자기 바람 소리가 쏴 하면서 여러 개의 바퀴를 돌리는 것 같았는데 계속해서 관악기·현악기·줄악기·피리 등의 별별 음악 소리가 들렸다. 어디에서 이 소리가 나는지 알 수 없었다.

통관이 말하기를, '이것은 중국 음악입니다.' 한다. 얼마 있다가 소리가 그치고 또 다른 음악 소리가 나는데 조회 때 들은 음악 소리와 같았다. 이는 '만주 음악입니다.' 한다. 조금 있다가 이 소리도 그치고 또다시 다른 곡조가 들리는데 음절이 매우 촉급하였으니, '이는 몽고 음악입니다.' 한다. 음악 소리가 뚝 그치자 여섯 짝 문이 저절로 닫혔다. 이는 서양 사신 서일승敍日昇[70]이 만든 것이라 한다." 가재의 기록이 여기에 이르러서 그쳤다.

덕보는 다 읽고 나서 한바탕 크게 웃으면서,

"이야말로 이야기는 하면서도 자세하진 못하다는 말이네. 속

---

70)   1645~1708, 포르투갈 출신의 예수회 선교사 Thomas Pereira를 말한다. 자는 인공寅公이다.
      저서로 『율려정의』가 있다.

에 기둥이나 서까래처럼 생겼다는 통은 유기로 만들었는데 제일 큰 통은 기둥이나 서까래만 하여 크고 작게 **빼곡히** 섰는데 이는 생황生黃 소리를 크게 내기 위한 것이지. 크기가 같지 않다는 것은 다음 음계를 취하여 두 배로 더 보태고 8율律씩 띄어 곧장 소리가 나게 한 것이니 8괘卦가 변하여 64괘卦가 되는 것이나 같네.

금은 빛을 섞어 칠했다는 것은 외양을 곱게 보이기 위함이요, '갑자기 한 줄기 바람 소리가 여러 개 바퀴를 돌리는 소리같이 난다'는 것은 풍금의 지하 길이 서로 구불거리며 통하게 되니, 풀무를 불어 공기를 이어주는 것이 마치 입으로 바람을 부는 것 같다는 것이요, '계속 음악 소리가 났다.'라는 것은 바람이 바닥 구멍을 통해 들면 바퀴들이 재빨리 돌아 생황의 쇠청이 저절로 열리면서 여러 구멍에서 소리가 나게 된다는 것이네.

풀무 바람을 내는 방법은 다섯 마리의 쇠가죽을 마주 붙여서, 부드럽기는 비단 주머니처럼 만들고, 굵은 밧줄로 들보 위에 큰 종처럼 달아매어서 두 사람이 바를 붙잡고는 몸을 치솟게 하여 배 돛대를 달듯 몸뚱이가 매달려 발로 풀무 전대를 밟으면 풀무는 점차 내려앉으면서 바람 주머니 배는 팽창되어 공기가 꽉 들어찬다. 이것이 땅골로 치밀려 들면서 이때야 틀에 맞추어 구멍을 가리면 어디고 바람은 새지 않고 있다가 쇠 호드기에 혀를 부딪쳐서 순차로 혀는 떨려 열리면서 여러 소리를 내게 되는 것이다. 이제 내가 대강 이렇게 말할 수 있으나 역시 그 오묘한 데를 다 말할 수는 없다. 만일에 국가에서 돈을 내어 이것을 만들라고 명령을 내린다면 될 법도 하지." 덕보의 이야기는 여기에서 끝났다.

이제 내가 중국에 들어와서 풍금 만드는 방법을 생각하는데, 늘 마음속에 잊히지 않았다. 이미 열하로부터 북경으로 돌아와 즉시로 선무문宣武門 안 천주당을 찾아갔다. 동쪽으로 바라다보니 지붕 머리가 종처럼 생겨 여염집 위로 우뚝 솟아 보이는 것이 곧 천주당이었다. 황성 내 동, 서, 남, 북에 천주당이 하나씩 있는데 풍금이 있는 곳은 서 천주당이다.

천주라는 말은 천황씨天皇氏[71]니 반고씨盤古氏[72]니 하는 말과 같다. 이 사람들은 역법曆法을 잘 만들고 자기 나라의 제도로 집을 지어 사는데, 그들의 학설은 부화浮華함과 거짓을 버리고 성실을 귀하게 여겨 하느님을 밝게 섬기는 것을 으뜸으로 삼으며, 충효와 자애로써 의무를 삼고, 개과천선改過遷善하여 입문入門하게 하며, 사람이 죽고 사는 큰일에 미리 준비하여 걱정을 없애는 것을 궁극의 목적으로 삼는다.

저들은 근본 되는 학문의 이치를 찾아냈다고 자평하나, 뜻한 것이 너무 고원하고 이론이 편벽되고 교묘하여 도리어 하늘을 기만하고 사람을 속이는 죄를 범하여 저 자신이 저절로 의리를 배반하고 인륜을 해치는 구렁으로 빠지고 있는 것을 모른다.

천주당 높이는 일곱 길은 되고 넓이는 무려 수백 칸인데 쇠를

---

71)   중국 전설에 나오는 최초의 임금.
72)   중국 전설에 나오는 최초의 임금.

부어 만들거나 흙을 구워 놓은 것만 같았다.

명明 만력萬曆 29년(1601) 2월에 천진天津 감세監稅 마당馬堂이 서양 사람 이마두利瑪竇의 방물과 천주여상女像[73]을 바쳤더니 예부禮部에 서 이르기를,

"대서양大西洋이란 나라는 회전會典[74]에 실려 있지 않으므로 참 인지 거짓인지 알 길이 없으니, 적당히 참작해서 의관을 내려 주어 본국으로 돌아가게 하고, 몰래 북경에 숨어 있지 못하도록 하라."

하고는, 황제에게는 보고하지도 않았다. 서양이 중국과 서로 통한 것은 대체로 이마두부터 시작된 것 같다.

서 천주당은 건륭乾隆 기축년(1769)에 헐렸으므로 이른바 풍금이 란 것은 남은 것이 없었고, 다락 위의 망원경과 또 여러 가지 표본 기들은 갑작스럽게 살펴볼 수 없으므로, 여기 기록하지 않는다. 이 제 덕보의 풍금 제도에 관한 이야기를 추억하면서 서글픈 심정으 로 이 글을 쓴다.

서양 그림[洋畫][75]

그림을 그리는 사람이 겉만 그리고 속을 그릴 수가 없음은 자

---

73) 마리아상.
74) 『명회전明會典』.
75) '수택본'에는 이 소제목이 양화가 아니고 천주당화天主堂畫로 되어서 목차目次에만 실려

연스러운 형세이다. 사물이라는 것은 불거지고 오목한 부분이 있고, 큰 것도 있고 작은 것도 있으며, 멀고 가까운 그 형세가 있음에도 불구하고, 그림에 능하다는 자는 붓대를 대강 몇 차례 놀려 그리는 데 불과하다.

그린 산에는 주름이 없고, 물에는 물결이 없으며, 나무에는 가지가 없기도 하니, 이것이 소위 뜻을 그린다는 법[寫意法]이다. 두자미杜子美의 시詩⁷⁶⁾에 이런 것이 있다.

> 마루 위의 단풍나무는 합당하지 않고 堂上不合生楓樹
> 괴이하구나, 강산에 연기와 안개가 오르니 怪底江山起煙霧

'마루 위'란 나무가 날 데가 아니요, '합당치 않다'란 말은 이치에 맞지 않는다는 말이었으며, 연기와 안개는 강산에서 피어오르는 것이 합당하지만 만일 그림 그린 비단에서 인다면 아주 괴이한 일이라는 것을 말한 것인데, 그만큼 잘 그렸다는 것이다.

지금 천주당 안 벽과 천장에 그려져 있는 구름과 인물들은 보통 사람의 생각으로는 헤아려 낼 수 없었고, 또한 언어·문자로는 형용할 수 없었다.

내 눈으로 이것을 보려고 하는데, 번개처럼 번쩍이면서 광채

있다.
76) 봉선유소부신화산수장가奉先劉少府新畵山水障歌.

가 눈을 아득하게 만들었다. 나는 그림 속의 그들이 내 가슴속을 꿰뚫고 들여다보는 것 같아 싫었고, 또 내 귀로 무엇을 들으려고 하는데, 그림 속에서 굽어보고 쳐다보고 돌아보며 먼저 내 귀에 속삭이는 것 같았다. 그들이 내가 숨기고 있는 것을 꿰뚫어 보는 것 같아 부끄러웠다. 내 입으로 무언가를 말하려고 하는데 그들은 침묵을 지키고 있다가 돌연 우레 소리를 내는 것 같았다.

가까이 가서 보니 붓질이 거칠고 엉성하다. 다만 그 이목구비의 간격과 터럭·수염·살결·힘줄 등의 사이는 희미하게 구분지어 갈랐다. 터럭 끝이라도 구분할 수 있어 꼭 숨을 쉬고 꿈틀거리는 듯한데, 음양의 향배가 서로 어울려 절로 밝고 어두운 데를 나타내어 그리하였다. 그림에는 한 여자가 무릎에 5~6세 된 어린아이를 앉혀 두었는데, 어린애는 병든 얼굴로 눈을 흘기며 쳐다보고 그 여인은 고개를 돌리고 차마 바로 보지 못하고 있다. 옆에는 시중을 드는 5~6명이 병난 아이를 굽어보고 있는데, 참혹해서 머리를 돌리고 있는 자도 있었다.

새 날개가 붙은 귀신 수레는 박쥐가 땅에 떨어질 것처럼 빙글 돌아 땅으로 곤두박질치는 것 같다. 어떤 신장神將이 발로 새의 배를 밟고, 손에는 철퇴로 새의 머리를 짓찧고 있었다. 또 사람 머리, 사람 몸에 새 날개가 있는 자도 있는 등, 온갖 기괴 망측하여 무엇이 무엇인지 분간해 낼 수도 없는 것들이 있었다.

좌우 벽 위에는 구름이 뭉게뭉게 쌓여 한여름의 대낮 풍경 같기도 하고, 비가 갓 갠 바다 위 같기도 하며, 산골에 날이 새는 듯한 것도 있다. 구름이 끝없이 뭉게뭉게 피어오른 것이 수없는 꽃봉오리가 햇발에 비치어 햇무리가 생기는 것과 같다.

멀리 바라보이는 곳은 까마득하고도 깊숙하여 끝이 없는데, 많은 귀신이 출몰하고, 갖은 도깨비가 나타나 멱살을 붙들고 소매를 떨치며, 어깨를 비비고 발등을 밟는다. 가까운 놈은 멀리 뵈기도 하고, 얕은 데는 깊어 보이기도 하며, 숨은 놈이 드러나기도 하고, 가렸던 놈이 나타나기도 하여 각각 따로 서 있는데 모두가 허공에 떠서 바람을 탄 형세였다. 대체로 구름이 서로 간격을 두어 이렇게 보이는 것이었다.

천장을 올려보자 수없는 어린애들이 오색구름 속에서 뛰노는데, 허공에 주렁주렁 매달려 있는 것 같다. 살결을 만지면 따뜻할 것만 같고, 팔목과 종아리는 포동포동 살이 쪘다. 갑자기 구경하는 사람들이 눈을 크게 뜨며 놀라, 어쩔 바를 모르며 어린애가 떨어지면 받을 듯이 고개를 젖히고 손을 뻗친다.

상방象房

코끼리 우리는 선무문宣武門 안 서성西城 북쪽 담장 아래에 있다.

코끼리 80여 마리가 있는데, 코끼리들은 큰 조회 때 오문午門에서 의장으로 서기도 하고, 황제가 타는 가마와 의장에 쓰이기도 한다. 코끼리는 몇 품品의 녹봉도 받고, 조회 때 백관이 오문으로 들어

오면, 코끼리가 코를 마주 엇대어 서 있어서 누구도 마음대로 출입할 수 없게 하였다. 코끼리가 병이 나서 의장으로 서지 못할 때는 억지로 다른 코끼리를 끌어 내려 해도 코끼리가 말을 잘 듣지 않는다. 코끼리 조련사가 병난 코끼리를 끌어다가 보여 주어야만 그제서 바꾸어 준다.

코끼리가 물건을 부수거나 사람을 다치게 하는 죄를 범하면 칙명이라 하고는 매를 친다. 그러면 엎드려 매를 다 맞고 나서는 머리를 조아리고 사죄를 하며, 품계를 깎으면 벌 받은 코끼리 반열에 물러가 서야 한다.

내가 코끼리 조련사에게 부채와 청심환 한 알을 주면서 코끼리 재주를 한번 시키라고 했더니 조련사가 이것이 적다고 부채 한 자루를 더 부른다. 나는 당장 가진 것이 없으므로 꼭 더 가져다주겠으니 먼저 재주를 시켜 보라 했더니, 그가 코끼리에게 가서 타일렀으나 코끼리는 눈웃음으로 못하겠다는 시늉을 하는 듯하다. 부득이 따라온 자를 시켜 코끼리 조련사에게 돈을 더 주었는데, 코끼리는 한참 동안 곁눈으로 보더니, 코끼리 조련사가 돈을 세어 주머니 속에 넣는 것을 보고서야 움직이려고 하였다.

시키지도 않는데 여러 가지 재주를 부린다. 머리를 조아리며 두 앞발을 꿇기도 하고, 또 코를 흔들면서 휘파람도 부니 피리 소리 같고 또 둥둥 북소리를 내기도 한다. 대체로 코끼리의 묘한 재주는 코와 상아에 있다.

예전에 코끼리의 그림을 본 적이 있었는데 두 개의 상아가 곧 두서서 무슨 물건이라도 찌를 듯하였다. 코는 늘어지고 이는 삐드러졌다고 생각했는데, 이제 코끼리를 보니 그렇지 않다. 상아도 다 아래로 드리워져 지팡이를 짚은 것 같고, 앞으로 향할 때는 칼을 잡은 것 같기도 하며, 갑자기 마주 볼 때는 예ㅅ 자 같이도 보여 그 사용법이 한 가지만이 아니었다. 당唐나라 명황明皇 때 코끼리를 춤추게 했다는 말이 역사책에 있는 것을 보면서 속으로 의아하게 생각했으니, 지금으로 봐서는 사람의 뜻을 잘 알아듣는 짐승으로는 과연 코끼리 같은 짐승은 없는 듯하다. 숭정崇禎 말년에 이자성李自成이 북경을 함락시키고 코끼리 우리를 지나갈 때 여러 코끼리가 눈물을 지으면서 아무것도 먹지를 않았다고 한다.

대체로 코끼리는, 몸집은 둔해 보여도 성질은 슬기롭고, 눈매는 간사해 보이지만 얼굴은 덕스러웠다. 어떤 사람은 코끼리는 새끼를 배면 다섯 해 만에 낳는다고 하고, 또 열두 해 만에 낳는다고 하기도 한다.[77]

해마다 삼복날에 금의위錦衣衛 장교와 관리들이 깃발을 늘어놓고 의장을 세워 징과 북을 울리면서 코끼리를 맞아 선무문 밖으로 나와 못에 가서 목욕을 시킨다. 이럴 때는 구경꾼이 늘 수만 명이나 된다고 한다. 또 별도로 『상기象記』가 있다.[78]

<hr>

77) 실제로 코끼리의 임신 기간은 21개월 남짓 된다.
78) 산장잡기에 실려있다.

황금대黃金臺

노군盧君 이점以漸은 국내에 있을 때 경술經術과 행실로 소문이
났다. 또 춘추대의春秋大義, 중국을 높이고 오랑캐를 배격하는 것에
엄격하였으므로 길을 오면서도 사람을 만나면 만滿·한漢을 불구하
고 덮어놓고 '되놈'이라 불렀다. 그리고 거쳐 온 산천이나 누대들은
모두 누린내 나는 고장이라 하여 구경도 하지 않았다.

그러나 황금대黃金臺나 사호석射虎石·태자하太子河 같은 곳은 길이
먼 것을 가리지 않고, 또는 명칭이 잘못된 것을 따지지 않고 반드시
파고들어 찾아내고야 말았다.

하루는 나와 황금대를 구경하기로 약속하였다. 내가 곧 여러
사람에게 널리 물었으나 어디 있는지 아는 자가 없었다. 또 옛 기록
을 찾아보았으나 이야기들이 분분하였다. 『술이기述異記』79)에 이렇
게 적혀있다.

"연 소왕燕昭王이 곽외郭隗80)를 위하여 쌓은 축대로 지금의 유주
幽州 땅인 연왕燕王의 옛 성안에 있다. 그곳 사람들은 현사대賢士臺라
고 부르고 또는 초현대招賢臺라고도 한다."

지금의 북경이 곧 기주冀州 땅이다. 연왕의 옛 성이란 데도 어
느 곳에 있는지 나는 모를 일인데, 하물며 그 안의 이른바 황금대를

---

79)   梁나라 사람 임방任昉이 지은 책.

80)   전국시대 연나라 인물이다. 연나라 소왕이 어진 사람을 초빙할 수 있는 방법을 묻는데, 그가
      자신부터 중용해야 자기보다 더 좋은 인재가 올 것이라고 대답하였다.

어떻게 알 수 있을까?

또 『태평어람太平御覽』[81] 중에는 이런 말이 있다.

"연 소왕이 천금을 축대 위에 두고 천하의 어진 선비를 맞이했다 하여 황금대라고 불렀다."

그러면 뒷세상 사람들이 다만 그 이름만 전할 뿐이요, 실제로는 황금대가 없음을 충분히 알 수 있겠다.

노군은 어느 날 몽고 사람 박명博明으로부터 얻었다는 『장안객화長安客話』[82] 에서 초록한 것을 나에게 보여 주었다.

"조양문朝陽門을 나서서 남쪽으로 못을 돌아가다가 동남쪽 모퉁이에 이르면 높이 솟아 있는 언덕이 바로 황금대라 한다. 해가 뉘엿뉘엿 서산으로 넘어갈 때 옛일을 생각하며 슬퍼하는 선비가 황금대에 올라 갑자기 천고의 고사를 회상하면서 고개를 숙이고 거닐게 된다."

노군은 이것을 보고 실망하며 구경을 마치고 다시는 황금대 이야기를 꺼내지 않았다.

어느 쉬는 날, 틈을 타서 노군과 함께 동악묘東嶽廟로 연극 구경을 가기 위해 같은 수레로 조양문을 나갔다가 돌아오는 길에 고 태사高太史 역생棫生을 만났다. 고는 능사헌淩簹軒 야野와 함께 탔는데, 지금 황금대를 찾아가는 길이라고 하였다.

---

81) 宋나라 이방李昉이 지은 책. 유서類書이다.
82) 明나라 장일규張一葵가 지은 책.

능은 본디 월중越中[83] 사람으로 역시 특이한 인물이었다. 북경에 처음 와서 고적 구경을 하기 위하여 나에게 동행을 청한다. 노군은 하늘이 정해 주신 인연이라며 매우 좋아하였다.

가서 보니, 두어 길 되는 허물어진 언덕이 주인 없는 황폐한 무덤과도 같았다. 이를 억지로 이름을 황금대라고 불렀다. 별도로 이에 대한 기록을 남겼다.

황금대기黃金臺記

조양문朝陽門을 나서 못을 따라 남쪽에 두어 길 되는 허물어진 언덕이 있으니, 여기가 곧 옛날 황금대黃金臺이다. 세상에 전하는 말에,

"연 소왕이 여기에다 궁전을 짓고, 천금을 축대 위에 놓고, 천하의 어진 선비들을 맞이하여 당시의 강국 제齊나라의 원수를 갚고자 하였다."

라고 하였다. 그러므로 옛날 일을 회고하며 슬퍼하는 선비들이 여기에 이르면 비분강개한 회포를 참지 못하고 감개무량하여 배회하면서 차마 발길을 돌리지 못했다고 한다.

아아, 슬프다! 황금대 위의 황금은 없어졌지만 기다리던 선비

---

83) 절강 지방.

는 오지 않는구나. 그러나 세상 사람들이란 본래부터 아무런 원수가 없으면서도 원수를 갚으려는 일은 그칠 때가 없으니, 황금대 위에 놓였던 황금이 천하에 끊어지지 않고 이어져 오지 않았다고 할 수는 없을 것이다. 이제 원수를 갚았던 역대의 큰 사건을 들추어내어, 천하에 가장 황금을 많이 쌓아 놓은 자에게 충고하려고 한다.

진秦 때에 제후들의 장수에게 황금을 뇌물로 먹여서 그 나라를 멸망시켰으니, 몽염蒙恬[84]이 가장 힘을 쓴 것으로 쳐주어야 할 것이다. 이사李斯[85]는 원래 제후의 식객으로 제후를 위하여 몽염에게 복수하였으니, 천하에 복수를 하려는 자는 여기에 와서 좀 누그러졌다. 얼마 뒤에 조고趙高는 이사를 죽였고, 자영子嬰[86]은 조고를 죽였으며, 항우項羽[87]는 자영을 죽였고, 패공沛公[88]은 항우를 죽였는데, 패공이 항우를 죽일 때 황금 4만 근이 들었다. 석숭石崇[89]의 많은 재물도 만들어진 유래가 있었을 것이지만, 아주 타고난 재물인 듯이, "이자가 내 재물을 탐내는가."라고 욕질을 하였으니, 이 얼마나 어리석은 소리인가?

그러나 황금이란 돌고 돌아 서로 원수를 갚으면서 천 년이 지난 오늘날까지 그 금덩이가 아직도 어디에든 있을 것이다. 어째서

---

84) 진시황 때의 명장.
85) 진시황 때의 정치가.
86) 조고에게 피살된 진시황 맏아들인 부소의 아들이다.
87) 항적項籍. 우羽는 자.
88) 유방.
89) 진晉의 부자.

그럴 줄을 알 것인가? 원위元魏[90]의 이주조爾朱兆[91]의 난리 때 성양왕 城陽王 원휘元徽는 황금 백 근을 가지고 있었는데, 낙양령洛陽令인 구조인寇祖仁의 집안에서 난 세 자사刺史[92]는 모두 자기가 발탁해 준 사람이기 때문에 그에게 가서 의탁하려고 했다. 그러나 조인은 집안 사람들에게 말하기를, '오늘 부귀가 절로 들어왔네'라고 하였다. 그리고 원휘에게 '잡으러 온 장수가 곧 들이닥친다'고 겁을 주어 휘를 다른 장소로 도망하라고 꾀인 뒤, 길에서 그를 맞아서 죽여 버리고는 그 머리를 이주조에게로 보냈다. 이주조의 꿈에 죽은 원휘가 와서 말하기를,

"내게 황금 2백 근이 있어 조인에게 맡겼으니 빼앗아 가지도록 하여라."

하기에, 주조는 조인을 잡아서 꿈대로 금을 받으려고 했으나, 찾지 못하자 조인을 죽여 버렸다. 이로 보자면, 복수하려던 그 황금은 아직도 있다는 증거가 아니겠는가?

오대五代 때에 성덕 절도사成德節度使 동온기董溫箕는 황금 수만 냥을 가지고 있었는데, 온기가 거란에 포로가 되자 그 밑에 있던 지휘사指揮使인 비경秘瓊이 온기의 온 가족을 한꺼번에 다 죽여 한 구덩이에 파묻고 그 금을 빼앗았다. 진 고조晉高祖[93]가 왕위에 오르자 비경

---

90) 남북조 시대의 북위北魏.
91) 장수인데 반란을 일으켰다.
92) 지방 주州의 장관이다.
93) 후진의 석경당石敬瑭.

이 제주 방어사齊州防禦使로 보냈다. 비경이 그 금을 싸 가지고 위주魏州 길로 나오는데, 범연광范延光이 복병을 하고 있다가 비경을 죽이고 금을 몽땅 빼앗았다. 연광은 또 이 금 때문에 양광원楊光遠에게 살해를 당하고 광원은 진 출제晉出帝[94]가 목을 베어 죽였다. 그리하여 광원의 부하 관리인 송안宋顔이 그 금을 죄다 털어다가 이수정李守貞에게 바쳤다. 수정은 뒤에 주 고조周高祖[95]에게 패하여 처자와 함께 불에 타서 죽었다.

그 금은 아직도 응당 인간 세상에 남아 있을 것이다. 어째서 그런 줄을 알 수 있을까?

옛날에 도적 세 명이 함께 남의 무덤 하나를 파서 금을 도굴하고는 저희들끼리 말하기를,

"오늘은 피곤하다. 돈도 많이 번 판에 어찌 술 한 잔 사 오지 않겠는가?"

하니, 그중 한 명이 선뜻 일어나 술을 사러 갔다. 가는 도중에 스스로 마음속으로 기뻐하기를,

"하늘이 준 좋은 기회로구나. 금을 셋이 나누는 것보다는 내가 독차지하는 것이 좋겠지."

하고는, 술에 독약을 타 가지고 돌아오자 남아 있던 도적 둘이 갑자기 일어나서 그를 때려죽였다. 먼저 술과 음식을 배불리 먹고,

---

94) 석중귀石重貴.

95) 후주後周 태조 곽위郭威인 듯

금을 반으로 나누려고 했더니 얼마 안 있다가 둘이 함께 무덤 곁에서 죽고 말았다.

아아, 슬프다! 이 금은 반드시 길 옆에서 굴러 다니다가 또다시 다른 사람이 주워 얻게 되었을 것이다. 이렇게 주워 얻은 자는 하늘에 감사를 드리겠지만 이 금이 도굴된 것이고, 독약을 먹은 자들의 유물인지는 모를 것이다. 또 앞사람 뒷사람을 거쳐 몇천 몇백 명을 더 독살할지도 모를 것이다. 그런데도 세상 사람들 중 황금을 좋아하지 않는 이가 없음은 무슨 까닭일까?

『역경易經』에 이르기를,

"두 사람이 마음을 합치면 그 이로움은 쇠라도 끊는다[二人同心 其利斷金]."

라고 하였으니, 이것은 바로 이런 도적들을 위한 점괘일 것이다. 어째서 그럴 줄을 알겠는가? '끊는다'는 말은 '나눈다'는 말이다. 나눈다는 것이 금이라면, 마음을 합치는 것이 유리함을 알 수 있을 것이다. 그리고 의리를 말하지 않고 이익이라고 했으니, 그것이 불의의 재물인 것도 알 수 있을 것이다. 이것은 도적질이 아니고 무엇이겠는가?

나는 원한다. 천하의 사람들은 황금이 있다 하여 꼭 기뻐할 것도 아니요, 없다고 하여 슬퍼할 것도 아니다. 아무런 까닭 없이 갑자기 돈이 앞에 닥칠 때는 천둥이 칠 때처럼 놀라고, 귀신을 본 것처럼 무서워하며 풀숲에서 뱀을 만난 듯 머리가 쭈뼛 서도록 소스라쳐서 물러서듯 해야 할 것이다.

옹화궁雍和宮

옹화궁雍和宮은 옹정 황제雍正皇帝의 명복을 비는 당[願堂]이다. 3층 처마의 큰 전각이 있고, 그 속에는 금부처가 있으며 열두 개의 사다리를 올라가는 것이 마치 귀신 동굴로 들어가는 것만 같았다. 사다리가 다 하면 누각에 오르게 되어 처음으로 햇빛을 보게 된다. 누각의 네 둘레는 난간으로 두르고 복판은 우물처럼 둘려 파서 금으로 만든 부처의 허리와 절반까지 미치게 된다.

또 여기서부터는 사다리를 밟고 올라 캄캄한 속으로 한참을 가야만 여덟 창문이 환하게 터진다. 누각 속 우물처럼 꺼진 데는 아래층 같아서 금부처의 등 절반이 겨우 보이게 된다.

또다시 어둠을 더듬어 발 가늠으로 캄캄한 데를 올라가야 위층으로 나오게 되어 비로소 부처의 정수리와 나란하게 된다. 난간을 의지하고 굽어보니, 바람이 세차서 마치 소나무 숲이 우수수 파도소리를 내며 바람 불어오는 것과 같다.

이 절에 있는 중들은 모두가 라마喇嘛 승 3천 명이다. 생김새는 추하고 드세기가 짝이 없었고 다들 금실로 짠 가사를 질질 끌고 있었다. 때마침 우중禺中[96)이라 여러 중이 큰 전각 속으로 한 줄로 연달아 들어간다. 다리가 짧은 바둑판 같은 걸상을 벌여 놓고 한 사람이 걸상 한 개씩 차지하여 가부좌를 하고 앉는다. 라마승 하나가 종

---

96)   오전 10시경.

을 울리자 여러 라마는 일제히 염불한다.

다시 역관 이해적李惠迪과 함께 대사전大士殿에 올랐다. 오르면 황성 아홉 개의 성문을 한 눈으로 바라볼 수 있을 것은 물론, 즐비한 시가와 북경의 전경이 눈 아래에 깔릴 것이리라 생각했는데 정작 창문을 열고 난간에 나서서 보니, 곳곳에 솟은 누대가 겹겹으로 둘러 가렸다. 난간을 한 바퀴 빙 돌아보아도 도리어 가슴이 답답함을 느끼게 되고, 아래를 내려다보니 다리가 후들거려 오래 서 있지 못했다.

대광명전大光明殿

서안문西安門 안 남소호동南小衚衕서 수백 걸음 가면 3층 처마에 열두 면으로 된 둥근 전각이 있다. 자줏빛 유리 기와를 이었고, 황금 호리병 모양 꼭지를 달았는데, 현판에는 '대광명전大光明殿'이라 썼다. 그 속 네 기둥에는 금빛 용을 감아 하나는 올라가고 하나는 내려오는 모양으로 그려, 위로 지붕까지 닿을 만했다.

중앙에는 옥황상제의 소상을 안치하고 둘러 33좌座의 소상을 세웠는데, 모두 곤룡포를 입고 면류관을 쓰며 홀笏을 잡고 있었다. 네 벽에는 작은 창들을 냈고, 벽은 다 푸른 유리벽돌이다. 아홉 개의 충충대는 난간을 세 겹으로 둘렀다. 이곳은 대현도大玄都라 한다.

명明의 세종 황제世宗皇帝가 도진인陶眞人을 맞아 내단內丹97)을 강의했다는 곳이 대광명전이다.

청淸 순치順治 신축년(1661)에 만주 출신 네 훈신勳臣 색니索尼·오배鰲拜·소극살합蘇克薩哈·알필륭遏必隆 등이 겨우 여섯 살에 임금이 된 어린 강희康熙를 보좌하라는 세조의 유언을 받고 여기에 올라 분향을 하고 팔뚝을 찔러 피를 내면서 옥황상제께 맹세를 했다 한다.

뒤에 있는 전각은 태극전太極殿인데, 삼청三淸98)의 소상을 모셨고, 또 그 뒤에 있는 전각은 천원각天元閣이라 하는데 도사 몇십 명이 있고 전각을 관리하는 태감太監이 있었다. 대광명전과 천원각의 동쪽 행랑을 중수重修할 때 노가재老稼齋 김창업金昌業이 당시 역군들이 사닥다리를 놓고 기와를 걷어내는 공사를 보고 매우 장하더라 하였다. 그의 『연행일기』를 보면 그때가 바로 강희 계사년(1713) 2월 9일이다. 이제 태극전과 천원각을 보면 모두 황금빛 기와여서 금벽金碧색으로 찬란하게 번쩍이고 있으니, 지금으로부터 계사년은 벌써 68년 전인데도 어제인 것처럼 새롭다.

고사기高士奇99)의 『금오퇴식필기金鼇退食筆記』에, 황제로부터 하사받은 제택第宅이 바로 대광명전 왼편에 있었다고 밝혔다. 또 그는 이렇게 기록하였다.

---

97) 도교 수련법 중 자신의 정기를 단련하는 것.
98) 도가에서 모시는 3인의 신선. 옥청원시천존玉淸元始天尊, 상청영보도군上淸靈寶道君, 태청태상노군太淸太上老君.
99) 청 강희 때의 문학가. 자는 담인澹人.

"때는 바로 가을비가 처음 개고 푸른 하늘은 씻은 듯이 맑아 옷깃을 풀어 헤치고 밖에 나와 앉았다. 우뚝 솟은 대광명전의 옥 같은 모양이 밝은 달빛에 마주 비치어 마치 광한궁廣寒宮[100]에 올라앉은 듯 황홀하구나."

만약 이 터가 앞이 조금 더 널찍이 터져서 달 밝고 맑은 밤이 되면 더욱 아름다웠을 것이다.

구방狗房

사냥개 몇백 마리를 두었는데, 생긴 모양이 컸다 작았다 저마다 달랐다. 모두가 매우 말랐고, 누워있는 놈도 있고 웅크리고 있는 놈도 있으며 거동이 한가해 보인다. 심심해서 졸음을 못 이기는 놈이 있는가 하면, 좋다고 꼬리를 치는 놈도 있고, 일어나 옷 냄새를 킁킁대는 놈도 있다. 입을 좍 벌리고 크게 하품을 하는데 아래 위턱 사이가 거의 한 자[尺]나 되었다.

우리나라 사람들 몇십 명이 달려드니, 복장과 말소리가 아마도 생소하게 보였을 것인데 하나도 놀라거나 짖지를 않았다.

따라온 하인이 육포를 내어 개 사육사에게 주면서 개에게 재주를 한번 시켜보라 하였더니, 사육사가 육포를 두어 발 되는 장대

---

100) 달 나라의 궁전 이름.

끝에 미끼처럼 매달고 개 한 마리를 불렀다. 그중에서 누런 개 한 마리가 냉큼 뛰어나오는데, 다른 개들은 발을 돋우고 섰을 뿐 다투지 않는다. 육포를 단 장대를 들었다 내렸다 하자, 개는 좌우로 껑충껑충 뛰다가 한 발로 끌어 잡아채려고 하니 개 조련사가 장대를 뿌리쳐 마치 뛰는 물고기가 공중으로 솟구치듯 서너 길을 올리자, 개도 역시 높이 뛰어 그 긴 장대를 뛰어넘어 버리는데, 날래기가 질풍과 같았다.

개 조련사는 그 개에게 고함을 쳐서 물리치고 이번에는 또 다른 개를 불러 순서대로 시험하였다. 개에게 먹이를 주는 법은 먹이를 공중에 던지면 개가 고개를 젖히고 뛰어 잡아채서 먹게 하고, 땅에 떨어지면 먹게 하지 않는다. 따로 똥·오줌 누는 데가 있어서 우리 안이 깨끗하고 더럽지 않았다.

공작 우리[孔雀圃]

푸른 공작 두 마리와 주홍빛 공작 한 마리가 있는데, 꼬리 끝의 동전 무늬는 다 같았다. 붉은 공작도 몸을 한 번 휙 돌리면 짙은 녹색 빛깔로 변하고, 푸른 놈이 한 번 몸을 돌리면 붉은빛이 되며, 동전 무늬는 아청鴉靑색으로 변했다. 인기척을 들으면 온몸의 깃과 털이 갑자기 빛깔을 잃어버렸다가 눈 깜짝할 사이에 처음 빛깔로 되돌아온다.

공작의 몸은 해오라기에 비하면 조금 작고, 꼬리의 길이는 석 자가 넘는데, 정강이와 발은 거칠고 더럽게 생겨서 마치 비단옷에 짚신을 신은 듯 몹시 부끄러운 일이다. 공작은 먹는 것이 다만 뱀뿐인데 또 뱀과 엉겨 붙어 온 마당에 흰 것이 떨어져 자리가 몹시 더럽다.

공작포 관리인이 우리 하인들이 맨발로 걷는 것을 보고 이것을 못 밟도록 하며 '뱀 뼈가 살에 들어가면 살이 곧장 썩는다'고 하였다.

오룡정五龍亭

태액지太液池에서 서남향 물가에 서 있는 채색 정자 다섯 채가 있다. 각각 이름이 징상澄祥·자향滋香·용택龍澤·용서湧瑞·부취浮翠라 하는데, 이를 통틀어 오룡정五龍亭이라 부른다.

드넓은 물 맑은 물결에 금벽 단청의 그림자가 어른거릴 때, 멀리 바라다뵈는 금오교金鰲橋 위의 수레와 행인들이 까마득하여 마치 신선이 살고 있는 곳 같이만 보였다.

뒷날 오중吳中[101] 사람들과 놀면서 서호西湖의 뛰어난 경치가 무엇이냐 물었더니, 그들은,

---

101) 강소성.

"서호를 못 보셨다면, 오룡정의 일부가 바로 서호의 모습입니다."라고 하였다.

이 정자는 언제 창건되었는지는 모르겠으나[102] 명明의 천순天順 연간에 태소전太素殿 뒤에 초가 정자가 있었다는데, 지금은 없는 것으로 보아 이곳이 곧 그 옛터인 듯싶다. 자광각紫光閣과 승광전承光殿은 자줏빛 기와로 얹은 추녀로 숲속에 숨었으며 붉은 담장 속에 채색 기와의 정자와 누각이 위아래로 겹겹이 포개져 있었다.

부사副使와 서장관書狀官과 함께 왔을 때는 마침 석양 무렵이라, 은은한 노을이 맑게 일렁이는 광경이 더욱 기이하였다.

또 어느 날인가는 맑은 날 아침에 갔더니, 돋아오르는 햇살을 받아 더욱 아름다웠다. 정자 아래에 있는 수많은 연 줄기에 꽃이 없는 것이 한스러웠을 뿐이다. 역관들의 말을 듣자니,

"오룡정 광경은 비록 아침저녁으로 온갖 광경으로 변하는 것이 좋지만, 그래도 한여름 연꽃 철만은 못하고, 여름 연꽃 철도 역시 깊은 겨울의 얼음 놀이[氷戲]보다는 못할 것입니다."

하였다.

---

102) 오룡정은 명나라 때 1602년에 건립되었다고 한다.

구룡벽九龍壁

오룡정을 거쳐 작은 둔덕을 돌아서 한 문에 들어가면 문 앞에는 향장響牆[103]이 있는데, 높이가 대여섯 길은 되고 넓이는 여남은 발이나 되었다. 백자 벽돌로 쌓고 아홉 마리 용을 새겨놓았다.

용의 몸뚱이는 모두 몇 발씩이나 되고, 오색[104] 외에 별도로 자주색·초록색·남색 등이 섞였다. 양각陽刻으로 튀어나와 구불구불한 것을 자세히 보면 용의 사지·몸뚱이·머리·뿔들을 한 켜 한 켜 구워내 마주 붙였다. 오르내리고 나는 모습이 모두 자세를 갖추고 있어 변화무쌍한데도 터럭 끝만큼도 이은 흔적을 찾을 수 없었다. 맘먹고 자세히 들여다보지 않는다면 알아챌 길이 없다. 향장이란 것은 옛날의 색문塞門과 같은 것으로, 대문의 내외를 가리는 차단막이다. 궁궐이나 관청이나 도관道觀 같은 곳에 흔히 있는 것이다. 일반 여염집에서는 대문 안에 세운다.

태액지太液池

태액지는 서안문西安門 안에 있는데, 둘레는 몇 리나 되는지 알

---

103) 장식 용도의 가림벽.
104) 청색, 백색, 적색, 흑색, 황색.

수 없다. 내가 일찍이 동해 구경을 할 때 고성高城 삼일포三日浦105)의 둘레가 10여 리나 되었는데, 지금 이 못은 그보다 못한 것 같다. 태액지는 옛날에 서해자西海子라 불렀다.

못 가운데는 무지개 모양 다리를 놓았는데, 길이가 몇백 보步이고, 흰 돌을 깎아서 난간을 만들었고, 난간 밖에 또 흰 돌난간이 있어 난간 위에는 사자獅子 수백 마리를 새겼는데, 크기는 같았으나 모양은 제각기 달랐다. 다리의 양쪽 머리에는 각기 패루牌樓를 세워 동쪽 머리에는 '옥동玉蝀'이라 써 붙였고, 서쪽 머리에는 '금오金鰲'라고 써 붙였다.

또 북쪽으로 바라보면 다리 하나는 경화도瓊華島부터 승광전承光殿까지 이어졌다. 이 다리 남북에도 역시 패루를 세웠는데 하나는 '적취積翠'이고, 또 하나는 '퇴운堆雲'이다. 못을 둘러싸고 있는 전각과 누대는 첩첩이 지붕과 처마가 서로 붙어 있었고 고목들은 회화나무와 버드나무가 많았다.

8월 초3일 나는 옥동에 갔다가 월중越中106) 출신의 능야淩野를 만나 함께 오룡정에 이르렀다. 능야 역시 북경이 초행으로 온 지가 아직 며칠 되지 않았다고 했다. 그는 나에게 못 위에서 열리는 얼음놀이[水戲]와 북경의 팔경八景이 어디 어디인가를 물었다. 그의 소탈하고 꾸밈없음이 이러하였다. 대개 멀리 만 리 밖에서 북경으로 유

---

105) 관동팔경關東八景의 하나. 신라 때 사선四仙이 사흘 동안을 놀았으므로 이 이름을 얻었다 한다.
106) 절강성.

학하는 이가 드문 까닭이다.

내가 5, 6일 전에만 갔었더라면 이 못의 늦은 연꽃을 구경할 수 있었을 것이다. 작은 거룻배 수십 척이 마름 줄기 사이를 젓고 다니면서 연밥을 따고 있었다. 배를 탄 사람들이 모두 벌거벗어 몹시 흉해 보인다. 오색 빛깔의 물고기가 많으며 큰 고기 세 마리가 보이는데, 모두 두 자 길이는 넘고 온 몸뚱이에 얼룩이 졌다. 막 부들대 밑에 와서 뭔가를 먹기에 손뼉을 쳐서 놀래줬으나 아주 유유히 제멋대로 노닌다.

해마다 한 여름이 되면 만滿족·한漢족 대신大臣과 한림翰林 또는 대성臺省[107]들에게 경화도와 영대瀛臺 사이에서 배를 띄우고 잔치를 베풀며 연뿌리, 연밥과 생선을 하사하였고, 얼음이 얼고 눈이 쌓이면 팔기군八旗軍을 대오로 나누어 공 차기와 썰매 끌기[拖床] 놀이를 하는데, 신 바닥에 모두 쇠 징을 박아서 달리고 쫓는 데 빠르게 한다. 이때는 황제도 직접 나와 구경한다고 한다.

자광각紫光閣

태액지를 돌아들면 지붕이 둥근 작은 전각이 있는데, 위에는 누런 기와를 이었고, 처마는 푸른 기와를 썼다. 이름은 자광각이다.

---

107) 중앙정부 기관의 벼슬아치.

그 곁에는 백조방百鳥房이 있어 온갖 기이한 새와 짐승들을 기른다. 이 전각은 높고 확 트였으며 그 아래로 말 달리고 활 쏘는 마당이 있는데, 옛 이름은 평대平臺이다.

숭정崇禎 경진년(1640)에 계주 순무사蓟州巡撫使 원숭환袁崇煥이 황제를 구원하러 북경에 들어왔으나, 황제는 도리어 평대에 친히 나와 앉아 숭환을 찢어 죽였다는데 이곳이 곧 그 땅인 것 같다.

만불루萬佛樓

구룡벽을 거쳐 몇 걸음을 더 가면 큰 전각이 나타난다. 벽으로 둘러쌓아 감실을 만들어서 작은 부처를 앉혔는데, 한 감실에 부처 하나씩 도합 1만 개이다. 또 여섯 길 되는 관세음보살의 변상變相이 있는데, 머리 위에는 부처 1만 개를 둘러앉히고, 손 1천 개, 눈 역시 1천 개이며, 발로는 간악하고 흉한 짐승과 독한 뱀 등 요괴로 변화하여 아직 불성佛性을 얻지 못한 것들을 밟고 있었다.

그 앞에는 세 발 달린 큰 향로가 놓였는데 높이는 한 길 남짓 되었다. 수많은 요괴가 와서 팔로 떠받들고 다리로 버티며 눈을 부릅뜨고 입을 벌리고는 무엇을 부르짖는 모습이 마치 귀자모鬼子母[108]가 유리琉璃로 된 공양 그릇[鉢]을 떠받든 것과 같았다.

---

108) 불교에서 생육을 맡은 신.

극락세계極樂世界

새로 지은 몇백 칸 되는 큰 전각이 있는데 푸른 기와를 이었다. 방 안에는 침향목沈香木과 전단목旃檀木으로 오악五嶽 명산을 만들었다. 바위와 골짜기, 동굴과 계곡이 깊고 그윽하며 가파른 모양을 하고 있고, 사찰과 누각이 그 위에 펼쳐져 있다. 비단을 오려 꽃을 만들었고, 소나무나 전나무는 모두 구리와 쇠로 잎을 만들어 붙였는데 유달리 새파랗게 보인다.

몇 길 되는 폭포는 물보라와 거품이 일고, 파도가 치는 모습은 실제 같아서 보는 사람으로 하여금 의심하게 한다. 어떤 사람은 얼음으로 새겼다느니, 혹은 물이 부딪쳐서 생겨난 것이라느니 시끄럽게들 말하지만, 실은 유리를 녹여서 만든 것이다.

영대瀛臺

영대는 태액지 가에 있는데, 전각의 이름은 소화전昭和殿이고, 정자의 이름은 영훈정迎薰亭인데, 모두 누런 기와로 이었다. 언덕 위의 나무들은 모두 아름드리 고목으로, 그윽하고도 깊숙하여 햇살을 비춘다. 무지개다리와 복도는 구불구불 돌아가며 숲속으로 서로 통했다. 푸른 기와와 자줏빛 지붕 그림자는 못 가운데에 거꾸로 비친다. 때마침 연꽃이 막 떨어지는 때라, 갈대가 덮인 물가 마름

덩굴 사이로는 가끔 작은 거룻배가 연밥 송이를 따고 있었다.

남해자南海子

숭문문崇文門을 나서 남쪽으로 20리를 가면 큰 동물원動物園이 있는데 남해자라 부른다. 사방 둘레가 1백 60리나 되는데, 원元 때 천자가 사냥하던 곳이다. 명明에 이르러서 담장으로 둘러싸고 관리 자를 두어 지키게 하였다. 북경의 안팎에 새들이 드물게 보이는 까 닭은 나무와 숲이 없기 때문이다. 남해자까지 못 가서 몇 리를 두고 울창한 숲이 끝없이 바라다보이는데 까치·솔개·해오라기·황새 등 이 하늘을 뒤덮는다.

역관譯官 조달동趙達東이 뒤에 따라와서 말렸다.

"지금 남해자 관리자 마을에 돌림병이 크게 일어나 발을 들여 놓을 수 없고, 또 해도 짧아 갈 수 없을 것 같습니다. 여기서 대홍교 大紅橋가 20리이고, 대홍교로부터 안응대按鷹臺가 십여 리입니다. 남 해자 안에는 큰 못 세 군데가 있어 넓은 못물이 그득 차서 맑게 비 치며, 일흔두 개의 다리가 놓였습니다. 전각과 누대는 길가에서 보 던 것과 다를 것이 없고, 기른다는 기이한 새와 짐승들은 말을 달려 급히 가더라도 다 구경할 수도 없습니다. 이제 여기서부터 빨리 돌 아가더라도 성문 닫는 시각까지 닿기가 어려울 것 같습니다."

할 수 없이 서글픈 대로 수레 채를 되돌렸다. 천녕사天寧寺와 백

운관白雲觀을 지나 바삐 정양문正陽門에 들어오니 벌써 황혼이 지났다.

회자관回子館

회자관의 바깥 문은 벽돌로 쌓았는데, 만든 제도가 아주 기이하여 천주당天主堂에서 보던 것과도 달랐다.

문에 들어서 겨우 걸음을 몇 자국 옮겨놓지도 않았는데 개 두 마리가 와락 뛰어나와 입을 벌리고 으르렁거리고 짖었다. 깜짝 놀라 돌아서니 회회回回 어린이 수십 명이 손뼉을 치면서 똑같이 깔깔거린다. 문안 좌우에는 큰 기둥을 마주 세우고 몇 발 되는 쇠사슬로 기둥 아래에 개의 목을 비끄러매어 두고 문을 지켰다.

개가 사람을 보면 비록 와락 달려들기는 하지만 사슬 길이가 있어 언제나 사람 앞 몇 걸음의 거리에서 멈추게 된다. 그러나 그 형세는 매우 사납다. 회회 여자 10여 명이 나와 우리를 보는데, 모두 남자처럼 건장했다. 볼은 붉고 광대가 넓고 눈썹이 푸르고 눈은 붉었다. 그중 한 젊은 여인이 두어 살 난 어린애를 안고 섰는데, 그런대로 얼굴이 고왔다. 모두 흰옷에 머리를 묶어 십여 가닥으로 땋아 등 뒤에 드리웠다. 머리에는 흰 모자를 얹었는데, 광대들이 쓰는 고깔과 같고 옷은 우리나라 철릭[天翼]과 비슷한데 소매는 좁았다.

유리창琉璃廠

유리창은 정양문 밖 남쪽 성 아래에서 가로로 선무문宣武門 밖까지 이른 곳이다. 이는 연수사延壽寺 옛터이다. 송 휘종宋徽宗이 금에 포로로 잡혀 북으로 수레를 타고 갈 때 정 황후鄭皇后와 함께 연수사에서 묵었다. 지금은 공장이 되어 여러 가지 빛깔의 유리 기와와 벽돌을 만든다. 공장에는 사람의 출입을 금하고 기와를 구울 때면 더더욱 금기하는 것이 많아서 비록 기술자라도 모두 넉 달 먹을 식량을 갖고 들어가는데 한번 들어가면 마음대로 나오지 못한다고 한다.

공장 바깥은 모두 점포로, 재화와 보물이 넘친다. 서점으로 가장 큰 데는 문수당文粹堂·오류거五柳居·선월루先月樓·명성당鳴盛堂 등이다. 과거 준비를 하는 천하의 거인擧人과 중국 내 이름난 선비들이 많이들 여기에서 묵고 있다.

새 파는 가게[綵鳥舖]

가게 안에 온갖 새가 우는데, 산장山莊의 창 앞에서 봄철의 아침을 맞는 것 같았다. 모두 철사로 만든 작은 조롱으로 조롱 하나에 새 한 마리 혹은 두 마리씩이 들었는데, 두 마리 든 것은 암수 한 쌍이다.

새들은 대체로 우리나라에도 있는 것들이지만 그 이름은 알수 없었다. 조롱 속에는 다들 작은 종지에 물을 넣어 두었고, 몇 줄기 조 이삭을 걸어 두어 쪼아먹고 마시도록 하였다. 빈 조롱을 갖고 온 자들이 어깨를 부딪칠 정도로 많았다.

그때에 한림翰林 팽령彭齡이 주 거인周擧人과 함께 각각 빈 조롱을 들고 점방에 와서 새 한 쌍이 든 조롱과 바꾸어 가는데, 이 새는 우리나라의 속명俗名으로는 뱁새[109]로서 그렇게 희귀한 것도 아닌데 값은 50냥이나 내고 간다.

금계錦鷄는 모양이 닭과 비슷한데 볏이 없고, 턱 밑에 달린 쌍귀걸이 모양 살도 없고 부리와 목은 모두 붉고, 흰색 꼬리가 두 가닥으로 길게 있었다. 꼬리 끝은 조금 구부러졌는데, 푸른 동전 무늬가 한 점씩 있었다. 큰 물통에 물을 채워 두고 바깥에는 울을 두르고 위에는 그물로 덮었는데 그 속에다가 금계를 기르고 있다. 쇠로 만든 큰 바구니 속에 흰 꿩을 두었는데, 크기는 까치만 하고 금계와 꼬리가 같았다.

화초 파는 가게[花草舖]

가게에서 파는 꽃은 모두가 풀꽃이다. 가장 많은 것이 수국[繡

---

109) 원전에 뱁새라고 한글로 쓰여있다.

髢]과 가을 해당화海棠花와 패랭이꽃이다. 여러 가지 꽃을 구색에 맞추어 병에 벌여 꽂은 것은 모두 사계화四季花[110]요, 푸르고 모가 난 꽃병에 한 송이의 붉은 연꽃을 꽂았는데 크기가 바가지만 하고 잎은 손바닥 같다. 때마침 가을 국화가 한창이었는데, 다 우리나라에도 있는 것으로 학령鶴翎[111]이 제일 많았다. 줄기는 그리 길지 못하였다. 국화 중 금국金菊 품종이 가장 특이하였는데, 꽃송이는 겨우 동전만 하나, 새로 금박칠해 놓은 듯 샛노랗다. 수선화는 아직 피지를 못했고, 난초는 원추리와 비슷하였다. 매우 푸르렀으나, 향기는 나지 않았다.

---

110) 월계화.
111) 국화의 품종.

알성퇴술謁聖退述

순천부학順天府學

　북경의 동북쪽 모퉁이 땔나무 파는 시장 맞은편에 두 동네[坊]
가 있는데 그를 육현방育賢坊이라 한다. 두 방의 가운데가 순천부학
이다. 정문인 영성문欞星門에 들어가면 반월형으로 못을 팠는데, 이
것이 반수泮水이다. 여기에 세 개의 구름다리를 놓고 난간은 흰 돌
로 둘렀다. 다리 북쪽에 대문이 세 개 있는데, 중간이 대성문大成門
이, 왼편은 금성문金聲門, 오른편이 옥진문玉振門이다.

　공자 사당인 성전聖殿의 바깥 편액에는 '선사묘先師廟'라 했고,
안에는 '만세사표萬世師表'라고 썼는데 강희황제康熙皇帝의 글씨이다.
공자 위패에는 지성선사공자지위至聖先師孔子之位라 하였고, 네 분을

배향했는데 복성 안자復聖顔子[1]와 술성 자사述聖子思[2]가 동쪽에 있고, 종성 증자宗聖曾子[3]와 아성 맹자亞聖孟子[4]는 서쪽에 있었다. 사당 좌우 행랑채인 동무東廡와 서무西廡 사이에는 오래된 측백나무들이 많은 데 세상에 전하기를,

"노재魯齋 허형許衡[5]이 손수 심은 나무이다."라고도 하고 혹은, "야률초재耶律楚材[6]가 심은 것."이라고도 한다.

명륜당明倫堂은 사당의 동쪽에 있고, 계성사啓聖祠[7]는 명륜당의 북쪽에 있다. 규문각奎文閣은 명륜당의 동북쪽에 있고, 문승상사文丞相祠는 명륜당의 동남쪽에 있다. 중문 밖의 왼쪽은 명환사名宦祠이고, 오른쪽은 향현사鄕賢祠이다.

순천부학은 옛날 보은사報恩寺였다. 원元의 지정至正[8] 말년에 유람하던 승려가 호남湖南 지방에서 시주를 받아 절을 짓고, 불상을 채 안치하기도 전에 명明나라의 군대가 북경에 쳐들어왔다. 그들이 군졸들에게 공자 사당에는 들어가지 말라고 경계하자, 승려가 허둥대며 공자의 위패를 빌려다가 대웅전에 모셨다. 그 뒤에 결국 이 위패를 감히 옮기지 못하게 되어 결국 북평北平의 부학이 되었다가,

---

1)   안회顔回.
2)   공급孔伋.
3)   증삼曾參.
4)   맹가孟軻, 맹자.
5)   1209~1281, 원의 유학자. 노재는 호, 형은 이름. 자는 중평仲平.
6)   1190~1244 원元 학자. 자는 진경晉卿, 거란인이다.
7)   공자의 아버지인 숙량흘叔梁紇을 모신 사당.
8)   1341~1367.

청淸의 수도가 북경으로 옮겨진 뒤 곧 순천부학이 되었다 한다.

태학太學

북경 동북쪽 모퉁이에 있는 동네를 숭교방崇敎坊이라 하고, 패루牌樓 네거리를 성현가成賢街라 하며, 패루 안에는 국자감國子監이라 쓰여있다.

영락永樂 2년(1404)에 왼편은 공묘孔廟, 오른편에는 태학을 세웠다. 선덕宣德 4년(1429) 8월에는 대성전大成殿 앞 동무東廡와 서무西廡를 수리하였다. 이에 앞서, 태학이 원元에 의해 더럽혀졌다며 이부 주사吏部主事 이현李賢이 수리할 것을 황제에게 아뢰어 그 말을 따랐던 것이다. 정통正統 9년(1444) 1월에 태학이 완공되자, 천자가 친히 나와서 선성先聖에 참배하고 석전례釋奠禮9)를 거행하고, 이륜당彝倫堂에 물러나와 좨주祭酒 이시면李時勉에게 강의를 하도록 하였다.

홍치弘治10)라 연호年號를 고치고 나서는 황제가 또 태학에 갔는데, 이때 『성가임옹록聖駕臨雍錄』이라는 책이 완성되어 황제의 칙지勅旨·황제에게 올린 장주章奏·의례儀禮·공문서·강의講義·관직官職 등에 관한 일이 빠짐없이 기록되었기 때문에, 태학의 제도는 이때 완비

9)   문묘文廟에서 공자孔子를 제사 지내는 전례典禮.
10)   명明 효종孝宗의 연호.

되었다.

만력萬曆 경자년(1600)에 성전 기와를 유리 기와로 바꾸었으니, 사업司業 부신덕傅新德의 청에 따른 것이었고, 숭정崇禎 14년(1641년)에 또 태학을 수리하였는데, 낙성이 된 뒤 8월에 천자가 태학에 거둥하여 좨주祭酒[11] 남거인南居仁이 고요모皐陶謨[12]를 강의하고, 사업 나임대羅大任은 『주역周易』의 함괘咸卦를 강의했는데, 이때에는 벼슬의 문文·무武를 막론하고 삼품 이상의 관리들이 함께 앉아 강의를 듣고 천자로부터 차를 하사받았다. 강의가 끝나자 천자가 경일정敬一亭에 들러 세종世宗이 세운 정자程子[13]의 사잠비四箴碑[14]와 석고石鼓[15]에 새긴 글자가 닳아진 것을 보고, 다시 수리하고 보고하라고 명령하였다. 『장안객화長安客話』[16] 중에는,

"국초國初에 고려高麗에서 김도金濤 등 네 사람을 보내어 태학에 입학시켰다. 홍무洪武 4년(1371)에 김도가 진사進士에 올라 귀국하였다."

라 하였다. 또 『태학지太學志』[17]를 상고해 보면,

"융경隆慶 원년(1567)에 황제가 태학에 거둥하였는데, 조선朝鮮

---

11) 태학太學에 속한 벼슬.
12) 『서경』의 편명.
13) 송宋 유학자 정이程頤.
14) 정이가 『논어論語』의 '비례물시非禮勿視·비례물청非禮勿聽·비례물언非禮勿言·비례물동非禮勿動' 구절을 취하여 「사물잠四勿箴」을 지었는데, 이 글을 새긴 비석이다.
15) 주周·진秦 때의 돌 북에 새긴 고문古文.
16) 明나라 장일규蔣一葵 지음.
17) 명나라 곽반郭鎜 지음.

사신 이영현李榮賢 등 여섯 사람이 각기 제 등급에 알맞은 의관衣冠을 갖추고 이륜당에 가서 문신文臣 반열의 다음에 섰다."

라고 했다.

나는 부사副使와 서장관書狀官을 따라 뜰에서 재배례再拜禮를 행하였다. 내가 얼마 전에 참배했던 열하의 태학은 북경의 태학을 보고 만든 것이었다. 지금 이 묘의 제도를 두루 살펴보니, 아마도 명明의 옛 제도를 본뜬 듯한데, 황제의 태화전에 비하면 비록 조금 작지만 그 만든 제도의 정제된 모양은 비슷했다. 뜰과 섬돌의 넓이라든가 행랑과 곁채의 둘레는 또한 동악묘東岳廟에 비교할 바가 아니었다.

성인들의 위패는 모두 함에 넣고 누런 휘장을 드리웠다. 강희 연간에 주자朱子를 공문십철孔門十哲[18]의 다음에 배향하였다. 거문고·비파·종·북 등의 악기를 성전 속에 진열해 놓았다.

동무와 서무에는 백 명을 뒤이어 배향했는데, 위패의 모든 설치가 성전과 다름없었다. 태학당太學堂에는 일곱 개의 윤리를 강론하는 장소가 있으니, 회강會講·솔성率性·수도修道·성심誠心·정의正義·숭지崇志·광업廣業이라는 이름이었고 이곳은 모두 여러 생도가 공부하는 곳이라 한다.

이륜당 앞에 심은 측백나무는 세속에서 전하기를, 원元의 유학

---

18) 안회顔回, 민자건閔子騫, 염백우冉伯牛, 중궁仲弓, 재아宰我, 자공子貢, 염유冉有, 계로季路, 자유子游, 자하子夏이다.

자 허형許衡이 손수 심었다고 한다. 사당 문에는 석고石鼓 열 개를 늘어놓았는데, 주 선왕周宣王의 엽갈獵碣[19]이다.

어떤 사람은 말하기를,

"안로공顔魯公의 쟁좌위첩爭座位帖[20]과 장평숙張平叔의 금단사백자金丹四百字[21]와 조문민趙文敏[22]이 임모臨摹한 왕우군王右軍[23]의 악의론樂毅論·황정경黃庭經·난정정무본蘭亭定武本[24] 등의 다섯 비첩碑가 모두 이 태학 안에 있다."

고 하는데 어디서 찾아야 할지를 몰라 결국 구경을 못 하고 돌아섰다.

학사學舍

어제는 조교助教[25] 구양歐陽이 국자감 안팎의 학사 제도를 적어 보여주었다.

---

19) 수렵狩獵을 기념하기 위하여 세운 비석.
20) 안로공은 안진경顔眞卿의 봉호. 자는 청신淸臣, 안진경의 서첩書帖 이름.
21) 송의 도사道士 장백단張伯端. 평숙은 그의 자. 금단사백자는 장백단이 유해섬劉海蟾으로부터 받았다는 연금술鍊金術 비결秘訣.
22) 조맹부趙孟頫의 시호. 자는 자앙子昻.
23) 왕희지王羲之. 우군은 벼슬. 자는 일소逸少.
24) 왕희지 자신이 지은 「난정기蘭亭記」를 쓴 서첩. 무정은 남북조南北朝 때 동위東魏 효정제孝靜帝의 연호.
25) 태학의 교관教官.

내호內號 학사는 광거문廣居門의 오른편에 있다. 문에는 퇴성退省이라 적혀있고, 사방으로 연결된 것이 모두 49칸인데, 남쪽에는 욕탕과 화장실이 있다. 퇴성문退省門으로부터 점점 북으로 꺾어져 서쪽 방향에는 천天·지地·인人·지知·인仁·용勇·문文·행行·충忠·신信·규規·구矩·준準·승繩·기紀·강綱·법法·도度 등 18호의 학사가 있는데, 매 호마다 21칸의 규모이다. 도度자가 붙은 학사 북쪽에 보안당保安堂이라는 5칸이 있는데, 국자감 생도 중의 병자를 수용한다.

이륜당 뒤에는 격格·치致·성誠·정正 등의 이름을 붙인 학사가 있으며 모두 98칸이다. 가정嘉靖 7년(1528)에 경일정敬一亭 밖에 다시 세웠다.

동호東號 학사는 문묘文廟의 왼편에 있는데 모두 34칸이다. 대동호大東號 학사는 거현방居賢坊 새만백창賽萬百倉 서문가西門街에 있다. 문이 둘이 있다. 하나는 등준登俊 문인데 동서의 양쪽으로 연결된 학사가 모두 40칸이었고, 또 하나는 집영集英 문인데 학사가 27칸이다.

신남호新南號 학사는 북성北城 이조호동二條衚衕 동쪽 입구에 있는데, 문이 한 채에 동서로 방이 연결된 것이 모두 34칸이고, 남북으로는 4칸이다. 소북호小北號 학사는 거현방 호동에 있고 문이 한 개이고, 남북으로 집이 두 줄로 나뉘어졌는데 모두 80칸이다. 교지호交趾號 학사는 국자감의 남쪽에 있고 문 하나에 남북으로 두 줄로 나뉜 방이 모두 28칸이다.

서호西號 학사는 성현가成賢街의 서북쪽, 국자감과의 거리는

50보쯤 되는데, 옛날 운한사雲閒寺 터이다. 작은 방 10칸과 또 2층 방은 모두 9칸인데 국자감에 소속된 관리들이 번갈아 거처한다. 북쪽 작은 방 4칸과 남쪽 1칸과 서쪽에 가까운 작은 방 16칸이 있는데, 여기는 국자감생國子監生만이 쉬는 곳이라 한다.[26]

밤에 내원來源과 함께 계산을 해보니, 전부가 580여 칸이다. 그밖에도 이륜당을 비롯하여 동서 강당과 서고, 식량 창고와 식당, 의원 약방인 양호실과 종 치고 북 치는 누각, 부엌·목욕탕과 잘못을 바로잡는 방[繩愆堂], 박사博士가 거처하는 대청과 계성사啓聖祠·토지사土地祠 등이 얼마나 더 있는지는 알 수 없다.

구양 조교의 이러한 기록은 아마도 외국 사람에게 과시하려는 것 같다. 그런데 한漢·당唐에 비한다면 저절로 초라한 감이 없지 않다. 송宋의 경력慶曆 연간[27]에 왕공진王拱辰이 국자감을 맡으며 말하기를,

"한漢나라의 태학이 1,800칸이고 생도가 3만 명이나 되었고, 당唐나라 때는 6,200칸이나 되었다."라고 했으니, 당시 학사의 넓음과 생도의 수효가 많았던 것은 후대에 비교할 바 아니다.

또 살펴보면, 명明나라 홍무洪武 4년(1371)에 천자의 명령으로 지방에서 뛰어난 수재들을 뽑아 국자감에 입학시키라고 했는데, 당시는 난리가 갓 평정되어 떠돌던 이들이 아직도 많을 때였지만, 그

26) 여기까지는 명나라 「태학지」의 내용을 베낀 것이다.
27) 1041~1048.

래도 진여규陳如奎 등 2,782명이 입학하였고, 홍무 26년(1393)에는 열자悅慈 등 국자감생이 8,124명이었고 영락永樂 19년(1421)에는 방영方瑛 등 국자감생이 9,884명에 이르렀으나, 그래도 아직 1만 명을 채우지 못했다. 명나라도 그 이전 시대의 선비를 기르던 성대함에 비교해 보면 한참 못 미침을 알 수 있다.

지금 청淸은 나라를 세운 지도 이미 오래되어 나라 안이 태평하고 문물과 교화가 찬란히 빛나 제 스스로 한·당보다 낫다고 자랑하지만, 오늘 내가 여러 학사를 돌아보니 십중팔구는 빈 방뿐이다. 더구나 며칠 전에 간신히 석전釋奠을 지내는데 대성문大成門 왼편 극문戟門의 왼편 벽에 써 붙여 둔 참례한 제생諸生의 명단을 보니 겨우 4백여 명에 불과하였다. 그것 역시 모두가 만주인과 몽고인뿐이고, 한인은 하나도 없음은 무슨 까닭인가? 한인은 비록 벼슬을 하여 공경公卿에 이르렀다 하더라도 황성에서는 집을 얻을 수 없으니, 이 수도의 땅에는 유학하는 한족 선비도 감히 살 수 없어서 그런 것인가? 아니면 중화 민족이라고 저들 오랑캐 종족과 한 책상에서 공부함을 치욕으로 여겼기 때문인가?

그러나 여기에서도 오히려 본받고 훌륭히 여길 것이 있다. 이곳 서재와 학사들이 텅텅 비어 있다면 응당 먼지에 파묻히고 잡풀이 돋았을 것인데, 어디든지 씻고 닦아 맑게 정돈되지 않은 데가 없었다. 탁자들은 가지런하고, 창호는 비록 종이 바른 지는 오래되었지만 밝고 하나도 찢어지고 떨어진 곳이 없었다. 이것은 비록 한 가지 일이지만 중국 법도의 대체를 짐작할 수 있겠다.

역대비歷代碑

반적潘迪[28)의 석고음훈비石鼓音訓碑는 대성문 왼편 극문戟門에 있다. 원元의 대덕大德 11년(1307)에 세운 가봉성호조비加封聖號詔碑[29) 한 개는 외지경문外持敬門에 있으며, 지순至順 2년(1331)에 세운 가봉선성부모처병사배제사비加封先聖父母妻竝四配制祠碑[30) 한 개는 대문 서쪽에 있고, 명明의 홍무洪武 3년(1370) 신명학제비申明學制碑[31) 한 개, 15년(1382) 칙유태학도비勅諭太學圖碑[32) 한 개, 16년(1383) 정학규비定學規碑[33) 한 개, 30년(1397) 흠정묘학도비欽定廟學圖碑[34) 한 개, 가정嘉靖 7년(1528)에 지은 경일정敬一亭을 세워 황제의 뜻을 알린 어제성유비御製聖諭碑 한 개, 정통正統 9년(1444) 어제중수태학비御製重修太學碑 한 개, 홍무 연간에 세웠다는 4개 비는 남태학南太學에 있던 것으로, 뒤에 다시 새겨 이 태학 가운데 세운 것 같다.

지금 청의 인황제仁皇帝가 지은 선현찬비先賢贊碑[35) 한 개와 안증사맹찬비顏曾思孟贊碑[36) 한 개는 모두 강희 28년(1689) 윤삼월에 세운

---

28)   원元의 학자, 석고의 문자를 해설해서 만든 석고음훈비를 세웠다.
29)   공자에게 성인이라는 호칭을 내린다는 내용.
30)   공자의 부모와 처, 4인의 제자에게도 봉해준다는 내용.
31)   태학의 제도를 밝힌다는 내용.
32)   태학에 내린 조칙을 적음.
33)   태학의 학규를 정함.
34)   문묘와 태학을 그림으로 그림.
35)   공자를 찬양한 내용.
36)   안자, 증자, 자사, 맹자를 찬양한 내용.

것이다. 아로덕유阿魯德猶를 평정하고 그 머리를 바친다는 내용의 어

제헌괵비御製獻馘碑 한 개는 강희 43년(1704)에 세운 것이다.

역관譯官 조달동趙達東을 시켜 여러 비석의 글들을 나누어 베끼

도록 하였는데, 다 베낄 수가 없었다. 볼 만한 글이 많았으나 모두

열람하지 못한 것이 유감스러울 뿐이다.

명조진사제명비明朝進士題名碑

국자감의 진사제명비進士題名碑[37]는 명明나라 선덕宣德 5년(1430)

임진林震의 방榜으로부터 시작되어 숭정崇禎 13년 경진(1640) 위덕조魏

德藻의 방까지 7개이다.

그 아래도 오히려 비석 2개는 더 세울 만했으나 황제는 진사에

싫증이 나서 낙제한 거인擧人 사돈史惇·오강후吳康矦 등을 머물게 하

고 특별 채용을 하려고 하였다. 사돈 등이 진사의 전례에 따라 공자

의 사당을 알현하는 석채례釋菜禮에 참가하고 비석을 세워 이름을

적을 것을 청원하자, 황제가 이를 승낙하였다.

태학사太學士 주연유周延儒[38]가 칙명을 받들고 글을 지었는데 경

진년에 세운 비석 다음에 세웠다. 가정 16년 계미년(1643)에 양정감

---

37)   진사과에 합격한 사람들의 이름을 새긴 비석.
38)   1593~1643, 동각 태학사를 지냈다. 자는 옥승玉繩. 호는 읍재挹齋이다. 말년에 처신을 잘못해
      서 자살을 하게되었고, 간신이라고 지목되었다.

楊廷鑑의 방 뒤부터는 비석을 세울 만한 자리가 없어져, 이때부터 명나라의 진사제명비는 끝났다고 한다.

지금 청의 과거 제도는 명의 옛 제도를 그대로 본떠 진사 이름을 쓴 비석은 밭고랑처럼 **빽빽**하게 들어서서 이루다 기록할 수 없었다.

만일 덕화德化가 널리 미치고 왕조의 운명이 오래도록 연장되거나, 중국의 왕조가 갈리더라도 언제나 북경을 수도로 삼아 태학에 비를 세우는 관례를 없애지 않는다면, 그 많은 이무기 비석머리와 거북이 등의 흔한 비석들을 어느 땅에 다 세울지 모르겠다.

석고石鼓

석고石鼓는 10개인데 천간天干[39] 차례로 대성문 좌우 극문戟門 안에 각기 5개씩 세웠다. 주 선왕周宣王이 기산岐山 남쪽에서 사냥을 크게 하고 돌을 깎아 북을 만들어 그 일을 기록한 것이다. 높이는 두 자 남짓하고 폭이 한 자 남짓 되는데, 그 글씨는 사주史籀[40]의 필적이요, 글은 『시경』의 체와 같으니, 천자의 사냥을 찬송하는 노래이다.

---

39)   갑甲·을乙·병丙·정丁·무戊·기己·경庚·신辛·임壬·계癸.
40)   주周 선왕 때의 태사太史.

석고는 원래 진창陳倉41)에 있던 것을 당唐의 한유韓愈42)가 박사로 있을 때, 좨주祭酒에게 청하여 태학으로 옮겨두려 하였으나 뜻을 이루지 못했다. 재상宰相으로 있던 정여경鄭餘慶43)이 봉상부鳳翔府44)의 장관으로 있을 때, 이 북을 봉상의 성묘에 가져다 두었다. 뒤에 오대五代의 난리에 석고는 모두 흩어져 잃어버렸다. 송宋의 사마지司馬池45)가 봉상부의 장관으로 있을 때 이를 찾아서 다시 봉상부의 태학에 두었으나, 한 개는 잃어버렸다가 황우皇祐 4년(1052)에 상전사尚傳師가 잃었던 북 1개를 찾아 드디어 10개를 채웠다.

대관大觀 2년(1108)에는 수도를 북경에서 변경汴京46)으로 옮기고 황제가 그 글자 새긴 자국을 금으로 메우도록 명령하고, 처음 태학에 두었다가 다음은 보화전寶和殿으로 옮겼다. 정강靖康 2년(1127)에 금인金人들이 변경을 함락시키면서 담요로 겹겹이 싸서 수레로 끌어 북경까지 가지고 왔다. 글자를 메웠던 금은 후벼 내버리고 왕선무王宣撫의 집에 두었다가 다시 대흥부학大興府學으로 옮겼다. 원元의 대덕大德 11년(1307)에 우집虞集47)이 대도大都의 교수敎授로 있으면서

---

41) 섬서성에 있던 옛 지명.
42) 당唐의 유학자. 자는 퇴지退之.
43) 748~820, 당나라 재상을 지낸 인물, 자는 거업居業, 문장과 서예에 능했다. 문집으로『정여경집』이 있었으나 현재 실전되었다.
44) 섬서성에 있던 옛 고을.
45) 980~1041, 시어사를 지냈다. 자는 화중和中.
46) 지금의 개봉시開封市, 북송北宋 때의 수도.
47) 1272~1388, 원元의 문인. 자는 백생伯生 호는 도원道園. 글씨를 잘 썼는데 모든 서체에 능하였다.

이를 풀숲의 진흙 속에서 찾아내어 비로소 국학에 두게 되었다. 그 중에 기자고己字鼓는 민간에 굴러다니며 윗부분을 우묵하게 파서 절 구를 만드니 새긴 글자는 더욱 닳고 이지러졌다.

옛날 유적 중 석고만큼 기구한 사연을 가진 것도 없을 것이다. 내가 나이 18세 때 처음으로 한유韓愈와 소식蘇軾의 석고가石鼓歌를 읽고, 그 글을 기이하게 여긴 적이 있으나, 다만 석고에 새긴 전 문 장을 보지 못한 것을 한탄했었다. 그런데 오늘 내 손으로 석고를 어루만지면서, 입으로는 반적潘迪의 석고음훈비石鼓音訓碑를 읽었으니, 이 어찌 외국인으로서 행복스러운 일이 아니겠는가?

문승상사文丞相祠

문승상[48]의 사당은 땔나무 시장에 있으니, 동네 이름은 교충 방敎忠坊이다. 사당은 세 칸으로 앞에 대문이 있다. 또 대문 앞으로 사당의 서쪽은 회충회관懷忠會館이 있다. 강우江右[49] 지방의 사대부들 이 설에는 이곳에 모여 제사를 드린다고 한다.

명나라 홍무 9년(1376) 북평 안찰부사北平按察副使 유숭劉崧이 처음 으로 사당 짓기를 청원하여 영락永樂 6년(1408) 태상박사太常博士 유이

---

48) 문천상(1236~1283), 남송 말기 충신이다. 원나라에 포로로 잡혀 가서 굴하지 않다가 죽었다. 자는 송서宋瑞, 호는 문산文山, 후에 승상丞相 신국공信國公에 봉해졌다.
49) 강서성 지방.

절劉履節이 황제의 명령을 받들고 제사에 대한 의례를 정리하고, "문천상이 송宋의 왕실에 충성한 사람이긴 하오나 연경은 곧 그가 죽어서 절개를 이루던 땅이오니 사당을 지어 제사를 지내 주시기를 청하옵니다."

하고 아뢰었더니, 황제가 이를 따랐다.

유악신劉岳申[50]의 「신공전信公傳」을 상고해 보면,

"공公이 연경 객사에 이르자 최고의 손님으로 대우하여 장막을 쳤는데, 공은 의리상 차마 여기서 거처하지 못하고 앉아서 아침을 맞았다. 장홍범張洪範이 와서 그가 굴복하지 않던 진상을 상세히 여쭙자 병마사兵馬司를 보내어 형틀을 채우고 빈방에 가뒀다. 10여 일 만에 결박을 풀고 칼을 빼앗은 뒤에 4년 동안 감금하였다. 시를 지어서 『지남록指南錄』3권과 그 후록後錄 다섯 권, 두보 시를 모은 집두集杜[51] 2백여 편이 있는데, 모두 자작 서문을 남겼다."

고 하였고, 조필趙弼[52]의 「신공전信公傳」에는,

"공이 땔나무 시장으로 끌려 나오자 구경꾼이 만 명이나 되었다. 공은 남쪽 송나라를 향해 두 번 절을 했다. 이날에 대풍이 일어 모래를 날려 천지가 캄캄해지니 궁중에서는 촛불을 치켜들고 다닐 정도였다. 세조世祖가 장진인張眞人[53]에게 까닭을 물었더니, 그가 대

---

50) 원元 학자. 자는 고중高仲, 호는 신재申齋.
51) 두시杜詩에서의 집구集句.
52) 자는 보지輔之, 호는 설항雪航, 저서에 효빈집效嚬集이 있다.
53) 송의 도사 장백단張伯端. 자는 평숙平叔.

답하기를, '이는 아마도 문 승상을 죽여서 생긴 소치인가 봅니다.'
하였으므로, 황제는 곧 공에게 특별히 금자광록대부 개부의동검교
태보 중서평장정사 여릉군공金紫光祿大夫開府儀同檢校太保中書平章政事廬陵郡
公이라 추증追贈하고, 또 시호를 충무忠武라 하여 추밀樞密 왕적옹王積
翁54)을 시켜 신주를 써서 땔나무 시장을 깨끗이 청소하고, 단壇을
모아 제사를 했다. 승상 발라孛羅가 초헌례初獻禮55)를 행할 때 별안간
회오리바람이 불어 신주를 구름 속으로 휩싸서 올라가 버렸다. 할
수 없이 신주에 전 송나라 승상[前 宋丞相]이라 고쳐 썼더니 하늘이 비
로소 맑게 개었다.

문천상이 막 죽었을 때 강남江南에서 10명의 의사義士가 와서 공
의 시체를 거적에 싸서 둘러메고 남문南門 밖 길가에 매장을 했다.
대덕 2년(1298)에 공과 의로 맺은 아들 승隆이 연경에 왔을 때 비단
짜는 집에 시집간 여인을 만났는데, 그는 곧 공의 옛날 몸종인 녹하
綠荷였다. 그녀가 승에게 이야기를 하고 드디어 공의 시체를 고향인
여릉廬陵56)에 반장返葬57)했다. 선덕 4년(1429)에 부윤府尹 이용중李庸重
이 사당을 짓고, 매해 봄 가을 중간 삭일에 유사有司가 제사를 차려
모시게 되었다."고 했다. 따로 한 편 기문을 남겼다.

---

54) 1229~1284, 송에서 벼슬을 하고 원에 저항하다가 송나라가 망하자 원에서 벼슬을 하였다.
   나중에 일본으로 사신가다가 피살되었다. 자는 양신良臣.
55) 제사할 때 첫 술잔을 따르는 예禮.
56) 강서성에 있던 옛 현縣의 이름.
57) 객지에서 죽은 사람을 이장하여 고향에 묻어 줌.

문승상사당기文丞相祠堂記

문승상의 사당을 참배하러 갔다. 사당은 땔나무 시장에 있으니, 곧 선생이 순절한 곳이다. 동네 이름은 교충방敎忠坊이다. 원의 시대에는 선비 차림으로 소상塑像을 만들었더니, 명의 정통正統 13년(1448)에 순천 부윤順天府尹 왕현王賢이 임금에게 여쭈어 송宋나라 때 승상의 복장으로 고쳤고, 제사를 올린 것은 영락 6년(1408)에 처음으로 했으며, 매년 봄가을 중삭仲朔58)에 황제가 순천 부윤을 보내어 제사를 지내게 하니 술이 세 종류, 과일이 다섯 종류, 비단이 한 필, 양羊이 한 마리, 돼지가 한 마리였다.

나는 두 번 절하고 물러나면서 한숨을 쉬고 탄식하며 말했다.

"역사상 흥하고 망하는 시점에는 하늘 뜻을 확실히 알 수 있는 것이다. 그것들은 요망스러운 재앙과 상서로운 조짐으로 나타나서 그 뜻이 나라를 몰아내 없애려는 것인지, 나라를 잡아 세우는 것인지는 비록 부녀자와 어린아이라도 하늘의 뜻이 어디에 있다는 것을 뻔히 볼 수 있을 것이다.

그러나 충신이나 의사들이란 사람은 한갓 단신으로 하늘에 대항하려고 하니, 이 어찌 어긋나며 또 어려운 일이 아니겠는가! 천하를 얻을 수 있는 위엄과 무력이라도 한 사람 지사의 절개를 꺾지는 못한다. 이것은 지사 한 사람의 꿋꿋한 절개는 백만 명의 군대보다

58)   2월과 8월 초하루.

도 강한 것이고, 만대를 통하는 떳떳한 도덕규범은 한때 나라 하나를 얻는 것보다도 더 중할 것이니, 이 역시 천도天道로 볼 수 있을 것이다.

만약 나라의 터전을 처음 일으키는 임금이 자기의 역량과 일의 핵심을 충분히 살펴 가지고 천자의 지위를 얻었다면, 이는 하늘이 명한 것인가? 아니면 자신의 힘만으로 얻었다고 보아야 할 것인가? 또 하늘이 이미 천자의 지위를 명하였지만 내가 힘을 쓰는 것은 용납하지 않았다면 역시 자신으로써 천하의 책임을 맡게 한 것인가? 그렇지 않으면 천하를 가지고 자신에게 이롭게 하려는 데에 지나지 않는 것인가? 하늘이 내 몸을 써서 천하를 이롭게 하고자 한다면, 천하를 이롭게 하는 방법은 역시 어떤 원칙[道]이 있을 것이니, 그것은 곧 천명을 받아 도탄 속에 빠진 백성들을 구해낼 따름인 것이다.

그러므로 무왕武王이 포악한 주왕紂王을 정벌한 것은 무왕이란 개인이 이를 멋대로 한 것이 아니라, 곧 정의를 가지고[有道] 무도無道한 자를 정복한 것이다. 그리하여 당당히 천하를 차지하고서도 무왕은 천자의 자리를 자신의 즐거움으로 삼지 않았다. 그렇기 때문에 하늘에 대하여 의심함이 없고, 사람에 있어서도 꺼림이 없었으며, 적국에 대하여는 원수가 없고, 천하 사람에 대해서는 내가 아니면 안 된다는 맘을 갖지 않고 도가 있는 곳을 따라 나아갔을 뿐이었다.

무왕이 기자箕子를 방문한 것은 기자 개인을 찾아간 것이 아니라, 그의 도를 찾은 것이고, 도를 찾았다는 것은 그것이 천하에 이익을 줄 수 있었기 때문이다. 만일 무왕이 기자를 강제로 을러서 신하로 삼으려 했다면, 기자도 역시 문천상처럼 홍범구주洪範九疇[59]를 껴안고 땔나무 시장으로 가서 죽으면서 '도를 전하고 전하지 못하는 것이 나에게 무슨 상관이 있겠는가?'라고 했을 것이다.

후세에 와서 천하를 차지한 사람들 역시 하늘로부터 명령을 받았다고 하지 않는 사람이 없다. 그렇지만 자신의 힘과 일의 핵심을 잘 살피지 못하였기 때문에 하늘을 믿지 않았고, 하늘을 믿지 않았던 까닭에 다른 사람을 꺼리지 않을 수 없게 되었다. 무릇 자기 힘으로 굴복시킬 수 없는 자는 모두 자기의 강적일 것이라 여겨 그들이 의병을 규합하고 이전 나라를 회복할 것을 늘 두려워하기 때문에 천하를 차지한 자는 차라리 '그 사람'을 죽여 후환을 없애는 것만 같지 못하다고 생각하는 것이다.

'그 사람'이란 자도 또한 자신이 한 번 죽음으로 천하에 대의를 밝히고자 하는 것이다. 여기서 '그 사람'이란 천하의 부형父兄이라 할 수 있을 것이니, 천하의 부형을 죽이고 어찌 그 자제子弟들의 원수가 됨을 면할 수 있을 것인가?

아아! 천하의 흥망이란 일정한 운수가 있으니, 망한 나라의 남겨진 백성으로 절개를 지킨 문승상 같은 분이 배출되지 않은 적은 없었다. 그러면 당시 하늘의 명령을 받은 새 나라의 임금은 이 같은

---

59) 기자가 무왕의 물음에 응한 아홉 가지의 정치 요강要綱.

'그 사람'에 대해서 어떻게 대처해야 될 것인가? 나는 '그를 백성으로 대하되 신하로 삼지 말고, 존경은 하되 직위는 주지 말고, 봉작도 조회도 하지 않는 반열에 두면 될 뿐'이라고 대답할 것이다.

그러면 원 세조元世祖60)로서 할 일은 친히 문승상의 사관을 찾아가서 손수 그가 쓴 칼61)을 벗기고 동쪽을 향해 그에게 절을 하면서 오랑캐를 중화로 변화시키는 방법을 묻고 천하의 백성들과 함께 그를 스승으로 섬겼어야 할 것이다. 이것이 역시 옛날 임금들의 아름다운 법도일 것이다.

백이伯夷같이 좁은 성격이라 벼슬을 거부하든, 이윤伊尹62)처럼 적극적이라 벼슬을 하겠다고 나서든, 그것은 곧 왕이 알아서 택할 길일 것이다. 문승상의 고향 여릉廬陵의 백묘쯤 되는 밭을 떼어 주고 세금을 물리지 않는다면, 녹봉을 주지 않아도 먹을 수 있을 것이다.

아아! 저 '황관黃冠63)을 쓰고 고향으로 돌아가겠다'는 문천상의 말은 곧 흰 말을 타고 동으로 나가려는 뜻64)이나 무엇이 다르겠는가? 사람으로서 응당 지켜야 할 윤리를 서술하는 까닭이나, 예악禮樂을 일으키는 이유는 무엇인가? 선생의 뜻은 바로 이것을 벗어나지 않으려고 했던 것이 아닐까?"

60) 홀필렬忽必烈.
61) 중죄인에게 씌우던 형구.
62) 은殷의 이름난 재상[名相].
63) 농부가 쓰는 갓.
64) 기자가 주周의 신하가 되기 싫어서 흰 말을 타고 조선으로 나왔다는 고사.

관상대觀象臺

성에 붙여 쌓은 높은 축대가 성첩보다 한 길 남짓이 솟은 곳을 관상대觀象臺라 한다. 관상대 위에는 여러 가지 관측하는 기계들이 있는데, 멀리서 보면 큰 물레바퀴 같다. 이것들로 천체와 기후를 연구한다. 무릇 해와 달, 별의 움직임과 바람과 날씨의 변화 현상을 이 대에 오르면 예측할 수 있다.

관상대 아래는 이 사무를 맡은 관청이 있는데 즉 흠천감欽天監이다. 그 건물[正堂]에 붙어 있는 현판에는 '관찰유근觀察惟勤'65)이라 쓰여 있다. 뜰 여기저기에 관측하는 기계를 놓았는데, 모두 구리로 만들었다. 내가 이 기계들의 이름을 알 수 없었을 뿐 아니라, 만든 제도와 모양들도 모두 이상하고 기이하여 보는 사람의 눈과 정신을 얼떨떨하게 했다.

관상대에 올라가니 성은 한눈에 굽어볼 것 같았는데, 근무하는 자가 굳이 막아서서 올라가지 못하고 돌아섰다. 관상대 위에 진열한 기계들은 아마도 혼천의渾天儀와 선기옥형璿璣玉衡 종류 같아 보였다. 뜰 한복판에 놓여 있는 것들도 역시 내 친구인 정석치鄭石癡66)의 집에서 본 물건과 같았다.

석치는 일찍이 대나무를 깎아 손으로 여러 가지 기계를 만들

---

65) 관찰을 오직 부지런히 한다는 뜻.
66) 정철조鄭喆祚. 석치는 호.

었다. 그러나 이튿날 보러 가면 그는 벌써 부셔 없애 버렸다. 언젠가 홍덕보洪德保[67]와 함께 정의 집을 찾아갔는데, 두 친구가 서로 황黃·적도赤道와 남南·북극北極 이야기를 하다가 때로는 머리를 흔들고, 또는 고개를 끄덕이곤 하였는데, 그 이야기들이 모두 난해하여 나는 자느라고 듣지 못하였더니, 두 친구는 새벽까지 그대로 어두운 등잔을 마주 대하고 앉아 이야기를 하고 있었다. 정의 말이 기억에 남는 것이 있는데,

"우리나라 강진현康津縣은 북극 몇 도인데, 중국 황하黃河가 회수淮水로 들어오는 입구와 서로 직선으로 되어 있으므로 탐라耽羅의 귤橘이 바다를 건너 강진에만 오면 탱자가 된다."

했다. 이 이야기가 근거 없는 소리는 아닐 것이다.

시원試院[68]

시원의 담 둘레는 거의 5리나 된다. 벽돌로 쌓아 성과 같고, 미끈하기가 도끼로 깎아놓은 듯하였다. 높이는 두 길 남짓하고, 위에는 가시를 올려놓았다.

중앙에는 큰 집이 한 채 있고, 네 둘레에는 한 칸 방 수천 개가

---

67) 홍대용洪大容. 자는 덕보.
68) 과거시험장.

있는데 방 사이 간격이 반 칸씩 되었다. 방 좌우편은 창문을 내어 햇볕을 받아들이고, 앞에는 판자문을 내고, 가운데는 작은 온돌을 만들고, 부엌과 목욕탕까지 갖추었다. 밖은 벽돌담으로 처마를 내지 않고 쌓았는데, 방들이 하나도 허물어진 데가 없고, 안팎이 정결하다. 비록 담장을 뚫고 부정행위를 하고 싶어도 담장이 철옹성처럼 견고하므로 어찌할 수 없게 생겼다.

어제 과거에 떨어진 거인擧人의 시권試券을 보았는데, 길이는 두 자 남짓하고 폭은 여섯 자인데 책 만드는 데 항상 사용하는 종이로 만들었다. 정井자 모양의 붉은 줄을 쳤는데, 해서楷書체 글자로 가늘게 쓴다면 한 1,000자는 담을 만했다. 맨 위에 붉은 도장으로 예부禮部라는 두 글자를 찍었고, 밑에는 봉미封彌[69]가 되었다. 아마도 예부에서 인쇄한 시험지로 응시자에게 나누어 준 모양이다.

답안지 채점한 것을 보니, 옛사람의 글을 비평한 것처럼 되었고, 밑에는 본방本房이라는 것이 있는데 직함과 성명이 적혀있고 논평한 답이 몇 줄 있다. 또 여러 채점관의 성명을 죽 기록하였다. 평점란評點欄에는 모두 붉은 글자로 썼는데, 한 난欄에 한 글자씩 썼다. 상上·중中·하下니, 차次·외外·경更 등의 등급을 쓰지는 않았다. 비록 낙제한 시험지라도 품평한 글이 친절하고 상세하여, 응시자로 하여금 떨어진 이유를 똑똑히 알도록 했다. 그 정성스럽고 간곡한 태도는 선생과 제자 사이에서 일깨우고 가르치는 태도와 같다.

---

69)　시험관이 봉하는 것.

여기에서 큰 나라 시험장 제도의 간명하고 엄격한 점과 시험 보고 채점하는 절차가 상세하고도 주의가 깊어 과거 응시생들이 유감이 없을 정도로 넉넉히 해 놓았음을 보았다.

조선관朝鮮館

조선 사신이 묵는 곳은 애초에는 옥하관玉河館이라 이름하여 옥하교玉河橋 근처에 있었는데, 아라사鄂羅斯 사람들에게 점령되고, 지금은 정양문 안 동성東城 밑 건어호동乾魚衚衕 한림 서길사원翰林庶吉士院과 담 하나를 사이에 두고 있다. 해마다 공물을 가지고 오는 사신[年貢使]이 먼저 와서 관에 머물고, 다시 특별사신[別使]이 왔을 때는 서관西館에 나누어 들게 되기에 여기를 남관南館이라 한다.

작년(1779)에 창성위昌城尉[70)가 사행으로 왔을 때 남관에 불이 났었다. 삼경三更이었는데 남관 안의 여러 사람은 물 끓듯이 후닥닥 뒤집혀 일행이 가졌던 공물들을 성 밑에 쌓아 둔 채 말 수백 필은 대문이 미어져라 먼저 뛰어나가려고 덤볐다.

삽시간에 갑옷 입은 군인 수천 명이 철통같이 둘러싸고 물수레 몇십 대가 나란히 몰고 들어왔다. 두 통씩 둘러멘 물통이 뒤따라

---

70) 황인점黃仁點. 영조의 딸 화유옹주和柔翁主에게 장가들어서 창성위에 봉해졌고, 모두 7번의 대중국 사행을 하였다.

연거푸 수레 물통 속에 물을 길어 붓는데, 물 한 방울도 허비가 없었다. 불 끄는 사람들은 죄다 모직으로 만든 벙거지와 갖옷을 입는데, 벙거지나 복장을 모두 물에 적시고 손에는 긴 자루가 달린 도끼·갈퀴·낫·창 등을 들고 불길을 무릅쓰고, 마음대로 휘젓고 다니며 불길을 잡았다.

잠시 후 불이 꺼지자 끽소리 없이 조용하였고, 흐트러진 물건들이 하나도 잃어버린 것이 없었다. 여기에서도 중국의 규율이 엄격함과 매사에 구차함이 없음을 볼 수 있었다고 한다.

앙엽기盎葉記

앙엽기 서盎葉記序[1]

　북경 안팎에 있는 여염집과 점포들 사이에 있는 사찰과 궁관
들은 천자의 명령으로 특별히 지은 것들만이 아니라, 모두 왕족들
과 부마駙馬들과 만滿·한족漢族 대신들에게 하사한 집들이다. 또 부자
들과 큰 장사꾼들이 반드시 사당[廟堂] 한 채를 지어 자신들을 위해
명복冥福을 빌려고 하는데 천자와 사치하고 화려함을 경쟁하였다.
그래서 천자도 새삼스레 건축을 벌여 따로 이궁離宮을 두지 않고도
황제가 있는 도성을 화려하게 한다.

---

1)　　이 제목은 주설루본에만 있다.

명의 정통正統²⁾·천순天順³⁾ 연간에는 황제가 직접 돈을 내어 세운 집이 2백여 군데나 된다. 근년에 새로 지은 집들은 대부분 황성 안에 있어 외부인은 구경할 수가 없었으나, 다만 우리나라 사신이 오면 종종 데려다가 맘대로 구경을 시켰다.

그러나 내가 유람한 곳은 겨우 그의 백 분의 일에 지나지 않는다. 때로는 우리 역관들이 말리기도 하고, 때로는 들어가기 힘든 곳을 문지기와 다투어 가면서 모처럼 들어가면, 바쁘게 종종거리며 그저 시간이 부족하였을 뿐이었다. 건물을 세운 일화와 일시는 비석을 살펴보지 않고서는 어느 시대 무슨 절인지 알 길이 없었다. 겨우 비석 한 개만 읽는 데도 언뜻 몇 시간씩 보내기에, 자개와 구슬처럼 찬란한 궁궐을 구경하는 것도 문틈을 지나가는 말을 보듯이, 여울을 달리는 배에 탄 것처럼 되고 만다.

그러니 오관五官⁴⁾이 함께 피로해지기만 하고, 베껴 적다 보니 사우四友⁵⁾가 모두 엉망이 된다. 늘 꿈속에서 부적을 보는 것만 같고, 눈은 신기루蜃氣樓를 본 듯 뒤죽박죽 기억나며 희미해져 이름과 실제가 헷갈리는 것이 많았다.

돌아와서 작은 기록들을 정리해 보니, 어떤 것은 종이쪽이 나비의 날개 폭 정도 되며 글자는 파리 대가리만 하니, 대개 서둘고

---

2) 1436~1449.
3) 1457~1464
4) 이耳·목目·구口·비鼻·심心.
5) 지紙·필筆·연硯·묵墨.

바쁜 중에 비석을 얼른 보고 흘려 베낀 것이다. 드디어 이것을 엮어서 얇은 책 「앙엽기」를 만드니, '앙엽'이란 말은 "옛사람이 감 잎사귀에 글자를 써서 항아리 속에 넣었다가 모아서 하나로 기록했다."는 것을 본받아서 한 것이다.

홍인사弘仁寺[6]

홍인사의 맨 뒤에 있는 전각에 관음觀音 변상變相이 있으니 손이 천 개, 눈도 역시 천 개인데, 손에는 각기 무엇인가를 잡았다.

불상 뒤에는 큰 족자 그림이 걸려 있는데, 파도가 치솟는 큰 바다에 빈 배만 떴다 잠겼다 하고, 바다와 하늘에는 구름이 뭉게뭉게 피어올라 상서로운 오색 구름으로 되는데, 구름 속에는 금관과 옥대 차림으로 어린아이를 껴안은 사람이 있었다. 그 아이는 임금의 곤룡포袞龍袍와 면류관冕旒冠을 입었는데, 곱게 생겼으면서도 엄숙하고 단정한 모습에 손으로 하늘을 가리키고 있었다. 몇천 명이나 되는 사람의 무리가 구름 속에 빙 둘러서서 그들을 호위하였는데, 이마에는 모두 부처의 원광圓光이 둘렸다. 바다 언덕 위에는 수없는 남녀들이 이마에 손을 대고 하늘을 쳐다보고 있는데 거의 만 명쯤 있었다.

6)　　1901년에 전소되었다.

그림을 그린 이의 성명도, 그린 연월일도, 낙관落款도 없으니 구경하는 이도 무슨 인연으로 시주를 한 것인지 알 수가 없었다.

나는 이 그림이 宋송의 육수부陸秀夫[7]가 임금을 안고 바다로 가는 것이라 생각한다. 무엇으로 그런 줄 안 것인가? 일찍이 송의 군신도상君臣圖像을 보니, 범문정공范文正公[8]의 관과 옷이 이와 같았고, 어제 문승상사文丞相祠에 참배할 때 본 소상塑像의 관대가 역시 이와 비슷했다.

곤룡포와 면류관을 입은 어린이는 틀림없이 송의 황제 병昺일 것이다. 빈 배가 출몰하는 것은 그가 황제를 안고 바다에 떨어지자, 배에 탔던 사람들이 다들 따라서 빠진 것이다. 구름을 타고 하늘로 올라가고 이마에 불광佛光을 두른 자들은 후세 사람들의 상상에서 나온 것일 텐데, 그림 그리는 이가 고심苦心해서 그렸을 것이다.

이때는 송나라의 운명이 넓은 바다 위에 떠 있어서 임금이나 신하나 위아래 없이 하루살이 같은 생명을 고래 등 같은 파도 속에 맡기고 있었으니, 그야말로 물이 아니면 하늘인지라 갈 곳이 없었을 것이다. 그러나 그는 오히려 날마다 대학장구大學章句를 써서 어린 임금을 가르쳤다 한다. 그 조용하고 한가한 모습이 바로 전각 속 털방석 위에서 강의를 하는 것만 같으니, 어찌 현실감도 없고 의심

---

7) 송宋 충신. 자는 군실君實. 남송이 몽고군에게 쫓겼을 때 단종을 옹립하였고 단종이 죽은 후에는 후위왕後衛王 조병을 황제로 세웠는데 원나라에 패하자 임금을 업고 바다에 빠져 죽었다.

8) 송의 명신 범중엄范仲淹. 문정은 시호. 자는 희문希文.

스러운 일이 아니겠는가?

아아, 슬프다! 충신과 의사란 나라가 망해 엎어진다고 해서 조금이라도 그 간절한 충군과 애국의 마음을 늦추지 않는 사람들이다. 그렇다면, 천하 사람들과 국가를 위하는 근본은 오직 오로지 뜻을 정성스럽게 해서 마음을 바로잡는 데 있는 것이다. 하루라도 이같은 군신君臣 관계가 없다면 모르겠지만, 하루라도 군신 관계가 있다면 뜻을 정성스럽게 하여 마음을 바로잡는 것은 그날그날의 급선무가 되어야 할 것이다.

다만, 이러한 대의에 밝지 못하기 때문에 비록 만 리의 강토를 지니고 있더라도 오히려 천하 국가가 없는 것이나 같게 되는 것이다. 만일 이런 대의를 앞세울 줄을 안다면 비록 조각배 속에서라도 천하를 다스리는 원리는 반드시 준비되었다고 볼 것이다.

밥이 없으면 죽고 군사가 없으면 망하지만, 보통 사람들도 오히려 죽고 망한 뒤에라도 신의를 지키고자 하였는데, 하물며 당시에 있어 문승상은 밖에서 군사를 맡아 보고 등광천鄧光薦은 안에서 군량을 관리 감독하고 있었던 만큼 비록 배 안에 있는 천하라고 하더라도 오히려 법도만은 먼저 회복해야 할 참된 이치가 있었을 것이다.

보국사報國寺

보국사는 선무문宣武門 밖 북쪽으로 1리쯤 가서 있다. 매월 15일을 장날로 정했는데 국내의 온갖 물건들이 몰려든다. 불전은 세 채가 있고, 행랑채가 빙 둘러 있으나 거처하는 중들은 얼마 안 되었다. 모두가 북경 외읍으로부터 몰려든 행상들로 아주 장터나 다름없다. 참선하는 사찰 안이 도회처럼 된 것이다.

첫째 전각의 편액에는 '일진부도一塵不到'[9]라 쓰여있고, 셋째 전각 위에 비로각毘盧閣이 있다. 그 중간은 큰 길이 있어서 점포들이 쭉 늘어섰고 수레와 말들이 잡다하게 모여드니, 비단 장날만 그런 것은 아니었다.

나는 이런 생각이 들었다.

"『사기史記』에 소진蘇秦[10]이 제왕齊王을 보고 설득하기를, '수도인 임치臨淄의 거리는 수레바퀴가 서로 부딪치고, 사람들의 어깨가 서로 닿을 정도로 복잡하고 땀을 뿌리면 비가 되고, 옷깃을 잇대면 휘장이 될 정도입니다.'라고 했는데, 나는 너무 과장된 말이라고 생각했다. 지금 황성의 아홉 개 성문을 구경하니 과연 그렇다. 또 보국사와 융복사隆福寺 같은 절들이 모두 아홉 거리[街]나 다름없게 길이 뚫린 것을 본 후에야 더욱이 옛사람들의 말이 그리 허튼소리나

---

9)   속세의 티끌이 하나도 오지 않는다는 뜻.
10)   전국 시대의 변사辯士.

과장이 아님을 알게 되었다. 춘추전국시대 제후의 나라들은 날마다 전쟁이었지만, 도성들의 부유하고 번화함은 오히려 그와 같았는데, 하물며 태평한 날 천자가 살고 있는 수도는 어떠하겠는가?"

비로각에 오르니, 전각은 35칸이고, 가운데에는 문창성군文昌星君[11]을 안치하고 좌우로는 불상과 신장神將들을 늘어놓았다. 북쪽 벽부터 층층대 사다리를 밟고 비로각 꼭대기로 오르니, 위층은 캄캄하기가 칠흑 같아서 층층대를 겨우 더듬어 가면서 일곱 길이나 올라가니 층층대가 끝나면서 환하게 밝아졌다. 꼭대기는 15칸인데 큰 금부처가 11개나 있었다.

난간을 한 바퀴 돌아보니 황성의 아홉 성문 안팎이 아주 작은 것까지 다 보였다. 콩알만 한 사람과 한 치에 지나지 않는 말이 먼지 속에서 꾸물거렸다. 천녕사天寧寺의 영탑影塔은 구름 사이에 높이 솟아있고, 태액지太液池는 맑고 투명한 물결과 경화도 중에 솟은 백탑은 투명하게 마주보며 아름다운 모습을 드러낸다.

이 절은 명의 성화成化 초년(1465)에 황태후의 명복을 빌기 위하여 창건하였는데, 한림 시독학사翰林侍讀學士 유정지劉定之[12]가 비문을 짓고 왕객汪客이 글씨를 썼다.

---

11) 도교의 신격.
12) 1409~1469, 명나라의 문인학자. 자는 주정主靜, 호는 매재呆齋이다.

천녕사天寧寺

보국사에서 돌아가면 천녕사에 이른다. 위魏 나라 때의 이름은
광림사光林寺요, 수隋나라 때에는 홍업사弘業寺였고, 당唐의 개원開元
연간13)에는 천왕사天王寺로 현판을 고쳤다. 금金나라 대정大定 21년
(1181)에 만안선림萬安禪林이 되었다가 명나라 선덕宣德 연간14)에 고쳐
서 천녕사라 하였고, 정통正統 연간15)에는 또 수리하여 만수계단萬壽
戒壇이라고 불렀다. 길가에 축대 2층을 쌓았는데 높이는 다섯 길 정
도로 보인다. 축대 위에 행랑채를 빙 둘러 잇달아 지었는데 몇 리나
이어진다. 가운데에는 커다란 불전이 다섯 채 있었다.

옛 이야기에,

"수 문제隋文帝16) 인수仁壽 2년(602) 정월, 황제가 아라한阿羅漢17)을
만나 사리舍利 한 주머니를 받아 이를 칠보함七寶函에 넣어 기岐18)·옹
雍19) 등 30주州에다 각각 탑 하나씩을 세우고 이를 간직하도록 하
였다."

라 하였는데, 지금 천녕사 탑도 그중 하나이고, 탑의 높이는

---

13) 713~741.
14) 1426~1434.
15) 1436~1449.
16) 양견楊堅.
17) 소승불교 수행자 가운데 가장 높은 경지에 오른 사람을 지칭.
18) 섬서성에 있는 고을 이름.
19) 섬서·감숙 지방.

27길 5자 5치라 한다. 탑은 13층으로 팔각형인데, 사방으로 방울을 단 것이 만 개쯤 되어 방울 울리는 소리가 끊어질 때가 없었다. 탑 꼭대기에 구리로 만든 법륜法輪은 바람에 닳아 번쩍번쩍 반사하는데, 사람의 옷자락에도 비쳐서 푸릇하고 번득였다. 옛말에,

"탑 그림자가 거꾸로 비취어 대웅전에 들어가는데, 정오가 되어 대웅전 문을 닫으면 햇빛이 문틈으로 새어들어 전체 탑의 그림자가 돌 위에 비친다."

고 한다. 이번에 내가 갔을 때는 마침 구름이 끼어 그 그림자는 구경하지 못했다.

대사상大士像[20] 뒤에 걸어 놓은 『화엄경華嚴經』 병풍은 기교하기 짝이 없었다. 강희康熙 신미년(1691)에 대흥현大興縣에 있던 이지수李之秀의 처 유씨劉氏가 손으로 베낀 『화엄경』으로 전부 81권 60만 43자인데, 이것을 구불구불 구부려 접어서 5층 전각을 만들어 중간에는 불상을 두었다. 글자 크기는 개미 대가리만 한데, 한 점 한 획을 다 조심스럽게 긋고 삐친 글씨체가 한 군데도 허술한 곳이 없었다. 전각과 지붕과 창문틀도 한 치수도 어긋남이 없고, 불상의 눈매는 마치 산 사람 같고 옷자락의 구김살도 자연스러웠다.

아아! 한 여인의 마음과 솜씨도 이같이 신기한데, 하물며 온 절의 완성된 모습이 천하의 뭇 힘을 모아 놓았음이랴! 절 가운데 있는 보물과 골동품들은 틈이 없어 다 구경하지 못했다.

---

20) 불보살佛菩薩의 상.

백운관白雲觀

백운관白雲觀의 둘레는 놀랍고 화려한 모습이 천녕사에 못지않 았다. 도사 백여 명이 살고 있다.

패루牌樓의 바깥 현판에는 '동천가경洞天佳境'이라 썼고, 안쪽 현 판에는 '경림낭원璚林閬苑'이라 썼다. 무지개다리 세 개를 건너 옥황 전玉皇殿에 들어갔는데, 옥황상제는 황제의 복색을 입었다. 전각을 둘러 삼십삼천三十三天[21]의 제군帝君은 홀忽을 잡고, 면류관 술을 드리 운 것이 옥황상제나 다름없으며 천봉신장天蓬神將[22]은 머리가 셋, 팔 이 여섯 개로 각기 무기를 지니고 있었다. 앞 전각에는 남극노인성 군南極老人星君[23]이 흰 사슴을 탄 채로 안치되었고, 왼편으로 한 전각 에는 두모斗母[24]를 안치하였고, 오른편 전각에는 구장춘丘長春[25]을 안치하였으니, 이 사람은 원 세조元世祖의 국사國師이다. 옥황전의 현 판에 '자하진기紫霞眞氣'라 붙어 있고, 두모전斗母殿 현판은 '대지보광 大智寶光'이라 적혔으니 모두 강희제의 어필이다.

도사들이 거처하는 행랑채는 모두 천여 칸으로 어디든지 밝고 깨끗하고 조용하여 한 점의 먼지도 날리지 않았다. 쌓아 둔 서적들 은 모두 비단 두루마리 책에 옥으로 축을 만들어 집 안에 가득 찼

---

21) 불교에서 말하는 이상적인 세계.
22) 하늘의 신.
23) 인간의 수명을 맡은 남국 노인성.
24) 선녀仙女의 하나.
25) 원의 도사 구처기丘處機의 도호道號.

고, 기이하고 오래 묵은 그릇들과 병풍들, 글씨나 그림들은 세상에서 보기 드문 보물들이었다.

법장사法藏寺

천단天壇 북쪽 담장을 따라 동으로 몇 리 가면 법장사法藏寺가 있다. 이 절은 금金나라 대정大定 연간26)에 창건되었는데, 옛 이름은 미타사彌陀寺이다. 명明나라 경태景泰 2년(1451)에 중수하고 지금 이름으로 고쳤다. 만든 제도는 천녕사와 비슷하다.

탑은 7층에 높이가 십여 길이나 되었다. 가운데는 텅 비어 나선형으로 계단을 놓았는데, 한밤중같이 캄캄하여 더듬으며 발을 떼어 놓으니, 마치 귀신 동굴로 들어가는 것만 같다. 한 층을 올라오면, 여덟 개 창문이 활짝 터져 눈과 정신이 시원해졌다. 7층까지 차례로 올라가는데, 한 번씩 꿈을 꾸었다 깨는 듯했다.

매 층은 팔 면이고, 한 면마다 창문이 났고, 창마다 불상이 있어 무려 58개나 된다. 부처 앞에는 모두 등 한 개씩을 놓아두었다. 어떤 사람이 말하기를,

"정월 대보름날 밤엔 탑을 둘러싸고 불을 켜고 번갈아 음악을 연주하는데 소리가 마치 하늘 위에서 나는 것만 같다."

26)   1161~1189.

고 한다.

제 1층에는 우리나라 김창업金昌業 공이 이름을 썼고, 그 밑에는 또 내 친구 홍대용洪大容 군이 이름을 썼는데 먹빛이 금방 쓴 것 같다. 서글프게 거닐다 보니, 마음을 털어놓고 마주보며 이야기라도 할 것만 같았다.

난간을 의지하여 사방을 둘러보니 황성 지도가 또렷이 눈 안에 들어오는 듯하다. 눈으로 실컷 보고 나자 정신이 없고 머리가 오싹오싹하여 오래 머물 수 없었다.

둘째 전각에는 비석 두 개가 섰는데, 하나는 급사중給事中 오헌吳獻의 글에 홍려 시승鴻臚寺丞 고대高岱의 글씨였고, 또 하나는 국자 좨주國子祭酒 호형胡瀅의 글에 태자빈객太子賓客 회음淮陰 김렴金濂의 글씨요, 좌도어사左都御史 고소姑蘇 진감陳鑑이 쓴 전서체篆書體 글자이다.

태양궁太陽宮[27]

법장사를 나와 서쪽으로 몇백 걸음 가면 태양궁太陽宮이 있다. 참배하는 사람이 많아서 말과 수레가 빽빽이 모여든다.

안팎의 여러 전각과 좌우 행랑채는 기도하는 남녀 무리가 하루에도 수천수만 명이다. 층계 어간에는 떨어진 촛농이 봉우리처

27) 현재는 없어졌다.

럼 모였고, 향불에서 떨어진 재가 눈같이 날렸다.

앞에 전각 한가운데에는 자미성군紫微星君[28], 동쪽에는 태양성군太陽星君[29], 서쪽은 태음성군太陰星君[30], 뒷 전각에는 구천성군성모九天星君聖母[31], 왼편의 한쪽 전각은 관제關帝[32], 오른편 전각은 석가釋迦를 모셨다.

술과 밥, 꽃과자 등을 팔고, 새들을 놀린다, 땅재주를 한다, 요술을 보인다, 야단법석을 하여 절 안은 큰 도회지가 되었다.

안국사安國寺

숭문문 밖 서남쪽에 금어지金魚池[33]가 있는데, 또 하나의 이름은 어조지魚藻池이다. 못을 작은 웅덩이로 구획하여 복숭아와 버들을 많이 심어 놓았다. 이곳에 살고 있는 사람들은 해마다 오색 금붕어를 키워서 파는 것으로 업을 삼고 있다. 금빛 붕어가 제일 많으므로 금어지라 부른다.

---

28) 자미성의 신神.
29) 태양신.
30) 월신月神.
31) 구천신九天神.
32) 관우關羽.
33) 근대 들어 물이 썩고 주변이 빈민가가 되어 1965년에 못을 메우고 새 주거지로 개발했다고 한다.

해마다 단옷날이면 도성 사람들이 한목에 나와 말을 달린다. 못의 북쪽에는 정자와 장원들이 많은데, 그중에서도 안국사安國寺가 가장 웅장하고 화려하다.

절 문 좌우에는 종각鍾閣과 고루鼓樓가 있고, 큰 전각 3개가 있다. 전각 앞에는 동서로 곁채가 수백 칸 있는데 어디나 불상을 모셨고 금벽 단청이 현란하여 무어라 형용할 수 없었다. 전각 뒤에는 또 큰 누각 세 채가 있어 금빛 난간에 수놓은 창문은 구름 속에 나풀거렸다. 중 두 명만이 마주 지키고 있을 뿐, 향불 피우러 오는 사람이 드문 것은 괴이한 일이다.

약왕묘藥王廟

천단 북쪽에 약왕묘藥王廟가 있으니, 무청후武淸侯 이성명李誠銘이 창건하였다.

전각 가운데는 태호복희씨太昊伏羲氏34)를 모셨고, 왼편은 신농씨神農氏35), 오른편은 헌원씨軒轅氏36)를 모셨다. 또 역대의 이름난 의원

---

34) 중국 신화神話 중의 인물. 3황皇 중의 하나.
35) 3황 중의 하나.
36) 3황 중의 하나.

들을 배향했는데, 손진인孫眞人[37]·기백岐伯[38]·편작扁鵲[39]·갈홍葛洪[40]·화타華陀[41]·왕숙화王叔和[42]·위진인韋眞人·태창령太倉令·장중경張仲景[43]·황보사안皇甫士安[44] 등 많아서 이루 다 기록할 수 없다.

대체로 문묘文廟 종향從享의 제도를 본떴다. 매월 초하루·보름에 남녀가 구름처럼 모여들어 질병이 낫기 위한 기도를 하는데, 촛농과 향불 태운 재가 눈처럼 쌓였다. 방금도 한 여인이 화려하게 단장하고 머리를 조아리는데, 분바른 얼굴의 땀이 앉은 자리를 적셨다. 전각의 장엄 화려한 모습은 태양궁과 거의 비슷하였다.

천경사天慶寺

약왕묘와 담 하나를 사이에 두고 천경사天慶寺가 있다.

큰 전각 넷이 있는데, 첫째가 사왕四王, 둘째가 원통圓通, 셋째가 대연수大延壽, 넷째가 공상空相이다. 공상전 가운데는 한 치 남짓 되는 금부처 몇천만 개를 쌓아서 큰 부처를 만들었다. 눈매는 산 사람

---

37) 당唐의 손사막孫思邈.
38) 황제黃帝 때의 명의名醫.
39) 정鄭의 명의名醫.
40) 진晉의 도사. 자는 치천稚川.
41) 후한後漢의 명의名醫.
42) 진晉의 명의.
43) 후한後漢의 명의 장기張機. 중경은 자.
44) 송宋의 명의 황보탄皇甫坦. 사안은 자인 듯하다.

같고 이마 주름살이나 옷 주름도 꼬마 부처들과 다르지 않았다. 작은 부처들을 가로 모로 세우고 눕히어 마치 그림 붓으로 모방해 그린 듯이 만들었다. 이 같은 정성과 기술이라면 건축을 이룩함에 있어서나 단청의 화려함을 구현하는 데 어떤 어려움이 있을 것인가? 이처럼 큰절에 단지 한 명의 늙은 중이 두세 명의 젊은 중을 데리고 있을 뿐이고, 곁채에는 여러 종류의 직공들이 살면서 물건을 만드느라 바쁘다. 서화 긴 축의 표구, 배접 등을 모두 이곳에서 작업한다. 동북쪽 모퉁이에는 높은 누각에 13층 금탑을 세웠는데, 조각과 그림이 귀신같은 솜씨로 된 것 같았다. 이 절은 명明 천순天順 3년 기묘(1459)에 세웠다.

두로궁斗姥宮

천단 서쪽에 두로궁斗姥宮이 있다.

대문 앞의 정면 거리에는 패루牌樓가 셋이 있는데 남쪽 패루 바깥 현판에는 '여천동수與天同壽'라 썼고 안쪽 현판에는 '만수무강萬壽無疆'이라 썼으며, 동쪽 패루 바깥 현판은 '봉래심처蓬萊深處'라 썼고, 안쪽 현판은 '동화주주東華注籌'라 썼다. 서쪽 패루 안쪽 현판은 '천축연상天竺延祥'이라 썼고, 바깥 편액은 잊어버렸다.

세 개의 패루가 솥발처럼 섰는데 금박 단청빛이 현란하여 눈을 바로 뜨고 볼 수 없었다. 첫째 전각 현판은 북극전北極殿이라 하여 북두성군北斗星君45)을 안치하고, 둘째 전각부터 다섯째 전각까지는 모두 자물쇠로 채워 못 보게 해놓았다. 대체로 건축의 훌륭한 모양이라든가 그림의 기교는 보통 사람의 지혜와 역량으로 미칠 바가 못 되었다. 좌우 곁채 벽 위에 그린 그림들은 모두 처음 보는 것들이나, 갈 길이 바빠서 상세히 보지 못했다.

또 한 전각에 이르러 창틈 사이로 멀리 들여다보니, 보물과 골동품인지는 모르겠으나 푸른 빛이 도깨비불처럼 반짝반짝하고, 포개어 있는 꼴이 부처의 뱃속과 같아 짐짓 알고자 해도 알 길이 없고, 마치 꿈에서 부적 읽는 것 같았다.

또 한 방에 이르니 옛 서화를 많이 두었는데, 미불米芾46)의 천마부天馬賦와 산정목매도山精木魅圖가 있었으나 다만 그 제목만을 보고 떠났다. 강희 때에 태감太監 고시행顧時行이 태황 태후太皇太后의 명복을 빌기 위하여 제 사재를 시사하여 비석을 세웠으니, 글은 한림시독학사翰林侍讀學士 고사기高士奇47)가 지은 것으로 강희 을해년(1695)에 세웠다.

---

45) 북두성의 신神.
46) 송 나라의 서예가書藝家. 자는 원장元章.
47) 1645~1703,청 나라의 문학가. 자는 담인澹人,호는 병려甁廬이다. 강희황제때 대명일통지와 명사를 편찬했다.

융복사隆福寺

융복사隆福寺의 장날은 매월 1일, 11일, 21일이다. 의주義州 상인 경찬鏡贊과 동행하였다. 이날이 바로 장날이라 말과 수레들이 더욱 복잡하여 융복사 지척에서 그와 서로 잃어버리고 할 수 없이 혼자서 다니면서 구경했다. 비석에 기록하기를,

"경태景泰 3년(1452) 6월 공부 시랑工部侍郎 조영趙榮이 역군 1만 명을 감독하여 5년(1454) 4월에 준공했다. 황제가 날을 골라서 거둥하려고 했는데 태학생太學生 양호楊浩와 의제낭중儀制郎中 장륜章綸이 함께 상소를 올려 간하니 그날로 거둥을 그만두었다."

한다. 절 안에는 공경과 사대부들의 수레와 말이 계속 이르러 손수 물건을 골라 사곤 했다. 온갖 물건이 뜰에 가득 차고, 주옥珠玉과 보물들이 이리저리 발길에 채다시피 구르고 있어 걷는 사람의 발길을 조심스럽게 하고, 마음을 미안스럽게 하였으며, 눈을 어리둥절하게 하였다.

섬돌 층대와 옥돌 난간에 걸어 둔 것은 모두 용과 봉황 무늬를 놓은 담요와 모직들이고, 담장을 둘러싸다시피 한 것은 모두가 서법 책[法書]과 이름난 그림들이다. 이따금 장막을 친 채 징과 북을 치는 곳은 재주를 부리고, 요술을 부려 돈벌이를 하는 곳이다.

지난해 이무관李懋官[48]이 이 절을 유람할 때는 마침 장날이었는

---

48)　이덕무李德懋의 자.

데 내각 학사內閣學士 숭귀崇貴를 만났다고 한다. 그 역시 손수 여우 털 가죽옷 한 벌을 골라서 깃을 헤쳐 보고 입으로 털을 불어 보기도 하며, 몸에 대고 짧고 긴 것을 재어 보더니 손수 돈을 끄집어내어 사는 것을 보고 깜짝 놀랐다는 말을 들었다.

숭귀란 자는 만주인으로 지난해에 칙명을 받들어 우리나라에 왔던 사람이다. 그의 벼슬은 예부 시랑禮部侍郎, 몽고부도통蒙古副都統이다.

우리나라에서는 가난한 선비들로 비록 부리는 하인 한 명 없는 처지라도 아직 자기 발로 시장에 나가는 일은 없다. 장터에 나가 막 굴러먹은 장사치들을 상대로 물건값을 흥정하는 것은 좀스럽고 비루한 일로 여기기 때문이니, 이런 광경이 우리나라 사람들을 깜짝 놀라게 할 것은 당연한 일일 것이다.

그러나 이제 내가 돌아다니면서 본 흥정꾼들은 모두 오중吳中[49]의 명사들이고, 특별히 거간꾼들 따위 외에 유람하러 온 자는 대체로 한림원 서길사庶吉士 같은 사람들이 많았고, 그들은 친구를 찾아왔거나 고향 소식을 묻기도 하고, 겸하여 그릇류와 의복을 사기도 한다.

그들이 찾는 물건들이란 대개 골동 그릇, 새로 발간된 책들, 법서·명화·관복·염주·향랑·안경 등이었다. 이런 물건들은 함부로 남에게 시켜 사 오게 할 것도 아니고, 알지도 못하는 사람을 시켜 일

49) 강소성 지방.

을 구차히 만드는 것보다 차라리 자기 손으로 기분 좋게 골라놓은 것만 못한 까닭이다.

자기 맘껏 물건을 선택하면서 오가는 사이에 또한 그들의 소박하고 솔직한 맘이 드러나는 것이니, 이래서 중국 사람은 저마다 물건을 잘 감정하고 감상하는 취향이 고상하다는 것을 알 수 있었다.

석조사夕照寺

석조사夕照寺[50]로 유세기俞世琦를 찾아갔다. 절은 그리 크지는 않으나 단정하고도 그윽하여 그야말로 티끌 한 점 일지 않는다고 할 것이다. 이처럼 깨끗한 사원은 처음 보았다.

중은 한 명도 없고 거처하는 사람들은 모두 복건福建이나 절강浙江에서 온 낙제한 수재들인데 고향으로 돌아갈 노자도 없어, 이곳에 많이들 묵으면서 서로 글을 짓고 판각도 새기며 생활하고 있다.

지금 그들은 모두 31명으로 남의 글 품팔이를 하려고 아침에 나가고 아직 돌아오지 않아 한 사람도 없으니 절 안이 고요하였다. 거처하는 방들은 다들 정결하고 자리들이 잘 정리되어 있어, 사람으로 하여금 감회에 잠겨 거닐면서 발길을 못 돌리게 하였다.

---

50)   현재 북경시 광거문대가廣渠門大街에 위치.

「석진일기析津日記」51)에,

"연경 팔경八景52) 중에 금대석조金臺夕照가 있으니, 이 절 이름도 여기에서 나왔다."

고 하였다. 유군兪君은 원래 복건 사람인데, 섬서성 병비도陝西省 兵備道 진정학陳庭學의 자형姊兄이 되었다. 금년(1780) 2월에 상처喪妻하고, 아들도 없이 네 살 난 젖먹이 딸을 그 처가에 두고 자기는 홀로 심부름하는 어린애 하나를 데리고 이 절에 살고 있다.

관제묘關帝廟

관제묘關帝廟는 천하 어디든지 다 있다. 비록 궁촌 벽지라도 몇 집만 사는 마을이면 반드시 사치한 건물을 지어 놓고, 제사하는데 정성이 대단하다. 소먹이는 아이와 새참 짓는 지어미[饁婦]들까지도 뒤처질까 두려워하며 달려든다.

책문柵門에 들어온 후로 황성까지 2천여 리 사이에 새로 지은 것, 지은 지 오래 된 것이나 크든 작든 수많은 관제묘가 서로 마주 바라다보이는 정도이다. 그중에도 요양遼陽과 중후소中後所에 있는

---

51) 청淸 주운周篔 저.
52) 연경팔경은 금金나라때 처음 생긴 개념인데, 지금 금대석조가 있는 연경팔경은 청나라 건륭 대에 부르던 것이다. 태액추풍太液秋風, 경도춘음瓊島春陰, 금대석조金台夕照, 계문연수薊門煙樹, 서산청설西山晴雪, 옥천표돌玉泉趵突, 노구효월盧溝曉月, 거용첩취居庸疊翠.

것이 가장 영험 있다 하고, 북경에 있는 것은 백마관제묘白馬關帝廟라고 한다. 사전祀典[53])에 실렸으니, 곧 정양문 오른편에 있는 관제묘가 이것이라 한다.

매년 5월 13일이면 제사를 올리는데, 10일 앞서 태상시太常寺가 파견 관원 명단을 보내고 태상시의 당상관堂上官을 보내 예식을 집행한다. 이날은 특히 민간의 참배가 더욱 극성스럽다.

대체로 나라에 큰 재앙이 있으면 제사를 모셔서 고한다. 명明나라 만력萬曆 연간에는 특히 삼계복마대제신위진원천존三界伏魔大帝神威鎭遠天尊으로 봉했으니, 이 지시는 궁중에서 나온 것이다. 우리나라 남관왕묘南關王廟[54) 벽 위에 걸린 그림도 대체로 이곳의 것을 모방한 그림이다. 초횡焦竑[55])이 묘비문을 짓고 동기창董其昌[56])이 글씨를 썼는데, 세상에서는 이를 귀하게 여겨 이절二絶이라 한다.

53) 나라 제사에 관한 법전.
54) 서울 남대문 밖의 관왕묘를 말한다. 지금은 없다.
55) 1540~1620, 명明 학자. 자는 약후弱侯 호는 의원漪園이다. 문집 『담원집澹園集』이 있다.
56) 명明의 서예가. 자는 원재元宰.

명인사明因寺

명인사에는 위촉僞蜀[57] 때 왕연王衍[58] 시절에 관휴貫休[59]가 그린 열여섯 나한상羅漢像이 있다. 기기괴괴하여 세상에서 일반적으로 전하는 것과 다르다고 하니, 한번 보고 싶었다. 자리를 함께했던 한림翰林 초팽령初彭齡도 역시 나와 같은 생각을 가지고 있어 드디어 날짜를 약속하여 함께 수레를 몰아 절에 당도하였다.

절은 정양문 밖 3리 되는 강의 동편 언덕에 있는데, 그리 크거나 화려하지는 않았고, 다만 기침병 들린 중 한 명이 있었는데, 우악스럽고 막돼먹었다. 굳이 이 그림이 없다고 꺼리고 피하면서 절 구경도 못하게 했다. 초 태사初太史는 중을 향하여 두 번, 세 번 간청하였는데도 중은 완고하게도 점점 더 뻣뻣하게 머리를 숙여버리고 대답도 하지 않더니 조금 있다가는 고함을 치면서 큰 소리로 욕을 해댔다.

초 태사는 얼굴을 붉히고 물러 나왔는데, 굉장히 기분이 상했다. 나를 데리고 함께 돌아 오는 길에 호국사護國寺를 들렀다.

---

57) 왕건王建이 세운 전촉前蜀.
58) 전촉의 후주後主. 자는 화원花源.
59) 832~912, 전촉의 저명한 승려. 세속 성은 장張, 자는 덕은德隱. 당 말기에 그림을 잘 그리는 것으로 유명했다.

대륭선호국사大隆善護國寺

호국사護國寺는 도성 사람들은 천불사千佛寺라고 부르니, 불상 천 개가 있기 때문이다. 또 숭국사崇國寺라고도 한다. 크고 작은 불전이 열한 군데나 있어 크기는 굉장하나 헐린곳 역시 많았다.

명明의 정덕正德 연간[60]에 황제의 명령으로 서번西番 법왕法王 영점반단領占班丹과 저초장복著肖藏卜 등이 거주했다. 소위 반단이니 장복이니 하는 것은 지금 열하에 있는 반선班禪인 것 같다.

절의 창건은 언제인지 모르겠다. 원元 승상丞相 탈탈脫脫[61]의 소상이 있는데, 머리에는 두건을 쓰고 붉은 옷에 수염이 길고 눈썹도 빼어나 기품이 맑고 엄숙해 보였다. 의관은 모두 중국 제도와 비슷한데, 원나라의 승상이 혹 개체開剃[62]하지 않았던 것인지, 좀 이상해 보였다. 곁에서 봉관鳳冠을 쓰고 붉은 치마를 입고 있는 노파가 곧 탈탈의 처다.

또 요광효姚廣孝[63]의 화상이 있는데, 얼굴이 맑고 점잖게 생겼으며, 머리를 깎고 가부좌를 하고 앉았는데, 속세와 모든 인연을 끊은 것 같이 보여 서호西湖에서 엉덩이를 치면서 혼자 시를 읊던 때

---

60) 1506~1521.
61) 1314~1355, 탁극탁托克托이라고도 한다. 몽고족이며 자는 대용大用이다. 운남으로 귀양가서 독살되었다고 한다. 『금사』 등의 주편主編을 맡았다.
62) 이마로부터 머리 꼭대기까지를 삭발하는 몽고식 머리 모양.
63) 1335~1418, 명의 중이고 도사이며 또 문학가. 승명僧名은 도연道衍이요, 자는 사도斯道. 시와 그림에 뛰어났고, 광효라는 이름은 황제가 하사한 것이다.

와는 딴판이다.

옛날 사마천司馬遷[64]은 장자방張子房[65]의 얼굴이 여인처럼 생겼다고 했다는데, 내가 이 그림을 보지 못했을 때는 탈탈이 필시 하늘을 찌를 만한 살기殺氣를 띠고 있으려니 생각했었다. 지금 와 보니 그렇지도 않았다.

화신묘火神廟

화덕진군묘火德眞君廟는 북안문北安門 일중방日中坊에 있다. 원나라 지정至正 연간[66]에 지었고, 명나라 만력[67] 때 증축했으며, 천계天啓 원년(1621)에 명령을 내려 매년 6월 22일에는 태상太常의 관원으로 하여금 화덕신火德神을 제사하게 하였다.

앞의 전각은 융은隆恩이고, 뒤의 전각들은 만세萬歲·경령景靈·보성輔聖·필령弼靈·소령昭寧이라 하는 모두 여섯 개의 전각이 있다. 전각은 모두 푸른 유리 기와를 이었으며, 섬돌 계단도 죄다 초록빛 유리벽돌을 깔았다. 그 뒤에는 수정水亭이 호수를 굽어보고 섰는데, 금박 단청이 물결에 반사되어 번쩍 비쳤다. 장엄하고 화려함은 약

---

64) 전한前漢 때의 문학가. 자는 자장子長.
65) 장량張良. 자방은 자.
66) 1341~1367.
67) 1573~1615.

왕묘와 비슷하지만, 경치는 그보다 나은 것 같다.

비석 한 개는 주지번朱之蕃[68]의 글이고, 또 한 개는 옹정춘翁正春[69]의 글이다.

북약왕묘北藥王廟

북약왕묘는 전각이나 모셔둔 위패 같은 것이 남묘와 동일하다.

동쪽은 남해자南海子에 임해있고, 둑을 따라 수많은 버들에 짙은 녹음이 드리워져, 물가에 노니는 사람들은 언제나 가득했다. 천계 연간[70]에 위충현魏忠賢[71]이 세운 것이라 한다.

숭복사崇福寺[72]

숭복사는 본디 민충사憫忠寺이다. 당 태종唐太宗이 친히 요동을 정벌하고 돌아와 전쟁에 죽은 장사들을 불쌍히 여겨 이 절을 짓고

---

68) 명의 문학가이며 서예가. 자는 원개元介 또는 원승元升.
69) 1553~1626, 명明의 고관高官. 자는 조진兆震. 강직한 성품으로 벼슬을 받아도 여러번 사양했다. 저서로『청양집靑陽集』
70) 1621~1627.
71) 명明의 간신奸臣, 구외이문편에 나왔다.
72) 현재는 법원사法源寺이 이름으로 북경시 선무구宣武區에 있다.

명복을 빌었다.

절에는 두 개의 탑이 마주 보고 섰는데, 어떤 이는 안녹산安祿
山[73]이 세운 것이라 하고 어떤 이는 사사명史思明[74]이 지은 것이라고
한다. 높이는 각각 열 길이나 된다. 이렇게 두 역적이 세웠음에도
불구하고 중국 사람들은 오히려 천 년 된 옛 사적이라 하여 그대로
남겨 두었다. 『송사宋史』에는,

"사첩산謝疊山[75]이 원元나라 지원至元 26년(1289) 4월에 연경에 이
르러 사태후謝太后[76]의 빈소殯所와 영국공瀛國公[77]이 있는 곳을 찾아 절
을 하면서 통곡하였다. 원나라 사람들이 그를 민충사에 보내어 가두
었더니 벽 사이에 서 있는 조아비曹娥碑[78]를 보고 울면서, '일개 여자
아이도 그러했는데……' 하고는, 음식을 먹지 않고 굶어 죽었다."

라고 하였다. 또 장불긍張不肯이 사사명을 위하여 당 숙종唐肅宗
을 찬송한 비문을 써서 소영지蕭靈芝가 글씨 쓴 것을 찾았으나, 지금
은 없어졌다. 그러나 이 비석 글자의 진위는 의당 주이존朱彝尊[79]이
변증[80]한 것으로 옳음을 삼아야 할 것이다.

73) 당 현종唐玄宗의 반신叛臣.
74) 당 현종唐玄宗의 반신叛臣.
75) 송의 충신 사방득謝枋得. 첩산은 호요, 자는 군직君直.
76) 송 이종宋理宗의 황후. 원에 붙들려서 피해를 입었다.
77) 송나라 공종恭宗.
78) 후한後漢 때 채옹蔡邕이 효녀 조아를 위하여 지은 비문. 조아는 물에 빠져 죽은 아버지의 죽음
을 슬퍼하여 17일을 울다가 결국 물에 투신하였다.
79) 청淸의 학자. 자는 석창錫鬯.
80) 주이존이 쓴 「당민충사보탑송발唐愍忠寺寶塔頌跋」을 말함.

『고려사高麗史』에 충선왕忠宣王이 연경에 이르자 황제가 머리털을 깎아서 석불사石佛寺에 두었다고 하는데, 어떤 사람은 그곳이 바로 이 절이라 하지만 상세히 알 수는 없다.

진각사眞覺寺

진각사는 속명으로 오탑사五塔寺, 또는 정각사正覺寺이다. 탑 높이가 열 길이나 되는데, 금강보좌金剛寶座라고 부른다. 그 속으로 들어가 캄캄한 안에서 나선형 다리를 따라 꼭대기까지 올라가니, 위에는 평평한 대가 있고 그 위에 또 모난 작은 탑을 다섯 개 두었다.

세상에서 전하기를, 명의 헌종 황제憲宗皇帝[81]가 살아있을 때 입었던 의관을 보관해 두었던 곳이라고 한다. 어떤 사람은 이 절이 몽고인이 지은 것이라 하고, 혹은, 명나라 성조 황제成祖皇帝[82] 때 서번西番의 판적달板的達이 금부처 다섯을 바쳤으므로 이 절을 세워서 그 부처를 맡겼다고 한다.

이제 우리나라 사람들은 처음으로 황금 지붕 전각 안에 앉아 있는 서번 승려들을 보고 깜짝 놀라지만, 중국은 역대로 이들을 숭상하고 받들었다. 세상 사람들은 모두 천자가 소일 삼아 쉬는 곳이

---

81)   주견심朱見深.
82)   주체朱棣.

며 아울러 명복을 비는 곳이라 인정하므로 이곳은 비록 가장 사치하게 꾸몄더라도 여러 신하들은 감히 지적하지 못하고 다만 서로 용서하였던 것이다.

이마두총利瑪竇塚

부성문阜成門을 나와서 몇 리를 가니 길 왼쪽으로 돌기둥 40~50개를 쭉 늘여 세우고, 위에는 포도나무 시렁을 만들었는데 포도가 한창 익었다.

돌로 만든 패루牌樓 세 칸이 있고, 좌우에는 돌로 깎은 웅크린 사자獅子가 마주 앉았다. 그 안에 높은 전각이 있는데 지키는 사람에게 물어 비로소 이마두利瑪竇[83]의 무덤인 줄 알았다. 모든 서양西洋 선교사宣教師들의 무덤들이 동서 양쪽에 이어 매장한 것이 모두 70여 분이나 됐다. 무덤 둘레는 네모로 담장을 쌓아 바둑판 모양이 되었는데, 거의 3리나 되니, 그 안은 모두 서양 선교사들의 무덤이었다. 명明나라 만력 경술년(1610)에 황제는 이마두의 장지를 하사했는데, 무덤의 높이는 두어 길이나 되고 벽돌로 쌓았다. 무덤의 모양은 시루같이 생겼는데 기와가 사방으로 삐죽삐죽 나왔다. 멀리서 바라보면

---

83) 이마두利瑪竇Matteo Ricci(1552~1610) 이탈리아 예수회 선교사. 자는 서태西泰. 1581년 중국에 들어와 1610년 북경에서 사망할 때까지 중국에 거주하면서 카톨릭 전교를 위해 노력하였다.

마치 다 피지 못한 커다란 버섯처럼 생겼다. 무덤 뒤에는 벽돌로 높다랗게 쌓은 여섯 모 난 집에 섰는데, 마치 철로 된 종 같았다. 삼면으로는 무지개 모양 문을 냈고, 속은 텅 비어 아무것도 없었다.

비석을 세워 글을 새기기를 예수회 선교사 이공지묘[耶蘇會士利公之墓]라 하였고, 왼편 옆에는 작은 글씨로,

"이 선생利先生의 이름은 마두瑪竇다. 서태西泰 대서양大西洋 이태리아국[意太利亞國] 사람으로서 어릴 때부터 참다운 수양을 했다. 명나라 만력 신사년(1581)에 배를 타고 중화中華에 들어와 포교를 하고 만력 경자년(1600)에 북경에 와서 만력 경술년(1610)에 죽었다. 향년 59세이고, 예수회에 있은 지는 42년이다."

라고 적었고 오른쪽에는 또 서양 글자로 새겼다.

비석 좌우에는 아름답게 조각한 돌기둥을 세우고, 양각陽刻으로 구름과 용 무늬를 새겼다. 비석 앞에는 또 벽돌집이 있는데, 지붕이 평평하여 돈대와 같았다. 구름과 용 무늬를 새긴 돌기둥을 쭉 늘여 세워 석물로 삼았다. 제사를 모시는 집이 있고, 그 앞에는 또 돌로 만든 패루와 돌 사자, 그리고 탕약망湯若望[84]의 기념비紀念碑가 서 있었다.

---

84) 1591~1666. 독일 출신의 예수회 선교사로, 본래 이름은 요하네스 아담 샬 폰 벨Joannes Adam Shall von Bell이다. 자는 도미道昧이다. 1622년에 중국으로 건너갔다. 명나라가 멸망한 후 청나라에서 1645년에는 흠천감欽天監을 맡아 서양 역법을 기초로 한 『시헌력時憲曆』을 완성하였다. 1662년에 청 조정 보수파가 시헌력의 사용에 반대하며 천주교에 대한 탄압으로 발전하여 탕약망은 북경의 감옥에 갇혔다가 옥사했다. 저서에 『서양신법역서西洋新法曆書』, 『주제군징主制群徵』, 『주교연기主敎緣起』등이 있다.

동란섭필銅蘭涉筆

동란섭필서銅蘭涉筆序[1]

내가 황포黃圃 유세기兪世琦를 방문했는데, 책상 위에 무늬 있는 돌로 만든 연병硯屛이 놓였고, 연병 옆에는 난蘭 한 포기가 있었다. 자세히 보니 구리를 부어서 만든 것[銅蘭]이었다. 봉황의 눈 같은 잎이 바람을 맞으며 자줏빛 꽃대가 이슬에 젖었으니, 참으로 기이하게 만들었다. 나는 그것을 며칠 동안 빌려다가 내가 거처하는 방 동쪽 벽 밑에 놓고, 편액扁額을 '동란재銅蘭齋'라고 하였다.

[1] 이본들 중 '주설루본'에만 이 표제가 있다.

동란섭필銅蘭涉筆

　　건륭乾隆 41년 병신(1776)에, 유구琉球 사신이 예부禮部에 글을 올려 귀국을 청했다. 유구 정사正使 이목관耳目官[2] 상숭유尚崇猷와 도통사都通事 모경창毛景昌이 사정에 따라 빨리 돌아갈 것을 승낙해 달라고 청한 글에,

　　"숭유 등은 왕명을 받들고 건륭 39년(1774)에 조공을 하고자 복건福建 무창撫昌으로부터 병패兵牌를 발급받고, 연로沿路에서 일행의 호송護送을 받아 작년 12월 1일에 북경에 도착했습니다. 은혜로운 분부를 내려 반열에 따라 행례하게 되고, 조정에 하례를 할 때와 설날 아침과 명절에는 작은 나라의 말직 관리로서 천자의 모습을 가까이서 뵈었고, 게다가 상급賞給과 식사까지 돌봐주시어, 숭유 등은 감격하기 그지없습니다. 이에 공무를 이미 끝내고 한가히 지내고 있습니다.

　　유구는 땅이 해외에 속하여 왕래할 때는 오로지 바닷바람만 믿고 있으니, 이때에 돌아간다고 하는 것은 귀국할 시기에 알맞기 때문입니다. 숭유 등이 북경에 올 때는 바로 한겨울이라, 강물이 얼어서 부득이 왕가영王家營[3]을 거쳐 바로 육로로 왔습니다.

　　지금 돌아간다면 때가 바로 봄철이라, 바람은 화창하고 땅은

---

2)　　어사御使의 이칭.
3)　　중국 강소성 회음현 북쪽에 있는 지명. 명, 청대 이후로 물자수송과 교통의 요지였다.

따뜻하여 길을 떠나기에 알맞습니다. 정성을 다해서 간절히 청하오니, 대인大人은 황상의 지극한 뜻을 받들고 멀리서 온 자의 사정을 보살펴, 전례에 따라 육로로 제령濟寧4)까지 가서, 그곳에서 배를 타고 돌아가도록 허가해 주시기를 바랍니다.

이치로 보아 응당 미리 대인께 글로 밝혀야 될 일이니, 빨리 칙서가 내리도록 주청해 주시기 바랍니다. 그리고 병부兵部의 문서를 2월 초순 안으로 내리도록 주청해 주시면, 숭유 등은 소식을 듣는 대로 출발하겠으니, 실로 이 은혜는 천추에 잊지 못할 것입니다. 건륭 41년 1월 24일에 갖추어 올립니다.”

하였는데, 그 서술이 솔직하고 말이 간곡하였다. 이것은 옛 당보唐報5)에 실린 것인데, 이번에 우리나라 사신이 몇 번 올린 글도 응당 당보에 실려서 천하에 전파될 것이다.

유구국이 조공을 하는 규례는 유황硫黃 1만 근, 적동赤銅 1천 근, 석랍錫鑞6) 3천 근이라 한다.

『태평어람太平御覽』7)에 이르기를,

“한漢 때의 곽리자고霍里子高는 조선 사람이다. 새벽에 일어나 배를 젓다 보니, 한 백수白首 광부狂夫가 머리를 풀어 헤치고 술병을

---

4) 지금 산동성 지역에 있음.
5) 청나라 때 각 성省에서 북경 병부兵部에 파견되어 온 제당무관堤塘武官이 황제의 칙유勅諭, 유지諭旨, 공문公文 등을 초록抄錄하여 본성本省에 보고한 문서
6) 땜납.
7) 송나라 이방李昉이 편찬한 책.

찬 채 물을 건너려 하매, 그 아내가 말렸으나 듣지 아니하고 드디어 물에 빠져 죽었다. 그 아내는 공후箜篌를 뜯으며 노래를 불렀다.

임이여 그 강을 건너지 마소서 公無渡河

임은 끝내 강을 건너시다 公終渡河

임은 빠져 숨지고 말았네 公淹而死

임이시여 그 어찌할꼬 當奈公何

그 소리가 몹시 처절하였는데, 곡조가 끝나자 역시 물속에 몸을 던져 죽었다. 자고는 집에 돌아와 노랫소리를 옮겨서 그의 아내 여옥麗玉에게 이야기했더니, 여옥은 매우 슬퍼하면서 공후를 이끌어 그 노래를 본떠서 불렀으니, 이것을 '공후인箜篌引'이라 한다."

하였다.

내가 열하에서 태학太學에 있을 때 악기들을 구경했으나, 소위 '공후'라는 것은 보지 못했고, 여러 번 사람을 시켜 북경 유리창琉璃廠에 가서 구해보게 하였으나, 이 악기를 구하지 못하여 그 모양을 몰랐다.

천비天妃[8]는 세속에서 전하기를 '황하黃河의 신'이라 한다. 지금 청淸나라에서 칙령으로 천후天后로 봉했는데 회회回回 사람들이 이 종교에 많이 들었다고 한다. 천비라는 귀신의 열두 글자의 존호尊號[9]는 청의 사전祀典에 실려 있다.

---

8)   바다의 여신.
9)   호국비민묘령소응굉인보제천비護國庇民妙靈昭應宏仁普濟天妃.

우리나라 도포와 갓과 띠는 중국 승려의 옷과 흡사하다. 그들이 여름에 쓰는 갓은, 등藤나무로 만들기도 하고, 종려棕櫚나무로 만들기도 한다. 도포는 특히 깃이 모가 난 것이 좀 다를 뿐이다. 그런데 그들의 도포는 모두 검정 공단이거나 무늬 비단[紋紗]을 쓰고, 가난한 자는 오히려 고급 비단인 수화주秀花紬나 야견사野繭紗로 도포를 만들어 입는다. 내가 의원醫員 변관해卞觀海와 함께 옥전玉田 어느 상점에 들어갔을 때, 수십 명이 둘러서서 우리들이 입은 베 도포 만든 법을 자세히 구경하다가, 매우 의아하게 여기면서 저희들끼리 서로 말하기를,

"저 중은 어디에서 왔을까."

하니, 한 사람이 희롱으로 대답하여,

"사위국舍衛國 급고원給孤園10)으로부터 왔겠지."

한다. 우리들이 조선 사람임을 모르는 것은 아니지만 우리들의 도포와 갓을 보고서 걸승乞僧들과 비슷하다고 조롱하는 것이다.

대개 중국의 여자와 승려僧侶와 도사들은 옛날 제도를 그대로 따르고 있는데, 우리나라의 의관은 신라의 옛 제도를 답습한 것이 많다. 신라는 처음에는 중국 제도를 본뜬 것이다. 그러나 시대의 풍속이 불교를 숭상하므로, 민간에서는 중국의 중 옷을 많이 본떠서 1천여 년을 지난 오늘에 이르도록 잘 변하지 않았다. 그런데 중국의 승려가 우리의 나라 의관을 본떴다고 말하고 있으니, 어찌 그렇

10)   석가여래가 설법하던 곳, 사위국은 옛날 중인도에 있던 나라이다.

겠는가?

중들이 쓰는 갓은, 등나무 실로 짠 것은 그 색이 우리나라 초립草笠과 같고, 종려나무 실로 짠 것은 붉은 우리나라 주립朱笠과 같다. 등나무 갓에는 종려나무 실로 무늬를 짜고, 종려나무 갓에는 등나무 실로 무늬를 넣는다.

몽고 사람들도 역시 여름철에 갓을 쓰는데, 가죽으로 만들어 도금鍍金을 하여 구름 무늬를 그린 것이 많다. 우리나라 풍속에는 겨울에도 갓을 쓰고 눈 속에서도 부채를 들어, 다른 나라 사람들의 비웃음을 받는 것이다.

중국의 향시鄕試[11] 규정은 첫 번째 사서四書와 산문 3 편, 성리론性理論 한 편을 하루 사이에 마치고, 두 번째로 경문經文과 산문 네 편, 배율시排律詩[12] 한 편을 하루 동안에 마치고, 세 번째로 책문策文 다섯 편을 역시 하루 사이에 마치는데, 모두 천여 자씩 되어야 한다.

회시會試[13] 규정도 역시 향시와 같고, 전시殿試는 단번에 책문策文[14] 한 편을 써서 역시 하루에 마치는데, 글은 반드시 만여 자가 되어야 한다. 또 이 격식에 하나도 틀리지 않아야 한림翰林에 들어갈

---

11) 지방고시.
12) 오언이나 칠언의 율시를 10구 이상 늘어놓은 한시체.
13) 향시 합격자를 대상으로 보는 중앙의 선발과정.
14) 산문으로 문제에 따라 자기의 포부와 실력을 서술하는 문체의 하나.

수 있다.

전시 뒤에는 또 조고시_{朝考試}가 있어 조詔·고誥[15]·논論(논문)·시詩 등을 보는데, 시간은 하루 낮 동안에 치른다. 향시나 회시에서, 5편 책策 중 세 편[條]은 옛날 역사에서 글제를 내고, 두 편은 지금의 시사[時務]에서 제목을 낸다. 전시는 시사만 출제한다. 향시에 합격하면 거인擧人이 되어 회시 때마다 응시할 수 있다. 비록 회시에 합격을 못하더라도, 10여 년 뒤에는 고을 수령 정도는 하게 된다.

이탁오李卓吾[16]는 머리가 가렵고 손질이 번거로운 것을 못 견디고 드러내놓고 머리를 깎았다. 중국 사람들은 또한 그것이 이탁오의 흉한 성격 때문이라고 말했지만, 아마도 중국 사람들이 체두변발剃頭辮髮을 할 징조였다.

지금 중국 사람의 머리 깎는 풍속은 금·원 시절에도 없던 풍속이니, 만일 중국이 낳은 참다운 군주 명 태조明太祖 같은 이가 있다면 세상을 맑게 쓸어버릴 것인데, 우민愚民들이 이런 습속에 젖은 지도 이미 1백여 년이 넘었으니, 또한 머리를 묶고 모자를 쓰면 도리어 가렵고 불편하다고 할 자가 없지 않을 것이다.

내가 중국에 들어오는 연로沿路 2천여 리 사이에 때는 바야흐로 여름과 가을의 중간이라, 지독하게 더웠다. 낮에는 언제나 네댓 번씩 말에서 내려 인가에 들어가 쉬어 가곤 했다. 두 길이나 되는 파

---

15) 조는 황제의 지시문, 고는 황제의 교서.
16) 명明의 사상·문학가 이지李贄. 탁오는 자字.

초芭蕉, 태호석太湖石17), 차미茶蘼 꽃을 올린 시렁, 무늬 있는 대나무[斑竹]로 두른 난간들을 왕왕 보았고, 섬돌을 덮은 푸른 대나무와 주렴에 가득 찬 푸른 오동나무를 도처에 많이 보았다.

고려 때는 송나라의 장삿배들이 해마다 자주 예성강禮成江에 닿았고, 온갖 물건들이 몰려들었다. 고려왕은 예절을 차려서 그들을 대우했으므로 당시에 서적들이 훌륭히 갖추어졌고, 중국의 기물器物들이 고려에 안 들어온 것이 없었다. 오늘날 우리나라는 뱃길로 중국 남방과 통상을 하지 못하므로 문헌에는 더더욱 캄캄하며, 삼왕三王의 일18)을 몰랐던 것도 모두 이 때문이다.

일본은 강남江南과 통상하기 때문에, 명明나라 말년에 고기古器와 서화와 서적과 약재료[藥料]가 장기長崎 지방에 폭주輻輳하여, 지금의 겸가당兼葭堂 주인 목씨木氏 홍공弘恭19)의 자字는 세숙世肅인데, 3만 권의 책을 가지고 중국의 이름난 선비들과도 많은 교제가 있다고 한다.

반선班禪이 거처하는 자리는, 앞은 바둑판, 뒤는 거울, 왼쪽엔 종, 오른편에는 옥을 걸었으며, 위에는 소반에 물을 떠 놓았고 아래에는 귀한 칼[寶刀]을 걸고, 해가 뜬 낮에는 늘 향을 피우고 있다 하니 허허 한 번 웃을 일이다.

지금의 호부 상서戶部尚書 화신和珅은 황제의 총애를 받는 신하

---

17) 태호산太湖産의 괴석怪石.
18) 명이 망한 후에 그 후손들이 강남으로 내려가 세 명의 왕을 이어나간 일.
19) 기무라 켄카도木村兼葭(1736~1802), 일본의 서화가이자 장서가.

로, 구문제독九門提督[20]을 겸하고 있어 귀한 명성이 조정에 떨친다.

황제의 탄신일에 내가 산장山莊 문밖에 이르렀는데, 공헌貢獻하는 물건들이 문 앞까지 폭주했다. 모두 누런 보자기를 덮은 것이 금부처가 아니면 옥그릇들이라 했다. 화신이 실어 온 물건은, 진주로 만든 포도 한 덩굴이 그 속에 있었다고 하며, 금과 은·오동烏銅[21]으로 빛을 내어 포도 덩굴과 잎을 만들고, 화제주火齊珠와 슬슬주瑟瑟珠로 포도알을 만들었는데, 이야말로 초룡주장蚰龍珠帳[22]이라 아니할 수 없겠다.

강희황제康熙皇帝의 만수절萬壽節은 3월인데, 강희 계미년(1703) 이날은 구경九卿 대신들이 모두 고옥古玉과 서화를 진상하여 황제의 장수를 빌었다. 물건은 모두 내부內府[23]로 받아들이는데, 왕사정王士禎[24]은 당시 형부 상서刑部尙書로 있으면서, 역시 자기 집에서 옛날부터 전해 내려오던 왕진경王晉卿[25]「연강첩장도煙江疊嶂圖」긴 두루마리[長卷] 뒷장에 미원장米元章[26]의 글씨로 동파東坡의 긴 시구가 쓰인 것을 바쳤더니, 강희는 분부하여 말하기를, "지난번에 가져온 그림

---

20) 황성의 9문을 수비하는 금군의 책임자.
21) 구리를 주로 금과 은을 소량 배합한 합금이다. 검붉은 빛이 난다.
22) 『유양잡조酉陽雜俎』에 나오는 말인데, 한 승려가 말라죽은 포도 넝쿨을 심었더니 진짜 포도가 열렸는데 시퍼런 넝쿨은 마치 용처럼 휘감기고[蚰龍] 포도송이는 진주로 장막을 쳐 놓은 것[珠帳] 같다고 해서 당시 사람들이 이를 '초룡주장' 이라고 했다. 극단적인 사치품을 말한다.
23) 궁중의 창고.
24) 왕사진의 별명.
25) 송宋의 관리 왕선王詵(1048~1104). 진경은 왕선의 자字이다.
26) 미불米芾.

들은 대개 옛 물건이 없고 이 그림 뒤에 있는 미원장의 글씨가 매우 아름다우니, 특별히 받아들이고 이 사실을 알리도록 하라." 하였다. 이것으로 강희 시절의 고옥古玉이나 서화를 헌납하는 절차가 과연 겉치레에 불과했다는 것을 알 수 있는데, 이것이 다시 바뀌어 금부처와 진주 포도로 되고 말았으니, 신하로서 사사로이 황제에게 물건을 선물하는 습속은 강희가 처음 열어 놓은 것이다.

화신은 방금 황제의 총애를 받고 있으므로, 황제도 역시 말하기를, "신臣은 나를 사랑하는구나. 자기 집에 둘 것은 잊어버리고 짐朕에게만 바치는구나."라고 했을 것이고, 그리고서 앞으로 반드시 이렇게 생각할 수 있을 것이다. "짐이 사해의 부를 다 갖고서도 이런 진주 포도가 없었는데 화신은 도대체 어디서 이것을 얻었을까?" 그렇게 되면 화신도 위태로운 처지이다.

경직도耕織圖27)는 송宋나라 때 생겼는데, 오잠於潜 수령으로 있던 사명四明 누숙樓璹28)이 그려서 사릉思陵29)에 헌납했다. 그림의 단段마다 헌성 황후憲成皇后의 글씨가 있었다. 강희 때에 와서 다시 모사하라고 명령하고, 단마다 강희의 시가 친필로 씌어 있다. 건륭 연간에는 휘주徽州의 지방관이 각 단의 그림을 먹 판각으로 본떠서 정교하게 새겨 넣었다. 먹은 모두 네 갑인데, 한 갑에 먹 열두 개씩 넣어 값이 은 1백 30냥이 된다. 건륭 신묘 연간(1771)에 그 값이 이렇다고

27) 논농사와 길쌈하는 전 과정을 그린 그림.
28) 송宋의 관리 누숙樓璹(1090~1162). 자는 수옥壽玉이다. 「경직도」 45폭을 그린 것으로 알려졌다.
29) 송宋 고종高宗의 능.

했는데, 병신년(1776)에는 값이 떨어져 80냥이 되었다고 한다.

지금 내가 몸소 유리창琉璃廠에 와서 두 갑을 찾아내었는데 사람의 솜씨로 만든 것 같지가 않았다. 내가 문포文圃 서황徐璜에게 값을 물었더니, 그는 '먹은 절품이 아니고 또 그림 순서로 보아 먹 두 자루가 빠졌으니 오랫동안 팔리지 않았습니다. 그러나 그대로 값은 60냥에서 떨어지지는 않습니다'라고 답했다.

서황徐璜이 내게 이렇게 말했다.

"장서藏書를 좀먹지 않게 하는 방법으로, 한식寒食날 밀가루에다 납일臘日날 받은 눈 녹인 물30)을 섞어 풀을 쑤어서 표구를 하면 좀 슬지 않습니다. 조협皂莢31)의 가루를 책 속에 넣어 두면 역시 좀이 먹지 않는다고 하는데, 이 방법은 송의 왕문헌王文憲32)에게서 나온 것입니다. 붓을 보관하는 방법으로는 유황硫黃을 끓여 붓촉을 펴서 담그는데, 소동파는 황련黃連을 끓인 물에 경분輕粉을 섞고 붓촉을 적셨다가 말려서 간수했다고 합니다. 황산곡黃山谷은 천초川椒와 황벽黃蘗을 달인 물에 붓을 적시어 보관하면 더욱 좋다고 했습니다."

방사方士33)의 말에 삼신산三神山은 봉래蓬萊·방장方丈·영주瀛洲인

---

30) 납일臘日은 동지 뒤 세 번째 술戌일이다. 이날 내린 눈을 받아 된 물은 살충과 해독약으로 쓴다.
31) 쥐엄나무 열매 껍질.
32) 왕백王柏(1197~1274). 자는 백회伯會, 호는 장소長嘯이다. 시에 능하고 그림을 잘 그렸다.
33) 신선술을 닦는 사람.

데, 바다 가운데 있어서 언제나 신선이 왕래하면서 노닌다고 한다. 일본 사람들은 자기 나라에 이런 산이 있다 하고, 우리나라 역시 금강산을 봉래라 하고, 제주 한라산漢拏山을 영주라 하고, 지리산을 방장이라 한다.

『황여고皇輿考』[34]에는,

"천하의 명산이 여덟이 있는데, 그중에 다섯은 중국에 있어 태산泰山·화산華山·소실산少室山·수양산首陽山이고, 그 외에 셋은 외지에 있다."

라고 하였으니, 이것은 잘못된 말이다. '황여고'에는 방사의 말을 따라 세 산이 외지에 있다고 한 것이다. 우리나라와 일본에서 분분하게 저마다 있다 없다 겨루고 있으니 이것은 잘못된 것이다. 천하의 명산이 어찌 여덟에 그칠 것인가? 중국의 명산이 어찌 다섯에 그칠 것이며, 외지의 명산이 또한 어찌 셋에만 그칠 것인가?

'황여고'에는,

"천하에 큰물 셋이 있으니 황하黃河·장강長江과 압록강이 그것이다. 압록강은 역시 외지에 있다."

『양산묵담兩山墨談』[35]에 이르기를,

"장회長淮[36]는 중국 남북을 가르는 큰 경계이다. 장회 북쪽은

명 장천복張天復 편찬.
35) 원주: 명나라 진정陳霆 저술.
36) 회수淮水.

북조北條가 되어 모든 물은 황하를 대종大宗으로 삼고 있으므로 '강江'이란 이름을 붙인 물은 없고, 장회 남쪽은 남조南條가 되어 모든 물은 대강大江[37]을 조종으로 삼고 있으므로 '하河'라는 이름을 붙인 물은 없다. 두 가닥 물 이외에 북쪽 고려에 있는 물은 혼동강混同江·압록강이고, 남으로 만조蠻詔[38]에 있는 물은 대도하大渡河[39]라고 하는데, 그것은 우禹의 치수 사업 중에 들지 않았다."

라고 하였으나, 나는 이 말이 옳지 않다고 생각한다. 강江과 하河라는 이름은 맑고 흐린 것으로 구별한 것이다.

내가 압록강을 건널 때 강 넓이는 한강漢江보다 넓은 것이 없으나, 물이 맑기는 한강에 비할 만했다. 북경에 이르기까지 무려 물을 10여 차나 건넜는데, 때로는 배로 건너고 때로는 말안장에 탄 채로 건너기도 했다. 물 이름은 혼하混河·요하遼河·난하灤河·태자하太子河·백하白河 등인데, 어디나 누런 흙탕물이었다.

대체로 들에 흐르는 물은 탁하고, 산골 물은 맑다. 압록강의 발원지는 장백산으로, 변경의 여러 산속을 흘러내리므로 항상 물이 맑다. 동팔참東八站[40]의 여러 물들은 모두 맑으니, 이것도 이유가 같다.

나는 비록 장강長江을 보지는 못했지만, 그 근원이 민산岷山, 아

---

37) 양자강揚子江.
38) 당나라때 중국 남쪽 운남, 사천, 귀주 등에 걸쳐있던 왕조 이름.
39) 일명 말수沫水. 사천성 서부에 있는 강. 청해성, 사천성 경계에서 나와 중국 서남쪽을 흐른다.
40) 책문부터 요양 영수사迎水寺까지의 지역이다.

미산 같은 첩첩한 산중에서 발원하여 삼협三峽을 뚫고 내려온 것이니, 물이 맑은 것을 짐작할 수 있다. 소위 남조南條의 물들에 하河라고 이름 붙인 것이 없는 까닭은, 초楚나라의 남쪽은 산도 많고 돌도 많으므로 물이 모두 맑기 때문이다.

그러니 만조蠻詔의 대도하大渡河도 필시 평야에서 발원하여 물이 탁하므로 하수라 불렀을 것이다.

양순길楊循吉[41]의 『지이志異』에는 이르기를,

"황조皇朝의 문신文臣으로 가장 높은 품작品爵을 받은 자가 몇 명 안 된다. 위령백威寧伯 왕공王公이 그 한 사람이다. 왕공이 궁중에서 과거 보는 날에 글쓰기를 겨우 마쳤는데 갑자기 겨드랑이 밑에서 회오리바람이 일어나 답지를 하늘 위로 불어 올려 버렸다. 조정의 신하들과 함께 과거 보던 자들이 일제히 하늘을 우러러 쳐다보니, 그 시권試券이 점점 높이 구름 속으로 올라가 마침내 보이지 않았다.

궁중의 관리들이 이 일을 황제에게 보고하자, 명령을 내려 다른 종이로 다시 써서 올리게 하였다. 뒤에 왕공은 집헌執憲의 벼슬과 대사마大司馬를 거쳐 백작伯爵에까지 이르렀다."

하였다. 이는 곧 왕월王越[42]의 사적이다. 우리나라 성종조成宗朝 때 경복궁景福宮 간의대簡儀臺[43] 근처에 중국 조정에서 쓰는 과거 답

---

41) 명明의 문학가.
42) 왕월의 자는 세창世昌이다. 이 이야기는 구외이문 편에도 나온다.
43) 경회루 북쪽에 있던 천문관측대. 여기 혼천의, 규표 등 천문 관측 기구들을 두었다.

안지 한 장이 떨어져 있었는데, 봉함에 왕월의 이름이 붙어 있었다. 조정은 중국 사절 편에 이 시권을 보냈는데, 천자는 왕월이 남을 움직일 수 있는 힘[風力]을 가짐을 가상히 여겨서 즉시 집헌의 직책을 맡겼다.

양순길의 기록에는 다만 회오리바람이 시권을 날렸다는 말만 하고 그 시권이 어디에 떨어진 줄은 몰랐으며, 그가 집헌을 거쳐 승진을 한 일은 죄다 말하면서, 실상 우리나라가 천자에게 아뢰어 그렇게 되었다는 것은 알지 못했다.

『원시비서原始秘書』[44]에 이르기를

"고려의 학문은 기자箕子로부터 시작되었고, 일본의 학문은 서복徐福[45]으로부터 시작되었으며, 안남安南의 학문은, 한漢나라가 군현郡縣 제도를 세우고 자사刺史를 두어 중국의 문화를 편 데서 비롯되었고, 뒷날 오대五代 말기에 절도사節度使 오창문吳昌文[46]의 시기에 와서야 성황을 이루었다.

중국의 문화가 외지로 퍼져 나간 지 수천 년 사이에, 그들의 문학은 모두 이적夷狄의 풍습을 면하지 못하고 비루해서, 성인의 가르침을 계승하기 부족하다. 그 성음聲音이 같지 않기 때문이다. 그 기

---

44) 명나라 영왕권寧王權 지음.
45) 진 시황 때의 방사方士 서시徐市. 복은 별명. 진 시황 때 불로초를 찾기 위해서 외국으로 보냈다.
46) ?~963. 월남인. 오왕을 폐하고 스스로 남진왕南晉王이라고 일컬었다.

묘하고 심오한 이치를 필설筆舌로 전할 수 없으므로 서로 합하지 않았던 것이다."

하였으니, 이것은 절실한 이론이라 할 만하다.

우리나라에서는 협음叶音[47])의 묘미를 알지 못하므로 유미암柳眉菴[48])을 한자 음운을 잘 안다고 했지만, 그가 언해諺解한 모시毛詩는 협음을 따르지 못하였으므로, 운韻이 끊어진 곳이 많았다. 예를 들면, '왕희지차王姬之車'[49])란 구절에서 차車[50]) 자를 마麻 자 운韻目]을 따르지 않고 어魚 자 운을 따라서 '거車' 음으로 한 것이 곧 이것이다.

『유양잡조酉陽雜俎』[51])에 보면,

"요새 어떤 뱃사람이 신라로 가는 길에 바람에 밀려서 한 섬 위에 이르렀다. 산에 가득하게 흑칠黑漆한 수저가 달린 큰 나무가 많았다. 그가 자세히 들여다보니 이 숟가락 젓가락들은 모두 나무의 꽃과 수술들이다. 그가 이내 백여 쌍을 주워 가지고 돌아와서 써 보았더니, 굵어서 쓸 수가 없었다. 뒤에 우연히 이것으로 찻물을 저어 보니, 그대로 녹아 버렸다."

---

47) 어떤 음운의 글자가 다른 글자의 음운과 서로 통용해서 쓰는 것.
48) 유희춘(1513~1577), 자는 인중仁仲, 호는 미암眉巖. 조선의 문인이다. 저서로 『미암일기』, 『시서석의』 등이 있다.
49) 『시경』중의 문구.
50) 車는 수레 거, 수레 차 두 가지 음이 있다.
51) 당나라 단성식段成式(803~863) 저著.

하였는데, 이 이야기는 허튼소리 같다. 우리나라 남쪽 섬에 만일 이런 나무가 있었다면, 어찌 듣지 못했겠는가?

허항종許亢宗의 『행정록行程錄』에는,

"동주同州부터 40리를 가서 숙주肅州에 이르러 동쪽을 바라보면 큰 산이 보인다. 금나라 사람들이 이것을 신라산新羅山이라 부르고, 이 산중에는 인삼과 백부자白附子[52] 같은 약재가 많이 나는데, 그 산이 고구려와 접경해 있다."

하였으나, 이것은 틀린 말이다. 동주와 숙주가 어디에 있는지는 모르지만, 금나라 사람들이 '신라산'이라 가리킨 데가 어찌 고구려와 접경이 될 수 있겠는가? 남북의 방위가 뒤바뀐 셈이다.

「고려인삼찬高麗人參讚」에,

세 가지에 다섯 잎 三椏五葉

양지를 등지고 응달로 향했네 背陽向陰

와서 나를 찾고 싶으면 欲來求我

가椵나무 밑에서 찾으시길. 椵樹相尋

라고 하였는데, 중국의 문헌에는 이 글을 많이 싣고 있다. 가椵나무 잎은 오동잎과 비슷하면서 매우 넓어서 그늘이 많이 지기 때문에, 인삼이 이런 음지에서 자란다고 한다. 가나무는 곧 우리나라

---

52) 미나리아재비과의 다년생 초본식물. 약재로 쓰는 독초이다.

에서 책 판각에 쓰는 이른바 '자작나무'로서 우리나라에서는 매우 천한 것인데, 중국에서는 분묘墳墓에 이 나무를 많이 심어서, 청석 령靑石嶺53) 같은 데는 숲을 이루고 있다.

『대당신어大唐新語』54)에 보면,

"이습예李襲譽55)는 성품이 검소하고 독서를 좋아해서 책을 베 낀 것이 수만 권이나 되었는데, 그가 자제들에게 이르기를, '내가 재물을 좋아하지 않으므로 이토록 가난하다. 그런데 서울에는 나라에서 하사한 밭이 열 이랑 있어 밥은 먹을 수 있고, 하남河南에는 뽕나무 1천 그루를 심어 둔 것이 있어 옷은 입을 수 있으며, 책 1만 권을 베껴 두어 넉넉히 벼슬자리를 구할 만하다. 너희들이 함께 이 세 가지 일을 부지런히 한다면, 다른 사람에게 손 벌릴 일이 무엇이 있겠는가?' 라고 했다."

나 역시 성질이 재물을 좋아하지 않으므로 이렇게 가난하게 되었으나, 평생에 베낀 책을 점검해 보니 10권을 넘지 못하고, 연암 골짜기에 손수 심은 뽕나무가 겨우 열두 그루인데 제일 큰 것도 겨우 어깨에 닿을지 말지 하니, 일찍이 슬픈 한탄을 금할 수 없었다. 이번에 요동遼東을 지나오면서 밭 가에 둘러선 뽕나무숲을 바라보다가, 끝없이 넓은 것을 보고는 또 멍하고 얼떨떨했다.

---

53) 심양과 산해관 중간에 있다.
54) 당唐 유숙劉肅 저著.
55) 당唐 관리. 자는 무실茂實. 저서로『오경묘언』등이 있다.

중국 사람들은『시경』의 소서小序56)는 절대 없앨 수 없다고 여긴다. 완정阮亭57)의 말은 아주 공정하다. 그는 다음과 같이 말하였다.

　　"정자程子58)가 소서에 대해 말하면서, '이것은 필시 당시 사람들이 자기 나라 역사에서 성공과 실패의 자취를 밝혀 전하려고 한 것이다.' 소서가 없었다면 이 시편들의 뜻이 무엇인지를 어떻게 알아낼 것인가? 또 대서大序는 중니仲尼의 저작으로서, 소서와 대서 모두 대의를 얻은 것이다. 주자가 두 정자程子59)를 학문의 스승으로 삼으면서도 유독 소서에 이르러서는 의견을 달리했던 것은 무슨 까닭일까?

　　학초망郝楚望60)이 시 한 편마다 반드시 주자의 주석을 반박한 것도 역시 옳지 못하다. 상숙常熟 고대소顧大韶 중공仲恭61)은 시경을 간행하면서 모전毛傳62)을 위주로 하되, 모전이 잘 통하지 않는 데가 있어야만 정주鄭註63)를 참고하고, 모·정의 주가 반드시 통하지 않는 데가 있어야만 주자의 주석을 참고로 하였고, 모·정·주의 것이 모

---

56)　복상卜商, 즉 공자의 제자인 자하子夏가 지었다 한다. 시경의 각 편마다 저작 동기를 밝힌 내용이다.
57)　왕사정의 호. 이것은『향조필기』에 나와있다.
58)　정이程頤.
59)　정호程顥와 정이.
60)　명明의 학자 학경郝敬(1558~1639). 초망은 호.
61)　고대소의 자字.
62)　한漢 모형毛亨의『시전詩傳』
63)　한 나라 정현鄭玄의 시경 주.

두 통하지 않을 때는 여러 학설을 망라해서 자기의 의견과 절충했다.

엄찬嚴粲[64]의 시집詩輯은, 주자의 시경 주석이 나온 이후에 특별히 여러 주석가의 주석보다 우수하다 여겨졌고 대전大全[65]이란 것들은 주자의 주석을 부연한 것이므로 아무런 새 소식도 없으니, 장독 덮개로나 쓰는 것이 좋을 것이다."

대저 중국인들이, 주자가 소서를 없앤 것을 배척하는 입장은 한 시대의 대세가 되는 시론時論이 되었다. 주죽타朱竹坨[66]의 『경의고經義攷』 2백 권은 주자를 배척하여 목과木瓜[67]에서 제 환공齊桓公을 찬미한 것이라든지, 자금子衿[68]에서 학교 폐지한 것을 풍자한 것이라든지, 야유만초野有蔓草[69]와 유왕幽王을 풍자하고, 정홀鄭忽[70]을 풍자한 모든 소서의 내용은 경전經傳을 깊이 상고하여 모두 명확한 근거가 있는 것인데, 주자는 모두 이것을 반대하여 자기의 의사대로 함부로 결정해서 소서를 모두 없애 버렸다는 것이다.

그러나, 주이존은 실상 소서를 많이 이용하면서, 유독 정鄭나라·위衞나라의 시만은 정성鄭聲을 버리라[放鄭聲][71]는 한 마디 말에 근

---

64) 송나라의 문인, 자는 탄숙坦叔, 명경明卿. 화곡선생華谷先生으로 지칭되었다.
65) 시경대전詩經大全.
66) 주이존朱彝尊.
67) 『시경』의 편명.
68) 『시경』의 편명.
69) 『시경』의 편명.
70) 정 나라의 공자公子.
71) 『논어』 衛靈公에 나오는 구절.

거하여 모두 음탕한 시의 부류에 남겨 두었다. '소리는 음탕하지만 시는 음탕하지 않다'고 한 말은 서하西河(모기령의 호) 모씨毛氏의 학설이다.

대체로 소서를 두둔하는 자의 학설은 모두 이와 같았다. 그들의 말로는 이 주석이 주자의 친필이 아니고, 필시 그 문인의 손에서 나왔을 것이라 하지만, 이는 '문인'이란 명색을 붙여 마음 놓고 공격하자는 심산인 것이다.

『송사宋史』'유림전儒林傳' 중에 왕백王栢이 말하기를,

"『시경』 3백 편은 어찌 모두 공자의 손으로만 산정된 것이겠는가? 추린 시 중에는 민간에서 부박한 입에 떠돌아다니는 시들도 있을 것인데 한漢나라의 선비들이 이것을 주워 모아 보탠 것도 있을 것이다."

했으니, 이 말이 매우 이치에 합당하다. 그러니, 중국에서 인정하는 소서 중에 어찌 한漢의 선비들이 견강부회하여 만들어 낸 것이 없겠는가?

내가 일찍이 한림翰林 초팽령初彭齡과 태사太史 고역생高棫生과 함께 단가루段家樓에서 술을 마시면서 소서를 가지고 분분하게 질문했다. 내가 큰 소리로,

"『시경』 3백 편은 당시의 여항閭巷에 떠돌아다니는 풍요風謠에 불과할 것입니다. 즐겁고 아프고, 희로喜怒와 애락哀樂이 있을 때 이런 노랫소리가 없을 수 없는 것이니, 시절에 맞게 우는 벌레나 새들처럼 절로 울고 읊는 것과 같을 것입니다. 그 풍요를 모아서 글자와

구절을 맞추어 학교에 벌여놓고 악기에 맞춘 것이 소위 열국의 풍
요[國風]로서 '시詩'라는 이름도 여기에서 생긴 것입니다. 작자의 성
명을 어떻게 알 수 있겠습니까?

『소서』에는 시를 설명하면서 반드시 시의 저작자가 있다 하
고, 이것이 누구누구의 작품이라고 하여 마치 후세의 『전당시全唐
詩』와 같이 말하나, 이것은 틀림없이 억측입니다. 이는 마치 「공작
동남비孔雀東南飛」 시를 초중경焦仲卿의 아내가 지었다는 것처럼 엉뚱
한 말입니다. 「고시古詩 십구수」는 언제 작가의 성명이 있었습
니까?"

하였더니, 여러 사람이 모두 잠잠하였으나, 보기에는 그렇게
생각하는 것 같지 않은 표정이었다.

『소서』를 소중히 여기는 것은 소자유蘇子由[72]로부터 시작하였
고, 『소서』를 공격한 것은 정협제鄭夾際[73]로부터 시작하였고, 주자
의 주석을 반박하기는 마단림馬端臨[74]·모기령毛奇齡·주이존朱彝尊 등에
서 극심했으며, 근세에 와서는 아주 여론으로 굳어졌다.

오군吳郡 풍시가馮時可[75]의 『봉창속록蓬牕續錄』에,

"취두선聚頭扇은 곧 접었다 펴는 부채로, 영락永樂 연간[76]에 중
국에 공물로 들어가 국내에 많이 유행되었다. 동파東坡는 말하기를,

72) 송宋의 문학가 소철蘇轍. 자유는 자字.
73) 송宋의 문학가 정초鄭樵(1104~1162). 협제는 호.
74) 송宋의 학자, 1254~1323.
75) 명明의 학자, 자는 민경敏卿, 호는 무성无成.
76) 1403~1424.

'고려의 백송선白松扇은 펴면 넓이가 한 자가 넘고 접으면 불과 두 손가락 정도밖에 안 된다 하였으니, 왜인들이 만든 부채로 오죽烏竹 뼈대에 금색으로 면을 칠한 것이 곧 이것이다. 내가 북경에 닿으니 외국 도인道人 이마두利瑪竇가 나에게 왜선倭扇 4자루를 보냈는데, 접으면 손가락 하나의 폭도 못 되는데 매우 가볍고 바람이 잘 나고 또 견고했다.' 하였다."고 했다.

이것으로 본다면 중국에서 애초 이런 접는 부채가 없었고, 모두 둥근 모양 부채[團扇]로서 우리나라에서 말하는 미선尾扇[77]이었던 것이다. 대개 중국 옛 그림에 보이는 파초잎·오동잎·흰깃 같은 것으로 만든 것이 이것이다. 우리나라 기물에는 일본의 것을 모방한 것이 많이 있으니, 접는 부채도 고려는 일본에서 배웠고 중국은 고려에서 배워 갔는가?

중국에서 큰 부채를 '고려선高麗扇'이라 부르면서 만든 품이 질박하다. 조선 종이에 기름을 먹이고 세필로 서화를 그린 것을 자못 진기하게 여겼다.

구라파 철현금鐵絃琴은 우리나라에서는 '서양금西洋琴'이라 부르고, 서양 사람들은 '천금天琴'이라 부르고, 중국인들은 '번금番琴' 또는 '천금'이라 부른다.

이 악기가 어느 때 우리나라에 나왔는지 알 수 없으나, 향토 곡

---

77) 부채 끝을 공작깃처럼 펼친 모양으로 공그른 부채.

조를 여기에 맞추어 풀어 낸 것은 홍덕보洪德保로부터 시작되었다. 건륭 임진년(1772) 6월 18일에, 내가 홍덕보의 집에 앉았을 때 유시 酉時78)쯤 되어 그가 이 악기를 풀어내는 것을 나는 보았다.

대개 홍은 음악을 듣고 살피는 데 예민해 보였고, 또 이것이 비록 작은 기술이지만 칠현금을 우리나라 최초로 연주했으므로, 나는 그 일시日時를 자세히 기록했던 것이다. 그것이 전傳한 지 이제 9년 되었는데 그사이에 넓게 퍼져 금사琴師로서 이를 탈 줄 모르는 자가 없었다.

오군 풍시가馮時可가 처음 북경에 와서 이마두에게 이것을 얻었는데, 구리 철사로 줄을 만들어 손으로 타지 않고 작은 나무쪽을 건드리면 그 소리가 한층 더 맑았다고 했다. 또 자명종自鳴鍾은 겨우 작은 향합만 한데 정밀한 쇠로 만들어서 하루 열두 시간에 열두 번 소리가 울려 역시 특이하다고 했는데, 이 말은 모두 『봉창속록篷牕續錄』에 실려 있다. 대개 이 두 가지 기계는 명明의 만력 연간79)에 처음으로 중국에 전했다고 한다.

내가 있는 산중에 양금洋琴이 있는데, 뒷면에 『오음서기五音舒記』라고 낙인烙印이 찍혔는데, 만든 것이 매우 정밀하고 좋다. 이번 중국에 온 김에 이것을 구해 보고자 두루 돌아다니면서 찾아보았으나, 소위 '오음서'는 끝내 구하지 못했다.

78) 하오 6시.
79) 1573~1615.

『단청기丹靑記』에 이르기를,

"왕유王維80)가 기왕岐王81)을 위해서 큰 돌을 한 개 그렸는데, 붓 가는 대로 휘두르고 보니 천연天然의 운치가 있었다. 기왕이 이것을 보물로 여겨서, 때로 처마 밑에 홀로 앉아 주시注視하면서 마치 자신이 산에 와 있는 상상을 하니 유연悠然히 넘치는 운치가 있었다. 그 뒤 몇 해를 지나니 그림에 더욱 정채精彩가 돌았다.

어느 날 아침 폭풍우가 몰아치고 천둥번개가 함께 일어나면서 갑자기 돌이 날려 가고 집도 함께 무너졌다. 웬 영문인지 모르다가 뒤에 보니, 그림 축軸에 빈 종이만 남았으므로 이에 그림에 있던 돌이 날아간 것을 알았을 뿐이다.

헌종憲宗82) 때 고려에서 사신을 보내어 말하기를, '모년 모월 모일에 큰 풍우가 일고 신숭산神嵩山83) 위에 웬 이상한 돌 하나가 날아와 떨어졌는데, '왕유'라는 글자가 박혀 있으므로 중국서 날아온 돌인 줄을 알고 감히 그대로 고려에 둘 수 없어서 사신을 보내어 가져다 바칩니다' 했다. 황제가 여러 신하에게 명하여 왕유의 손수 쓴 필적[手蹟]을 가져다가 비교해 보았더니 털끝만큼도 틀림이 없었다. 황제는 비로소 왕유의 그림이 신묘한 것을 알고 국내에서 두루 그의 그림을 찾아 궁중에 간직하고, 땅바닥에 닭과 개의 피를 뿌려 돌

---

80)   701~761.
81)   이범李範(?~726).
82)   806~820.
83)   개성開城의 송악.

이 날아가지 않도록 예방했다."

하였으니, 이것으로 미루어 보아 중국 『제해齊諧』[84]의 기록들이 허탄하고 틀린 것을 넉넉히 알 수 있을 것이다. 중국이 고구려를 고려로 부르는 것은 이미 오래되었지만, 고구려는 당 고종唐高宗 영휘永徽 연간[85]에 망했으니, 헌종 때에 어떻게 사신을 보낼 수 있었을 것인가? 왕씨의 고려는 송악산松岳山 밑에 도읍했고, 송악을 '신숭神嵩'이라 불렀는데, 만약 이것이 왕씨의 고려였다면, 고려 태조가 나라를 일으킨 것은 주량朱梁[86] 우정友貞[87]의 정명貞明 4년(918)이니, 헌종보다 1백여 년 뒤 연대이고, 왕유는 또 당 명황唐明皇 때 사람이어서 헌종보다 1백여 년 앞이 된다.

그 돌이 날아갔다는 이야기는 본래 황당하고 기록도 또 심히 틀렸으니, 이는 필시 왕월王越의 과거 답안지 이야기를 희미하게 본떠 만든 이야기일 뿐이다.

우리나라가 동파東坡에게 가장 잘못 보였던 모양이다. 고려가 송宋에게 서책을 구하려고 했는데, 동파는 한漢의 동평왕東平王[88] 고사故事를 인용하여 상소를 올려 고려를 준엄하고 열렬히 배척했다.

---

84) 괴담怪談을 수록한 글.
85) 650~655. 고구려는 668년이 마지막으로 알려져있다. 이는 당 고종 총장總章 1년이다.
86) 주전충朱全忠이 세운 후량後梁.
87) 후량의 말제末帝.
88) 동평헌왕東平憲王. 한나라 광무제의 아들로 이름은 유창劉蒼이다. 그는 형인 명제明帝, 조카인 장제章帝에게 시국에 관련된 간절한 상소를 각각 올려, 그의 생각이 관철되도록 했다.

소동파가 항주杭州 통판通判으로 있을 때, 고려의 조공 사신이 주군州郡의 관리를 능멸凌蔑하고, 당시 사신을 인도하는 관리들은 모두 관고管庫[89]같은 말단 관리였는데 그들이 세도를 믿고 제 맘대로 날뛰어 무관인 검할鈐轄과 맞먹으려 하는 데 이르렀다.

그래서 소동파가 사람을 보내 이르기를, '먼 지방 사람들이 중국을 사모하여 오니 반드시 공손하여야 할 터인데, 지금 보니 이렇게도 사납고 방자하니 이는 너희들이 잘못 지도한 것이다. 만일 이것을 고치지 않으면 응당 황제께 아뢸 것이다.' 하니, 인도하던 관리들이 두려워서 수그러졌다.

고려 사신이 관리에게 조공을 보내면서 문서 끝에 갑자甲子로 날짜만 썼더니, 동파가 이를 물리치면서,

"고려가 우리 조정에 신하로 자칭하면서 연호를 쓰지 않는다면 내가 어찌 감히 받겠는가?"

하니, 사신은 글을 바꾸어 '희령熙寧'[90]이라 쓰자 그제야 받으면서 체례體禮에 맞다고 하였다. 이것은 동파의 묘지墓誌에 실렸다.

원우元祐 5년(1090) 2월 17일에 소동파는 백호伯虎 왕병지王炳之를 만났다. 왕병지가 말하기를, '옛날에 추밀원樞密院 예방禮房 검상문자檢詳文字로 있을 때 비로소 고려 공안高麗公案을 보았습니다.'라 하였다. 처음에 장성일張誠一이 거란으로 사신 갔을 때, 거란 군막 속에

---

89) 창고의 관리管理.
90) 송宋의 연호.

고려 사람이 있었는데 그가 자기 나라 임금이 중국을 사모하고 있다는 뜻을 몰래 말했다.

장성일이 이 말을 듣고 돌아와 황제에게 아뢰었더니, 황제는 이 말을 듣고 비로소 고려 사신을 불러 볼 뜻을 갖게 되었다. 추밀사樞密使 이공필李公弼이 뜻에 맞추어 친필로 문서를 황제에게 올려 고려 사신을 부르자고 청하여, 드디어 발운사發運使 최극崔極에게 명령하여 고려에 상인을 보내어 사신을 부르게 했다. 세상에서는 최극의 그른 것을 알면서도 공필의 잘못은 모르고 있다. 장성일 같은 자는 족히 이야기할 것도 없겠다."

또,

"회동제거淮東提擧 황실黃實이 말해준 고려에 사신으로 갔던 사람의 이야기이다. 고려에 보낸 선물 중에는 가짜 금은金銀 알갱이가 있었는데, 고려인들은 모조리 깨뜨려 알맹이까지 쪼개 보니 사신들은 심히 불쾌하게 생각했다. 이때 고려 사람들은, '우리가 감히 오만한 것이 아니라, 혹시 거란 사람들이 엿보고 진짜로 여길까 봐 걱정스러워서 그러한 것입니다.'고 변명했다.

이것으로 본다면, 고려 사람들은 우리나라가 보낸 선물을 거란 사람들과 나누어 가지는지도 모를 일이다. 어떤 사람은 이 일을 상세히 알지도 못하고는 거란이 고려가 우리 송나라에 조회하는 것을 모를 것이라 하고, 어떤 이는 뒷날 고려를 이용하여 거란을 견제할 수 있을 것이라고도 하니, 이 어찌 틀린 것이 아니랴?"

이 두 가지 이야기는 모두 동파의 지림志林에 실려 있는데, 자첨子瞻91)은 당시 고려를 불러 사귀는 것을 실패한 계책라고 생각한 것이다. 여러 가지 기술記述한 것을 보니, 모두 국가를 위한 깊은 걱정이다. 그러나 당시 송宋의 사대부들은 고려가 중국에 향한 정성이 진심에서 나온 것을 유달리 몰라 주었다. 고려는 요遼와 금金의 견제를 받고 있으므로 송을 온전히 섬기지 못한 것을 몰랐던 것이니, 이것이 고려의 여러 왕들이 지극히 한스럽게 여긴 것이다.

고려 사람들이 송나라 학자들의 글을 얻으면 분향을 하면서 공손히 읽는데, 이 같은 지극한 정성을 드러내지 못한 채, 한갓 중국의 사대부들로부터 천대를 받은 것은 참으로 한심스러운 일이다. 내가 왕혹정王鵠汀과 더불어 말할 때 이 일을 매우 변론하였다.

『명산기名山記』에 말하기를,

"강원도 금강산 속에 소[泓] 하나가 있으니 '관음담觀音潭'이라 한다. 관음담 가의 언덕 이름은 '수건애手巾崖'라 하고 돌 가운데에는 오목하게 절구 같은 데가 있으니 세속에서 전하는 말에는 관음보살이 빨래하던 곳이라 한다."

하였다.

숭정崇禎 정축년(1637) 11월 11일 정조사正朝使92) 한형길韓亨吉93)과

---

91)   소식의 자.
92)   원주: 건주建州, 즉 여진족과 더불어 화해를 한 뒤이다.
93)   1582~1644, 조선 선조宣祖 때의 관리. 본관은 청주, 자는 태이泰而, 호는 유촌柳村이다.

서장관書狀官 이후양李後陽의 일행이 사절로 갔을 때, 정례의 진상품 외에 별공別貢으로 홍시紅柿 30바리를 가져다 바쳤더니, 칙사는 또 2만 개를 더 바치라고 독촉했다.

당시의 칙사는 영아아대英俄兒代[94]·마복탑馬福塔·대운증戴雲曾 등으로 연로에서 말을 달려 사냥을 하고 고을 기생들의 수청을 강요하여 조금이라도 뜻대로 못 할 때는 매질을 마구 했다. 왜인들 역시 말 3백 필, 매 3백 마리, 황새 3백 마리를 구하였다.

이번 사행에 가지고 온 방물方物이란 종이와 돗자리에 불과했으나, 중국은 우리가 유숙하는 비용을 치르는 것만 하더라도 언제나 10여만 냥이 든다고 한다. 청나라 초기에 비한다면 가위 도리어 중국에 폐를 끼치는 셈이 된다.

서위徐渭[95]의 『노사路史』에 이르기를,

"당나라 때 고려는 송연묵松煙墨[96]을 진상했는데, 이것은 송연松煙에다가 사슴 힘줄로 만든 아교를 섞어 만든 먹으로서 '유미隃麋'라고 불렀다."

하였는데, 왕완정王阮亭의 고증에 의하면, '한漢의 고을 이름으로서 유미라는 데가 있는데, 그 땅에서 석묵石墨이 나기는 하나 고려와는 아무런 관계가 없다'고 했을 뿐, 당나라 시절에는 애초에 고

---

94) 만인滿人.
95) 명 나라 문학가.
96) 소나무 연기 그을음으로 만든 먹.

려가 없었다는 것을 설명하지 않은 것은 무슨 까닭일까? 유미에서 난다는 석묵은 필시 요사이 쓰고 있는 석탄일 것이다. 한나라 시절에는 석탄을 땔 줄은 모르고 석묵으로만 사용한 것인가?

명明 만력 9년(1581)에 서양 사람 이마두利瑪竇가 중국에 들어와 북경에 머무른 지 29년이 되었다. 중국인은 한 사람도 그 종교를 믿는 자가 없었고, 다만 그의 역법曆法을 주장한 자는 서광계徐光啓[97] 한 사람뿐으로 드디어 그는 만세력萬歲曆의 원조가 되었으니, 당시 명나라 연호 '만력萬曆'은 이마두가 중국에 들어올 조짐이었던 것이다.

만력 임진년(1592)에 신종神宗 천자가 군사를 크게 내어 우리나라 난리를 구했는데, 이 당시 내부內府의 은을 허비한 것이 8백만 냥이라 한다.

신라 시대 토산土産으로 대화어아금大花魚牙錦·소화어아금小花魚牙錦·조하금朝霞錦·백첩포白氎布가 있었다.

---

[97] 명나라 말기 학자, 1562~1633. 자는 자선子先, 호는 현호玄扈이며 상해上海 사람이다. 벼슬은 예부 상서禮部尙書로 동각 태학사東閣太學士를 겸한 적이 있으며, 천주교 신자로서 이탈리아 사람인 마테오 리치[利瑪竇]에게 천문天文·역산曆算·화기火器 등을 배웠다. 저서에는 『농정전서農政全書』·『서씨포언徐氏庖言』 등이 있다.

왕원미王元美[98]는 조선 종이를 칭찬해 주었고 서문장徐文長[99]은 조선 종이가 돈 같이 두꺼운 것을 매우 좋아했고, 종백경鍾伯敬[100]은 일찍이 조선 종이에 당唐 유신허劉愼虛[101]의 시 14수를 썼다.

중국에서는 진사進士 급제及第 출신으로 일갑一甲이 세 사람인데, 첫째가 '장원壯元'이요, 다음이 '방안榜眼'이며, 셋째는 '탐화探花'라 하여, 장원은 즉시로 한림원翰林院 수찬修撰의 벼슬을 주고, 방안과 탐화는 한림원 편수編修를 준다. 이갑二甲은 80~90명인데 그 중 첫째는 '전려傳臚'라 하여 역시 한림의 벼슬을 준다. 삼갑三甲은 백여 명 되는데 이갑과 함께 모두 조고朝考[102]에 응시할 수 있고, 혹은 한림 후보도 되고, 혹은 육부六部의 주사主事 직책이 주어지기도 하고, 혹은 지방 수령인 지현知縣도 되고, 여기에 참여 못하면 진사進士로 되돌아간다. 이러한 중국의 제도는 우리나라에서 지체와 문벌을 따져서 3관館[103]에서 벼슬을 나누어 주는 규정에는 비교할 바가 아니다.

---

98) 1526~1590, 왕세정王世貞. 원미는 자字.
99) 1521~1593, 서위徐渭. 문장은 자.
100) 1574~1624, 명 나라 문학가 종성鍾惺. 백경은 자이다. 호는 퇴곡退谷. 저서로 은수당집隱秀堂 集이 있다.
101) 당 나라 문학가.
102) 황제가 친히 임하여 보이는 고시.
103) 성균관, 승문원, 교서관.

옹정雍正 임자년(1732)에 역관譯官 최수성崔壽誠이 고교보高橋堡를 지나다가 오광빈吳光霦을 만났다고 한다. 광빈은 일찍이 오삼계吳三桂에게 받은 직첩을 가지고 있다가 이 때문에 귀양살이를 하다 그대로 눌러 이곳에 살아왔다. 당시에 나이 87세로 귀가 먹고 정신이 혼몽하여 아무런 대화도 못 했는데, 당시에 문제 되었던 문서를 내어 보였다고 한다. 그 하나는 이런 것이다.

"천하도초토병마대원수주왕天下都招討兵馬大元帥周王[104]은 관직을 올려 임명한다.

우주가 혼몽하여 긴 밤중에 사는 것 같은데, 우러러 천의天意를 받들어 의병을 일으켜 백성을 구하고자 하니, 반드시 슬기롭고 용맹한 인재를 얻어 함께 태평한 세상을 만들고자 한다. 여기에 오광빈을 얻게 되어 금오시위유격金吾侍衛遊擊에 임명함으로써 우수한 인재를 임명하는 본을 보인다. 이 때문에 문건을 발급한다. 해당 관원은 여기에 따라 일을 맡기도록 하라. 너 광빈은 이 임무를 맡고 반드시 더욱 분발하고 노력하고, 그 반열에 처하여 공훈을 많이 세워 등용한 뜻에 부응하라. 만일 특별한 공로를 세운다면 특별한 관직과 포상이 있을 것이니 너는 부디 장차 노력하라. 이 문건에 해당하는 유격 오광빈은 이를 시행하라. 주周 4년(1681) 5월 27일."

이라 하였다. 그 둘째는 이렇다.

---

104) 오삼계吳三桂의 손자 오세번吳世璠. 오삼계가 명나라를 광복시키기 위해 군사를 일으켰다가 1678년 국호를 대주大周라고 하고 연호를 소무昭武라 했는데 갑자기 죽어서 그 손자 오세번이 왕위를 이었다가 1681년 강희제에게 평정되었다.

"병부兵部에서 뽑은 이소보李少保와 금오위좌장군金吾衛左將軍 호제胡題 등을 등용하고 해당 문건을 발급하라는 문건

　이번에 찾아서 임명한 시위유격侍衛遊擊 오광빈은 사람됨이 노련하므로 응당 참장參將 직함을 주고, 금오위 내부의 일을 맡길 터인 바, 오광빈의 임명장에 의한 비준 문서를 발급하라. 병부에서는 이를 알고 시행하도록 하라. 이를 실행하기 위하여 문건을 갖추어 보내니, 해당 관리는 해당 부서의 지시에 따라 직무를 시행하라. 이상 임명을 받은 오광빈은 이대로 시행하라. 홍화[105] 원년(1678) 7월 21일."

　또 하나의 문서는 호부戶部에서 관원을 충원을 청하는 일에 대한 문건인데 이것은 광빈을 호부원외랑戶部員外郎으로 임명한 문건이다. 여기에도 '홍화 2년 7월 26일'이라 하였고 인장과 수결手決이 갖추어졌다고 한다.

　오삼계가 군대를 일으킨 지 4년 만에 연호를 고치고 스스로 「구석선문九錫禪文」[106]을 지은 것은 이극용李克用[107]도 하지 못한 일이다. 이극용은 죽음을 맹세하고 후일 당唐의 사직社稷을 회복하기를 약속했던 것이다.

　대명大明의 유민遺民들이 날마다 의병의 깃발[義旗]를 바라고 있

---

105)　주周의 연호.
106)　임금이 신하에게 하사할 수 있는 최대한의 예우를 적은 글.
107)　당나라가 망하자 후당後唐을 창립한 임금.

는데 천하에 누가 오삼계가 세운 주周나라의 '홍화'라는 연호를 알 것인가? 오광빈은 오히려 이 문건을 집안의 유물로 삼고자 하였으니, 그의 뜻을 가히 알 수 있을 것이다. 또한 당시의 정치가 관대했다는 것도 짐작되는 일이다.

흡독석吸毒石[108]은 크기가 대추만 하고 검푸른 빛깔이다. 소서양小西洋[109]에 있는 일종의 독사毒死 머릿속에 든 돌인데, 이 돌은 능히 뱀이나 전갈, 지네 같은 여러 가지 독충들에게 물린 상처를 낫게 하고, 일체의 독종과 악창을 고친다.

이 돌을 종기 부위에 놓으면 종기 부위에 붙어 떨어지지 않다가 독기를 다 빨아내면 돌이 저절로 떨어지고 종기는 당장에 낫는다 한다. 사용할 때는 반드시 사람의 젖[乳] 한 종지를 준비했다가 떨어진 돌을 빨리 집어넣어 젖빛같이 약간 초록빛이 날 때까지 담가 둔 후에 맑은 물에 잘 씻고 닦아서 다음번에 쓸 수 있도록 한다. 만일 너무 오랫동안 젖에 담그고 늦게 꺼내면 돌의 독이 모두 빠져서 한참 뒤에는 영험이 없어진다 한다.

산해관山海關에 가기 10여 리 전에 강녀묘姜女廟[110]와 새로 지은 행궁行宮이 있다. 망부석望夫石 옆에는 조그만 정자가 있어 '진의정振

108) 독기를 빨아내는 돌.
109) 중앙아시아.
110) 강녀묘 이야기는 일신수필, 피서록 편에 나왔다.

衣亭'이라 한다. 진秦나라 때에 범칠랑范七郎이 장성長城을 쌓다가 육라산六螺山 아래서 죽었는데, 아내 허씨許氏 꿈에 나타났다. 아내 이름은 맹강孟姜으로, 섬서 동관同官 사람이다. 혼자 수천 리를 걸어가서 칠랑의 유해를 간수해 가지고 이곳을 지나면서 쉬었다고 하여 후세 사람들이 사당을 세웠다. 강녀姜女는 마침내 지아비의 유해를 지고 바다로 들어가 죽었는데, 며칠이 못 되어 바다 가운데서 바윗돌 하나가 솟아나 조수가 밀려와도 물에 잠기지 않았다 한다. 망부석이란 세 글자는 태원太原 백휘白暉의 글씨이고, '작여시관作如是觀' 넉 자는 내각수찬內閣修撰 하정좌賀廷佐의 글씨요, 이반李蟠이 지은 사기祠記는 고병高昺의 글씨다. 사당 뒤에는 비석 네 개가 섰는데, 하나는 장간張揀의 글로 황명 만력 갑오년(1594)에 세운 것이요, 하나는 장시현張時顯의 글로 만력 병신년(1596)에 세웠고, 하나는 정관이程觀頤의 글로 강희 기유년(1669)에 세웠고, 하나는 고제대高齊垈의 글로 강희 무진년(1688)에 세운 것이다. 당나라 왕건王建이 읊은 '망부석'은 무창武昌에 있다고 한다.

혹자는 이르기를, "진나라 때는 섬陝이라 부르지 않고 낭郞이란 이름도 없었으니 맹강姜이라는 여성은 제齊[111]나라 사람일 것이다."

라고 한다.

왕민호王民皞는 청이 건국할 때 하나의 왕만 인정하는 제도를

111) 산동 지방.

찬미하여,

"밖으로는 왕이 셋인 것 같으나, 속으로는 두 개의 교敎가 있습니다."라고 하였으니, 이는 아마 불교와 노자老子의 학설에 유가의 도를 섞어 꾸몄다는 것이다.

옹정雍正 시대에 어떤 사람이 황제에게 비밀히 아뢰기를, '중들을 모두 배필을 정해 주어 환속還俗하도록 하면 직속 군대 백만은 얻을 것'이라 했다. 옹정은 조서를 내려 밝게 깨우쳤다.

"불교와 노교는 심성心性의 근원으로 돌아감과 선악의 감응感應과 이기理氣가 마음에 뿌리를 내린다고 한다. 예로부터 천하를 다스리는 임금은 유교적 윤리[倫常]에 근본을 두고 정치적 공적을 드러내니, 불교와 도교는 예악禮樂과 형정刑政의 구역에 참여하지 않았다. 그것이 혹 밝은 교화에 방해될까 두려워하니, 밝은 임금과 어진 천자는 이것을 소홀히 하여 멀리한 일이 있었다.

그러나 나는 불교와 도교가 사람의 성품에 어그러졌다거나 좌절시켰다는 말은 못 들었다. 요즈음 나에게 비밀히 아뢰어 불교를 혹독하게 비방하면서 중들을 모두 환속시키자고 청하는 자가 있다. 짐이 걱정하는 것은 비록 한 지아비 한 지어미라도 제자리를 얻지 못하게 될까이다. 이제 그들의 사정도 들어보지 않고 속인으로 만든다면, 제자리를 얻지 못하는 자가 수백만 명이 될 것이다. 그뿐만 아니라 대체로 중들은 곧 환과鰥寡와 고독孤獨과 같이 마땅히 불쌍히 여겨야 할 자들이다.

이른바 성리학性理學을 한다는 자들은 석가와 노자를 욕하는 것으로써 스스로 이학자로 자처하고 있으나, 이 습관은 어느 경전에서 시작되었는지 알 수 없는 일이다. 무릇 성리학이란 몸소 행하고 실천하는 것을 귀하게 여기는데, 만일 헛되이 석가와 노자를 비방하는 것으로써 성리학이라 한다면 이는 천박한 생각일 것이다. 국가가 성리학을 떠받드는 뜻은 본래 이 같은 뜻이 아니다.

만일 요망한 말로 사람들을 현혹하고 간사한 짓을 해서 범죄를 하는 자가 모두 중이라고 하고, 중들의 가르침에 실천궁행實踐躬行이 없음에서 나온다 한다면, 기율을 범하고 법을 무시하는 행동이 어찌 이 가르침의 책임이라 하겠는가? 또 요사이 중죄를 범하고 극형을 받은 자가 하필 승려와 도사道士들뿐이겠는가? 법이 공평하지 못하면 천하를 다스릴 수 없고, 주장하는 이론이 공평하지 못하면 사람의 마음을 감복시킬 수 없는 것이다. 그러므로 여기에 타일러 가르치는 바이다."

하였다. 이것은 민응수閔應洙[112]의 『계축연행록癸丑燕行錄』 속에 실려 있는데, 왕씨의 말과 서로 부합된다.

건륭 40년 을미년(1775) 11월 20일에, 내각은 아래와 같은 황제의 유시를 받들었다.

"충정忠貞을 숭상하고 장려하는 것은 풍속과 교화를 세우고 신

---

[112] 1684~1750, 조선의 정치가. 자는 성보聲甫, 호는 오헌梧軒, 1733년 사은사로 중국에 다녀왔다.

하의 절개를 권면하기 위함이다. 그러나 예로부터 조정이 한 번 바꿔어 지난 왕조의 충신으로 나라를 위하여 죽은 신하들의 기록이 드물었을 뿐 아니라 이름도 바뀐 것이 있다.

생각건대 우리 세조 장황제世祖章皇帝는 나라를 세우고, 먼저 숭정 말년에 순국한 신하들 중에 태학사 범경문范景文[113] 등 20여 명에게 특히 시호諡號를 내리셨다. 전조의 충신들을 생각하는 그의 성스러운 도량을 우러러볼 때 실로 만고에 통할 만한 넓은 은전이라 할 것이다.

당시는 겨우 전해 들리는 것에 근거하고, 아뢰는 사건마다 두루 알아볼 여가가 없었으므로, 나라의 표창을 받은 자의 숫자가 이에 불과했으나, 조금 지나서 남은 행적들이 드러나고 또 다시 판정을 거쳐야 할 것이니, 지금 명사明史에 실린 것을 보더라도 넉넉히 짐작할 수 있을 것이다.

사가법史可法[114]이 외로운 충성을 맹세하고, 망해가는 판국을 붙들려다가 마침내 몸을 바친 일이라든가, 또 유종주劉宗周[115]·황도주黃道周[116] 등은 조정에 서면 기탄없는 바른말로 뭇 아첨배와 마주 대항하고, 어려운 시기를 만나 나라의 위기를 당하면 목숨을 바친 일은 족히 일대의 완전한 덕행을 갖춘 인물이 될 만하므로, 이런 인

113) 명明의 명신.
114) 사가법의 행적에 대해서는 혹정필담에 나와 있다.
115) 1578~1645, 자는 기동起東, 호는 염대念臺. 나라가 망하자 곡기를 끊고 굶어 죽었다.
116) 1585~1646, 자는 유현幼玄, 호는 석재石齋. 명의 충신. 청나라에 굴복하지 않고 죽었다.

물들은 응당 표창하고 찬양해야 할 것이다.

이 밖에도 혹 고성孤城을 사수하기도 하고, 적진에서 목숨을 바치기도 하고, 포로로 붙들려 참살을 당하는 등 죽음을 초개草芥처럼 여긴 자도 있었다. 당시는 임금이 거느린 군사가 진격함에 따라 저절로 범령을 엄하게 펴서 귀순자와 반역자를 밝히지 않을 수 없었다. 그러나 일이 지난 뒤에 평탄한 심정으로 이런 인물들을 의논한다면, 그들은 모두 사나운 바람에도 끄떡하지 않는 굳센 풀처럼 부끄러울 것 없는 인물이었다. 제 몸을 희생하여 명예와 절개를 온전히 했으니, 그 심정은 역시 가련하고 불쌍하게 여길 바이다.

비록 복왕福王[117]은 창졸간에 한쪽 구석에서 나라를 만들었고, 당왕唐王[118]과 계왕桂王[119]이 왕위를 계승했지만 모두 떠돌다가 끝내 다시 나라다운 나라를 만들지 못했다. 당시 여러 사람은 갖은 고생을 겪어가면서 함께 따라다니며 구차스러운 목숨을 버리면서도 의리를 취하여 각각 자신들이 섬기는 사람에게 충성을 다했으니, 어찌 이런 일을 인멸시키고 드러내지 않을 것인가? 마땅히 사서史書를 참고하여 모두 정려旌閭를 하고 시호諡號를 내려야 할 것이다. 혹 벼슬도 하지 않은 선비 출신과 성명도 잘 모를 자들도 비분강개한 이가 없지 않겠지만, 이들에게 일일이 시호를 주기는 어려울 것이니 그 역시 저마다 고향에다 사당을 세워서 제사를 받들어 위로해 주

---

117) 명나라가 망한 뒤에 신하들이 왕족 주유숭朱由崧을 왕으로 세웠는데, 그의 봉호가 복왕이다.
118) 주율건朱聿鍵.
119) 영력제永曆帝 주유랑朱由榔.

어야 할 것이다.

일찍이 우리 태조실록實錄을 삼가 읽어보니, 살이호薩爾滸[120] 전쟁에서 명의 양호楊鎬 등은 20만 대군을 끌어 모아 사로四路로 나누어 우리 흥경興京을 침범하자, 우리 태조와 태종太宗과 패륵貝勒 대신들은 정병 수천을 거느리고 명나라 군대를 반 이상 섬멸했다.

당시 명의 양장良將 유정劉綎·두송杜松·양호 등은 모두 진중에서 죽었다. 근일에, 나는 이 사적을 들어 글 한 편을 지어 그들의 충렬을 찬양하여 역사에 전하도록 하였다.

생각건대 이같이 국가를 창건하는 시기에 있어 우리 편에 반항하여 선봉으로 오는 자는 응당 용서 없이 무찔러 죽이는 것이 마땅했지만, 칼날과 창끝을 무서워하지 않고 충성을 다하여 싸우는 태도는 적군이라도 가상하지 않을 수 없었던 것이다.

또 명이 망할 무렵 손승종孫承宗·노상승盧象昇 등은 우리 군대에 저항하다가 들녘에서 죽임을 당하고 말았고, 주우길周遇吉·채무덕蔡懋德·손전정孫傳廷 등은 목을 내놓고 몸을 짓밟혀 가면서 적을 막다가 죽고 말았어도 그들의 늠름한 태도는 오히려 생기가 있었다. 오로지 명의 정치가 해이했던 까닭으로 만력 시대로부터 숭정에 이르기까지 간신奸臣이 꼬리를 물고 환관이 횡행하여, 흑백이 뒤섞이고 충신과 양신은 흔적이 없게 되어 언제나 이를 갈면서 불평하게 되

---

120) 무순 부근의 지명이다. 1618년 명과 후금이 전투를 치른 장소이다. 이 전투를 계기로 두 나라의 운명이 바뀌었다고 한다.

었다.

복왕 때에 이르러 시호를 추봉追封한 자가 더러 있으나, 이것도 처리가 공평치 못하여 종잡을 수 없었다. 짐은 오직 공평 무사한 잣대를 가지고 명나라 말년에 절개를 완전히 지킨 신하들 중 이미 나라를 위하여 충성을 다한 자는 한결같이 우대하고 표창하여 우리와 아무런 차이를 두지 않게 할 것이다.

그러나 전겸익錢謙益과 같이 스스로 깨끗한 듯이 큰소리를 치다가 부끄러운 빛도 없이 항복을 해 왔거나, 김보金堡·굴대균屈大均등과 같이 죽음을 두려워하여 요행히 살아 보고자 거짓으로 중노릇을 한 자들은 모두 창자도 없고 수치도 모르는 처신이다. 이런 무리들이 과연 절개에 죽을 자였다면, 오늘 짐이 표정表旌한 사람의 대열에 응당 끼었을 것이다.

그런데 이미 목숨을 버리지 못하고 오히려 언어와 문자를 빌려 스스로 행적을 꾸미고 구차한 삶을 훔치려고 했다. 일정한 기준도 없이 처신을 잘못한 그들을 분명히 배척하여 어둠 속에 깨닫지 못하는 영혼을 없애야 할 것이다. 장려하려는 포상 하나, 징치하는 벌 하나도 자세하고 분명하게 하여 천하 만세에 짐의 뜻을 알도록 할 것이다.

사정과 이치를 비추고 좋아함과 싫어함을 공적으로 해서 이것으로 강상綱常의 윤리를 세우고, 이것으로 표창하고 드러내도록 할 것이다. 시호를 받을 사람들은 명사와 집람輯覽에 실린 내용을 두루 조사하되 세조 때 시행했던 관례에 비추고 본래의 관직을 기준으로 시호를 줄 것이다.

시호의 결정을 어떻게 분별하여 처리할 것인가는 태학사와 구경九卿·경당京堂[121]·한림·첨사詹事[122]·과도科道[123] 등을 모아 협의하여 보고하도록 하라. 아울러 이 내용을 중외中外에 이 통지하니 알아서 시행하라."

하였다.

이 조서에 보면, 우리나라 삼학사三學士[124]와 청음淸陰[125]의 사적이 응당 청 태종淸太宗의 실록에 실려야 하는데 아무런 기록도 없음은 무슨 까닭일까?

대체로 외국의 신하로 중국을 위하여 춘추의 대의를 지킨 일은 천고에 없었던 일이다. 건륭은 천하 만대를 위하여 스스로 공정하다고 표방하면서 다만 우리나라의 여러 현인賢人들에 대하여 조금도 기재한 곳이 없으니, 그 일이 외국에 관계된 것이기 때문에 미처 정리하지 못한 것인가?

중국 인사들이 왕왕 청음에 관하여 언급했다는 것도 다만 몇 편의 시구詩句로 기록하는 데 그쳤을 뿐이고, 일월과 밝음을 다툴

---

121) 청나라 고급 관원을 통칭하는 말.
122) 황후와 태자의 일을 맡은 관원.
123) 청나라 때 육과의 급사중給事中과 도찰원都察院, 각 도의 감찰어사를 통틀어 부르는 말.
124) 홍익한 오달제 윤집.
125) 김상헌. 예조판서로 재임할 때 병자호란이 일어나자 주전론主戰論을 주장하다 인조가 항복하자 안동으로 은퇴했다. 1639년 청이 명을 공격하기 위해 조선의 출병을 요구했는데 이를 반대하는 상소를 올렸다가 청나라에 압송되어 6년만에 풀려났다.

만한 그의 큰 절의節義는 하나도 듣지 못하였으니, 이것은 또한 우리나라와의 강화講和를 맺은 시기가 사실상 청나라가 관외關外에 있었을 때 일이고 보니 중국 사람들은 아직 이 사적을 자세히 알지 못한 까닭인가? 그렇지 않으면 드러내놓고 말하는 것을 꺼려서 짐짓 모르는 척함인가? 또는 일부러 『감구집感舊集』126)에 청음의 시와 직함을 써넣는 것에 의탁하여 말 못 할 뜻을 잠시 드러내려고 한 것인가?

내가 늘 청음 두 글자를 들을 때마다 미상불 머리털이 움직이고 맥이 뛰지 않을 때가 없었고, 비록 아무도 모르게 목 속에서 배회하는 말을 입 밖으로 감히 내지 못해서 마치 왕혹정王鵠汀이 한숨을 자주 쉬는 증상이127) 생기려 하고 있으니 어찌할 것인가? 어찌할 것인가?

요동遼東에 이르기 전에 동쪽으로 왕상령王祥嶺이란 고개가 있고, 고개를 넘어 10여 리를 가면 냉정冷井이 있는데, 사행使行이 있을 때는 장막을 치고 조반을 먹는 곳이다. 돌로 쌓은 우물이 아니고 길 가에 솟는 샘으로, 물줄기가 웅덩이를 채우고 있다. 물맛은 달고 맑으며, 겨울에는 따뜻하고 여름에는 시원하다. 우리나라 사신이 올 때마다 흘러 넘치게 솟다가도 조선 사람이 떠나면 즉시 말라 버린

---

126) 어양漁洋 왕사정王士禎이 지은 『감구집』 중에는 청음 선생의 시가 실렸고, 그 소서小序에는 그의 관함과 이름과 자가 기록되었다.

127) 혹정필담에 나와있다.

다고 하니, 대개 요동은 본래 조선 땅이므로 기운이 서로 감응하기 때문에 그렇다고 한다.

우리나라에서 난리를 피할 복지福地가 열 곳이 있는데, 이것은 세속에 전하기를, 우리나라의 명승名僧 무학無學[128]과 방사方士 남사고南師古[129]가 잡은 곳이라 한다.

내가 생각하기에는, 복지란 임금이 피난한 곳만 한 데가 없을 것이다. 비록 벼슬 하지 않은 미천한 선비라 할지라도 틀림없이 이리저리 돌아다니면서 찾아가야 할 곳이니, 임금을 모시고 그 좌우를 떠나지 않는 것이 좋을 것이다.

갑자기 병란兵亂을 당하면 일반 남녀가 물 끓듯이 소란을 떨다가 매양 깊은 산골과 인적 없는 골짜기를 찾아 바위 구멍에 몸을 감추니, 이는 매우 어리석은 방법이다.

양식이 이미 떨어지면 반드시 먼저 굶어 죽을 것이니 이것이 첫 번째 어리석음이다. 군사도 못 보고 범이나 짐승에게 해를 입을 것이니 두 번째 어리석음이다. 외부와의 소식이 끊어져서 어디로 갈 바를 알지 못하니 셋째 어리석음이다. 풀과 나무와 안개와 이슬에 먼저 병이 들 터이니 넷째 어리석음이다. 만일 그 지방의 도적이라도 만나면 반드시 먹힐 터이니 다섯 번째 어리석음이다.

128) 조선 초기 고승. 성은 박씨, 호는 무학, 당호는 계월헌溪月軒.
129) 조선중기의 학자. 본관 영양, 호는 격암格庵. 역학 풍수 천문 복서 관상 등의 비결에 도통하고, 예언을 많이 했고 그것이 꼭 들어맞았다고 한다.

세상이 불행해서 임진왜란과 병자호란을 당했으니, 의주義州와 남한산성南漢山城은 모두 복지가 되는 것이다. 당시에 피난 간 사람들은 이 두 곳이 막다른 곳의 외딴 성이라 했다.

나는 왕령王靈[130]이 있는 곳에는 천지가 힘을 같이하고 온갖 신[百神]이 보호할 터이니 나라가 있을 운명이면 제 몸도 살 것이요, 나라가 망하면 자신도 죽을 것이다. 몸을 멀리 깊은 숲속에 숨기고 하찮은 충성을 지킨다고 구렁 속에 사는 것은 아무도 모르는 것이니, 차라리 살아서 충신이 되고, 죽어서 외로운 귀신이 되는 것이 낫다고 본다.

일찍이 「송계기행松溪記行」[131] 을 보니,

"청병淸兵이 송산松山에 진격하여 포위했을 때 우리나라 효종대왕孝宗大王이 봉림鳳林에 있을 적인데, 소현세자昭顯世子를 모시고 함께 심양瀋陽에 있었다. 막사를 친 곳이 지세가 불편하여 겨우 딴 곳으로 옮겼다. 이날 밤 영원총병寧遠摠兵 오삼계吳三桂가 기병騎兵 1만여 명을 거느리고 포위를 뚫고 적을 없애던 곳이 바로 처음에 군막을 쳤던 곳이었다."

라고 하였으니, 당시에 군막을 옮긴 것은 천우신조였다. 당시 우리나라의 1백 명이 넘는 종인從人들이 만일 왕령王靈에 의탁하지

---

130) 왕조의 위엄과 덕.
131) 인평대군麟坪大君이 지은 것이다.

않았다면 어떻게 그들의 습격에 유린당하는 변을 면했을 것인가? 그러므로 나는 불행히 전쟁을 당해 아홉 번 죽을 고비를 당할지라도 임금을 모시고 있는 자리가 곧 복지福地라고 말하는 것이다.

열하에 있을 때, 반선班禪이 거처하는 황금 전각 용마루 위에 금으로 만든 한 쌍의 누런 용이 말처럼 일어서서 있었다. 길이는 모두 두 길이 조금 넘는데, 밑에서 보는 것이 이와 같으니 그 실제 길이와 높이를 가히 알 수 있겠다. 그 모양이 보통 그림에서 보는 신룡神龍과는 같지 않았다.

양용수楊用修132)의 『단연록丹鉛錄』에는 이런 말이 있다.

"용은 용이 되지 못할 새끼 아홉 마리를 낳는다. 그 첫째는 비희贔屭인데 모양이 거북처럼 생겨 무거운 짐을 잘 짊어진다. 지금의 비석 바탕 돌로 거북 모양을 만든 것이 이것이다. 둘째는 치문鴟吻인데 성질이 바라보기를 좋아하므로 지금 지붕 모퉁이에 짐승 모양으로 만든 것이다. 셋째는 포뢰蒲牢인데 울기를 잘하여 지금의 종鍾에 매는 끈이 되었다. 넷째는 폐간狴犴인데 모양이 범과 비슷하므로 감옥 문 앞에 세웠고, 다섯째는 도철饕餮인데 성질이 먹기를 잘하므로 솥뚜껑에 붙인다. 여섯째는 패하蚣蝮인데 성질이 물을 좋아하여 다리 기둥 위에 세웠다. 일곱째는 애자睚眦인데 성질이 죽이는 것을 좋아하므로 칼자루에 새겼고 여덟째는 금태金猊인데 모양이

---

132) 명明 학자 양신楊愼. 용수는 자.

사자 같고 성질이 연기와 불을 좋아하므로 향로에 세웠다. 아홉째
는 초도椒圖인데 모양이 소라 같이 생기고 성질이 문을 닫고 잘 숨
으므로 문간에 세웠다."

또 황금 전각[金殿] 사각에 있는, 금으로 만든 황룡黃龍은 용마루
위에 있는 것과 모양이 또 달랐다. 치미鴟尾니, 치문鴟吻이니 하는 말
도 전하는 기록이 모두 다르다. 대개 중국에서는 궁전을 세울 때 반
드시 치미와 치문을 먼저 만들어서 그 건물이 성할지 허물어질지
를 점치게 되므로 매우 소중하게 여긴다. 『대류총귀對類總龜』에 말하
기를,

"용이 새끼 아홉 마리를 낳는데, 하나는 조풍嘲風이라는 것은
모험을 좋아하므로 전각 귀퉁이에 세우고, 하나는 치문蚩吻으로 삼
키기를 좋아하므로 전각 용마루에 세운다."

하였고, 『박물지일편博物志逸篇』에는 말하기를,

"이문螭吻은 모양이 짐승 같은데 멀리 바라보기를 좋아해서 전
각 모서리에 세우고, 만전蠻蜅은 형상이 용과 비슷한데 성질이 비바
람을 좋아하므로 지붕 용마루에 쓴다."

하였으니, 『단연록丹鉛錄』 이야기와 모두 다르다. 한 무제漢武帝
의 백양전柏梁殿에 불이 났는데, 무당이 말하기를,

"이름을 규虬라 하는 바닷물고기가 있습니다. 그 꼬리가 올빼
미[鴟]와 비슷한데, 물결을 치면 비가 내리므로 그 형상을 따라 만들
어서 전각의 용마루 위에 얹어 두면 화재를 막을 수 있습니다."

하였고, 또 건장궁建章宮에 불이 나서 무당이 예방법을 올렸는

데 치미鴟尾 형상을 전각 용마루에 설치할 것을 아뢰었다 한다. 우
리나라에서는 배의 고물을 지칭하기를 '치(키)'라고 하는데 치미의
치인 것 같기도 하다.

또『박물지일편博物志逸篇』에는,

"비희贔屭는 성질이 무거운 것을 지기 좋아하므로 비석을 지게
하였고, 이호螭虎는 모양이 용같이 생기고 성질이 문채를 좋아하므
로 비문 위에 세운다."

하였고, 또『대류총귀』에 이르기를,

"용의 아홉 마리 새끼 중에 하나는 패하霸夏라 하는 것은 무거
운 것을 좋아하므로 비석 받침돌로 쓰고, 비희는 글을 좋아하므로
비문의 양쪽에 새긴다."

하였다. 이같이 여러 가지 이야기가 역시 다 각각 다르다.

용 새끼의 명호名號와 성정性情을 무엇을 근거로 해서 알 것인
가? 옛날이야기의 견강부회함이 이런 것이 많았다.

복희씨伏羲氏로부터 지금의 건륭 황제까지, 정통正統을 이은 천
자가 모두 2백 50명이다. 만일 여후呂后[133]와 무후武后[134]와 정통이
아닌 천자 조조曹操의 위魏, 손권孫權의 오吳와 남북조南北朝로부터 오
대五代까지 통계通計한다면 모두 85명이 될 것이다. 제왕이라고 함부

133) 한漢의 여치呂雉, 여태후.
134) 당唐 무조武曌, 측천무후.

로 지칭[僭僞]한 후예后裔로부터 명 말기의 주周, 연호를 홍화로 붙인 황제洪化皇帝인 오삼계吳三桂까지 친다면 도합 2백 70명이다. 춘추春秋 시대에 임금은 490여 명이다.

산동山東 등 여러 곳을 순행하면서 농사를 관리 감독하고 겸하여 군대의 사무를 정리하던 도찰원 우부도어사都察院右副都御史 악묘135)은 황제의 거룩한 덕이 갖추어 지극하시고 하늘의 어진 마음이 가지런히 높으시길 바라며 상서로운 기린麒麟이 나서 아름다운 응보應報가 밝게 비친 일을 공손히 보고하였는데, 그 글은 다음과 같다.

"옹정 10년 임자년(1732) 6월 13일 포정사布政使 정선보鄭禪寶가 관할 조주 거야현 지현(曹州 鉅野縣 知縣) 요개춘寥開春의 보고에 근거하여 전하는 말로 보고합니다. 옹정 10년 6월 초 5일 신성보新城保 하급 관리 축만년祝萬年 등이 말하기를, '이 보에 속한 이가장李家庄 이은李恩의 집에서 금년 6월 초 5일 진시辰時에 소가 기린을 낳았는데, 금빛 광선이 온몸을 싸고 돌아 진시辰時와 사시巳時를 지난 뒤에 원근의 구경꾼들이 모여들어 모두 기이하다고 말하면서 '반드시 상부에 보고하는 것이 합당하다.' 했습니다. 그들은 즉시 기린이 난 곳까지 직접 가서 삼가 자세히 검사해 보니, 사슴 몸뚱이에 소 꼬리였습니다. 온 몸뚱이에 갑옷 같은 것을 뒤집어 썼는데 붉은 털로 기

---

135) 악준岳濬이라는 사람이다.

운 것 같으며 옥과 같은 알록달록 무늬가 있고 광채가 찬란하여 실로 성대聖代의 상서로운 징조로 보이기에 상부에 보고한다고 했습니다.

그리하여 신이 즉시 사람을 거야鉅野[136]로 보내어 더 자세히 조사했습니다. 그들의 말에 의하면, 기린의 몸뚱이는 길이가 1척 8촌, 높이가 1척 6촌, 노루 몸뚱이에 소 꼬리로 머리에는 살로 된 뿔이 났고, 이마에는 곱슬 털이 있으며, 눈은 수정 같고 이마는 백옥 같으며, 온몸에는 비늘 갑옷이 되어 모두가 푸른 빛을 띠었다 합니다. 비늘들은 자줏빛 털로 기운 것 같고, 등은 검정 빛으로서 세 마디로 되었는데, 가운데 마디는 털이 모두 꼿꼿이 섰고, 앞마디는 털이 앞으로 향했고, 뒷마디는 털이 모두 뒤로 향했다 합니다. 가랑이와 배와 발굽과 다리에는 흰 털이 났고, 꼬리 길이는 5치 5푼인데 꼬리 끝에는 검정 털 4개가 났다고 합니다. 그림을 그려서 신에게 보내왔으므로 신이 공손히 열람해 보니 실로 즐겁기 짝이 없었습니다. 즉시 공손히 향안香案을 설치하고 대궐을 향하여 머리를 조아려 경하를 드립니다.

우리 황제 폐하께서는 도덕이 태평성대에 맞으시고, 공로는 천지가 만물을 낳고 기르는 일에 함께 참여하셨습니다. 하늘의 뜻을 본받아 정치를 세우자, 오행과 곡식이 다스려지고 삼사三事[137]가

---

136) 산동성에 있다.
137) 이용, 후생, 정덕利用厚生正德.

조화되었으며, 표준을 세워서 백성에게 펴 주시자, 오전五典138)이 돈독해지고 구주九疇139)가 펴졌습니다. 그리하여 빛나는 별이 제 궤도에 따르고 상서로운 하늘에는 해와 달이 반짝이고, 맑은 이슬이 달에 맺혀서 수 놓인 듯한 이 지구에서 방울방울 듣고 있습니다.

황하黃河는 산동의 조曹·단單 사이에 맑았으니 그 물결이 비단 감숙, 섬서성에서만 맑은 것이 아니고, 상서로운 구름은 수洙·사泗140)의 물가에 나타났으니 어찌 운남성, 귀주성에서만 빛났겠습니까? 이제 거야 같은 시골에서도 다시 상서로운 기린이 나타났습니다. 사슴의 몸뚱이에 소의 꼬리로써 기이한 모습이고, 외 뿔에 둥근 발굽은 모두 괴이한 것이라 하였습니다.

신이 삼가 『서경書經』과 『춘추春秋』를 상고해 보니 복건服虔141)의 주注에 이르기를, '왕위에 있는 이가 보살핌이 밝고 예가 닦이면 기린이 나타난다.' 하였고, 또 『예두위위禮斗威緯』에는 이르기를, '임금이 정치와 송사가 공평하면 기린이 교외郊外에 나타난다.' 하였고 『효경孝經』의 원신계援神契142)편에 이르기를, '임금의 덕이 새와 짐승에게까지 미치면 기린이 나타난다.' 하였습니다.

이러므로 황제黃帝 헌원軒轅의 조정에는 기린이 놀았다는 기록

---

138) 오륜五倫.
139) 천하.
140) 산동성에 있는 수명水名.
141) 후한後漢의 학자.
142) 『효경』의 편명.

이 있고, 주周나라 성왕成王·강왕康王의 때에 인지麟趾[143]를 노래하였습니다. 이 신물神物이 탄생함을 보아서 더욱이 상서로운 조짐을 보았습니다. 이는 실로 우리 황제께옵서 그 공경이 사방에 빛나기를 마치 햇빛과 달빛이 내려 쬐는 것과 같으며, 침착하고 편안함이 팔방에 두루 미쳐서 마치 하늘이 감싸고 땅이 싣고 있는 것 같았습니다.

하물며, 이 동성東省은 땅이 수도와 멀지 않아서 교화가 더욱 빠르고 길이 큰 거리에 접하여 은혜를 입음이 가장 흡족하였으니, 이로서도 기린의 상서로움을 믿고 징험할 수 있겠습니다. 오색의 찬란한 빛은 문명이 크게 열릴 것을 미리 점쳤으며, 기린이 사령四靈[144]의 으뜸이니, 다가오는 복록을 예측할 수 있겠습니다.

신이 외람되이 산동의 봉토를 맡아서 이런 성대하고 아름다운 일을 만났사오니, 하늘이 명령을 펴서 순수한 복록이 이르렀음을 알았습니다. 원컨대 해와 달의 찬송을 본받아서 신하의 예절과 정성을 펴려 하옵니다.

엎드려 바라옵건대, 이 일을 사신史臣에게 내리시어 나라 안팎에 알리십시오. 기린을 교외의 숲에 키워 천추에 산천의 기이한 일을 표하며, 도서圖書에 실어서 만고에 별처럼 빛나는 형상을 드러내옵소서. 황제께옵서는 친히 보아서 시행하시기를 빕니다. 이 때문

---

143) 『시경詩經』 주남周南의 한 편명. 주나라 문왕이 후비后妃의 덕으로 자손이 많고 현명했다는 것으로, 인후한 후비를 살아있는 풀은 절대로 밟지 않는다는 인수仁獸 기린에 비유한 것.
144) 기린·봉황·거북·용.

에 이 글을 갖추오니 해당 부서에 자문하시어 조사하여 대조해 보시기를 바랍니다. 이 문건을 예부禮部에 올립니다."

이 글을 보고한 것은 산동 독무督撫 악岳이란 성을 가진 자이다. 이 글은 우리나라 과려科儷[145] 문체에 비교하면 성글긴 하지만 화려하고 풍성한 맛이 있어 저절로 고색古色창연한 맛이 났다.

윤형산尹亨山이 일찍이 말하기를,

"산동에만 유독 기린이 잘 났습니다. 강희 때는 네 마리가 났는데 모두 소가 낳았고, 옹정 때는 다섯 마리를 낳았는데 소가 두 마리를 낳고 돼지가 세 마리를 낳았으며, 지금 건륭 시대에는 다섯 마리를 낳았는데, 사천泗川·복건福建·절강浙江·하남河南에서 두 해 동안에 모두 소가 낳았고, 한 마리는 직예直隸[146] 양향良鄕에서 돼지가 낳았답니다."

하였다.

순치順治 병신년(1656) 10월 16일에, 네 공주公主가 각각 막북漠北으로 돌아갔는데, 그들은 모두 몽고왕의 처인 까닭이다. 길은 옥하관玉河館 앞을 거쳐 갔는데, 몽고왕은 부하들을 데리고 낙타와 말을 장하게 차리고 달리는데, 공주도 역시 말을 타고 갔다. 번인番人과 한인漢人들이 그 뒤를 따라가는 것은 모두 멀리 전송을 하기 위함이다. 이것은 인평대군麟坪大君이 본 일이라 한다.

---

145) 과거문科擧文의 병려체騈儷體.
146) 하북지방.

건륭 41년 병신년(1776) 1월 25일에 내각에서 황제의 유시를 받들었다. 그 글은 이렇다.

"전에 명의 말년에 순절殉節한 여러 신하들이 저마다 각각 그 임금을 위해서 바친 의리와 충렬이 가상할 만하다 하여 시호를 내리기 위해 이를 조사해 밝힘이 마땅하므로 즉시 태학사太學士와 구경九卿·경당京堂·한림翰林·첨사詹事·과도科道들에게 명하여 의논을 모아 주문奏聞해서 충량忠良한 자를 표창함으로써 후세 자손들로 하여금 본받게 하였던 것이다.

다시 생각건대 건문建文[147]이 쫓겨날 때 그 신하들로서 절개를 지켜 죽은 자로 역사책에 실린 이는 매우 많았는데, 당시의 영락永樂[148]은 지위가 본래 번신藩臣으로서 모반하여 음모로 나라를 빼앗았으니, 모든 사람이 저마다 당연히 의리로 보아 함께 한 하늘 밑에서 살 수 없었을 것이다. 제태齊泰나 황자징黃子澄은 경솔할 뿐 아니라 꾀가 적었고, 방효유方孝孺는 식견이 오활하여 어린 임금을 돕기에 부족했다. 그러나 그들이 자기 임금을 떠받들고 역적을 베어 없애고자 한 심정은 모두 이해할 수 있는 것이다. 대세가 이미 기울어졌으나 오히려 군사를 모집하여 끝내 저항하면서 목숨을 바치고 일족이 희생되었어도 백절불굴한 그들의 정성은 세상에 교훈할 자료로 내놓아도 부끄럽지 않을 것이다.

147) 명明의 혜제惠帝. 건문은 연호.
148) 명明 성조成祖. 영락은 연호.

이 밖에 경청景淸이나 철현鐵鉉[149] 등은 혹은 비분강개하여 자기 몸을 던졌고, 혹은 조용히 의리에 나아갔으니, 비록 죽는 방법은 달랐으나 지조와 절개는 늠름하여 모두 대의를 밝혔다.

심지어 동호東湖의 초부樵夫나 솥 땜장이라고 한 사람들까지도 비록 성명은 없어져 드러나지 못했지만 그 심정들은 모두 족히 가상히 여길만한 것이다. 특히 영락은 성질이 잔학하여 자기 맘대로 형벌을 남용하여서 참혹한 도륙屠戮을 마치 참외 덩굴처럼 연좌시켜 단번에 죽여 없앴으니, 사람의 마음이라고 볼 수 없었다.

짐이 역사를 읽다가 여기에 이르러서는 언제나 분하고 한스러움을 참지 못했다. 명의 중엽中葉에 이르러 비록 조금 법을 늦추었으나 사사로운 정에 따라 곡해하고 숨겨 끝내 충신들을 드러내어 표창을 못했으므로 충신과 의사들의 옳은 행실은 오랫동안 신원되지 못했으니 실로 민망하고 불쌍한 일이다.

무릇 전조의 혁명革命 시기에 우리에게 반항하여 온 자까지도 그들의 충성을 생각하여 특히 표창을 해주었는데, 더구나 건문建文 시대의 여러 신하들이 불행히 내란을 당하여 나라를 위해 몸을 바쳐 인仁을 이루고 의義를 취했는데 어찌 이를 그대로 사라지도록 묻어 없앨 것인가? 이들에게도 마땅히 모두 시호를 하사하여 죽은 사람들의 영광이 드러나도록 하고, 공명정대한 도리를 밝혀야 마땅할 것이다.

---

149) 1366~1402, 회족 출신의 장수. 자는 정석鼎石, 남경에 철현의 사당이 있다.

공도公道를 바로잡아 처리할 것은 전에 지시한 대로 태학사에게 맡겨 한꺼번에 자세한 조사와 의논을 합쳐서 나에게 보고함으로, 충정忠貞을 숭상하고 장려하는 나의 지극한 뜻에 맞도록 하라."

황명皇明 숭정 11년(1638)에 우리나라 장수 이시영李時英[150]이 군사 5천을 거느리고 건주建州로 들어갔더니 청인은 시영을 협박하여 앞장을 세우고 명의 도독都督 조대수祖大壽와 송산松山에서 싸우게 했다. 토병土兵들은 모두 정교한 포를 가지고 있어 조대수의 군사를 많이 죽였는데, 조대수는 군중에 명령을 내려 청병淸兵의 머리 하나에는 은 5십 냥을 주고, 조선 군사의 머리 하나에는 은 1백 냥을 준다 하였다.

조선 군사 중에 이사룡李士龍[151]은 성주星州 사람으로서 홀로 차마 포에 탄환을 재지 못하고 무릇 세 번을 쏘아도 아무도 상하지 않았다. 이는 본국의 심정을 밝히기 위함이었다. 청인이 이것을 깨닫고 드디어 사룡을 목베어 조리를 돌렸다. 조대수의 군사는 이것을 바라보고 모두 크게 울었고, 대수는 이에 깃발 위에 큰 글씨로 조선 의사義士 이사룡李士龍이라 써서 시영의 군사를 선동하였다.

지금 성주 옥천玉川 가에 충렬사忠烈祠가 있으니, 곧 이사룡을 제

---

150) 생몰년 미상, 조선 후기의 무신. 1634년 춘신사가 되어 금나라 심양에 다녀왔고, 1636년 병자호란때 평안도 병마절도사로 적군을 맞아 싸웠다. 1637년 총독사가 되어 구성, 의주성을 지키다가 청나라 요청으로 임경업과 함께 명나라 군사를 치기 위해 출전했다. 1639년에는 함경북도 병마절도사가 되어 국경을 지켰다.

151) 1612~1640, 의사義士이다.

사 지내는 곳이다. 진실로 황제로 하여금 사룡의 이름을 듣게 했다
면 특별히 시호를 주는 것이 합당할 것이다. 나는 송산을 지나면서
글을 지어[152] 사룡의 혼을 조상하였다.

　목재牧齋 전겸익錢謙益[153]의 자는 수지受之다. 그의 신분은 반은
중국이요 반은 오랑캐라 했으며 그의 문장은 반은 유교요 반은 불
교이다.

　그에게 명예나 절개는 눈을 씻고 보아도 찾을 수 없었으며, 마
침내는 부랑자浮浪子의 칭호를 면하지 못하게 되었다. 그는 위로 스
승되는 손고양승종孫高陽承宗[154]에게 부끄러울 것이요, 아래로는 그
의 제자 구 유수 식사瞿留守式耜[155]에게 부끄러울 것이요, 중간으로는
그의 아내 하동군河東君 유여시柳如是에게 부끄러울 것이다. 수지受之
가 늙어 죽을 때는 하동군이 아직도 젊었는데, 여러 불량 소년들이
수지를 미워하던 나머지 유를 욕보이고자 했더니, 유는 자살해 버
렸다.

　지금 건륭의 조서를 보면 수지를 배척해 말하기를,

　"스스로 맑은 부류[淸流]인 듯이 큰소리를 치다가, 뻔뻔스러운
얼굴로 항복을 하였고 거짓으로 중 노릇을 하여 양심도 없고 수치

152)　필사본 연상각집煙湘閣集의 문집보유목록에 이사룡 제문의 제목만 실려있고, 실제 제문은
　　　없다.

153)　1582~1664.

154)　고양은 손승종이 살던 지명地名이다.

155)　유수는 벼슬 이름. 구식사가 했던 벼슬이다.

도 몰랐다." 하였으니, 그야말로 전겸익으로서도 부끄러워 죽을 일이다.

우리나라 선비들은 수지의 이 같은 잘못된 행동을 모르고 다만 그의 『유학有學』과 『초학初學』156) 등 책만을 보고는 그를 반드시 애석히 여길 뿐 아니라, 그의 시문詩文을 뽑아내어 문 승상文丞相157)이나 사첩산謝疊山158)의 글 아래에 많이 늘어놓기도 한다.

근년에 중국에서는 자못 그의 책판을 없애고 그의 책 간직하기를 금지하는 명령이 있다는 말도 들리는데, 그러나 과거 공부를 하는 속된 선비들로서는 반드시 다 알지 못할 것이므로 여기 자세히 기록해 둔다.

소동파가 고려를 미워하는 것은 까닭이 있다. 당시에 고려는 오로지 거란을 섬기고 있었는데, 특히 중국을 사모하는 뜻으로 때때로 송나라의 조정을 찾았다. 중국 선비들은 고려의 충정衷情을 다 알지 못했으며 혹은 조정을 정탐하지나 않는가 의심한 것은 전혀 괴이할 것이 없다.

또 그 조공하는 길이 명주明州159)에서 배를 내려 들어가고, 반드시 유학자인 신하를 보내 사신을 접대하니 그 막대한 비용은 요

---

156) 전겸익의 시문집.
157) 문천상文天祥. 승상은 벼슬.
158) 사방득謝枋得. 첩산은 호.
159) 절강성 지역에 있음.

遼의 사신에 버금간다. 국가 간의 외교도 아니요 속번屬藩도 아닌데, 강한 하夏[160]를 접대하는 것보다 더 많으니 당시 사대부들이 무익無益하다고 말한 것도 마땅한 일이다.

지금 우리 조정이 황명皇明에 충성스럽게 순종한 지도 이미 3백 년이나 되어 일심으로 중국을 사모하기는 고려보다 더 했다고 할 수 있다. 동림당東林黨[161]의 무리들은 조선을 좋아하지 않았다. 전 목재는 동림당의 수괴였다. 우리나라를 야비한 오랑캐라고 보는 것을 고상한 이론으로 삼았으니 분하고 억울함을 어찌 이길 수 있겠는가?

더구나 우리나라 시문詩文에 이르러서는 말살抹殺하기가 일쑤여서 그의 『황화집皇華集』발跋에 보면,

"본조本朝의 시종侍從으로 있던 신하가 칙사가 되어 고려에 갈 때는 으레 『황화집』을 편찬한다. 이 책은 가정嘉靖 18년 기해년(1539)에 황천皇天 상제上帝에게 태호泰號를 올리고 황조皇祖·황고皇考[162]에게 성호聖號를 올리기 위한 사신을 보낼 때 석산錫山 수찬修撰 화찰華察이 황제의 조서를 반포하면서 지은 것이다.

동국의 문체文體는 평범하게 늘어놓은 것인데 여러 사림詞林들이 체면이 깎임을 애석하게 여기지 않고 먼 곳 사람들을 회유하는 데에 뜻을 두며 시를 지었기에 뛰어나게 좋은 작품이 극히 적었다.

160) 북송 인종 때 조원호趙元昊 등이 세운 나라. 서하西夏라고도 한다.
161) 강소성 무석無錫 동림서원을 중심으로 한 무리 유학자들이 당시 여론을 형성했다.
162) 황제의 조부모.

그중 배신陪臣의 편집篇什을 보면 글자 두 자가 일곱 자의 뜻을 포함한다. 예를 들면, '나라 안에 전쟁이 없고 한 사람만 앉아 있네 國內兏戈坐一人'163)와 같은 글귀는 그 나라의 소위 동파의 체體164)일 것이니, 여러분은 아예 그들과 더불어 창수唱酬하지 않는 것이 옳을 것이다."

하였다.

우리나라 문체가 진실로 그의 말과 같이 평범한 것은 사실이나 그렇다고 어찌 헐뜯기를 이같이 할 수가 있는가? 나는 이것을 자세히 기록하여, 목재가 우리나라를 훼방하는 것이 동파와도 다르다는 것을 보이려고 한다.

전증錢曾의 자는 준왕遵王이니, 목재의 족손族孫이다. 서건학徐乾學165)과 함께 경전 해석을 편집하여 당시 오매촌吳梅村166)·공지록龔芝麓167)과 함께 삼대가三大家로 불렸다. 모두 명조의 현달한 관리로서 역시 지금의 청조에 벼슬한 자들이다.

그가 조선에 칙사로 나갈 유홍훈劉鴻訓에게 준 목재의 글을 주석한 것을 보면 말이 실상이 아닌 것이 많고, 또 이 제독李提督168)이

---

163) 이 구절은 김안국金安國의 시이다. 이에 대한 이야기는 피서록에 나왔다.
164) 동파체는 희작시의 일종이다. 소동파가 요나라 사신과 별인 시대결에서 유래하였다. 한자의 글자체를 회화적으로 그릴 수 있도록 시의 내용을 구성하는 작법이다.
165) 청나라 학자.
166) 청淸 학자 오위업吳偉業. 매촌은 자.
167) 청淸 학자 공정자龔鼎孶. 지록은 호.
168) 명明 장군 이여송李如松.

임진왜란 때 조선을 원조한 일에는 더욱 잘못된 기록이 많으니 개탄할 일이다.

건륭 황제가 전겸익을 배척한 조서에서 이르기를,

"오히려 문자文字를 빌려 구차하게 살아남은 허물을 덮어 가리려고 하였다."

한 것은 그의 간사한 심정을 환히 비춘 것이다. 예를 들어 고려판高麗板 유문柳文[169]의 발跋을 쓴 것 같은 것이다. 그 발에는,

"고려에서 판각板刻한 당唐나라『유선생집柳先生集』[170]은 종이가 튼튼하고 치밀하였으며 자획이 가늘고 빳빳해서 중국에서도 역시 선본善本이라 할 수 있을 것이다. 배신陪臣 남수문南秀文[171]이 발문 앞뒤에 공손히 쓰기를, '정통正統 무오년(1438) 여름과 정통 4년(1439) 겨울 11월이라.' 하였으니, 명나라의 연호를 높이고 명이 세상을 통일한다는 뜻을 엄정히 드러냈다. 조선은 대개 기자의 풍교風敎가 그대로 남아 있고 명의 문화가 먼 오랑캐 만맥蠻貊에게까지 베풀어졌으니, 실로 당의 시절에 비교할 바가 아니다. 하늘이 무너지고 땅이 기울어지다시피 명이 망한 뒤에 동국은 동문同文의 꿈을 꾸지 않은 지 오래였다. 나는 이 책을 어루만지면서 눈물을 뚝뚝 흘렸다."

하였다. 배신陪臣으로서 교서를 받들어 책을 편찬한 자는 집현

---

169) 유종원柳宗元의 글.
170) 유종원의 시문집詩文集.
171) 1408~1442, 조선 초기 문인. 자는 경질景質, 호는 경재敬齋. 저서는『경재유고』가 있다.

전 부제학集賢殿副提學 최만리崔萬里, 직제학直提學 김빈金鑌, 박사博士 이영서李永瑞, 성균관사예成均館司藝 조수趙須 등이요, 남수문은 응교應敎 직함을 썼는데, 조산대부 집현전응교 예문관응교지제교 경연검토관 겸춘추관기주관朝散大夫集賢殿應敎藝文館應敎之製敎經筵檢討官兼春秋館記注官이라 하였다. 이제 아울러 써서 이로써 조선의 고사故事를 보존하려 한다.

조선 사람들이 매번 동문몽同文夢이란 한 마디 말을 전거로 삼을 고사 삼아서 과거 때에 시제詩題로 쓰고 있으니 참으로 더럽기가 심하고 심한 노릇이다.

진입재陳立齋[172]의 집에는 고문백선古文百選과 유문초柳文抄가 있었는데, 모두 한구자韓遘字[173]로서 이것을 고려판高麗板이라 하여 사뭇 귀히 여기고 있으니 대개 전겸익의 이 발문에 근거한 것이다.

우리나라 합천陝川 해인사海印寺 홍류동紅流洞에 원융각元戎閣이 있는데 명의 중군도독태자태보中軍都督太子太保 이여송李如松이 쓰던 갓과 전포와 그때 지은 시 한 편을 보관해 두었다. 내가 일찍이 해인사를 유람할 때 갓과 도포를 구경했는데, 갓 모자 둘레가 세 아름이나 되니 그 머리통의 크기를 가히 짐작할 수 있겠다. 절에 있는 중 가운데 키가 가장 큰 자를 뽑아 전포를 입혀 보았더니 땅에 한 자나 남

---

172) 진정훈陳庭訓의 호가 입재이다. 청나라 사람으로 북경에 거주했다. 연암이 북경에서 만나 교유한 사람인데, 관내정사 편 8월 초 3일 항목, 반선시말에 등장했다.

173) 글자체의 일종. 조선시대 한구(1636~?)의 매력있는 필체를 바탕으로 주조한 동활자.

게 끌렸다.

만력 임진년에 우리나라가 왜구의 침로를 당했을 때 이공公은 요계보정산동군무제독遼薊保定山東軍務提督으로 군사를 거느리고 우리나라를 도와 평양平壤으로 달려 나와서 왜장倭將 평행장平行長[174]을 모란봉牧丹峰 아래서 격파시켰다. 장사壯士 누국안婁國安을 행장의 영채에 보내서 빼앗아 간 왕자 순화군順化君[175]과 대신 김귀영金貴榮·황정욱黃廷彧 등을 빼앗아 왔다. 그는 본국으로 돌아간 지 6년 뒤에 요동에서 전사했는데, 의관을 갖추어 장사를 지내도록 조서를 내리고 태보太保 벼슬을 추증追贈하고 시호를 충렬忠烈이라 하였다.

이공이 우리나라로 올 때에 군사를 몰아 조령鳥嶺을 넘어 문경聞慶에서 충주忠州로 돌아왔으므로 그의 갓과 전포가 합천에 남아 있었던 것이다. 공은 본래 조선 사람으로 그의 원조遠祖는 영榮인데, 홍무洪武 연간[176]에 처음으로 중국에 들어가 양평襄平에 살았다. 우리나라 사람으로 그의 근본을 아는 자가 드물지만 일찍이 왕이상王貽上[177]의 『대경당집帶經堂集』에 실린 청의 병부시랑兵部侍郎 이휘조李輝祖의 신도비神道碑에는 이러한 말이 있다.

"철령鐵嶺 이씨는 영원백寧遠伯 성량成樑으로부터 시작하고 문벌이 명 시절부터 드러나기 시작하여 본조에 들어와서는 가문이 더

---

174) 일본 장수 고니시유키나가를 말한다.
175) 조선 선조宣祖의 여섯째 아들.
176) 1368~1398.
177) 왕사정.

욱 커져서 안으로는 경서를 강의하는 자리에 참례하게 되고, 밖으로는 장수의 지위에 나아가게 되었다. 이씨의 선조는 조선 사람으로서 제일 먼저 양평에 옮겨 오기는 영이었는데, 영은 처음 군공軍功으로 철령위도지휘사鐵嶺衛都指揮使를 받았고, 그의 아들은 문빈文彬, 문빈의 아들 다섯 중 맏이가 춘미春美, 춘미의 아들이 경涇, 경의 아들이 영원寧遠, 영원의 장자長子가 공이다. 휘조는 춘미의 아우 춘무春茂의 후손이다."라고 했으니 이로써 공이 우리나라 출신인 것을 더욱 알 수가 있다.

숭정 말년에 공의 아들과 여백如栢·여매如梅의 아들들이 조선으로 탈출하여 건너온 것은 그 부형들이 조선에서 큰 공을 세웠으니 비단 옛 은혜를 판 것만이 아니라 역시 여우가 죽을 때 머리를 제 고향으로 향한다[首丘初心]는 뜻일 것이다. 그러나 중국의 왕조가 바뀌면 서 우리나라 역시 꺼리고 숨기지 않을 수 없었으니, 우리나라에 온 여러 이씨들도 감히 그 출신지를 밝혀 말할 수 없었다.

내가 선무문宣武門 안 첨운패루瞻雲牌樓 앞에서 한 미소년美少年을 만났는데, 그는 말하기를, 영원백의 후손으로 이름은 홍문鴻文이라 하였다. 이튿날 나를 비단 가게로 찾아와 품속에서 인쇄한 족보族譜 두 권을 내놓는데, 곧 『철령이씨세보鐵嶺李氏世譜』로서, 영으로부터 시작하는 가계가 곧 조선 사람이라 하였으니, 내가 전에 알던 것과 더욱 들어맞아 의심할 것이 없었다.

홍문의 할아버지 되는 편덕偏德은 금년에 나이 82세인데, 중풍으로 기동을 하지 못하자 그 손자를 시켜 두루 조선 사람의 여관을 찾아, 뜻 있는 사람을 만나 족보를 전해서 우리나라 사람들에게 자기 뜻을 알리도록 했다고 한다. 더구나 이훤李瑄[178] 같은 자가 지금 우리나라에 벼슬을 하고 있는 줄 모르고, 나 역시 감히 영원백의 후손으로 누구 누구가 본국에 있다고 분명히 말을 못했다.

날이 저물어 여관으로 돌아와 급히 촛불을 켜고 내원來源의 무리와 더불어 보았다. 대개 영원백의 장자가 여송如松이고, 여송의 한 아들이 성충性忠이며, 성충의 아래로는 자손이 없다[無後]고 하였는데, 이것은 성충이 달아나서 조선으로 도망했기 때문이다. 내 비록 이훤과 일면식도 없으나, 조선으로 나가면 응당 전하려 한다.

만력 시절에 형문荊門[179] 사람 강국태康國泰는 법에 걸려 요양遼陽에서 귀양을 살았다. 도독都督 유정劉綎이 건주建州를 칠 때 국태는 종군했다가 전사했고, 아들 세작世爵은 나이 17세에 바로 청군淸軍에 들어가 아버지의 시신을 찾았다. 병부兵部 웅정필熊廷弼이 휘하에 두었더니, 요양이 함락되자 세작은 마등산馬登山으로 도망해 들어갔다가 밤에 참호를 헤엄쳐 요새要塞를 빠져나와서 다시 봉황성鳳凰城을 지키더니, 성이 함락되자 금석산金石山으로 들어가 날마다 나뭇잎을 먹으면서 죽음을 면했다.

의주義州로 나와서 드디어 난리를 피하여 조선 회령부會寧府에 살았는데, 항상 초楚 제도의 관을 쓰고 자기 집을 초책당楚幘堂이라

178) 영, 정조때 진해 현감, 풍천 부사 등을 역임하였다.
179) 호북성에 있다.

불렀다. 내가 금석산을 지날 때 의주 마부꾼들이 가리키면서 세작이 은신했던 곳이라 하여 이야기를 하는데, 기이한 말[180]이 많았다.

고려 충선왕忠宣王의 이름은 장璋이다. 원元에 가서 연경 저택에 만권당萬卷堂을 짓고, 염복閻復·요수姚燧·조맹부趙孟頫·우집虞集 등과 더불어 교유하면서 학문을 연구했다. 원에서는 그를 심양왕瀋陽王에 봉하고 승상으로 삼았다.

충선왕은 박사 유연劉衍 등을 강남江南으로 보내어 서적을 사들였는데, 배가 파선하여 당시 판전교判典校 홍약洪瀹이 남경南京에 있으면서 1백 정錠을 연에게 주어 서적 1만 8백 권을 사가지고 돌아왔다. 또 황제에게 아뢰어 책 4천 70권을 왕에게 하사하게 했으니, 이것은 모두 송나라 비각秘閣에 간수했던 책들이다.

심양왕은 원 나라 영종英宗에게 강남 지방 사당에 향을 피우고 예를 갖출 것[降香]을 청하여, 강소江蘇·절강浙江을 유람하다 보타산寶陀山에 이르렀고, 이듬해에 또 강향을 청하여 금산사金山寺까지 이르렀는데, 황제는 사자를 보내어 급히 불러 군사를 시켜 옹위해 가지고 본국으로 호송護送하라 명령했다.

충선왕은 지체하고 즉시 떠나지 않으니, 황제는 명령하여 머리를 깎고 불경을 공부하라는 핑계로 토번吐蕃의 살사길撒思吉 땅으로 유배流配 보냈다. 박인간朴仁幹 등 18명이 그를 따라갔는데, 이곳

---

180) 도강록에 강세작 이야기가 실려있다.

은 연경에서 1만 5천 리나 떨어진 곳이니, 충선왕이 어찌 한갓 제후국의 왕 지위를 버리고 서적만 탐내고 빠졌겠는가? 옛날 남월왕南越王 위타尉陀는 육가陸賈[181]를 만나고 매우 기뻐서 며칠 동안 머물면서 그와 함께 술을 마셔가며 말하기를,

"월越에서는 족히 더불어 이야기할 사람이 없더니, 당신을 만난 뒤로 날마다 못 듣던 소문을 듣게 되었습니다."

했다 하니, 소위 하백河伯이 바다를 보고 탄식한 것[望洋之嘆]과 같다. 당시 종신從臣 이제현李齊賢의 무리는 비록 문학의 재주와 명망으로 우리나라 거장이라 일컬었지만, 염閻·요姚·조趙·우虞[182]의 틈에 끼었다면 응당 하백이 바다를 본 것처럼 부끄러워 했을 것이다. 나 역시 옥동교玉棟橋 가에서 멀리 오룡정五龍亭을 바라볼 때 참으로 이른바 인간의 세상이 아닌 것 같은[183] 생각이 들었다.

육비陸秘의 자는 기잠起潛이며, 호는 소음篠飮, 항주杭州 인화仁和 사람이다. 건륭 병술년(1766) 봄에 엄성嚴誠·반정균潘庭均과 함께 연경에 와서 홍덕보洪德保와 간정호동乾淨衕衚에서 사귄 회우록會友錄이 있는데, 나는 일찍이 이 책에 서序를 써 주었다. 소음의 집은 서호西湖인데 동네 이름은 호서대관湖墅大關의 주아담珠兒潭이다. 기잠이 말하

181) 한漢 때의 변사辯士.
182) 염복, 요수, 조맹부, 우집.
183) 황도기략 내의 오룡정 부분을 보면 절강지방 서호 모습이 오룡정의 1면과 같다는 말이 나온다. 오룡정 모습도 아름다운데, 하물며 충선왕을 따라간 이제현이 서호의 참모습을 보았다면 더욱 망양지탄을 했을 것이라는 내용과 통한다.

기를,

　"육계肉桂는 교지交趾[184] 산물로 근세에는 구하기 어렵습니다. 육계는 성질이 화기火氣를 이끌고 근원으로 돌아가게 하며, 계피桂皮는 숨은 화기를 일으키는 것이므로 그 용법이 아주 다릅니다."

　하였다.

　우리나라에서 망령되이 두꺼운 계피를 육계로 대용代用하고 있으니 위험한 일이다. 내가 일찍이 이 이야기를 두루 의원들과 약국에 알렸다. 마침 통주通州 어느 약국에서 육계를 찾았더니 주먹만 한 놈을 내어 보이면서 값은 은 50냥이라 했다.

　범생范生이란 자가 나를 따라오면서 가만히 말하기를,

　"이것도 진품이 아닙니다. 중국에서도 진품이 떨어진 지 이미 20여 년이나 되었답니다."

　하였다.

　『진택장어震澤長語』[185]에 이르기를,

　"명나라 초기에 해마다 사용한 황납黃蠟 한 가지로만 말하더라도, 국초國初에는 일 년에 불과 2천 근이던 것이 경태景泰[186]·천순天順[187] 사이에는 8만 5천 근이 되었고, 성화成化[188] 이후는 12만 근으

---

184)　월남越南. 오령 이남으로 현재 광동, 광서지방 등을 통틀어 말하기도 한다.
185)　명나라 왕오王鏊(1450~1524) 지음.
186)　1450~1456.
187)　1457~1464.
188)　1465.

로 불렀으니 그 나머지는 가히 미루어 알 것이다."

하였다. 또

"정덕正德 16년(1521)에 공부工部에서 아뢴 것을 보면, 건모국巾帽局[189)에서 소비되는 내시內侍의 신에 드는 삼실과 사모紗帽와 가죽 등 재료가 성화 연간에는 20여 만이었던 것이 정덕 8~9년에는 46만에 이르고, 말년末年에는 72만에 이르렀다 하니, 이것으로도 그 나머지는 가히 알 만한 것이다."

하였다.

우리나라에서는 동전 10문文을 1전錢이라 하고 10전을 1냥兩이라 한다. 지금 중국에서는 160푼分이 1초鈔요 16문文이 1백陌이다. 우리나라 풍속에는 돈 한 문文을 한 푼分이라 하고 돈 열 푼을 한 돈錢이라 한다. 이형암李炯菴 덕무德懋는,

"이것은 저울과 자에서 나온 것입니다. 자는 10리釐가 1푼이요, 10푼이 1촌寸이며, 10촌이 일척一尺인데, 돈 1문의 두께는 10리釐를 쌓은 두께로 한 푼이 되고, 문의 두께는 10푼의 두께로 일 촌이 되니 백 문의 두께는 한 자입니다. 저울로 치면 10리가 1푼이요, 10푼이 한 돈이고, 열 돈이 한 냥이니, 지금 돈의 이름과 수치는 저울에서 딴 것입니다."

하였다. 그러나 지금 우리나라 동전은 대소와 굵고 얇음이 고

189) 모자를 취급하는 기관.

르지 못해서 이를 표준으로 삼기 어렵다.

『해외기사海外記事』190) 1권은 영표嶺表의 두타頭陀 산엄汕厂이 강희 갑술(1694)에 대월국大越國191)에 갔을 때 본 여러 가지 일을 기록한 것이다.

대월국은 경주瓊州 남쪽 해로海路로 만여 리인데 매일 아침이면 전조箭鳥란 새가 바다 가운데로부터 날아와 배를 한 바퀴 돌고 앞으로 향해 날아갔다. 뱃사람들은 이것을 신조神鳥라고 하며, 바다 가운데 물결 위에는 여러 가지 괴이한 것이 보였다. 붉기도 하고 검기도 한 작은 기가 있어 잠깐 잠겼다가 잠깐 뜨곤 하였다. 이것은 한 가지가 지나가면 한 가지가 다시 와서 계속하여 십여 가지씩 오는데, 뱃사람들은 이것을 귀전鬼箭이라 하며 보기만 해도 이롭지 못하다고 한다. 풍랑風浪이 크게 일고 운무雲霧가 자욱하게 밀려오면 검은 용이 꿈틀거리며 배 왼편에 나타나는데, 뱃사람들은 급히 유황과 닭털을 태우고 더러운 물건을 물에 뿌리자 가까이 오지 못한다고 했다.

어느 날 저녁에는 검은 구름이 컴컴하고 달과 별도 빛이 없는데 홀연 뒤에서 화산火山의 불빛이 돛대 위에 가까이 비치더니 마치 불[燒]과 석양처럼 밝아 왔다. 뱃사람들이 나무로 뱃전을 두드리며

---

190) 사고전서총목에는 서명이 해외기사 6권이고, 저자는 광동 장수사의 승려 대산大汕이다. 강희 을해년(1695) 봄에 대월국에 간 기록이다.

191) 1010년 이공온이 안남에 세운 나라, 수도는 현 베트남 하노이.

계속 소리를 내었으니, 이런 지 두어 시간이 지난 뒤에야 배의 키가 그것의 몸뚱이에 걸린 것을 알았다. 배를 조금 옆으로 돌리자 불은 감추어져 보이지 않았으니, 대개 이것은 해추海鰍[192]의 눈에서 나는 번갯불이라 한다.

그 나라에 이르니, 모두 나체裸體에 머리를 풀고 수건으로 앞을 가렸을 뿐이다. 상투를 틀고 이빨에는 옻칠을 했다. 물 위에는 연꽃이 떴는데, 푸른 잎이 번득거리며 뿌리도 없고 연근도 없었다.

그 나라에서 전쟁을 할 때는 모두 코끼리를 사용하고 국왕이 연병장에서 군사 훈련을 할 때는 코끼리 열 마리로 짝을 지어, 등에는 붉은 칠을 한 안장을 얹고 세 사람이 코끼리 한 마리에 함께 타는데, 모두 금 투구에 초록빛 옷을 입고 창을 들고 코끼리 등에 선다. 풀을 묶어 인형을 만들어 축대 위에 벌여 세운 다음 군진軍陣 모양으로 하고, 구리 북을 계속 울리며 화기火器를 함께 쏘면, 여러 군사들은 앞으로 돌격하여 코끼리와 접전한다. 이때 코끼리 떼는 역시 축대를 밟고 올라가 앞으로 달아나는데, 모든 군사가 퇴각하면 코끼리들은 저마다 코로 풀인형을 말아 들고 돌아온다.

국가에서 죄인을 사형할 때는 코끼리를 놓아 사람을 몇 길 위로 던지고 상아로 받게 하여 가슴과 배를 꿰뚫게 하는데 이러면 시체가 금시에 썩어 문드러진다고 한다. 산엄이 이 형벌을 없애도록 권했다. 국왕이 말하기를,

192) 바닷물고기의 일종.

"이 나라 산중에는 코뿔소[犀牛]와 코끼리가 떼를 지어 사는데, 산 채 코끼리를 잡는 데는 길들인 암코끼리 두 마리를 써서 숫놈을 꾀어 오게 하여, 굵은 밧줄로 발을 묶어 나무 사이에 매어 움직이지 못하게 하고, 며칠 동안 굶긴 다음 조련사를 시켜 점점 가까이 가서 먹을 것을 주어, 조금씩 길을 들인 뒤에 두 암놈이 끼고 돌아옵니다."

라고 했다.

때는 마침 이른 봄인데도 논에는 푸른 모가 이미 이삭을 팼고, 거름도 주지 않는데도 한 해에 세 번 수확한다고 한다. 풍토風土와 기후는 항상 따뜻하여 음기는 배양을 하게 되고 양기는 쇠라도 녹일 것 같으므로 만물은 가을과 겨울에 피어난다고 한다. 일은 밤에 하며, 여자가 남자보다 지혜가 있다 한다. 나무는 파라밀波羅密·야자椰子·빈랑檳榔·산석류山石榴·정향丁香·목란木蘭·번말리番茉莉가 많다. 그 시골 촌락들은 모두 초가에 대나무 울타리이다.

강희 을미(1715) 연간에 우리나라 사람들은, 흑진국黑眞國 사람이 여자 하나와 같이 가는 것을 산해관山海關 밖에서 만났다. 영고탑寧古塔 동쪽으로 수천 리를 가면 얼음 바다가 있어 5년에 한 번씩 육지陸地까지 얼어붙는 곳에 나라 하나가 있으니, 그것이 흑진국이다. 일찍이 육지에 통하지 못한 지 10여 년에 흑진국 사람 하나가 졸지에 얼음을 건너 서쪽 언덕에 이르렀다. 처음에는 무슨 물건인지 분별하지 못하겠더니 자세히 살펴보니 사람이었다. 온몸을 짐승 가죽으로 둘러썼고 다만 얼굴만 드러냈는데 머리털은 양털처럼 곱슬머리였다. 변방 사람들이 산 채로 붙들어 북경으로 보냈다. 강희 황제가 그를 불러 보고 밥을 주었더니 먹을 줄을 알지 못하고, 생선과 날고기만 먹었다. 여러 가지 물건을 앞에 벌여 놓고 무엇을 갖고 싶어 하는가 보았더니, 끝내 돌아보지도 않았다. 여자를 끌어다가 뵈었더니 즉시 기뻐하며 끌어안았다. 이에 황제가 총명한 여자를 골라 배필로 삼아 주고 또 영리한 시종 다섯 명을 여자와 함께 보호하여 본국으로 돌려보냈다. 오곡 종자와 농사하는 법을 가르쳐 보냈다.

5년 뒤에 그는 여자와 함께 다시 빙해를 건너와서 은혜에 사례했는데, 주먹만 한 큰 구슬 몇 개와 길이가 한 길 넘는 초피貂皮를 갖다 바쳤다. 여자 말에는,

"나라는 큰 바다 가운데 있는데 임금도 어른도 없으며, 키가 큰 사람은 세 길이나 되고 작아도 한 길 넘으며, 오직 금수를 사냥하고 생선 등을 날로 먹는 것뿐이요, 바닷속에는 구슬이 가득하여 광채가 괴상하여 헤아릴 수 없습니다."

한다. 이것은 일암一菴 이기지의 『연행기燕行記』에 실려 있었다. 내가 이야기를 하다가 학지정郝志亭에게 물었더니 그의 대답도 대동소이大同小異했다. 이로써 더욱 천하는 넓고 별의 별 일이 많다는 것을 알았다.

군기 대신軍機大臣[193]이란 모두 만인滿人이다. 일찍이 들으니 국중에 비밀로 지켜야 할 큰일이 있으면, 황제는 비밀히 군기 대신을 불러서 함께 높은 누각樓閣에 올라간다고 한다. 밑에서 사닥다리를 치워 버렸다가 누상樓上에서 방울 소리가 난 후에야 도로 그 사다리를 가져다 놓는다. 비록 며칠이라도 방울 소리가 들리지 않으면, 좌우의 누구도 감히 가까이 가지 못한다.

옹정雍正 때 군기 대신은 망곡립莽鵠立[194]이었는데, 몽고 사람으로 그림을 잘 그려 일찍이 강희 황제와 옹정 황제의 초상을 그렸다. 악이태鄂爾泰·팽공야彭公冶는 모두 문무文武를 겸한 재사였으며, 김상명金常明은 우리나라 의주 사람으로 역시 군기대신의 칭호를 띠고 있었다. 지금 사행에서 복차산福次山은 밀운점密雲店까지 따라왔는데 나이는 25~26세 가량으로 역시 군기 대신이라 불렀다.

옹정 2년(1724) 정월 경자일에 흠천감欽天監이 보고하기를,

"해와 달이 함께 떠올라 밝고 오성五星[195]이 구슬처럼 연하여 영실營室[196]의 다음으로 돌아드니, 그 위치는 취자娶觜의 궁에 해당합니다."

한다. 황제는 칙명을 사관史館에 조칙을 내려 나라 안팎에 알리

---

193) 황제의 정무를 보좌함. 군기처 소속.
194) 1672~1736, 자가 수립樹立, 호가 탁연卓然. 그림에 뛰어났다.
195) 금, 목, 수, 화, 토 다섯 별.
196) 28별자리의 하나.

도록 하였다. 또 옹정 4년(1726)에 친히 적전籍田[197]에 나가 밭을 가는데, 나락 한 줄기에 두 이삭으로부터 8~9이삭까지 나왔다. 이때 오중吳中[198]에서는 상서로운 누에고치를 바쳤는데 크기가 모자만 했다.

이 밖에도 기린이 나타나고 봉황이 울고 황하가 맑아지며 상서로운 구름이 뜨고 단 이슬과 신령스러운 지초가 났다는 등, 이런 상서가 없는 해는 없었다. 사사정査嗣庭[199]의 일록日錄에는 이런 상서는 도리어 재앙이 있을 변고로 삼았고, 어떤 사람은 중국에 진인眞人이 나올 조짐이라 하였다.

사査의 하옥이 생기자 옹정 황제는 나라 안팎에 조서를 내리기를,

"너희 한인들이 이미 태평을 함께 누리면서 그 복을 국가에 돌릴 줄 모르고 반드시 진인이 꼭 나온다고 하니, 이것은 진실로 무슨 마음인가? 이는 정말 반역을 생각하는 백성들이다."

운운하여, 이 옥사에 연좌된 수가 수만 호에 달했던 바이다. 70성省에서 나타난 상서는 옹정 때 이르러서 더욱 많았으며, 한인이 문득 옛 한漢[200]을 생각하다가 감옥살이를 하게 되니, 이는 과연 상서로운 조짐이 아니라 재앙의 조짐이었던가 보다.

---

197) 황제가 종묘 제사에 쓸 곡식을 재배하기 위해 친히 경작하는 밭.
198) 강남.
199) 청淸 때의 관리, 생년 미상~1726. 호가 횡포橫浦, 강희 연간 내각 학사를 지냈다.
200) 망한 명나라.

청淸 경릉景陵[201)의 호는 곧 성조인 황제聖祖仁皇帝다. 그 아들은
모두가 명사名士로, 과친왕果親王 윤례允禮의 글씨는 축지산祝枝山[202)에
게 비교할 바 아니다. 강녀묘姜女廟와 북진묘北鎭廟에는 모두 과친왕
의 주련柱聯이 있었고, 무령현撫寧縣 서소분徐笤芬의 집에도 역시 과친
왕의 글씨가 있기에 나는 모사해 오려고 했으나 길이 바빠서 못하
였다.

강희는 아들이 모두 2□명이었는데 재자才子 이친왕怡親王 윤상
允祥, 장친왕莊親王 윤록允祿, 과친왕果親王 윤례允禮, 옹정 황제는 윤진允
禛인데 넷째 아들이요 팔왕八王 윤아允䄉와, 구왕 윤당允禟과, 십삼왕
윤지允禔와, 십오왕 윤우允祐와, 염친왕廉親王 윤기允禩와, 십사왕은 윤
제允禵인데 본명은 윤정允禎으로, 이는 여러 번 큰 공을 세워 중망衆望
을 모았다. 강희의 병이 위급하자, 한의 각로閣老 왕담王惔과 함께 유
언을 받으면서 '진禛' 자를 '정禎' 자로, 넷째 아들인 것을 열네 번째
아들로 잘못 알았다가, 왕담은 죄를 입고 윤정은 역적 괴수로 되었
으며, '정禎' 자를 '제禵' 자로 고쳤다고 한다.

우리나라 서해안 장연長淵·풍천豊川 해변의 고기잡이에는 중국
배들이 휩쓸고 있다. 이들은 모두 각화도覺華島[203) 사람으로 매년
5월 초에 와서 7월 초에 돌아간다. 잡는 것은 방풍防風과 해삼海蔘뿐

---

201) 강희제.
202) 1460~1527 명明 축윤명祝允明. 지산은 호.
203) 요녕성 영원의 남쪽 바다에 있는 섬. 오늘날 국화도菊花.

으로 때로는 육지에 내려 양식을 청하므로, 우리나라에서는 중국 황제께 아뢰어 금지할 것을 청했다. 강희 54년(1715) 2월에 예부에서 주청하여 문서를 돌려 봉천 장군奉天將軍, 봉천 부윤奉天府尹과 산동山東·강남江南·절강浙江·복건福建·광동廣東 등지의 지방관[督務]들에게 문서로 알려[申飭], 연안해 해군[水師營]에서는 조선에 가까운 해상에서 고기를 잡지 못하도록 하고, 밀항密航하여 바다를 건너다가 붙들려 조선 수병에게 체포된 자들을 엄하게 치죄治罪할 것과, 그 지방 관리와 해당 부서는 협의하여 역시 엄격히 신칙하고, 조선 연안을 지키는 관리나 군사들이 불시에 순찰하여, 만일 이런 자를 발견할 때는 즉시 붙들어 압송할 것을 운운하였다.

지금 중국 배가 서해안에 오면 지방 아전이나 장교들이 즉시 지방관에게 보고야 하지만 실상은 금지할 방도가 없어서, 알고도 모른 체하고 있다가 그들이 돌아갈 시기를 기다려 멀리서 배 떠나는 날짜를 묻고 그제야 수영水營에 아뢰기를, 방금 배가 왔다고 하면 수영은 일변 조정에 보고하는 한편, 그 지방 관리에게 그날로 쫓아내라고 명령하는데, 실상인즉 귀를 막고 방울을 훔치는[掩耳偸鈴]204) 격이니, 우리나라 국경 수비가 실로 한심하다.

---

204) '귀를 막고 종을 훔친다[掩耳盜鍾]'와 같은 말이다. 『여씨춘추呂氏春秋』 자지自知에 "범씨范氏가 죽자 어떤 이가 그의 종을 얻어 짊어지고 달아나려고 하였다. 그러나 종이 커서 짊어질 수 없자 몽둥이로 종을 부수니 종에서 소리가 났다. 그러자 이 사람은 종소리를 듣고 남들이 빼앗아갈까 봐 얼른 자기 귀를 막았다." 한 데서 온 말이다. 눈가리고 아웅한다는 뜻이다.

한漢의 제도에, 최고 벼슬인 삼공三公의 월봉月俸은 3백 50곡解[205]이다. 이 밖에 중간 이천 석中二千石으로부터 백 석에 이르기까지 모두 14등급으로 나누었으니, 중간 이천 석의 월봉은 1백 80곡, 백석의 월봉은 16곡이다.

후한後漢 시대 대장군과 삼공의 월봉은 3백 50곡, 중간 이천석의 월봉은 72곡에 돈이 9천 냥, 백석의 월봉은 4곡 8말에 돈 8백 냥이다.

진晉의 제도는 품계 등급에 있어 제 1등급이 1천 8백 곡이고, 후주後周에서는 9등급으로 나누어서 삼공이 1만 석이고, 1등급 하사下士는 1백 25석이다.

당의 제도는 정일품正一品에게 매년 7백 석에 돈 3만 1천 냥이, 종9품從九品에 이르러는 52석에 돈 1,970냥이다.

송의 제도는 41등급인데, 재상과 추밀사樞密使가 매월 돈 30만 냥, 지방 말단인 보장정保章正에 이르러는 2천 냥이다.

명에서는 정1품에 매월 쌀 87석을 주고, 종9품에 5석을 준다.

대략 춘추 전국戰國 시대와 비교해 보면, 대신의 녹봉이 1만 종鍾[206]이라 하였으니, 한나라 삼공의 월봉은 너무 약소한 편이다. 지금 청의 녹봉 제도와 지방관들의 보수를 보면 명의 제도보다 적은 편이다.

205) 곡은 10말.
206) 1종은 10부釜이다. 256되 혹은 약 50리터에 해당한다.

고려는 중서中書, 상서령尙書令과 문하시중門下侍中에게 연봉으로 쌀 4백 석, 조교助敎에는 쌀 10석을 준다. 우리 조정에서는 정일품은 연봉 98석에 명주 6필, 정포正布²⁰⁷⁾ 15필, 저화楮貨²⁰⁸⁾ 10장, 종9품은 12석에 정포 2필, 저화 1장을 받는다. 임진왜란 뒤는 일품 연봉이 60여 석에 명주와 정포, 저화는 없앴다.

대개 녹봉 제도가 전 시대보다 검약해진 것이 아니라 쓸데없는 관원이 많아졌기 때문이다.

중국에서는 겨울철 창살에 종이를 붙이는데, 그 사이에 유리 조각으로 인물과 화초를 그려 넣어 끼운다. 방 안으로부터 밖을 보면 작은 것이라도 보이지 않는 것이 없으나 밖에서 안을 보면 아무 것도 보이지 않는다.

이것은 원래 구양초歐陽楚²⁰⁹⁾의 어가사漁家詞에 나오는 꽃무늬 창 기름먹인 창문[花戶油牕]이다. 연로沿路의 저자에서 채색 그림을 그린 유리를 파는 자가 아주 많은데, 이것은 모두 창살에 끼우는 것이다.

구슬을 목에 거는 제도[朝珠]는 반드시 5품관 이상이라야 했는데, 한림翰林들은 7품이라도 거는 것이 허락됐다. 외직인 지현知縣이

---

207) 정품 베.
208) 지폐.
209) 구양초옹인데 옹翁자가 빠졌다.

되면 걸지 못하는데 통관通官 오림포烏林哺와 서종현徐宗顯의 무리도 함께 구슬을 걸 수 있는 것은, 외국 사람에게 영화롭게 보이기 위하여 임시로 걸게 한 것이다.

명明 2백 70년간에 세 가지 이상한 일이 있었다. 태조 고황제는 중으로서 입신立身하였고, 건문제는 폐위되어 궁중에서 중으로 늙었으며, 숭정황제는 머리를 풀고 나라를 위해 죽었다는 것이다.

왕양명王陽明의 도학과 척남궁戚南宮[210]의 무략武略과 왕남명汪南溟[211]의 문장으로도, 모두 사나운 아내가 있어 평생을 굽실거리고 감히 제 기운을 내지 못했다 하니, 또한 명나라의 세 가지 이상한 일에 들 만하다.

강희 연간에 왕사정王士禎은 형부刑部에 있으면서 매일 원서爰書[212]를 열람했는데 성姓이 묘씨妙氏·도씨島氏·반씨盤氏·민씨民氏·전씨纏氏·저씨杵氏·유씨劉氏·율씨律氏·다씨茶氏·연씨煙氏·양씨穰氏·수씨首氏·비씨卑氏·위씨威氏·빙씨氷氏·감씨坎氏·탑씨楊氏·남씨欖氏·자씨慈氏가 있었는데 모두 중국의 드문 성씨이다. 내가 심양에 이르니, 빈희안貧希顔·희헌希憲 형제가 있어 모두 강남의 큰 상인이라 했고, 산해관山海

---

210) 척계광.
211) 명 나라 문학가 왕도곤王道昆. 남명은 자.
212) 죄인들의 심문을 기록한 책.

關에 오니 구승臼勝이란 자가 있어 과거 응시생[擧人]이라 했다. 우리
나라에도 역시 드문 성씨가 있는데 부씨夫氏·양씨良氏 등은 모두 탐
라耽羅 출신이고, 또 불씨乀氏·극씨鳶氏도 있는데, 비단 성이 드물 뿐
만 아니라 글자도 역시 상고할 수 없으니 괴상한 일이다.

세상에 전하기를, 옹백雍伯이 옥을 심었다[213] 하는데, 지금 내
가 지나가는 옥전현玉田縣이 바로 이곳이다.

『오후청五侯鯖』[214]에 실린 이야기로, 설경薛瓊은 지극한 효자로
서 집이 가난하여 나무를 하러 가다가 우연히 늙은 농부를 만났는
데 그가 무슨 물건을 주면서 말하기를, '이것은 은 열매[銀實]인데,
서쪽 벽의 흙을 파다가 구리 화분에 심으면 꼭 은을 얻을 것이다.'
해서 그 말대로 심었더니 열흘이 되어 싹이 나고 다시 열흘이 되자
꽃이 피는데, 꽃빛은 은색이어서 자개와 같았다 하며, 열매가 맺었
는데 모두 은이었다 한다.

태사太史 고역생高棫生이 나에게 말하기를,

"서역西域에서는 양의 배꼽을 심는데, 양을 잡을 때 먼저 배꼽
을 따서 이를 흙으로 두껍게 심으면 1년 만에 양이 생긴다 하며, 그
것이 땅 위에 엎드려 있는 모습은 꼭 짐승 모양으로 되었다가 천둥
소리를 들으면 배꼽이 떨어진다고 하는데, 이것은 『원사元史』에 실

213) 수신기, 몽구 등의 책에 옹백종옥雍伯種玉이라는 부분이 있다.
214) 명 팽엄彭儼 지음.

렸습니다."

하였다. 양의 배꼽을 심어 양을 만들 수 있다면 은과 옥도 역시 심을 수 있을 것인지.

옹정雍正 원년(1723)의 조서에 이르기를,

"대행大行 황제의 서가 속에서 아직 반포하지 않은 유지論旨를 찾아내었으니, 그 내용에, '명 태조明太祖는 벼슬하지 않은 선비로서 일어나 천하를 통일하였으니, 문文을 경經으로 삼고 무武를 위緯로 삼기는 한·송의 여러 임금이 따르지 못할 바이다. 그 뒤로 대를 이은 임금들도 역시 전 시대와 같이 사납고 잔인하며 음탕한 일을 하다가 나라를 망치던 자취는 없었다. 짐이 이제 명나라 지파支派 자손 하나라도 찾아서 관직을 주고 봄가을로 제사라도 받들고자 한다.'라고 하셨다. 짐이 생각해 보니, 옛 역사에는 동루東樓215)를 기록했고, 『시경詩經』에는 백마白馬216)를 노래했는데, 후세에서는 모두 이를 의심하고 기피해서 역대 임금을 제사 지내는 것이 끊어지고 말았다. 나는 황고皇考217)의 하늘 같은 마음을 받들고, 멀리 옛 임금들의 성한 덕을 본받아서, 삼가 대행황제[大行皇考] 성조 인황제聖祖仁皇帝의 유지를 반포하여 명 태조의 지파 자손을 찾아 적당한 직함職

---

215) 무왕이 하나라를 정복하고 주나라를 세운 후 하나라 시조인 우왕의 자손들을 찾아 동루에 봉해 준 내용이다.
216) 은나라 기자가 나라가 망한 후 주나라에 백마를 타고 가서 조회했다는 고사이다.
217) 원주: 강희康熙이다.

啣을 주고, 그로 하여금 봄가을 조상의 제사를 하도록 할 것이다."

하였다. 이때 명나라 후손 주씨朱氏 한 사람이 성명을 바꾸어 숨기고 지방 읍에 벼슬을 했다. 그와 원수로 있는 사람의 고발을 당했는데, 황제가 그를 불러 그 근본을 자세히 묻고는, 특명으로 국공國公[218]에 봉하고 명明의 제사를 받들도록 했다고 한다.

파극십巴克什은 만주어로 큰 선비를 일컫는 말이다. 청 태종淸太宗 때 파극집 달해達海란 자가 있었는데, 만주 사람으로 나이 21세에 죽으니, 제자 신분으로 상복을 입은 자가 3천 명이나 되어 신인神人이라 불렀다 한다.

신라 사다함斯多舍은 15세에 외모 품격이 맑고 빼어났으며 뜻과 기개가 방정해서 당시 사람들이 화랑花郎으로 받들었는데 그 무리가 천여 명이나 되었다. 나는 이것을 달해의 숙성夙成한 데 비유했더니 풍병건馮秉健은 웃으면서 말하기를,

"신라 화랑의 칭호가 이학 선생理學先生보다 훨씬 낫습니다. 명明의 육경대陸瓊臺는 타고난 자질이 고매해서 나이 겨우 약관弱冠에 선비들을 동림東林서원에 모아 강론을 하는데, 옷을 걷고 허리를 구부리면서 방 안에 벌여 서는 제자가 하루아침에도 8백 명이나 되었답니다."

하였다.

---

218) 천자 다음으로 3번째 서열인 직위.

명의 특진광록대부 전군도독부 좌도독特進光祿大夫前軍都督府左都督 남창南昌 유정劉鋌 공의 자는 자신子紳이다. 그는 대도大刀 쓰기를 좋아 하며 대도의 무게가 백 20근이나 되니, 유대도劉大刀라 불렀다.

전라도 순천부順天府에 있는 열무관烈武觀은 곧 그가 임진년에 조선을 도우러 왔을 때 군사를 시찰하던 곳이다. 정이 이제독李提督 을 따라 진격하여 왜군의 추장酋長 소서행장小西行長을 문경聞慶에서 무찔렀다. 제독은 본국으로 돌아가고 정은 혼자 성주星州에 주둔하 면서, 거성莒城[219])에 들어가 도독 진린陳璘과 함께 행장을 순천 앞 바 다에서 격파하고, 예교曳橋를 포위했으나 10여 일에 행장은 도주했 다. 그가 동쪽으로 출사出師한 앞뒤 7년 동안 공이 가장 컸고 그 20년 뒤에 심하深河[220]) 싸움에서 죽었다.

명明이 구원병을 보내려고 할 때 정이 보병 병력 5천으로 왜병 을 공격하겠다 하니, 신종황제神宗皇帝가 이를 장하게 여겨 허락한 것이다. 『명사』에는 행장이 몰래 군사 천여 명을 출전시키자 정이 드디어 물러났다 했으나, 이것은 모두 잘못된 거짓말이다.『명사』 에 또 이르기를, '두송杜松의 군사가 패하자, 양호楊鎬가 말을 달려 정을 불렀으나, 기병이 가기 전에 정은 이미 죽었다.' 하였다.

지금 청의 천자는 정월 초하루에 반드시 먼저 종묘宗廟에 제사

---

219) 『명사』에는 대성大城이라 표기되었다.
220) 1608년 후금의 누루하치를 정벌하기 위해 명과 조선이 연합하여 산해관 옆 심하에서 치러 낸 전투.

지내고 친히 사당에 참배하는데, 혹은 등장군鄧將軍[221]의 묘라고도 하고 혹은 유대도劉大刀의 사당이라고도 하는데 중국 사람들은 몹시 이것을 비밀히 하여 말하기를 꺼린다. 어떤 사람은 말하기를,

"유정이 갑자기 죽자 그의 영혼은 심히 영험이 있어, 천자가 친히 제사를 지내지 않으면 천하에 큰 역질이 돌고 흉년이 들며, 종묘에도 갑자기 화재가 나는 이변이 생겨 편안하지 못하다."

라고 하였다.

송당松堂 박영朴英[222]은 양녕대군讓寧大君의 외손이다. 천성과 자질이 호방하고 고매하며 또 집이 부유해서 나이 17세에 요동에 들어가 집비둘기를 사왔다. 내가 요동에 이르렀을 때, 한 가게에서 먹이는 비둘기 수천 마리가 떼를 지어 저녁이 되면 날아 돌아와 각각 제집을 찾아든다. 점포 안에는 큰 돌 구유에 미리 잿물을 만들어 두었다가 요동 들에 나가 콩을 배부르게 주워 먹은 비둘기가 돌아와 다투어 잿물을 먹고 콩을 모두 토해 놓으면 이것으로 말을 먹였다.

왕원미王元美[223]의 『완위여편宛委餘編』에는 여자로 병관兵官이 된 자들을 실었다. 군사마軍司馬 공씨孔氏는 고침顧琛의 어머니이고, 정

---

221) 등좌鄧佐, 청나라 초기에 전공을 세운 인물인데 죽은 후에 신이한 일이 많이 생겼다. 황제가 이 소문을 듣자 사당을 세우라고 하였다. 『청사고』 223.
222) 1471~1540, 무신. 자는 자실子實, 호는 송당이다. 저서로 『송당집』이 있다.
223) 명나라 문인 왕세정王世貞(1526~1590).

렬 장군貞烈將軍 왕씨는 왕흠王廞의 딸이다. 당 행영절도行營節度 허숙기許叔冀의 부하 왕씨·당씨唐氏·후씨侯氏는 모두 그 행영에서는 과의果毅 출신 교위校尉들이다. 진陳의 여자 백경아白頸鵶가 거란의 회화 장군懷化將軍이 되었다.

그런데 당 태종이 신라의 선덕 여왕善德女王을 추증하여 광록대부光祿大夫로 삼고, 또 진덕 여왕을 주국柱國에 책봉하여 낙랑군왕樂浪郡王으로 봉했으며, 또 왕이 죽자 고종이 개부의동삼사開府儀同三司로 추증追贈한 것은 실리지 못했다.

나는 일찍이 이덕무李德懋의 『이목구심서耳目口心書』에서 이 기록을 보았다. 유리창琉璃廠에 있는 양매서가楊梅書街에서 능야凌野와 고역생高棫生과 술을 마시면서 이야기하다가 이 말을 했더니, 능과 고, 그 밖의 여러 사람도, 내가 제법 폭넓게 안다고 나를 칭찬하였다.

나는 가는 곳마다 땅콩·귤떡·매화사탕·국화차[菊茶] 등으로 대접을 많이 받았는데, 모두가 복건·절강 지방에서 나는 것이다. 양매楊梅는 5월에 익으며 그 빛이 붉고 크기는 한 치쯤 되고, 열을 나게 하는 성질이 있어 많이 먹으면 이가 상한다고 한다.

정효鄭曉[224]의 『고언古言』에 이르기를,

224) 명나라 학자.

"구양영숙歐陽永叔[225)은 주역 계사繫辭전을 비방하고, 사마군실司馬君實[226)은 맹자孟子를 비방하며, 왕개보王介甫[227)는 춘추春秋를 잘못되었다 하고, 두 정자程子는 옛날 대학大學을 고치고, 회암 선생晦庵先生[228)은 자하子夏[229)의 시서詩序를 쓰지 않았던 일들은 모두 알 수 없는 일이다."

하였다. 나도 매우 그렇게 느낀다.

사람이 아는 것을 너무 자랑하고 함부로 책을 기술하는 것은 옳지 않다. 강희 연간에 왕사정王士禎의 저서가 가장 많았는데, 그의 필기筆記에서 말하기를, '『풍속통風俗通』에, 한의 태수太守에 뇌선정顧先井[230) 이란 자가 있었는데 스스로 말하기를, 자기 성명 3자 중 2자는 자기도 모른다.'라고 하였다. 내가 언젠가 이 말을 이무관李懋官에게 했더니, 무관은 말하기를,

"이것은 어양漁洋이 잘못 안 것입니다. 『풍속통』에는 교지 태수交趾太守로 뇌선賴先이란 자가 있는데 뇌顧 자는 뇌賴 자의 옛 글자[古文]

---

225) 구양수歐陽修. 영숙은 자.
226) 사마광司馬光. 군실은 자.
227) 왕안석王安石. 계보는 자.
228) 주희朱熹.
229) 복상卜商의 자, 시서는 시경의 서문이다.
230) 원주: 그 자주自注에 정井의 음은 담壜이다.

이고, 또 『옥해玉海』[231]에는, 한나라에 뇌단賴丹이란 교위校尉가 있었으니, 이것은 뇌선과 뇌단을 합하여 두 사람의 이름을 한 사람으로 만든 것입니다. 단丹 자는 정井 자의 본글자[本文]이니, 주석을 달아 음이 담이라고 할 것도 없습니다."

하였다. 단가루段家樓의 술 자리에서 누명재漏明齋에게 이 이야기를 했더니, 누는 이무관의 박식한 것이 어양보다도 낫다고 하였다.

『춘명몽유록春明夢游錄』[232] 에 이르기를,

"그들의 국사國史 『고려사高麗史』를 상고해 보니, 원元의 전성 시절에 원효왕元孝王[233]이 강화도江華島로 수도를 옮기니, 원도 어쩔 수가 없어서 다만 그가 육지로 나오지 않는 것만 책망했었다. 그는 필경 원에 복종했지만 마침내 육지에 오르지 않고, 그의 아들 순효왕順孝王[234]에 이르러 친히 왕주王主[235]를 맞아 원나라 복장으로 함께 가마를 타고 본국으로 들어왔다. 보는 자들이 해괴히 여겼고, 그때 따르는 종실들이 머리를 깎지 않았다 하여 왕은 이를 책망하였다. 그 아들 충렬왕忠烈王 때에 이르러 재상으로부터 하급 관료에 이르기까지 머리를 깎지 않는 자가 없었고, 다만 금내禁內에 있는 학관學

---

231) 송나라 왕응린王應麟 저.
232) 원주: 북평北平 손승택孫承澤의 저.
233) 고려의 고종高宗.
234) 고려의 원종元宗.
235) 원주: 원元의 공주公主.

館에서만 머리를 깎지 않았으므로, 좌승지左承旨 박환朴桓이 집사執事를 불러 타일렀다. 이때에야 관학생館學生들도 모두 머리를 깎았다."

하였다.

청이 처음 일어날 때, 한인을 붙드는 대로 머리를 깎았는데[236], 정축년(1637) 맹약盟約[237]에는 우리나라 사람의 머리는 깎지 않기로 했다. 대개 여기에는 까닭이 있었다. 세상에서 전하는 말에는,

"청인들이 여러 번 한汗[238]에게 조선 사람들의 머리를 깎도록 명령하라고 권했으나, 칸[汗]은 묵묵히 듣고만 있고 이에 응하지 않았다. 그리고 여러 패륵貝勒들에게 이르기를, '조선은 본래 예의로 이름이 나서 머리털을 자기 목숨보다 사랑하는데, 이제 만일 억지로 그 심정을 꺾는다면 우리 군사가 철수한 뒤에는 반드시 원 상태로 되돌릴 터이니, 차라리 그들의 풍속에 따라 예의로써 얽매어 두는 것만 못할 것이다. 저들이 도리어 우리 풍속을 익혀 말 타고 활 쏘기에 편리해진다면 우리에게 이로운 것이 아니다.'라 하고 드디어 논의를 중지시켰다."고 한다.

우리 편으로 말하자면 이보다 큰 다행이 없을 것이고, 저들의 계산으로 따져본다면 우리들의 문약文弱함을 그대로 두려던 것이었다.

---

236) 당시 청나라는 치발령薙髮令을 내려 변발을 강요했는데, '목을 두려면 머리카락을 둘 수 없고, 머리카락을 두려면 목을 둘 수 없다'라는 말을 내세웠다.

237) 병자호란 다음해, 병란에 인조가 청에 항목하고 맺은 조약이다.

238) 원주: 청淸의 태종太宗.

금료소초金蓼小抄

금료소초서金蓼小抄序

　우리나라 의학醫學 지식은 그다지 넓지 못하고 약 재료도 그다지 많지 못하기에, 모두 중국의 약재를 수입해다 쓰면서도 늘 그것이 진품이 아닌 것을 걱정하였다. 이와 같은 넓지 못한 의학 지식을 가지고, 또 진품이 아닌 약재를 쓰고 있으니, 병은 으레 낫지 않는 것이다. 내가 열하에 있을 때에 대리시경大理寺卿 윤가전尹嘉銓에게,

　"요즘 의서醫書들 중에, 새로운 경험방經驗方[1]으로 사서 갈 만한 책이 있습니까?"

　하고 물었더니, 윤경尹卿은,

---

1)　병에 대한 경험 처방.

"근세의 일본日本 판각『소아경험방小兒經驗方』이 가장 좋은 책인데, 이 책은 서남 해양 중에 있는 하란원荷蘭院2)에서 나왔다고 합니다. 또 서양의『수로방收露方』이란 책이 극히 정확하고 자세하다고 하지만, 시험해 보니 그다지 효력이 없었습니다. 이는 대체로 사방의 기후와 풍토가 다르고, 옛날과 지금 사람들의 기품과 성질이 다른 까닭입니다. 처방문만 따라서 약을 준다는 것은, 조괄趙括3)의 병법兵法 이야기나 무엇이 다르겠습니까?『정,속금릉쇄사正續金陵瑣事』4)에는 역시 근세의 경험들을 많이 수록하였고, 또『요주만록蓼洲漫錄』5)이란 책이 있고, 또『초비초목주苕翡草木注』·『귤옹초사략橘翁草史略』·『한계태교寒溪胎敎』·『영추외경靈樞外經』·『금석동이고金石同異考』·『기백후청岐伯侯鯖』·『의학감주醫學紺珠』·『백화정영百華精英』·『소아진치방小兒診治方』등은 모두 근세의 이름난 의원들이 지은 책이어서, 북경 책방에서는 무엇이나 구할 수 있을 것입니다."

하였다. 나는 연경으로 돌아와 하란荷蘭의『소아방小兒方』과 서양의『수로방』을 구해 보았으나 모두 얻지 못하고, 그 밖에 여러 가지 책들도 더러는 광동廣東 지방 각본刻本들이라 말해주는 사람들이 있었으나 책방들에서도 모두 그 이름조차 몰랐다. 우연히『향조필

---

2)   네덜란드 병원.
3)   전국시대 조나라 장군. 그의 아버지 조사趙奢는 그 아들이 장수가 되면 조나라를 망칠 것이라고 경고했다.
4)   명나라 주휘周暉가 지은 책.
5)   명나라 주순창周順昌이 지음.

기香祖筆記」6)를 들추다가 그 중에서 『금릉쇄사金陵瑣事』와 『요주만록』
의 기록을 발견했으나, 그 원서元書는 모두가 의학과 관련된 내용은
아니었고, 이상貽上의 기록은 전부가 경험처방에 관계되는 것이었
으므로, 나는 수십 종의 항목을 따서 베끼고, 이 밖의 잡지와 필기
중에 실린 옛날 처방들을 아울러 초록하여, 「금료소초」라 이름하
였다.

내가 살고 있는 산중에는 의서도 없고 약재도 없으므로, 이질
이나 학질에 걸리면 무엇이든 가늠으로 대중하여 치료를 하는데,
때로는 우연히 맞아떨어지는 것도 있기에 역시 부록으로 기록하여
산골 속에서 쓰는 경험처방을 삼으려 한다.

연암燕巖은 쓴다.

금료소초金蓼小抄

『물류상감지物類相感志』7)에 이르기를,

"산길을 가다가 길을 잃을 염려가 있을 때는, 향충向蟲 한 마리
를 잡아 손에 쥐고 가면 길을 잃지 않는다."

하였다.

---

6)   청 왕사진王士禛 지음.
7)   소식蘇軾 지음.

『유환기문遊宦紀聞』[8]에는 신장이 허하여 허리가 아픈 병을 치료하는 데 정사수程沙隨[9]의 처방문을 다음과 같이 썼다.

"두충杜沖[10]을 술에 담갔다가 불에 구워 말린 뒤에, 빻아서 가루를 만들 때 재를 없게 하여 술에 타서 마신다."

하였고 또,

"날 것이나 찬 것을 먹고서 심장이나 비장이 아픈 데는, 묵은 산수유[陳茱萸][11] 50~60개를 물 한 잔에 달여, 찌꺼기를 버리고 평위산平胃散[12] 3돈쭝을 넣어서 다시 달여 뜨겁게 먹는다."

하였고, 또,

"사수沙隨가 늘 임질淋疾을 앓았는데, 날마다

백동과白東苽 큰 것 세 개씩을 먹고 나았다." 하였다.

강린江隣의 『기잡지幾雜志』와 『후청록侯鯖錄』[13]에 모두 적혀 있기를,

"옛 약방문에 쓰인 한 냥은 지금의 석 냥이 된다. 이는 수隋나라 때에 이르러 석 냥을 합쳐서 한 냥으로 만들었기 때문이다."

하였다.

---

8) 송宋 장세남張世男 저.
9) 정형程逈.
10) 한약재의 일종.
11) 한약재의 일종.
12) 한약재의 일종, 동아라고도 한다. 박과에 속한 식물이다. 열매를 약용으로 쓴다.
13) 송 조영치趙令畤 지음.

『풍창소독楓窓小牘』[14]에, 동파東坡의『일첩록一帖錄』중의 이야기를 다음과 같이 인용했다.

"발에 난 병에는 위령선葳靈仙[15]과 우슬牛膝[16] 두 가지를 가루로 만들어 꿀에 버무려서 환丸을 만들어 공복에 먹으면 신통한 효과를 보게 된다."

수종水腫으로 몸이 붓는 병을 다스리는 데는, 논에서 나는 우렁이와 큰 마늘과 차전초車前草[17]를 한데 갈아, 큼직한 떡만 한 크기의 고약으로 만들어 배꼽 위에 붙여 두면, 물이 대소변으로 나오고 곧 병이 낫는다.

해소咳嗽를 낫게 하는 경험방은, 향연香櫞[18]의 씨를 발라내고 얇게 썰어 가늘게 조각을 내어서 청주清酒와 함께 연하게 간 뒤에 사기 탕관에 넣고는, 저녁 때부터 새벽 오경五更[19]까지 푹 익혀 가지고, 다시 꿀에 타서 잘 버무려 두고는, 자다가 일어나서 숟가락으로 떠먹으면, 매우 효험이 있다. 또 남쪽으로 뻗은 부드러운 뽕나무 가지 한 묶음을 한 마디씩 잘게 잘라 솥에 넣고, 물 다섯 보시기를 부

---

14)   송나라 원경袁褧 지음.
15)   큰꽃으아리의 뿌리를 말한다. 관절통, 진통에 쓰인다.
16)   쇠무릎지기의 뿌리. 약재로 쓴다.
17)   질경이.
18)   레몬.
19)   새벽 4시.

은 뒤에 한 사발이 될 때까지 달여서 목이 마를 때마다 마신다.

송효종宋孝宗20)은 게를 많이 먹고 이질을 앓았다. 때마침 엄방어嚴防禦21)란 자가 있어서, 새로 캔 연뿌리를 잘게 갈아서 더운 술에 섞어 썼더니, 과연 나았다.

붉은 막이 덮인 눈병을 다스리는 데는, 흰 소라[白螺] 한 마리를 까서, 황련黃連22) 가루에 버무려서 하룻밤 이슬을 맞혔다가 새벽에 보면, 소라의 살이 녹아서 물이 된다. 이 물을 눈에 떨어뜨리면 붉은 막이 저절로 사라진다.

생선 가시가 목에 걸렸을 때는 개의 침을, 곡식 까끄라기가 목에 걸렸을 때는 거위의 침을 목에 넘기면 즉시 낫는다.

무릇 물에 빠져 물을 많이 먹었거나 쇳가루를 먹었을 때는 오리 피를 먹으면 곧 낫는다.

갑자기 귀가 안 들리는 자는, 전갈의 독을 없애고 가루로 내서 술에 타서 귓구멍에 방울로 떨어뜨리면, 소리가 들리며 즉시 낫는다.

---

20) 조신趙昚.
21) 송나라 항주 출신 명의. 효종의 이질을 치료한 공로로 어의가 사용하는 금으로 만든 막자사발을 받았다.
22) 깽깽이풀 뿌리.

구기자枸杞子로 기름을 짜서 등불을 켜고 책을 읽으면, 시력을 더 좋게 할 수 있다.

쇠 연장에 베었거나 다쳤을 때는, 외톨이 밤[23]을 말려 갈아서 가루를 내어 붙이면 곧 낫는다.

후비유아喉痺乳蛾[24]에는 두꺼비 껍질과 봉미초鳳尾草[25]를 잘게 갈아서 상매육霜梅肉과 함께 술에 삶아 각각 조금씩 섞어서, 다시 갈아 가는 베로 짜서 즙을 내어 거위 깃으로 찍어 환부에 바르면, 담痰을 토하고 곧 염증이 사라진다.

악창이나 나쁜 종기가 처음 돋을 때, 당귀當歸·황벽피黃檗皮·강활羌活[26]을 가늘게 가루로 내어 노사등鷺鷥藤을 날것인 채로 찧어서 즙을 내어 섞어서 종기 자리의 네 언저리에 붙이면, 자연히 독기를 빨아 내거나 한 데로 모여 작은 돌기가 되었다가 터진다. 그러나 종기 가운데에 붙여서는 아니 된다.

필기筆記 중에 이르기를,

23) 밤송이 안에 밤알이 하나만 있는 것.
24) 편도선 염증.
25) 봉의 꼬리풀. 고사리과의 풀이다.
26) 당귀는 승검초의 뿌리로 혈기를 보하는 작용을 하고 황벽피는 황경나무 껍질이다. 강활은 강호리 뿌리로 목, 허리, 팔다리 통증에 쓴다고 한다.

"송宋 때 경산徑山에 살고 있던 중 행원行圜이 뱀에게 발을 물려 다리가 썩어들어가는데, 마침 객으로 왔던 어떤 중이 이를 치료하였다. 먼저 맑은 물을 길어 씻고, 또 계속 물 몇 말이 들도록 바꾸어 씻어서 곪아 썩은 살을 다 없애 버리고, 상처에 흰 힘줄이 보일 때 부드러운 명주에다가 약 가루를 묻혀 상처 속에 골고루 붙이니 더러운 진물이 샘솟듯 솟아났다. 그 이튿날 맑게 씻고는 처음처럼 약을 발라 두니, 한 달 만에 독은 다 뽑히고 살갗은 예전과 다름없게 되었다. 그 처방문은 향백지香白芷27)를 가루로 만들어 오리의 부리처럼 누런빛을 띠는 질 좋은 담반[鴨嘴膽礬]28)·사향麝香29)을 각기 조금씩 넣었다. 이는『담수談藪』30)에 실려 있다."

여자들이 생리 기간이 아닌데도 출혈이 심할 때는 당귀當歸 한 냥과 형개荊芥31) 한 냥을 술 한 종지와 물 한 종지에 달여 마시면 곧 그친다.

무주撫州에 살고 있던 상인이 이질을 만나 매우 위급했다. 태학생太學生 예모倪某가 당귀 가루를 아위阿魏32)로써 환을 지어 끓인 물에

---

27) 구릿대 뿌리. 두통, 요통의 약재로 씀.
28) 약으로 사용하는 황산동銅.
29) 사향노루 수컷의 배꼽 가까이 나는 가루.
30) 송 방원영龐元英 저.
31) 명아줏과의 한해살이 풀. 잎과 줄기는 피를 맑게 한다.
32) 미나리과에 속한 풀.

세 번 복용시켜 곧 낫게 하였다.

또 이질을 다스리는 방법으로는, 황화지정黃花地丁[33]을 찧어 거기에서 난 즙을 술 한 잔 분량에다 벌꿀을 조금 타서 먹으면 신통한 효과를 본다.

습담濕痰으로 종기가 나서 걸을 수 없을 때는, 도꼬마리·목홍화木紅花[34]·나복영蘿葍英·흰 봉선화·수룡골水龍骨[35]·화초花椒[36]·괴조槐條·창출蒼朮·금은화金銀花·감초甘草 등 열 가지를 달여 환부에 김을 쐬도록 하고, 물이 조금 식기를 기다려 곧 씻어낸다.

소장小腸의 장 신경통에는, 오약烏藥[37] 6돈과 천문동天門冬[38] 5돈을 맹물에 끓여 먹으면 신효가 난다.

소변이 잘 통하지 않을 때는, 망초芒硝[39] 한 돈을 보드랍게 잘라 용안육龍眼肉으로 싸서 잘 씹어 넘기면 당장에 효력을 본다.

---

33) 민들레.
34) 잇꽃과의 씨.
35) 양치류의 한 종류.
36) 분디나무의 열매.
37) 천태 뿌리, 약재로 사용한다.
38) 백합과의 여러해살이풀.
39) 황산나트륨. 변비나 체증에 쓴다.

혹을 치료하는 방법은, 대나무로 혹 위쪽의 살 껍질을 피가 나지 않을 정도로 조금씩 긁어 헤치고, 구리에 슨 푸른 녹을 혹 위 벗겨낸 곳에 넣고 고약으로 붙여 둔다.

부러진 뼈를 잇는 방법으로는, 기왓장을 불에 달구고 잘 말린 자라 반 냥을 뜨거운 채로 물에 적시어 자연동自然銅·유향乳香[40]·몰약沒藥[41]·채과자인菜瓜子仁[42] 등을 각기 등분해서 가늘게 가루를 내어 한 푼 반씩 술에 타 먹는다. 상체에 있는 뼈가 부러졌을 때는 밥을 먹은 뒤에 먹고, 하체에 있는 뼈가 부러졌을 때는 식전에 먹는다.

온역瘟疫[43]으로 머리와 얼굴이 부었을 때 치료하는 방법으로는, 금은화金銀花 두 냥쭝을 푹 달여 한 잔 마시면 곧 사라진다.

바늘이 뱃속에 들어갔을 때는, 참나무 숯가루 서 돈쭝을 우물물에 타서 먹어도 좋고, 또 자석磁石을 항문에 대 두면 끌어당겨 나온다.

형개荊芥 이삭을 가루로 만들어 세 돈쭝을 술에 타서 먹으면,

---

40) 유향나무의 줄기에 홈을 내어 나오는 즙을 말려서 만든 약재.
41) 좀나무 줄기에서 나오는 즙을 건조시켜 만든 약재.
42) 참외 씨.
43) 급성 전염병.

중풍이 당장에 낫는다.

이곳저곳 옮겨 다니는 담[走馬疳]을 다스리는 데는, 와룡자瓦壟子[44]를 불에 태워 남은 재 덩이를 찬 땅에 두고 잔으로 덮어 다 식기를 기다렸다가 끄집어내어, 갈아서 가루를 만들어 환부에 발라 스며들도록 한다. 또 다른 방법으로는, 말발굽을 태운 재에 소금을 조금 뿌려 환부에 바르기도 한다.

아이들이 천연두를 앓다가 검게 잦아들 때에, 침향沈香[45]·유향乳香·단향檀香[46] 등을, 양에 구애받지 말고 질그릇에 넣고 화롯불에 태우고, 아이를 안아 그 연기 위에 쬐면 즉시 내뿜는다.

악창을 다스리는 것은 동과冬瓜 한 개를 반을 갈라, 먼저 한 쪽을 악창에 엎어 붙인다. 동과가 더워지면 더운 데는 베어 버리고, 다시 가져다 붙여, 열이 식으면 그만둔다. 또 다른 방법으로는, 마늘을 찧어서 떡처럼 만들어 악창 위에 얹고 뜸을 뜬다. 뜨면 아프지 않기도 하고, 또는 아프기도 한데, 아픈 데는 뜨고 아프지 않으면 그만둔다.

---

44) 원주: 장이나 소금에 절이지 않은 홍합紅蛤보다 조금 작은 것.
45) 팥꽃나무과의 상목교목, 그 나무의 진은 향료로 쓰고 목재는 약재로 쓴다.
46) 자단, 백단 등 향나무를 통칭하는 말이다.

어린애들의 귀 뒤에 나는 종기를 신감腎疳이라 하는데, 구기자 나무 껍질을 가루로 내어 굵은 가루는 뜨거운 물에 타서 씻고, 가는 가루는 참기름에 섞어 문지른다.

광동廣東·광서廣西 지방과 운남雲南·귀주貴州 등지에는 독충에 물리는 사람이 많은데, 음식을 먹은 뒤 당귀를 씹으면 곧 독이 풀린다.

포주자사蒲州刺史를 지낸 섭남암葉南巖이 전한, 칼에 찔린 상처를 치료하는 방문은 다음과 같다.

"단옷날 벤 부추를 찧어 즙을 낸 뒤, 거기다가 석회를 섞고, 다시 찧어 이를 익혀서 떡을 만들어 상처에 붙이면, 피는 곧 멈추고, 뼈까지 부러졌더라도 아물게 되어 신통한 효험을 볼 것이다."

의이薏苡[47]의 일명은 간주䅴珠라고도 한다.

『계신잡지癸辛雜志』[48]에 이르기를,

"목구멍이 메었을 때는 장대산帳帶散을 쓴다. 다만 백반白礬 한 가지만을 쓰면 낫지 않기도 한다. 남포南浦 땅에 늙은 의원이 있어

---

47) 율무.
48) 송나라 주밀周密이 지음.

가르치기를, 오리의 부리처럼 누런빛을 띠는 질 좋은 담반[鴨嘴膽礬]을 부드럽게 갈아 아주 독한 식초에 섞어서 마시라고 한다. 어떤 관가의 늙은 문지기 병사의 아내가 이 병을 앓아 이 방문으로 약을 썼더니, 약을 목구멍으로 넘기자마자 뻑뻑한 가래를 두어 되나 토하고는 당장에 효험을 보았다."

했고, 또,

"눈에 티가 끼었을 때는, 곰쓸개를 깨끗한 물에 조금 풀어 타서 눈곱 먼지와 눈 안에 붙은 진흙을 죄다 씻고, 빙뇌氷腦[49] 한두 쪽을 쓰되, 간지러울 때는 생강가루를 조금 넣어, 때때로 은 젓가락으로 찍어 눈에 떨어뜨리면 신효를 본다. 눈이 충혈되었을 때도 또한 쓸 수 있다."

하였다.

『민소기閩小記』[50]에는 다음과 같은 말이 있다.

"연와燕窩[51]에는 검은 것, 흰 것, 붉은 것 등 세 가지가 있는데, 그중 붉은 것은 제일 구하기가 어렵고, 흰 것은 능히 담痰을 고칠 수 있고, 붉은 것은 어린애들의 홍역에 좋다."

---

49) 용뇌향이라고 하는데 용뇌나무에서 생기는 무색 투명의 향기있는 결정체이다. 방충제로 쓴다.
50) 주양공周亮工 저.
51) 제비집.

당 태종唐太宗이 이질을 앓는데, 여러 의원들이 약을 써도 효험을 보지 못하였다. 금오金吾 장사長史 벼슬을 하는 장보장張寶藏이 방문을 올렸는데, 그에 의하여 필발蓽茇[52]을 젖에 달여 먹였더니 당장에 나았다.

공근公謹 주밀周密이 기록한 바, '괄창진파括蒼陳坡[53]가 말하기를 두창痘瘡으로 환자의 빛이 새까매지고, 뒤틀어지고, 입술이 얼음장처럼 찰 때, 개이파리[54] 일곱 마리를 찧어, 거르지 않은 술에 타서 조금씩 먹이면, 얼마 안 되어 붉은 윤기가 전과 같이 돌게 된다. 겨울철에 개이파리는 개의 귓속에 있다.'고 했다.

천연두 독 때문에 겉으로 솟고 안으로는 막힐 때는, 뱀 허물 한 벌을 깨끗이 씻어 불에 쬐어 말리고, 다시 천화분天花粉[55]을 같은 분량으로 부드럽게 가루로 만들어, 양羊의 간을 따서 속을 쪼개고 약가루를 집어넣은 뒤, 삼풀 껍질로 동여매고는 뜨물에 삶아 익혀서 썰어 먹으면 열흘이 못 가서 곧 낫는다.

졸지에 더위를 먹어 숨이 막혔을 때는, 마늘 한 줌과 길바닥 볕

---

52) 후추과에 속하는 풀. 열매는 약재로 쓴다.
53) 자신의 동료라고 주밀이 썼으나, 자세한 것은 알 수 없다.
54) 이파릿과의 작은 벌레. 개에 기생하고 흡혈을 한다.
55) 하눌타리 뿌리를 말려서 만든 가루. 해열작용을 한다.

에 쬔 뜨거운 흙을 섞어 갈아서 이긴 뒤, 다시 새로 길어 온 물을 부어 걸러서 찌꺼기를 버리고 마시면 낫는다. 이 말은 『피서록避暑錄』[56] 중에 실려 있다.

단풍나무 버섯을 먹으면, 웃음을 참을 수 없게 된다. 도은거陶隱居[57]의 본초주本草注에 보면, '땅을 파고 냉수를 부어 휘둘러서 흙탕물을 만들었다가, 조금 뒤에 이 물을 떠 마신다. 이것을 지장수地醬水라 부르며, 여러 가지 버섯 독을 낫게 할 수 있다.'라 하였다.

『향조필기香祖筆記』[58]에 이르기를,

"황생黃生 아무개는 여주廬州 사람으로, 우리 고을로 유람와서 단방單方으로 병을 치료하는데, 모두 효험이 있었다. 그중에서 세 가지만을 적겠다.

뱃속이 막히고 결리는 병을 다스리는 방법으로, 깍지 벗긴 피마자 1백 50낱과 괴화나무 일곱 치[寸]를 참기름 반 근에 넣어, 사흘 밤낮을 졸여 두었다가 찌꺼기를 버리고 비단飛丹[59] 넉 냥을 넣어 고약을 만들어서 우물 속에 사흘 동안을 담가 두었다가 밤에 끄집어내어, 먼저 피초皮硝[60] 녹인 물로 환부를 씻고 이 고약을 붙인다.

---

56) 冬瓜.
57) 도홍경陶弘景이다.
58) 청나라 王士禎 지음.
59) 도가에서 사용하는 단약의 일종.
60) 유산소다.

치질을 다스리는 방법으로는, 대변을 본 뒤 감초甘草 끓인 물을 뒷물로 하고, 오배자五倍子[61]와 여지초荔枝草 두 가지를 사기 냄비에 달인 물로 씻는다. 여지초의 다른 이름은 나하마초癩蝦蟆草로서 사철, 언제나 있는데 면은 푸르고 안쪽은 희며, 검은 무늬가 더덕더덕 있으면서 괴상한 냄새가 난다.

또 생리 기간이 아닌데도 하혈을 하는 병에는, 저종초豬鬃草 넉 냥을 동변童便[62]과 청주淸酒 각 한 종지씩에 섞어 넣어 한 종지가 되도록 달여서 따뜻하게 먹는다. 저종초는 사초莎草[63]와 같고 잎은 둥글다. 깨끗이 잘 씻어서 쓸 것이다."

하였다.

왕개보王介甫[64]는 언제나 편두통을 앓아서, 신종神宗이 궁중에서 쓰는 방문을 하사하였는데, 새 무우의 즙을 내어 생룡뢰生龍腦[65]를 조금 넣고 골고루 잘 섞은 뒤, 고개를 뒤로 젖히고 약 방울을 콧구멍에 떨어뜨린다. 왼쪽 머리가 아플 때는 오른편 콧구멍에 넣고, 오른쪽 머리가 아플 때는 왼편에 넣는다.

원앙초鴛鴦草는 덩굴로 자라나서 누른 꽃과 흰 꽃이 마주 쌍으

---

61) 오배자 벌레로 인해 붉나무에 생기는 기생물.
62) 열두 살 이하의 사내 아이의 오줌. 두통, 학질, 골절상 등에 쓴다.
63) 향부자.
64) 왕안석王安石.
65) 용뢰나무는 인도 수마트라 등지에서 자라는 상록 교목이다. 줄기의 틈에서 용뇌향을 채취하는데 약재로 사용한다.

로 핀다. 이 약은 옹저廱疽[66] 같은 독종을 치료하는 데 더욱 효험이 있다. 먹기도 하고 붙이기도 할 수 있다. 심존중沈存中[67] 양방良方[68]에 실린 금은화金銀花가 곧 그것이다. 또 다른 이름으로는 노옹수老翁鬚라고도 하는데, 본초주本草注에는 그를 인동忍冬이라 하였고, 『군방보群芳譜』[69]에는 노사등鷺鷥藤이라 하였으며, 또 금차골金釵骨이라고도 하였다.

    사재항謝在杭[70]의 『문해피사文海披沙』중에 이르기를,

    "슬가蝨瘕[71]는 황룡연수黃龍沿水[72]로 다스리고, 응성충應聲蟲[73] 병은 뇌환雷丸[74]과 쪽[藍]으로 치료하고, 식폐계충食肺系蟲[75]은 수달의 발톱으로 다스리고, 격식충膈食蟲[76]은 남즙藍汁으로 다스리고, 얼굴에 돋은 종기는 패모貝母[77]로 치료한다."

    하였다.

---

66) 등창과 같은 종기.
67) 심괄沈括.
68) 소심양방蘇沈良方의 약칭.
69) 명明 왕상진王象晉 저.
70) 명나라 사조제謝肇淛.
71) 이에 물려서 헌 것.
72) 똥에서 생기는 맑은 물.
73) 목에 생긴 기생충.
74) 대나무 뿌리에 기생하는 버섯.
75) 폐를 먹는 벌레.
76) 횡경막을 갉아먹는 기생충.
77) 백합과에 속하는 다년초이다.

무창武昌 소남문小南門의 헌화사獻花寺에 있는 늙은 중 자구自究란 자는, 음식이 목구멍에 막히는 병에 걸렸다. 임종할 때 그 제자들을 불러 놓고 말하기를,

"내가 불행히 이 병에 걸려 죽기는 하나, 가슴속에는 필시 무슨 물건이 있기 때문일 터이니, 죽은 뒤에 가슴을 갈라 보고 입관入棺을 해 달라."

하였다. 그 제자들은 그가 시키는 대로 하여, 비녀처럼 생긴 뼈 한 개를 끄집어냈다. 이 뼈를 불경 공부하는 책상 위에 두었는데,

오랜 뒷날에 군사를 거느리고 가던 어떤 장교가 이 방을 빌려 썼다. 어느 날, 부하들이 거위를 잡을 때 쉽사리 다 죽이질 못하여 이 뼈로 찔러 죽이자, 거위 피가 뼈에 묻은 즉시 뼈는 당장에 녹아 없어졌다.

뒷날, 그 제자가 역시 목이 막히는 병이 들었을 때, 이전 일이 생각나서 거위 피로 나을 수 있을 것을 깨닫고, 이를 여러 차례 먹었더니 드디어 나았다. 이내 이 방문을 사람들에게 널리 퍼뜨려서, 누구나 다 낫게 되었다.

임산부의 난산難産을 다스리는 방법으로는, 살구씨[杏仁] 한 알의 껍질을 벗겨서 한쪽에는 날 일日 자를 쓰고 또 한쪽에는 달 월月 자를 써서 꿀을 묻혀 붙이고, 볶은 꿀로 환을 만들어 백비탕이나 술을 마셔서 넘긴다. 이 방문은 어떤 방술方術하는 중이 전한 것이다.

손사막孫思邈[78]의 『천금방千金方』[79]에 이르기를,

"인삼탕人蔘湯은 반드시 흐르는 물을 써서 달여야 한다. 고인 물을 쓰면 효험이 없는 법이다." 하였다. 이는 『인삼보人蔘譜』에 실려 있는 말이다.

『담포기談圃記』[80]에 이르기를,

"증노공曾魯公[81]이 나이 70여 세에 이질에 걸렸는데, 고향 사람 진응지陳應之가 수매화水梅花를 납차臘茶에 복용하도록 하여 곧 나았다."

하였으나, 수매화란 무엇인지 알 수 없다.

첨사僉事벼슬을 하는 장탁張鐸[82]의 말에 의하면,

"비둘기를 기르면 어린애들의 감질疳疾[83]을 다스린다. 비둘기를 많이 기르고, 매일 새벽마다 어린애들에게 방문을 열고 비둘기를 날리게 하면, 비둘기의 기운이 아이들의 얼굴에 부딪쳐서 감질이 없어진다."

하였다.

78) 당唐의 학자.
79) 천금요방千金要方의 약칭.
80) 송나라 유연세劉延世가 손승孫承의 이야기를 듣고 기록한 책이다.
81) 증공량曾公亮.
82) 송宋의 무관武官.
83) 위장이 나빠져 몸이 야위고 배가 부르는 병.

『권유록倦遊錄』[84)에 쓰여 있기를,

"신가헌辛稼軒[85)이 아랫배가 붓는 병[疝疾]에 걸렸을 때, 어떤 도인道人이 가르치기를, 율무알과 황토로 바른 동쪽 벽토를 한데 볶아서, 다시 물에 달여 고약을 만들어 자주 먹었더니 산질이 곧 사라졌고, 정사수程沙隨[86)도 이 병에 걸리자, 가헌이 이 방문을 가르쳐 주어서 역시 나았다."

하였다.

『문창잡록文昌雜錄』[87)에 이르기를,

"정주 통판鼎州通判 유응신柳應辰이 생선 뼈에 걸린 병을 치료하는 방문을 전해 왔는데, 역류한 물 반 잔을 떠다 놓고, 먼저 환자에게 병의 증세를 묻고 답하게 하여 그로 하여금 그 기운을 빨아들인 다음에, 동쪽으로 향하여 원元·형亨·이利·정貞 넉 자를 일곱 번 외고 공기를 들이마신 기운을 물에 불어넣어 그 물을 조금 마시면 즉시 낫는다."

하였다.

배멀미[水疾]를 다스리는 법은, 배를 젓는 노櫓가 서로 마찰하는

---

84) 송나라 장사정張師正이 지은 책.
85) 신기질辛棄疾(1140~1207), 농촌의 풍광과 현실생활을 묘사한 詞를 많이 지은 송나라의 문인. 자는 유안幼安.
86) 정형程逈.
87) 송 방원영龐元英 저.

곳의 나무를 조금 긁고 또 배 밑에 묻은 진흙을 조금 긁어서 환약을
만든 다음, 뜨거운 소금물에 세 알을 삼키면 신통한 효과가 난다.

붙임[附]

얼굴에 난 수지水痣는 속칭 무사마귀[武射莫爲]라 한다. 그를 치료
하는 방법은, 가을의 바닷물로 씻으면 곧 없어진다. 나의 종제從弟 수
원綏源88)이 8~9세 때 얼굴에 무사마귀를 함빡 덮어쓰다시피 하여서
백약이 무효였는데, 어가魚哥 성을 가진 늙은 의원이 있어 8, 9월의 바
닷물로 자주 씻으면 낫는다고 가르쳐 주어, 당장에 효험을 보았다.

내가 여남은 살 났을 때 얼굴에 온통 쥐젖89)을 뒤집어 쓰게 되
었는데, 눈시울과 귓가가 더욱 심했다. 더덕더덕 밥풀이 붙은 것 같
아서, 언제나 거울만 들여다보고 울면서 화를 냈지마는 백약이 무
효였다. 때가 바로 봄, 여름철이어서 가을철까지 바닷물을 기다릴
수 없어, 염정鹽井90)의 물거품을 물에 타서 몇 차례 씻고는 그대로
말렸더니, 아주 신통한 효과를 보았다. 내가 이 방법을 널리 전했더
니, 효험을 아니 본 자가 없었다.

88) 박수원. 이중履仲은 자字.
89) 살가죽에 생기는 작고 갸름한 사마귀.
90) 바닷물을 가두어 놓은 웅덩이.

왕혹정王鵠汀의 하인 악가鄂哥는 나이 스물한 살인데, 얼굴이 깨끗하게 생겼다. 마침 이질에 걸려 많이 앓던 판이라, 혹정이 나에게 우리나라 태의太醫를 좀 청해 달라고 부탁했다. 나는,

"의사를 청할 필요가 없소. 축축한 땅을 파고 지렁이 수십 마리를 잡아 백비탕에 넣어 끓여 짜놓고, 목이 마를 때마다 이 물을 많이 마시면 효험을 볼 것입니다."

하였더니, 혹정이 당장에 시험하여 곧 나았다.

목생穆生이란 자가 마침 학질을 앓아서, 혹정이 나에게 인도하여 보이고 처방을 청한다. 나는 이슬 맞힌 생강즙을 마실 것을 가르쳐 주었더니, 목은 사례를 하면서 갔다. 그 이튿날 회정回程하는 일정 때문에 이것을 먹고 효험을 보았는지 모르겠다.

대체로 이 생강즙은 학질 고치는 데 좋은 처방이다. 생강 한 뿌리를 즙을 내어 하룻밤을 바깥에 내어 두었다가, 해뜨기 전에 동쪽을 향하고 앉아 마신다. 여러 번 시험했는데 모두 다 나았다.

고북구古北口 밖에 살고 있는 사람들은 목에 혹이 많이 달렸는데, 여자가 유달리 더하였다. 나는 혹정에게 한 처방을 가르쳐 주면서, "혹이 만일 담핵痰核91)이라면, 끼니마다 밥을 먹을 때 먼저 한술을 떠서 손바닥 위에 놓고 밥을 동글동글하게 비벼 쥐고 있다가,

---

91) 살가죽 속에 뭉쳐서 생긴 멍울.

식사를 마친 뒤에 소금을 밥에 조금 넣고 엄지손가락으로 섞어 개어서 상처에 오랫동안 붙이면 저절로 없어진답니다. 그리고 밥은 멥쌀로 지어서 쓴답니다." 했다.

해산을 빨리 시키는 데는, 피마자 한 알을 찧어 발바닥 한복판에 붙이면 순산을 한다. 순산한 뒤엔 곧 떼어 버려야 한다. 만일, 이를 잊어버리고 떼지 않으면 대하증帶下症이 생기기 쉽다.

양기를 돕는 데는, 가을 잠자리의 머리와 날개와 다리를 떼어 버리고, 곱게 갈아서 쌀뜨물에 반죽하여 환을 만들어 세 홉을 먹으면 자식을 낳을 수 있고, 한 되를 먹으면 늙은이도 젊은 여자를 사랑할 수 있을 것이다.

위에 있는 방문은, 기록하여 왕혹정에게 준 것들이다.

해설

박지원 열하일기에 대하여

『열하일기』는 연암燕巖 박지원이 1780년(정조 4) 5월 25일부터 10월 27일까지 중국 연경燕京(북경)을 거쳐 열하熱河까지 여행하며 감상을 적은 기행문이다. 박지원은 사행使行 기간 동안의 견문을 일기체日記體와 기사체記事體 형식으로 서술하여 1783년(정조 7) 완성하였다. 이러한 저작 역사를 가진 이 책은 전체 체계가 완정되지 않았던 때부터 읽히면서 당대 문단에 반향을 불러일으켰고, 문체반정文體反正을 추진하던 국왕 정조正祖(재위 1776~1800)가 이 작품을 거론하고 주목하기에 이르렀으며, 20세기인 1900년 창강 김택영金澤榮에 의해 『연암집』이 출간되고 1932년 박영철朴榮喆에 의하여 활자본으로 간행되어 역대 한국 문학사文學史상 대표 작가로서, 대표 작품으로서의 위상을 차지했다.

저자 박지원에 대하여

『열하일기』를 지은 박지원朴趾源(1737년 3월 5일(음력 2월 5일)~1805년 12월 10일(음력 10월 20일))은 현대 거의 모든 사전에 '조선의 문신, 실학자'로 요약 설명된다.

본관은 반남潘南, 자는 미중美仲 또는 중미仲美, 호는 연암燕巖, 연상煙湘, 열상외사洌上外史이고, 시호諡號는 문도文度이다. 박지원은 한양 서부西部 반송방盤松坊 내 야동冶洞(지금의 서울 상암동)에서 지돈녕부사知敦寧府事를 지낸 노론 중진 장간공章簡公 박필균朴弼均(1685~1760)의 손자이며, 박사유朴師愈의 둘째 아들로 출생했다. 어머니는 함평 이씨咸平李氏로 이창원李昌遠의 딸이다. 위로 형 박희원과 누나 두 명이 성인이 될 때까지 생존하였다.

할아버지는 노론의 중진이었지만 아버지는 별다른 관직을 역임하지 않아, 연암은 대부大夫의 삶과 사士의 삶을 모두 보았던 것으로 생각된다. 할아버지뿐 아니라 재종형再從兄(팔촌 형) 박명원朴明源(1725~1790)은 영조의 제3녀 화평옹주和平翁主에게 장가들어 금성위錦城尉라는 높은 직책에 봉해졌다. 박명원은 또한 1776년(영조 52) 삼절연공 겸 사은사三節年貢兼謝恩使, 1780년(정조 4) 진하 겸 사은사, 1784년 사은사 등 세 차례에 걸쳐 중국에 정사로 파견된 바 있어서 연행燕行에 대한 많고 구체적인 정보를 연암에게 주었을 것으로 추정된다.

연암은 1752년(영조 28), 16세에 처사 이보천李輔天의 딸과 결혼

했는데, 이는 그에게 학문적인 스승과 벗을 마련한 계기가 되었다. 장인에게는 『맹자』를, 처삼촌 이양천李亮天에게는 『사기』를 배워 본격적인 학문을 시작했다. 또한 처남인 이재성李在誠과는 특별한 벗이 되어, 이재성은 중존仲存이라는 자字를 쓰면서 연암의 글에 평어評語를 다수 남긴다. 18세였던 1754년(영조 30), 우울증과 불면증을 앓아 이를 극복하고자 여러 계층의 진실한 인간형에 대해 모색한 전傳 아홉 편을 지어 『방경각외전放璚閣外傳』이란 이름으로 묶었다. 20세이던 1756년 김이소金履素, 이희천李羲天 등과 북한산 봉원사 등을 찾아다니며 공부했다.

　24세이던 1760년, 할아버지 박필균이 세상을 떠나자 연암 집의 생활은 더욱 곤궁해져, 1765년(영조 46) 집안의 염원을 받아들여 과거科擧시험에 응시했다. 1차에는 1등으로 급제했으나 2차 시험에는 백지를 제출했다. 그해 가을에 유언호俞彦鎬 등 친구들과 함께 금강산을 유람하며 삼일포, 사선정 등을 두루 돌아보고, 『열하일기』에도 수록한 득의작得意作인 시 「총석정 해돋이叢石亭觀日出」를 썼다. 이듬해 다시 과거에 응시하지만 낙방했고, 1767년 아버지 박사유의 별세 이후 집도 반송방 근처로 분가했으며 1771년경 마침내 과거를 그만 보고 재야의 선비로 살아가기로 결심했다. 그 이후 연암은 서울 전의감동典醫監洞(지금의 종로구 견지동)에 은거하며 벗 홍대용洪大容 및 문하생 이덕무李德懋·박제가朴齊家·유득공柳得恭·이서구李書九 등과 교유하면서 '법고창신法古創新' 즉 '옛것을 본받으면서도 새롭게 창조하자'는 말로 집약되는 자신의 문학론을 확립하고, 참신한 소품小品 산문들을 많이 지었다. 그리고, 홍대용(1765년 연행)을 필두로 잇달아 연행燕行을 다녀온 박제가 등과 함께, 조선의 낙후된 현실을 개혁할 대안으로서 청淸나라의 문물 제도 등에 관해 관심을 가지고 지켜보았다.

1778년경 마흔의 연암은 왕위 교체기의 불안한 정국과 어려운 가정 형편 등으로 인해 개성開城 근처인 황해도 금천군金川郡 연암협燕巖峽으로 은둔했다. 여기서 그를 찾아 온 개성의 선비들을 지도하며 국내외 농서農書들을 두루 구해 읽고 초록抄錄해 두었다가 이후 농서인『과농소초課農小抄』를 지었다.

1780년(정조 4) 삼종형三從兄 박명원朴明源이 청 나라 건륭제乾隆帝의 칠순을 축하하는 특별 사행使行의 정사正使로 임명되자, 연암은 그의 자제군관子弟軍官으로서 연행燕行을 다녀왔다. 북경北京까지 갔다가 되돌아오는 것이 관례였는데, 이때는 별궁에 있던 건륭제가 조선 사신단을 열하熱河로 불러, 역대 조선 사행단 중 최초로 다녀올 수 있었다. 이 결과 지어진 것이『열하일기』이고, 이것은 완성된 전권이 나오기 전부터 열띤 반응을 받았다.

50이 된 1786년, 연암은 음직蔭職으로 선공감 감역繕工監 監役이 되었다. 집안 생계를 책임져야 했기 때문이다. 그 후 의금부 도사義禁府都事, 한성부 판관漢城府判官 등을 거쳐, 1792년부터 1796년까지 경상도 안의安義의 현감縣監이 되었다. 이 때 연암은 선정善政에 힘쓰는 한편, 음양오행설陰陽五行說을 비판한「홍범우익서洪範羽翼序」, 범국가적으로 퍼져버린 과부의 순절殉節 풍속을 문제 삼은「열녀 함양

박씨전 병서幷序」 등 명작들을 지었다. 그런데 이 때 그는 뜻밖에
『열하일기』의 문체가 정통 고문古文에서 벗어난 점을 질책하면서
속죄하는 글[自訟文]을 지어 바치라는 정조의 어명을 받아 자송문은
바로 쓰지 못한 채「남 직각에게 답함[答南直閣書]」이라는 편지로 갈
음했다. 또한 이러한 사건과 함께 저암著菴 유한준兪漢雋(1732~1811)가
열하일기를 '오랑캐의 연호를 쓴 글'[虜號之稿] 이라고 비난한 이래
열하일기에 대한 비판 여론이 일어나기도 했다. 안의 현감 임기가
만료되어 서울로 돌아온 그는 의금부 도사, 의릉 영懿陵令 등을 거
쳐, 1797년부터 1800년까지 충청도 면천沔川(지금의 충남 당진)의 군수
로 재직했다. 면천 군수 시절에 그는 어명으로「서 이방익사書李邦翼
事」를 지어 바쳤다. 이 글은 제주도 사람 이방익이 해상 표류 끝에
중국 각지를 돌아다니고 나서 조선으로 귀환하여 자기가 돌아다니
며 본 중국 각지의 견문을 말한 것인데, 이 글로 정조의 칭찬을 받
았다고 한다. 또한 연암은 농업 장려를 위해 널리 농서를 구한다는
윤음綸音(임금의 명령)을 받들어『과농소초課農小抄』를 진상했다.『과농
소초課農小抄』에 대해 정조는 좋은 경륜 문자經綸文字를 얻었다고 칭찬
했다.

정조가 승하한 직후인 1800년 음력 8월 연암은 강원도 양양
부사襄陽府使로 승진했으나, 궁속宮屬과 결탁하여 양양 신흥사神興寺
승려들이 전횡하던 일로 상관인 관찰사觀察使와 의견이 맞지 않아
1801년 늙고 병듦을 핑계 대고 사직했다. 1805년(순조 5) 음력 10월
29일, 69세의 나이로 연암은 서울 북촌 재동齋洞(지금의 가회동) 자택에

서 별세했다. 12월 5일 선영이 있는 경기도 장단長湍 송서면의 대세현大世峴에 장사를 지냈고, 그의 혁신적이고도 실질적인 사상은 사후 즉시인 순조 즉위 후, 노론벽파가 집권하면서 이단시되었다. 아들 박종채朴宗采는 정계에 발탁되지 못하고 연암의 손자이며 우의정을 지낸 박규수朴珪壽(1807~1877)가 연암의 북학론을 개화사상으로 이어받아 영향을 끼쳤다는 평가를 듣는다.

『열하일기』 집필 당시 국내외 상황

박지원이 『열하일기』 내의 경험을 했던 1780년은 조선 정조 4년이다. 그리고 박지원이 참여했던 사행은 건륭제乾隆帝(재위 1735~1796)의 70세 생일을 축하하기 위한 것이었다.

건륭제 치하의 청淸은 '세계 최대의 문화 국가'1)로 자리매김했다는 평가를 받는다. 대외적으로 10차에 달하는 정복 전쟁으로 역대 최대의 영토 확장에 성공했고, 안으로는 상공업 발달, 수입 증대로 국력이 일정 이상의 수준을 유지하자 여러 가지 문화 사업을 벌인 것으로 유명하다. 즉, 역대 서화書畫를 수집하고 목록을 작성했으며, 중국 역대의 저술들을 경經, 사史, 자子, 집集 류로 분류하여 모아놓은 『사고전서四庫全書』 사업 등을 한 것이다.

---

1)   김명호(2022), 『열하일기 연구』 수정 증보판, 돌베개, 90쪽.

한편 조선의 입장에서 보면, 18세기는 1637년 청의 건국 이후 '믿었던 맹방이며 한인漢人에 의한 진정한 중화'인 명明의 몰락에 이어 '오랑캐'인 청에게 굴욕적인 복종을 해야 했던 어려운 시절을 겪어 낸 후 조선 내 대외관對外觀의 하나로서 존주의리尊周義理론인 북벌론北伐論과, 이제 문화는 우리가 중화의 입장이라는 소중화小中華의식이 완전히 자리 잡게 된 시기였다. 이렇듯 조선시대 지식인들의 머리 속에 이루어진 세계관 재편世界觀再編과 그에 대한 대응 논리가 형성되고 난 후, 이에서 더 나아간 대청 외교관對淸 外交觀은 당대 조선 국왕인 정조에게서 발견할 수 있다.

1776년부터 재위를 시작한 정조는 1783년 청 황제인 건륭제의 심양瀋陽행을 기다려 사신을 파견하면서 그 정당성을 사대의 의리[事大之義]와 우리나라의 이해[我國之利害]로 설명하기에 이른다.[2] 대의상 '대명의리'를 주장하던 조선 국왕이 청나라에 대한 사대 의리를 거론하고, 국가 이익을 말하게 된 당시의 정세 파악 측면을 볼 수 있는 것이다. 이러한 상황을 만들어 낸 것으로 파악할 수 있는 1780년 전후의 사건들은 다음과 같다. 우선, 1778년 7월 박제가가 청나라의 제도 등을 배울 것을 건의한 『북학의北學議』를 펴냈다. 1779년 3월, 규장각奎章閣에 북학北學의 논리를 언급한 박제가, 이덕무 등의 검서관檢書官을 발탁하였다. 1780년 2월에는 정조의 즉위를 도운 최측근 홍국영洪國榮이 숙청되어 고향으로 쫓겨났다. 이것은

2)   구범진(2021), 『1780년, 열하로 간 사신들』, 21세기북스.

'즉위 초반부터 계속되던 역모 사건이나 정적 숙청이 마무리된 시점에서 국왕의 뜻을 따르는 인재들과 함께 정치혁신을 준비하되, 대외적으로도 청나라와의 외교를 전향적으로 바꿔가려는' 변화로 설명되기도 한다.[3]

결국, 1780년의 이 연행燕行은 건륭제와 정조의 정치적 변화 의지와 필요에 따라 형성된 사건이라 설명할 수 있으며, 이러한 상황 속에서 청 수도 북경北京과 황제의 피서처인 열하熱河까지 가게 된 연암은 18세기 여타의 개인 연행록燕行錄을 지은 사람들보다 더 많은 지역을 돌아보고 『열하일기』를 쓰게 되었다.

박지원이 『열하일기』를 쓴 까닭은?

앞서 연암의 생애를 서술한 내용에서 볼 수 있었듯이, 연암은 평소 집안의 삼종형이던 박명원의 다양한 사행 경험使行經驗을 통하여 간접적으로 청에 대한 정보와 인식이 비교적 넓고 깊게 쌓여있었을 것이고, 또한 주된 교유인인 홍대용洪大容, 박제가朴齊家(1750~1805), 이덕무李德懋(1741~1793) 등의 사람들과 어울리면서 치열하게 이야기했던 토픽topic인 '청淸이라는 거대국가와, 청이 담지한 물질적, 정신적 문명에 대한 관심이 높아져 있었을 것이다. 이른바 '북학파

3)   구범진(2021), 앞의 책.

北學派'로 분류되는 사람들 중 실제로 연행을 갔던 사람들이 많은데, '1765년 홍대용을 시발로 한 북학파의 연행은 유금柳琴과 나걸羅杰 (1777)→이덕무와 박제가(1778)→박지원(1780)→이희경李喜經(1782/ 1786)→유득공, 박제가, 이희경(1790)→이희경(1794/1799) 등으로 꾸 준히 이어지다가 1801년(순조 1년) 유득공과 박제가의 연행을 끝으로 단절된다'4)는 기존 연구의 구절에서 그를 알 수 있다. 이들 중 많은 사람들은 자신들의 연행燕行 결과를 기록으로 남겼고, 연암 전의 주 요 기록으로 홍대용의 『담헌서湛軒書』 「외집」 권 2와 권 3에 수록된 「간정동필담乾淨衕筆談」, 즉 육비陸飛, 엄성嚴誠, 반정균潘庭筠 과의 필담 기록집과 「연기燕記」를 들 수 있다.

이른바 '북학파'로 분류되었던 사람들의 기록이 아니더라도, 18세기에는 서인 노론계西人 老論係의 인사들이 대청사행對淸使行을 가 서 개인적인 산문 기록을 남긴 선례가 있었다. 그 중 대표적인 것이 노가재老稼齋 김창업金昌業(1658~1721)의 『연행일기』(일명 노가재연행일기, 1712년 연행)와 일암一菴 이기지李器之(1690~1722)의 『일암연기一菴燕記』 (1720년 연행)를 들 수 있다. 주된 내용은 가는 길에서 보는 산천경개山 川景槪와 청인淸人들의 생활 풍습, 건물과 역사 유적, 북경에서 만난 다양한 이민족, 청淸·한漢인들의 삶의 차이까지 두루 다루고 있으 며, 이 특징을 요약하면 '이전에 본 일 없던 새로운 세상의 면모'라 고 말할 수 있겠다. 연암은 『열하일기』에서도 이 일기들을 인용하

---

4)   김명호(2000) 「董文渙의 『韓客詩存』과 韓中文學交流」, 한국한문학연구 제26집, 399면.

며 참조한다.

『열하일기』의 구성

『열하일기』는 이본이 40여 종에 이르며 이본에 따라 24권부터 26권까지 권수가 다르게 구성되어 있다. 현재 이가원李家源, 김혈조金血祚 선생 등에 의하여 번역이 되고 현재 독자들에게 많이 읽힌 열하일기의 저본은 박영철본이며, 박영철본은 총 25권으로 되어있어 이에 따라서 편제를 설명하도록 하겠다.

열하일기의 체제는 크게 전반부와 후반부로 나눌 수 있다. 그는 형식상 시간의 흐름에 따라 날짜별로 쓰여진 이른바 '편년체編年體'의 구성으로 된 1권~7권, 그리고 특정 경험 사건과 주제별 글 모임으로 줄일 수 있는 이른바 '기사체記事體'의 구성으로 된 8권~25권이다. 주된 내용과 순서는 다음과 같다.

	권수	편명	내용
편 년 체	1	도강록	압록강을 건넌 이야기. 압록강-요양까지 15일간 여정. 「호곡장론」
	2	성경잡지	심양[盛京]에서 보고 겪은 이야기들. 십리하-소흑산까지 5일 거리 여정.
	3	일신수필	역참을 지나며 붓가는 대로 씀. 신광녕新廣寧-산해관山海關까지 9일간의 기록.
	4	관내정사	산해관-북경까지 11일간의 기록. 「호질」이 있음.
	5	막북행정록	열하로 가는 일정 동안 일어난 일. 북경-열하까지 5일간의 여정.
	6	태학유관록	열하 태학관에서 중국 학자들과 나눈 6일간의 교류담. 열녀, 효자에 대한 이야기.
	7	환연도중록	북경으로 돌아오는 길에 있었던 기록. 6일간의 여정.
기 사 체	8	경개록	열하 태학관에 머물며 만난 중국 학자들에 관한 이야기.
	9	황교문답	중국 학자와 황교(黃敎, 라마교)에 대해 문답함.
	10	반선시말	반선(판첸라마)의 내력. 황교와 불교의 차이, 청 황제의 판첸라마 대우에 대한 담론.
	11	찰십륜포	찰십륜포, 큰 스님이 사는 곳이라는 뜻의 티베트어.
	12	행재잡록	사행 관련 문건. 조선과 청 사이에 주고받은 외교 문건을 모은 글.
	13	망양록	양고기를 잊을 정도로 몰두했던 음악 이야기. 중국 학자와 나눈 음악에 관한 이야기.
	14	심세편	세상의 형세를 살핀 글. 중국의 형세를 살핌.
	15	혹정필담	혹정 왕민호와 주고받은 장시간의 필담 기록.
	16	산장잡기	열하 피서산장에서 쓴 글. 「일야구도하기」, 「상기」, 「야출고북구기」 등 수록.
	17	환희기	중국 저자에서 20여 가지의 요술을 본 기록.
	18	피서록	피서산장에서 보고 들은 내용.
	19	구외이문	장성 밖의 이상한 이야기들. 고북구 밖에서 보고 들은 것.
	20	옥갑야화	옥갑에서 밤에 대화를 나눈 것. 「허생전」 수록.
	21	황도기략	북경의 명승지, 건물을 견학한 이야기.
	22	알성퇴술	공자 사당을 참배하고 북경 내 유교와 관련된 명승지 중심 체험을 모은 글.
	23	양엽기	단편적인 글모음. 북경 내 여러 유적지 중, 유교 관련 명승지를 제외한 곳을 견문한 기록.
	24	동란섭필	'구리로 만든 난초[銅蘭]가 있는 방'인 북경 동란재에 머물며 쓴 글. 중국의 문화, 역사, 음악 등 내용.
	25	금료소초	의약처방 기록. 왕사정『향조필기』 내의 처방 내용을 초록한 글.

먼저 연암은 의주義州에서 연경까지를 「도강록渡江錄」, 「성경잡지盛京雜識」, 「일신수필馹汛隨筆」, 「관내정사關內程史」로 나누어 기록했으며, 연경에서 열하까지의 여정은 「막북행정록漠北行程錄」, 「태학유관록太學留館錄」, 「환연도중록還燕道中錄」으로 나누어 썼다.

「도강록渡江錄」은 6월 24일에서 7월 9일까지의 기록으로 압록강에서 요양遼陽에 이르는 노정이다. 14일간의 상황을 날짜별로 매일 서술했으며, 〈구요동기舊遼東記〉, 〈요동백탑기遼東白塔記〉, 〈관제묘기關帝廟記〉, 〈광우사기廣祐寺記〉의 세목을 두어 요동의 역사와 요동성의 구성, 주변 사찰 등 연암이 보고 들은 것을 서술하였다.

「성경잡지盛京雜識」는 7월 10일에서 14일까지 5일간의 기록이다. 날짜별 여정 기록을 기본으로 쓰고 〈속재필담粟齋筆談〉, 〈상루필담商樓筆談〉, 〈고동록古董錄〉, 〈성경가람기盛京伽藍記〉, 〈산천기략山川記略〉의 소제목을 붙여 내용을 구성했다.

「일신수필馹汛隨筆」은 7월 15일에서 23일까지 9일간의 기록으로, 신광녕新廣寧에서 산해관山海關까지의 여정이 서술되었다. 세목으로는 〈북진묘기北鎭廟記〉, 〈거제車制〉, 〈희대戲臺〉, 〈시사市肆〉, 〈점사店舍〉, 〈교량橋梁〉, 〈강녀묘기姜女廟記〉, 〈장대기將臺記〉, 〈산해관기山海關記〉 등이 있다. 여기에서 박지원은 조선 유학자들의 화이론華夷論과 춘추대의春秋大義(대의명분을 세워 밝히는 큰 의리)를 간접적으로 비판하며, 이용후생利用厚生을 실천하는 중국인들의 자세를 보고 배울 필요가 있다고 주장하였다.

「관내정사關內程史」는 7월 24일부터 8월 4일까지 11일간의 기

록으로, 산해관에서 연경까지의 여정이 서술되었다. 〈열상화보洌上
畵譜〉, 〈이제묘기夷齊廟記〉, 〈난하범주기灤河泛舟記〉, 〈사호석기射虎石記〉,
〈호질虎叱〉, 〈호질후지虎叱後識〉 등이 들어있다. 그 중 〈호질〉은 겉모
양만 선비인 척하는 북곽선생北郭先生이 범에게 꾸중을 듣는다는 내
용인데, 범은 만주족滿洲族을 은유적으로 가리키고 이들이 수천 년
동안 중국을 지배했던 한족漢族의 문화와 역사를 비판한 것으로 해
석된다.

「막북행정록漠北行程錄」은 8월 5일에서 9일까지의 기록이다. 조
선 사행단의 축하를 받아야 할 건륭제가 피서지인 열하에 있었고
조선 사신단을 열하로 오라고 했기 때문에 사행단은 곧바로 연경
을 떠나 열하로 출발했고 그 사이의 여정 소개와 길에서 있었던 내
용을 기록했다.

「태학유관록太學留館錄」은 8월 9일에서 14일까지 6일 동안의 기
록이다. 연암이 열하에 도착하여 태학太學에 머물면서 한인漢人 윤가
전尹嘉銓(1711~1781), 만주인 기풍액奇豊額(1743~?) 등의 청 학자들과 교
류했다. 여기에는 그들과 나눈 중국의 문물, 지전설地轉說, 월세계月
世界 등에 대한 내용들이 소개되었다.

「환연도중록還燕道中錄」은 8월 15일에서 20일까지의 기록으로
열하에서 연경으로 다시 돌아오는 여정과 사건을 소개한다.

그리고 박지원은 주제별로 항목을 정해 청 학자들과의 교류
내용과 정책에 대한 논평, 경험한 것들에 대한 자신의 생각을 『열
하일기』에 담았다. 「망양록忘羊錄」에서는 청 학자들과 음악에 대해

의견을 교환하였으며,「심세편審勢篇」에서는 조선 사람의 다섯 가지 허망된 일[五妄]과 중국 선비들의 세 가지 어려운 일[三難] 등에 대해 상호 토론한 것을 확인할 수 있다.「혹정필담鵠汀筆談」에서는 혹정鵠汀 왕민호王民皥, 윤가전尹嘉銓 등과 천문 및 역법, 서학西學 등에 관해 얘기하였고,「찰십륜포札什倫布」,「반선시말班禪始末」,「황교문답黃敎問答」에서는 열하에서 체험한 반선班禪(판첸라마)에 대한 내용과 건륭제의 반선 정책, 청과 주변 이민족이 지닌 각종 종교에 대해 정리하였다.

「피서록避暑錄」에서는 열하 피서산장에 머물면서 청 학자들과 조선과 중국의 역대 시문詩文에 대해 논평한 내용을 담았으며,「동란섭필銅蘭涉筆」에서는 동란재銅蘭齋에 머물 때 쓴 가악歌樂, 향시鄕試, 서적書籍, 양금洋琴 등에 대한 잡록雜錄을 모아 정리하였다.「옥갑야화玉匣夜話」에서는 명의 역관인 홍순언洪純諺, 연경의 갑부 정세태鄭世泰, 조선의 변승업卞承業 등 역관譯官들의 일화를 소개했다.

「환희기幻戱記에서는 청 마술가의 연기를 구경한 소감을 적었다.

「행재잡록行在雜錄에서는 행재소에 머물면서 견문한 내용과 청이 조선에 취한 군사, 외교 정책들에 대해서 언급하였다.

「산장잡기山莊雜記」에서는 열하에서 거주하면서 겪었던 다양한 경험과 일화들을 정리했다.

「구외이문口外異聞」에서는 박지원이 들은 60여 종의 고사들을 정리하였다.

「황도기략黃圖紀略」에서는 황성구문皇城九門, 서관西館, 금오교金鼇橋, 경화도瓊華島, 토원산兔園山, 만수산萬壽山, 태화전太和殿, 체인각體仁閣, 문화전文華殿, 문연각文淵閣, 무영전武英殿, 경천주擎天柱, 어구御廐, 오문午門, 묘사廟社 등 연경을 대표하는 시설물에 대해 기록하였다.

「알성퇴술謁聖退述」에서는 순천부학順天府學, 태학太學, 학사學舍, 역대비歷代碑, 명조진사제명비明朝進士題名碑, 석고石鼓, 문승상사文丞相祠, 관상대觀象臺, 시원試院, 조선관朝鮮館 등의 항목을 두고 이들을 참관하면서 알게 된 견문들을 소개했다.

「앙엽기盎葉記」에서는 박지원이 답사했던 사찰 및 주요 명소 20곳의 경치를 기술하였다.

「금료소초金蓼小抄」에서는 중국의 의학서에서 모은 의술에 관한 내용들을 주로 다루었다.

『열하일기』를 오늘 읽으면 어떤 의미로 남게 될까

연암의 『열하일기』는 앞서도 말했듯이, '역대 한국 문학사文學史상 대표 작가의 대표작'이라는 위상을 점하고 있다. 그런데, 이러한 거창한 타이틀을 가지고 있는 책 치고, 이름만 알 뿐 실제로 그것을 읽었다는 사람은 정말 드물게 보는 그야말로 '신화 속의 존재'로 남을 공산이 크다.

명작名作이라는 것은 글자 그대로 풀면 '이름난 작품'이라는 뜻인데, 이것은 시의성時宜性이 있다는 의미로 해석되는 경향이 있다. 이른바 그 때에 맞는 요소가 있어서 일정 시기의 독자들이 공통적으로 그 가치를 인정하고 받아들인다는 것이다. 18세기 후반, 그리고 19세기까지, 『열하일기』는 굉장한 시의성을 가지고 많은 사람들에게 읽혔다. 1792년 즈음 정조 임금이 '우리나라 문장을 망치는 주범'이라면서 연암의 글을 거명하고 자송문을 쓰라고 한 순간, 열하일기는 '금기된 문장'이라는 자극적인 타이틀까지 획득하면서 그야말로 '연암 증후군'적 현상이 일어난 것이다. 독자들은 연암의 거침없는 입담에 일단 재미를 느끼고, 이때까지 보지 못했던 광경을 그려보면서 심양의 시장, 북경의 유리창, 열하의 피서산장 등을 함께 보는듯한 체험을 하게 되었다. 그러한 재미가 넘쳐나면서도, 현지 지식인과의 대화를 통해 여러 주제로 끊임없이 펼쳐지는 정보들과 그 뒤에 숨은 연암의 날카로운 분석을 찾아낼 때는 상상 시각적 추체험追體驗을 넘어 통찰력[insight] 까지 획득하게 되는 경험으로, 『열하일기』를 읽는 것은 즐겁고도 의미있는 일이 되었다 할 수 있다.

그런데, 20세기와 21세기 들어 『열하일기』는 시의성을 어필하기보다는 '전설적 명작'의 왕좌에 좌정하는 듯한 행보를 보여 안타깝다. 여러 훌륭한 학자들의 분석이 있고, 벽돌만한 두께를 자랑하는 『열하일기』를 한 번 완독해 보자는 소모임도 진행되고 있지만 이전 세기에 그랬던 것처럼 '너무 재미있어서 밤을 새고 읽고 싶은' 지경이라기엔 경쟁자가 너무 많다. 같은 '볼거리' 로서는 리모컨만

틀면 브이로그 버전부터 리얼 버라이어티 버전까지 '여행 기록'들이 넘쳐나고, 심지어 손을 뻗어 휴대 전화기를 들면 친구 맺은 여행사에서 '기절초풍할 가격'에 이 곳으로 직접 떠날 수 있다는 권유가 하루에도 너댓 번 온다.

그렇다면, 『열하일기』를 '전설적인 (그러나 읽지 않을) 고전'에서도, '중국 여행 가이드북'에서도 벗어나게 하면서 그대로 만나볼 길은 어디에 있을까? 연암의 마음과 처지를 잘 살피고 이 책을 한 번 읽어본다면, 어쩌면 길이 보일지도 모른다. 명망이 높은 집안에서 뛰어난 재능을 가지고 태어났지만, 정전正典으로 주어진 경전들을 아무리 읽고 실천하고자 해도 이러한 명분이 과연 바른 경전의 해석인지, 아니면 특정 집단의 욕망이 당위當爲로 포장된 것인지 모를 모습들을 수도 없이 보아 와서 대부大夫의 길을 포기하고 만 44세의 연암이 걸음마다 만나는 새로운 세계에 대한 기록으로 말이다.

참고문헌

구범진(2021), 『1780년, 열하로 간 사신들』, 21세기북스

김남이(2011), 「연암이라는 고전의 형성과 그 기원 2」, 『한국실학연구』 21

김명호(2000), 「董文渙의 『韓客詩存』과 韓中文學交流」, 한국한문학연구 제26집

김명호(2022), 『열하일기 연구』 수정 증보판, 돌베개

김현미(2009), 『18세기 연행록의 전개와 특성』, 혜안

박수밀(2020), 『열하일기 첫걸음』, 돌베개

김혈조 역(2009), 『열하일기』, 돌베개

이가원 역(1966), 『열하일기』, 민족문화추진회

열하일기

한반도가 비좁았던 천재가 본 더 큰 세상의 풍속사

1판 1쇄 인쇄 2024년 7월 15일
1판 1쇄 발행 2024년 7월 26일

지은이 박지원
번역·해설 김영죽·김현미
펴낸이 김영곤
펴낸곳 (주)북이십일 아르테

TF팀 이사 신승철
TF팀 이종배
출판마케팅영업본부장 한충희
마케팅1팀 남정한
출판영업팀 최명열 김다운 권채영 김도연
제작팀 이영민 권경민
진행·디자인 다함미디어 | 함성주 유예지

출판등록 2000년 5월 6일 제406-2003-061호
주소 (10881) 경기도 파주시 회동길 201(문발동)
대표전화 031-955-2100 **팩스** 031-955-2151 **이메일** book21@book21.co.kr

ISBN 979-11-7117-665-6 03910

· 책값은 뒤표지에 있습니다.
· 이 책 내용의 일부 또는 전부를 재사용하려면 반드시 (주)북이십일의 동의를 얻어야 합니다.
· 잘못 만들어진 책은 구입하신 서점에서 교환해드립니다.